Bisani · Personalwesen und Personalführung

Fritz Bisani

Personalwesen und Personalführung

Der State of the Art
der betrieblichen Personalarbeit

4., vollständig überarbeitete und erweiterte Auflage

Prof. Dr. Fritz Bisani lehrt Personalwesen und Unternehmensführung an der Universität Gesamthochschule Essen.

Die Deutsche Bibliothek – CIP-Einheitsaufnahme

> **Bisani, Fritz:**
> Personalwesen und Personalführung : der state of the art
> der betrieblichen Personalarbeit / Fritz Bisani.
> - 4., vollst. überarb. und erw. Aufl. - Wiesbaden : Gabler, 1995
>   ISBN 3-409-13839-0

Die 1. – 3. Auflage ist unter den beiden Titeln „Personalwesen – Grundlagen, Organisation, Planung" und „Personalführung" erschienen-

Der Gabler Verlag ist ein Unternehmen der Bertelsmann Fachinformation.

© Betriebswirtschaftlicher Verlag Dr. Th. Gabler GmbH, Wiesbaden 1995
Lektorat: Barbara Marks

Das Werk einschließlich aller seiner Teile ist urheberrechtlich geschützt. Jede Verwertung außerhalb der engen Grenzen des Urheberrechtsgesetzes ist ohne Zustimmung des Verlages unzulässig und strafbar. Das gilt insbesondere für Vervielfältigungen, Übersetzungen, Mikroverfilmungen und die Einspeicherung und Verarbeitung in elektronischen Systemen.

Höchste inhaltliche und technische Qualität unserer Produkte ist unser Ziel. Bei der Produktion und Auslieferung unserer Bücher wollen wir die Umwelt schonen: Dieses Buch ist auf säurefreiem und chlorfrei gebleichtem Papier gedruckt.

Die Wiedergabe von Gebrauchsnamen, Handelsnamen, Warenbezeichnungen usw. in diesem Werk berechtigt auch ohne besondere Kennzeichnung nicht zu der Annahme, daß solche Namen im Sinne der Warenzeichen- und Markenschutz-Gesetzgebung als frei zu betrachten wären und daher von jedermann benutzt werden dürften.

Druck und Buchbinder: Hubert & Co, Göttingen
Printed in Germany

ISBN 3-409-13839-0

Leistungsstarke Unternehmen unterscheiden sich von weniger leistungsfähigen durch zwei entscheidende Merkmale:

- den Grad der Arbeitsteilung (innerbetrieblich, zwischenbetrieblich, international) und
- durch die Art und Form, wie die so erstellten Teilleistungen zu Gesamtleistungen koordiniert werden.

Die Ausprägung und der Leistungsumfang der beiden Merkmale werden durch die betriebliche Personalarbeit bestimmt

Damit ist eine optimale Gestaltung arbeitsteiliger Prozesse der Leistungserstellung ohne die Kenntnisse der Methoden und Instrumente des betrieblichen Personalwesens sowie der Zusammenhänge der Personalführung nicht denkbar.

Vorwort

Ohne menschliche Arbeitskräfte ist ein wirtschaftliches Handeln in leistungsorientierten Organistionen nicht möglich. Damit gehören im Prinzip alle Grundfragen des betrieblichen Personalwesens zu den ureigensten Elementen eines jeden Betriebes.

Als Institution ist der Bereich jedoch erst ein relativ spätes Produkt der betrieblichen Funktionsspezialisierung. Erste Abteilungen, die sich vorrangig mit den Problemen des betrieblichen Personalwesens beschäftigen, entstanden erst im Zuge der Industrialisierung. Sie galten ursprünglich vorzugsweise als ein Aufgabengebiet von (Personal-) Verwaltungsfachleuten und im Rahmen der zunehmenden Verrechtlichung aller sozialen und gesellschaftlichen Bereiche als eine Domäne der Arbeitsrechtspezialisten.

Wesentliche Bereiche betrieblicher Personalarbeit, so insbesondere Personaleinsatz, Personalauswahl und vor allem der Personal (Mitarbeiter)-führung wurden als eine Nebenaufgabe der Fachvorgesetztenfunktion angesehen und deshalb in der betriebswirtschaftlichen Literatur auch kaum thematisiert.

Erst mit der grundlegenden Umstrukturierung der Arbeits- und Sozialbedingungen nach dem 2. Weltkrieg gewann der Bereich des betrieblichen Personalwesens und der Personalführung zunehmend an Bedeutung.

Während das Fach bis zum Beginn der 70er Jahre nur an wenigen deutschsprachigen Hochschulen vertreten war, begann anschließend eine stürmische Ausbreitung. Nach wenig mehr als zwei Jahrzehnten gibt es heute kaum mehr eine deutsche Hochschule, bei der dieses Fach nicht als Forschungsgebiet und im Studien- sowie Prüfungsangebot vertreten ist. Bei der noch nicht abgeschlossenen Strukturierung werden, bei im wesentlichen gleichen Inhalten, deshalb z.T. auch unterschiedliche Bezeichnungen verwendet, wie z.B. Personalwirtschaft, Personalmanagement, Personalmarketing etc. und teilweise auch ergänzt mit den Angaben über unterschiedliche Schwerpunktbildung, wie z.B. Sozialwesen, Ausbildungswesen, Organisation, Unternehmensführung usw. (vgl. hierzu *Bisani*: Entwicklung und Stand der Personalwirtschaftslehre als wissenschaftliche Disziplin an deutschen Hochschulen in: *Spie*, 1983, S. 86 ff.).

Die wirtschaftliche, gesellschaftliche und soziale Entwicklung der letzten Jahrzehnte führte zu einer wesentlichen inhaltlichen Umstrukturierung des Faches.

Zu Beginn der Entwicklung standen die Probleme, die sich aus der zunehmenden Ausweitung des Stellenwertes der Personalabteilungen ergaben im Vordergrund. Im Zeitablauf veränderte sich die Fragestellung.

Die Mitbestimmungsgesetzgebung verlangt mit dem Arbeitsdirektor ein für den Personal- und Sozialbereich zuständiges Mitglied im Vorstand. Damit verliert der Bereich seinen ursprünglich überwiegend verwaltungsmäßigen Charakter und gewinnt im Rahmen der Unternehmensführung zunehmend an strategischer Bedeutung. Die in neuester Zeit diskutierten Probleme des „lean-management" und die Vielzahl der neueren Führungstechniken sind nicht vorrangig organisatorisch-technische Gestaltungsprobleme. Ihr Erfolg hängt im wesentlichen von der Personalauswahl, Personalentwicklung usw. sowie entscheidend von der Beeinflussung des Mitarbeiterverhaltens ab. Zwangsläufig verlagern sich damit die Aufgaben der Linienvorgesetzten von den reinen Fachaufgaben hin zu den Problemen der Mitarbeiterführung. Die Führungskraft der Gegenwart und Zukunft muß neben der Beherrschung der Fachaufgaben vorrangig auch über Kompetenz in der Mitarbeiter- (Personal-) führung verfügen.

Die gestiegenen Ansprüchen von Wirtschaft und Gesellschaft an ein leistungsfähiges Personalwesen richten sich deshalb in erster Linie nicht an den Personalleiter und die in den Personalabteilungen tätigen Spezialisten, sondern an alle Personen die in irgendeiner Weise mit dem Einsatz und der Betreuung von Mitarbeitern zu tun haben.

Da personelle Beziehungen aber nicht nur einseitig vom Vorgesetzten zum Mitarbeiter verlaufen, sondern auch in umgekehrter Richtung, ist die Kenntnis der Zusammenhänge im betrieblichen Bereich der Personalführung auch für Jeden von Bedeutung, der in irgendeiner Form mit anderen Personen zusammenarbeitet. Darüber hinaus bilden die Kenntnisse des betrieblichen Personalwesens auch die Grundlage für alle organisatorischen Gestaltungsüberlegungen.

Dem Wesen eines Lehr- und Handbuches gemäß, das als Zielgruppen neben

- den Studierenden der Wirtschaftswissenschaften, insbesondere der Fächer Personalwesen, Unternehmensführung und Organisationslehre sowie
- den Studierenden aller anderen Fachrichtungen, die in irgendeiner Form eine Führungsfunktion in der Wirtschaft anstreben, auch
- alle in einem Unternehmen Tätigen und hier insbesondere die Führungskräfte, den Führungskräftenachwuchs sowie
- die Mitglieder der Belegschaftsvertretungen im Betriebsrat, Aufsichtsrat und in den verschiedenen Ausschüssen

anspricht,

beschränkt sich die Arbeit nicht nur auf einzelne personelle Grundansätze, vielmehr werden neben den betriebswirtschaftlichen Überlegungen im Rahmen des Kosten- und Leistungszusammenhangs sowie der Organisationsgestaltung auch die verschiedenen einschlägigen verhaltenswissenschaftlichen Ansätze der Arbeits- und Betriebspsychologie sowie -soziologie mit herangezogen.

Das vorliegende Buch baut auf den beiden Kurzlehrbüchern Personalwesen und Personalführung auf, die seit 1976 und 1977 in drei grundsätzlich überarbeiteten Auflagen und mehrfach unveränderten Nachdrucken erschienen sind und die sich zwischenzeitlich zu Standardwerken entwickelt haben.

Mit der vorliegenden umfangreichen Neuüberarbeitung werden die beiden bisher getrennten Teile zusammengefaßt und hierbei vor allem auch der Neustrukturierung der Fachinhalte Rechnung getragen. Ergänzt wird die Darstellung um die neueste wissenschaftliche Entwicklung sowie den Ergebnissen einer umfangreichen Forschungs-, Lehr- und Beratungstätigkeit.

Für den Aufbau wurde die bei den beiden vorangegangenen Veröffentlichungen bewährte pragmatische Form der Darstellung beibehalten, die es dem Studierenden erlaubt, sich die wissenschaftlichen Grundlagen der Fachdisziplin zu erarbeiten, die aber auch dem bereits in der Praxis tätigen Leser gestattet, Erklärungsansätze für Probleme sowie Lösungshilfen für konkrete Fragestellung zu erkennen.

Für das Zustandekommen dieses Buches ist hier vor allem den in der Unternehmensführung tätigen Mitarbeitern einer Reihe von Unternehmen zu danken, mit denen ich bei der Lösung konkreter betrieblicher Problemstellungen zusammengearbeitet habe, ebenso der großen Anzahl von Seminarteilnehmern aus der Praxis, die wesentliche Problempunkte in die Diskussion einbrachten. Ferner danke ich einer Reihe von Fachkollegen für einen fruchtbaren Meinungsaustausch.

Nicht zuletzt danke ich auch meinen Studenten an der Universität Essen, mit denen im Rahmen von Gastvorträgen, Hauptseminaren, themenbezogenen Firmenseminaren, Projekten etc. die verschiedenen Ansätze diskutiert und kritisch hinterfragt werden konnten.

Mein besonderer Dank gilt allen, die bei der Erstellung des vorliegenden Werkes mitgewirkt haben, so vor allem Frau Daniela Prinz, Herrn Jochen Trippe und Herrn Dipl.-Volksw. Karl-Heinz König für die Erstellung der druckreifen Vorlage, der Anfertigung der Abbildungen usw. sowie Herrn Dipl.-Kfm. Klaus Heyden für die EDV-technische Unterstützung beim Erstellen der Druckvorlage. Frau Nicole Gerwig für die Erledigung wesentlicher Teile der Schreibarbeiten und Frau Walburga Lukasch, die neben umfangreichen Tätigkeiten für die Erstellung des Manuskriptes vor allem die sehr anstrengende Tätigkeit des Korrekturlesens übernommen hat.

Besonders danken möchte ich noch für die Unterstützung durch Frau Dietlind Knierim, die bereits bei der Erstellung des Manuskriptes für die erste Auflage mitgewirkt hat. Ferner Herrn Dipl.-Kfm. Hubert Lindenblatt, der als studentische Hilfskraft eine wesentliche Hilfe bei der Erarbeitung des Manuskriptes für die erste Auflage war und der über fast zwei Jahrzehnte seiner praktischen beruflichen Tätigkeit, bei der er zwischenzeitlich die Stufe eines Partners einer renommierten internationalen Beratungsfirma erreicht hat, alle Überarbeitungen und damit auch die vorliegende Fassung mit seinen zunehmenden Erfahrungen und seinem Rat begleitet hat.

Wenn die vorliegende Neubearbeitung auch im wesentlichen den derzeitigen Stand der wissenschaftlichen Forschung und der praktischen Erfahrungen wiedergibt, so wird gerade die Entwicklung auf diesem Gebiet nicht stehen bleiben, sondern sich eher noch beschleunigen. Aus diesem Grunde bitte ich jeden Leser um kritische Hinweise, die den dargestellten Inhalt betreffen sowie um positive Anregungen für eine Weiterentwicklung.

Essen, Neujahr 1995

Fritz Bisani

> So eine Arbeit wird eigentlich nie fertig,
> man muß sie für fertig erklären,
> wenn man nach Zeit und Umständen
> das Mögliche getan hat.
>
> (Goethe 1787)

Inhaltsverzeichnis

Erster Teil
Grundlagen des Betrieblichen Personalwesens

Erstes Kapitel: Die Lehre vom Betrieblichen Personalwesen als Teilgebiet der Betriebswirtschaftslehre ... 31

1. Die Lehre vom Betrieblichen Personalwesen als eine spezielle Betriebswirtschaftslehre ... 31
2. Die Lehre vom Betrieblichen Personalwesen als Wissenschaft ... 34
   - 2.1 Begriff und Aufgabe einer Wissenschaft ... 34
   - 2.2 Erkenntnisobjekt des Betrieblichen Personalwesens ... 36
   - 2.3 Erkenntnisziel der Lehre vom Betrieblichen Personalwesen ... 40
   - 2.4 Die Methoden des Betrieblichen Personalwesens ... 43
   - 2.5 Die Entwicklung des Betrieblichen Personalwesens als Lehr- und Forschungsgebiet an deutschen Hochschulen ... 44
   - 2.6 Theorieansätze im Betrieblichen Personalwesen ... 46
   - 2.7 Berufsfeldorientierte pragmatische Ausrichtung der Lehre vom betrieblichen Personalwesen ... 49

Zweites Kapitel: Gegenstand des modernen Personalwesens ... 51

1. Das Personalwesen als allgemeine Führungsaufgabe ... 51
   - 1.1 Führen und Leiten ... 51
   - 1.2 Aufgaben des Betrieblichen Personalwesens ... 52
   - 1.3 Ziele des Betrieblichen Personalwesens ... 54
     - 1.3.1 Wirtschaftlicher Erfolg und sozial-psychologische Effizienz ... 54
     - 1.3.2 Ethik im Personalwesen ... 56
     - 1.3.3 Personalpolitische Grundsätze ... 60
     - 1.3.4 Individualisierung im Personalwesen ... 61
   - 1.4 Stufen in der historischen Entwicklung des Personalwesens ... 62
     - 1.4.1 Verwaltungsphase des Personalwesens ... 62
     - 1.4.2 Anerkennungsphase des Personalwesens ... 63
     - 1.4.3 Integrationsphase des Personalwesens ... 63
     - 1.4.4 Neustrukturierungsphase des Personalwesens ... 64
2. Veränderung in der Institutionalisierung des Personalwesens ... 64
   - 2.1 Zunehmende Funktionsgliederung ... 64
   - 2.2 Die optimale Form der Aufgabenzusammenfassung ... 67
   - 2.3 Problembereiche betrieblicher Personalarbeit ... 72

3. Organisation des Betrieblichen Personalwesens 73
   3.1   Eingliederung in die Unternehmenshierarchie 73
   3.2   Gliederung der Personalabteilung 75
        3.2.1   Gliederung der Mitarbeitergruppen 75
        3.2.2   Funktionale Gliederung 75
        3.2.3   Dezentrale Gliederungsformen 77
   3.3   Organisation des Betrieblichen Personalwesens in internationalen Unternehmen 77

Drittes Kapitel: Die Einstellung zum arbeitenden Menschen 81

1. Die vorindustrielle Epoche 81

2. Das Zeitalter der Industrialisierung 82
   2.1   Änderungen der geistigen Grundeinstellung und der technischen Faktoren 82
   2.2   Die sozialen Ausfallerscheinungen 84
   2.3   Der soziale Aufbruch und die welfare-Bewegung 85
        2.3.1   Die sozialreformerischen Bestrebungen 85
        2.3.2   Die welfare-Bewegung 86
        2.3.3   Die Arbeiterbewegung 87
        2.3.4   Die staatliche Sozialpolitik 88
   2.4   Die wissenschaftliche Betriebsführung 89
   2.5   Die Hawthorne-Experimente und die human-relations-Bewegung 94

3. Die Situation in der Bundesrepublik Deutschland 98
   3.1   Zusammenhänge der Probleme betrieblicher Personalarbeit mit den Bedingungen der Umwelt 98
   3.2   Entwicklung des betrieblichen Personalwesens seit dem zweiten Weltkrieg 99
   3.3   Gegenwärtige wirtschaftliche Situation 102
        3.3.1   Allgemeine Situation 102
        3.3.2   Die veränderte Lage auf dem Arbeitsmarkt 104
        3.3.3   Erhöhung der Aufwendungen für das Personal 106
        3.3.4   Wirtschaftliche und rechtliche Stellung der Arbeitnehmer 110
        3.3.5   Veränderungen der Arbeitsanforderungen 111
        3.3.6   Notwendigkeit der betrieblichen Aus- und Fortbildung 114
        3.3.7   Veränderung des Lebensstils und der Werthaltungen 115
        3.3.8   Veränderte Führungsanforderungen 117
        3.3.9   Neue Erkenntnisse der Arbeits- und Sozialwissenschaften 118
        3.3.10 Zusammenfassung 119

Viertes Kapitel: Der rechtliche Gestaltungsrahmen des Betrieblichen Personalwesens ... 121

1. Entwicklung des Arbeitsrechts ... 121
2. Übersicht über die einzelnen Teilgebiete des Arbeitsrechts ... 123
   - 2.1 Rechtsquellen für das Arbeitsrecht ... 124
     - 2.1.1 Überstaatliches Recht ... 124
     - 2.1.2 Verfassungsrecht ... 124
     - 2.1.3 Gesetze ohne Verfassungsrang ... 125
     - 2.1.4 Gesetze für besondere arbeitsrechtliche Tatbestände ... 125
     - 2.1.5 Gesetze anderer Rechtsgebiete mit arbeitsrechtlichem Einschlag ... 125
     - 2.1.6 Rechtsverordnungen ... 125
     - 2.1.7 Satzungen und Verwaltungsrichtlinien ... 125
     - 2.1.8 Kollektivverträge ... 126
     - 2.1.9 Richterrecht ... 126
   - 2.2 Systematische Übersicht ... 126
   - 2.3 Individuelles Arbeitsvertragsrecht ... 127
     - 2.3.1 Wesen des Arbeitsvertrages ... 127
     - 2.3.2 Pflichten des Arbeitnehmers ... 128
     - 2.3.3 Pflichten des Arbeitgebers ... 129
   - 2.4 Arbeitnehmerschutzrechte ... 129
   - 2.5 Kollektives Arbeitsrecht ... 131
     - 2.5.1 Recht der Koalitionen ... 131
       - 2.5.1.1 Formen der Verbände ... 132
       - 2.5.1.2 Aufgaben und Zuständigkeiten ... 133
       - 2.5.1.3 Mitgliedschaft und Mitgliedsrechte ... 133
     - 2.5.2 Tarifvertragsrecht ... 133
       - 2.5.2.1 Wesen des Tarifvertrages ... 133
       - 2.5.2.2 Tarifvertragsparteien und Geltungsbereich ... 134
       - 2.5.2.3 Tarifabschluß und Bestandteile des Tarifvertrages ... 134
       - 2.5.2.4 Schuldrechtlicher Teil des Tarifvertrages ... 135
       - 2.5.2.5 Normativer Teil des Vertrages ... 136
       - 2.5.2.6 Wirkungen des normativen Teils des Tarifvertrages ... 136
       - 2.5.2.7 Kritische Bewertung des Tarifvertragsrechts ... 137
     - 2.5.3 Arbeitskampfrecht ... 140
       - 2.5.3.1 Begriffe des Arbeitskampfes ... 140
       - 2.5.3.2 Formen des Arbeitskampfes ... 140
       - 2.5.3.3 Rechtmäßigkeitsvoraussetzungen des Arbeitskampfes ... 141
       - 2.5.3.4 Rechtsfolgen ... 142
       - 2.5.3.5 Schlichtungsverfahren ... 143

2.5.4 Mitbestimmung auf Betriebsebene
(Betriebsverfassungsgesetz 1972)..143
    2.5.4.1 Grundgedanken und Entwicklung des
Betriebsverfassungsrechts...143
    2.5.4.2 Organe des Betriebsrates und Schutz der
Betriebsratstätigkeit..144
    2.5.4.3 Formen der Beteiligungsrechte 146
    2.5.4.4 Beteiligungsrechte in sozialen Angelegenheiten 148
    2.5.4.5 Beteiligungsrechte bei der Gestaltung des Arbeitsplatzes,
des Arbeitsablaufs und der Arbeitsumgebung...................148
    2.5.4.6 Beteiligungsrechte bei personellen
Angelegenheiten und der Berufsbildung 149
    2.5.4.7 Beteiligungsrechte in wirtschaftlichen Angelegenheiten.....150
    2.5.4.8 Rechte des einzelnen Arbeitnehmers in der
Betriebsverfassung...151
    2.5.4.9 Betriebsvereinbarung 151
    2.5.4.10 Klärung von Rechtsstreitigkeiten aus der
Betriebsverfassung...152
    2.5.4.11 Einigungsstelle 152
    2.5.4.12 Die Betriebsverfassung in der Praxis.................................153
2.5.5 Mitbestimmung auf Unternehmensebene 158
    2.5.5.1 Mitbestimmung auf Unternehmerebene nach dem
Betriebsverfassungsgesetz 159
    2.5.5.2 Mitbestimmung auf Unternehmensebene im
Montanbereich..159
    2.5.5.3 Mitbestimmungsgesetz 1976 160
2.5.6 Arbeitsgerichtsbarkeit...162

Zweiter Teil
Teilbereiche des Personalwesens

Erstes Kapitel: Personalplanung 169

1. Grundsätze der Personalplanung 169
   1.1 Wesen und Bedeutung...169
      1.1.1 Ziele der Personalplanung 170
         1.1.1.1 Ausgleich der Interessen...................................170
         1.1.1.2 Integration der Personalplanung in die
Gesamtunternehmensplanung..........................170
         1.1.1.3 Verknüpfung von betrieblicher Personal- und
Bildungsplanung...171
         1.1.1.4 Einflußnahme der Personalplanung auf die Gestaltung
menschengerechter Arbeitsplätze 171
      1.1.2 Maßnahmen zur Zielerreichung 171
         1.1.2.1 Schaffung der Vorbedingungen zur Personalplanung........172
         1.1.2.2 Folgerungen für Betriebsräte und Gewerkschaften............172
         1.1.2.3 Staatliche Aktivitäten 172
         1.1.2.4 Durchführungsmaßnahmen..172

		1.1.3	Zielerreichung	173
	1.2	Stand der Personalplanung		174
		1.2.1	Personalplanung, ein vernachlässigter Teilbereich	174
		1.2.2	Gründe für die Vernachlässigung der Personalplanung	175
	1.3	Zwang zur Personalplanung		176
		1.3.1	Vorteile der Personalplanung für das Unternehmen	177
		1.3.2	Vorteile der Personalplanung für die Arbeitnehmer	177
		1.3.3	Gesamtwirtschaftlicher und sozialpolitischer Nutzen der Personalplanung	177
		1.3.4	Grenzen der Personalplanung	178
	1.4	Teilbereiche der Personalplanung		179
2.	Strukturbestimmende Personalplanung			180
	2.1	Bestimmung der Arbeitsstruktur		180
		2.1.1	Organisationsgrundsätze der traditionellen Arbeitsgestaltung	180
		2.1.2	Kritik an den überzogenen Formen traditioneller Arbeitsstrukturierung	182
		2.1.3	Realisierung neuer Formen der Arbeitsstrukturierung durch sozio-technologische Systemgestaltung	185
	2.2	Festlegung der Arbeitsanforderungen		191
		2.2.1	Fertigungsunterlagen und Arbeitsplatzbeschreibung	191
		2.2.2	Ermittlung der fachlichen und personellen Anforderungen	193
		2.2.3	Stellenbeschreibung	193
	2.3	Festlegung der Aufbauorganisation und der Kommunikationsstruktur		194
		2.3.1	Koordinierung der Teilaufgaben	194
		2.3.2	Grundsätze der Linienorganisation	198
		2.3.3	Kritik am klassischen Stab-Linien-System	202
		2.3.4	Lösungsansätze durch neue Organisationsformen	203
			2.3.4.1 Projektmanagement	203
			2.3.4.2 Matrix-Organisation	204
			2.3.4.3 Hierarchie der Gruppen	206
			2.3.4.4 System der überlappenden Gruppen von Likert	207
			2.3.4.5 Kombination von Linienorganisation und Teamhierarchie	208
	2.4	Schriftliche Fixierung der Organisationsstruktur		210
3.	Individualplanung			215
	3.1	Einflußgrößen auf die Individualplanung		215
		3.1.1	Unternehmensanforderungen	215
		3.1.2	Mitarbeiterfähigkeiten und Mitarbeiterinteressen	216
	3.2	Formen der individuellen Laufbahnplanung		219
		3.2.1	Laufbahnplanung	219
		3.2.2	Besetzungsplanung	219
		3.2.3	Entwicklungsplanung	219

4. Kollektive Maßnahmenplanung 221
   4.1 Planungszeitraum und Planungsgenauigkeit 221
   4.2 Phasen der Personalplanung 222
   4.3 Festlegung des Personalbedarfs 223
       4.3.1 Wesen der Personalbedarfsfestsetzung 223
       4.3.2 Formen des Personalbedarfs 224
           4.3.2.1 Unterteilung nach Bedarfsarten 224
           4.3.2.2 Untergliederung des Bedarfs nach Tätigkeitsbereichen 224
           4.3.2.3 Untergliederung des Bedarfs nach Funktionen und
                   Qualifikationsstufen 225
       4.3.3 Methoden der Bedarfsermittlung 227
           4.3.3.1 Globale Bedarfsermittlung 228
           4.3.3.2 Differenzierte Bedarfsbestimmung 229
       4.3.4 Prognose der Deckung des Personalbedarfs im
             Planungszeitraum 233
       4.3.5 Netto-Personalbedarf als Beschaffungs-, Freisetzungs- und
             Entwicklungs-Soll 234
   4.4 Planung der personalwirtschaftlichen Einzelmaßnahmen 235
   4.5 Personalkostenplanung 237
   4.6 Kontrolle der Personalplanung - Personal-Controlling 241
   4.7 Einfluß der Mitbestimmung auf die Personalplanung 243

Zweites Kapitel: Personalwirtschaftliche Einzelaufgaben 245

1. Personalanwerbung und Personalauswahl 245
   1.1 Inhalt der Personalbeschaffung 245
       1.1.1 Wesen der Personalbeschaffung 245
       1.1.2 Formen der Personalbeschaffung 245
   1.2 Phasen der Personalbeschaffung 246
       1.2.1 Arbeitsmarktbeobachtung 246
           1.2.1.1 Grundsätze der Arbeitsmarktbeobachtung 246
           1.2.1.2 Innerbetrieblicher Arbeitsmarkt 247
           1.2.1.3 Externer Arbeitsmarkt 248
       1.2.2 Personalanwerbung 249
           1.2.2.1 Wesen der Personalanwerbung 249
           1.2.2.2 Formen der Personalanwerbung 250
           1.2.2.3 Stellenanzeigen 250
       1.2.3 Bewerberauswahl 252
           1.2.3.1 Grundsätze und Methoden der Bewerberauswahl 252
           1.2.3.2 Bewerbervorauswahl 254
           1.2.3.3 Endauswahl 257
   1.3 Personalbindung und -einführung 259
       1.3.1 Personalbindung 259
       1.3.2 Einführung neuer Mitarbeiter 260

2. Personalerhaltung ... 261
   2.1 Grundsätze der Personalerhaltung ... 261
      2.1.1 Aufgaben der Personalerhaltung ... 261
      2.1.2 Präventive und korrektive Personalerhaltung ... 261
   2.2 Personalbetreuung ... 262
   2.3 Einflußgröße: Leistungsfähigkeit ... 263
      2.3.1 Geistige Leistungsfähigkeit ... 263
      2.3.2 Körperliche Leistungsfähigkeit ... 264
         2.3.2.1 Pausenregelungen und Erholungsgestaltung ... 264
         2.3.2.2 Innerbetriebliche Sicherheitstechnik und Unfallschutz ... 264
         2.3.2.3 Vermeidung von Berufskrankheiten ... 265
   2.4 Einflußgröße: Leistungsbereitschaft ... 265
      2.4.1 Beseitigung von Leistungshemmnissen ... 265
         2.4.1.1 Konfliktarten ... 266
         2.4.1.2 Individuelle Konflikte ... 267
         2.4.1.3 Mehrpersonen-, Gruppen- oder Organisationskonflikte ... 268
         2.4.1.4 Konfliktursachen ... 270
         2.4.1.5 Konfliktlösung ... 271
      2.4.2 Erhaltung der Leistungsbereitschaft ... 279
      2.4.3 Steigerung der Leistungsbereitschaft ... 280

3. Personalentwicklung ... 280
   3.1 Notwendigkeit der Personalentwicklung ... 280
   3.2 Inhalt der traditionellen Personalentwicklung ... 284
      3.2.1 Vermittlung von Wissen ... 284
      3.2.2 Entwicklung des Könnens ... 284
      3.2.3 Einwirken auf das Verhalten ... 284
   3.3 Formen der Bildung ... 285
   3.4 Arten der Personalentwicklung ... 286
      3.4.1 Berufsvorbereitende Bildung ... 286
      3.4.2 Berufsbegleitende Fortbildung ... 286
      3.4.3 Berufsverändernde Fortbildung ... 287
      3.4.4 Ergänzungsfortbildung ... 287
   3.5 Ermittlung des Bildungsbedarfs ... 287
   3.6 Durchführung der Berufsbildung ... 289
      3.6.1 Ziele der Berufsbildung ... 289
      3.6.2 Maßnahmen der Berufsbildung ... 290
      3.6.3 Methoden der Personalentwicklung außerhalb des Arbeitsplatzes .. 290
   3.7 Kontrolle der Personalentwicklung ... 292

4. Personaleinsatz ... 294
   4.1 Wesen der Personaleinsatzplanung ... 294
      4.1.1 Ziele ... 294
      4.1.2 Sonderprobleme einzelner Beschäftigtengruppen ... 294
      4.1.3 Rechtlicher Gestaltungsrahmen ... 296
      4.1.4 Informationsgrundlagen ... 296

4.2 Quantitative Zuordnung 298
4.3 Qualitative Zuordnung 299
    4.3.1 Summarische Zuordnung 299
    4.3.2 Analytische Zuordnung 301
        4.3.2.1 Profilvergleichsmethode 301
        4.3.2.2 Heuristische Methoden 302
        4.3.2.3 Mathematische Verfahren 304
        4.3.2.4 Grenzen des Einsatzes analytischer Verfahren 304
4.4 Anpassung von Arbeitsplätzen und Personal 305

5. Abbau einer Personalüberdeckung 305

5.1 Gründe für die Notwendigkeit eines Personalabbaus 305
5.2 Ursachen für betriebsbedingte Personalfreisetzungen 306
5.3 Überbrückung kurzzeitiger Überdeckungen 308
5.4 Reduzierung des zeitlichen Arbeitsangebotes 308
    5.4.1 Partielle Freisetzung 309
    5.4.2 Totale Freistellung 311
5.5 Planung des Abbaus einer Personalüberdeckung 313
5.6 Rechtliche Problematik von Personalfreisetzung 314
5.7 Outplacementunterstützung 314

6. Personalverwaltung, Personalstatistik und Sozialwesen 315

6.1 Personalverwaltung 316
    6.1.1 Hauptgebiete der Personalverwaltung 316
        6.1.1.1 Personaleinstellung 316
        6.1.1.2 Personalbetreuung 317
        6.1.1.3 Personaleinsatz 318
        6.1.1.4 Personalfreisetzung 319
        6.1.1.5 Personaladministration und Entgeltabrechnung 320
        6.1.1.6 Datenschutz 320
    6.1.2 Hilfsmittel der Personalverwaltung 323
        6.1.2.1 Personalakte und Personalkartei 323
        6.1.2.2 Personalrechnungswesen 324
        6.1.2.3 Personalkostenerfassung und -überwachung 324
        6.1.2.4 EDV-Einsatz im Personalbereich 329
6.2 Personalkennzahlen und Personalstatistik 332
    6.2.1 Teilbereiche der Personalstatistik 333
    6.2.2 Arten der betrieblichen Kennzahlen 334
6.3 Sozialwesen 336
    6.3.1 Begriff und Entwicklung 336
    6.3.2 Motive für betriebliche Sozialleistungen 336
    6.3.3 Formen betrieblicher Sozialleistungen 337
    6.3.4 Arten betrieblicher Sozialleistungen 338

      6.3.5   Cafeteria-System 339

      6.3.6   Personalpflege 340

7. Wirtschaftlichkeit der Personalarbeit 342

   7.1   Kostenzurechnung und Anfänge einer Kennziffernrechnung 343

   7.2   Ansätze der Humanvermögensrechnung und Forderung nach einem
differenzierten Kennziffernsystem 345

      7.2.1   Methodische Ansätze und kritische Würdigung 345

      7.2.2   Vorschläge zur Weiterentwicklung zu einem differenzierten
Kennziffernrechnungssystem...351

      7.2.3   Realisierung eines Kennziffernsystems zur Arbeitswirtschaft im
Rahmen der französischen "bilan social" 355

   7.3   Profitcenterprinzip und Personalcontrolling 358

Drittes Kapitel: Beurteilungs- und Vorschlagswesen 365

1. Personalbeurteilung 365

   1.1   Gegenstandsbereich 365

   1.2   Ziele der Personalbeurteilung...365

   1.3   Kreis der zu Beurteilenden und der Beurteiler..368

   1.4   Träger der Beurteilung..368

   1.5   Gegenstand der Beurteilung 369

      1.5.1   Summarische oder analytische Beurteilung 369

      1.5.2   Beurteilungskriterien 370

      1.5.3   Vergangenheits- oder Zukunftsbeurteilung 373

   1.6   Instrumente der Beurteilung 373

      1.6.1   Beurteilungsmaßstäbe 373

      1.6.2   Beurteilungsinstrumente 374

      1.6.3   Beurteilungsverfahren 376

   1.7   Fehlermöglichkeiten bei der Beurteilung und ihre Vermeidung 378

      1.7.1   Beurteilungsfehler 378

      1.7.2   Vermeidung von Beurteilungsfehlern 379

   1.8   Personalbeurteilungsgespräch 380

      1.8.1   Vergleichbarkeit der Beurteilungen 381

      1.8.2   Einsichtigkeit der Beurteilung 381

   1.9   Prognose zukünftiger Leistung und zukünftigen Verhaltens mit Hilfe des
"Assessment-Centers"..383

   1.10   Stellung der Gewerkschaften zur Leistungsbeurteilung 387

2. Betriebliches Vorschlagswesen (BVW).. 388

   2.1   Grundidee und Entwicklung des betrieblichen Vorschlagswesens.............388

      2.1.1   Begriff 388

      2.1.2   Entwicklung des betrieblichen Vorschlagswesens 388

   2.1.3 Ziele des betrieblichen Vorschlagswesens 389
      2.1.3.1 Betriebswirtschaftlicher Ansatzpunkt 389
      2.1.3.2 Motivations-psychologischer Ansatzpunkt 389
      2.1.3.3 Sozial-psychologischer Ansatzpunkt 390
   2.1.4 Stellungnahme der Gewerkschaften 390
 2.2 Rechtlicher Gestaltungsrahmen 390
 2.3 Organisation des betrieblichen Vorschlagswesens 391
   2.3.1 Zweck der Einführung 392
   2.3.2 Personengruppen 392
   2.3.3 Merkmale des Verbesserungsvorschlages 392
   2.3.4 Organe und Organisation des betrieblichen Vorschlagswesens 392
 2.4 Bewertung des betrieblichen Vorschlagswesens 394
 2.5 Ansatzpunkte für eine Weiterentwicklung 397
   2.5.1 Vorgesetztenmodell 397
   2.5.2 Gruppenmodell 397
   2.5.3 Weiterentwicklung zu einem Ideenmanagement 399

Viertes Kapitel: Arbeitszeit und Zeitmanagement 401

1. Zeit als bestimmender Arbeitsfaktor 401

2. Gliederung der betrieblichen Gesamtzeit 403
 2.1 Auftragszeit 403
 2.2 Arbeitszeit 405

3. Methoden der Zeitermittlung 406
 3.1 Übersicht über die Methoden der Zeitermittlung 406
 3.2 Verfahren vorbestimmter Zeiten 406
 3.3 Zeitaufnahme 407
   3.3.1 Technik der Zeitaufnahme 407
   3.3.2 Leistungsgrad-Beurteilung 407
 3.4 Multimoment-Verfahren 408
 3.5 Vergleichen und Schätzen 409

4. Arbeitszeitrecht 410

5. Arbeitszeitmanagement 412
 5.1 Betriebliche Reaktionen auf die Entwicklung der
    Arbeitszeitverkürzungen 412
 5.2 Formen flexibler Arbeitszeitgestaltung 414
   5.2.1 Ansatzpunkte zur Arbeitszeitflexibilisierung 415
   5.2.2 Traditionelle Formen der Arbeitszeitflexibilisierung 415
   5.2.3 Neue Formen der Arbeitszeitflexibilisierung 416

6. Arbeitszeitmanagement und Arbeitszeitcontrolling 420

Fünftes Kapitel: Lohnsatz und Lohnform ... 425

1. Teilgebiete der Arbeitswissenschaft ... 425
2. Bestimmungsfaktoren der Arbeitsleistung ... 427
   - 2.1 Übersicht über die Determinanten der menschlichen Arbeitsleistung im Betrieb ... 427
   - 2.2 Faktoren des Leistungsangebots ... 430
     - 2.2.1 Leistungsfähigkeit ... 430
     - 2.2.2 Leistungsdisposition ... 430
     - 2.2.3 Leistungswilligkeit ... 431
   - 2.3 Leistungsergebnis ... 431
3. Grundsätze betrieblicher Entgeltpolitik ... 432
   - 3.1 Zusammenhänge zwischen betrieblicher Entgeltpolitik und allgemeiner Lohntheorie ... 432
   - 3.2 Absolute und relative Lohnhöhe ... 433
   - 3.3 Bedeutung des Entgelts für die Mitarbeiter ... 434
   - 3.4 Formen relativer Lohngerechtigkeit ... 436
4. Differenzierung des Lohnsatzes (Arbeitsbewertung) ... 439
   - 4.1 Zweck der Arbeitsbewertung ... 439
   - 4.2 Summarische Arbeitsbewertung ... 439
   - 4.3 Analytische Arbeitsbewertung ... 441
     - 4.3.1 Beschreibung der Tätigkeit und der Arbeitssituation (Arbeitsbeschreibung) ... 441
     - 4.3.2 Festlegung der einzelnen Anforderungsarten ... 442
     - 4.3.3 Ermittlung und Bewertung der Anforderungen ... 443
       - 4.3.3.1 Rangreihen- und Stufenverfahren ... 444
       - 4.3.3.2 Bewertung und Gewichtung der Anforderungen ... 444
       - 4.3.3.3 Beispiele der analytischen Arbeitsbewertung ... 446
     - 4.3.4 Beurteilung der analytischen Arbeitsbewertung ... 448
5. Differenzierung der Lohnform ... 449
   - 5.1 Übersicht über die verschiedenen Entlohnungsformen ... 449
   - 5.2 Zeitlohn (mit oder ohne Leistungszulage) ... 450
   - 5.3 Akkordlohn ... 452
     - 5.3.1 Wesen und Formen der Akkordentlohnung ... 452
       - 5.3.1.1 Geld- oder Stückakkord ... 452
       - 5.3.1.2 Zeitakkord ... 453
     - 5.3.2 Voraussetzungen für die Akkordentlohnung ... 454
     - 5.3.3 Grenzen der Akkordentlohnung ... 454

5.4 Prämienentlohnung ...458
   5.4.1 Wesen der Prämienentlohnung ...458
   5.4.2 Formen der Prämienentlohnung ...460
      5.4.2.1 Mengenprämie ...460
      5.4.2.2 Güte-/Ersparnisprämien ...461
      5.4.2.3 Nutzungsprämien ...461
      5.4.2.4 Kombinierte Prämien ...463
   5.4.3 Beurteilung der Prämienentlohnung ...463
5.5 Sonderformen der Entlohnung ...464
   5.5.1 Allgemeines ...464
   5.5.2 Sonderlohnformen ...464
5.6 Gewerkschaftliche Zielvorstellungen ...467
5.7 Wahl der zweckmäßigen Lohnform ...470

Sechstes Kapitel: Beteiligung der Arbeitnehmer am Erfolg und Kapital des Unternehmens ...479

1. Erfolgsbeteiligung ...479
   1.1 Abgrenzung vom Leistungsentgelt ...479
   1.2 Ziele der Erfolgsbeteiligung ...480
   1.3 Formen der Erfolgsbeteiligung ...482
      1.3.1 Arten der betrieblichen Erfolgsbeteiligung ...482
         1.3.1.1 Leistungsbeteiligung ...483
         1.3.1.2 Ertragsbeteiligung ...484
         1.3.1.3 Gewinnbeteiligung ...485
         1.3.1.4 Problemebenen bei der Realisierung von Erfolgsbeteiligungsmodellen ...486
         1.3.1.5 Verwendung der Erfolgsanteile ...487
         1.3.1.6 Zusammenfassung ...487
      1.3.2 Arten der überbetrieblichen Erfolgsbeteiligungen ...488
         1.3.2.1 Staatssekretäre-Plan ...488
         1.3.2.2 Gleitze-Plan ...489
         1.3.2.3 Krelle-Plan ...489
         1.3.2.4 Deist-Plan ...489
         1.3.2.5 Zusammenfassung ...489
         1.3.2.6 Stellungnahme der Tarifvertragsparteien und gesamtwirtschaftliche Beurteilung ...490

2. Kapitalbeteiligungen ...491
   2.1 Begriffsbestimmung ...491
   2.2 Kreis der beteiligungsberechtigten Mitarbeiter ...491
   2.3 Eigen- oder Fremdkapitalformen ...492
   2.4 Direkte oder indirekte Beteiligung ...492
   2.5 Rechtliche Gestaltungsformen ...493

Dritter Teil
Grundlagen der Führung

Erstes Kapitel: Führung und Leitung als Managementaufgaben 497

1. Führung im Unternehmen 497
   - 1.1 Führung, ein unklarer Begriff! 497
   - 1.2 Das Unternehmen als eine leistungsorientierte und soziale Organisation 499

2. Arbeitsteilung und Koordination als Bestimmungsgründe der Führung 501
   - 2.1 Wesen der Arbeitsteilung 501
   - 2.2 Formen der Arbeitsteilung 503
   - 2.3 Notwendigkeit der Koordination im arbeitsteiligen Prozeß 504
   - 2.4 Entwicklung des Bildungssystems sowie des Lebensstandards und die Auswirkungen auf Arbeitsteilung und Koordination 505
   - 2.5 Teilbereiche der Koordination 506
   - 2.6 Koordinationsbedarfsreduzierende Maßnahmen 510
   - 2.7 Verhältnis der verschiedenen Formen der Deckung des Koordinationsbedarfes zueinander 512

3. Informationen und Kommunikation als Voraussetzung des Zusammenwirkens der Elemente und der Subsysteme 515
   - 3.1 Notwendigkeit der Informationsübertragung 515
   - 3.2 Der Informationsprozeß 515
   - 3.3 Der Kommunikationsprozeß 522

4. Organisation 526
   - 4.1 Wesen der Organisation 526
   - 4.2 Bewußtes Organisieren und Selbstorganisation 527
   - 4.3 Organisationsstruktur (formale Organisation) und Organisationskultur (informale Organisation) 531
   - 4.4 Der lernende Mitarbeiter und die lernende Organisation 532
   - 4.5 Intelligenz der Organisation/Organizational Intelligence 541
   - 4.6 Zusammenhang zwischen Mitarbeitern, Organisationskultur und organisationaler Intelligenz 544
   - 4.7 Organisationsänderungen 546
     - 4.7.1 Organisationsentwicklung 546
     - 4.7.2 Business-Reengineering 552
     - 4.7.3 Verhältnis Organisationsentwicklung und Reengineering .. 555

5. Führungsprozeß: Begriffliche Grundlagen 555
   - 5.1 Führung als Erfüllung der Koordinationsaufgabe 555
   - 5.2 Führen und Leiten 558

5.3 Führungsstil, Führungsverhalten und Führungselemente 560
    5.3.1 Organisatorische Führungselemente 561
    5.3.2 Sozialpsychologische Führungselemente 564
5.4 Führungspositionen 565

Zweites Kapitel: Phasen des Managementprozesses 569

1. Übersicht über die Phasen des Managementprozesses 569

2. Zielsetzung 571
    2.1 Übersicht 571
    2.2 Wertesystem 573
    2.3 Umwelt- und Unternehmensanalyse 573
    2.4 Unternehmensleitbild und Unternehmensprofil 577
    2.5 Unternehmensstrategien 579
    2.6 Zielsystem 580

3. Willensbildung 584
    3.1 Ermittlung der Problemstellung 584
    3.2 Ermittlung der Handlungsalternativen 588
    3.3 Beurteilung und Festlegung einer Handlungsalternative 590
    3.4 Die Bedeutung von Rationalität und Intuition
        in Entscheidungsprozessen 593
    3.5 Persönlichkeitsstruktur und Entscheidungsfindung 595

4. Willensdurchsetzung 596
    4.1 Realisierung der gewählten Handlungsalternative 596
    4.2 Kontrolle der Handlungsdurchführung 598
    4.3 Durchführung der Kontrolle (Controlling) 601

Vierter Teil
Personalführung

Erstes Kapitel: Formen der Führung 607

1. Macht und Führung 607
    1.1 Einflußnahme und Machtausübung im Führungsprozeß 607
    1.2 Theorie der Entstehung von Einflußmöglichkeiten (Machttheorien) 609
        1.2.1 Allgemeines 609
        1.2.2 Das Machtbasenmodell 610
            1.2.2.1 Übersicht über die Machtgrundlagen 610
            1.2.2.2 Zwang 611
            1.2.2.3 Handlungsbeschränkung 612
            1.2.2.4 Beeinflussung durch Informationsgestaltung 612

		1.2.2.5	Beeinflussung der Umwelt	613
		1.2.2.6	Anreizgewährung	613
		1.2.2.7	Akzeptanz	614
		1.2.2.8	Überzeugung	615
	1.2.3	Dependenzmodell		615
1.3	Machtbeziehungen im Unternehmen			616
	1.3.1	Konfliktfreie Beziehungen		616
	1.3.2	Individuelle Machtbeziehungen		617
	1.3.3	Machtbeziehungen zwischen Gruppen		619
	1.3.4	Führung als Ausübung sozialen Einflusses		620
1.4	Wandel der Machtbeziehungen			622
1.5	Machtmißbrauch als Pathologie der Führung			623

2. Ergebnisse der Führungsforschung 626

2.1	Führungstheoretische Ansätze im Überblick	626
2.2	Eigenschafts-, persönlichkeitstheoretische Ansätze	627
2.3	Führung als soziale Verhaltensweise	628
	2.3.1 Dyadischer Erklärungsansatz	629
	2.3.2 Gruppendynamischer Erklärungsansatz	629
	2.3.3 Situative Erklärungsansätze	630
	2.3.4 Erklärungsansätze für die Vorgesetzten/Mitarbeiter-Beziehungen	630
2.4	Formalorganisatorischer Erklärungsansatz	631
2.5	Erklärungsgrundsätze anderer wissenschaftlicher Disziplinen	632

Zweites Kapitel: Der Mensch im Unternehmen 635

1. Der arbeitende Mensch als Subjekt und Objekt des betrieblichen Personalwesens 635

2. Der Mitarbeiter als Individuum 635

2.1	Übersicht über die individuelle Persönlichkeitsstruktur	635
2.2	Die persönliche Grundstruktur	637
	2.2.1 Angeborene Eigenschaften und Merkmale	637
	2.2.2 Internalisierte Wertvorstellungen und Normen	639
	2.2.3 Wissen und Können	642
2.3	Persönliches Grundverhalten	642
2.4	Situatives persönliches Verhalten	642

3. Bestimmungsgründe menschlichen Verhaltens 643

3.1	Grundlagen der Motivationslehre	643
	3.1.1 Motive und Motivationsprozeß	643
	3.1.2 Motivstärke und Leistungseffizienz	646
	3.1.3 Motivkonflikte	649
	3.1.4 Frustration, Streß und Abwehrmechanismen	650

   3.1.5 Motivanalyse 652
   3.1.6 Direkte oder indirekte Bedürfnisbefriedigung 653
 3.2 Theoretische Erklärungsansätze zur Leistungsmotivation........................654
   3.2.1 Inhaltstheorien 654
     3.2.1.1 Bedürfnishierarchie Maslows................................654
     3.2.1.2 Weiterentwicklung der Theorie von Maslow 657
     3.2.1.3 Motivations-Maintenance-Theorie von Herzberg 658
     3.2.1.4 Theorie der erlernten Bedürfnisse nach Leistung und Macht..662
   3.2.2 Prozeßtheorien 665
     3.2.2.1 SIR-Theorie 665
     3.2.2.2 Erwartungs-Valenz-Theorien 666
     3.2.2.3 Gleichheitstheorien..669
     3.2.2.4 Weg-Ziel-Theorie...670
     3.2.2.5 Weiterentwicklung der Weg-Ziel-Theorie durch Neuberger 673
     3.2.2.6 Zielsetzungstheorie von Locke 674
 3.3 Motivation im Unternehmen..675
   3.3.1 Motivation und Führung 675
   3.3.2 Eigenmotivation und Fremdmotivation 675
   3.3.3 Folgen von Fremdmotivation...677
   3.3.4 Die Bedeutung der Motivationstheorien für die Personalführung.....678
   3.3.5 Folgerungen für die Motivationsforschung 679

4. Werte und Wertewandel 679

5. Arbeitszufriedenheit und Leistung.. 684
 5.1 Begriff der Arbeitszufriedenheit..684
 5.2 Einflußgrößen auf die Arbeitszufriedenheit 685
   5.2.1 Arbeitsintrinsische Belohnung...685
     5.2.1.1 Arbeitsaufgabe 685
     5.2.1.2 Einflüsse aus dem Arbeitskontext 688
   5.2.2 Arbeitsextrinsische Belohnung..689
 5.3 Erklärung zur Bestimmung der Arbeitszufriedenheit............................689
   5.3.1 Konzeptionen der Arbeitszufriedenheit 689
   5.3.2 Ansätze zur Bestimmung der Arbeitszufriedenheit 690
     5.3.2.1 Inhaltstheoretische Ansätze 690
     5.3.2.2 Prozeßtheoretische Ansätze 691
     5.3.2.3 Typologischer Ansatz von Bruggemann...............692
 5.4 Auswirkungen der Arbeitszufriedenheit 694
   5.4.1 Individuelle Arbeitszufriedenheit und gesamthafte Grundeinstellung..694
   5.4.2 Arbeitszufriedenheit und Gesellschaft................................695
 5.5 Zusammenhänge zwischen Arbeitszufriedenheit und Leistung..................696
   5.5.1 Probleme des Nachweises empirischer Zusammenhänge..............696

  5.5.2 Theoretische Erklärungsmodelle 696
    5.5.2.1 Zufriedenheit führt zur Leistung 697
    5.5.2.2 Leistung führt zur Zufriedenheit 698
    5.5.2.3 Zufriedenheit und Leistung hängen
       von dritten Größen ab 699
  5.5.3 Zusammenfassung 700

Drittes Kapitel: Der Mitarbeiter als Mitglied der Gruppe 705

1. Begriff und Entstehung von Gruppen 705
  1.1 Individuelles Handeln und Gruppenhandeln 705
  1.2 Das Wesensmerkmal einer Gruppe 705
  1.3 Entstehung und Auflösung von Gruppen 707
  1.4 Gruppenziele und Gruppennormen 709
  1.5 Rollenverteilung 710

2. Gruppen im Unternehmen 713
  2.1 Formale und informale Gruppen 713
  2.2 Auswirkungen der Gruppenbildung auf das Arbeitsergebnis 716
  2.3 Führung von Gruppen 717
  2.4 Führung durch Gruppen 718

3. Betriebsklima, Organisationsklima, Organisationskultur 721
  3.1 Die Entwicklung von Betriebs- und Organisationsklima 721
    3.1.1 Das Betriebsklima 721
    3.1.2 Das Organisationsklima 722
    3.1.3 Auswirkungen des Betriebs- und Organisationsklimas 724
    3.1.4 Erfassung und Beeinflussung von Betriebs- und
       Organisationsklima 725
  3.2 Weiterentwicklung zur Organisationskultur 725
    3.2.1 Begriff Organisationskultur 725
    3.2.2 Die Stärken der Organisationskultur 728
    3.2.3 Wirkungen der Organisationskultur 728
    3.2.4 Die Strategien des Kulturwandels. 730

Viertes Kapitel: Idealtypische Führungsstile 733

1. Das Bild vom Mitarbeiter als Grundlage von Organisationskonzepten
und Führungstheorien 733
  1.1 Das Menschenbild als Grundlage sozialer Ordnungssysteme 733
  1.2 Menschenbilder als Grundlage von Organisations- und
    Führungskonzepten 734
  1.3 Das Bild vom Mitarbeiter nach Schein 736
    1.3.1 Der Mitarbeiter als Leistungsträger 736
    1.3.2 Der Mitarbeiter als Bedürfnisträger 738
    1.3.3 Der Mitarbeiter als Entscheidungsträger 738
    1.3.4 Der Mitarbeiter als Individuum 739

    1.4   Das Bild von Mitarbeitern und von Vorgesetzten nach Weinert 740
    1.5   Menschenbilder von Vorgesetzten nach Maccoby 742

2. Führungsverhalten als Ausdruck gesamtgesellschaftlicher Normen 744
    2.1   Führungsverhalten in Abhängigkeit vom gesellschaftlichen Umfeld............744
    2.2   Anpassung des Vorgesetzten- und Mitarbeiterverhaltens 747
            2.2.1   Anpassungsprozeß 747
            2.2.2   MacGregor's X-Y-Theorie..749
            2.2.3   Abgeleitete Ansätze 751
    2.3   Theorie Z von Ouchi 753

3. Idealtypische Führungsstile 756
    3.1   Einteilung nach der Rechtfertigung ihrer Existenz....................................756
            3.1.1   Patriarchalischer Führungsstil..756
            3.1.2   Charismatischer Führungsstil...756
            3.1.3   Autokratischer Führungsstil...757
            3.1.4   Bürokratischer Führungsstil..757
    3.2   Einteilung nach der Ausübung der Führungsfunktionen
          (autoritärer und kooperativer Führungsstil)..758
    3.3   Kontinuum der Führungsstile..761
    3.4   Der kooperative Führungsstil in der Praxis 761

4. Ausprägung des Führungsverhaltens 766
    4.1   Mitarbeiter- und Sachorientierung 766
    4.2   Verhaltensgitter - managerial-grid...769
            4.2.1   Das Grundmodell - anzustrebendes
                      optimales Führungsverhalten...769
            4.2.2   Weiterentwicklung des Modells durch Stilvielfalt 774
            4.2.3   Weiterentwicklung des Problems durch
                      die dritte Dimension: "Motivation"..775
            4.2.4   Mitarbeiter-Verhaltensgitter 777
            4.2.5   Beurteilung der Erweiterung des Grid-Modells......................778
    4.3   Erweiterung des Verhaltensgitters durch Simon..778
    4.4   Das Vier-Faktoren-Führungsmodell von Bowers und Seashore................780
    4.5   Vier-Faktorensystem von Likert..781
    4.6   Polaritätenprofile 783
            4.6.1   Nach Bleicher..783
            4.6.2   Nach Lattmann..783

Fünftes Kapitel: Führungsmodelle und empfohlenes Führungsverhalten 789

1. Das Dilemma der Führung 789
    1.1   Personalführung als Lückenbüßer im Koordinationsbedarf.......................789
    1.2   Einfluß der Führung auf Leistung und Arbeitsverhalten 790

2. Führungsmodelle 795
   2.1 Führungsmodelle auf der Grundlage des Delegationsprinzips 795
       2.1.1 Delegation von Verantwortung (management by delegation) 796
       2.1.2 Management by Exception 798
       2.1.3 Führung im Mitarbeiterverhältnis - Harzburger Modell 800
             2.1.3.1 Grundsätze des Modells 800
             2.1.3.2 Führungsmittel 801
             2.1.3.3 Kritik am Harzburger Modell 804
   2.2 Führungsmodelle auf der Basis von Zielvorgaben 806
       2.2.1 Management by Objectives 806
             2.2.1.1 Entwicklung und Grundzüge des Modells 806
             2.2.1.2 Elemente 808
             2.2.1.3 Würdigung 809
       2.2.2 Kybernetische Regelkreismodelle 810
       2.2.3 Selbststeuernde Gruppen 811
   2.3 Kombinierte Modelle 812
       2.3.1 DIB/MAM Führungssystem 812
       2.3.2 St. Galler Führungsmodell 813

3. Modelle für situationsbezogenes Führungsverhalten 815
   3.1 Führungsmodell von Reddin 815
   3.2 Führungsansatz von Hersey und Blanchard 819
   3.3 Das Kontingenzmodell von Fiedler 821
       3.3.1 Führungsverhalten 822
       3.3.2 Grad der situationalen Günstigkeit 823
       3.3.3 Effektivität der Führung 826
       3.3.4 Das Kontingenzmodell 826
       3.3.5 Schlußfolgerungen aus dem Modell 828
       3.3.6 Kritik an dem Modell 828
   3.4 Kognitive Ressourcentheorie von Fiedler 829
   3.5 Multivariable Ansätze 832
   3.6 Entscheidungsmodell von Vroom und Yetton 833

4. Sonstige Führungskonzeptionen, spezialisierte Teilansätze 840

Sechstes Kapitel: Das Problem des idealen Führungsverhaltens 847

1. Das Dilemma der Führungsforschung 847
   1.1 Die Komplexität des Führungsprozesses 847
   1.2 Führung als kompromißbestimmtes Handeln zwischen unverzichtbaren Anforderungen 849
   1.3 Führungsmodelle als Orientierungshilfen für Vorgesetzte 853

2. Kritische Würdigung der Ergebnisse der Führungsforschung 854
   2.1 Führungsmodelle als atomistische Teilansätze 854
   2.2 Vermarktungsinteresse von Führungsmodellen 855
   2.3 Probleme der Erfolgsmessung 856
3. Zusammenfassende Bewertung 859
   3.1 Grenzen des Modelldenkens 859
   3.2 Die Unabweichlichkeit, mit der Komplexität zu leben 861

Fünfter Teil
Personalforschung und die Herausforderung der Zukunft

Erstes Kapitel: Personalforschung als Zukunftsaufgabe 867

1. Gegenstandsbereich der Personalforschung 867
   1.1 Inhaltsbereich 867
   1.2 Formen der Personalforschung 869
   1.3 Bereiche der Personalforschung 870
        1.3.1 Betriebliche Personalforschung 871
        1.3.2 Personalforschung im System der Wissenschaften 872
   1.4 Stand der Personalforschung 873
   1.5 Methoden der Personalforschung 874
        1.5.1 Beobachtung 874
        1.5.2 Befragung 876
        1.5.3 Experiment 880
        1.5.4 Auswertung von Personalstatistiken, Sekundärdokumenten und
                Inhaltsanalysen 881
        1.5.5 Innerbetriebliche Quellen der Informationsgewinnung 882
        1.5.6 Zusammenfassende Übersicht über Ziele und Methoden der
                Datengewinnung in der Personalforschung 884

Zweites Kapitel: Das Personalwesen, eine Herausforderung der Zukunft 885

Literaturverzeichnis 887

Stichwortverzeichnis 933

Erster Teil

Grundlagen des Betrieblichen Personalwesens

Erstes Kapitel

Die Lehre vom Betrieblichen Personalwesen als Teilgebiet der Betriebswirtschaftslehre

1. Die Lehre vom Betrieblichen Personalwesen als eine spezielle Betriebswirtschaftslehre

Das *Betriebliche Personalwesen* als Teilgebiet der *Betriebswirtschaftslehre* hat sich erst im Laufe der letzten Jahrzehnte entwickelt. *Bellinger* definiert den Umfang mit der "Gesamtheit aller Funktionen, die darauf gerichtet sind, einerseits dem Betriebszweck entsprechende vertragliche Leistungen von Betriebsangehörigen zu beschaffen und laufend in ihrer Eignung für diesen Betriebszweck zu erhalten und andererseits dafür Sorge zu tragen, daß bei Inanspruchnahme dieser Leistungen die Rechte und Interessen der Belegschaftsmitglieder gewahrt werden, soweit sie im Rahmen ihrer vertraglichen Tätigkeit in Frage gestellt sein könnten". (*Bellinger*, Sp.4314 ff.).

Trotz der hier zum Ausdruck gebrachten eindeutigen betriebswirtschaftlichen Fragestellungen, konnte sich diese Meinung lange Zeit in der Betriebswirtschaftslehre nur in Ansätzen durchsetzen.

Die betriebswirtschaftliche Lehre und Forschung wurde nachhaltig vom Gutenberg'schen *Konzept der Produktionsfaktoren* bestimmt, wonach die menschliche Arbeit entweder als ausführende (*objektbezogene*) Arbeit oder als *dispositiver Faktor* (führende und leitende Tätigkeit) auftritt. Der dispositive Faktor besteht aus dem Elementarfaktor "Geschäfts- und Betriebsleitung" und den beiden daraus abgeleiteten (derivativen) Faktoren "Planung" und "Betriebsorganisation". Nach Gutenbergs Lehre ist dieser Faktor rational nicht erklärbar. Jedes Führungshandeln entzieht sich einer kritischen Beurteilung mit der Folge, daß Führung weder lehr- noch lernbar ist.

Der "ausführenden" (objektbezogenen) Arbeit wird der gleiche Rang wie den anderen Produktionsfaktoren eingeräumt. Deutlich faßte *Wöhe* noch in der 13. Auflage seines Standardlehrbuches (*Wöhe, 1978,* S. 24) diese Überlegungen wie folgt zusammen: "Zweifellos kommt dem arbeitenden Menschen eine zentrale Stellung im Betrieb zu. Aber vom Standpunkt der Betriebswirtschaftslehre ist er nicht Zweck, sondern *Mittel* (Hervorhebung durch den Autor), einer der Faktoren, die zur Realisierung der mit dem Betriebsprozeß erstrebten praktischen Zielsetzungen eingesetzt werden". Konsequent teilt er deshalb auch die Fragestellungen der Betriebswirtschaftslehre in drei große

Bereiche ein: "...einen produktionswirtschaftlichen, einen absatzwirtschaftlichen und einen finanzwirtschaftlichen. Diese drei Bereiche werden zahlenmäßig erfaßt und überwacht durch das Rechnungswesen. Einen soziologischen Bereich als vierten Bereich in das Objekt der Betriebswirtschaftslehre einzubeziehen, lehnen wir ab". (*Wöhe*, 1978 S. 9).

In der 16. Auflage betont er (*Wöhe*, 1986 S. 27), daß stillschweigend unterstellt wird, daß Menschen ebenso wie Maschinen behandelt werden können und daß die Neigung besteht, Arbeiter und Maschinen zusammen als Teil der Betriebsausrüstung zu betrachten (*Wöhe*, 1986, S.21). Und trotz einer grundlegenden Überarbeitung werden die Aussagen auch 1993 (18.Auflage) beibehalten.

Unter diesem Blickwinkel mußten naturgemäß alle Faktoren, die den Menschen, sein Leistungsverhalten im Betrieb, seine Motivation und alle nicht wertmäßig erfaßbaren Einflußgrößen auf sein Verhalten, negiert werden. Diese Haltung ergibt sich folgerichtig aus der Auffassung, daß sich die Wirtschaftswissenschaften dadurch verselbständigt haben, indem sie den "real handelnden Menschen" durch die von der klassischen Nationalökonomie in ihr Theoriegebäude übernommene Fiktion des homo oeconomicus aus ihrem Erkenntnisobjekt ausgeschlossen und damit alle Problembereiche ausgeklammert haben, die den gemeinsamen Gegenstand der Sozialwissenschaften bilden. Konsequenterweise gehören demnach alle zwischenmenschlichen Beziehungen und das individuelle Leistungsverhalten nicht zum Erkenntnisobjekt der Wirtschaftswissenschaften, sondern in den Erkenntnisbereich der Soziologie und Psychologie.

Für den dispositiven Faktor herrschte der *"Great Man"-Ansatz*, d.h. die *Eigenschaftstheorie* vor, die davon ausgeht, daß man zum Unternehmer geboren werde. Optimales Führungsverhalten ist das Produkt angeborener Eigenschaften, die nicht zu erlernen sind. Soweit Personalfragen im Rahmen der Wirtschaftswissenschaften angeschnitten wurden, beschränkte sich die Behandlung des Leistungsverhaltens des arbeitenden Menschen auf den Lohnanreiz. Zwischen der Lohnhöhe und dem Leistungsergebnis wurde ein unmittelbarer Zusammenhang unterstellt.

Heinen gab für den dispositiven Faktor menschliche Arbeit diesen Ansatz unter dem Einfluß der US-amerikanischen Management- und Organisationsliteratur auf. In den Mittelpunkt seiner *"entscheidungsorientierten Betriebswirtschaftslehre"* stellt er den wirtschaftenden Menschen als Entscheidungssubjekt. Aufgabe der Betriebswirtschaftslehre ist es, diesem rational handelnden Menschen als Entscheidungsträger Problemlösungshilfen bereitzustellen.

Für die objektbezogene Arbeit hingegen führt er den *Gutenberg'schen Ansatz* weiter. Menschliches Leistungsverhalten und die Entscheidung, einem Unternehmen anzugehören oder nicht, wird ausschließlich von den gegebenen materiellen und immateriellen Anreizen sowie den geforderten Leistungen abhängig gemacht. Die Erklärung des Leistungsverhaltens des Menschen wird damit auf eine "primitive" Anreizbeitragstheorie reduziert.

Diese Ausklammerung des realen, arbeitenden Menschen aus der Problemgrundstellung und seine Reduzierung auf die Rolle eines Produktionsfaktors hat die Betriebswirtschaftslehre stark beeinflußt. *H. Ulrich* bemerkt dazu: "Der Unternehmer wie der einzelne Mitarbeiter erscheint (aber) in dieser Betriebswirtschaftslehre nicht als reale Person, sondern als gedachter, "homo oeconomicus", und es wird nicht das reale Verhalten von Menschen untersucht und erklärt, sondern dasjenige einer *fiktiven* Person (Hervorhebung durch den Autor). Durch den gewählten Ansatz entsteht also zwangsläufig ein nicht aufhebbarer Gegensatz zwischen dem Inhalt der Betriebswirtschaftslehre und den Gestaltungsproblemen der Wirklichkeit. ... Es ist deshalb kein Wunder, daß diese Betriebswirtschaftslehre sich nie zu einer "Unternehmungsführungslehre" entwickeln konnte. Sie war in der Tat "wirklichkeitsfremd", nicht durch einen zu hohen Abstraktionsgrad, sondern durch ein an wirklichkeitsfremden Gesichtspunkten und Postulaten orientiertes Abstraktionsverfahren". (*Ulrich, H.*, S. 34).

Wöhe verkennt durchaus nicht, die sich aus der Fiktion des *"homo oeconomicus"* ergebenden Probleme. Zwar hält er es deshalb für notwendig, gesicherte Erkenntnisse anderer, auch der verhaltenswissenschaftlichen Disziplinen, bei praktischen wirtschaftlichen Fragestellungen und Entscheidungen mit zu berücksichtigen, und damit die notwendige Einseitigkeit der Fragestellung der Einzeldisziplin der Betriebswirtschaftslehre durch *interdisziplinäre Zusammenarbeit* zu überwinden (*Wöhe*, 1986, S. 27), scheut sich aber, die hieraus sich ergebenden entscheidenden Konsequenzen zu ziehen. Eine Einordnung in den Gegenstandsbereich der Betriebswirtschaftslehre lehnt er jedoch ab.

Die Konsequenz dieser Haltung wirft eine Reihe von Fragen auf, die noch nicht beantwortet sind. Wie soll diese interdisziplinäre Zusammenarbeit aussehen? Genügt es, *"interdisziplinäre Studiengänge"* aufzubauen? Vor allem, welchen Stellenwert sollen die Verhaltenswissenschaften im Verhältnis zu den Wirtschaftswissenschaften und innerhalb eines betriebswirtschaftlichen Studiums haben?

Vor allem eine entscheidende Frage bleibt ungeklärt: Welche Bedeutung haben dann noch betriebswirtschaftliche Modelle und Theorien, wenn sie auf einer "Fiktion" aufbauen und wenn sie erst - durch die Berücksichtigung anderer sozial- und verhaltenswissenschaftlicher Erkenntnisse relativiert - Erklärungs- und Problemlösungshilfen für reale Probleme der Praxis zu geben vermögen?

Um ihre Realitätsnähe wieder zu gewinnen und um den *empirischen Gestaltungsproblemen* gerecht zu werden, muß die Betriebswirtschaftslehre die Probleme des arbeitenden Menschen mit in ihr Erkenntnisobjekt einbeziehen.

Dies ist nur möglich, wenn die Problemstellung erweitert und das Betriebliche Personalwesen als Teildisziplin in die Betriebswirtschaftslehre einbezogen wird.

Im Rahmen der bisherigen Unterteilung der Betriebswirtschaftslehre nach

1. Institutionen (Wirtschaftszweige wie Bankbetriebslehre, Industriebetriebslehre, usw.) und
2. nach Funktionen (Beschaffung, Produktion, Absatz, Finanzen usw.)

wird dann die Lehre des Betrieblichen Personalwesens eine Sonderstellung einnehmen, denn die Probleme des Personalwesens sind sowohl institutions- als auch funktionsübergreifend.

So betrachtet, könnte sich die Betriebswirtschaftslehre zu einer speziellen Verhaltenswissenschaft weiterentwickeln, ohne allerdings den letzten Schritt vollziehen zu müssen, den *F. Hofmann* in seinem "*Wiener Ansatz*" einer Management-Lehre vorschlägt, nämlich den Bereich der Führungs- und Personallehre ganz aus dem Forschungskonzept der Betriebswirtschaftslehre herauszunehmen und als eine eigenständige wissenschaftliche Teildisziplin zu etablieren.

Ein aus der wirtschaftlichen Betrachtungsweise herausgelöster Bereich, der sich nur mit den Personalproblemen beschäftigt und zu einer eigenständigen wissenschaftlichen Disziplin entwickelt, müßte in weiten Bereichen genauso realitätsfern werden, wie es eine Betriebswirtschaftslehre gewesen ist, die die verhaltenswissenschaftlichen Besonderheiten der Betätigung von realen Menschen im Leistungsprozeß ausgeklammert hat.

2. Die Lehre vom Betrieblichen Personalwesen als Wissenschaft

2.1 Begriff und Aufgabe einer Wissenschaft

Die ersten Ansätze, personalwirtschaftliche Fragestellungen auf verhaltenswissenschaftlicher Grundlage im Rahmen der Betriebswirtschaftslehre zu behandeln, mußten naturgemäß sehr pragmatisch, vor allem durch den Rückgriff auf wissenschaftliche Erkenntnisse anderer Bereiche erfolgen.

Dies hat der Lehre vom Betrieblichen Personalwesen den Vorwurf eingetragen, keine eigenständige wissenschaftliche Disziplin im Rahmen eines Hochschulfaches zu sein.

Sicher zu unrecht.

Der Begriff *Wissenschaft* ist mehrdeutig. Man kann darunter verstehen (*Raffée*, S. 13):

1. die Tätigkeit zur systematischen Gewinnung neuer Erkenntnisse und zur Erarbeitung eines Wissensvorrates,
2. die Institution bzw. Organisation, innerhalb der sich der Prozeß der Erkenntnisgewinnung vollzieht,
3. das Ergebnis dieser Bemühungen um Erkenntnisse, d.h. ein möglichst systematisch geordnetes und geschlossenes System von Aussagen über das Erkenntnisobjekt.

Jede Wissenschaft und jede wissenschaftliche Tätigkeit beruht auf drei Säulen:

1. einem *Erkenntnisobjekt* (d.h. dem Objekt, über das Erkenntnisse gewonnen werden sollen),
2. einem oder mehreren *Erkenntniszielen* (d.h. den angestrebten Ergebnissen),
3. einer oder mehreren *Forschungsmethoden* zum systematischen Vorgehen bei der Erkenntnisgewinnung.

Das Erkenntnisobjekt einer *Realwissenschaft* (im Gegensatz zur *Formalwissenschaft*) leitet sich aus einem Erfahrungsobjekt ab, wobei unter Zugrundelegung eines Auswahlprinzips oder eines leitenden Grundgedankens eine Abgrenzung eines Teilbereiches aus dem vielschichtigen Bereich der gegebenen Realität vorgenommen wird, über den durch systematisches Vorgehen (Einsatz bestimmter Methoden) Erkenntnisse und Aussagen gewonnen werden sollen. Die Entscheidung, welche Institutionen das Erkenntnisobjekt (den *Objektbereich*) bilden sollen, welche Problemstellung zu behandeln ist und welche Methoden zur Erkenntnisgewinnung anzuwenden sind, erfolgt im *Basisbereich* einer Wissenschaft.

Gemeinsames Erfahrungsobjekt aller Gesellschaftswissenschaften sind die Menschen und das menschliche Zusammenleben. Auf diesem Erfahrungsobjekt bauen auch die Wirtschaftswissenschaften auf und davon abgegrenzt als Erkenntnisobjekt die Wirtschaft als Teil der Leistungserstellung und des Leistungsverbrauches. Innerhalb des Bereiches Wirtschaftswissenschaften beschränkt sich das Erkenntnisobjekt der Betriebswirtschaftslehre auf den "Betrieb" (im weiteren Sinne auch alle Organisationsformen, in denen unter Zusammenwirkung verschiedener Produktionsfaktoren in einem arbeitsteiligen Prozeß Leistungen erstellt und abgesetzt werden).

Die Festlegung des Auswahlprinzips (der *Grundproblemstellung*), mit dem aus dem Erfahrungsobjekt das Erkenntnisobjekt konkretisiert wird, ist nicht aus der *Erkenntnistheorie* abgeleitet, (die sich nicht mit Fragen einzelner Wissenschaften und ihrer gegenseitigen Abgrenzungen beschäftigt), sondern ist vielmehr das Ergebnis des "Willküraktes" eines Wissenschaftlers, nämlich der Festlegung, welche Probleme er bearbeiten will. Eine Wissenschaft bekommt erst durch Konvention der beteiligten Wissenschaftler eine bestimmte Gestalt und eine bestimmte Struktur. Der Willkür in der Auswahl und der Festlegung der Problemstellung als leitendem Auswahlprinzip zur Abgrenzung des Erkenntnisobjektes sind Grenzen gesetzt. Die Grenzen liegen dort, wo die gefundenen Lösungen für gestellte Probleme auch für andere Menschen noch sinnvoll sind oder sein können.

Die Gefahr, daß ein "lediglich intrapersonal gesteuertes Laissez-Faire des einzelnen Wissenschaftlers" und unzureichende Diskussionen von Wissenschaftsprogrammen methodische Fehlentwicklungen mit sich bringen, und daß dadurch wichtige Lehr- und Forschungsgebiete einer Disziplin vernachlässigt werden, wie *Raffée* befürchtet, ist nicht zu beweisen, denn der Anlaß zur Bildung neuer Theorien ging seit jeher nicht nur vom Forschungsdrang eines Wissenschaftlers aus, sondern vielmehr auch vom akuten Bedarf der Praxis, die durch Grenzziehung gesicherter wissenschaftlicher Aussagen, Gestaltungshilfen wünscht (*Witte*, S. 185). Wer in diesem Zusammenspiel von theoretischer Grundlagenforschung, angewandter Forschung und praxeologischer Nutzung die Gefahr sieht, daß die Wissenschaft nur "*systemstabilisierendes Herrschaftswissen*" hervorbringt, übersieht die praktische Ambivalenz wissenschaftlicher Erkenntnisse und Theorien (vgl. hierzu die Atomforschung, die sowohl die Grundlagen für die Kernwaffentechnik als auch für den Bau von Kernkraftwerken sowie für den Einsatz der Nukleartechnik in der Medizin geschaffen hat).

2.2 Erkenntnisobjekt des Betrieblichen Personalwesens

Die rasche Entwicklung des Betrieblichen Personalwesens als wissenschaftliche Disziplin hat einen gemeinsamen Konsens über den *Objektbereich* dieser Disziplin bisher weitgehend verhindert.

Die Spannbreite der Auffassungen über den Umfang des *Erkenntnisobjektes* des Betrieblichen Personalwesens ist - wie nachstehende Meinungen zeigen - sehr breit.

1. Eine "*Personal-Disziplin*" besteht nicht. Man kann sie auch nur schwer schaffen, weil sie gegenüber anderen Disziplinen nicht exakt oder nur schwer abgrenzbar sei; ferner würde die Konzeptionalisierung einer solchen Disziplin keine Vorteile bringen.

2. Das *Personalwesen* befaßt sich mit der Entstehung und (rationalen) Lösung betrieblicher Personalprobleme im Hinblick auf die beiden Haupterfordernisse (Verfügbarkeit und Wirksamkeit von Personal) und zwei Nebenerfordernisse (Information in bezug auf die Verfügbarkeit des Personals und die Beziehungen zwischen den Interessenvertretungen des Personals und des Kapitals).
3. Erkenntnisobjekt der Lehre vom Betrieblichen Personalwesen ist das Leistungsverhalten des Menschen in wirtschaftlichen Organisationen und die inner- und außerorganisatorische Umwelt als Bestimmungsgröße dieses Leistungsverhaltens (*Marr/Stitzel* 1979, S. 26).

Demgegenüber wurde folgende Abgrenzung, die letztendlich auch weitgehend akzeptiert wurde, vorgeschlagen (vgl. *Bisani* 1976, S. 14; 1983, S.112).

Erkenntnisobjekt der Betriebswirtschaftslehre und damit Erfahrungsobjekt des Betrieblichen Personalwesens ist jede wirtschaftlich tätige Organisation (Unternehmen, Betrieb usw.), in der in einem arbeitsteiligen Prozeß eine Mehrzahl von Personen zur Erreichung von gemeinsamen Zielen (Erstellung und Verwertung von Gütern und Dienstleistungen) mit Hilfe von Sachmitteln zusammenwirken, ohne Beschränkung auf die dem Rentabilitätsprinzip unterworfenen privatwirtschaftlichen Organisationsformen.

Aus diesem Erfahrungsobjekt gewinnt das Personalwesen sein spezielles Erkenntnisobjekt, indem es sich auf die Erforschung von Fragen der in der Leistungsgemeinschaft "Betrieb" tätigen Menschen beschränkt. Hierbei sind nicht nur die Probleme relevant, die innerhalb des Betriebes entstehen, sondern auch die, die von außen an ihn herangetragen werden. Durch diese Spezialisierung grenzt es sich auch gegenüber der Psychologie, der Soziologie, der Politologie usw. und den technischen Wissenschaften ab.

Somit ist die Lehre vom Betrieblichen Personalwesen nicht nur eine interdisziplinäre Wissenschaft, die zur Erfüllung ihrer Aufgaben die Erkenntnisse mehrerer gegenständlich voneinander getrennter Wissenschaften integriert, sondern auch eine eigenständige sozialwissenschaftliche Disziplin. *Wunderer* spricht von einer interdisziplinären Projektwissenschaft, die im Erfahrungsobjekt der Betriebswirtschaftslehre, dem Betrieb, ein besonders bedeutsames Anwendungsgebiet vorfindet (*Wunderer*, S. 33 ff.).

Ob man einen interdisziplinären Ansatz auf die Forderung stützen kann, sich anstelle eines Erkenntnisobjektes an einem Erfahrungsobjekt zu orientieren, ist nicht nur eine wissenschaftstheoretische Frage der Grenzziehung, sondern vielmehr auch eine Frage der Praktikabilität und der Handlichkeit.

Diese Klärung des Erkenntnisobjektes des Betrieblichen Pesonalwesens kann auch gleichzeitig als Grundlage für die Abgrenzung des Begriffes gegenüber analogen Begriffen dienen. In der Literatur sind für diesen Bereich mehrere

Begriffe gebräuchlich, die zum Teil auch synonym verwendet werden, die jedoch wegen einer sehr einseitigen Ausrichtung nicht die volle Breite des Erkenntnisobjektes abdecken.

So z.B.:

1. *Personalwirtschaft.* Hier liegt vom Begriff her die Betonung auf der rein wirtschaftlichen Fragestellung und beschränkt sich damit auf eine ausschließlich ökonomische Betrachtungsweise im Sinne der Aussage von *Wöhe*, die aber bereits als zu eng angesehen wurde.

   Das Fach Betriebliches Personalwesen ist heute an den deutschen Universitäten und Hochschulen im Bereich der Betriebswirtschaftslehre angesiedelt. Eine rein betriebswirtschaftliche Bertrachtungsweise ohne eine interdisziplinäre Öffnung, insbesondere zu den Verhaltens- und Gesellschaftswissenschaften, wird dem Erkenntnisobjekt nicht gerecht. Dies kommt auch darin zum Ausdruck, daß in allen einschlägigen Lehrbüchern ein verhaltenswissenschaftliches Basiswissen als wesentlicher Bestandteil der Lehre des Betrieblichen Personalwesens abgehandelt wird.

2. *Personalmanagement.* Von der Begriffsbestimmung des Wortes Management ausgehend, stehen hier jedoch mehr die Probleme der Leitung und des Aufbaus der Unternehmung und die sich hieraus ergebenden Personalprobleme im Vordergrund. Begrifflich würde dies eine sehr starke instrumentelle Betrachtung des Mitarbeiters als Objekt der Betriebswirtschaftslehre zum Ausdruck bringen.

3. *Personalmarketing.* Dieser Begriff wurde geprägt in den Jahren, als es die vordringlichste Aufgabe des Betrieblichen Personalwesens war, das für die Erreichung des Betriebszweckes notwendige Personal zu beschaffen. Gekennzeichnet war diese Entwicklung von einem Wandel auf dem Arbeitsmarkt vom Verkäufer- (Anbieter von Arbeitskräften) zu einem Käufermarkt (Nachfrage nach Arbeitskräften). Hauptmerkmal war hier die auch bei allen anderen Unternehmungsbereichen zu beachtende Entwicklung zu einer systematischen Marktorientierung, die vom Absatzmarkt aus ihren Ausgang nahm und mit Auftreten weiterer Engpaßbereiche auch auf die Gebiete der Rohstoffbesorgung, der Kapitalbeschaffung, der Materialbereitstellung usw., übergegriffen hat.

   Im Mittelpunkt der Marketingbetrachtung stehen deshalb Maßnahmen der Schaffung von Präferenzen für das Unternehmen auf dem Arbeitsmarkt, um die Personalbeschaffung zu erleichtern.

4. *Personalpolitik.* Der Begriff Politik umfaßt das Setzen von Zielen, der Strukturierung von Aufgaben und der Durchführung von Maßnahmen. Jedes unternehmerische oder betriebliche Handeln ist naturgemäß auch politisches und damit zielorientiertes Handeln. In einer sehr weiten Fassung dieses Begriffes kann Personalpolitik weitgehend mit dem Begriff Personal-

wesen gleichgesetzt werden. In der eigentlichen, auf den Begriff "Politik" ausgerichteten Betrachtungsweise, umfaßt Personalpolitik damit jedoch vorwiegend nur die Ziel-, die Maßnahmenplanung sowie die Realisierung der geplanten Maßnahmen.

5. *Personalorganisation.* Unter diesem Oberbegriff werden in der Regel schwerpunktmäßig die Mitarbeiter als Bestandtteile der Unternehmensstruktur und ihre Eingliederung in den organisatorischen Aufbau betrachtet.

6. *Personalverwaltung.* Der Begriff Verwaltung schränkt hier die Sichtweise im wesentlichen auf die mit der Beschaffung und dem Einsatz von Mitarbeitern zu erledigenden verwaltungsmäßigen Aufgabenbereiche ein.

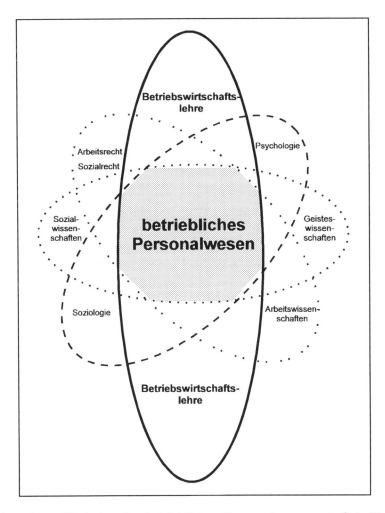

Abbildung 1: Die Lehre des betrieblichen Personalwesens als Schnittmenge relevanter wissenschaftlicher Disziplinen

Unter diesem Gesichtspunkt werden, wie Abbildung 1 zeigt, Teile des Erkenntnisobjektes zwar vordringlich im Rahmen der Betriebswirtschaftslehre behandelt, jedoch mit einer interdisziplinären Öffnung zu anderen Wissenschaftsdisziplinen.

2.3 Erkenntnisziel der Lehre vom Betrieblichen Personalwesen

Da die Lehre vom Betrieblichen Personalwesen nach mehr als 20jähriger Entwicklung immer noch nicht voll ausgereift ist, steht ihr auch kein den ganzen Problembereich voll abdeckendes Theoriesystem bezüglich des Untersuchungsgegenstandes zur Verfügung.

Aus der Formulierung der Grundproblemstellung einer Wissenschaft ergibt sich, daß sie ihr Erkenntnisobjekt zur Erreichung eines bestimmten Zieles erforscht. Auch dann, wenn sich mehrere Wissenschaftler weitgehend auf ein Erkenntnisziel einigen, läßt sich daraus nicht die Forderung nach einem allgemeinen und für alle verbindlichen Erkenntnisziel ableiten.

Erkenntnisziele wechseln im Zeitablauf. Bestimmte Probleme verlieren, andere gewinnen an Interesse. Die Betriebwirtschaftslehre hat, gekennzeichnet durch eine Reihe exponierter Forscherpersönlichkeiten, im Zeitablauf mehrere voneinander abweichende Erkenntnisziele verfolgt.

1. Die *ethisch normative Betriebswirtschaftslehre* unter ihrem Hauptvertreter, *H. Nicklisch*, hat den Betrieb als Gruppe arbeitender Menschen aufgefaßt, deren Beziehungen auf ethisch-normativer Basis allein vom Menschen her zu analysieren sind, wobei aus ethischen und religiösen Grundsätzen heraus Normen für das praktische Handeln in den Betrieben entwickelt werden sollen. Ein Ansatz, der lange Zeit vernachlässigt wurde und dem man den Vorwurf einer Unwissenschaftlichkeit machte, weil ja ethisch-normative Wertungen nicht "wahrheitsfähig" sind. Ein Ansatz, der aber heute mit der Diskussion um die Berücksichtigung "ethischer Wertvorstellungen" und der Forderung nach einer Lehre der "*Wirtschaftsethik*", wieder ungeahnte Aktualität gewinnt.
2. Die *arbeitsorientierte Einzelwirtschaftslehre* beruht ebenfalls auf normativen Ansätzen. Sie hat sich zum Ziel gesetzt, den Interessen der abhängig Beschäftigten in den verschiedenen Bereichen der Gesellschaft zur Durchsetzung zu verhelfen (*Projektgruppe im WSI*, S. 11) und fordert verstärkt, gesellschaftliche Zielsetzungen (unter dem Schlagwort der "*emanzipatorischen Rentabilität*") gegenüber der Dominanz der Kapitalrentabilität in der heutigen Betriebswirtschaftslehre zu berücksichtigen. Dieser Ansatz konnte allerdings kaum Bedeutung gewinnen. Er übersieht, daß wirtschaftliche Problemstellungen zwei Seiten haben, einmal den Leistungs-

erstellungsprozeß, der vor allem Gegenstand der Betriebswirtschaftslehre ist, und den Verteilungsprozeß des erwirtschafteten Ergebnisses auf die einzelnen eingesetzten Produktionsfaktoren. Beide hängen aber in der Weise zusammen, daß nur das verteilt werden kann, was vorher auch erwirtschaftet wurde.

3. Die *praktisch-normative Betriebswirtschaftslehre* wird von einigen neueren Autoren, wie u.a. von *E. Heinen, G. Wöhe* vertreten. Nicht auf der Basis ethischer Normen, sondern von empirisch feststellbaren Zielen der Betriebswirtschaft ausgehend, sollen Empfehlungen hinsichtlich des Mitteleinsatzes zur optimalen Realisation dieser als Daten betrachteten betriebswirtschaftlichen Ziele gegeben werden.

4. Die *explikative Betriebswirtschaftslehre* hatte unter dem Einfluß von *W. Rieger* demgegenüber ein sehr begrenztes Erkenntnisziel. Rieger lehnte eine Erarbeitung von Anleitungen und Richtlinien zum betrieblichen Handeln ab und beschränkte sich darauf, die Realität des Betriebes und seines Geschehens zu erklären.

5. Die *entscheidungsorientierte Betriebswirtschaftslehre* (Hauptvertreter *E. Heinen* u.a.) versucht, auf der Basis einer deskriptiven Theorie des menschlichen Entscheidungsverhaltens, den Ablauf von Entscheidungsprozessen in Unternehmen zu erklären und Verhaltensempfehlungen für die Entscheidungsträger zu geben. Hierbei strebt sie sowohl die Erklärung der Gegebenheiten und Geschehnisse des Betriebes als auch die Erkenntnis von Wegen zur ihrer Gestaltung an. Sie betrachtet es aber nicht als ihre Aufgabe, Betriebsziele zu beurteilen.

6. Der *systemtheoretische Ansatz* wird von *H. Ulrich,* einem der Hauptvertreter, als eine notwendige Vorstufe zu einem sinnvollen praktischen Handeln in zweckorientierten Systemen, insbesondere Unternehmen (Betrieben), aufgefaßt. Er ermöglicht die Entwicklung von Beschreibungsmodellen, aus denen Erklärungsmodelle gewonnen werden können. Diese erlauben, durch Umformung Prognosen über zukünftiges Geschehen zu treffen, um daraus Entscheidungsmodelle zu entwickeln.

7. Der *verhaltenswissenschaftliche Ansatz* versucht Erkenntnisse über das Verhalten von Individuen, Gruppen, Organisationen und Gesellschaften zu gewinnen und diese für den geplanten Wandel und die Steuerung sozialer Probleme nutzbar zu machen. Die Grundgedanken dieses Ansatzes liegen in weiten Bereichen auch der Teildisziplin des Betrieblichen Personalwesens zugrunde.

Damit gibt es *kein allein richtiges Erkenntnisziel.* Vielmehr wird man es immer mit einem Zielkonglomerat zu tun haben. Allerdings wird man über die Prioritäten, mit denen einzelne Erkenntnisziele anzustreben sind, zu unterschiedlichen Auffassung kommen können. Also nicht ein *Zielsingularismus,* sondern vielmehr ein *Zielpluralismus* einer Wissenschaft sichert, daß alle relevanten Probleme eines Erkenntnisobjektes gemäß der ihnen zugeordneten Bedeutung untersucht werden.

Aus diesem Grund ist auch die Diskussion darüber müßig, ob die Betriebswirtschaftslehre eine reine Wissenschaft ist, die nur nach einer Vergrößerung des Erkenntnisstandes strebt, oder eine angewandte Wissenschaft, die ihre Ziel in der Erarbeitung von Handlungsempfehlungen zur Problemlösung sieht.

Es gibt keine *angewandte Wissenschaft,* die sich nicht auf ein theoretisches Fundament von Thesen und Modellen stützt, ebenso wie es keine reine Wissenschaft gibt, die nicht auch auf der anderen Seite als Hilfswissenschaft einer angewandten *Basiswissenschaft* dient. Eine angewandte Wissenschaft, die den Anwendungsbezug verliert, entwickelt sich zu einer reinen Wissenschaft und damit zur *Hilfswissenschaft* einer anderen *Basiswissenschaft* oder sie verliert ihre Existenzberechtigung und stirbt aus.

Aus diesem Grunde ist auch der Streit um das *Werturteil* im System der Erkenntnisziele der Betriebswirtschaftslehre ein Scheinproblem. Auch eine sich als wertfrei gebende Wissenschaft kommt nicht ohne Wertung aus. Bereits bei der Festlegung von Erkenntnisobjekt und Erkenntnisziel im Basisbereich setzt eine Wertung ein, indem man ein Problem als forschungswürdiger oder vordringlicher als ein anderes ansieht. In der Auswahl des Forschungszieles und der Forschungsmethode kommt bereits eine wertende, persönliche Haltung des einzelnen Wissenschaftlers zum Ausdruck. Da ethische, moralische, weltanschauliche usw. Werturteile wissenschaftlich nicht zu begründen sind, ist es heute herrschende Auffassung, daß sie im *Aussagesystem* einer Wissenschaft keine Berücksichtigung finden sollen. Wissenschaftliche und betriebswissenschaftliche Erkenntnisse und Aussagen sollen keine positive oder negative Bewertung im Hinblick auf ein übergeordnetes, als allgemein gültig unterstelltes Prinzip enthalten. Jede Ausrichtung wissenschaftlicher Fragestellungen auf ein solches als allgemein gültig angesehenes Prinzip engt den Beurteilungs- und Betrachtungsspielraum ein. Da aber jeder Mensch, also auch jeder Forscher, ein persönliches Wertsystem besitzt, wird er sich auch in seinen Aussagen nicht ganz davon lösen können. Das Ziel, wertfrei wissenschaftliche Erkenntnisse zu gewinnen, wird ein anzustrebendes, aber nicht zu erreichendes Ziel sein. *Wertfreiheit ist kein wissenschaftstheoretisches Problem,* sondern ein Problem intellektueller Redlichkeit, die fordert, daß die eigene Wertung im Aussagesystem so zum Ausdruck kommt, daß sie gegenüber den wertfreien wissenschaftlichen Aussagen abgrenzbar ist. Dagegen sind Wertungen im sogenannten Objektbereich einer Wissenschaft nicht nur erlaubt, sondern meist in Form praktisch-normativer Gestaltungsempfehlungen unerlässlich. Wertungen im Objektbereich einer Wissenschaft dienen dem Aufzeigen von Ursachen-Wirkungs-Zusammenhängen. Sie stehen dann meist in Form von "Wenn-Dann"-Beziehungen, so z.B. die Aussage: "Neue

Formen der Arbeitsstrukturierung, wie job-enrichment, sprechen die intrinsischen Motive an und führen damit in der Regel zur Leistungssteigerung".

Das Erkenntnisziel der Lehre des betrieblichen Personalwesens ist es demnach,

1. als *reine Wissenschaft* das Verhalten und die Einstellungen der arbeitenden Menschen, in und unter den Bedingungen einer arbeitsteilig organisierten Leistungsgemeinschaft mit ihren unterschiedlichen Zielsetzungen, zu erforschen und zu erklären und
2. als *angewandte Wissenschaft,* aufbauend auf den theoretischen Erkenntnissen der reinen Wissenschaft und auf praktisch-normativer Grundlage, Problemlösungshilfen für praktisches Handeln zu geben. Im Rahmen der reinen Wissenschaft kann es wegen der Ambivalenz wissenschaftlicher Erkenntnisse keine *"mitarbeiterorientierte"* Lehre des Personalwesens geben, ebensowenig wie eine *"kapitalorientierte".* Aus wissenschaftlichen Erkenntnissen lassen sich sowohl Gestaltungshilfen zur Verbesserung der Arbeits- und Lebenssituation der Mitarbeiter als auch zu einer Leistungssteigerung des Unternehmens ableiten, ohne daß damit das Betriebliche Personalwesen zu einem Instrument der Verfestigung bestehender Herrschaftsstrukturen im Betrieb wird.

2.4 Die Methoden des Betrieblichen Personalwesens

Für jede Wissenschaft wird ein methodisches Vorgehen gefordert; zum einen, um den Nachvollzug des Prozesses zur Erkenntnisgewinnung für Dritte zu ermöglichen, zum andern, um bei der Suche nach wissenschaftlichen Erkenntnissen Zufälligkeiten und Umwege eines planlosen Suchens zu vermeiden.

In der Wissenschaft der Lehre vom Betrieblichen Personalwesen finden auch alle in der Betriebswirtschaftslehre und den empirischen Sozialwissenschaften verbreiteten Methoden Anwendung.

1. *Deskriptive Methode:* Hier werden Informationen über einen Gegenstandsbereich gesammelt, geordnet und übersichtlich dargestellt.
2. *Historische Methode:* Sie versucht, die geschichtliche Entwicklung zu erkennen, um bei einer Fortwirkung der festgestellten Ursache- und Wirkungsbeziehungen, unter Berücksichtigung der Tendenzen der Gegenwart, Schlüsse auf die in der Zukunft zu erwartende Entwicklung zu ziehen.
3. *Hermeneutik:* Diese Methode der verstehenden Erfassung von Lebenssituationen (im Gegensatz zu erklärenden Methoden der Naturwissenschaften) versucht, das menschliche Verhalten und die geschichtlichen Ereignisse aus sich heraus und in ihrem Zusammenhang zu verstehen und ihren Sinn abzufragen.

4. *Induktive Methode:* Aus den Ergebnissen methodisch durchgeführter Einzelbeobachtungen können entweder Aussagen formuliert werden mit dem Anspruch auf allgemeine Gültigkeit bis zu ihrer Widerlegung (Falsifikation), oder sie dienen als Basis der Ableitung deduktiver Aussagen (Entdeckungszusammenhang).
5. *Deduktive Methode:* Aus Axiomen und Hypothesen werden Aussagen über den Einzelfall abgeleitet (Begründungszusammenhang).

Da die Lehre vom Betrieblichen Personalwesen eine Erfahrungswissenschaft ist, finden bei ihr auch alle Methoden der empirischen Sozialforschung zur Datengewinnung und -auswertung sowie des Experiments Anwendung. Der *Methodenstreit*, der lange Zeit die Betriebswirtschaftslehre beschäftigt hat, sollte eigentlich ausgestanden sein. Es gibt keine allein richtige Methode. Die *empirischrealistische Theorie,* mit vorwiegend induktiver Methode, und die *exakte Theorie* mit vorwiegend deduktiver Methode vorgehend, sind keine sich ausschließenden Alternativen, sondern sie ergänzen sich.

2.5 Die Entwicklung des Betrieblichen Personalwesens als Lehr- und Forschungsgebiet an deutschen Hochschulen

Während die Probleme personalwirtschaftlicher Fragestellungen von der Betriebswirtschaftslehre erst verhältnismäßig spät aufgegriffen wurden, haben sie im Bereich der Arbeits-, Ingenieur- und Verhaltenswissenschaften eine lange Tradition.

Mit der zunehmenden Arbeitsteilung, die den Prozeß der Industriealisierung und Mechanisierung auslöste und begleitete, traten verstärkt Probleme des Personalwesens auf.

Sie wurden zuerst von den Bereichen, Abteilungen usw. aufgegriffen, bei denen sie sich zuerst bemerkbar machten. Die zunehmende *Aufgabenspezialisierung* und die differenzierter werdenden Arbeitsanforderungen lenkten das Interesse auf die *"biologischen Einflußfaktoren"*, die die Arbeitsleistung bestimmen. Probleme bei der Entwicklung neuer Maschinen und technischer Hilfsmittel führten zu einer Forderung nach objektiven Methoden der Ermittlung individueller Eignungsvoraussetzungen und damit weiter zu Fragen der Einflußgrößen auf individuelle Leistungsfähigkeit und Leistungsbereitschaft *(Arbeitsphysiologie, Arbeitspsychologie usw.).* Die Entwicklung von Berufskrankheiten und die steigende Zahl von Arbeitsunfällen förderten die Entwicklung einer eigenen Disziplin *"Arbeitsmedizin".*

Damit zeichnen sich drei große Entwicklungsbereiche ab, für die das 1913 gegründete *Institut für Arbeitsphysiologie* und der *REFA-Verband* wesentliche Impulse gegeben haben:

1. Ingenieur- und arbeitswissenschaftliche Richtungen mit den Hauptbereichen Ergonomie, Arbeitsplatzgestaltung, Anthropometrie, physiologische Arbeitsbelastung, Leistungsermittlung, Zeitstudien und Zeitermittlung, Betriebsorganisation, Fertigungsplanung, Fertigungssteuerung usw.
2. Arbeitspsychologische und -soziologische Richtungen mit den Schwerpunkten Arbeitsplatzanalyse, Eignungsfeststellung, Arbeitsbelastung durch Monotonie, Streß und Umwelteinflüsse, Lerntechniken und Lernverhalten, gruppendynamische Einflüsse usw.
3. Medizinische Richtungen mit dem Schwerpunkt der Bestimmung der physischen und psychischen Leistungsfähigkeit, der Probleme gesundheitlicher Belastungen durch Lärm, Klima, toxische Stoffe und sonstige Umwelteinflüsse.

Wesentliche Kernprobleme des Personalbereiches - angefangen von der Personalplanung über die Bedarfsermittlung und Personalbeschaffung bis hin zur Personalbeurteilung - wurden anfangs pragmatisch gelöst, waren aber nicht Gegenstand wissenschaftlicher Forschung und Lehre. Bei der Diskussion um die Neuordnung des Wissenschaftsprogramms der Betriebswirtschaftslehre nach dem Zusammenbruch von 1945 war die Frage nach der Einbeziehung des "Menschen" in das Erfahrungsobjekt einer der Hauptpunkte.

Auf diesem Hintergrund stellte *Kolbinger* drei Konzepte zur Strukturierung des Personalwesens vor:

1. *Inhalts- und Einordnungskonzeption.* Grundlage bildeten die Funktionspläne bestehender Personalabteilungen.
2. *Konzeption der sozialen Betriebsführung.* D.h. Integration der Beschäftigten in eine soziale Betriebsgemeinschaft durch eine Betriebsverfassung.
3. *Konzeption der Betriebswirtschaftslehre als Sozialwissenschaft.* Kerngedanke ist hier die Einbeziehung einschlägiger theoretischer Erkenntnisse aus den anderen Bereichen der Gesellschafts- und Verhaltenswissenschaften, insbesondere der Psychologie und Soziologie in die Betriebswirtschaftslehre und ihre Integration zu einer übergreifenden sozialwissenschaftlichen Gesamtdisziplin.

Gegen das geschlossene Theoriegebäude der Lehre der Faktorenkombination von *Gutenberg* konnte sich weder *Nicklisch's* romantisch-verklärende Sozialphilosophie von der Idee der Betriebsgemeinschaft, noch die an den Postulaten der *katholischen Soziallehre* orientierten Ansätze von *Marx, A.* und *Fischer, G.* durchsetzen.

Noch 1972 beklagten Vertreter der Hochschulen und der Praxis, daß personalwirtschaftliche Fragestellungen im Lehrangebot an den deutschen Hochschulen stark vernachlässigt würden.

Dies hat sich inzwischen geändert. An allen deutschen Fachhochschulen ist das Betriebliche Personalwesen als eigenes Schwerpunkfach vertreten. Gleiches gilt auch für fast alle wissenschaftlichen Hochschulen. Im deutschsprachigen Raum ist zwischenzeitlich an nahezu allen Universitäten das Fach (teilweise in Kombination mit den Bereichen Organisation, Unternehmensführung o.ä.) eingerichtet.

Innerhalb von rund 20 Jahren ist die Vernachlässigung einem Überangebot von lehrbuchartigen Veröffentlichungen gewichen. Existierten bis 1972 nur wenige Lehrbücher, so setzte ab 1973 ein wahre Flut von Neuerscheinungen ein. Zwischenzeitlich sind knapp vier Dutzend umfassende Lehrbücher, zum Teil unter den verschiedensten Begriffen, wie Personalwirtschaft, Personalmanagement, Personalmarketing usw., erschienen (vgl. u.a. auch *Bisani* 1983 in: *Spie*, S. 93).

Bei der rasanten Entwicklung und der beeindruckenden Quantität lehrbuchartiger Veröffentlichungen stellt sich die Frage nach Gemeinsamkeiten, Unterschieden sowie der theoretischen Fundierung.

Bei der Darstellung des personalwirtschaftlichen Instrumentariums und der personalwirtschaftlichen Gestaltungsbereiche innerhalb des Unternehmens bestehen nicht nur viele Gemeinsamkeiten, sondern auch weitgehende Deckungsgleichheit. Unterschiede bestehen im wesentlichen nur in drei Bereichen:

- *Begriffliches Instrumentarium.* Dies ist verständlich, da eine freiwillige Übereinkunft aller Beteiligten über die Bedeutung einzelner Begriffe im Personalbereich in der Kürze der Zeit noch nicht zustandekommen konnte. So werden z.B. grundlegende Begriffe, wie Personalpolitik, Personalwesen, Personal-Management, Personalführung, von einzelnen Autoren teilweise synonym verwendet und teilweise wird versucht, unterschiedliche Bedeutungsinhalte zu fixieren.
- Anspruch auf *Wertorientierung und Interessenberücksichtigung.*
- *Theoretischer Anspruch.*

2.6 Theorieansätze im Betrieblichen Personalwesen

Jede Wissenschaft ist bestrebt, ein langfristiges, alle Teilbereiche abdeckendes *Theoriesystem* zu entwickeln. Für die Beurteilung der Qualität einer Theorie gelten ihr Informationsgehalt und ihre empirische Bewährung, d.h. die Fähigkeit, unter gegebenen Randbedingungen vorhandene Phänome zu erklären, zukünftige Ereignisse vorherzusagen und die Auswahl bestimmter Maßnahmen zur Erzielung eines gewünschten Ergebnisses zu unterstützen.

Unter den personalwirtschaftlichen Lehrbüchern sind hinsichtlich dieses Theorieanspruches drei Gruppen zu unterscheiden:

1. Autoren, die einen Konsens zwischen allen Beteiligten unterstellen, daß es ein umfassendes Theoriegebäude des betrieblichen Personalwesens nicht gibt, und die auf eine Erörterung der Theorieansätze in den einleitenden Kapiteln verzichten.
2. Autoren, die ausdrücklich feststellen und darauf hinweisen, daß es eine geschlossene personalwirtschaftliche Theorie noch nicht gibt und daß sie auch für die nächste Zeit noch weitgehend Utopie bleiben wird.
3. Lehrbücher, die konkret den Anspruch erheben, auf einem geschlossenen Theoriesystem aufzubauen, bzw. ein solches zu entwickeln (z.B. *v. Eckhardstein/Schnellinger* 1971, *Kupsch/Marr, Remer* 1978, *Hentze* 1977, *Scholz* 1993 usw.).

Das Bestreben, verschiedene Theorieansätze zu charakterisieren und zu systematisieren, erweist sich, wie vorgenomme Versuche zeigen, im Ansatz als problematisch (vgl. *Bisani* 1983 in Spie: S. 108).

Ob die Versuche, eine sich entwickelnde Wissenschaft in eine geschlossene theoretische Konzeption zu zwingen, vom Standpunkt der wissenschaftlichen Entwicklung aus zweckmäßig ist, mag hier bezweifelt werden. Gerade das Beispiel der Gutenberg'schen Faktorenlehre hat ja gezeigt, daß eine noch so bestechende theoretische Gesamtkonzeption nicht davor schützt, daß die Geschlossenheit im inneren systematischen Aufbau auch Abgeschlossenheit nach außen bedeutet, und die damit für die Betriebswirtschaftslehre den Weg zu einer Lehre der Unternehmensführung oder einer marktorientierten Betrachtung des Absatzbereiches, wenn schon nicht versperrt, so aber doch wesentlich erschwert hat.

Versucht man die verschiedenen Konzeptionen des Personalwesens anhand der wesentlichen Lehrbücher systematisch zu ordnen, so zeigt sich, daß nahezu alle Darstellungen des Faches, so auch dieses Lehrbuch, sich an einer funktionalen Betrachtungsweise orientieren. Hierbei werden als Funktionen alle die Vorgänge bzw. Gruppen von Vorgängen bezeichnet, die im Rahmen des Erkenntnisobjektes wahrgenommen werden. Innerhalb der Funktion Personalwesen sind dies dann Personalbeschaffung, Personaleinsatz, Personalfreistellung, Personalentwicklung, Arbeitsstrukturierung, soziale Maßnahmen der Personalführung, des rechtlichen Gestaltungsrahmens usw.

Diese Orientierungsrichtung wurde auch innerhalb der planungsorientierten Darstellungen, wie z.B. von *Hentze* 1969, *Kossbiel* 1974, *Weber* 1975 usw. beibehalten. Ebenso auch in den Lehrbüchern, die neben der Planung noch weitere Strukturierungsalternativen, wie z.B. Führungsaspekte betonen, so z.B. *Berthel* 1989, *Türk* 1978 usw. oder die Lehrbücher, die entscheidungsbezogene Perspektiven oder die Personalpolitik in den Vordergrund rücken (*v. Eckardstein/Schnellinger* 1978, *Potthoff* 1974 usw).

Einen etwas breiteren Rahmen nehmen in diesem Zusammenhang die systemtheoretisch ausgerichteten Konzepte ein, die insbesondere auf *Hackstein, Nüßgens, Uphus* 1971, *Wächter* 1974 usw. zurückgehen.

Mit der Betonung auf Wertorientierung und Interessenberücksichtigung haben einige Autoren den Anspruch erhoben, daß die Lehre vom Betrieblichen Personalwesen auch dazu beitragen müsse, die bisher von der Betriebswirtschaftslehre vernachlässigten Interessen der Arbeitnehmer besonders zu berücksichtigen (vgl. *Remer* 1978, *Hentze, Kupsch/Marr* 1985 usw.). Der konfliktorientierte Ansatz von *Marr/Stitzel* 1979 geht unter diesem Blickwinkel davon aus, daß ein wesentliches Merkmal einer jeden Organisation die unterschiedlichen konfliktären Interessenlagen der Beteiligten seien, und daß es eine zentrale Aufgabe der betrieblichen Personalarbeit sei, diesen Konflikt zu steuern und zu kanalisieren.

In den jüngeren Veröffentlichungen tritt dann verstärkt die strategische Seite der Personalarbeit in den Vordergrund, so z.B. *Lattmann* 1987, *Weber/Weinmann* 1989, usw. *Scholz* (1993) führt diesen Gedanken weiter, indem er auf der funktionsorientierten traditionellen Sichtweise aufbaut und diese um Entscheidungsperspektiven auf strategischer, taktischer und operativer Ebene ergänzt.

Die Gegenüberstellung der verschiedenen Theorieansätze läßt Zweifel aufkommen, ob sich die Lehre vom Betrieblichen Personalwesen auf eine einzige allesumfassende Theorie stützen kann. Es spricht vieles für die Annahme, daß wegen der Vielfalt ihrer Formen und Gestaltungsbereiche ein theoretisches Fundament benötigt wird, das aus mehreren, möglichst weitgehend miteinander kompatiblen Ansätzen besteht, also aus einem komplexen Theoriegefüge.

Einen interessanten Ansatz versuchen *Ackermann/Reber* (1981, S. 3 ff.) mit dem *OGI-Kontingenz-Konzept*. Da bei einer wissenschaftlichen Behandlung der Lehre des Betrieblichen Personalwesens nicht auf die Verwendung mehrerer theoretischer Ansätze verzichtet werden kann, versuchen sie, die für die Personalwirtschaftslehre relevanten Theorien in eine dreigliedrige Struktur zu bringen. Sie unterscheiden

- Organisation, d.h. makrosoziale Ebene, die Ebene der funktionalistischen (personalwirtschaftlichen) Subfunktionen, planungsorientierte, institutionelle und aufbauorganisationstheoretische Ansätze mit den verschiedenen Konzeptionen einer ziel- und interessenbezogenen Orientierung.
- Gruppe, d.h. mikrosoziale Ebene der formalen und informalen Gruppenbeziehungen mit Human Relations-, führungs-, kommunikations- und konfliktorientierten Theorieansätzen.

- Individuelle Ebene des Individuums mit den arbeitsphysiologischen, arbeitspsychologischen und den lernorientierten arbeitspädagogischen Theorieansätzen.

2.7 Berufsfeldorientierte pragmatische Ausrichtung der Lehre vom betrieblichen Personalwesen

Bei der Spannbreite unterschiedlicher Meinungen wird eine Klärung eines wissenschaftstheoretischen Standpunktes und der praktischen Ausrichtung einer Lehre des Betrieblichen Personalwesens erst nach einem längerfristigen Prozeß der Konsensbildung möglich sein. Eine kurzfristige Vereinheitlichung der Lehre vom "*Betrieblichen Personalwesen*" und die Schaffung einer pragmatischen Grundlage für das Betriebliche Personalwesen als wissenschaftliche Disziplin scheint damit nur auf der Grundlage eines von allen Beteiligten gebilligten kleinsten gemeinsamen Nenners möglich zu sein.

Eine Strukturierung des Faches müßte damit an den festgestellten Defiziten von Erkenntnissen des Personalwesens bei akademisch bzw. wissenschaftlich ausgebildeten Führungskräften in Wirtschaft und Verwaltung (vgl. Bisani 1976, S. 5) in Verbindung mit § 7 des Hochschulrahmengesetzes ansetzen. Danach sollen Lehre und Studium auf ein berufliches Tätigkeitsfeld vorbereiten und die erforderlichen fachlichen Kenntnisse, Fähigkeiten und Methoden dem jeweiligen Studiengang entsprechend vermittelt werden.

Damit müßte am Anfang der genauen Abgrenzung des Objekbereiches Personalwesen verstärkt eine *Berufs- und Tätigkeitsanalyse* stehen.

Hierbei wäre es sicherlich verfehlt und eine nicht vertretbare Einengung dieses Fachgebietes, es auf ein Ausbildungsfach für künftige Personalleiter oder Personalfachkräfte zu reduzieren.

Erkenntnisse im Personalbereich werden nicht nur im unmittelbaren Aufgabengebiet institutionalisierter Personalabteilungen, sondern in allen Bereichen benötigt, in denen Personen im arbeitsteiligen Prozeß zur Erreichung eines gemeinsamen Zieles zusammenwirken, ferner auch in Aufgabenbereichen, die der Mitbestimmung oder der Interessenvertretung der Mitarbeiter unterliegen.

Damit reicht der Objektbereich des Personalwesens über eine reine funktionale Betrachtung hinaus und würde im Sinne *Ulrichs* (S. 246 ff) die gesamte *"soziale Dimension des Unternehmens"* mit seinen Auswirkungen auf alle Probleme der Motivation, der Zusammenarbeit im arbeitsteiligen Leistungserstellungsprozeß und vor allem auch die Probleme der Entscheidungsfindung im Rahmen einer empirisch-realistischen Entscheidungstheorie umfassen.

Aufgabe einer Lehre vom Betrieblichen Personalwesen wäre es, ausgehend von bereits in der Praxis entwickelten und bewährten (wenn auch noch nicht wissenschaftlich gesicherten) Methoden und Verfahren, alle einschlägigen wissenschaftlichen Erkenntnisse, auch der Nachbardisziplinen, wie der Arbeitswissenschaft, der Soziologie, der Psychologie usw., zu einem einheitlichen Lehrgebäude zu integrieren und schwerpunktartig weiterzuentwickeln, ohne ggf. vor dem Vorwurf zurückzuschrecken, daß das Personalwesen nur eine "Sammlungswissenschaft" ohne eigenes Forschungspotential wäre. Natürlich müssen dann auch Teiltheorien anderer Gebiete übernommen werden, die sich nicht immer ganz widerspruchsfrei einander zuordnen lassen.

Es müssen auch Bestandteile und Erkenntnisse miteinbezogen werden, die den strengen Prüfungskriterien wissenschaftstheoretischer Extrempositionen noch nicht entsprechen können. Wollte man nämlich darauf verzichten und sich nur auf gesicherte wissenschaftliche Erkenntnisse beschränken, so wäre auf Jahrzehnte hinaus eine Wissenschaft des Personalwesens nicht zu vertreten.

Zweites Kapitel

Gegenstand des modernen Personalwesens

1. Das Personalwesen als allgemeine Führungsaufgabe

1.1 Führen und Leiten

Die Unternehmung ist eine strukturierte Anordnung von Elementen, Anlagen, Menschen, Material, Energie, Informationen und Kapital, zwischen denen Beziehungen vorhanden sind, um im Rahmen arbeitsteiliger Prozesse zielgerichtete Aktivitäten (*Ulrich, H.*, S. 157) zur Erreichung gemeinsamer Ziele zu entfalten. In einer auf Arbeitsteilung aufgebauten Wirtschaftsordnung, bei der der Tausch von arbeitsteiligen Leistungen zwischen den einzelnen Einheiten über den Geldwert hergestellt wird, entscheidet letztlich die Aufrechterhaltung des finanziellen Gleichgewichtes über die Existenzfähigkeit. Aufgabe der Führung ist es, diesen arbeitsteiligen Prozeß zu strukturieren und das Zusammenwirken zu steuern, und zwar:

1. Zielvorgabe und Planung der Schritte zur Zielerreichung,
2. Organisation der Durchführung und der Realisierung,
3. Überwachung und Kontrolle der Durchführung und Zielerreichung.

In diesem Sinne ist *"Führung"* ein abstrakter Begriff. Die Führung setzt voraus, daß etwas geführt wird, d.h. daß ein *Führender* und ein *Geführter* vorhanden sind. In diesem Sinne kann Führung nur als Menschenführung verstanden werden. Materie - Material, Maschinen usw. - kann man nicht führen, sie wird behandelt, bearbeitet, transportiert usw. Im Gegensatz zu der häufig in der Literatur und Praxis anzutreffenden Handhabung, die Begriffe Führung und Leitung synonym zu verwenden (*Schäfer*, S. 19), versieht ein Teil der Organisationsliteratur die beiden Begriffe mit unterschiedlichen Inhalten (*Potthoff, F.*, S. 111 und *Wild, J.*, S. 155).

Sachbezogene Leitungsaufgaben sind somit hauptsächlich auf systematische Problemlösungen ausgerichtet. Bei den *Führungsaufgaben* lassen sich unterscheiden:

1. *unmittelbare (direkte) Einwirkung* auf den einzelnen Mitarbeiter oder die Mitglieder einer Arbeitsgruppe

2. *mittelbare (indirekte) Einwirkung* auf die Mitarbeiter durch Gestaltung der Organisationsstrukturen und der Festlegung der *Verfahrensleitsätze*.

Damit ist die Leitung sachbezogen, sie richtet sich auf die Sache, auf die Durchführung der erforderlichen Maßnahmen zur Zielerreichung. Führung hingegen ist das personenbezogene Pendant zur Leitung. Führung und Leitung bedingen sich demnach gegenseitig. Das wesentliche Charakteristikum der Führung ist, daß sich der Anteil von Führungsaufgaben und Leitungsaufgaben auf den verschiedenen Ebenen eines Unternehmens verschiebt. Während auf den unteren Ebenen Ausführungsaufgaben überwiegen, überwiegen auf den mittleren Führungsebenen Personalführungsaufgaben und auf den höheren Ebenen treten Leitungsaufgaben in den Vordergrund.

Leitung betrachtet demnach den mehr sachbezogenen und Führung den menschlich-verhaltensmäßigen Aspekt.

Leiten	Führen
Leiten und Steuern umfaßen die sachbezogenen Entscheidungsfunktionen, die sich auf Sachen (Betriebsmitteln, Werkstoffen, usw.) oder Verfahren, wie z.B. eines bestimmten Produktionsprogrammes und/ oder -verfahrens, einer Absatzmethode, der Produktionsgestaltung, der Preispolitik, der Finanzplanung usw., beziehen.	Führen umfaßt alle personenbezogenen Funktionen und damit den Gesamtbereich der Menschenführung als den Prozeß einer zielorientierten Verhaltenssteuerung für multipersonelle Problemlösungen.

Abbildung 2: Aufgliederung des Führungsgesamtprozesses in Leitungs- und Führungsaufgaben

1.2 Aufgaben des Betrieblichen Personalwesens

Aufgabe eines jeden betrieblichen Funktionsbereiches und damit auch der Personalabteilung im engeren sowie der Personalaufgabe im weiteren Sinne ist es, einen Beitrag zur Leistungserstellung zu erbringen. Damit kann es nicht Zweck des Personalbereiches sein, unabhängig davon, von welchen Personen seine Aufgaben wahrgenommen werden, partikuläre Interessen von einzelnen Gruppen wahrzunehmen, sondern den geforderten Beitrag zum betrieblichen Gesamtleistungserstellungsprozeß zu erbringen. Insoweit ist auch der Personalbereich nicht, wie verschiedentlich betont wird, ein Vertreter der Interessen der Belegschaft. Dies gilt auch dann, wenn bei Unternehmen, die den Mitbestimmungsgesetzen unterliegen, ein "Arbeitsdirektor", zuständig für Personal- und Sozialangelegenheiten, zu bestellen ist.

Die Bedeutung einzelner Funktionen und damit das Interesse, das man ihnen entgegenbringt, wandelt sich mit einer Veränderung der Systemeinflüsse. Bei einem Käufermarkt hat die Produktion und die Beschaffung den Vorrang, in Zeiten der Rezession das Finanzwesen und bei vorherrschendem Verkäufermarkt die Absatzfunktion.

Jede unternehmerische Entscheidung und jede betriebliche Maßnahme hat sowohl einen Leitungs- als auch einen Führungsaspekt. Jede Leitungsentscheidung über Sachmittel ist auch gleichzeitig eine Personal-(Führungs-)entscheidung und jede Personalentscheidung enthält auch leitungsbezogene Bestandteile. Somit lassen sich beide Aspekte nicht trennen, wohl aber verändert sich je nach Situation und Aufgabenstellung ihre relative Bedeutung.

Bei einfach strukturierten Aufgaben und/oder schwieriger technischer Beherrschung der Probleme haben die *Leitungsaufgaben* den Vorrang. Je einfacher der Vorgang technisch zu beherrschen ist, und/oder je unstrukturierter bzw. unübersehbarer die Aufgabe ist, umso mehr rückt die *Führungsfunktion* in den Vordergrund. Durch die moderne Entwicklung ist die Technologie durch bessere Maschinen, Werkzeuge, Werkstoffe usw. übersehbarer, gleichzeitig die Aufgabenstruktur durch Spezialisierung unübersehbarer geworden. Die Arbeitsteilung hat durch die Differenzierung und Spezialisierung der Tätigkeiten die Leistung gesteigert, gleichzeitig aber auch das Problem der Koordination verstärkt. Je stärker die *Arbeitsteilung* vorangeschritten ist, umso mehr stiegen die Aufgaben der *Koordination* an. Je spezialisierter die einzelnen Tätigkeiten wurden, umso weniger war ein Vorgesetzter, entgegen der teilweise immer noch vorhandenen traditionellen Meinung, in der Lage, alles besser zu wissen als seine Mitarbeiter. Je unübersehbarer der Arbeitsprozeß wird, umso mehr ist der Vorgesetzte auf seine Mitarbeiter angewiesen, umso mehr wird der *Willensbildungsprozeß* angepaßt und die Form der Einzelanweisung durch Richtlinienstellung ergänzt werden müssen. Immer mehr wurde die (Personal-)führung von einem Steuerungsvorgang der unmittelbaren Personalführung durch Maßnahmen der mittelbaren Personalführung zu einem Regelvorgang mit eigener Automatik. Immer mehr ist damit der Vorgesetzte auf die Tätigkeit seiner Mitarbeiter angewiesen, um selbst erfolgreich zu sein. Um so stärker müssen Selbstregelungs- und Selbststeuerungsmechanismen durch Aufgabendelegation an Mitarbeiter übertragen werden. Das Schlagwort vom "*Ausdünnen* des mittleren Managements" im Rahmen der Diskussion um das Bestreben des sogenannten "schlanken" Managements ist ein Kennzeichen für diese Entwicklung.

In diesem Sinne ist "Personalwesen" kein organisatorisch abgegrenzter Führungsbereich, sondern ein Bereich von Aufgaben und Maßnahmen, der alle Funktionen eines Unternehmens umfaßt und damit zum Bestandteil der Aufgaben eines jeden Vorgesetzten wird. Es umfaßt "die Summe der

Maßnahmen, die dazu dienen sollen, im Rahmen der Personalorganisation tagtäglich von neuem die soziale und wirtschaftliche Aufgabe des Betriebes zu erfüllen" (*Goossens*, S. 723), somit auch alle Aufgaben der Personalanwerbung, Einstellung, Auswahl, Beurteilung, Motivierung, Entlohnung usw., kurzum alle Aspekte der Arbeitsumgebung, die das Verhalten und die Leistung des Arbeitnehmers bestimmen (*Mansfield*, S. 1080).

Welchen Umfang Aufgaben des Betrieblichen Personalwesens einnehmen, zeigen vielfache Untersuchungen, so z.B. die *Forschungsstelle für empirische Sozialökonomie der Universität Köln*. Befragte technische und kaufmännische Führungskräfte betonen, daß sie zu mehr als der Hälfte ihrer Tätigkeit mit Fragen und Problemen der betrieblichen Personalarbeit tangiert sind. Dies gilt vor allem für den Bereich der Personal-/Mitarbeiterführung. Hier wird das Fehlen eines Faches Führungslehre an Hochschulen und Universitäten in der Regel als eine der wesentlichen Hauptschwächen der betriebswirtschaftlichen Ausbildung des Führungsnachwuchses und damit als eine der wesentlichsten Ursachen der immer wieder beschworenen "sogenannten Managementlücke" (*Hamer* 1984, *Weber* 1979) beklagt.

1.3 Ziele des Betrieblichen Personalwesens

1.3.1 Wirtschaftlicher Erfolg und sozial-psychologische Effizienz

Der Erfolg von Organisations- und Führungsmaßnahmen kann nach zwei *Grundsätzen* gemessen werden:

1. *wirtschaftlicher Erfolg*wirtschaftlicher (Erreichung des Systemziels des Betriebes),
2. *sozial-psychologische Effizienz* (Erreichung der Ziele der Organisationsmitglieder).

Die Betriebswirtschaftslehre hat bisher die Erreichung der *Sachziele* des Unternehmens als vorrangig angesehen und die sozialpsychologische Effizienz höchstens als Nebenbedingung in ihre Zielfunktion aufgenommen; so betont *Schmalenbach* (1950), im Mittelpunkt eines Stahlwerkes stehe doch der Hochofen, mit dem Stahl gewonnen werde und der Abnehmer, der dieses Produkt abnehme. Die *Organisationssoziologie* und *-psychologie* hingegen stellen meist die *Ziele der Organisationsmitglieder* in den Mittelpunkt ihrer Betrachtungen.

Beide Betrachtungsweisen sind zu einseitig, denn jedes Unternehmen muß beiden Effizienzkriterien gerecht werden. Ein Unternehmen, das seinen wirtschaftlichen Zielen (Aufrechterhaltung des finanziellen Gleichgewichts und langfristige Sicherung des Überlebens durch Gewinnerzielung) nicht gerecht wird, verliert seine *Eixistenzfähigkeit*. Andererseits wird jedes Unternehmen, das von seinen Kunden und Mitarbeitern nicht voll akzeptiert wird, wegen nachlassender Produktivität, Schwierigkeiten der Personalbeschaffung, erhöhter Fluktuation usw., seine Leistungsfähigkeit einbüßen. Der Unterschied der beiden Betrachtungsweisen kann deshalb nur darin liegen, was als Ziel und was als Nebenbedingung in die Zielfunktion aufgenommen wird. *Hackstein* u.a. unterscheiden im Zielaufbau des Betrieblichen Personalwesens zwischen den Sachzielen und Formalzielen. *Sachziele* legen fest, was erreicht werden soll, während *Formalziele* die Bedingungen (das *Wie*) des Prozesses der Zielverfolgung bestimmen.

Hierbei gilt, daß Leistungen und Gegenleistungen unter Beachtung der Rahmenbedingungen der bestehenden Gesellschafts- und Wirtschaftsordnung auf freiwilliger Basis von den Betroffenen erbracht werden. Fehlt es an der Übereinstimmung mit den inhaltlichen Normen der Gesellschaft (z.B. Zwangsarbeit, Ausnutzung sozialer Notlagen usw.), so verliert jedes wirtschaftliche Handeln im Unternehmen, also auch jedes Handeln im Personalbereich, seine *Existenzberechtigung*.

Sachziele des Personalwesens	
Bereitstellung der erforderlichen personellen Kapazität zur Erreichung des Organisationsziels a) in quantitativer Hinsicht b) in qualitativer Hinsicht (nach Leistungsfähigkeit und Leistungsbereitschaft) zur rechten Zeit und am rechten Ort	
Unter Berücksichtigung von Wirtschaftlichkeit und Rentabilität als Beurteilungskriterien für die Effizienz personalwirtschaftlicher Maßnahmen	Unter Berücksichtigung der menschlichen Erwartungen (wie Sicherheit, Zufriedenheit usw.) als Voraussetzung für den sozialen Bestand des Betriebes
ökonomisch	sozial
Formalziele des Personalwesens	

Abbildung 3:   Ziele des Personalwesens

Ökonomische Formalziele reichen für das Betriebliche Personalwesen nicht aus, um den Besonderheiten des Menschen im Unternehmen gerecht zu werden. Es müssen in jedem Fall die berechtigten sozialen Belange bei der Beurteilung der personalpolitischen Maßnahmen herangezogen werden, die ihren Niederschlag in den *sozialen Formalzielen* finden.

1.3.2 Ethik im Personalwesen

Die neueste Diskussion über die Zielsetzung der Betriebswirtschaftslehre führte zur Forderung nach verstärkter Berücksichtigung ethischer Fragestellungen. Diese Entwicklung führte in Anlehnung an US-amerikanische Vorbilder zur Einrichtung einschlägiger Lehrstühle für *Unternehmensethik* Unternehmens- u.ä., so zuerst in den USA und nun zunehmend auch in Europa, so z. B. 1988 in St. Gallen, 1990 in Ingolstadt.

Die Persönlichkeit eines Menschen wird im wesentlichen von der betrieblichen Arbeitswelt mit beeinflußt. Das hier erzielbare Arbeitseinkommen begrenzt die Möglichkeiten und Formen der persönlichen Lebensgestaltung. Da damit auch alle Maßnahmen im Bereich betrieblicher Personalarbeit die private Lebenssphäre entscheidend mit beeinflussen, wird auch zunehmend die Forderung nach einer speziellen Ethik im Personalbereich erhoben (vgl. *Scholz* 1993, S. 59 ff.).

Spezielle Handlungsfelder für eine ethische Ausrichtung im Personalbereich sehen *Steinmann/Löhr* (HWP 1992, Sp. 843 ff.) vor allem in den Bereichen:

- Lohnfindung
- Personalbeurteilung
- Personalentwicklung
- Arbeitsorganisation und Arbeitsgestaltung.

Bei der Lohnfindung geht es um die klassische Frage der Lohngerechtigkeit mit der Forderung nach einer argumentativen Verständigung über das Verhältnis von Leistung und Gegenleistung, z.B. durch paritätisch besetzte "Lohnfindungskommissionen" usw.

Diesen Forderungen wird die betriebliche Praxis heute bereits weitgehend gerecht. Angefangen von den Formen tarifvertraglicher Vereinbarungen zwischen Arbeitgeberverbänden und Gewerkschaften bis hin zu den Mitwirkungsrechten des Betriebsrates bei den Fragen der betrieblichen Lohngestaltung, insbesondere der Aufstellung von Entlohnungsgrundsätzen, der Einführung und Anwendung von neuen Entlohnungsmodellen usw. (§ 87 Abs. 1 Zif. 10 u. 11 BetrVG).

Eine Personalbeurteilung kann ihren Zweck nur erfüllen, wenn dem betroffenen Mitarbeiter die Beurteilungsmaßstäbe sowie der Beurteilungsvorgang bekannt ist und ihm die Gründe für das Zustandekommen des Beurteilungsergebnisses so einsichtig sind, daß es auch von ihm als gerecht empfunden wird. Ob dieses Gerechtigkeitsempfinden dadurch gesteigert wird, daß der Beurteilungsvorgang in Form eines dialogischen Prozesses zwischen den Betroffenen (Vorgesetzter und Mitarbeiter) vorgenommen wird, kann allerdings in Frage gestellt werden.

Die Personalentwicklung eröffnet dem betroffenen Mitarbeiter individuelle Chancen und Möglichkeiten.

Daß der oberste Grundsatz einer jeden Personalarbeit, nämlich die Gleichbehandlung und die Vermeidung von Diskriminierungen, beachtet wird, ergibt sich bereits aus der Rücksicht auf das Betriebsklima. Darüber hinaus verpflichtet § 75 BetrVG Arbeitgeber und Betriebsrat dazu, daß alle im Betrieb tätigen Personen nach den Grundsätzen von Recht und Billigkeit behandelt werden und daß insbesondere jede unterschiedliche Behandlung wegen Abstammung, Religion, Nationalität, Herkunft, politischer und/oder gewerkschaftlicher Betätigung oder Einstellung oder wegen des Geschlechtes unterbleibt.

Ferner verpflichtet § 96 BetrVG Arbeitgeber und Betriebsrat zu einer Zusammenarbeit mit den für die Berufsbildung und der zu ihrer Förderung zuständigen Stellen mit dem Ziel, die Berufsbildung der Arbeitnehmer zu fördern.

Ob hier allerdings gefordert werden kann, daß sich der Bereich der Berufsbildung und der Personalentwicklung im Rahmen der Aufgaben der betrieblichen Personalarbeit nicht nur auf den Bereich der Ausbildung der "technischen Vernunft" zu begrenzen dürfe, sondern auch auf die Bereiche der Ausbildung von "praktischer Vernunft", also auch auf die Verbesserung ethischen Argumentationsvermögens auszudehnen ist, ist sicher differenziert zu bewerten. So ist natürlich im Bereich der Personalführung eine Sensibilisierung für die Probleme zwischenmenschlichen Zusammenwirkens ebenso notwendig wie eine zusätzliche Förderung der Handhabung einer menschengerechten Konfliktlösungskompetenz, die auch die Berücksichtigung mitarbeiterbezogene Belange miteinbezieht.

Für den Handlungsbereich von Arbeitsorganisation und Arbeitsgestaltung wird der Abbau inhumaner Arbeitsbedingungen und die Notwendigkeit der Ent-Taylorisierung gefordert. Arbeitsstrukturierungsmaßnahmen im Rahmen der strukturbestimmenden Personalplanung werden immer auf der Grundlage des jeweils vorhandenen technischen, organisatorischen und verhaltensbezogenen Wissens vorgenommen, eines Wissensstandes, der sich naturgemäß im Zeitablauf verändert. Maßnahmen der Vergangenheit, die zum damaligen Kenntnisstand als human gegolten haben, können heute unter ganz anderen Bedingungen als inhuman bezeichnet werden und Arbeitsstrukturen, die nach dem heutigen Wissensstand als human gelten, können sich in der Zukunft im Rahmen veränderter Kenntnisse als verbesserungswürdig erweisen.

Für die Abklärung der möglichen Formen eines ethischen Handelns im Personalbereich ist der Begriff Ethik differenziert zu betrachten.

Es sind hier fünf Formen der Ethik zu unterscheiden:
- *Erfolgs- oder Handlungsethik* Sie stellt lediglich ergebnisbezogen auf die Auswirkungen ab, die ein Handeln erzeugt. Hier gilt das Motto: "Der Zweck

heiligt die Mittel" oder das Schlagwort " Right or wrong, its my country". Unter ökonomischer Betrachtung rechtfertigt der wirtschaftliche Erfolg (d.h. der Gewinn) jedes Mittel.

- *Gesinnungsethik* Entscheidend für die Bewertung ist die Gesinnung, die Werthaltung des Handelnden, aus dem sein Tun hervorgeht.

Für praktisches Handeln sind beide Ansätze wenig hilfreich. In einer fortschrittlichen Zivilisation kann nicht jeder Zweck jedes Mittel rechtfertigen, und eine individuelle persönliche Gesinnung und Werthaltung kann nicht die Grundlage des Handelns gegenüber anderen sein.

Als Leitlinien für ein Zusammenwirken einer Gemeinschaft könnten dann dienen:

- *Glaubensethik.* Wer die richtige innere Einstellung hat, der hört auf sein Gewissen und deshalb sind gesetzliche Regelungen überflüssig. Der Mißbrauch durch totalitäre Regime hat die Grenzen einer Glaubensethik aufgezeigt. Problematisch ist hier weiter, daß die Grundlagen ethischer Glaubenssätze weder beweis- noch inhaltlich begründbar sind.
- *Dialog(Diskurs)-Ethik.* Sie versucht das Dilemma der Glaubensethik zu lösen. Ziel ist es hier, im Rahmen eines praktischen Diskurses einen Konsens zwischen den Betroffenen herzustellen. Die Möglichkeiten offener (strittiger) Fragen im Rahmen eines offenen Dialoges zu klären, sind allerdings weitgehend auf einige wenige Meta-Probleme beschränkt. Für die praktische Personalarbeit hingegen ist die diskursive Feststellung ethischer Grundlage nicht durchführbar.
- *Gesetzesethik.* Eine arbeitsteilige Wirtschaftsordnung, die auf Güteraustausch aufbaut, wäre ohne Normen und Spielregeln für gemeinsames Handeln nicht möglich, da die Kosten für das jeweilige "Aushandeln der gegenseitigen Beziehungen" im Einzelfall und damit die "*Transaktionskosten*" zu hoch wären. Die Entwicklung von Normen und gegenseitig akzeptierten Spielregeln erleichtert nicht nur das Wirtschaften, sondern ermöglicht erst das gesellschaftliche Zusammenleben. Die in einem demokratischen Prozeß politischer Willensbildung entstandenen Gesetze sind letztlich ja das Ergebnis eines Konsenses zwischen den Beteiligten. Ethisch verhält sich nach den Normen der Gesetzesethik, wer sie beachtet, unabhängig davon, welche innere Einstellung der Handelnde dazu hat und, abgesehen von Fällen staatlichen oder gesetzgeberischen Machtmißbrauches, sind die Gesetze allgemein verbindlich.

Die von verschiedenen Autoren (u.a. *Steinmann/ Löhr,* 1992, Sp. 843) immer wieder erhobene Forderung, ethische Grundsätze im Personalbereich durch *diskursive Verständigungsprozesse* besser zu realisieren, läßt außer acht, daß dies durch die vielfältigen Mitspracherechte des Betriebsrates in vielen Bereichen des unternehmerischen Handelns bereits vorgeschrieben ist. Neben den umfangreichen Informations- und Beratungsrechten hat der Betriebsrat nach § 80 (BetrVG) u.a. die allgemeine Aufgabe, darüber zu wachen, daß die zugunsten der Arbeitnehmer geltenden Gesetze, Verordnungen usw. durchgeführt werden. Da der allgemeine Rechtsgrundsatz, daß Gesetze, Verträge, Vereinbarungen usw. nach den Grundsätzen von Treu und Glauben und mit Rücksicht auf die Verkehrssitte auszulegen sind, für jedes wirtschaftliche Handeln gilt, ist ein gesetzlicher (ethischer) Rahmen, der für alle gesellschaftlichen Bereiche, damit auch für wirtschaftliches Handeln und die betriebliche Personalarbeit bindend ist, gegeben.

Dieser Rahmen gilt unabhängig von der Zunahme weltweiter Verflechtungen und den sich hieraus ergebenden erhöhten Konkurrenzbeziehungen. Die mit "ethisch" begründeten Argumente, Zusatzleistungen an die Mitarbeiter auszuschütten, oder eine aus wirtschaftlichen Gründen notwendige Freisetzung von Mitarbeitern zu vermeiden und damit höhere Kosten als der Wettbewerb zu übernehmen, geht auf die Dauer zu Lasten der Aufrechterhaltung des finanziellen Gleichgewichtes und damit zu Lasten der Existenzfähigkeit eines Unternehmens. Höhere als die marktüblichen Gegenleistungen zu erbringen, sind in einer Wettbewerbswirtschaft für Unternehmen nur in dem Rahmen möglich, in dem Wettbewerbsungleichheit (Monopol - oder monopolähnliche Stellungen usw.) für einen finanziellen Ausgleich sorgen.

In diesen Fällen müssen die Gegenleistungen für erhöhte betriebliche Aufwendungen, mögen sie noch so sehr ethisch begründet sein, von den Abnehmern in Form zu hoher Preise oder von den Zulieferern in Form schlechterer Konditionen erbracht werden; oder Zusatzleistungen an eine Personengruppe müssen durch Leistungsverkürzungen bei anderen Gruppen ausgeglichen werden.

In allen Fällen, in denen dies einzelne Unternehmen oder Branchen tun konnten, war dies nur für eine sehr kurze Zeitspanne möglich. Typisch hierfür sind die Fälle von Unternehmen mit ehemals besonders hohen Zusatzleistungen, wie z.B. die Firmen Rank Xerox, IBM usw.

Diese Zielsetzungen anzustreben war nur solange möglich, solange dies eine starke Marktstellung zu Lasten von Kunden ermöglichte.

Bei einer Normalisierung der Marktverhältnisse waren die Unternehmen dann gezwungen, nicht nur diese Leistungen abzubauen, sondern darüber hinaus auch noch weitere Einschränkungen vorzunehmen.

Welchen Nutzen ein Kodex ethisch fundierter Personalstrategien, wie z.B. von *Lay* vorgeschlagen (vgl. Abbildung 4), oder die Benennung von *Ethikbeauftragten* oder *Ethikberatern* bringen können, vermag hier nicht abschließend beurteilt zu werden, zumal im Katalog der Führungsstrategien natürlich der Begriff "Ethisch-verantwortetes Führen" auch ohne Bedeutungsverlust durch die Bezeichnung "fachlich kompetentes und erfolgreiches Führen" ersetzt werden könnte.

Eine Ausnahme bildet hier die Schulung von Vorgesetzten und Mitarbeitern zu einem verständnisvollen Umgang miteinander und der Schulung ihrer Sensibilität für das Entstehen gegenseitiger Probleme und Konflikte sowie deren Lösung. Vor allem, wenn sie die Grundlage für die Entwicklung einer auf gegenseitige Achtung aufbauende Unternehmenskultur und eines entsprechenden Betriebsklimas bildet.

Ethisch fundierte Führungsstrategien
1. Mit dem Recht, über die Arbeitskraft zu verfügen, erwirbt der Unternehmer in keiner Weise auch das Recht, im Rahmen bestehender Gesetze oder Verträge beliebig zu verfügen.
2. Ethisches Führen geschieht in Kommunikationsgemeinschaften.
3. Der Führungsinteraktion liegt personale Autorität zugrunde.
4. Was auch immer erkannt wird, wird auf die Weise des Erkennenden erkannt.
5. Ethisch-verantwortetes Führen ist immer auch verantwortete Spiegelung.
6. Ethisch-verantwortetes Führen realisiert die kommunikativen Tiefenschichten.
7. Ethisch-verantwortetes Führen impliziert das Erkennen und Vermeiden von Kommunikationsstörungen.
8. Ethisch-verantwortetes Führen geschieht in prinzipiell revisibler Kommunikation.
9. Ethisch-verantwortetes Führen akzeptiert das Gewissensurteil des Geführten.
10. Ethisch-verantwortetes Führen begünstigt die Identifikation mit dem Unternehmen.
11. Ethisch-verantwortetes Führen respektiert fremde Würde und Freiheit.
12. Ethisch-verantwortetes Führen setzt die Bereitschaft voraus, die Eigendynamik sozialer Systeme in Richtung auf die Optimalisierung ihrer biophilen Potenzen hin zu steuern.
13. Ethisch-verantwortetes Führen setzt eine entwickelte Konfliktfähigkeit des Führenden voraus.

Abbildung 4: Ethisch fundierte Führungsstrategien von *Lay* (1989, S. 140 - 177)

1.3.3 Personalpolitische Grundsätze

Das *Zielsystem* konkretisiert sich in personalpolitischen Grundsätzen, die als Leitlinien für einzelne personalwirtschaftliche Maßnahmen gelten. Solche Grundsätze können schriftlich fixiert sein oder auf einer allgemeinen in der Unternehmenskultur verankerten Konvention beruhen. Als Beispiel können gelten:

- Aufstieg geht vor Einstieg. Bei der Besetzung einer höheren Position sollte einem Bewerber aus dem Haus der Vorzug vor einem Betriebsfremden gegeben werden.
- Einstellungen werden nur für Arbeitsplätze vorgenommen, deren Beschäftigung für eine bestimmte Zeit als gesichert gelten kann.
- Mehrarbeit soll die Grenze von x % nicht übersteigen.
- Befristete Arbeitsverträge sollen nur zur Deckung kurzzeitigen Spitzenbedarfs abgeschlossen werden.
- Die Beschäftigung von Leiharbeitern erfolgt nur zur Deckung eines vorübergehenden Spitzenbedarfes.
- Kurzarbeit geht vor Entlassung.
- Verstöße gegen die Betriebs- oder Arbeitsordnung werden in jeder Situation (unabhängig von Beschäftigungs- und Arbeitsmarktlage usw.) mit demselben Maß gemessen.

Diese personalpolitischen Grundsätze sind eine Aufzählung von Präferenzen und stellen keinen Katechismus dar. Deshalb müssen für jeden Grundsatz auch Toleranzmargen gelten; z.B. soll eine Überdeckung des Stellenplanes bis zu 3 Monaten hingenommen werden, wenn dadurch eine gewisse Anzahl von Entlassungen zu vermeiden ist. Oder beim Grundsatz: "Aufstieg geht vor Einstieg", der immer zu gelten hat, wenn einem Mitarbeiter eine Chance gegeben werden kann; bei der Einführung eines neuen Arbeitssystems - z.B. der Datenverarbeitung - wird jedoch die Einstellung eines betriebsfremden Spezialisten unumgänglich sein.

Trotz dieser geltenden Toleranzmargen sind diese Grundsätze, ob sie nun schriftlich fixiert sind oder nicht, weitgehend handlungsbestimmend. Sie sind deshalb im wesentlichen auch Bestandteil einer jeden Unternehmenskultur und sind Ausdruck des im Unternehmen geltenden Wertsystems.

1.3.4 Individualisierung im Personalwesen

Unter dem Eindruck der Diskussion über den Wandel der "*Werthaltungen*" wird verschiedentlich eine "*Individualisierung* im Personalwesen" gefordert. *Drumm* (1989) versteht hierunter eine Abkehr von der Vorherrschaft kollektiver genereller Regelungen und generalisierender Theorien auf den Problemfeldern des Betrieblichen Personalwesens mit dem Ziel, die individuellen Interessen und Belange der einzelnen Mitarbeiter zum Ansatzpunkt von personellen Problemlösungen zu machen. In der Konsequenz würde dies eine Abkehr von gleichmachenden Regelungen und Theorien bedeuten und eine stärkere Berücksichtigung der individuellen Einstellungen, Bedürfnisse und Wertvorstellungen des einzelnen Mitarbeiters erfordern.

Daß bei allen das Betriebliche Personalwesen betreffenden Überlegungen und Maßnahmen auch so weit wie möglich die Interessen des Mitarbeiters als Individuum mitberücksichtigt werden, ist in einer freien Wettbewerbsgesellschaft eher die Regel als die Ausnahme. Verstöße gegen diese Grundsätze, beantworten die Mitarbeiter mit nachlassender Arbeitszufriedenheit und den damit verbundenen Auswirkungen auf die Arbeitsleistung, durch verstärkte Fluktuation, durch "innere" Kündigung oder andere Abwehrmechanismen und - soweit es der Arbeitsmarkt zuläßt - werden vor allem die leistungsfähigsten Mitarbeiter das Unternehmen verlassen. Darüber hinaus sind den Individualisierungsmöglichkeiten auf einzelnen Gestaltungsfeldern der Personalarbeit enge Grenzen gesetzt, nämlich dort, wo der Grundsatz der "*Gleichbehandlung*" verletzt werden würde. Und dieser Grundsatz erweist sich mehr oder weniger für die praktische Personalarbeit als der entscheidende Schlüsselfaktor. Ob man deshalb in einer konsequenten Individualisierung ein (wenn auch vermutlich unerreichbares, aber doch anzustrebendes) Leitbild sehen kann, das eine Abkehr von Einheitslösungen und schematischen Konventionen fordert, dürfte zumindest fraglich sein. Entscheidendes Kriterium für alle Maßnahmen im Betrieblichen Personalwesen wird immer das Streben nach einer ausgewogenen Berücksichtigung der ökonomischen und sozialen Formalziele sein. Und zwar im Rahmen einer Ausgewogenheit zwischen einer systemerhaltenden Struktur genereller Regelungen und einer möglichst großen Differenzierung nach den einzelnen individuellen Ansprüchen, soweit der oberste Grundsatz einer jeden erfolgreichen Personalarbeit, nämlich "Gleiches auch gleich zu behandeln", nicht verletzt wird.

1.4 Stufen in der historischen Entwicklung des Personalwesens

Friedrichs (S. 11) unterscheidet drei Stufen in der Entwicklung des Personalwesens, die er zeitlich gegeneinander abgrenzt, und zwar:

- Verwaltungsphase bis ca. 1950,
- Anerkennungsphase 1950 - 1970,
- Integrationsphase ab 1970.

Man wird diese Gliederung noch um eine 4. Stufe

- Neustrukturierungsphase ab 1985

erweitern müssen.

1.4.1 Verwaltungsphase des Personalwesens

In der Verwaltungsphase wurden die wesentlichen Probleme des Personalwesens kaum erkannt. Einfache Arbeitsstrukturierung, Vordringlichkeit der Beherrschung technischer Problemlösungen, ein Arbeitsmarkt ohne nennenswerte und anhaltende Verknappung, geringerer technischer Fortschritt und rasche Auswechselbarkeit bzw. Ersetzbarkeit der Mitarbeiter, waren bestimmend. Die Personalarbeit beschränkte sich auf die Durchführung der mit der Einstellung, Beschäftigung und Entlassung verbundenen Formalitäten. Mit zunehmenden Arbeitsschutzbestimmungen rückten Fragen der juristischen Absicherung der personalwirtschaftlichen Einzelmaßnahmen, der Vertragsgestaltung, der Vermeidung bzw. erfolgreichen Durchsetzung von Arbeitsgerichtsstreitigkeiten in den Vordergrund des Interesses. Die Personalarbeit wurde hier in der Regel noch als Nebentätigkeit einer anderen Abteilung erledigt: Lohnabrechnung in der Buchhaltung, Vertragsabschlüsse in der Rechtsabteilung, Personalauswahl und -beurteilung durch den zuständigen Meister.

1.4.2 Anerkennungsphase des Personalwesens

Während dieser Zeit wurde die funktionale Bedeutung des Personalwesens anerkannt. Sie begann mit einer Veränderung der Arbeitsmarktlage und der immer stärker werdenden Differenzierung der Berufsanforderungen. Neben einfachen Grundaufgaben der Beschaffung, Einstellung, Verwaltung und Betreuung des Personals traten hier noch Probleme der Einführung neuer Mitarbeiter, der Personalentwicklung und -ausbildung. Die Steigerung der Leistungsfähigkeit und Leistungsbereitschaft der Mitarbeiter wurde zum entscheidenden Faktor des wirtschaftlichen Erfolgs eines Unternehmens. Die Aufgaben im Personalbereich wurden schwieriger und verlangten umfassendere Kenntnisse und höhere Qualifikationen, sie konnten nicht mehr als Nebentätigkeit von anderen Funktionsbereichen miterledigt werden. Durch Funktionsspezialisierungen begannen sich eigene Personalabteilungen zur Lösung dieser Probleme durchzusetzen.

1.4.3 Integrationsphase des Personalwesens

In ihr ergibt sich eine steigende Anerkennung der Bedeutung und Notwendigkeit des Personalwesens. Durch die zunehmenden Informations- und Auskunftsrechte des Betriebsrates im Rahmen des Betriebsverfassungsgesetzes von 1972 und noch mehr steigend durch das Mitbestimmungsgesetz von 1976, wurde es immer notwendiger, eine einheitliche Stelle für die Erledigung der mit dem Einsatz von Mitarbeitern verbundenen Aufgaben zu schaffen. Damit wurde die Tendenz immer stärker, den in der Personalabteilung institutionalisierten Funktionsbereich "Personalwesen" höher in der Betriebshierarchie anzusiedeln und die Erledigung der Belange der betrieblichen Personalarbeit in die Gesamtführung zu integrieren.

1.4.4 Neustrukturierungsphase des Personalwesens

Die drei besprochenen Phasen sind im wesentlichen dadurch gekennzeichnet, daß die Belange der betrieblichen Personalarbeit zunehmend unter einer verantwortlichen einheitlichen Leitung, einer eigenständigen Personalabteilung gestellt wurden und die Entwicklung durch eine zunehmende Anerkennung und eine entsprechend höhere Eingliederung dieser Abteilung in die Betriebshierarchie gekennzeichnet war. Es zeigte sich aber schon bald, daß hierbei die Bedeutung der Führungskräfte der anderen Funktionsbereiche im Rahmen der Anwendung personalwirtschaftlicher Erkenntnisse nicht genügend berücksichtigt wurde.

Zunehmend machte sich deshalb die Erkenntnis breit, daß eine Vielzahl der verschiedenen personalwirtschaftlichen Aufgaben nicht zentral von einer einheitlichen Instanz aus bewältigt werden können, sondern daß auch die Führungskräfte verstärkt mit in die Verantwortung genommen werden müssen. Ziel der immer häufiger anzutreffenden Neustrukturierungsmaßnahmen ist es nun, eine Aufgabenverteilung zwischen Personalabteilung und Führungskräften der Fachabteilungen zu finden, die eine optimale Aufgabenerfüllung gewährleistet. Im Zuge dieser Entwicklung wurden zunehmend Teile der Personalverantwortung auf die Linienvorgesetzten verlagert, während der Personalabteilung zunehmend die Rolle eines Dienstleisters bzw. Servicebereiches zufiel.

2. Veränderung in der Institutionalisierung des Personalwesens

2.1 Zunehmende Funktionsgliederung

Der Zuwachs an *Personalführungsaufgaben* ist unabhängig von der Planung und Gestaltung durch die Unternehmensführung. Der Umfang der anfallenden Aufgaben wird durch den Markt und die veränderten gesellschaftlichen Strukturen bestimmt. Dem Unternehmen obliegt es dann lediglich, diesen Aufgaben mit den Auswirkungen auf Leistungsfähigkeit und Leistungskraft gerecht zu werden und festzulegen, von welchen Funktionsträgern diese Aufgaben wahrgenommen werden sollen. Der wirtschaftliche Erfolg eines Unternehmens ist dann lediglich der Ausdruck dafür, in welchem Umfang das Unternehmen diesen Anforderungen gerecht werden konnte.

Die klassische Organisationsliteratur (Nordsieck, S. 177, Kosiol, S. 59) geht bei der Strukturierung der Aufbauorganisation eines Unternehmens von der Überlegung aus, daß die *Gesamtaufgabe mit dem Ziel einer besseren Beherrschung in Teilaufgaben* zerlegt und diese spezialisierten Teilaufgaben auf einzelne Funktionsträger verteilt werden. Damit eine so geschaffene Aufbauorganisation ihre Aufgaben der Koordination und Stabilisierung organisatorischer Strukturen durch eine möglichst weitgehende Regelung der Aktivitäten (*Grochla*, S. 14) erreichen kann, muß sie auf eine *bestimmte Dauer* festgelegt sein. Damit erhält die Organisationsstruktur ein statisches Element, während die Aufgaben sich laufend durch Änderung der Elemente, Strukturen und Umweltbedingungen wandeln. Zwangsläufig kommt es dann damit zu einer Verschiebung ursprünglich festgelegter Aufgabeninhalte.

Die *Organisationspraxis* zeigt, daß neu hinzuwachsende Aufgaben, die bei der ursprünglichen Aufgabensynthese nicht vorgesehen waren, in der Regel zuerst dort erledigt werden, wo die Dringlichkeit ihrer Erledigung am größten ist. Sie beginnen dann ein Eigenleben mit eigener Dynamik zu entwickeln und die Erfüllung der ursprünglich vorgesehenen Aufgaben zu beeinträchtigen. Die dadurch entstehende Überlastung einzelner Bereiche sucht man in der Regel durch den Einsatz von Hilfsfunktionsträgern (Stabsstellen, Assistenten usw.) abzufangen. Erst wenn auch damit das Problem nicht mehr zu lösen ist, erfolgt eine Neugliederung der Organisation durch Funktionsspezialisierung, d.h. Ausgliederung von Aufgaben und ihre Übertragung auf eigene Funktionsträger (*Gaugler*, S. 613), ein Vorgang, den *Schmalenbach* zwar am Beispiel der Arbeitsvorbereitungsbüros beschrieben, aber theoretisch nicht begründet hat (Dienststellengliederung, S. 42). "Ein solches Arbeitsvorbereitungsbüro tut an sich nichts anderes, was nicht auch vorher getan wurde. Arbeitsvorbereitung gab es schon immer, nur machte das der technische Betrieb, nun macht es ein besonderes Büro." Dieser *Funktionsgliederungsprozeß* war in der Vergangenheit nicht nur bei den Arbeitsvorbereitungen, den Personalabteilungen, sondern auch im Bereich des Absatzes bei den Marktforschungsabteilungen, der Ausgliederung der Betriebsabrechnung aus der Finanzbuchhaltung usw. zu beobachten. Die Intensität, mit der dieser Prozeß abläuft, hängt von zwei Faktoren ab:

1. der quantitativen Zunahme neuer Aufgaben und der
2. qualitativen Veränderung der Anforderungen zu Erledigung bestehender Aufgaben.

Zusätzlich neu hinzukommende Aufgaben *(mutatives Wachstum)* führen dazu, daß diese als Nebenaufgaben von bereits bestehenden Abteilungen wahrgenommen werden. Mengenmäßige Zunahme der Aufgaben durch wachsende Betriebsgröße usw. führen meist zur Mengenteilung durch Schaffung von Parallelstellen; höhere qualitative Anforderungen bei der Bewältigung bestehender Aufgaben werden in der Regel durch eine Artteilung in Form der Bildung von Spezialbereichen aufgefangen.

Erst zunehmender Aufgabendruck (aus mutativen, quantitativen oder qualitativen Veränderungen) führt mit der Erkennung eines vorhandenen Problemlösungsdefizites zur Entwicklung neuer Methoden und Hilfsmittel, die dann in eine *Funktionsspezialisierung* durch Bildung neuer Funktionsbereiche münden.

Die Funktionsspezialisierung setzt sich umso früher durch, je mehr durch die zusätzlichen Aufgaben die bisherigen Aufgaben in ihrer Erfüllung beeinträchtigt werden, bzw. wenn zur Erledigung der neuen Aufgabenstellungen oder der bereits vorhandenen Aufgaben ein Maß an zusätzlichem Spezialwissen benötigt wird, das die bisherigen Aufgabenträger nicht in vollem Umfang besitzen. Diese Funktionsspezialisierung beginnt naturgemäß zuerst bei den großen Betrieben und setzt sich bei den kleineren Betrieben fort. Eine Tendenz, die durch zahlreiche empirische Untersuchungen belegt ist.

Die einzelnen Stufen dieses Prozesses zeigt Abbildung 5.

Art der Aufgabenänderung	Gekennzeichnet durch	Form der Organisationsanpassung	Beispiel	Ursache
1. mutatives Wachstum der Aufgaben	Auftreten neuer zusätzlicher Aufgaben	Erledigung als Nebentätigkeit durch bereits bestehende Abteilungen	Rechtsabteilung erledigt Probleme mit Arbeitsverträgen	zusätzliche Verwaltungsaufgaben durch neue Gesetze, Rechtsverordnungen, Tarifverträge usw. Änderungen des Arbeitsmarktes
2. quantitative Vermehrung	mengenmäßige Zunahmen der Aufgaben	Mengenteilung durch Schaffung von Parallelstellen	Abteilungen für Lohnempfänger, für Gehaltsempfänger	wachsende Betriebsgrößen
3. qualitative Erhöhung der Anforderungen	Erledigung bestehender Aufgaben erfordert höheres Spezialwissen	Artteilung durch Gliederung nach Spezialaufgaben	Abteilungen für Personalbeschaffung, -einsatz, -betreuung, Sozialwesen usw.	Differenzierung der Aufgabenstruktur, zunehmende Komplexität betrieblicher Zusammenhänge, staatliche Anforderungen, Verfeinerung der methodischen Instrumente
4. Kombination mehrerer Arten	gemeinsames Auftreten der Arten a, b, c	1. qualitative Anpassung durch neue Arbeitsmethoden	Einsatz von EDV und Personalinformationssystemen usw.	Erkennung des Problems, des Lösungsdefizits und Entwicklung technischer und organisatorischer Hilfsmittel
		2. Funktionsspezialisierung (Schaffung neuer Stellen durch Ausgliedern und Kombinieren von Teilaufgaben)	Schaffung neuer Abteilungen, wie Personalabteilung, Arbeitsvorbereitung, Werksschulen usw.	bestehende Abteilungen können die angewachsenen Nebentätigkeiten aus quantitativen und qualitativen Gründen nicht mehr erledigen

Abbildung 5:   Anpassungsformen an das Aufgabenwachstum im Personalwesen

2.2 Die optimale Form der Aufgabenzusammenfassung

Für die Beurteilung der Entwicklung und Institutionalisierung des Personalwesens ist nicht nur entscheidend, welche Funktionsspezialisierung durch Instanzenbildung stattgefunden hat, sondern auch, welche Funktionen im einzelnen übertragen wurden. Eine im Jahr 1960 im Auftrag des RKW vom Studentenkreis "Der Neue Betrieb" durchgeführte Studie zeigt, daß bei allen untersuchten Betrieben im wesentlichen die Aufgaben der Personaleinstellung, die Einführung neuer Mitarbeiter und die Förderung der Mitarbeiter an höhere Vorgesetzte bzw. an die (Stabsstelle) Personalabteilung abgegeben wurden (Studienkreis: Der Neue Betrieb, S. 61).

Das in Abbildung 6 dargestellte Untersuchungsergebnis zeigt, mit welchem Anteil die einzelnen Teilbereiche eines Unternehmens (Fach- oder Personalabteilung), allein oder in Zusammenarbeit für die einzelnen Teilgebiete zuständig sind (Angaben in Prozent). Ferner zeigt die Untersuchung, welcher prozentuale Anteil aller Befragten Unternehmen in dem Teilgebiet größere Probleme sehen und welcher prozentuale Anteil hier bereits Verbesserungen plant.

Da bei allen empirischen Untersuchungen dieser Art der unterschiedliche Entwicklungsstand des Personalwesens in den einzelnen in die Untersuchung einbezogenen Unternehmen kaum zu erfassen ist, können diese Zahlen nur Anhaltswerte liefern. Welche Aufgaben mit welchem Kompetenzumfang im Einzelfall tatsächlich wahrgenommen werden, hängt neben dem Entwicklungsstand auch von verschiedenen Zufälligkeiten ab, wie z.B.

1. dem "Generationenproblem", d.h. dem Alter vorhandener Führungskräfte,
2. von der Einstellung der amtierenden Geschäftsleitung zu personalwirtschaftlichen Problemen
3. von der Abhängigkeit des Unternehmens und der Branche vom Arbeitsmarkt,
4. von der Organisationsstruktur,
5. von den Fähigkeiten und Erfahrungen der mittleren Führungskräfte.

Verschiedene weitere einschlägige Untersuchungen, so z.B. *Spie* 1983, mit ausführlicher Darstellung, *Scholz* 1993, S. 87 oder *Wagner* 1994, bestätigen im wesentlichen dieses Bild.

Teilgebiet	Für den Teilbereich ist zuständig			Haupt-probleme	geplante Ver-besserungen
		die Personalabteilung			
	eigenverant-wortlich eine andere Abteilung	in Zusammen-arbeit mit einer anderen Abteilung	allein		
1. Organisation					
Personalverwaltung und Personalstatistik	0	8,5	91,5	2,8	31,9
Erstellung von Arbeitsplatz- und Stellenbeschreibung	8,6	67,1	24,3	29,2	27,8
Aufbauorganisation	31,8	53,0	15,2	5,6	15,3
Ablauforganisation	53,8	33,8	12,4	9,7	16,7
Weiterführung der Arbeitsplatz- und Stellenbeschreibung	4,8	61,9	33,3	9,7	19,4
Arbeitsplatzgestaltung	35,8	61,2	3,0	8,3	16,7
2.Personalplanung					
Ausarbeitung von Methoden und Richtlinien für die Personalplanung	2,9	31,9	65,6	37,5	22,2
Durchführung der Personalplanung	1,4	60,9	37,7	19,4	25,0
3.Aus- und Fortbildungswesen					
Ausbildungswesen (kaufmännischer Bereich)	9,4	37,5	53,1	4,2	25,0
Ausbildungswesen (technischer Bereich)	16,7	63,5	20,0	4,2	18,1
Personalentwicklung (Fort- und Weiterbildung von Mitarbeitern)	4,3	43,5	52,2	23,6	29,2
Managementausbildung und -weiterentwicklung	12,5	31,3	56,2	23,6	34,7
4.Personalbeschaffung, -auswahl und -betreuung					
Personalanwerbung	1,4	8,5	90,1	5,6	12,5
Personalauswahl	2,8	80,6	16,6	5,6	18,1
Personaleinstellung	1,4	47,8	50,8	2,8	9,7
Festlegung von Lohn- und Anstellungs-bedingungen	0	47,1	52,9	2,8	12,5
Versetzungen	4,3	76,8	18,9	1,4	8,3
Beförderungen	2,9	84,3	12,9	0	9,7
Entlassungen	0	68,1	31,9	0	6,9

Abbildung 6: Zuständigkeitsbereich der Personalabteilung (*Bisani, F.*: Das Personalwesen in der BRD. Teil I, Köln 1976)

Teilgebiet	Für den Teilbereich ist zuständig			Haupt-probleme	geplante Ver-besserungen
		die Personalabteilung			
	eigenverant-wortlich eine andere Abteilung	in Zusammen-arbeit mit einer anderen Abteilung	allein		
5. Entlohnungsfragen					
Erarbeitung von Richtlinien für Gehalts- und Lohnpolitik	2,9	21,4	75,7	23,6	29,2
Festlegung von Löhnen und Gehältern	2,8	72,3	24,0	8,3	12,5
Gestaltung von Arbeitsbedingungen	15,9	68,2	15,9	6,9	11,1
Ausarbeitung von Richtlinien und Methoden zur Leistungs- und Prämienentlohnung	11,7	48,3	40,0	15,3	23,6
6. Disziplinarwesen					
Ausarbeitung von Arbeits- und Disziplinarordnungen	1,5	28,4	70,1	2,8	16,7
Behandlung von Beschwerden	2,9	66,7	30,4	1,4	6,9
Durchführung von Disziplinarmaßnahmen	4,2	52,8	43,0	0	8,3
7. Sozialwesen					
Gestaltung des Sozialwesens	1,4	21,5	77,1	2,8	18,1
Durchführung von Sozialmaßnahmen	3,3	27,9	68,8	0	16,7
8. Betriebliches Vorschlagswesen					
Ausarbeitung und Festlegung der Verhaltensrichtlinien	20,9	40,3	38,8	6,9	19,4
Durchführung	28,3	50,8	20,9	6,9	8,3
9. Leistungs- (Mitarbeiter-) Beurteilung					
Ausarbeitung von Beurteilungsrichtlinien	0	21,2	78,8	31,9	25,0
Durchführung der Beurteilungen	24,3	62,1	13,6	15,3	18,1
Auswertung von Beurteilungen	0	28,8	71,2	13,9	15,3
10. Arbeitnehmervertretungen					
Verkehr mit Betriebsrat	5,7	18,6	75,7	22,2	6,9
Verkehr mit Gewerkschaften	5,2	9,5	87,3	8,3	6,9
11. Arbeitsschutz- u. Sicherheitswesen					
Einhaltung der Unfallschutzbestimmungen	42,9	52,9	4,2	4,2	11,0
Organisation des Sicherheitswesens	45,1	46,5	8,4	4,2	11,0
Werksärztlicher Dienst	13,8	35,4	50,8	8,3	12,5

Fortsetzung Abbildung 6

Mustervorschläge von Stellenbeschreibungen für Personalleiter können hier keine Klarheit schaffen, sondern tragen eher zu einer Verunsicherung bei, vor allem dann, wenn sie auf imaginären, im einzelnen nicht nachvollziehbaren Sollvorstellungen beruhen. Die ideale Gestaltung einer Personalabteilung wurde vielfach darin gesehen, daß alle einschlägigen Aufgabengebiete betrieblicher Personalarbeit möglichst voll verantwortlich, beginnend mit der Zielsetzung, über die Durchführung bis zur Kontrolle, einer eigenständigen Personalabteilung unterstellt werden. Diese Idealvorstellung lag den meisten empirischen Untersuchungen zum Aufgabenbereich der Personalabteilungen ebenso zugrunde wie den Gestaltungsempfehlungen des Arbeitskreises der DGFP (Band 46, 1983).

Nicht berücksichtigt wurde hier allerdings, daß nahezu alle unternehmerischen und betrieblichen Entscheidungen eine personelle Komponente beinhalten, und daß damit der Personalabteilung eine Kompetenz in nahezu allen betrieblichen Teilfragen zugesprochen würde. Dies ist auch der Grund, daß eine derartige Aufgabenverteilung bei keinem der untersuchten Unternehmen vorliegt und auch gar nicht vorliegen kann. Diese Art der Kompetenzverteilung würde auch der besonderen Natur der Aufgaben des Betrieblichen Personalwesens nicht gerecht werden können. Ihre Aufgaben wären so weit gespannt, daß auch eine noch so leistungsfähige Personalabteilung gar nicht in der Lage wäre, sich die notwendige Fachkompetenz auf allen einschlägig tangierten Teilgebieten anzueignen. Daraus ergibt sich, daß Belange des Betrieblichen Personalwesens in den meisten Fällen nur in einem koordinierten Zusammenwirken mehrerer betrieblicher Funktionsbereiche wahrgenommen werden können.

Zu dieser Erkenntnis gelangte auch wenige Jahre später der Arbeitskreis der DGFP in seiner Gestaltungsempfehlung (Band 50, 1985). "Es wurde bisher aber zu wenig Gewicht auf die Rolle und Verantwortung der Führungskräfte bei der Umsetzung der personalwirtschaftlichen Instrumente und Methoden gelegt. Die notwendige Funktion der Führungskräfte und die Komplexität der Führungsproblematik wurden nicht ausreichend beachtet." Und richtig erkannte der Arbeitskreis, daß jedes Unternehmen je nach seiner Struktur, seinem Entwicklungsstand usw. im Prinzip zwischen den beiden Extremen "Die Personalabteilung macht alles" einerseits und "Die Führungskräfte machen die Personalarbeiten selbst" andererseits, ein Optimum zur Aufgabenerfüllung zu finden hat. Diese aus den praktischen Erfahrungen der Teilnehmer dieses renommierten Arbeitskreises gewonnenen Erkenntnisse decken sich auch im Prinzip mit den Ergebnissen einer Reihe weiterer von mir durchgeführter empirischer Studien.

Eine grundsätzliche Empfehlung, daß jedes Unternehmen zwischen den beiden Extremen in Abhängigkeit von seiner besonderen Struktur und der jeweiligen

Situation sein Optimum finden müsse, gibt allerdings wenig Hilfestellung. Und bei der Zusammenfassung personeller Einzelmaßnahmen und ihrer Verteilung auf die einzelnen Aufgabenträger wird man deshalb notwendigerweise einige Kompetenzstufen für die "ideale" Aufgabenverteilung unterscheiden müssen:

- Personalwirtschaftliche *Kernaufgaben,* die in die volle, ungeteilte Zuständigkeit und Verantwortung der Personalabteilung fallen sollen. Hierher gehören u.a. die Führung der Personalakten und -statistiken, Lohn- und Gehaltsabrechnungen, Durchführung von Personalwerbemaßnahmen, Erledigung der Formalitäten bei Beginn und Beendigung der Beschäftigung eines Mitarbeiters usw. Ferner gehören hierher die Aufgaben, die als Dienstleistungsaufgaben von anderen Abteilungen, z.B. der Finanzbuchhaltung und der EDV-Abteilung usw. im Auftrag der Personalabteilung wahrgenommen werden.
- *Konsultationsaufgaben.* Hierher gehören alle Aufgaben, die zweckmäßig nur in Zusammenarbeit von Personalabteilung und den Fachabteilungen erledigt werden können.
  - *Aktive Konsultationsaufgaben.* Hier ist die Personalabteilung zuständig und muß ihre Maßnahmen mit den betroffenen Fachabteilungen abklären, z.B. bei der Personalauswahl, Maßnahmen im Sozialleistungsbereich, Durchführung von Disziplinarmaßnahmen usw.
  - *Passive Konsultationsaufgaben.* Hier ist die Durchführung einer Fachabteilung zugewiesen, die aber ihre Maßnahmen zum Zwecke einer einheitlichen Personalpolitik mit der Personalabteilung abzustimmen hat. Hierher gehören Personaleinsatz, Maßnahmen im Bereich der Gestaltung von Arbeitsinhalten, Arbeitsumgebung usw.
- *Richtlinien-Aufgaben.* Sie umfassen die Bereiche, die voll im Zuständigkeitsbereich der Fachabteilungen liegen, während die Personalabteilung im Interesse einer notwendigen Gleichbehandlung die erforderlichen Richtlinien zu erlassen hat. Hierher gehören u.a. die Richtlinien zur Erstellung der Personalbeurteilung, zur Erfassung der Arbeitszeiten sowie der Arbeitsleistung, der Durchführung der Arbeitsbewertung, der Lohneingruppierung usw.
- *Dienstleistungsaufgaben.* Hierher gehören Aufgaben, über die andere Bereiche befinden, während es der Personalabteilung obliegt, die Leistung zu erbringen oder die Maßnahmen durchzuführen, z.B. Erbringung von Sozialleistungen, für deren Gewährung die Geschäftsleitung oder ein anderes Gremium, nicht aber die Personalabteilung zuständig ist.

Wichtiger als die Kompetenzverteilung einzelner Teilaufgaben ist, daß durch eine entsprechend hohe Eingliederung der Personalabteilung in die betriebliche Hierarchie und durch eine entsprechend ausgeprägte fachliche und persönliche Autorität des Personalleiters und seiner Mitarbeiter eine konsequente

Ausübung aller personalwirtschaftlichen Einzelmaßnahmen im Rahmen einer einheitlichen und zielgerichteten Personalpolitik in allen Bereichen gewährleistet ist.

2.3 Problembereiche betrieblicher Personalarbeit

Die Ergebnisse der Untersuchung nach Abbildung 7 zeigen, in welchen Teilgebieten und mit welchem Anteil die befragten Unternehmen hier ihre Hauptprobleme sehen bzw. Verbesserungen planen.

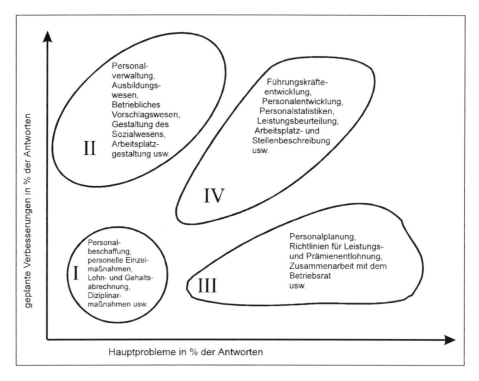

Abbildung 7:   Personalwirtschaftliche Problembereiche

Ergänzende Interviews zu dieser Untersuchung haben gezeigt, daß Unternehmen dann weder Verbesserungen planen, noch in einem Gebiet Hauptprobleme sehen, wenn sie

- den Arbeitsablauf, die Arbeitsorganisation und/oder die Arbeitsergebnisse des jeweiligen Teilgebietes als zufriedenstellend ansehen und/oder
- dieses Teilgebiet zwar nicht als befriedigend beurteilen, man aber keinen Weg zu einer besseren Lösung sieht. Das Problem wird dann aus dem

Bewußtsein verdrängt. Unzulänglichkeiten werden als gegeben und nicht abänderbar hingenommen.

Trägt man die Ergebnisse in ein Koordinatenkreuz ein, so bilden sich hier mehr oder weniger streng voneinander getrennte Gruppen heraus.

Gruppe I: Hier handelt es sich eigentlich um zwei Untergruppen, und zwar Aufgaben des Kernbereiches, bei denen sich bereits ein entsprechendes Know-how herausgebildet hat, mit dem die täglich anfallenden Probleme zufriedenstellend gelöst werden und ferner die Aufgaben, die - obwohl sie zum Personalbereich gehören - von anderen Abteilungen ohne oder nur mit geringer Beteiligung der Personalabteilung wahrgenommen werden.

Gruppe II: Hier handelt es sich um Aufgaben, bei denen die befragten Unternehmen der Meinung sind, das notwendige Instrumentarium zu beherrschen und durch gezielte Verbesserungen des gegenwärtigen Ist-Zustandes auch alle Aufgaben lösen zu können.

Gruppe III: Hierher gehören alle Teilbereiche, bei denen den Unternehmen zwar bewußt ist, daß hier wesentliche Probleme und Mängel bestehen, wo man aber keine Möglichkeit sieht, in absehbarer Zeit Abhilfe zu schaffen.

Gruppe IV: Hier herrscht ein hohes Problembewußtsein vor. Ein Teil der Unternehmen ist der Meinung, einen Weg zur Lösung dieser Probleme gefunden zu haben, während ein anderer Teil sich hierüber noch nicht klar ist..

Zu beachten ist, daß einzelne Teilgebiete entwicklungsbedingt einem Wandel der Einschätzung unterliegen, sei es, daß sich die Bedeutung des Problems verlagert oder, daß man sich mit ungelösten Problemen abgefunden hat, ohne daß entsprechende Alternativen erarbeitet werden.

3. Organisation des Betrieblichen Personalwesens

3.1 Eingliederung in die Unternehmenshierarchie

Die Bedeutung, die der Personalfunktion in einem Unternehmen zugemessen wird, hängt ab

1. von den Aufgaben und Pflichten, die der Personalabteilung zugeordnet werden
2. von den tatsächlichen Einflußmöglichkeiten, die der Personalverantwortliche wahrnehmen kann,

3. von der Qualifikation der Fachvorgesetzten, die sie nicht nur zur Erledigung der ihnen übertragenen Fachaufgaben besitzen, sondern auch für die ihnen übertragenen Aufgaben aus dem Bereich der Personalführung und Personalbetreuung
4. von der Anerkennung und Einsatzbereitschaft, mit der sie diese Aufgaben wahrnehmen.

Da diese Einflußgrößen kaum meßbar und nur sehr schwer quantifizierbar sind, galten bisher als Hilfsgrößen

- der Umfang der Aufgabenspezialisierung und ihre Konzentration auf eine eigenständige Personalabteilung
- die Höhe der Eingliederung der Personalfunktion in die Unternehmenshierarchie.

Die enge Verflechtung zwischen Personal- und Sachaufgaben führt dazu, daß die umfassende Zuständigkeit in personellen Angelegenheiten letztendlich auf hierarchisch hochstehenden Ebenen wahrgenommen werden. Im Falle von Unternehmen, die dem Mitbestimmungsrecht unterliegen, durch den Arbeitsdirektor auf Vorstandsebene

Nach der letzten Untersuchung von *Wagner* 1993 sind knapp 80 % der Arbeitsdirektoren neben dem Personalbereich noch für ein Zusatzressort verantwortlich, und zwar nach der Häufigkeit der Kombinationen mit den Bereichen Finanz-/ Rechnungswesen, Verwaltung/Recht, Technik/Produktion und immerhin bei rund 17 % der Arbeitsdirektoren wird diese Tätigkeit vom Vorstandsvorsitzenden mit wahrgenommen.

Hier wird häufig der Einwand vorgebracht, daß die Personalarbeit letztlich durch die Doppelbelastung leidet und damit nur unqualifizierte Personalarbeit geleistet werden könne, weil mehr als die Hälfte der Arbeitsdirektoren mit weiteren Ressortkompetenzen nur weniger als 50 % ihrer Arbeitszeit für Personalarbeiten aufwenden würden, während dies bei Arbeitsdirektoren ohne weitere Ressortkompetenzen mehr als 70 % seien.

Daß dies bei zweckmäßiger Organisation innerhalb des Personalbereichs und entsprechender Aufgabendelegation nicht unbedingt ein Nachteil sein muß, belegen weitere Untersuchungen.

Hier wurde bei allen Befragten mehrheitlich die Meinung vertreten, daß ein Arbeitsdirektor mit zusätzlicher Ressortverantwortung außerhalb des Personalbereiches eine größere Kompetenz und damit auch höheren Einfluß innerhalb des Vorstandes besitze. Der Einfluß des Arbeitsdirektors hängt nach dieser Meinung weniger von der formalen Kompetenz als vielmehr von der innerbetrieblichen Anerkennung seiner Person und seiner Leistungen ab.

3.2 Gliederung der Personalabteilung

Der Entwicklungsstand des Betrieblichen Personalwesens schlägt sich auch in der Organisationsstruktur der Personalabteilung nieder.

Je nach Schwergewicht des Einflusses der Aufgabenänderungen orientiert sich der Inhalt an folgenden Gliederungssystemen:

3.2.1 Gliederung der Mitarbeitergruppen

Ausgangspunkt war hier die Mengenteilung, die mit wachsender Betriebsgröße zur Parallelabteilung führt. Aufgrund unterschiedlicher Entlohnungssysteme bot sich hier die Unterteilung in Zeitlöhner (gewerbliche Mitarbeiter) und Gehaltsempfänger (Angestellte) an. Weitere Unterteilungen in technisches, kaufmännisches und wissenschaftliches Personal oder Führungskräfte sind möglich. Hierbei wird der Begriff Mitarbeiter unterschiedlich weit gefaßt. In der engen Fassung sind es alle Personen, die in ein Unternehmen eingegliedert und der Weisungsbefugnis der Unternehmensleitung entweder durch Arbeits- oder Ausbildungsvertrag unterworfen sind. Ferner können noch dazu gerechnet werden Personen, die durch ihre tatsächliche Eingliederung (bei Arbeitnehmerüberlassungsverträgen) der konkreten Weisungsbefugnis unterliegen. Ebenso können dazu gerechnet werden alle Personen, die aufgrund eines früheren oder eines unterbrochenen Arbeitsverhältnisses mit dem Unternehmen verbunden sind, so z.B. Rentner, Pensionäre, zivil- oder wehrdienstleistende Mitarbeiter, Mitarbeiterinnen im Mutterschaftsurlaub usw.

Die Vorteile dieser Lösung sind zu sehen in der fachlichen Spezialisierung der Mitarbeiter der Personalabteilung auf die besonderen Belange der einzelnen Mitarbeitergruppen. Die Nachteile liegen dagegen in den geringeren funktionalen Spezialisierungsmöglichkeiten auf gleichartige Tätigkeiten.

3.2.2 Funktionale Gliederung

Hier sind folgende Unterformen denkbar, die auch zum Teil praktiziert werden:

- Gliederung nach Zielgruppen, und zwar wirtschaftliche Ziele in der Personalabteilung im engeren Sinne und soziale Ziele in einer eigenständigen Sozialabteilung.

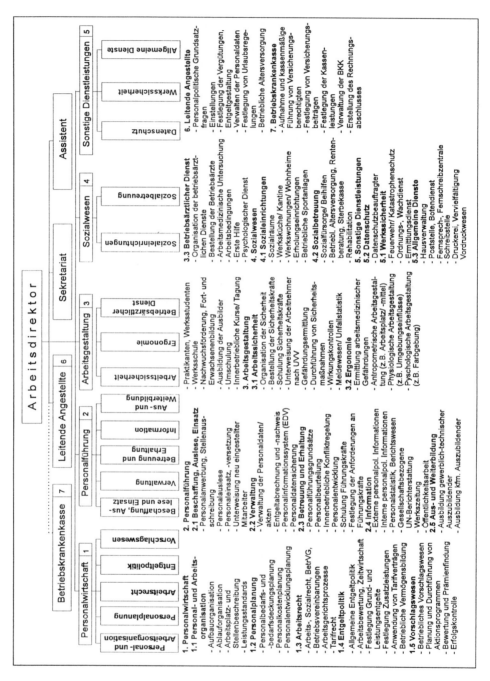

Abbildung 8: Funktionale Gliederung des Aufgabenbereiches eines Arbeitsdirektors (Quelle: Spie, 1981 S. 184)

- Gliederung nach Funktionsschwerpunkten. Hier schlagen sich die einzelnen Funktionen bei der Gliederung der Personalabteilung nieder, z.B. Abteilung Personalplanung, Personalbeschaffung, Aus-, Fort- und Weiterbildung usw. Nachteile der Funktionsgliederung sind, daß nicht nur der einzelne Mitarbeiter in der Personalabteilung keinen Ansprechpartner mehr hat, der für seine Belange in vollem Umfang zuständig ist, sondern auch, daß sich die Koordination der einzelnen Teilfunktionen zu einer einheitlichen Personalpolitik zunehmend schwieriger gestaltet.

Ein einfaches Beispiel bietet die tiefgegliederte Darstellung des Funktionsbereiches eines Arbeitsdirektors in Abbildung 8.

3.2.3 Dezentrale Gliederungsformen

Für größere Unternehmenseinheiten mit mehreren Betriebsteilen und teilweise regional aufgeteilten Zweigbetrieben läßt sich eine zentralisierte, nach dem Funktionalprinzip gegliederte Personalabteilung nur schwer realisieren. Hier geht man dazu über, die einzelnen Personalfunktionen zu dezentralisieren und auf die einzelnen Teilbereiche zu verteilen, während in der Zentrale zuständig für die einzelnen Unternehmensbereiche diejenigen Aufgaben verbleiben, die notwendig sind, um die Tätigkeit der einzelnen dezentralen Bereiche zu koordinieren und eine einheitliche Personalpolitik sicherzustellen. Das Strukturschema des Organisationsaufbaus entspricht hier dann im wesentlichen der Matrixorganisation.

Eine weitere Form dezentraler Gliederung ist das als "Referentensystem" bekannte Organisationsprinzip. Hierbei werden überschaubare Verantwortungsbereiche geschaffen, die jeweils alle Personalfunktionen für einen bestimmten Mitarbeiterbereich geschlossen wahrnehmen. Die jeweils übergreifenden Aufgaben, vor allem der Koordination und der einheitlichen Ausrichtung, fallen in den Bereich der zentralen Stabsstellen.

Die Vorteile liegen darin, daß ein Ansprechpartner für alle Fragen und Probleme eines Mitarbeiters zur Verfügung steht, was die Kontakte zwangsläufig verbessert und sich günstig auf das Betriebsklima auswirkt.

3.3 Organisation des Betrieblichen Personalwesens in internationalen Unternehmen

Der Zusammenschluß Europas und die Notwendigkeit, international auf weltweiten Märkten zu operieren, stellen die Unternehmen vor neue Anforderungen, die nicht selten nur durch aktive Betätigung in fremden Ländern zu bewältigen sind. Sei es durch die Gründung eigener Auslandsniederlassungen, Beteiligungen an Auslandsgesellschaften, Eingliederung ausländischer Unternehmen in den Beteiligungsverbund oder die Gründung von "Joint - Ventures" gemeinsam mit ausländischen Partnern.

Während in der Regel bei den meisten betrieblichen Funktionsbereichen, wie Marktbeobachtung, Werbung, Produktgestaltung usw., zwischen inländischen Mutter- und ausländischen Tochtergesellschaften ohne Schwierigkeiten einheitliche Strategien und Entwicklungen realisiert werden können, ist dies im Bereich des betrieblichen Personalwesens kaum der Fall. In aller Regel herrschen in vielen personalwirtschaftlichen Teilbereichen improvisierte ad-hoc-Lösungen vor, mit allen Problemen für eine einheitliche Struktur der Zusammenarbeit und der Abwicklung zwischen den einzelnen nationalen Gesellschaften.

Mit dem zunehmenden Zwang zum Gedanken- und Informationsaustausch zwischen den einzelnen nationalen Teilen internationaler Unternehmen gewinnt eine einheitliche Personalpolitik immer mehr an Bedeutung.

Im Grunde genommen bieten sich nun vier verschiedene Idealkonzeptionen an.

- *Zentralistischer Ansatz*: Dabei wird versucht, die Grundzüge der Personalpolitik des Stammhauses auch einheitlich auf die Tochtergesellschaften zu übertragen. Dies gilt vor allem für die Grundsätze der Entlohnung, des Personaleinsatzes, der Personalentwicklung sowie des Führungsverhaltens bzw. des Führungsstils.
- *Geozentrischer Ansatz*: Unter dem gemeinsamen Zusammenwirken aller Beteiligten von Stammhaus und ausländischen Tochtergesellschaften wird eine einheitliche Personalpolitik entwickelt, bei der auch alle lokalen und nationalen Besonderheiten berücksichtigt werden.
- Orientierung an regionalen Besonderheiten: Hier wird die Personalpolitik differenziert nach regionalen Besonderheiten, insbesondere unter Berücksichtigung der Kultur, der Wirtschaftsordnung, der Rechtsstruktur sowie der Wirtschaftspolitik, entwickelt. Dies könnte sich dann in unterschiedlichen Formen einer Personalpolitik für Europa, Nord- bzw. Südamerika oder für Teilregionen im asiatischen Raum niederschlagen.
- *Dezentraler Ansatz*: Dieser betont die Eigenständigkeit jeder Gesellschaft, unabhängig davon, ob Tochtergesellschaft oder Stammhaus. Jede hat vollständige Freiheit über die Gestaltung ihrer Personalpolitik. Damit ist auch in diesem Bereich den einzelnen Unternehmen im Sinne eines "echten" Profitcenters volle Freiheit im "Wie" des Erreichens der einzelnen Unternehmensziele gegeben.

Diese vier Grundorientierungen sind in der Praxis in Reinform nicht anzutreffen. Der zentralistische Ansatz läßt sich nicht durchsetzen, weil unterschiedliche Wirtschaftsstrukturen, Denk- und Verhaltensweisen sich nicht ohne weiteres normieren und auf andere Regionen übertragen lassen. Psychologisch fühlen sich dann meist die ausländischen Tochtergesellschaften mit einer für ihre Tradition, Kultur und Rechtsordnung nicht voll übereinstimmenden Personalpolitik von der Muttergesellschaft bevormundet. Dies mußten US-amerikanische Gesellschaften vor allem in den ersten Nachkriegsjahren erfahren, als sie nicht nur Kapital, sondern ihren "Way of life" auch in der betrieblichen Personalpolitik und Mitarbeiterführung mit nach Europa brachten und rasch auf den Widerstand eingefahrener Gewohnheiten sowie die Grenzen der nationalen Rechtsordnung stießen. Erfahrungen, die auch deutsche Unternehmen in den letzten Jahren mit ihren Auslandstöchtern machen mußten.

Der reine dezentrale Ansatz läßt sich hingegen nur bedingt voll realisieren. Vor allem dann, wenn zur Entwicklung einer einheitlichen Unternehmenskultur oder zum Zwecke eines internationalen Erfahrungsaustausches ein Personalwechsel zwischen Mutter- und Tochtergesellschaft notwendig ist.

Aus diesem Grund stellt keine dieser vier Grundkonzeptionen in ihrer reinen Form für alle Fälle den besten Weg dar. Vielmehr dürfte eine bewußte Kombination der einzelnen Ansätze, bezogen auf die einzelnen Teilbereiche des betrieblichen Personalwesens, den besten Ausgleich zwischen dem Wunsch nach einer einheitlichen Personalpolitik und -führung einerseits und einer situationsbezogenen Anpassung an die jeweiligen nationalen und regionalen Gegebenheiten andererseits darstellen.

Menschen haben eine ganze Reihe von Dingen erfunden,
die lange Zeit als unmöglich galten. Sie
- erdachten Elektronengehirne,
- drangen bis auf den Meeresgrund vor,
- flogen zum Mond und
- entwickelten die raffiniertesten Systeme, sich gegenseitig zu vernichten.

Im Vergleich zu diesen technischen Höchstleistungen
sind ihre Kenntnisse über sich selbst
und über ihre Mitmenschen höchst bescheiden!

Und das wenige, was sie über "Black-box" des Menschen wissen,
wenden sie sehr selten oder überhaupt nicht und wenn, dann falsch an!

In gut geführten, leistungsfähigen Unternehmen wird der Mitarbeiter
- nicht nur als ein Produktions- oder Kostenfaktor angesehen,
- sondern als die menschliche Quelle der Produktivität.

Dies ist der kleine Unterschied, auf den es ankommt.

Drittes Kapitel

Die Einstellung zum arbeitenden Menschen

1. Die vorindustrielle Epoche

Personalfragen und soziale Probleme sind eng mit der Industrialisierung verbunden. In der vorindustriellen Zeit konnte von einer Warenproduktion im heutigen Sinne nicht gesprochen werden. Es gab zwar auch Betriebe, wenn man die Werkstätten der Zunftmeister und die in der Zeit des Merkantilismus entstandenen Manufakturen als Vorläufer industrieller Produktionsstätten ansieht, die Herstellung von Gütern jedoch erfolgte auf handwerkliche und bäuerliche Art weitgehend ohne mechanische Hilfsmittel. Der Absatz der Produkte war regional begrenzt. Die Zunftordnung und die Abmachungen unter den Meistern sorgten für das wirtschaftliche Gleichgewicht innerhalb eines Betriebes.

Der Lebens- und Berufsweg des Einzelnen war in der Regel durch Geburt bereits fixiert. Die Lehrlinge wohnten in der Familie des Meisters und gehörten mit zur Wohngemeinschaft. Ein freiheitlicher Lebensspielraum war unbekannt. Jeder hatte seinen Platz in der Gemeinschaft mit klar und fest umrissenen Verpflichtungen (*Brown*, S. 7). Sie erhob den Anspruch auf Berufsausübung unter Einsatz aller Fähigkeiten und gewährte demgegenüber das Gefühl der Sicherheit. Die Arbeitszeit war lang und man lebte bescheiden, für heutige Begriffe sogar ärmlich, was aber nicht als unnatürlich empfunden wurde. Das Fehlen jeder Arbeitsteilung führte zu einer engen Bindung der Beschäftigten an die erstellten Güter. Jeder sah das Werk aus den Anfängen bis zur Vollendung entstehen. Fähigkeiten, Kenntnisse und Fleiß des einzelnen fanden in jedem vollendeten Stück seinen Ausdruck und seine Verwirklichung.

In dieser Phase einer frühen Kollektivität dürften deshalb Personalprobleme unbekannt gewesen sein. Bot einerseits die strikte Ausrichtung an gegebene Normen soziale Sicherheit, so führte dies jedoch andererseits auch zu einer ausgeprägten Fortschritts- und Reformfeindlichkeit, wie sie noch im Jahre 1794 durch das Verbot an arbeitssparenden Spinnmaschinen durch die oberösterreichische Regierung zum Ausdruck kam (*Braun*, S. 260).

2. Das Zeitalter der Industrialisierung

Während sich über Tausende von Jahren das Gesicht der wirtschaftlichen Verhältnisse kaum änderte, hat im 19. Jahrhundert die Industrielle Revolution die wirtschaftliche, soziale und kulturelle Struktur der heutigen Industrienationen von Grund auf verändert. Nur zwei Revolutionen vermochten einen grundlegenden Bruch im geschichtlichen Ablauf hervorzurufen: Die neolithische Revolution, die die Menschheit von nomadenhaft lebenden Jäger- und Sammlertrupps zu mehr oder minder voneinander abhängigen landwirtschaftlichen Gesellschaften umformte, und die industrielle Revolution, die "den Menschen von einem Bauern und Schafhirten zu einem Betätiger von Maschinen, die mit lebloser Energie angetrieben werden, umwandelte" (*Cipolla, in: Borchardt*, S. 7). Während die neolithische Revolution sich im Verlauf von Jahrtausenden über die Welt verbreitete und damit Gelegenheit zu unmerklicher Anpassung bot, überfiel die industrielle Revolution die Welt wie ein Naturereignis.

2.1 Änderungen der geistigen Grundeinstellung und der technischen Faktoren

Es ist falsch, die industrielle Revolution als das Ergebnis und die Folge technischer Errungenschaften anzusehen. Die moderne Technik beginnt nicht mit der Erfindung der Dampfmaschine durch *Watt*, sondern bereits Mitte des 15. Jahrhunderts durch die Ideen und Konstruktionen *Leonardo da Vincis* und das Herauslösen der Naturwissenschaften aus der Theologie und ihre Begründung auf Erfahrung durch *Galileo Galilei* um 1600. Ihre Hypothesen und Theorien bildeten die Grundlagen der modernen technischen Wissenschaften. Sie blieben lange in Spielereien für "Fürstenhöfe" stecken, weil das Motiv für eine geregelte Anwendung und der ökonomische Sinn für eine produktive Nutzung fehlte (*Jungbluth*, S. 226) und die Produktivkraft der bäuerlichen Urerzeugung (*Mackenroth*, S. 155) nicht vorhanden war, um die für den Aufbau der Industrie erforderlichen Arbeitermassen zu ernähren. Die industrielle Revolution war damit nicht nur ein technisches, sondern vor allem ein geistiges Problem. Erst die geistige Bewegung der Aufklärung und des Liberalismus sowie die Auswirkungen der französischen Revolution schufen die Voraussetzungen zur Überwindung der alten sozialen Ordnung und ihres festgefügten Wertsystems. Anstelle der Kollektivität trat jetzt das Bewußtsein der Individualität (*Freyer*, S. 251) (vgl. Abbildung 9).

Eine neue Wertvorstellung schaffte sich durch den aufkommenden Protestantismus Platz. Die Zufälligkeit der Herkunft, die bisher den festgefügten Platz in der Hierarchie gewährt hatte, wurde als überwindbar angesehen. Das Streben nach persönlicher Leistung wurde erkannt. Dynamische Arbeitshaltung und

Leistungsstreben fanden ihre gesellschaftliche Anerkennung (*Dahrendorf*, S. 3). Die Freiheitsidee der neuen Geisteshaltung schuf nunmehr den Raum, bekannte technische Errungenschaften auszuwerten und führte zu einer Kette neuer Innovationen und zu wegbereitenden Erfindungen.

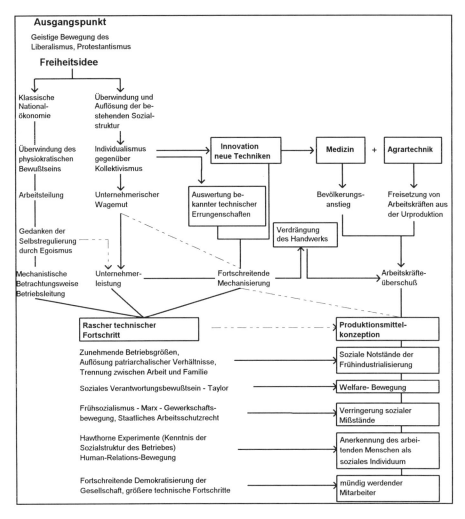

Abbildung 9: Die Triebkräfte der industriellen und gesellschaftlichen Entwicklung

Die Erkenntnisse der modernen Agrartechnik und Agrarchemie schufen die Bedingungen für den technischen Entwicklungsprozeß. Eine Steigerung der Bodenerträge und der Einsatz arbeitssparender Hilfsmittel waren die Voraussetzungen, um die für den Aufbau der Industrie erforderlichen Arbeitskräfte von der Nahrungsmittelproduktion freizustellen.

Die klassische Nationalökonomie löste die Anschauungen der *Physiokraten* ab. Der von den Klassikern vertretene Freihandelsgedanke und die Idee von Selbstregelung der Wirtschaft durch Egoismus, dem der Gedanke vom gerechten Preis und sozialer Gerechtigkeit im Sinne der alten Zünfte fremd war, verstärkten die neue geistige Richtung und schufen einen Unternehmertyp, der dynamisch und initiativ den technischen Fortschritt nutzte. Soziale und ethische Motive glaubte man sich nicht leisten zu können und auch nicht leisten zu sollen, wenn man im Wettbewerb bestehen wollte.

Die Erkenntnisse der Arbeitsteilung, die *Smith* von *Fergusons* übernommen und weiterentwickelt hat und in seinem berühmten Stecknadelbeispiel erläuterte (*Stavenhagen*, S. 52), führten zur Massenfertigung und der damit verbundenen Spezialisierung. Das Streben nach immer stärkerer Arbeitsteilung macht den Menschen immer mehr zum Lückenbüßer der Mechanisierung, zu einem Produktionsglied, das zwar leistungsschwach, aber dafür universell und nach kurzer Einarbeitung vielfach nutzbar ist. Entscheidend für die Beschäftigung ist nicht nur die fachliche Eignung, sondern auch das Ausmaß der Anpassungsfähigkeit (*Briefs*, S. 44). Man muß allerdings beachten, daß bei dem damaligen Stand der technischen Entwicklung und des Qualifikationsniveaus der Mitarbeiter und Meister der Industrialisierungsprozeß ohne übersteigerte Arbeitsteilung nicht in Gang gekommen wäre.

2.2 Die sozialen Ausfallerscheinungen

Der naive Glaube an die Selbststeuerungsfähigkeit der Wirtschaft, die ohne Leitlinien, nur durch das freie Spiel der Kräfte zum Ausgleich kommen würde, verbot staatliche Eingriffe und Lenkungsmaßnahmen. Der junge Kapitalismus war aus seiner Grundstruktur heraus unfähig und auch nicht willens, die freigesetzten wirtschaftlichen Triebkräfte unter Kontrolle zu bringen. Kinderarbeit, lange Arbeitszeiten und damit verbunden körperlicher Raubbau, waren die Folge. Der entstehende Großbetrieb führte zu einer Auflösung des im alten Handwerk vorhandenen patriarchalischen Verantwortungsverhältnisses und zu Arbeitsbeziehungen ohne persönliche Bindungen. Der Arbeitsvertrag war nicht mehr ein gegenseitiges Treue- und Verantwortungsverhältnis, sondern ein geregelter Austausch von Arbeit gegen Lohn.

Alle Teilbereiche der Personalführung lagen hier bei den Meistern. Sie hatten zu entscheiden über Einstellung und Entlassung. In größeren Bertrieben entstanden "die Büroschreiber", um Bücher über Arbeitsstunden und Lohnzahlungen zu führen. Es war der Beginn des Betrieblichen Personalwesens als eine reine Verwaltungsaufgabe. Ohne staatliche Eingriffe vollzog sich der industrielle Aufbau hektisch, nicht organisiert und unkontrolliert. Maschinenstürmer, Revolten, Wirtschaftskrisen, Zusammenbrüche, Bankrotte und erste Massenarbeitslosigkeiten sowie eine zunehmende Verelendung der industriellen Arbeitskräfte führten zu gesellschaftspolitischer Kritik. Diese Verhältnisse waren für *Karl Marx* der Ansatzpunkt, die Erkenntnisse der klassischen Nationalökonomie in völlig andere Bahnen zu lenken. Während die Klassiker sich darauf beschränkten, die charakteristischen Züge des Wirtschaftslebens zu erfassen und darzustellen, machte sich Marx zur Aufgabe, das Entwicklungsgesetz der kapitalistischen Gesellschaft festzustellen. Sein Lebenswerk, das ein Jahrhundert wirtschaftlicher und politischer Geschichte beeinflußt hat, baut auf zwei Annahmen auf:

- Der *materialistischen Geschichtsauffassung*: Ökonomische Momente bestimmen nicht nur das menschliche Verhalten (homo oeconomicus), sondern wirken auch auf alle übrigen Faktoren des gesellschaftlichen Lebens ein.
- Der Annahme, daß das gesellschaftliche Leben in seiner Entwicklung bestimmte Tendenzen von dialektischer Gesetzmäßigkeit aufweist.

Die Ideen von *Marx* haben zwar nachhaltig die Gedanken der bedeutenden deutschen Führer der Arbeiterbewegung (*Lassalle*, *Bebel*, *Liebknecht* usw.) beeinflußt, der eigentliche Führer der Arbeitnehmerbewegungen und ihrer Organisationen ist er aber nicht geworden. Im Grunde ist *Marx* der Entwicklungstheoretiker geblieben, der international dachte und es deshalb auch ablehnte, an die Spitze der von Lassalle gegründeten deutschen Arbeiterbewegung zu treten. Den Kampf um das Koalitions- und Streikrecht zur Durchsetzung von Lohnforderungen und besseren Lebens- und Arbeitsbedingungen der arbeitenden Massen lehnte er ab, da sie den Zerfall der kapitalistischen Gesellschaftsordnung und damit den revolutionären Umschwung und den Übergang zur sozialistischen klassenlosen Gesellschaft zwar nicht verhindern, aber doch hinauszögern würden.

2.3 Der soziale Aufbruch und die welfare-Bewegung

2.3.1 Die sozialreformerischen Bestrebungen

Die zunehmende Verelendung immer größerer Arbeitermassen und die auftretenden Krisenerscheinungen übten einen gewissen Druck auf die Gesellschaft, auf die Unternehmen und auf den Staat aus und führten zu einer allmählichen Herausbildung eines Klassenbewußtseins. Bereits frühzeitig begannen sich angesichts der immer mehr um sich greifenden Verelendungstendenzen sozialreformerische Ideen breitzumachen; so wollte *de Saint Simon* (1760 - 1825) den Mißbrauch des Kapitals durch eine neue, dem öffentlichen Wohl zugewandte Nutzung ausschalten. *Bazard* und *Enfantin* traten für eine kollektivistisch ausgerichtete Eigentumsordnung mit planwirtschaftlichen Maßmahmen ein. Gleichzeitig trat eine andere Gruppe von "utopischen" Sozialisten dafür ein, eine bessere Gesellschaftsordnung durch die Errichtung von Genossenschaften zu verwirklichen. Die jugoslawische Arbeiterselbstverwaltung von Tito in den Nachkriegsjahren als "dritter Weg" zwischen dem kapitalistischen Westen und dem marxistisch-leninistischen Sozialismus des Ostens weist viele Momente dieser ursprünglichen Ideen auf. Die in diese Idee gesetzten Hoffnungen erfüllten sich jedoch nicht. Mit dem Zusammenbruch des Sozialismus im Osten zerbrach auch diese Idee. In Frankreich trat *Fourier* (1772 - 1837) dafür ein, die Folgen einer zu weit getriebenen Arbeitsteilung durch Bildung von durch gegenseitige Sympathie verbundenen Arbeitsgemeinschaften zu lindern. Ideen, die heute wieder durch die Gruppenarbeitskonzepte im Rahmen von neuen Arbeitsstrukturmodellen durch das *lean management* an Bedeutung gewinnen. *Louis Blanc* (1813 - 1882) forderte das allerdings kaum praktisch realisierbare Recht auf Arbeit und die Bildung von Arbeiterproduktionsgenossenschaften, die mit Hilfe staatlicher Kredite errichtet werden sollten.

2.3.2 Die welfare-Bewegung

Verhältnismäßig frühzeitig begannen vereinzelt fortschrittlich eingestellte Unternehmer, die Gefahren eines übersteigerten *Manchester-Liberalismus* zu erkennen. Bereits im ersten Drittel des 19. Jahrhunderts finden sich Anfänge betrieblicher Sozialleistungen. So schuf etwa der Engländer *Owens* (1771 - 1858) für die damalige Zeit mustergültige Arbeiterwohlfahrtseinrichtungen. Er selbst stand dem Gedanken des *Genossenschaftssozialismus* nahe (*Stavenhagen*, S. 124 ff.). Etwa gegen Ende des 19. Jahrhunderts entwickelte sich in den USA als Reaktion auf die Auswirkungen der übersteigerten Industrialisierung eine neue Unternehmerhaltung. Man begann von der stark mechanistischen Einstellung abzurücken und den Menschen nicht nur als Produktionsfaktor zu sehen, sondern als ein Wesen mit Gefühlen und Bedürfnissen aufzufassen, demgegenüber der Unternehmer auch eine moralisch/ethische sowie wirtschaftliche Verantwortung trage.

Die Phase des *Paternalismus*, die in der sogenannten "*welfare-Bewegung*" in den USA während des Ersten Weltkrieges ihren Höhepunkt hatte, begann sich auch auf Europa auszuwirken. Die Gründe für die *welfare-Aktivitäten*, vor allem zu verstärkten Sozialleistungen (Gesundheitswesen, Eßräume, Kantinen, Erholungsmöglichkeiten, Unfallschutz, Invalidenkassen, Fortbildungsmöglichkeiten usw.) waren vielschichtig (*Mellerowicz*, S. 22). Bei vielen Unternehmern hat der Wunsch, verlorengegangene Beziehungen zwischen Arbeitnehmern und Arbeitgebern wieder herzustellen, sicher eine Rolle gespielt. Andere Unternehmer haben die welfare-Bewegung als eine gute public-relations-Maßnahme (so wie heute die *Sozialbilanzen* und *Öko-Berichte*) angesehen und den Wert einer positiven Einstellung der Kunden und der Arbeitnehmer für das

Unternehmen erkannt, so daß durchaus auch wirtschaftliche Gründe eine Rolle gespielt haben. Für manche mag auch die politische Überlegung, durch Sozialmaßnahmen die Attraktivität der aufkommenden Gewerkschaften zu verringern, maßgebend gewesen sein. Wurden die Maßnahmen der *welfare-Bewegung* anfänglich als ein wirksames Mittel begrüßt, soziale Härten des Systems zu mildern, so verloren sie doch im Laufe der Zeit verhältnismäßig rasch ihre Wirkung. Wie die moderne sozialwissenschaftliche Forschung erkannte, ist langfristig kein signifikanter Zusammenhang zwischen Sozialleistung, Zufriedenheit und Arbeitsleistung festzustellen. Darüber hinaus erkannten die Arbeiter immer mehr, daß viele soziale Maßnahmen nicht wegen ihres Wohlergehens ergriffen wurden, sondern ausschließlich der betrieblichen Leistungssteigerung dienen sollten. Zusammen mit dem wachsenden Mißtrauen gegenüber einer paternalistischen Vater-Kind-Einstellung der Unternehmer den Mitarbeitern gegenüber, wurde die ursprünglich durchaus positive Einstellung in das Gegenteil verkehrt.

2.3.3 Die Arbeiterbewegung

Unter dem Druck der wirtschaftlichen Verhältnisse begann sich unter den Arbeitern ein neues Klassenbewußtsein zu bilden. Die Ausgangsbasis war nicht die Schicht der schlecht bezahlten Fabrikarbeiter, sondern weitgereiste Handwerksgesellen, die aus Frankreich und der Schweiz die sozialistischen Ideen, wie die der "*Produktionsgenossenschaft*" nach Deutschland brachten (*Wachenheim*, S. 3). Politische Macht erhielten sie durch den 1863 von *Lassalle* gegründeten *Allgemeinen Deutschen Arbeiterverein*. Durch die Gewerkschaften gewann die Arbeiterbewegung ihren wirtschaftlichen Einfluß.

Aufgabe der Gewerkschaft ist es, durch Kollektivverträge Einfluß auf die wirtschaftlichen Bedingungen der Einzelarbeitsverträge zu nehmen. Die Entwicklung der Gewerkschaft selbst ist eng verbunden mit der Frage der *Koalitionsfreiheit*, dem Recht der Arbeitnehmer und Arbeitgeber, sich zur gemeinsamen Vertretung ihrer Interessen zu Vereinigungen zusammenzuschließen. Ausgangspunkt des *Koalitionsrechts* waren die gegen Ende des 15. Jahrhunderts zur gemeinsamen Vertretung ihrer Interessen gegenüber den Meistern entstandenen Gesellenverbände, die 1731 in Deutschland durch die Reichszunftordnung aufgehoben wurden. Das seither bestehende *Koalitionsverbot* behinderte das Entstehen gewerkschaftlicher Aktivitäten. Erst 1848 wurde das *Koalitionsverbot* gelockert. Die ersten freien Gewerkschaften entstanden in den Jahren 1865 - 1870. Gegen anfangs starke Widerstände gewannen sie durch Tarifverträge immer stärkeren Einfluß auf die Arbeitsbedingungen und wurden ab 1900 immer mehr zu anerkannten Vertretern der Arbeitnehmerschaft. Schlagkräftiger organisiert und damit erfolgreicher, setzten sie sich auch gegen die wirtschaftsfriedlichen, die sog. "*gelben*" Gewerkschaften oder "*Werkvereine*" durch, die häufig unter Arbeitgebereinfluß den Wirtschaftskampf ablehnten, ein freundschaftliches Einvernehmen mit den Arbeitgebern und als Ziel die Verwirklichung einer berufsständischen Ordnung anstrebten. Dieses Prinzip, das auf der Idee der Unternehmergewerkschaften beruhte, bildet heute noch die Grundlage der japanischen Gewerkschaftsbewegung. Die Gewerkschaften in Deutschland erhielten erstmals 1916 mit dem Gesetz zum vaterländischen Hilfsdienst staatliche Anerkennung mit dem Recht, Repräsentanten in die Schlichtungsausschüsse zu entsenden und vor diesen Ausschüssen aufzutreten. Im Zuge der 1949 erfolgten Neugründung der Gewerkschaftsbewegung griff man nicht mehr auf die alten Vorbilder zurück. Durch Zusammenschluß der 16 Industriegewerkschaften entstand die Einheitsgewerkschaft des *Deutschen Gewerkschaftsbundes - DGB -*, dem sich nur ein Teil der Angestellten nicht anschloß, diese fanden sich dann in der *Deutschen-Angestellten-Gewerkschaft - DAG -* zusammen. Abgesehen von den berufsständischen Gewerkschaften wie der DAG, und mit Einschränkung des Deutschen Beamtenbundes, herrscht in Deutschland das Prinzip der Orientierung nach Industriezweigen, im Gegensatz zu England, wo eine berufsständische Organisationsstruktur vorliegt und Frankreich, wo politische Richtungsgewerkschaften das Bild bestimmen.

2.3.4 Die staatliche Sozialpolitik

Die *staatliche Sozialpolitik* in Deutschland setzte 1839 mit einem Regulativ zum Schutze von Kindern und jugendlichen Arbeitern ein. 1853 wurden fakultative Fabrikinspektionen geschaffen und die Überwachung der in der Gewerbeordnung enthaltenen Arbeitsschutzvorschriften sichergestellt. *Bismarcks* sozialpolitische Bemühungen galten der Schaffung eines Sozialversicherungssystems. Mit der Krankenversicherung (1883), der Unfallversicherung (1884) und der Invaliden- und Altersversicherung (1889) schuf er die Grundlage für ein Sozialversicherungsrecht, das heute noch als vorbildlich in der Welt angesehen wird.

Um den Arbeitern in ihren Betrieben ein Mitspracherecht zu sichern, forderte bereits in der Nationalversammlung 1848/1849 eine Minderheit der volkswirtschaftlichen Ausschüsse die Schaffung von Fabrikausschüssen, sie konnte sich allerdings nicht durchsetzen. Die Neufassung der Gewerbeordnung 1891 sah die fakultative Bildung von Arbeiterausschüssen vor und verpflichtete die Arbeitgeber, vor Erlaß von Arbeitsordnungen die Arbeiter oder die von ihnen gewählten Ausschüsse zu hören. Erst während des Ersten Weltkrieges kam die Regierung den Wünschen der Arbeitnehmerschaft durch das *Hilfsdienstgesetz* von 1916 stärker entgegen. Es sah die Bildung von Arbeiter- und Angestelltenausschüssen mit begrenzten Mitspracherechten vor und dem Recht, bei Streitigkeiten einen Schlichtungsausschuß anzurufen. Aus dem Hilfsdienstgesetz ging 1920 das *Betriebsrätegesetz* hervor, das nach seiner Aufhebung während der nationalsozialistischen Regierungszeit durch das *Betriebsverfassungsgesetz* vom 11.10.1952 ersetzt wurde. Die im Jahre 1972 erfolgte Neufassung des Betriebsverfassungsgesetzes gewährt den gewählten Vertretern der Belegschaft ein weitgehendes Mitspracherecht in sozialen, personellen und wirtschaftlichen Fragen. Im *Betriebsverfassungsgesetz* sind alle Probleme des betrieblichen Zusammenwirkens geregelt, soweit sie nicht den Tarifvertragspartnern vorbehalten sind. Das duale System der Interessenvertretung der Belegschaft (Probleme des betrieblichen Zusammenwirkens durch den Betriebsrat im Rahmen des BetrVG und der materiellen Interessen durch die Gewerkschaften im Rahmen der Tarifverhandlungen zu regeln) hat wesentlich zu dem positiven sozialen Klima in der Aufbauphase der deutschen Wirtschaft nach dem Zweiten Weltkrieg beigetragen.

Im Rahmen der fortschreitenden gesetzgeberischen Aktivitäten, zu denen der Staat gezwungen war, weil die Wirtschaft die Probleme des sozialen Zusammenlebens nicht selbst zu lösen vermochte, gewannen vorübergehend für die betriebliche Personalarbeit juristische Probleme das Übergewicht. Man sah es als Hauptaufgabe der Personalabteilung an, durch geeignete Vertragsformulierungen die Auswirkungen staatlicher Gesetzgebungen auf den Betrieb zu minimieren und das Unternehmen bei Arbeitsstreitigkeiten vor Schlichtungsausschüssen, Gerichten usw. zu vertreten. Nicht selten wurde die Personalabteilung als Unterabteilung der Rechtsabteilung angesehen. Das Vorherrschen von Personalleitern mit juristischer Vorbildung (*Büschges*, S. 144) macht dies deutlich.

2.4 Die wissenschaftliche Betriebsführung

Um die Jahrhundertwende vollzog sich in der industriellen Entwicklung ein Wandel von der extensiven Phase der Produktionssteigerung zu einer intensiveren Nutzung. Zwei Personen haben diese Entwicklung entscheidend gestaltet. Der nordamerikanische Quäker und Ingenieur *Taylor* (1856 - 1915) und der amerikanische Automobilfabrikant *Henry Ford* (1863 - 1947). Ihre Grundgedanken - häufig mit Taylorismus oder Fordismus fälschlich als Zeichen höchster und skrupellosester Ausbeutung bezeichnet - wirken heute noch nach.

Taylor, der sich vom Arbeiter zum Ingenieur emporgearbeitet hatte, erkannte, welche umfangreichen Rationalisierungsreserven im Bereich manueller Tätigkeit verborgen waren, die durch systematische Erforschung und planmäßige Gestaltung aller Arbeitsabläufe zum Nutzen aller erschlossen werden konnten. Er erkannte, daß bei dem damaligen Wissens- und Bildungsstand auch der fähigste Arbeiter nicht in der Lage war, selbst zu optimalen und wirtschaftlichen Arbeits- und Bewegungsabläufen zu gelangen, sondern daß er hierfür geschult und angeleitet werden mußte. Das Grundelement seiner *wissenschaftlichen Betriebsführung* (*scientific management*) war die exakte Analyse der einzelnen Arbeitsabläufe durch Arbeits- und Zeitstudien mit dem Ziel, unnötige und besonders anstrengende Bewegungen zu vermeiden und durch Anpassung von Arbeitsgeräten an die Belastbarkeit des menschlichen Körpers sowie durch Auswahl und Schulung des jeweils geeignetesten Mitarbeiters eine Arbeitsbestleistung zu erreichen. Welche Leistungsreserven hierbei erschlossen werden konnten, zeigt *Taylor* an einer Reihe von Beispielen auf. Typisch für sein Vorgehen ist das in die Literatur eingegangene Beispiel des *Roheisenverladers Schmidt.*

Bei der *Bethlehem-Steel-Comp.* untersuchte *Taylor* den Verladevorgang. Aufgrund seiner Analysen kam er zu dem Ergebnis, daß bei günstiger Arbeitsablaufgestaltung für einen erstklassigen Verlader eine Tagesleistung von 47 Tonnen pro Tag angemessen wäre. Die tatsächliche Leistung der 75 an der Verladerampe eingesetzten Arbeiter betrug aber im Durchschnitt nur etwa 12,5 Tonnen pro Tag. Um die Richtigkeit seiner Analysen unter Beweis zu stellen und um die erhöhte Leistung ohne Streitigkeiten und Schwierigkeiten mit den Arbeitern zu erreichen, suchte er sich nach längerer Beobachtung einen Mann (*Schmidt*) heraus, der körperlich leistungsfähig war und als außerordentlich sparsam, wenn nicht gerade geizig galt. Ihm wurde nun eine dauernde Lohnerhöhung von 60 % versprochen, wenn er in Zukunft 47 Tonnen statt 12,5 Tonnen Roheisen verladen würde. Dieser ging auf das Angebot ein. Während der Einarbeitung erhielt er jeweils in regelmäßigen Abständen von einem Experten genaue Anweisungen, wie er zu arbeiten habe, welche Griffe er anzuwenden und wann er Pausen einzulegen habe. Schmidt schaffte dadurch das vorgesehene Pensum in der täglichen Arbeitszeit, mehr als das Doppelte von dem, was erfahrene Betriebsleiter als maximal erreichbar gehalten hatten (vgl. *Taylor*, S. 64 ff.).

Dieses Beispiel zeigt die wesentlichen Elemente des Taylor'schen Systems:

1. Durchführung systematischer Arbeitsstudien und Ermittlung des optimalen Arbeitsablaufs unter Vermeidung von unnötig belastenden Handgriffen sowie Anpassung der Arbeitsgeräte an die Belastbarkeit des menschlichen Körpers,
2. Auswahl des für eine Tätigkeit besonders geeigneten Arbeiters,
3. sorgfältige Anleitung bzw. Einarbeitung,
4. Vorgabe eines bestimmten Arbeitspensums mit der Zusicherung eines überdurchschnittlichen Lohns.

In der Praxis führten Taylors Grundsätze zu einer strikten Trennung zwischen Planung bzw. Disposition und Durchführung, was in übersteigerter Form dazu führt, den Arbeiter zu einem nichtdenkenden, rein ausführenden Spezialisten zu degradieren. Klar erkannte er aber auch, daß detaillierte Planung des Arbeitsvollzugs sowie eine intensive Anleitung und Überwachung der Arbeiter die Fähigkeiten des traditionellen Meisters überfordern würden. Er schlug zu diesem Zweck sogenannte "Arbeitsverteilungs-" oder "Betriebsbüros" vor, mit

Spezialisten für die verschiedenen Aufgaben der Planung, Steuerung und Kontrolle zur Unterstützung der Meister. Das typische *Funktionsmeistersystem* sah hier folgende Aufgabenspezialisierung vor:

- Route Clerk, zuständig für die Arbeitseinteilung
- Instruction Card Clerk, zuständig für Unterweisungen und Anleitung
- Cost and time clerk , für die Arbeitsplanung und Fertigungssteuerung
- Gang boss, für die Anleitung und Überwachung der Arbeitsdurchführung
- Speed boss, Geschwindigkeitsmeister, zuständig für die Einrichtung der Anlagen usw.
- Inspector als Prüfmeister
- Repair boss, zuständig für Werks- und Maschineninstandhaltung
- Shop disciplinarian, verantwortlich für Auftragsdurchführung und Ordnung in der Werkstatt.

Dieses an sich plausible Verfahren konnte sich wegen der sich aus der *Mehrfachunterstellung* ergebenden Schwierigkeiten und den daraus erfolgenden Kompetenzproblemen nicht durchsetzen. Gleichwohl aber lassen sich in den modernen Organisationsformen des Matrix- und Projektmangements wieder Anlehnungen an die Gedankengänge Taylors finden. Wesentliche Bestandteile der Aufgaben der *Funktionsmeister* werden heute in aller Regel im Rahmen von Arbeitsvorbereitungsbüros als eigenständige Abteilungen wahrgenommen. Durch einen großen Schülerkreis und umfangreiche Beratungstätigkeiten in der Industrie wurde das "Taylor-System" weltweit bekannt. Weiterentwicklung fanden die Methoden der Arbeitsablaufstudien durch Frank Bunker *Gilbreth* (1868 - 1924), der zum Begründer der modernen Arbeitsablaufstudientechnik wurde.

Trotz unbestreitbarer Erfolge geriet das Taylor-System bei den Arbeitern sehr rasch in Verruf. Ein Teil der Unternehmer glaubte, in ihm ein Arsenal von Kunstgriffen zur Leistungssteigerung und besseren Ausnutzung des Produktionsfaktors Arbeit gefunden zu haben. In anderen Fällen wurden vielfach Erfolge *Taylors* und seiner Mitarbeiter von den Unternehmern nach der Zahl der eingesparten Arbeitskräfte gemessen. *Taylor* stellte immer wieder fest, daß der weitverbreitete Akkordlohn nicht zu einer Leistungssteigerung führt. Die festgestellte Arbeitszurückhaltung bildete nach seiner Auffassung den Grund für die unbefriedigende Produktivität der menschlichen Arbeit. Hierzu erwähnte er: "Der weitaus größte Teil der systematischen Drückebergerei geschieht jedoch mit dem festgefügten Vorsatz, die Arbeitgeber in Ungewißheit darüber zu lassen, wie schnell die Arbeit tatsächlich getan werden kann" (*Taylor*, S. 67). Ausgehend vom gedanklichen Modell des zweckrational handelnden Menschen (*homo oeconomicus*) glaubt er, zwei Ursachen für die Arbeitszurückhaltung gefunden zu haben:

1. angeborene Abneigung und Instinkt, nicht mehr zu arbeiten, als unbedingt notwendig;
2. durch Einfluß und Beispiel anderer sowie durch eigenes Nachdenken gebildete Ansichten über die Art und Zweckmäßigkeit des Handelns im eigenen Interesse.

Taylor erkannte, daß ein Großteil der Schuld auch bei den Arbeitgebern liegt, für die meist schon von vornherein feststeht, wieviel sie den Arbeiter allerhöchstens verdienen lassen wollen. Er wies mit Recht auf die Unsitte der sog. *"Akkordschneiderei"* hin: Hat erst ein Arbeiter einmal erlebt, daß der Lohn pro Stück zwei- oder dreimal herabgesetzt wurde, als Folge dafür, daß er angestrengter gearbeitet und seine tägliche Produktion erhöht hat, so wird er wahrscheinlich jedes Verständnis für den Standpunkt des Arbeitgebers verlieren und den festen Vorsatz fassen, keine weiteren Lohnminderungen mehr zuzulassen, wenn er dies irgendwie durch Zurückhalten der Arbeit verhindern kann (*Taylor*, S. 23).

Um einen Anreiz zu schaffen, das jeweils vorgegebene und nach seinen wissenschaftlichen Grundsätzen ermittelte Leistungspensum zu schaffen, entwickelte er das *Differential-Stücklohn-System*, das auf zwei unterschiedlichen Akkordsätzen aufbaut: auf einem höheren, wenn das vorgegebene Pensum erreicht, auf einem niedrigeren, wenn die vorgegebene Leistung nicht erreicht wurde.

Es ist heute falsch, in *Taylor* den Mann zu sehen, der die Instrumente geschaffen hat, um die Arbeiter zu höherer Leistung im Interesse der Arbeitgeber zu zwingen. Dies würde seiner ethischen geistigen Grundhaltung nicht gerecht werden. Aus der Charakterisierung seiner Arbeit vor einem Untersuchungsausschuß des amerikanischen Kongresses im Jahre 1912 wurde festgestellt: "*scientific management* ist: kein Kostenrechnungssystem, kein Stücklohnberechnungssystem, kein Prämiensystem, kein Stoppuhr- und Aktennotizsystem, kein Zeit- und Bewegungsstudiensystem, es ist keine der Techniken, an die man normalerweise denkt, wenn von *scientific management* gesprochen wird". Vielmehr ist es in Taylors Augen eine vollständige geistige Revolution, die ein Umdenken, sowohl von Seiten der Arbeiter als auch der Arbeitgeber, verlangt (vgl. *Börner*, S. 37).

Er hält es für falsch, wenn beide Teile nur auf den erarbeiteten Gewinn starren, statt danach zu streben, diesen im beiderseitigen Interesse zu vergrößern. Wird die Leistung erhöht, dann ist beides möglich, Lohnsteigerung und Profiterhöhung. Seiner anspruchsvollen moralischen Philosophie liegt der Gedanke einer "ehrlichen und fairen Tagesleistung" zugrunde. Was eine faire und angemessene Tagesleistung ist, kann nicht der Gegenstand von Verhandlungen oder kraftvollen Auseinandersetzungen sein, sondern ist einzig und allein eine Frage wissenschaftlicher Untersuchungen. Anstelle der Leistungsvorgaben durch die Meister sollte die Wissenschaft und anstelle der Uneinigkeit die Harmonie treten. Damit glaubt er auch die Lohnfrage als Quelle von Unzufriedenheit und Streit auszuschalten. Wenn

1. die zu leistende Arbeit eines jeden einzelnen genau durchdacht und festgelegt ist,
2. die Aufgabe, die Werkzeuge und ihre Handhabung genau erklärt sind,
3. der Arbeitsvollzug nach wissenschaftlichen Methoden optimiert ist,
4. ein Lohnsystem für die Erreichung und Überschreitung der "fairen" Tagesleistung hohe Lohnzuschläge gewährt,

dann ist eine Leistungssteigerung unvermeidlich, an der Beide Nutznießer sind. Dem Einwand, daß beide Parteien ungleich an dieser Mehrleistung partizipieren - z.B. Roheisenverlader *Schmidt*, der für eine auf knapp 400 % gesteigerte Tagesleistung eine Lohnsteigerung von 60 % erhält -, hält er sein Hauptargument entgegen, daß die Unternehmer unter dem Druck der Konkurrenz, die sich ja ebenfalls der wissenschaftlichen Methoden bedient, einen großen Teil des Mehrgewinns an die Konsumenten weitergeben müssen. "Im ersten Augenblick scheinen nur zwei Partner infrage zu kommen: Arbeitgeber und Arbeitnehmer. Dabei wurde jedoch die dritte große Partei, das ganze Volk, übersehen, die Verbraucher, die die Produktion der beiden ersten kaufen und die schließlich zahlen müssen." (Taylor, S. 146 ff.). Die Bewegung des *scientific management* war richtungsweisend für die Rationalisierung der Arbeit und hat schließlich mit dazu beigetragen, den technischen Fortschritt zu beschleunigen. Trotz dieser unbestreitbaren Verdienste sind die z.T. massiv vorgetragenen Kritiken durchaus berechtigt:

1. *Taylor* sah in der Wissenschaft ein Allheilmittel und glaubte, daß nur das *scientific management* in der Lage sei, den einzigen, zugleich optimalen und richtigen Lösungsweg aufzuzeigen;
2. seine naive Auffassung vom Menschen als "*homo oeconomicus*" veranlaßte ihn dazu, Menschen als seelenlose Mechanismen anzusehen, auf die man mathematisch-naturwissenschaftliche Erkenntnisse übertragen kann;
3. die Eigenschaften des Menschen als soziales Wesen wurden vernachlässigt;
4. die Tatsache, daß eine Gruppe von Menschen mehr als die Summe der Einzelnen ist, hat er bei der Behandlung der Leistungszurückhaltung zwar erkannt, jedoch nicht weiter verfolgt.

Es ist eine bedauerliche und von ihm nicht gewollte Begleiterscheinung, daß seine anspruchsvolle Philosophie des Harmoniegedankens mißverstanden und mißbraucht wurde und die an sich neutralen Methoden der wissenschaftlichen Betriebsführung gegen die berechtigten Interessen der Arbeiter und zum Kampf gegen die Gewerkschaft benutzt wurden. Unbeabsichtigt hat aber auch die einseitig technische Ausrichtung dieser Bewegung den Weg zur *biologischen Rationalisierung* der Arbeit vorbereitet. Es schlug die Geburtsstunde der *Arbeitsphysiologie* und der *Ergonomie*.

2.5 Die Hawthorne-Experimente und die human-relations-Bewegung

Die Hypothese des einseitig materiell ausgerichteten Menschen wurde gegen Ende des Ersten Weltkrieges immer mehr in Zweifel gezogen. Empirische Beweise waren noch nicht vorhanden, ja man war sich auch nicht immer darüber im klaren, mit welchen Methoden solche Beweise zu erbringen waren. Ein anfänglich mehr zufälliges Experiment leitete eine neue Entwicklung ein. 1924 begann ein Ingenieur der *Western Electric Company* mit einem Experiment, das eigentlich mehr routinemäßigen Charakter trug und nach der Methode des scientific management aufgebaut war. Ziel des Experiments war es, die Auswirkung von Arten und Stärken der Beleuchtung auf die Leistung der Arbeiter festzustellen. Die Experimente dauerten drei Jahre. Die Ergebnisse waren so überraschend und für die Geschäftsleitung so unvorstellbar, daß man den Psychologen und Nationalökonomen *Elton Mayo* und einige seiner Kollegen der Harvard-Universität beauftragte, eine umfassende Studie über den Einfluß der physischen Arbeitsbedingungen auf die Arbeitsleistung anzufertigen. Damit begannen die eigentlichen Hawthorne-Experimente, die 1932 einen durch die Weltwirtschaftskrise erzwungenen vorläufigen Abschluß fanden.

Die zusammenfassende Endauswertung ergab, daß zwischen den äußeren Bedingungen der Arbeit und der Veränderung der Arbeitsleistung der beobachteten Gruppen keine signifikanten Beziehungen auftraten (*Roethlisberger*). Die Ursache für die überraschenden Ergebnisse waren das unbeabsichtigte Resultat einer exakten Versuchsanordnung. Um den Einfluß der Beleuchtungsstärke möglichst exakt und unbeeinflußt von anderen Faktoren zu erfassen, wurde streng darauf geachtet, daß alle übrigen Faktoren, mit Ausnahme des zu untersuchenden, konstant blieben. Während der Untersuchung stand deshalb sowohl die Test- als auch die Kontrollgruppe unter ständiger Beobachtung. Der Beobachter saß neben den Arbeiterinnen in der Werkstatt, zeichnete alle Vorkommnisse auf, fragte um Rat oder bat um Auskunft, hörte sich die Klagen an und hielt die Beteiligten über den Ablauf des Experiments auf dem Laufenden. Damit hatte sich ungewollt das soziale Klima geändert. Die beteiligten Arbeiterinnen erhielten das Gefühl ihrer Wichtigkeit, sie waren vom Rädchen in einer großen Maschine zur mitbeteiligten Gruppe geworden, einer Gruppe, die mithalf, ein Problem "ihrer" Firma zu lösen. Daraus erwuchs ein Gefühl der persönlichen Sicherheit und der Zugehörigkeit zur Firma (*Mayer, Chase*).

Das Experiment zeigte, daß alle Forschungen über Mitarbeiterbeziehungen nicht von isolierten Einzelwesen ausgehen dürfen, sondern als Grundeinheit die *Primärgruppe* in Betracht ziehen müssen. Genauso wichtig, wenn nicht noch wichtiger als die materiellen Umweltfaktoren, sind die "inneren" Arbeitsbedingungen einer Gruppe. Man erkannte, daß ein Betrieb zwei Aufgaben zu erfüllen hat: eine wirtschaftliche Aufgabe der Leistungerstellung und eine soziale Aufgabe, die individuelle Zufriedenheit der Beteiligten zu wecken (*Blake und Mouton*). Mit der Leistungsseite haben sich die Vorgehensweisen des *scientific management* auseinandergesetzt. Die *Mayo-Experimente* zeigten aber, daß beide Faktoren zusammengehören. Sie ließen auch erkennen, daß alle auf Leistungsförderung abzielenden Systeme den Ertrag nicht erhöhen können, wenn die zwischenmenschliche Organisation bedroht oder die Gruppenbeziehungen zerstört werden. Damit wurde der Weg in der Organisationslehre zur Erforschung des Wesens der "informellen Gruppen" frei. Die Versuche machten auch deutlich, daß trotz erheblicher Leistungssteigerungen keine zunehmenden Ermüdungserscheinungen auftraten und daß sich die Fälle der Abwesenheit vom Arbeitsplatz um mehr als 80 % verringerten. Weiterhin zeigten die Experimente auch den Spielraum für die Arbeitsgestaltung auf. Es wurde sichtbar, daß jede Arbeiterin für die Durchführung ihrer Arbeit eine eigene Arbeitstechnik hat, die sie ggf. auch mehrfach am Tag variiert, um Monotonie und Eintönigkeit zu vermeiden. Dieser Wechsel erfolgte um so häufiger, je intelligenter die Arbeiterin war und je störender deshalb Monotonie ohne äußere Anreize empfunden werden mußte. Erstaunlich, daß diese Erkenntnisse über mehr als ein halbes Jahrhundert in Vergessenheit geraten konnten, um nun in Zusammenhang mit der Gruppenarbeitsphilosophie japanischer Führungskonzepte im Rahmen der "*lean-management Bewegung*" wieder Beachtung zu finden.

Diese Ergebnisse waren ein untrügliches Zeichen dafür, daß übersteigerte Arbeitsgestaltung, die alle Bewegung normiert und alle persönlichen Eigenheiten im Interesse eines "wissenschaftlich ermittelten optimal wirksamen Arbeitsvollzugs" ausschalten will, nicht der menschlichen Natur gerecht wird. Daß ein gewährter Freiraum bei der Gestaltung von Arbeitszeit und Arbeitsbedingungen zur Entwicklung eines ständig wachsenden Verantwortungsgefühls beitragen kann, ist eine Erfahrung, die heute, ein halbes Jahrhundert später, bei der gleitenden Arbeitszeit und bei den Experimenten mit selbststeuernden Gruppen in die Praxis umgesetzt wird. Es hat sich gezeigt, daß die Disziplin einer Gruppe von innen her in dem Maße wachsen kann, in dem äußerer Druck genommen wird.

Wesentliche Impulse erhielt die Organisationslehre zur Erforschung der *informellen Gruppen* durch die weit bekannt gewordenen "*bank-wiring-room-Experimente*". Ziel der Experimente war es, die Auswirkung verschiedener Entlohnungsformen auf die Arbeitsleistung zu ermitteln. Die Untersuchung wurde in einer Unterabteilung des sog. "Spulenwicklerraumes" vorgenommen. Vierzehn Arbeiter waren hier mit der Herstellung von Relaisspulen beschäftigt. Die Ausgangslage entsprach den Erkenntnissen Taylors über die Arbeitszurückhaltung. Die tägliche Leistung von 6000 Einheiten lag wesentlich unter der möglichen Leistung von über 7000 Einheiten. Gegenüber den finanziellen Anreizen verhielt sich die Arbeitsgruppe völlig gleichgültig, auch dann, als verschiedene Entlohnungssysteme eingeführt wurden. Bewußt verzichteten einzelne Mitarbeiter auf einen möglichen Mehrverdienst. Nachforschungen ergaben, daß sich die Werkstattgruppen spontan zu Teams zusammengeschlossen hatten. Die Vorarbeiter wurden von ihnen akzeptiert und waren z.T. mit ihrer Unterstützung, d.h. der Gruppe, in ihre Positionen gelangt. Es lag hier der Fall vor, daß die meist einflußreichen, von der Gruppe bestimmten und akzeptierten informellen Führer mit den von der Werksleitung eingesetzten formellen Vorgesetzten identisch waren. In diesen natürlich gewachsenen Gruppen entwickelten sich spezielle soziale Normen, von denen sich alle angesprochen fühlten und an die sich alle unausgesprochen hielten. 6000 Einheiten waren ein angemessenes Tagewerk, darüber gab es keine Diskussion. Es gab einen Verhaltenskodex, der vier Verhaltensmaßregeln umfaßte:

1. Du darfst nicht mehr als die *Gruppennorm* leisten, tust du es, dann bist du ein Akkordbrecher und schadest den anderen.
2. Du sollst auch nicht weniger leisten, sonst bist du ein "Drückeberger".
3. Die Gruppenzugehörigkeit gebietet, den andern nicht zu "verpetzen".
4. Du sollst nichts Besseres als alle anderen sein wollen und darfst dich nicht wichtig machen; bist du ein Vorarbeiter, so laß es die anderen, die dich in dieser Funktion unterstützen, nicht merken.

Zwei wesentliche Erkenntnisse ergaben sich aus diesem Experiment:

1. Wenn mehrere Personen für längere Zeit gemeinsam an der gleichen Stelle zusammenarbeiten, kommt es unvermeidlich zu zwanglosen, ungeplanten Gruppierungen, in denen sich soziale Verhaltensnormen herausbilden und ebenso unvermeidlich ist, daß natürliche, von der Gruppe akzeptierte "informelle" Führer "an-die-Spitze-geschoben-werden".
2. Es ist in der Regel erfolglos und töricht, diese Gruppe sprengen zu wollen. Jeder Druck von außen bringt die Gruppe noch mehr zusammen.

Bei diesem Experiment lag nun zweifelos eine außerordentlich festgefügte Gruppe vor, die eine ausgeprägte innere soziale Struktur besaß, deren Normen mit den Zielen der Unternehmensleitung kollidierten (*Brown*, S. 57 ff.). Da eine solche Gruppe nicht aufzulösen ist, sollte man lieber danach trachten, daß alle gemeinsam auf ein gleiches Ziel hinarbeiten, statt einander gegenseitig zu behindern. Die in den letzten Jahren auftretenden Pläne der Wahl bzw. Bestätigung der Vorgesetzten durch ihre Mitarbeiter gehen in diese Richtung. Allerdings sind die langfristigen Erfahrungen (z.B. bei *Photo Porst* oder den

Hauni-Werken) nicht sehr überzeugend. *Mayos* Arbeiten wurden in der Fachwelt heftig angegriffen und lebhaft kritisiert. Die Kritik war in vielen Punkten überzogen. Sie war dort berechtigt, wo sie sich gegen den Absolutheitsanspruch richtete, den *Mayo* seinen Erkenntnissen zumaß und der ihm den Blick für das Ganze verbaute (*Gellermann*, S. 27 ff.). Berechtigt ist auch der Vorwurf, daß er die typischen Phänomene des sozialen Verhaltens nicht erkannte und deshalb auf eine "Psychologisierung" des Arbeiterverhaltens ausgewichen ist (*Burisch*, S. 50). Teilweise berechtigt ist die Kritik, soweit sie sich auf das Design und die Konzeption der Experimente bezieht, oder wenn darauf hingewiesen wird, daß *Mayo* bei seiner Arbeit zu empirisch vorgegangen sei und deshalb die Theorie vernachlässigt habe.

Nicht zu bestreiten ist aber, daß *Mayo* mit seinen Erkenntnissen den Weg für eine neue Betrachtungsweise freigemacht hat. "Zeitweise hat man heute den Eindruck, daß auch *Mayo* - wie vor ihm in ganz anderer Weise *Taylor* - mehr durch Kritik, die sein Werk fand, als durch seine eigenen Thesen wirksam geworden ist." (*Burisch*, S. 48 ff.).

Aus den Erkenntnissen der *Hawthorne-Experimente* entwickelte sich in besonderer Weise eine Gegenbewegung als Reaktion auf das einseitig technisch ausgerichtete "*scientific management*". Eine Gegenbewegung, die in ihrer Überspitzung wiederum als zu einseitig angesehen werden muß. Die Lösung aller Probleme sah man nunmehr darin, Betriebsleiter und Meister dazu zu bringen, die Bedürfnisse der Mtiarbeiter anzuerkennen. Das oberste Ziel sollte es nun sein, Zufriedenheit herzustellen, denn aufgrund dieser Zufriedenheit würden sich die Arbeiter von selbst mit den betrieblichen Zielen identifizieren und sich für ihre Erreichung einsetzen. Dies war der Anfang einer neuen Bewegung, die human-menschliche Gesichtspunkte in den Mittelpunkt stellte. Die *human-relations-Bewegung* sah in der Zufriedenheit der Mitarbeiter den leistungssteigernden Faktor.

Das Positive an dieser Bewegung ist, daß sie dazu geführt hat, nunmehr völlig andere Fragestellungen zu untersuchen, und daß eine Vielzahl ungeahnter Einsichten über die Existenz menschlicher Beziehungen am Arbeitsplatz gewonnen wurden. Auch die Personalforschung wurde angeregt. Man entwickelte das *unstrukturierte Interview*, um unter der Oberfläche von Klagen und Beschwerden versteckte Probleme aufzuspüren. Mitarbeiterberatungs- und -betreuungsprogramme sowie die Trainingsfunktion erhielten einen ungeahnten Aufschwung. Jede Übertreibung hat aber auch negative Auswirkungen. Man übersah, daß keiner der beiden Faktoren, finanzieller Anreiz wie bei *Taylor* oder Geborgenheit und positive soziale Bestimmung allein, als der ausschließliche Faktor angesehen werden kann, sondern daß beide Einflußgrößen zusammenwirken müssen. Die neueren motivationspsychologisch ausgerichteten Untersuchungen haben den von der *human-relations-Bewegung* unterstellten eindeutigen Zusammenhang zwischen Zufriedenheit und Leistung immer mehr in Frage gestellt bzw. relativiert.

Die Vertreter der human-relations-Bewegung zeichneten in ihren Schriften den idealen *paternalistischen Vorgesetzten* als einen Menschen, der seinen Mitarbeitern wie ein gütiger, warmherziger und verstehender Vater gegenübertritt. Die Mitarbeiter wollen ihn deshalb auch nicht enttäuschen und sorgen sich, einen Tag zu versäumen oder zu spät zur Arbeit zu kommen. Damit vermittelten die Schriften die Illusion einer heilen Welt und verschleierten die objektiven notwendigerweise vorhandenen Interessengegensätze im Unternehmen. Sehr bald wurde deshalb auch die Unglaubwürdigkeit mancher Methoden sichtbar. Immer häufiger wurde der Vorwurf laut, daß versucht wurde, den arbeitenden Menschen mit Hilfe der *human-relations-Techniken* zu manipulieren. Nicht im Interesse der Mitarbeiter würden diese "Seelentechniken" angewendet, sondern um sie zu höherer Leistung anzuspornen. Besonders typisch ist dies bei manchen Manipulationsmethoden, die den Mitarbeitern das Gefühl vermitteln sollen, daß sie bei betrieblichen Entscheidungen, die ihren Arbeitsplatz und ihre Arbeitssituation betreffen, auch mitsprechen können, während diese Entscheidungen in Wirklichkeit längst gefallen sind, oder wenn es sich hier um Teilprobleme handelt, die zwangsläufig aus Sachzwängen der Organisation heraus der Gruppenautonomie entzogen bleiben müssen.

3. Die Situation in der Bundesrepublik Deutschland

3.1 Zusammenhänge der Probleme betrieblicher Personalarbeit mit den Bedingungen der Umwelt

Ohne den Einsatz von Mitarbeitern kann keine Sachaufgabe gelöst werden, unabhängig davon, in welchen Funktionsbereich diese Aufgabe fällt und keine Tätigkeit eines Mitarbeiters ist Selbstzweck, die nur ihrer selbstwillen vorgenommen wird. Sie dient immer der Erfüllung einer Sachaufgabe.

Diese funktionsübergreifende enge Beziehung von Personal- und Sachaufgaben zeigt sich auch in der Verbindung von Problemen der betrieblichen Personalarbeit mit den äußeren Einflüssen auf das Unternehmen. So verändern z.B. demographische Entwicklungen der Bevölkerungsstruktur und die dadurch hervorgerufenen Auswirkungen auf den Arbeitsmarkt, Art und Umfang der betrieblichen Personalarbeit ebenso wie Veränderungen des Marktes, der Nachfragegewohnheiten und des Käuferverhaltens sowie technische Möglichkeiten und letztlich hinterlassen auch Entwicklungen der internationalen wirtschaftspolitischen Zusammenarbeit ihre Auswirkungen.

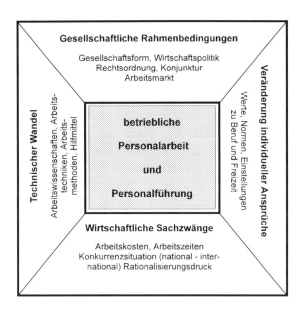

Abbildung 10: Einflußgrößen der Umwelt auf die betriebliche Personalarbeit und die Personalführung

3.2 Entwicklung des betrieblichen Personalwesens seit dem zweiten Weltkrieg

Während die *human-relations-Bewegung* in den USA die Haltung der Arbeitgeber sehr stark beeinflußt hat, wurde sie in Deutschland, im Gegensatz seinerzeit zur *scientific-management-Bewegung*, kaum übernommen. Die Ursachen sind vielfältig. Einmal lag es in der politisch bedingten Abschirmung während des 3. Reiches, und zum anderen war die politische und wirtschaftliche Einstellung sehr stark von der Führer-Gefolgschafts-Ideologie der bis Kriegsende herrschenden Einheitpartei gekennzeichnet (*v. Eckardstein/Schnellinger*, S. 58), die über die Einheitsgewerkschaft der Deutschen Arbeitsfront auch starken Einfluß in den Betrieben ausübte. Nach dem Zusammenbruch und in den Tagen des Wiederaufbaues nahm man nur sehr zögernd von der *human-relations-Bewegung* Kenntnis.

Die wirtschaftliche Ausgangslage war zwischen den beiden Ländern auch zu unterschiedlich: In den USA eine prosperierende, durch den Krieg angeheizte, durch keine Kriegseinwirkung gestörte Überflußwirtschaft, in der Bundesrepublik Deutschland eine durch den Krieg zerschlagene und ausgeblutete Wirtschaft. Hieraus ist eine ganz andere, nahezu entgegengesetzte Einschätzung zwischen Arbeitgebern, Arbeitnehmern und Gewerkschaften entstanden. Erfahrungen, geboren aus gemeinsamen Anstrengungen zur Abwehr von Kriegsschäden, Probleme des Wiederaufbaus, Auswirkungen der Demontage usw., haben in der BRD vorübergehend zu positiven gegenseitigen Beziehungen geführt. Anstelle der normalen Interessengegensätze war gegenseitiges Verständnis getreten.

Die Diskussion um die *Sozialstaatsklausel* im Grundgesetz wurde von der breiten Masse der Arbeitnehmer kaum verstanden. Als es 1951 den Gewerkschaften durch Androhung eines Generalstreikes gelang, die *Mitbestimmung* (im Aufsichtsrat) in der Kohle- und Stahlindustrie durchzusetzen und ein Jahr später das *Betriebsverfassungsgesetz*, das die Einführung eines Betriebsrates sowie die Vertretung der Arbeitnehmer in den Aufsichtsräten der Aktiengesellschaften vorsah, waren die Voraussetzungen für eine vollständige Übernahme geschlossener human-relations-Konzepte nicht mehr gegeben.

Der rasche Wiederaufbau, die Verbesserung der Arbeitsbedingungen, die jahrelange Konjunktur mit stärkerer Steigerung der Kaufkraft, verbunden mit der Verkürzung der Arbeitszeit, längerem Urlaub und einem kräftig angestiegenen Warenangebot, ließen den Interessengegensatz zwischen den Unternehmern und Arbeitnehmern lange zurücktreten. Das neue Betriebsverfassungsgesetz von 1972 brachte den Betriebsräten noch erweiterte Mitbestimmungsrechte, insbesondere auf dem Gebiet der Mitbestimmung im Bereich der personellen Angelegenheiten (Personalplanung, innerbetriebliche Stellenausschreibung, Einstellungen, Umschulungen, Kündigungen und Betriebsänderungen) sowie in sozialen und wirtschaftlichen Angelegenheiten. Die Diskussion um eine neue und erweiterte Form der Mitbestimmung der Belegschaft in den Unternehmen, die von der sozial-liberalen Koalition als Reformwerk vorgesehen war, ist trotz eines wachsenden Demokratieverständnisses weitgehend ohne Interesse und ohne Engagement der Arbeitnehmer geführt worden.

Daß das gegenseitige Verständnis mit steigendem Lebensstandard zwischen Arbeitnehmern und ihren Gewerkschaften, sowie den Unternehmen immer belastender geworden ist, zeigten erstmals die wilden *September-Streiks 1969*, die spontan aufgetretene Streikbewegung während der Metalltarifrunde 1970 und die 1973 ohne offizielle Gewerkschaftsunterstützung geführten wilden Streiks. Hier wurde eine latente Konfliktsituation und Unzufriedenheit in den Betrieben sichtbar, die alle Betroffenen überraschte. "Zum ersten Mal gingen nach der Phase des Wiederaufbaues Arbeiter wegen Arbeitsbedingungen in Betrieben auf die Barrikaden, noch dazu in Betrieben, denen man im allgemeinen gute Arbeitsbedingungen und soziale Einstellung nachsagte" (*Kasteleiner*, S. 91).

Da verschiedene Einflußgrößen im politischen, gesellschaftlichen und wirtschaftlichen Raum sich wechselseitig beeinflußend nebeneinanderlaufen, wird man erst aus der Retrospektive entscheiden können, welche der Strömungen vorgeherrscht und sich durchgesetzt haben (*Kaufmann*, S. 21). Aus diesem

Grund ist auch eine Vorausschau auf die technischen, gesellschaftlichen und wirtschaftlichen Probleme der Zukunft und der sich hieraus für das Personalwesen ergebenden Aufgaben in der Gegenwart nicht möglich. Man wird sich hier auf eine Darstellung der Tendenzen beschränken müssen.

Die erste Rezession in der Nachkriegszeit führte 1967 erstmals in der Wirtschaftsgeschichte der BRD nach fast zwei Jahrzehnten eines stetigen wirtschaftlichen Aufstiegs zu einem Rückgang des Wirtschaftswachstums. Jedoch konnte der Rückschlag in den Jahren 1968 bis 1973 verhältnismäßig rasch wieder aufgeholt werden, so daß es nach einer kurzer Erleichterung auf dem Arbeitsmarkt in Teilbereichen der Wirtschaft wieder zu einer Überbeschäftigung kam.

Zu einem gravierenden Konjunktureinbruch kam es dann im Zusammenhang mit der Ölkrise 1974/1975, der nicht nur zu einer Entspannung auf dem Arbeitsmarkt, sondern auch zu einem starken Anstieg der Arbeitslosenzahl führten. In den anschließenden Aufschwungjahren zeigte sich erstmals das Phänomen, das trotz hohem Wirtschaftswachstum die Arbeitslosenquoten nur geringfügig zurückgingen.

Mit Beginn der 80er Jahre kam es dann zur schwersten und am längsten andauernden Rezession der Nachkriegszeit. Der Anstieg der Arbeitslosenquote ist allerdings nicht nur auf konjunkturelle Gründe zurückzuführen, vielmehr wurden die Auswirkungen durch eine Reihe weiterer Ursachen verstärkt.

Die in den Boomjahren großzügig bemessenen Tarifabschlüsse haben bewirkt, daß die steigenden Personalkosten die Tendenz zu Rationalisierungsinvestitionen begünstigten. Von dieser Entwicklung wurden dann vor allem die einfach strukturierten Arbeitsplätze mit geringeren qualitativen Anforderungen betroffen. Ferner drängten jetzt vor allem die geburtenstarken Jahrgänge des "Babybooms der 60er Jahre" auf den Arbeitsmarkt. Ein Effekt, der auch noch durch die Neigung der Frauen zu verstärkter Erwerbstätigkeit begünstigt wurde.

Damit verstärkten zwei sich gegenläufig auswirkende Faktoren den Effekt zur Erhöhung der Arbeitslosenquote. Einmal der konjunkturell bedingte Nachfragerückgang nach Arbeitskräften und die steigende Nachfrage nach Arbeitsplätzen.

Die technologische Entwicklung führte dann vor allem in den Industriegebieten mit einer starken "Monopolstruktur" des Kohle- und Stahlbereiches zur Entwicklung starker Arbeitsmarktdiskrepanzen.

Neue technische Entwicklungen, vor allem im Bereich der Elektronik, der Informationstechnologie, die Einführung neuer technischer Verfahren usw., führten zu einer Art "*qualifikatorischer Kluft*". Die Anforderungen an die Arbeitsplätze, für die im folgenden Konjunkturaufschwung Arbeitskräfte benötigt wurden, entsprachen nun nicht mehr oder nur noch sehr bedingt den Fähigkeitsprofilen der Arbeitsplatzsuchenden.

Trotz des 1983 nach der Rezession einsetzenden gemäßigten Wirtschaftsaufschwunges mit durchschnittlichen jährlichen Wachstumsraten, nahmen die Arbeitslosenzahlen nur ganz geringfügig ab. Sie blieben oberhalb der zwei Millionengrenze weitgehend konstant, obwohl in der Zeit von 1983 - 1989 die Zahl der Beschäftigten um rund 1,5 Millionen Personen zugenommen hat.

Die Gründe für dieses Phänomen sind mehrschichtig und lassen sich ansatzweise in folgenden Faktoren zusammenfassen:

- Zunehmender Druck der neu auf den Arbeitsmarkt drängenden geburtenstarken Jahrgänge (erst allmählich werden sich in den nächsten Jahren die ersten Auswirkungen der rückläufigen Geburtenjahrgänge bemerkbar machen).
- die sich verstärkende Erwerbsneigung der Frauen,
- verstärkter Zuzug von Arbeitskräften aus dem Ausland (der z.T. auch politisch bedingt ist),
- steigende Zuwanderung von Aus- und Übersiedlern.

Der Fall der Mauer, die Wirtschafts-, Währungs- und Sozialunion am 1.7.1990 und die Wiedervereinigung am 3.10.1990 stellen allerdings im Wirtschaftsablauf einmalige Sonderentwicklungen dar, die die Wirtschaft und der Arbeitsmarkt noch nicht verkraftet haben und die ihren Ausdruck auch in dem gravierenden Strukturwandel finden, in dem sich die Wirtschaft in den neuen Bundesländern befindet. Für die nächsten Jahrzehnte wird man hier von getrennten Arbeitsmärkten ausgehen müssen.

3.3 Gegenwärtige wirtschaftliche Situation

3.3.1 Allgemeine Situation

Die gegenwärtige wirtschaftliche Situation ist von einer hektischen Dynamik und von tiefgreifenden Strukturveränderungen geprägt, die weitreichende Auswirkungen auf alle Bereiche haben.

Die Ursachen hierfür sind vielfältig und lassen sich nicht leicht systematisieren, vor allem, weil es sich hier im wesentlichen um ein interdependentes Beziehungsgeflecht handelt, deren einzelne Einflußgrößen sich in einen Prozeß wechselseitiger Rückkopplungen gegenseitig verstärken.

Die wesentlichen Einflüsse sollen auf einige grobe Zusammenhänge reduziert, kurz skizziert werden.

1. *Tarifpolitik*: Sie erzwang in den letzten Jahrzehnten Lohnerhöhungen, die über dem Produktivitätsfortschritt liegen und die Auswirkungen auf den internationalen Wettbewerb und das Rationalisierungsverhalten der Unternehmen haben. Solange der Markt, u.a. auch der Weltmarkt, bereit war, hohe Preise zu akzeptieren, bestand für Unternehmer leicht die Möglichkeit, über dem Produktivitätsfortschritt liegende Lohnerhöhungen über die Preise abzuwälzen, mit Auswirkungen auf die zunehmend schwächer werdende internationale Wettbewerbsfähigkeit einzelner Wirtschaftszweige. So sind auch in den Boomjahren der westdeutschen Wirtschaftsentwicklung ganze Industriezweige, z.B. die Textilindustrie, die Zweiradindustrie, die Unterhaltungselektronik usw. in das Ausland abgewandert.

   Die relative Bedeutung des Produktionsfaktors Arbeit führte zur Ausweichreaktion, Arbeitskräfte durch Maschinen zu ersetzen. Ein Effekt, der während der Investitionsphase über eine zusätzliche Nachfrage beschäftigungsstimulierend wirkt, jedoch später während der Nutzung der Investitionen zu *Freisetzungseffekten* führt. Ein Beispiel hierfür ist die derzeitige Wettbewerbsschwäche des Maschinenbaus, der ehemaligen bundesdeutschen Renommierbranche.

2. Im Zuge sozialer Nivellierungstendenzen wurden entgegen dem "ökonomischen Gesetz" vor allem die unteren Lohngruppen für unkomplizierte, einfachere und leichter zu mechanisierende Tätigkeiten angehoben, bzw. die Löhne hierfür überproportional erhöht mit der Folge weiterer verstärkter Rationalisierungsinvestitionen. Für die dann im Konjunkturablauf freigesetzten geringer qualifizierten Arbeitskräfte standen somit bei einem Wiederaufschwung keine Arbeitsplätze mehr zur Verfügung.

3. Verstärkter internationaler Wettbewerb. Durch den Wegfall von Handelsschranken zwischen den verschiedenen Ländern, die Erleichterung des Warenverkehrs, verbesserte Informations- und Kommunikationsmöglichkeiten, Verbesserung der Transportverhältnisse usw., erhöhte sich der Wettbewerbsdruck. Vor allem die neuen aufsteigenden Industrieländer, wie Japan, Korea usw., konnten hier - genauso wie Deutschland in den ersten Nachkriegsjahren - die Vorteile eines technischen Neuanfanges konsequent nutzen. Hierher gehören:
   - konsequenter Einsatz neuer Technologien und ihre Weiterentwicklung,
   - besseres Eingehen auf die Bedingungen des Marktes durch ein systematisches Qualitätsmanagement,
   - kürzere Innovationszeiten und damit verbunden erhebliche Verkürzung der Produktlebenszykluszeiten sowie der Notwendigkeit entsprechende Amortisationsquoten zu erreichen,
   - verstärkte Berücksichtigung von wechselnden Kundenwünschen durch höhere Flexibilität und Anpassungsbereitschaft der Organisation, der Fertigung, des Vertriebs usw.,

- Erprobung und Entwicklung neuer anpassungsfähiger und schlagkräftiger Organisationsformen (*lean-management*, *just-in-time*-Verfahren usw.).
4. steigender Lebensstandard führt zu einer Erhöhung der Ansprüche mit zunehmend stärkerer Produktdifferenzierung, um den erhöhten Anforderungen der Kunden gerecht zu werden,
5. Strukturveränderungen in den hochindustrialisierten Ländern mit einem Übergang von einer Produktionsgesellschaft zu einer stärker an den Kundenwünschen orientierten Informations- und Dienstleistungsgesellschaft,
6. neue Techniken und neue Organisationsformen führen zu einer Veränderung der Struktur des Mitarbeiterbedarfes.

3.3.2 Die veränderte Lage auf dem Arbeitsmarkt

In den ersten Nachkriegsjahren stellten die Heimatvertriebenen ein Potential an geschulten und arbeitswilligen Kräften dar, die auf den Arbeitsmarkt drängten und für den Wiederaufbau der Wirtschaft kräftige Impulse gaben. Nach der Eingliederung dieser Bevölkerungsgruppe sorgte jahrelang ein nicht unerheblicher Flüchtlingsstrom aus der DDR für die Zunahme des Arbeitskräfteangebotes. Der wirtschaftliche Aufstieg ging (durch Konjunktur und Nachkriegssituation bedingt) rascher vonstatten und führte zu einer Arbeitsnachfrage, die aus dem inländischen Potential nicht mehr gedeckt werden konnte, mehrere Millionen ausländischer Arbeitskräfte waren notwendig. Ihre Zahl stieg allein vom Januar 1970 von 1,575 Millionen auf 2,345 im Januar 1973. Ein leergefegter Arbeitsmarkt mit einer Übernachfrage von Arbeitskräften ließ zwangsläufig das soziale Selbstbewußtsein steigen. Lohnforderungen waren leichter durchzusetzen, über lange Zeit waren die tatsächlich gezahlten Löhne höher als die Tariflöhne, nicht zuletzt, weil Produktivitätssteigerungen durch Rationalisierung, wachsende Betriebsgrößen und die Möglichkeit der Weiterwälzung über den Preis dies gestatteten. Steigende Personalkosten, Schwierigkeiten der Personalbeschaffung und Personalauslese, stellten damit das betriebliche Personalwesen vor besondere Probleme. Zwischenzeitlich zeichnet sich jedoch ein Wandel ab. Die ungestüme Wachstumskurve geht in eine gemäßigte Richtung über. Zwangsläufig werden sich hierbei Strukturverschiebungen in den einzelnen Bereichen der Wirtschaft ergeben müssen. Die Rezessionen der Jahre 1966/67 und 1973/74 waren die ersten Anzeichen. Nicht mehr jede Kraft ist auf dem Arbeitmarkt gesucht. Während in strukturschwachen Branchen Arbeitskräfte ohne Stellung sind, melden Entwicklungsbranchen offene Stellen, die nicht besetzt werden können.

Wesentliche Veränderungen auf dem Arbeitsmarkt ergeben sich durch die regionalen Strukturverschiebungen in der deutschen Wirtschaft. Hierher gehören vor allem der wirtschaftliche Rückgang der Kohle- und Stahlindustrie, der in diesen Bereichen zu erheblichen Personaleinschränkungen führte. Wesentliche Auswirkungen, insbesondere auf die Automobilindustrie und die von ihr abhängigen Zulieferer, hatte auch der letzte Konjunkturabschwung und der zunehmende internationale Wettbewerbsdruck.

Einen Überblick über die Entwicklung auf dem Arbeitsmarkt gibt Abbildung 11.

Jahr	Erwerbstätige	Arbeitslose	offene Stellen	Kurzarbeiter	Arbeitslosenquote
	Personen in 1000				in %
1950	19.980	1.584	119	-	11,0
1960	26.080	271	465	3	1,3
1970	26.570	149	795	10	0,7
1973	26.648	273	572	44	1,3
1974	26.155	582	315	292	2,6
1975	26.666	1.074	236	773	4,7
1976	25.033	1.60	235	277	4,6
1977	24.993	1.030	231	231	4,5
1978	25.181	993	245	191	4,4
1979	25.519	876	304	87	3,8
1980	25.741	889	308	137	3,8
1981	25.505	1272	208	347	5,5
1982	25.045	1.800	124	550	7,5
1983	26.477	2.258	76	675	9,1
1984	26.608	2.266	88	384	9,1
1985	26.626	2.304	110	235	9,3
1986	26.940	2.228	154	197	9,0
1987	27.083	2.229	171	278	8,9
1988	27.366	2.242	189	208	8,7
1989	27.746	2.038	251	108	7,9
1990	29.334	1.883	314	56	7,2

Abbildung 11: Entwicklung der Arbeitsmarktbilanz 1950 - 1990 (Quellen: Statistisches Bundesamt/IAB der Bundesanstalt für Arbeit)

Deutlich zeigt die Entwicklung der Erwerbstätigen und der Arbeitslosen, daß sich Konjunkturschwankungen in der Regel in der Entwicklung der Erwerbstätigen, der offenen Stellen und der Kurzarbeiter ablesen lassen, während der Sockelbestand der Arbeitslosen hiervon kaum betroffen ist. Es ist auch ein deutliches Zeichen dafür, daß sich, bedingt durch die technologischen und organisatorischen Veränderungen, die Qualifikationen der Arbeitskräfte nur noch bedingt mit den veränderten Arbeitsplatzanforderungen decken.

Für die Personalarbeit im Unternehmen bedeutet dies, daß auch künftig kein einheitlicher Arbeitsmarkt bestehen wird. Bereiche mit einem Überangebot an Arbeitskräften werden Bereichen gegenüberstehen, bei denen Arbeitplätze angeboten werden, die wegen fehlender Qualifikation (und z.T. auch wegen fehlender Mobilität der Arbeitsplatzsuchenden) nicht besetzt werden können.

3.3.3 Erhöhung der Aufwendungen für das Personal

Nach den Unterlagen des Statistischen Bundesamtes hat sich der Index der tariflichen Stundenlöhne in der gewerblichen Wirtschaft von 1966 - 1992 rund verfünffacht.

Die Entgelte für die geleistete Arbeit sind im Zeitraum von 1966 - 1991 um jährlich 6,1 % gestiegen, die Personalzusatzkosten hingegen im gleichen Zeitraum um jährlich 8,9 %, also um rund 50 % rascher (Abbildung 12).

Jahr	Personal-kosten insgesamt	davon Basisentgelt		davon Lohnnebenkosten		in % des Basis-entgeltes
	DM	in DM	in %	in DM	in %	
1966	13 232	9 230	69,8	4 002	30,2	43,4
1969	16 389	11 208	68,4	5 181	31,6	46,2
1972	23 436	14 854	63,4	7 944	36,6	57,8
1975	31 936	19 033	59,6	12 903	40,4	67,8
1978	39 534	23 007	58,2	16 527	41,8	71,8
1981	48 365	27 236	56,3	21 119	43,6	77,5
1984	56 001	30 836	55,1	25 163	44,9	81,6
1988	64 465	35 310	54,8	29 155	45,2	82,6
1989	66 700	36 500	54,7	30 200	45,3	82,7
1990	69 700	38 100	54,7	31 600	45,3	82,9
1991	74 100	40 300	54,4	33 800	45,6	83,9
1966/91[1]	7,1%	6,1%		8,9%		

1) Durchschnittlich jährliche Veränderungen in Prozent

Abbildung 12: Langfristige Entwicklung der Personalkosten im produzierenden Gewerbe je Beschäftigten (Betriebe mit 50 und mehr Beschäftigten; Quelle: Statistisches Bundesamt und Institut der deutschen Wirtschaft)

Einen Überblick über die Zusammensetzung der Personalzusatzkosten im produzierenden Gewerbe gibt Abbildung 13.

	1978	1981	1984	1988	1991	1992	1993
Gesetzliche Personalzusatzkosten	33,6	34,7	35,8	35,8	36,9	37,2	37,4
• Sozialversicherungsbeiträge der Arbeitgeber	19,8	20,7	21,9	23,0	23,7	23,9	24,4
• Bezahlte Feiertage und sonstige Ausfallzeiten	5,2	5,6	5,3	5,4	5,4	5,4	5,4
• Entgeltfortzahlung im Krankheitsfall	5,9	5,7	4,9	5,0	5,4	5,4	5,1
• Sonstige gesetzliche Personalzusatzkosten	2,7	2,7	2,7	2,4	2,4	2,5	2,5
Tarifliche und betriebliche Personalzusatzkosten	38,2	42,8	46,9	46,8	46,9	46,8	46,6
• Urlaub einschließlich Urlaubsgeld	17,0	19,5	20,5	20,6	20,9	20,6	20,6
• Sonderzahlungen (Gratifikationen, 13. Monatsgehalt usw.)	8,2	8,9	9,6	10,0	10,0	10,0	9,8
Betriebliche Altersversorgung	6,3	6,9	9,0	8,8	9,0	9,0	8,8
Vermögensbildung	1,8	1,9	1,7	1,5	1,4	1,3	1,3
Sonstige Personalzusatzkosten	4,9	5,6	6,1	5,9	5,9	5,9	6,1
Insgesamt	71,8	77,5	81,6	82,6	83,8	84,0	84,0

Quelle: Stat. Bundesamt und Berechnungen des Instituts der Deutschen Wirtschaft

Abbildung 13:   Entwicklung der Personalzusatzkosten des produzierenden Gewerbes in % des Entgeltes für die geleistete Arbeit

Die reinen Tariflohnsteigerungen werden noch verstärkt durch die übertariflichen Zulagen in Knappheitsbereichen sowie die erheblich ins Gewicht fallenden lohnbezogenen Sozialleistungen, wie z.B. Lohnfortzahlung im Krankheitsfall etc. (vgl. *Mellerowicz*, S. 47 ff.), Verbesserung des Kündigungsschutzes usw. Insgesamt läßt sich feststellen, daß die Arbeitskosten je Arbeitsstunde in der Zeit von 1983 - 1989 im Jahresdurchschnitt um 4,1 % gegenüber dem Vorjahr und in den Jahren 1990 und 1991 im Durchschnitt um 7,0 % gestiegen sind.

Um den steigenden Kostendruck zu vermindern, führt diese Entwicklung immer mehr zu arbeitskräftesparenden Rationalisierungen und zu einer Verlagerung der Produktion ins Ausland.

Trotz der damit verbundenen Zunahme an Investitionen (u.a. Rationalisierungsinvestitionen stieg das Bruttoinlandprodukt (BIP) vergleichsweise nur um 2,5 bzw. 3,0 % an (vgl. Abbildung 14).

Jahr	Arbeitskosten je Std.	BIP je Std.	Lohnstückkosten
1983	4,0	3,0	0,5
1984	3,9	3,1	0,9
1985	4,5	2,6	1,9
1986	4,4	1,5	2,9
1987	4,2	1,4	2,7
1988	3,0	2,7	0,2
1989	4,4	3,1	1,2
1990	7,0	4,0	2,9
1991	7,0	2,0	5,0
JD 1983/89	4,1	2,5	1,5
JD 1990/91	7,0	3,0	4,0

(JD = Jahresdurchschnitt) - Veränderungen gegenüber dem Vorjahr in % -

Abbildung 14: Entwicklung der Arbeitskosten, des Bruttoinlandproduktes und der Lohnstückkosten in % (Quellen: Stat. Bundesamt Berechnungen und Schätzungen des Instituts der Deutschen Wirtschaft)

Jahr	Jahresüberschuß	Personalkosten
	in % des Umsatzes	
1965	3,7	16,9
1970	3,6	19,2
1975	2,2	20,5
1980	2,1	19,8
1981	1,6	19,6
1982	1,5	19,3
1983	1,8	19,1
1984	2,0	18,8
1986	2,1	19,6
1987	2,1	20,1
1988	2,2	19,6
1989	2,2	19,3
1990	2,3	19,4

Quelle: Bilanzstatistik der Deutschen Bundesbank

Abbildung 15: Entwicklung des jährlichen Überschusses und der Personalkosten

Bei relativ geringen Schwankungen des Jahresüberschusses sowie der prozentualen Anteile der Personalkosten schlagen sich Erhöhungen der Personalkosten, soweit diese nicht durch Leistungssteigerungen aufgefangen werden, in Preiserhöhungen mit inflationären Tendenzen nieder (vgl. Abbildung 15).

Einen Überblick über die Auswirkungen auf die internationalen Märkte zeigt die Abbildung 16.

Jahr	BRD	Japan	USA	Frankreich	Großbritannien	Italien
1970	9,42	3,94	15,80	6,45	5,86	6,93
1971	10,34	4,46	16,02	6,93	6,39	7,69
1972	11,35	5,45	16,04	7,80	6,95	8,38
1973	12,83	6,35	14,40	8,53	6,53	8,82
1974	14,48	7,66	15,30	9,33	7,44	9,34
1975	15,95	8,29	16,10	11,35	8,94	11,02
1976	17,11	9,20	17,85	12,21	8,13	11,10
1977	18,92	10,57	17,76	12,23	8,09	11,83
1978	20,06	12,15	16,99	14,07	8,82	13,72
1979	21,14	11,77	16,95	15,05	10,20	15,25
1980	23,40	12,35	18,23	17,35	13,30	17,51
1981	25,03	16,32	24,97	19,91	16,00	19,32
1982	26,08	16,27	28,84	20,62	17,34	20,67
1983	27,42	19,05	31,13	20,16	17,13	21,01
1984	28,32	22,04	36,47	21,58	17,97	22,72
1985	29,67	23,62	38,51	22,89	19,51	24,14
1986	31,42	25,33	29,04	22,39	17,64	23,62
1987	32,67	25,12	24,57	22,41	17,68	24,27
1988	34,22	28,23	24,58	23,14	20,21	25,42
1989	35,47	29,68	27,09	24,05	24,14	28,72
1990	35,88	25,85	24,18	25,65	24,72	29,82
1991	40,48[*)	29,63	25,57	26,73	22,76	32,38

* West-Deutschland (BRD)

Abbildung 16: Personalkosten (gesamt) je Arbeitsstunde in der verarbeitenden Industrie im internationalen Vergleich (Basis umgerechnet auf DM; Quelle: Institut der Deutschen Wirtschaft)

Die Entwicklung wird von einer laufenden Verringerung der durchschnittlichen Jahresarbeitszeit begleitet. So ging die durchschnittliche Arbeitszeit von 48 Stunden im Jahr 1950 auf heute unter 40 Wochenstunden zurück.

3.3.4 Wirtschaftliche und rechtliche Stellung der Arbeitnehmer

Die durch die Arbeitsmarktlage und unterstützt durch eine geschickte Gewerkschaftspolitik starke wirtschaftliche Position der Arbeitnehmer ist in ihrer Gesamtheit auch rechtlich ausgebaut worden. Im einzelnen wären zu nennen: die erweiterten Mitbestimmungsrechte des Betriebsrates durch das Betriebsverfassungsgesetz von 1972, der verstärkte Kündigungsschutz und die Lohnfortzahlung im Krankheitsfall. Einen Überblick über die Beeinflussung der personalpolitischen Gestaltungsbereiche durch gesetzliche Bestimmungen gibt die Zusammenstellung von *Spie* (vgl. Abbildung 17).

Personalpolitische Funktionen		Bürgerliches Gesetzbuch	Handelsgesetzbuch	Gewerbeordnung	Reichsversicherungsordnung	Lohnfortzahlungsgesetz	Feiertags-Lohnzahl. Gesetz	Bundesurlaubsgesetz	Kündigungsschutzgesetz	Arbeitsplatzschutzgesetz	Gesetz d. betr. Altersversorgung	Arbeitsförderungsgesetz	Arbeitssicherheitsgesetz	Arbeitszeitordnung	Mutterschutzgesetz	Jugendarbeitsschutzgesetz	Schwerbehindertengesetz	Arbeitnehmerüberlassungsgesetz	Berufsbildungsgesetz	Betriebsverfassungsgesetz	Arbeitsstättenverordnung	Bundesdatenschutzgesetz
Personalwirtschaft	Personal- und Arbeitsorganisation	O		X		X	X	O	X			X	X	O	X	X	O	O	X	X		O
	Personalplanung	O	O	O			O	O	X	O	O	X	X	X	X	X	X			X	X	
	Entgeltpolitik		O		O	X	X	X	O		X	O			X	X			X	X		
	Vorschlagswesen																			X		
Personalführung	Personalbeschaffung, -auslese, -einsatz	X	X				O	O	X	X		X	O	X	X	X	X	X	X	X		
	Personalverwaltung	O	O	X	X	X	X	X	X	X	X	O	X	X	X	X	X	X	X	X		
	Personalführung						O					O	O							X		
	Information														O	X				X		
	Aus- u. Weiterbildung												X			O			X	X		
Arbeitsgestaltung	Arbeitssicherheit	O		X	X							X	O	O	X	X			X	X	X	
	Ergonomie	O		X	O							X	O	X	X					X	X	
	Betriebsärztl. Dienst				O							X			X	X				O	O	
Sozialwesen	Sozialeinrichtungen			X	X				X			X			X	X				X		
	Sozialbetreuung						O	O				X	X	X			O	O	X	O		
sonstige Dienstleistungen	Werkssicherheit																			X		
	Datenschutz																			X		X
	Arbeitsrecht [1]																					

X direkt   O indirekt   1) gegenüber gesetzlicher Aufwendung nicht zu bewerten

Abbildung 17: Beeinflussung personalpolitischer Aufgabenbereiche durch gesetzliche Regelungen (*Spie*, 1981, S. 220)

3.3.5 Veränderungen der Arbeitsanforderungen

Umfangreiche Untersuchungen, u. a. das *Institut für Arbeitsmarkt- und Berufsforschung,* haben, wie nachstehende Übersicht ausweist, gezeigt, daß bei den Arbeitsaufgaben manuelle Tätigkeiten sehr stark abgenommen haben, während gleichzeitig eine starke Zunahme von Tätigkeiten der Maschinenbedienung, Planung, Kontrolle und Steuerung zu verzeichnen ist.

Art der Tätigkeit	Zunahme	Verringerung
Handarbeit	-	sehr stark
Maschinen bedienen	stark	-
Maschinen überwachen	sehr stark	-
Innerbetrieblicher Transport	-	stark
Wartung/ Instandhaltung	stark	-
Prüfen, Kontrolle	stark	-
Planung und Disposition	sehr stark	-
Verwaltungstätigkeit mit hohen Anforderungen	stark	-
Verwaltungstätigkeit mit niedrigen Anforderungen	-	sehr stark
Beraten	sehr stark	-
Personalbetreuung und -führung	sehr stark	-

Abbildung 18: Tendenzielle Veränderungen der Struktur der Arbeitsaufgaben

Bei den Arbeitsanforderungen zeigt sich eine starke Zunahme bei den Anforderungen an Ausbildung und Erfahrung sowie der geistigen Belastung. Während dagegen die körperliche Belastung, sowie die Umwelteinflüsse und die Unfallgefahr, sehr stark abgenommen haben (vgl. Abbildung 19).

Diese Entwicklung ist die konsequente Fortsetzung des durch die Industrialisierung eingeleiteten Entwicklungsprozesses. Der technische und wirtschaftliche Aufstieg wäre ohne ein gestiegenes Qualifikationsniveau der in der Wirtschaft Tätigen nicht möglich gewesen. Beides, Bildungsniveau und industrieller Fortschritt, bedingen sich gegenseitig.

War zu Beginn der Industrialisierung die Schichtzusammensetzung der Qualifikation der Belegschaft durch eine spitze Pyramide mit überproportional breiter Basis mit zulaufender Spitze gekennzeichnet, so veränderte sie sich immer mehr über eine gradlinige Pyramide zu einer Zwiebelform mit unterschiedlich hohem Ausgangsniveau (vgl. Abbildung 20).

Anforderungsart	gestiegen	gesunken
Berufsausbildung	sehr stark	-
Berufserfahrung	stark	-
Verantwortung	stark	-
Bereitschaft zur Kooperation und Zusammenarbeit	sehr stark	-
geistige Belastung	mittel	-
körperliche Belastung	-	sehr stark
Umwelteinflüsse		
• Lärm	-	stark
• Hitze	-	stark
• Schmutz	-	sehr stark
• Unfallgefahren	-	sehr stark

Abbildung 19: Tendenzielle Veränderungen der Struktur der Arbeitsanforderungen

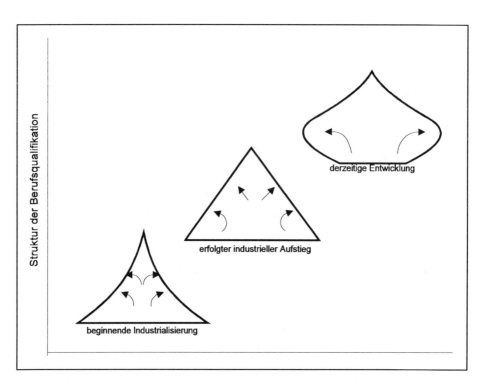

Abbildung 20: Entwicklung des Bildungsniveaus der Beschäftigten

Diese Tendenz wird auch im Zusammenhang mit neuen Organisationsformen im Rahmen der zunehmenden Gestaltung flacher Hierarchien, zunehmender Mechanisierung einfach strukturierter Tätigkeiten fortschreiten.

So rechnen *Franke/Buttler* in ihrer Studie (1991, S. 116) mit folgender Entwicklung der Tätigkeitsgruppen,

Anforderungshöhe	Art der Tätigkeit	Anteil der Arbeitskräfte in %	
		1985	2010
höher qualifiziert	Führungsaufgaben, Organisations-, qualifizierte Forschungs- und Entwicklungstätigkeit, Betreuung, Beratung, Lehre u.ä.	28	40
mittel qualifizierte Tätigkeiten	Fachtätigkeiten in der Produktion, Maschinen einrichten u.ä., reparieren, Verkäufer, Sachbearbeiter, Assistententätigkeiten	45	43
einfache Tätigkeiten	Hilfstätigkeiten in der Produktion, reinigen, bewerten, Lagerhaltung, Transport, einfache Bürotätigkeit usw.	27	17

Abbildung 21: Veränderungen des Arbeitskräftebedarfes nach Anforderungshöhe

während *Blaschke u.a.* (1990) eine starke Verschiebung der Tätigkeitsgruppen von den produktionsorientierten Bereichen zu den Dienstleistungsbereichen prognostizieren.

Gruppe	Beispiel	Anteil in %	
		1985	2010
Produktionsorientierte Tätigkeiten	Maschinen einstellen, bedienen, reparieren usw.	34,8	28,4
Dienstleistungsfunktionen			
• primär	allgemeine Dienste (lagern, transportieren, reinigen) Büro- und Handelstätigkeiten usw.	42, 4	36,2
• sekundär	organisieren, verwalten, planen, lehren, betreuen, beraten usw.	22,8	35,4

Abbildung 22: Veränderung der Struktur der Tätigkeitsgruppen

Damit fordert das Aufkommen neuer Technologien eine zunehmende Spezialisierung und führt zum Emporkommen einer breiten Schicht selbstbewußter, nicht leicht zu ersetzender Spezialisten. Zu denken ist hier vor allem an Computerfachleute, Instandhaltungstechniker usw., die in der Regel übertariflich entlohnt werden und die sich aufgrund des Gefühls der Abhängigkeit ihrer Vorgesetzten von ihrem speziellen Wissen nur noch schwer in die vorherrschende Hierarchieform der Stabs-Linienorganisation einordnen lassen.

3.3.6 Notwendigkeit der betrieblichen Aus- und Fortbildung

Die Dynamik dieser Entwicklung wird sich nicht abschwächen, sondern eher noch zunehmen. Der Innovationsdruck wird verstärkt durch den zunehmenden internationalen Wettbewerb. Die Halbwertzeit für die wirtschaftliche Nutzung neuer technischer Verfahren wird sich immer mehr verringern. Betrug sie noch vor einer Generation mehr als zwei Jahrzehnte, so ist sie heute, man denke nur an die Mikroelektronik auf einen Bruchteil dieser Zeitspanne geschrumpft. Heute auf dem Markt gekommene EDV-Anlagen oder Softwareprogramme gelten bereits nach wenigen Jahren als veraltet.

Immer mehr zeigt sich hier, daß ein reglementiertes Ausbildungssystem allein nicht mehr ausreicht, um den Anforderungen gerecht zu werden. Im Berufsbildungsbericht der Bundesregierung (1982, S. 49) wurden rund 450 anerkannte Ausbildungsberufe aufgeführt, von denen rund 1/3 in der knappen Zeit von 1969 bis 1981 neu geschaffen wurden, während 200 anerkannte Ausbildungsberufe während dieser Zeitspanne gestrichen wurden.

Es führte auch dazu, daß das traditionelle Berufsbildungssystem der Schule und die reglementierten Ausbildungsgänge nicht mehr in der Lage sind, die von der Wirtschaft geforderten fachlichen Qualifikationen bereitzustellen. Immer deutlicher wird, daß ein einmal erworbenes Fachwissen während der schulischen und beruflichen Ausbildung nicht mehr für ein ganzes Berufsleben ausreicht. Ein Ersatz von Arbeitskräften, die diesem Entwicklungsprozeß nicht mehr gewachsen sind, über den Arbeitsmarkt, ist in der Regel nicht möglich.

Einmal, weil ja mit der neuen Technologie vertraute Mitarbeiter noch nicht auf dem Arbeitsmarkt vorhanden sind, und zum anderen auch, weil es einer gesellschaftspolitischen Notwendigkeit entspricht, Arbeitskräfte auch langfristig vor dem Verlust von Arbeitsplätzen zu schützen. Zwei Wege bieten sich hier an: "*Rationalisierungsschutzabkommen*" oder Verbesserung der Ausbildungssysteme (*Fricke, Lindner* u.a. in: RKW, S. 155 ff.) mit einem Übergang zu einem *long-life-learning* durch gesetzliche oder tarifvertragliche Ausgestaltung des *Bildungsurlaubs* und verstärkte betriebliche Aus- und Fortbildungsmaßnahmen der Unternehmen. Da *Rationalisierungsschutzabkommen* immer zu Fehlleistungen und zu einer Vergeudung von Ressourcen führen (vgl. hierzu den früheren Heizer auf den E-Loks im Rahmen von Rationalisierungsschutzabkommen bei den englischen Eisenbahnen), kann im gemeinsamen Interesse aller Tarifpartner nur eine Ausgestaltung des Prozesses eines lebenslangen Lernens liegen. Hier sind die Tarifsvertragsparteien gefordert, bei Vertragsverhandlungen innovative Wege zu beschreiten, die wegführen von den traditionellen Verhandlungsmustern, die sich auf die Forderungen nach Lohnerhöhungen und Arbeitszeitverkürzungen beschränken.

3.3.7 Veränderung des Lebensstils und der Werthaltungen

Mehr Freizeit durch Arbeitszeitverkürzung, längerer Urlaub, die Möglichkeit von Auslandsreisen und nicht zuletzt auch die modernen Massenmedien haben den Beurteilungshorizont der Masse der Arbeitnehmerschaft erweitert. Das Auto hat die Mobilität vergrößert. Arbeit ist nicht mehr allein Lebenszweck und Lebensinhalt. Gestiegene Einkommen erlauben es, umfangreiche Hobbys und Freizeitbeschäftigungen neben dem Beruf wahrzunehmen. So kommen *Goldhorpe* u.a. für englische Verhältnisse zu dem Schluß, daß die Arbeit eine nicht mehr um ihrer selbstwillen ausgeführte Tätigkeit ist, sondern in erster Linie Zwecken dient, die außerhalb der Arbeitssituation liegen.

Ähnliche Ergebnisse zeigen sich auch für die Bundesrepublik Deutschland, wenn man die Veränderungen der Antworten auf gleichen Statements, die von verschiedenen Marktforschungsinstituten erhoben wurden, vergleicht.

Wertveränderungen sind innerhalb eines dynamischen Entwicklungsprozesses einer Gesellschaft etwas ganz Natürliches, was jedoch zum Nachdenken anregen muß, ist der relativ starke Wandel, der sich innerhalb so kurzer Zeit vollzogen hat. Nun müssen solche Wertverschiebungen nicht notwendigerweise für alle Bevölkerungsgruppen und in allen Altersstufen gleicherweise ablaufen.

Was aber für die praktische Personalarbeit bedeutsam ist, ist die Konsequenz, mit der diese Werthaltungen zum Durchbruch kommen.

Faßt man die einzelnen Ergebnisse zur Beschreibung der Bewegung in der "Werte" Landschaft zusammen, so ergeben sich folgende Schlagworte

- 1979 *Inglehart*: Wandel von materiellen zu postmateriellen Werten
- 1984 *Schmidtchen*: Wandel von den klassischen puritanischen Werten zu kommunikativen Tugenden
- 1985 *Noelle-Neumann*: Verfall bürgerlicher Arbeitstugenden
- 1985 *Klages*: Wandel von den Pflicht- zu den Selbstentfaltungswerten
- 1987 *von Rosenstiel/Stengel*: von der Karriereorientierung zu freizeitorientierter Schonhaltung bzw. zum alternativen Engagement
- 1989/92 *Opaschewski*: von der Arbeit zur Freizeit als Lebensweise.

Untersuchung	Fragestellung: Was ist für Sie sehr wichtig?	Ja-Antworten			
		Jahr	%	Jahr	%
IfD	Eine interessante, abwechslungsreiche Tätigkeit	1973	71	1983	79
IfD	Viel Kontakt zu anderen Menschen haben	1973	47	1981	57
IfD	Einen Beruf, bei dem es darauf ankommt, eigene Ideen zu haben	1973	43	1983	52
Infas	Daß Sie eine interessante, abwechslungsreiche, verantwortungsvolle Arbeit haben	1973	34	1980	40
IfD/FSA	Kürzere Arbeitszeit bei Einkommensanpassung	1968	8	1982	40
IfD/FSA	Längere Arbeitszeit bei Einkommensanpassung	1968	40	1982	6
EMNID	Selbständigkeit/ freier Wille	1951	26	1981	52
IfD	Das Leben genießen	1967	27	1982	38
IfD	Hohes Einkommen	1973	67	1983	50
IfD	Gute Aufstiegsmöglichkeiten	1973	62	1981	54
Infas	Gute Verdienstmöglichkeiten	1973	53	1982	45
IfD	Im Leben etwas leisten, es zu etwas bringen	1974	54	1982	39

IfD = Institut für Demoskopie
INFAS = Institut für angewandte Sozialwissenschaften
FSA = Forschungsstelle Sozialökonomik der Arbeit
EMNID = Institute für Markt-, Meinungs-, Verbrauchs-, Verkaufs-, Werbe- und internationale Marktforschung

Abbildung 23: Veränderungen der Werthaltungen im Zeitablauf bei verschiedenen Untersuchungen

Nun wird eine betriebliche Personalarbeit, insbesondere im Bereich der Personalführung diesen gesellschaftlichen Wertewandel nicht negieren können und es wird auch das Erfolgsrezept nicht in einer unkritischen Akzeptanz gerade aktueller modischer Strömungen liegen können. Vielmehr erfordert dies ein Gespür für die Nachhaltigkeit solcher Strömungen und eine Anpassung gefestigter und traditioneller unternehmungskultureller Werte an diese Entwicklung.

Um diese Entwicklung beurteilen und ggf. beeinflussen zu können, ist es notwendig, die Ursachen für den Wertewandel zu analysieren.

Für eine solche Analyse der Ursachen, die im einzelnen nicht unbestritten sind, hat *Stengel* in seiner Untersuchung 1981 (S. 160/161) eine Reihe von Plausibilitätsüberlegungen in Form von Hypothesen aufgestellt:

- *Bildungshypothesen,* höherer Ausbildungsstand führt dazu, postmaterialistische Werthaltung mit einer Betonung der eigenen Autonomie und Unabhängigkeit zu bevorzugen

- *Altersstrukturhypothese*, jüngere Menschen neigen dazu, in Opposition zu älteren Generationen zu stehen. Anstelle ihrer materiellen Werte rücken sie postmaterialistische Werte in den Vordergrund. Dies bedeutet aber keine Gewähr dafür, daß nicht mit zunehmendem Alter, sich wieder eine Werteverschiebung zurück zu konservativen Werthaltungen ergibt.
- *Wohlfahrtshypothese*, wenn im Sinne der Bedürfnispyramide von *Maslow* die ersten existenzsichernden Grundbedürfnisse befriedigt sind, rücken andere ranghöhere Bedürfnisse in den Vordergrund. In ähnlicher Form auch die
- *Defizitwahrnehmungshypothese,* wo nach Erreichung bestimmter Ziele (Normen), andere Ziele und Motive vordringlicher werden.
- *Sozialisationshypothese*, der Mensch wird u.a. entscheidend geprägt durch die Erlebnisse in der Kindheit. Die Entbehrungen der in der Nachkriegszeit aufgewachsenen Generation hat damit andere Wertvorstellungen entwickelt als die im relativen Wohlstand aufgewachsenen späteren Generation.
- *Nebenwirkungshypothese*, wenn durch die Anstrengungen, bestimmte Ziele zu erreichen, unerwünschte Nebeneffekte (wie z.B. Naturschäden) auftreten, bekommen diese nach Erreichung eines bestimmten Schwellenwertes plötzlich selbst eine hohe Eigendynamik.
- *Strukturhypothese*, hiernach wird das Bewußtsein und damit die Wertschätzung durch die Interaktion mit den Strukturen der Umwelt geprägt. Ein Wandel der Produktionstechniken und eine Veränderung der Arbeitszeit können bereits zu einer Verschiebung von Werten führen.
- *Multiplikatorenhypothese*, hiernach sind immer bestimmte Personen Träger eines Wertewandels, die bei Vorrücken in einflußreiche Positionen, besonders starken Einfluß auf das allgemeine Wertesystem haben.

Eine aktive wertgestaltende Personalpolitik muß deshalb bereits bei der Personalauswahl ansetzen. Entscheidend für die Personalauswahl können hier deshalb nicht nur die Fach- und Methodenkompetenz eines Bewerbers sein, sondern vielmehr auch seine Sozial- und Wertekompetenz, die letztlich darüber entscheidet, ob der neue Mitarbeiter in das bestehende Wertsystem bzw. Sozialgefüge des Unternehmens paßt.

3.3.8 Veränderte Führungsanforderungen

Eine Vielzahl von Einflußgrößen haben die traditionelle Rolle des Vorgesetzten geändert. Die Stärkung der wirtschaftlichen und rechtlichen Stellung der Arbeitnehmer, verbunden mit einer Steigerung seines Selbstbewußtseins, und nicht zuletzt auch die Veränderung auf dem Arbeitsmarkt mit der Aufspaltung in Teilarbeitsmärkte, zwischen denen nur geringe Mobilität besteht, haben die mehr oder weniger totale Abhängigkeit der Arbeitnehmer vom Betrieb früherer

Jahrzehnte abgelöst. Die zunehmende Spezialisierung innerhalb der einzelnen Unternehmungsbereiche, hat auch die Führungsaufgaben erfaßt und die traditionellen Vorgesetztenrollen verändert. Der Vorgesetzte ist nicht mehr derjenige, der alles besser kann als seine (von ihm geführten) Mitarbeiter. Zunehmend auftretende Spezialtätigkeiten - man denke an Computereinsatz, moderne Planungs- und Steuerungstechniken - werden nur noch von Spezialisten voll beherrscht. In der klassischen Stab-Linien-Organisation stehen sie in der Hierarchie unter dem Vorgesetzten, der nun aber auf ihre Mitarbeit angewiesen ist, wenn er seine Aufgabe erfüllen will. Damit löst sich die frühere Machtvollkommenheit des Vorgesetzten auf, und er muß sich immer mehr auf die eigentliche Führungsaufgabe spezialisieren, nämlich auf die Rolle des Koordinators und Inspirators (*Friedrichs*, S. 33). Nicht mehr der rein technisch ausgebildete Fachspezialist eignet sich zum Vorgesetzten, sondern derjenige, der als "Menschenführer" seine Gruppe zu erhalten und für ein gemeinsames Ziel zu begeistern vermag und der für einen gerechten Ausgleich von Zielen und Interessen sorgen kann. Anstelle von Anordnung und Kontrolle als Führungsinstrument treten nun vielmehr Mitwirkung bei der Entscheidungsfindung, Diskussion über die Zielsetzung und enge Zusammenarbeit bei der Verfolgung dieser Ziele.

3.3.9 Neue Erkenntnisse der Arbeits- und Sozialwissenschaften

Zunehmender Maschineneinsatz und steigende Automatisierung haben die Arbeit von der mechanisch-körperlichen Belastung weitgehend befreit. Sie haben dafür neue Anforderungen geschaffen, Anforderungen an Geschicklichkeit, Aufmerksamkeit, Monotonieresistenz, steigende Verantwortung für hochwertige Maschinen und Werkzeuge usw. Neue Maschinen und Werkzeuge haben Gefahrensquellen mit sich gebracht (toxische Gefährdung durch neue chemische Werkstoffe usw.), die zu steigender Gefährdung im Arbeitsprozeß führen und die sich in erhöhter Unfallgefahr niederschlagen. Mit dem Gesetz über technische Arbeitsmittel (*Maschinenschutzgesetz*) vom 24.6.1968 wurden den Herstellern von Maschinen neue Verpflichtungen zur Entwicklung und Konstruktion von Schutzvorrichtungen auferlegt.

Im Jahre 1971 wurde das alte *Bundesinstitut für Arbeitsschutz* in Koblenz in die *Bundesanstalt für Arbeitsschutz und Unfallforschung* in Dortmund mit erweiterter Aufgabenstellung umgewandelt. §§ 90-91 BetrVG. machen es zur Pflicht, bei Änderungen und Neugestaltung des Arbeitsplatzes und Arbeitsablaufes sowie der Arbeitsumgebung, die gesicherten arbeitswissenschaftlichen Erkenntnisse (*Rohmert*, *Leminsky*, *Schulte*) zu beachten. Damit stehen Personalleiter, Arbeitgeber und Betriebsrat vor neuen, bisher in diesem Ausmaß nicht gekannten Aufgaben. Mit dem Gesetz vom 12.12.1973 über Betriebsärzte, Sicherheitsingenieure und andere Fachkräfte für Arbeitssicherheit ist bei mehr als 20 Beschäftigten ein betriebsärztlicher und sicherheitstechnischer Dienst einzurichten, für den die Voraussetzungen häufig noch nicht geschaffen sind.

Im Bereich der Arbeitsstrukturierung haben neue Erkenntnisse gezeigt, daß es bei der Arbeitszerlegung ein Optimum gibt, das sich in Abhängigkeit von Bildung und Qualifikationsstand der Arbeiter ständig verändert. Eine Überschreitung dieses Optimums führt zu Leistungsminderungen. Neue Formen der Arbeitsstrukturierung (job rotation, job enlargement und job enrichment) wurden mit unterschiedlichem Erfolg erprobt.

Auf dem Gebiet der verhaltenswissenschaftlichen Forschung haben die Forschungsergebnisse von *Maslow*, *Herzberg* und anderen zu neuen Erkenntnissen geführt, die sich in einer Vielzahl von Vorschlägen zur Verbesserung der Führungstechniken und des Führungsverhaltens niederschlagen. In den meisten Veröffentlichungen zum Thema Personalwesen wird immer wieder auf die erheblich zugenommene und auch für die Zukunft noch weiter steigende Bedeutung der Personalwesenfunktion hingewiesen (*Friedrich*, S. 9; *Bisani*, 1974 oder noch deutlicher *Albach,* S. 465: "Die Ausbildung und der Einsatz des Personals werden von größerer Bedeutung sein als die Probleme der Produktion und des Absatzes.").

3.3.10 Zusammenfassung

Unter Berücksichtigung verschiedener Untersuchungen (u. a. *Bisani* 1976, deren Ergebnisse im wesentlichen von *Töpfer* 1990 bestätigt wurden), sind es vor allem:

- die steigenden Personalkosten,
- die Stärkung der wirtschaftlichen und rechtlichen Stellung der Arbeitnehmer,
- die Notwendigkeiten zur Änderung der Unternehmensphilosophie,
- der Zwang zu verstärkter betrieblicher Aus- und Fortbildung, nicht nur im Hinblick auf zunehmende Fach- und Methodenkompetenz,
- die Aufgabe, neue Erkenntnisse aus den Arbeits- und Sozialwissenschaften in die Praxis umzusetzen,
- die Tendenz zu flexiblen und innovationsfreudigen Organisationsformen
- die Steigerung des Selbstbewußtseins der Mitarbeiter verbunden mit veränderten, sich aus dem Wertewandel ergebenden Ansprüchen,

die die Anforderungen für den Bereich des betrieblichen Personalwesens erheblich verändert haben und noch weiter verändern werden.

Über die weitere Entwicklung in der Bundesrepublik Deutschland Prognosen abzugeben, ist sehr schwierig. Eine vom amerikanischen Gesundheits- und Erziehungsministerium in Auftrag gegebene und Anfang 1973 veröffentlichte Studie "*Work in America*" zeigt starke, außerordentliche Krankheitserscheinungen in der amerikanischen Industrie auf, und zwar:

1. hohe Fluktuationsrate und wachsende Fehlzeitanteile,
2. Zurückweisung von Arbeit, gezielte und spontane Bummelaktionen sowie wilde Streiks, Arbeitsverweigerung und gezielte Sabotage,
3. steigende Ausschußquoten, mangelhafte Arbeit, verbunden mit schwerer Disziplinlosigkeit bei sonst als besonnen geltenden Arbeitnehmern,
4. hohe Anteile psychischer Krankheitsfälle,
5. steigende Anteile von Arbeitsalkoholikern und Konsumenten harter Drogen.

Ob es sich hier um typische Ausfallerscheinungen einer überzogenen industriellen Entwicklung handelt, die unvermeidlich sind, oder ob sie durch eine systematische interdisziplinäre Personalarbeit (vgl. Abschnitt über Personalpflege) unter Kontrolle gebracht werden können, ist beim gegenwärtigen Forschungsstand ebenso wenig sicher zu beurteilen, wie die Erwartung, daß die Zunahme des internationalen Wettbewerbsdrucks zu einem Wiedererstarken von leistungsorientierten Einstellungen und Werten führen wird.

Viertes Kapitel

Der rechtliche Gestaltungsrahmen des Betrieblichen Personalwesens

Die Kenntnis des rechtlichen Gestaltungsrahmens, innerhalb dessen das Betriebliche Personalwesen wirksam werden kann, ist unerläßlich, wenn man die zunehmende Bedeutung des Personalwesens beurteilen und den gegebenen Entwicklungsrahmen abschätzen will. Zwar herrscht der Grundsatz der *Tarifautonomie*, wonach die Tarifvertragsparteien in freier Verhandlung und ohne staatliche Eingriffe die Arbeitsbedingungen regeln sollen; immer mehr zeichnet sich aber ab, daß zunehmende "Nicht-Markt-Mechanismen" (staatliche Lenkungen, staatliche Eingriffe und Schutzgesetze) an Bedeutung gewinnen. Inwieweit sich aber diese Mechanismen praktisch bewähren, hängt weitgehend von den Marktkräften ab. Die Vielfalt einzelner arbeitsrechtlicher Bestimmungen ist, ohne die rechtsgeschichtliche Entwicklung zu betrachten, kaum zu verstehen.

1. Entwicklung des Arbeitsrechts

Das Arbeitsrecht regelt als Sonderrecht den sozialen Tatbestand der abhängigen Arbeit. Obwohl erste Anfänge eines Arbeitsrechtes bis in die Zunftordnungen des Mittelalters zurückreichen, sahen die Feudal- und Agrarstaaten zu Beginn des vergangenen Jahrhunderts noch keine Notwendigkeit, die Rechtsprobleme der in abhängiger Arbeit Beschäftigten zu regeln. Dies wurde erst anders, als mit der beginnenden Industrialisierung und der damit verbundenen Massenbewegung vom Land in die Stadt, eine zahlenmäßig sich rasch vermehrende Industriearbeiterschaft heranwuchs. Bei der vorherrschenden Geisteshaltung eines extremen Liberalismus, der im freien Spiel der Kräfte zwischen Angebot und Nachfrage den einzigen Weg für einen Ausgleich sah und jedermann als Träger gleicher Pflichten und Rechte betrachtete, mußten Gedanken über ein rechtliches Diktat eines wirtschaftlich Stärkeren über den wirtschaftlich Schwächeren vollkommen fremd erscheinen. Verständlich, daß man den Arbeitsvertrag - aufbauend auf den römischen Rechtsgedanken - als einen schuldrechtlichen Vertrag ansah und ursprünglich mit im Mietrecht regeln wollte. Deutschrechtliche Prägungen des Arbeitsverhältnisses, wie sie noch in den Zunftordnungen des Mittelalters bekannt waren und die die gegenseitige Verpflichtung zu Treue und Fürsorge beinhalteten, traten demgegenüber zurück.

Das wirtschaftliche Ungleichgewicht der Vertragspartner, das Diktat der wirtschaftlich stärkeren Arbeitgeberseite und die in diesem Zusammenhang auftretende Not der Arbeiterklasse, führten zwangsläufig zur Forderung nach entsprechenden Schutzbestimmungen und kollektiven Beteiligungsmaßnahmen. Diesen Forderungen konnte sich der Staat, der das Arbeitsleben weitgehend dem freien Spiel der Kräfte überlassen hatte, nicht entziehen. Dies führte zum ersten zögernden Erlaß von *Arbeitsschutzbestimmungen*; so 1839 zum preußischen *Kinderschutzgesetz*, der *Gewerbeordnung* mit Vorschriften über die Verhütung von Betriebsgefahren. 1873 wurden die ersten Tarifverträge abgeschlossen, die aber keine große Bedeutung erlangten, da sie gesetzlich noch nicht geschützt waren. Gleichzeitig erfolgte die Aufhebung des *Koalitionsverbotes*.

Erst mit dem Zusammenbruch des Kaiserreichs wandelte sich die Einstellung des Staates zum Arbeitsleben. 1918 wurde die erste Tarifverordnung erlassen. 1920 trat das *Betriebsrätegesetz* in Kraft, das den Arbeitnehmern das Recht verlieh, bestimmte Arbeitsbedingungen in eigener sozialer Autonomie mit den Arbeitgebern zu regeln. 1923 folgte das *Schwerbeschädigtengesetz* (1974 geändert in Schwerbehindertengesetz) und 1926 das *Angestellten-Kündigungsgesetz*. Ebenfalls 1926 wurden durch Gesetz die Arbeitsgerichte zur Regelung von Arbeitsstreitigkeiten geschaffen, bei denen neben Berufsrichtern auch Arbeitgeber und Arbeitnehmer als Beisitzer (Arbeitsrichter) tätig sind.

Diese Entwicklung nahm 1933 ein Ende. Durch staatliche Reglementierung, Auflösung der Gewerkschaften und Arbeitgeberverbände und durch das Gesetz zur Ordnung der nationalen Arbeit 1934, wurde auch der Führergedanke in die Betriebe getragen. Ein allgemeiner Lohnstopp 1938 machte Lohnverhandlungen überflüssig. Arbeitsbedingungen wurden durch staatliche Tarifordnungen festgelegt, die durch die sog. "Treuhänder der Arbeit" erlassen wurden.

Nach dem Zusammenbruch 1945 knüpfte die Entwicklung an die Prinzipien vor 1933 an. Gewerkschaften und Arbeitgeberverbände entstanden mit Genehmigung des Kontrollrates und der Militärregierung. Da nach dem Grundgesetz die Gesetzgebungskompetenz beim Bund liegt, sind die meisten seit dem 2. Weltkrieg entstandenen arbeitsrechtlichen Gesetze Bundesgesetze. Der Gesetzgeber ging von dem Grundsatz aus, den Sozialpartnern einen großen Freiraum zur Selbstbestimmung zu geben. Damit verbunden war auch eine besondere Stärkung des kollektiven Arbeitsrechts. Die individuelle Festsetzung der Arbeitsbedingungen durch einzelvertragliche Regelungen nimmt demgegenüber ständig ab.

Insgesamt lassen sich vier Etappen der Entwicklung des Arbeitsrechts kennzeichnen: (*Grossmann/Schneider*, S. 27)

1. Beginn der Industrialisierung bis Ende des 1. Weltkrieges: Liberale Geisteshaltung, der Staat überläßt das Arbeitsleben dem freien Spiel der

Kräfte, nur zögernde Eingriffe in Form von Schutzrechten zur Beseitigung gröbster Mißstände. Das individuelle Vertragsrecht dominiert, das kollektive Arbeitsrecht spielt kaum eine Rolle.

2. Weimarer Republik (1919-1933): Das kollektive Arbeitsrecht wird stärker betont, die soziale Sicherung der Arbeitnehmer ausgebaut. Durch das Betriebsrätegesetz erfolgen erste Ansätze für eine Mitbestimmung der Arbeitnehmer in den Betrieben.

3. Nationalsozialistische Zeit (1933-1945): Staatliche Reglementierung, Arbeits- und Wirtschaftsleben werden den Belangen der Rüstungs- und der Kriegswirtschaft untergeordnet.

4. Nachkriegszeit in der Bundesrepublik Deutschland (ab 1945): Sozialstaatgedanke mit dem Grundsatz weitgehender Selbstbestimmung der Sozialpartner, zunehmende Bedeutung des kollektiven Arbeitsrechts.

Damit verliert praktisch das individuelle Arbeitsrecht zunehmend an Bedeutung. Der Staat hält sich weitgehend zurück und schließt mit einer Reihe von Einzelgesetzen die Lücken, die von den Tarifvertragsparteien noch nicht gefüllt wurden.

2. Übersicht über die einzelnen Teilgebiete des Arbeitsrechts

Das gegenwärtige Arbeitsrecht ist aus dem Zusammenwirken von Vorschriften des individuellen Arbeitsvertragsrechtes, den staatlichen Schutzbestimmungen und den kollektiven Vereinbarungen der Sozialpartner entstanden. Aus diesen gegensätzlichen Einflüssen, bei denen sehr häufig auch rechtsdogmatisches Denken von politischen Strömungen beeinflußt und überlagert wurde, konnte kein einheitliches Rechtsgefüge entstehen. Aus diesem Grund vermischen sich hier teils privatrechtliche Bestimmungen individueller oder kollektiver Art mit öffentlich-rechtlichen Vorschriften, wie arbeitsrechtlichen Schutzgesetzen, die in einer Vielzahl von Einzelgesetzen, Verordnungen und Richtlinien verstreut sind. In der Regierungserklärung vom 28.10.1969 wurde für die Legislaturperiode bis 1973 ein einheitliches Arbeitsgesetzbuch in Aussicht gestellt. Zwar hat die Bundesregierung im November 1970 die *"Arbeitsgesetzbuchkommission"* eingesetzt, die im September 1977 den Entwurf für ein "Allgemeines Arbeitsvertragsrecht" vorgelegt hat, das vor allem die Tatbestände von Begründung, Inhalt und Beendigung von Arbeitsverhältnissen regeln soll; die Kommission ist aber, soweit bekannt wurde, seit Frühjahr 1978 nicht mehr zusammengetreten. Die Arbeiten an einem Entwurf zu einem "Kollektiven Arbeitsrecht" wurden noch nicht in Angriff genommen. Wegen der politischen Brisanz und der kaum übersehbaren Fülle von Einzelvorschriften wird deshalb ein geschlossener Entwurf, nachdem die Bundesregierung die Kommission 1981 aufgelöst hat, noch Jahrzehnte auf sich warten lassen.

Derzeit wird die Kodifikationsidee nur noch von der Arbeitsrechtswissenschaft weiter verfolgt.

2.1 Rechtsquellen für das Arbeitsrecht

2.1.1 Überstaatliches Recht

Im Arbeitsrecht schlagen sich auch überstaatliche Rechtsnormen nieder, soweit es sich um allgemein anerkannte Rechtsnormen handelt, die mit dem Grundgesetz nicht in Widerspruch stehen.

Zu den geltenden überstaatlichen Rechtsnormen gehören:

1. Allgemeine Regeln des *Völkerrechts* gelten nach Art. 25 GG unmittelbar als Bundesrecht, so etwa das Recht auf Arbeit und Lohn.
2. *Beschlüsse der Internationalen Arbeitsorganisation (IAO)*, soweit sie vom Bundestag als Gesetz ratifiziert wurden (z.B. das Übereinkommen Nr. 111 über das Gleichbehandlungsgebot in Beschäftigung und Beruf - Gesetz vom 14.3.1961).
3. *Menschenrechtskonvention des Europarates*; ist durch Zustimmung des Bundesrates Bundesrecht geworden und verbietet Zwangs- und Pflichtarbeit und sichert das Koalitionsrecht.
4. *Europäisches Gemeinschaftsrecht* der Montanunion und der europäischen Wirtschaftsgemeinschaft, welches die Freizügigkeit der Arbeitnehmer in den Mitgliedstaaten vorschreibt und jede Diskriminierung von Arbeitskräften verbietet.

2.1.2 Verfassungsrecht

Das Grundgesetz der Bundesrepublik Deutschland hat sich auf keine bestimmte Arbeitsverfassung festgelegt. Es gilt jedoch das Prinzip des sozialen Rechtsstaates. Mehrere Grundrechte haben deshalb arbeitsrechtliche Bedeutung.

1. Art. 1 schützt die *Menschenwürde*.
2. Art. 2 begründet das Recht auf freie *Entfaltung der Persönlichkeit* und bildet die Grundlage für das Vertrags- und Wettbewerbsrecht.
3. Art. 3 gewährleistet die Gleichheit aller Menschen (im Arbeitsrecht u.a. als Lohngleichheit von Mann und Frau).
4. Art. 5 sichert die *Meinungsfreiheit*.
5. Art. 8 die *Versammlungsfreiheit* und in Verbindung mit Art. 5 das Demonstrationsrecht.

6. Art. 9 Abs. 3 gewährleistet die Koalitionsfreiheit, d. h. das Recht zur Gründung von Vereinigungen zur Wahrung und Förderung der Arbeits- und Wirtschaftsentwicklung.
7. Art. 12 sichert das Recht der *freien Wahl des Berufes* und verbietet Knebelungsverträge.
8. Art. 14 garantiert das *Eigentum mit Sozialbindung*.

2.1.3 Gesetze ohne Verfassungsrang

1. *Bürgerliches Gesetzbuch*: Hier finden sich alle Vorschriften aus dem Vertragsrecht über Geschäftsfähigkeit, Willenserklärung sowie über Verträge und ihre Mängel, den Inhalt von einseitigen Schuldverhältnissen und Verträgen, Erlöschen von Schuldverhältnissen, Abtretung von Forderungen, ungerechtfertigte Bereicherung und unerlaubte Handlungen, ferner Vorschriften über das Dienstvertragsrecht, soweit keine speziellen Regelungen vorliegen.
2. *Handelsgesetzbuch*: Für kaufmännische Angestellte und Handelsvertreter.
3. *Gewerbeordnung*: Für die in gewerblichen Betrieben tätigen Arbeitnehmer.

2.1.4 Gesetze für besondere arbeitsrechtliche Tatbestände

Hierher gehören Kündigungsschutzgesetz, Arbeitsgerichtsgesetz, Gesetz über die gewerbsmäßige Arbeitnehmerüberlassung, Arbeitszeitordnung, Berufsbildungsgesetz, Betriebsverfassungsgesetz, Bundesurlaubsgesetz, Mutterschutzgesetz, Jugendschutzgesetz, Tarifvertragsgesetz, Mitbestimmungsgesetz usw.

2.1.5 Gesetze anderer Rechtsgebiete mit arbeitsrechtlichem Einschlag

Hierher gehören Arbeitsförderungsgesetz, Bundeskindergeldgesetz, Konkursordnung, Ausbildereignungsverordnung, Maschinenschutzgesetz usw.

2.1.6 Rechtsverordnungen

Z. B. Mindestarbeitsbedingungen (Heimarbeitsbedingungen, Ausbildungsverordnung, Tarifordnungen usw.)

2.1.7 Satzungen und Verwaltungsrichtlinien

Z. B. Richtlinien für Hausgehilfinnen, Erfindungsvergütungen, Prüfungsordnungen, Unfallverhütungsvorschriften usw.

2.1.8 Kollektivverträge

1. Tarifverträge als rechtsetzende Vereinbarungen zwischen Sozialpartnern mit normativer gesetzlich gleicher Wirkung.
2. Betriebsvereinbarungen und Dienstvereinbarungen als rechtsetzende Vereinbarungen zwischen Arbeitgeber und Betriebs- (bzw. Personal-)rat.

2.1.9 Richterrecht

Diese Form ist im Gegensatz zu anderen Rechtsgebieten im Arbeitsrecht sehr weit verbreitet. Hierher gehören vor allem die durch die Rechtsprechung als geltendes Recht anerkannten *Gewohnheitsrechte* und *Betriebsübungen*. Wesentliche Teile des Arbeitskampfrechtes und die bestehenden Grundsätze des Verbandsrechtes sind nicht gesetztes Recht, sondern aus der Rechtsprechung als *Richterrecht* hervorgegangen.

Weiterhin gehören hierher Fragen der Behandlung der Schadenshaftung der Arbeitnehmer, der Begrenzung von Wettbewerbsverboten, die Rückzahlungsklauseln bei der Gewährung von Weihnachtsgratifikationen usw., sowie die Ausformung des Gleichheitsgrundsatzes.

Ein Vorherrschen des Richterrechtes ist kennzeichnend für Rechtsgebiete, die sich noch in starker Entwicklung befinden und/oder wo sich der Gesetzgeber wegen der besonderen politischen Brisanz der zu regelnden Materie seiner Pflicht, Rechtsnormen zu fixieren, entzieht.

2.2 Systematische Übersicht

Einen systematischen Überblick über die einzelnen Gebiete des Arbeitsrechts zeigt nachstehende Abbildung 24:

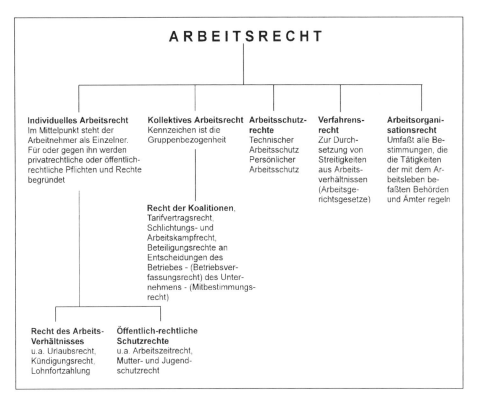

Abbildung 24: Systematische Übersicht über die einzelnen Gebiete des Arbeitsrechts

2.3 Individuelles Arbeitsvertragsrecht

2.3.1 Wesen des Arbeitsvertrages

Das Arbeitsrecht regelt den Tatbestand der abhängigen Arbeit. Abhängige Arbeit setzt die Eingliederung in eine fremde Arbeitsorganisation und Weisungsgebundenheit voraus. Freie Berufe fallen in der Regel nicht unter das Arbeitsvertragsrecht. Der persönliche Geltungsbereich umfaßt Arbeitnehmer und Arbeitgeber. Der sachliche Geltungsbereich bezieht sich auf die Arbeitsorganisation des Betriebes als organisatiorische Einheit. Rechtlich ist das Arbeitsverhältnis ein Dauerschuldverhältnis, das die Leistung in abhängiger Arbeit, eine Eingliederung in eine Arbeitsorganisation für eine gewisse Dauer sowie die Verpflichtung zur Entlohnung und einige Nebenpflichten (Treue- und Fürsorgepflicht) umfaßt. Abschluß-, Form- und Gestaltungsfreiheit sind durch gesetzliche Schutzvorschriften und Mindestbedingungen der Tarifverträge eingeschränkt. Zu den Einschränkungen gehören Sonderregelungen für Schwerbeschädigte, ferner Verbot der Geschlechtsdiskriminierung, der Diskriminierung von EU-Angehörigen, Forderung nach Wiedereinstellung nach Arbeitskämpfen. Die Schriftform wird verlangt bei Berufsausbildungsverträgen und bei der Vereinbarung von Wettbewerbsverboten. Für minderjährige Arbeitnehmer ist für den Abschluß die Zustimmung des gesetzlichen Vertreters erforderlich. Für das Entstehen des Vertrages, der Gründe für Nichtigkeit und Anfechtung gelten im allgemeinen die Regeln des BGB. Das Recht am Arbeitsergebnis steht grundsätzlich dem Arbeitgeber zu. Sondervorschriften gelten für Dienst- und freie Erfindungen (Patentgesetz, Arbeitnehmererfindungsgesetz). Im Zusammenhang mit den tarifvertraglichen Regelungen gilt das *Günstigkeitsprinzip,* d.h. abweichende einzelvertragliche Vereinbarungen sind zugunsten der Arbeitnehmer ohne Beschränkung möglich. Abweichungen zu Lasten des Arbeitnehmers hingegen sind weitgehend eingeschränkt.

2.3.2   Pflichten des Arbeitnehmers

Die Hauptpflicht des Arbeitnehmers ist die Pflicht zur Arbeit. Diese Pflicht ist eine höchstpersönliche Verpflichtung und kann im Zweifel nicht übertragen werden. Hier hat der Arbeitnehmer während der gesetzlich, tarif- oder einzelvertraglich bzw. durch Betriebsvereinbarungen festgelegten Arbeitszeit eine Arbeit in dem Umfang zu verrichten, die nach Treu und Glauben billigerweise von ihm erwartet werden kann.

Daneben begründet das Arbeitsverhältnis noch eine *Treuepflicht.* Diese umfaßt:

1. *Unterlassungspflicht* (alles das zu unterlassen, was dem Arbeitgeber schaden kann);
2. *Handlungspflicht* (drohenden Schaden dem Arbeitgeber anzuzeigen und mitzuteilen);
3. *Befolgungspflicht* (die über den Rahmen der Arbeitspflicht hinausgeht und der Wahrung des Betriebsfriedens sowie dem Ansehen des Betriebes dient);
4. *Verschwiegenheitspflicht* (Verbot des Verrats von Geschäftsgeheimnissen);
5. *Schmiergeldverbot;*
6. *Wettbewerbsverbot.*

Bei Verletzung der Arbeitspflichten können drei Rechtsfolgen eintreten: Lohnminderung, Kündigung oder Schadensersatzanspruch. Zwar berechtigt nicht jedes fehlerhafte Arbeitsergebnis zur Lohnminderung, jedoch kann der Arbeitgeber hier ggf. gegen Schadensersatzansprüche aufrechnen. Grundsätzlich haftet der Arbeitnehmer für jeden Schaden, den er durch Verletzung der arbeitsvertraglichen Verpflichtungen anrichtet. Bei schadens- oder gefahrgeneigter Arbeit haftet jedoch der Arbeitnehmer bei leichtester Fahrlässigkeit nicht, bei normaler Fahrlässigkeit anteilig und bei Vorsatz oder grober Fahrlässigkeit haftet er voll.

2.3.3 Pflichten des Arbeitgebers

Neben die Hauptpflicht des Arbeitgebers zur Lohnzahlung treten noch die als *Fürsorgepflichten* bezeichneten Nebenpflichten. Diese umfassen:

1. Schutz der Persönlichkeit (dieser verlangt die Unterlassung aller Eingriffe in die Persönlichkeit des Arbeitnehmers und Schutz gegen entsprechende Eingriffe von dritter Seite);
2. Schutz des Vermögens (diese Pflicht erstreckt sich auf das vom Arbeitnehmer zur Arbeitsstelle mitgebrachte Eigentum. Der Arbeitgeber haftet auch für das Verschulden seiner Hilfspersonen);
3. Pflicht zur Förderung des wirtschaftlichen Fortkommens (Zeugniserteilung, Freizeit für Arbeitsplatzsuche, Pflicht zur Leistung im Rahmen der Personalfürsorge);
4. Gleichbehandlungspflicht (d.h. Verbot einer willkürlichen Schlechterbehandlung einzelner Arbeitnehmer);
5. Urlaubspflicht (umfaßt die Sicherung des Erholungszweckes und damit grundsätzlich auch das Verbot des "Abkaufs von Urlaub".

Weiterhin hat der Arbeitgeber den Arbeitnehmer entsprechend der vereinbarten Tätigkeit zu beschäftigen. Ausnahmen sind nur möglich, wenn für die geschuldete Arbeit kein Bedarf mehr besteht oder ein begründetes Interesse an der Beendigung der Arbeitsleistung vorhanden ist. Bei einem Verstoß gegen die rechtliche Verpflichtung kann der Arbeitnehmer ggf. Schadensersatz verlangen.

Das Arbeitsvertragsverhältnis endet in der Regel durch Zeitablauf, gegenseitiges Einvernehmen oder durch Kündigung. Die Kündigungsschutzgesetze sind einzuhalten. Bei Kündigung von seiten des Arbeitgebers ist der Betriebsrat zu hören. Die Arbeitspflicht ist eine höchstpersönliche Pflicht. Das Arbeitsverhältnis endet deshalb mit dem Tod des Arbeitnehmers oder der Verpflichtung als Berufssoldat im Anschluß an eine Eignungsübung.

Es endet nicht mit dem Tod des Arbeitgebers. An dessen Stelle tritt sein Erbe.

2.4 Arbeitnehmerschutzrechte

Das Rechtsytem des *Arbeitsschutzrechtes* ist dual gestaltet und wird von zwei Seiten her geregelt und überwacht. Einmal von der Seite der *Berufsgenossenschaft* als Träger der gesetzlichen Unfallversicherung und zum anderen vom Staat, wobei nunmehr auch die Europäische Union (EU) als eine übernationale Einrichtung eine zunehmend bedeutendere Rolle spielt, um eine Angleichung der Arbeitsschutzrechte für den europäischen Bereich zu erreichen. Dieses neue *Harmonisierungskonzept* zur Schaffung eines gemeinsamen Binnenmarktes führt bisher im wesentlichen zu einem Verzicht von Detailregelungen und läuft auf ein Richtlinienwerk hinaus, das zwingende Erfordernisse für Gesundheit und Sicherungen festlegt, die in allen Mitgliedstaaten vorgeschrieben werden müssen. Arbeitsschutzgesetze stellen eine arbeitsrechtliche Verpflichtung mit bindender Natur dar. Sie gelten als Bestandteil eines jeden privatrechtlichen Arbeitsvertragsverhältnisses. Sie können nicht abbedungen werden. Sie sollen den erhöhten Gefahren Rechnung tragen, denen Arbeitnehmer durch die neuen Technologien und Maschinen ausgesetzt sind. Für die Einhaltung der Schutzgesetze ist grundsätzlich der Arbeitgeber verantwortlich. Die Überwachung und Erfüllung von Teilaufgaben wird wahrgenommen vom Betriebsrat, Betriebsärzten, Fachkräften der Arbeitssicherheit usw., ferner erfolgt eine außerbetriebliche Überwachung durch die staatliche Gewerbeaufsicht und den Aufsichtsdienst der *Berufsgenossenschaft* sowie der *Unfallversicherungsträger* usw.

Zwei Konzepte sind hier bei der Rechtsetzung zu unterscheiden.

1. *Risikofaktorenkonzept* - technischer Arbeitsschutz - hier wird der Arbeitsplatz auf Risiken hin untersucht, die mit einer bestimmten beruflichen Tätigkeit verbunden sind.

    Diese gesetzlichen Regelungen umfassen drei Gruppen
    - Schutz vor körperlichen Verletzungen (*Unfallschutz*)
    - Schutz vor *Berufskrankheiten* und arbeitsbedingten Erkrankungen (Schutz vor körperlicher Beeinträchtigung durch Arbeitsmittel und Werkstoffe, Chemikalien usw.)
    - Schutz der Arbeitskräfte vor *Verschleißerscheinungen* und vorzeitiger Beeinträchtigung der Arbeitsfähigkeit.

    Zu den Rechtsgrundlagen gehören hier u.a.
    - Arbeitsstättenverordnung
    - Arbeitsstättenrichtlinien
    - Gewerbeordnung
    - Gerätesicherheitsgesetz
    - Arbeitsstoffverordnung
    - Unfallverhütungsvorschriften.

Technischer Fortschritt hat Auswirkungen auf den technischen Arbeitsschutz. Nur durch den weitgehenden Verzicht auf die Festlegung konkreter Sicherheitsanforderungen kann das Recht mit dem ständigen technischen Fortschritt einigermaßen Schritt halten. Die meisten Bestimmungen des technischen Arbeitsschutzes legen deshalb keine Einzelanforderungen im Bereich der Sicherheitstechnik, der Arbeitsmedizin und der Arbeitshygiene fest, sondern beschränken sich im wesentlichen auf die Regelung des Erlaubnis- und Überwachungsverfahrens sowie auf die Festlegung von weit gefaßten Sicherheit- und Schutzzielen.

2. *Risikopersonenkonzept* - persönlicher Arbeitsschutz - Hier wird der Arbeitnehmer gezielt auf Unverträglichkeiten untersucht und je nach dem Ergebnis nur an solchen Arbeitsplätzen eingesetzt, bei denen er persönlich weniger oder gar nicht gefährdet ist.

Rechtsgrundlagen sind hier u.a.
- *Arbeitszeitrecht* (Arbeitszeitordnung und die verschiedenen Sonderregelungen),
- Schutzrechte für besondere Personengruppen, z.B. *Mutterschutz-, Jugendschutzgesetze, Berufsbildungsgesetz, Heimarbeitsgesetz,*
- ferner die Schutzgesetze für *Schwerbehinderte*, Wehrpflichtige usw., außerdem die Verpflichtung zur ärztlichen Untersuchung bei Einstellungen.

2.5 Kollektives Arbeitsrecht

2.5.1 Recht der Koalitionen

Wenn die staatliche Gesetzgebung die Regelung der Arbeits- und Wirtschaftsbedingungen weitgehend in die Hand der Sozialpartner legt und sich darauf beschränkt, nur bei Unzulänglichkeiten korrigierend einzugreifen, müssen Institutionen vorhanden sein, die diese Aufgabe als Interessenverbände wahrnehmen.

Art. 9 Abs. 3 GG gewährleistet für jedermann das Recht, zur Wahrung und Förderung von Arbeits- und Wirtschaftsbedingungen, Vereinigungen zu bilden. Voraussetzung ist, daß der Zusammenschluß freiwillig und auf überbetrieblicher Grundlage erfolgt. Um Interessenkonflikte auszuschließen, muß sich jeder als Gegenspieler des anderen Sozialpartners verstehen (Wahrnehmung kollektiver Arbeitnehmer- und Arbeitgeberinteressen), d.h. ein Zusammenschluß darf nicht gleichzeitig Arbeitgeber und Arbeitnehmer umfassen (*Grundsatz der Gegnerfreiheit*); ebenso muß jede gegenseitige Abhängigkeit ausgeschlossen sein (*Unabhängigkeit von dritter Seite*).

Der positiven *Koalitionsfreiheit*, d.h. dem Recht, sich zu einer Vereinigung zusammenschließen, steht die negative Koalitionsfreiheit als Teil allgemeiner Handlungsfreiheit nach Art. 9 Abs. 1 GG gegenüber. Sie umfaßt das Recht, solchen Vereinigungen auch fern zu bleiben. Die praktische Bedeutung dieser Frage ergibt sich daraus, daß die Mitgliedschaft in einer Gewerkschaft Pflichten, zumindest die der Beitragszahlung, mit sich bringt. Es hat nicht an Überlegungen gefehlt, in Tarifverträgen zu vereinbaren, daß bestimmte Leistungen nur den organisierten Arbeitnehmern gewährt werden dürfen.

Die Zugehörigkeit zu einer Gewerkschaft oder die Nichtmitgliedschaft darf aber kein Kriterium für die Einstellung, Kündigung oder für die Festsetzung des Entgeltes sein. Zuwiderhandlungen waren als Verstoß gegen Art. 9 GG nichtig. Deshalb wird in der Praxis häufig einzelvertraglich, und damit auch für Außenseiter wirksam, die Anwendbarkeit der Tarifverträge festgelegt. (Vgl. hierzu gegenüber der deutschen Regelung die *Union-Shop-Klausel* in den USA, wonach bei *closed-shop-Betrieben* jedes neueingestellte Nichtgewerkschaftsmitglied innerhalb von 30 Tagen einer Gewerkschaft beitreten muß.)

Um die Funktionsfähigkeit des *Koalitionssystems* zu gewährleisten, schützt die Verfassung sowohl den Bestand als auch den Kernbereich der Koalitionszwecke und die Mittel für ihre Durchsetzung. *Tarifautonomie* bedeutet das Recht und die Freiheit, durch Tarifverträge Arbeits- und Wirtschaftsbedingungen zu gestalten. Sie darf durch staatliche Maßnahmen nicht eingeengt werden (Betätigungsgarantie).

2.5.1.1 Formen der Verbände

1. *Arbeitnehmerverbände*: Es gibt in Deutschland keine *Einheitsgewerkschaften*, sondern einen *Koalitionspluralismus*. Rund 80 % aller organisierten Arbeitnehmer sind Mitglied in einer der zum DGB - Deutscher Gewerkschaftsbund - zusammengeschlossenen Einzelgewerkschaften. Die Einzelgewerkschaften sind überwiegend nach dem Industrieverbandsprinzip organisiert. Mitgliedstärkste Einzelgewerkschaft ist die Industriegewerkschaft Metall mit etwa 2,5 Millionen Mitgliedern. Der Organisationsgrad, d.h. der Anteil der Mitglieder an den Beschäftigten eines Industriezweigs, schwankt sehr stark. Er liegt bei der Gewerkschaft Handel, Banken und Versicherungen bei etwa 4 %, bei der Gewerkschaft Öffentlicher Dienst, Transport und Verkehr (ÖTV) bei etwa 25 % und bei der Industriegewerkschaft Bergbau und Energie bei etwa 85 %. Neben den Einzelgewerkschaften des DGB stehen noch als *Richtungsgewerkschaft* der Christliche Gewerkschaftsbund und als *Fachgewerkschaften* die Deutsche Angestelltengewerkschaft (DAG), die Union leitender Angestellter (ULA) sowie m.E. der Deutsche Beamtenbund (DBB).
2. *Arbeitgeberverbände*: Die Spitzenorganisation BDA (*Bundesvereinigung der Deutschen Arbeitgeberverbände*) erfaßt die fachlichen Zentralverbände (z.Z. 39 Bundesverbände in fachlicher Gliederung, z.B. Gesamtverband der Metallindustriellen Arbeitgeberverbände e.V., - in Analogie zum Industrieverbandsprinzip der Gewerkschaften) und die überfachlichen, sog. gemischt-gewerblichen Landesvereinigungen. Daneben gibt es noch u.a. die

Tarifgemeinschaft deutscher Länder, die Vereinigung der kommunalen Arbeitgeberverbände, die nicht zur BDA gehören.

2.5.1.2 Aufgaben und Zuständigkeiten

Die Koalitionen sind gewichtige Ordnungsfaktoren unseres gesellschaftlichen Systems. Ihre Tätigkeiten sind umfassend und erschöpfend festgelegt. Die Verbände sind nach § 2 Abs. 1 TVG (*Tarifvertragsgesetz*) tariffähig und besitzen die alleinige Befugnis, rechtmäßig Arbeitskämpfe auszulösen. Vor den Arbeitsgerichten haben sie das Vertretungsrecht für ihre Mitglieder und sind aktiv wie passiv parteifähig. Sie entsenden Vertreter oder haben das Vorschlagsrecht für die Besetzung von Arbeits- und Sozialgerichten, Behörden und öffentlich-rechtlichen Körperschaften. Darüber hinaus hat das BetrVG von 1972 den Einfluß der Gewerkschaften in den Betrieben wesentlich erweitert.

2.5.1.3 Mitgliedschaft und Mitgliedsrechte

Die Mitgliedschaft richtet sich nach dem deutschen Vereinsrecht (§ 21 ff. BGB) und ergibt sich aus der Satzung, die sich jeder Verein weitgehend autonom geben kann. Während Arbeitgeberverbände überwiegend die Rechtsform eines eingetragenen Vereins als sog. "ideeller Verein" besitzen, verzichten die Gewerkschaften meist auf die Eintragung in das Vereinsregister, was aber wohl mehr historische als rechtsdogmatische Gründe hat.

2.5.2 Tarifvertragsrecht

2.5.2.1 Wesen des Tarifvertrages

Der *Tarifvertrag* ist das wichtigste Instrument der Koalition, um die Interessen ihrer Mitglieder zu fördern und die Arbeits- und Wirtschaftsbedingungen zu gestalten. Nach § 1 TVG regelt der Tarifvertrag die Rechte und Pflichten der Tarifvertragspartner und enthält Rechtsnormen, die den Inhalt, den Abschluß und die Beendigung von Arbeitsverhältnissen sowie betriebliche und betriebsverfassungsrechtliche Fragen ordnen können.

In seinem Wesen erfüllt der Tarifvertrag drei Funktionen:

1. *Schutzfunktion*, zugunsten der Arbeitnehmer, um durch Vereinbarungen von Arbeitsbedingungen deren Chancengleichheit zu gewährleisten.
2. *Ordnungsfunktion*, um die tarifunterworfenen Arbeitsverhältnisse für eine gewisse Dauer zu typisieren und damit Arbeitsbedingungen kollektiv-rechtlich zu regeln.
3. *Friedensfunktion*, um den Betriebs- und Wirtschaftsfrieden für die Geltungsdauer von Tarifverträgen durch Verbot von Arbeitskämpfen, um neue Forderungen zu unterbinden.

2.5.2.2 Tarifvertragsparteien und Geltungsbereich

Die *Tariffähigkeit* haben auf der Arbeitnehmerseite nur die Gewerkschaften, auf der Arbeitgeberseite können neben den Arbeitgeberverbänden auch einzelne Arbeitgeber (Firmen oder Konzerne) tariffähig sein. Man unterscheidet deshalb hier zwischen *Verbands-* und *Haus-* bzw. *Werkstarifverträgen*. Der Geltungsbereich eines Tarifvertrages bemißt sich zeitlich nach der Laufdauer des Vertrages. Persönlich ist der Geltungsbereich auf die tarifgebundenen Personen beschränkt.

Die *Tarifgebundenheit* ist abhängig von der Verbandsmitgliedschaft. Für den sachlichen Geltungsbereich gilt der Grundsatz der Tarifeinheit, d.h. es wird ein Tarifvertrag für die Betriebe einer Branche abgeschlossen, z.B. für die Metallindustrie. Er gilt für alle Mitarbeiter dieser Betriebe, unabhängig davon, ob diese nun Metallarbeiter oder Elektriker, Schreiner, Installateure, Reparaturhandwerker sind. Grundsätzlich steht es den Tarif-Vertragsparteien frei, den Geltungsbereich auf bestimmte Personengruppen zu beschränken, z.B. Arbeiter, Angestellte, oder bestimmte Personengruppen davon auszuschließen. Dagegen haben sie nicht das Recht, die Tarifgebundenheit auf Außenseiter auszudehnen. Es kann jedoch ein staatliches Interesse an einer Einheitlichkeit vorliegen. Für diesen Fall hat sich der Staat nach der Bedürfnisprüfung das Recht vorbehalten, eine Erweiterung der Tarifgebundenheit vorzunehmen. Dies geschieht durch eine *Allgemeinverbindlichkeitserklärung* des Tarifvertrages durch den Bundes- oder Landesarbeitsminister. Voraussetzung dafür ist ein gültiger Tarifvertrag und der Antrag einer Tarifvertragspartei. Weiterhin müssen die dem Tarifvertrag unterstehenden Arbeitgeber mindestens 50 % der Arbeitnehmer des Tarifgebietes beschäftigten. Die *Allgemeinverbindlichkeitserklärung* muß im öffentlichen Interesse geboten sein. Ausnahmen sind zur Behebung eines sozialen Notstandes möglich.

2.5.2.3 Tarifabschluß und Bestandteile des Tarifvertrages

Erforderlich ist die Tarifzuständigkeit, d.h. die Koalitionen müssen entsprechend der Bestimmungen ihrer Satzungen für den vom Tarifvertrag zu erfassenden Bereich zuständig sein. Als Beweis- und Kundmachungsfunktion müssen die Tarifverträge schriftlich abgeschlossen werden. Es handelt sich dabei um zwingende Formvorschriften (§ 125 BGB).

Beim Bundesminister für Arbeit und Sozialordnung wird ein *Tarifregister* geführt, das aber nur deklaratorischen Charakter hat.

- der *obligatorische* (schuldrechtliche) Teil, der nur die Verbände als Vertragspartner, nicht aber auch die Mitglieder verpflichtet;
- der *normative* Teil ist der eigentliche Teil des Tarifvertrages mit direkter Rechtswirkung für die Mitglieder.

Bei Tarifverträgen unterscheidet man sog. *Mantel-* oder *Rahmentarifverträge*. Hier werden die allgemeinen Bedingungen über Arbeitszeit, Urlaubsdauer, Formvorschriften usw. festgelegt, die für einen längeren Zeitraum gelten sollen. Für die Höhe der Löhne und Gehälter, die in kürzeren Abständen der wirtschaftlichen Entwicklung angepaßt werden sollen, werden besondere *Lohn- und Gehaltstarifverträge* mit kürzerer Laufzeit abgeschlossen. In den letzten Jahren versuchen die Gewerkschaften, die kaum bestehenden Unterschiede zwischen Arbeitern und Angestellten vollends einzuebnen. Zu diesem Zweck strebt man an, nur noch beide Gruppen umfassende *Entgelttarifverträge* abzuschließen. Ein Weg, der der gesellschaftlichen und sozialen Entwicklung Rechnung trägt, und den einige Großunternehmen, wie z.B. IBM sowie Teile der chemischen Industrie, schon seit einigen Jahren beschritten haben. Das Recht, Arbeits- und Wirtschaftsbedingungen im Rahmen der *Tarifautonomie* zu regeln, kann nur innerhalb gewisser Grenzen wahrgenommen werden. Zu beachten sind staatliche Gesetze, z.B. das Verbot, lohngleitende Vereinbarungen in Anlehnung an einen Index festzulegen (§ 3 Währungsgesetz). Ferner sind rechtsstaatliche Grundsätze (Verbot der Rückwirkung usw.) zu beachten. Tarifverträge dürfen nicht in die Vertragsfreiheit von Außenseitern eingreifen, ebenso sind Eingriffe in den Individualbereich der Persönlichkeitssphäre der Betroffenen zu unterlassen.

2.5.2.4 Schuldrechtlicher Teil des Tarifvertrages

1. *Friedenspflicht*: Sie besagt, daß zur Wahrung des Arbeitsfriedens während der Laufzeit des Vertrages, Maßnahmen des Arbeitskampfes unzulässig sind, soweit sie Gegenstände betreffen, die im Vertrag geregelt sind. Sollen grundsätzlich alle Arbeitskämpfe während der Laufzeit des Vertrages, auch über nicht geregelte Fragen, ausgeschlossen sein (*absolute Friedenspflicht*), so muß dies gesondert vereinbart werden. Eine Verletzung der *Friedenspflicht* führt zu Unterlassungs- und Schadensersatzansprüchen.
2. *Schlichtungsabkommen*: Sie haben in der Praxis weitreichende Bedeutung. Sie sind Ausdruck der tarifvertraglichen Friedenspflicht. Sie sehen im allgemeinen vor, daß Maßnahmen des Arbeitskampfes erst nach ergebnislos verlaufenen Schlichtungsverfahren zulässig sind. Tarifliche Schlichtungsstellen sind in der Regel mit der gleichen Zahl von Beisitzern der beiden Parteien besetzt und werden von einem unparteiischen Vorsitzenden geleitet.
3. *Einwirkungspflicht*: Sie verpflichtet die Verbände, unter Einsatz aller Mittel (satzungsgemäß oder gesetzliche) auf ihre Mitglieder einzuwirken und sie zur Tariftreue anzuhalten.

2.5.2.5 Normativer Teil des Vertrages

1. *Inhaltsnormen*: Sie regeln den Inhalt von Arbeitsverhältnissen wie Lohntarif, Eingruppierungen in Lohn- und Gehaltsklassen, Zulagen für Erschwernisse und Feiertagsarbeit, Lohnfortzahlung bei Erkrankung, Urlaub, Verhinderung, ferner Entgelt, Arbeitszeit, Wettbewerbsabreden, mögliche Nebentätigkeiten, Rationalisierungsschutzabkommen, Haftungsbeschränkungen oder, wie erstmals beim Tarifabschluß 1974 der Metallindustrie Baden-Württemberg, menschengerechte Gestaltung der Arbeit.
2. *Abschlußnormen*: Sie können Formvorschriften sein (konstitutiv oder deklaratorisch) zur Begründung des Arbeitsverhältnisses, Abschlußverbote (z.B. nicht mehr als einen bestimmten Prozentsatz an Auszubildende, Ausländern oder unqualifizierten Arbeitnehmern zu beschäftigen) oder Abschlußgebote, wie z.B. Wiedereinstellung nach einem Arbeitskampf.
3. Normen über betriebliche Fragen: Sie regeln Fragen der Betriebsgestaltung und beziehen sich somit auf die Gesamtheit aller Teile der Belegschaft und nicht auf den einzelnen Arbeitnehmer. Als *Solidarnorm* verpflichtet sie den Arbeitgeber, der Belegschaft bestimmte Einrichtungen zur Verfügung zu stellen. Als *Ordnungsnormen* regeln sie die Ordnungs-, Kontroll- und Disziplinarmaßnahmen im Betrieb (formale oder betriebliche Arbeitsbedingungen).
4. Normen über betriebsverfassungsrechtliche Fragen: Hier sieht das Betriebsverfassungsgesetz Abänderungen bestimmter organisatorischer Vorschriften durch Tarifverträge vor, die dann der staatlichen Genehmigung bedürfen, so z.B. Organisation der Aufgabenbereiche und Geschäftsführung des Betriebsrates, Erweiterung der Mitbestimmung in sozialen Angelegenheiten usw.
5. Normen über gemeinsame Einrichtungen der Tarifvertragsparteien: Hierher können Lohnausgleichskassen, Ausbildungsveranstaltungen, Wohlfahrtseinrichtungen usw. gehören. Sie können ferner die Höhe der Beiträge, der Leistungsansprüche usw. festlegen.

2.5.2.6 Wirkungen des normativen Teils des Tarifvertrages

Der Tarifvertrag setzt verbindliches Recht. Seine Natur ist rechtstheoretisch schwer zu erklären. Da die *Tarifautonomie* der Verbände von Staatsaufsicht frei sein soll, handelt es sich nicht um eine Übertragung hoheitlicher Befugnisse auf außerstaatliche Instanzen, sondern es wird ein Rechtsetzungsakt im Bereich der Privatautonomie vorgenommen, der durch Zusammenwirken der Sozialpartner im Rahmen eines Vertrages zustandekommt (Kombination körperschaftlicher Satzungsgewalt und Rechtsetzung durch Vertrag).

Die Normen des Tarifvertrages gelten nach § 4 Abs. 1 TVG unmittelbar und zwingend für die einzelnen tarifgebundenen Arbeitsverhältnisse. Sie sind unabdingbar. Jede ungünstigere Abmachung ist nach § 134 BGB ein Verstoß gegen ein gesetzliches Verbot und damit nichtig. Diese Norm wird durch das *Günstigkeitsprinzip* unterbrochen, wonach für den Arbeitnehmer günstigere einzelvertragliche Regelungen zulässig sind. Damit legt der Tarifvertrag nur Mindestarbeitsbedingungen fest, nicht aber Höchstarbeitsbedingungen. Die Vereinbarung übertariflicher Leistungen (*Leistungsprinzip*) steht den Parteien eines Einzelarbeitsvertrages frei. Die Tarifvertragsnormen sind unverbrüchlich, ein Verzicht oder eine Verwirkung ist nach der derzeit herrschenden Rechtsprechung ausgeschlossen.

2.5.2.7 Kritische Bewertung des Tarifvertragsrechts

Das derzeitige System der Tarifautonomie zum Aushandeln von Tarifverträgen in der BRD ist demnach durch folgende Ausprägungen gekennzeichnet:

- *Indirektes Verhandlungsmandat*, es verhandeln nicht mehr die unmittelbar betroffenen Parteien (Arbeitgeber und Betriebsräte als Vertreter der Arbeitnehmer), sondern davon abgehoben die Spitzenverbände der Gewerkschaften und der Arbeitgeberverbände (Ausnahme von Werkstarifverträgen).
- Der *Geltungsbereich der Tarifverträge* erstreckt sich regional auf alle Unternehmen des Tarifgebietes (*Flächentarifvertrag*).
- Er ist verbindlich für alle Unternehmen eines Industriezweiges und für alle bei diesen Unternehmen beschäftigten Arbeitnehmer, unabhängig von ihrer Ausbildung, ihrer beruflichen Tätigkeit usw.
- Er ist verbindlich für alle Unternehmen, unabhängig von ihrer wirtschaftlichen Leistungsfähigkeit (d.h. Sicherung eines einheitlichen Lohnniveaus).

Das geltende Tarifvertragsrecht versucht, die sich aus den Tarifverhandlungen ergebenden Verteilungskonflikte dort anzusiedeln, wo sie vermeintlich mit dem geringsten gesamtwirtschaftlichen Schaden ausgetragen werden können. Die friedensstiftende Funktion von Verbandsverträgen als Ergebnis zentraler Tarifverhandlungen verlagert diese Konflikte auf die überbetriebliche Verbandsebene und belastet dadurch nicht das unmittelbare Verhältnis zwischen Unternehmensleitung und Betriebsrat.

Dieses friedensstiftende Element steht aber in einem natürlichen Spannungsverhältnis zum Ziel der Beschäftigungssicherung. Das Problem eines einheitlichen Lohnniveaus für alle Unternehmen eines Industriezweiges innerhalb eines Tarifgebietes ist eng verknüpft mit den Strukturproblemen der jeweiligen Branche.

Unternehmen, die am Markt besonders hart um ihre wirtschaftliche Existenz kämpfen müssen (Grenzbetriebe) sind damit gezwungen, die gleichen Löhne zu zahlen wie die leistungsstarken Unternehmen (unabhängig davon, worauf deren Leistungsstärke letztlich beruht).

Die Anwendung dieser Grundsätze hat insbesondere bei der Neustrukturierung der Wirtschaft in den neuen Bundesländern zu erheblichen Problemen geführt. Hier wird sich die Zukunft der Tarifautonomie, d.h. das Recht der Tarifvertragsparteien für alle verbindliche Verträge abzuschließen, entscheiden. Ein Vertrag, der eine Anpassung der Löhne an das Niveau der alten Bundesländer in wenigen Jahren vorsieht, während absehbar zu befürchten ist, daß die Produktivitätslücke erst in Jahrzehnten ganz geschlossen sein wird, führt zu ernsthaften Konsequenzen. Das bedeutet letztendlich, daß ab diesem Zeitpunkt in diesen Ländern keine wirtschaftliche Tätigkeit möglich ist, die nicht mindestens genauso produktiv ist, wie in den alten Bundesländern. Verstärkte Arbeitslosigkeit und zunehmender Abwanderungsdruck werden die Folge sein.

Nun wird der Staat wenig Möglichkeiten haben zu verhindern, daß die Tarifvertragsparteien unter dem Schutz der Tarifautonomie solche Verträge abschließen, die die wirtschaftlichen Möglichkeiten der Unternehmen übersteigen. Der Staat wird aber nicht umhin kommen, das Recht auf Arbeit in dem Sinne zu schützen, daß kein Arbeitnehmer gezwungen wird, seine Arbeitskraft zu einem offensichtlich überhöhten Lohn erfolglos anzubieten, ohne daß etwas dagegen getan werden kann.

Der häufig beobachtete Versuch von Unternehmen, sich durch den Austritt aus dem Arbeitgeberverband (*Verbandsflucht*) der Verbindlichkeit von Tarifverträgen zu entziehen, vermag im Einzelfall betriebswirtschaftlich durchaus günstig sein. Als generelle Regelung jedoch dürften einzelne Betriebstarifverträge keine sinnvolle Alternative zu Verbandstarifverträgen darstellen (Ausnahme von Großkonzernen).

Würde das *Verbandstarifsystem* grundsätzlich in Frage gestellt, so wäre zu berücksichtigen, daß sich die Höhe der Personalkosten nach dem Tarifvertrag keineswegs nur nach der individuellen Leistungskraft eines einzelnen Unternehmens richten würde. Das Verhandlungsergebnis würde in erheblichem Umfang auch von arbeitsmarktfremden Faktoren abhängen, so z.B. vom Verhandlungsgeschick sowie der Konfliktfähigkeit und Konfliktbereitschaft der einzelnen Verhandlungspartner usw.

Darüber hinaus würde für die Verhandlungsparteien auch die solidarische Unterstützung der übrigen Verbandsmitglieder entfallen.

Hier wird es nicht genügen, Veränderungen durch die Rechtsprechung im Bereich des Arbeitskampfrechtes usw. zu erwarten, vielmehr werden die Tarifvertragsparteien gefordert sein, Tarifverhandlungen nicht weiterhin als einen Verteilungskampf zwischen Arbeit und Kapital zu begreifen. Gefordert wäre vielmehr ein Ideenwettbewerb, um neue Wege für eine richtige Verteilung und

Verwendung beschränkter Ressourcen und ein besserer Weg zur Finanzierung notwendiger Aufgaben zu finden.

Neue Wege müßten naturgemäß Tarifauseinandersetzungen - bis hin zum Arbeitskampf - keineswegs ausschließen.

Anlaß genug, sich darüber Gedanken zu machen, wie durch eine stärkere Differenzierung des Lohngefüges innerhalb der Regionen und Branchen nach der Leistungsfähigkeit der Unternehmen für eine Übergangszeit mehr "Grenzbetriebe" eine Überlebenschance solange erhalten, bis sie wieder wettbewerbsfähig geworden sind, mit dem Ziel, die Arbeitsplätze zu sichern und die Auswirkungen auf die Arbeitslosigkeit zu vermeiden.

Eine von der Bundesregierung einberufene Expertenkommission von Wirtschaftswissenschaftlern und Juristen hat vier Vorschläge als Denkhilfen unterbreitet.

- *Tarifvertraglicher Korridor.* Anstelle einer allgemein gültigen und für alle verbindlichen Tariflohnerhöhung (z.B. 4 %), vereinbaren die Tarifvertragsparteien eine Spanne von z.B. 3 % bis 5 %. Die Arbeitgeber und Arbeitnehmer, vertreten durch den Betriebsrat, vereinbaren, abhängig von der wirtschaftlichen Situation des jeweiligen Unternehmens, einen individuell abweichenden Satz für die Lohnerhöhung der zwischen diesen vereinbarten Eckpunkten liegt.

- *Tarifvertragliche Optionen.* Die Tarifverträge könnten dadurch flexibler gestaltet werden, indem in einem bestimmten Rahmen, Betriebe von den tarifvertraglich festgelegten Lohnerhöhungen abweichen oder das vereinbarte Erhöhungsvolumen anders ausfüllen können, z.B. anstelle einer unmittelbaren Lohnerhöhung, eine Beteiligung am Unternehmensergebnis oder Ersatz der Lohnerhöhung durch zusätzliche Freizeit.

- *Ausnahmeklausel.* Hier könnte der Tarifvertrag eine Klausel enthalten, die es dem Betrieb ermöglicht, in wirtschaftlichen Notlagen vom Tarifvertrag abzuweichen.

- Neufassung des *Günstigkeitsprinzips.* Nach bestehender Rechtsprechung sind Abweichungen vom Tarifvertrag nur nach oben, z.B. mehr Lohn oder mehr Urlaub usw., zulässig. Ökonomisch sinnvoll könnte es aber sein, wenn in wirtschaftlichen Notlagen im Gegenzug zu einem teilweisen oder gänzlichen Lohnsteigerungsverzicht der Bestand der Arbeitsplätze vereinbart werden könnte.

Hier werden für die Zukunft auch noch Gestaltungsfreudigkeit und Gestaltungswille der Tarifparteien gefordert sein.

2.5.3 Arbeitskampfrecht

2.5.3.1 Begriffe des Arbeitskampfes

Durch den *Arbeitskampf* soll wirtschafltich starker Druck auf die Gegenseite ausgeübt werden mit dem Ziel, den Gegner zur Durchsetzung günstigerer oder Beibehaltung bestehender Arbeitsbedingungen zu zwingen. Arbeitskämpfe sind auf Grund der europäischen Sozialcharta anerkannt und seit der Grundgesetzänderung vom 24.6.1968 ausdrücklich von den Maßnahmen der sog. "Notstandsverfassung" ausgenommen. Die Rechtsordnung soll den Parteien des Arbeitskampfes die *"Gleichheit der Waffen"* (Kampfparität) sichern. Deshalb hat sich der Staat beim Arbeitskampf neutral zu verhalten. So dürfen Arbeitsämter Arbeitssuchende an Betriebe, die in Arbeitskämpfe verwickelt sind, nur vermitteln, wenn dies ausdrücklich verlangt wird. Weiterhin sind die Zahlungen von Unterstützungen wegen Arbeitslosigkeit infolge inländischer Arbeitskämpfe grundsätzlich untersagt.

In der Bundesrepublik besteht das Arbeitskampfrecht nahezu ausschließlich als *"Richterrecht"* des Bundesarbeitsgerichtes. Wegen der geringen gesetzlichen Vorgaben, die sich hier im wesentlichen auf Art. 9 Abs. 3 GG beschränken, hat das BAG einen entsprechend weiten Entscheidungsspielraum, was zwangsläufig zu einer geringen Kontinuität der Rechtsprechung führt. Besonders in den letzten Jahren hat hier das BAG seine Rechtsprechung mehrfach grundlegend geändert.

2.5.3.2 Formen des Arbeitskampfes

Als Formen des *Arbeitskampfes* sind zu unterscheiden: *Streik*, *Aussperrung* und *Boykott*.

Streik ist die gemeinschaftliche Arbeitsverweigerung der geschuldeten Arbeitsleistung durch mehrere Arbeitnehmer. Nach dem Ziel sind zu unterscheiden:

1. Arbeitsrechtliche Streiks zur Durchsetzung wirtschaftlicher Forderungen als
   - *Kampfstreiks*, um den Willen des Sozialpartners zu beugen oder als
   - *Demonstrationsstreiks* (*Warnstreiks*), um die Ansicht der Streikenden zum Ausdruck zu bringen.
2. *Politische Streiks* richten sich nicht gegen Sozialpartner, sondern gegen den Staat. Sie sind keine Maßnahmen des Arbeitskampfes. Sympathiestreiks haben das Ziel, die Forderungen anderer zu unterstützen, z.B. die Arbeiter streiken für einen Angestelltentarifvertrag (*Solidaritätsstreiks*).

Nach der Kampftaktik kann der Streik als *Vollstreik* (totaler Streik) angelegt sein, der alle Betriebe betrifft oder aber einen Teilstreik, der nur einzelne Betriebe, bzw. ein *Schwerpunktstreik* sein, der nur die Arbeitnehmer bestimmter Schlüsselabteilungen umfaßt.

Die *Aussperrung* ist der Ausschluß von Arbeitnehmern von der Arbeit zu Kampfzwecken. Sie stellt das Gegengewicht zum Streik dar. Das Bundesarbeitsgericht hat grundsätzlich die Rechtmäßigkeit der Aussperrung unter Beachtung der Grundsätze der Verhältnismäßigkeit bejaht. Bei der Aussperrung kommt der Arbeitgeber seiner vertraglichen Beschäftigungspflicht nicht nach. Eine *Angriffsaussperrung* - ein Beispiel aus der Geschichte der Bundesrepublik Deutschland ist nicht bekannt - liegt dann vor, wenn ein oder mehrere Arbeitgeber den Arbeitskampf eröffnen, um durch Aussperrung der Arbeitnehmer die Gewerkschaft zu zwingen, einen niedrigeren Lohntarifvertrag abzuschließen. *Abwehraussperrung* ist die Antwort auf einen drohenden oder bereits ausgerufenen Streik. Auch bei Aussperrung ist - wie beim Streik - eine Voll-, Teil-, Sukzessiv- oder Schwerpunktaussperrung denkbar.

Boykott ist die organisierte Meidung (Ächtung) bestimmter Personen zu dem Zweck, sie zu einem bestimmten Verhalten zu veranlassen (*Präventivboykott*) oder sie für ein bestimmtes Verhalten zu maßregeln (*Repressivboykott*).

2.5.3.3 Rechtmäßigkeitsvoraussetzungen des Arbeitskampfes

Jeder Arbeitskampf hat auf die Wirtschaft unerwünschte Wirkungen, von denen auch nicht unmittelbar Beteiligte betroffen werden. Häufige Arbeitskämpfe können die Wirtschafts- und die Sozialstruktur eines Landes erschüttern. Zwar können Nebenwirkungen oft durchaus beabsichtigt sein, um auf den Sozialpartner zusätzlich Druck auszuüben, ein Machtmißbrauch muß aber ausgeschlossen werden. Arbeitskämpfe müssen sozialadäquat sein. Hierfür gelten folgende Grundregeln:

1. *Tariffähige Organisationen.* Der Arbeitskampf kann nur von dem getragen werden, der ihn auch durch Abschluß eines entsprechenden Tarifvertrages beenden kann. Deshalb dürfen auch Arbeitgeber und Betriebsrat keinen Arbeitskampf miteinander führen.
2. Das Kampfziel muß durch tarifvertragliche Regelungen zu erreichen sein. Funktionswidrig sind Arbeitskämpfe, die der Regelungskompetenz der Sozialpartner entzogen sind. Dies verbietet politische Streiks, die sich gegen die Regierung wenden oder Streiks zur Durchsetzung von Rechtsansprüchen, die der Kompetenz der Gerichte unterliegen. Dagegen sind *Sympathiestreiks* nach verschiedener Auffassung zulässig.
3. Arbeitskampf darf nur das äußerste Mittel sein, wenn alle anderen Mittel (Friedenspflicht, Schlichtungsverfahren, Einhaltung der Verfahrenserfordernisse der Koalitionssatzung usw.) vorher ausgeschöpft wurden.
4. Der Arbeitskampf muß fair geführt werden. Zwischen den gesteckten Zielen und den eingesetzten Mitteln darf kein Mißverhältnis bestehen. Nicht zulässig sind deshalb Streiks mit der Absicht, den Sozialpartner vorsätzlich oder sittenwidrig zu schädigen.

Wegen ihrer weitreichenden Folgen können Arbeitskämpfe nicht schrankenlos zulässig sein, da sie letztlich ihre Berechtigung nur als Hilfsinstrument der Tarifautonomie erlangen, ist das jeweilige Arbeitskampfmittel nur insoweit zulässig, als es geeignet ist, Gleichgewichtigkeit der Arbeitsmarktparteien herzustellen. Allgemein wird die Berechtigung von Streiks heute nicht mehr in Frage gestellt. Aussperrungen hingegen sind nach der Quotenrechtsprechung des Bundesarbeitsgerichtes nur unter einschränkenden Voraussetzungen zulässig. Hiernach ist der Umfang zulässiger Aussperrungen gekoppelt an die Anzahl der von einem Streikaufruf erfaßten Arbeitnehmer des jeweiligen Tarifgebietes. Dies ist für die Arbeitgeberseite nicht ohne Risiko. Längere Arbeitskämpfe, die von den Gewerkschaften als Schwerpunktstreiks nur gegen einige ausgewählte Unternehmen geführt werden, können nur bedingt mit Aussperrungen beantwortet werden. Die nicht bestreikten Unternehmen, die aus Verbandssolidarität nicht mit einer Aussperrung antworten können, erhalten mit zunehmender Arbeitskampfdauer erhebliche wettbewerbswidrige Vorteile. Zwangsläufig würde damit auch die Verbandssolidarität erschüttert werden.

Auch die Gewerkschaften sehen durch den technologischen Fortschritt die Effizienz von Streikaktionen zunehmend in Frage gestellt. Wie die Streiks im Durckereigewerbe zeigten, ist es hier mit moderner Technik auch heute möglich, die Produktion mit wenigen arbeitswilligen Beschäftigten (*Streikbrechern*) notdürftig aufrechtzuerhalten. Deshalb fordern die Gewerkschaften auch die Zulässigkeit zusätzlicher Kampfmaßnahmen in Form von Betriebsblockaden und Betriebsbesetzungen.

2.5.3.4 Rechtsfolgen

Rechtmäßiger Arbeitskampf ist keine Verletzung arbeitsvertraglicher Verpflichtungen. Beim rechtmäßigen Streik ruhen die Hauptpflichten (Arbeitsleistung und Entgeltzahlung), ohne daß es einer Kündigung bedarf. Die Arbeitsniederlegung berechtigt den Arbeitgeber nicht dazu zu kündigen. Die rechtmäßige Aussperrung hingegen führt mit suspendierender Wirkung zum Ruhen der Hauptpflichten mit dem Unterschied, daß ausgesperrte Arbeitnehmer das Recht zur sog. Abkehr haben, d.h. das Recht zur fristlosen Kündigung des Arbeitsverhältnisses. Die Nebenpflicht (*Treue- und Fürsorgepflicht*) wird hiervon jedoch nicht betroffen. Während des Arbeitskampfes ruhen die Beteiligungsrechte des Betriebsrates zumindest in personellen Angelegenheiten. Bei rechtswidrigen Arbeitskämpfen stehen dem Partner Schadensersatzansprüche zu, und zwar entweder aus Vertragsbruch oder aus unerlaubter Handlung. Strafrechtliche Vorschriften, wie gegen Hausfriedensbruch, Körperverletzung usw., werden durch den Arbeitskampf nicht berührt. Im Rahmen der Sozialversicherung besteht bei Arbeitskämpfen ein auf Dauer von 3 Wochen befristetes beitragsfreies Vertragsverhältnis.

2.5.3.5 Schlichtungsverfahren

Die hinter kollektiven Streitigkeiten stehenden stark entgegengesetzten materiellen Interessen verhindern es mitunter, zu einer Übereinkunft zu gelangen. Wegen der weiterreichenden Wirkungen von Arbeitskämpfen dürfen sie daher nicht begonnen werden, ohne daß vorher der Versuch einer gütlichen Einigung im Rahmen eines Schlichtungsverfahrens unternommen wurde. Das Wesen der Schlichtung besteht in einer Hilfestellung bzw. Vermittlung beim Abschluß eines kollektiven Vertrages mit dem Ziel, den Arbeitsfrieden zu erhalten.

Im Prinzip herrscht *Schlichtungsautonomie*, d.h. Koalitionen können aufgrund ihrer Tarifautonomie eigene Institutionen schaffen, vor denen Schlichtungsverfahren durchgeführt werden sollen. Es gilt das kollektiv-vertraglich vereinbarte Schlichtungsverfahren, wie z.B. die Schlichtungs- und Schiedsvereinbarung für die Metallindustrie. Die Beteiligung des Staates an einer solchen freiwilligen Schlichtung ist von einem Antrag beider Tarifvertragsparteien abhängig. Hierbei ist bei der staatlichen Schlichtung zwischen dem vom Landesschlichter vorzunehmenden *Vergleich- oder Vermittlungsverfahren* und dem eigentlichen Schiedsverfahren zu unterscheiden. Dieses kann erst eingeleitet werden, wenn ein Ausgleichs- oder Vermittlungsverfahren erfolglos geblieben ist. In diesem Fall kann mit Zustimmung beider Parteien ein staatlicher Schiedsausschuß angerufen werden, der aus einem Vorsitzenden und den Vertretern von Arbeitgebern und Arbeitnehmern besteht. Der Spruch einer paritätisch besetzten Schlichtungsstelle ist kein Urteil, sondern nur ein Einigungsvorschlag, der von den Parteien nicht angenommen werden muß, es sei denn, daß im Fall der staatlichen Schlichtung, die Annahme im voraus vereinbart wurde. Ist dies nicht der Fall und wird der Einigungsvorschlag nicht angenommen, ist das Schiedsverfahren beendet und der Weg zum Arbeitskampf frei.

2.5.4 Mitbestimmung auf Betriebsebene (Betriebsverfassungsgesetz 1972)

2.5.4.1 Grundgedanken und Entwicklung des Betriebsverfassungsrechts

Gegenstand des Betriebsverfassungsrechts ist die Einschränkung der arbeitsrechtlichen Weisungsgewalt des Arbeitgebers durch Mitwirkungsrechte der Arbeitnehmervertreter. Die Betriebsräte haben zwar kein "Mitdirektionsrecht", ihre Beteiligung ist aber der Ausübung zahlreicher Maßnahmen des Arbeitgebers vorgeschaltet. Ein Einfluß auf die laufenden Geschäfte ist systemwidrig und nicht vorgesehen (§ 77, Abs. 1 BetrVG). Im wesentlichen gilt für das Betriebsverfassungsrecht der Grundsatz der *Gewaltenteilung*. Der Arbeitgeber hat im Rahmen seiner Sachherrschaft (Eigentumsrecht) die Verfügungsgewalt über die Arbeitsmittel und besitzt die Dispositionsbefugnis. Aufgabe des Betriebsrates ist es, darüber zu wachen, daß die zugunsten von Arbeitnehmern erlassenen Gesetze, Verordnungen, Unfallverhütungsvorschriften, Tarifverträge und *Betriebsvereinbarungen* durchgeführt werden.

Der Geltungsbereich umfaßt alle Betriebe im Bereich der BRD mit mindestens regelmäßig 5 beschäftigten wahlberechtigten Arbeitnehmern, von denen 3 wählbar sind. Sonderbestimmungen gelten für Betriebe der öffentlichen Hand, Flug- und Seebetriebe, karitative und erzieherische Einrichtungen der Religionsgemeinschaften und bei *Tendenzbetrieben*.

Die allgemeinen Grundsätze für die Zusammenarbeit im Betrieb haben den Charakter von rechtsverbindlichen Leitlinien mit direkten Auswirkungen auf Inhalt und Umfang der einzelnen Rechte. Sie sollen getragen sein von *vertrauensvoller Zusammenarbeit* mit der Verpflichtung zum ständigen Kompromiß mit den Interessen der Gegenseite und dem ernsten Willen zur Einigung. Aus diesem Grund besteht im Interesse des gesicherten Arbeitsablaufes und des betrieblichen Friedens zwischen Arbeitgeber und Betriebsrat eine *absolute Friedenspflicht* (§ 74 BetrVG), verbunden mit dem Verbot jeder parteipolitischen Betätigung im Betrieb.

2.5.4.2 Organe des Betriebsrates und Schutz der Betriebsratstätigkeit

Träger der Beteiligungsrechte aus dem BetrVG ist der Betriebsrat als das gewählte Vertretungsorgan. Die Zahl der Betriebsratsmitglieder ist abhängig von der Zahl der wahlberechtigten Arbeitnehmer (vgl. hierzu § 1 und § 9 BetrVG).

Für die *leitenden Angestellten* findet das BetrVG wegen ihrer funktionellen Nähe zum Arbeitgeber keine Anwendung.

Zu den *leitenden Angestellten* zählen alle Personen,

- die nach dem Arbeitsvertrag und nach ihrer Stellung im Betrieb zur selbständigen Einstellung und Entlassung von Arbeitnehmern berechtigt sind,
- die Generalvollmacht bzw. Prokura besitzen,
- die regelmäßig sonstige Aufgaben wahrnehmen,
  - die für den Bestand und Entwicklung des Unternehmens oder eines Betriebes von Bedeutung sind,
  - zur Erfüllung besondere Erfahrungen und Kenntnisse voraussetzen,
  - dabei die Entscheidungen im wesentlichen frei von Weisungen treffen können.

Die unmittelbare Beteiligung der Arbeitnehmer beschränkt sich auf die Wahl des Betriebsrates und die Teilnahme an den *Betriebsversammlungen*. Die Betriebsversammlungen sollen regelmäßig vierteljährlich stattfinden. Sie finden im Betrieb während der Arbeitszeit statt. Kosten, einschließlich Verdienstausfall, trägt der Arbeitgeber. Zusätzliche Betriebsversammlungen sind möglich.

Aufgabe der Betriebsversammlung ist in erster Linie die Entgegennahme des Tätigkeitsberichtes des Betriebsrates sowie des jährlich vom Arbeitgeber zu erstattenden Berichtes über die wirtschaftlichen Angelegenheiten des Unternehmens. Die Themen sind auf innerbetriebliche Probleme beschränkt. Parteipolitische Themen und solche, die den Arbeitsablauf oder den Betriebsfrieden stören, sind unzulässig. Beschlüsse der Betriebsversammlung haben empfehlenden Charakter an den Betriebsrat, sind jedoch nicht bindend.

Das gewählte Organ ist der *Betriebsrat*, der in geheimer und unmittelbarer Wahl von den wahlberechtigten Arbeitnehmern (über 18 Jahre) gewählt wird. Die Zahl der Betriebsratsmitglieder richtet sich nach der Betriebsgröße. Der Betriebsrat gibt sich eine Geschäftsordnung (§ 36 BetrVG). Der vom Betriebsrat gewählte Vorsitzende ist ausführendes Organ des Betriebsrates. Bei mehr als 9 Betriebsratsmitgliedern ist ein *Betriebsausschuß* zu bilden. Die Kosten der Betriebsratstätigkeit (Lohnkosten für Sitzungen, erforderliche Räumlichkeiten und sachliche Hilfsmittel) sowie für die einzurichtenden Sprechstunden trägt der Arbeitgeber.

Zur Sicherung ungestörter Geschäftstätigkeiten unterliegen die Mitglieder des Betriebsrates besonderen Schutzvorschriften. Sie umfassen den Schutz gegen Behinderung und gegen Diskriminierung sowie erweiterten Kündigungsschutz vom Zeitpunkt der Aufstellung des Wahlvorschlages bis ein Jahr nach Beendigung der Mitgliedschaft im Betriebsrat. Die Betriebsratsmitglieder sind ohne Minderung des Arbeitsentgeltes zur Wahrnehmung ihrer Aufgaben von ihrer Arbeitspflicht zu befreien. In größeren Betrieben ab 300 Arbeitnehmer ist eine nach Belegschaftsgröße gestaffelte Mindestzahl von Betriebsratsmitgliedern von der Arbeit völlig freizustellen (§ 38 BetrVG). Um berufliche Nachteile aus der *Freistellung* zu vermeiden, ist die Gelegenheit zum Nachholen der betriebsüblichen beruflichen Entwicklung zu geben. Weiterhin hat jedes Betriebsratsmitglied Anspruch auf bezahlte Freistellung von drei bzw. vier Wochen zur Teilnahme an behördlich anerkannten Schulungs- und Bildungsveranstaltungen.

Besteht ein Unternehmen aus mehreren Betrieben mit verschiedenen Betriebsräten, so ist ein *Gesamtbetriebsrat*, bei Konzernen ein *Konzernbetriebsrat* zu bilden. Bei mindestens fünf jungendlichen Arbeitnehmern ist eine *Jugendvertretung* zu wählen.

Die Stellung der Arbeitsverbände in der Betriebsverfassung ist unterschiedlich. Für die Gewerkschaften gilt im deutschen Recht die grundsätzliche Trennung von Organisation und Aufgaben der Organe und Betriebsverfassung sowie den Gewerkschaften. Der Betriebsrat ist ein gewähltes Organ der gesamten Arbeitnehmerschaft. Die Gewerkschaft ist eine Koalition ihrer Mitglieder. Die Gewerkschaften haben kein Recht, sich gegen den Willen des Betriebsrates in das innerbetriebliche Geschehen einzuschalten. Infolge ihrer Bestands- und Betätigungsgarantie nach Art. 9 III GG stehen ihnen jedoch einige Rechte zu. So die Werbung von Mitgliedern während der Pausen und außerhalb der Arbeitszeit, ohne dabei jedoch Druck auszuüben. Sie haben Zugang zum Betrieb, soweit dies zur Wahrnehmung betriebsverfassungsrechtlicher Aufgaben erforderlich ist und nach § 2 II BetrVG ein Einwirkungsrecht bei der Wahl des Betriebsrates in betriebsratsfähigen, aber betriebsratslosen Betrieben. Sie können auf Antrag eines Viertels der Betriebsratsmitglieder an den Betriebsratssitzungen teilnehmen und haben das Initiativrecht zur Einberufung einer Betriebsversammlung, wenn im vorangegangenen Kalenderjahr keine Versammlung durchgeführt wurde. Ferner können sie ein gerichtliches Vorgehen gegen den Arbeitgeber wegen Verstosses gegen seine Verpflichtungen aus dem Betriebsverfassungsgesetz veranlassen (§ 23 III BetrVG) sowie Strafantrag bei Delikten gegenüber den Betriebsverfassungsorganen und ihren Vertretern stellen (§ 119 II BetrVG).

Zu den allgemeinen Aufgaben des Betriebsrates gehören nach § 80 BetrVG vor allem die Überwachung, daß alle zugunsten der Arbeitnehmer geltenden Gesetze, Verordnungen usw. durchgeführt werden, Beantragung von Maßnahmen, die dem Betrieb und der Belegschaft dienen, Förderung der Beschäftigung älterer Arbeitnehmer, Schwerbeschädigter oder besonders schutzbedürftiger Personen, die Eingliederung ausländischer Arbeitnehmer in den Betrieb usw.

2.5.4.3 Formen der Beteiligungsrechte

Nach dem Umfang des Einflusses ist zwischen Mitwirkungs- und Mitbestimmungsrechten zu unterscheiden.

Die Mitwirkungsrechte sind fein abgestuft und untergliedern sich in:

- *Informationsrechte* mit Einsicht in Unterlagen. Hier hat der Arbeitgeber den Betriebsrat über genau beschriebene Sachverhalte zu unterrichten. Dieses Recht ist in der Regel die Vorstufe zu einem höheren Recht.
- *Anhörungsrechte*, hier ist der Arbeitgeber verpflichtet, den Betriebsrat anzuhören, ohne jedoch auf die vorgetragenen Argumente eingehen zu müssen.
- *Beratungsrechte*, hier hat sich der Arbeitgeber mit dem Betriebsrat im gegenseitigen Austausch von Argumenten zu beraten. Beide sind verpflichtet, auf die Ansichten und Meinungen des anderen einzugehen.
- *Widerspruchsrecht*, hier kann der Betriebsrat durch sein Veto die Durchführung der Arbeitgebermaßnahmen zumindest vorläufig verhindern (*negatives Konsensprinzip*).

	Form des Beteiligungs-rechtes	Gesetzliche Grundlage BetrVG	Beispiele/ Tatbestände
Mitbestimmungsrechte	**1. Initiativrechte** einschließlich Überwachungsrecht	§ 87	Mitbestimmung bei sozialen Angelegenheiten
		§ 91	Maßnahmen zur Abwendung von Belastungen bei der Gestaltung von Arbeitsplatz und Arbeitsumgebung
		§ 93	Innerbetriebliche Stellenausschreibung
		§ 92 II	Vorschläge zur Einführung der Personalplanung
		§ 95 II	Erstellung von Auswahlrichtlinien bei Einstellungen, Versetzungen, Umgruppierungen, Kündigungen usw. (bei Betrieben mit mehr als 1000 Beschäftigten)
		§ 96	Beratung bei der Berufsbildung
		§ 104	Entfernung von betriebsstörenden Arbeitnehmern
		§ 112	Interessensausgleich oder Sozialplan bei Betriebsänderungen
	2. Zustimmungsrechte. Zur Wirksamkeit einer Maßnahme der Unternehmensleitung ist vorherige Zustimmung des Betriebsrates erforderlich (positves Konsensprinzip)	§ 87	Mitbestimmung bei sozialen Angelegenheiten
		§ 94	Verwendung von Personalfragebögen und allgemeinen Beurteilungsgrundsätzen
		§ 95 I	Richtlinien über die personelle Auswahl bei Einstellung, Umgruppierung und Kündigung
		§ 98	Durchführung betrieblicher Bildungsmaßnahmen
		§ 99	Durchführung personeller Einzelmaßnahmen (Einstellung, Eingruppierung und Versetzung
		§ 103	Kündigung von Betriebsratsmitgliedern
	3. Veto-(Widerspruchs-) Rechte. Der Betriebsrat kann zumindest vorübergehend die Durchführung der Arbeitgebermaßnahmen verhindern. Der Arbeitgeber kann das Arbeitsgericht anrufen (negatives Konsensprinzip)	§ 102 III	Mitbestimmung bei Kündigung
Mitwirkungsrechte	**4. Beratungsrechte**	§ 89	Fragen des Unfallschutzes
		§ 90	Planung von Änderungen über Arbeitsplatz, Arbeitsablauf und Arbeitsumgebung, technische Anlagen und -räume
		§ 92 I 2	Maßnahmen aus der Personalplanung und Vermeidung von Härten
		§§ 96/ 97	Förderung und Maßnahmen der Berufsbildung
		§ 106	Wirtschaftsausschuß, Unterrichtung und Beratung in wirtschaftlichen Angelegenheiten
		§ 111	Durchführung von Betriebsänderungen
	5. Anhörungsrechte	§ 102	Bei der Durchführung von Kündigungen
	6. Informationsrechte (i.d.R. Vorstufe für ein höheres Beteiligungsrecht)	§ 80 II	Allgemeine Unterrichtung zur Durchführung der gesetzlichen Aufgaben
		§ 85 III	Behandlung von Beschwerden
		§ 89 IV + V	Durchführung des Arbeitsschutzes
		§ 90/ 91	Planung von Änderungen des Arbeitsplatzes, des Arbeitsablaufs, der Arbeitsumgebung
		§ 92 I	Personalplanung sowie gegenwärtiger und künftiger Personalbedarf
		§ 99	Durchführung von personellen Einzelmaßnahmen
		§ 100 II	Vorläufige personelle Einzelmaßnahmen ohne Zustimmung des Betriebsrates
		§ 105	Einstellung leitender Angestellter
		§ 108 V	Erörterung des Jahresabschlusses mit Wirtschaftsausschuß und Betriebsrat

Abbildung 25: Beteiligungsrechte des Betriebsrates

Mitbestimmung hingegen bedeutet, daß eine Maßnahme nur mit Zustimmung des Betriebsrates getroffen werden darf, wird diese nicht erteilt, entscheidet im Zweifelsfall die Einigungsstelle oder das Arbeitsgericht.

Darüber hinaus steht dem Betriebsrat zu den im Gesetz aufgezählten Einzelfällen ein *Initiativrecht* zu, das teils als Vorschlagsrecht ausgestaltet ist und teils, wie bei der Erstellung von Ausfallrichtlinien verpflichtenden Charakter hat, dem der Arbeitgeber nachkommen muß.

Einen Überblick über die verschiedenen Beteiligungsrechte des Betriebsrates gibt Abbildung 25.

2.5.4.4 Beteiligungsrechte in sozialen Angelegenheiten

Nach § 87 I BetrVG unterliegen der *obligatorischen Mitbestimmung:*

- alle Fragen der Ordnung des Betriebes und des Verhaltens der Mitarbeiter,
- Festlegung der Arbeitszeit sowie vorübergehende Änderungen einschl. der Verwendung von Zeitmeß- und Kontrollgeräten,
- die betriebliche Lohngestaltung einschl. Festlegung der Akkord- und Prämiensätze sowie das Verfahren der Auszahlung der Arbeitsentgelte,
- Regelung über Arbeitssicherheit, Gesundheitsschutz, Sozialeinrichtungen und Werkswohnungen,
- Aufstellung des Urlaubsplans sowie der Urlaubsgrundsätze,
- das betriebliche Vorschlagswesen.

Der freiwilligen Mitbestimmung unterliegen nach § 88 BetrVG alle sozialen Angelegenheiten, soweit sie Gegenstand freiwilliger Betriebsvereinbarungen sind. Im Rahmen des Unfallschutzes besteht eine Mitwirkungspflicht.

2.5.4.5 Beteiligungsrechte bei der Gestaltung des Arbeitsplatzes, des Arbeitsablaufs und der Arbeitsumgebung

Dem Betriebsrat steht ein Unterrichtungs- und Beratungsrecht bei der Planung von Neu-, Um- und Erweiterungsbauten von Betriebs-, Verwaltungs- und sonstigen betrieblichen Räumen sowie bei der Planung von technischen Anlagen, Arbeitsverfahren, Arbeitsabläufen und Arbeitsplätzen zu. Arbeitgeber und Betriebsrat sollen sich über die Auswirkungen auf die Arbeit und die Anforderungen an die Arbeitnehmer beraten und dabei die gesicherten *arbeitswissenschaftlichen Erkenntnisse* über die menschengerechte Gestaltung der Arbeit berücksichtigen. Führt der Arbeitgeber jedoch Änderungen durch, die den gesicherten arbeitswissenschaftlichen Erkenntnissen widersprechen, so kann der Betriebsrat Maßnahmen zur Abwendung, Milderung oder zum Ausgleich der Belastung verlangen. Kommt keine Einigung zustande, so entscheidet die *Einigungsstelle* (§§ 90, 91 BetrVG).

2.5.4.6 Beteiligungsrechte bei personellen Angelegenheiten und der Berufsbildung

Bei Maßnahmen der *Personalplanung* ist der Betriebsrat umfassend zu unterrichten. Für die Einrichtung einer Personalplanung hat er ein Vorschlagsrecht, ohne daß der Arbeitgeber zur Einführung verpflichtet wäre (§ 92 BetrVG). Mitbestimmungspflichtig hingegen ist die Erstellung von Personalfragebogen und Formular-Arbeitsverträgen, um sicherzustellen, daß der Inhalt auf Gegenstände beschränkt bleibt, für die ein berechtigtes Auskunftsbedürfnis besteht (§ 94 BetrVG), ferner die Auswahlrichtlinien für Einstellungen, Versetzungen, Umgruppierungen und Kündigungen. Bei Betrieben mit mehr als 1.000 Beschäftigten kann die Aufstellung dieser Richtlinien erzwungen werden (§ 95 BetrVG). Sofern ein Arbeitgeber allgemeine Beurteilungsgrundsätze aufstellt, hat der Betriebsrat hier ein Mitbestimmungsrecht mit Vetorecht.

Bei personellen Einzelmaßnahmen hat der Betriebsrat folgende Einzelrechte: Er kann verlangen, daß Stellen vor ihrer Besetzung innerhalb des Betriebes ausgeschrieben werden (§ 93 BetrVG). Bei Einstellungen und Eingruppierungen ist er über die Bewerber umfassend zu informieren. Bei Einstellung, Eingruppierung, Umgruppierung und Versetzung hat der Betriebsrat ein echtes Mitbestimmungsrecht. Allerdings darf er seine Zustimmung nur aus genau umschriebenen und im Gesetz abschließend aufgezählten Gründen verweigern (§ 99 BetrVG).

Wird durch gesetzwidriges Verhalten eines Arbeitnehmers oder durch grobe Verletzung des Gleichbehandlungsgrundsatzes der Betriebsfrieden ernsthaft gestört, hat der Betriebsrat das Initiativrecht, Kündigung oder Versetzung dieses Arbeitnehmers zu verlangen (§§ 75, 104 BetrVG).

Vor jeder Kündigung ist der Betriebsrat zu hören. Er kann der Kündigung widersprechen, wenn soziale Gesichtspunkte nicht beachtet werden, ein Verstoß gegen die Auswahlrichtlinien vorliegt oder eine Möglichkeit der Weiterbeschäftigung an einem anderen Arbeitsplatz, ggf. nach Umschulung, Fortbildung oder unter geänderten Vertragsbedingungen, besteht.

Im Rahmen der *Berufsbildung* ist der Arbeitgeber verpflichtet, sich mit dem Betriebsrat auf dessen Verlangen zu beraten (§ 96 BetrVG). Bei der Errichtung und Ausstattung betrieblicher Einrichtungen zur Berufsbildung hat er ein Beratungsrecht, bei der Durchführung der Berufsbildungsmaßnahmen sowie bei der Auswahl der Teilnehmer an diesen Maßnahmen und der Bestellung und Abberufung des Ausbildungspersonals, hat er ein echtes bzw. weitgehendes Mitbestimmungsrecht (§§ 96 ff. BetrVG).

2.5.4.7 Beteiligungsrechte in wirtschaftlichen Angelegenheiten

Da das Betriebsverfassungsrecht im Hinblick auf eine klare Aufgabenteilung dem Betriebsrat kein "*Mitdirektionsrecht*" eingeräumt hat und die unternehmerische Verantwortung und das Risiko beim Arbeitgeber bleibt, sind die Beteiligungsrechte in wirtschaftlichen Angelegenheiten relativ schwach ausgeprägt. Sie beschränken sich auf die Arbeit des *Wirtschaftsausschusses* sowie auf die Mitwirkung und Mitbestimmung bei *Betriebsänderungen*.

Der *Wirtschaftsausschuß* ist auf Unternehmensebene zu bilden. Die Mitglieder werden durch den Betriebsrat bestimmt. Er ist ein Informations- und Beratungsgremium, das der Zusammenarbeit zwischen Arbeitgeber und Betriebsrat dient. An den monatlichen Sitzungen muß der Arbeitgeber oder sein Vertreter teilnehmen. Ihm obliegt die Unterrichtungspflicht über die wirtschaftliche und finanzielle Lage des Unternehmens, die Produktions- und Absatzlage, das Produktions- und Investitionsprogramm, Rationalisierungsvorhaben, Änderungen oder Einführung neuer Fabrikations- und Arbeitsmethoden, Einschränkungen, Stillegung oder Verlegung von Betrieben oder Betriebsteilen, Zusammenschluß von Betrieben usw. Über jede Sitzung hat der Wirtschaftsausschuß den Betriebsrat sofort und vollständig zu unterrichten. Ferner hat der Arbeitgeber dem Wirtschaftsausschuß unter Beteiligung des Betriebsrates den Jahresabschluß zu erläutern (§§ 106 ff. BetrVG).

Bei *Betriebsänderungen*, die wesentliche Nachteile für erhebliche Teile der Belegschaft zur Folge haben können, ist der Betriebsrat rechtzeitig und umfassend zu unterrichten. Nach der Unterrichtung haben Arbeitgeber und Betriebsrat über die Herbeiführung eines Interessenausgleichs bzw. über die Aufstellung eines Sozialplanes zu beraten. Führen die Beratungen zu einem Interessenausgleich oder zur Aufstellung eines Sozialplanes, so ist dieser schriftlich niederzulegen und vom Arbeitgeber und Betriebsrat zu unterschreiben. Die Vereinbarungen über den *Interessenausgleich* umfaßt die Regelung, ob, wann und auf welche Weise *Betriebsänderungen* i.S. des § 111 BetrVG durchgeführt werden. Sie soll sich deshalb auf folgende Punkte erstrecken:

- Erforderliche wirtschaftliche und organisatorische Maßnahmen
- Erforderliche personelle Maßnahmen
- Flankierende Maßnahmen
- Gesetzliche Bestimmungen
- Informations- und Beratungsrechte

Der *Sozialplan* hingegen soll den Ausgleich oder die Milderung der wirtschaftlichen Nachteile, die sich für die Arbeitnehmer aus der Betriebsänderung ergeben, regeln. Er sollte folgende Punkte beinhalten:

- Sachlicher und persönlicher Geltungsbereich
- Bestimmungen für Umsetzungen und Versetzungen

- Umschulungs- und Fortbildungsmaßnahmen
- Regelungen der Abfindung bei notwendiger Entlassung.

Scheitern die Verhandlungen, kann eine andere Stelle um Vermittlung ersucht werden. Kommt eine Einigung über einen Interessenausgleich nicht zustande, so hat die Einigungsstelle kein Recht auf Zwangsschlichtung. Anders beim Sozialplan. Hier ersetzt der Spruch der *Einigungsstelle* die Einigung zwischen Arbeitgeber und Arbeitnehmer, wobei die Einigungsstelle die sozialen Belange der betroffenen Arbeitnehmer und die wirtschaftliche Lage des Unternehmens zu beachten hat (§§ 111 - 113 BetrVG). In der praktischen Handhabung hat sich gezeigt, daß eine in der besten Absicht getroffene gesetzliche Regelung auch das Gegenteil bewirken kann. In nicht wenigen Fällen haben die hohen Verpflichtungen aus dem Sozialplan für ausscheidende Mitarbeiter die Fortführung von an sich noch gesunden Betriebsteilen, ggf. mit entsprechenden Betriebseinschränkungen, verhindert. Nach einer Entscheidung des großen Senats des Bundesarbeitsgerichtes, stehen Ansprüche aus einem Sozialplan als bevorrechtigte Konkursforderungen an erster Stelle vor allen anderen Konkursforderungen.

2.5.4.8 Rechte des einzelnen Arbeitnehmers in der Betriebsverfassung

Die Ausübung von Mitwirkungs- und Mitbestimmungsrechten aus dem Betriebsverfassungsgesetz liegt ausschließlich bei den dafür vorgesehenen Organen, insbesondere beim Betriebsrat. Die Mitwirkungsrechte des einzelnen Mitarbeiters sind sehr eingeschränkt. Im formellen *Beschwerdeverfahren* hat er das Recht, ein Mitglied des Betriebsrates hinzuzuziehen. Nach § 81 BetrVG ist der Arbeitgeber verpflichtet, den Arbeitnehmer über seine Tätigkeit und die mit ihr zusammenhängenden Unfall- und Gesundheitsgefahren zu informieren und ihn über seine Aufgabe und Verantwortung sowie die Art seiner Tätigkeit zu unterrichten (Stellenbeschreibung, Arbeitsanweisung usw.). Bei unzureichender Unterrichtung besteht ein *Leistungsverweigerungsrecht*. § 82 BetrVG gibt dem Arbeitnehmer ein Recht auf Informationen über seine Stellung im Betrieb und über seine beruflichen Entwicklungsmöglichkeiten. Soweit *Personalakten* geführt werden, hat ihm der Arbeitgeber nach § 83 BetrVG Einblick zu gewähren. Er hat ferner das Recht, schriftliche Erklärungen zum Inhalt der Personalakte abzugeben, die auf sein Verlangen den Akten beizufügen sind.

2.5.4.9 Betriebsvereinbarung

Die *Betriebsvereinbarung* ist wie der Tarifvertrag eine Kollektivvereinbarung und ist das wichtigste Instrument der Mitbestimmung des Betriebsrates. Sie stellt eine von den Organen der Betriebsverfassung beschlossene Betriebssatzung dar. Geregelt werden können alle Fragen der Arbeitsorganisation und der Arbeitsbedingungen sowie zusätzliche Maßnahmen des Unfallschutzes, der Gesundheitsfürsorge, der Sozialeinrichtungen usw. (§ 88 BetrVG), soweit sie nicht durch Tarifvertrag geregelt sind oder üblicherweise durch Tarifvertrag geregelt werden, es sei denn, der Tarifvertrag sieht ausdrücklich für bestimmte Fragen eine *Öffnungsklausel* vor. Sofern keine Betriebsvereinbarung über einen Gegenstand abgeschlossen wird, der der Mitbestimmung unterliegt (§ 87 BetrVG, soziale Angelegenheiten; § 91 BetrVG, Gestaltung des Arbeitsplatzes; § 95 BetrVG, Auswahlrichtlinien), kann der Betriebsrat den Abschluß einer Betriebsvereinbarung in der Form erzwingen, daß ein Spruch der Einigungsstelle die fehlende Einigung ersetzt.

Bei freiwilligen Betriebsvereinbarungen über Gegenstände, bei denen kein Mitbestimmungsrecht vorliegt, wie z.B. § 76 I BetrVG Bildung einer Einigungsstelle, § 88 BetrVG zusätzliche Maßnahmen der *Unfallverhütung* und der Sozialeinrichtungen, ist der Spruch einer Einigungsstelle nur dann verbindlich, wenn beide Parteien sie angerufen haben und beide den Spruch annehmen.

2.5.4.10 Klärung von Rechtsstreitigkeiten aus der Betriebsverfassung

Bei der Klärung von Streitigkeiten aus der Betriebsverfassung ist zwischen den beiden Formen der *Regelungs-* und der *Rechtsstreitigkeiten* zu unterscheiden.

Bei *Regelungsstreitigkeiten* handelt es sich um Meinungsverschiedenheiten über die zweckmäßigste Form einer durchzuführenden Maßnahme, wobei es mehrere Lösungsmöglichkeiten gibt, die beide auf unterschiedlichem Wege geeignet sind, das Problem zu lösen. Hier geht es darum, daß sich beide Parteien nicht auf ein gemeinsames Vorgehen einigen können. Streitigkeiten dieser Art sind im Regelfall einer richterlichen Klärung entzogen. Da es sich um Probleme handelt, bei denen es weniger um eine juristische Fragestellung als vielmehr um ein pragmatisches Vorgehen zur Lösung handelt, zieht hier der Gesetzgeber die *Einigungsstelle* vor.

Bei Rechtsstreitigkeiten hingegen stehen nicht mehrere an sich gleichwertige Alternativen gegenüber, vielmehr kann nur eine einzige Lösung die richtige sein, z.B. ein Widerspruch des Betriebsrates ist begründet, dann hat sich der Arbeitgeber damit auseinanderzusetzen oder, er ist nicht begründet. Eine dritte Möglichkeit gibt es nicht. Nach unserer geltenden Rechtsordnung ist für diese Art von Streitigkeiten der öffentliche Rechtsweg zu beschreiten, in diesem Fall, für Streitigkeiten aus einem Arbeitsverhältnis, das Arbeitsgericht.

2.5.4.11 Einigungsstelle

Durch Betriebsvereinbarung kann entweder vorab für alle künftigen *Regelungsstreitigkeiten* eine ständige *Einigungsstelle* errichtet werden oder sie ist im Bedarfsfall zu bilden. Sie besteht aus einer gleichen Anzahl von (betriebsfremden) Beisitzern der Arbeitgeber- und der Arbeitnehmerseite sowie einem unparteiischen Vorsitzenden, der von den Beisitzern gewählt wird. Können sich beide Parteien nicht auf einen Vorsitzenden einigen, dann wird dieser auf Antrag durch das Arbeitsgericht bestellt.

Die Verfahrenshandhabung ist der Einigungsstelle als ganzem überantwortet. Für das Verfahren gilt das Antragsprinzip, d.h. die Einigungsstelle kann nur auf Antrag einer der Parteien und nicht von sich aus tätig werden. Für das Verfahren gelten die üblichen Rechtsgrundsätze. Nach der *Dispositionsmaxime* bestimmen die beiden Parteien den Streitgegenstand. Das Prinzip des rechtlichen Gehörs ist einzuhalten und jeder Partei in ausreichender Weise die Gelegenheit zu geben, den jeweiligen Standpunkt sowie die möglichen Lösungsmodalitäten vorzutragen. Es gilt weiter der *Grundsatz der Unmittelbarkeit*. Die Beweisaufnahmen und die Verhandlung hat vor allen beschlußfassenden Einigungsstellenmitgliedern zu erfolgen. Nach dem Grundsatz der Mündlichkeit darf der Entscheidung nur das zugrundegelegt werden, was zuvor mündlich unterbreitet wurde. Nach der Offizialmaxime hat die Einigungsstelle von sich aus Sachaufklärung zu betreiben. Zu den mündlichen Verhandlungen sind nur unmittelbar betroffene Vertragsparteien zugelassen (Parteiöffentlichkeit). Alle Verfahren sind beschleunigt durchzuführen.

Den Abschluß des Verfahrens bildet ein Mehrheitsbeschluß. Im ersten Abstimmungsgang stimmen nur die Beisitzer ab. Kommt keine Mehrheit zustande, so greift im zweiten Abstimmungsgang der Einigungsstellenvorsitzende mit seinem Stimmrecht ein und sorgt für einen Stichentscheid.

Die Einigungsstelle hat ihre Beschlüsse unter angemessener Berücksichtigung der Belange des Betriebes und der betroffenen Arbeitnehmer nach billigem Ermessen zu fassen.

Vor dem Arbeitsgericht können alle Arten von Verfahrens- oder Rechtsfehlern mit einer Ausschlußfrist von zwei Wochen nach Erstellung des Einigungsstellengutachtens geltend gemacht werden.

In der Praxis hat sich die Funktionsfähigkeit der Einigungsstelle als innerbetriebliche Schlichtungsinstanz voll bewährt. Dies zeigt sich darin, daß nur in Einzelfällen ein Arbeitsgerichtsverfahren angestrengt wurde und daß in den meisten Fällen eine gütliche Einigung ohne zur Hilfenahme des Letztentscheidungsrechtes des Vorsitzenden gefunden werden konnte.

2.5.4.12 Die Betriebsverfassung in der Praxis

Die Institution des Betriebsverfassungsgesetzes läßt sich, neben dem Grundsatz der Gewaltenteilung auch auf die Formel der Befriedigung und Kanalisierung der Konfliktaustragungen in den Betrieben, durch eine kollektive Arbeitnehmervertretung kennzeichnen. Konflikte sollen nicht auf die Spitze getrieben werden, sondern durch eine kontinuierliche Kommunikation und eine vertrauensvolle Zusammenarbeit bereits im Entstehen verhindert werden, deshalb beschränkt sich das Betriebsverfassungsgesetz auf Regelungen der alltäglichen Zusammenarbeit, während die strittigen Auseinandersetzungen über die Verteilung des erarbeiteten Ertrages, auf die Dauer der Arbeitszeit einer überbetrieblichen Institution, nämlich den Tarifvertragsparteien, übertragen ist.

Die Bereiche, in denen der Betriebsrat mitzubestimmen hat, hat der Gesetzgeber detailliert aufgezählt und für die verschiedenen Sachverhalte hat er ein sehr genau differenziertes und abgewogenes System von Gestaltungsformen, von der bloßen Information über das Beratungs- und das Vetorecht bis hin zur Mitbestimmung, vorgesehen. Hier zeigt sich, daß die Mitwirkungsrechte des Betriebsrates im europäischen Vergleich bemerkenswert umfassend sind.

In Großbetrieben ist die Existenz des Betriebsrates heute eine Selbstverständlichkeit, auch in den mittelgroßen Betrieben ab etwa 150 - 200 Beschäftigten ist der Betriebsrat im Laufe der letzten beiden Jahrzehnte zur Regel geworden.

In Kleinstbetrieben von 5 - 19 beschäftigten Arbeitnehmern, bei denen ein Betriebsobmann vorgesehen ist, findet sich kaum ein Betriebsrat. Auch in vielen Kleinbetrieben zwischen 20 - 150 Mitarbeitern haben im Handwerk rund 80 % der Betriebe keinen Betriebsrat. In der Industrie und im Baugewerbe ist in dieser Betriebsgrößenklasse der Anteil der betriebsratslosen Betriebe allerdings wesentlich geringer.

In der Praxis ist die Ausgestaltung der Betriebsratstätigkeit sehr unterschiedlich, so daß man eigentlich von einer einheitlichen Betriebsratstätigkeit nicht sprechen kann, sondern nur von verschiedenartig ausgeprägten unterschiedlichen Typen. Diese sind abhängig von der Organisationskultur, der Autoritätsstruktur und dem vorherrschenden Führungsverhalten des jeweiligen Unternehmens, also von Faktoren, die auch von der Produktionsstruktur, dem Qualifikationsniveau der Beschäftigten, den Besitzverhältnissen und vor allem, den Werthaltungen und der Grundphilosophie der Geschäftsführung bestimmt werden.

Kotthoff (1981) hat in einer eingehenden Untersuchung sechs verschiedene Betriebsratstypen ermittelt, die auch von einer Reihe späterer empirischer Untersuchungen im wesentlichen bestätigt wurden.

- Der ignorierte Betriebsrat. Typisch für Kleinbetriebe mit hohem Facharbeiteranteil und häufig mit einem mitarbeitenden Eigentümer, der selbst die Leitungs- und Führungsaufgaben wahrnimmt. Das Mitarbeiterbewußtsein ist stark qualifikatorisch-handwerklich geprägt. Hier besteht im Regelfall kein echter Bedarf nach einem Vertretungsorgan. Der Betriebsrat erscheint als eine systemfremde Randfigur, die von keinem der beiden Seiten sonderlich beachtet wird, es sei dann, allenfalls als geeigneter Ansprechpartner für die Gewerkschaften im Betrieb.

- Der isolierte Betriebsrat. Typisch für mittelgroße Betriebe mit einem relativ geringen Qualifikationsniveau der Mitarbeiter. Die Betriebsleitung zeigt stark autoritäres Führungsverhalten. Es herrscht der sogenannte "Herr-im-Hause-Standpunkt". Willkür und Verstöße gegen arbeitsrechtliche und tarifvertragliche Regeln kommen immer noch vor. Der Betriebsrat wird kaum informiert. Von allen Sachfragen wird er weitgehend abgeschirmt. Die Pflege des sozialen Betriebsklimas wird als ein überflüssiger "Sozial-Klimbim" angesehen. Ein Ohnmachtsbewußtsein prägt das Auftreten des Betriebsrates. In der Belegschaft wäre zwar das Interesse an einem wirksamen Vertretungsorgan vorhanden, aber es fehlen die Voraussetzungen, es gegen den Willen der Geschäftsführung auch hervorzubringen.
- Der Betriebsrat als Organ der Geschäftsleitung. Er kommt überwiegend in kleinen und mittelgroßen Betrieben, in Ausnahmefällen auch in kleinen und mittleren Großbetrieben vor. Die Geschäftsleitung hat in ihrem patriarchalisch-fürsorglichen Führungsverhalten ein Gespür für die menschliche Seite der Arbeitnehmer. Die Leitidee ist die Betriebsfamilie. Die Betriebsführung glaubt, die Sorgen der Belegschaft am besten zu kennen und für wohlverstandene Bedürfnisse sorgen zu können. Demnach hat der Betriebsrat, besser noch ihr Vorsitzender als Hilfsorgan der Unternehmensleitung, große Bedeutung. Er wird als Vertrauter des Chefs behandelt und mit Autorität (und Privilegien) ausgestattet. Er bekommt eine Reihe wichtiger Funktionen übertragen, so vor allem Disziplinierungs-, Informations-, Durchsetzungs- und soziale Verwaltungsfunktionen. Er erhält gute Arbeitsmöglichkeiten und kann durchaus auch von der Geschäftsleitung akzeptierte Arbeitnehmerbelange einbringen, so daß er gegenüber der Belegschaft seine Legitimationsfunktion behält.
- Der *respektierte, zwiespältige* Betriebsrat als Ordnungsfaktor. Häufig verbreitet in Großbetrieben. Er wird als autonomer Interessenvertreter von der Geschäftsführung akzeptiert. Er wird umfassend informiert. Er erhält die notwendigen Arbeitsvoraussetzungen und wird an Entscheidungsprozessen beteiligt. Gegenüber der Belegschaft wird er als einflußreicher Interessenvertreter herausgestellt. Im Innenverhältnis wird der Einfluß des Betriebsrates jedoch kanalisiert, indem sein Interesse auf die relativ unproblematischen und weniger konfliktträchtigen Gleise gelenkt wird. So werden Lösungswege abgesprochen, die dem Interesse der Geschäftsleitung entsprechen, wobei gleichzeitig der Ruf des Betriebsrates als aktiver Interessenvertreter gewahrt wird. Hier versteht er sich mehr als eine reagierende Betreuungsinstanz.
- Der respektierte, standfeste Betriebsrat. Häufig vertreten in Mittelbetrieben und kleineren Großbetrieben (um etwa 1.000 Beschäftigte). Er versteht sich hier wie der respektierte, zwiespältige Betriebsrat, allenfalls als ein

kommunikationsbereiter, reagierender Stellvertreter individueller Arbeitnehmerinteressen. Ihm fehlt aber die intime Vertrautheit zur Geschäftsführung. Aus diesem Grund ist seine Vorgehensweise offensiver und teils aggressiver. Seine Durchsetzungsgrundlage ist seine Berufung auf das Recht und die Bereitschaft, sich über externe Stellen (Einigungsstellen, Arbeitsgerichte) durchzusetzen.

- Der Betriebsrat als *kooperative Gegenmacht.* Er kommt vor in Großbetrieben, so vor allem in der Automobilindustrie und der Montanindustrie. Hier besitzt der Betriebsrat hohe Argumentationsfähigkeiten, verbunden mit großem Verhandlungsgeschick sowie der Fähigkeit, offensiv die Macht zu demonstrieren. Auf der Basis eines interessenpolitischen Verständnisses seiner Aufgaben, legt er initiativ und konzeptionell planend, seine Vertretungsziele fest. Als konsequenter Interessenvertreter übt er seinen Einfluß weitgehend konsequent aus, so daß kaum eine Entscheidung im Betriebsverfassungsbereich ohne ihn geregelt werden kann.

  Er bezieht die Belegschaft aktiv durch Informationen in den Vertretungsprozeß mit ein. Sein Handeln orientiert sich mit am Unternehmungserfolg, der ihm so wichtig ist wie der Unternehmungsleitung.

Gemeinsames Kennzeichnen sind für die Formen des respektierten Betriebsrates und dem als einer kooperativen Gegenmacht, daß sie aktiv gestaltend alle Möglichkeiten des Gesetzes ausschöpfen. Nach *Kotthoff* (1992) prägt ein kooperativer Stil des Umgangs zwischen Betriebsrat und Management die Zusammenarbeit, bei der folgende Spielregeln gelten.

- Bei beiden Parteien herrscht das Bewußtsein vor, voneinander abhängig zu sein.
- Beide Parteien verzichten auf extreme Forderungen. Konflikte werden so bereits im Entstehen entschärft. Der von der Geschäftsleitung großzügig informierte Betriebsratsvorsitzende gewinnt im Gremium eine unkontrollierte Vormachtstellung. Das führt häufig zu einer längeren Amtsdauer der führenden Leute im Betriebsrat, die nicht selten die Amtsdauer angestellter Manager übertrifft.
- Beide Parteien haben ein großes Interesse daran, Konfliktlösungsmöglichkeiten im eigenen Haus zu suchen. Außenstehende Instanzen, wie Gewerkschaften, Einigungsstellen usw., werden nur selten in Anspruch genommen.
- Der kooperative Stil verträgt sich nicht gut mit einer legalistischen Einstellung. Deshalb haben die Regeln des Betriebsverfassungsgesetzes formal hohe Bedeutung, für die praktische betriebspolitisch inhaltliche Ausgestaltung der Konfliktregelung aber nur relativ wenig Relevanz. Wo man aufgrund des kooperativen Umgangs eigene Spielregeln entwickelt

hat, kann man auf ein gesetzlich gesteuertes Handeln weitgehend verzichten.

- Als einzige legitime Waffe in der Auseinandersetzung gilt die sachlich begründete Argumentation. Die Demonstration von Macht und die Inszenierung von Konfrontationen, z.B. auf Betriebsversammlungen usw., sind meist nur als "Begleitmusik" für spätere Verhandlungen anzusehen.

Die Kunst des Betriebsrates besteht dann letztlich darin, Argumentationsketten aufzubauen, die seine Wiederwahl unter Berücksichtigung einer arbeitswilligen und zufriedenen Belegschaft langfristig als für alle Beteiligten vorteilhaft erscheinen läßt.

Im Verhältnis zur Belegschaft haben die Untersuchungen, so z.B. *Altmann* u.a. (1982) eine zunehmende Entfremdung zwischen Belegschaft und Betriebsrat thematisiert. Die Ursache liegt in den kaum zu bewältigenden Rollenanforderungen an die führenden Personen im Betriebsrat. Einerseits sollen sie als gewählte Vertreter der Belegschaften, deren Arbeits- und Lebenszusammenhang verbunden bleiben, und auf der anderen Seite sollen sie dem Management argumentativ gewachsen sein. Aus diesem Grund droht hier die Betriebsratsrolle zur professionalisierten, d.h. zu einer spezialisierten Berufstätigkeit zu werden. Das gilt vor allem für Betriebsratsvorsitzende und freigestellte Betriebsräte. Da sich die Betriebsrattätigkeit mit den internen Spielregeln nicht auf der Ebene des Arbeitsplatzes der Arbeitnehmer, sondern auf der Ebene der Chefetagen vollzieht, führt dies leicht zu Mißtrauen und Distanzierungen. Hinzu kommt, daß das Handeln des Betriebsrates durch das strengere Repräsentationsprinzip, einer unmittelbaren Beeinflussung durch die Belegschaft entzogen ist. Dies führt auch dazu, daß in den meisten Betrieben der Betriebsrat der natürliche Repräsentant der Belegschaftsgruppe ist, aus der er selbst kommt, dies ist in der Regel der Facharbeiterkreis im Rahmen der *Stammbelegschaft*. Deren Interesse werden dann meist auf Kosten von *Randbelegschaften* aktiver vertreten.

Im Verhältnis zu den Gewerkschaften herrscht formal eine strenge Trennung. Der Betriebsrat als gewählter Repräsentant der Mitarbeiter und die Gewerkschaften als die Koalition ihrer Mitglieder. Praktisch besteht jedoch eine sehr starke Durchdringung. Um einem Entstehen eines *Betriebssyndikalismus* und der sogenannten "*Gelben Gewerkschaften*" (Betriebsgewerkschaften) vorzubeugen, ist die Gewerkschaft daran interessiert, daß bei Betriebsratswahlen ihre Mitglieder gewählt werden. Heute sind mehr als 3/4 aller Betriebsratsmitglieder Mitglieder einer DGB-Gewerkschaft. Ferner sind etwa 70 % (*Kotthoff* 1992) der Mitglieder von Tarifkommissionen und der gewerkschaftlichen Verwaltungsstellenvorstände Betriebsratsmitglieder. Diese Mitglieder informieren im Regelfall vor Tarifverhandlungen über die wirtschaftliche Situation der

Unternehmen und die Erwartungshaltung sowie die Mobilisierungsbereitschaft ihrer Mitglieder.

In einer sogenannten "*zweiten Lohnrunde*" passen sie die vereinbarten Tariflöhne durch Betriebsabsprachen an den unterschiedlichen Konzessionsspielraum der einzelnen Unternehmen an und ermöglichen dadurch erst das Funktionieren einer großflächigen Tarifpolitik.

Im Verhältnis zu den Gewerkschaften wachen die Betriebsräte meist sehr sorgfältig über die ihnen zugestandene gesetzliche Autonomie. Die Versuche der Gewerkschaften, das Handeln der Betriebsräte durch eine Beeinflussung der gewerkschaftlichen Vertrauensleute stärker an die Gewerkschaftskriterien auszurichten, sind überwiegend am Widerstand der Betriebsräte gescheitert.

2.5.5 Mitbestimmung auf Unternehmensebene

Während die Mitbestimmung auf Betriebsebene durch den Grundsatz der *Gewaltenteilung* geprägt ist (der Arbeitgeber hat die Direktionsbefugnis und die Hauptaufgabe des Betriebsrates ist es, darauf zu achten, daß die zugunsten der Arbeitnehmer erlassenen Schutzgesetze, Tarifverträge usw. sowie die getroffenen Betriebsvereinbarungen eingehalten werden), und damit nur mittelbar Einfluß auf die Unternehmensführung hat, greift die Mitbestimmung auf Unternehmensebene unmittelbar in den unternehmerischen Willensbildungsprozeß ein.

Diese wird ausgeübt durch die Vertreter der Arbeitnehmer in den gesellschaftsrechtlichen Organen der Unternehmen im *Aufsichtsrat* und z.T. auf der Ebene des Vorstandes/Geschäftsführung.

Das Gesetz weist hier den Arbeitnehmervertretern keine besonderen Aufgaben mit speziellen Rechten und Pflichten zu (Ausnahme das Aufgabengebiet des Arbeitsdirektors). Aufsichtsratsmitglieder haben die im Geschäftsverkehr übliche Sorgfalt eines ordentlichen und gewissenhaft Handelnden zu erfüllen. Vorstandsmitglieder haben die Interessen der Gesellschaft zu wahren und über vertrauliche Angelegenheiten und Geschäftsgeheimnisse ist Stillschweigen zu bewahren. Offensichtliche Verstöße gegen diese allgemeinen Pflichten ziehen Schadensersatzansprüche nach sich. Dies gilt naturgemäß auch für Arbeitnehmervertreter.

Da die Vertretung der Arbeitnehmer in den Gesellschaftsorganen neu kodifiziert werden sollte und das Problem der Mitbestimmung auf Unternehmensebene zu den großen Reformpunkten der Regierung gehört, hat das Betriebsverfassungsgesetz 1972 die Mitbestimmung in der Unternehmensverfassung nicht neu geregelt, sondern in § 129 BetrVG bestimmt, daß die entsprechenden Vorschriften des alten BetrVG weiter gelten sollen. So bestehen heute bis zu einer Neufassung mehrere gesetzliche Regelungen nebeneinander.

2.5.5.1 Mitbestimmung auf Unternehmerebene nach dem Betriebsverfassungsgesetz

Das BetrVG sieht keine Beteiligung der Arbeitnehmer im Vorstand vor. Der Aufsichtsrat einer AG, KGaA sowie aller größeren Kapitalgesellschaften, der Versicherungsvereine auf Gegenseitigkeit und der GmbH, muß zu einem Drittel aus Arbeitnehmern bestehen. Ausnahmen: Familiengesellschaften, bergrechtliche Gewerkschaften, Versicherungsvereine auf Gegenseitigkeit und GmbH`s mit weniger als 500 Beschäftigten, ferner Tendenzbetriebe und Unternehmen der Religionsgemeinschaften ohne Rücksicht auf Rechtsform und Größe.

Mit dem Inkrafttreten des Mitbestimmungsgesetzes von 1976 ist damit der Geltungsbereich auf Unternehmen mit mehr als 500 Beschäftigten und weniger als 2.000 Beschäftigten beschränkt.

Das aktive Wahlrecht richtet sich nach den Vorschriften über die Betriebsratswahl, das passive Wahlrecht nach den Bestimmungen des Aktiengesetzes sowie nach § 76 Abs. 2 BetrVG 1952. Die Zuständigkeit des Aufsichtsrates wurde durch das BetrVG nicht geändert. Es bleibt bei den gesellschaftsrechtlichen Vorschriften.

2.5.5.2 Mitbestimmung auf Unternehmensebene im Montanbereich

Im Bereich der Montanindustrie wurde das geltende Betriebsverfassungsgesetz durch das *Mitbestimmungsgesetz* von 1951 für Produktionsgesellschaften und das Mitbestimmungsergänzungsgesetz von 1956 für Obergesellschaften ergänzt. Der Geltungsbereich ist beschränkt auf Unternehmen, deren überwiegender Betriebszweck entweder im Bergbau in der Förderung von Kohle oder Eisenerz bzw. in der Aufbereitung, Verkokung, Verschwelung oder Brikettierung oder in der Erzeugung von Eisen und Stahl liegt. Da durch Verschiebungen der Produktions- und der Umsatzverhältnisse Unternehmen aus dem Geltungsbereich der Mitbestimmungsgesetze ausscheiden würden, wurde - um den Status quo bis zu einer Neuregelung zu erhalten - das Mitbestimmungsgesetz letztmals durch das Mitbestimmungsfortgeltungsgesetz 1971 geändert. Nach §§ 12, 13 MitbestG. ist durch den Aufsichtsrat ein *Arbeitsdirektor* als gleichberechtigtes Vorstandsmitglied, zuständig für Personal- und Sozialangelegenheiten, zu bestellen. Bestellung und Widerruf dürfen nicht gegen die Mehrheit der Stimmen der Arbeitnehmervertreter im *Aufsichtsrat* erfolgen. Er hat die vollen Pflichten und Rechte eines Vorstandsmitglieds gemäß dem Aktienrecht. Der Aufsichtsrat hat je nach der Größe des Nennkapitals der Gesellschaft 11, 15 oder 21 Mitglieder. Die Wahl und die Bestellung der Aufsichtsratsmitglieder erfolgt durch das zuständige gesellschaftsrechtliche Organ, die Hauptversammlung. Der verbindliche Vorschlag für die Wahl der Arbeitnehmervertreter erfolgt durch den Betriebsrat. Zwei der fünf Vertreter (im Falle eines elf-köpfigen Aufsichtsrates) kann der Betriebsrat von sich aus vorschlagen. Gegen die Vorschläge des Betriebsrates hat die Gewerkschaft jedoch ein Vetorecht, während auf der anderen Seite der Betriebsrat an die Vorschläge der Gewerkschaft über die verbleibenden Sitze gebunden ist. Die Hauptversammlung, die den gesellschaftsrechtlichen Wahlakt vornimmt, ist an die Vorschläge des Betriebsrates gebunden.

Um die bei einer geraden Anzahl von Aufsichtsratsmitgliedern mögliche Pattsituation zu vermeiden, sieht der Gesetzgeber die Institution eines *"neutralen Mannes"* vor. Dieser wird von den bereits gewählten Aufsichtsratsmitgliedern auf der Grundlage beiderseitigen Vertrauens zur Wahl vorgeschlagen (vgl. hierzu §§ 3-9 Montan-MitbestG)

2.5.5.3 Mitbestimmungsgesetz 1976

Am 9.12.1975 haben sich die Fraktionen der beiden Regierungsparteien SPD und FDP über die noch offenen Fragen eines neuen Mitbestimmungsgesetzes geeinigt. Da diese Vereinbarung im wesentlichen auch die Vorstellungen der Oppositionsparteien berücksichtigt, wurde am 18.3.1976, im Deutschen Bundestag bei Zustimmung aller Fraktionen ein neues Mitbestimmungsgesetz verabschiedet, das in seinen wesentlichen Punkten folgende Regelungen enthält.

Unter das *Mitbestimmungsgesetz* fallen alle Unternehmen mit eigener Rechtspersönlichkeit, die in der Regel mehr als 2.000 Arbeitnehmer beschäftigen, einschl. der herrschenden Unternehmen von Konzernen und Teilkonzernen, wenn die Konzernunternehmen zusammen in der Regel diese Größenordnung erreichen. Ausgenommen sind *Tendenzunternehmen* nach § 118 BetrVG.

Das *Montanmitbestimmungsgesetz* von 1951 einschl. der dazu ergangenen Ergänzungsgesetze gilt weiter, ebenso die Mitbestimmung nach dem Betriebsverfassungsgsetz von 1972 für alle Unternehmen mit mehr als 500 bis 2.000 Arbeitnehmern.

Der Aufsichtsrat von mitbestimmten Unternehmen wird zu gleichen Teilen von Mitgliedern der Anteilseigner und Arbeitnehmer besetzt, und zwar im Verhältnis

- 6 : 6 bei Unternehmen bis 10.000 Beschäftigten
- 8 : 8 bei Unternehmen von mehr als 10.000 bis 20.000 Arbeitnehmern
- 10 : 10 bei Unternehmen von mehr als 20.000 Arbeitnehmern.

Im Aufsichtsrat haben die im Unternehmen vertretenen Gewerkschaften Sitz und Stimme, und zwar zwei Vertreter bei Unternehmen bis 20.000 Beschäftigten und drei Vertreter bei Unternehmen mit mehr als 20.000 Beschäftigten. Die anderen Aufsichtsratsitze der Arbeitnehmer müssen mit Arbeitnehmern des

Unternehmens besetzt werden, davon mindestens ein Arbeiter, ein Angestellter und ein leitender Angestellter.

Die Verteilung der Aufsichtsratssitze auf die einzelnen Beschäftigtengruppen der Arbeiter und Angestellten erfolgt nach ihrem Anteil an der Gesamtbelegschaft (Grundsatz der *Verhältniswahl*). Jedoch muß jede der drei Gruppen - Angestellte, Arbeiter und leitende Angestellte - mit mindestens einem Mitglied vertreten sein (Grundsatz des *Gruppenschutzes*). Die Wahl der Aufsichtsratsmitglieder (der Anteilseigner) erfolgt durch die Hauptversammlung. Die Kandidaten für die Vertreter der Kapitaleigner werden durch die Hauptversammlung vorgeschlagen. Die Vorschläge für die Arbeitnehmervertreter, an die die Hauptversammlung bei ihrer Wahl gebunden ist, werden bei Unternehmen bis 8.000 Arbeitnehmern unmittelbar durch Urwahl aller wahlberechtigten Arbeitnehmer des Unternehmens bestimmt. Bei mehr als 8.000 Arbeitnehmern erfolgt der Vorschlag durch Wahlmänner. Die Arbeitnehmer können mit Mehrheit die Wahl durch Wahlmänner oder durch Urwahl beschließen. Arbeiter und Angestellte können jedoch in getrennten Abstimmungen Abweichungen beschließen.

Vorschlagsberechtigt sind für die Gruppen der Arbeiter und Angestellten jeweils 100 Mitarbeiter oder 1/5 der Beschäftigten der jeweiligen Gruppe. Für die Gewerkschaftsvertreter im Aufsichtsrat können nur die im Unternehmen vertretenen Gewerkschaften Vorschläge machen. Die leitenden Angestellten (§ 5 III BetrVG) bilden keine eigene Gruppe, sondern wählen bei den Angestellten mit. Der Wahlvorschlag für den leitenden Mitarbeiter im Aufsichtsrat kommt dadurch zustande, daß die leitenden Mitarbeiter aus ihrer Mitte mit Mehrheit mindestens zwei Kandidaten für diesen Aufsichtsratssitz benennen. In Anlehnung an die Bestimmungen des BetrVG wählen die Arbeiter und Angestellten jeweils getrennt die auf sie entfallenden unternehmensangehörigen Aufsichtsratsmitglieder, sofern beide Gruppen nicht in getrennten Abstimmungen beschließen, daß eine gemeinsame Wahl stattfindet. Die Gewerkschaftsvertreter im Aufsichtsrat werden in jedem Falle in gemeinsamer Wahl gewählt. Erfolgt die Wahl durch Wahlmänner, so wird ihre Zahl aufgrund einer Schlüsselzahl ermittelt, und zwar fällt in der Regel auf je 60 Arbeitnehmer jeder Gruppe ein Wahlmann.

Grundsätzlich gilt, wenn nur ein Wahlvorschlag eingereicht wird, die Mehrheitswahl, bei mehreren Wahlvorschlägen die Verhältniswahl.

Der Aufsichtsratsvorsitzende und sein Stellvertreter werden von den Aufsichtsratsmitgliedern mit 2/3 Mehrheit gewählt. Werden diese Mehrheiten nicht erreicht, so wählen die Aufsichtsratsmitglieder der Anteilseigner den Vorsitzenden und die Aufsichtsratsmitglieder der Arbeitnehmer den Stellvertreter. Falls wegen Stimmengleichheit eine Abstimmung wiederholt werden muß, gibt die Stimme des Aufsichtsratsvorsitzenden beim Stichentscheid im zweiten Wahlgang den Ausschlag.

Die Mitglieder des Vorstandes werden vom Aufsichtsrat mit einer Mehrheit von 2/3 bestellt. Wird diese Mehrheit nicht erreicht, wird ein *Vermittlungsausschuß* eingeschaltet. Diesem Ausschuß gehören der Aufsichtsratsvorsitzende, sein Stellvertreter sowie je ein weiterer Vertreter der Anteilseigner und der Arbeitnehmer an. Der Ausschuß hat dem Aufsichtsrat einen Vorschlag für die Bestellung zu machen. Über diesen Vorschlag beschließt der Aufsichtsrat mit der Mehrheit der Stimmen. Bei Stimmengleichheit hat bei einer erneuten Abstimmung der Aufsichtsratsvorsitzende zwei Stimmen. Grundsätzlich ist im Vorstand ein *Arbeitsdirektor* als gleichberechtigtes Mitglied zu bestellen. Ein Veto- oder ein alleiniges Vorschlagsrecht für diese Position steht hier den Arbeitnehmervertretern nicht zu.

2.5.6 Arbeitsgerichtsbarkeit

Für arbeitsrechtliche Streitigkeiten sind in einem eigenen Rechtsweg die *Gerichte für Arbeitssachen* zuständig. Werden Klagen, die in die Zuständigkeit des Gerichtes fallen, vor einem anderen Gericht erhoben, so sind diese als unzulässig abzuweisen. Gleiches gilt umgekehrt, wenn eine Zivil- oder Verwaltungsrechtsklage vor dem *Arbeitsgericht* erhoben wird.

Die Klageabweisung kann vermieden werden, wenn gleichzeitig ein Verweisungsantrag an den richtigen Rechtsweg gestellt wird.

Im Gegensatz zu den Gerichten anderer Rechtswege, fallen die *Arbeitsgerichte* nicht in das Ressort des Bundesministers bzw. der Landesjustizminister, sondern in das Ressort der Arbeitsministerien.

Grundlage für Arbeitsrechtsstreitigkeiten ist das *Arbeitsgerichtsgesetz* (ArbGG). Für den Verfahrensablauf verweist das Gesetz im wesentlichen auf die Zivilprozeßordnung (ZPO) und regelt nur einige, allerdings wesentliche Abweichungen.

Die *Arbeitsgerichtsbarkeit* ist dreistufig organisiert. Das Arbeitsgericht, als erste Instanz, entscheidet unabhängig vom Streitwert. Gegen sein Urteil ist die Berufung an das *Landesarbeitsgericht* gegeben. Seine Entscheidung kann durch eine Revision beim *Bundesarbeitsgericht* (BAG) in Kassel angefochten werden.

Das entscheidende Merkmal der Arbeitsgerichtsbarkeit ist das starke Gewicht, das ehrenamtlichen *Arbeitsrichtern* beigemessen wird. Die Arbeitsgerichte und Landesarbeitsgerichte sind jeweils mit einem Berufsrichter und zwei ehrenamtlichen Richtern besetzt, das BAG mit drei Berufsrichtern und ebenfalls zwei ehrenamtlichen Richtern. Zweck dieser ehrenamtlichen Richter ist es, nicht (wie bei Schöffen und Geschworenen im Strafverfahren) den gesunden Menschenverstand der Nichtjuristen zu nutzen, vielmehr sollen hier die speziellen Kenntnisse und Erfahrungen aus dem Arbeitsleben durch die ehrenamtlichen Richter eingebracht werden. Sie haben deshalb in der Arbeitsgerichtsbarkeit eher die Funktion eines Sachverständigen im Bereich des Arbeitswesens.

Aus diesem Grund müssen sie entweder als Arbeitgeber oder Arbeitnehmer tätig sein. Jeweils einer der ehrenamtlichen Richter muß von der Arbeitgeber- bzw. Arbeitnehmerseite kommen. Ernannt werden sie durch den Justizminister aufgrund der von den Arbeitgeberverbänden bzw. Gewerkschaften einzureichenden Vorschlagslisten.

Für die sachliche Zuständigkeit der Arbeitsgerichte enthält das ArbGG keine generelle Regelung, sondern zählt vielmehr enumerativ alle Zuständigkeiten auf.

Zuständig sind die Arbeitsgerichte für alle Rechtsstreitigkeiten zwischen Arbeitnehmern und Arbeitgebern (§§ 2, 2a ArbGG), so z.B. Lohnzahlungsklagen oder Schadensersatzklagen wegen Verletzung des Arbeitsvertrages, Klagen wegen Bestehens oder Nichtbestehens eines Arbeitsverhältnisses, Kündigungsschutzklagen usw.

Über diese Fälle entscheidet das Gericht im Urteilsverfahren. Über Ansprüche aus Tarifverträgen, wegen unerlaubter Handlungen anläßlich eines Arbeitskampfes sowie über Streitigkeiten aus den Betriebsverfassungs- und den Mitbestimmungsgesetzen, wird im sogenannten *Beschlußverfahren* entschieden.

Kündigungsschutzklagen wegen der Unwirksamkeit einer Kündigung, die den weitaus größten Teil aller Arbeitsgerichtsverfahren ausmachen, sind vorrangig zu entscheiden.

Für das Verfahren gilt, wie auch vor ordentlichen Gerichten, der *Dispositionsgrundsatz* (d.h. die Parteien bestimmen den Streitgegenstand) sowie der *Verhandlungsgrundsatz* (nur die Tatsachen und Beweismittel, die von den Parteien vorgetragen werden, finden Berücksichtigung) und anders als in Verwaltungs-, Sozial- und Finanzgerichtsverfahren wird nicht von Amts wegen ermittelt.

In der ersten Instanz ist für alle Bereiche des Urteilsverfahrens eine sogenannte *Güteverhandlung* zwingend vorgeschrieben. Diese hat den Zweck, vor einer strittigen Verhandlung, den Rechtsstreit mit Hilfestellung des Vorsitzenden des Arbeitsgerichtes gütlich beizulegen. Die ehrenamtlichen Richter sind hier noch nicht beteiligt.

Die Güteverhandlung kann mit einem Vergleich, der Klagerücknahme oder durch ein Anerkenntnis des Beklagten enden. Die Entscheidung findet hier nur statt, wenn sie von beiden Parteien übereinstimmend beantragt wird.

In der strittigen Verhandlung sind, anders als in der ordentlichen Gerichtsbarkeit, auch Gewerkschaften und Arbeitgeberverbände parteifähig. Beteiligungsfähig ist auch der Betriebsrat, was der Parteifähigkeit entspricht. Auf die Probleme, ob der Betriebsrat auch rechtsfähig ist, kommt es hier nicht an.

In erster und zweiter Instanz können sich die Parteien, außer von einem Rechtsanwalt (der nicht unbedingt die Qualifikation eines Fachanwaltes für Arbeitsrecht besitzen muß), auch von Verbandsvertretern der Gewerkschaften oder Arbeitgeberverbänden vertreten lassen. Im Gegensatz dazu muß die Vertretung vor dem BAG durch einen Anwalt erfolgen.

Wesentliche Unterschiede zwischen ordentlichen Gerichtsverfahren bestehen weiter beim *Kostenrecht*. Um das Kostenrisiko in Grenzen zu halten, sind bei den Kostenerstattungsansprüchen und bei der Ermittlung des Streitwertes Grenzen vorgesehen.

Beim *Urteilsverfahren* hat die obsiegende Partei keinen Anspruch auf Erstattung ihrer Kosten. Das gilt für Arbeitgeber wie für Arbeitnehmer gleichermaßen. Bei Rechtsstreitigkeiten, die das Bestehen oder Nichtbestehen von Arbeitsverhältnissen zum Gegenstand haben, wird der Streitwert auf 1/4 des Jahresverdienstes beschränkt.

Im Gegensatz zum ordentlichen Rechtsweg kann die Zuständigkeit der Arbeitsgerichte nicht zugunsten eines privaten Schiedsgerichtes ausgeschlossen werden.

Gegen das Urteil in der ersten Instanz ist die Berufung an das Landesarbeitsgericht zulässig, sofern der Streitwert die Höhe von 800,- DM übersteigt oder, wenn das Arbeitsgericht wegen der grundsätzlichen Bedeutung der Sache die Berufung ausdrücklich zugelassen hat.

Wann eine Revision gegen ein Urteil des Landesarbeitsgerichts zulässig ist, war lange Zeit umstritten. Nach der Neuregelung des ArbGG vom 2.7.1979 ist die Revision dann gegeben, wenn sie vom Landesarbeitsgericht (LAG) zugelassen wurde. Die Zulassung muß erfolgen, wenn die strittige Angelegenheit von grundsätzlicher Bedeutung ist oder, wenn durch das LAG von einer Entscheidung des BAG oder eines anderen Landesarbeitsgerichtes abgewichen wird.

Ein wesentliches charakteristisches Merkmal des Arbeitsgerichtsverfahrens ist die Unterteilung in das besprochene *Urteilsverfahren* und das *Beschlußverfahren*.

Letzteres ist vor allem den betriebsverfassungs- und mitbestimmungsrechtlichen Streitigkeiten vorbehalten.

Der wesentliche Unterschied besteht hier vor allem darin, daß hier der Sachverhalt von Amts wegen zu erforschen ist und, daß neben den Parteien auch die Arbeitnehmer und die Stellen zu hören sind, die nach dem Betriebsverfassungs- oder dem Mitbestimmungsgesetz beteiligt sind. Anstelle von Berufung und Revision treten im Beschwerdeverfahren dann die Beschwerde und die Rechtsbeschwerde.

Der Grundgedanke des Gesetzgebers liegt hier darin, daß es im Urteilsverfahren nur um die Interessen der beiden Parteien geht, während im Beschlußverfahren über grundsätzliche Probleme entschieden wird, die über das Parteiinteresse allein hinausgehen.

Mitarbeiter sind wichtig für das Unternehmen,
aber sie sind weder das A und O des Betriebes,
noch sind sie ein Aktivposten in der Bilanz.

Ironischerweise unterstützt aber gerade das
geltende Arbeitsrecht diesen Tabestand
und ermutigt damit den Unternehmer zunehmend,
z.B. dem Computer den Vorrang vor
menschlicher Arbeitskraft einzuräumen.

Aber:

Wer nicht mit dem Menschen als den entscheidenden,
alles beherrschenden Faktor im Unternehmen rechnet,
der macht die falsche Rechnung.

Zweiter Teil

Teilbereiche des Personalwesens

Erstes Kapitel

Personalplanung

1. Grundsätze der Personalplanung

1.1 Wesen und Bedeutung

Praktische Erfahrungen zeigen, daß ein nur auf kurzfristiger Improvisation beruhendes und durch eine Vielzahl von Zufälligkeiten und ad-hoc-Entscheidungen geprägtes Handeln auf die Dauer keinen Erfolg haben kann. Erfolgreiches zielgerichtetes Handeln setzt ein planmäßiges Vorgehen voraus.

Für den Bereich des betrieblichen Personalwesens ergibt sich die Notwendigkeit zu einem zielgerichteten planmäßigen Vorgehen aus zwei Gründen:

- Mitarbeiter stehen nicht immer und zu jedem Zeitpunkt an jedem Ort in der gewünschten Qualifikation zur Verfügung.
- Überzähliges Personal kann nicht mit unbeschränkter Mobilität und auch nicht jederzeit anderweitig unternehmensintern oder unternehmensextern beschäftigt werden.

Personalplanung ist hierbei kein isolierter eigenständiger Teilbereich des betrieblichen Personalwesens, sondern ist Teil der funktionsbezogenen Entscheidungsprozesse. Somit bedeutet Personalplanung das Treffen von Entscheidungen auf der Grundlage einer aus der Unternehmenskonzeption abgeleiteten Zielbildung und einer systematischen Entscheidungsvorbereitung. Wie bei jeder Planung geht die Personalplanung von festgelegten, d.h. anzustrebenden Zielen aus, nimmt gedanklich künftige Handlungen, Ereignisse oder Veränderungen der die Zielerreichung beeinflussenden Faktoren vorweg, ermittelt und analysiert die verschiedenen Handlungsalternativen. Dabei bezieht sich die Personalplanung sowohl auf die Festlegung personalwirtschaftlicher Ziele sowie die Grundlagen personalwirtschaftlichen Handelns und die personalwirtschaftlichen Maßnahmen, die notwendig sind, um diese Ziele zu erreichen.

Abgeschlossen wird naturgemäß jede Planung mit den Plandurchführungen und der Kontrolle der Planerreichung.

Die betriebliche Notwendigkeit der Personalplanung wurde erst erkannt, als eine zunehmende Personalverknappung in einzelnen Branchen, die Umstrukturierung des Arbeitsmarktes, der Konjunkturverlauf und die technische Entwicklung Ungleichgewichte im Personalbereich (Überdeckung im Personalbestand und/oder nicht besetzte Stellen) immer deutlicher hervortreten ließen. Auch dort, wo der Druck der Verhältnisse die Personalplanung erzwang, herrscht immer noch die Bearbeitung von Einzelproblemen wie Personalbedarfsermittlung, Bestandsübersichten, Beschaffungsplanung usw. anstelle eines geschlossenen Konzeptes vor. Hier wurde die Bedeutung der Personalplanung nicht nur von einigen fortschrittlichen Unternehmen erkannt, sondern sie geriet auch in den Diskussionsbereich staatlicher Stellen und der Spitzenverbände der deutschen Wirtschaft.

1.1.1 Ziele der Personalplanung

In der *sozialpolitischen Gesprächsrunde* des Bundesministers für Arbeit und Sozialordnung vom 7.7.1971, die von allen Spitzenverbänden, insbesondere den Arbeitgeber- und Arbeitnehmerverbänden sowie der Bundesregierung getragen wird, sind vier Thesen zur Zielsetzung der Personalplanung aufgestellt und die erforderlichen Aktivitäten zur Verwirklichung dieser Ziele formuliert worden.

1.1.1.1 Ausgleich der Interessen

Im Spannungsfeld der unternehmerischen Aufgaben und der Leistungsanforderungen einerseits und den Interessen und Bedürfnissen der Arbeitnehmer andererseits soll die betriebliche Personalplanung eine optimale Entfaltung und Motivation der Arbeitnehmer ermöglichen. Die Personalplanung darf sich deshalb nicht ausschließlich auf die Funktion der Personalbeschaffung beschränken. Die Erreichung der Unternehmensziele erfordert eine optimale Arbeitsorganisation und einen möglichst reibungslosen betrieblichen Ablauf. Verbesserte Informations- und Reaktionsmöglichkeiten von beiden Seiten dienen der Vermeidung auftretender Spannungen und Konflikte im Rahmen der natürlichen Interessengegensätze zwischen Unternehmensleitung und Arbeitnehmern. Gleichzeitig werden dadurch einseitige unternehmerische Entscheidungen besser verständlich, wie andererseits auch Ansatzpunkte für eine Berücksichtigung der Wünsche der Beschäftigten geschaffen werden.

1.1.1.2 Integration der Personalplanung in die Gesamtunternehmensplanung

Langfristige Unternehmensstrategien sind ohne planerische Maßnahmen im Bereich der Personalwirtschaft nicht zu realisieren. Die Unternehmensziele sind nur durch eine weitgehende Koordinierung aller betrieblicher Teilbereiche zu erreichen. Langfristige Sicherung und Verbesserung der Rentabilität von Kapital- und Bildungsinvestitionen setzen langfristige Planungen mit dem Ziel der Nutzung optimaler Entwicklungschancen voraus. Unternehmerische Personalplanung bietet die Möglichkeit, rechtzeitig auf Situationen zu reagieren, die den laufenden Betriebsprozeß und die Bewältigung besonderer betrieblicher Aufgaben stören könnten. Die Personalplanung dient der rechtzeitigen Bereitstellung geeigneter Arbeitskräfte. Die Unternehmen müssen die personalwirtschaftlichen Teilbereiche entsprechend den möglichen unternehmerischen und sozialen Auswirkungen und Erfordernissen im Interesse der Vermeidung von Wachstumsschwierigkeiten und sozialen Härten analysieren und Personaldetailpläne entwickeln.

1.1.1.3 Verknüpfung von betrieblicher Personal- und Bildungsplanung

Eine umfassende betriebliche Personalplanung kann dazu beitragen, die Arbeitsplätze in der Volkswirtschaft langfristig zu sichern. Durch vorausschauende personalpolitische Maßnahmen können Personalengpässe und Personalüberschüsse weitgehend vermieden oder gemindert, und ein Beitrag zur Vermeidung von Arbeitsmarktungleichgewichten geleistet werden. Durch die Integration der Bildungsplanung in die Personalplanung wird eine qualifikationsgerechte Besetzung und Gestaltung von Arbeitsplätzen entsprechend dem Fähigkeits- und Kenntnisstand der Arbeitnehmer möglich. Die mit der Personalplanung verknüpften betrieblichen Bildungsmaßnahmen berücksichtigen die unternehmerischen Erfordernisse einer aufgabenorientierten Anpassung der Kenntnisse und Fähigkeiten der Beschäftigten und die Bedürfnisse der Arbeitnehmer nach Erhaltung und Verbesserung ihrer Qualifikationen entsprechend ihrem Leistungswillen und ihren Aufstiegswünschen.

1.1.1.4 Einflußnahme der Personalplanung auf die Gestaltung menschengerechter Arbeitsplätze

Neue Technologien, Arbeits- und Führungstechniken erhöhen die Probleme bei der Anpassung und Beschaffung geeigneter Arbeitskräfte. Ständig werden neue Anforderungen an die Kenntnisse, Fertigkeiten und Fähigkeiten der einzelnen Arbeitnehmer gestellt und völlig neue Belastungen treten auch hinsichtlich ihrer physischen und psychischen Leistungsfähigkeit auf. Eine qualifikationsgerechte Beschäftigung der Arbeitnehmer während des gesamten Arbeitslebens ist nur möglich, wenn die Leistungsanforderungen der einzelnen Arbeitsplätze den Anforderungen der Beschäftigten angepaßt werden und dabei die individuelle Leistungsfähigkeit Berücksichtigung findet. Hierbei gewinnen die Probleme besonderer Beschäftigtengruppen, wie z.B. die der älteren Arbeitnehmer, an Bedeutung. Diese sollen vor sozialem Abstieg bewahrt werden und ihnen möglichst neue Aufstiegschancen eröffnet werden.

1.1.2 Maßnahmen zur Zielerreichung

Zur Verwirklichung dieser Ziele werden folgende Aktivitäten für erforderlich gehalten:

1.1.2.1 Schaffung der Vorbedingungen zur Personalplanung

Erforderlich sind gemeinsame, wenn auch unterschiedlich motivierte Aktivitäten von Unternehmern und ihren Verbänden, Arbeitnehmern, Gewerkschaften und dem Staat. Personalplanung ist nur möglich, wenn von festgelegten langfristigen unternehmenspolitischen Zielsetzungen ausgegangen wird und die Vorbedingungen geschaffen werden. Innerbetrieblich muß die Bereitschaft zur systematischen Planung (*Planungsmentalität*) vorhanden sein. Weiterhin müssen die Voraussetzungen, z.B. durch Bereitstellung kompatibler Klassifikationssysteme geschaffen werden, um die betriebliche Personalplanung mit der staatlichen *Bildungsplanung* und der *Arbeitsmarktpolitik* zu verknüpfen. Die Personalplanung ist in den Unternehmen gleichberechtigt mit den anderen Teilplanungen in die Unternehmensplanung zu integrieren, und das bisher noch ungenügende Instrumentarium der betrieblichen Personalplanung ist weiter zu entwickeln und auszubauen.

1.1.2.2 Folgerungen für Betriebsräte und Gewerkschaften

Die Lösung auftretender Interessenkonflikte erfordert das Zusammenwirken von Unternehmensleitungen und Betriebsräten. Hierbei erfordert die Personalplanung eine stärkere Qualifizierung sowohl im Managementbereich als auch bei den Betriebsräten.

1.1.2.3 Staatliche Aktivitäten

In den staatlichen Aktivitäten werden sich die Gewichte stärker von nachträglichen Korrekturen vorangegangener Fehlentwicklungen zu einer vorbeugenden Politik verlagern. Damit wird eine bessere Ausrichtung staatlicher Aktivitäten auf die Erfordernisse der Wirtschaft und der Beschäftigten möglich sein. Für die Personalplanung werden folgende Teilbereiche von Bedeutung sein: Unterstützung der beruflichen Bildung, Verbesserung des Informationswesens auf dem Gebiet der Berufs- und Bildungsberatung, Förderung der arbeitswissenschaftlichen Forschung, der Arbeitsmarkt-, Berufs- und Berufsausbildungsforschung, Intensivierung der Forschung auf dem Gebiet des Arbeitsschutzes, Förderung der Erarbeitung von Modellen der Personalplanung, Verbesserung der Voraussagefähigkeit der Beschäftigtenstatistik, Schaffung von Arbeitsplätzen im Rahmen regionaler Strukturpolitik usw.

1.1.2.4 Durchführungsmaßnahmen

Damit muß die Personalplanung alle personalwirksamen Teilmaßnahmen mit einbeziehen, die sich auf das Verhalten und die Leistung der Arbeitnehmer am Arbeitsplatz beziehen. Betrachtet man die Unternehmung als produktives und soziales System (*Ulrich, H.*), so läßt sich folgende Unterteilung personalwirksamer Maßnahmenbereiche vornehmen (*Wächter, H.*, S. 63 f):

1. *input-orientierte Maßnahmen*, die den Bereich der Personalbeschaffung einschl. Auswahl und Einsatz betreffen, sowie die Personalbeschaffung unterstützende Maßnahmen wie Pflege und Verbesserung des Personalimages;
2. *input-verbessernde Maßnahmen*, wie Ausbildungs- und Entwicklungsmaßnahmen, um damit die Leistungsfähigkeit zu erhöhen;
3. *"hygiene"-orientierte personalpolitische Maßnahmen*, um die Bedingungen des Arbeitsumfeldes zu gestalten, die Voraussetzung für die Leistungserbringung sind;
4. "strukturell" wirkende (den Arbeitsinhalt bestimmende und motivierende) Maßnahmen zur Arbeitsdurchführung.

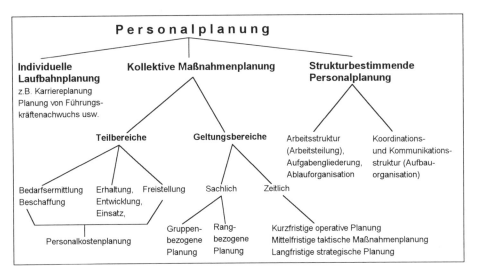

Abbildung 26: Übersicht über den Gesamtbereich der Personalplanung

1.1.3 Zielerreichung

Die Erfahrungen der letzten beiden Jahrzehnte, nach dieser teilweise mit viel Euphorie getragenen, aber auch mit verhaltener Skepsis begrüßten sozialpolitischen Gesprächsrunde, zeigen auch die Probleme ihrer Realisierung auf.

Die Grenzen liegen wie bei jeder Planung, vor allem in der fehlenden Vorhersehbarkeit der Zukunft. Auch eine noch so gut ausgebaute Unternehmens- und eine in sie integrierte Personalplanung ist nicht in der Lage, Konjunkturumschwünge, Einbrüche auf dem Absatzmarkt sowie internationale Wettbewerbsverschiebungen vorherzusagen und ihre Wirkungen auszugleichen, vor allem dann nicht, wenn sie sich durch den Einfluß neuer Unternehmensphilosophien, wie sie heute unter dem Schlagwort des *"lean-management"* geradezu modehaft propagiert werden, noch verstärken. Ungeachtet dessen, daß hier die Entwicklung die Grenzen der geradezu überschwenglichen Erwartungen aufgezeigt hat, ist heute die Notwendigkeit und die Bedeutung der Personalplanung in den meisten Unternehmen unbestritten.

1.2 Stand der Personalplanung

1.2.1 Personalplanung, ein vernachlässigter Teilbereich

Investitions-, Kosten-, Produktions- und Finanzpläne gehören in der Regel zum Standardhandwerkzeug der Unternehmensführung.

Die Personalplanung hingegen hat in weiten Bereichen und in einer Vielzahl von Unternehmen mit dieser Entwicklung nicht Schritt gehalten.

Wächter stellte in seiner Untersuchung 1965 fest, daß nur 14 % der befragten Unternehmen schriftlich fixierte Personalpläne für einen Zeitraum von 2 - 3 Jahren hatten.

Nach einer ähnlichen Untersuchung von *Töpfer/ Poersch* (1989) ergibt sich folgendes Bild:

Personalplanung	Verbreitung und Intensität der Planung		
Bereich	wenig	teilweise	umfassend
Bedarfsplanung	14	57	29
Einsatzplanung	38	48	14
Entwicklungsplanung	38	52	9
quantitative Bestandsplanung	43	52	5
Freisetzungsplanung	24	76	0
Beschaffungsplanung	29	71	0
qualitative Bestandsplanung	33	67	0

Abbildung 27: Personalplanung, Verbreitung und Intensität der Anwendung in % der Nennungen

Wenn auch der absolute Aussagewert solcher Untersuchungen, insbesondere wegen methodischer Probleme bei den Begriffsabgrenzungen und den Schwierigkeiten bei der Durchführung der Befragungen, zu relativieren ist, kann doch festgestellt werden, daß die Personalplanung zu den vernachlässigten Teilbereichen gehört und hier noch ein erheblicher Entwicklungsbedarf besteht.

Damit werden auch die Ergebnisse früherer Untersuchung über den Stand des betrieblichen Personalwesen in der Bundesrepublik (*Bisani*, 1976 S. 124) bestätigt, wonach ein großer Anteil der befragten Unternehmen im Bereich der Erarbeitung von Richtlinien und Methoden zur Personalplanung ein Hauptproblem sehen und in diesen Bereich zusammen mit der Durchführung der Personalplanung Verbesserungen beabsichtigen.

1.2.2 Gründe für die Vernachlässigung der Personalplanung

Das Ziel eines Wirtschaftsbetriebes ist die Leistungserstellung. Der Einsatz menschlicher Arbeitskraft im Betrieb ist deshalb nicht Selbstzweck, sondern kann immer nur Mittel zum Zweck sein, auch dann, wenn sich künftig vielleicht Sachzwänge der Organsiation mehr an den Bedürfnissen der Mitarbeiter orientieren müssen, und die menschliche Arbeitskraft stärker in das Gesichtsfeld betriebswirtschaftlicher Betrachtungsweise rücken wird. Jede Planung baut auf Prognosen über die zu erwartende Entwicklung auf. Ziel der Planung kann es nun sein, ein langfristiges Verhalten zur Anpassung an diese Entwicklung festzulegen oder, Maßnahmen zu fixieren und durchzusetzen, um diese Entwicklung zu beeinflussen. Die Entwicklung im Personalbereich hat nur eine begrenzte Eigendynamik und ist im wesentlichen von anderen Bereichen, wie Produktion, Absatz, technische Rationalisierung usw. abhängig. Die Personalplanung kann deshalb nur eine abgeleitete Planung sein, die auf den Planwerten anderer Planungsbereiche aufbaut. Sie kann deshalb nie besser sein als die Planergebnisse der Bereiche, die ihr zugrunde liegen. Wegen der engen Interdependenzen der einzelnen personalwirksamen Teilbereiche ist eine erfolgreiche Personalplanung nicht nur von der Qualität der vorgelagerten Teilplanungen abhängig, sondern auch vom Grad der gegenseitigen Integration. Damit umfaßt die Personalplanung alle Teilbereiche der verschiedenen Betriebsfunktionen. Um unter diesen Umständen ein geschlossenes Personalplanungssystem zu realisieren, bedarf es einer organisatorisch abgesicherten Institution, die für diese Planung verantwortlich und auch mit dem notwendigen Durchsetzungsvermögen ausgestattet ist, und eines Planungssystems, das die Datenerstellung und Auswertung gewährleistet.

Beides ist bislang in der Praxis zum Großteil immer noch unterentwickelt. Ein weiterer Grund liegt im sog. *Dominanzprinzip der Planung*, wonach jeweils der Engpaßfaktor den Planungsbereich determiniert, dem sich alle anderen Bereiche anpassen müssen. Diese totale Anpassungsfähigkeit an andere Produktionsfaktoren wurde bisher der Personalplanung in der Regel unterstellt.

Ungeachtet der sich daraus ergebenden betrieblichen Erfordernissen, wurde die Bedeutung der Personalplanung lange Zeit nicht erkannt und ihre Umsetzung vernachlässigt.

Die Ursachen lassen sich in vier Gruppen zusammenfassen.

- Mitarbeiterzentrierte Theorieansätze der Betriebswirtschaftslehre blieben lange Zeit in sporadischen Ansätzen stecken.
- Personalprobleme wurden meist als betriebliche Randprobleme angesehen, für die andere Wissenschaftsgebiete, insbesondere die Verhaltenswissenschaften, zuständig sind.
- Juristische und gesellschaftliche Restriktionen sowie die Schwierigkeiten soziale und individuelle Einflußgrößen zu erfassen, erschweren es, Auswirkungen der Planung auf den Personaleinsatz zu quantifizieren.
- Kenntnisse über Methoden der Unternehmensforschung, der Statistik, der Planungstechniken usw. waren in weiten Bereichen der Verantwortlichen wenig verbreitet.

Erst die zunehmende Verknappung des Personalangebotes in den 50er und 60er Jahren sowie der durch den Strukturwandel und den Konjunkturverlauf eintretende Personalüberschuß in den 70er und 80er Jahren zwangen dazu, den Produktionsfaktor menschliche Arbeitskraft und damit einer längerfristigen Personalplanung mehr Augenmerk zu schenken.

1.3 Zwang zur Personalplanung

Die Dominanz des Minimumsektors "menschliche Arbeitsleistung" wird sich in Zukunft nicht abbauen, sondern auch dann noch verstärken, wenn durch eine Verlangsamung des Wirtschaftswachstums eine generelle Entspannung auf dem Arbeitsmarkt bzw. partielles Überangebot von Arbeitskräften eintritt. Durch immer stärkere Differenzierung und Spezialisierung der Berufsanforderungen gibt es keinen einheitlichen Arbeitsmarkt mehr, sondern nur noch eine große Anzahl von Teilarbeitsmärkten, zwischen denen die horizontale Mobilität weitgehend eingeschränkt ist.

Im Zuge der technischen Entwicklung und der sich laufend vollziehenden Umstrukturierung im Wirtschaftsprozeß, werden immer wieder Teilarbeitsmärkte mit einem Überangebot, solchen mit einer Übernachfrage gegenüberstehen, und die Teilarbeitsmärkte mit dem Engpaß dominierend sein.

Eine integrierte, alle personalwirksamen Teilmaßnahmen umfassende Personalplanung wird sich auf die Dauer als unerläßlich erweisen.

1.3.1 Vorteile der Personalplanung für das Unternehmen

1. Personalengpässe, sowohl qualitative als auch quantitative, werden vorher erkannt und können berücksichtigt werden.
2. Rechtzeitige Maßnahmen auf dem Gebiet der Personalanwerbung und Weiterbildung verringern die Abhängigkeit des Unternehmens vom Arbeitsmarkt
3. Durch bessere Kenntnisse, wie sich Einzelentscheidungen auf Arbeitsverhalten und Arbeitsleistung auswirken, können risikoärmere Gesamtentscheidungen getroffen werden.
4. Vorhandene Qualifikations- und Arbeitskraftreserven können besser genutzt werden, wenn vorher Klarheit über die künftigen Arbeitsgebiete, Arbeitsanforderungen und Einsatzmöglichkeiten besteht.
5. Die Wettbewerbsfähigkeit und Marktstellung des Unternehmens kann durch entsprechende Motivation der Mitarbeiter besser gesichert werden.

1.3.2 Vorteile der Personalplanung für die Arbeitnehmer

1. Die Gefahr unliebsamer, weil unerwarteter, Arbeitsplatzveränderungen und Personalverschiebungen verringert sich.
2. Durch eine bessere Durchschaubarkeit des Personalbereiches können Arbeitnehmer Chanchen und Möglichkeiten auf dem innerbetrieblichen Arbeitsmarkt besser erkennen.
3. Durch gezielte Förderung und Weiterbildung der Mitarbeiter zur Anpassung an die sich durch den technischen Wandel verändernde Anforderungsstruktur wird die Sicherheit des Arbeitsplatzes erhöht.

1.3.3 Gesamtwirtschaftlicher und sozialpolitischer Nutzen der Personalplanung

Gesamtwirtschaftlich wirkt sich die bessere betriebliche Voraussicht in der Personalwirtschaft durch eine Entlastung der Ausgleichsfunktionen des Gesamtarbeitsmarktes aus. Der Zwang zur Personalplanung wurde durch das Betriebsverfassungsgesetz von 1972 gefördert. Zwar hat der Gesetzgeber die Einführung einer Personalplanung nicht zwingend vorgeschrieben, er hat aber dem Betriebsrat mit § 92 BetrVG ein Vorschlagsrecht bei der Einführung und Durchführung eingeräumt. Die vielfältigen Pflichten zur Informationserteilung an den Betriebsrat bzw. die Belegschaft, die auf die Dauer nicht zu umgehen sind, werden sich aber nur dann erfüllen lassen, wenn ein Mindestmaß an integrierter Personalplanung vorliegt. Die für eine erfolgreiche Personalplanung erforderliche organisatorisch abgesicherte Institution mit dem notwendigen Durchsetzungsvermögen wird Zug um Zug in der Personalabteilung entstehen. Je häufiger und intensiver der Betriebsrat von seinen Informationsrechten Gebrauch macht, um so weniger können unterschiedliche Stellen der Betriebshierarchie damit befaßt werden, und um so stärker wird der Zwang zu einer Zentralisierung dieser Aufgaben. Mit der damit verbundenen Aufwertung der Funktion "Personalwesen" ggf. bis zur Geschäftsführungsebene, wird auch diese Abteilung zwangsläufig das natürliche Schwergewicht zur Erledigung dieser Aufgaben erlangen.

1.3.4 Grenzen der Personalplanung

Eine systematische und fundierte Personalplanung bringt die möglichen Alternativen personalpolitischen Handelns in das Bewußtsein sowohl der Leitungsorgane des Unternehmens als auch der Interessenvertretungen der Arbeitnehmer. Sie trägt dazu bei, mögliche Konsequenzen im Vorfeld zu erkennen und gibt die Chance und die Möglichkeit, negative Auswirkungen zu vermeiden.

So gesehen ist die Personalplanung ein Instrument, das der Unternehmensleitung hilft, personalpolitische Entscheidungen überlegt zu treffen. Allerdings muß man sich der Grenzen dieses Instruments bewußt sein.

Die notwendigen Grenzen der Personalplanung ergeben sich daraus, daß sie immer nur eine abgeleitete Planung sein kann, die zwar simultan mit den anderen Planungsbereichen betrieben werden muß und die hierbei natürlich auch andere Planungsbereiche beeinflußt. Letztlich erhält sie aber doch ihre grundlegenden Vorgaben aus der Investitions-, Rationalisierungs-, Absatz- und Produktionsplanung, von Bereichen also, die mit den Unsicherheiten marktwirtschaftlichen Geschehens, dem Konjunkturverlauf und den Änderungen gesamtwirtschaftlicher Rahmenbedingungen verbunden sind. Diese Unsicherheiten kann auch eine Personalplanung nicht ausgleichen. Ebenso kann sie auch nicht die weltwirtschaftlichen und volkswirtschaftlichen Rahmenbedingungen der Unternehmensentscheidungen beeinflussen. Diese Rahmenbedingungen sind für jeden Betrieb vorgegebene Daten. Zutreffend betont hier *Rehhahn* (S. 217), daß die Personalplanung kein direkt greifendes Mittel ist, um Arbeitsplätze zu erhalten, und daß man sich davor hüten solle, von der Personalplanung etwas zu verlangen, was sie nicht leisten kann.

Kennt man diese Grenzen und berücksichtigt man die notwendigen Voraussetzungen, dann kann die Personalplanung eines der wesentlichsten Instrumente zur Erreichung der Unternehmensziele sein.

Zu diesen Voraussetzungen gehören:

- Beherrschung des notwendigen Instrumentariums, um geschäftspolitische Daten in eine Personalplanung umzusetzen,
- Übertragung der Personalplanungsentscheidungen auf eine Ebene, auf der auch über alle grundsätzlichen Zielkonflikte eines Unternehmens entschieden wird,

- Berücksichtigung möglicher Einflußgrößen und Alternativen bei dem Personalplanungsprozeß bereits im Stadium der Entscheidungsvorbereitung.

1.4 Teilbereiche der Personalplanung

Die Personalplanung zerfällt, unabhängig in welche Zuständigkeit die einzelnen Teilbereiche fallen, in drei große Bereiche, und zwar:

- *Strukturbestimmende Personalplanung*

  Hier werden die Grundlagen für den Arbeitseinsatz von Mitarbeitern im Rahmen eines arbeitsteilig organisierten Leistungserstellungsprozesses festgelegt. Dabei geht es im wesentlichen darum, wie sich einzelne Arbeitsplätze hieraus ergeben, welche Anforderungen an die einzelnen Mitarbeiter gestellt werden und wie das koordinierende Zusammenwirken zwischen den einzelnen Mitarbeitern erfolgt.

- *Individualplanung*

  Nicht die Gesamtheit oder eine Gruppe von Mitarbeitern steht im Mittelpunkt der Planung, sondern der einzelne Mitarbeiter. Die Notwendigkeit einer individuellen Personalplanung ergibt sich aus der Tatsache, daß ein Mitarbeiter im Gegensatz zu einer Maschine keine statische Größe ist, sondern daß er sich im Laufe der Zeit durch zusätzliche Erkenntnisse, gewonnene Erfahrungen usw. entwickelt oder zumindest entwickeln kann, zum anderen, daß die Zahl der hierarchisch höheren Positionen, die den Erwerb von Erfahrungen voraussetzen und die eine gewisse Bewährung verlangen, nur begrenzt zur Verfügung stehen. Im Sinne einer vorausschauenden Personalplanung ist es hier dann das Ziel, für jede Position zu jedem Zeitpunkt einen geeigneten Mitarbeiter zur Verfügung zu stellen.

- *Kollektive Maßnahmenplanung*

  Hier steht nicht ein einzelner Mitarbeiter im Mittelpunkt der Personalüberlegungen, sondern die Gesamtheit oder eine Gruppe von Mitarbeitern. Gleichzeitig bezieht sich die kollektive Maßnahmenplanung auf die einzelnen Funktionsbereiche des betrieblichen Personalwesens auch dann, wenn der einzelne Mitarbeiter Gegenstand einer Planungsmaßnahme ist.

2. Strukturbestimmende Personalplanung

2.1 Bestimmung der Arbeitsstruktur

2.1.1 Organisationsgrundsätze der traditionellen Arbeitsgestaltung

Die Anforderungen, die ein Arbeitsplatz an seinen Inhaber stellt, hängen ab von Art und Umfang der Betriebsaufgabe, dem Grad der Arbeitsteilung sowie von der Stellung des Aufgabenträgers in der Betriebshierarchie. Das Problem der richtigen Verteilung der Aufgaben und der Gestaltung des Arbeitsplatzes wurde bisher von mehreren Seiten in Angriff genommen. Es befaßten sich damit die

- *Organisationslehre* mit der Frage der Stellenbildung und dem hierarchischen Aufbau
- *Arbeitswissenschaften* mit der Arbeitsablaufgestaltung, der Arbeitsumgebung und der Gestaltung der technischen Hilfsmittel
- *Betriebspsychologie* mit der Lösung des Problems der Stellenbesetzung, also des richtigen Mannes am richtigen Platz
- *Arbeitsmedizin* mit der Vermeidung gesundheitlicher Gefahren durch Arbeitsmittel und Werkstoffe
- *Betriebssoziologie* mit der Gestaltung zusammenarbeitsfördernder Kommunikationsbeziehungen.

Durch die *Aufgabenanalyse* wird die sich aus der Zielsetzung ergebende Gesamtaufgabe eines Unternehmens immer weiter nach organisatorisch-formalen Prinzipien in analytische Teilaufgaben zergliedert. Im Rahmen der Arbeitsanalyse wird sie bis zu den Elementarteilen menschlicher Handlungen unterteilt, damit sie Arbeits- und Bewegungsstudien zugänglich gemacht werden können. Damit entsteht ein vollständiger und geordneter Überblick über alle die Arbeitsteile beliebiger Ordnung, die im Betrieb durch Arbeitskräfte zu vollziehen sind. Durch die *Arbeitssynthese* werden diese Einzelelemente zu Arbeitsmengen zusammengefaßt mit dem Ziel, den Grad der Arbeitsteilung festzulegen, der bei voller Beschäftigung der Arbeitssubjekte (Arbeitsmittel) den optimalen Produktionsablauf gewährleistet (Kosiol, S. 82).

Arbeitsgestaltung und Arbeitseinsatz orientieren sich auch heute noch weitgehend an den Grundgedanken des *"industrial-engineering"*, wie:

1. Trennung der Leitungsfunktion von den Ausführungsfunktionen der Mitarbeiter,
2. eindeutiger Instanzenweg,

3. Trennung der Verbindungs-(Kommunikations-)wege, wie Anordnungs-, Berichts-, Melde-, Rückmelde- und Informationsweg,
4. Zerlegung der Arbeit (Arbeitsteilung), um den Übungsgewinn zu erhöhen,
5. Fixierung eines als optimal betrachteten Bewegungsablaufs,
6. Vereinfachung der Arbeit durch Einsatz arbeitswissenschaftlicher Methoden und Verfahren.

Grundlage für die Bestimmung der Arbeitsstruktur und der Arbeitsanforderungen sind die auf Taylor und Gailbreth zurückgehenden Methoden der Arbeitsstudien. Ziel der Arbeitsstudien ist es, ein optimales Zusammenwirken von Mensch, Betriebsmittel und Werkstoff zu erreichen. Die Methoden des Arbeitsstudiums gliedern sich in:

1. *Bewegungsstudium* und *Arbeitsplatzgestaltung*,
2. räumliche und zeitliche Arbeitsablaufgestaltung,
3. Zeitstudium.

Ziel der Bewegungsstudien ist es, durch Ausschalten überflüssiger und unnötiger Bewegungen, einen optimalen Vollzug der menschlichen Arbeit zu erreichen. Dies ist möglich durch Bewegungsvereinfachung und durch Bewegungsverdichtung, indem unproduktive Arbeitsabschnitte beseitigt oder vermindert werden, und die Arbeit z. B. so gestaltet wird, daß optimal gearbeitet werden kann. Zu den Bewegungsstudien gehören auch die Verfahren der Elementarzeitanalysen und -synthesen.

Die *ergonomische Arbeitsplatzgestaltung* umfaßt die:

1. *anthropometrische Arbeitsplatzgestaltung* mit dem Ziel der Anpassung des Arbeitsplatzes an die Maße des menschlichen Körpers und seine Bedingungen;
2. *physiologische Arbeitsplatzgestaltung*, um Arbeitsmethode und Arbeitsbedingungen dem menschlichen Körper und seinem Leistungsvermögen anzupassen;
3. *psychologische Arbeitsplatzgestaltung* zur Erreichung einer angenehmen Arbeitsumwelt durch Farbgebung, Musik usw.;
4. *informationstechnische Arbeitsplatzgestaltung* durch Verbesserung von Anzeigegeräten, Signalen und anderen Hilfsmitteln der Informationswahrnehmung;
5. *sicherheitstechnische Arbeitsplatzgestaltung* zur Verhinderung von Unfällen am Arbeitsplatz;
6. *organisatorische Arbeitsplatzgestaltung* durch Anpassung der Arbeitszeit, Pausenregelung usw. an den biologischen Tagesrhythmus des Menschen.

Ziel der Betriebsmittelnutzung ist es, Arbeitsverfahren zu entwickeln, die eine möglichst hohe zeitliche Gesamtnutzung gewährleisten.

Ziel der räumlichen Arbeitsablaufgestaltung ist es, durch räumliche Anordnung der Arbeitsplätze möglichst kurze Transportzeiten zu erhalten und bei Fließarbeit eine zeitliche Abstimmung der Arbeitsvorgänge mit der Taktzeit zu erreichen. Die *zeitliche Arbeitsablaufgestaltung* hat das Ziel einen möglichst raschen Fertigungsfluß zu erreichen, sei es durch die Vermeidung von Liege- und Wartezeiten, oder das Einschalten von parallelen Arbeitsvorgängen.

Als Ergebnis der räumlichen und zeitlichen Arbeitsablaufgestaltung bilden sich auch die verschiedenen Idealformen des Fertigungsflusses, der Werkstattfertigung, der Reihenfertigung, der Fließfertigung und der automatischen Fertigung zusammen mit den verschiedenen Kombinationsformen heraus.

Das Zeitstudium dient der Ermittlung der Vorgabezeiten für die Maschinennutzung und den Arbeitseinsatz und schafft damit die notwendigen Unterlagen u.a. für Planung und Kalkulation.

2.1.2 Kritik an den überzogenen Formen traditioneller Arbeitsstrukturierung

Die technischen Errungenschaften und wirtschaftlichen Fortschritte seit Beginn der Industrialisierung sind ein Produkt der Arbeitsteilung und der Spezialisierung. Arbeitsteilung steigert durch den Wiederholungseffekt nicht nur den Übungsgewinn und damit die Produktivität, sondern ermöglicht auch den Einsatz technischer und sachlicher Hilfsmittel. Arbeitsteilung setzt aber Zusammenwirken und koordiniertes Ausrichten aller Einzelaktivitäten auf ein gemeinsames Ziel voraus. Sie kann deshalb nur dann erfolgreich sein, wenn durch einen Ordnungsrahmen der Freiheitsspielraum des Einzelnen eingeschränkt wird. In diesem Spannungszustand zwischen Freiheitsspielraum und funktionalem Sachzwang liegt der Dualismus der arbeitsteiligen Wirtschaft (vgl. Abbildung 28).

Diese Abbildung zeigt, daß es in beiden Bereichen und zwischen ihnen ein Optimum gibt. Wird dieses Optimum überschritten, so treten anstelle der Vorteile nachteilige Auswirkungen.

Ideal ist die Arbeitsgestaltung dann, wenn ein Optimum an Ordnungsrahmen durch ein Optimum an Freiheitsspielraum ergänzt wird. Dieses Optimum hängt ab von Einstellung, Bildung, Wissen, Können und Einsicht aller Beteiligten.

In den vergangenen Jahrzehnten wurde der Ordnungsrahmen überbetont und mußte vielleicht auch überbetont werden, weil, wie die Erfahrungen in Entwicklungsländern zeigen, eine leistungsfähige Industriearbeiterschaft mit hohem Bildungsniveau erst in einem Prozeß der Generationenfolge entsteht, und zwar in dem Ausmaß, in dem wirtschaftlicher Fortschritt eine Freistellung der heranwachsenden Jugend von der existenzsichernden Arbeit für Bildungszwecke ermöglicht. Solange kein dem technischen Stand entsprechendes Bildungsniveau erreicht ist, müssen

- detaillierte Vorschriften über den Arbeitsvollzug erlassen und zur Erlernung der spezifischen Arbeitsmethoden standardisierte Verfahren festgelegt werden, um einen Einsatz von weniger vorgebildeten Arbeitskräften zu ermöglichen
- Arbeitsabläufe so programmiert und von der technischen Auslegung her so fixiert werden, daß die Arbeitsleistung nur in einer festgelegten Weise erbracht werden kann.

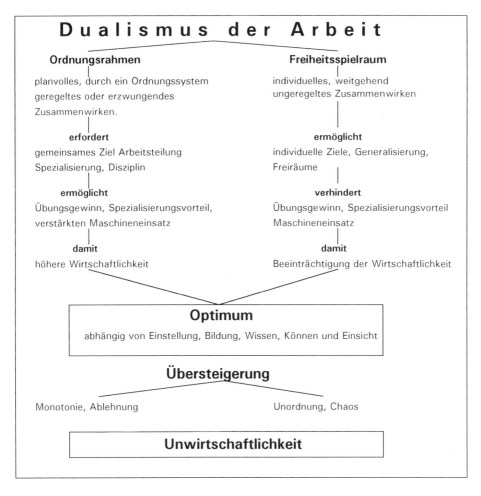

Abbildung 28: Dualismus einer arbeitsteiligen Wirtschaft

Zu negativen Ausfallerscheinungen muß es jedoch kommen, wenn an den Grundsätzen eines starren Ordnungsrahmens zu lange und auch dann noch festgehalten wird, wenn sich die Arbeiterschaft in Struktur und Qualifikation geändert hat und wenn ein höherer Ausbildungsstand und gewachsenes Bildungsniveau nach einer stärkeren Generalisierung der Arbeitsaufgabe verlangen. Man hat dieses Problem zu lange übersehen und wurde erst aufmerksam, als man zur Besetzung der Fließbänder und automatischen Fertigungsstraßen in zunehmend stärkerem Maße auf ausländische Arbeitskräfte zurückgreifen mußte. Weitere Warnzeichen waren die im Laufe der Entwicklung immer stärker zunehmende Fluktuation, wachsende Fehlzeitraten, gezielte und spontane Bummeleien, steigende Ausschußraten usw. Diese Erscheinungen haben das Verständnis dafür gefördert, daß es einen optimalen Spezialisierungsgrad (Grad der Arbeitsteilung) gibt. Ab einem bestimmten Punkt werden Spezialisierungsvorteile durch Übungsgewinn und Verringerung der Rüstzeiten durch die Zusatzkosten, die durch den höheren Absentismus oder Fehler und Schäden bei Monotonieerscheinungen auftreten, mehr als aufgewogen. Es zeigt sich immer deutlicher, daß mit den überkommenen arbeitswissenschaftlichen Methoden der Arbeitsplatzgestaltung in unserer Gesellschaftsordnung, keine Leistungsanreize mehr zu erwarten sind. Dies bestätigen auch Forschungsergebnisse, die auf das Bestehen sehr enger Zusammenhänge zwischen dem Bereich der menschlichen Arbeit und den übrigen Lebensbereichen hinweisen (*Ulich*, *Großkurth* und *Bruggemann*). Im wesentlichen beherrschen zwei unterschiedliche Konzeptionen die neuere Diskussion. Das *Kompensationsmodell* geht von der Annahme aus, daß der moderne Mensch sein Interesse zunehmend aus dem Arbeitsbereich heraus in die Freizeit verlagert und damit die Arbeit lediglich als ein Mittel betrachtet, seine Konsumwünsche zu erfüllen. Seine Selbstverwirklichung versucht er in der Freizeit zu finden. Die Konzeption des *Verstärkungsmodells* geht von der Überlegung aus, daß sich menschliches Denken und Handeln nicht in klar abgegrenzte Handlungsspielräume trennen läßt. Gestiegene Erwartungen und stärkere Verwirklichung in einem Bereich ziehen ebenfalls gestiegene Erwartungen in anderen Lebensbereichen nach sich, z.B. höherer Bildungsstand und gestiegenes demokratisches Selbstbewußtsein verlangen nach Erweiterung des Handlungsspielraums im Betrieb, während umgekehrt die Erfahrungswelt im Betrieb auch das Verhalten in anderen gesellschaftlichen Bereichen bestimmt. Beide Erscheinungen lassen sich im Betrieb beobachten, und es ist deshalb denkbar, daß beide Modelle die Realität unterschiedlich abbilden und personen- oder situationsspezifisch unterschiedlich wirksam werden.

Aus dieser Ausgangslage heraus wurden mehrere Versuche unternommen, neue Formen der Arbeitsgestaltung im Sinne der Gestaltung attraktiver Arbeitsplätze durch Erweiterung des menschlichen Handlungsspielraums zu schaffen.

Dieser wird - wie Abbildung 29 zeigt - durch drei Komponenten bestimmt, von denen sich dann verschiedene neue Formen der Arbeitsstrukturierung ableiten lassen.

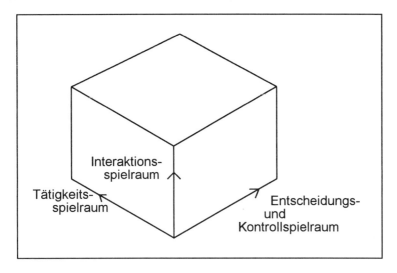

Abbildung 29:   Komponenten des Handlungsspielraums (nach Ulich)

2.1.3 Realisierung neuer Formen der Arbeitsstrukturierung durch sozio-technologische Systemgestaltung

Diese Grundkonzeption geht von der Annahme aus, daß bei einem Wirtschaftsunternehmen als offenem System die Umwelt und die interne Struktur miteinander verbunden sind und sich wechselseitig beeinflussen. Beide, der technische und der soziale Aspekt, sind interdependent und können nicht unabhängig voneinander gestaltet werden. Deshalb gilt es, bei der Systemgestaltung die teilweise divergierenden Interessen beider Systemeinflußgrößen zu beachten und sie im Rahmen einer multidimensionalen Zielsetzung nach den Kriterien zu optimieren:

- menschengerecht,
- effektiv,
- ökonomisch,
- zukunftsgerichtet.

Das Betriebsverfassungsgesetz gibt dem Betriebsrat nach § 90 ff. bei der Gestaltung von Arbeitsplatz, Arbeitsablauf und Arbeitsbedingungen ein

Informations- und Beratungsrecht und verpflichtet den Arbeitgeber hierbei, die gesicherten arbeitswissenschaftlichen Erkenntnisse zu berücksichtigen.

Was als gesicherte arbeitswissenschaftliche Erkenntnisse anzusehen ist, war mit Inkrafttreten der Neufassung des Betriebsverfassungsgesetzes umstritten. Zwischenzeitlich wurde jedoch zwischen den beteiligten Gruppen weitgehend Einigung erzielt.

Die arbeitswissenschaftlichen Erkenntnisse sind in nachstehender Übersicht zusammengestellt.

Anforderungen an die Arbeitsstruktur	Informationen liefern folgende Wissenschaftsgebiete	Beispiele für anzuwendende Kenngrößen
1. Ausführbarkeit, d.h. die Arbeit muß innerhalb anerkannter Höchstbelastungsgrenzen realisiert werden können.	Arbeitsmedizin, Arbeitsphysiologie, Arbeitspsychologie	Kurzzeitig zulässige Höchstwerte
2. Erträglichkeit, d.h. die Arbeit muß auf die Dauer eines Arbeitslebens ohne vorzeitigen gesundheitlichen Verschleiß ertragen werden können.	wie oben, in Verbindung mit den Gesellschafts- und Sozialwissenschaften	längerfristige Dauerbelastungsgrenzen
3. Zumutbarkeit, und zwar zumutbar im Sinne der herrschenden Auffassung	Ergonomie in Verbindung mit den anerkannten gesellschaftlichen Wertvorstellungen	z.B. zulässige Arbeitszeiten, Arbeitsplatzbedingungen usw.
4. Subjektive Zufriedenheit, im Sinne eines persönlichen, körperlichen und sozialen Wohlbefindens.	Ergonomie, Individual- und Sozialpsychologie/-soziologie.	allgemein anerkannte und vereinbarte Maßstäbe für Gesundheit und Wohlbefinden

Abbildung 30: Anforderungen an die Arbeitsgestaltung

Aus diesen Anforderungen lassen sich nachstehende fünf Stufen der Arten arbeitswissenschaftlicher Erkenntnisse ableiten.

Arten der arbeitswissenschaftlichen Erkenntnisse	Beispiele	Quellen
1. methodisch und/oder statistisch ausreichend abgesicherte Ergebnisse	festgelegte Grundsätze	ermittelt in statistischen Großzahlversuchen aus einer repräsentativen Grundgesamtheit
2. anerkannte Meinungen innerhalb der Fachwelt	Grundsätze der Bewegungsökonomie	übereinstimmende Auffassung von Wissenschaftlern und Fachleuten, z.B. Gegenstand von Lehrbüchern
3. mehrheitlich vereinbarte und arbeitswissenschaftlich begründete Aussagen	Gestaltungsgrundsätze nach der REFA-Methodenlehre	in der Fachwelt anerkannt, Nachschlagewerke, Spezialzeitschriften
4. anerkannte Regelwerke	DIN-Normen	Regelwerke mit Gestaltungsnormen für verschiedene Teilgebiete
5. vom Gesetzgeber übernommene Erkenntnisse	Arbeitszeitordnung, Frauen- und Jugendarbeitsschutz	Gesetzes- oder Verordnungsnormen

Abbildung 31: Arten arbeitswissenschaftlicher Erkenntnisse

Folgende Formen der Arbeitsstrukturierung haben in der letzten Zeit an Bedeutung gewonnen:

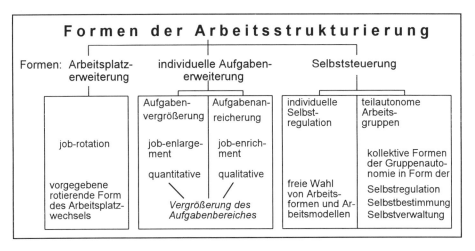

Abbildung 32: Übersicht über die Formen der Arbeitsstrukturierung

Die einfachste Form ist in diesem Zusammenhang das *job-rotation*. Die einzelnen Arbeitsplätze und Arbeitsgänge bleiben in ihrer Struktur erhalten. Lediglich der Mitarbeiter wechselt nach einem vorgegebenen Schema in einer bestimmten Reihenfolge seinen Arbeitsplatz. Im Gegensatz zum *"Springersystem"*, bei dem die Erhöhung der Flexibilität und die kurzfristige Dispositionsbereitschaft erhöht werden soll und bei der der Springer in der Regel ein Ersatzmann für ausfallende Mitarbeiter ist, geht es beim job-rotation darum, den Aufgabenhorizont des Mitarbeiters zu erweitern, und um durch einen häufigeren Arbeitsplatzwechsel Monotonieerscheinungen vorzubeugen.

Wesentlich beim job-rotation ist die Planmäßigkeit des Wechsels und der Umstand, daß der Mitarbeiter nach Ablauf von einem Rotationszyklus wieder an seinen ursprünglichen Arbeitsplatz zurückkehrt.

Beim *job-enlargement* wird eine zu weitgehende horizontale Arbeitsteilung wieder aufgehoben, indem mehrere zusammengehörige und strukturell gleichartige Arbeitsgänge, die zu ihrer Erledigung die gleichen Anforderungen voraussetzen, zu einer Einheit zusammengefaßt werden.

Beide Formen, job-rotation und job-enlargement, gehen auch von der Annahme aus, daß vor allem der Umfang einer Tätigkeit und die regelmäßige Abwechslung dazu beitragen, eine Arbeit erträglicher zu gestalten und die Zufriedenheit zu erhöhen; daß die zunehmenden Erfahrungen des Arbeitsplatzwechsels und die Erweiterung des Arbeitsumfangs geeignet sind, Ermüdungserscheinungen, Monotonie- und Sättigungsphänomene zu verhindern.

Der Form des *job-enrichment* liegt das *"Verstärker- Modell"* zugrunde. Hier geht es darum, die einzelnen Arbeitsgänge in ihren Anforderungen an das Erwartungsniveau der Mitarbeiter anzupassen, in dem Teiltätigkeiten unterschiedlicher Anforderungen zu neuen Arbeitseinheiten zusammengefaßt werden. Dies bedeutet, ausführende Tätigkeiten mit dispositiven, kontrollierenden und vor allem koordinierenden Teilaufgaben zu verbinden. Ein Vorgang, der meist auch mit der Übertragung höherer Verantwortung verbunden ist.

Am weitesten gehen hier die verschiedenen Formen der *Selbststeuerung*, die insbesondere zu Beginn der 80er Jahre mit den verschiedenen Experimenten *"autonome bzw. teilautonome" Gruppen* durch Volvo und Phillips zunehmend diskutiert wurden. Die Erfahrungen mit diesen autonomen selbststeuernden Gruppen sind vielfältig. Am gründlichsten in der Literatur wurden die Versuche in beiden Werken Torslanda und Kalmar von Volvo behandelt.

Allgemein werden hier in der Literatur die Auswirkungen dieser Formen der Erweiterung des Handlungs-Tätigkeitsspielraumes als durchweg positiv bezeichnet. Die ursprünglich häufig kritiklose und teilweise überschwengliche positive Beurteilung ist jedoch zwischenzeitlich einer wesentlich nüchterneren Betrachtungsweise gewichen.

Bezeichnend ist hier, daß Volvo sehr frühzeitig diese Arbeitsgruppen auf den weniger anspruchsvollen Namen "Produktionsgruppen" umgewandelt hat.

Die Ursache für die unterschiedliche Bewertung autonomer Arbeitsgruppen liegt im wesentlichen auch in der Vielfalt und Vielschichtigkeit der Ausprägungen unterschiedlicher Autonomiekriterien.

Autonomiebereich	Selbst-verwaltung		Selbst-bestimmung			Selbstregulation			
	kollektiv		kollektiv			kollektiv			individuell
Zuständigkeitsbereich der Gruppe oder ihrer Mitglieder	Die Gruppe hat Einfluß auf ihre qualitativen Ziele	Die Gruppe hat Einfluß auf ihre quantitativen Ziele	Die Gruppe entscheidet Fragen der Vertretung nach außen	Die Gruppe entscheidet über die Annahme von zusätzlichen Arbeiten	Die Gruppe entscheidet, wann sie arbeiten will	Die Gruppe entscheidet über Fragen der Produktionsmethoden	Die Gruppe bestimmt die interne Aufgabenverteilung	Die Gruppe entscheidet über Fragen von Neueinstellungen	Die Gruppe entscheidet über Fragen der internen Führung	Die Gruppenmitglieder bestimmen ihre eigenen Produktionsmethoden
Holzfällergruppe	-	+	+	+	+	+	+	+	+	+
Kohle-Bergbau-Gruppe	-	+	+	+	+	+	+	+	+	+
Elektr. Heizofen-Gruppe	-	+	+	+	+	+	+	+	+	+
ALFA-Ofen-Gruppe	-	-	-	+	+	+	+	+	+	+
ALFA-Steinhauer-Gruppe	-	-	-	+	+	+	+	+	+	+
Druckfeder-Gruppe	-	-	-	-	-	0	+	+	+	+
Schmelzofen-Gruppe	-	-	-	-	-	-	+	+	+	+
Galvanisierungs-Gruppe	-	-	-	-	-	-	-	-	-	+

Abbildung 33: Erfullung der Autonomiekriterien in verschiedenen Formen "autonomer Gruppen" nach *Gulowsen*

Versucht man die Untersuchungsergebnisse von *Gulowsen* über die verschiedenen Ausprägungen der Gruppenautonomie zu systematisieren, so ergeben sich folgende Formen:

- Formen der *Selbstregulation*, d.h. innerhalb vorgegebener Grenzen und Normen können bestimmte Teilbereiche selbstbestimmt werden, individuell, wenn der Mitarbeiter die Möglichkeit hat, seine eigene Produktionsmethode, d.h. die Art seiner Arbeitsverrichtung selbst zu bestimmen oder kollektiv, wenn die Gruppe selbst über ihre Zusammensetzung durch

Entscheidung bei Neueinstellung oder Entlassung sowie über die Frage der internen Gruppenstruktur entscheiden kann,
- *Selbstbestimmung*, wenn die Gruppe über die Übernahme zusätzlicher Arbeiten und über die Fragen der Arbeitszeit und vor allem über die Art der Produktionsmethode entscheiden kann,
- *Selbstverwaltung*, wenn die Gruppe sich autonom ihre Ziele setzen und über Fragen ihrer Vertretung nach außen entscheiden kann.

Die Erfahrungen mit der Gruppenautonomie sind vielfältig und sie zeigen, daß autonome Gruppen mit einem hohen Maß an Selbstregulierungsmöglichkeiten und eingeschränkt mit einem hohen Maß an Selbstbestimmungsmöglichkeiten, durchaus überraschend gute Ergebnisse erzielen, die nicht nur auf einen *"Hawthorne-Effekt"* oder auf einen missionarischen Eifer der Anhänger dieser Modellvorstellungen zurückgeführt werden können.

Bei durchgeführten Experimenten zeigt sich allerdings auch, daß nur zum Teil bei den betroffenen Mitarbeitern signifikante Steigerungen der Zufriedenheitsrate erreicht werden konnten. So wird hier häufig auch darauf hingewiesen, daß es sehr entscheidend auf die Art der Zufriedenheit ankommt. Hier scheinen die zum Teil unbefriedigenden Ergebnisse zu beweisen, daß ein eingeengter Handlungsspielraum durchaus nicht von allen Mitarbeitern als gleich unbefriedigend empfunden wird und, daß es eine allgemein gültige Form der Arbeitsstrukturierung, die von allen Mitarbeitern als gleichermaßen gut empfunden wird, nicht geben kann.

Als Konsequenz fordert *Ulich* (1978) die Möglichkeiten zur *differentiellen Arbeitsgestaltung* zu eröffnen, so schreibt er: Im Mittelpunkt des Unternehmens steht der Mensch und seine Ansprüche auf Selbstverwirklichung. Das Unternehmen muß deshalb verschiedene Formen der Arbeitsstrukturierung - vom Fließband über die verschiedenen Formen der Erweiterung des Handlungsspielraumes bis hin zu den autonomen Gruppen - bereitstellen, unter denen der Mitarbeiter auswählen kann.

Kritische Stimmen betonen auf der einen Seite die Konsequenz, die sich aus der unterschiedlichen Produktivität der verschiedenen Formen der Arbeitsstrukturierung und damit auch letztlich die Auswirkungen, die sich auf eine "gerechte Lohnfindung" ergeben. Ferner verweisen sie auf die auftretenden innerbetrieblichen und organisatorischen Probleme der Realisierung.

Vereinzelte Erfahrungsberichte (*Zülich/Starringer*) vermögen hier noch nicht voll zu überzeugen.

Die entscheidende Schwäche für den Erfolg teilautonomer Gruppen ist, wie das Problem der Verbindung zwischen den einzelnen autonomen Gruppen, insbesondere zu vor- und nachgelagerten Gruppen, im Produktionsfluß herzustellen, gelöst werden kann.

Die seit dem Erscheinen der "zweiten Revolution in der Automobilindustrie" von *Womack, Roos, Jones* in die Diskussion gekommene *"lean-production"* beruht im wesentlichen auf den drei Formen:

- verstärkte zwischenbetriebliche Arbeitsteilung und Einbeziehung von Vorlieferanten in die konstruktive Gestaltung und ihre aktive Beteiligung in der *Wertschöpfungskette*,
- Gruppenarbeit mit starken Selbstregulationselementen, aber sehr eingeschränkten kollektiven Selbstbestimmungsmöglichkeiten,
- Selbstregulationsmechanismen in der Koordination der teilweise autonomen Gruppen durch organisatorische Selbststeuerungssysteme. Wie z.B. die Organisation der Materialbereitstellung durch das *"kan-ban"-System*.

2.2 Festlegung der Arbeitsanforderungen

2.2.1 Fertigungsunterlagen und Arbeitsplatzbeschreibung

Bei repetitiven Tätigkeiten im Fertigungsbereich werden die Ergebnisse der Arbeitsstrukturierung (Ergebnis der Arbeitsablauf-, Arbeitsinhalt- und Arbeitsausführungsplanung) in der Regel in Arbeitsplänen festgehalten. Der normale *Arbeitsplan* enthält folgende Angaben:

1. Angabe des Produktes, für das der Arbeitsplan gilt,
2. Angabe aller Arbeitsvorgänge in logischer Reihenfolge, Beschreibung des Arbeitsvorganges, ggf. mit Verhaltensvorschriften, genaue Angaben der Maschinen, Maschinengruppen usw., mit denen die Arbeit erledigt werden soll, Art der Werkzeuge, der zu verwendenden Vorrichtungen, ggf. ergänzende Vorschriften über Schnittgeschwindigkeit, Vorschub usw.
3. Angabe der Zeitdauer der einzelnen Arbeitsvorgänge (und zwar unterteilt in einmalige Rüstzeiten zum Einrichten der Maschine bei Fertigungsbeginn und Fertigungsende und die Leistungszeit je Einheit),
4. Hinweise für die Entlohnung (z.B. Lohngruppe), falls diese nicht arbeitsplatzabhängig ist.

Die Unterlagen des Arbeitsplanes dienen, ergänzt mit auftragsbezogenen Daten wie Termin, Auftragsnummer, Fertigungsstückzahl usw.,

1. als *Fertigungsauftrag* für den Betrieb (vom Betriebsleiter bis zum Meister),
2. als Grundlage für die *Terminplanung* und die *Fertigungssteuerung*,
3. als Basis für die *Kostenermittlung* (Vorkalkulation und Nachkalkulation),
4. bei Akkordlohnarbeiten als Grundlage der Lohnrechnung.

Bei nicht repetitiven Arbeiten, wie z.B. Verwaltungsarbeiten, werden die Ergebnisse der Arbeitsstrukturierung in *Arbeitsplatz-* bzw. *Tätigkeitsbeschreibungen* festgehalten. Hier ist es im Prinzip eigentlich unerheblich, ob die Arbeitsstruktur geplant wurde oder ob es sich um eine spätere schriftliche Fixierung eines Zustandes handelt, der sich im Laufe der Entwicklung so eingespielt hat.

Die Arbeitsplatz-(Tätigkeits-) beschreibung ist in der Regel wie folgt gegliedert:

1. wesentliche Aufgaben- und Verantwortungsbereiche,
2. Verhältnisse des Arbeitsplatzes einschließlich der technischen Ausrüstung und der Hilfsmittel,
3. genaue und ausführliche Beschreibung der einzelnen Arbeiten,
4. Grad der Selbständigkeit, die sich aus den Über- und Unterstellungsverhältnissen, dem Umfang der Entscheidungsbefugnis und der Abhängigkeit von technischen Ausrüstungen oder anderen Mitarbeitern ergibt,
5. Grad der Verantwortung, den der Arbeitsplatzinhaber zu tragen hat, für das Ergebnis der eigenen Arbeit hinsichtlich Qualität und Quantität, für die Behandlung von Geld- und Sachmitteln sowie für die Auswirkungen auf andere Teilbereiche,
6. Umfang der Beanspruchung in körperlicher und geistiger Hinsicht (wie z.B. Wechsel der Aufgabenstellung, Bedienungsart und -dauer von Anlagen und Geräten).

Weiterhin soll sie Auskunft geben über die Anforderungen, die hinsichtlich Wissen, Können usw., an den Arbeitsplatzinhaber gestellt werden.

Ergänzt wird diese Beschreibung in der Regel durch eine *Arbeitsverteilungskarte*, aus der sich das Zusammenwirken der verschiedenen Arbeitsplätze innerhalb einer Gruppe und zwischen den Gruppen ergibt.

Der Inhalt der Arbeitsverteilungskarte bezieht sich auf die

1. Aufgaben des Arbeitsbereichs, abgestuft nach der Reihenfolge der Wertigkeit,
2. Anzahl und Art der Arbeitsplätze innerhalb einer Gruppe,
3. Aufgaben und Funktionen der einzelnen Arbeitsplätze (so daß sich hieraus ihr Zusammenwirken innerhalb eines Bereichs ergibt).

Tätigkeitsbeschreibung und *Arbeitsverteilungskarte* dienen in der Regel als

1. Hilfsmittel zur Einarbeitung neuer Mitarbeiter,
2. Grundlage für die Arbeitsbewertung und Lohnfestsetzung,
3. Grundlage für die Leistungsbeurteilung,
4. Unterlage für die Stellenbesetzung,
5. Grundlagen für die Planung und Durchführung von Personalentwicklungsmaßnahmen

Weiterhin soll die Arbeitsplatz-(Tätigkeits-)beschreibung über die Anforderungen im Bezug auf Wissen, Können, Erfahrungen usw. Auskunft geben, über die der Arbeitsplatzinhaber verfügen muß, wenn er seiner Aufgabe gerecht werden soll (vgl. hierzu Ausführungen zu Abschnitt Arbeitsbewertung).

2.2.2 Ermittlung der fachlichen und personellen Anforderungen

Arbeitplatzbeschreibung und Fertigungsunterlagen enthalten somit eine genaue und detaillierte Beschreibung aller Teiltätigkeiten, die im Rahmen eines arbeitsteiligen Prozesses erledigt werden müssen, einschließlich der Beschreibung der notwendigen Arbeitsmittel sowie der jeweiligen Bedingungen der Leistungserstellung.

Diese Angaben bilden auch die Grundlagen, um für die *qualitative Personalbedarfsermittlung*, die *Personaleinsatzplanung*, die *Personalbeschaffung*, die *Personalentwicklung* und letztlich auch die für eine *anforderungsgerechte Entgeltpolitik* notwendigen Anforderungen an den Stelleninhaber hinsichtlich seiner fachlichen, methodischen, sozialen und personellen Kompetenz abzuleiten.

2.2.3 Stellenbeschreibung

Im Gegensatz zum Arbeitsplan und zur Arbeitsplatzbeschreibung stellt die *Stellenbeschreibung* die Aufgaben und die Einordnung einer Stelle in den hierarchischen Aufbau in den Vordergrund. Sie beschreibt somit weder die Art der Arbeitsdurchführung, noch die dazu erforderlichen Arbeitsmittel und dient auch nicht zur Ermittlung eines Arbeitswertes. Sie umfaßt drei Hauptgebiete:

1. Instanzenbild:

   Bestehend aus Stellenbezeichnung, Aufgabe des zuständigen Führungsbereiches, der Über- und Unterstellungsverhältnisse, wobei ggf. zwischen Fach- und Disziplinarvorgesetzten zu unterscheiden ist, den Stellvertretungsverhältnissen, der Einordnung in die internen Kommunikationsbeziehungen sowie dem Recht und der Pflicht zur Berichterstattung. Der *Fachvorgesetzte* kann die Erfüllung seiner Anordnung nicht disziplinarisch erzwingen, er hat nur eine fachbezogene Führungskompetenz, der *Disziplinarvorgesetzte* ist für die Personalführung zuständig mit dem Recht, Normabweichungen mit Verweisen, Verwarnungen usw. zu ahnden.

2. Aufgabenbild:

   Bildet das Kernstück der Stellenbeschreibung. Hierbei werden neben der Aufgabe auch gleichzeitig die Entscheidungs- und Weisungskompetenzen und damit auch der "Machtbereich" innerhalb der Hierarchie festgelegt. Die Stellenaufgaben umfassen im wesentlichen drei Teilbereiche:
   - *Entscheidungsaufgaben* (die durch Kommunikations- und Planungsverhandlungen vorbereitet und durch Kontrollhandlungen überprüft werden),

- *operative (Ausführungs-)Aufgaben* und
- *personelle Steuerungsaufgaben* (Weisung an nachgeordnete Stellen, Aufgaben der Koordination, Förderung, Initiierung und Motivierung der Mitarbeiter usw).

3. Leistungsbild:
Beschreibt die Leistungsanforderungen, die an den Stelleninhaber gestellt werden und die bei einer Stellenbesetzung als Richtpunkte für die Auswahl des bestgeeigneten Bewerbers dienen, und die Leistungsstandards, d.h. die Angabe der Ziele, deren Erreichung vom Stelleninhaber erwartet wird.

Die Stellenbeschreibung zeigt die funktions- und führungsmäßige Einordnung des Stelleninhabers in die *Betriebshierarchie*. Sie dient als Hilfsmittel zur Beurteilung des Stelleninhabers und bildet die Entscheidungsgrundlage bei der Stellenplanung und Stellenbesetzung. Sie erleichtert die Einarbeitung neuer Arbeitskräfte.

Ob sie diesen Aufgaben gerecht wird, hängt davon ab, inwieweit es im Einzelfall gelingt, das statische Element, das jede Stellenbeschreibung in eine Organisation bringt, mit der Dynamik der laufenden Veränderungen in Form von zusätzlich neuen und alten an Bedeutung verlierenden Aufgaben in Übereinstimmung zu bringen. Sind die drei Hauptgebiete weitgehend exakt und genau umschrieben, so werden sie um so rascher von den tatsächlichen Verhältnissen überholt: je dynamischer ein Unternehmen geführt wird, je schneller es sich entwickelt, je häufiger Markteinflüsse schwanken und je flexibler es auf äußere Störeinflüße reagieren muß. Die einzelnen Festlegungen jeweils immer kurzfristig den Veränderungen anzupassen, erfordert Zeit und verursacht Kosten. Wenn man sich hingegen bei der Festlegung der Teilgebiete auf wenig detaillierte und grundsätzliche Regelungen beschränkt, so behalten diese zwar lange Zeit ihre Gültigkeit, haben aber nur eingeschränkten Wert als Hilfsmittel zur Strukturierung der Führungsorganisation sowie als Grundlage für die Leistungsbeurteilung, die Stellenbesetzung oder die Klärung vom Kompetenzstreitigkeiten. Umso stärker werden sich die formalen Regelungen durch informale Anpassungen ergänzen müssen, wenn die Organisation nicht in übertriebenen bürokratischen Verkrustungen erstarren soll.

2.3 Festlegung der Aufbauorganisation und der Kommunikationsstruktur

2.3.1 Koordinierung der Teilaufgaben

Komplexe Aufgaben können in kurzer Zeit nur durch eine Mehrzahl von arbeitenden Personen gelöst werden. Dies erfordert eine Differenzierung, die zu zwei deutlich unterscheidbaren Dimensionen führt.

In einer *horizontalen Dimension* geht es (analytisch) um die Zerlegung der Gesamtaufgabe in Teilaufgaben. Die horizontale Zerlegung der Gesamtaufgabe führt über die Arbeitsteilung zur Stellenbildung. Als Stelle wird hier allgemein in der Organisationsliteratur ein an eine Person angepaßter Aufgabenkomplex verstanden. Eine Abteilung bildet hier eine nach sachlichen Gründen geschaffene Stellenmehrheit. Die horizontale Differenzierung erfordert zwangsläufig die *vertikale (synthetische) Gliederung* zur integrativen Zusammenfassung der Teilleistungen zu einer Gesamtleistung. Diese Integration ist notwendig, um alle Anstrengungen innerhalb einer Organisation auf ein einheitliches Zielsystem auszurichten.

Differenzierung und Integration bedingen sich gegenseitig. Je stärker die Differenzierung durch Arbeitsteilung, um so stärker ist die Notwendigkeit der Bildung von Koordinationsstellen. Da bei starker Differenzierung die Koordination auf der gleichen Ebene zu großen Schwierigkeiten führt und in der Regel nicht gewährleistet werden kann, muß sie durch eine übergeordnete Instanz gesichert werden. Die Notwendigkeit der Sicherung der Koordination durch übergeordnete Stellen bewirkt eine Art *hierarchischer Ordnung*. Die Erfahrungen haben gezeigt, daß jede Organisation, die auf dem Zusammenwirken mehrerer Menschen zur Erreichung eines gemeinsamen Ziels beruht, sich zwangsläufig einer Art hierarchischer Ordnung bedienen muß, um Ziele und Aufgaben festzulegen, sie in eine bestimmte Rangordnung zu bringen und um die Teilleistungen der einzelnen Mitglieder zu koordinieren.

Diese Ordnung kann formal durch ein planmäßiges Vorgehen geschaffen werden, dem sich alle unterwerfen, die in die Organisation eintreten. Finden sich mehrere zur Erreichung eines gemeinsamen Zieles zusammen, ohne daß eine formale Ordnung vorgegeben ist, dann werden sich zwangsläufig in kurzer Zeit Status-, Macht- und Kommunikationsbeziehungen sowie Sympathie- und Antipathieneigungen herausbilden, die durch *Selbstorganisation* zur Schaffung einer informalen Ordnungsstruktur führen. Auch in dieser ungeplant entstandenen Ordnungsstruktur werden zwangsläufig immer wieder einige Teilnehmer größeren Einfluß auf die Gruppenaktivitäten haben als andere und dies wird zwangsläufig zu einer Art hierarchischer Abstufung führen.

Es zeigt, daß die Organisation im wesentlichen das Ergebnis des Zusammenwirkens von bewußt geschaffener Organisation (die in Organisationsplänen und Symbolen zum Ausdruck kommt) und der Selbstorganisation ist.

Hier verweist *v. Hayek* zu recht darauf, daß bewußtes Organisieren und Selbstorganisation sich wechselseitig beeinflussende und komplementäre Prozesse in sozialen Systemen sind und daß nur das Zusammenwirken beider Formen das Funktionieren institutioneller Systeme gewährleistet.

Obwohl sich die alte Diskussion zwischen den Konstruktivisten und der evolutionären Sichtweise (vgl. *Popper* u.a.) als wenig fruchtbar erwiesen hat, bestimmt sie heute noch weitgehend die einzelnen Lehrmeinungen.

Abbildung 34: Ordnung eines Systems durch Organisieren und Selbstorganisation (Quelle: Probst/Scheuss)

Die *Konstruktivisten* vertreten die von der Aufklärung ausgehenden Auffassung, wonach der Mensch in der Lage ist, auf der Grundlage von gesicherten Erkenntnissen, sich eine perfekte oder auch nur eine gute Ordnung zu schaffen.

Die *evolutionäre Sichtweise* geht davon aus, daß sich gesellschaftliche Institutionen in der Geschichte der Zivilisation durch Versuch und Irrtum in der

Form herausgebildet haben, in dem nur die Normen und Organisationen überleben, die sich als besonders geeignet erweisen.

Daraus zieht *v. Hayek* den Schluß, daß alle Systeme und Ordnungen zwar das Resultat menschlichen Handelns (Gestaltens, Erkennens und Entwickelns), aber nicht unbedingt das Resultat menschlicher Absichten sind.

Zwischen beiden Faktoren des bewußten Gestaltens und der Selbstorganisation bestehen sehr enge wechselseitige Beziehungen und gegenseitige Beeinflussungen. Die so entstandenen Formen müssen sich in der Praxis bewähren, um Bestand zu haben.

Der hierbei gestaltete hierarchische Aufbau wird durch drei Faktoren bedingt, die sich gegenseitig beeinflussen, und zwar Führungsstil bzw. Führungsverhalten, Fertigungstechnik und Qualifikationsstruktur der Mitarbeiter. Niedrige Qualifikationsstruktur eines Teils der Mitarbeiter erfordert starke Strukturierung der Arbeitsaufgabe und verlagert die Aufgaben der Planung, Disposition und Arbeitsvorbereitung auf andere hierarchische Ebenen. Damit steigt die Zahl der hierarchischen Ebenen und das Verhältnis von Angestellten zu Arbeitern verringert sich. Weiterhin erfordert eine straff organisierte und stark strukturierte Fertigung, wie die Fließbandautomobilfertigung, eine andere, weitaus differenziertere Qualifikationsstruktur der Mitarbeiter als beispielsweise die noch mehr handwerklich strukturierte Einzel- und Kleinserienfertigung des Spezial- oder Schwermaschinenbaus. Damit hat einerseits die Fertigungstechnik Einfluß auf die Qualifikationsstruktur der benötigten Arbeitskräfte und andererseits hat, wie die Ausführungen zur Arbeitstrukturierung zeigen, die veränderte Struktur der Arbeitnehmerschaft ebenfalls eine Einwirkung auf die Fertigungstechnik. Beide zusammen beeinflussen sich im Zusammenhang mit dem Führungsstil nicht nur wechselseitig, sondern beeinflussen auch die *Aufbauorganisation* und werden von ihr beeinflußt. Durch die Aufbauorganisation wird jedem Mitglied im Rahmen der Gesamtaufgabe eines Unternehmens seine Teilaufgabe und damit auch sein Platz, seine Position in der Gesamtorganisation zugewiesen. Aus der Position ergibt sich auch die Rolle, die der einzelne wahrzunehmen hat, und damit das Verhalten, das man von ihm erwartet. Dargestellt wird die Aufbauorganisation im Organisationsplan, dem Organigramm (vgl. Abbildung 35).

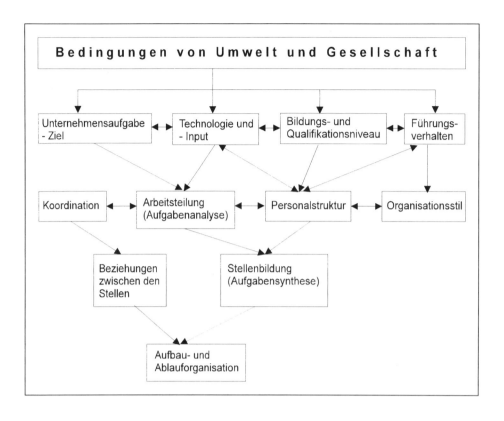

Abbildung 35: Zusammenhang zwischen Führungsverhalten, Fertigungstechnologie, Personalstruktur und Organisation in Abhängigkeit von den Bedingungen der Umwelt und Gesellschaft

2.3.2 Grundsätze der Linienorganisation

Dem klassischen Organisationsmodell der *Linienorganisation* mit hierarchischem Aufbau liegen die Grundsätze eines einheitlichen Willenszentrums und der Einheit der Auftragserteilung (*Fayol*) zugrunde. Nur an einer Stelle der Organisation werden die Ziele gesetzt, und nur von einem einzigen Stelleninhaber (Vorgesetzten) kann ein anderer Stelleninhaber seine Weisungen empfangen, während andererseits ein Vorgesetzter auch nur an die ihm direkt unterstellten Mitarbeiter Weisungen erteilen darf. Das Weisungsrecht basiert auf dem Grundsatz der *institutionellen Autorität*, die dem Weisungsberechtigten kraft seiner Stellung in der Hierarchie zugewiesen wird. Das wesentliche Problem, das hier die klassische Organisationsliteratur gesehen hat, war das der *Kontrollspanne*, die angibt, wieviel Mitarbeiter ein Vorgesetzter unter bestimmten Bedingungen anleiten und überwachen kann. Diese Kontrollspanne ist abhängig von der Qualifikationsstruktur der Mitarbeiter (bei höherer Qualifikation kann sie größer sein) und der Strukturierung der vorgegebenen Arbeitsaufgabe. Die Kontrollspanne in Verbindung mit der Betriebsgröße ergibt die Anzahl der hierarchischen Leitungsebenen eines Unternehmens.

	Einzel- und Kleinserienfertigung	Großserien- und Massenfertigung	Zwangslauffertigung
Zahl der Führungsebenen	3	4	6
Kontrolle der obersten Führungsspanne	4	7	10
Kontrollspanne der untersten Führung	21-23	48-50	11-13
Verhältnis direkte- indirekte Arbeit	8 : 1	5/6 : 1	2 : 1
Verhältnis Arbeiter-Angestellte	9 : 1	4 : 1	1 : 1

Abbildung 36: Umfang der Kontrollspanne in Abhängigkeit von der Fertigungsart (vgl. *Bartölke* S.66)

Zur Ausführung von Teilaufgaben in einem Unternehmen ist es notwendig, daß die verschiedenen Aufgabenträger der einzelnen Führungsebenen die notwendigen Informationen zur Durchführung ihrer Arbeitsaufgabe erhalten. Der Linienorganisation entspricht ein mehr mechanistisches Menschenbild. Informationen haben sich deshalb auf ein betrieblich, technisch-organisatorisch notwendiges Maß zu beschränken. Diese Informationen sind dann in der Regel in den Arbeitsanweisungen enthalten (vgl. Abbildung 37).

Ein Mittel zur Selektion der Informationen ist die Festlegung von Kommunikationskanälen in Form des sog. *"Dienstweges"*, der entlang den Weisungskanälen verläuft und der formale Querinformationen irgendwelcher Stellen untereinander weitgehend einschränkt. Auf der anderen Seite ist jedoch der Mitarbeiter verpflichtet, seinen unmittelbaren Vorgesetzten über das zu informieren, was an seinem Arbeitsplatz anfällt.

Haben in den letzten Jahrzehnten wachsende Betriebsgrößen, zunehmende Differenzierung der Arbeitsgestaltung, verbunden mit steigender Spezialisierung, zu einer Erhöhung der Zahl der Führungsebenen mit einer Zunahme "leitender Angestellter des mittleren Management" geführt, so werden im Zusammenhang mit der Diskussion um eine höhere Flexibilität der Unternehmensführung, in Verbindung mit einer zunehmenden Übertragung von Aufgaben und Verantwortung auf ausführende Bereiche, die bisherigen Strukturüberlegungen relativiert.

In Zusammenhang mit Überlegungen einer "schlanken Verwaltung" (analog der lean-production) und von Wirtschaftlichkeitsüberlegungen, wird die Notwendigkeit und Berechtigung vieler früher mittlerer Leitungs- und Koordinationsebenen infrage gestellt. Damit verbunden ist eine erhebliche "Ausdünnung" dieser Führungsschicht und die sich daraus notwendigerweise ergebenden personellen Konsequenzen nicht nur für die betreffenden Mitarbeiter, sondern auch für die Aufstiegs- und Karrieremöglichkeiten innerhalb der Unternehmung.

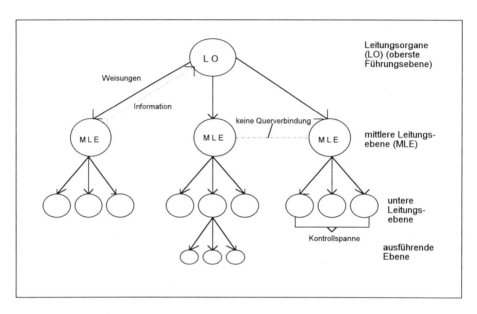

Abbildung 37: Schematische Darstellung des Einliniensystems

Dem *Einliniensystem* steht das von Taylor entwickelte und propagierte *Mehrliniensystem* gegenüber, das sich jedoch dem Konzept entsprechend nicht auf die ganze Hierarchie eines Unternehmens, sondern nur auf die Beziehungen zwischen den ausführenden Arbeitern und der untersten Führungsebene (Vorarbeiter/Meister) erstrecken sollte. *Taylors* Grundgedanke war, daß es für jede Tätigkeit einen optimalen Weg gibt, der durch eine exakte Analyse der jeweiligen Verrichtung und durch die Anwendung wissenschaftlicher Methoden gefunden werden müßte. Das Aufsuchen dieses Weges und die intensive Anleitung und Überwachung des einzelnen Arbeiters stellt den einzelnen Meister vor eine schwierige Aufgabe, mit der er häufig überfordert wird. *Taylor* schlägt nun auch hier für die Meister eine Art Arbeitsteilung vor und sieht für größere Betriebe eine Aufteilung der gesamten Meisteraufgaben in acht

Funktionsmeisterbereiche vor. Damit untersteht der einzelne Arbeiter im Rahmen seiner Tätigkeit zugleich mehreren Meistern.

Idealtypisch schlägt hier Taylor zwei Gruppen von Meistern vor, und zwar

- den clerk - zuständig für Planung, Steuerung, Arbeitseinteilung, und zwar
    - route clerk (Arbeitseinteilung)
    - instruction card clerk (Anweisung, Anleitung)
    - cost and time clerk (Arbeitsplanung, Fertigung, Steuerung)
    - inspector (Prüfmeister)
- den boss, zuständig für disziplinäre Aufgaben der Aufsicht in der Kontrolle
    - gangboss (Überwachung der Auftragsdurchführung)
    - speed boss (zuständig für Einrichtung und Steuerung der Anlagen)
    - repair boss (Werks- und Maschineninstandhaltung)
    - shop disciplinarien (Auftragserfüllung, Ordnung im Betrieb).

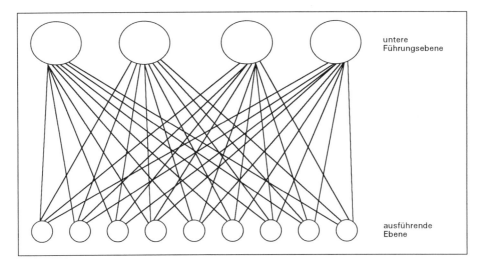

Abbildung 38: Schematische Darstellung des Funktions-Meister-Systems

Diese *Mehrfachunterstellung* stellt den Arbeiter nicht selten vor schwierige Abstimmungsprobleme, nämlich dann, wenn verschiedene Meister teilweise unterschiedliche oder sich widersprechende Anweisungen erteilen. In den meisten Lehrbüchern wird das Funktionsmeistersystem als nicht praktikabel angesehen. In der neueren Organisationslehre finden sich jedoch die wesentlichen Grundgedanken dieses Systems in der sogenannten *"Matrix"- Organisation* wieder. Auch das sogenannte "Verrichtungsprinzip" von *Kosiol* weist ähnliche Grundzüge auf (*Kosiol*, S. 49; *Bleicher*, S. 75). In der Betriebspraxis hat sich jedoch bisher immer noch das von *Fayol* propagierte System der Einheit der Auftragserteilung gehalten. Das Problem der Überforderung von Linienvorgesetzten wurde versucht durch die Einführung von Stäben zu lösen. So werden in der Mehrzahl aller Betriebe, vor allem die Aufgaben der clerks nicht mehr von den Meistern, sondern von der Stabsabteilung der AV - Arbeitsvorbereitung - wahrgenommen.

Grundgedanke der Stabsorganisation ist es, die Führungs- und Leitungskapazität der Linienvorgesetzten durch die Zuordnung ihnen unterstellter Fachabteilungen (Stäbe) ohne Weisungsrecht zu erweitern. Eine Ausweitung hat das Stabssystem durch die Einrichtung von auf Zeit eingerichteten Ausschüssen und Kollegen erfahren. Die Einrichtung der Stäbe basiert im wesentlichen auf zwei Grundgedanken, die allerdings im Laufe der Entwicklung fraglich geworden sind:

1. Fiktion der Gleichsetzung von institutioneller Autorität und Macht (*Führungsautorität*);
2. Annahme, daß die Entscheidungsvorbereitung (und Beratungstätigkeit) der Stäbe die Entscheidung des Linienvorgesesetzten selbst nicht beeinflußt, so daß er nach wie vor die volle Verantwortung für alle Entscheidungen trägt.

So spricht man heute von der sogenannten *"Macht der Stäbe"* und schneidet damit das Problem des Zwiespalts zwischen Expertentum und notwendiger Disziplin an, den auch die Unterscheidung zwischen der Führungsverantwortung des Linienvorgesetzten und der Beratungsverantwortung der Stabsabteilung nicht aufzuheben vermag.

2.3.3 Kritik am klassischen Stab-Linien-System

Das klassische Stab-Linien-System, das heute noch überwiegend die Strukturformen der Aufbauorganisation wirtschaftlicher Unternehmen prägt, weist sehr viele Gemeinsamkeiten mit der Herrschaftsform der Bürokratie auf, die erstmals Max Weber theoretisch beschrieben hat. Kriterien der Bürokratie sind demnach:

1. Arbeitsteilung und Spezialisierung (auf diesen Prinzipien beruht die technische Überlegenheit der Bürokratie gegenüber anderen Verwaltungsformen),
2. Prinzip des hierarchischen Aufbaus mit einer Stufenordnung von Kontroll- und Aufsichtsinstanzen,
3. System abstrakter Regelungen, nach denen sich das Zusammenwirken der einzelnen Glieder vollzieht (routinehafte Erledigung),
4. Mechanistische Betrachtungsweise durch den Geist formaler Unpersönlichkeit und damit Ausschaltung persönlicher Beziehungen,

5. Ausbildung, als Einweisung in die vorgegebenen Aufgaben mit allen Rechten und Pflichten,
6. Aufstieg nach Betriebszugehörigkeit,
7. Erfahrung wird großer Bedeutung zugemessen.

Wurde die Bürokratie ursprünglich als eine geistige Errungenschaft zur Überwindung autokratischer Willkür gefeiert, so ist sie im Laufe der Entwicklung immer mehr in Verruf geraten. Bürokratisch gilt mehr als Schimpfwort und das Wort "Bürokratie" verursacht bei den meisten Menschen ein "ungemütliches" Gefühl. In einer sich rasch wandelnden und immer differenzierteren Welt wurden die Vorteile der Bürokratie zu ihren Nachteilen. Die gleichen Elemente, die die bürokratisch-hierarchisch gegliederte Organisationsform leistungsfähig gemacht haben, der hohe Konformitätsgrad mit starr vorgeschriebenen Verhaltensmustern, tragen in sich den Ansatz zur Leistungsunfähigkeit in bestimmten Situationen und verhindern die Anpassung an geänderte Umstände.

Wie die bürokratische Organisation ist auch das Stab-Linien-System zunehmend in den Mittelpunkt der Kritik geraten. Man bemängelt, daß es sich zu sehr mit den Problemen des internen Funktionierens befaßt und damit zu einer wirkungsvollen Vertretung nach außen nur bei stabilen Umweltverhältnissen fähig sei. In der Organisation dominiert das System, zwischenmenschliche Anforderungen müssen deshalb unberücksichtigt bleiben. Da die Organisation selbst keine hinreichenden Möglichkeiten der Anpassung an veränderte Umweltbedingungen aufweist, muß versucht werden, durch regelmäßig wiederkehrende Reorganisationsmaßnahmen die Starrheit des Systems zu mindern.

2.3.4 Lösungsansätze durch neue Organisationsformen

In Anbetracht dieser zum Teil berechtigten Kritik wurden neue Lösungsvorschläge entwickelt, die teilweise mit unterschiedlichem Erfolg erprobt wurden, teilweise aber auch nur mit missionarischem Eifer vertreten werden, ohne daß sie erfolgreiche Verbreitung gefunden haben.

2.3.4.1 Projektmanagement

In der Linienorganisation muß die Koordination der Teilaufgaben der verschiedenen Aufgabenträger zu einer gemeinsamen Gesamtleitung jeweils durch die nächste gemeinsame, ranghierarchisch übergeordnete Leitungsstelle erfolgen. In der Betriebspraxis führt dies zu einer sehr starken Überlastung der Instanzen mit zum großen Teil zweitrangigen Koordinationsaufgaben, verbunden mit Zeitverzögerungen und einer erheblichen Starrheit des Systems. Nicht selten weichen nun überlastete Leitungsorgane dieser Überforderung aus, indem sie die Wahrnehmung der Koordinationsaufgaben an Stabsstellen übertragen. Damit werden Stabsstellen, die eigentlich ihrem Wesen nach über keine

Entscheidungs- und Anordnungsbefugnisse verfügen sollen, Aufgaben mit Entscheidungsvollmachten übertragen. Dadurch wird die Idee einer Stabsstelle verlassen.

Es wird nun versucht durch das *Projektmanagement* diese Entwicklung zu verhindern. Typisches Merkmal des Projektmanagements ist, daß es für eine bestimmte Aufgabe geschaffen wird, deren Ende sich zeitlich absehen läßt. Zur Lösung dieser Aufgabe wird eine Projektgruppe in Form einer Fachstelle mit begrenzten Weisungsaufgaben gebildet. Diese besteht aus einem Projektleiter und mehreren Mitarbeitern, die aus den Fachabteilungen (Stammabteilung) abgeordnet werden. Der Projektleiter ist mit entsprechenden fachlichen Weisungskompetenzen gegenüber den Projektmitgliedern ausgestattet. In disziplinarischer Hinsicht sind die Projektgruppenmitglieder jedoch meist weiterhin ihrer Stammabteilung unterstellt. In der Organisationspraxis wird hier zwischen verschiedenen Formen unterschieden. Bei kleineren Projekten ist die Form der "*Task Forces*" üblich. Die Mitarbeiter werden für die Dauer des Projektes den Stammabteilungen entnommen und kehren nach Erledigung des Projektauftrags wieder dorthin zurück. Bei der *"Projekt-Organisation"* werden die Mitarbeiter eigens für eine bestimmte Projektaufgabe eingestellt. In der Regel handelt es sich hier um umfangreiche, sich häufig über mehrere Jahre hinziehende Projekte.

2.3.4.2 Matrix-Organisation

Während das Projekt-Management zur Lösung von Einzelproblemen von zeitlich begrenzter Dauer dient, ist die *Matrix-Organisation* auf Dauer angelegt. Nach der klassischen Linienorganisation sind Abstimmungsprobleme und Koordinationsaufgaben, die jeweils unterschiedliche betriebliche Teilbereiche betreffen, von der jeweils nächst höheren hierarchischen Instanz zu lösen.

Dies verdeutlicht folgendes Beispiel: Bei einem neu entwickelten Produkt stellt der Vertrieb für eine bestimmte Region fest, daß eine geringfügige Änderung des Produktes die Absatzchancen wesentlich verbessern würde.

Nach dem klassischen Linienprinzip müßte die regionale Vertriebsleitung über die Hauptvertriebsleitung die Vertriebsdirektion informieren. Nach Abstimmung mit der technischen Leitung müßten die Betriebsleitung, die Arbeitsvorbereitung, die Materialdisposition usw. über das Problem informiert und zur Stellungnahme aufgefordert werden, bis dann auf der gemeinsamen hierarchisch ranghöchsten Ebene die Entscheidung fällt.

Die auf jeder Ebene stattfindenden *Informationsverzerrungen* durch Unterdrückung von scheinbar unwesentlichen Detailinformationen und Informationsanreicherungen, führen dann in der Regel zu vorprogrammierten und wenig qualifizierten Entscheidungen.

Die Organisationspraxis umgeht dieses Dilemma der Stufenhierarchie, indem für einzelne Probleme sog. *"Fachstellen"* als Sonder-Koordinations-Organe geschaffen werden.

Den vorläufigen Schlußpunkt dieser Entwicklung stellt die Matrix-Organisation dar.

Die hierarchische Struktur nach Funktionen wird überlagert von einem weiteren Aufbau z.B. nach Produktgruppen. Die Problemlösungen erfolgen in den Schnittlinien der Matrix. Hierbei sind grundsätzlich zwei Varianten möglich: Entweder das Weisungsrecht verbleibt beim Funktionsvorgesetzten und das Produkt-Management hat nur ein Vorschlags- oder Beratungsrecht, so daß es sich anderer Machtgrundlagen als Ranghierarchien bedienen muß, um seine Vorstellungen durchzusetzen (*Einfluß-Matrix-Management*), oder jeder Produktmanager und Funktionsvorgesetzte hat für seinen Bereich ein Anweisungsrecht, so daß insoweit eine echte Mehrfachunterstellung (in der Regel unter den Fach- als auch den Disziplinarvorgesetzten) vorliegt.

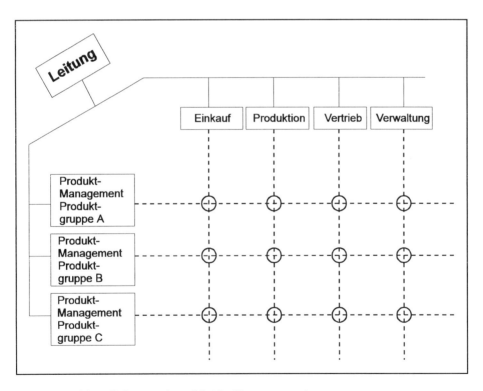

Abbildung 39: Schema eines Matrix-Managements

2.3.4.3 Hierarchie der Gruppen

Dieses Modell, von *Golembiewski* entwickelt, unterscheidet sich von der klassischen Linienorganisation in zweifacher Hinsicht:

1. Die formale Hierarchie besteht nicht mehr aus Abteilungen, sondern aus Gruppen.
2. Die Strukturierung des Organisationsaufbaus erfolgt nicht mehr nach Funktionen oder nach Verrichtungen, sondern nach geschlossenen Aufgabenkomplexen.

Bei der Erfüllung ihrer Aufgaben sind die einzelnen Gruppen weitgehend autonom. Ihre Entscheidungsbefugnisse sind lediglich durch die Rahmenentscheidungen und die Zielvorgaben der Vorgesetztengruppe begrenzt. Diese Rahmenentscheidungen betreffen übertragene Aufgaben, vorgegebene Leistungsnormen usw., und sollen sicherstellen, daß möglichst viele Probleme innerhalb der Gruppe und in Anpassung mit der Gesamtzielvorgabe des Unternehmens gelöst werden.

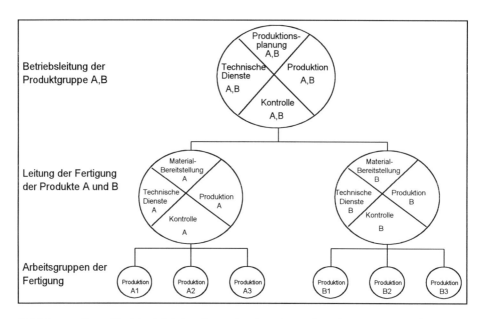

Abbildung 40: Strukturbild der Organisationsform der Hierarchie der Gruppen für einen Produktionsbereich (Colleague Modell von Golembiewski)

Bei der Entscheidung innerhalb der Gruppen entscheidet jedes Mitglied über die seine Funktion betreffenden Angelegenheiten in eigener Entscheidungsbefugnis und unter eigener Verantwortung. Bei grundsätzlichen Angelegenheiten hingegen werden Entscheidungen von allen gemeinsam getroffen und auch gemeinsam verantwortet. Wesentliche Grundgedanken dieses Modells finden sich auch beim System der selbststeuernden Gruppen.

Dieser Grundgedanke der Gruppenhierarchie, wie auch der der überlappenden Gruppen von *Likert,* findet sich wieder in dem von dem *lean-management* favorisierten Gruppenarbeitskonzept.

2.3.4.4 System der überlappenden Gruppen von Likert

Gestützt auf seine empirischen Untersuchungen und auf theoretische Überlegungen geht *Likert* davon aus, daß eine Organisation dann am besten arbeitet, wenn die einzelnen Mitarbeiter nicht isolierte Individuen sind, sondern als Mitglieder von Gruppen mit hohen Leistungszielen eingesetzt werden. Deshalb sollen sich die Führungskräfte bei der Gestaltung der Organisation bemühen, solche Gruppen zu schaffen und sie mit Hilfe von Verbindungsgliedern (*linking pins*) zu einer Gesamtorganisation zu vereinigen. Jeder Vorgesetzte gehört immer zwei Gruppen an, und zwar einer Gruppe als Vorgesetzter und der nächsthöheren Gruppe als Mitglied. Dies gilt für alle Ebenen der Unternehmenshierarchie. Likert verspricht sich hiervon eine verstärkte Motivation der Mitarbeiter, ein verstärktes Einbeziehen in den Entscheidungsprozeß der nächsthöheren Ebene und vor allem auch eine Erleichterung der Kommunikation und des Informationsflusses.

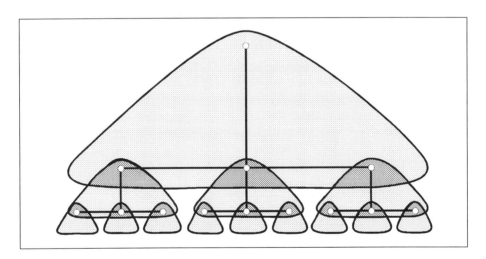

Abbildung 41: Aufbauorganisation mittels ineinandergreifender Gruppen (*Likert*, S. 104)

Bei Entscheidungen innerhalb der Gruppe soll der Vorgesetzte die Rolle des "primus inter pares" spielen. Trotz Mitwirkung der Gruppenmitglieder muß jedoch der Vorgesetzte die volle Verantwortung für die Entscheidungen tragen, so daß er sich bei Einzelfragen auch über die einheitliche Auffassung der Gruppe hinwegsetzen kann, wenn er diese für falsch hält. Fraglich wäre dann nur, ob dies aus motivationspsychologischen Gründen und Gründen der Führungspragmatik sinnvoll wäre.

Gegen Likerts Konzept wird eingewandt, daß die Führungsaufgabe der Meister und der unteren Führungskräfte im Vergleich zu ihren Vorgesetzten meist in der Wahrung der Disziplin sowie der Aufrechterhaltung der Ordnung und weniger in der Lösung von Sachfragen liege. Deshalb müssen sie mehr auf die für den Erhalt der Disziplin erforderlichen Statusunterschiede bedacht sein. Darüber hinaus wird befürchtet, daß Vorgesetzte einer unteren Ebene aufgrund ihres Ausbildungsstandes nicht in der Lage seien, gegenüber den Mitgliedern der ihnen übergeordneten Ebene als gleichberechtigte und akzeptierte Teilnehmer aufzutreten. Im Rahmen der Steigerung der Gruppenautonomie verändern und verlagern sich die Aufgaben der unteren Führungskräfte. Viele dieser Aufgaben werden auf Grund des veränderten fachlichen Qualifikationsstandes von Mitarbeitern in eigener Verantwortung bzw. in Abstimmung mit der Gruppe wahrgenommen. Damit fallen viele Aufgaben weg (Schlagwort "Ausdünnen" des mittleren Managements), andere Aufgaben verändern sich von ursprünglichen Fach- und Führungsaufgaben zu einer Art Moderatorenfunktion.

2.3.4.5 Kombination von Linienorganisation und Teamhierarchie

Der Grundgedanke des u.a. von *Schnelle* entwickelten Organisationssystems, geht von der Überlegung aus, daß bisher noch kein Beweis erbracht worden ist, daß arbeitsteilige Organisationen mit überwiegend repetitiven und regressiven Prozessen anders als hierarchisch geführt werden können. Worauf es aber ankommt, ist die Starrheit des reinen Liniensystems aufzulösen. Die Lösung bietet die Ergänzung der Hierarchie der Linienorganisation durch Planungsteams. Ein Planungsteam setzt sich aus zwei bis sechs Mitarbeitern zusammen, von denen jeder über das Fachwissen für einen speziellen Aspekt des zu bearbeitenden Problems verfügt. Wenn man mehr als sechs Mitarbeiter für ein Problem benötigt, so soll das Problem gespalten und jedem Team ein Teilproblem übertragen werden.

Einen typischen Fall dieser *vermaschten Gruppen* stellen die sog. *"Qualitätszirkel"* dar. Diese institutionalisierten Kleingruppen mit etwa 7 - 12 Mitarbeitern treffen sich unter Anleitung eines Moderators, der in der Regel der Vorgesetzte ist, um Schwachstellen im eigenen Arbeitsgebiet aufzudecken und Lösungsvorschläge zu unterbreiten.

Trotz einer geradezu euphorischen Behandlung in der Litertur werden die Möglichkeiten dieser Gruppen bei weitem überschätzt und die praktischen Erfahrungen sind eher ernüchternd.

Die Koordination zwischen den einzelnen Teams soll dann entsprechend den *"überlappenden Gruppen"* durch *Teamvermaschung* hergestellt werden.

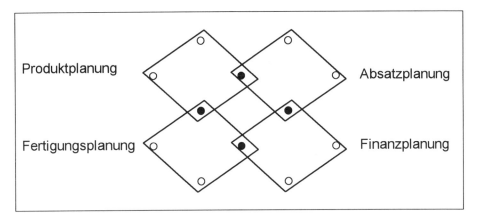

Abbildung 42: Vermaschung von vier Planungsteams mit je vier Mitarbeitern bei der Einrichtung einer Produktinnovation - Entwicklungsgruppe (Schnelle)

Die Verbindung zwischen den Teams und den Instanzen der Hierarchie wird über spezielle Gruppen hergestellt: Die *Entscheidungsgruppe* wird aus zwei bis drei Angehörigen der Unternehmensführung gebildet. Sie stellt das Planungsteam zusammen und legt das Thema sowie die ungefähre Zeitdauer fest. Sie sichert auch das *Planungsteam* gegenüber möglichen Einwirkungen der Linieninstanzen ab. Der Planungsausschuß vertritt die Teilbereiche, die durch die Planung betroffen werden. Er stellt den Planungsteams das für die Weiterarbeit notwendige zusätzliche Fachwissen zur Verfügung und wirkt bei Sachfragen als sachverständiger Diskussionspartner mit. Die Informationsgruppe umfaßt die Meinungsführer (Machtpromotoren - Witte) der Unternehmung, vor allem der Unternehmensbereiche, die durch die Planung betroffen sind. Sie soll vor allem den Informationsaustausch sicherstellen und die Gefahr von emotionellen Widerständen bei der Verwirklichung der Planungsergebnisse durch rechtzeitige Information verhindern (vgl. Abbildung 43). Konsequent durchgeführt, kommt diese Form auch dem japanischen *Kaizen-Prinzip* sehr nahe, wo über das "ringi-system" eine Vielzahl von Betroffenen in das System der Willensbildung mit einbezogen werden.

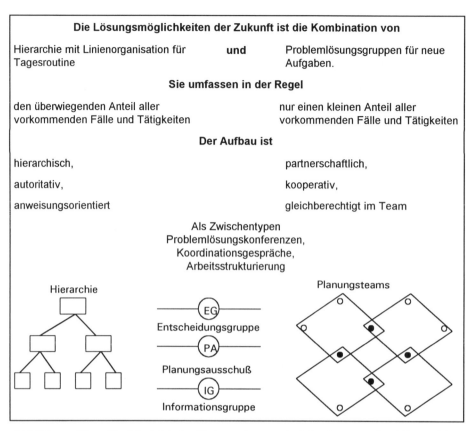

Abbildung 43: Strukturbild der Unternehmung bei Ergänzung der Hierarchie durch Planungsteams in Anlehnung an Schnelle

2.4 Schriftliche Fixierung der Organisationsstruktur

Ohne gemeinsam anerkannte Ordnung ist ein gesetztes Ziel, das von mehreren in einem gemeinsamen Zusammenwirken in einem arbeitsteiligen Prozeß angestrebt wird, nicht oder nur sehr unvollkommen zu erreichen. Die Lebenserfahrung zeigt, daß sich - wo auch immer Menschen in einem arbeitsteiligen Prozeß zusammenarbeiten - ohne daß es einer bewußten Planung bedarf, aus einer Vielzahl von mehr oder weniger improvisierten Einzelmaßnahmen, Normen und Verhaltensweisen herausbilden, an denen sich die einzelnen als einer Art von "Gewohnheitsrecht" und "Gewohnheitspflicht" orientieren.

Zu unterscheiden sind

- *Eigenregelung*. Der Betroffene kann selbst Art und Weise seines Leistungsbeitrages regeln und

- *Fremdregelung*, wo der Grad der Spezialisierung und die Form der Arbeitsteilung sowie die Art des Zusammenwirkens durch eine übergeordnete Instanz vorgegeben wird.

Jede dieser Regelungen kann informell entstanden sein und auf ungeschriebenem Gewohnheitsrecht beruhen oder auch bewußt gestaltet und schriftlich vorgegeben werden.

Bei kleineren Unternehmen und Organisationseinheiten mit einer überschaubaren Zahl von Mitarbeitern herrscht die ungeplante, auf Improvisation und gegenseitiger Anpassung beruhende, stärker auf Eigenregelung abgestellte Form ohne schriftliche Fixierung vor. Dies ist ausreichend, solange

- zwischen allen Beteiligten ein persönlicher Kontakt vorhanden ist,
- die einzelnen Aufgaben und die Gesamtaufgabe klar und deutlich und für alle Beteiligten überschaubar und vor allem, wenn
- "allgemein anerkannte Spielregeln", die notwendige Koordination der Einzelleistungen zu einer Gesamtleistung sicherstellen.

Das Bedürfnis nach schriftlicher Fixierung organisatorischer Regelungen für das Zusammenwirken im arbeitsteiligen Prozeß steigt

- mit der Größe des Betriebes, wenn die Zahl der betroffenen Personen bzw. die Zahl der zu koordinierenden Teilleistungen steigt,
- mit zunehmender Abhängigkeit der Leistung einer Person von den Teilleistungen anderer
- mit zunehmender Kompliziertheit der Arbeitsabläufe
- bei einem häufigeren Wechsel der Arbeitsaufgaben.

Gründe aus Sicht des Unternehmens	Gründe aus Sicht des Mitarbeiters
- Sicherung des Überblicks über das Gesamtsystem der Unternehmung und der Unternehmensgliederung	- Klarheit über den eigenen Aufgabenbereich im Gesamtsystem des Unternehmens
- Gewährleistung des Überblicks über die Verteilung von Aufgaben-, Kompetenz- und Verantwortungsbereichen	- Sicherheit der eigenen Position vor Übergriffen anderer Stellen, verbunden mit der Möglichkeit, die Schuld auch bei anderen suchen zu können
- Erhaltung des Überblicks über Art, Form und Grad der Arbeitsteilung	- Schutz vor Vorwürfen bei fehlenden oder mangelhaften Arbeitsergebnissen
- Schaffung von Unterlagen für die Beurteilung von Arbeitsanforderungen und Leistung	- Gerechte Behandlung gegenüber anderen Mitarbeitern und Kollegen

Abbildung 44: Gründe für eine schriftliche Fixierung organisatorischer Regelungen

Die Gründe für eine schriftliche Fixierung organisatorischer Regelungen liegen sowohl auf seiten des Mitarbeiters als auch auf seiten des Unternehmens (vgl.Abbildung 44).

Nach Erfahrungen kann ab einer Größe von etwa 40 Mitarbeitern einer organisatorischen Betriebseinheit auf ein bestimmtes Maß an schriftlichen Regelungen nicht ganz verzichtet werden.

Einen Überblick über die verschiedenen Instrumente zur Fixierung der Organisationsstruktur gibt Abbildung 45.

	Umfang der Darstellung	Art der Darstellung	
		grafisch	verbal beschreibend
Fixierung der Aufbauorganisation	1. Darstellung der Gesamtstruktur	Organisationsplan (Organigramm)	-
	2. Darstellung der Einzelelemente	-	Stellenbeschreibung, auch synonym als Funktionsbeschreibung, Aufgabenbeschreibung, Pflichtenheft usw. Arbeitsplatzbeschreibung
Fixierung der Ablauforganisation	1. Darstellung der Gesamtzusammenhänge	Arbeitszergliederungspläne, bereichsübergreifende Ablaufdiagramme	Ablaufbescheibung
	2. Darstellung von Teilzusammenhängen	Arbeitspläne, Zeichnungen	Arbeitsbeschreibung, Checklisten
Fixierung der Funktionszusammenhänge		Funktionendiagramm	-

Abbildung 45: Übersicht über die Instrumente zur Fixierung der Organisationsstrukturen

Auf die einzelnen Instrumente zur Fixierung der Aufbau- und Ablauforganisationen wurde bereits hingewiesen.

Da sich die Mehrzahl der betrieblichen Probleme und der zwischenmenschlichen Reibungswiderstände nicht aus einer mangelhaften Beherrschung der gestellten Arbeitsaufgabe ergeben, sondern vielmehr auf dem "koordinierenden Zusammenwirken" beruht, kommt der schriftlichen Fixierung der Funktionszusammenhänge eine besondere Bedeutung zu.

Hier nimmt das Funktionendiagramm - ein in der Organisationsliteratur bisher wenig beachtetes und häufig nur als ein vernachlässigbares Hilfsmittel für die Erarbeitung von Stellenbeschreibungen angesehen - eine Sonderstellung ein.

Das Funktionendiagramm bezieht sich nicht nur auf die Aufbau- und Ablauforganisation, sondern vielmehr auf die funktionalen Zusammenhänge zwischen allen Beteiligten im Rahmen einer ganzheitlichen Aufgabenerfüllung, eine Sichtweise, die bei allen anderen Organisationsinstrumenten nicht oder allenfalls nur in Ansätzen wahrgenommen werden kann.

Die Grundlage des Funktionendiagrammes bilden

- *Aufgabenträger* (Mitarbeiter, Stelleninhaber oder Mitarbeiter-Gruppen)
- die zu erfüllenden *Aufgaben*, bei komplexen Aufgaben aufgeteilt auf einzelne Teilaufgaben
- die im Rahmen der Einzelaufgaben zu erfüllenden *Funktionen*.

In Matrixform werden zeilenweise die zu erledigenden Teilaufgaben und spaltenweise die einzelnen Aufgabenträger eingetragen. Die im Rahmen dieser Teilaufgaben von den einzelnen Aufgabenträgern zu erfüllenden Funktionen werden im Schnittpunkt von Zeile und Spalte in der Regel durch Symbole oder durch Kurzbezeichnungen dargestellt.

Die Darstellungsart richtet sich nach den jeweiligen Bedürfnissen des einzelnen Unternehmens.

Bewährt haben sich die in Anlehnung an die Darstellung des betriebswirtschaftlichen Instituts der Hochschule St. Gallen entwickelten Abkürzungen.

Abkürzungen für Funktionsbezeichnungen			
I	= Initiativfunktion	O =	Anordnungsfunktion
P	= Planungsfunktion	D =	Durchführung, Ausführung
(P)	= Federführung in der Planung	Dw =	Durchführung in wichtigen Einzelfällen
E	= Entscheidungsfunktion	Ü =	Überwachung
Eg	= Entscheidungen in Grundsatzfragen	R =	Raterteilung
En	= Entscheidungen im Normalfall	K =	Kenntnisnahme, Information
Ew	= Entscheidungen in wichtigen Einzelfällen	B =	Besprechung
Em	= Mitentscheidungsrecht	W =	Weitergabe von Unterlagen
M	= Mitspracherecht		

Abbildung 46: Abkürzungen von Funktionsbezeichnungen

Mit Hilfe des Funktionendiagrammes können übersichtlich in Matrixform

- die innerbetriebliche Arbeitsteilung und -spezialisierung
- die Zusammenhänge und Interdependenzen zwischen den verschiedenen Aufgabenträgern bei der Erfüllung der einzelnen Teilaufgaben und
- die Koordination der verschiedenen Teilaufgaben für geschlossene Bereiche, sowohl aufgaben- als auch mitarbeiterbezogen, dargestellt werden.

		Aufgabenträger					
		A	B	C	→	n	
zu	1		FB				
erfüllende	2	FA_2	FB_2	FC_2		Fn^2	→Darstellung aller zur Erledigung
Teilauf-	3		FB_3				der Sachaufgabe 2 wahrzuneh-
gaben	4		-				menden Funktionen, aufgeteilt
↓							auf die einzelnen Aufgabenträger
	n		FB_n				

↓

Darstellung aller Funktionen, die im Rahmen der verschiedenen Aufgaben 1 bis n vom Aufgabenträger wahrzunehmen sind

Abbildung 47: Schematisches Beispiel eines Funktionendiagrammes (Bisani, 1982)

Dieses Koordinationsinstrument wird aus folgenden Gründen zunehmend an Bedeutung gewinnen:

- zunehmende Aufgabenerweiterung und verstärkte individuelle Selbstregulation im Rahmen von job-enrichment-Maßnahmen und
- Erweiterung der kollektiven Selbstregulation durch Vergrößerung des Autonomiegrades im Rahmen der Gruppenarbeit.

Im Laufe der sich immer stärker verändernden Rahmenbedingungen für die organisatorische Gestaltung, stellt das Funktionendiagramm ein sehr flexibel zu handhabendes Organisationsinstrument dar, das jederzeit kurzfristig Veränderungen angepasst werden kann.

3. Individualplanung

3.1 Einflußgrößen auf die Individualplanung

Ziel der Personalplanung ist es, für jede betriebliche Stellung bzw. für jede Aufgabe einen geeigneten Mitarbeiter zur Verfügung zu haben. Bei Aufgabenbereichen, bei denen eine bestimmte Einarbeitung, langfristige Erfahrungen oder auch entsprechende Bewährung erforderlich ist, die erst im Laufe einer längeren Berufstätigkeit erworben werden kann, ist es notwendig, durch eine gezielte, entsprechend geplante Personalentwicklung, die geeigneten Mitarbeiter heranzubilden.

Da aber jeder Mitarbeiter über seine eigene Karriereplanung frei entscheiden kann, wie auch darüber, ob er bei einem Unternehmen tätig sein will, kann eine Individualplanung nicht ohne Mitwirkung des betroffenen Mitarbeiters erfolgen.

Einflußgrößen auf die *Individualplanung* sind deshalb, sowohl von Unternehmensanforderungen, als auch von Mitarbeiterfähigkeiten/interessen abhängig.

3.1.1 Unternehmensanforderungen

Bei den Unternehmensbedürfnissen steht im Mittelpunkt die Überlegung, daß jede Stelle, mit den am besten geeigneten Mitarbeitern zu besetzen ist. Um jeweils zum entsprechenden Zeitpunkt einen geeigneten Mitarbeiter zur Verfügung zu haben, bedarf es in der Regel einer gezielten Förderung einzelner vorhandener Mitarbeiter oder aber es müssen, wenn dies nicht möglich ist, geeignete Mitarbeiter von außerhalb des Unternehmens beschafft werden.

Ausgangspunkt der Planung sind hier die im Unternehmen zu besetzenden Stellen, und zwar unterschieden nach den Kriterien

- erforderliche Qualifikation und Erfahrung
- ob die Stelle bereits offen und damit sofort zu besetzen ist oder ob sie erst später durch Ausscheiden des jetzigen Stelleninhabers frei wird bzw.
- ob die Stelle im Zuge von organisatorischen Maßnahmen neu geschaffen wird.

Allgemein wird in den Aufstiegsmöglichkeiten ein wesentliches Motivationsinstrument für die Mitarbeiter gesehen. Da die Zahl der hierarchischen Aufstiegspositionen in jedem Unternehmen naturgemäß begrenzt sind, auf der anderen Seite Unternehmen aber daran interessiert sein können, einen tüchtigen Mitarbeiter, dem sie keine hierarchische Aufstiegsposition bieten können, im Betrieb zu halten, schlägt *Schein* (1972, S. 41) eine von der üblichen eindimensionalen Darstellung der Karrieremöglichkeiten abweichende dreidimensionale Betrachtungsweise vor.

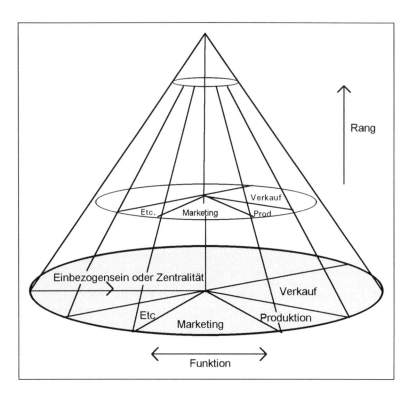

Abbildung 48: Dreidimensionales Modell der Karrieremöglichkeiten in einer Organisation

Nach diesem Modell sind drei Karrierebewegungen innerhalb einer Organisation möglich, und zwar vertikal in Richtung einer Rangerhöhung im Rahmen der Hierarchie, eine Kreisbewegung durch den Wechsel innerhalb der Organisation auf gleicher Hierarchieebene und letztlich auch eine Bewegung zum inneren Zirkel mit der Vermittlung von Privilegien, Einbeziehungen in einen engeren Kommunikationskreis usw.

3.1.2 Mitarbeiterfähigkeiten und Mitarbeiterinteressen

Auf der Seite des Mitarbeiters sind zwei Einflußfaktoren zu beachten:
- die persönlichen Fähigkeiten
- die Karrierebereitschaft.

Daß jemand nur dann für eine Karrierebewegung infrage kommen kann, der auch über die notwendigen Kenntnisse und Erfahrungen sowie über das erforderliche Verhalten verfügt, ist sicher selbstverständlich. Nur kommt es bei der Karriereplanung nicht so sehr auf die gegebene Situation, sondern vielmehr auf das vorhandene Entwicklungspotential des Mitarbeiters an. Entscheidend ist nicht, ob ein Mitarbeiter seine derzeitige Stelle voll und erfolgreich ausübt, sondern ob er der künftigen Aufgabe gewachsen ist. In diesem Zusammenhang kommt innerhalb der Personalbeurteilung der sogenannten *"Potentialbeurteilung"* ggf. auch unter dem Einsatz von *Assessment-Center* große Bedeutung zu.

Das häufig unterstellte grundsätzliche Streben der Mitarbeiter nach besseren Positionen und verbunden im Rahmen der "Selbstverwirklichung" mit dem Streben nach größerer Aufgabenautonomie und höheren Verantwortlichkeiten, dürfte heute, wenn es jemals auf alle Mitarbeiter zugetroffen haben sollte, nur für Teilbereiche der Mitarbeiter zutreffen.

Deutlich wird dies in der von *Strümpel/Scholz/Ligma* vorgenommenen Gegenüberstellung der Untersuchungsergebnisse einzelner Sozialforschungsinstitute.

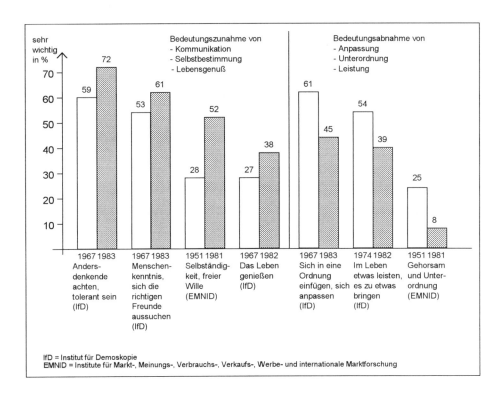

Abbildung 49: Die Entwicklung der Lebens- und Erziehungsprinzipien (*Strümpel/Scholz/Ligma*, HWP 1992, Sp. 2341)

Diese Veränderungen der Werthaltungen sind jedoch nicht nur auf die Erziehungs- und Lebensprinzipien beschränkt, sondern erstrecken sich naturgemäß auch auf die Ansprüche in der Berufswelt.

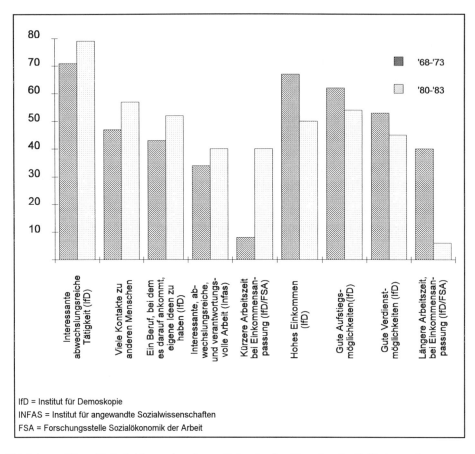

Abbildung 50: Entwicklung der Ansprüche in der Berufsarbeit *Strümpell Scholz/ Ligma*, HWP 2343/2344)

Auch die Untersuchung von *Einsiedler/Rau/von Rosenstiel* (1987) zeigt, im Vergleich von Führungsnachwuchskräften und etablierten Führungskräften, eine Verschiebung von der traditionellen aufstiegsbezogenen Karriereorientierung hin zur freiheitsorientierten Schonhaltung bzw. zu einem alternativen Engagement.

	Führungsnachwuchskräfte	Führungskräfte
Typ 1: traditionelle Karriereorientierung	22,9 %	73,8 %
Typ 2: freizeitorientierte Schonhaltung	31,8 %	7,6 %
Typ 3: alternatives Engagement	42,1 %	16,8 %

Abbildung 51: Typen der Karrieremotivation (*Einsiedler/Rau/von Rosenstiel*)

3.2 Formen der individuellen Laufbahnplanung

Grundsätzlich gibt es drei Formen der individuellen Laufbahnplanung, mit den sich daran anschließenden Maßnahmenbereichen.

3.2.1 Laufbahnplanung

Hier wird die Möglichkeit des Arbeitseinsatzes nach Aufgabengebieten, Zuständigkeitsbereichen in Abhängigkeit von der zunehmenden Erfahrung im gleichen Aufgabengebiet in Form von Laufplänen ausgewiesen.

Im Rahmen der *Laufbahnplanung*, die im öffentlichen Dienst üblich ist, ist diese Planung im Gegensatz zur Entwicklungsplanung nicht auf einen konkreten Arbeitsplatz ausgerichtet. Vielmehr wird mit Hilfe dieses Planes dem Mitarbeiter aufgezeigt, welche Aufgabenbereiche er im Normalfall bei gegebenen Ausgangsvoraussetzungen im Zeitablauf bei entsprechender Sammlung von Erfahrungen und hinreichender Beurteilung erreichen kann.

3.2.2 Besetzungsplanung

Hier erfolgt die Festlegung, welche in absehbarer Zeit freiwerdenden Stellen mit welchem Mitarbeiter besetzt werden sollen. Diese Planung erfolgt üblicherweise in Form der *Nachfolgeplanung*. Hier geht es vor allem darum, für ausscheidende Mitarbeiter (aus Gründen wie Kündigung, Beförderung, Pensionierung usw.) geeignete Nachfolger heranzubilden. Gleiches gilt analog auch für neu geschaffene Stellen. Die neuen Stelleninhaber sollen dann möglichst ohne Reibungsverluste diese Stellen übernehmen können.

Beschränkt man die *Besetzungsplanung* nicht auf freie oder in Kürze freiwerdende Stellen, sondern auf die Gesamtheit aller Stellen, spricht man auch von einer *Stellenbesetzungsplanung*. Diese Planung hat allerdings keinen dynamischen Charakter, sie bezieht auch keinerlei Entwicklung mit ein, sondern gibt nur an, welche Stellen im Unternehmen mit welchen Personen besetzt sind/ werden sollen.

3.2.3 Entwicklungsplanung

Hier geht es um die planmäßige Vorbereitung eines Mitarbeiters auf eine höhere (Führungsnachwuchskraft) oder eine andersartige (Spezialistennachwuchs) Stelle.

Die Zunahme verfügbaren und notwendigen Wissens schreitet unverhältnismäßig rasch voran und im gleichen Umfang veraltet bestehendes Wissen. Das Unternehmen könnte nun die Verantwortung, das notwendige Fachwissen auf dem jeweils notwendigen Stand der Erkenntnisse zu erhalten, dem Mitarbeiter übertragen. Allerdings mit der Konsequenz, daß es sich von Mitarbeitern, die dieser notwendigen Aufgabe nicht aus eigenem Antrieb nachkommen, nicht oder nur unter sehr erheblichen Schwierigkeiten wieder trennen kann.

Naturgemäß werden Unternehmen immer mehr gezwungen sein, die Fortbildung der Mitarbeiter durch geeignete Maßnahmen zu steuern und zu unterstützen. Die hier zugrundeliegenden Entwicklungsziele lassen sich unterscheiden in

- *aufgabenbezogene Entwicklungsziele*, diese sind mit einer konkreten Stelle verbunden, die der Mitarbeiter nach Durchführung des Entwicklungsplanes einnehmen kann, so z.B. Entwicklung zur Fachkraft für Arbeitssicherheit usw. Diese Methode setzt eine entsprechende Koordination zwischen Entwicklungs- und Besetzungsplanung voraus.
- *Berufsspezifische Ziele* sind Entwicklungsziele, die notwendig sind, um die vorhandenen berufsspezifischen Kenntnisse auf dem jeweiligen Stand zu erhalten. Die Zielerreichung selbst gibt hier noch keinen Anspruch auf eine bestimmte Stelle.
- *Allgemeine Kenntnisziele* sind konkrete Kenntnisse, die mit einem Entwicklungsplan vorgegeben werden können, so z.B. Beherrschung von Personal-Computern, Kenntnissen einer Programmiersprache, Kenntnissen einer Fremdsprache usw., ohne daß diese Kenntnisse einen Bezug zu einer bestimmten Aufgabe oder Stelle haben.

Von der Struktur her sind zwei weitere Arten der *Entwicklungsplanung* zu unterscheiden: Der Standardentwicklungsplan, er liegt vor, wenn in einem Unternehmen für bestimmte Positionen oder Aufgabenbereiche mehrere Mitarbeiter benötigt werden, so z.B. hierarchisch für Abteilungsleiter, Industriemeister oder aufgabenbezogen, z.B. Kundenbetreuer, Finanzbuchhalter usw.

Standardentwicklungspläne sind von Vorteil, wenn eine Reihe von Mitarbeitern bei etwa gleichen Ausgangsvoraussetzungen in ähnlicher oder in gleicher Weise zu entwickeln sind.

Trifft der Punkt der Häufigkeit nicht zu, so sind individuelle Einzelentwicklungspläne zweckmäßiger.

In den Bereich der Entwicklungsplanung könnte auch die Einführung neuer Mitarbeiter gerechnet werden, die systematisch im Abschnitt Personalbeschaffung dargestellt wird.

4. Kollektive Maßnahmenplanung

4.1 Planungszeitraum und Planungsgenauigkeit

Planung setzt ein Ziel voraus, das durch Realisierung einzelner Maßnahmen im Zeitablauf erreicht werden soll. Ohne dieses Ziel ist eine kontinuierliche Unternehmenspolitik frei von risikobehafteten ad-hoc-Entscheidungen nicht denkbar. Deshalb muß sich jede Planung aus drei Teilen zusammensetzen:

1. einer *strategischen* langfristigen *Zielplanung*, aus der sich die Grundlage der Unternehmenspolitik ergibt.
2. einer mittelfristigen taktischen *Programmplanung*, die zu
3. einer kurzfristigen *operativen Maßnahmenplanung* konkretisiert wird.

Alle drei Planungsstufen unterscheiden sich nach ihrem Konkretisierungsgrad (*Voßbein*, S. 23). Während im strategischen Ziel der langfristigen Planung auch ein Teil der Unternehmensphilosophie zum Ausdruck kommt, bildet die mittelfristige Planung die Grundlage für Zielvorgaben der einzelnen Unternehmensbereiche und stellt das Gerüst dar, an dem sich die kurzfristig durchzuführenden Maßnahmen ausrichten. Für die Verbindung zwischen mittelfristiger Programm- und kurzfristiger Maßnahmenplanung hat sich das Prinzip der sog. *"rollenden Planung"* bewährt. Hierbei wird zu den jeweiligen Terminen zur Planüberprüfung, die Zielerreichung im Rahmen der kurzfristigen Maßnahmenplanung überprüft und für die nächstfolgende Periode, die neuen Planungswerte als Budgetwerte vorgegeben. Die Werte der mittelfristigen Programmplanung werden dabei dem jeweils veränderten Stand des Wissens über den Planungszeitraum angepaßt.

Bei der Festlegung der Planzeiträume wird man deshalb folgende Faktoren berücksichtigen müssen:

1. Laufzeit der vorgelagerten Pläne, aus denen Werte für die Personalplanung abgeleitet werden, z.B. Investitionsplan, Produktionsplan usw., und für deren Erfüllung das benötigte Personal rechtzeitig bereitstehen muß,
2. Arbeitsmarktlage, d.h. die Beschaffungsmöglichkeit und -dauer für einzelne Mitarbeitergruppen im externen oder internen (ggf. durch Schulungsprogramme) Arbeitsmarkt.

Je weiter der Planungshorizont für die strategische und taktische Planung gespannt ist, um so mehr sind künftig zu erwartende Entwicklungen in ihren voraussichtlichen Auswirkungen abzuschätzen und zu berücksichtigen.

Zu den Einflußfaktoren gehören u.a.:

1. Verschiebungen der Bedarfsstruktur und damit Veränderung von Produktionsprogramm, -volumen und -struktur;

2. Einflüsse durch die Tarifpolitik, gesetzgeberische Maßnahmen im Wirtschafts- und Sozialrecht sowie der Bildungspolitik;
3. neue wesentliche Erkenntnisse der Arbeitsmedizin, der Betriebspsychologie und -soziologie über Gruppenverhalten, Verhalten im Team, gezieltes Ansprechen der Motivationsstruktur usw.;
4. gesellschaftliche Einflüsse auf die geistige Grundhaltung und Leistungsnormen verbunden mit Änderungen der Leistungsbereitschaft;
5. technische Entwicklung mit Auswirkungen auf eine Vergrößerung der Produktionen bei gleichzeitig verringertem Arbeitskräfteeinsatz, Änderungen des Mechanisierungsgrades, der Automatisierung und des Organisationsgrades, Änderungen des Arbeitsablaufs und damit verbunden Einflüsse auf den qualitativen und quantitativen Personalbedarf.

Gegenüber den Forderungen nach längerfristigen Plänen wird in der Praxis immer noch die Auffassung vertreten, daß zukünftige Personalanforderungen mit hinreichender Genauigkeit für Zeiträume bis zu einem Jahr im voraus planbar seien, darüber hinaus nehme der Genauigkeitsgrad zu stark ab. Dieser Einwand ist nur zum Teil berechtigt. Da durch langfristige Investitionspläne die Produktionsstruktur und auch gleichzeitig die Arbeitsanforderungen festgelegt werden, ist eine Personalplanung zumindest für den Zeitraum möglich, für den auch langfristige Investitionspläne erstellt werden.

4.2 Phasen der Personalplanung

Sehr anschaulich hat *Vetter* den Versuch unternommen, die einzelnen Stufen des Planungsablaufs herauszustellen (vgl. Abbildung 52).

Ausgehend von der Zielsetzung der Unternehmung und den vorliegenden strategischen Plänen zur Realisierung der vorgesehenen Politik, sind in der Phase 1 die für eine Personalbestandsaufnahme und Personalprognose erforderlichen Daten zu sammeln und auszuwerten.

In der folgenden Phase 2 erfolgt, ausgehend von den erkannten Personalproblemen, die Bestimmung einer auf längerfristigen Zielvorstellungen beruhenden Personalpolitik.

Die Phase 3 umfaßt die Erarbeitung und Durchführung der Programm- und Maßnahmenpläne, die zur Verwirklichung der langfristigen Ziele notwendig sind.

Die Phase 4 besteht dann in der Kontrolle der Planerfüllung und in der Analyse der Abweichungen. Aus der Analyse der Abweichungen ergeben sich Rückwirkungen auf die Prognose für die künftigen Perioden und den gegebenen Personalbestand. Damit schließt sich über eine Feedback-Schleife der Prozeß zu einem Regelkreis.

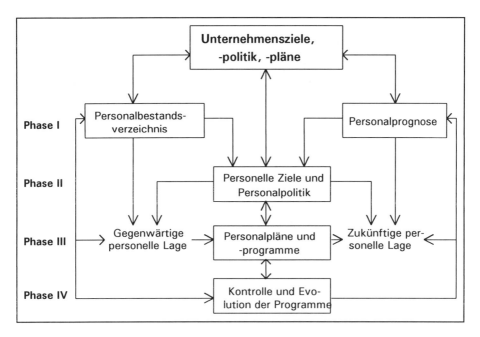

Abbildung 52: Phasen der Personalplanung nach *Vetter* (vgl. *Wächter*, S. 21).

4.3 Festlegung des Personalbedarfs

4.3.1 Wesen der Personalbedarfsfestsetzung

Ausgangspunkt jeder Personalplanung ist es, den gegenwärtigen und künftigen Bedarf (zu den einzelnen Planungszeiträumen) an menschlicher Arbeitsleistung nach Quantität und Qualität zu bestimmen. Diesem Bedarf ist der vorhandene Bestand gegenüberzustellen und eine Unter- oder Überdeckung aufzuzeigen, aus der dann die notwendigen Maßnahmen abzuleiten sind. Damit setzt sich die Personalbedarfsplanung aus folgenden Schritten zusammen:

1. Ermittlung des vorhandenen Personalbestands anhand der Personalunterlagen bzw. einer Personalinventur,
2. Prognose der zu erwartenden Abgänge aufgrund von statistischen Erfahrungswerten (Fluktuation), von Zeitablauf (Pensionierung, Wehrdienst usw.) sowie durch betriebliche Dispositionen (Beförderungen, Versetzungen usw.),
3. Prognose der zu erwartenden Zugänge aufgrund von Übertritt aus dem Lehrverhältnis in das Arbeitsverhältnis, Beförderungen usw.,
4. Ermittlung des zum Planungszeitpunkt erforderlichen Personalbedarfs.

Während der vorhandene Personalbestand sowie die im Planungszeitraum zu erwartenden Zu- und Abgänge in der Regel aus einer vorhandenen Personalstatistik relativ leicht zu ermitteln oder doch wenigstens leicht zu schätzen sind, setzt die Prognose des künftigen Personalbedarfs die Berücksichtigung unsicherer Erwartungswerte voraus.

4.3.2 Formen des Personalbedarfs

Um zu fundierten Aussagen zu gelangen, ist es zweckmäßig, den Personalbedarf nach seinen verschiedenen Formen zu unterteilen:

4.3.2.1 Unterteilung nach Bedarfsarten

Im Hinblick auf den Produktionsprozeß sind zu unterscheiden: Einsatz- und Reservebedarf. *Einsatzbedarf* ergibt sich aus dem Arbeitsaufwand, der unmittelbar zur Erreichung der gesetzten Ziele notwendig ist. Dieser Einsatzbedarf ergibt sich aus den Werten der strukturbestimmenden Personalplanung und dem geplanten Leistungsprogramm nach Menge und Qualität. Der *Reservebedarf* dient der Deckung der unvermeidbaren Ausfälle aufgrund von Urlaub, Krankheit, Unfall usw. Beide zusammen ergeben den zur Erreichung einer bestimmten Betriebsleistung erforderlichen Sollbestand.

Der Vergleich zwischen Sollbestand zu einem bestimmten Zeitpunkt und vorhandenem Bestand zeigt entweder Deckungsgleichheit oder Über- bzw. Unterdeckung auf. Eine Überdeckung zeigt einen negativen Bedarf an, der, wenn kein Ausgleich in den anderen Bereichen zu erzielen ist, zu Personalfreisetzungsmaßnahmen führt. Bei der Unterdeckung ist zwischen Neubedarf und Ersatzbedarf zu unterscheiden. Unterdeckung erfordert Personalbeschaffungsmaßnahmen; soweit die Unterdeckung sich im qualitativen Bereich zeigt, evtl. Maßnahmen der Personalentwicklung. Neubedarf und Freistellungsbedarf beruhen auf Änderungen der bedarfsbestimmenden Faktoren (Mengenleistung, Produktionsprozeß usw.), der Ersatzbedarf hingegen ist zum Ausgleich von Personalabgängen erforderlich.

4.3.2.2 Untergliederung des Bedarfs nach Tätigkeitsbereichen

Der Personalbedarf kann sehr global - nur die Gesamtzahl der Belegschaft - oder auch sehr detailliert ermittelt werden. Hierbei sind verschiedene Detaillierungsgrade denkbar: entweder sehr global, wie nur in Produktions- und Verwaltungsbereiche, oder weiter untergliedert nach Hauptabteilungen, Abteilungen usw. oder nach Qualifikationsstufen.

Bei der Berücksichtigung künftiger Einflußgrößen ist zu beachten, daß technischer Fortschritt im Produktionsbereich nicht nur zu neuen Personalstrukturen an den direkt betroffenen Arbeitsplätzen führt, sondern daß auch der mittelbare Produktionsbereich, wie Arbeitsvorbereitung, Disposition, Materialbereitstellung usw. sowie das Verhältnis von z.B. Produktions- zu Instandhaltungsarbeiten, betroffen wird.

4.3.2.3 Untergliederung des Bedarfs nach Funktionen und Qualifikationsstufen

Für die Personalbedarfsermittlung erscheint es zweckmäßig, nicht von den Berufsbezeichnungen auszugehen, sondern von den tatsächlichen Tätigkeiten, und diese ggf. zu Tätigkeitskategorien zusammenzufassen.

Die einfachste Untergliederung nach Tätigkeitskategorien wäre:

1. Führungstätigkeiten der verschiedenen (obersten, oberen, mittleren und unteren) Führungsebenen,
2. Tätigkeiten der operativen und ausführenden Ebene (produktionsvorbereitende, indirekte und direkte Produktionstätigkeiten).

Bei den direkten Produktionstätigkeiten ist zu unterscheiden zwischen rein manuellen Tätigkeiten, reiner Maschinenbedienung bzw. Maschinenbedienung und Steuerung, bzw. nach den verschiedenen Anforderungsarten.

Aus der Unterteilung der Funktionen ergibt sich in der Regel auch die Unterteilung nach den einzelnen Qualifikationsstufen der Ausbildung und Erfahrung. Hierbei ist es notwendig, die Bestandteile der Anforderungsstruktur der einzelnen Arbeitsplätze oder Arbeitsgruppen soweit als nötig zu berücksichtigen.

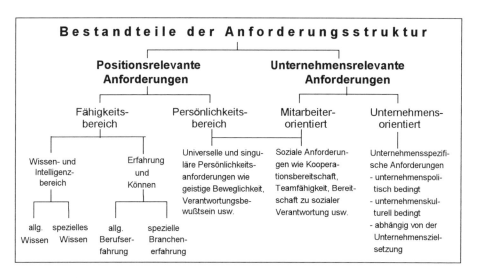

Abbildung 53: Bestandteile der Anforderungsstruktur

Zu unterscheiden ist zwischen zwei Gruppen von Anforderungen:

- die von der Position her bestimmt werden und die damit in jedem Unternehmen für einzelne Funktionsbereiche weitgehend identisch sind,
- und den unternehmensbedingten, und damit von der besonderen Unternehmenskultur abhängen. Sie weisen deshalb innerhalb gleicher Funktionsbereiche zwischen den einzelnen Unternehmen mehr oder weniger starke Unterschiede auf.

In welchem Umfang ein Mitarbeiter den Anforderungen gerecht wird, hängt von seiner persönlichen *Handlungskompetenz* ab.

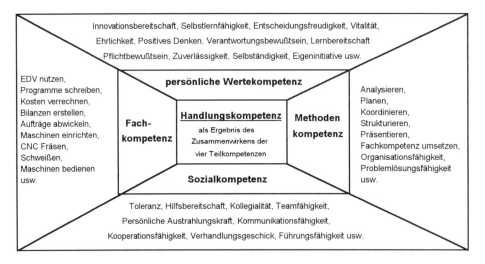

Abbildung 54: Aufbau der Handlungskompetenz

Die *Fachkompetenz* läßt sich ableiten aus der Ausbildungsart, der Länge der Ausbildung und der Berufserfahrung. Hierbei garantiert das durch Lernen erworbene *Wissen* allein noch kein individuelles Handlungspotential, wenn dieses nicht durch Üben und die dabei gewonnenen Erfahrungen zu einem anwendungsfähigen *Können* weiterentwickelt wurde. Hierbei zeigt sich auch die Problematik der Messung von Erfahrung. Ein begabter und/oder leistungsbereiter Mitarbeiter kann sich in kurzer Zeit ein solches Maß an Erfahrung und damit an Handlungsrelevanz erwerben, das ein weniger begabter und/oder weniger leistungsbereiter Mitarbeiter in Jahrzehnten nicht erlangen kann.

Gleichzeitig wird mit zunehmender Geschwindigkeit der technischen und sozialen Entwicklung, die zu Änderungen der Anforderungen an Wissen und Können führt, der Wert der *Erfahrung* immer mehr in Frage gestellt.

Eng verbunden mit der Fachkompetenz ist die *Methodenkompetenz*, die darauf abstellt, wie die Fachkompetenz jeweils erfolgsbezogen umgesetzt werden kann.

Durch zunehmende Dynamik der technischen und sozialen Entwicklung und der hierdurch hervorgerufenden raschen Veränderung von Fach- und Methodenkompetenz kommt der persönlichen *Wertekompetenz* im Rahmen der positionsrelevanten Anforderungen eine immer größere Rolle zu.

Zur personenbezogenen Wertekompetenz gehören u.a. auch Kritikfähigkeit, Selbstlernfähigkeit, Bereitschaft zum aktiven Mitgestalten der Arbeitsorganisation, ferner die heute so oft verkannten traditionellen Arbeitswerte wie Zuverlässigkeit, Disziplin, Pflichtbewußtsein usw.

Die Anforderungen an den Persönlichkeitsbereich erstrecken sich aber nicht nur auf die individuellen persönlichen Eigenschaften. Da das betriebliche Leistungsergebnis nicht die Summe individueller Einzelleistungen der Mitarbeiter ist, sondern sich als Produkt der internen personellen Zusammenarbeit im Rahmen der Unternehmensorganisation ergibt, gewinnt die *Sozialkompetenz* in zunehmendem Maße an Bedeutung.

Für die Erfüllung der einzelnen Aufgabenpositionen reicht in der Regel die persönliche Handlungskompetenz allein nicht aus, sie muß ergänzt werden um die unternehmensspezifischen Anforderungen. Diese leiten sich ab aus

- der Unternehmenspolitik
- dem unternehmensspezifischen Führungsverhalten
- den Formen des zwischenmenschlichen Umgangs und
- dem Normensystem eines Unternehmens.

Diese Werte werden weitgehend durch die unterschiedliche Unternehmenskultur und die sie prägenden Riten, Normen und Verhaltensweisen bestimmt.

Eine andere Gruppe von Anforderungen leitet sich ab von den unternehmenspolitischen Zielsetzungen. Hierher gehören positionsrelevante Anforderungen oder spezielle Anforderungen des Arbeitsplatzes. Diese sind sehr unterschiedlich, je nach dem, ob es sich z.B. darum handelt, ein Unternehmen auf einem eingeschlagenen Kurs weiterzuführen oder ob es darum geht, einen in eine Schieflage geratenen Bereich zu sanieren oder bestimmte Entwicklungsziele zu erreichen.

4.3.3 Methoden der Bedarfsermittlung

Eine für alle Fälle optimale Methode der *Personalbedarfsermittlung* gibt es nicht. Man wird je nach der Länge des Planungshorizontes, den Funktionen und Qualifikationsstufen der einen oder anderen Methode bzw. einer Kombination verschiedener Methoden, den Vorzug geben müssen.

4.3.3.1 Globale Bedarfsermittlung

Es handelt sich hier um verhältnismäßig grobe Annäherungsverfahren, bei denen durch Anwendung statistischer Methoden aus Vergangenheitswerten Schlüsse auf die zukünftige Entwicklung gezogen werden. Man kann unterscheiden:

1. *Trendextrapolation*: sie wird angewandt, wenn man unterstellen kann, daß sich eine Zeitreihe auch in Zukunft fortsetzen wird. Hier kann die Basis eine einzelne Variable sein, wie z.B. die Gesamtbeschäftigung eines Unternehmens, oder aber auch eine Verhältniszahl, etwa der Anteil einer bestimmten Berufsgruppe an der Gesamtbelegschaft, wie z.B. Zahl der Verkaufskräfte im Außendienst: Anzahl der zu betreuenden Kunden usw.

2. *Regressions- und Korrelationsrechnungen*: hierbei geht es darum, den Zusammenhang zwischen zwei oder mehreren Variablen nachzuweisen und die Stärke des Zusammenhangs mit einer rechnerischen Größe zu messen, z.B. mengenmäßiger Output und Produktionskräfte, Umsatz und Anzahl des Außendienstpersonals.

3. *Ökonometrische Modelle*: sie bauen meist auf Regressionsanalysen auf mit dem Ziel, Beziehungen zwischen den verschiedenartigen Personalanforderungen und Kennzahlen für Verkauf, Materialeinsatz, Investitionen, Rentabilität usw. zu finden.

Die Hauptschwächen dieser Verfahren sind, daß mögliche Trendumschwünge dabei nicht erkannt werden und die Gefahr der *"Extrapolation von Schlendrian"* besteht.

Ein anderes Verfahren ist, die Entwicklung der Arbeitsproduktivität als Maßstab für die Personalbedarfsprognose zu nehmen. Die Arbeitsproduktivität ist eine Kennzahl, bei der eine meßbare Leistung (Produktionsmenge, Tonnage, Wertschaffung usw.) in Beziehung zum personellen Einsatz gesetzt wird. Diese Arbeitsproduktivität verbessert sich in der Regel durch laufende Rationalisierungsinvestitionen.

Beispiel: Die Schichtleistung in einem Walzwerk hat die Größe 100, durch laufende Rationalisierung soll die Arbeitsproduktivität auf 105 % gesteigert werden. Bei einer gleichzeitig angestrebten Erhöhung der Gesamtproduktion auf rund 110 % des Vorjahreswertes ist eine Erhöhung der Belegschaft um rd. 4,7 % erforderlich.

Eine Verbesserung dieses Verfahrens stellt die von *Doeringer, Piore* und *Scoville* (*Gaugler*, S. 64) vorgeschlagene Formel dar, bei der mit Hilfe von Identitätsgleichungen der Personalbedarf zu anderen Größen in Beziehung gesetzt wird:

$$X_t = \frac{L \times G_t (1-P_t)}{(1+R)^n H_t \times W}$$

Es bedeuten dabei:

X_t = Gesamtbeschäftigungszahl im Jahr t
G_t = Gesamt-Output
R = Jährliche Änderungsrate des Outputs je Arbeitsstunde
W = Entgelt pro Arbeitsstunde im Basisjahr
P_t = Anteil der gekauften Zwischengüter und Dienste am Gesamt-Output
H_t = Arbeitsstunden pro Arbeiter und Jahr
n = Zahl der Jahre vom Basisjahr bis zum Vorhersagejahr
L = Arbeits-Dollar-Input pro Wertschaffungs-Dollar im Basisjahr

Um eine Personalbedarfsermittlung auf dieser Basis durchzuführen, muß eine Mindestzahl von einigermaßen verläßlichen Informationen vorliegen über:

- Produktnachfrage,
- Auswirkungen des technologischen und administrativen Wandels,
- Veränderung des internen und externen Arbeitsangebots.

Der Ermittlung globaler Bedarfsziffern kommt auf lange Sicht als Grundlage zur Erarbeitung langfristiger Personalprognosen gewiß eine große Bedeutung zu. Für eine kurzfristige operative Maßnahmenplanung hingegen ist ihr Wert branchenmäßig sicher unterschiedlich zu beurteilen. Es hängt mit der einfachen und leichten Handhabung zusammen, daß sie heute, trotz der sehr eingeschränkten Aussagewerte, noch sehr häufig angewandt wird.

4.3.3.2 Differenzierte Bedarfsbestimmung

Hier wird ermittelt, wie sich geänderte Eingangsgrößen und die Umgebungsbeschränkungen auf die einzelnen Elemente des Systems sowie die Systembeziehungen und die Ausgangsgrößen auswirken. Entscheidend für die Personalbedarfsermittlung sind neben dem Genauigkeitsgrad der Erfassung des Arbeitsanfalls die folgenden strukturbestimmenden Elemente:

1. Dringlichkeit der Erledigung des Arbeitsanfalls

   Entscheidend ist dabei, ob die Arbeit sofort bei Anfall erledigt werden muß (z.B. Bedienung des Kunden im Kaufhaus, Behebung einer Maschinenstörung) oder ob die Erledigung eventuell noch mit Zeitverzug möglich ist (z.B. Bearbeitung von eingehenden Reklamationen). Im ersten Fall richtet sich der Personalbedarf eher nach dem Spitzenanfall, im zweiten Fall jedoch eher nach dem durchschnittlichen Arbeitsanfall.

2. Stetigkeit des Arbeitsanfalls

   Zu unterscheiden ist zwischen laufendem Arbeitsanfall, der immer in gleicher Form und auf längere Sicht stetig anfällt, wie in der Materialdisposition usw. oder unregelmäßigem Arbeitsanfall, wie bei einer Reparaturkolonne, die Maschinenstörungen zu beheben oder sonstige Sonderaufgaben zu erledigen hat. Bei stetiger Arbeit ist die Personalbedarfsfestsetzung leichter, bei unregelmäßigem stoßweisem Arbeitsanfall ist die dadurch bedingte ungleichmäßige Auslastung durch einen entsprechenden Zusatzbedarf zu berücksichtigen.

3. Abhängigkeit des Arbeitsanfalls vom Produktionsvolumen

   Eine vollkommene Abhängigkeit besteht z.B. in Bereichen der Fertigung, der Arbeitsvorbereitung, des Lagerwesens usw. Hier verhält sich das Arbeitsvolumen weitgehend proportional zu dem Beschäftigungsvolumen. Unabhängig vom Beschäftigungsumfang sind dagegen Aufgaben der Koordination, Verwaltung usw. Im ersten Fall kann der Personalbedarf produktionsprogrammbezogen ermittelt werden, im zweiten Fall ist er von der Zahl der Stellen abhängig.

4. Meßbarkeit des Arbeitsergebnisses

   Entscheidend ist, ob das Arbeitsergebnis in einer Meßzahl ausgedrückt werden kann, wie dies in der Regel bei direkter Produktionstätigkeit der Fall ist, oder ob die Tätigkeit nur bedingt quantitativ gemessen werden kann, wie bei Tätigkeiten der Kontrolle, Überwachung usw.

5. Grad der Bestimmbarkeit des Arbeitsverfahrens

   Der Personalbedarf ist um so exakter zu erfassen, je mehr die Art der Arbeitsausführung bestimmbar ist. Dies ist dann der Fall, wenn die einzelnen auszuführenden Arbeitsschritte, wie bei standardisierten Arbeitsabläufen, erfaßbar sind. Ein Arbeitsverfahren ist nicht bestimmbar, wenn sich die einzelnen Schritte des Arbeitsablaufes nicht oder nur bedingt vorgeben oder vorschreiben lassen.

6. Grad der Beeinflußbarkeit der Ausführungszeit

   Der Personalbedarf ist um so exakter zu bestimmen, je weniger die Zeit für die Ausführung der Arbeit durch den Menschen beeinflußbar ist. Unbeeinflußbar ist die Zeit bei vollautomatischen Fertigungsanlagen, teilweise beeinflußbar z.B. bei halbautomatischen Anlagen, bei denen die Beschikkung und die Nebenarbeit vom Bedienungspersonal beeinflußt werden können, der eigentliche Fertigungsablauf jedoch nicht. Voll beeinflußbar hingegen ist die Zeit für rein manuelle handwerkliche Tätigkeiten. Hier hängt sie ausschließlich vom Leistungsgrad der betreffenden Mitarbeiter ab.

Der *quantitative Personalbedarf* kann nach zwei Verfahren ermittelt werden:

- Die *Kennzahlenmethode* ist anzuwenden für alle Arbeitsplätze, bei denen die Personalbesetzung abhängig von der anfallenden Arbeitsmenge ist. Grundlage ist der Zeitbedarf für eine Tätigkeit und die Anzahl der zu verrichtenden Tätigkeiten entsprechend dem vorgegebenen Produktionsprogramm. Für die meisten Tätigkeiten im direkten Produktionsbereich liegen aufgrund der Fertigungspläne die Werte für den Zeitbedarf vor oder es können bestehende Zeitwerte vergleichbarer Funktionen und Tätigkeiten zur Bildung neuer Werte herangezogen werden.

Der erforderliche Einsatzbedarf ergibt sich hierbei aus folgender Formel:

$$\text{Personaleinsatzbedarf} = \frac{\sum_{i=1}^{n} M_i \times Z_i}{VAZ}$$

M_i = Häufigkeit der einzelnen Tätigkeiten
Z_i = Zeitbedarf für die einmalige Ausübung
i = Laufende Nummer einer Tätigkeit
n = Anzahl der auftretenden Tätigkeiten in einem Tätigkeitsbereich
VAZ = Verfügbare Arbeitszeit pro Beschäftigten

Methodisch noch wenig erschlossen sind die Gebiete der Ermittlung des Zeitbedarfs für die Führungstätigkeiten und die verschiedenen produktionsvorbereitenden Tätigkeiten sowie die indirekten Produktionstätigkeiten.

- Die *Arbeitsplatzmethode* ist anzuwenden für Funktionen, bei denen die notwendige personelle Besetzung, unabhängig von der anfallenden Arbeitsmenge ist, z.B. um eine Fertigungsstraße, einen Hochofen usw. überhaupt in Gang zu halten, ist eine bestimmte Anzahl von Personen erforderlich, unabhängig davon, wieviel produziert wird. Dies gilt auch für einen Großteil der nicht unmittelbar produktiven Tätigkeiten, wie z.B. Werkinstandhaltungen und für den Bereich der Verwaltung, der Geschäftsführung und für die verschiedenen Leitungsebenen. Ein einfaches, allerdings meist auch sehr grobes und häufig unzureichendes Verfahren ist es hier, die einzelnen

Abteilungsleiter zu veranlassen, Vorausschätzungen zur Notwendigkeit der Änderung von Planstellenzahlen abzugeben und gegenüber den Vorjahresansätzen zu begründen. Ein besseres Verfahren ist das Übernehmen von Vergleichswerten ähnlich strukturierter Unternehmen oder Bereiche im Rahmen eines konsequent angewandten *Benchmarking*.[1]

Daneben gibt es noch die *"gesetzten Bemessungswerte"*, bei denen der Personalbedarf von unternehmenspolitischen Zielvorgaben abhängig ist. Hierher gehören z.B. Anzahl der Forschungsingenieure, Organisatoren, Revisoren usw.

Der Personalbedarf ergibt die Anzahl an Personen, die zur Ausführung der festgelegten Tätigkeiten innerhalb der festgelegten Zeit erforderlich sind. Für Ausfall- und Fehlzeiten, wie Arbeitsunfähigkeit, Urlaub, entschuldigtes oder unentschuldigtes Fernbleiben, ist ein *Reservebedarf* zu berücksichtigen. Da die Abwesenheitszeiten in der Regel starken Schwankungen unterliegen (Urlaubszeit, Grippewelle usw.), ist es eine Optimierungsfrage, wie hoch man den Reservebedarf ansetzt (hoher Reservebedarf bedeutet Abbau betrieblicher Schwierigkeiten während der Hauptausfallzeiten, jedoch verbunden mit Zusatzkosten durch Leistungsverluste wegen des nicht voll eingesetzten Reservebestandes in der übrigen Zeit). Einsatz- und Reservebedarf ergeben zusammen den quantitativen Plan- (Soll) -Bedarf.

Die Ermittlung des Plan- (Soll) -Bedarfs ist jedoch nicht nur ein quantitatives Problem. Vielmehr ist auch die erforderliche Leistungsfähigkeit (Können, Wissen, Erfahrung, körperliche und geistige Belastbarkeit usw.) zu berücksichtigen, die die Mitarbeiter mitbringen müssen, wenn sie den gestellten Anforderungen gerecht werden sollen.

Die Ermittlung des *qualitativen Personalbedarfs* gehört mit zu den schwierigsten und bisher am meisten vernachlässigten Problemen der Personalbedarfsermittlung.

Hackstein u.a. weisen hier auf zwei Problemkreise hin, die in diesem Zusammenhang noch gelöst werden müssen:

- Aufstellen von Tätigkeitskategorien und den dazugehörigen Anforderungsprofilen. Die Tätigkeitskategorien haben hier den Zweck, den Inhalt der erforderlichen menschlichen Arbeitsleistung im Sinne eines Grobrasters zu umreißen, während die detaillierten Informationen die dazugehörigen Anforderungsprofile liefern. Grundlage für die Erstellung von Anforderungs-

---

[1] Benchmarking, eine in den 90er Jahren sehr stark diskutierte Form eines systematischen betriebsinternen oder auch unternehmensübergreifenden Betriebs- oder Verfahrensvergleichs, um Schwachstellen der eigenen Bereiche gegenüber leistungsstärkeren Bereichen festzustellen und um erkannte Schwächen abzubauen.

profilen liefern Arbeitsablaufbeschreibungen sowie evtl. Unterlagen der analytischen Arbeitsbewertung.

- Aufstellen von Qualifikationsgruppen und zugehörigen (Anforderungs-)Soll-Fähigkeitsprofilen. Im Unterschied zu den Tätigkeitskategorien bezieht sich das Anforderungsprofil nicht auf die Art auszuführender Arbeit, sondern auf die Person des Arbeiters oder der Qualifikationsgruppe.

Anforderungsarten	sehr gering	gering	mittel bis gering	mittel	hoch bis mittel	hoch	sehr hoch
	1	2	3	4	5	6	7
Fachkenntnisse							
manuelle Geschicklichkeit							
Belastung der Muskeln							
Aufmerksamkeit							
Nachdenken							
Verantwortung für Arbeitsausführung							
Sicherheit anderer							
Arbeitsablauf							
Umgebungseinflüsse							

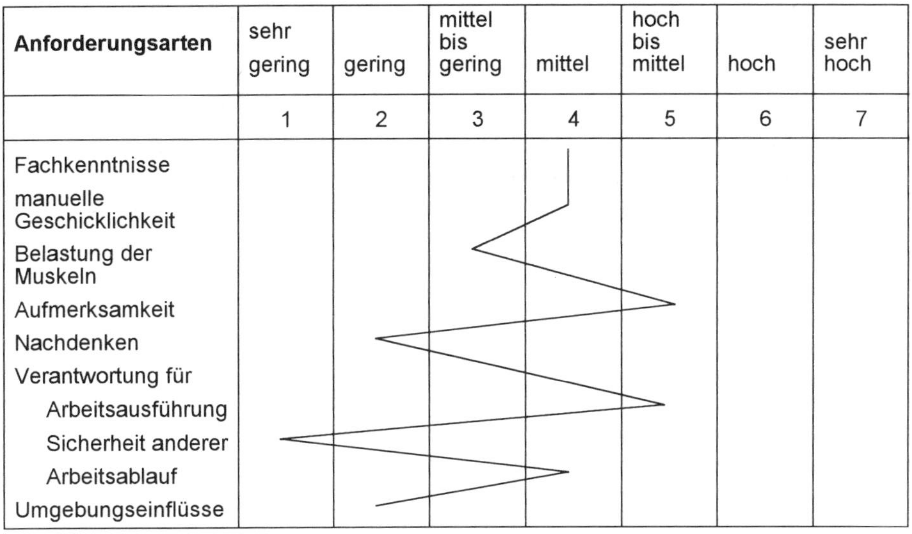

Abbildung 55: Schema eines Anforderungsprofils

Von den analytischen Verfahren der qualitativen Personalbedarfsermittlung sind zwei strukturierte Verfahren zur Bestimmung und Klassifikation von Arbeitsanforderungen bekannt, und zwar das auf dem "*Position Anaylsis Questionnaire*" (PQA) aufbauende "*Arbeitswissenschaftliche Erhebungsverfahren* zur Tätigkeitsanalyse" (AET) und der "*Fragebogen zur Arbeitsanaylse*" (FAA).

4.3.4 Prognose der Deckung des Personalbedarfs im Planungszeitraum

Die quantitative Ermittlung des Personalbestandes zum gegenwärtigen Zeitpunkt ist im allgemeinen unproblematisch, weil er ohne Schwierigkeiten aus den vorhandenen Unterlagen der Personalverwaltung zu entnehmen ist. Größere Schwierigkeiten bereitet in der Regel die Erfassung des vorhandenen qualitativen Arbeitspotentials. Personal-Inventar-Listen, bei denen auch die Qualifikationen der einzelnen Mitarbeiter sofort auswertbar festgehalten sind,

sind noch wenig in Gebrauch. Sie lassen sich meist auch nur sehr schwer erstellen und noch schwerer aktualisieren, d.h. auf dem laufenden halten. Dort, wo sie angewendet werden, beschränken sie sich in der Regel nur auf die Eignung und Fähigkeiten, die für eine spezifische Tätigkeit im Betrieb notwendig sind. Latent vorhandenes Leistungspotential wird hingegen kaum erfaßt.

Die Prognose von Abgängen im Personalbestand ist in der Regel unproblematisch. Sogenannte sichere Abgänge wie Pensionierung, Einberufung zur Bundeswehr, sind unschwer aus jeder Personalkartei zu ermitteln. Der zwischenbetriebliche Wechsel durch Fluktuation ist zwar in der Regel im Einzelfall nicht vorhersehbar, aber aus einer gut geführten Fluktuationsstatistik, die nicht nur die zahlenmäßige Entwicklung wiedergibt, sondern auch eine Darstellung der Kündigungsmotive zeigt, lassen sich jedoch hinreichend genaue Schlußfolgerungen ziehen. Zugänge sind meist vorhersehbar, da sie ja weitgehend von der Aktivität des Unternehmens abhängen.

4.3.5 Netto-Personalbedarf als Beschaffungs-, Freisetzungs- und Entwicklungs-Soll

Ausgehend von dem sich im Planungszeitraum entwickelnden Personalbestand und dem benötigten Bedarf ergibt sich eine Über- oder Unterdeckung, die zu Maßnahmen im Bereich der Beschaffungs-, Freisetzungs- oder Personalentwicklungsplanung führt. Qualitative Über- oder Unterdeckung kann theoretisch ermittelt werden durch die sog. Profilvergleichsmethode, bei der das Ist-Fähigkeits-Profil (Leistungsprofil) einzelner Mitarbeiter oder Mitarbeitergruppen mit dem Soll-Fähigkeits-Profil verglichen wird.

In der praktischen Handhabung ergeben sich jedoch kaum unüberwindbare Schwierigkeiten. Probleme ergeben sich aber meist dadurch, daß es sich bei einer qualitativen Unterdeckung in der Regel nicht um generelle, sondern nur um partielle Lücken handelt, die häufig durch geeignete Personalentwicklungsmaßnahmen geschlossen werden können. Eine Überdeckung in diesem Bereich ist in der Praxis kaum anzutreffen. Personal, dessen Qualifikation zu einem großen Teil vom Betrieb nicht in Anspruch genommen wird und für das keine geeigneten Aufstiegschancen vorhanden sind, wird nach verhältnismäßig kurzer Zeit zu einem anderen Betrieb abwandern.

	quantitativ	qualitativ
Bestand zum Zeitpunkt t_0	+	+
Abgang im Zeitraum $t_0 - t_x$		-
Zugang durch Einstellung im Zeitraum $t_0 - t_x$	+	+
Zugang durch Personalentwicklungsmaßnahmen		+
Bestand zum Zeitpunkt t_x	=	=
Benötigter Bedarf zum Zeitpunkt t_x	-	-
Unterdeckung	Personalbeschaffung	Personalentwicklung (Personalbeschaffung)
Überdeckung	Personalfreistellung	

Abbildung 56: Ermittlung der Über- und Unterdeckung

4.4 Planung der personalwirtschaftlichen Einzelmaßnahmen

Im Rahmen der Personalbedarfsplanung wird das Sachziel des Funktionsbereichs Personalwesen, (Bereitstellung der personellen Kapazität zur Erreichung der Unternehmensziele) konkretisiert. Dieses Sachziel kann nur durch eine Reihe von konkreten Einzelmaßnahmen angestrebt werden. In den einzelnen Teilbereichen sind im Rahmen eines Gesamtplanungssystems kurz- und mittelfristige Maßnahmenpläne zu erstellen.

1. *Personalbeschaffungsplanung* zielt darauf ab, die Maßnahmen festzulegen, die notwendig sind, um die zum jeweiligen Zeitpunkt vorhandene personelle Kapazität dem erforderlichen Soll-Bedarf anzupassen. Hierbei erstreckt sich die Beschaffungsplanung sowohl auf die Planung der Beschaffungsarten wie auch auf die Planung der notwendigen Beschaffungsaktivitäten.

2. *Personalerhaltung* umfaßt als Bereich alle Einzelmaßnahmen, die dazu dienen, die Leistungsfähigkeit und Leistungsbereitschaft der vorhandenen Mitarbeiter zu sichern und Vorsorge gegen ungewollte Fluktuationen zu treffen.

3. *Personalentwicklung* hat einerseits die Aufgabe, durch geeignete Maßnahmen im Rahmen der Aufstiegsfortbildung, den vorgesehenen Nachwuchs für gehobene Positionen zu fördern, andererseits, im Bereich der Anpas-

sungsfortbildung der Qualifikationsstruktur der Mitarbeiter, den sich im technischen Entwicklungsprozeß ändernden Anforderungsstrukturen anzupassen sowie durch eine entsprechende Weiterbildung die durch die Personalbedarfsplanung festgestellte qualitative Unterdeckung zu beseitigen.
4. *Personalfreistellung* hat die Aufgabe, eine durch die Personalplanung festgestellte Überdeckung abzubauen, wobei durch langfristige, vorausschauende Maßnahmen soziale Härten, soweit wie möglich, vermieden werden sollen.

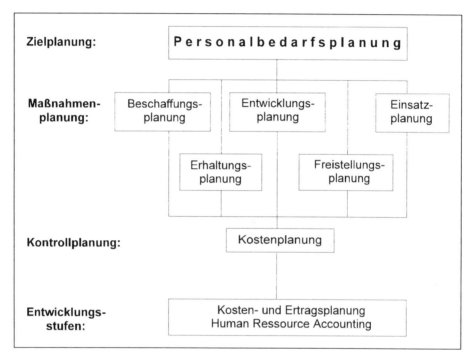

Abbildung 57:   Ziel- und Maßnahmenplanung im Personalbereich

5. *Personaleinsatzplanung* hat in diesem Zusammenhang eine gewisse Sonderstellung. Hier geht es nicht nur um die Zielrealisierung der Personalbedarfsplanung, sondern darum, den bestmöglichen Einsatz des vorhandenen Arbeitskräftepotentials sicherzustellen.
6. Ergänzt werden diese einzelnen Bereiche durch eine *Kostenplanung*, durch die die Eingliederung des Personalwesens in den allgemeinen Finanzbereich des Unternehmens erfolgt. Sie gliedert sich ggf. in die Abteilungskostenpläne und die Kostenpläne der einzelnen Maßnahmenbereiche auf.

4.5 Personalkostenplanung

Sie stellt den Schlußpunkt und die Zusammenfassung aller wertmäßigen Auswirkungen der verschiedenen Einzelmaßnahmen der betrieblichen Personalplanung dar.

Wie Abbildung 58 zeigt, wird der Begriff Personalkosten unterschiedlich gebraucht, und zwar:

1. *Gesamtkosten* des betrieblichen Personalbereichs, also neben den Personal- und Sachkosten der Personalabteilung, auch die anteiligen Kosten anderer Bereiche, die mit Beschaffung und Auswahl der Mitarbeiter, der Personalbetreuung und, wenn die Konjunkturlage eine volle Beschäftigung nicht mehr zuläßt, auch der Personalfreisetzung usw. zu tun haben.
2. *Gesamtpersonalkosten.* Sie umfassen alle Aufwendungen für den Einsatz von Mitarbeitern, unabhängig von ihrem Beschäftigungszweck, also neben den Personalkosten für die Personalbereitstellung vor allem auch die Personalkosten im Bereich der Leistungserstellung.

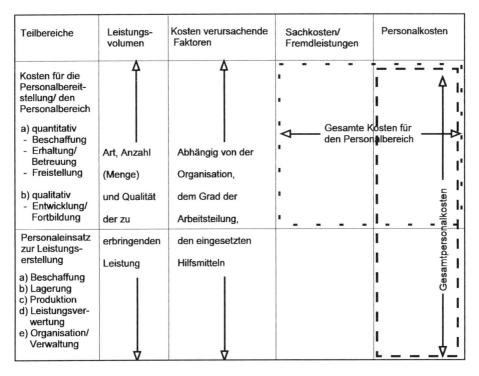

Abbildung 58: Teilbereiche der Personalkostenplanung

Wenn in der allgemeinen Diskussion von Personalkosten gesprochen wird, so meist nur im Sinne der Gesamtpersonalkosten

Das Grundschema einer Kostenplanung ist in der Abbildung 59 dargestellt.

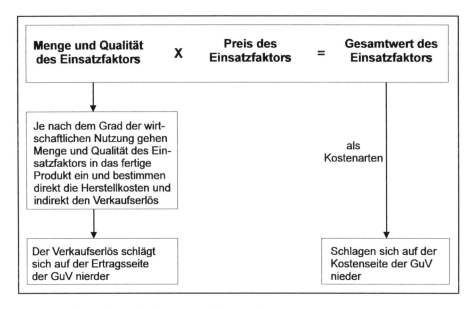

Abbildung 59: Grundschema der Kostenplanung

Übertragen auf den Bereich der Personalkosten ergeben sich die in Abbildung 60 aufgezeigten Zusammenhänge.

Damit bestimmen sich die Personalkosten nach den Faktoren:

- Arbeitsvolumen, und zwar in erster Linie Umfang und Struktur des Produktionsprozesses sowie der betrieblichen Leitungsstrukturen
- Aufgabengliederung und Arbeitsteilung als Ergebnis der strukturbestimmenden Personalplanung
- Reibungsverluste im betrieblichen Leistungserstellungsprozeß, insbesondere Zeitverluste durch Organisationsmängel usw.
- Formen der Entlohnung

Der "Preis der Arbeit" ergibt sich aus

- tarifvertraglichen Regelungen, die Mindestarbeitsbedingungen und Lohnuntergrenzen festlegen. Tarifverträge werden jeweils mit einer bestimmten Laufzeit - in der Vergangenheit in der Regel ein Jahr - abgeschlossen. Die in der Vergangenheit regelmäßigen Lohn- und Gehaltserhöhungen, obwohl Ausdruck der Verhandlungsmacht der Tarifparteien, orientierten sich u.a.

an den Preissteigerungsraten, der konjunkturellen Entwicklung und den Erwartungen an die Produktivitätsentwicklung, der Arbeitsmarktsituation usw., zuzüglich eines sogenannten Umverteilungszuschlages. Während in der Vergangenheit Tarifabschlüsse fast ausschließlich auf eine Erhöhung der Löhne und Gehälter abzielten, werden in der letzten Zeit immer stärker Versuche erkennbar, auch auf strukturelle Bereiche der Entlohnung einzuwirken, so z.B. Änderung der tariflichen Lohn- und Gehaltsgruppeneinteilung, Wegfall von Leichtlohngruppen usw.

- Sozialgesetzgebung und Sozialversicherungen. Soziale Schutzgesetze führen zu Personalkosten. Zu den im Verlauf der letzten Jahrzehnte erlassenen Schutzgesetze mit erheblichen Auswirkungen, gehören u.a. Gesetz über Fachkräfte für Arbeitssicherheit, Schwerbehindertengesetz, Gesetze über Verbesserung der Altersversorgung, Jugendarbeitsschutzgesetz, ferner die verschiedenen Lohnfortzahlungsgesetze usw. Weiterhin führen u.a. Veränderungen der Beitragssätze zu den gesetzlichen Sozialversicherungsträgern (Kranken-, Arbeitslosen- und Rentenversicherung) sowie die laufenden Erhöhungen der Beitragsbemessungsgrenzen zu einer Erhöhung der Personalkosten.

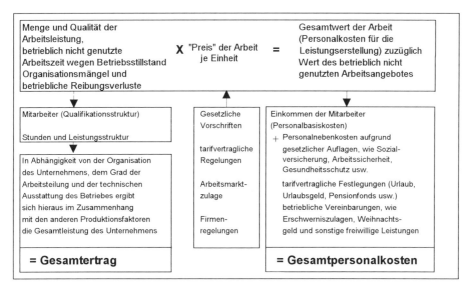

Abbildung 60: Einflußfaktoren auf die Höhe der Personalkosten

- Arbeitsmarktsituation und regionale Wirtschafts- und Arbeitsmarktstrukturen. Ungeachtet der Tarifautonomie und der Gültigkeit tarifvertraglicher Regelungen, setzt sich, wenn auch eingeschränkt, auf dem Arbeitsmarkt das Knappheitsprinzip durch. Vor allem in Zeiten der Hochkonjunktur mit einer überstarken Nachfrage nach Arbeitskräften sind Unternehmen geneigt, durch die Gewährung übertariftlicher Zulagen, Arbeitskräfte abzuwerben oder abwanderungswillige Arbeitskräfte zurückzuhalten, während andererseits bei rückläufiger Konjunktur versucht wird, diese Zulagen, zum Teil auch trotz Produktivitätsfortschrittes, einzuschränken. Erfahrungsgemäß lag auch in der Vergangenheit das Lohn- und Gehaltsniveau in strukturschwachen Regionen (ehemalige Zonenrandgebiete oder Regionen mit Monostrukturen, wie z.B. im Ruhrgebiet usw.) meist niedriger als in strukturstärkeren Regionen. Eine Konsequenz, die sich nun auch in den neuen Bundesländern abzeichnet.

- Betriebliche Ertragssituation. Vor allem in ertragsstarken Jahren sind Unternehmen bereit, übertarifliche Entgelte in Form verschiedenster Zuschläge zu bezahlen, teils auf Forderung des Betriebsrates, teils aber auch auf freiwilliger Basis. Hierher gehören vor allem Jahresabschlußvergütungen, Sonderprämien aus den verschiedensten Anlässen usw. Da diese Zulagen sehr häufig auf Druck des Betriebsrates durch Betriebsvereinbarungen abgesichert wurden oder aber, weil durch die Rechtsprechung wiederholte Zahlungen bereits zum Gewohnheitsrecht erhoben wurden, unterliegen auch diese Zulagen nur sehr bedingt betrieblichen Einflußmöglichkeiten.

Damit sind dem Einfluß des Unternehmens auf den "Preis der Arbeit" im wesentlichen enge Grenzen gesetzt. Somit ergeben sich Ansatzpunkte zur Beeinflussung der Personalkosten in der Regel nur auf der Seite der Arbeitsleistung.

Hier lassen sich vier pragmatische in der Praxis bestätigte Thesen aufstellen:

1. Nicht jede Arbeitsstunde, die das Unternehmen bezahlt, steht auch zur Leistung zur Verfügung
2. Nicht jede zur Verfügung stehende Arbeitsstunde wird im Betrieb genutzt
3. Nicht jede genutzte Arbeitsstunde bringt Leistung
4. Nicht jede Leistungsstunde wird wirtschaftlich eingesetzt.

Zu den einzelnen Thesen

These 1: In jedem Unternehmen fallen Fehlzeiten für Krankheiten oder sonstige Leistungsausfallzeiten an. In einem bestimmten Umfang sind diese unvermeidbar. Vergleichende Untersuchungen zeigen aber, daß diese Ausfallzeiten zwischen einzelnen Bereichen des gleichen Unternehmens und zwischen Unternehmen gleicher Branchen und gleicher Arbeitsbedingungen, erheblich schwanken.

These 2: Schwankungen des Arbeitsanfalles, Schwächen der Arbeitsorganisation und Mängel der Disposition führen zum Entstehen von Leerlaufzeiten. Deutlich wird dies bei einer Auswertung der Zusatzlohnscheine für leistungsfreie Zeiten bei im Leistungslohn arbeitenden Bereichen.

These 3: Mängel der Organisation des Betriebsablaufes sowie im Informationsfluß zwischen den Beteiligten und der Koordination zwischen den einzelnen Bereichen, führen nicht selten zu Doppelarbeiten und unproduktiven Reibungsverlusten.

These 4: Mangelnde Berücksichtigung der Leistungsfähigkeit des Mitarbeiters, die Beschäftigung mit Aufgaben, die sein Leistungsvermögen nicht ausschöpfen, unzureichende Leistungsbereitschaft durch unzulängliches, motivationshemmendes Führungsverhalten, schlechtes Betriebsklima usw. führen zu dem, was man heute mit dem Schlagwort "innere Fluktuation" bzw. "innere Kündigung" bezeichnet, d.h. zu lustloser und wenig effektiver Zeitnutzung.

Damit lassen sich die Einflußgrößen auf die Personalkosten in Abbildung 61 zusammenfassen.

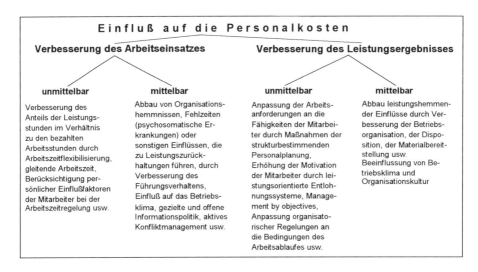

Abbildung 61: Beeinflussung der Personalkosten

4.6 Kontrolle der Personalplanung - Personal-Controlling

Voraussetzung für ein wirksames Planungsinstrument ist die Plankontrolle. Beschränkte sich in der Vergangenheit die Kontrolle der Personalplanung in der Regel auf die Durchführung einfacher Soll-/ Ist-Vergleiche, so geht das moderne Personal-Controlling weit darüber hinaus und stellt in der Endausbaustufe ein geschlossenes Konzept zur Effizienzmessung, Frühwarnung und personenbezogenen Erfolgssteuerung dar.

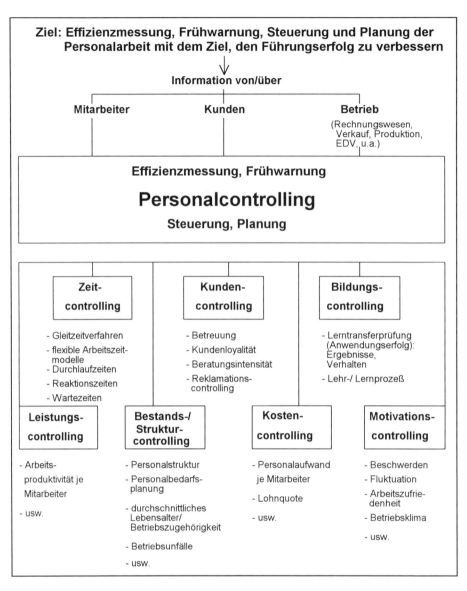

Abbildung 62: Personalcontrolling als Informations- und Steuerungsinstrument (nach *Beyer*, S. 291)

Geeignete Ansatzpunkte für die *Effizienzmessung* sind

- das Leistungs- bzw. Arbeitsergebnis (quantitativ und qualitativ)
- das personenbezogene Führungsergebnis (Betriebsklima, Einstellung der Mitarbeiter, Fluktuationsraten, Beschwerde usw.)
- die Arbeitsstruktur mit den Teilsegmenten

- der Arbeitsprozeß
- der Arbeitseinsatz
- die Arbeitsbedingungen

Bezieht man in die Betrachtung auch den Kunden mit ein, auf dessen Zufriedenheit der Personaleinsatz teils unmittelbar oder auch mittelbar einwirkt, so ergibt sich die in Abbildung 62 dargestellte Gesamtübersicht.

Für kurzfristige Maßnahmenplanung läßt sich bei operationalen Zielvorgaben im Rahmen der Budgetkontrollmethode jeweils nach Ablauf des Kontrollzeitraums leicht feststellen, ob z.B. das benötigte Personal beschafft, oder der Verwaltungsaufwand mit dem vorgesehenen Kostenrahmen bewältigt wurde. Schwieriger ist die Kontrolle bei Zielvorgaben, wie z.B. Veränderungen der Qualifikationsstruktur der Mitarbeiter, die nicht ohne weiteres quantitativ erfaßt, sondern allenfalls verbal beschrieben werden können. Diese Überlegungen lassen sich jedoch auf die langfristige Personalplanung nur bedingt übertragen. Hier ist es zweckmäßig, den gesamten Personalprozeß als einen Regelkreis zu konzipieren, so daß jeweils Abweichungen zwischen Soll- und Ist-Größen Anpassungsentscheidungen erfordern.

Erste Versuche, die Personalplanung zusammen mit dem gesamten Personalwesen in den Bereich der Erfolgsrechnung der Unternehmung einzugliedern, wurden mit dem "Human Resource Accounting" ab 1965 in den USA unternommen (vgl. Abschnitt zur Wirtschaftlichkeit der Personalarbeit).

4.7 Einfluß der Mitbestimmung auf die Personalplanung

Das Betriebsverfassungsgesetz von 1972 hat die Rechte des Betriebsrates zur Mitwirkung bei personellen Einzelentscheidungen wesentlich erweitert. Mit § 92 BetrVG wurde zwar die Personalplanung mit in das Gesetz aufgenommen, aber konsequent nicht der gleichberechtigten Mitbestimmung unterworfen. Dem Betriebsrat steht das Recht zu, sich anhand der Unterlagen umfassend über die Personalplanung und die sich daraus ergebenden Maßnahmen zu informieren. Bei der Einführung und Durchführung der Personalplanung kann er zwar dem Arbeitgeber Vorschläge unterbreiten, die Einführung einer Personalplanung jedoch nicht erzwingen. Gegner dieser Lösung wenden ein, daß der Betriebsrat an personellen und sozialen Einzelentscheidungen nur dann sinnvoll beteiligt werden kann, wenn er auch bereits bei den allgemeinen Grundsatzentscheidungen, die die Grundlagen für die Einzelmaßnahmen bilden, mitwirkt. Die Befürworter verweisen auf die Ambivalenz der personellen Mitbestimmung hin. Personalpolitik ist ein wesentliches Mittel der Arbeitgeber, ihre marktwirtschaftlichen Ziele zu erreichen. Bei der Mitbestimmung in personellen Angelegenheiten vermischen sich wirtschaftliche und soziale Tatbestände. Nicht bei allen personellen Angelegenheiten hat die soziale Bedeutung die gleiche Intensität. Einen weiteren Aspekt sieht man auch in der Interdependenz aller Planungsbereiche. Eine isolierte Planung einzelner Teilbereiche kann es nicht geben. Was auf einen Teilbereich Einfluß hat, hat auch gleichzeitig Einfluß auf die übrigen Teil-(Planungs-)Bereiche.

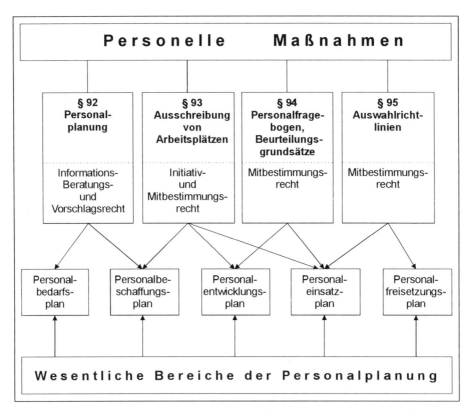

Abbildung 63: Zusammenhang zwischen den allgemeinen personellen Maßnahmen nach §§ 92 - 95 BetrVG und den wesentlichen Teilbereichen der Personalplanung

Zweites Kapitel

Personalwirtschaftliche Einzelaufgaben

1. Personalanwerbung und Personalauswahl

1.1 Inhalt der Personalbeschaffung

1.1.1 Wesen der Personalbeschaffung

Aufgabe der Personalbeschaffung ist die Beseitigung einer durch die Personalbedarfsplanung festgestellten personellen Unterdeckung in quantitativer und - soweit das Problem nicht durch Personalentwicklung gelöst werden kann - qualitativer Form. Die Personalbeschaffung ist als Problem für die Praxis noch verhältnismäßig neu. Sie wurde erst zum Problem, als durch immer stärkere Spezialisierung der Leistungsanforderungen in immer mehr Teilbereichen, die Fähigkeiten der menschlichen Arbeitskraft zum Engpaßfaktor in der Wirtschaft wurden.

Es zeigt sich immer deutlicher, daß eine kurzfristige, auf Improvisation beruhende und dem Zufall überlassene Beschaffungspolitik, wie sie heute noch überwiegt, auf die Dauer keinen Erfolg mehr haben kann. Hierbei wird man die Personalbeschaffung nicht mehr als ein isoliertes Problem ansehen können, sondern im Gesamtzusammenhang mit der Gesamt-Unternehmenspolitik betrachten müssen. Es genügt nicht mehr, nur die Frage zu stellen, welche Mittel einzusetzen sind, um die benötigten Arbeitskräfte auf dem externen Arbeitsmarkt zu beschaffen, sondern es sind auch die Möglichkeiten des internen Arbeitsmarktes durch Weiterbildung, Versetzung usw. mit in Betracht zu ziehen. Vor allem ist auch die Frage zu prüfen, was zu geschehen hat, wenn das gemäß Bedarfsplan benötigte Personal nicht oder nicht fristgerecht bzw. nur unter sehr erheblichen Kosten zu beschaffen ist. Als Engpaßbereich hat dann die Personalbeschaffung Auswirkungen auf durchzuführende Rationalisierungsmaßnahmen, Entwicklungspläne und den Bereich der Personalentwicklung.

1.1.2 Formen der Personalbeschaffung

Hier sind zu unterscheiden:

1. Mehrarbeit ohne Erhöhung der Belegschaft durch

a) Überstunden, die allerdings in der Arbeitszeitordnung, evtl. auch im Tarifvertrag, der Betriebsvereinbarung oder anderen Arbeitnehmerschutzgesetzen ihre Obergrenze finden,
b) Erhöhung der Arbeitsintensität durch Rationalisierung oder steigende Motivation,
c) Ausgleich zwischen verschiedenen Abteilungen mit unterschiedlichem Personal durch Versetzungen.
2. Vorübergehende Erhöhung der Belegschaft in Form von Arbeitnehmerüberlassungsverträgen.
3. Dauernde Erhöhung der Belegschaft durch Abschluß neuer Arbeitsverträge.

1.2 Phasen der Personalbeschaffung

1.2.1 Arbeitsmarktbeobachtung

1.2.1.1 Grundsätze der Arbeitsmarktbeobachtung

Die Personalbeschaffungsplanung kann sich als Maßnahmenplanung - im Gegensatz zur Personalbedarfsplanung - nicht auf eine Analyse bzw. Prognose gegenwärtiger oder künftiger Bedarfsziffern beschränken, sondern hat konkrete Maßnahmen- und Beschaffungsprogramme zum Ziel (*Gaugler u.a., S. 111*). Die erste Phase des Beschaffungsprozesses muß deshalb die genaue Erforschung des Arbeitsmarktes sein, um darauf die einzelnen notwendigen Maßnahmen zu stützen.

Für betriebliche Belange und zur Lösung der sich aus der Festlegung des Personalbedarfs ergebenden Probleme ist es nicht erforderlich, den ganzen Arbeitsmarkt zu beobachten, sondern es genügt, eine Abgrenzung des Untersuchungsfeldes auf die Gebiete, die als Einzugsgebiet für Arbeitskräfte in Frage kommen. Mit einer Änderung der Mobilität der Bevölkerung ändern sich, wie die Erfahrung zeigt, auch die Einzugsgebiete.

Das *Beschaffungspotential* auf dem Arbeitsmarkt ist zu unterscheiden in:
1. *offenes Beschaffungspotential*, d.h. Arbeitskräfte, die einen Arbeitsplatz einnehmen können, ohne daß ein anderer Arbeitsplatz dadurch frei wird:
   - Arbeitslose,
   - neu in das Berufsleben eintretende und
   - ausländische Arbeitskräfte;
2. *latent offenes Beschaffungspotential*, d.h. Arbeitnehmer, die gewillt sind, aus den verschiedensten Gründen ihren Arbeitsplatz aufzugeben und einen neuen Arbeitsplatz zu suchen:

- Abwerbung von Arbeitnehmern von anderen Unternehmen
- Erhöhung der Erwerbstätigkeit bei bestimmten Bevölkerungsgruppen (z.B. Aktivierung der Hausfrauen durch Halbtagsarbeit usw.).

Da die Belegschaft des einen Unternehmens gleichzeitig auch latentes Beschaffungspotential für Konkurrenzunternehmen ist, ergibt sich, daß das Unternehmen keine abgeschlossene Einheit ist, sondern einen besonderen Teilarbeitsmarkt darstellt, der in den gesamten Arbeitsmarkt eingegliedert ist und mit ihm lebt. Aus diesem Grund wird man beim Arbeitsmarkt immer zwischen einer innerbetrieblichen und einer außerbetrieblichen Komponente zu unterscheiden haben.

1.2.1.2 Innerbetrieblicher Arbeitsmarkt

Angesichts der zunehmenden Schwierigkeiten, auf dem externen Markt geeignete und entsprechend spezialisierte und qualifizierte Arbeitskräfte zu finden, ist die Ausschöpfung des internen Arbeitspotentials unerläßlich. Die notwendigen Informationen sind meist ohne Schwierigkeiten und ohne erheblichen Aufwand zu erlangen, wenn eine ausgebaute Personalplanung, verbunden mit einer laufenden bzw. regelmäßigen Mitarbeiterbeurteilung, vorliegt. Allerdings läßt sich das vorhandene Eignungspotential nur dann voll mobilisieren, wenn sich die Beurteilung nicht nur auf die Leistungen der Vergangenheit bezieht, sondern auch die künftigen Entwicklungsmöglichkeiten mit berücksichtigt, und wenn durch geeignete Maßnahmen die Unsitte des sog. Weglobens ungeeigneter Mitarbeiter durch zu gute Beurteilung genau so unterbunden wird wie der häufig anzutreffende Widerstand der Vorgesetzten, gegen eine Komplettierung und Fortschreibung der "Personalinventurlisten", um gute Mitarbeiter nicht zu verlieren.

Die sich aus der Pflege des innerbetrieblichen Arbeitsmarktes ergebenden Vorteile sind vielfältig.

1. Verbesserung des Betriebsklimas durch Verbesserung der Aufstiegschancen (Aufstieg geht vor Einstieg),
2. geringeres Auswahlrisiko, da der Mitarbeiter, seine Leistungen und seine Persönlichkeit bereits bekannt sind,
3. einfachere Personalbeschaffung und -auswahl,
4. keine Störung des Lohn- und Gehaltsgefüges durch Spitzengehälter, die von Konkurrenzunternehmen abgeworbenen Mitarbeitern bezahlt werden müssen.

Immer mehr Firmen gehen dazu über, freiwerdende Positionen der einzelnen Hierarchieebenen mit eigenen Kräften zu besetzen und nur dann Bewerber von außen für Spezialistenfunktionen in Betracht zu ziehen, wenn geeignete Kandidaten in den eigenen Reihen nicht zu finden sind. Vollkommen strukturiert ist dieses Verfahren in einer Laufbahnplanung, bei der die Laufbahnmöglichkeiten der einzelnen Stelleninhaber langfristig festgelegt sind. Den genannten Vorteilen steht als Gefahr eine Art *"betriebliche Inzucht"* gegenüber, die zu degenerativer Abkapselung nach außen führen kann, was sich besonders bei Führungskräften negativ auswirkt.

Eine Verstärkung der Transparenz auf dem innerbetrieblichen Stellenmarkt strebt auch § 93 BetrVG an. Der Betriebsrat kann verlangen, daß Arbeitsplätze vor ihrer Besetzung innerhalb des Betriebes ausgeschrieben werden. Bei einer Reihe von Firmen hat sich das Verfahren der innerbetrieblichen Stellenausschreibung anscheinend gut bewährt. Die Befürworter machen vor allem geltend, daß damit die Aufstiegschancen vergrößert und die Transparenz des innerbetrieblichen Marktes für die Betroffenen verbessert wird. Demgegenüber bestehen in der Praxis nicht unerhebliche Vorbehalte. Vor allem wird eingewandt, daß das Unternehmen über einen internen Bewerber nichts erfahren könne, was nicht bereits bekannt sei, vorausgesetzt, es ist ein gut ausgebautes Beurteilungssystem vorhanden. Wenn sich das Unternehmen zu einer externen Ausschreibung entschließt, dann deshalb, weil es einen eigenen Mitarbeiter nur für bedingt geeignet hält. Verlangt der Betriebsrat trotzdem eine innerbetriebliche Ausschreibung, ist für einen internen Bewerber das Risiko der Ablehnung sehr groß. Aus diesem Grund schätzt man die negativen Auswirkungen für einen Betroffenen, der ein- oder mehrmals bei einer innerbetrieblichen Stellenausschreibung nicht zum Zuge gekommen ist, höher ein als die Möglichkeit, hierbei evtl. vereinzelte fehlerhafte Beurteilungen aufzudecken.

1.2.1.3 Externer Arbeitsmarkt

Obwohl, durch die Tätigkeit des Instituts für Arbeitsmarkt- und Berufsforschung der Bundesanstalt für Arbeit, Nürnberg, eine große Anzahl von Veröffentlichungen zur Prognose der Entwicklungstendenzen auf den in- und ausländischen Arbeitsmärkten existiert, ist es für das einzelne Unternehmen schwierig, die benötigten Daten zu gewinnen. Amtliche Schätzungen und Statistiken sind in der Regel zu wenig gegliedert, um genauere Aussagen zu liefern.

Vorläufig bleibt kein anderer Weg als aus den unzureichenden Daten, ergänzt durch eigene Überlegungen über die zukünftige Entwicklung und ggf. durch Zusatzerhebungen, ein eigenes Urteil zu fällen. Ein organisierter Informationsaustausch zwischen planenden Instanzen auf gesamtgellschaftlicher und einzelbetrieblicher Ebene, wie er verschiedentlich gefordert wird, ist kurzfristig sicher nicht zu realisieren.

Bei der Beurteilung der Entwicklung des *externen Arbeitsmarktes* sind zu berücksichtigen

- Entwicklung der Bevölkerungsstruktur,

- Tendenzen im Erziehungs- und Bildungswesen,
- Änderungen des sozio-kulturellen Anspruchsniveaus,
- Änderungen des allgemeinen Niveaus der Arbeitsbedingungen.

Für kurzfristige Betrachtungsweise ist noch zu berücksichtigen:
- die konjunkturelle Entwicklung
- und vor allem auch die Auswirkungen der eigenen Aktivitäten in Verbindung mit den Aktivitäten der Konkurrenzunternehmen auf den Arbeitsmarkt usw.

Die regelmäßige Aufgabe von "Schein-"Stellenangeboten, um den "Interessenweckungserfolg" festzustellen und einen Überblick über den Arbeitsmarkt zu gewinnen, wie von verschiedenen Stellen vorgeschlagen, mag zwar in manchen Fällen durchaus geeignet sein, den Marktüberblick zu verbessern, im Interesse einer Fairneß auf dem Arbeitsmarkt sollte man aber diese Praktiken unterlassen.

1.2.2 Personalanwerbung

1.2.2.1 Wesen der Personalanwerbung

Die Maßnahmen der Personalanwerbung haben eine zweifache Funktion. Sie informieren einen mehr oder weniger großen Personenkreis über die Stellenangebote und sollen den angesprochenen Personenkreis aktivieren, sich für die Stelle zu bewerben. Diese Handhabung, potentielle Interessenten aufzufordern, ihrerseits ihre Bewerbung abzugeben, ist heute noch weit gebräuchlicher, als einem möglichen Mitarbeiter unmittelbar ein Angebot zu unterbreiten. Unmittelbare Kontaktaufnahme wird nur in wenigen Fällen bei Führungs- oder Führungsnachwuchskräften praktiziert. Die Aufforderung zur Bewerbung hat um so mehr Erfolg, je besser das "Image", d.h. der Ruf eines Unternehmens auf dem Arbeitsmarkt, je höher die Attraktivität der Arbeitsplätze ist und je besser sie den Erwartungen der angesprochenen potentiellen Bewerber hinsichtlich Gehalt, Aufstiegschancen, Entwicklungsmöglichkeiten, Wohnraumbeschaffung usw. entsprechen.

Nicht wenige, vor allem große Firmen, bemühen sich, insbesondere in Zeiten angespannter Arbeitsmarktlage, durch Anzeigenkampagnen ihr Personalimage zu verbessern. Da solche Kampagnen sich nur Großunternehmen, z.B. IBM, Bundesbahn u.a. leisten können, gehen kleinere Firmen zur Branchenwerbung über. Bundesweit bekannt geworden ist die in den Jahren 1970 - 72 durchgeführte Gemeinschaftswerbung für Lehrlinge der Bauindustrie: "Sei schlau, lern beim Bau". Kleinere Firmen verbinden derartige Werbungen, begrenzt auf ein enges regionales Gebiet, auch mit einem "Tag der offenen

Tür", der gleichzeitig auch positive Meinungsäußerungen der Mitarbeiter über "Ihre Firma" und eine Mund-zu-Mund-Werbung unterstützen soll.

1.2.2.2 Formen der Personalanwerbung

Die Möglichkeiten der Personalanwerbung sind vielfältig. In der Praxis wird aber immer wieder auf bestimmte bewährte Methoden zurückgegriffen. Die direkte Einstellung am Fabriktor verliert mit zunehmender staatlicher Organisierung des Arbeitsmarktes und mit verlängerten Kündigungsfristen immer mehr an Bedeutung.

Der Einsatz der Werbemittel hängt von der Kategorie der gesuchten Mitarbeiter ab. Nach einer eigenen Umfrage setzten 120 beteiligte Firmen aller Größenklassen bei den verschiedenen Arbeitnehmergruppen folgende Personalwerbemethoden ein:

	gewerbliche Arbeitnehmer	Angestellte	Lehrlinge
Stellenangebote in Zeitungen	76%	90%	58%
Innerbetriebliche Versetzungen	76%	82%	13%
Staatliche Arbeitsvermittlung	81%	73%	40%
Auswertung von Stellengesuchen	28%	68%	8%
Kontakte zu Schulen und Ausbildungsstätten	11%	18%	45%
Sonstige	13%	18%	12%

Abbildung 64: Einsatz der verschiedenen Personalanwerbemethoden in Abhängigkeit von der Art der gesuchten Mitarbeiter

Diese Aufstellung zeigt, daß neben der staatlichen Arbeitsvermittlung, das Stellenangebot in Zeitungen unangefochten an der Spitze steht.

Die Einschaltung von externen Personalberatungsfirmen erfolgt meist nur bei der Suche nach Führungskräften höherer Ebenen (*Buchholz/Maier*). Für diesen Personenkreis spielt auch die sog. "stille Vermittlung" über gemeinsame Bekannte sowie über leitende Gremien von Banken, Verbänden, Versicherungen und Einrichtungen des wirtschaftlichen, öffentlichen und gesellschaftlichen Lebens eine nicht unerhebliche Rolle. (*Gaugler u. Mitarbeiter*).

1.2.2.3 Stellenanzeigen

Der Erfolg einer Stellenanzeige hängt davon ab, wie zielgruppensicher die ausgewählten Medien sind und wie zielgruppenorientiert die Gestaltung ist. Falsch ist es, Stellenangebote im Stil der Absatzwerbung zu gestalten. Offene und ehrliche Informationen sollten Sache einer guten Personalpolitik und des Vertrauens sein. Die Stellenanzeige sollte enthalten:

1. Vorstellung des Unternehmens (Branche, Größe, Produktionsprogramm usw.),
2. Beschreibung der zu besetzenden Position (Stellenbezeichnung, Aufgabenbereich, Entwicklungsmöglichkeiten, Vollmachten und Verantwortung usw.),
3. erwartete Voraussetzungen (Alter, Ausbildung, spezielle Berufserwartungen, gewünschte persönliche Eigenschaften usw.),
4. gebotenes Gehalt (materieller Art und immaterieller Nebenvergünstigungen usw.),
5. Angaben über die Bewerbungsart und die gewünschten Unterlagen (Kurzbewerbung, Anforderung eines Bewerbungsbogens, handgeschriebener Lebenslauf, Gehaltsvorstellungen usw).

Die Frage, ob die Anzeige unter dem Firmennamen oder unter *Chiffre* aufgegeben werden soll, beschäftigt viele Personalleiter. In der Praxis zeigt sich, daß anonyme Anzeigen bei Stellensuchenden zunehmend unbeliebter werden, so daß sie in der Regel zu einem geringeren Erfolg führen als offene Anzeigen. Nun gibt es sicher Gründe, die es ratsam erscheinen lassen (Konkurrenzgründe oder Gründe des Betriebsfriedens usw, daß der Firmenname in Verbindung mit einem Stellenangebot nicht in einer breiteren Öffentlichkeit genannt wird. In diesem Fall ist es zweckmäßig, die Anzeige unter dem Namen eines Personalberaters, einer Werbeagentur, des Steuerberaters oder Rechtsanwalts erscheinen zu lassen.

Wesentlich für den Erfolg ist auch die Größe der Anzeige. Es hat keinen Sinn, Mitarbeiter der unteren Ebene mit ungewöhnlich großen Anzeigen zu suchen und Spitzenkräfte mit kleinen. Zahl und Qualität der Bewerber erhöhen sich nicht proportional mit der Größe des Anzeigenformates. Es hat sich aber in der Praxis so eingespielt, daß die Kosten einer Stellenanzeige in etwa der Höhe eines Monatsgehalts der angebotenen Stelle entsprechen sollen. Neben der Größe wird der Aufmerksamkeitswert vor allem durch die graphische Gestaltung beeinflußt. Zudem kommt der richtigen Zeitwahl entscheidende Bedeutung zu. Hier ist vor allem auf die möglichen Kündigungstermine Rücksicht zu nehmen und eine angemessene Zeit zur Entscheidungsfindung mit einzukalkulieren. Insbesondere bei größeren Projekten (Neuaufnahme einer Produktion, Einführung eines neuen Arbeitsverfahrens) kommt es auf das richtige "timing" an. In letzter Zeit werden zunehmend auch die Einsatzmöglichkeiten der Netzplantechnik für die Zeitabstimmung bei der Personalbeschaffung diskutiert.

1.2.3 Bewerberauswahl

1.2.3.1 Grundsätze und Methoden der Bewerberauswahl

Aus einer Anzahl eingegangener Bewerbungen sind die für die Aufgabe bestgeeignetsten Bewerber systematisch auszuwählen. Dies gehört, wie *Raschke* formuliert, zum elementaren Wissen jeder Führungskraft und trotzdem zu den schwierigsten Aufgaben. Schwierig deshalb, weil bei der Auswahl nicht die vergangenen Leistungen des Bewerbers beurteilt werden sollen, sondern ein Urteil über zu erwartende Leistungen auf einem Arbeitsgebiet zu fällen ist.

Rippe (S. 132 - 149) setzt sich sehr kritisch mit den in der Praxis eingesetzten Instrumenten auseinander und kommt zu dem Ergebnis, daß allein richtig angewendete psychologische Tests den Anforderungen nach Gültigkeit und Zuverlässigkeit genügen würden. Er ist der Meinung, daß *Personalfragebögen* die Ansprüche nur teilweise realisieren, und daß allenfalls ein genau strukturiertes Interview den Anforderungen in etwa gerecht wird. Alle anderen Instrumente hält er trotz ihrer weiten Verbreitung für nutzlos. An der harten Kritik ist sicher etwas Wahres. Es gibt zwar weit über 4.000 verschiedene Testverfahren, die als *Intelligenztest* die Ausdrucksweise, Kombinationsgabe usw., als *Leistungstests* die motorische, sensorische und psychische Leistungsfähigkeit und als *Persönlichkeitstests* menschliche Eigenschaften, Interessen, Einstellungen usw. messen., ausgesprochene Tests für spezielle Berufsanforderungen, mit denen sich die Wahrscheinlichkeit künftiger Leistungen in einem vorgegebenen Aufgabenbereich bestimmen lassen, gibt es hingegen kaum. Größere Fortschritte in den Anwendungsmöglichkeiten wurden hier allenfalls für gelernte und angelernte Arbeiter gemacht (*Krug*, in: v. *Haller/Gilmer*, S. 107). Es erscheint auch fraglich, ob jemals für die Vielzahl der unterschiedlichen Anforderungen die genau zugeschnittenen Tests erstellt werden können. Die Praxis wird deshalb auch für lange Zeit noch mit dem traditionellen Instrumentarium leben müssen. *Huth* kommt aufgrund langjähriger Erfahrungen und einer Reihe empirischer Untersuchungen zu der Überzeugung, daß man von allen Anlagen und Eigenschaften einer Person allenfalls etwa

4%	durch Vorlage der Zeugnisse	37%	durch psychologische Eignungsuntersuchung
5%	durch Kenntnisprüfungen	66%	durch ein seelenkundlich geführtes Gespräch
8%	durch ärztliche Untersuchungen	98%	durch Dauerbeobachtung
12%	durch Menschenkenntnis		

erkunden kann.

Darauf ist auch die allgemein geübte Praxis zurückzuführen, bei Einstellung eine angemessene Probezeit zu vereinbaren, um während dieser Zeit eine Dauerbeobachtung zu ermöglichen. Da Korrekturen einer einmal vorgenommenen Personalbesetzung während der Probezeit in der Regel zu Unannehmlichkeiten, Beeinträchtigungen des Betriebsklimas und mit Sicherheit zu Mehrkosten führen, haben Personalauswahl-Instrumente und -Methoden vor allem die Aufgabe, dieses Risiko so gering wie möglich zu halten.

Eine Befragung nach den wesentlichen und unwesentlichen Personalauswahl-Methoden führte in Abhängigkeit von dem zu beurteilenden Personenkreis zu folgendem Ergebnis (vgl. Abbildung 65).

X = wesentlich 0 = unwesentlich	Leitende Angestellte ab Prokura		AT-Angestellte		Tarif Angestellte		Gewerbliche Arbeitnehmer	
	X	0	X	0	X	0	X	0
Analyse des Lebenslaufs	66	5	69	5	61	6	30	11
Schulzeugnisse	33	25	38	25	44	23	24	20
Ausbildungszeugnisse	53	10	59	6	71	4	57	2
Praxiszeugnisse	82	2	81	3	80	4	68	3
Interview, Einstellungsgespräch	89	1	91	2	88	2	64	3
Arbeitstests/ Arbeitsproben	4	38	5	30	12	21	17	12
Gutachten/ Referenzen	36	20	10	26	3	34	5	31
Graphologische Gutachten	16	46	2	50	-	52	-	50
PsychologischeTests/ Untersuchung	4	35	6	35	3	38	3	35

Abbildung 65: Methoden der Personalauswahl (*Bisani*: Das Personalwesen in der BRD)

Wesentlichstes Hilfsmittel für die Personalauswahl ist eine genaue Festlegung der Stellenanforderungen und der Soll-Fähigkeitsprofile, denen der Bewerber entsprechen soll. Die üblichen Arbeitsplatzbeschreibungen, ggf. auch Unterlagen der analytischen Arbeitsbewertung, reichen hierzu in der Regel nicht aus. Nicht allein die fachlichen Fähigkeiten entscheiden, sondern das positionsbezogene Zusammenwirken der verschiedenen Teilkompetenzen zur gesamten persönlichen Handlungskompetenz. Es wird eine Aufgabe für die Zukunft sein, die derzeit gebräuchlichen Hilfsmittel zu verfeinern und weiter zu entwickeln. Nur dann, wenn die Anforderungen der Stelle und die notwendigen Fähigkeiten und Eigenschaften eines "erfolgreichen" Stelleninhabers genau beschrieben sind, können die Verfahren und Methoden, diese Fähigkeiten und Eigenschaften zu messen, verbessert werden.

Umfangreiche empirische Untersuchungen (u.a. *Bisani*, 1976, S. 89) zeigen, daß bei der *Bewerbervorauswahl* vor allem

- das Bewerbungsschreiben
- der Lebenslauf
- die Schulzeugnisse und
- die Ausbildungs- und Praxiszeugnisse

die ausschlaggebende Rolle spielen.

Für die *Endauswahl* ist dann entscheidend das Einstellungsgespräch und ggf. Gutachten und Referenzen sowie Arbeitsproben, graphologische Gutachten und psychologische Tests.

Im Normalfall geht das Personalauswahlverfahren in drei Stufen vor sich:

1. Bewerberauswahl anhand der vorliegenden Unterlagen und eingeholter Zusatzinformationen durch Gutachten, Referenzen usw. und damit Einengung des Bewerberkreises;
2. Bewerberauswahl aus einem kleinen Kreis aufgrund zusätzlichem persönlichem Interview;
3. endgültige Entscheidung für den Bewerber nach Ablauf der Probezeit.

1.2.3.2 Bewerbervorauswahl

1. Bewertung des Bewerbungsschreibens

Mit dem *Bewerbungsschreiben* gibt der Bewerber seine "Visitenkarte" ab. Art und Aufmachung, Sprachstil und die äußere Erscheinung geben einen Eindruck, wie der Bewerber sich selbst sieht und wie er von anderen gesehen werden will. Muster von Bewerbungsschreiben, wie in verschiedenen Formen vorgeschlagen, sind hier meist wenig hilfreich. Ebenso wenig Nutzen bringen Hinweise, daß ein Bewerbungsschreiben einen gewissen Seitenumfang nicht überschreiten soll.

Ein Bewerbungsschreiben, das nach Stil und Aufmachung einer "Dutzendware" entspricht, das in gleicher Form auch an eine Reihe anderer, verschiedener Firmen gerichtet werden könnte, ist wenig geeignet, bei der Personalauswahl Interesse zu wecken.

Entscheidend ist hier viel mehr, daß das Bewerbungsschreiben geeignet ist, den mit der Personalauswahl Beauftragten zu veranlassen, sich näher mit dieser Bewerbung zu befassen. Deshalb gehört in das Bewerbungsschreiben vor allem eine Darstellung, warum er sich gerade für diese Stelle bewirbt und warum er sich gerade für diese Position als besonders geeignet ansieht. Interesse weckend sind ferner Hinweise, mit denen der Bewerber zu erkennen gibt, daß er zu der Aufgabe der zu besetzenden Stelle, der Branche und soweit möglich zu dem Unternehmen (was bei Bewerbungen auf Chiffreanzeigen etwas schwieriger ist), eine besondere Begabung oder Fähigkeit hat.

2. Analyse des Lebenslaufes

Der *Lebenslauf* ist die Unterlage, die den umfassendsten Einblick in die berufliche und persönliche Gesamtentwicklung des Bewerbers und Hinweise auf seine wesentlichsten Lebens- und Persönlichkeitsstrukturen gibt. Bei der Beurteilung stehen zwei Betrachtungsweisen im Vordergrund:

- *Zeitfolgeanalysen*: Welche Arbeitsplatzwechsel wurden vorgenommen und wo sind Zeitlücken?
- *Entwicklungsanalyse*: Zeigt die Entwicklung einen geradlinigen Trend, Aufstieg, Abstieg, Berufswechsel usw.?

Häufiger Arbeitsplatzwechsel ist hier meist nicht immer eindeutig zu beurteilen. Hier spielt das Alter eine gewisse Rolle. In der Jugend gehört der Arbeitsplatzwechsel zur Erweiterung des Erfahrungsbereiches. Ebenfalls ist ein aufsteigender Wechsel (größere Firma, höhere Position) anders zu beurteilen als ein absteigender Wechsel. Besonderes Augenmerk sollte der Lückenlosigkeit des Zeitablaufes gelten. Darüber hinaus lassen auch Formen, Stil und Aufmachung des Lebenslaufs wesentliche Rückschlüsse auf die Persönlichkeitsstruktur des Verfassers zu. Allerdings ist davor zu warnen, nach Rezeptbuchart aus bestimmten Äußerlichkeiten vorschnelle pauschale Urteile zu fällen. Sie sind Mosaiksteine unter mehreren, sie gewinnen an Bedeutung, wenn sie durch andere bestätigt werden.

3. Biographischer Fragebogen

Bei Unternehmen mit einer großen Anzahl von Bewerbern, kommen für die Erstauswahl in zunehmendem Maße *biographische Fragebogen* als neues Beurteilungsverfahren zum Einsatz. Dieses Instrument hat in den USA bei der Auswahl von Außendienstmitarbeitern von Versicherungen, bei Auszubildenden und Militärangehörigen seine Bewährungsprobe bestanden und dürfte insoweit auch als wissenschaftlich fundiert abgesichert gelten.

Der Grundgedanke ist relativ einfach. Aus den bereits im Unternehmen tätigen Mitarbeiter, werden die besonders erfolgreichen und die besonders schwachen Mitarbeiter hinsichtlich ihrer signifikanten Unterschiede von Herkunft, Schul- und Berufsausbildung sowie der Interessenlage ihrer Einstellungen, ihrer Freizeitaktivitäten usw. ermittelt. Diese Daten werden dann zu Fragen verdichtet, die in einem Fragebogen aufgenommen werden. Im Grunde genommen ähnelt dadurch der Fragebogen im wesentlichen auch herkömmlichen Interviews, er ist diesem aber wegen seines methodischen Ansatzes weit überlegen. Der Erfolg dieser Methode ist auf die gesicherte Erkenntnis zurückzuführen, daß sich der soziale Entwicklungsgang von erfolgreichen, in der Regel signifikant von weniger erfolgreichen Mitarbeitern unterscheidet und daß von erfolgreichen Mitarbeitern bestimmte Fragen im Prinzip geringfügig anders beantwortet werden, als von weniger erfolgreichen Mitarbeitern.

Je größer die Ähnlichkeit der Antworten des Bewerbers mit den Durchschnittsantworten bereits im Unternehmen erfolgreich tätigen Mitarbeitern ist, um so geeigneter wird der Bewerber bei diesem Verfahren eingestuft.

Ob dieses Verfahren trotz der zweifellos erfolgreichen Anfangsversuche in Deutschland eine Zukunft hat, wird aber letztlich nicht von den Unternehmen, sondern von den Betriebsräten (im Rahmen ihres Mitbestimmungsrechts bei Personalfragebogen) und letztlich von der Rechtssprechung entschieden. Derzeit geht die Tendenz der Rechtssprechung dahin, nur unmittelbar auf den Arbeitsplatz bezogene Fragen zuzulassen und alle anderen Frage relativ restriktiv zu behandeln. Auch die Gewerkschaften stehen diesem Instrument sehr ablehnend gegenüber und empfehlen den Betriebsräten, die Fragebogen insgesamt abzulehnen oder sämtliche, aus ihrer Sicht problematische Fragen, zu streichen. Mit dieser zweiten Taktik würde natürlich das Instrument seinen Wert weitgehend einbüssen, ob dies dann unbedingt im Interesse potentieller Bewerber ist, bleibt dahin gestellt.

4. Aussagewert des Lichtbilds

Nach den heutigen Erkenntnissen der Psychologie steht mit hinreichender Sicherheit fest, daß es unmöglich ist, aus einem Bild Rückschlüsse auf die Intelligenz sowie die Fähigkeiten und Fertigkeiten des Abgebildeten zu ziehen. Wohl aber kann man davon ausgehen, daß ein *Bewerberfoto*, das bewußt gemacht wurde, um einen anderen von seiner wahren oder angenommenen Persönlichkeit zu überzeugen, gewisse Annahmen gestattet. So wird die Art der Kleidung und Darstellung sicher Rückschlüsse auf das Lebensniveau, die Lebenseinstellung usw. zulassen.

5. Bewertung der Zeugnisse

Die genannte Untersuchung hat gezeigt, daß deutlich eine Abstufung in der Bewertung zwischen den Schul-, Ausbildungs- und Praxiszeugnissen vorliegt. Dies entspricht auch der allgemeinen Lebenserfahrung, daß gute Schul- und Studienabschlußnoten nur in einem geringen Maße mit dem späteren Berufserfolg korrelieren. Wichtig sind diese Zeugnisse eigentlich nur beim Eintritt in das Berufsleben. Später dienen sie im wesentlichen nur noch dazu, andere Aussagen über den Bewerber zu ergänzen oder evtl. auch zu relativieren. Der entscheidende Wert wird hier den Praxiszeugnissen zugemessen, obwohl *Kroeber-Kenneth*, einem der bekanntesten Personalberater, der Ausspruch unterstellt wird, daß Praxiszeugnisse wegen der subjektiven Einflüsse weniger die Leistung als vielmehr das Wohlverhalten im Betrieb und zu den Vorgesetzten widerspiegeln. Auf der anderen Seite ist aber gerade dieses Wohlverhalten, verbunden mit einer durchschnittlichen Leistungsfähigkeit und Leistungswilligkeit, die Voraussetzung, sich in einem anderen

Betrieb mit einer neuen Aufgabenstellung einzuordnen. Praxiszeugnisse können im Gegensatz zu Ausbildungs- und Schulzeugnissen nicht so eindeutig sein, weil der Aussteller eines Zeugnisses immer im Zwiespalt steht. Einmal ist er im Rahmen der weiterwirkenden Fürsorgepflicht des Arbeitgebers gehalten, alles zu tun, um das Fortkommen seines ehemaligen Arbeitnehmers zu erleichtern, auf der anderen Seite ist er aber auch zur Wahrheit verpflichtet und macht sich schadenersatzpflichtig, wenn ein anderer Arbeitgeber, im Vertrauen auf die Richtigkeit des Zeugnisses, Schaden erleidet. Im Gegensatz zu einer weit verbreiteten Behauptung gibt es keinen *Geheimcode* zwischen den Personalleitern, wohl aber haben sich gewisse Usancen herausgebildet. Negative Vorkommnisse werden entweder nicht erwähnt oder positiv umschrieben; z.B. ein williger und durchaus einsatzbereiter Mitarbeiter, dessen Fähigkeiten aber nicht ausreichen, um den gestellten Anforderungen gerecht zu werden, wird beurteilt: "Er bemüht sich, mit Einsatz und Eifer, den gestellten Aufgaben gerecht zu werden." Hätte er den Anforderungen entsprochen, so hätte konsequenterweise ein Zusatz lauten müssen: "mit Erfolg", "mit großem Erfolg" o.ä. Bei der Auswertung von Praxiszeugnissen kommt es also nicht nur auf die Bewertung dessen an, was im Zeugnis steht, sondern auch darauf, was nicht im Zeugnis steht, aber normalerweise darin stehen sollte oder könnte.

6. Referenzen dritter Personen

Sie werden in der Regel erst eingeholt, wenn der Bewerber in die engere Wahl genommen wurde, um das aus den Unterlagen gewonnene Erscheinungsbild abzurunden. Mit zunehmender Bedeutung der Stelle in der Betriebshierarchie steigt auch der Wert der Einschätzung von *Gutachten* und *Referenzen*. Bei der Beurteilung der Referenzen ist auch zu beachten, daß der Verfasser eines Referenzgutachtens in erster Linie eine vom Bewerber ausgewählte Person ist. Damit haben auch vertrauliche Referenzen nur einen eingeschränkten Wert. Als Referenzen sollten nur Personen angegeben werden, die aufgrund längerer Zusammenarbeit oder besonderer Verbindungen auch etwas über den Bewerber aussagen können. Die Angabe der sog. Renomierreferenzen, d.h. eine Vielzahl bekannter Personen des öffentlichen, wirtschaftlichen und gesellschaftlichen Lebens, die der Bewerber allenfalls nur oberflächlich kennt, ist eher negativ zu bewerten. Es entspricht den Gepflogenheiten, daß Referenzen nur dann in einer Bewerbung angeführt werden, wenn der Bewerber vorher das Einverständnis zu ihrer Nennung eingeholt hat.

1.2.3.3 Endauswahl

Die *Endauswahl* erfolgt in aller Regel nach einem persönlichen Vorstellungsgespräch. Hierbei sollte der Bewerber in jedem Fall und ohne jeden Vorbehalt so objektiv wie möglich über die zu besetzende Stelle informiert werden. Ein zu positiv gezeichnetes Bild wird später nur zu Enttäuschungen, gegebenenfalls zu Frustrationen, verbunden mit Unzufriedenheit und den sich daraus ergebenden

Abwehrmechanismen, und somit insgesamt zu verringerter Leistungsbereitschaft führen. Gleichzeitig sollten dem Bewerber auf jeden Fall alle Möglichkeiten gegeben werden, sich seinerseits umfassend über das in Frage kommende Aufgabengebiet zu informieren. Die Fragen, die der Bewerber hier stellt, lassen in der Regel bereits auf seine innere Einstellung und Leistungsbereitschaft schließen.

Dem Bewerber sollten alle Fragen gestellt werden, die zur Beurteilung seiner Person, seiner Leistungsfähigkeit und seiner *persönlichen Grundstruktur* erforderlich sind.

Damit sollte sich das *Vorstellungsgespräch*

- vergangenheitsbezogen mit dem persönlichen und beruflichen Werdegang, der Ausbildung und Berufserfahrung befassen, um hieraus Hinweise auf die fachliche Eignung für die angebotene Stelle sowie die sich aus dem Sozialisationsprozeß ergebenden Einflüsse auf die persönliche Grundstruktur zu gewinnen,
- zukunftsbezogen mit den künftigen Berufsbestrebungen und Karrierevorstellungen befassen, um daraus Zielstrebigkeit und Willen zum Weiterkommen und damit letztlich Hinweise auf die persönliche Eignung zu gewinnen.

Weiterhin lassen sich im persönlichen Vorstellungsgespräch vor allem persönliche Charakteristika, wie

- Auftreten und persönliche Erscheinung
- sprachlicher Ausdruck usw.

erkennen und ferner Anhaltspunkte für

- Auffassungsgabe und Intelligenz
- sowie intellektuelle Leistungsfähigkeit.

ausmachen.

Die vereinzelt angewandte Methode des *"Streßinterviews"* mit der Absicht, die "Streßstabilität" des Bewerbers dadurch zu testen, indem man ihn in schwierige oder peinliche Befragungssituationen bringt, wird immer noch angewandt, ist allerdings kein Zeichen besonders guter Personalarbeit.

Während des Gesprächs gemachte Zusagen sollten schriftlich festgehalten werden, um spätere Meinungsverschiedenheiten zu verhindern.

Ärztliche Untersuchungen, *graphologische Gutachten* und Tests schließen sich in der Regel meist erst an die Vorauswahl an, um die Entscheidung für einen Bewerber zu erleichtern.

Gesundheitliche Eignungsuntersuchungen sind bei gewerblichen Arbeitnehmern mit hohen körperlichen Anforderungen, aber auch bei Beamten und leitenden Angestellten, bei denen mit der Anstellung durch Pensionsansprüche hohe Folgelasten entstehen, üblich und bei Jugendlichen (§ 32 JArbSchG) gesetzlich vorgeschrieben.

Die Graphologie ist eine spezielle Methode der Ausdruckspsychologie. Sie kann deshalb durchaus ernstzunehmende Hinweise in Form eines zusätzlichen Mosaiksteins zur Beurteilung einer Person geben. Was aber schadet, ist die unbedingte Gläubigkeit an die Graphologie als Allheilmittel zur Lösung der Auswahlprobleme.

Tests spielen nur eine sehr untergeordnete Rolle. Leitende Angestellte sind meist nicht bereit, sich einem Test zu unterziehen, während die körperliche Untersuchung, insbesondere auch im Hinblick auf Pensionsvereinbarungen usw., eher akzeptiert wird.

Aus diesem Grund spielt trotz aller Einwände, die *Graphologie* bei leitenden Angestellten eine nicht unbedeutende Rolle. Ein solches Gutachten ist einfach und vor allem ohne Mitwirkung des Betroffenen zu erlangen. Die Graphologie als Instrument der Personalauswahl ist sehr umstritten. Ob und inwieweit sich diese Methode bewährt hat, läßt sich mit Zahlen nicht belegen. Zuverlässige empirische Erhebungen liegen nicht vor.

Größere Probleme bereitet der Umstand, daß dem Graphologen meist zu wenig über die Anforderungen der zu besetzenden Stelle bekannt ist und Fähigkeits- und Anforderungsprofile häufig nicht vorhanden sind. Die Folge ist, daß viele Graphologen ihre Gutachten sehr allgemein und damit durchaus mehrdeutig abfassen. So kann häufig jeder das herauslesen, was er feststellen will. Damit ist die Gefahr, daß mit solchen Gutachten bereits vorhandene Vorurteile bestätigt werden, sehr groß.

Vor der endgültigen Entscheidung für einen Mitarbeiter ist es in der Regel zweckmäßig, auch den unmittelbaren Vorgesetzen mit zu hören, um vor allem den für eine erfolgreiche Zusammenarbeit notwendigen Kontakt herzustellen. Einzelne Betriebe ziehen auch die künftigen Kollegen mit hinzu, denn nicht allein die fachliche Eignung entscheidet, sondern auch die Einfügung in die soziale Organisation und Gruppe. Hier ist das Urteil künftiger Kollegen nicht gleichgültig.

1.3   Personalbindung und -einführung

1.3.1   Personalbindung

Das Ziel der Personalbeschaffung ist erst mit der *Personalbindung* erreicht, juristisch mit Abschluß eines Vertrages. Für den Abschluß des Vertrages gilt grundsätzlich die Vertragsfreiheit, soweit nicht durch arbeitsrechtliche Schutzvorschriften oder durch tarifvertragliche Regelungen bzw. Betriebsvereinbarungen Mindestvorschriften festgelegt sind.

Da auch eine noch so sorgfältig vorgenommene Personalauswahl das Risiko einer Fehlentscheidung zwar mindern, aber nicht vollkommen ausschließen kann, ist es üblich, eine *Probezeit* zu vereinbaren, während der kürzere Kündigungsfristen gelten. Der Arbeitsvertrag sollte, abgesehen von den allgemeinen Angaben, vor allem Klarheit über die gegenseitigen Erwartungen hinsichtlich Leistung und Gegenleistung bringen. Mißverständliche und mehrdeutig auslegbare Vertragsbestimmungen sind vor allem geeignet, das für eine fruchtbare Zusammenarbeit notwendige Vertrauensverhältnis zu stören. Diese erwartete vertrauensvolle Zusammenarbeit sollte auch nicht mit mündlichen Nebenabsprachen, die der Überformung durch unterschiedliches Erinnerungsvermögen unterliegen, belastet werden.

1.3.2 Einführung neuer Mitarbeiter

Die mit jeder Stellenneubesetzung verbundenen Belastungen des Betriebes vor allem, wenn sie auf eine vom Betrieb nicht erwünschte Kündigung durch den Arbeitnehmer zurückzuführen ist, haben zu einer größeren Anzahl von Untersuchungen über die Fluktuationserscheinungen und ihre Ursachen geführt. Alle Untersuchungen haben eindeutig erwiesen, daß die Fluktuationsrate während der Probezeit und noch kurz nachher überaus hoch liegt. Während dieser Zeit findet nicht nur eine gegenseitige Beobachtung und Beurteilung statt, sondern vor allem auch ein Prozeß der gegenseitigen Anpassung. Dieser Prozeß der gegenseitigen Anpassung wird wesentlich von der Ersteinführung in den Betrieb bestimmt. Die Fluktuationsuntersuchungen haben hier gezeigt, daß ein nicht geringer Anteil der Stellenwechsler, während oder kurz nach der Probezeit, als Grund ungenügende oder mangelhafte Einführung angab. Von wenigen Ausnahmen abgesehen, kommt ein neuer Mitarbeiter mit dem festen Willen in den Betrieb, sein Bestes zu geben. Er hat dabei konkrete Vorstellungen und Erwartungen. Er hat seinen früheren Arbeitsbereich mit den festen arbeitsmäßigen und persönlichen Beziehungen aufgegeben. Er befindet sich in einem Schwebezustand, in dem alles auf ihn einen großen Eindruck macht. Die Arbeitsgruppe, in die er eintritt, ist ihm gegenüber nicht immer positiv eingestellt. Beide treten meist mit vorsichtiger Zurückhaltung auf. Der Neuling verändert, ob er will oder nicht, die Struktur der Gruppe. Diesem sich anbahnenden und ablaufenden Strukturierungsprozeß steht er vorläufig noch etwas hilflos gegenüber.

Man kann einen neuen MItarbeiter nur dann zu einem guten Mitarbeiter machen, wenn man es ihm erleichtert, sich in die neue Umgebung einzufinden und einzuleben, ihn systematisch über die formellen Regelungen unterrichtet und es ihm ermöglicht, sich kurzfristig Kenntnis der informellen Gepflogenheiten zu erwerben. Damit umfaßt die Eingliederung neuer Mitarbeiter drei Aufgabenbereiche,

1. den funktional-sachlichen Bereich, d.h. die Einweisung in die Arbeitsaufgabe;
2. den soziologisch-psychologischen Bereich, d.h. die Einführung in die Arbeitsgruppe
3. und den soziologischen Bereich, d.h. das Vertrautmachen mit dem Sozialklima des Unternehmens

2. Personalerhaltung

2.1 Grundsätze der Personalerhaltung

2.1.1 Aufgaben der Personalerhaltung

Aufgabe des Teilbereichs *Personalerhaltung* ist es, die dem Betrieb durch Personalbeschaffung bereitgestellte Personalkapazität auch langfristig in ihrem Leistungsvermögen zu sichern.

Personalerhaltung ist hier nicht nur gleichzusetzen mit Maßnahmen zur Bekämpfung der Fluktuation, d.h. der Verhinderung von vom Unternehmen nicht gewollten Ausscheiden der Mitarbeiter und der Förderung der Bereitschaft der Mitarbeiter im Unternehmen zu bleiben. Damit hat sie auch an allen Faktoren anzusetzen, die Art und Umfang der menschlichen Arbeitsleistung bestimmen. Die beiden Faktoren Leistungsfähigkeit und Leistungsbereitschaft bedingen sich gegenseitig. Eine Beeinträchtigung des einen Faktors führt zwangsläufig dazu, daß auch der andere nicht oder nur zum Teil eingesetzt werden kann (Grad begrenzter Substituierbarkeit, Gesetz des Minimumfaktors).

Damit umfaßt die Personalerhaltung die Teilbereiche

1. Personalbetreuung, d.h. Förderung der Bereitschaft der Mitarbeiter im Unternehmen zu bleiben durch Gestaltung des Betriebsklimas, der Motivations- und Anreizsysteme, Entwicklung von Firmentreue usw.
2. Sicherung und Entwicklung der geistigen und körperlichen Leistungsfähigkeit
3. Einwirkungen auf die Leistungsbereitschaft

2.1.2 Präventive und korrektive Personalerhaltung

Zu unterscheiden ist zwischen *korrektiven* (störungsbeseitigenden) und *präventiven* (vorbeugenden) *Personalerhaltungsmaßnahmen*. Erstere zielen darauf ab, die durch Störungen beeinträchtigte *Leistungsfähigkeit* oder *Leistungsbereitschaft* wieder herzustellen. Häufig ist aber eine vollkommene Wiederherstellung nicht mehr möglich. Beim Mitarbeiter, der seine Kündigungsabsicht vorträgt und der durch Zusagen zu einer Weiterarbeit gewonnen werden muß, wird immer noch ein Rest an Vorbehalten zurückbleiben. Ein Mitarbeiter, der sich durch einen Betriebsunfall gesundheitlich einen Schaden zugezogen hat, bleibt häufig für den Rest seines Berufslebens leistungsgemindert und verhärtete Fronten bei Konfliktsituationen lassen sich meist nur schwer wieder abbauen. Der Ausspruch: "Das Prozellan ist zwar gekittet, die Risse aber bleiben", ist nur allzu oft wahr. Daher kommt der *vorbeugenden Personalerhaltung* - nämlich derartige Beeinträchtigungen erst gar nicht entstehen zu lassen - die größere Bedeutung zu.

Zur Konfliktvorbeugung bieten sich folgende zwei Ansatzpunkte

- organisatorische Gestaltungsmaßnahmen, wie klare Aufgabenverteilung, widerspruchsfreie und in sich schlüssige Organisationsvorgaben usw.
- Verhaltensbeeinflussung durch
    - indirekte Maßnahmen, z.B. bei der Personalauswahl, wo nicht nur fachliche Qualitäten den Ausschlag geben sollten, sondern auch die Handlungskompetenz einschließlich der Sozialkompetenz
    - direkte Maßnahmen, z.B. Erweiterung des Bezugsrahmens, in dem eine Beurteilung nicht nur nach fachlichen Leistungsgesichtspunkten, sondern auch nach dem sozialen Verhalten erfolgt, geplante Rotation von Mitarbeitern als einer verständnisfördernden Maßnahme (eine Form, die vor allem japanische Unternehmen als ein wesentliches Mittel zur Stärkung des *"Unternehmensgeistes"* einsetzen), partizipatives Entscheidungsverhalten, interne und externe Aus- und Weiterbildungsprogramme, nicht nur für Führungskräfte, sondern auch für meinungsbildende Mitarbeiter usw. Verhinderung von "Null-Summen" spielen bei der *Konflikthandhabung* und Orientierung der Führungskräfte am partizipativen Führungsstil, um damit eine Art Vorbildwirkung für die Mitarbeiter zu erreichen, eine Rolle.

2.2 Personalbetreuung

Darunter werden alle Aktivitäten und Leistungen zusammengefaßt, die ein Unternehmen dem Mitarbeiter über die reine Zahlung des vereinbarten Entgeltes hinaus gewährt, mit dem Ziel, die Bindung der Mitarbeiter an das Unternehmen zu fördern und eine Art von "Betriebsgemeinschaftsgefühl" zu entwickeln (vgl. hierzu auch den Abschnitt über Betriebs- und Organisationsklima sowie Unternehmenskultur).

Im wesentlichen lassen sich hierunter zusammenfassen:
- Sozialmaßnahmen und soziale Einrichtungen (vgl. hierzu Abschnitt Sozialwesen)
- Beratung von Mitarbeitern in persönlichen und betrieblichen Belangen, z.B. Lohnsteuerfragen, langfristigen Finanzplanungen usw.
- zusammengehörigkeitsförderndes System von Statussymbolen als wahrnehmbare Zeichen der sozialen Stellung in der Hierarchie, die gleichzeitig einen Leistungsanreiz liefern und ein Gefühl der Zugehörigkeit zu einer größeren Gemeinschaft vermitteln
- auf das Gemeinschaftsgefühl abstellendes innerbetriebliches Informationswesen, das über die übliche Form des Anschlags "Am Schwarzen Brett" hinausgeht, z.B. Mitarbeiteranschreiben, Mitarbeiterbesprechungen neben den nach dem Betriebsverfassungsgesetz vorgeschriebenen Betriebsversammlungen, geschickt gestaltete Mitarbeiterzeitschriften und ggf. entsprechende Schulungsmaßnahmen
- Pflege des Firmengeistes durch Gemeinschaftsveranstaltungen von aktiven Mitarbeitern und Pensionären, ggf. mit Geschäftsfreunden usw.
- auf eine lange Zusammenarbeit angelegtes System der betrieblichen Fort- und Weiterbildung
- systematisches *job-rotation*, um dem Mitarbeiter einen weiteren Überblick über das Unternehmen und seine Struktur zu geben.
- Möglichkeiten der Inanspruchnahme werksärztlichen Dienstes für Familienangehörige usw.

2.3 Einflußgröße: Leistungsfähigkeit

Die *Leistungsfähigkeit* stützt sich auf die Bereiche geistige und körperliche Leistungsfähigkeit.

2.3.1 Geistige Leistungsfähigkeit

Hierher gehören nicht nur die Bereiche des Wissens, des Verstehens und des Begreifens, sondern auch die durch Übung und Erfahrung erworbenen Fähigkeiten, diese Kenntnisse in die praktische Tätigkeit umzusetzen.

Ferner gehören in diesen Bereich auch alle die leistungsbeeinflussenden Fähigkeiten im sozialen Kontakt der Mitarbeiter untereinander sowie im Verhältnis zwischen Vorgesetzten und Mitarbeitern.

Personalerhaltungsmaßnahmen in diesem Bereich haben zum Ziel, die einmal erworbenen Fähigkeiten auch für die Zukunft zu erhalten und sie vor allem den durch die technischen Entwicklungen hervorgerufenen Änderungen der Arbeitsanforderungen anzupassen.

Hier ist die Grenze zur Personalentwicklung, insbesondere der Anpassungsfortbildung, fließend.

2.3.2 Körperliche Leistungsfähigkeit

Die Notwendigkeit, die körperliche Leistungsfähigkeit der Mitarbeiter zu erhalten, ergibt sich nicht nur aus betrieblichen und wirtschaftlichen Interessen, um Ausfallzeiten und Leistungseinschränkungen zu vermeiden, sondern ist auch eine rechtliche Verpflichtung aus dem Arbeitsvertrag.

Um die körperliche Leistungsfähigkeit zu erhalten, ergeben sich drei Ansatzpunkte:

2.3.2.1 Pausenregelungen und Erholungsgestaltung

Ziel ist hier, der Beeinträchtigung der Leistung infolge arbeitsbedingter *Ermüdung* entgegenzuwirken und Dauerschäden durch Überbeanspruchung zu vermeiden. Den ergonomischen arbeitsmedizinischen Erkenntnissen über die Leistungskurven, dem *Tagesrhythmus* sowie dem Erholungswert von Kurzpausen kommt hier besondere Bedeutung zu, ebenso den Erkenntnissen über den Regenerationswert von Urlaub usw.

2.3.2.2 Innerbetriebliche Sicherheitstechnik und Unfallschutz

Dieser Bereich hat durch das Gesetz über den Einsatz von Fachkräften für Arbeitssicherheit zunehmend an Bedeutung gewonnen. Zur Vermeidung von Unfällen sind drei große Ursachenbereiche zu unterscheiden:

1. Technische Unfallursachen. Hierher gehören vor allem fehlende Schutzvorrichtungen, Einsatz ungeeigneter Werkzeuge und Geräte, mangelhafte oder fehlende vorbeugende Instandhaltung, unzweckmäßige beschädigte und unsichere Anlagen, Geräte und Hilfsmittel.
2. Psychische Unfallursachen, häufig als menschliches Versagen bezeichnet. Ein Bereich, der zunehmend an Bedeutung gewinnt. Psychische Ursachen sind zurückzuführen auf Trägheit, Bequemlichkeit, Nachlässigkeit, Leichtsinn usw., aber sie können zum Teil auch durch Monotonieerscheinungen, zu geringe Abwechslung, geistige Unterforderungen bedingt sein. Hierzu zählen ferner mangelndes Einfühlungsvermögen, seelische Belastungen usw.
3. Soziale und psychosoziale Ursachen. Sie beruhen auf gestörten, affektbeladenen kollegialen oder hierarchischen Beziehungen, Verstöße gegen betriebliche Normen und allgemeine Bestimmungen, ebenso wären hierher zu zählen, mangelhafte Aufsicht, ungenügende Aufklärung über Sicherheitsvorschriften, unzureichende Schulung und Unterweisung.

2.3.2.3 Vermeidung von Berufskrankheiten

Hier ergeben sich Ansatzpunkte, sowohl im Bereich der Arbeitsplatzgestaltung als auch des Personaleinsatzes. Im ersten Fall geht es um die Beseitigung gesundheitsgefährdender Einflüsse auf die körperliche Unversehrtheit, so vor allem auf Sinnesorgane, Herz, Kreislauf, Stoffwechsel usw. Im Rahmen des Personaleinsatzes kommt der Eignung und der laufenden Vorsorgeuntersuchung der Mitarbeiter besondere Bedeutung zu. Hierbei ist darauf zu achten, daß nur Mitarbeiter für Aufgaben eingesetzt werden, denen sie aufgrund ihrer körperlichen Konstitution und geistigen Leistungsfähigkeit gewachsen sind.

Aufgabe der Personalerhaltung in diesem Bereich ist es, durch Aufklärung, Schulung, zwecksentsprechende Arbeitsgestaltung, verstärkte Überwachung der Sicherheitsvorschriften und durch Einführung eines vorbeugenden *Gesundheitsdienstes,* die Unfallgefahren, soweit wie möglich, zu reduzieren. Neben der Unfallverhütung wird in Zukunft vor allem dem vorbeugenden Schutz gegen Berufskrankheiten größere Bedeutung zukommen. Hier sind mit Sicherheit für die nächste Zukunft weitreichendere Schutzgesetze zu erwarten. Es wird auf die Dauer nicht tragbar sein, daß Unternehmen durch nicht ausreichende Schutzmaßnahmen Kosten sparen, die Folgelasten für Frühinvalidität aber von der Allgemeinheit getragen werden müssen. Daneben werden sich vor allem die Anwendung gesicherter arbeitswissenschaftlicher Erkenntnisse (§ 90 - 91 BetrVG) und neue Formen der Arbeitsstrukturierung weiter durchsetzen.

2.4 Einflußgröße: Leistungsbereitschaft

Das Leistungsergebnis hängt aber nicht nur von der Leistungsfähigkeit, sondern auch in noch größerem Maße von der Leistungsbereitschaft ab. Unter Leistungsbereitschaft fallen alle Einflüsse, die die Antriebskraft des einzelnen Mitarbeiters oder von Gruppen anregen oder hindern, ihre Leistungsfähigkeit auch voll in Handlungen zum Zwecke der Leistungserstellung umsetzen.

Die Leistungsbereitschaft ist einerseits abhängig von den inneren Antrieben (*intrinsische Motive*) wie Arbeitsfreude, Interesse an der Leistung usw., aber auch von der erwarteten Belohnung und der befürchteten Bestrafung (*extrinsische Motive*) sowie von äußeren Umständen und sozialen Beziehungen, die gegebenenfalls das Umsetzen der Leistungsbereitschaft hemmen.

2.4.1 Beseitigung von Leistungshemmnissen

Konflikte sind dann als Problem anzusehen, wenn man sie als intra- oder interpersonelle Spannungszustände wahrnimmt. Hierbei treten diese Spannungszustände immer im Rahmen sozialer Vergleichsprozesse zwischen dem individuell angestrebten (subjektiv bewerteten) Soll-Zustand und der wahrgenommenen Realität auf.

Diese, als Konflikt wahrgenommene Spannung, kann unterschiedlich beurteilt werden. Man betrachtet sie entweder als eine Störung einer bestehenden Ordnung, die es mit allen Mitteln zu bekämpfen gilt, wobei man aber allerdings die Flexibilität einer Organisation und ihre Anpassungsfähigkeit an sich ändernde Umweltbedingungen einschränkt, oder man setzt auf vereinfachende Weise, die hier entstehenden Spannungszustände mit den Anpassungsvorgängen durch Wandel gleich und sieht damit Konflikte als positiv an.

Beide Sichtweisen sind einseitig. Bei der Bildung und Erhaltung von Organisationsstrukturen und damit auch von Unternehmen, sind Konflikte gewissermaßen nicht zu vermeiden und damit auch funktionsambivalent. Jedes System ist einmal aus konfliktären Spannungen hervorgegangen, im Widerstreit zwischen althergebrachtem und neuem, aber jede einmal entstandene Ordnung versucht, sich durch Verhaltensregeln, Normen und organisatorische Gestaltung zu stabilisieren, um ihre Überlebensfähigkeit zu sichern. In diesem Sinne sind auch alle Organisationstheorien, Organisationsmodelle und Führungskonzepte zu sehen.

Jede Änderung kann deshalb auch als störend und stabilitätsgefährdend angesehen werden.

In der Beurteilung, ob damit Spannungen und Konflikte produktivitätserhöhend oder als stabilitätsschädlich anzusehen sind, kann damit letztlich erst anläßlich der Fakten bei der konkreten Konflikthandhabung unter Berücksichtigung bestehender Normen entschieden werden.

Da jeder Mitarbeiter natürlicherweise einmalige und höchstpersönliche Interessen hat, die sich bei Personenmehrheiten zum Teil zu Gruppeninteressen aggregieren können, sind Interessengegensätze und Konflikte immer latent vorhanden, ohne daß sie bewußt wahrgenommen werden müssen. Sie können sich aber durch äußere Umstände manifestieren, also auch als solche empfunden werden, und dann in bewußtem Verhalten ihren Ausdruck finden.

Aber auch latent vorhandene Konflikte bestimmen die unbewußten Einstellungen und Verhaltensweisen.

2.4.1.1 Konfliktarten

Jedem in einer Unternehmung Tätigen sind Beispiele der verschiedenen Konfliktformen bekannt. Konflikte zwischen einzelnen Kollegen, zwischen Mitarbeitern und Vorgesetzten oder auch zwischen ganzen Gruppen und Abteilungen. Da es faktisch nicht möglich ist, ein Unternehmen als vollständig konfliktfreies System zu gestalten, geht es im wesentlichen darum, die Konflikthandhabung so zu organisieren und für alle Beteiligten tragbar und soweit möglich, auch produktiv nutzbar zu machen.

Das Wesen eines Konfliktes liegt in gegensätzlichen Verhaltenstendenzen, die sowohl bei einem einzelnen (*Intrarollenkonflikte*) als auch zwischen mehreren Personen (*Interrollenkonflikte*) auftreten können.

Konflikte können in verschiedenen Formen auftreten:

1. *strukturelle Konflikte* ergeben sich aus unterschiedlichen Zielvorstellungen beteiligter Personen und Gruppen. Ein typisches, in der Praxis immer wieder vorkommendes Beispiel, ist der Konflikt zwischen der Zielvorstellung der Produktionsabteilung, möglichst wenig Sonderwünsche zu erfüllen, um kostengünstig große Serien produzieren zu können und der Vertriebsabteilung, die mit Sonderanfertigungen einen höheren Absatz zu erreichen hofft. Konflikte treten auf zwischen Fertigungsabteilung und Qualitätskontrolle, zwischen Verkauf und Rechnungswesen usw.

   Diese Konflikte sind im Aufbau der Organisation und den Spielregeln des Zusammenwirken angelegt.

   Sie sind deshalb immer nur durch organisationsgestaltende Maßnahmen und nicht durch Maßnahmen der Personalführung lösbar.

2. *Verhaltenskonflikte* treten auf, wenn das Verhalten einzelner Personen oder ganzer Gruppen von mehreren unterschiedlichen Rollenerwartungen bestimmt wird, die sich gegenseitig widersprechen. Die Arbeitsordnung verlangt, daß jeder Verstoß dem Vorgesetzten zu melden ist, der informelle Ehrenkodex der Gruppe verlangt, darüber zu schweigen.

3. *Verteilungskonflikte* liegen vor, wenn die Zuordnung der materiellen und immateriellen Entlohnung als ungerecht empfunden wird. Die einzelnen Verteilungskonflikte beziehen sich nicht nur auf das Entgelt, sondern auch auf Statussymbole, die von einzelnen zur Sicherung und Erhöhung des sozialen Prestiges angetrebt werden.

2.4.1.2 Individuelle Konflikte

Sie werden auch Intrarollenkonflikte genannt. Sie treten jeweils nur innerhalb einer Person auf und können verschiedene Formen annehmen.

1. Struktureller Intrarollenkonflikt ist dann gegeben, wenn an einen Mitarbeiter beispielsweise mehrere Anforderungen gestellt werden, die sich gegenseitig ausschließen: An den Materialdisponenten stellt die Finanzabteilung die Forderung nach Lagerabbau zur Liquiditätsverbesserung und die Produktion verlangt hohe Lieferbereitschaft und damit hohen Lagerbestand.

2. Intraindividuelle Verhaltenskonflikte treten dann auf, wenn zwischen den Erwartungen, die an einen Mitarbeiter gestellt werden, und seinen persönlichen Wertvorstellungen nicht zu vereinbarende Widersprüche bestehen. Die Versandleitung erwartet z.B. von einem Fahrer, daß der eine Ladung zu einem festgesetzten Zeitpunkt beim Empfänger abliefert, dieser kann

den Auftrag nur ausführen, wenn er sich über Geschwindigkeitsbeschränkungen hinwegsetzt.
3. Intraindividuelle Verteilungskonflikte: Als eine solche Konfliktform kann die *Rollenüberladung* angesehen werden. An einen Assistenten des Aufsichtsrats werden z.B. von mehreren Mitgliedern Aufgaben herangetragen, die er, jede für sich, durchaus erledigen kann, die er aber in ihrer Gesamtheit im Rahmen der ihm zur Verfügung stehenden Möglichkeiten nicht zu lösen vermag. Für ihn ergibt sich ein Prioritätskonflikt, welche Arbeit er zuerst zu Lasten anderer Aufgaben erledigen soll.

Eine besondere Form von *Intrarollenkonflikten* sind *Informationskonflikte*. Der einzelne ist sich über seine Rolle und das Verhalten, das von ihm erwartet wird, nicht im klaren (*Rollenunklarheit*), weil die ihm zur Verfügung stehenden Informationen unvollständig sind. Aus der sich ergebenden Unsicherheit ist die Wahrscheinlichkeit von Konflikthaltungen und -handlungen groß. Diese Gefahr besteht vor allem bei neu eingetretenen Mitarbeitern.

Strukturelle Intrarollenkonflikte lassen sich nicht ganz ausschalten. Ihr Konfliktpotential läßt sich jedoch durch geeignete organisatorische Maßnahmen verringern, wie z.B. Arbeitsplatzbeschreibungen, Koordination der Anweisungen verschiedener Stellen, Handhabung eines partizipativen Führungsstils, Verbesserung der Informationstechnologie und der fachlichen Kenntnisse durch geeignete Weiterbildungsmaßnahmen.

Intraindividuelle Verhaltenskonflikte sind, sofern es sich nicht um von außen an eine Person herangetragene mit den gegebenen Mitteln und den gegebenen Umständen unlösbare Aufgaben handelt, von Außenstehenden nicht lösbar. Wenn der einzelne nicht durch eine Änderung seiner Einstellung, den Konflikt aufzulösen vermag, verbleibt, sofern realisierbar, nur die Möglichkeit seines Ausscheidens oder die Flucht in sogenannte Abwehrmechanismen. Konfliktverdrängung führt zu seelischen Spannungen und damit zu einer negativen Einstellung.

Rollenüberladungen sind durch Stellenneubildung, Aufgabenneuverteilung, Verbesserung der technischen Hilfsmittel lösbar. Wenn sie nicht gelöst werden, führt permanente Überlastung entweder zur Kündigung oder zwangsläufig zu einem körperlichen Zusammenbruch bzw. psychischen Fehlreaktionen.

2.4.1.3 Mehrpersonen-, Gruppen- oder Organisationskonflikte

Häufiger als intraindividuelle Konflikte treten diejenigen Konflikte auf, die sich aus dem Zusammenwirken mehrerer Personen ergeben, wobei sowohl die jeweiligen Individuen als auch die Art ihres sozialen Zusammenwirkens sowie der institutionelle Rahmen einen entscheidenden Einfluß haben. Jede dieser drei Einflußgrößen kann, wie die Abbildung 66 zeigt, Entstehungsbereich als auch beeinflußter Sektor sein.

Beeinflußter Bereich ↓ Entstehungsbereich	Individuum	Soziales Zusammenwirken	institutioneller Rahmen
Individuum	persönliche Vorurteile, Rivalität, Feindschaft, Abneigung	Anpassungsprobleme, soziale Vorurteile, von der Norm abweichendes Verhalten	Anpassungsprobleme an vorgegebene Ordnungen und Werthaltungen
Soziales Zusammenwirken	Spannung zwischen Verhaltensanforderung und Rollenkonflikten	Spannungen zwischen verschiedenen Interessengruppen	Spannungen zwischen Einzel- und Gruppenzielen sowie Betriebszielen und Verhaltensnormen
institutioneller Rahmen	Konflikte bei Normen und Werthaltungen, Betriebszwänge, Autoritätsprobleme	Kommunikationsprobleme, Koordinationsschwierigkeiten	Kompetenzstreitigkeiten

Abbildung 66: Formen von Mehrpersonen-, Gruppen- oder Organisationskonflikten (In Anlehnung an *Fürstenberg, F.*: Grundlagen der Betriebssoziologie, Köln/ Opladen 1964)

Damit sind neun verschiedene Konstellationen und Formen denkbar.

Entstehungsbereich: Individuum: das Verhalten eines Individuums wirkt zwangsläufig auf das Verhalten anderer Individuen ein, dieses Verhalten wirkt wieder zurück, d.h. im Verhalten von Individuen zu einander beeinflußt sich ihr Verhalten wechselseitig. Hierbei entstehen nicht nur spontane Sympathien, Zuneigungen und Freundschaften, sondern auch persönliche Vorurteile, Abneigungen und Feindschaften, die sich in ganz bestimmten Situationen auch zu Rivalitäten und Feindseligkeiten steigern können. Im Bereich des sozialen Zusammenwirkens führt dies zu gegenseitigen Anpassungsproblemen, oder, wo diese Probleme nicht gemeistert werden können, zu normabweichendem Verhalten, zu mangelnder Anpassung und nicht zuletzt auch zu sozialen Vorurteilen. Im Verhältnis zum vorgegebenen institutionellen Rahmen können Einstellungen und Werthaltungen eines einzelnen Individuums zu Anpassungsproblemen an die vorgegebenen Rahmenbedingungen und die vorgegebene Ordnung führen. Das immer häufiger beklagte Problem mangelnder Motivation der Mitarbeiter und das leistungsbeschränkende Verhalten, im Rahmen einer sogenannten *"inneren Kündigung"*, hat hier seine wesentliche Ursache.

Entstehungsbereich: Soziales Zusammenwirken; im sozialen Zusammenwirken wirkt sich naturgemäß individuelles Verhalten einzelner auf das Verhalten der anderen aus. Die sich im sozialen Zusammenleben konkretisierenden Verhaltensanforderungen können zu Spannungen und Rollenkonflikten führen. Im

Bereich des sozialen Zusammenwirkens können sich Konflikte zwischen Individuen zu Gruppenkonflikten aggregieren und zu Spannungen zwischen verschiedenen Interessengruppen führen. Im institutionalen Rahmen können sich hieraus Spannungen zwischen Einzel- bzw. Gruppenzielen und Betriebszielen ergeben. Ebenso zwischen Gruppennormen und den gegebenen Sollvorstellungen (vgl. hierzu auch die *Hawthorne-Experimente*, insbesondere das sogenannte *"bank wiring room experiment"*).

Entstehungsbereich: Institutioneller Rahmen; gegenüber dem einzelnen können sich hier als Betriebszwänge empfundene sachliche Einschränkungen und Autoritätsprobleme sowie Konflikte bei Normen und Werthaltungen ergeben. Gegenüber dem sozialen Zusammenwirken setzt der institutionelle Rahmen Grenzen und Rahmenbedingungen, aus denen sich Restriktionen im Ablauf der Beziehungen ergeben, aus denen Kommunikationsprobleme und Koordinationsschwierigkeiten folgen können, die, soweit sie nicht innerhalb des institutionellen Rahmens zweifelsfrei geklärt sind, zu Kompetenzschwierigkeiten führen.

2.4.1.4 Konfliktursachen

Faßt man die verschiedenen Konfliktarten zusammen, so können die Ursachen liegen:

- in den Neigungen, Werthaltungen, Einstellungen und inneren Normen der handelnden Individuen
- im Zusammenwirken verschiedener Personen aufgrund von Unterschieden der Persönlichkeitsstrukturen, der hierarchischen Stellung und der individuellen Ansprüche
- in dem durch die Organisation vorgegebenen institutionellen Rahmen, so vor allem dem Organisationsaufbau, der hierarchischen Gliederung, den Kommunikationskanälen, der Kompetenz-, Aufgaben- und Verantwortungsbereiche, dem Informationsverhalten usw.
- in der technischen Entwicklung und den sich daraus ergebenden sozialökonomischen Konsequenzen und Veränderungen, nicht zuletzt auch aus den Unsicherheiten über die Bedeutung und den Rang der eigenen Position
- in den unmittelbaren Bedingungen aufgrund der Situation am Arbeitsplatz, der Arbeitssicherheit usw.

Nach anderen Einteilungskriterien kann unterschieden werden zwischen

- *strukturinduzierten Konflikten*, d.h. solchen, die sich aus der Organisation, ihrem Aufbau und den Kommunikationsbeziehungen usw. ergeben. Diese sind auf die Dauer nur durch Änderungen der Organisationsstruktur und der interindividuellen Regelungen der Zusammenarbeit lösbar

- *verhaltensinduzierten Konflikten*, die sich aus bestimmten Werthaltungen, den verschiedenen Interessenlagen sowie unterschiedlichen Wahrnehmungen und Interpretation der Situation durch den einzelnen ergeben. Organisatorische Maßnahmen sind nur bedingt zur Konfliktlösung geeignet. Sie können allenfalls Aktivitäten im Verhaltensbereich unterstützen.

2.4.1.5 Konfliktlösung

1. Modellvorstellungen idealtypischer Konfliktlösungsmöglichkeiten

In der Literatur werden folgende idealtypische Konfliktlösungsmodelle unterschieden,

- *Verhandlungsmodell*: Konflikte können durch Einsicht und durch gegenseitiges Nachgeben im Kompromißweg gelöst werden. Demnach entscheidet der den Konflikt, der sich in der besseren Verhandlungsposition befindet und die überzeugenderen Argumente liefern kann. Grundvoraussetzung für das Verhandlungsmodell ist eine hinlänglich gegebene Kompromißfähigkeit aller Beteiligten, verbunden mit der notwendigen Anpassungsbereitschaft.
- *Autoritätsmodell*: Hierbei entscheidet im Konfliktfall die Person, die von den Beteiligten anerkannt und die sachliche und persönliche Kompetenz besitzt oder die, die die ranghierarchisch höhere Position inne hat.
- *Systemmodell*: Bei Konflikten, die überwiegend in Organisationen auftreten, entscheidet dann derjenige über den Konflikt, der die wichtigere oder die einflußreichere Position einnimmt.
- *Machtmodell*: Hierbei entscheidet derjenige den Konflikt, der das größere Machtpotential besitzt und auch einsetzen kann (Machtfähigkeit), und der auch bereit ist, dies unter den gegebenen Umständen einzusetzen (Machtbereitschaft). Hierbei entscheiden nicht die tatsächlichen Machtverhältnisse, sondern welche Machtfähigkeit und -bereitschaft die Konfliktparteien dem jeweils anderen Konfliktpartner unterstellen (angenommene Konfliktintensität).

2. Konflikthandhabung

a) Konfliktlösung und Persönlichkeitsstruktur

Intraindividuelle Konflikte kann nur die betroffene Person selbst lösen, sei es durch Anpassung, Einstellungsänderung oder durch das Verlassen des Konfliktfeldes (Ausscheiden aus dem Unternehmen, Versetzung in eine andere Arbeitsgruppe, Wechsel der beruflichen Aufgabe oder Tätigkeit, ggf. Änderung der Anspruchsstruktur, innere Kündigung usw.)

Bei interpersonellen (Mehrpersonen) Konflikten sind, neben den Bedingungen des Konfliktes und des Konfliktumfeldes, vor allem die Persönlichkeitsstrukturen der handelnden Personen entscheidend.

Abbildung 67 zeigt die typischen individuellen Strukturen der Konflikthandhabung.

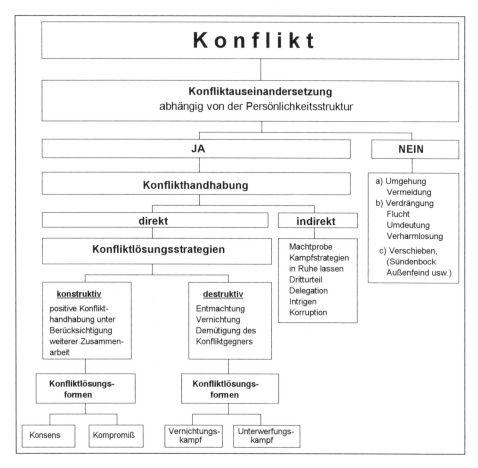

Abbildung 67: Strategien der Konflikthandhabung als Ausdruck der Persönlichkeitsstruktur

Grundsätzlich ist zu unterscheiden, ob ein Konfliktpartner sich mit einem Konflikt auseinandersetzen will oder nicht. Will er sich der Konfliktauseinandersetzung entziehen, dann weist der Versuch, den Konflikt zu umgehen, auf eine individuelle Überforderung in der konkreten Konfliktsituation hin. Handlungsformen der Verdrängung, der Flucht, der Umdeutung des Konfliktes usw. sind häufig als Angstsymptome zu werten und deuten in der Regel auch auf eine sehr hohe emotionale Betroffenheit hin.

In leistungsorientierten Organisationen, wie den Unternehmen, bei denen Emotionen der Beteiligten weitgehend reglementiert sind oder verdrängt werden müssen, kommt es sehr häufig zu sogenannten Konfliktverschiebungen. Negative Spannungszustände aus nicht gelösten Konflikten werden dann auf die Sachebene reduziert oder in die Privatsphäre abgeschoben. Gruppen und ihre Mitglieder entlasten sich dann häufig bei internen Konflikten, in dem die Ursachen auf Nichtgruppenmitglieder (Geschäftsleitung), Sündenböcke (Regierung) oder Außenfeinde (Konkurrenz) abgeschoben werden. Insgesamt jedoch führt eine Vermeidung einer Konfliktaustragung vordergründig dazu, daß sie als schmerzlos empfunden wird, auf längere Sicht jedoch zu Frustrationen, Senkung des Anspruchsniveaus und letztlich auch zu einer Erhöhung des Konfliktpotentials führen (vgl. Konflikteskalation).

Aktive Gestaltung der Konfliktauseinandersetzung hängen in der Regel vom Selbstbewußtsein der betroffenen Konfliktparteien ab. Die destruktiven Formen der Konfliktlösungsstrategien zielen auf eine Vernichtung oder auf eine Entmachtung des jeweiligen Konfliktgegners ab. Da die physische Vernichtung des Gegners in unserer Gesellschaftsordnung nicht mehr möglich ist, spielen in allen Organisationen, so auch in den Unternehmen, diffizilere Formen eine entscheidende Rolle, so z.B. soziale Vernichtung, wie Rufmord, üble Nachrede, Zufügung von Blamagen usw., ökonomische Vernichtung, z.B. durch Entlassung, Verhinderung von Gehaltserhöhungen, Zufügung sonstiger wirtschaftlicher Nachteile oder psychische Vernichtung, wie z.B. permanentes Abwerten, Sadismus oder sonstige Beeinträchtigungen. Hierhier gehören u.a. auch die in den letzten Jahren unter dem Schlagwort *"Mobbing"* diskutierten Verhaltensweisen.

Während in der Regel der Vorgesetzte über die hierarchischen Machtmittel der Organisationsstruktur verfügt, wenden Mitarbeiter in der Regel häufig mehr die informellen Methoden einer Auseinandersetzung an, so z.B. Leistungszurückhaltung, passiver Widerstand, Dienst nach Vorschrift, Informationszurückhaltung und Informationsfilterung usw.

Die andere Form der destruktiven Konfliktaustragung zielt darauf ab, den Konfliktgegner dem eigenen Willen zu unterwerfen. Hierbei spielen Macht, Angst oder die Ausübung von Sanktionsmechanismen eine entscheidende Rolle.

Diese, in der Führungssituation nicht selten anzutreffende Form der Konfliktregelung, wird durch die üblichen Statussymbole wesentlich unterstützt und finden dann, nicht selten im Imponiergehabe des hierarchisch Höherstehenden, in seiner Körperhaltung, Gestik, Sprache usw. ihren Ausdruck.

Konstruktive Konfliktlösungsformen führen dazu, daß unterschiedliche Interessen durchaus akzeptiert werden und damit ganz oder teilweise erhalten bleiben. Sie sind in der Regel das Produkt eines gegenseitigen Verhandelns und Aushandelns. Grundprinzip dieser Formel ist, daß jeder einen Teil seiner Handlungsfreiheit im Interesse einer Lösung aufgibt.

Im Kompromiß des gegenseitigen Nachgebens und Anerkennens und beim Konsens, durch den neue Lösungsmöglichkeiten gefunden werden, werden die ursprünglich vorhandenen Konfrontationspositionen aufgehoben. Konsensfindungen sind nach *Watzlawik* als ein "Wandel zweiter Ordnung" zu bezeichnen, die soziale Systeme überhaupt erst lebens- und anpassungsfähig machen.

Bei den indirekten Formen steht das Abwarten, ein in Ruhelassen einer Konfliktsituation im Vordergrund. Dies geschieht in der Erwartung, daß sich Konflikte im Zeitablauf von selbst lösen oder daß ihre Bedeutung im Zeitablauf verebbt oder daß andere Ereignisse diese bedeutungslos werden lassen. Eine besondere Form der indirekten Konfliktlösung stellt hier die Delegation dar, bei der die Konfliktlösung an außenstehende Dritte, Vorgesetzte, Ausschüsse usw. verlagert werden, wodurch sich der Konflikt qualitativ entschärft. Teilweise werden auch verborgene Strategien (*Noack*) wie Intrigen, Korruption usw. zu den indirekten Methoden gerechnet.

Da bei *Mehrpersonenkonflikten* immer mehrere Individuen betroffen sind, entscheidet über das Konfliktlösungsverhalten nicht eine Person allein, sondern immer nur das Zusammenwirken der jeweiligen Konfliktpartner. Entscheidend ist deshalb nicht nur die individuelle Persönlichkeitsstruktur, sondern auch die von den Beteiligten wahrgenommene *Konfliktintensität* und die Art des Konfliktes. Konfliktintensität ist die Wertvorstellung, die jeder Beteiligte seiner Vorstellung beimißt, und die Wahrscheinlichkeit, mit der sich die eigene Alternative und diejenige des Gegenspielers ausschließen, z.B. der eine mißt einem Problem kaum Bedeutung zu (gering erlebte Konfliktstärke), während der andere glaubt, bei einem Nachgeben sein ganzes Prestige zu verlieren (sehr hoch erlebte Konfliktstärke).

b) Eigendynamik von Konfliktvorläufen

Zu beachten ist, daß die Konfliktstärke keine feststehende statische Größe ist, sondern daß sie sich im Zeitablauf auch verändert. Gering erlebte Konfliktstärken können im Zeitablauf an Bedeutung verlieren und in einem Zustand einer gegenseitigen Koexistenz nicht mehr bewußt wahrgenommen werden. Bei hoch erlebten Konfliktstärken kann es jedoch, wenn es zu keiner Lösung kommt oder die Konfliktentwicklung nicht durch instutionale Regelmechanismen begrenzt wird, zu einem gegenseitigen Hochschaukeln der Konfliktwahrnehmung kommen.

Bei den einzelnen Eskalationsstufen eines Konfliktes entspricht dies einem Abgleiten von einem Regressionsniveau auf ein niedrigeres und damit einem Rückfall in frühere Stadien der "Persönlichkeitsentwicklung".

Schematisch lassen sich hier folgende Stufen der Eskalation unterscheiden:

- Verhärtung. Die Meinungen verhärten sich zu Standpunkten, die beharrlich verteidigt werden. Die Beteiligten verkehren nicht mehr unbefangen miteinander. Krampfhafte Kooperations- und Annäherungsversuche bleiben bei zunehmender gegenseitiger Verhärtung der Standpunkte wirkungslos.
- Polarisierung. Die Verteidigung des eigenen Standpunktes wird zu einer Prestigeangelegenheit. Die Regeln einer fairen Auseinandersetzung werden zunehmend mißachtet und Schwächen des anderen ausgenutzt.
- Konfrontation. Die Bereitschaft zum Nachgeben und zum Kompromiß wird als Schwäche angesehen. Bei Mehrpersonenparteien erwacht das "Wir-Gefühl" mit der Folge, daß sich der Konfliktgegenstand verselbständigt und eine Eigendynamik bekommt.
- Vom Gegner zum Feind. Mit zunehmendem "Schwarz-Weiß-Denken" wird ab einem bestimmten Punkt des "No-Return" ein kritisches Stadium erreicht, das eine Lösung aus eigener Kraft nicht mehr zuläßt.
- Vom Feind zum "Untermenschen". Zunehmende Verteufelung des Gegners führt zu einem übersteigenden Selbstbildbedürfnis.
- Drohungen müssen die eigene Stärke überzeugend demonstrieren und lassen keinen Rückzug mehr zu, sondern nur noch eine Flucht nach vorne.
- Schlacht. Die Konfliktparteien sehen sich als Gegner an, die ohne jeden Skrupel manipuliert werden können und vernichtet werden müssen.
- Vernichtung. Die Parteien wollen einander ausschalten. Von einem totalen Krieg hält sie nur noch die Gefahr der Vernichtung der eigenen Existenz ab. Man ist zu großen Opfern bereit, wenn nur die Gegenpartei einen noch größeren Schaden erleidet.
- Kamikaze - totaler Krieg. Man ist zwar selbst erledigt, aber der Triumph ist vollkommen. Der Feind ist ausgelöscht.

Diese in vielen Bereichen der Politik und in gesellschaftlichen Auseinandersetzungen zu beachtenden Eskalationsstufen der Konfliktbereitschaft, spielt sich auch auf niedrigerer Stufe und in ähnlicher Form bei allen anderen Konfliktauseinandersetzungen ab. Sei es im Kleinkrieg des betrieblichen Alltags oder bei Tarifauseinandersetzungen, sofern nicht rechtzeitig die Einsicht siegt und institutionale Regeln eine Eskalation auf einer bestimmten Stufe verhindern.

c) Typische Konstellation von Mehrpersonenkonflikten

Neben der Konfliktstärke ist entscheidend, welche Möglichkeit die beteiligten Parteien sehen, den Konflikt beizulegen.

Es sind hier praktisch vier idealtypische Fälle denkbar:
- Konflikt ist nicht umgehbar, ein Interessenausgleich ist unmöglich.
- Konflikt ist umgehbar, ein Interessenausgleich ist unmöglich.
- Konflikt ist nicht umgehbar, ein Interessenausgleich ist möglich.

- Konflikt ist umgehbar, ein Interessenausgleich ist möglich. (Hat jedoch keine Bedeutung), denn, wenn ein Konflikt umgehbar ist, ist die Frage des möglichen Interessenausgleichs ohne Belang).

Teilt man die Konfliktstärken in drei Klassen (niedrig, mittel und hoch) ein, so ergeben sich in Anlehnung an *Blake, Shepard und Mouton* insgesamt neun typische Konfliktkonstellationen (vgl. Abbildung 68).

Konfliktsituation erlebte Konfliktstärke	Konflikt nicht umgehbar Interessenausgleich unmöglich	Konflikt umgehbar Interessenausgleich unmöglich	Konflikt nicht umgehbar Interessenausgleich möglich
sehr hoch	Machtprobe mit dem Versuch, seine eigene Vorstellung gegen Widerstand durchzusetzen	bei geringem Anspruchsniveau Rückzug (z.B. Kündigung und damit Konfliktvermeidung)	Kompromißlösung, evtl. Teilung des Streitwertes. Höhe der erlebten Motivstärke
mittel	Entscheidung des Vorgesetzten, Urteil eines Dritten	Igelstellung, Isolation der Kontakt zum Konfliktpartner wird reduziert	schlägt sich in Form und Zähigkeit der Verhandlungen nieder.
sehr gering	Zufallsentscheidung, ggf. ad-hoc-Entscheidung eines gemeinsamen Vorgesetzten	Der Konflikt wird verdrängt und gedanklich nicht mehr wahrgenommen	Im Interesse einer weiteren Zusammenarbeit wird der Konflikt bewußt ausgeklammert

Abbildung 68: Formen der Konflikthandhabung (Nach *Blake, Shepard und Mouton*)

- Hoch erlebte Konfliktstärke

    Ist der Konflikt nicht zu umgehen und ist gleichzeitig auch kein Interessenausgleich möglich, so führt dies in der Regel zu einer Machtprobe, bei der jeder versucht, seine Alternative zu Lasten des anderen durchzusetzen. Diese Auseinandersetzungen können als horizontale Auseinandersetzungen zwischen verschiedenen Bereichen der gleichen hierarchischen Ebene stattfinden, z.B. Aufstieg in eine höhere Position, Verteilungskonflikte zwischen den einzelnen Bereichen bei der Aufstellung des Budgets, u.a. oder aber auch in vertikaler Richtung zwischen Vorgesetzten und Mitarbeitern, wenn der Vorgesetzte versucht, eine Entscheidung gegen den Willen der Mitarbeiter aufgrund seiner formalen Machtstellung durchzusetzen. Gegen die *Sanktionsgewalt* des Vorgesetzten steht dem Mitarbeiter in der Regel das *Beschwerderecht* zur nächsthöheren Instanz zu. Häufig werden dann solche Auseinandersetzungen durch die Handlung eines Dritten entschieden, entweder kraft formaler Zuständigkeit, z.B. beim Streit um eine Aufstiegsposition, oder weil man sich in der Ausweglosigkeit der Situation freiwillig einem solchen Spruch unterwirft. Ggf. führt auch eine Machtprobe zwischen Mitgliedern unterschiedlicher hierarchischer Ebenen zur Informationsmanipulation. Jeder der Beteiligten gibt nur die Informationen weiter, die seine Meinung stützen und unterdrückt, soweit möglich, die anderen. Erscheint ein Interessenausgleich als unmöglich, bietet sich aber die Möglichkeit, dem Konflikt durch einen Rückzug auszuweichen, so wird dieser Weg häufig von Personen gewählt, die bei früheren Auseinandersetzungen Niederlagen hinnehmen mußten und deren Anspruchsniveau deshalb gesunken ist. Die konsequenteste Form wäre hier die Kündigung, andere Möglichkeiten sind die Versetzung oder vorzeitige Pensionierung.

Ist der Konflikt nicht zu umgehen, erzwingen aber die Umstände auch ein künftiges Zusammenarbeiten und damit die Bereitschaft zu einem Interessenausgleich, so verzichten die Parteien in der Regel auf eine unbedingte Durchsetzung ihrer Forderungen. Man einigt sich hier schließlich im Laufe von Verhandlungen auf einen gemeinsamen Nenner, der von allen Beteiligten gleichermaßen Konzessionen verlangt (z.B. Differenzen mit dem Betriebsrat wegen einer Lohngruppeneinteilung).

- Mittelmäßig erlebte Konfliktstärke

Bei unvermeidbaren Konflikten, bei denen ein Ausgleich unmöglich erscheint und wo keine der beiden Parteien so stark engagiert ist, daß sie an einem Machtkampf interessiert ist, wird man sich auf den Schiedsspruch einer nicht unmittelbar betroffenen Instanz einigen. Ist ein Interessenausgleich unmöglich, der Konflikt aber dadurch zu umgehen, daß man den Verkehr mit dem Konfliktpartner auf ein Mindestmaß reduziert, dann kommt es sehr häufig zu einem Abbruch der Kontakte. Diese Praktik kann auch von einer der beiden Parteien ergriffen werden, die oftmals Gewinner von Machtkämpfen war und nun aus einem Überlegenheitsgefühl heraus ihre eigene Position durch Verminderung der Kontakt- und Kommunikationsbeziehungen mit dem Konfliktgegner zu stärken versucht. Erscheint hingegen ein Konflikt als nicht umgehbar, ist aber Interessenausgleich möglich, so wird er meist mit einem Kompromiß beendet. Man einigt sich irgenwie auf halbem Wege. Je nachdem, wie stark der Konflikt empfunden wird, werden Verhandlungen, die zu diesem Kompromiß führen, mehr oder weniger zäh und ausdauernd geführt.

- Gering erlebte Konfliktstärke

Bei nicht vermeidbarem Konflikt und unmöglichem Interessenausgleich erfolgt bei geringem Engagement der Parteien sehr häufig ein Zufallsausgleich. Auch die Entscheidung des Vorgesetzten kann hier durchaus

Zufallscharakter haben, wenn er nämlich über den Konfliktgegenstand nur unvollständig informiert ist. Ist ein Interessenausgleich unmöglich und erzwingt die Situation keine Konfliktbehebung, so kann es zu einer Verdrängung des Konfliktes führen. Er wird, obwohl weiterhin noch latent vorhanden, gedanklich nicht mehr wahrgenommen. Ist ein Konflikt zu vermeiden, ist aber ein Interessenausgleich möglich, so kann es bei geringem Engagement der Beteiligten durchaus möglich sein, daß sie im Interesse einer weiteren Zusammenarbeit den Konflikt bewußt überspielen. Es kommt zu einer Art "friedlicher Koexistenz".

3. Konfliktmanagement

Ziel eines aktiv gestalteten *Konfliktmanagements* ist es, den Konfliktverlauf wegen seiner weitreichenden Auswirkungen, nicht sich allein zu überlassen, sondern ihn gezielt zu beeinflussen.

Zu unterscheiden sind hierbei:

- Präventive Maßnahmen, die das Entstehen von Konflikten verhindern sollen. (*Konfliktprophylaxe*)
- reaktive Maßnahmen, die auf eine zielbewußte Steuerung des Konfliktablaufes ausgerichtet sind, sei es durch bewußte Gestaltung oder die Steuerung von Konfliktfeldern. Hierbei zielt die Gestaltung auf die Veränderungen des institutionellen Rahmens ab, während die Steuerung Einfluß auf den Konfliktaustragungsprozeß nimmt. Ebenfalls hierher gehören die Institutionalisierung von Konfliktregelungsmechanismen, wie z.B. in Form der Einigungsstellen bei betriebsverfassungsrechtlichen Konflikten oder der Schlichtungsvereinbarungen bei Tarifverhandlungen.

Je nach dem Ansatzpunkt kann man strukturelles und verhaltensorientiertes Konfliktmanagement unterscheiden. Ersteres hat zum Ziel, Organisationsstrukturen so zu gestalten, daß Konflikte minimiert werden, sei es durch Minderung von Koordinationszwängen, Schaffung von Handlungsspielräumen, Ausweitung von Aufgaben- und Tätigkeitsbereichen, klare Kompetenz- und Zuständigkeitsabgrenzungen usw. Verhaltensorientiertes Konfliktmanagement zielt auf eine Offenlegung der Konfliktpunkte und der Versachlichung der Diskussion ab, es versucht Einfluß auf die Integrationswilligkeit zu nehmen, persönliche Spannungen und Feindseligkeiten abzubauen.

Konflikte, die nicht gelöst werden, führen zwangsläufig zu Frustrationen, Streß und *Abwehrmechanismen*, die leistungshemmend auf die Organisation wirken.

Für die betriebliche Personalpolitik ergibt sich daraus im Interesse der Personalerhaltung die Konsequenz, die Unvermeidbarkeit von Konflikten, die aus den natürlichen Interessengegensätzen von Beteiligten entstehen, anzuerkennen. Es müssen aber Formen gefunden werden, die Konfliktlösungen zu regeln (*Dahrendorf*, S. 102 ff) und das Entstehen von Konflikten zu hemmen.

So können u.a. durch klar strukturierte Zielvorgaben, Zielkonflikte weitgehend vermieden, durch eine vollständige Informationspolitik Rollenmehrdeutigkeiten im Entstehen beeinflußt werden. Zwar können durch diese Maßnahmen Konflikte in ihrem Entstehen nicht immer verhindert, wohl aber ihre Ausdrucksformen und damit subjektiv erlebte Konfliktstärke beeinflußt werden. Die Lösung von Konflikten durch Machtproben und Rückzug ist damit weitgehend vermeidbar.

2.4.2 Erhaltung der Leistungsbereitschaft

Ausgehend von dem Grundgedanken der *Human Relations-Schule* und den Erkenntnissen, daß Konflikte in einer auf zwischenmenschlichen Beziehungen beruhenden Organisation unvermeidbar sind, sieht man Ansatzpunkte zur Erhaltung der Leistungsbereitschaft vor allem in einem die Leistung förderndes Betriebsklima, d.h. in einer Art von Betriebsgemeinschaft, die sich in einem "Wir-Gefühl" ausdrückt.

Dieses "Wir-Gefühl" zu steigern, ist als Aufgabe betrieblicher Personalerhaltungsmaßnahmen anzusehen.

Neuere Forschungsergebnisse zeigen aber auch, daß ein solches Betriebsklima nicht im spannungslosen Zustand einer allgemeinen diffusen Zufriedenheit zustande kommt, sondern daß es vielmehr das Ergebnis einer durchschnittlich positiven Einstellung aller Beschäftigten zum Unternehmen ist. Aus diesem Grund ist auch die häufig anzutreffende Gleichsetzung des Begriffes Betriebsklima mit der Arbeitszufriedenheit nur in engen Grenzen richtig. Wenn auch der Begriff Betriebsklima noch relativ vage und nicht exakt definiert ist, so bezeichnet er doch eine Einstellung, die sich aus der Erfüllung der persönlichen Erwartungen der Mitarbeiter ergibt. In diesem Zusammenhang ist es eine überindividuelle sozialpsychologische Äußerungsform, die dem "betrieblichen" Zusammenarbeiten ihr Gepräge gibt, und das sich in einer gewissen Grundstimmung in den Beziehungen zwischen den einzelnen Mitarbeitern niederschlägt. Diese Stimmung ist in ihrer Gesamtheit nicht an eine Person gebunden, sie ist relativ konstant, ist aber auch als Ergebnis der sozialen Dynamik des Zusammenwirkens innerhalb einer Organisation allmählichen Änderungen unterworfen.

Diese Grundstimmung ist beeinflußbar durch die Entwicklung des Firmenimages, der sozialen Leistungen der Gemeinschaft, der Verbesserung der Gruppenzusammensetzungen und des Zusammenwirkens (eventuell durch Selbstgruppierung), durch die Form der Arbeitsstrukturierung, durch das Vorgesetztenverhalten, dem praktizierten Führungsstil usw.

In letzter Zeit setzt sich, beeinflußt durch die amerikanische Literatur, immer stärker auch der Begriff Organisationsklima durch, ohne daß bisher eine schlüssige Abgrenzung zwischen den beiden Begriffen gefunden worden wäre.

Die unterschiedliche Begriffsbestimmung dürfte aber im wesentlichen ihre Ursache darin haben, daß die englischsprachige Managementliteratur den Begriff "Betrieb" nicht kennt, und daß die amerikanischen Forschungsansätze, bei denen der Begriff "Organizationale Climate" entwickelt wurde, sich vor allem mit den Fragen der unterschiedlichen Ausgestaltung der Organisationsstruktur auf Motivation, Leistung und Arbeitszufriedenheit befaßt.

2.4.3 Steigerung der Leistungsbereitschaft

Die Leistungsbereitschaft wird im wesentlichen auch von den Erwartungen, die der einzelne an seine Umwelt und an bestimmte Anreizsysteme knüpft, bestimmt. Sie ist also von seinen extrinsischen und intrinsischen Motiven und in ihrer Gesamtheit von der Stimulationsfunktion seiner Motivationsstruktur abhängig. Gezielte Einflußnahme auf die Motivationsstruktur durch entsprechende Leistungsanreizsysteme, Berücksichtigung persönlicher Interessen usw. wirken sich auf die Leistungsbereitschaft aus (vgl. hierzu Abschnitt Psychologische Grundlagen der Motivationslehre).

3. Personalentwicklung

3.1 Notwendigkeit der Personalentwicklung

Der Begriff Personalentwicklung ist verhältnismäßig neu und in der wissenschaftlichen Diskussion wurde er erstmals zusammen mit den Problembereichen der

- *Wissensexplosion*,
- Verkürzung der *Halbwertzeit* des Wissens,
- den immer rascher werdenden technischen und organisatorischen Wandel in Betrieben und auf den Märkten

verwendet.

Nach zuverlässigen Schätzungen verdoppelt sich das insgesamt vorhandene und verfügbare Wissen seit wenigen Jahrhunderten in einer Exponentialfunktion in weniger als 10 Jahren.

Dies bedeutet, daß bei angenommenen gleichen Zeitintervallen, wie z.B. einem Arbeitsleben, immer mehr neue Erkenntnisse und Ereignisse auftreten, als jemals zuvor. Für die derzeit lebende und verstärkt bei künftigen Arbeitsgenerationen bedeutet dies, daß die während der Dauer ihres Arbeitslebens einmal erworbenen Kenntnisse und gemachten Erfahrungen, immer rascher veralten.

Die Auswirkungen der sich hier ergebenden *Zeitkontraktion* führen dazu, daß gleiche Wissenszuwächse in immer kürzeren Zeitspannen zu verarbeiten sind, während bei gleichbleibenden Zeitspannen, ein immer größerer Wissenszuwachs zu bewältigen ist.

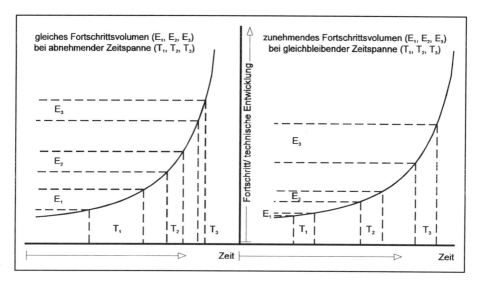

Abbildung 69: Zeitkontraktion als Folge der Entwicklung des Wissenszuwachses (*Bisani* 1973)

Dies führt zwangsläufig zu zwei Konsequenzen:

- Vorhandenes Wissen veraltet zunehmend schneller als vorher und zwingt, da die
- Verarbeitungskapazität des Menschen an Wissen nicht beliebig vermehrbar ist, zu einer zunehmenden Spezialisierung.

Diese Entwicklung schlägt sich dann auch in immer kürzeren Halbwertzeiten der nutzbaren Zeitspanne des Wissens nieder.

Halbwertzeit ist ein der Atomphysik entlehnter Begriff. In diesem Zusammenhang bedeutet er, wie lange erworbenes Wissen anwendbar ist, bis es zur Hälfte durch neue Erkenntnisse, Verfahren und Methoden überholt ist.

Bei der Beurteilung der Halbwertzeit des Wissens ist zwischen einzelnen Wissenskategorien zu unterscheiden, und zwar:

- *Allgemeines Basis- (Grundlagen-)Wissen*, hierher gehört das zivilisationsbedingte Wissen, wie Sprach-, Rechenvermögen, Kenntnisse grundlegender Zusammenhänge usw.,
- *fachbezogenes Basiswissen*, das die Grundlage für den Erwerb von Spezialwissen für bestimmte berufliche Tätigkeiten bietet,

- *fachbezogenes Spezialwissen*, das für eine bestimmte spezialisierte Berufsausübung förderlich ist.

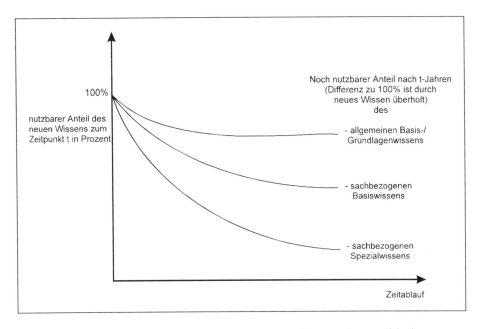

Abbildung 70: Schematische Darstellung der Halbwertzeit verschiedener Wissensbereiche

Abbildung 70 zeigt, daß das in der Regel während der schulischen Bildung erworbene allgemeine Basiswissen nur langsam veraltet und nur in relativ geringem Umfang durch neue Erkenntnisse ersetzt wird. Dagegen liegt die Halbwertzeit beim fachbezogenen Basiswissen im Durchschnitt bei wenigen Jahrzehnten und das fachbezogene Spezialwissen weist z.T., wie z.B. bei der Entwicklung der Datenverarbeitung usw., Halbwertzeiten von nur wenigen Jahren auf. Eine vor fünf Jahren erworbene Fähigkeit im Umgang mit einer speziellen EDV-Programmiersprache ist heute bereits überholt.

Mit Recht hat deshalb die Deutsche Gesellschaft für Personalführung bereits vor Jahren darauf hingewiesen, daß im Durchschnitt jährlich 5 bis 7 % der vorhandenen Arbeitsplätze einer neuen Entwicklung weichen müssen, da sie entweder ganz wegfallen oder aber auf einer ganz anderen Art der Technologie aufbauen. Dies bedeutet, daß in einem Zeitraum von rund 10 Jahren mehr als die Hälfte der Belegschaft von einer Umschulung oder einem Anlernverfahren, einer Umsetzung oder im schlimmsten Fall von einer Freisetzung betroffen sein werden.

Für die mitarbeiterbezogene Personalentwicklung kann deshalb nicht mehr ein langfristig ausgerichtetes *Berufsbild* die Leitlinie sein. Diese wird sich vielmehr an einem Aufgabenbündel orientieren müssen, das vor allem auch die Umstellfähigkeit auf veränderte Anforderungen, ebenso die Verbesserung der Persönlichkeitsstrukturen umfasst.

Unter Berücksichtigung des Zeitbezuges der Betrachtungsweise wird sich folgender Orientierungsrahmen ergeben.

Entwicklungsbereiche	Aufgabenbezogen	Persönlichkeitsbezogen
langfristige Zielsetzung	Verbesserung der Anpassungsfähigkeit an veränderte Bedingungen und Entwicklung der Veränderungsbereitschaft	Vertiefung und Erweiterung der Selbstsicherheit und der persönlichen Stabilität
kurzfristige Zielsetzung	Verbesserung arbeits- und leistungsbezogener Kenntnisse, Fähigkeiten und Fertigkeiten, traditionelle Personalentwicklung	Strukturierung der persönlichen Einstellung zu beruflicher Karriere und Privatleben

Abbildung 71: Struktur mitarbeiterbezogener Personalentwicklungsziele

Diesen veränderten Anforderungen hat auch der Gesetzgeber mit dem *Arbeitsförderungsgesetz* vom 25.6.1969, dem *Berufsbildungsgesetz* vom 14.8.1969 und den §§ 96 - 98 BetrVG zur Berufsbildung, Rechnung getragen. In zunehmendem Maße werden auch Tarifverträge der Notwendigkeit der Weiterbildung durch die Festlegung eines sog. *Bildungsurlaub* gerecht. Dieser soll es dem einzelnen Mitarbeiter ermöglichen, sein Wissen immer wieder veränderten Bedingungen anzupassen. Damit bedeutet Mitarbeiteraus- und -weiterbildung nicht mehr wie im herkömmlichen Sinn, nur Mittel zur Deckung quantitativer und qualitativer Erfordernisse des Personalbedarfs, sondern wird immer mehr auch zu einer gesellschaftlichen Aufgabe. Hierbei liegen die grundlegenden Probleme der Personalentwicklung darin, daß der Bereich der aufgabenbezogenen Personalentwicklung mit kurzfristiger Zielsetzung, in allen Bereichen und vielen Betrieben bereits gut entwickelt ist, und in der Regel auf ein sehr differenziertes und qualifiziertes außerbetriebliches - und z.T. auch innerbetriebliches Leistungangebot trifft. Dagegen wurden die Probleme der persönlichkeitsbezogenen Personalentwicklung bisher nur sehr zögernd und wenn, dann nur im Bereich der Führungskräfte- oder Führungsnachwuchskräfteschulung aufgegriffen.

Wenig Interesse hat bisher, sowohl in der Praxis, als auch in der Wissenschaft, der aufgabenbezogene Bereich mit langfristiger zukunftsorientierter Zielsetzung gefunden.

3.2 Inhalt der traditionellen Personalentwicklung

Die menschliche Leistung baut auf drei Faktoren auf: *Wissen*, *Können* und *Verhalten*. Eine erfolgreiche Personalentwicklung muß alle drei Faktoren mit einbeziehen:

3.2.1 Vermittlung von Wissen

Die Entwicklung neuer Fähigkeiten setzt Wissen voraus. Wissen bedeutet theoretische Kenntnisse über Abläufe, Sachverhalte und Zusammenhänge. Im Rahmen der Personalentwicklung kann man zwei Arten unterscheiden; tätigkeitsspezifisches und nicht tätigkeitsspezifisches Wissen.

Unter *tätigkeitsspezifisch* ist das Wissen zu verstehen, das als Anforderungsart jeweils bei ganz bestimmten Funktionen und ganz bestimmten Tätigkeitsbereichen auftritt. Jeder Mitarbeiter, der diese Funktion ausüben will, muß über dieses "spezialisierte Fachwissen" verfügen. Je schwieriger die Zusammenhänge werden, um so weniger reicht das reine tätigkeitsbereichsgebundene, spezialisierte Wissen aus. Es muß ergänzt werden um tätigkeitsgebietsüberschreitendes Wissen. Für den Betriebsleiter genügt heute das Wissen über den Materialfluß, die eingesetzten Fertigungsmittel und die technologischen Bedingungen des Fertigungsprozesses allein nicht mehr aus. Eine Führungskraft der mittleren Führungsebene wird in zunehmendem Maße auch mit technischen, rechtlichen, soziologischen, psychologischen und organisatorischen Problemen konfrontiert werden, zu deren Lösung ein interdisziplinäres Wissen über die Zusammenhänge mehrerer Teilgebiete erforderlich ist. Die Notwendigkeit, in Zusammenhängen zu denken, beschränkt sich nicht nur allein auf Führungskräfte, sondern setzt sich mittlerweile im Zusammenhang mit einer zunehmenden Verbreitung flacher Hierarchien sowie der Einführung von Gruppenarbeitskonzepten auch auf anderen Ebenen durch.

3.2.2 Entwicklung des Könnens

Zur erfolgreichen Ausübung einer Funktion reicht vermitteltes Wissen allein nicht aus, es muß weiterentwickelt werden zu anwendungsbereitem, funktionsfähigem Können. Können bedeutet gegenüber dem erworbenen Wissen die Fähigkeit, dieses Wissen auch in der eigenen geistigen oder manuellen Tätigkeit anzuwenden. Können läßt sich nicht vermitteln, sondern nur durch die eigene Tätigkeit und die dadurch gewonnenen Erfahrungen entwickeln.

3.2.3 Einwirken auf das Verhalten

Im Zusammenwirken mehrerer ist die Leistung einer Gruppe nicht gleich der Summe der isolierten Einzelleistungen. Ob die Gruppenleistung größer oder kleiner ist, hängt im wesentlichen nicht allein vom Wissen und Können der

Beteiligten ab, sondern auch vom Verhalten der Gruppenmitglieder. Dieses Verhalten wird im wesentlichen beeinflußt von ihrer Motivationsstruktur, ihren Fähigkeiten, ihrem Wissen und ihrem Können sowie durch die Bedingungen der relevanten Umwelt. Zu diesen Umweltbedingungen gehören die organisatorischen und sachlichen Einflußgrößen, die die Art der zu erfüllenden Aufgabe, die zu beachtenden Vorschriften und Anordnungen ebenso umfassen, wie die Arbeitsbedingungen, die technischen Hilfsmittel sowie die Arbeitsumgebung. Wesentlich stärkeren Einfluß üben aber die sozialen Einflußgrößen aus, zu denen vor allem die formellen und informellen zwischenmenschlichen Beziehungen zwischen Kollegen und zwischen Mitarbeitern und Vorgesetzten gehören.

Mitarbeiterorientierte Führung verlangt nicht nur ein ganz bestimmtes Führungsverhalten, sondern auch ein äquivalentes Verhalten der Mitarbeiter. Eine Delegation von Verantwortung z.B. setzt ein ganz bestimmtes Verhalten des Vorgesetzten voraus, nämlich die Bereitschaft zu delegieren, und vom Mitarbeiter die Bereitschaft, diese Verantwortung auch zu übernehmen. Ein nur auf Wissen oder auf Wissen und Können abgestelltes Personalentwicklungsprogramm, das nicht auch gleichzeitig den Verhaltensaspekt mit einbezieht, ist unvollständig.

3.3 Formen der Bildung

Wissen, Können und Verhaltensweisen kann der Mensch auf verschiedene Weise erlangen. Die Bildungsinhalte können von außen, zielgerichtet, bewußt und planmäßig durch eigens, hierfür geschaffene Institutionen, an den einzelnen herangetragen werden. Hier ist das Lernziel meist mehr oder weniger klar definiert und der Bildungserfolg gewollt. Man nennt diese Form "*intentionale Fremdbildung*" im Gegensatz zu "*funktionaler Fremdbildung*". Hierunter versteht man den durch die Umgebung, wie Gesellschaft, Familie, Schule und Betrieb usw. ausgelösten, ungeplanten Bildungsprozeß. Untersuchungen haben gezeigt, daß ein sehr großer Teil dessen, was ein Mensch erlernt und sich an Verhaltensweisen im Rahmen des *Sozialisationsprozesses* aneignet, ungewollt, unkontrolliert und unbewußt durch die Umwelt an ihn herangetragen wird.

Der eigentliche Kern einer jeden Bildung aber ist die *Selbstbildung*. Jede *Fremdbildung* sollte hierzu Anregung, Anlaß und Hilfestellung bieten, mit dem Ziel, dem einzelnen die Fähigkeiten zu vermitteln, Informationen aufzunehmen, zu verarbeiten, zu speichern und somit über die eigene Entwicklung selbst zu entscheiden.

3.4. Arten der Personalentwicklung

Der berufliche Bildungsbereich gliedert sich in drei Hauptarten: *berufsvorbereitende, berufsbegleitende* - als Anpassungsfortbildung und Aufstiegsfortbildung - und *berufsverändernde* Berufsbildung (zum Zwecke einer beruflichen Neuorientierung durch Umschulung). Hinzu käme als vierte Art noch die *Ergänzungsfortbildung*.

3.4.1 Berufsvorbereitende Bildung

Das bestehende *duale Berufsbildungssystem* - praktische Berufsausbildung im Betrieb ergänzt um den theoretischen Unterricht in der Berufsschule -, das ausgerichtet ist auf die Erlernung eines *"Lebenszeitberufes"*, ist in der letzten Zeit zunehmend Gegenstand der Kritik geworden. Die geänderten Verhältnisse machen eine Neuorientierung unumgänglich. Um eine stärkere berufliche Anpassung des einzelnen zu erreichen, wird sich die berufsvorbereitende Bildung aufteilen müssen in:

1. berufliche *Grundausbildung* mit dem Ziel, die beruflichen Grundfertigkeiten und -kenntnisse zu vermitteln, die für einen möglichst großen Bereich von Tätigkeiten eines Tätigkeitsfeldes, z.B. metallverarbeitender Beruf, gemeinsam sind. Weiterhin sind hier die Verhaltensweisen zu fördern, die bei der Ausübung eines Berufes erwartet werden. Hierauf baut die
2. berufliche *Fachausbildung* auf, die in einer zweiten Phase dasjenige Fachwissen und Fachkönnen vermittelt, das für die Ausübung eines qualifizierten Berufes benötigt wird. Weiterhin sind hier die berufsspezifischen und sozialen Verhaltensweisen zu fördern.

Die Zweiteilung des jetzt noch einheitlichen Ausbildungsganges soll die Fähigkeit fördern, sich schnell in neue Aufgaben und Tätigkeiten des Tätigkeitsfeldes einzuarbeiten.

3.4.2 Berufsbegleitende Fortbildung

Die *berufsbegleitende Fortbildung* soll es ermöglichen, die einmal erlangten Kenntnisse und Fertigkeiten zu erhalten, und den durch die technische Entwicklung geänderten Bedingungen anzupassen oder zu erweitern und damit die Möglichkeit zu beruflichem Aufstieg zu erschließen. Demnach ist zu unterscheiden zwischen:

1. *Anpassungsfortbildung* mit der Aufgabe, das einmal erworbene Wissen und Können sowie die Verhaltensweisen zu aktualisieren und zu vertiefen und durch den Erwerb zusätzlicher Kenntnisse, Fertigkeiten und Verhaltensweisen zu erweitern. Ziel ist, die beruflche Mobilität zu sichern und zu gewährleisten, um jederzeit veränderten Anforderungen eines gleichartigen

Arbeitsplatzes gewachsen zu sein. Zielt die Anpassungsfortbildung auf die *horizontale Mobilität*, so hat die

2. *Aufstiegsfortbildung* das Ziel, die vertikale Mobilität zu erhöhen und durch die Entwicklung latent vorhandenen Potentials auf einen beruflichen Aufstieg und zur Übernahme qualifizierterer Funktionen bzw. einer höherwertigen Berufstätigkeit vorbereiten.

Auf beide Arten der berufsbegleitenden Fortbildung wird ein Unternehmen nicht verzichten können, wenn es das vorhandene Arbeitskräftepotential ökonomisch nutzen will.

3.4.3 Berufsverändernde Fortbildung

Zweck der *berufsverändernden Fortbildung* ist es, durch Maßnahmen der Umschulung, den Beschäftigten, die ihren einmal erlernten Beruf nicht mehr ausüben können, neues Wissen zu vermitteln, das es ihnen ermöglicht, zusätzliches Können zu erwerben, um einen neuen Beruf oder einer anders qualifizierten Tätigkeit nachgehen zu können. Neuere statistische Untersuchungen haben gezeigt, daß heute bereits jeder dritte Arbeitnehmer im Laufe seines Berufslebens mehr als einen Beruf ausüben muß. Es steht zu erwarten, daß dieser Anteil noch steigen wird.

Diese berufsverändernde Fortbildung ist damit eine Aufgabe, die Unternehmen und Staat gemeinsam lösen müssen. Voraussetzung für den Erfolg ist aber, daß bereits durch geeignete Berufsbildungsformen (insbesondere im Bereich der bisher noch wenig verbreiteten Persönlichkeitsbildung) Motivation und Befähigung zu einem lebenslangen Lernen gelegt werden.

3.4.4 Ergänzungsfortbildung

Im Zusammenhang mit einer verstärkten Einführung der Gruppenarbeit sowie der notwendigen Motivation und Qualifizierung der Mitarbeiter zu *lebenslangem Lernen*, fallen hierunter z.B.: der Einsatz nichtarbeitsplatzbezogener, jedoch fachübergreifender Arbeitstechniken, gruppendynamische Veranstaltungen zur Sensibilisierung von Mitarbeitern für das Erkennen und Lösen gruppeninterner Konflikte und Spannungen im Rahmen eines aktiv gestalteten Konfliktmanagements. Ggfs. wären hier auch noch allgemeinbildende Veranstaltungen zu zählen, die den Mitarbeiter für eine verstärkte Eigenständigkeit im Rahmen seiner beruflichen und privaten Persönlichkeitsentfaltung befähigen.

3.5 Ermittlung des Bildungsbedarfs

Der *Bildungsbedarf* ist natürlich von Unternehmen zu Unternehmen verschieden und wird auch von jedem Unternehmen als unterschiedlich dringlich angesehen. Sollen die Bildungsmaßnahmen Erfolg haben, für den Betrieb wie für den einzelnen Mitarbeiter, dann müssen sie geplant und konsequent durchgeführt werden. Die Feststellung des Bildungsbedarfs erfolgt zweckmäßigerweise in zwei Stufen, und zwar:

1. Ermittlung, Analyse und Gegenüberstellung der gegenwärtigen Qualifikation der Mitarbeiter mit dem gewünschten Sollzustand und damit
2. Bestimmung der gegenwärtigen Prognose der zu erwartenden Weiterbildungsbedürfnisse.

Schönfeld (S. 165 ff.) empfiehlt hier drei Methoden:

1. *Subjektive Methode*: Hier wird der Bedarf von Personen oder Personengruppen bestimmt, die entweder praktische Erfahrungen oder theoretische Vorstellungen von der jeweiligen Tätigkeit haben (z.B. Vorgesetzte, leitende Mitarbeiter, Ausbildungsleiter).
2. *Objektive Methode*: Sie geht von einer Auswertung der Tätigkeitsbeschreibungen und Mitarbeiterbeurteilungen aus und bezieht die Auswertung von Betriebszahlen, Literatur und die Erfahrungen anderer Betriebe mit ein.
3. *Kombinierte Methode*: Bei ihr kommen sowohl subjektive als auch objektive Methoden gemeinsam zur Anwendung.

Das Ergebnis sollte in einem sog. *Ausbildungsprofil* - analog dem *Anforderungsprofil* - festgehalten werden, in dem Soll- und Ist-Wert eingetragen und somit die Differenz als Bildungsbedarf augenscheinlich festgestellt wird.

Von vielen wird die Aufgabe, Mitarbeitern Kenntnisse und Fähigkeiten zur Lösung von Problemen zu vermitteln, die künftig an sie gestellt werden, als unlösbar angesehen.

Es geht deshalb nicht darum, das Wissen der Zukunft, das keiner kennt, zu vermitteln, sondern die Fähigkeit zu aktivieren, sich immer wieder auf wechselnde Anforderungen einzustellen und durch ein nicht-tätigkeitsspezifisches, übergreifendes Grundlagenwissen, die Voraussetzungen dafür zu schaffen.

Bei der Ermittlung des Bildungsbedarfs für Nachwuchskräfte spielt die Frage der Auswahl, der in die Personalentwicklung einzubeziehenden Mitarbeiter, eine entscheidende Rolle. Grundsätzlich sind zwei Vorgehensweisen möglich. Man geht von den vorhandenen Führungsstellen aus, legt frühzeitig Nachfolgepläne fest und baut langfristig Nachfolgekandidaten auf. Der Vorteil ist Übersichtlichkeit in der Hierarchie. Enttäuschte Erwartungen können erspart bleiben. Nachteilig ist jedoch eine Art *"Kronprinzentum"*, das das Betriebsklima beeinträchtigt und vor allem zur Ausschaltung des Leistungsstrebens führt, weil alle Kräfte, die nicht zu den "Auserwählten" gehören, "fluchtartig" (soweit sie nicht schon zu alt dazu sind) das Unternehmen verlassen, in dem sie für sich keine Aufstiegschancen mehr sehen. Auf dieser Ebene liegt auch die von einer

Reihe von Autoren empfohlene, aber noch wenig praktizierte Aufstellung von *individuellen Karriere- und Laufbahnplänen*. Einige Autoren sind der Meinung, daß ohne langfristige Laufbahnplanung die umfassende Förderung des Nachwuchses für Führungspositionen illusorisch bleibe. Andere betrachten den individuellen Karriereplan nicht nur als ein langfristiges Entwicklungsprogramm, sondern auch als einen Bewährungsplan. Wieder andere empfehlen, die Festlegung nur für kürzere Zeiträume und immer nur für ein bis zwei Organisationsstufen vorzunehmen und gleichzeitig festzulegen, daß kein Anrecht auf Beförderung besteht, sondern daß diese nur nach dem Leistungsprinzip erfolgt. Die vertragliche Vereinbarung einer Karriere wird meist für problematisch und undurchführbar angesehen.

Eine andere Form orientiert sich an der sog. *Reservetheorie*. Hier erfolgt Auswahl und Weiterbildung von qualifizierten Führungsnachwuchskräften unabhängig davon, ob bestimmte klar differenzierte Positionen im Planungszeitraum zu besetzen sind. In der Regel führt dies zu einem Überangebot an Führungsnachwuchskräften, eine Erscheinung, die als "Horten" von überflüssigem Personal, teilweise verurteilt wird. In Phasen nachlassender Konjunktur werden dann unter dem Schlagwort "Abbau des Wasserkopfes" oder "Straffung der Organisation" Personalabbaumaßnahmen durchgeführt. Zweifellos muß ein Unternehmen bei Reservebildung auch den Verlust einiger Nachwuchskräfte in Kauf nehmen. Im Falle einer Reorganisation des Unternehmens ist es jedoch notwendig, auf einen Stab qualifizierter und ausgebildeter Nachwuchsleute zurückgreifen zu können.

3.6 Durchführung der Berufsbildung

3.6.1 Ziele der Berufsbildung

Die betrieblichen Berufsbildungsmaßnahmen setzen eine Festlegung des anzustrebenden Zieles voraus. Dies gilt vor allem für die *berufsbegleitende Bildung*. (Bei der *berufsvorbereitenden Bildung* werden die Ziele durch die Prüfungsordnungen, die von den zuständigen Industrie- und Handelskammern bzw. Handwerkskammern festgelegt werden, weitgehend vorbestimmt.) Nur wenn die Ziele im Einzelfall hinreichend genau definiert sind, läßt sich später eine Erfolgskontrolle durchführen und die zweckmäßigsten Lehrmethoden bestimmen. Für die Erreichung eines bestimmten vorgegebenen Zieles sind mehrere Methoden in der Regel in weitem Umfang substituierbar. Eine Optimierung ist dann nur möglich, wenn man weitere Hilfsgrößen, in der Regel die entstehenden Kosten und weiter häufig nicht quantifizierbare Größen mit in Betracht zieht.

3.6.2 Maßnahmen der Berufsbildung

Die Berufsbildungsmaßnahmen können unternehmensextern und unternehmensintern durchgeführt werden. Neben den staatlichen Bildungseinrichtungen, von den Fachschulen bis zu den Hochschulen und Universitäten, sind vor allem die von einer Reihe von Hochschulen veranstalteten *Kontaktstudienlehrgänge* zu nennen. Darüber hinaus besteht eine kaum mehr zu übersehende Anzahl von Institutionen, die Fortbildungsveranstaltungen anbieten. Unternehmensintern gibt es zwei Möglichkeiten: am Arbeitsplatz (*on-the-job*) oder nicht am Arbeitsplatz (*of-the-job*). Das Lernen am Arbeitsplatz hat den Vorteil der täglichen Auseinandersetzung mit den tätigkeitsspezifischen sach- und personenbezogenen Problemen. Es bieten sich folgende Möglichkeiten an:

1. *Anleitung und Beratung durch den Vorgesetzten* als systematisch gelenkte Erfahrungsvermittlung. Sie ist dann erfolgreich, wenn die Voraussetzungen dafür geschaffen sind. Dazu gehören: Auswahl der Arbeitsplätze, an denen fehlendes Wissen, Können und Verhalten kennengelernt bzw. weiterentwickelt werden können, Auswahl geeigneter fachlich und pädagogisch geschulter Vorgesetzter, die die Aufgabe auch erfolgreich bewältigen können, und Aufstellung systematischer Stoff- und Lernprogramme, Aufstellung eines Zeitplanes und Festlegung operationaler Ziele usw.

2. Tätigkeit als *Assistent*: Dies ist eine Kombination von Personalentwicklung und Personaleinsatz. Der Assistent wird mit dem Gesamtaufgabenbereich einer Führungsstelle konfrontiert, ohne jedoch für alle Funktionen voll verantwortlich zu sein. Er lernt dabei Wissen in Können umzuwandeln und sich "freizuschwimmen".

3. *Betrauung mit Sonderaufgaben*: Diese Methode ermöglicht es, Nachwuchskräfte mit neuen Aufgaben und den sich daraus ergebenden Anforderungen vertraut zu machen. Sie haben damit die Möglichkeit, sich in weit gestreckten Aufgabenbereichen zu bewähren, die über das normale Sachgebiet hinausreichen.

4. Systematischer Arbeitsplatzwechsel, *"job rotation"*: Im Rahmen sog. *Trainee-Programme*, wo Mitarbeiter in relativ kurzen Abständen jeweils das Aufgabengebiet wechseln, wird angestrebt, eine möglichst umfangreiche Orientierung über verschiedene Aufgabengebiete zu geben.

3.6.3 Methoden der Personalentwicklung außerhalb des Arbeitsplatzes

1. *Vorlesungsmethode*: Hier kann nur Wissen vermittelt werden. Der Vorteil, daß eine große Menge Stoff in kurzer Zeit und mit geringen Kosten an viele Zuhörer weitergegeben werden kann, wird dadurch beeinträchtigt, daß diese Methode ein passives Verhalten der Teilnehmer erzwingt und damit Ermüdungserscheinungen, nachlassendes Interesse und eingeschränkte

Aufnahmefähigkeit hervorruft. Vorträge und Referate sind nur dann wertvoll, wenn sie in ein Sytem aktiver Unterrichtsmethoden wie Übungen oder auch Selbststudium eingebettet sind.

2. *Programmierte Unterweisung*: Vorteilhaft ist, daß der Lernende das Tempo selbst bestimmen kann, so daß Über- und Unterforderung vermieden werden, und daß er eine Lernverstärkung nach jeder richtigen Antwort erhält. Der Nachteil liegt darin, daß Lernprogramme durch die Einteilung in kleine Lernschritte zu stark zerrissen werden, so daß es für den Lernenden schwirig ist, einen Überblick über die Gesamtzusammenhänge zu bekommen. Ein weiterer Vorwurf, der noch ernster zu nehmen ist, weist darauf hin, daß vorprogrammierte Antworten dem Lernenden zur Anwendung gegebener Informationen zwingen, und daß darüber hinaus seine Fähigkeit zu produktivem Denken vernachlässigt wird. Weiterentwickelte Formen der *"verzweigten Programmierung"* versuchen, diese Mängel zu vermeiden.

3. *Konferenzmethoden* und *Gruppendiskussion*: Ziel ist nicht die Erweiterung des Wissensstandes, sondern vielmehr die Übung im folgerichtigen Denken und das Verhalten in Gruppendiskussionen. Bewährt hat sich die Gruppendiskussion im Zusammenhang mit der Vorlesungsmethode, wenn der in der Vorlesung gebotene Stoff in der Gruppe diskutiert und weiter vertieft wird.

4. *Fallmethode*: Bearbeitung von partiellen Problemstellungen, z.B. aus dem Vertriebsbereich, dem Finanzbereich. In der klassischen Form von der *Havard-Business-School* entwickelt, geht diese Methode von einer umfangreichen und umfassenden Fallbeschreibung aus, bei der eine bestimmte Entscheidungssituation im Mittelpunkt steht (*case-study-method*). In der *Vorfallmethode* (*incident-case-method*) hingegen ist die Fallbeschreibung bewußt lückenhaft. Aufgabe der Teilnehmer ist es, die Problemstellung selbst zu erkennen, und durch das Entwickeln gezielter Fragen die für die Problemlösung erforderlichen Informationen, selbst zu erarbeiten. Der Vorteil der Fallmethode ist die Verbindung zwischen dem Erwerb von Grundlagenwissen und der Anwendung in einer beschriebenen konkreten praxisbezogenen Situation.

5. *Planspiel*: Hier geht es im Gegensatz zur Fallmethode nicht um die Lösung eines partiellen Problems, sondern darum, eine modellhafte Unternehmung als ganzes zu leiten. Planspiele müssen, um noch handlich zu sein, einen recht hohen Abstraktionsgrad aufweisen. Die Möglichkeit, spezielle Problemstellungen zu erarbeiten und zu studieren, ist gering. Der Vorteil liegt hier mehr im Aufzeigen der Interdependenzen zwischen den einzelnen Funktionsbereichen. Von den Teilnehmern wird hier auch weniger eine Problemlösung geübt als vielmehr die Entwicklung globaler unternehmenspolitischer Strategien, bei der die Anforderungen der einzelnen Teilbereiche aufeinander abzustimmen sind. Da die einzelnen Entscheidungen

meist in einer Gruppe zu treffen sind, werden auch Erfahrungen im Ablauf von gruppendynamischen Prozessen gewonnen.

3.7 Kontrolle der Personalentwicklung

Ziel der *Erfolgskontrolle* ist es, festzustellen, in welchem Ausmaß das vorgegebene Ziel durch die einzelnen Maßnahmen erreicht wurde.

Nach den inhaltlichen Schwerpunkten sind folgende Kontrollbereiche zu unterscheiden:

1. *Kostenkontrolle*. Sie gibt Auskunft über die Zusammensetzung und den Umfang der entstandenen Kosten. Sie liefert Unterlagen für die Belastung von verursachenden Kostenstellen und erleichtert Vergleichsrechnungen. Diese Art von Kontrolle wird von einem Großteil der Unternehmen durchgeführt.
2. *Ergebniskontrolle*. Dem betrieblichen Bildungs- und Personalentwicklungsbemühungen müßte bei sachgerechter Durchführung ein Erfolg gegenüberstehen, der sich in der Regel in einer Verminderung des Weiterbildungsbedarfes und damit auch in höheren Leistungen für das Unternehmen und der Zielerfüllung für den Mitarbeiter niederschlagen müßte.

Theoretisch läßt sich der Erfolg in der Kennziffer messen:

$$Erfolg = E = \frac{W(K)_n - W(K)_v}{W(K)_{max.} - W(K)_v}.$$

E = Kennziffer für den Erfolg

$W(K)_n$ = Wissen (Fähigkeit und Können)

nach der Durchführung der Maßnahmen

$W(K)_v$ = Wissen (Fähigkeiten und Können)

vor der Durchführung der Maßnahmen

$W(K)_{max.}$ = maximal erreichbares Wissen

(Fähigkeit und Können)

Diese Formel ist aber nur anwendbar bei exakt meßbarem Wissen (Faktenwissen) oder sich in konkreten Handlungen niederschlagenden Fähigkeiten (wie z.B. Schreibgeschwindigkeit, Sicherheit der Maschinenbedienung usw).

Bei den meisten anderen Bildungsinhalten, wie z.B. Veränderung des persönlichen Verhaltens, Vermittlung von Kenntnissen über Zusammenhänge, Verbesserung der Fähigkeit zur Problemlösung, Steigerung der Beherrschung und

Anwendung bestimmter Methoden und Verfahren usw., versagt diese Formel. Man muß dann hier zu Hilfsgrößen oder subjektiven Einschätzungen greifen.

Hier hat man zu unterscheiden zwischen einer *Ergebnis-* und einer *Verfahrenskontrolle*. Erstere ist in der Regel Wissenskontrolle, die letztere zeigt auch, inwieweit gewünschte Einstellungen und Verhaltensweisen nicht nur begriffen und verstanden, sondern auch angewandt werden.

Diese Kontrollen können durchgeführt werden, einmal im *Lernfeld*, z.B. durch Tests, Kontrollfragen, Ablegen theoretischer oder praktischer Prüfungen. Die einfachste Methode, die Bewertung der Maßnahmen durch die Teilnehmer mit Hilfe von Fragebögen oder durch anschließende Interviews zu erfassen, hat - obwohl sie am häufigsten angewandt wird - den geringsten Aussagewert, weil hier nur Eindrücke und nicht tatsächliche Ergebnisse wiedergegeben werden. Das gleiche gilt auch für die Ermittlung des sogenannten *Zufriedenheitserfolgs*, wo positive, zustimmende oder befürwortende Reaktionen und Urteile zu den jeweiligen Entwicklungsmaßnahmen seitens der Ausbilder, Teilnehmer und/ oder der Vorgesetzten die Grundlage bilden.

Da aber nicht entscheidend ist, ob der Lernstoff nur verstanden wurde, sondern vielmehr, ob das Gelernte dann auch während der praktischen Tätigkeit angewandt wird, kommt der Kontrolle im *Funktionsfeld* größere Bedeutung zu. Die Grundlage ist hier eine längerfristige Verhaltensbeobachtung und Leistungsbeurteilung. Nur sie kann zeigen, ob sich das Leistungsverhalten und -ergebnis langfristig verbessert hat.

Wenn Personalentwicklungsmaßnahmen nicht immer zu dem gewünschten Ergebnis führen, dann liegt dies auch an der Vielzahl von Anwendungshemmnissen, die den positiven *Lerntransfer* beeinträchtigen können. Zu diesen *Anwendungshemmnissen* gehören:

- Unterschiede zwischen den Lernaufgaben in der Schulung und den praktischen Problemen am Arbeitsplatz
- Innovations- und neuerungsfeindliches Organisationsklima in der Arbeitsumgebung
- Einstellung und Verhalten von Vorgesetzten, Kollegen und Mitarbeitern
- Unzureichende oder mangelhafte Anwendungsmöglichkeiten
- Unterschiede zwischen Lernziel, Lernorganisation und Arbeitsplatz
- Ungenügende Übung und Gewöhnung an neue Verhaltensweisen.

4. Personaleinsatz

4.1 Wesen der Personaleinsatzplanung

4.1.1 Ziele

Die Einstellung und Entwicklung von Mitarbeitern ist nicht Selbstzweck, sondern erfolgt stets im Hinblick auf den Einsatz im betrieblichen Leistungsprozeß. Ziel der *Personaleinsatzplanung* ist es, die im Betrieb beschäftigten Arbeitskräfte so einzusetzen, daß unter Berücksichtigung der sozialen Belange aller Beschäftigten eine optimale Relation von Personalkosten und Leistungsergebnis im Rahmen der betrieblichen Leistungserstellung unter Berücksichtigung der Nebenbedingungen und gegebenen Beschränkungen durch rechtliche Regelungen und Arbeitsschutzbestimmungen erreicht wird.

Zu den Nebenzielen gehören:

- Möglichst hohe Stabilität bei der Erreichung der Leistungsziele bei gleichzeitiger Verstärkung einer Flexibilität des Personaleinsatzes zum Zwecke einer möglichst reibungslosen Anpassung an betriebliche Anforderungen
- Günstige soziale Integration der Mitarbeiter in die Struktur der Belegschaft
- Erreichung eines möglichst hohen Grades sozialer Arbeitszufriedenheit und eines guten Betriebsklimas
- Erhöhung des Qualifikationsgrades der einzelnen Mitarbeiter durch Maßnahmen des *"job-rotation"* oder durch Übertragung von Vertretungsfunktionen
- Steigerung der Motivation durch Übertragung herausfordernder Arbeitsaufgaben.

Im Prinzip handelt es sich deshalb um eine Zuordnung der vorhandenen personellen Kapazität auf die einzelnen jeweils zu erledigenden Tätigkeiten. Somit stellt sie ein Bindeglied zwischen dem Personalbedarf aufgrund der Leistungs- (Produktions-) Planung und der vorhandenen Personalausstattung dar.

Die Probleme der Personaleinsatzplanung lassen sich um so leichter lösen, wenn diese beiden Größen nicht fest vorgegeben, sondern kurzfristig veränderbar sind, so z.B. im Bereich des Personalbedarfes durch Veränderungen der Produktionsplanung oder im Bereich der zur Verfügung stehenden personellen Kapazität, z.B. durch flexible Arbeitszeitregelungen.

4.1.2 Sonderprobleme einzelner Beschäftigtengruppen

Zu den Beschäftigtengruppen, bei denen Einschränkungen und schutzwürdige Belange zu berücksichtigen sind, gehören u.a.:

1. Jugendliche und Auszubildende. Sie befinden sich als Heranwachsende noch in einem körperlich-seelischen Entwicklungsprozeß. Um gesundheitliche Schäden zu vermeiden, ist die zumutbare Gesamtbelastung im Vergleich zu Erwachsenen geringer. Daneben ist zu beachten, daß es sich um Berufsanfänger handelt, die sich die notwendige Sicherheit im Beruf noch nicht erworben haben, und die sich nun im Übergang von der Schule zum Beruf mit neuen schwierigen Aufgaben und Umstellungsproblemen konfrontiert sehen. Dies gilt nicht nur für Auszubildende, sondern genau so auch für jugendliche Hilfsarbeiter usw. Besondere Schutzvorschriften hinsichtlich Arbeitszeit, Pausenregelung, unzulässiger Beschäftigung usw. regelt das *Jugendarbeitsschutzgesetz*.
2. Weibliche Arbeitskräfte. Allen Emanzipationsbestrebungen zum Trotz gibt es zahlreiche Unterschiede zwischen den Geschlechtern in den physiologischen Funktionen, der biologischen Belastungs- und Anpassungsfähigkeiten, der Feinfühligkeit, Zielsicherheit und der körperlichen Konstitution. Es gibt so zwangläufig eine ganze Reihe von Berufen und Tätigkeiten, die ganz oder fast ausschließlich von Frauen ausgeübt werden, weil sie dafür besondere Eignungen und Fähigkeiten mitbringen. Genauso gibt es eine Menge von Tätigkeiten, die für weibliche Arbeitnehmer nicht oder nur mit Einschränkung geeignet sind. Zu beachten ist, daß weibliche Arbeitnehmer keine homogene Gruppe bilden. Ihre Einstellung zum Beruf wird im wesentlichen auch durch ihren Familienstand geprägt.
3. Ältere Arbeitnehmer. Bei ihnen treten besondere Einsatzprobleme auf, wenn wegen mangelnder beruflicher Anpassungsfortbildung der Stand des beruflichen Wissens veraltet und damit die horizontale berufliche Mobilität eingeschränkt ist. Auch ergeben sich im *Zeitablauf* altersbedingte Veränderungen. Ältere Arbeitnehmer sind in der Regel nicht weniger, sondern meist nur in anderer Form, leistungsfähig als jüngere Mitarbeiter. Ein Faktor, der bei der Einsatzplanung zu berücksichtigen ist.
4. Leistungsgeminderte. Hierher gehört vor allem der Personenkreis, der vom *Schwerbehindertengesetz* erfaßt wird, insbesondere Kriegsopfer, Blinde, Arbeitsopfer und ihnen Gleichgestellte. Hier besteht nicht nur die gesetzliche Verpflichtung, der man sich ggf. durch Zahlung eines laufenden Betrages entziehen kann, sondern auch eine soziale Pflicht, Leistungsgeminderten durch individuell angepaßte Tätigkeiten die Chance zur Wiedereingliederung in das Berufsleben zu geben.
5. Ausländische Mitarbeiter. Hier sind beim Personaleinsatz nicht nur Sprach- und sonstige Anpassungsschwierigkeiten, evtl. Bildungslücken und noch nicht ausreichendes Fachkönnen zu berücksichtigen, sondern auch psychologische Bedürfnisse wie Streben nach Sicherheit, Kontakt mit Landsleuten usw. Auch der unterschiedliche sozio-kulturelle Hintergrund

des Herkunftslandes mit einem anderen Lebensrhythmus, einer anderen Mentalität usw., darf nicht vernachlässigt werden.

4.1.3 Rechtlicher Gestaltungsrahmen

Der Personaleinsatz ist durch eine Reihe von gesetzlichen Vorschriften in seiner Gestaltungsfreiheit beschränkt.

Zu diesen rechtlichen Beschränkungen gehören:

1. *Schutzgesetze*, die nicht nur die Sonderprobleme einzelner Beschäftigtengruppen regeln, sondern auch spezielle Regelungen über Arbeitszeiten, Pausenregelungen, Urlaubszeiten usw. enthalten.
2. Allgemeine *betriebsverfassungsrechtliche Regelungen*.
   Diese stellen zum Teil generelle Richtlinien auf, z.B.:
   - § 75 Forderung der *Gleichbehandlung* aller Personen nach Recht und Billigkeit sowie Verpflichtung zur Förderung der freien Entfaltung der Persönlichkeit
   - § 80 Abs. 1 Ziff. 4 Verpflichtung zur Förderung der Eingliederung *Schwerbehinderter* und sonstiger schutzbedürftiger Personengruppen
   - § 82 Abs. 2 Verpflichtung mit dem Arbeitnehmer die Möglichkeiten seiner beruflichen Entwicklung zu erörtern.

   Zum Teil geben sie dem Betriebsrat ein Recht bei bestimmten Maßnahmen des Arbeitseinsatzes mitzuwirken, z.B.
   - § 87 Abs. 1 Mitsprache bei der Bestimmung der *Arbeitszeiten*, der *Pausenregelungen*, der Aufstellung von *Urlaubsplänen* und der Gestaltung des Arbeitsplatzes
   - § 92 Recht eine *innerbetriebliche Stellenausschreibung* zu verlangen
   - §§ 94, 95 Mitwirkung bei der Erstellung von *Personalfragebögen*, *Beurteilungsgrundsätzen* und *Auswahlrichtlinien*
   - §§ 99, 100 Mitwirkung bei der Einstellung, Umgruppierung und Versetzung
   - §§ 111, 112 Beratung bei *Betriebsänderungen* und Änderungen der Betriebsorganisation.

4.1.4 Informationsgrundlagen

Jede Entscheidung über eine Maßnahme des Personaleinsatzes beruht auf Informationen über die Anforderungen des Arbeitsplatzes, den Fähigkeiten und Präferenzen des Mitarbeiters.

Die Informationsgrundlagen über die körperlichen und geistigen Anforderungen des Arbeitsplatzes ergeben sich aus den Maßnahmen der *strukturbestimmenden Personalplanung*, also aus der Arbeitsaufgabe und dem Grad der Arbeitsteilung sowie den eingesetzten technischen Hilfsmitteln und den Einflüssen der Arbeitsumgebung. Soweit diese Daten schriftlich festgelegt sind, ergeben sie sich aus den Arbeitsplatzbeschreibungen, den Arbeitsplänen und Tätigkeitsbeschreibungen oder den Aufgaben- und Stellenbeschreibungen.

Die Qualifikation der Mitarbeiter ist das Ergebnis der Personalbeschaffung (Anfangsqualifikation), der Summe der laufend erworbenen Arbeits- und Betriebserfahrungen und der speziellen Personalentwicklungsmaßnahmen. Zu berücksichtigen ist hier ferner die körperliche und geistige Belastbarkeit. Beides ist in der Regel dem unmittelbar für die Arbeitseinteilung zuständigen Vorgesetzten aufgrund der Zusammenarbeit bekannt. Soweit sie schriftlich fixiert sind, ergeben sie sich aus den Einstellungsunterlagen und gegebenenfalls aus den Unterlagen der Personalbeurteilungen. Die Versuche, mit Hilfe von EDV-gestützten Personaldatenbanken, die Anforderungsprofile der einzelnen Arbeitsplätze sowie die Fähigkeitsprofile der einzelnen Mitarbeiter fortzuschreiben und damit eine objektive Zuordnung von Mitarbeitern zu Arbeitsplätzen vorzunehmen, haben sich nicht bewährt. Hier zeigt sich nicht nur das Problem des Datenschutzes, der von den Gewerkschaften immer wieder vorgetragenen Bedenken gegen den gläsernden Mitarbeiter, sondern vor allem in den Problemen der Datenerfassung und der Unmöglichkeit, Anforderungs- und Fähigkeitsprofile jeweils auf dem laufenden zu halten.

Die besondere Eignung der einzelnen Mitarbeiter für bestimmte Tätigkeiten sind dem unmittelbaren Vorgesetzten meist aufgrund des laufenden persönlichen Kontaktes bekannt. Da die Zufriedenheit der Mitarbeiter und letztlich auch das Betriebsklima wesentlich davon abhängen, daß bei der Arbeit die persönlichen Erwartungen des einzelnen Mitarbeiters in angemessenem Umfang berücksichtigt werden, sollte hierbei, soweit dies im Rahmen der Gleichbehandlung aller Mitarbeiter und unter Vermeidung einer Bevorzugung anderer Personen, bei der Einsatzplanung in Betracht gezogen werden.

Als weitere Sonderprobleme bei der Einsatzplanung sind zu berücksichtigen:

- *Urlaubsplanung*, mit Abstimmung der betrieblichen Erfordernisse und den Interessen des Mitarbeiters
- *Stellvertretungsregelungen,* um bei Veränderung eines Mitarbeiters einen reibungslosen Arbeitsablauf zu gewährleisten
- *Beschränkungen* durch vorliegende Laufbahn- und Personalentwicklungsplanungen.

4.2 Quantitative Zuordnung

Mit dem Problem des Personaleinsatzes hat sich die quantitative Unternehmungsforschung schon frühzeitig beschäftigt. Das am häufigsten beschriebene Problem ist die Aufstellung eines optimalen *Schichtplanes*, das mit Hilfe der *Simplexmethode* gelöst werden kann.

Beispiel: In einem Bahnhof besteht aufgrund der Erfahrungen der Vergangenheit folgender durchschnittlicher Bedarf an Schalterbeamten:

In der Zeit von   0 - 4 Uhr   3 Personen
In der Zeit von   4 - 8 Uhr   8 Personen
In der Zeit von   8 - 12 Uhr 10 Personen
In der Zeit von 12 - 16 Uhr   8 Personen
In der Zeit von 16 - 20 Uhr 14 Personen
In der Zeit von 20 - 24 Uhr   5 Personen.

Der Dienstbeginn ist jeweils 0, 4, 8, 12, 16 und 20 Uhr. Gefragt ist nach dem Schichtplan mit dem minimalen Einsatz von Arbeitskräften, bei einer vorgegebenen Schichtdauer von 8 Stunden ohne Flexibilitätsregelungen.

Beginnen x_1, x_2, x_3, x_4, x_5 bzw. x_6 Eisenbahner zu den angegebenen Zeitpunkten ihre Arbeit, so ist die Summe

$$x_1 + x_2 + x_3 + x_4 + x_5 + x_6$$

unter folgenden Bedingungen zu minimieren:

(a) $x_1, x_2, x_3, x_4, x_5, x_6 \geq 0$ Lösung: Arbeitsbeginn ist um

(b) $x_1 + x_2 \geq 8$ $x_1 =$ 0 Uhr für 3 Beschäftigte
     $x_2 + x_3 \geq 10$ $x_2 =$ 4 Uhr für 5 Beschäftigte
     $x_3 + x_4 \geq 8$ $x_3 =$ 8 Uhr für 5 Beschäftigte
     $x_4 + x_5 \geq 14$ $x_4 =$ 12 Uhr für 3 Beschäftigte
     $x_5 + x_6 \geq 5$ $x_5 =$ 16 Uhr für 11 Beschäftigte
     $x_1 + x_6 \geq 3$ $x_6 =$ 20 Uhr für -

Diese Problemstellung kann erweitert werden, indem man jeweils Pausen, unterschiedliche Arbeitszeiten, verschiedene Schichtlängen, unterschiedliche Anfangszeiten usw. einfügt; oder indem man nicht nach dem Minimum an Arbeitskräften, sondern nach dem Minimum an Lohnkosten fragt (*Gaugler*, S. 201 f.).

Ziel dieses quantitativen Zuordnungsmodells ist es, eine möglichst optimale Zuordnung der Arbeitskräfte zu den Arbeitsplätzen zu erreichen, wobei alle Arbeitskräfte als "gleichwertig", also jederzeit austauschbare Einheiten, behandelt werden und die Anforderungen der einzelnen Arbeitsplätze genau den Fähigkeiten der einzelnen Arbeitskräfte entsprechen. Besondere Probleme treten hier auf, wenn der Personalbedarf nicht durch betriebsinterne Plangrößen vorgegeben ist, sondern z.B. von außerbetrieblichen Einflüssen, wie z.B. der Kundenfrequenz, abhängt. In diesem Fall kann der Bedarf nur anhand von Erfahrungs- oder Wahrscheinlichkeitswerten abgeschätzt werden. Hier steht dann die Personaleinsatzplanung vor dem Dilemma, abzuwägen zwischen dem Risiko eines zu hohen nicht ausgelasteten Personaleinsatzbestandes oder, wie z.B. bei Schalter- bzw. Verkaufspersonal, eine Verärgerung der Kunden wegen des Auftretens von Wartezeiten Inkauf zunehmen.

Diese Probleme haben zunehmend zu einer Forderung nach flexiblen "kapazitätsorientierten Arbeitszeitregelungen" geführt (vgl. hierzu Abschnitt Arbeitszeit).

4.3 Qualitative Zuordnung

Bei der qualitativen Zuordnung sind vor allem die unterschiedlichen Anforderungen der einzelnen Arbeitsplätze unter Berücksichtigung der erforderlichen Qualifikation, sowie der körperlichen und geisten Belastung zu beachten, und diese den Fähigkeiten und der individuellen Belastbarkeit des einzelnen Mitarbeiters gegenüberzustellen.

Bei der Zuordnung der einzelnen Mitarbeiter an die einzelnen Arbeitsplätze bzw. Arbeitsaufgaben gilt es nicht nur die einzelnen Mitarbeiter unter Berücksichtigung der jeweiligen Arbeitsaufgabe zu optimieren, sondern auch ein optimales Verhältnis in der Zuordnung von Anforderungen und Eignung herzustellen.

Die Lösung dieser Probleme setzt naturgemäß eine entsprechende detaillierte Kenntnis über die Anforderungen der einzelnen Arbeitsaufgaben sowie des Fähigkeits- und Belastungspotentials der einzelnen Mitarbeiter voraus.

Diese Zuordnung kann sehr global erfolgen, indem man nur ein Merkmal erfaßt, oder sehr differenziert, indem mehrere Merkmale herangezogen werden.

4.3.1 Summarische Zuordnung

Ein Musterbeispiel, das in ähnlicher Form in der Praxis sehr häufig angewandt wird, bringt *Hackstein* (vgl. Abbildung 72).

Die einzelnen Tätigkeiten in einem Fertigungsbereich werden aufgelistet und jeder Mitarbeiter überprüft und bewertet, inwieweit er für diese Tätigkeit geeignet ist. Es wird hier z.B. nur global, ohne weitere Differenzierung nach vier Stufen von sehr geeignet bis wenig geeignet, unterschieden.

	Bezeichnungen der Arbeitsplätze										
	Kranfahrer	Anhänger	E-Karrenfahrer	Bohrer	Richter	Abstecher große Bank	Abstecher kleine Bank	Säger			
Soll-Personal-bestand	1	1	1	1	1	1	1	1	1	1	1	1
Namen der Mitarbeiter												
Preuß, W.	[+]	+	+	=	=	–	–	–	–	–	–	–
Blank, K.	+	[+]	+	=	=	=	=	=	=	=	=	=
Lohner, E.	+	+	[+]	=	=	0	0	0	0	0	0	0
Funke, K.-H.	=	=	=	[+]	+	+	–	–	–	–	–	–
Eberle, P.	=	=	=	+	[+]	+	+	+	+	+	+	+
Lux, W.	–	–	–	=	=	[+]	0	0	0	0	0	0
Conrad, B.	–	–	–	=	=	0	[+]	+	=	=	=	=
Mertens, A.	0	0	0	–	–	0	+	[+]	–	–	–	–
Mausmann, R	0	0	0	–	–	–	=	=	[+]	+	+	+	=
Leder, E.	=	=	=	+	+	–	+	+	+	[+]	+	+
Schmidt, B.	–	–	–	–	–	–	=	=	+	+	[+]	+	+
Schaefer, G.	0	0	0	0	0	0	=	=	+	+	+	[+]	+
Hellwig, R.	+	+	+	=	=	=	=	=	–	–	–	–	[+]

0 wenig geeignet
– nur mit Einarbeitungszeit geeignet
= gut geeignet
+ sehr gut geeignet
[+] Stammbeschäftigung

Abbildung 72: Beispiel einer qualitativen summarischen Zuordnung
(*Hackstein u.a.*, in: Fortschrittliche Betriebsführung, 1972, S.157)

Dieses Verfahren wird in der Praxis fast ausschließlich angewendet. Den mit dem Personaleinsatz meist unmittelbar betrauten Mitarbeitern, in der Regel der Meister, Abteilungs- oder Betriebsleiter oder in Fällen autonomer Arbeitsgruppen, den beteiligten Kollegen sind die Anforderungen der einzelnen Tätigkeiten ebenso bekannt, wie die Qualifikation, die Erfahrung und das Leistungsvemögen der einzelnen Mitarbeiter. Eine schriftliche Festlegung erfolgt hier in der Regel sehr selten. Vielmehr vollzieht sich dieser Zuordnungsprozeß formlos durch Notizen der jeweils beteiligten Vorgesetzten oder Mitarbeiter.

4.3.2 Analytische Zuordnung

Hier ist die Grundlage der Zuordnung eine differenzierte Bewertung der Anforderungen und Qualifikationen nach einer größeren Anzahl von Einzelmerkmalen. Dabei wird die Eignung eines jeden Arbeiters i (i = 1,2 ...n) für den Arbeitsplatz j (j = 1,2 ...m) durch Vergleich von Qualifikationen und Anforderungen ermittelt und ein entsprechender Eignungskoeffizient $è_{ij}$ errechnet.

Das Prinzip der *analytischen Zuordung* zeigt Abbildung 73.

Die opitmale Stellenzuordnung wäre bei einer Maximierung der Eignungskoeffizienten erreicht. Hierzu stehen folgende Verfahrensarten zur Verfügung.

4.3.2.1 Profilvergleichsmethode

Theoretisch würde die Möglichkeit bestehen, bei der Lösung von Personaleinsatzproblemen alle möglichen Zuordnungskombinationen festzustellen, um damit den Höchstwert zu bestimmen.

Den Möglichkeiten, für den Einsatz mathematischer Modelle und einer technischen Unterstützung durch den EDV-Einsatz, sind jedoch zahlreiche Grenzen gesetzt, so lassen sich einzelne Einflußgrößen auf die Arbeitsleistung, wie z.B. Einsatzbereitschaft, Zuverlässigkeit usw. häufig nicht eindeutig quantifizieren und auch nicht in den Fähigkeits- und Anforderungsprofilen zum Ausdruck bringen. Zum anderen erweist sich die hier unterstellte Prämisse, daß sich Leistungsfähigkeit und auch die tatsächliche Leistungsabgabe proportional verhalten, als nicht haltbar. Der hier unterstellte direkte Zusammenhang zwischen Fähigkeit (Eignung) und Leistungsabgabe wird auch durch die individuelle Leistungsbereitschaft beschränkt.

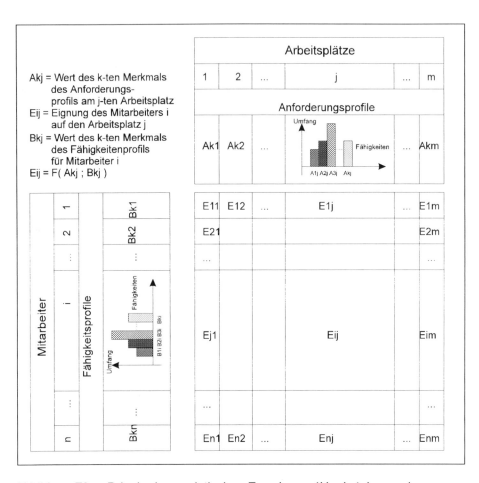

Abbildung 73: Prinzip der analytischen Zuordnung (*Hackstein u.a.*, in: Fortschrittliche Betriebsführung, 1972, S. 157)

4.3.2.2 Heuristische Methoden

Diese gehen von der durch die Erfahrung gestützten Annahme aus, daß die einzelnen Arbeitnehmer für die unterschiedlichen Arbeitsplätze unterschiedliche Eignungswerte besitzen.

In der praktischen Anwendung werden hier zwei Verfahren unterschieden:
- stellenorientierte (Rangordnungs)Verfahren. Ausgangspunkt ist hier der einzelne Arbeitsplatz und nach der Faustregel *"auf jeden Platz der beste Mann"*, wird zunächst der Arbeitsplatz mit dem Mitarbeiter besetzt, der die beste Eignung besitzt, dann die weiteren Arbeitsplätze. Diese Faustregel kann nur dann zu einer optimalen Lösung führen, wenn für jede Stelle ein

Mitarbeiter mit dem jeweils höchsten Eignungswert vorhanden ist. Ist ein Arbeitnehmer für mehrere Stellen der beste, dann muß das Verfahren entsprechend modifiziert werden. Eine Schwäche dieser Methode ist es, daß sie die Leistungsfähigkeit der einzelnen Personen isoliert betrachtet und das relative Eignungsverhältnis der Mitarbeiter untereinander, unberücksichtigt läßt.
- Mitarbeiterorientierte Verfahren. Ausgangspunkt ist hier der Mitarbeiter, nach dem Motto *"jede Spezialbegabung an ihren Platz"* ist jeder Mitarbeiter mit der Aufgabe zu betrauen, für die er eine besondere Eignung besitzt.

Die unterschiedlichen Auswirkungen der beiden Verfahren zeigt folgendes schematische Beispiel: Fünf Arbeitsplätze sind mit fünf Mitarbeitern zu besetzen. Die Eignungskoeffizienten (Maßgröße der Eignung eines Mitarbeiters für den jeweiligen Arbeitsplatz), sind in nachstehender Matrix zusammengefaßt:

Mitarbeiter i = 1..5	Arbeitsplätze j = 1..5	1	2	3	4	5
1		95	85	123	105	72
2		108	37	24	44	60
3		23	144	36	36	12
4		85	156	120	97	89
5		83	80	76	78	69

Nach der Regel "an jedem Platz der beste Mann" geht man spaltenweise nach Arbeitsplätzen vor und besetzt fortschreitend jeden Arbeitsplatz mit dem Mitarbeiter, der hierfür den höchsten Eignungskoeffizienten hat.

Arbeitsplatz Nr	1	2	3	4	5	
Mitarbeiter Nr.	2	4	1	5	3	
Eignungswerte	108	156	123	78	12	= Σ 477 Einheiten

Bei der Regel *"jede Spezialbegabung an ihren Platz"* ist der einzelne Mitarbeiter Ausgangspunkt der Zuordnung. Beim zeilenweisen Vorgehen wird jeweils der Mitarbeiter dem Arbeitsplatz zugeordnet, für den er den höchsten Eignungswert hat.

Mitarbeiter Nr.	3	1	2	4	5	
Arbeitsplatz Nr	1	2	3	4	5	
Eignungswerte	123	108	144	97	69	= Σ 541 Einheiten

Faustregeln nach diesen Methoden führen meist nur dann zu einem optimalen Ergebnis, wenn das Problem, wie in diesem Beispiel, überschaubar ist.

Ein Vergleich der Ergebnisse zwischen beiden Verfahren zeigt aber auch die Grenzen auf. Im beiden Fällen sind jeweils nur drei Arbeitsplätze optimal besetzt.

4.3.2.3 Mathematische Verfahren

Hier kann meist in einer Reihe von Schritten die optimale Zuordnungskombination ermittelt werden. Das vorstehende Problem ist ein Unterfall von "Transportoptimierungsproblemen", für die eine ganze Reihe von Algorithmen entwickelt wurden (vgl. hierzu *Sasieni, M., Yaspan, A., Friedmann, L.* S. 195 ff.). Wendet man die Ungarische Methode an (vgl. hierzu *Frana*, S. 220 ff. und *Kupsch/Marr* ,S. 475), so ergibt sich folgende Zuordnungsmatrix:

Arbeitsplatz Nr	1	2	3	4	5	
Mitarbeiter Nr.	2	3	4	1	5	
Eignungswerte	108	144	120	105	69	= Σ 546 Einheiten

4.3.2.4 Grenzen des Einsatzes analytischer Verfahren

Die Grenzen für den Einsatz analytischer Ansätze zur Personaleinsatzplanung sind trotzdem sehr eng gezogen. Einmal setzen sie voraus, daß alle Eignungspotentiale der Mitarbeiter erfaßt werden können, und daß die Anforderungsprofile der einzelnen in Frage kommenden Stellen gleich strukturiert sind. Bestehen zwischen den Anforderungsprofilen der einzelnen Stellen und den Eignungs- bzw. Fähigkeitsprofilen der Personen Unterschiede, so ist eine Maximierung der Summe der Eignungswerte nicht mehr möglich. Weiterhin wird noch von der Prämisse ausgegangen, daß die Eignung die Leistung determiniert und daß zwischen beiden ein linearer Zusammenhang besteht. Die menschliche Seite des Problems, nämlich der Einfluß von Leistungsbereitschaft auf die Arbeitsleistung, wird vernachlässigt. Weiterhin wird man kritisch anmerken müssen, daß diese Personalzuweisungsmodelle von einem statischen Zustand ausgehen und die Dynamik der Entwicklung menschlicher Leistungsfähigkeit vernachlässigen.

4.4 Anpassung von Arbeitsplätzen und Personal

Die beschriebenen Verfahren gehen gleichbleibend von einem gegebenen quantitativen und qualitativ bestimmten Personalbestand und einem gegebenen Arbeitsvolumen nach Mengen- und Qualitätsanforderungen aus. Aufgabe der Personaleinsatzplanung wäre es hier, die notwendigen Arbeitsplätze unter Berücksichtigung der vorhandenen personellen Kapazitäten optimal zu besetzen.

In längerfristiger Betrachtungsweise sind hier noch beide Größen als veränderbar anzusehen.

Hierbei bieten sich nun zwei unterschiedliche Vorgehensweisen an, und zwar

- Anpassung des Mitarbeiterstammes an die Arbeit und die Arbeitsbedingungen
- Anpassung der Arbeitsanforderung und der Arbeitsbedingung an den arbeitenden Menschen

beide Formen werden in der Praxis auch angewandt.

Bei der Anpassung der Mitarbeiter an die Arbeit bestehen folgende Möglichkeiten:

- Qualitativ, durch entsprechende Maßnahmen der Personalentwicklung, Schulung und Ausbildung
- Quantitativ, Anpassung der personellen Kapazität an den veränderten Arbeitsanfall, durch Veränderung der Arbeitszeit, neben Überstunden, Zusatz- oder Sonderschichten, auch Kurzarbeit usw. gegebenenfalls Verschiebung des Werksurlaubs oder durch den Einsatz flexibler Arbeitszeitregelungen.

Bei der Anpassung der Arbeit oder Arbeitsbedingungen bieten sich Organisationsmaßnahmen im Rahmen der Änderung des Arbeitsplatzes, des Arbeitsablaufes, der Arbeitsumgebung usw. durch technische Rationalisierung an.

Hierbei sind jedoch die Mitwirkungsrechte des Betriebsrates entsprechend zu beachten.

5. Abbau einer Personalüberdeckung

5.1 Gründe für die Notwendigkeit eines Personalabbaus

Ein bestehendes Arbeitsverhältnis endet grundsätzlich mit Ablauf der vereinbarten Beschäftigungsdauer oder durch Kündigung.

Kündigungsursachen seitens des Unternehmens können sein:

- verhaltensbedingte
- personenbedingte
- betriebsbedingte Gründe.

Verhaltensbedingte Freistellungen erfolgen in der Regel im Zusammenhang mit außerordentlichen Kündigungen. Die Ursachen hierfür können sein, disziplinarisches Fehlverhalten, wie z.B. grober Vertrauensmißbrauch, strafrechtliche oder kriminelle Verfehlungen oder was bei Führungskräften vorkommen kann, nachhaltige Störung der "menschliche Harmonie", wenn dadurch die Grundlage für eine weitere Zusammenarbeit nachhaltig gestört wird.

Die personenbedingten Freisetzungsgründe können vorliegen, wenn in einem nicht mehr ausreichendem Eignungsprofil erhebliche Fähigkeitsdefizite aufgetreten sind. Die Ursachen können sein, Veränderung des Fähigkeitsniveaus durch Einschränkungen des körperlichen und geistigen Leistungsvermögens oder Veränderung des Anforderungsprofils des Arbeitsplatzes durch technische oder organisatorische Veränderungen. Um hier eine Kündigung zu vermeiden, werden Maßnahmen der individuellen Personalentwicklung ebenso in Betracht zu ziehen sein, wie organisatorische Lösungsmöglichkeiten, z.B. Teilung von Aufgabengebieten, oder Schaffung von (Schon)Arbeitsplätzen für leistungsgeminderte Mitarbeiter.

5.2 Ursachen für betriebsbedingte Personalfreisetzungen

Ursachen für betriebsbedingte Kündigungen liegen in einer Veränderung des Arbeitskräftebedarfs. Da die Auflösung des Arbeitsverhältnisses in der Regel durch das Unternehmen nur in geringen Grenzen beeinflußbar ist, liegen die wahren Gründe für betriebsbedingte Kündigungen in einer verfehlten Einschätzung der Veränderung des betrieblichen Personalbedarfs.

In Zeiten einer Hochkonjunktur, mit leerem Arbeitsmarkt und einem Überangebot an freien Stellen, spielten betriebsbedingte Personalfreistellungen nur eine sehr untergeordnete Rolle. Aus diesem Grunde wurde dieser Problembereich auch in der älteren Literatur kaum oder allenfalls nur im Rahmen von Kündigungsschutzrechten behandelt.

Im Verlauf der letzten Jahrzehnte hat dieser Bereich zunehmend an Bedeutung gewonnen. Die Ursachen hierfür sind vielfältig und lassen sich nicht auf einen Nenner bringen.

Im wesentlichen sind hier noch drei Ursachengruppen zu unterscheiden. und zwar: Einflüsse des Marktes, der eingesetzten Technik und der Gestaltung der innerbetrieblichen Organisation.

Unter dem Bereich Markt fallen vor allem die sinkenden Wachstumsraten, das Zunehmen internationaler Konkurrenz im Rahmen zunehmender internationaler Arbeitsteilung, die zur Abwanderung ganzer Industriezweige geführt hat. Besonders im Wettbewerb mit den sogenannten "Billiglohnländern" kann ein evtl. vorhandener Produktivitätsvorsprung, gerade wenn er auf Technik und Organisation beruht, nur bedingt schützen. Auch dann nicht, wenn auch diese Länder relativ leicht und schnell diese Rückstände aufholen können.

In Verbindung mit einer nachhaltigen Veränderung der Verbrauchsgewohnheiten, die zu einer Veränderung von Nachfragestrukturen führen, die auch durch neue Märkte nicht mehr ausgeglichen werden können, kann dies zur Veränderung der Wirtschaftsstruktur ganzer Regionen führen, von denen sowohl positiv, als auch negative Beschäftigungseffekte ausgehen können. Verstärkung können diese Auswirkungen noch durch die verschiedenen, im Laufe der Zeit immer kurzfristiger werdenden, Konjunkturzyklen erfahren.

Auf dem Gebiet der Technik sind es zwei Entwicklungen, die zur Veränderung des betrieblichen Personalbedarfes, sowohl quantitativ als auch qualitativ führen können, so die *Substitution menschlicher Arbeit* durch den Einsatz von Sachmitteln, durch Mechanisierung und Automatisierung, ferner der Einsatz neuer Informationstechnologien und Fertigungsverfahren. Beides führt in der Regel zu einer Veränderung der Qualifikationsstruktur der benötigten Mitarbeiter.

Insbesondere neue Formen der Informationsverarbeitung und der organisatorischen Veränderungen führen zu tiefgreifenden Veränderungen. Hierher gehören vor allem die Ausweitung zwischenbetrieblicher Arbeitsteilung, durch Auslagerung von Leistungsbereichen an spezialisierte Zulieferer, die Neustrukturierung von Aufbau- und Ablauforganisationen mit einer Neuverteilung von dispositiven und ausführenden Aufgaben auf die einzelnen hierarchischen Ebenen. Besonders hinzuweisen wäre hier vor allem auch auf die sogenannte "lean"-Bewegung, die verstärkt zu einer Verlagerung dispositiver Aufgaben auf die ausführenden Ebenen führt. Eine Entwicklung, die ganze Hierarchieebenen, die bisher als verhältnismäßig "konjunktur- und krisensicher" galten, vollkommen überflüssig macht. Das häufig gebrauchte Schlagwort vom *"Ausdünnen des mittleren Management"*, kann als Beispiel gelten. Während auf der einen Seite ganze Hierarchieebenen wegfallen, steigen auf der anderen Seite die Anforderungen an die Qualifikation der Mitarbeiter in anderen Hierarchieebenen.

Die zunehmende soziale Absicherung der betroffenen Arbeitnehmer, das Mitwirkungsrecht des Betriebsrates bei personellen Anpassungsmaßnahmen zur Vermeidung von sozialen Härten, zwingt alle Beteiligten zu einer vorausschauenden Planung unter Berücksichtigung aller in Frage kommenden alternativen Maßnahmen.

5.3 Überbrückung kurzzeitiger Überdeckungen

In diesem Bereich gehören alle Maßnahmen, die darauf abzielen, bei einer vorübergehenden und nur kurzzeitigen Personalüberdeckung einen Ausgleich zu erreichen. Hierher gehören:

1. Erweiterung der Lagerhaltung. Neben dem erhöhten Finanzierungsbedarf und den Lagerkosten, ist die Entwertung durch die Lagerung zu beachten. Diese Möglichkeit ist nur bei lagerfähigen Produkten, die keinem modischen Wandel oder einer technischen Weiterentwicklung unterliegen, möglich.
2. Rücknahme von Fremdaufträgen. Die Leistungen, die bisher von Fremdfirmen (Unterlieferanten) durchgeführt wurden, werden nunmehr im Betrieb durch eigene Mitarbeiter erbracht. Die Grenzen liegen hier, neben technischen Möglichkeiten (sind die erforderlichen Anlagen und das spezielle Know-how im eigenen Unternehmen vorhanden?), vor allem auch in den Auswirkungen auf den Zulieferbetrieb. Kann dieser den Auftragsausfall überwinden, und steht er bei einer Wiederbelebung der Nachfrage noch als Lieferant zur Verfügung?
3. Vorziehen von Reparatur-, Wartungs- und Erneuerungsarbeiten. Diese bringen nur in Ausnahmefällen einen größeren Effekt. Daneben sind auch die psychologischen Momente und die Erwartungshaltung der Unternehmensleitung zu berücksichtigen. Erfahrungen zeigen, daß diese Arbeiten bei unsicheren Absatzerwartungen und stagnierendem Auftragseingang, nur sehr zögernd in Angriff genommen werden.
4. Verringerung der Arbeitsintensität mit dem Ziel, das geringer gewordene Arbeitsvolumen auf eine größere Anzahl von Stunden zu verteilen, wird zwar vereinzelt vorgeschlagen, aber kaum ernsthaft diskutiert, weil diese Lösung weder wirtschaftlich realisierbar ist, noch von seiten der Arbeitnehmer und Arbeitgeber als vernünftig beurteilt werden kann.

5.4 Reduzierung des zeitlichen Arbeitsangebotes

Hier geht es darum, das zeitliche Arbeitsangebot im Unternehmen dem verringerten Arbeitsvolumen anzupassen.

Hier sind zwei Maßnahmengruppen zu unterscheiden:

- partielle Personalfreisetzung, bei der bei gleichbleibendem Personalbestand Beschäftigungsverhältnisse bestehen bleiben
- totale Freisetzung, bei der der Beschäftigungsstand nach Auflösung von Beschäftigungsverhältnissen sinkt.

5.4.1 Partielle Freisetzung

Eine Anpassung des Arbeitsangebotes an eine rückläufige Beschäftigung bei gleichbleibendem Personalbestand ist in zwei Formen möglich, und zwar durch die sinkende Arbeitszeit je Beschäftigten oder durch den Versuch, die Arbeitszeit durch Beschaffung von Ersatzbeschäftigung konstant zu halten.

Sinkende Arbeitszeit der Beschäftigten. Hierher gehören:

1. Abbau von *Mehrarbeit* und *Überstunden*. Dies ist ein einfaches Mittel, um kurzfristig auf einen verringerten Personalbedarf zu reagieren. Er wird zu einem psychologischen Problem durch die Einkommensminderungen bei den Betroffenen und vor allem durch die Auswirkungen auf das Betriebsklima, wenn der Beschäftigungsrückgang nicht alle Abteilungen gleichermaßen betrifft. Hier ist es schwer, den Betroffenen klar zu machen, daß in einigen Abteilungen die Mehrarbeit eingeschränkt werden muß, während in anderen Abteilungen noch Überstunden notwendig sind.

2. Urlaubsgestaltung und Urlaubsplanung. Hier sollen geschlossene Betriebsferien helfen, die Beschäftigungslücken zu schließen, oder auch die Form, Urlaubsansprüche vorzuziehen bzw. rückständigen Urlaub zu nehmen. Denkbar wäre hier auch ein verstärkter Anreiz für die Gewährung von unbezahltem Urlaub, z.B. für Ausbildungsmaßnahmen oder für ausländische Arbeitnehmer.

3. Umwandlung von Voll- in Teilzeitarbeitsplätze (*job-sharing*). Diese Form wird immer häufiger diskutiert; sie setzt einen angemessenen Einkommensverzicht der Betroffenen voraus. Daß diese Form in Deutschland im Gegensatz zu den USA weniger verbreitet ist, liegt auch am deutschen Recht der sozialen Sicherung, die auf den Vollzeitberuf abgestellt ist. Die häufig angeführten organisatorischen Probleme sind jedoch - wie verschiedene Untersuchungen zeigen - durch geeignete Maßnahmen durchaus lösbar.

4. *Kurzarbeit*. Hier wird die betriebsübliche, regelmäßige Arbeitszeit für den ganzen Betrieb, für die einzelne Betriebsabteilungen oder für bestimmte Arbeitnehmergruppen herabgesetzt, ohne daß den betroffenen Arbeitnehmern der gesamte Lohnverlust angelastet wird, weil ein Teil durch die Arbeitsverwaltung (Arbeitsamt) übernommen wird. Voraussetzung ist jedoch, daß die Bestimmungen des Arbeitsförderungsgesetzes und des Betriebsverfassungsgesetzes beachtet werden.

Für die Einführung der *Kurzarbeit* sind folgende Schritte notwendig:

- Prüfung der wirtschaftlichen und rechtlichen Voraussetzungen (§ 64, Abs. 1, Ziff. 1 und 2 AFG)
- Information der Führungskräfte und des Wirtschaftsausschusses über die Absicht der Einführung

- Vorklärung mit der Arbeitsverwaltung, ob die Zahlung eines Kurzarbeitergeldes zu erwarten ist
- Beratung mit dem Betriebsrat über die Einführung, Zustimmung nach § 87 Abs. 1 Ziff. 3 BetrVG; ggfs. ist der Abschluß einer Betriebsvereinbarung zweckmäßig
- Anzeige der Kurzarbeit beim Arbeitsamt
- Prüfung des Antrages durch das Arbeitsamt
- Bekanntmachung und nach Ablauf der Ankündigungsfrist Einführung.

Den Vorteilen der Kurzarbeit, die vor allem darin liegen, daß sie kurzfristig realisierbar und kostenreduzierend wirksam ist, daß sie die Möglichkeit gibt, die Belegschaftsstärke aufrechtzuhalten und für alle Betroffenen zumutbar ist, stehen jedoch erhebliche Nachteile gegenüber. Hierher gehören der Image-Verlust des Unternehmens auf dem Arbeitsmarkt, die Gefahr, daß besonders die qualifizierteren, regional mobilen und vor allem jüngeren Mitarbeiter abwandern, was sich negativ auf die Qualifikations- und Altersstruktur der Belegschaft auswirken kann, ferner auch ein sehr hoher Verwaltungsaufwand durch die strengen Vorschriften der Arbeitsverwaltung.

5. Freiwillige unbezahlte Abwesenheit in Form eines längerfristigen unbezahlten Urlaubs, der gegebenenfalls mit Unterstützung des Unternehmens für Qualifizierungsmaßnahmen genützt werden kann.
6. Dauerhafte Verkürzung der regelmäßigen Arbeitszeit bei gleichzeitiger Einkommensverkürzung. Modellhaft könnte hier z.B. das im Frühjahr 1994 im Rahmen einer Betriebsvereinbarung von VW eingeführte Modell der 4-Tage-Woche bei entsprechender Arbeitszeit- und Lohnkürzung sein, wobei die Anpassung des Arbeitsentgeltes an die geringere Arbeitsleistung durch Anrechnung bzw. Streckung vorher gewährter Sozialzusatzleistungen erfolgt.

Versuche, die Arbeitszeit der Beschäftigten konstant zu halten durch Ersatzbeschäftigungen. Hierher gehören:

1. Schaffung neuer Arbeitsplätze durch die Aufnahme von Ersatzproduktionen
2. Bevorzugte Durchführung beruflicher Qualifizierungs- und Bildungsmaßnahmen
3. Umsetzung und Versetzung von Mitarbeitern in andere Produktionsbereiche
4. "Verleih" von Arbeitnehmern an andere Unternehmen

Partielle Personalfreisetzungen haben den Vorteil, daß eine eingearbeitete Belegschaft beibehalten werden kann. Die Maßnahmen sind allerdings nur für relativ kurzfristige Schwankungen des Arbeitsanfalls ausreichend. Eine Ausnahme könnte hier allerdings die dauerhafte Verkürzung der Arbeitszeit nach den VW-Modell bilden. Voraussetzung hierfür wäre allerdings, daß die Entgelte, einschließlich der anrechenbaren Sozialleistungen, im Einzelfall über dem Durchschnitt der Branche bzw. der Region liegen. Hier würde sich dann der betriebliche Vorteil der Arbeitnehmer dieses Unternehmens in der Form wandeln, daß anstelle des Lohnvorteiles, ein Arbeitszeitvorteil tritt. Dies wäre auch nur solange möglich, solange die höheren Kosten des Unternehmens gegenüber dem nationalen oder internationalen Wettbewerb noch eine Wettbewerbsfähigkeit gestatten.

5.4.2 Totale Freistellung

Hier sind zwei Formen zu unterscheiden, und zwar Reduzierung des Personalbestandes ohne Entlassung und Reduzierung durch Entlassung.

1. Der Personalbestand kann ohne Entlassung reduziert werden durch:
   - Einstellungsbeschränkungen, die einen Abbau des Gesamtkräfteangebotes durch natürliche Fluktuation anstreben. Einstellungsbeschränkungen sind hier in den verschiedenen Formen und Ausgestaltungen denkbar, und zwar als genereller Einstellungsstop, d.h. weder Deckung eines Ersatz- noch des Neubedarfes. Ein Ausgleich wird durch Umsetzung oder Versetzung von anderen Arbeitsplätzen angestrebt. Als qualifizierten Einstellungsstop bezeichnet man die Begrenzung auf bestimmte Berufe, Mitarbeitergruppen, Betriebe oder Betriebsteile usw. und als modifizierten Einstellungsstop eine besonders starke Bedarfsprüfung bei Ersatz- und Neubedarf.
   - Hierher gehören ferner eine Nichtverlängerung von Zeitverträgen und der Abbau von Lehrarbeit. Beide Formen dienen dann zu dem Auffangen von Produktionsspitzen. Durch ihren beweglichen Einsatz sollen die Arbeitsplätze der Stammbelegschaft geschützt werden. Obwohl häufig von verschiedenen Seiten negativ beurteilt, ermöglicht der Einsatz von Leiharbeitsfirmen häufig eine höhere Mobilität der Arbeitskräfte.
   - Freiwillige Beendigung des Arbeitsverhältnisses mit Zustimmung der Arbeitnehmer. In erster Linie gehört hierher die oft diskutierte Form der Verkürzung der Lebensarbeitszeit durch *vorzeitigen Ruhestand*. Da hierfür kein Zwang besteht, kann der Mitarbeiter in der Regel nur durch materielle Anreize veranlaßt werden, vor Erreichung der Altersgrenze aus dem Betrieb auszuscheiden. Die möglichen Formen hierfür sind vielfältig; sie reichen von einer Erhöhung zugesagter betrieblicher Altersversorgung bis zur Zahlung des Differenzbetrages zwischen Altersruhegeld und zuletzt bezogenem Einkommen für die Zeit bis zur Erreichung des tatsächlichen Rentenalters.

Eine andere Form sind die *Aufhebungsverträge*, bei denen sich die beiden Partner darüber verständigen, daß die gegenseitigen Rechte und Pflichten aus dem Arbeitsvertrag zu einem bestimmten Zeitpunkt außer Kraft treten. Das Unternehmen kann hier Aufhebungsverträge allgemein oder nur für bestimmte Arbeitnehmergruppen oder nur für eine bestimmte Zeitdauer anbieten.

Der Aufhebungsvertrag enthält in der Regel die Angabe über die Beendigung des Arbeitsverhältnisses, die betrieblich bedingten Gründe und das gegenseitige Einvernehmen, ferner die Regelung über die Zahlung der Abfindung, ggfs. verbunden mit einer Wiedereinstellungsklausel.

Da Aufhebungsverträge dem Image eines Unternehmens meist weniger schaden als Entlassungen und die entstehenden Kosten in ihren Auswirkungen überschau- und kalkulierbar bleiben, wird hiervon häufig Gebrauch gemacht.

2. Bei der Reduzierung des Personalbestandes durch Entlassungen ist zu unterscheiden:

- betriebsbedingte Einzelkündigung

    Die Entlassung durch den Arbeitgeber ist das folgenschwerste in Betracht kommende Mittel. Bei der Kündigung sind sowohl die Schutzgesetze für bestimmte Personengruppe, wie z.B. werdende Mütter, Schwerbehinderte, Wehrdienstpflichtige, Auszubildende, Betriebsräte usw. zu beachten, als auch tarifvertragliche Regelungen wie z.B. Rationalisierungsschutzabkommen usw.

    Darüber hinaus müssen Kündigungen sozial gerechtfertigt sein, dürfen einer Auswahlrichtlinie nach § 95 BetrVG nicht widersprechen, und die Rechte des Betriebsrates, vor allem des Anhörungsverfahrens nach § 102 BetrVG müssen beachtet werden.

- Massenentlassungen

    Sie stellen eine Sonderform der Entlassungen dar und sind gegenüber dem Arbeitsamt anzeigepflichtig. Eine solche liegt vor, wenn mehr als 10 % der Belegschaft oder mehr als 25 Beschäftigte (bei Betrieben von 250 bis 500 Mitarbeitern) innerhalb einer Zeitspanne von 30 Tagen entlassen werden sollen. Für die Durchführung ist zu beachten, daß Massenentlassungen nach § 106 BetrVG, sowohl mit dem Wirtschaftsausschuß, als auch mit dem Betriebsrat zu beraten sind.

    Eine *Massenentlassung* wird erst nach Ablauf einer Frist von einem Monat nach ihrer Anzeige beim Arbeitsamt wirksam.

- Personalabbau im Zusammenhang mit Betriebsveränderungen

    Bei Betrieben mit mehr als 20 wahlberechtigten Arbeitnehmern sind geplante *Betriebsänderungen*, die wesentliche Nachteile für die Belegschaft zur Folge habe können, dem Betriebsrat zur Kenntnis zu bringen und mit ihm zu beraten. Zu den Nachteilen zählen, Erschwerung der Arbeit, längere Wege von und zur Arbeit, Verringerung des Arbeitsverdienstes usw. sowie die Entlassung.

Zum Ausgleich der sich daraus ergebenden Nachteile ist zwischen der Unternehmensleitung und dem Betriebsrat ein *Interessenausgleich* oder ein *Sozialplan* zu vereinbaren.

5.5. Planung des Abbaus einer Personalüberdeckung

Alle Maßnahmen des Abbaus einer Personalüberdeckung sind mit Härten verbunden. Für den einzelnen Mitarbeiter, der entweder durch den Verlust seines Arbeitsplatzes oder zumindest mit Beeinträchtigung seines bisherigen Arbeitsverhältnisses betroffen ist, und für das Unternehmen, daß im Falle von Sozialplan und Abfindungszahlungen oder sonstigen betrieblichen Maßnahmen, erhöhte Kosten zutragen hat. Darüber hinaus bedeutet jeder Personalabbau auch einen Verlust an betrieblicher Leistungskapazität.

Sinnvoll können hier auftretende Probleme nur dann behandelt werden, wenn die Notwendigkeit des Personalabbaus rechtzeitig und vor allem im Hinblick auf die Ursachen und ihre zeitliche Wirksamkeit richtig erkannt werden. Dies setzt eine angemessene Integration des Personalbereiches in die anderen Funktionsbereiche des Unternehmens, wie z.B. der Planung von Absatz, Produktion, Forschung, Entwicklung, Finanzen, voraus.

Für eine erfolgreiche Durchführung der Personalabbauplanung unterscheiden *Wagner u. a.* (1987) vier Phasen:

- Phase der *Problemerkennung*. Hier geht es vor allem um die genaue Analyse der Ursachen und insbesondere ihrer Tragweite sowie ihrer Wertungsdauer.
- Phase der Suche nach Alternativen und ihrer Bewertung. Hier sind vor allem denkbare Lösungskonzepte, die zu einer Abmilderung der Personalabbauproblematik führen können, zu untersuchen, dies insbesondere unter Berücksichtigung der unterschiedlichen Interessenlagen, der Zielsetzung und der Betroffenheit der einzelnen Beteiligten und ihre gegenseitige Abwägung.
- Phase der Verhandlung. Hier ist nach einer in der Regel langwierigen und umfassenden Informationsphase vom Aufsichtsrat (insbesondere der Arbeitnehmervertreter), dem Wirtschaftsausschuß und dem Betriebsrat zu rechnen. Für die Verhandlungsphase ist die Zusammensetzung der Verhandlungskommissionen auf Seiten der Arbeitgeber und Arbeitnehmer von besonderer Bedeutung. Für diese Verhandlungen sind vor allem auch beabsichtigte oder denkbare Regelungskonzepte zu erarbeiten und Ver-

handlungsstrategien für eine evtl., unter Einschränkung der Einschaltung einer Einigungsstelle, anzustrebende Einigung festzulegen.
- Ausführungsphase. Hierunter fallen alle für die Durchführung der erforderlichen organisatorischen und personellen Maßnahmen notwendigen Entscheidungen sowie die planmäßige Überprüfung aller dabei entstehenden Auswirkungen.

5.6 Rechtliche Problematik von Personalfreisetzung

Die Durchführung von Abbaumaßnahmen einer Personalüberdeckung ist durch die Vielzahl von Rechtsvorschriften aus dem individuellen und kollektiven Arbeitsrecht bestimmt.

Zu den zu beachtenden Vorschriften des individuellen Arbeitsrechtes gehören vor allem das *Kündigungsschutzgesetz* (KSchG), das *Arbeitsplatzsicherungsgesetz* (ArbPlSchG) für Wehrdienstleistende, das *Arbeitsförderungsgesetz* (AFG), das *Schwerbehindertengesetz* (SchwbG) usw.

Im Bereich des kollektiven Arbeitsrechtes sind vor allem die Bestimmungen des Betriebsverfassungsgesetzes, die tarifvertraglichen Regelungen und evtl. vorliegende einschlägige Betriebsvereinbarungen zu beachten.

5.7 Outplacementunterstützung

Die unfreiwillige Trennung eines Mitarbeiters von einer Organisation führt zur besonderen Härte und tiefgreifenden Nachwirkungen. Bei den betroffenen Mitarbeitern, die um so stärker wiegen, je höher der betroffene Mitarbeiter in der Unternehmenshierarchie tätig war, je stärker der einzelne Mitarbeiter seine berufliche- und Lebensplanung auf das Unternehmen ausgerichtet hat und je größere Verdienste er sich in der Vergangenheit erworben hat. Dies gilt vor allem für Führungskräfte des gehobenen oder mittleren Managements.

Um diese hier auftretenden vielfältigen Probleme auf den verschiedensten Ebenen zu lösen, wurde in den USA das *Outplacement-System* ursprünglich als eine Art von Einzelberatung für nicht mehr benötigte Mitglieder des höheren Management entwickelt. Zunehmend wurden aber auch direkt Betroffene aus anderen Hierarchieebenen miteinbezogen. Im deutschsprachigen Raum fand das Outplacement erst relativ spät eine breitere Beachtung. Da es sich beim Outplacement in der Regel um "ad-hoc" zu lösende Aufgaben handelt, die von der Struktur her selten langfristig vorhersehbar sind und die auch nicht zu einer Art Daueraufgabe gehören, ist die Zahl der Unternehmen, die ausgebaute Outplacement-Programme entwickelt haben, relativ gering (*Töpfer /Zeitler* 1987, S. 201 f), demgegenüber ist der Anteil von Unternehmen, die jeweils bei Bedarf auf Outplacement-Spezialisten zurückgreifen, verhältnismäßig hoch.

Ziele von Outplacement-Maßnahmen sind insbesondere:

- Regelung der materiellen Basis im Einzelfall unter Beachtung der bestehenden rechtlichen Beziehungen und der organisationalen Möglichkeiten des Unternehmens, insbesondere auch im Hinblick auf eine Verringerung der mit der Trennung verbundenen finanziellen Belastung und deren Nachteile.
- Unterstützung des direkt betroffenen Mitarbeiters bei der Bewältigung der psychosozialen Konsequenzen der Trennung unter Einbeziehung seines sozialen Umfeldes.
- Hilfe und Unterstützung bei der Suche eines neuen Arbeitsplatz, gegebenenfalls mit Neugestaltung einer Karriereplanung im Sinne einer Systematisierung von aufeinanderfolgenden Karriereschritten.
- Vermeidung von Nachteilen der traditionellen Kündigung, z.B. Störungen des Betriebsklimas und Unruhe unter der Belegschaft.
- Positive Beeinflussung des öffentlichen Images des Unternehmens.
- Schaffung einer Basis für ein intaktes Verhältnis des ausscheidenden Mitarbeiters als Grundlage für positive zukünftige Beziehungen (*Mayrhöfer* 1989).

Soweit Erfahrungen mit internen Outplacement-Beratung vorliegen, sind diese eher zurückhaltend zu beurteilen, vor allem, weil bei betriebsinternen Mitarbeitern und Vorgesetzten als Outplacementberater häufig die notwendigen Erfahrungen, und vor allem auch die Akzeptanz bei den Betroffenen fehlen.

Demgegenüber hat sich aber bei vielen beobachteten Fällen der Einsatz, vor allem psychologisch geschulter externer Outplacement-Spezialisten, durchaus bewährt.

6. Personalverwaltung, Personalstatistik und Sozialwesen

Unter *Personalverwaltung* ist die Summe aller Verwaltungstätigkeiten zu verstehen, die mit der Einstellung und der Beschäftigung von Arbeitskräften verbunden ist. Diese Tätigkeiten sind teils ordnender Natur, um Unterlagen und Voraussetzungen für Personalplanung, Personalführung, Personalentwicklung usw. zu schaffen, teils verwaltender Natur, um die mit der Beschäftigung von Mitarbeitern verbundenen Ordnungsregeln und Vorschriften einzuhalten. Als Ordnungsrahmen gelten hier tarifvertragliche Festlegungen, Nachweispflichten gegenüber Trägern der Sozialversicherungen, Auflagen der Gewerbeaufsicht, Verpflichtungen zum Abzug und zur Abführung von Steuerbeträgen usw.

Unter *Personalstatistik* ist das systematische Sammeln und Auswerten von Daten aus dem Personalbereich zu verstehen, um daraus Schlußfolgerungen für die künftige Entwicklung abzuleiten bzw. die Basis für fundierte personalwirtschaftliche Entscheidungen zu schaffen. Diese Daten ergänzen die Ergebnisse des Rechnungswesens und liefern die Grundlage für alle Bereiche der Personalplanung sowie der Ermittlung der Wirtschaftlichkeit des Personalwesens und seiner einzelnen Funktionen, sie sind damit die Basis der Kontrolle der personalwirtschaftlichen Aktivitäten.

Zum Bereich *Sozialwesen* gehören alle Leistungen, die Unternehmen aus den verschiedensten Beweggründen an ihre Mitarbeiter gewähren, ohne Rücksicht darauf, ob sie hierzu aufgrund gesetzlicher oder tarifvertraglicher Bestimmungen verpflichtet sind oder nicht. In diesem Abschnitt kann keine vollständige Darstellung aller einschlägigen Probleme erfolgen, vielmehr werden nur einige wenige Hauptprobleme herausgegriffen, die vor allem für den Zusammenhang des Personalwesens mit den anderen Bereichen des Unternehmens von Bedeutung sind.

6.1 Personalverwaltung

6.1.1 Hauptgebiete der Personalverwaltung

6.1.1.1 Personaleinstellung

Bewirbt sich jemand um einen Arbeitsplatz, so bestehen noch keine vertraglichen Beziehungen. Die mit den Einstellungsverhandlungen entstehenden Kosten sind von dem zu tragen, der sie veranlaßt. Dies gilt vor allem für Reisekosten u.ä. bei Vorstellungsgesprächen. Bittet der Arbeitgeber um diese Vorstellung, so muß er die Kosten tragen, auch dann, wenn kein Vertragsabschluß zustande kommt, es sei denn, daß der Arbeitgeber darauf hingewiesen hat, daß kein Kostenersatz erfolgt. Stellt sich ein Arbeitnehmer trotz dieses Hinweises oder unaufgefordert vor, dann brauchen die Kosten nicht ersetzt zu werden.

Bei den Vorverhandlungen (im Rahmen der Bewerberauswahl) kann der Bewerber nach allen, auch persönlichen Verhältnissen befragt werden, die für ein Arbeitsverhältnis von Interesse sind. In der Regel wird hierfür vom Arbeitnehmer das Ausfüllen eines Personalfragebogens mit den Einzelangaben verlangt. Neueinführung von Personalfragebogen und Änderungen bedürfen der Zustimmung des Betriebsrats. Dieser kann auch von sich aus Änderungen verlangen, wenn ihm die vorhandenen Fragebogen unzweckmäßig erscheinen. Kommt eine Einigung nicht zustande, so entscheidet die Einigungsstelle.

Diese Klausel soll verhindern, daß persönliche Verhältnisse, insbesondere aus der Privatsphäre, oder gesellschaftliche und politische Betätigung (Partei, Gewerkschaft usw.) erfragt werden, die für das Arbeitsverhältnis ohne Belang sind. Das gleiche Recht zur Mitwirkung steht dem Betriebsrat auch bei der Festlegung von Beurteilungsgrundsätzen zu.

Die *Einstellung* eines Mitarbeiters ist ein zustimmungspflichtiger Vorgang. Der Betriebsrat kann seine Zustimmung verweigern, wenn bei der Auswahl des Bewerbers gegen die Auswahlrichtlinien (§ 95 BetrVG) verstoßen oder wenn eine innerbetriebliche Ausschreibung im Betrieb unterlassen wurde, bzw. wenn begründete Besorgnis besteht, daß bereits beschäftigten Arbeitnehmern wegen der Neueinstellung gekündigt wird oder sonstige Nachteile entstehen. Ferner, wenn die Gefahr besteht, daß der neue Arbeitnehmer durch gesetzwidriges Verhalten den Betriebsfrieden stören oder der Grundsatz der Gleichbehandlung der Betriebsangehörigen nach § 75 BetrVG (§ 99 BetrVG) verletzt werden würde.

Wesentlich für die Einstellung ist eine eindeutige vertragliche Regelung der gegenseitigen Rechte und Pflichten. Ein Großteil der Rechtsstreitigkeiten aus Arbeitsverhältnissen, sowie der Anlaß zu gegenseitigen Verärgerungen, hat die Ursache in einer unterschiedlichen Auslegung vertraglicher Regelungen oder fehlender Fixierung mündlicher Nebenabsprachen.

6.1.1.2 Personalbetreuung

Die *Personalbetreuung* umfaßt nicht nur die ordnungsgemäße Durchführung der Entgeltabrechnung durch das Personalrechnungswesen unter Berücksichtigung aller tarifvertraglichen und gesetzlichen Regelungen, sondern noch eine Reihe von weiteren Aufgabenfeldern. Hierher gehören u.a. das *Mitarbeiterinformationswesen*, die Überwachung der detaillierten, individuellen Informationen an die Mitarbeiter über ihren Arbeitsplatz und die Arbeitsbedingungen, soweit sie zur ordnungsgemäßen Durchführung erforderlich sind (§ 81 BetrVG). Ebenso hat die Personalabteilung in der Regel die Pflicht, darauf zu achten, daß die Rechte der Arbeitnehmer auch eingehalten werden. Ferner die Ausübung der nach den Betriebsvereinbarungen vorgesehenen oder durch § 110 BetrVG vorgeschriebenen, vierteljährlichen schriftlichen Unterrichtung aller Arbeitnehmer über die wirtschaftliche Situation des Unternehmens.

Das wesentliche Aufgabenfeld im Bereich der Personalbetreuung ergibt sich aus der *Fürsorgefunktion* des Arbeitgebers gegenüber den Mitarbeitern. Hierzu zählen im speziellen die Aufgaben des Einsatzes eines werksärztlichen Dienstes, die Betreuung arbeitsunfähiger Mitarbeiter, die Verwaltung von Vorsorgeeinrichtungen, die Errichtung und Ausgestaltung von Umkleide-, Wasch- und Aufenthaltsräumen sowie das Kantinenwesen. Weitere Aufgaben ergeben sich aus den Mitwirkungspflichten bei der Durchführung von Betriebsrats- und Arbeitnehmerwahlen zum Aufsichtsrat.

Ein weiterer Bereich ergibt sich aus der Durchführung und Überwachung von inner- und außerbetrieblichen Qualifizierungsmaßnahmen sowie den Bereich der betrieblichen Aus- und Weiterbildung.

Ein weiteres großes Feld der Personalbetreuung ist das *Dokumentations-* und *Bescheinigungswesen* einschließlich der Erfassung und Archivierung aller Personaldaten sowie der Überwachung der Personalbeurteilung. Im Rahmen zunehmender internationaler Verflechtungen unternehmerischer Tätigkeiten, stellt auch die Betreuung von in das Ausland entsandten Mitarbeitern und ihrer Angehörigen eine wesentliche Aufgabe dar. Hinzu kommmt noch die Betreuung dieser Mitarbeiter bei ihrer Rückkehr in das Stammhaus.

6.1.1.3 Personaleinsatz

Während der *Personaleinsatz* im eigentlichen Sinne in den Zuständigkeitsbereich der jeweiligen Fachabteilung fällt, zählen zum Bereich der Personalabteilung eine Fülle von Richtlinien- und Konsultationsaufgaben.

Zu den Aufgaben, an denen jeweils die Personalabteilung in unterschiedlicher Form beteiligt ist, gehören:

- Einführung und Betreuung von Arbeitsbewertungs- und Leistungsbeurteilungssystemen
- Einführung und Betreuung von Entgeltsystemen
- Einführung und Betreuung von Systemen der Erfassung von Anwesenheits- und Arbeitszeiten
- Schaffung, Betrieb und Verwaltung von betrieblichen Sozialeinrichtungen und Sozialleistungen
- Einsatz und Betreuung von Sanitäts- und werksärztlichem Dienst
- Gestaltung und Überwachung von Einrichtungen der Arbeitssicherheit und Unfallverhütung
- Wahrnehmung aller berechtigten Ansprüche von Arbeitnehmern, die sich aus gesetzlichen, tarifvertraglichen, betriebsverfassungsrechtlichen oder arbeitsvertragsrechtlichen Ansprüchen ergeben
- Betreuung von Einrichtungen der Personalentwicklung, einschließlich der Personalbeurteilung
- Gewährung von Informations-, Anhörungs-, Beratungs- und Mitbestimmungsrechten der Arbeitnehmervertreter und der einzelnen Arbeitnehmer.

In den Bereich des Personaleinsatzes gehören auch alle innerbetrieblichen Veränderungen, die die Besetzung von Arbeitsplätzen sowie den Status (Funktion und Aufgabe) von Mitarbeitern betreffen. Bei Versetzungen, d.h. die

Zuweisung anderer Arbeitsplätze, ist, wie auch bei Neueinstellungen, die Zustimmung des Betriebsrates erforderlich. Eine besondere Form von Versetzungen stellen *Beförderungen* dar. Diese müssen nicht mit einer Veränderung der Stelle verbunden sein, sondern können auch durch eine Erhöhung der Qualität der bisherigen Arbeitsplätze erfolgen.

Ferner gehören hierher Umgruppierungen, die einen Wechsel der Gehalts- oder Lohngruppe bedingen.

6.1.1.4 Personalfreisetzung

Bei natürlichen Abgängen, durch von Arbeitnehmern veranlaßte *Kündigungen* oder bei natürlichen Abgängen durch Pensionierung, Invalidität usw., obliegt der Personalabteilung die *Zeugniserteilung*, die Räumung des Arbeitsplatzes von persönlichen Gegenständen des Mitarbeiters, die Überwachung der Rückgabe von Firmeneigentum usw.

Bei *Aufhebungsverträgen* und bei arbeitgeberveranlaßten Kündigungen ist, soweit diese betriebsbedingt oder im Verhalten des Mitarbeiters begründet sind, in der Regel die aktive Mitwirkung der Personalabteilung unvermeidlich, so z.B. bei Begründungen der Kündigung usw. Bei Personalfreisetzungen größeren Ausmaßes erfordern die betriebsverfassungsrechtlich vorgesehenen Beratungen und Verhandlungen mit den Arbeitnehmervertretern, dem Wirtschaftsausschuß und Betriebsrat die Mitwirkung der Personalabteilung. Bei allen Vehandlungen bis hin zum Abschluß von Betriebsvereinbarungen über Interessenausgleich und Sozialplan, die ggf. erst in Einigungsstellen oder vor dem Arbeitsgericht getroffen werden können, machen die Mitwirkung der Personalabteilung unumgänglich notwendig.

Während die einzelnen Funktionsbereiche im wesentlichen die betrieblichen Aspekte der geplanten Maßnahmen darlegen und ihre Ziele und Ursachen aufzeigen, bestehen die Aufgaben der Personalabteilung darin, unter Beachtung der personalpolitischen Zielsetzung der Unternehmensleitung und der dem Schutz der Mitarbeiter dienenden Rahmenbedingungen an einer Lösung mitzuwirken. Hierher gehören u.a. Beachtung gesetzlicher und behördlicher Anzeige- und Meldepflichten, Beachtung von Kündigungsverboten und Kündigungsschutzrechten, Beurteilung der Kriterien für die Auswahl nach sozialen Gesichtspunkten und Berücksichtigung der betrieblichen Leistungsfähigkeit.

Zu beachten sind hier, denkbare Alternativmaßnahmen zur Verhütung von Arbeitsplatzverlusten, wie z.B. Umschulungen, Versetzungen, Umsetzungen sowie die verschiedenen im Rahmen von Interessenausgleich und Sozialplanvereinbarungen möglichen materiellen Ausgleichsregelungen.

Die Durchführung der Personalfreisetzung in Form der Kündigung, den Abschluß von Aufhebungsverträgen, Vorruhestandsvereinbarungen usw. sowie aller damit verbundenen verwaltungstechnischen Aufgaben bis zur Durchführung von Abgangsgesprächen mit den ausscheidenden Mitarbeitern sowie die Zeugniserstellung anhand von Informationen der Fachabteilung, obliegen in der Regel dem Personalbereich.

6.1.1.5 Personaladministration und Entgeltabrechnung

Alle kurz skizzierten Personalverwaltungsmaßnahmen erfordern eine Reihe von administrativen verwaltungsmäßigen Maßnahmen.

Hierher gehören vor allem:

- Datensammlungen für Personalakten, Personalkarteien usw. sowie Vornahme des Änderungsdienstes
- Anmeldungen bei Krankenkassen, Pensionskassen usw.
- Abwicklung aller steuerrechtlichen und sozialversicherungsmäßigen Formalitäten.

Neben diesen allgemeinen administrativen Aufgaben fallen noch eine Vielzahl von Abrechnungsaufgaben an.

Im Falle der *Entgeltabrechnung* ist zu unterscheiden zwischen der sogenannten Bruttoabrechnung, d.h. die Ermittlung des Bruttoentgeltes, das sich aus der Grundvergütung (Lohn oder Gehalt) und ggf. leistungsabhängigen sowie sonstigen Vergütungsbestandteilen ergibt und der Nettoabrechnung durch Vornahme der Abzüge aufgrund steuerrechtlicher und sozialversicherungsrechtlicher Vorschriften und die Weiterleitung der Abzugsbeträge an das Finanzamt bzw. die Sozialversicherungsträger.

Hier hat das Unternehmen eine gewisse Verwantwortung gegenüber den staatlichen Stellen, d.h. falsch errechnete Abzüge können nur bedingt vom jeweiligen Mitarbeiter nachgefordert werden.

Zum Bereich der Personaladministration gehören eine Fülle von weiteren Nebenaufgaben, wie z.B. die Abrechnung von Reisekosten, Prämien des Vorschlagswesens, von Beihilfen usw.

Ferner Aufgaben der Terminüberwachung für medizinische Untersuchungen, den Ablauf von Probezeiten, ggf. auch der Jubiläen und der Geburtstage, die Abrechnung von vermögenswirksamen Leistungen, Lohnpfändungen, Rückzahlungen von Vorschüssen usw. Ebenfalls zu den Überwachungsaufgaben gehören auch die Ermittlung des Überstundenanfalls und des Zeitausgleiches bei flexiblen Arbeitszeitregelungen usw.

6.1.1.6 Datenschutz

Personalwirtschaftliche Aufgaben sind ohne die Verfügbarkeit von personenbezogenen Daten nicht zu erfüllen.

Die wirtschaftlichen Auswirkungen von personalwirtschaftlichen Entscheidungen sind abhängig von differenzierten Informationen über Leistungsfähigkeit und Leistungsbegrenzungen des einzelnen Mitarbeiters.

Die Wahrnehmung von übertragenen Aufgaben aus dem öffentlichen Recht, z.B. Lohnsteuereinbehaltungen, Abwicklung von Lohnpfändungsmaßnahmen, die Durchführung gesetzlicher Meldepflichten und ggf. die Beachtung von Beschäftigungsverboten bestimmter Personen oder Personengruppen mit bestimmten Aufgaben (z.B. durch Hygiene - und seuchenrechtliche Bestimmungen) setzen die Verfügbarkeit über zum Teil intime persönliche Daten über den Mitarbeiter voraus.

Ziel des *Bundesdatenschutzgesetz* (BDSG) ist es, Mißbräuche mit diesen Daten zu verhindern.

Der Datenschutz umfaßt drei Bestandteile:

- Sicherung der Privatsphäre der Mitarbeiter
- Wahrung der Vertraulichkeit persönlicher Daten
- Verhinderung des Mißbrauchs dieser Daten.

Nun hat es die Gefahr mißbräuchlicher Verwendung personenbezogener Daten im Unternehmen schon immer gegeben. Besondere Brisanz erhält das Problem aber durch die Verbreitung der technischen Möglichkeiten, diese Daten auf Dateien zu speichern, maschinell zu sortieren und auszuwerten.

Das BDSG stellt deshalb für den Bereich von maschinenlesbaren Daten folgende Anforderungen auf:

- Unbefugten ist der Zugang zu Anlagen, die solche Daten verarbeiten, zu verwehren
- die unbefugte Entfernung von Datenträgern ist zu verhindern
- es ist Vorsorge zu treffen, daß
  - die unbefugte Eingabe, Kenntnisnahme oder Verwendung von Daten verhindert wird
  - sichergestellt wird, daß der Datenzugriff nur von Berechtigten auf die von ihnen berechtigten Daten möglich ist
  - sichergestellt wird, daß nachträglich festgestellt werden kann, wer und zu welcher Zeit Daten eingegeben, verändert oder zur Kenntnis genommen hat.

Zur Überprüfung der Einhaltung dieser Datenschutzbestimmungen ist ein *Datenschutzbeauftragter* zu bestellen, und zwar bei Unternehmen, die mindestens fünf Arbeitnehmer ständig beschäftigen, wenn die personenbezogenen Daten maschinell verarbeitet werden bzw. bei Unternehmen mit mindestens 20 ständig Beschäftigten, wenn diese Daten auf konventionelle Weise verarbeitet werden.

Der Datenschutzbeauftragte hat folgende Aufgaben:

- Führung von Übersichten über die Art der gespeicherten personenbezogenen Daten sowie über alle regelmäßigen Empfänger dieser Daten
- Überwachung der ordnungsgemäßen Anwendung der Datenverarbeitungsprogramme
- Durchführung einer ordnungsgemäßen Berichtigung, Löschung oder Sperrung von personenbezogenen Daten
- Belehrung aller einschlägig Beschäftigten über den Datenschutz und ihre Verpflichtung auf das Datenschutzgeheimnis.
- Ferner sind eine Reihe von besonderen Datenschutzmaßnahmen zu treffen.

Hierher gehören Vorschriften über die Verwahrung der Daten und Datenträger unter Verschluß, Beschränkung der Zugriffsmöglichkeiten auf bestimmte Personengruppen bzw. auf bestimmte Dateninhalte, Beschränkung der Zugriffsberechtigungen auf bestimmte Datenhandhabungen, z.B. lesen, ändern und ergänzen. Ferner ist sicherzustellen, daß bestimmte Manipulationen des Dateninhaltes durch Ergänzungen, Veränderungen usw. ausgeschlossen sind.

Insgesamt sind jedoch die Bestimmungen des Datenschutzes zwiespältig zu bewerten. Aus der Sicht des Unternehmens geht es darum, durch möglichst umfassende und differenzierte Informationen über die Mitarbeiter eine effiziente Personalpolitik zu betreiben, während es andererseits ja auch dem Mitarbeiter darum geht, daß er bei personellen Einzelmaßnahmen des Einsatzes, der Personalentwicklung usw., die Besonderheiten seines Falles berücksichtigt sehen möchte, wie er andererseits naturgemäß vermeiden will, daß diese Daten zu seinem Nachteil verwendet werden. Damit bedeutet die Verfügbarkeit über Informationen Macht und Einfluß, und somit unterliegen diese Daten auch der Mißbrauchsgefahr. Ob das Bundesdatenschutzgesetz über den Grundsatz des Schutzes der Integrität der Person durch die Bestimmungen des Arbeitsrechtes hinaus Vorteile für den Mitarbeiter bringt, wird in weiten Bereichen ernsthaft bezweifelt.

Grundsätzlich gilt auch hier die Regelung, daß der Mitarbeiter die Verfügungsmacht über seine Daten besitzen soll. Deshalb ist eine Verbreitung personenbezogener Daten und ihrer Nutzung nur zulässig, wenn dies durch Gesetz oder Rechtsvorschrift erlaubt ist oder wenn der Betroffene zugestimmt hat. Diese Zustimmung gilt als automatisch erfolgt, soweit die Verwendung der Zweckbestimmung des Vertragsverhältnisses oder eines vertragsähnlichen Vertrauensverhältnisses entspricht, und zur Wahrung berechtigter Interessen der datenspeichender Stellen erforderlich ist und kein Grund zu der Annahme besteht, daß ein schutzwürdiges Interesse des Betroffenen an einer Vermeidung der Verarbeitung überwiegt. Aus diesem Grund ist der Mitarbeiter jeweils darüber zu unterrichten, welche Daten, zu welchem Zweck über ihn gespeichert werden und an welche Personen oder Stellen diese Daten regelmäßig übermittelt werden.

6.1.2 Hilfsmittel der Personalverwaltung

6.1.2.1 Personalakte und Personalkartei

Eine exakte Personalplanung sowie die gezielte Durchführung personalwirtschaftlicher Einzelmaßnahmen setzen genaue und möglichst vollständige Informationen über das vorhandene Personal voraus, insbesondere auch über den Leistungsstand und ggf. latent vorhandene Qualifikationen.

Organisatorisches Hilfsmittel zur Zusammenstellung dieser Daten ist die *Personalakte*. In diese Akte gehören alle Urbelege, die für das Arbeitsverhältnis irgendwie von Bedeutung sind. Die Personalakte sollte enthalten:

1. *Personalangaben:* Bewerbungsschreiben, Personalbogen, Zeugnisse, Familienstandsänderungen;
2. vertragliche Vereinbarungen: Anstellungsvertrag, zusätzliche Vereinbarungen, auch Änderung der Bezüge und der Aufgabengebiete;
3. Unterlagen über die Tätigkeit: Versetzung, Abordnung, Tätigkeitsbereich, Beurteilungen, Aufgaben und Stellenbeschreibungen;
4. Mitteilungen über Bezüge, Zusatzentgelten, Beihilfen, Lohnsteuer und sozialversicherungsrechtliche Unterlagen, Anmeldung bei Sozialversicherungsträgern;
5. Abwesenheiten wegen Urlaub, Krankheit, Heilverfahren usw.;
6. sonstiger allgemeiner Schriftverkehr.

Die Geheimniskrämerei, die lange mit der Führung und dem Inhalt der Personalakte verbunden war, und vor allem auch der sicher ab und zu vorgekommene Mißbrauch, haben dazu geführt, daß der Arbeitnehmer durch § 83 BetrVG ein Recht auf Einsicht in die Personalakte erhalten hat. Der Mißbrauch, gewollt oder nicht gewollt, kann in fehlerhaften oder mangelhaften Beurteilungen, unvollständigen Angaben usw. liegen, die dann die berufliche Entwicklung eines Mitarbeiters ggf. beträchtlich behindern. Aus diesem Grund hat jeder Mitarbeiter auch das Recht, bei der Einsicht der Personalakte ein Betriebsratsmitglied zu Rate zu ziehen. Weiterhin kann er Erklärungen zum Inhalt der Personalakte abgeben, die dieser auf Verlangen beizufügen sind. Bei offensichtlich unrichtigen Angaben kann deren Entfernung verlangt werden.

Zum Inhalt der Personalakte gehört alles, was mit dem Beschäftigungsverhältnis zusammenhängt, nicht aber z.B. Referenzen oder graphologische Gutachten, die bei der Bewerberauswahl eingeholt wurden. Werden sie aber in der Personalakte abgelegt, dann besteht auch hier ein Einblicksrecht.

Die Personalakte ist, wie bereits oben beschrieben, eine Beleg- und Urkundensammlung, auf die jeweils nur bei Bedarf in Sonderfällen zurückgegriffen wird. Das eigentliche Arbeitsmittel im Personalbüro ist die wesentlich leichter zu handhabende Personalkartei. Die Personalkartei enthält im wesentlichen die gleichen Informationen wie die Personalakte, allerdings in Kurzform. Die bisher gebräuchlichen Steh- oder Flachsichtkarteien sind im Zuge der Entwicklung der Personnel Computer gewichen.

Der Einsatz moderner EDV-Anlagen mit hoher Speicherkapazität ermöglicht darüber hinaus die Weiterentwicklung zu leistungsfähigen und weitgehend integrierten Personalinformationssystemen.

6.1.2.2 Personalrechnungswesen

Zum *Personalrechnungswesen* gehört neben der bereits in Abschnitt Personaladministration dargestellen Lohn- und Gehaltsabrechnung, vor allem auch die Ermittlung und Bereitstellung von Daten für

- die Betriebsstatistiken und Kennzifferrechnungen
- die Verrechnung der Daten der Ertrags-/Kostenrechnung sowie zur Ermittlung der Wirtschaftlichkeit des Personalwesens
- die Bereitstellung von Vergangenheitsdaten als Grundlage für personalwirtschaftliche Planungen.

Sowohl methodisch als auch praktisch noch ungelöst sind die Probleme von *investiven Personalkosten* deren Nutzungsdauer über den Zeitraum einer Abrechnungsperiode hinausgehen.

Die verschiedenen Vorschläge der Aktivierung langfristiger Personalaufwendungen und ihre periodengerechte Abschreibung wird im Zusammenhang mit den Ansätzen für eine *Humanvermögensrechnung* dargestellt.

Zusätzliche Aufgaben erwachsen im Personalrechnungswesen durch die Verbreitung der immer häufiger propagierten Sozialbilanzen, mit denen Unternehmen vor allem über ihre, über den wirtschaftlichen Bereich hinausgehenden Auswirkungen Rechenschaft ablegen und nicht zuletzt auch positive Imagewerbung betreiben wollen.

6.1.2.3 Personalkostenerfassung und -überwachung

Mit zunehmendem technischen Fortschritt entwickeln sich Industriestaaten im Verhältnis zu sogenannten Entwicklungs- und Schwellenländern zu Hochlohnländern.

Die Personalkosten gewinnen damit zunehmend an Bedeutung als betriebliche Kostengröße und als Kalkulationsfaktor im internationalen Wettbewerb.

Personalaufwandsgruppe			DM		
	Löhne und Gehälter	Löhne und Gehälter lt.			
		./. für bezahlte Ausfallzeiten	./.		
		./. ohne Stunden- bzw. Leistungsbezug	./.		
		./. Ausbildungsvergütungen (ohne produktiven Anteil)	./.		
		= für geleistete Arbeit	=		
		./. für geleistet Arbeitszeit, für "Soziale Dienste"	./.		
		./. für geleistete Arbeitszeit für "Aus- und Weiterbildung"	./:		
A.	Personalbasiskosten		=	100%	
	Personalnebenkosten				davon
	1. Lohn und Gehalt für bezahlte Ausfallzeiten				
	2. Lohn und Gehalt ohne Stunden- bzw. Leistungsbezug				untergliedert nach den Anspruchs-
	3. Soziale Abgaben				grundlagen
	4. Altersversorgung				
	5. Sonstige Aufwandsarten				gesetzlich
	6. Soziale Einrichtungen				tarifvertraglich
	7. Bildungsaufwand				freiwillig
	8. ./. mehrfach erfaßte Beträge innerhalb gleicher Verursacher				
	Summen der gesetzlichen, tariflichen und freiwilligen Personalnebenkosten (in % vom Personalbasisaufwand)				
	9. ./. mehrfach erfaßte Beträge zwischen verschiedenen Verursachern				
B.	Personalnebenkosten				
C.	Gesamtpersonal-, Sozial- und Bildungskosten				

Abbildung 74: Gliederungsschema der Personalkosten

Hierbei nimmt vor allem der "unsichtbare", d.h. der *"indirekte" Lohn* in Form von Personalnebenkosten in seiner Bedeutung zu. Wegen der zwischen den einzelnen Bestandteilen der Personalkosten bestehenden komplexen Zusammenhänge ist eine umfassende betriebswirtschaftliche Planung und Kontrolle sehr häufig mit erheblichen Schwierigkeiten verbunden.

Aufbauend auf der kontenorientierten Gliederung ergibt sich in Anlehnung an *Grünefeld* (S.73) die in der Abbildung 74 dargestellte Gliederung für die Personalkosten.

Gliederungsvorschlag der DGFP	Gliederung nach der Erhebung des Statistischen Bundesamtes
01 Gesetzliche Arbeitgeberbeiträge zur Sozialversicherung	• Gratifikationen, Abschlußvergütungen, Gewinn- und Ertragsbeteiligungen
02 Bezahlte Freizeiten	• Föderung der Vermögensbildung (nach dem Vermögensbildungsgesetz)
03 Bezahlte Fehlzeiten	
04 Familien- und Kinderzulagen	• Zahlung für nicht geleistete Arbeitstage (Feiertage, Urlaub, Entlassungsentschädigung usw.)
05 Aufwand für Schwerbeschädigte	
06 Personal- und Sachaufwand gem. BetrVG	
07/08 Betriebliche Altersvorsorge	
09 Gesundheitspflege	• Gesetzliche Arbeitgeberbeiträge zur sozialen Sicherheit
10 Werksverpflegung und Werkskantine	
11 Arbeitskleidung und Arbeitsschutzkleidung	• Tarifliche, vertragliche und freiwillige Arbeitgeberbeiträge zur sozialen Sicherheit
12 Aufwand für Arbeitssicherheit	
13 Soziale Fürsorge	• Naturalleistungen und entsprechende Ausgleichsentschädigungen (Werkswohnungen, Mietzuschüsse, Deputate usw.)
14 Wohnungshilfe	
15 Sport- und Freizeiteinrichtungen	
16 Direkte Zuwendungen aus besonderen Anlässen (Geburt, Heirat)	• Sonstige Sozialleistungen
17 Zuschüsse zur Vermögensbildung	• Aufwendungen für Berufsbildung
18 Fahrgeldzuschüsse und Trennungsgeld	
19 Sonstige Leistungen	

Abbildung 75: Vergleichende Gegenüberstellung der Gliederungsvorschläge für die Personalnebenkosten der DGFP und des Statistischen Bundesamtes

Für die Personalnebenkosten (teilweise auch als betriebliche Sozialleistungen oder als Personalzusatzkosten bezeichnet) werden für internationale Vergleiche verschiedene Untergliederungen vorgeschlagen. Hierbei weicht der Gliederungsvorschlag der *Deutschen Gesellschaft für Personalführung* - entwickelt von einem Arbeitskreis führender Personalfachleute - nicht unerheblich von der Gliederung des *Statistischen Bundesamtes* ab.

Der Umfang der Entwicklung der Personalnebenkosten zeigt nachstehende Abbildung:

Jahr	gesetzl. bedingt	tarifl. bedingt	freiwillig	Gesamt
1936	6,0 %		7,5 %	13,5 %
1949	19,7 %		13,5 %	33,2 %
1957	22,0 %		15,2 %	37,2 %
1966	27,6 %	2,6 %	13,2 %	43,4 %
1971	34,2 %	9,1 %	9,6 %	52,9 %
1976	38,8 %	13,1 %	10,1 %	62,0 %
1981	42,6 %	23,1 %	9,5 %	75,2 %

Abbildung 76: Entwicklung der Personalnebenkosten von 1936-1981. Quelle: Statistisches Bundesamt und Institut der deutschen Wirtschaft

Hierbei hat die Aufteilung in gesetzlich geforderte, tarifvertraglich vereinbarte und freiwillig gewährte Leistungen nur beschränkten Aussagewert; einmal weil ursprünglich freiwillig gewährte Leistungen später gesetzlich geregelt oder in Tarifverträge übernommen wurden, zum anderen sind Leistungen meist nur bei der erstmaligen Gewährung freiwillig, die dann bei mehrfacher Leistung, wie z.B. beim Weihnachtsgeld usw. zum "*Gewohnheitsrecht*" werden, das dann nicht mehr ohne weiters widerrufen werden kann. Wegen dieser laufenden Veränderungen der Zuordnungsbasis werden die freiwilligen Sozialleistungen vom Institut der deutschen Wirtschaft nicht mehr erhoben.

Daß sie immer noch eine gewisse Rolle spielen, zeigt die Entwicklung des Pro-Kopf-Betrages, den der Unternehmer-Verband Ruhr-Niederrhein errechnet hat (vgl. Abbildung 77).

Bei der *Personalkostenerfassung* herrschen zwei Richtungen vor:

- *kontenorientierte Gliederung*. Nach der handelsrechtlichen Vorschrift wird für den Ausweis in der Gewinn- und Verlustrechnung eine Unterteilung nach
    - Löhnen und Gehältern

- Sozialen Abgaben
- Aufwendungen für Altersversorgung und Unterstützung

gefordert,

- *funktionsorientierte Gliederung.* Dies ist eine über den Rahmen einer kontenmäßigen Erfassung hinausgehende Aufteilung der Personalkosten in Form einer Art "Kostenstellenrechnung". Meist gegliedert nach Entstehungsformen, z.B. Personalbeschaffung, der Aus- und Weiterbildung, des Personaleinsatzes, der Wahrnehmung von Mitbestimmungsrechten der Belegschaft usw.

Jahr	Pro-Kopf Betrag in DM	davon für (in DM)			
		Aufwendungen für Hinterbliebene	Lehrlingsausbildung	Gewinn und Ertragsbeteiligung	Altersversorgung
1964	1.241	146	146	377	166
1992	7.161	1.964	1.634	1.499	655

Abbildung 77: Entwicklung des freiwilligen Sozialaufwandes 1964 - 1992 (Quelle: PERSONAL, Heft 3, 1994, S. 121 ff)

Die zunehmende Bedeutung des Personalaufwandes als Kostenfaktor rückt die Notwendigkeit der Kontrolle, stärker als in der Vergangenheit wahrgenommen, in den Vordergrund. Grundsätzlich sind drei verschiedene Formen zu unterscheiden:

1. *Abweichungskontrolle.* Sie baut auf vergangenen Plan- bzw. Sollwerten auf. Grundlage der Kontrolle ist die Ermittlung der Abweichungen zwischen den Soll- und Planwerten und die Erfassung und Analyse der Abweichungsgründe.

    Voraussetzungen für eine aussagefähige Abweichungskontrolle sind einmal, daß Ist-Werte nach den gleichen Abgrenzungskriterien erfaßt werden können, nach denen die Planwerte vorgegeben wurden und ferner, daß bei Volumenabweichungen gegenüber den den Planpersonalkosten zugrundeliegenden Mengen, eine Anpassung der Planwerte erfolgen kann.

2. *Zieldatenkontrolle.* Wo hinreichend genaue Plandaten nicht ermittelt werden können, weil keine hinreichend genauen Ausgangsdaten für die Personalkostenvorgabe ermittelt und vorgegeben werden können, kann man sich auf die Vorgabe von Zieldaten beschränken. Solche Zieldaten können sein: Personalkostenanteil im Verhältnis zum Umsatz, Höhe der Personalkosten je Fertigungsstunde oder Veränderungsraten der Personalkosten im Verhältnis zu einer Veränderung von Leistungsgrößen, z.B.

Zuwachsrate des Personalbestandes nicht höher als die Hälfte der Umsatzsteigerung usw.

3. *Kennzahlensysteme.* Sie gewinnen zunehmend an Bedeutung, sie ermöglichen den Periodenvergleich und können aber auch als Grundlage für einen zwischenbetrieblichen Vergleich herangezogen werden. Hierbei sind folgende Formen unterscheidbar:

- Struktur der Gesamtpersonalkosten. Hierbei werden Unterarten der Personalkosten zu den Gesamtpersonalkosten bzw. zum Basisaufwand oder untereinander in Beziehung gesetzt.

- Struktur der Personalkosten aufgeteilt nach Mitarbeitergruppen. Hierbei werden die Gesamtpersonalkosten sowie die einzelnen Unterarten nach Mitarbeitergruppen aufgeteilt und die entsprechenden Strukturdaten je Mitarbeitergruppe errechnet. Auf der Basis dieser Kennzahlen lassen sich dann strukturelle Unterschiede der Aufgliederung der Personalkosten bei den einzelnen Mitarbeitergruppen erkennen.

- Zusammenhang der Personalkosten mit einzelnen Leistungsdaten. Hier werden die Personalkosten zu verschiedenen Leistungsdaten in Beziehung gesetzt, z.B. Personalkosten je Umsatzeinheit, je Einheit Ausstoß oder je Einheit Produktionsmenge usw.

- Pro-Kopf-Durchschnittswerte. Z.B. durchschnittliche Personalkosten, durchschnittliche Fort- und Weiterbildungskosten usw. je Mitarbeiter

- Mitarbeiterbezogene Kennzahlen. Z.B. Fehlstunden, Überstunden, Leistungsausfallzeiten usw. oder Beschaffungs- bzw. Ausbildungskosten je Mitarbeiter usw.

Welchen Kennzahlen der Vorzug gegeben wird, hängt ab von der Struktur der Personalkosten und den gewünschten Aussagen.

6.1.2.4 EDV-Einsatz im Personalbereich

Da es sich bei den Daten im Personalbereich in der Regel um Massendaten handelt, wurden auch hier frühzeitig die technischen Hilfsmittel der Datenverarbeitung eingesetzt. In den frühen 70er Jahren wurde dann mit großem Optimismus begonnen, die anfallenden Daten für Planungs-, Steuerungs- und Dispositionszwecke durch die Entwicklung geschlossener *Personalinformationssysteme* nutzbar zu machen.

Im Zuge der vorherrschenden Bestrebungen zu integrierten Datenverarbeitungskonzepten zu gelangen, wurde angestrebt, ein Personalinformationssystem als Subsystem in umfassende Management-Informationssysteme zu integrieren.

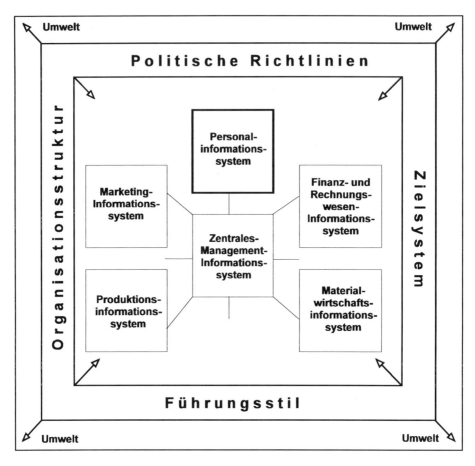

Abbildung 78: Das Personalinformationssystem als Subsystem eines integrierten Management-Informationssystems (*Domsch* 1975, S. 108)

Ziel dieser Bestrebungen ist es, unter Nutzung der gegebenen technischen Möglichkeiten, durch eine Kombination von Datenbanken interaktiv (d.h. durch unmittelbaren Zugriff auf die Dateien und die unmittelbare Verarbeitung) die erforderlichen Informationsbedürfnisse auf den Ebenen der

- Personalsachbearbeiter als Grundlage für die Abwicklung der laufenden Geschäftsvorfälle und der
- Führungskräfte zur Wahrnehmung der das Personalwesen und die Mitarbeiter betreffenden Aufgaben

zu befriedigen.

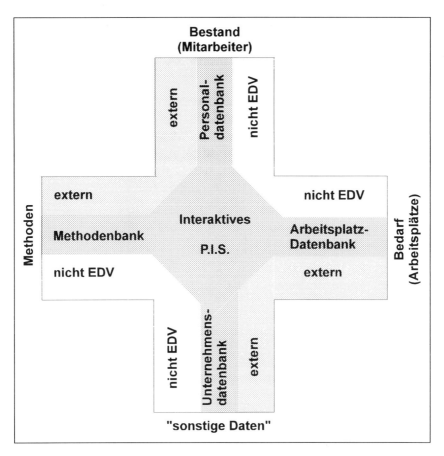

Abbildung 79: Schema eines interaktiven Personalinformationssystems (*Scholz* 1993, S. 713)

Kernstück solcher Personalinformationssysteme sind in der Regel vier Datenbanken mit den entsprechenden Möglichkeiten ihrer Verknüpfung:

- *Personaldatenbank* mit allen Abrechnungsdaten sowie allen für den Personaleinsatz, die Personalentwicklung usw. notwendigen Informationen, einschließlich der Informationen über Kenntnisse, Fähigkeiten, Einsatzmöglichkeiten und Einsatzbeschränkungen des Mitarbeiters usw.
- *Stellendatenbank* mit Angaben über alle zu besetzenden Stellen und Arbeitsplätze mit allen produktionsbezogenen und den Einsatz von Mitarbeitern betreffenden Informationen
- *personalwirtschaftliche Methodenbank*, zur Bereitstellung aller notwendigen Programme und Verarbeitungs- sowie Auswertungsmethoden
- *Unternehmensdatenbank* mit den für die Personalarbeit relevanten Unternehmensdaten.

Ergänzt werden sollen diese Datenbanken durch die Zugriffsmöglichkeiten auf externe Informationen, die sich auf das betriebliche und außerbetriebliche Arbeitskräfteangebot, das unternehmensexterne Umfeld, Änderungen spezifischer Berufsbilder usw. beziehen.

Zahlreiche und umfangreiche Untersuchungen haben gezeigt, daß die EDV im Personalbereich sehr intensiv genutzt wird. Bei der Anwendung dominieren jedoch ausschließlich die Verarbeitung von Massendaten bei der Wahrnehmung administrativer und verwaltungsmäßiger Aufgaben wie der Durchführung von Lohn- und Gehaltsabrechnungen, der Ermittlung und Verdichtung von statistischen Daten und die Kennziffernrechnung usw.

Umfassende und weitgehend integrierte Lösungsansätze für Personalinformationssysteme konnten sich jedoch in der Praxis bisher nicht durchsetzen.

Die Gründe für diese Entwicklung liegen jedoch nicht, wie vielfach unterstellt, in den Beschränkungen der technischen Möglichkeiten und den Schwierigkeiten bei der Lösung von Problemen des Datenschutzes, sondern vielmehr in der Konstruktion der datenbankorientierten Personalinformationskonzeption.

Den Einsatz von Datenbankkonzepten, z.B. für maschinell zu erstellende Personaleinsatz- oder Personalentwicklungspläne, verhindern vor allem die Probleme, die erforderlichen Daten zu erfassen und sie dann jeweils, den Anforderungen des Anwendungsfalles entsprechend zu aktualisieren.

Darüber hinaus vernachlässigen alle derartigen Konzepte weitgehend unter dem Motto, was technisch möglich ist, muß auch organisatorisch sinnvoll sein und wirtschaftlichen Nutzen bringen, die realen Informationsbedürfnisse der mit der Lösung von Personalfragen betrauten Führungskräfte und Mitarbeiter.

6.2 Personalkennzahlen und Personalstatistik

Im Rahmen der Personalstatistik werden die im Zusammenhang mit der praktischen Personalarbeit anfallenden Daten zusammengefaßt und zweckmäßig zu Kennzahlen aggregiert.

Damit liefert die Personalstatistik wesentliche Daten für die Personalplanung, die Kontrolle personeller Maßnahmen und auch die Grundlage für ein umfassenderes Personalcontrolling.

So wie in allen Unternehmensbereichen haben auch die auf den Personalbereich bezogenen Kennziffern folgende Funktionen:

- Veränderungen und Entwicklungstrends festzustellen
- Beurteilungsgrößen für interne oder externe Bereiche bereitzustellen
- Meßgrößen zur Festlegung von Soll-/Ist-Abweichungen zu liefern und als
- Frühwarnsystem für Fehlentwicklungen zu dienen.

Im Rahmen von Unterschiedsanalysen hat eine Personalstatistik die allgemeine Aufgabe, Unterschiede zwischen vergleichbaren Bereichen, z.B. den unterschiedlichen Leistungsgrad zwischen einzelnen Abteilungen festzustellen und im Rahmen einer *Abweichungsanalyse* zu ermitteln, inwieweit diese Leistungsgrade mit anderen Merkmalen, z.B. Arbeitszufriedenheit, Vorgesetztenverhalten, in Beziehung stehen.

Aus diesen Ergebnissen lassen sich dann Ansatzpunkte für die Ermittlung von Wirkungsbeziehungen und Ansätze für Gestaltungsmaßnahmen ableiten.

6.2.1 Teilbereiche der Personalstatistik

Allgemein werden die Daten der Personalstatistik in drei Bereiche unterteilt:

- *Personalstrukturdaten*
- *Personalbewegungsdaten*
- *Personalleistungsdaten.*

1. Personalstrukturdaten

Hierher gehören:

- alle demographischen Daten von Mitarbeitern, wie Alter, Familienstand, Geschlecht, Berufszugehörigkeit, Ausbildung, Nationalität usw.
- alle betriebsbezogenen Daten, wie z.B. Eintritt in das Unternehmen, Tätigkeit in einzelnen Abteilungen, Schulungs- und Personalentwicklungsmaßnahmen
- alle arbeitsplatzbezogenen Strukturmerkmale, wie Art der Entlohnung, Übertragung von Tätigkeits- und Verantwortungsbereichen.

2. Personalbewegungsdaten

Hier werden alle Anforderungen, die im Zeitablauf auftreten bei den einzelnen Mitarbeitern bzw. Mitarbeitergruppen, erfaßt. Hierher gehören u.a. :

- Interner Stellenwechsel und Veränderungen in der hierarchischen Position
- Kündigung des Arbeitsverhältnisses
- Qualifizierungsmaßnahmen
- Nichtleistungszeiten durch Fehlstunden, Wartezeiten wegen Maschinenausfalls oder fehlendem Material usw.
- beschäftigungsfreie Zeiten, wie Krankheit, Urlaub usw.

3. Personalleistungsdaten

Hier werden alle im Leistungserstellungsprozeß anfallenden Personaldaten erfaßt. Hierher gehören:

- Durchschnittliche Akkord-Überverdienste bzw. erreichte Zeitgrade
- Leistungsentgelte bzw. Prämienhöhen bei Prämienlohn

- Leistungsmengen je Zeiteinheit
- Qualität der Leistung in Relation zur Leistungsmenge usw.

6.2.2 Arten der betrieblichen Kennzahlen

Aus den Daten der Betriebsstatistik lassen sich dann Personalkennzahlen für die einzelnen Teilbereiche ableiten, zu unterscheiden wären hier:

1. Kennzahlen für die Arbeitsleistung

Sie sind die am häufigsten angewandten Kennzahlen. Hier gehören:

- durchschnittliche Leistung ist Mengenleistung im Verhältnis zum Zeitverbrauch (ausgedrückt in Stunden, Arbeitskräften usw.),
- durchschnittliche Qualität ist Produktionsmengen unterschiedlicher Qualitätsstufen im Verhältnis zur Gesamtmengenleistung

usw.

2. Kennzahlen für den Personalaufwand

Sie werden nahezu in allen Betrieben ermittelt. Hierher gehören:

- Mitarbeiterstrukturen, d.h. das Verhältnis einzelner Mitarbeitergruppen zur Gesamtbelegschaft oder zueinander.
- Lohn-/Gehaltsstruktur:
    - im Bezug auf die Zusammensetzung, d.h. einzelne Entgeltbestandteile, wie z.B. Sozialleistungen im Verhältnis zu anderen Entgeltbestandteilen oder dem Gesamtpersonalaufwand
    - im Bezug auf die Verursacher der Aufwendungen, z.B. gesetzliche, tarifvertraglich festgelegte Entgeltbestandteile bzw. freiwillige betriebliche Leistungen im Verhältnis zum Gesamtaufwand
    - im Bezug auf Aufwandsarten, z.B. Anteile für verschiedene Formen leistungsfreier Zeiten (wie Urlaub, Krankei) zum Gesamtaufwand
    - im Bezug auf die Leistung, z.B. Anteil von leistungsbestimmenden Anteilen zum Gesamtlohnaufwand usw.

3. Kennzahlen zur Arbeitszeit

Hierher gehören u.a.:

- *Zeitnutzung,* d.h. das Verhältnis von Leistungs- und leistungsfreien Zeiten (ggf. unterteilt nach Art der leistungsfreien Zeiten zur Gesamtzeit).
- Erreichter *Zeitgrad,* d.h. die Ist-Leistung im Verhältnis zur Soll-Leistung (bei Akkordvorgabezeit, bei Prämienentlohnung Prämiengrundzeit) usw.

4. Kennzahlen für die Arbeitsbewertung

Hierher gehören die Kennziffern aus dem Bereich der Arbeitsbewertung und Aussagen über die Anforderungstruktur an einzelne Mitarbeitergruppen, ferner ergeben sich hier Aussagen über die Entlohnungsform, gewährte Prämien usw.

Diese Daten sind eine Verdichtung von auf den einzelnen Mitarbeiter bezogenen Kennziffern zu betrieblich umfassenderen Strukturkennzahlen.

5. Kennzahlen für die Personalentwicklung

Hierher gehören vor allem:

- Gesamtweiterbildungsaufwand im Verhältnis zu den Gesamtpersonalkosten (ggf. untergliedert nach Mitarbeitergruppen)
- Gesamtweiterbildungsaufwand im Verhältnis zur Anzahl der Mitarbeiter (ggf. unterteilt nach Mitarbeitergruppen)
- Struktur des Weiterbildungsaufwandes, d.h. das Verhältnis einzelner Aufwandarten im Bereich der Weiterbildung zum Gesamtaufwand oder zur Gesamtlohn-/ Gehaltssumme.

6. Kennzahlen über die Fluktuation

Diese Kennzahlen geben einen Überblick über die Anzahl der vom Betrieb nicht veranlaßten Personalabgänge im Verhältnis zur Gesamtbelegschaft.

In der Praxis sind zwei Formen gebräuchlich. Die *BDA-Formel* ermittelt den Fluktuationsquotienten nach der Formel: Personalabgänge im Verhältnis zum durchschnittlichen Personalbestand. Nach der Schlüter-Formel wird der durchschnittliche Personalbestand ermittelt, indem die Summe von Anfangsbestand plus Endbestand durch zwei dividiert wird.

7. Kennzahlen über die Arbeitszufriedenheit

Hier liefert die Personalstatistik meist erste Anhaltspunkte durch Kennzahlen über den *Fluktuationsgrad*, die Entwicklung der Fehlzeiten usw. Weitere Ansatzpunkte über den Grad der Arbeitszufriedenheit können sein: *Beschwerderate* (Anzahl der Beschwerden je Mitarbeiter), Beteiligungen am betrieblichen Vorschlagswesen usw. Weitere Anhaltspunkte liefern die Auswertung der Ergebnisse von Beurteilungsgesprächen oder der Inhalt von Abgangsinterviews. Eine umfassende Aussage können dann hierzu noch die Ergebnisse von Mitarbeiterbefragungen liefern.

8. Grundsätze für die Erstellung der Personalstatistik.

Für die Personalstatistik gelten alle Grundsätze, die auch an andere Teilbereiche der Betriebsstatistik zu stellen sind, und zwar:

- Einfachheit in der Erfassung der Urdaten und ihrer Auswertung
- Übersichtlichkeit in der Darstellung
- Eindeutigkeit in der Aussage, Untergliederung der Einzelposition
- Vergleichbarkeit zwischen den Perioden und zwischen Betrieben
- Schnelligkeit der Vorlage der Ergebnisse.

6.3 Sozialwesen

6.3.1 Begriff und Entwicklung

Unter dem Oberbegriff betrieblicher Sozialleistungen versteht man die Summe aller zusätzlichen Leistungen, die ein Arbeitgeber dem Arbeitnehmer auf der Grundlage eines bestehenden Arbeitsverhältnisses über das reguläre Entgelt und eine eventuell vereinbarte Erfolgsbeteiligung hinaus, gewährt.

Das betriebliche *Sozialwesen* entstand aus der patriachalischen Grundhaltung frühindustrieller Unternehmer. In Analogie des Grundherrn zu seinem Untergebenen sah man über das reine wirtschaftlich abgegrenzte Leistungs- und Gegenleistungsverhältnis hinaus eine Verpflichtung des Dienstherrn, für das leibliche und geistige Wohl anvertrauter Mitarbeiter zu sorgen. Als Gegenleistung wurden im Rahmen der *Treuepflicht* vom Arbeitnehmer Wohlverhalten, Fleiß, Gehorsam und gute Gesinnung erwartet. Für manche Unternehmer, die es sicher aus innerer Überzeugung ehrlich gemeint haben, mag es eine Enttäuschung gewesen sein, daß das zum Teil patriachalisch geprägte Sozialwesen, von dem sich nur noch Teile bis heute erhalten haben, nicht durchsetzen konnte. Der Mißerfolg des patriachalisch orientierten betrieblichen Sozialwesens war sicherlich weniger im Fehlen sozialer Gesinnung und Verhaltensweisen begründet, als vielmehr darin, daß der Patriachalismus nicht der liberalen Wirtschaftsauffassung der frühindustriellen Epoche entsprach, die grundsätzlich jede soziale Verpflichtung der Arbeitgeber gegenüber den Arbeitnehmern in Frage stellte.

Trotz der geringen Bedeutung, die das betriebliche Sozialwesen gewinnen konnte, hat es in manchen Bereichen eine wichtige *Subsidiaritätsfunktion* erfüllt, indem es manche Lücken geschlossen hat, die die öffentliche Versorgung offen ließ und auch offen lassen mußte. Noch in den letzten Jahrzehnten sahen sich Unternehmen zu einer Erweiterung ihrer Sozialleistungen veranlaßt. So waren sie teilweise gezwungen, *Werkswohnungen* zu errichten, um Arbeitskräfte zu bekommen, zum Teil bildeten auch steuerliche Vorteile Anreiz zu weiteren Sozialleistungen, z.B. die Möglichkeit der Rücklagenbildung für Pensionszusagen.

In neuerer Zeit spielen Firmen-Kindergärten, um Frauen mit Kindern für Ganz- oder Halbtagsarbeiten zu gewinnen, eine größere Rolle.

6.3.2 Motive für betriebliche Sozialleistungen

Die Motive, die Unternehmen zu diesen Leistungen veranlaßt haben, lassen sich in drei Gruppen zusammenfassen:

- *betrieblich motivierte Leistungen,* bei denen der Gedanke eines Anreizes im Vordergrund steht, neben Leistungs- und Anerkennungsprämien sind hier

Hygieneeinrichtungen zu nennen, evtl. auch Maßnahmen und Möglichkeiten zur Weiterbildung, um die Betriebsverbundenheit zu erhöhen (bei letzterem ist allerdings die Zugehörigkeit zu den Sozialleistungen nicht ganz unumstritten).
- *arbeitsmarktmotivierte Leistungen,* die gewährt werden, um die Attraktivität des Unternehmens auf dem Arbeitsmarkt zu erhöhen und ihm im Wettbewerb um Arbeitskräfte einen Wettbewerbsvorteil zu verschaffen. Hierher gehören Fahrtkostenzuschüsse, Aufwendungen für Kantinen, Werkswohnungen, Gewährung von Darlehen usw.
- *human-sozialmotivierte Leistungen,* die ergänzend neben Maßnahmen der staatlichen Sozialpolitik treten. Hierbei wären zwei Gruppen zu unterscheiden:
  - Maßnahmen zur Erhöhung der sozialen Sicherheit, z.B. betriebliche Zusatzversicherungen, Pensionszusagen, die gewährt werden, um einen bewährten Mitarbeiterstamm auf Dauer an das Unternehmen zu binden und ihn vor nachteiligen Folgen von Unfällen usw. zu sichern.
  - Maßnahmen zur Verstärkung der Integration der Mitarbeiter in den Unternehmungen. Hierher gehört alles, was geeignet ist, die Betriebsverbundenheit zu fördern, z.B. Betriebsfeste, Werkszeitschriften, Unterstützung von Werkssportvereinen, Weiterbildungsmaßnahmen usw.

6.3.3 Formen betrieblicher Sozialleistungen

Ein Großteil der ehemaligen sozialen Leistungen ist zwischenzeitlich zur Selbstverständlichkeit geworden, so z.B. Arbeitshygiene und Sozialräume, Werksküche, Kantine usw. Andere wurden zwischenzeitlich gesetzlich vorgeschrieben, wie Unfallschutz, werksärztlicher Dienst usw.

Wieder andere haben im Zuge der Entwicklung wesentlich an Bedeutung verloren, wie z.B. Betriebssport, Freizeitgestaltung oder Betriebsfeste.

Aus diesem Grund verliert auch das Werbeargument mit freiwilligen sozialen Leistungen für die Personalanwerbung und als Nebenlohn zunehmend an Bedeutung. Trotz dieser Einschränkungen verbleibt aber dem betrieblichen Sozialwesen immer noch ein weites Feld. Tarifvertraglich oder gesetzlich abgesicherte Sozialleistungen werden kollektiv verteilt ohne Rücksicht auf den Einzelfall. Im Sonderfall zur Behebung individueller Notlagen bietet die freiwillige betriebliche Leistung noch ein weites Feld der Hilfe zur Selbsthilfe.

Gesetzliche Sozialleistungen	Tarifliche Sozialleistungen	Betriebliche Sozialleistungen
Lohnfortzahlung • im Krankheitsfall • an Feiertagen • während des gesetzlichen Mindesturlaubs • während des gesetzlichen Bildungsurlaubs • während der Teilnahme an Betriebsversammlungen • für sonstige Ausfallzeiten aus gesetzlichen Gründen Arbeitgeberanteile an den Beiträgen zur gesetzlichen Sozialversicherung Beiträge zur Berufsgenossenschaft Zuschüsse zum Mutterschaftsgeld Zusatzurlaub für Behinderte	Lohnfortzahlung • während des tariflichen Erholungsurlaubs • während des tariflichen Bildungsurlaubs • während Dienstbefreiungen gemäß Tarifvertrag Zusätzliche Urlaubsvergütung Sozialzulagen gemäß Tarifvertrag Verdienstausgleich bei Leistungsminderung Vermögenswirksame Leistungen gemäß Tarifvertrag Tarifliche Absicherung eines 13. Monatseinkommens	Lohnfortzahlung • bei über Gesetz und Tarif hinaus gewährten Dienstbefreiungen • während betrieblich durchgeführter Heilkuren Ruhe- und Hinterbliebenengelder der betrieblichen Altersversorgung Sonderzulagen, Gratifikationen Vermögenswirksame Leistungen gemäß Betriebsvereinbarung oder Arbeitsvertrag Ausgabe von Belegschaftsaktien Beihilfen und Unterstützungsleistungen Werksküchen und Kantinen Werkswohnungen Arbeitgeber-Baudarlehn

Abbildung 80: Gegenüberstellung möglicher Formen gesetzlicher, tarifvertraglicher geregelter und freiwilliger Sozialleistungen

6.3.4 Arten betrieblicher Sozialleistungen

Zu den betrieblichen Sozialmaßnahmen gehören u.a. (ohne Anspruch auf Vollständigkeit):

1. betriebliche Wohlfahrtseinrichtungen
2. Arbeitshygiene
3. Betriebssport
4. Werksfürsorge
5. Erholungsfürsorge
6. Werksküche und Kantine
7. Belegschaftsverkauf
8. Kaffeeküche und Automaten
9. Darlehen als Finanzierungshilfe
10. Beihilfen in Notfällen
11. betriebliches Wohnungswesen

12. betriebliche Altersversorgung
13. Werkskindergärten
14. kulturelle Förderungen: Feste im Betrieb (Weihnachtsfeiern, Betriebsjubiläen, Anerkennung der Betriebsjubilare, Werksbücherei, Belegschaftsgruppen und -vereine und die Freizeitgestaltung).

Zum Teil auch noch *Unfallverhütungsvorschriften* und *werksärztlicher Dienst*, soweit dies nicht durch Bestimmungen der Berufsgenossenschaften oder durch gesetzliche Vorschriften geregelt wird.

Zu beachten ist, daß betriebliche Sozialleistungen als Mittel zur individuellen und differenzierten Hilfe neben der öffentlichen Sozialpolitik wegen der "Ausgleichstendenz" und der immer mehr zunehmenden Orientierung nach Gleichverteilung durch die Mitspracherechte des Betriebsrates zunehmend an Bedeutung verlieren.

Aus diesem Grund neigen auch Arbeitgeber immer mehr darzu, die Notwendigkeit betrieblicher Sozialleistungen, soweit sie nicht betrieblich oder arbeitspolitisch motiviert sind, zunehmend in Frage zu stellen. Die Beurteilung der betrieblichen Sozialleistungen durch die Arbeitnehmer ist unterschiedlich und meist altersabhängig. Von älteren Mitarbeitern werden die Leistungen meist bejaht, von den jüngeren jedoch eher als Bevormundungsinstrument empfunden.

Obwohl von vielen Seiten von den betrieblichen sozialen Maßnahmen verächtlich von "Sozialklimbim" gesprochen wird und sich im Laufe der Entwicklung durch die zunehmende staatliche Absicherung die Verhältnisse gewandelt haben, bleiben alte, längst überholte Sozialleistungen auch dann noch bestehen, wenn sie ihren Wert eingebüßt haben. Vielleicht weil das Besitzstandsdenken zu groß und kein Betriebsrat bereit ist, die Zustimmung zum Abbau von überholten Sozialleistungen zu geben.

6.3.5 Cafeteria-System

An dieser Entwicklung können aber offensichtlich auch Konzepte einer individualisierten Entgelt- und Sozialleistungspolitik im Rahmen der propagierten *Cafeteria-Systeme* nicht viel ändern. Nach diesen in den USA entwickelten Systemen sollen die Mitarbeiter die Möglichkeit haben, aus bestehenden vorgegebenen Alternativen, die betrieblichen Sozialleistungen nach ihrer persönlichen Präferenz auszuwählen, die ihnen den größten Nutzen bringen.

In dieses Auswahlsystem können auch Entgelt- oder Arbeitszeitkomponenten mit einbezogen werden. Das Gesamtbudget ist bei der Verwendung des Cafeteria-Systems konstant. Ziel ist es, im Rahmen einer allgemein angestrebten Anreizwirkung bei dem betroffenen Mitarbeiter, eine optimale Aufteilung dieses Budgets zu erreichen.

Die Regelungen bei der Gestaltung eines solchen Systems müssen folgende Punkte berücksichtigen:

- welche Leistungen, z.B. Arbeitsentgelt, Verhältnis von Freizeit zur Arbeitszeit, Ruhegeld, Sachleistung, Versorgungszusagen, Firmen-Pkw usw., sind in das System mit einbezogen,
- welche Verrechnungsmodalitäten bestehen zwischen den einzelnen Leistungsbestandteilen,
- welche Wahlmöglichkeiten bei der Zusammenstellung von Standardpaketen bestehen bzw. welche Einschränkungen sind zu beachten,
- Dauer der Festlegung auf eine einmal getroffene Wahl,
- welche Änderungsmöglichkeiten bestehen,
- wie wird die Übertragung von Restsummen usw. geregelt.

Trotz umfangreicher Werbung für diese Systeme ist jedoch ihre Verbreitung sehr gering. Die wenigen bekannt gewordenen US-amerikanischen Erfahrungsberichte vermögen nur zum Teil zu überzeugen. Für die Bundesrepublik Deutschland ergeben sich jedoch Einschränkungen, da gesetzliche Leistungen (z.B. Sozialvesicherungen) nicht und die durch Tarifvertrag oder Betriebsvereinbarung festgelegten Leistungsbestandteile nur sehr bedingt einer individuellen freien Verfügbarkeit von Mitarbeitern unterworfen werden können.

Die Gewerkschaften selbst haben von Anfang an wenig Sympathie für freiwillige und nicht im Tarifvertrag abgesicherte Sozialleistungen entwickeln können, in denen sie eine Art vorenthaltenen Lohn sehen, der nur deshalb an die Arbeitnehmer nachträglich gezahlt und nicht endgültig einbehalten wird, um ihre Freizügigkeit einzuschränken und ihre Solidarität zu untergraben.

6.3.6 Personalpflege

Dagegen dürfte das Gebiet der *Personalpflege*, das allerdings auch zum Teil zu dem Bereich der Personalentwicklung gerechnet werden kann, innerhalb des Personalwesens zunehmend an Bedeutung gewinnen.

Unter diesem im Bereich betrieblicher Personalarbeit relativ neuen Begriff, werden alle Maßnahmen zusammengefaßt, die sich auf Gesundheit und Wohlbefinden der Mitarbeiter auswirken. Hierher gehören vor allem die bereits seit Jahrzehnten in Großbetrieben etablierten Selbsthilfegruppen, z.B. gegen Suchtgefahren usw. Unterstützt durch die personalverantwortlichen Führungskräfte wurden diese häufig von ehemals Abhängigen gegründet mit dem Ziel, gefährdeten oder abhängigen Kollegen zu helfen. Zwischenzeitlich beginnen sich bereits in Großbetrieben, zum Teil auch unterstützt durch die neu geschaffenen werksärztlichen Dienste, Systeme zu entwickeln, die der Umsetzung von Maßnahmen zur Optimierung individueller und betrieblicher Gesundheit dienen sollen.

Im Rahmen der Erkenntnis, daß viele Krankheitserscheinungen nicht mehr monokausal einem einzelnen Ursachenbereich (betrieblich, anlagen- oder freizeitbedingt) zugerechnet werden können, sondern daß viele Krankheiten multikausal bedingt mehrere Ursachen haben können, reichen die üblichen Verfahren der Gesundheitsfürsorge nicht mehr aus. Ziel ist es deshalb, nicht mehr nur die betrieblichen Bedingungen zu verändern und im Sinne arbeitswissenschaftlicher Erkenntnisse zu gestalten, sondern dem Mitarbeiter auch Hilfestellungen bei der Korrektur individuellen Fehlverhaltens zu geben, mit dem Ziel, eine Veränderung von risikoträchtigen Verhaltensweisen zu erreichen, die durch Erziehung, soziales, kulturelles Umfeld, durch die Familie, der beruflichen Situation usw. entstanden sind.

Hierbei werden Maßnahmen der Personalpflege nicht nur aus Gründen einer humanen Arbeitsgestaltung betrieben, sondern auch aus Überlegungen, einer längerfristigen betriebliche Rationalität.

Da die Auswirkungen von Einflüssen auf Gesundheit und Fehlverhalten, unabhängig von den Verursachungsfaktoren und unabhängig vom Ort individuellen Fehlverhaltens, Leistungseinschränkungen mit sich bringen, wirkt die Personalpflege durch direkte oder indirekte Unterstützungsmaßnahmen auch in individuelle Persönlichkeitsbereiche hinein.

Das Zusammenwirken von Personalpflege und Personalentwicklung zu einer ganzheitlichen qualitativen Personalbetreuung zeigt Abbildung 81.

Da viele Veränderungen unterschiedliche Ursachen haben, wie z.B.

- wirtschaftlich: höherer Lebensstandard, steigende Verfügbarkeit leistungssteigernder zur Sucht führender Mittel usw.
- sozial: Auflösung traditioneller Familienstrukturen, Entritualisierung und Enttaburisierung von Verhaltensweisen, wie z.B. Suchtmittelgenuß
- technisch: Aufkommen geselligkeitshemmender Formen der Freizeitgestaltung (Fernsehen usw.), die in verschiedenen Formen die Gesundheit und das Wohlbefinden des Mitarbeiters und damit sein Leistungsverhalten beeinflussen,

wird die Personalpflege als Gegenregulativ zu diesen Veränderungen an Bedeutung gewinnen. Sie sollte sich deshalb zu einem festen Bestandteil qualitativer Personalarbeit entwickeln und damit auch zu einer Führungsaufgabe im Unternehmen werden.

So wie bei der Personalentwicklung die Selbstbildung die höchste Entwicklungsstufe darstellt, so sollten durch die Personalpflege Mitarbeiter beeinflußt werden, Verantwortung für ihr eigenes Wohlergehen und für ihre Gesundheit zu tragen, ohne daß diese Aktivitäten in eine Bevormundung des Mitarbeiters entgleisen.

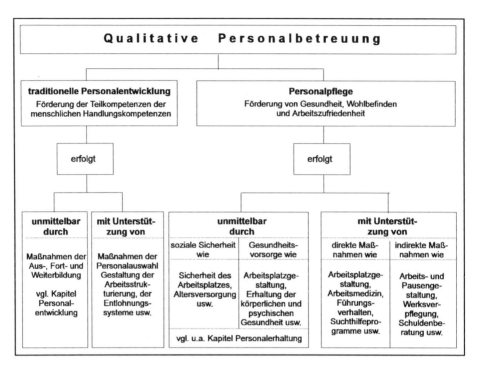

Abbildung 81: Qualitative Personalbetreuung in Zusammenhang mit der Personalpflege und der Personalentwicklung (vgl. Brinkmann 1993, S. 19)

Eine optimale Vorsorge für Gesundheit und Wohlergehen sollte dort möglich sein, wo sich betriebliche Ansätze von Personalpflege und die Entwicklung individueller Einsichten in die Verantwortung für die eigene Gesundheit verbinden.

7. Wirtschaftlichkeit der Personalarbeit

Auf der einen Seite stellt das Ergebnis betrieblicher Personalarbeit keine unmittelbar auf den Markt verwertbare Leistung dar, sondern erbringt nur Dienstleistungen für andere Funktionsbereiche der Unternehmung. Andererseits wird durch ihre Tätigkeit der betriebliche Leistungserstellungsprozeß überhaupt erst ermöglicht. Naturgemäß führen die steigenden Aufgaben auch zu höheren Kosten. Die zwangsläufige Folge war, daß sehr frühzeitig bereits die Frage nach der *Wirtschaftlichkeit* (*Effizienz*) und der Kosten-/Nutzenrelation der betrieblichen Personalarbeit gestellt wurde.

In der Entwicklung der Betrachtung der Wirtschaftlichkeit sind drei Perioden zu unterscheiden, die im wesentlichen auch durch äußere Einflüsse geprägt wurden.

1. Kostenzurechnung und Anfänge einer Kennziffernrechnung.
2. Ansätze der Humanvermögensrechnung (Human-Resource accounting) und Differenzierung des Kennziffernsystems.
3. Profitcenterprinzip und Personalcontrolling.

7.1 Kostenzurechnung und Anfänge einer Kennziffernrechnung

Wie bei allen nur "mittelbar produktiv" tätigen betrieblichen Funktionsbereichen, bei denen der unmittelbare Erfolg nicht anhand von auf dem Markt bewerteten Leistungsgrößen meßbar ist oder von ihnen abgeleitet werden kann, wurden auch im Bereich der betrieblichen Personalarbeit vorrangig nur die Kosten erfaßt. Die Leistungen hingegen werden nicht entsprechend gewürdigt. Mit der Folge, daß damit der Bereich insgesamt als "unproduktiv" und damit nur als Kostenverursacher angesehen wurde.

Hier liegt sicher auch eine der Ursachen, daß die Bedeutung einer aktiven Personalarbeit lange Zeit im Betrieb nicht richtig erkannt und gewürdigt wurde und daß Methoden zur Ermittlung der Wirtschaftlichkeit der Personalarbeit nur in Ansätzen vorhanden sind.

Da die Leistung meist nicht oder nur unzureichend zu messen ist, beschränkten sich alle Versuche zur Messung der Wirtschaftlichkeit auf eine mehr oder weniger exakte Erfassung der Kosten. In Ansätzen wurde dann versucht, diese Kosten in Form von Kennziffern mit anderen Werten in Beziehung zu setzen. Meist wurde der Aufwand der Personalabteilung ins Verhältnis zu den Gesamtpersonalkosten gesetzt. Wenn man die verschiedenen Entwicklungsstufen und den unterschiedlichen Funktionalisierungsgrad der Personalabteilungen in den einzelnen Unternehmen berücksichtigt, sind so gewonnene pauschale Kennziffern nur bedingt aussagefähig.

Eine andere Kennziffer setzt die personelle Besetzung für die Wahrnehmung einzelner personalwirtschaftlicher Teilfunktionen ins Verhältnis zur Gesamtbelegschaft.

Für die Bereiche der Arbeitsdirektoren der Montanindustrie, bei denen - was die Kompetenzverteilung und die hierarchische Eingliederung anbelangt - weitgehend vergleichbare Verhältnisse vorliegen, wurden von der *"Arbeitsgemeinschaft der engeren Mitarbeiter der Arbeitsdirektoren Eisen und Stahl"* Richtwerte zusammengestellt (vgl. Abbildung 82).

Fachkräfte des Personalwesens	Funktionen	Personelle Besetzung (in % Gesamtbelegschaft)
Personalfachkräfte	Personalbeschaffung, -auswahl und -einsatz Lohn-/Gehaltsfindung Arbeits-/Sozialrecht/Tarife/ Vereinbarungen Personalorganisation, -planung Vorschlagswesen Belegschaftsinformationen Sonstige	0,38 { 0,05 0,06 0,10 0,06 0,02 0,02 0,07
Berufsbildungsfachkräfte	Berufsbildung Betriebspsychologie	0,22 { 0,21 0,01
Sozialfachkräfte	Sozialwirtschaft Wohnungswirtschaft Betriebskrankenkasse	0,17 { 0,07 0,04 0,06
Arbeitssicherheits-, Arbeitsgestaltungs- und Gesundheitsfachkräfte	Arbeitsgestaltung und -organisation Arbeitssicherheit Betriebsärztlicher Dienst Rehabilitation	0,23 { 0,07 0,10 0,04 0,02
Sicherungsfachkräfte	Werks-/Feuerschutz	0,06
Verwaltungsfachkräfte	Personalverwaltung Lohn- und Gehaltsabrechnung Allgemeine Verwaltung	0,29 { 0,05 0,17 0,07

Abbildung 82: Personelle Besetzung des "Funktionsbereiches Personal" eines Arbeitsdirektors der Montanindustrie (Quelle: Spie 1981, S. 202):

Für ein wirklich aussagefähiges System der Erfolgsmessung und der Erfolgskontrolle wird man unternehmungsspezifischer vorgehen müssen.

Hierbei sind folgende drei Schritte notwendig:

1. Festlegung der Zielanforderungen, die von der Unternehmensleitung an das Personalwesen gestellt werden, z.B. Verfügbarkeit von Arbeitskräften mit einem entsprechenden Qualifikationsstand, Arbeitsproduktivität, Verhältnis der Leistungszeiten zu den bezahlen Fehlzeiten usw.

2. Entwicklung von Meßkriterien zur Beurteilung des Ausmaßes, in dem die gesetzten Ziele erreicht wurden, z.B. Fehlzeitanteile, Fluktuationsquoten, Bestandsdaten, Personalverfügbarkeit usw.
3. Gegenüberstellung von Zielerreichung und Kosten, Auswertung der Ergebnisse und Einleitung von Korrekturmaßnahmen.

7.2 Ansätze der Humanvermögensrechnung und Forderung nach einem differenzierten Kennziffernsystem

7.2.1 Methodische Ansätze und kritische Würdigung

Mit dem Übergang des Personalwesens von der Verwaltungsphase in die Anerkennungsphase standen die Probleme der Personalbeschaffung sowie der Personalentwicklung im Vordergrund der Anforderungen an die betriebliche Personalarbeit.

Damit wurde deutlich und drastisch eine Selbstverständlichkeit vor Augen geführt, daß ein vorhandener, eingearbeiteter und in die Organisation eines Betriebes eingegliederter Mitarbeiterstand für den Betrieb einen Aktivposten darstellt und daß zudem der Qualifikationsstand und die Leistungsmotivation für das Unternehmen von größter Bedeutung ist. Ein Umstand, von dem das Rechnungswesen bisher noch unvollkommen Kenntnis genommen hat.

Aufwendungen für Mitarbeiter, auch die der Aus-, Fort- und Weiterbildung sowie Aufwendungen im Bereich der sozialen Zusatzleistungen, werden als Kosten angesehen, die in der Gewinn- und Verlustrechnung als Aufwand verbucht werden. Der längerwirkende Aspekt dieser Kosten wird anders als z.B. bei werterhöhenden Instandhaltungsarbeiten in der Bilanz nicht berücksichtigt.

Nur in einem Ausnahmenfall wird das "Humanvermögen", d.h. der Wert der Mitarbeiter, bei der Ermittlung des Vermögens berücksichtigt, nämlich bei der Berechnung des Firmenwertes, z.B. bei der Veräußerung oder bei der Ermittlung des Ertragswertes einer Unternehmung. Bei der Veräußerung ergibt sich der Firmenwert aus der Differenz des Kaufpreises, den ein Erwerber eines Unternehmens in Erwartung künftiger Entwicklung bereit ist über den Substanzwert der vorhandenen materiellen Anlagegüter hinaus zu bezahlen. Bei der Begründung des Firmenwertes wird der Wert eines vorhandenen, eingearbeiteten Mitarbeiterstammes aber u.a. nur neben dem Image des Unternehmens, dem Wert vorhandener Kundenbeziehungen, der Stellung im Markt, einer eingefahrenen Fertigungsorganisation usw. mit herangezogen.

Solange bei aufsteigender Konjunktur und wachsenden Absatzzahlen Losgrößeneffekte zum Tragen kamen und die Zahl der offenen Stellen diejenigen der Arbeitssuchenden bei weitem übertrafen, war es notwendig, vor allem qualifizierte Mitarbeiter zu bekommen. Steigende Kosten und Mängel der

Personalpolitik wurden durch Konjunkturgewinne überlagert. Rückschläge in einzelnen Branchen wurden in ihren Auswirkungen durch Wachstumsraten in anderen Branchen weit übertroffen.

Die ersten globalen Ansätze zur Berechnung des Humanvermögens ergeben sich aus nachstehender Übersicht:

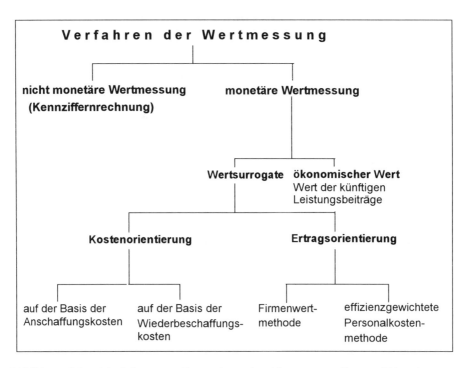

Abbildung 83: Verfahren zur Bewertung des Humanvermögens (*Bisani*: Humanvermögensrechnung, S. 580)

Bei der Bewertung auf der Basis der Anschaffungskosten gehen *Brummet/Flamholz/Pyle* (1968, S. 217 ff.) davon aus, daß es möglich sei, aus den gesamten Personalausgaben diejenigen auszusondern, die als "humanvermögensbildend" anzusehen sind. Hierunter würden die Kosten der Beschaffung, der Auswahl, der Einstellung, ferner der Aus- und Weiterbildung usw. der Mitarbeiter fallen. Diese wären als Investitionen zu bilanzieren und würden unter Berücksichtigung einer erwarteten wirtschaftlichen Nutzungsdauer in Form von Abschreibung in die Gewinn- und Verlustrechnung eingehen.

Übersichtlicher zeigt dies Abbildung 84.

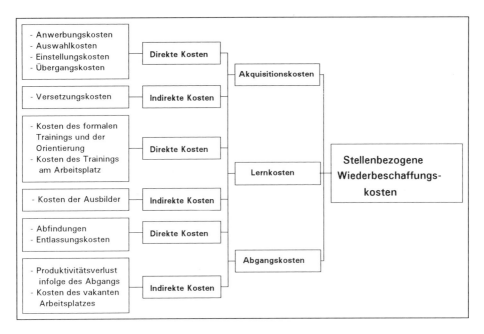

Abbildung 84: Bewertung des Humanvermögens zu stellenbezogenen Wiederbeschaffungskosten (Quelle: HWP Spalte 1037/38).

Diese Methode hat den Nachteil, daß die das Betriebsklima und die Leistungsmotivation bestimmenden innerbetrieblichen Faktoren, für die keine direkt ableitbaren Anschaffungskosten aufgewandt wurden, die aber für den Wert des Humanvermögens genauso bestimmend sind wie die Anschaffungskosten, nicht mit in die Rechnung eingehen. Andererseits wären Aufwendungen für die Weiterbildungsmaßnahmen auch dann als vermögensbildend anzusehen, wenn die Arbeitsorganisation, die Arbeitsumwelt und die innerorganisatorischen Bedingungen eine Umsetzung der erworbenen zusätzlichen Kenntnisse und Fähigkeiten überhaupt nicht gestatten.

Wiederbeschaffungskosten sind diejenigen Kosten, die notwendig sind, um ein bestimmtes Gut durch ein gleichwertiges anderes Gut zu ersetzen. Problematisch wird aber dieser Ansatz vor allem deshalb, weil die Beschaffung eines Mitarbeiters von "gleicher Qualifikation" kaum denkbar und auch kaum möglich ist.

Die beiden Ansätze der Ertragsorientierung wurden von *Hermanson* (1964) entwickelt. Bei der *Firmenwertmethode* wird der Gewinn eines Unternehmens mit dem branchenüblichen Durchschnittsgewinn, bezogen auf den Marktwert des Sachvermögens, verglichen. Der den *"Normalgewinn"* (der sich aufgrund des Durchschnittsgewinnes der Branche, bezogen auf das Sachvermögen, für das einzelne Unternehmen ergeben würde) übersteigende Gewinn ergibt abgezinst den Wert des Humanvermögens. Ungeachtet verschiedener noch offener Streitfragen - so z.B. welcher Gewinn, Jahresgewinn oder Durchschnittsgewinn mehrerer Jahre anzusetzen oder, welche der Bewertungsnormen des Sachanlagevermögens anzuwenden ist - erscheint dieses Modell wenig praktikabel, weil es außer acht läßt, daß ein "Mehrgewinn" gegenüber dem "Normalgewinn" durchaus auch von anderen Faktoren, wie z.B. Standortvorteile, Management, Kapitalintensität der Fertigung usw. verursacht werden kann.

Bei der *"effizienzgewichtigen Personalkostenmethode"* werden neben dem "Mehrgewinn", wie bei der Firmenwertmethode, die künftigen Personalkosten mit berücksichtigt. Hierzu wird vorgeschlagen, Lohn- und Gehaltskosten der kommenden 5 Jahre mit einem Durchschnittszinssatz auf den Gegenwartswert zu diskontieren. Diese Differenz zwischen dem Barwert zukünftiger Lohn- und Gehaltszahlungen und dem Wert des Humanvermögens nach der Firmenwertmethode bezeichnet *Hermanson* als Überschußwert, als "excess worth created by relatively efficient human resources". Eine Unterdeckung läßt hier seiner Meinung nach auf nicht genutzte Ressourcen schließen.

Bei der Bemessung des Humanvermögens, ermittelt nach der Methode der zukünftigen Leistungsbeiträge - *Flamholtz* (1974, S. 168 ff.) bezeichnet dieses Verfahren als "Stochastic rewards valuation model" - wird von der Modellvorstellung ausgegangen, daß der Wert eines jeden einzelnen Mitarbeiters durch die Aufgaben bestimmt wird, die er während seiner Tätigkeit in einer Organisation erledigt. Jede Aufgabenerfüllung bringt für die Organisation einen bestimmten Nutzen. Um diesen Wert nun zu bestimmen, geht *Flamholtz* in vier Schritten vor:

1. Definition der Aufgabenbereiche, die der Mitarbeiter in einer Organisation voraussichtlich erfüllen kann,
2. Bestimmung des Wertes R_j, den jeder Aufgabenbereich für die Organisation hat,
3. Abschätzung der Verweildauer des Mitarbeiters in der Organisation (n = Anzahl der Perioden),
4. Bestimmung der Wahrscheinlichkeiten $P(R_j)$, mit denen der Mitarbeiter zu einer bestimmten Zeit eine mögliche Position besetzen kann.

Der Wert der zukünftigen Leistungsbeiträge könnte sich dann durch folgende Formel errechnen:

$$Er = \sum_{t=1}^{n} \left[\frac{\sum_{i=1}^{m-1} Rj * P(Rj)}{(1+r)^t} \right]$$

Die Ursache, daß sich die Humanvermögensrechnung trotz der vielen Vorschläge nicht durchsetzen konnte, liegt auch in der Jahrhunderte alten Tradition unseres Rechnungswesens und in den traditionellen Beurteilungsgrundsätzen. Nach ihnen darf nur das, was als Vermögensgegenstand real vorhanden ist und ggf. auch wieder veräußert werden kann, bewertet werden. Abgesehen von einigen Ausnahmen, wie z.B. die Kosten der Ingangsetzung und Erweiterung des Geschäftsbetriebes.

Aus diesem Grunde fordern auch handelsrechtliche Vorschriften, einen etwaigen Firmenwert, der im Wege des Kaufs als derivativer Firmenwert erworben wurde, innerhalb von 5 Jahren abzuschreiben.

Das Wertprinzip der Personalvermögensrechnung, das *Flamholtz* aus der allgemeinen Definition des ökonomischen Wertes ableitet, wonach der Wert eines Gutes sich nach dem Barwert des Nutzens bemißt, den das Gut in der Zukunft zu erbringen verspricht (*Flamholtz* 1974, S. 114), verstößt gegen die durch das Handelsgesetz vorgeschriebene Bewertungspraxis, die einen Wertansatz nur in Höhe der Anschaffungs- bzw. Wiederbeschaffungskosten gestattet.

Als Anschaffungskosten wären nach dieser Bewertungspraxis die Personalbeschaffungskosten einschließlich der Einarbeitungskosten anzusehen. Die Abschreibungsdauer wäre auch in diesem Fall abhängig von der voraussichtlichen Nutzungsdauer des Anlagegutes. Inwieweit hier eine durchschnittliche Betriebszugehörigkeit in Ansatz gebracht werden kann, oder ob wegen des Grundsatzes der Einzelbewertung die mögliche Kündigungsfrist zu berücksichtigen ist, kann im Augenblick unbeachtet bleiben.

Ausnahmen zeichnen sich im professionellen Sport, z.B. im Profi-Fußball ab, wo Ablösesummen für Spieler als deren Marktwert anzusehen sind, die dann auch als Aktivposten mit kurzfristiger Abschreibungsverpflichtung in die Bilanz eingesetzt werden können.

Was aber eine Humanvermögensrechnung bedeutsam machen könnte ist, daß die Beschäftigung mit der Bewertung des Humanvermögens zu einer Sensibilisierung, bezogen auf den Wert, den die Mitarbeiter für ein Unternehmen darstellen, bei denjenigen beiträgt, die diese Bilanzen erstellen und auswerten. Zweifellos kann diese Sensibilisierung geeignet sein, eine kurzfristige durch eine längerfristige Betrachtung über die Ertragskraft eines Unternehmens zu ersetzen; und sie ist sicher geeignet, wie *Likert* es ausdrückt, von einem kurzfristigen "Raubbau" beim wesentlichsten Aktivposten einer Organisation zu einer längerfristig angelegten Unternehmens- und Personalpolitik überzugehen (*Likert* 1972, 1973, 1975).

Eines wird die Humanvermögensrechnung - ganz gleich in welcher Form sie gestaltet wird - mit Sicherheit nicht sein können, nämlich eine Entscheidungshilfe für individuelle personalpolitische Maßnahmen, wie es z.B. *Lang* (1977) vorschlägt. Wenn z.B. von zwei leitenden Angestellten einer freigesetzt werden muß, würde nach *Lang* die Humanvermögensrechnung in Form eines "Human Resource-Personalkontos" eine Entscheidungshilfe anbieten, wonach unter materiellen Gesichtspunkten derjenige freizusetzen wäre, dessen Personalkonto mit einem geringeren Betrag von nicht abgeschriebenen Kosten für Anwerbung, Einarbeitung und Fortbildung usw. belastet ist. Betriebliche Entscheidungen werden aber nicht vergangenheitsorientiert, sondern zukunftsorientiert getroffen. Bestimmend sind nicht die Investitionen der Vergangenheit, sondern die Erwartungswerte für die Zukunft, von sozialen Gründen sowie von arbeitsrechtlichen Fragen bei Personalentscheidungen einmal ganz abgesehen.

Auch bei der Entscheidung über die individuelle Personalförderung und Weiterbildung kann diese Rechnung keine Hilfestellung geben. So ist weder die Überlegung sinnvoll, daß der Mitarbeiter weiter zu fördern sei, indem man bereits überdurchschnittlich viel an Fortbildungskosten investiert oder für den man überdurchschnittlich viel an Beschaffungskosten aufgewandt hat, noch die andere Überlegung, daß derjenige zu fördern sei, für den der Aufwand bisher unterdurchschnittlich war. Die Frage der individuellen Personalentwicklung und Weiterbildung entscheidet sich nicht nach dem bereits betriebenen Personalinvestitionsaufwand, sondern ist einzig und allein abhängig von dem vorhandenen individuellen Entwicklungspotential des Mitarbeiters und den Anforderungen des Arbeitssystems.

Ungeachtet dieser kritischen Hinweise wird eine Humanvermögensrechnung, ganz gleich in welcher Form sie aufgebaut ist, die Unternehmungsleitung nicht nur für Probleme der Personalentwicklung und des personellen Leistungspotentials sensibilisieren, sondern auch eine wichtige Unterlage für die Beurteilung der Situation der im Unternehmen beschäftigten Personen darstellen. Sie ist ein Hilfsmittel, das geeignet ist, der Unternehmensleitung den Blick freizumachen hin zu einer leistungsorientierten Beurteilung und weg von einer einseitigen wertmäßigen Kapital- und Vermögensbetrachtung.

7.2.2 Vorschläge zur Weiterentwicklung zu einem differenzierten Kennziffernrechnungssystem

Da das Humanvermögen eines Unternehmens keinen Wert an sich darstellt, der sich auf dem Markt durch Angebot und Nachfrage bestimmt, sondern sich nach dem Beitrag bemißt, den dieses im Prozeß der betrieblichen Leistungserstellung erbringt (der unter Umständen auch negativ sein kann, wenn das Unternehmen wegen Nachfragerückgangs gezwungen ist, Personal abzubauen), stellen Anschaffungs- und Wiederbeschaffungswerte keine geeignete Grundlage dar.

Der Wert der menschlichen Ressourcen eines Betriebes bemißt sich nach dem Beitrag, den die Mitarbeiter im Prozeß der betrieblichen Leistungserstellung erbringen können (*Flamholtz* 1974, S. 114). Dieser Beitrag ist nun aber nicht nur sehr bedingt von Anschaffungs- und Wiederbeschaffungskosten dieser personellen Ressourcen abhängig, sondern wird auch von einer Reihe von weiteren Faktoren beeinflußt; so nicht nur von der Leistungsfähigkeit und Leistungsbereitschaft der Mitarbeiter, sondern vor allem auch vom Arbeits- einschließlich Führungssystem. Steht das Leistungsangebot der Mitarbeiter in keinem Verhältnis zu den Anforderungen des Arbeitssystems, dann führt dies entweder nur zu einer Teilauslastung des Leistungsangebotes oder aber zu seiner Überforderung. Hier gilt das gleiche wie auch beim Sachvermögen. Der Kauf einer Maschine ist eine Fehlinvestition, wenn nur ein Teil des Leistungsvermögens, bezogen auf die technischen Möglichkeiten oder die zeitliche Auslastbarkeit, genutzt werden kann. In diesem Fall liegt der "Wert" für das Unternehmen unter dem Investitionswert. Die Bestimmungsgrößen des Humanvermögens ergeben sich vielmehr aus den Determinanten der menschlichen Arbeitsleistung.

Die Höhe des realisierten Humanvermögens wird entscheidend beeinflußt von der Übereinstimmung zwischen dem Leistungsangebot des einzelnen bzw. der Mitarbeiter und den gestellten Leistungsanforderungen. Danach wird das maximal realisierbare Humanvermögen erreicht, wenn das Leistungsangebot des/der Mitarbeiter den Leistungsanforderungen entspricht. Liegt keine oder eine nur unzureichende Übereinstimmung zwischen Leistungsanforderungen und -angebot vor, bestimmt der jeweilige Minimumsektor das realisierbare Humanvermögen. Entweder wird ein Teil der Anforderungen nicht erfüllt oder das Leistungsangebot wird nur zum Teil genutzt.

Da diese einzelnen Einflußgrößen in einem engen Zusammenhang stehen, muß ein Bewertungsschema, welches das Humanvermögen in seiner Gesamtheit und Komplexität aufzeigen will, Aussagen über diese verschiedenen Einflußfaktoren machen. Da sich diese Einflußgrößen nicht alle zu einem in Geldbeträgen ausgedrückten Gesamtwert aggregieren lassen, bietet sich ein

System von Indikatoren bzw. Kennziffern auf der Grundlage nicht monetärer Wertmessung an.

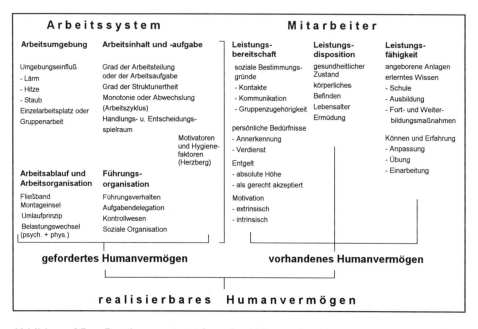

Abbildung 85: Bestimmungsgrößen des Wertes des Humanvermögens

Ein Vorschlag für ein solches Indikatorensystem wurde 1982 vorgestellt (*Bisani* 1982, S.577ff; vgl. Abbildung 86).

Dieses System hat zum Ziel, die Vielzahl vorhandener Modelle und Daten zum Bereich des menschlichen Zusammenwirkens im Unternehmen in einen Ordnungsrahmen zu bringen. Die betriebliche Arbeitswelt und die das Humanvermögen bestimmenden Einflußgrößen und ihre Auswirkungen sind dabei wertfrei abzubilden mit dem Ziel, den im unternehmerischen Entscheidungsprozeß beteiligten Instanzen, eine systematische Beurteilungsgrundlage zu geben.

Auf der oberen Ebene stehen die Gestaltungsbereiche, d.h. die Bereiche, auf die die Unternehmungsleitung unmittelbar Einfluß nehmen und die sie gestalten kann, die also Ergebnis ihres Handelns sind.

Zu unterscheiden sind hier:

1. Mitarbeiterbezogene Gestaltungsbereiche:
   - Menschliche Leistungsfähigkeit
   - Leistungsdisposition
   - Menschliche Leistungsbereitschaft

2. Betriebsbezogene Gestaltungsbereiche:
   - Führungsorganisation
   - Soziale Organisation
   - Arbeitssystem mit den Teilbereichen
   - Technische Organisation
   - Fertigungstechnik
   - Ergonomie und Arbeitsgestaltung

   Nun sind die Gestaltungsmaßnahmen im Bereich der Arbeitswirtschaft nicht nur Selbstzweck, sondern - da die Unternehmen nicht nur eine soziale, sondern vor allem auch eine leistungsorientierte Organisation sind - auch Mittel zum Zweck.

   Nicht nur die Gestaltungsmaßnahmen als solche und die Kosten, die dafür aufgewandt werden, sind entscheidend, sondern vor allem die dadurch erzielten Auswirkungen.

3. Indikatoren aus diesen Gestaltungsbereichen sind zu ergänzen durch wirkungsbezogene Indikatoren, die sich aus den Gestaltungsmaßnahmen ergeben.
   - Mitarbeiterbezogene Wirkungen
   - Wirtschaftliche Wirkungen.

Zu den mitarbeiterbezogenen Gestaltungsbereichen sind diejenigen zusammenzufassen, die ausgerichtet sind auf die Beeinflussung von Leistungsfähigkeit, Leistungsdisposition und Leistungsbereitschaft der Mitarbeiter. Auf dem Gebiet der *Leistungsfähigkeit* zählen hierzu die Indikatoren über alle Maßnahmen, die unmittelbare Auswirkungen auf den Bestand, die Erhaltung und die Weiterentwicklung des Humanvermögens haben und zu dem Gebiet der *Leistungsdisposition* gehören alle Indikatoren über Maßnahmen, die Einfluß auf die kurzzeitigen Schwankungen in der Leistungsfähigkeit und Leistungsbereitschaft ausüben. Auf dem Gebiet der *Leistungsbereitschaft* werden im Rahmen der mitarbeiterbezogenen Gestaltungsbereiche jene Maßnahmen zusammengefaßt, die auf die Gestaltung motivationsfördernder Arbeitsinhalte und Arbeitsbedingungen abstellen.

Unter betriebsbezogene Gestaltungsbereiche fallen alle Gestaltungsmaßnahmen, die den Bereich des Arbeitssystems unmittelbar betreffen und die unmittelbare Auswirkungen auf die Arbeitsanforderungen und auf die Leistungsbereitschaft der Mitarbeiter haben. Sie umfassen alle Maßnahmen der Fertigungstechnik, der Ergonomie sowie der Produktgestaltung, des hierarchischen Aufbaus des Unternehmens, seiner Organisation und der Sozialstruktur.

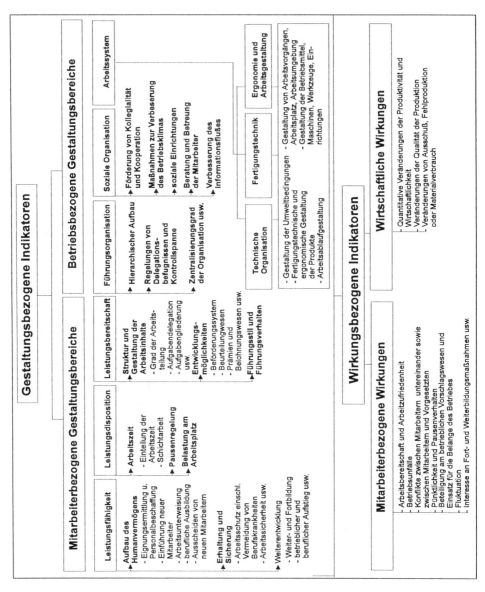

Abbildung 86: Indikatorensystem zur Beurteilung des Humanvermögen (*Bisani* 1982, S.590)

Indikatoren zur Erfassung der Wirkungen arbeitswirtschaftlicher Gestaltungsmaßnahmen sind entsprechend der Formen ihrer Auswirkungen zu unterscheiden zwischen mitarbeiterbezogenen Wirkungen und wirtschaftlichen Wirkungen.

Nun wird es weder sinnvoll noch zweckmäßig sein, aus allen angeschnittenen Teilbereichen Kennziffern zu ermitteln. Man wird sich hier aus wirtschaftlichen Gründen auf eine gezielte Auswahl einzelner Meßgrößen beschränken müssen. Welche Kennziffern dies im einzelnen sein werden, die zusammengefaßt einen möglichst vollständigen und geschlossenen Überblick über den Gesamtwert des Humanvermögens ergeben, ist nur im konkreten Einzelfall zu entscheiden. Man wird hier den Weg beschreiten müssen, den die "Konjunkturindikatoren-Forschung" seit langem zu beschreiten begonnen hat. Auch im Rahmen der Konjunktur-Forschung war es bisher noch nicht möglich, einen aussagekräftigen, in einem einzigen Wert zusammengefaßten Indikator zu entwickeln. Man hat vielmehr aus nahezu 500 Meßgrößen zur Darstellung von zyklischen Entwicklungen im Wirtschaftsablauf 21 Kennziffern herausgefiltert, die als vorauseilende, zeitlich zusammenfallende oder nachhinkende Indikatoren klassifiziert werden konnten.

Zusammengefaßt ergeben diese einzelnen Meßziffern, die sich in Form von absoluten Zahlen, Verhältniszahlen, Beziehungszahlen, Indizes, Koeffizienten oder sonstigen statischen Meßgrößen darstellen können, ein weitgehend geschlossenes, hinreichend objektives und aussagekräftiges Gesamtbild über die konjunkturelle Entwicklung.

7.2.3 Realisierung eines Kennziffernsystems zur Arbeitswirtschaft im Rahmen der französischen "bilan social"

Frankreich ist das erste Land, das neben den handelsrechtlichen Vorschriften zur Erstellung von Jahresabschlüssen gesetzlich ein System von Indikatoren aus der Arbeitswirtschaft fordert, um den Unternehmungsleitungen ein Hilfsmittel an die Hand zu geben, mit dem sie angehalten werden sollen, alle den "Faktor Arbeit" betreffenden, d.h. das Humanvermögen beeinflussenden Größen zu erfassen, die Betriebsausschüsse zu unterrichten, zugleich deren Mitwirkung bei der Regelung der sozialen Angelegenheiten der Betriebe sicherzustellen.

Wer das französische Gewerkschaftssystem mit der sehr zersplitterten Struktur der Richtungsgewerkschaften und ihre Einstellung zur Staats- und Gesellschaftsordnung kennt, wird dies als einen richtungsweisenden Schritt bezeichnen, der zu einer Versachlichung der Auseinandersetzung zwischen Arbeitgebern und Arbeitnehmern führen kann.

Geregelt ist dieses Indikatorensystem unter dem in deutscher Sprache in wörtlicher Übersetzung etwas irreführenden Begriff "bilan social" im vierten

Buch des "Code du Travail" unter der Überschrift "Berufsverbände, Arbeitnehmervertretungen, Partizipation und Mitwirkung der Arbeitnehmer". Zum Wesen der "bilan social" bestimmt Artikel 438-3 wörtlich: Die "bilan social" faßt in einem einzigen Dokument in Zahlen die wesentlichen Gegebenheiten zusammen, derart, daß sich daraus die soziale Situation des Unternehmens und die wirklich durchgeführten Maßnahmen ablesen sowie die Veränderungen messen lassen, die im soeben abgelaufenen und in den beiden vorausgegangenen Jahren eingetreten sind. Folglich hat die "bilan social" Informationen über den Beschäftigungsgrad, die Arbeitsentgelte samt Nebenlasten, den Zustand der Betriebshygiene und -sicherheit, alle anderen Arbeitsbedingungen, das betriebliche Bildungswesen, die Beziehungen zu den Berufsständen und über die Lebensumstände der Arbeitnehmerschaft und ihrer Familien insoweit zusammenzustellen, als diese Lebensumstände unter dem Einfluß des Unternehmens stehen.

Nach Artikel 438-5 bis -7 hat die Unternehmungsleitung den Rohentwurf der "bilan social" zu erstellen und diesen spätestens 15 Tage vor der "Bilanzsitzung" den Mitgliedern des Betriebsausschusses sowie den nicht stimmberechtigten Gewerkschaftsdelegierten zuzuleiten.

Der Betriebsausschuß erarbeitet innerhalb vorgegebener Fristen eine Stellungnahme. Die modifizierte Sozialbilanz und das Protokoll der Bilanzsitzung sind dann binnen 15 Tagen nach der Sitzung dem Arbeitsinspektor (d.h. der Arbeitsverwaltung) zuzuleiten. Jeder Arbeitnehmer und bei Aktiengesellschaften jeder Aktionär hat das Recht auf Einsicht.

Nach der Rechtsverordnung des Staatsrates vom 8.12.1977 ist die "bilan social" in die Hauptabschnitte I bis VII gegliedert. Die Gliederungspunkte entsprechen dem Gesetzentwurf.

I. **Beschäftigungsstand**
    11. Personalbestand
    12. Arbeiter auf Zeit
        11. und 12. sind aufzugliedern nach durchschnittlicher Belegschaftsstärke, Dauer der Betriebszugehörigkeit nach Geschlechtern, berufliche Qualifikation u.a. Angaben, die praktisch jede Personalstatistik enthält
    13. Eintritte während des Geschäftsjahres
    14. Austritte während des Geschäftsjahres
    15. Vorgenommene Beförderungen mit Angaben über die Zahl der Beförderungen in eine höhere Rangstufe, die im Berichtsjahr erfolgt sind.
    16. Arbeitslosigkeit und Kurzarbeit.
    17. Beschäftigung von Behinderten.
    18. Entwicklung von Fehlzeiten.

II. **Arbeitsentgelte und Nebenleistungen**
21. Summe der Arbeitsentgelte mit einer Aufteilung auf leitendes Personal, mittlerer Führungskräfte, Ingenieure, Büroangestellte, Meister, qualifizierte und unqualifizierte Werkstattarbeiter.
22. "Hierarchie der Entgelte" mit Angabe der absoluten Beträge der 10 höchsten Entgelte sowie der Ermittlung einer Verhältniszahl zwischen den Entgelten, die an 10 % der am höchsten und 10 % der am niedrigsten bezahlten Mitglieder der Belegschaft bezahlt wurden.
23. Struktur der Entgelte, d.h. die Art ihrer Ermittlung (Zeit- oder Leistungslohn usw.)
24. Nebenlasten, vor allem freiwillige soziale Leistungen in Geldform.
25. Gesamtbelastung durch Personalkosten (Löhne und Gehälter) im Verhältnis der Wertschöpfung
26. Partizipation der Belegschaft.

III. **Betriebshygiene und Betriebssicherheit.**
31. Arbeits- und Wegeunfälle, aufgegliedert nach Beschäftigungsgruppen und Ermittlung einer Verhältniszahl von Betriebsstillstandstunden, die durch Unfälle verursacht wurden, im Verhältnis zur Gesamtzahl der Arbeitsstunden im Unternehmen.
32. Aufgliederung der Unfallursachen, durch die man auf Betriebsmängel schließen kann, verbunden mit der Frage, in welchem Umfang die einzelnen Punkte des Sicherheitsprogramms des vergangenen Jahres erfüllt wurden.
33. Detaillierte Aufgliederung der Berufskrankheiten.
34. Tätigkeiten des Hygiene- und Sicherheitsausschusses.
35. Detaillierte Aufgliederung der Ausgaben für die Betriebssicherheit.

IV. **Andere Arbeitsbedingungen.**
41. Dauer und Regelung der Arbeitszeit.
42. Arbeitsorganisation und Arbeitsinhalt.
43. Psychische Belastungen durch die Arbeit (Lärm, Temperatur).
44. Umbau der Arbeitsorganisation
45. Ausgaben für die Verbesserung der Arbeitsbedingungen.
46. Arbeitsmedizin.
47. Feststellungen über mangelnde Eignung von Arbeitskräften.

V. **Betriebliches Bildungswesen**
51. Durchgeführte Maßnahmen der Berufsaus- und -weiterbildung mit einer Aufteilung der betrieblichen Ausgaben für die einzelnen Bildungsvorhaben nach Programmen und Bildungsinstituten sowie ihr Verhältnis zur Summe der Arbeitsentgelte.
52. Bildungsurlaub.
53. Lehrlingswesen.

VI. **Beziehungen zu den Berufsständen**
61. Personalvertretung und gewerkschaftliche Vertrauensleute mit Angabe der bestehenden Arbeitnehmervertretung, Namen und Funktionen der Personaldelegierten, Zahl der abgehaltenen Sitzungen, Vergütung der Arbeitsstunden als Sitzungsteilnehmer, betrieblicher Aufwand für Arbeitnehmervertretungen usw.
62. Information und Kommunikation
63. Arbeitsrechtliche Verfahren.

VII. **Andere Lebensumstände der Mitarbeiter, die vom Unternehmen beeinflußt werden.**
71. Soziale Einrichtungen (Wohnungsbau, Werksverkehr, Kantine, Freizeitförderung, Urlaub usw.).
72. Sonstige Soziallasten, z.B. Versicherungen usw.

Betrachtet man dieses Indikatorensystem, so zeigt sich, daß es - wie viele Gesetze - die Handschrift eines politischen Kompromisses trägt. Viele Details werden gefordert, die mit einem erheblichen Arbeitsaufwand erstellt werden müssen und die dann doch nicht die Aussagekraft haben, die in einem sinnvollen Verhältnis zum Arbeitsaufwand steht. Manche Bereiche bleiben, wie z.B. der Abschnitt VII. im Fragmentarischen stecken. Viele Tatbestände, die den Bereich der menschlichen Arbeitsleistungen im Betrieb betreffen, wie Betriebsklima, Gesundheit, Arbeitszufriedenheit usw. bleiben unerwähnt.

7.3   Profitcenterprinzip und Personalcontrolling

Die Veränderung der Situation im betrieblichen Personalwesen im Laufe der letzten Jahre, ist durch die bereits in anderen Kapiteln beschriebenen Faktoren gekennzeichnet, die sich wie folgt zusammenfassen lassen.

- Stärkere Integration der Personalarbeit in die Unternehmensleitung
- Veränderungen der Rahmenbedingungen für die betriebliche Personalarbeit durch die Konjunkturentwicklung
- Erheblicher Rationalisierungs- und Neustrukturierungsschub durch die sich immer stärker durchsetzende Unternehmensphilosophie des "Lean-Management".[2]

---

[1] Die Diskussion um den Begriff Lean-Management wurde ausgelöst durch die Veröffentlichung von Womack, Jones P.; Jones, Daniel T.; Roos, Daniel: Die zweite Revolution in der Automobil-Industrie. Die Konsequenzen der weltweiten Studie des Massachusetts Institute of Technological, Campus 1991. Im Verhältnis zur japanischen Automobilindustrie benötigt die westliche Industrie mehr Arbeitskräfte, längere Entwicklungszeiten, mehr Produktionsflächen, höhere Lagerbestände usw. Lean bedeutet schlank. Schlanke Produktion, schlanke Verwaltung usw. gleichbedeutend mit Konzentration

- Aufspaltung des Arbeitsmarktes in kleinere Teilarbeitsmärkte mit geringer fachlicher und regionaler Mobilität
- Veränderung der Aufgabenstruktur der Personalabteilung

Der Trend zu einer Zentralisierung wird abgelöst durch eine Dezentralisierung der Personalaufgaben und die Rückverlagerung von Teilbereichen der Personalarbeit an die Linienvorgesetzten und damit Zunahme der Organisations- und Richtlinienaufgaben bei der Personalabteilung.

Allen Bereichen des betrieblichen Personalwesens gemeinsam ist, daß die Folgen der getroffenen Entscheidungen in der Regel kaum unmittelbar, sondern erst mit einem größeren zeitlichen Verzug erkennbar sind. Im Gegensatz zu anderen betrieblichen Funktionsbereichen wie Absatz, Produktion usw. fehlen z.B. bei der Personalauswahl, der Personalentwicklung, der Personalführung eindeutige Signale, die einen Erfolg oder Mißerfolg bestimmter Aktivitäten anzeigen bzw. erkennen lassen.

Die zwangsläufige Folge ist, daß ein System der Humanvermögensrechnung und ein rudimentärer Ansatz von nicht immer zweckmäßig gestalteten Kennziffernsystemen, den Kontroll- und Steuerungsaufgaben nur bedingt gerecht werden können.

Zwei Ansätze haben sich hier in den letzten Jahrzehnten herausgebildet.

- Profitcenterprinzip
- Personalcontrolling.

Beim Profitcenterprinzip werden die in vielen Bereichen einer divisionalen (spartenmäßig gegliederten) Unternehmung mit Erfolg eingesetzten Verfahren auch auf den Personalbereich übertragen. Der Spartenleiter ist für den Erfolg seiner Unternehmenseinheit weitgehend selbst verantwortlich. Er erhält damit eine weitgehende Entscheidungskompetenz hinsichtlich derjenigen Funktionen, die von Bedeutung für das laufende Geschäft sind.

In bekannt gewordenen praktischen Ansätzen erstellt die Personalabteilung eine Art Katalog aller Leistungen, die sie für andere Unternehmensbereiche erbringt bzw. erbringen kann, so z.B. Personaleinstellung, Personalverwaltung, Personalfreisetzung usw. und legt den Verrechnungssatz für diese Leistungen fest. Die einzelnen Funktionsverantwortlichen der anderen Unternehmens-

---

auf die positiven Beiträge in der Wertschöpfungskette. Beschränkung auf das Kerngeschäft, Auslagern aller anderen Bereiche auf mit dem Unternehmen verbundenen Zulieferfirmen, verstärkter Einsatz der Gruppenarbeit, Abbau von hierarchischen Zwischenstufen, Einbindung der Zulieferer in die Wertschöpfungskette, ständige Steigerung der Wirtschaftlichkeit durch einen kontinuierlichen Verbesserungsprozeß (Kaizen) bereiche können entscheiden, ob sie bestimmte Teilaufgaben selbst erledigen oder ob sie hierfür die Personalabteilung in Anspruch nehmen wollen.

In jährlichen Koordinierungsgesprächen klärt der verantwortliche Personalleiter mit den Leitern der Funktionsbereiche ab, welche Leistungen im kommenden Jahr von der Personalabteilung gefordert und welche internen Verrechnungspreise hierfür angesetzt werden.

Auf der Grundlage dieser Leistungsanforderungen erstellt die Personalabteilung ihr Kostenbudget und ist für die Einhaltung dieses Budgets verantwortlich.

Zusätzlich zu dem leistungsbezogenen ermittelten Budget genehmigt die Unternehmensleitung noch einen Zuschlag für sogenannte "unternehmenssichernde Tätigkeiten des Personalbereiches", zu denen u.a. passive Konsultationsaufgaben, Richtlinienaufgaben, langfristige Planungsaufgaben usw. gehören.

Ob sich dieses Profitcenterprinzip zumindest in einzelnen Teilbereichen durchsetzen wird, muß die Zukunft beweisen. Die Komplexität der Personalarbeit und die Notwendigkeit der Zusammmenarbeit mit den Fachabteilungen lassen erhebliche Probleme erwarten, eine einheitliche und schlagkräftige Personalpolitik im Rahmen der Unternehmenspolitik durchzusetzen. Damit entsteht die Gefahr, daß der Bereich "der unternehmenssichernden Maßnahmen" sehr rasch einen erheblichen Anteil an der gesamten Personalarbeit einnehmen wird. Zum anderen dürfte auch der reine Profitcentergedanke nur schwer zu verwirklichen sein, weil die Abnehmer der Leistungen es in der Regel bei der Personalabteilung mit einem Monopolanbieter zu tun haben und ihnen damit meist auch die Möglichkeit verwehrt ist, Leistungen bei einem anderen Anbieter zu günstigeren Bedingungen "einzukaufen".

Neben dem Profitcentergedanken wird verstärkt die Forderung nach einem analog zu anderen funktionalen Controllingbereichen gestalteten Personalcontrolling erhoben. Hierbei ist der Begriff Personalcontrolling ebenso wie der allgemeine Controllingbegriff keineswegs eindeutig.

Potthoff/ Trescher (1986) begrenzen den Begriff auf die Planung und Kontrolle quantifizierbarer Vorgaben, während *Wunderer* (1989, S. 224) eine Ausdehnung auch auf soziale Aspekte fordert und *Marr* (1989, S. 70) ein Personalcontrolling als Basis für einen "evolutionären Lernprozeß" fordert.

Hierbei sind nach *Wunderer* (1993) folgende Funktionen und Instrumente von Bedeutung:

- Koordination der Personalplanung mit der Unternehmensplanung sowie mit anderen Funktionsbereichen

- Bereitstellungsplanung und erforderliche Abschätzung der Personalressourcen von wichtigen Einflußfaktoren auf die zukünftige Personalstruktur (qualitativ und quantitativ)
- Planung, Bewertung und Kontrolle von Leistungspotentialen und Leistungsmotivation sowie Leistungsergebnisse und -kosten der Mitarbeiter
- Integrierte Beurteilung von ökonomischen und sozialen Wirkungen unternehmenspolitischer Entscheidungen
- Klärung von Schnittstellen zwischen Finanzcontrolling und dem Personalcontrolling
- Übersicht über Struktur und Entwicklung der Personalkosten
- Bessere Entscheidungsgrundlagen im Personalbereich (z.B. durch Personalinformationssysteme, verbesserte Rechnungslegung, Kalkulation von Personalkosten),

damit sollen folgende Aufgaben erfüllt werden:

- Ermittlung und Auswertung personalwirtschaftlicher Kenngrößen und Indikatorensysteme
- Personalbedarfsplanung, mit der Weiterentwicklung von einer quantitativen zu einer qualitativen Planung
- Personalbudget und Personalkostenrechnung
- Kosten- und Wirtschaftlichkeitsvergleiche, insbesondere als Entscheidungsgrundlage für den Einsatz externer Hilfe oder für Make-or-buy-Entscheide im Bereich der Personalentwicklung
- periodische Personalplanung und Erfolgskontrolle
- Wirkungsanalysen von Anreizsystemen
- Wirkungsanalysen von Personalentwicklungssystemen
- Motivations- und Identifikationsanalysen
- Führungs- und Kooperationsanalysen.

Versucht man die verschiedenen Ansätze eines Personalcontrollings zu systematisieren, so ergeben sich in Anlehnung an die Konzepte des Unternehmenscontrolling vier Entwicklungsstufen (vgl. Abbildung 87).

Die Stufe 1 beschränkt sich im wesentlichen auf die Kostenerfassung und Kostenrechnung sowie der Leistungsermittlung der Personalarbeit. Soweit diese Werte vorgeplant werden können, auch auf den Soll-Ist-Vergleich der Leistung. Diese Stufe wird heute bei einer Vielzahl von Unternehmen bereits realisiert.

Kritisch ist darauf hinzuweisen, daß Vergleiche von Kosten- und Leistungskennziffern mit Vergangenheits- und/oder Branchenwerten nur dann etwas aussagen können, wenn auch die Rahmenbedingungen für die Ermittlung der Vergleichswerte zumindest annähernd vergleichbar sind.

Entwicklungsstufe Umfang	1. Quantitatives Controlling (Kosten- und Leistungskontrolle)	2. Quantitatives Erfolgscontrolling	3. Qualitatives Controlling	4. Strategisches Personalcontrolling
Inhalt	Planung des Personalbedarfs, einschließlich Beschaffung, Entwicklung, Freisetzung usw. Planung der Personalkosten, Kontrolle des Personaleinsatzes und der Personalkosten	Erfolgskontrolle der Personalarbeit, quantitative Zielerfüllung, Einhaltung des Kostenbudgets (Personal- und Sachkosten)	Erfolgskontrolle der Personalarbeit, wie 2. zusätzliche Bewertung aller relevanten einschlägigen sozialen und ökonomischen Erfolge	Erweiterung des Aufgabenumfangs und Einbindung in das strategische Management
Arbeitsschwerpunkte	Planung und Erfassung des Personaleinsatzes und der Personalkosten	wie 1, zuzüglich der quantitativen Bewertung der Personalarbeit mit Weiterentwicklung zu einem Aufwand-/Nutzenvergleich	wie 2, zuzüglich einer qualitativen Bewertung der Personalarbeit und ihrer Auswirkungen	wie 3., jedoch mit Einbezug einschlägiger qualitativer Analysen mit eigenen Komponenten (in bezug auf Zukunftsaspekte).
Hilfsmittel und Instrumente	Planung, Kennzahlen, Budgetierung, Rechnungswesen	Planung, Kennzahlen, Budgetierung, Rechnungswesen	wie 1.+2., Statistik, Kosten- und Wirtschaftlichkeitsvergleich Motivations- und Qualifikationsanalyse, Mitarbeiterbefragungen	wie 3., zusätzlich Umfeldanalysen, Potentialbeurteilung, Portfolio-Analysen, Stärken-Schwächen-Analyse, Benchmarking und zwischenbetriebliche Vergleiche

Abbildung 87: Entwicklungsstufen des Personalcontrolling

Naturgemäß sind Abweichungen beim Vergleich zwischen Soll und Ist nicht gleichbedeutend mit Unwirtschaftlichkeit. Die Ursachen der Abweichungen können auch in nicht erreichbaren Sollvorgaben liegen. Diese Abweichungen können deshalb auch nur Hinweise für weitergehende Analysen sein. Ein Hilfsmittel für die Ermittlung leistungsfördernder Sollvorgaben kann hier das Konzept des sogenannten "Benchmarking" sein.

Wenn sich das Personalcontrolling der Stufe 1 nur auf einen, wenn auch vielleicht den wichtigsten Teilbereich der Controllingaufgabe beschränkt, so hat dies doch den Vorteil, daß die Daten und die Abweichungen vergleichsweise präzise zu ermitteln sind.

Allerdings wird man dem Einwand zustimmen müssen, daß sie nur dann etwas über die Wirtschaftlichkeit bzw. Effizienz der Personalarbeit aussagen, wenn man nicht im Sinne einer Input-Output- bzw. Kosten-/ Nutzenanalyse auch die erbrachten Leistungen bewertet.

Als Hilfsgrößen werden hier in der Literatur immer wieder Vergleichszahlen vorgeschlagen, die auch in der Praxis häufig angewandt werden (*Schulte 1989*). Weitergehende Ansätze, die versuchen, die Leistung des Personalbereichs zu bewerten oder den anteiligen Beitrag des Personalbereichs zum Gesamterfolg i.S. einer "Erfolgs- oder Produktivitätskontrolle" (*Wunderer/ Seiler, 1987*) zu ermitteln, dürften jedoch kaum erfolgreich sein. Die "Arbeitsproduktivität", die als Indikator für den Beitrag der Personalarbeit zum Unternehmenserfolg vorgeschlagen wurde, dürfte für die meisten Tätigkeiten in einem Unternehmen nicht eindeutig bestimmbar sein. Es werden auch im Einzelfall nur schwer eindeutige Beziehungen zwischen beiden Größen hergestellt werden können.

Wenn man auch noch anerkennt, daß die Personalarbeit im Unternehmen nicht nur ökonomische, sondern auch soziale Unternehmensziele verfolgt, so wird jedoch jeder Versuch ihren Zielbeitrag zu ermitteln, auf sehr enge Grenzen stoßen.

Es wird damit sicher zweckmäßiger sein, daß sich das Personalcontrolling auch auf eine Ermittlung der "Soll-Ist-Abweichungen" quantitativer und so weit möglich, auch qualitativer Zielsetzungen beschränkt, die im wesentlichen den Bereich der Personalarbeit ausmachen und die den Unternehmenserfolg mitbestimmen.

So betrachtet, stellen sich hier im Grunde genommen eigentlich weniger Controllingprobleme als vielmehr Probleme der Planung und der Formulierung von Kennzahlen.

Statistiken eignen sich hervorragend
für Manipulation oder Fehlinformation.

Die Steigerungsform von
Lüge ⇒ Betrug ⇒ Statistik
ist leider nicht so unzutreffend,
daß niemand mehr darüber lachen kann.

Jede Statistik kann auf ihre Art
richtig oder falsch sein. Es hängt ab

- von der richtigen Bewertung
- der Repräsentativität der Grundsgesamtheit,
- der Übertragbarkeit der Ergebnisse auf den konkreten, zu beurteilenden Fall
- und vor allem vom Interpretationszusammenhang.

Wertanalyse:

Nicht die geringsten Kosten oder das Billigste ist auch das Beste.

Entscheidend ist der Nutzen,
den ein Produkt oder eine Dienstleistung
für denjenigen bringt,
der sie benutzt oder braucht.

Vergleichen Sie die Kosten
des Gesamtproduktes mit dem Wert,
den ein Käufer oder ein Nutzer dafür aufwenden will,
vergleichen Sie die Kosten der einzelnen Komponenten
mit dem anteiligen Nutzen für das Gesamtprodukt.

Nur das gilt als Maßstab.
Bestandteile eines Produktes
mit einer längeren Lebensdauer oder einer höheren Qualität
als das ganze Produkt selbst hat, sind in der Regel meist fragwürdig
und die systematische Analyse kann nur so wertvoll sein
wie die Schlußfolgerungen, die man daraus ziehen
und vor allem die Maßnahmen, die man umsetzen kann.

Drittes Kapitel

Beurteilungs- und Vorschlagswesen

1. Personalbeurteilung

1.1 Gegenstandsbereich

Das menschliche Zusammenleben wird gesteuert und ermöglicht durch soziale Wahrnehmungsprozesse. So wie eine Person ihre soziale Umwelt wahrnimmt, so wird sie auf ihre Anforderungen und Reize reagieren. Dieses Reagieren setzt voraus, daß jede betroffene Person gleichzeitig mit der Wahrnehmung auch eine "Beurteilung" der Situation und der Personen vornimmt. Diese Beurteilung kann spontan, ohne rationale Überlegung erfolgen, wie z.B. beim ersten Eindruck oder bei reflexartigen Handlungen, sie kann aber auch auf erlernbaren Verhaltensmustern beruhen, oder aber aufgrund einer sorgfältigen und reiflichen Abwägung aller die Beurteilung beeinflussenden Faktoren.

Diese stetigen, sehr häufig spontan und unbewußt ablaufenden Beurteilungsvorgänge sind es, auf denen unser Zusammenleben beruht. Diese Beurteilungsvorgänge entscheiden dann über gegenseitige zwischenmenschliche und emotionale Beziehungen und auch darüber, ob man eine engere persönliche Bindung eingehen will oder nicht. Letztlich bestimmt damit die Beurteilung der Handlungsweise eines Mitarbeiters durch den Vorgesetzten auch sein Verhalten dem Mitarbeiter gegenüber.

Unter betrieblicher Personalbeurteilung versteht man deshalb in der Regel

- die geplante, häufig formalisierte und standardisierte Bewertung von Organisationsmitgliedern (Person ist Beurteilte)
- zu einem bestimmten, sich aus der Betriebstätigkeit heraus ergebenden Zweck
- unter Berücksichtigung bestimmter Beurteilungskriterien
- durch bestimmte, ausdrücklich von der Organisation des Unternehmens beauftragte Personen (Beurteiler).

1.2 Ziele der Personalbeurteilung

Das Ziel der Personalbeurteilung ist die Gewinnung von Informationen über persönliche Eigenschaften, Verhaltensweisen und Fähigkeitspotentiale von Organisationsmitgliedern.

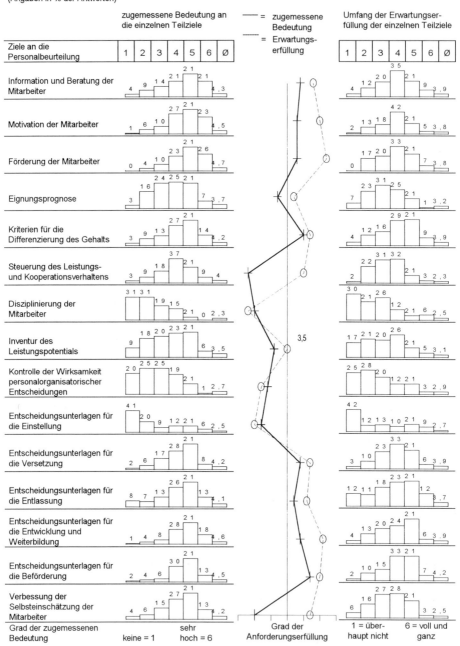

Abbildung 88: Zielsetzung an die Personalbeurteilung (zugemessene Bedeutung und Erfüllung der Erwartung)

Die Personalbeurteilung soll in der Regel mehreren Zielen dienen, und zwar als

1. Basis individueller Lohnbestimmung, vor allem bei Zeitlöhnen,
2. Grundlage personeller Auswahlentscheidungen für Einstellung, Entlassung, Beförderung und Versetzung. Besondere Bedeutung kommt hier der Personalbeurteilung auch für die Personaleinsatzplanung sowie der Analyse der Schwachstellen zum Zwecke der Personalentwicklung zu.
3. Kontrolle der Wirksamkeit personalorganisatorischer Maßnahmen, z.B. Erfolgskontrolle von Ausbildungsveranstaltungen und -methoden usw.
4. Führung der Mitarbeiter und Beratung durch den nächsten Vorgesetzten, um den Einzelnen über seine Position und seine Leistung zu informieren und ihm im persönlichen Gespräch Möglichkeiten und Wege einer individuellen beruflichen Entwicklung und Förderung aufzuzeigen.

Hierbei dienen die Zielbereiche 1 - 3 vor allem der Umsetzung und Gestaltung personalpolitischer Maßnahmen, während der Zielbereich 4 im wesentlichen auf die Realisierung von Führungspotentialen (Mitarbeiterführung) und die hierzu abgeleiteten Maßnahmen abstellt.

Diese Zielpluralität führt häufig dazu, daß mit einem einheitlichen und geschlossenen Beurteilungssystem keines dieser Ziele voll erreicht wird. Es empfiehlt sich deshalb, je nach dem vorrangig angestrebten Ziel, die Schwerpunkte unterschiedlich zu setzen, die Bewertungskriterien anders zu wählen und das Vorgehen zu differenzieren.

Die Bedeutung, die im Rahmen einer Untersuchung ein ausgewählter Kreis von Personalleitern den einzelnen Zielen beimißt, und der Grad, in dem das Beurteilungsverfahren die hier gesetzten Erwartungen erfüllt, zeigt die Abbildung 88.

Von der jeweiligen Zielsetzung hängt auch die Häufigkeit der Personalbeurteilung ab.

Sie kann sporadisch jeweils aus gegebenem Anlaß durchgeführt werden, z.B. vor der Gewährung einer Gehaltserhöhung, vor einer Versetzung usw. Sporadische Beurteilungen haben den Nachteil, daß in der Regel der jeweilige Beurteilungszweck einseitig im Vordergrund steht. Deshalb gehen immer mehr Firmen dazu über, Beurteilungen regelmäßig durchzuführen, um die Ergebnisse jeweils mehrfach zu nutzen. Abgesehen von Auszubildenden, bei denen die Beurteilungszeiträume meist drei Monate betragen, werden die Beurteilungen in der Regel einmal jährlich durchgeführt. Kürzere Perioden haben sich als unzweckmäßig erwiesen, weil in dieser Zeit meist keine bemerkenswerten Änderungen auftreten und zum anderen der damit verbundene Arbeitsaufwand stark ansteigen würde. Außerdem besteht die Gefahr, daß die Beurteilung zur Routine wird, die sich in der Regel an vorangegangenen Beurteilungen orientiert. Zu lange Abstände zwischen den einzelnen Beurteilungen sind unzweckmäßig, weil sie dann für laufende personalpolitische Maßnahmen, wie regelmäßige Gehaltsüberprüfung, Maßnahmen der Personalentwicklung usw. nicht mehr aktuell genug und damit unbrauchbar sind.

1.3 Kreis der zu Beurteilenden und der Beurteiler

Grundsätzlich ergibt sich aus den Zielvorstellungen, die mit der Mitarbeiterbeurteilung verfolgt werden, daß sie für alle Mitarbeiter, unabhängig von ihrer hierarchischen oder arbeitsrechtlichen Einstufung, in die Unternehmensorganisation sinnvoll und möglich ist. Hierbei stellt dann die Personalbeurteilung Informationen für die Personen zur Verfügung, die im Unternehmen über Einsatz, Weiterbeschäftigung, Beförderung usw. eines Mitarbeiters zu befinden haben.

Während damit entsprechend der jeweiligen unternehmerischen Zielsetzung naturgemäß jede Person Gegenstand der Beurteilung sein kann - auch ein Vorstandsmitglied ist nicht davon ausgenommen, vom Aufsichtsrat beurteilt zu werden - kann die Forderung, die an eine Personalbeurteilung gestellt wird, nur dann erfüllt werden, wenn die Beurteilung von einer Person vorgenommen wird, die sowohl die Aufgaben als auch die zu beurteilende Person sowie die Arbeitsergebnisse aus eigener Anschauung kennt.

1.4 Träger der Beurteilung

Diese Voraussetzungen werden in der Regel durch den jeweiligen Vorgesetzten erfüllt. In der Praxis versteht man deshalb im allgemeinen unter Personalbeurteilung einen einseitigen Akt der Beurteilung von Mitarbeitern durch ihre unmittelbaren Vorgesetzten. Da das Verhalten eines Mitarbeiters in der Regel durch das Verhalten des jeweiligen Vorgesetzten mitbestimmt wird, beeinflußt das Beurteilungsergebnis natürlich auch den Interessenbereich des Beurteilenden. Er ist deshalb im Beurteilungsprozeß Partei. Um eine allzu große persönliche Färbung des Beurteilungsergebnisses zu vermeiden, steht dem Beurteilten nicht nur ein Recht auf Erörterung des Ergebnisses zu, sondern es werden in der Praxis in der Regel auch die Vorgesetzten der jeweiligen die Beurteilung vornehmenden unmittelbaren Vorgesetzten mit in den Beurteilungsprozeß einbezogen. Der Weg, daneben noch weitere, eventuell auch betriebsfremde Beurteiler heranzuziehen und damit ein Beurteilungskolloquium zu bilden, wird zwar häufig in der Literatur erörtert, ist aber in der Praxis kaum anzutreffen und dürfte auch, abgesehen von speziellen Ausnahmefällen, kaum zweckmäßig sein.

Die an den Beurteiler gestellte Anforderung wird aber nicht nur vom unmittelbaren Vorgesetzten erfüllt, sondern auch von den Kollegen und den Mitarbeitern des zu Beurteilenden. Daß bisher nur wenige Versuche bekannt wurden,

Kollegen in den Beurteilungsprozeß einzubeziehen, hat seine Ursache weniger darin, daß ein wesentliches Prinzip des hierarchischen Organisationsaufbaues in Frage gestellt und damit ein potentielles Machtinstrument aus der Hand gegeben wird, sondern vielmehr in der Tatsache, daß die primär zwischen Gleichrangigen bestehenden personellen Beziehungen, Rivalität oder Kameradschaft und Freundschaft, das Urteil zu stark bestimmen.

Die direkte Beurteilung der Vorgesetzten durch ihre Mitarbeiter durch Wahl oder Bestätigung in einigen Modellen, z.B. bei Körber (Hauni-Werke) oder Photo-Porst usw. haben sich in der Praxis nicht durchsetzen können. Praktische Erfahrungen haben hier gezeigt (vgl. u.a. Reinecke 1983), daß die durch den Vorgesetzten wahrzunehmende Koordinationsaufgabe in einem arbeitsteiligen Prozeß nicht nur eine soziale Angelegenheit, sondern vielmehr auch eine im wesentlichen leistungsbezogene Aufgabe ist.

Hierbei treten ganz natürliche Interessengegensätze auf, die das Urteil beeinflussen. Daneben führt naturgemäß auch die Forderung, daß Mitarbeiter ihre Vorgesetztenbeurteilung anonym abgeben können, zu einer wesentlichen Beeinträchtigung einer Feed-back-Wirkung.

Weniger Probleme dieser Art treten hier nur bei der Beurteilung externer Bewerber auf. Hierbei treffen die Beurteiler entweder einzeln oder gemeinsam die Entscheidung, ob ein Bewerber eingestellt wird oder nicht. Hier sind am Beurteilungsvorgang in der Regel die Personalabteilung, häufig auch der spätere unmittelbare Vorgesetzte beteiligt. Analoges gilt in der Regel auch für die Entscheidung bei Versetzung oder der Betrauung mit neuen Aufgaben.

1.5 Gegenstand der Beurteilung

Grundsätzlich sollen nur betriebsbezogene Aspekte des Leistungs- und Sozialverhaltens eines Mitarbeiters im Unternehmen Gegenstand der Personalbeurteilung sein. Da aber auch das soziale Verhalten einer jeden Person das Leistungsklima im Unternehmen entscheidend mitbestimmt, wird man nicht umhin kommen, zumindestens auch das im betrieblichen Sozialgefüge wirksame persönliche soziale Verhalten mit in die Beurteilung einzubeziehen.

1.5.1 Summarische oder analytische Beurteilung

Wie bei der Ermittlung des Arbeitswertes kann man auch bei der Beurteilung der Leistung zwischen summarischem und analytischem Vorgehen unterscheiden. Bei der summarischen Beurteilung werden nicht einzelne Leistungsmerkmale betrachtet, sondern es wird versucht, ein ganzheitliches Ergebnis zu finden. So kann man versuchen, eine Rangreihe aller Mitarbeiter nach ihrer Leistung aufzustellen oder sie nach Leistungsstufen einzuordnen. Die summarische Leistungsbewertung, die sich in der Regel auf einen unmittelbaren

Gesamteindruck stützt, mag bei Kleinbetrieben, mit einer vom Beurteiler überschaubaren Belegschaft, bei der er den Einzelnen noch persönlich kennt, genügen. Im größeren Betrieb, wo sichergestellt werden muß, daß in verschiedenen Gruppen und Abteilungen auch nach den gleichen Maßstäben beurteilt wird, ist diese Beurteilungsart nicht mehr ausreichend. Mit der analytischen Leistungsbeurteilung versucht man diesen Mangel auszugleichen. Hier wird nicht mehr die Leistung als ein Ganzes, sondern es werden die einzelnen Leistungsmerkmale zur Urteilsfindung herangezogen. Das Gesamturteil ergibt sich aus der Zusammenfassung der Urteile über die einzelnen Leistungsbestandteile.

In der Praxis bedient sich die summarische Leistungsbewertung in der Regel der verbalen Beschreibung, bei der allenfalls im Text auf die einzelnen zur Urteilsfindung herangezogenen Umstände hingewiesen wird. Die analytische Leistungsbewertung hingegen bedarf eines methodischen Vorgehens und einer klaren Begriffsabgrenzung der einzelnen Leistungsmerkmale und der Bewertung der unterschiedlichen Ausprägungen.

In den verschiedenen seit 1970 abgeschlossenen Tarifverträgen, die auch das Verfahren der Leistungsbeurteilung und den Einfluß auf die Entlohnung regeln, werden die beiden Begriffe in einem anderen Sinne gebraucht. In der Regel gehen diese Tarifverträge von vier Beurteilungsmerkmalen aus. Als summarisch werden die Verfahren bezeichnet, bei denen die einzelnen Merkmale nur mit Stichworten, z.B. sehr gut, befriedigend usw., gekennzeichnet sind, bei den als analytisch bezeichneten Verfahren hingegen werden die verschiedenen Ausprägungen eines Merkmals detaillierter beschrieben.

1.5.2 Beurteilungskriterien

Das Ergebnis der Beurteilung hängt im wesentlichen davon ab, welche Kriterien zur Beurteilung herangezogen werden. Eine Reihe von Unternehmen hat gute Erfahrungen damit gemacht, die Merkmale der analytischen Arbeitsbewertung der persönlichen Leistungsbewertung zugrundezulegen. Sie gehen von der Annahme aus, daß die Leistung eines Mitarbeiters davon abhängt, in welchem Umfang er während des Beurteilungszeitraumes diesen Anforderungen entsprochen hat. Diese Handhabung reicht aus, so lange die Leistungsbeurteilung nur zur möglichst objektiven Ermittlung von Leistungslohnzulagen dient. Sobald sie aber auch anderen Zwecken dienen soll, z.B. Lieferung von Unterlagen zur Schwachstellenanalyse, zur Planung von Personalentwicklungsmaßnahmen, der Beurteilung von Führungseigenschaften oder der Führungsfähigkeit, ist dieses Verfahren ungenügend.

Raschke (S. 22-25) hat eine sehr umfassende Übersicht, gegliedert nach den vier Beobachtungsbereichen Arbeit, Körper, Geist und Charakter, erstellt. Da sich aber die einzelnen Merkmale mehrfach wiederholen und wesentliche Überschneidungen vorliegen, ist sie für die Praxis nur bedingt verwendbar.

Im Rahmen einer durchgeführten Untersuchung wurden von einer ausgewählten Gruppe von Personalleitern folgende zur Beurteilung herangezogene Merkmale nach ihrer Häufigkeit genannt.

Rangfolge der Beurteilungskriterien	
Beurteilungskriterien	% der Antworten
Fachkenntnisse	80
Fleiß/Arbeitseinsatz	78
Arbeitstempo/-menge	75
Qualität der Arbeit	73
Fähigkeit der Zusammenarbeit	56
Belastbarkeit/Leistungsfähigkeit	51
Führungsverhalten	46
Selbständigkeit	39
Genauigkeit/Sorgfalt	39
geistige Beweglichkeit	36
Verhalten gegenüber Vorgesetzten und Mitarbeitern	34
Organisations-/Planungsvermögen, Dispositionsgeschick	29
Zuverlässigkeit	29
Umsatz-, Gewinn-, Kosten-, Rentabilitätsdenken	26
Auffassungsgabe	26
Vielseitigkeit im Arbeitseinsatz	24
Delegationsfähigkeit	21
Verantwortungsbereitschaft	19
Umgangsformen	17
Verhandlungsgeschick	14
Gedächtnisleistung	14
Ausdrucksfähigkeit	12
Vorbild, Motivation von Mitarbeitern	12

Abbildung 89: Relative Bedeutung der Beurteilungskriterien (Quelle: Bisani/Eismann/Hinrichs)

Versucht man diese Beurteilungskriterien zu systematisieren, so ergibt sich (vgl. hierzu auch *Grunow* (1976) und *Gaugler* u.a. (1978) folgende Einteilung:

- Leistungsverhalten
  Leistungsfähigkeit (Fachwissen, Fachkönnen)
  Leistungswilligkeit (Einsatzbereitschaft, Motivation)
  besondere stellen- und aufgabenspezifische Kenntnisse und Fähigkeiten
- persönliches Sozialverhalten
- Informationsverhalten
  Bereitschaft und Fähigkeit, in der Gruppe mitzuwirken
  Verantwortungsbereitschaft
- Grad der Zielerreichung
  Quantität und Qualität der Arbeitsergebnisse
  Arbeitsmethode.

Als Unterbereich des persönlichen Sozialverhaltens wären noch die Qualitäten zu beurteilen, die einen Mitarbeiter befähigen, Führungs- und Koordinationsaufgaben im Rahmen eines arbeitsteiligen Prozesses zu übernehmen.

Beide Verhaltensweisen können noch unterteilt werden in Verhaltensweisen, die zurückzuführen sind auf :

- Persönliche Charaktereigenschaften, wie Initiative, Ehrlichkeit, Zuverlässigkeit, Teamfähigkeit usw. und
- innere Einstellungen zur betrieblichen Aufgabenerfüllung, wie Pünktlichkeit, Zuverlässigkeit, Einsatzbereitschaft usw.

Die zwischenzeitlich abgeschlossenen Tarifverträge oder Betriebsvereinbarungen über Leistungszuschläge sehen in der Regel vier bzw. fünf Hauptgruppen mit einigen Unterteilungen vor.

Hauptgruppe	Unterteilungen nach
Arbeitsquantität	Arbeitsmenge, Arbeitsweise, Intensität der Arbeit
Arbeitsqualität	Einhaltungen der Arbeitsvorschriften, Umfang und Häufigkeit der Beanstandungen
Arbeitssorgfalt	Umgang mit Betriebsmitteln und Materialien, Nutzung von Roh-, Hilfs- und Betriebsstoffen und Energie
Arbeitseinsatz	Einsatz außerhalb der üblichen Arbeitsaufgabe
Arbeitssicherheit	Beachten der Vorschriften und Sicherheitsanforderungen

Abbildung 90: Merkmale zur Leistungsbeurteilung im Rahmen-Tarifvertrag der IG-Metall Süd-Württemberg-Hohenzollern

Wie bei der analytischen Arbeitsbewertung ergibt sich auch hier, wenn die Beurteilungsergebnisse zur objektiven Ermittlung eines Leistungswertes und damit zur Festlegung einer Leistungszulage dienen sollen, das Problem der Gewichtung. Die Gewichtung wird in der Regel in einer Betriebsvereinbarung festgelegt, wobei meist dem Stufenverfahren mit gebundener Gewichtung der Vorzug gegeben wird.

1.5.3 Vergangenheits- oder Zukunftsbeurteilung

Je nach dem Ziel der Beurteilung wird man zwischen zwei *Bezugszeiträumen* für die Beurteilung unterscheiden müssen.

Bei der Beurteilung zum Zwecke der Entlohnung für eine erbrachte Leistung und bei der Kontrolle über die Wirksamkeit personalpolitischer Maßnahmen bezieht sich die Beurteilung auf die bereits erbrachte Leistung bzw. das gezeigte Verhalten in einem abgelaufenen Zeitraum. Beides Größen, die der unmittelbaren Beobachtung oder Erfahrung zugänglich sind oder die durch Hilfsgrößen objektiv erfaßt werden können.

Soweit jedoch die Beurteilungsergebnisse als Grundlage personalpolitischer Entscheidungen dienen, die erst in der Zukunft wirksam werden oder die eine Verstärkung der Motivation bzw. des Eigenantriebs der Mitarbeiter zum Gegenstand haben, liegt der Beurteilung implizit die Erwartung zugrunde, daß der Mitarbeiter das in der Vergangenheit gezeigte Verhalten auch in der Zukunft erbringen wird. Damit beinhaltet naturgemäß jede Beurteilung auch gleichzeitig Elemente der Bewertung.

Diese Erwartungswerte überwiegen bei der Beurteilung im Rahmen der Personaleinstellung, wo Sollwerte nicht unmittelbar der Beurteilung zugänglich sind, sondern aus anderen Hilfsgrößen, wie Zeugnissen usw. erschlossen werden müssen.

Auch bei der Beurteilung zum Zwecke der Beförderung oder als Grundlage für die Übertragung neuer Aufgaben kann nicht auf unmittelbare Erfahrungen in diesem Aufgabengebiet geschlossen werden. Hier stellt man die Beurteilung eines erwarteten bzw. erwartbaren Leistungsverhaltens bzw. Leistungsergebnisses in den Mittelpunkt der Beurteilung.

1.6 Instrumente der Beurteilung

1.6.1 Beurteilungsmaßstäbe

Jede Beurteilung, die über eine reine Beschreibung hinausgeht, setzt einen Beurteilungsmaßstab voraus.

Die einfachste Form eines *Beurteilungsmaßstabes* ist das Leistungsergebnis, das als eine meßbare Größe ermittelt werden kann. Hierbei können die Daten der strukturbestimmenden Personalplanung oder des Arbeitsstudiums als Grundlage herangezogen werden.

In der Regel werden aber nur selten meßbare Größen, wie ein mengenmäßiges Arbeitsergebnis, als Grundlage vorhanden sein, vielmehr sind es auch Eindrücke, Vorstellungen und Erscheinungen, die das Beurteilungsbild prägen.

Für die Festlegung der Bezugsgrößen für die Beurteilung bieten sich folgende Unterlagen an:

- Stellenbeschreibung
- vereinbarte Leistungstandards
- im Rahmen eines Führungsmodells erarbeitete Zielvorstellungen
- Führungsgrundsätze, die den allgemeinen Verhaltenscodex und damit Rechte und Pflichten von Vorgesetzten und Mitarbeitern festlegen.

Da diese organisatorischen Hilfsmittel nicht in allen Unternehmen vorhanden sind, und in aller Regel sind sie auch nur sehr global gehalten und können damit auch nicht immer den notwendigen Detailierungsgrad aufweisen, wird man auf die persönliche Kenntnis des Beurteilers von der *"fairen Leistung"* nicht ganz verzichten können, auch dann nicht, wenn es hier dem Beurteiler überlassen bleiben muß, selbst zu definieren, welche Anforderungen an den zu Beurteilenden gestellt werden und inwieweit er diese erfüllt.

1.6.2 Beurteilungsinstrumente

Je nach dem Beurteilungszweck und je nach dem, ob Mitarbeiter beurteilt werden, oder ob es sich um die Beurteilung externer Bewerber handelt bzw., ob der Vergangenheitsbezug gegenüber dem Zukunftsbezug überwiegt oder nicht, stehen eine Reihe von Beurteilungsinstrumenten zur Verfügung, und zwar:

1. direkt aufgabenbezogen

    Beurteilung durch Beobachtung. Dieses Verfahren ist möglich bei bereits im Unternehmen Beschäftigten.

    Um die Akzeptanz von Beurteilungsergebnissen zu erreichen, müssen eine Reihe von Voraussetzungen vorliegen.

    Bei einer nicht systematisch vorgenommenen laufenden Beobachtung sind es immer nur besondere, über das gewohnte Alltägliche hinausgehende Eindrücke, die in der Erinnerung bleiben, und die dann das Bild und das Urteil bestimmen. Bei der Leistungsbeurteilung sind es aber nicht die Besonderheiten, die das Urteil bilden sollen, sondern vielmehr auch das laufende Verhalten im Alltag. Eine gerechte Beurteilung ist nur bei einem methodischen Vorgehen möglich. Das methodische Vorgehen verlangt:

- periodisches Beobachten nach einem festgelegten Zeitplan;
- konzentriertes Beobachten, auch des Alltäglichen;
- das Beobachtete nicht zu deuten, sondern erst einmal möglichst wertfrei in einem Beobachtungsprotokoll aufzuzeichnen;
- darauf zu achten, daß das natürliche Verhalten erfaßt wird;
- die Erfordernisse der Beurteilung zu berücksichtigen und zu prüfen, zu welchen Merkmalen Angaben notwendig sind;
- regelmäßiges und fortlaufendes Beobachten;
- Auswerten des Gesamtrohmaterials der Beobachtung durch Quervergleich mit anderen Mitarbeitern.

2. Indirekte aufgabenbezogene Beurteilung

Diese Methoden werden angewandt, wenn kein unmittelbarer direkter Bezug zur Aufgabenerfüllung in der Vergangenheit oder Gegenwart möglich ist bzw. hergestellt werden kann.

Zu den vielfältigen Verfahren, die nur sehr schwer zu systematisieren sind, gehören

- das persönliche Gespräch. Als Einzelgespräch dominiert es bei der Bewerberauswahl und ist unverzichtbarer Bestandteil beim Beurteilungsgespräch.

Der Aufgabenbezug kann hier relativ hoch sein, da sich der Inhalt des Gespräches auf die Anforderungen der zu besetzenden Stelle und die hierfür erforderlichen Qualifikationen ebenso beziehen kann, wie auf die Analyse und Bewertung gezeigten Verhaltens und erzielter Leistungsergebnisse.

Die Kosten sind verhältnismäßig gering und der Gesprächsinhalt kann flexibel an die jeweiligen Anforderungen und die sich aus den im Gespräch ergebenden Schlußfolgerungen angepaßt werden. Die Nachteile sind, daß der Gesprächsverlauf kaum nachvollziehbar ist und die Beurteilung sich im wesentlichen auf subjektive Wertungen durch den Gesprächsführer (Interviewer, Beurteiler usw.) stützt. Hierbei ist dann vor allem die Gefahr gegeben, daß der Einfluß des Beurteilers auf das Verhalten der zu Beurteilenden nicht nachvollziehbar ist. Hinzu kommt der relativ hohe Zeitbedarf.

Gruppengespräche werden von Großbetrieben häufig bei der Lehrlingsauswahl eingesetzt, ferner sind sie üblicher Bestandteil von Auswahlseminaren für Führungsnachwuchskräfte (vgl. Assessment-Center). Sie dienen vor allem dazu, Sozial- und Dominanzverhalten,

Selbstsicherheit, sprachliche Ausdrucksfähigkeit, Inititative, Aktivität usw. zu beurteilen.

- Eignungsdiagnostische Instrumente und Verfahren. Hierher gehören vor allem Leistungstests, die die allgemeine Intelligenz, die spezielle Begabung und Neigungen messen, ferner Fähigkeitstests. Eine besondere Form der Erkenntnisgewinnung sind auch die sogenannten Persönlichkeitsinventare, wie z.B. der biographische Fragebogen (vgl. hierzu Abschnitt Personalauswahl).
  - Praktische Tests, wie z.B. Arbeitsproben. Hierher können im weitesten Sinne auch Probearbeitsverhältnisse gerechnet werden.
  - Psychomotorische Tests, die als eine Art Praxistests die sensomotorischen Fähigkeiten, Fingerfertigkeit, Wahrnehmungsfunktionen usw. ermitteln.
  - Psychotests, die vor allem mit den neuen Erkenntnissen der Gehirnforschung zunehmend an Bedeutung gewinnen. Hierher gehört u.a. das HDI-Diagnoseinstrument, das bevorzugte Denk- und Verhaltensweisen in Abhängigkeit von der Dominanz der linken (bevorzugt analytische Denk- und Verhaltensweisen) und der rechten Gehirnhälfte (bevorzugt Synthese, ganzheitliche Betrachtungen usw.) aufzeigt.

  In der Praxis relativ häufig angewandt ist der in der 2. Hälfte der 60er Jahre entwickelte sogenannte POKO-Test, der besondere für den Berufserfolg als grundlegend erwiesene Leistungs- bzw. Verhaltensmerkmale mißt, wie z.B. Intelligenz, Anpassung, Intelligenzorganisation, Belastbarkeit, Umstellungsfähigkeit und Umstellungsbereitschaft sowie Arbeitsmotivation.

Der Einsatz von Testverfahren in der betrieblichen Beurteilungspraxis wird jedoch nicht nur vom Nachweis erfolgreichen Einsatzes bestimmt, sondern vielmehr durch die Rechtsprechung begrenzt. Sie setzt nach den letzten Urteilen sehr enge Grenzen beim praktischen Einsatz, in dem sie Fragen der Persönlichkeitsstruktur ohne Einverständnis des Betroffenen als unzulässig erklärt. Hier ist eine Grenzziehung zwischen dem noch Erlaubten und dem Verbotenen deshalb schwierig, weil ja letztlich Verhaltens- und Leistungspotentiale ihre Wurzeln entscheidend in der Persönlichkeitsstruktur haben.

1.6.3 Beurteilungsverfahren

Die einfachste und früher häufig gebrauchte Form ist die der freien Beurteilung mit frei formulierten Aussagen. Diese lassen eine sehr differenzierte Darstellung zu, sind aber begrenzt durch den Sprachschatz, die Wortgewandtheit und das Formulierungsgeschick der Beurteilenden. Ferner von der Problemsicht, nämlich dem, was der Beurteiler für erwähnenswert und was er nicht für erwähnenswert hält.

Diese Nachteile versuchen, standardisierten Methoden, die auch als strukturierte, formalisierte oder gebundene Verfahren bezeichnet werden, abzuhelfen.

Bei diesen Verfahren werden neben den Fragen bzw. den Beurteilungskriterien auch Beurteilungsformen vorgegeben. Zu unterscheiden sind:

- *Skalenverfahren*

  Hier hat der Beurteiler zu jedem Kriterium sein Urteil durch Festlegung eines bestimmten Skalenwertes abzugeben, z.B. Fehlerhäufigkeit in der Arbeitsdurchführung/Skala:
  - häufig
  - manchmal
  - selten
  - nie.

  Diese Bewertungen können auch in Form von Zahlenwerten festgelegt werden, wie z.B. Zuverlässigkeit von 0 Punkten (sehr unzuverlässig) bis 100 Punkten (sehr zuverlässig) oder durch verbale Beschreibungen von Gruppen wiedergegeben werden.

- *Rangreihenverfahren*

  Hier werden für jedes Beurteilungskriterium die zu beurteilenden Personen in eine Rangreihe von jeweils Besten bis zum jeweils Schlechtesten gebracht. Die Zuordnung erfolgt durch Paarvergleich. Dieses Verfahren läßt einen guten Überblick über Stärken und Schwächen einer Arbeitsgruppe erkennen. Sie hat aber die Schwäche, daß die Abstände zwischen den einzelnen Stufen einer Rangreihe sehr unterschiedlich sein können. So können zwischen zwei in der Rangreihe nebeneinanderliegenden Mitarbeitern nur sehr marginale, aber sehr große Unterschiede bestehen.

- *Vorgabevergleichsverfahren*

  Hierbei werden für die einzelnen Kriterien bestimmte hinreichend quantifizierbare Normwerte vorgegeben, die jeweils als 100 % gesetzt werden. Für jedes Kriterium wird in Form eines relativen Prozentwertes angegeben, ob und inwieweit der zu Beurteilende die Vorgabe überschreitet bzw. sie von ihm nicht erreicht wird.

  Bei der Berücksichtigung von mehreren Kriterien besteht hier allerdings das Problem der Gewichtung der einzelnen Kriterien, um aus den Einzelwerten einen Gesamtwert zu ermitteln.

1.7 Fehlermöglichkeiten bei der Beurteilung und ihre Vermeidung

1.7.1 Beurteilungsfehler

Eine annähernd objektive Leistungsbeurteilung ist nur möglich, wenn man die hauptsächlich auftretenden Fehlermöglichkeiten kennt und richtig einzuschätzen versteht. Nicht zu den *Beurteilungsfehlern* gehören beabsichtigte Fehlurteile aus Egoismus und charakterlichen Fehleinstellungen, die sich in Begünstigungsabsicht (Protektion) oder Schädigungsabsicht (Rache, Geltungssucht, Wegloben unbequemer oder für die eigene Position gefährliche Mitarbeiter - evtl. auch Ausbooten einer möglichen Konkurrenz usw.) äußern. Einen Grenzfall bildet die Unsicherheit des Beurteilers in persönlicher und sachlicher Hinsicht - häufig Folge des Bewußtseins der eigenen Schwäche - die sich im Urteil niederschlägt.

Zu den Beurteilungsfehlern gehören ferner *Vorurteile,* die in der Denkträgheit des Beurteilers begründet sind. Vorurteile können bestehen gegenüber bestimmten Gruppen, im Betrieb auch gegenüber bestimmten Abteilungen. Zum Teil bilden aber auch vorliegende, in der Vergangenheit erstellte Beurteilungen die Ursache für Vorurteile, wenn Unsicherheit, Verantwortungsscheu oder eine gewisse Gleichgültigkeit dazu führen, daß frühere Urteile mitgeschleppt werden, obwohl sie nicht oder nicht mehr zutreffen.

Weiterhin spielen bei der Beurteilung *Sympathie* und *Antipathie* eine gewisse Rolle, vor allem dann, wenn sich der Beurteiler seiner Einstellung gegenüber dem zu Beurteilenden nicht bewußt wird, oder wenn diese zusätzlich durch Umstände, wie z.B. Verbitterung, Ärger, zufällige Freude usw. beeinflußt wird. Sympathien und Antipathien wird man nie ausschalten können, nur ein Roboter könnte sich seelisch steril verhalten. Eine der wesentlichsten Quellen für Vorurteile sowie Sympathie und Antipathie ist der *erste Eindruck.* Zwar gehört er zu den unzuverlässigsten Eindrücken, sofern er sich nicht durch eine spätere Zusammenarbeit zwischen Beurteilendem und Beurteiler im Rahmen einer "self-fulfilling-prophecy" verselbständigt. Ist dies nicht der Fall, dann ist besonders problematisch, daß erste Eindrücke verhältnismäßig lange im Gedächtnis haften bleiben.Die Beeinflussung späterer Urteile durch den ersten Eindruck gehört mit in die Gruppe der sogenannten *Überstrahlungs-* oder auch *Halo-Effekte.* Es ist ein empirisch nachgewiesenes psychologisches Phänomen, daß viele Menschen ein gutes, aber auch ein schlechtes Urteil auf einem Teilgebiet auf andere Teilgebiete bzw. auch auf die Gesamtleistung des Beurteilten übertragen. So haben empirische Untersuchungen nachgewiesen, daß Lehrer bei den "guten Schülern" wesentlich mehr Fehler übersehen als bei den schlechten, und daß ein besonders gutes Urteil in einem Fach sich auch auf die Beurteilung der anderen Fächer, in denen der Schüler schlechter ist, positiv auswirkt.

Eine andere nachgewiesene Tendenz zeigt sich darin, Mitarbeiter der oberen Leitungsgruppen immer besser zu beurteilen, als Mitarbeiter niedrigerer Hierarchieebenen. Eine Erscheinung, die als *Hierarchieeffekt* bekannt ist. Eine Erscheinung, die durchaus damit begründet werden kann, daß mit jedem Aufstieg in der Hierarchie einer Organisation auch gleichzeitig ein Ausleseprozeß im Sinne einer angestrebten Beurteilungsnorm stattgefunden hat.

Neben diesen Einflußfaktoren spielen vor allem auch unbewußte Fehldeutungen eine bestimmte Rolle. Das Ergebnis einer Beurteilung ist immer ein Vergleich des vorgefundenen Ist-Wertes mit einem Soll-Wert. Die Auslegung des Begriffes Soll-Wert wird aber, auch wenn er noch so gut definiert ist, mehr oder weniger durch die Persönlichkeit des Beurteilenden bestimmt, indem er in den Soll-Wert auch sein persönliches Idealbild projiziert. So kann z.B. der gleiche Mitarbeiter von einem bürokratisch-pedantischen Vorgesetzten als flüchtig, nachlässig, wenig gründlich und sprunghaft beurteilt werden, während ihn ein anderer Vorgesetzter als aktiv, dynamisch, aufgeschlossen und ideenreich werten würde. Hierher gehört auch vor allem der sogenannte Projektionskomplex. Hierbei stellt der Beurteiler seine eigene Meinung und Verhaltensweise in den Mittelpunkt der Beurteilung. Der Beurteiler mißt damit den Beurteilten daran, wie er sich selbst sieht. Vorgegebene Beurteilungsstandards werden dann nicht selten in diesem Sinne gedeutet bzw. ausgelegt.

Bei einer größeren Anzahl von objektiven Beurteilungen müßte sich eine *Normalverteilung* ergeben. Liegen bei normaler Streuung der Leistungen die Einzelurteile durchweg über dem Mittel, dann ist dies kennzeichnend für einen nachsichtigen Beurteiler, der es sich mit niemandem verderben will. Er bringt es meist nicht übers Herz, jemandem etwas Unangenehmes zu sagen, oder er hofft, durch hohe Einstufungen Unannehmlichkeiten mit den Mitarbeitern aus dem Wege zu gehen. Liegen die Urteile überwiegend im Mittel, dann handelt es sich meist um einen vorsichtigen Vorgesetzten, der sich nicht festlegen will. Liegt das Leistungsurteil im Durchschnitt hingegen sehr niedrig, so legt der Vorgesetzte einen zu strengen Maßstab an. Eine gute Leistung hält er für selbstverständlich und "Mittel" ist dann fast das äußerste, das er zu geben bereit ist (vgl. hierzu auch *Bisani/Eismann/Hinrichs* 1980).

1.7.2 Vermeidung von Beurteilungsfehlern

Fehlerhafte Beurteilungen können für den zu schlecht beurteilten Mitarbeiter nicht nur finanzielle Einbußen, sondern auch Beschränkungen der Chancen seiner beruflichen Weiterentwicklung mit sich bringen. Im Interesse einer gerechten Behandlung müssen deshalb Wege gefunden werden, Beurteilungsfehler und -schwächen, wenn schon nicht vollständig zu vermeiden, so doch weitgehend einzuschränken. Grundvoraussetzung ist die Schulung der Beurteiler. Die lang gehegte Meinung, daß jemand, der als Vorgesetzter tätig ist, auch automatisch die Fähigkeit zur richtigen Beurteilung hat, läßt sich nicht im vollen Umfang aufrecht erhalten. Bei Aufbau und Weiterentwicklung eines Beurteilungssystems bildet die Schulung der beurteilenden Vorgesetzten einen wesentlichen Faktor, zumindest müssen ihnen die Fehlermöglichkeiten bewußt gemacht werden. Die *freie,* an kein System gebundene *Beurteilung* ermöglicht dem Beurteilenden zwar eine unendlich feine Abstufung seines Urteils und die Darstellung aller feinen Verästelungen der persönlichen Eigenart. Diese Vorteile werden aber durch die Schwierigkeiten der sprachlichen Formulierungen und die Mehrdeutigkeit von Begriffen wesentlich eingeschränkt. Aus diesem Grunde wird heute weitgehend *der gebundenen Beurteilung* durch Beurteilungsbögen mit Angabe der zu beurteilenden Merkmale, der Bewertungskriterien und der Bewertungsgrade der Vorzug gegeben.

Zur Verbesserung der Beurteilung gibt es einige Methoden, die man grundsätzlich anwenden sollte.

1. *Aufstellung von Leistungs-Rangreihen:* Vor der Erstellung der Beurteilung wird anhand des Beobachtungsprotokolls eine Rangreihe für jedes Merkmal erstellt. Das hat den Vorteil, daß die Leistungen des Einzelnen im Gesamtrahmen aller Leistungen gesehen werden und der Halo-Effekt eingeschränkt wird.
2. *Paar-Vergleich:* Die Leistungsrangreihenbildung läßt sich auch noch durch den Paar-Vergleich überprüfen. Hierbei werden die Mitarbeiter für jedes zu beurteilende Merkmal und für die Summe aller Beurteilungen paarweise gegenüber gestellt. Dabei wird ermittelt, welcher von beiden Mitarbeitern jeweils die bessere Beurteilung hat. Bei 10 Mitarbeitern ergibt dies für jedes Merkmal 45 Vergleiche.

Wesentlich zur Objektivierung des Beurteilungsverfahrens trägt auch der Zwang bei, das Beurteilungsergebnis mit dem Betroffenen zu besprechen und es ihm zu erläutern.

1.8 Personalbeurteilungsgespräch

Eine Beurteilung, die vom Beurteilten nicht akzeptiert wird, weil er sie als unvollständig oder als unrichtig ansieht, ist nicht dazu geeignet, eine kritische Reflexion über das Verhalten anzuregen oder eine Verhaltensänderung zu stimulieren.

Die Anforderungen, die an die Personalbeurteilung zu stellen sind, sind deshalb sehr differenziert und richten sich nach dem angestrebten Beurteilungsziel.

Auf jeden Fall aber müssen sie folgende zwei Bedingungen erfüllen:

1.8.1 Vergleichbarkeit der Beurteilungen

Die Hauptforderung, die immer an die Beurteilung gestellt wird, ist die der *objektiven Vergleichbarkeit.* Dies ist besonders wichtig, wenn die Ergebnisse der Personalbeurteilung als Grundlage für die Lohndifferenzierung verwendet werden. Vergleichbarkeit setzt voraus, daß Gleiches gleich beurteilt wird, und bedeutet, daß bei einer Person und ihren Leistungen auch mehrere verschiedene Beurteiler jeweils zu einem weitgehend gleichen Ergebnis kommen. Das bedingt gleiche *Beurteilungsmaßstäbe* und Reduzierung des persönlichen Einflusses der Beurteiler auf das Beurteilungsergebnis.

1.8.2 Einsichtigkeit der Beurteilung

Bei einer Beurteilung zum Zwecke der Motivation und Beratung verlagert sich der Akzent weg von der Bewertung und hin auf das *Verstehen des Verhaltens.* Hier steht deshalb nicht die Forderung im Vordergrund, die Ergebnisse der Beurteilung durch strenge Verfahrensregeln vergleichbar machen, vielmehr muß eine Verständigung zwischen dem Vorgesetzten und dem Mitarbeiter herbeigeführt werden. In diesem Zusammenhang kommt vor allem der Anleitung des Mitarbeiters zur *Selbstbeurteilung* große Bedeutung zu.

Personalbeurteilungsergebnisse pflegten bisher mit einem Schleier des Geheimnisses umgeben zu sein. Geheimgehaltene Beurteilungsergebnisse tragen weder dazu bei, den Mitarbeiter zu motivieren und anzuregen, noch geben sie ihm das Gefühl der Sicherheit seiner Stellung in der Betriebshierarchie. Eine auf der Leistungsbewertung aufbauende Lohnpolitik wird von dem Betroffenen nur dann als gerecht empfunden (mit allen Auswirkungen auf das Betriebsklima), wenn auch das Ergebnis der Bewertung und sein Zustandekommen einsichtig und bekannt ist.

Die *Offenlegung des Beurteilungsergebnisses* sollte in einem Beurteilungsgespräch erfolgen. § 82 Abs. 2 BetrVG räumt jedem Mitarbeiter ein Recht darauf ein, seine Beurteilung zu erfahren und dazu Stellung zu nehmen. Das bedeutet nun zwar nicht, jede Einzelheit zu publizieren, die zur Beurteilung geführt hat, wohl aber ist das Ergebnis mit seinen Konsequenzen für Einkommen und Laufbahn darzulegen. Der häufig erbrachte Einwand, daß positive Beurteilungen den Mitarbeiter zu laufenden, unrealistischen Forderungen an das Unternehmen veranlassen, erfordert es, ihn mit System und Methodik der Urteilsbildung vertraut zu machen und ihm einen Überblick über die anderen Bereiche der Personalpolitik als Grundlage für eine realistische Einschätzung der gegebenen Möglichkeiten zu veschaffen.

Bei aller Offenheit der Beurteilung ist eine totale Transparenz, bei der alle Mitarbeiter Kenntnis über die Beurteilung ihrer Kollegen erhalten würden, abzulehnen.

Die für eine erfolgreiche Personalbeurteilung erforderliche Akzeptanz eines kritischen oder negativen Beurteilungsergebnisses durch den Beurteilten ist für den Beurteiler eine außerordentlich schwierige Aufgabe, vor allem wenn das Selbstbild des Beurteilten und damit auch seine Selbstbeurteilung von der Fremdbeurteilung abweicht.

Die Praxis zeigt, daß für diese Aufgabe Vorgesetzte kaum richtig vorbereitet sind und daß sie deshalb nicht selten an dieser Aufgabe scheitern. Nicht selten ist dies auch die Ursache, daß in der Praxis Personalbeurteilungsgespräche zu einem reinen Ritual ohne Folgen verkümmern.

In der Literatur häufig dargestellte rezeptartige Ratschläge für den Ablauf eines Beurteilungsgespräches, wie z.B.

- Herstellung des Kontaktes und Abbau von Hemmungen sowie sozialer Distanzen, um eine offene Gesprächsatmosphäre zu schaffen
- Besprechung positiver Ereignisse nach dem Motto: Erst loben, dann kritisieren
- Besprechung negativer Ergebnisse
- Vorlage von Verbesserungsvorschlägen, in dem Mittel und Wege aufgezeigt werden, um Mängel zu beseitigen
- positiver Gesprächsabschluß als Ausdruck des Vertrauens, daß der Beurteilte auch die Vorschläge realisieren und erfolgreich umsetzen wird,

haben sich ohne umfassende begleitende Schulung der Vorgesetzten als wenig hilfreich erwiesen.

Wenn in der Praxis die eingesetzten Personalbeurteilungsinstrumente nicht zum gewünschten Erfolg führen, so liegt es im wesentlichen daran, daß die Vorgesetzten die ihnen hier gestellte Aufgabe in der Regel nur unvollkommen oder nur widerwillig wahrnehmen und sich dieser Aufgabe als einer lästigen Pflicht entledigen, die auch von den betroffenen Mitarbeitern kaum ernst genommen wird.

Deshalb ist die Personalbeurteilung schlechthin sehr häufig in Mißkredit geraten. In der Regel allerdings zu unrecht.

In seiner Kritik übersieht Grunow, der in der Personalbeurteilung ein Instrument zur Sicherung bestehender Machtstrukturen in den Organisationen sieht, die sachliche Notwendigkeit, daß ohne Beurteilung weder ein Personaleinsatz, noch eine Personalentwicklung möglich ist. Die Ansicht von *Neuberger* (1980), der in einer Untersuchung festgestellt hat, daß Urteilsbildung und -fixierung irrational gehandhabt werden und sich nicht an vorgegebenen Zielen orientiert haben, mag für den Einzelfall gerechtfertigt sein. Zweifellos spielen im Beurteilungsprozeß auch subjektive Einflüsse ein Rolle, die nicht immer ganz auszuschalten sein werden. Trotzdem wird man die Personalbeurteilung nicht grundsätzlich in Frage stellen können, sondern nur die Notwendigkeit herleiten müssen, nicht nur bessere Methoden und Hilfsmittel zu entwickeln, sondern auch die Vorgesetzten im sinnvollen Gebrauch dieser Instrumente zu schulen und vor allem, ihre für die Erfüllung dieser Aufgaben erforderliche soziale Sensibilität zu entwickeln.

1.9 Prognose zukünftiger Leistung und zukünftigen Verhaltens mit Hilfe des "Assessment-Centers"

Seit etwa Ende der siebziger Jahre wird immer wieder das "Assessment-Center" als eine neue Methode der Personalbeurteilung zum Zwecke der Personalauswahl bei Einstellungen, Beförderungen usw. sowie bei der Personalentwicklung propagiert.

Im Grunde genommen ist dies unzutreffend, denn beim Assessment-Center handelt es sich nicht um eine neue Methode, sondern vielmehr um ein "Methodenkonglomerat". Kein Assessment-Center besitzt einen Bestandteil, der nicht bereits vorher in der betrieblichen oder psychologischen Praxis bekannt und angewendet worden war und der sich dort bewährt hat.

Die Grundüberlegung, verschiedene Methoden zu einem "Methodenkomplex" zusammenzufassen, ist verhältnismäßig einfach.

Jede Beurteilungsmethode hat in verschiedenen Bereichen ihre Stärken, aber auch ihre Grenzen. So läßt sich persönliches Auftreten nur im Vorstellungsgespräch unmittelbar beurteilen, kaum aber aus dem Lebenslauf, während sich auf der anderen Seite fachliche oder schulische Leistungen in den Zeugnissen, nicht aber im persönlichen Auftreten niederschlagen.

Aus dieser Erkenntnis heraus liegt es nahe, das zu tun, was in der Praxis eigentlich schon immer, wenn auch meist unsystematisch und unstrukturiert, gemacht wurde, nämlich mehrere Instrumente einzusetzen, also neben der Analyse des Lebenslaufes, der Beurteilung der Zeugnisse, auch noch das persönliche Vorstellungsgespräch.

Alle diese Verfahren haben den Vorteil, daß bei Erfüllung bestimmter Bedingungen, wie Schulung der Beurteiler, Führung von Beurteilungsgesprächen usw., eine Beurteilung der Leistung der Vergangenheit und der Gegenwart sehr gut möglich ist. Beurteilungen von Vergangenheitswerten können aber nur dann in die Zukunft fortgeschrieben werden, wenn die Bedingungen, die für die Leistungserstellung und das Verhalten in der Vergangenheit gültig waren, auch für die Zukunft weiter bestehen werden. Das ist aber bei Neueinstellungen oder Beförderungen nicht der Fall. Der neu Einzustellende kommt in der Regel in eine andere soziale Umgebung und wird, wenn er eine höhere Stelle annimmt als bisher, auch mit anderen Aufgaben konfrontiert. Gleiches gilt für innerbetriebliche Beförderungen. Ein guter Vorarbeiter muß nicht auch gleichzeitig

Teilnehmer:	In der Regel 8 - 12 Fach- oder Führungskräfte, bei externen Bewerbern bzw. Neueinzustellenden bis zu 15 - 20	
Beobachter:	je nach Dauer des Assessment-Centers auf je 2 - 4 zu Beurteilende 1 - 3 Beobachter, in der Regel Fachvorgesetzte, Personalleiter usw. ggf. externe Berater	
Dauer:	je nach Anwendungsgebiet und angestrebtem Ziel 2 - 4 Tage	
Bestandteile:	Individuelle Übungen:	Interview; (fachlich, biographisch) Intelligenz-, Leistungs- und Persönlichkeitstests; Arbeitsproben (Postkorb-Übung) usw.
		Bearbeitung von Fallstudien
		Überzeugungsvortäge mit anschließender Diskussion
		Kollegen- und Selbsteinschätzung
	Gruppen-übungen:	Strukturierte und/ oder unstrukturierte führerlose Gruppendiskussionen
		Planspiele
		Rollenspiele
		Konferenzleitung
Zielsetzung: Ermittlung und/ oder Schulung von Einzelqualifikationen	im individuellen und sozialen Bereich in den Faktoren (nach Jeserich 1981, S. 74)	
	Faktor 1: Steuerung sozialer Prozesse	Sensibilität Kontaktfähigkeit Kooperation Integration Information Selbstkontrolle
	Faktor 2: Systematisches Denken und Handeln	Abstraktes und analytisches Denken Kombinatorisches Denken Persönliche Arbeitsorganisation Entscheidung Planung/ Kontrolle
	Faktor 3: Aktivität	Führungsantrieb/ -motivation Arbeitsantrieb/ -motivation Selbständigkeit Durchsetzung Selbstvertrauen
	Faktor 4: Ausdruck	Mündliche und schriftliche Formulierung Flexibilität Überzeugung

Abbildung 91: Struktur eines Assessment-Centers

ein guter Meister sein. Für eine Organisation, die hierarchisch strukturiert ist und wo der Aufstieg in die nächst höhere hierarchische Stufe weitgehend von der Bewährung in der vorhergehenden Hierarchiestufe abhängig ist, kann dies fatale Folgen haben. *Peter/Hull* haben dies mit ihrer satirischen Aussage des Peter-Prinzips, wonach jeder unter diesen Bedingungen solange befördert wird, bis er die Stufe seiner Inkompetenz erreicht hat, treffend kommentiert.

Um diese Schwächen zu beseitigen, liegt es nahe, im Rahmen des Beurteilungsprozesses auch Rollenspiele, Arbeitsproben, Simulationsübungen, Planspiele usw. mit aufzunehmen, die im wesentlichen auf Aufgaben Bezug nehmen, die für die künftig zu besetzende Stelle charakteristisch sind.

Um Schwächen auszuschalten, die in der Person der beobachtenden bzw. beurteilenden liegen, gilt, daß in der Regel im Rahmen eines ein- bis mehrtägigen Seminars durchgeführten Assessment-Centers mehrere Beurteiler, meist künftige Vorgesetzte, beteiligt sind, die jeweils jeden Kandidaten im Rahmen einer oder mehrerer Teilsegmente beobachten und bewerten, so daß jeder Beobachter jeden Kandidaten in mindestens einem Teilbereich beobachten konnte und jeder zu Beurteilende von einem Beobachter mindestens in einem Bereich bewertet wurde.

Einen Überblick über die Struktur eines Assessment-Centers gibt Abbildung 91.

Bei einer zweckmäßigen Auswahl der Assessment-center-Bestandteile, die jeweils aufgaben- bzw. funktionsbezogen vorzunehmen ist, lassen sich mit den einzelnen Elementen eines Assessment-Centers nahezu alle künftigen Anforderungen an die Persönlichkeit und das davon bestimmte Verhalten bewerten. Allerdings mit der Einschränkung, daß sich auch im Assessment-Center die spezifischen Einflüsse der Organisationskultur und des Betriebsklimas nur bedingt simulieren lassen.

Legt man die vier Kategorien von Bewertungsfaktoren nach *Jeserich* zugrunde, dann zeigt die Abbildung 92 den tendenziellen Grad der Beurteilungsfähigkeit durch die einzelnen Assessment-Center-Bestandteile

Damit erfordert ein Assessment-Center naturgemäß einen höheren Aufwand als jede andere Vorgehensweise. Jedoch erreicht das Assessment-Center, was die Prognosevalidität (die Relation zwischen vorhergesagtem und tatsächlich eingetretenem Berufserfolg) und die Akzeptanz anbelangt, signifikant zuverlässigere Ergebnisse.

Relevante Sachverhalte, wie Entscheidungsfreude, Durchsetzungsfähigkeit, Teamgeist, Überzeugungsfähigkeit usw. lassen sich hier besser als in jeder anderen Vorgehensweise abschätzen.

Die Mehrfachbeurteilung relativiert subjektive Einflüsse und bietet die Gewähr für größere Objektivität.

Übungen im Assessment-Center	Tendenzieller Grad der Beurteilungsmöglichkeit bei den einzelnen Kategorien von Beurteilungsfaktoren			
Assessment-Center Bestandteile	Faktor 1: Steuerung sozialer Prozesse	Faktor 2: Systematisches Denken und Handeln	Faktor 3: Aktivität	Faktor 4: Ausdrucksfähigkeit
Nichtsituative Übungen				
Papier- und Bleistifttests	enfällt	sehr hoch	mäßig	gering
Biographische Interviews	gering	in Ansätzen möglich	in Ansätzen möglich	hoch
Situationsübungen				
Fälle/ Fallstudien	mäßig	hoch	mäßig	gering
Situationsübungen/ Postkorb	mäßig	hoch	hoch	gering
Gruppendiskussionen	hoch	hoch	hoch	hoch
Konstruktionsübungen in Gruppen	hoch	sehr hoch	sehr hoch	hoch
Rollenspiele	mittel	mäßig	hoch	mittel
Kollegen- und Selbsteinschätzung				
Peer Ranking	mittel - hoch	gering	gering	gering
Peer Rating	mittel - hoch	gering	gering	gering
Selbsteinstufung	hoch	gering	gering	gering

Abbildung 92: Grad der tendenziellen Meßfähigkeit der einzelnen Beurteilungsfaktoren durch die einzelnen Assessment-Center-Bestandteile

Zwischen Assessment-Center-Aufgaben und den Anforderungen der Praxis besteht - zweckmäßige Auswahl der Teilelemente, vorausgesetzt - ein sehr enger Bezug. Dieser hohe Anwendungs- bzw. Praxisbezug führt dann auch dazu, Assessment-Center in ihrer Struktur so umzugestalten, daß nicht nur bereits vorhandene Qualifikationen der Teilnehmer beobachtet werden können, sondern daß verstärkt Elemente wie Planspiele, Rollenspiele, Gruppendiskussionen usw. eingebaut werden, mit denen die zu beurteilenden Qualifikationen gelehrt und trainiert werden können.

Im Rahmen der Führungsnachwuchsschulung kann dieses Instrument gleichzeitig sowohl als Mittel der Schulung als auch der begleitenden Beurteilung dienen.

Assessment-Center sind vor allem dann wertvoll, wenn Stärken und Schwächen jeweils mit dem Teilnehmer besprochen und zur Grundlage eines Personalentwicklungsplanes gemacht werden. Nicht selten tragen die Ergebnisse eines Assessment-Centers dazu bei, eine vorhandene Selbstüberschätzung des Teilnehmers abzubauen und ihm vorher nicht bekannte Schwächen offenzulegen.

Die Grenzen des Assessment-Centers liegen allerdings, wie bei allen Tests, in einer gewissen Testresistenz. Bei einer mehrfachen Teilnahme an einem Assessment-Center merken die Betroffenen meist sehr schnell, worauf es ankommt und sie können sich dann meist leichter auf das erwartete Verhalten einstellen.

1.10 Stellung der Gewerkschaften zur Leistungsbeurteilung

Bis vor kurzem waren die Gewerkschaften der Meinung, daß die angestrebte Lohngerechtigkeit durch eine Beurteilung der persönlichen Leistung eher verschlechtert als verbessert werden würde. In der Leistungsbeurteilung sahen sie ein Instrument der *Machtausübung* im Betrieb und befürchteten, daß sich die Meisterwirtschaft einer frühindustriellen Epoche in abgewandelter Form wieder durchsetzen würde. Konsequent lehnten sie deshalb auch die Verfahren der persönlichen Leistungsbeurteilung ab und wandten sich gegen alle Methoden einer individuellen Leistungsbeurteilung. Man verwies auf andere sogenannte "echte" Leistungslohnsysteme, wie Akkordlohn und Mengen-, Qualitäts- und Nutzungsprämien, die auf der Basis weitgehend objektiv erfaßbarer Leistungskriterien aufbauen.

Diese Haltung hat sich zwischenzeitlich gewandelt. Erstmals 1968 äußerten sich *Scholz* und *Steiner* positiv über eine planmäßige Leistungsbeurteilung zur Ermittlung von Leistungszulagen für Angestellte. Seit 1970 wurden insbesondere in der Metallindustrie eine Reihe von Tarifverträgen abgeschlossen, die Regelungen über die Leistungsbeurteilung bei Zeitlöhnern enthalten.

Im Zusammenhang mit dem Streben zur Entwicklung neuer Lohnformen und der grundsätzlichen Neuorientierung der Gewerkschaftspolitik nach dem "Modell 2000" werden die Gewerkschaften ihre Haltung gegenüber der Personalbeurteilung wieder neu überdenken müssen. Bei der Einführung von Beurteilungssystemen ist zu beachten, daß der Betriebsrat nach dem Betriebsverfassungsgesetz ein sehr weitgehendes Mitbestimmungsrecht hat.

2. Betriebliches Vorschlagswesen (BVW)

2.1 Grundidee und Entwicklung des betrieblichen Vorschlagswesens

2.1.1 Begriff

Das Arbeitsverhältnis wird in der Regel als ein Leistungsaustauschverhältnis angesehen, bei dem der Arbeitnehmer gegen ein festgelegtes Entgelt eine bestimmte Leistung erbringt. Häufig führt ihn diese Tätigkeit am Arbeitsplatz zu konkreten Vorstellungen oder Überlegungen, wie man einen bestimmten Arbeitsvorgang einfacher, sparsamer oder schneller durchführen könnte oder wie die Arbeitsbedingungen zu verbessern wären, ohne daß dies ausdrücklich zu seinem Aufgabenbereich gehört.

Ein *Verbesserungsvorschlag* liegt dann vor, wenn

1. eine Verbesserung gegenüber dem bestehenden Zustand erreicht wird
2. die Einführung der vorgeschlagenen Verbesserung wirtschaftlich ist
3. die Verbesserung ohne Anregung des Mitarbeiters nicht durchgeführt worden wäre.

Anstelle der Wirtschaftlichkeit kann auch eine Erhöhung der Sicherheit, ein Schutz vor Gesundheitsschädigung oder eine Steigerung des Firmenansehens treten. Nicht erforderlich ist, daß die vorgeschlagene Maßnahme bekannt oder auch anderweitig gebräuchlich ist. Sie muß nur für den vorgesehenen Verwendungsbereich oder Zweck neu sein (Höckel).

Prämienberechtigt sind aber nur die Vorschläge, zu denen ein Arbeitnehmer nicht bereits auf Grund seines Arbeitsvertrages für das eigene Arbeitsgebiet verpflichtet ist.

2.1.2 Entwicklung des betrieblichen Vorschlagswesens

Die Vorteile dieser Kenntnisse für den Betrieb und auch für die Beurteilung der Mitarbeiter zu nutzen, wurden schon sehr frühzeitig während des Industrialisierungsprozesses von bekannten Industriepionieren erkannt, so z.B. Krupp, der in seinem Generalregulativ 1888 erste Verfahrensregeln für Verbesserungsvorschläge entwickelte. Andere Unternehmen, wie Borsig, AEG, Siemens-Schuckert, Zeis-Jena usw. folgten, ohne daß jedoch diese Aktivitäten auf eine breite Resonanz gestoßen wären.

Während des 2. Weltkrieges wurde das betriebliche Vorschlagswesen im Zuge der kriegsbedingten knappen Ressourcen vom Staat aufgegriffen und den

Betrieben zur Auflage gemacht und den Mitarbeitern als "Staatsbürgerpflicht" verordnet.

Untersuchungen über die Ergebnisse dieser Versuche sind nicht bekannt.

Nach dem 2. Weltkrieg wurde die Wiederbelebung in Westeuropa durch eine Reihe von Aktivitäten verschiedener Vereinigungen und Institutionen gefördert, so z.B. durch das *Deutsche Institut für Betriebswirtschaft (DIB),* in der Schweiz durch die *Schweizerische Arbeitsgemeinschaft Vorschlagswesen (SAV),* die *Schweizerische Gesellschaft für Ideenmanagement und Vorschlagwesen (IDEE-SUISSE),* in Österreich durch das *Österreichische Produktivitäts- und Wirtschaftlichkeitszentrum (ÖPWZ).*

In der ehemaligen DDR wurde das Vorschlagswesen in "Neuerer Wesen" umbenannt und im Stil sozialistischer Planwirtschaft mit der allgemeinen Verpflichtung der Mitarbeiter weitergeführt.

Trotz einer verstärkten Werbung, der sich besonders das Deutsche Institut für Betriebswirtschaft (DIB) annahm und in Erfahrungsgruppen verbreitete, vermochte es sich in Deutschland nicht stark durchzusetzen. So schreibt *Schüler* 1972, daß auf 1.000 Beschäftigte in den USA 400, in der UdSSR 370, in Großbritannien 200, in den Niederlanden 100 und in der Bundesrepublik Deutschland 45 Verbesserungsvorschläge entfallen. Neuere umfassende internationale Vergleiche fehlen. In den USA und in der BRD ist eine gewisse Weiterentwicklung festzustellen, ohne daß es allerdings zu einem grundsätzlichen Durchbruch gekommen wäre.

2.1.3 Ziele des betrieblichen Vorschlagswesens

Je nach der persönlichen Grundeinstellung werden von verschiedenen Autoren unterschiedliche Zielvorstellungen in den Vordergrund geschoben.

2.1.3.1 Betriebswirtschaftlicher Ansatzpunkt

Das BVW soll dazu dienen, auch das nicht unmittelbar durch die Arbeitsaufgabe angesprochene Ideen-Potential der Mitarbeiter zu fördern und für die weitere Existenz des Unternehmens und seiner Leistungsfähigkeit nutzbar zu machen. Das BVW soll deshalb gewinnbringend, rentabel und nützlich für die betriebliche Personalführung sein, und es soll die Kommunikation zwischen den einzelnen Stufen der Hierarchie fördern.

2.1.3.2 Motivations-psychologischer Ansatzpunkt

Das BVW soll im Rahmen der Personalführung der Motivation dienen. Durch die strenge Arbeitsteilung haben viele Mitarbeiter den Überlick über das Betriebsganze verloren. Die Trennung zwischen Planung und Disposition einerseits und Ausführung andererseits läßt bei vielen Mitarbeitern das Gefühl eines "unbedeutenden Rädchens im Getriebe" mit der Folge von Desinteresse und Gleichgültigkeit gegenüber Belangen des Unternehmens aufkommen. In diesem Sinne soll das BVW dazu beitragen, die Mitarbeiter zu einem echten Interesse am Betriebsgeschehen zu gewinnen und ihnen das Gefühl vermitteln, anerkannt zu werden und mit ihren betrieblichen Erfahrungen und fachlichen Kenntnissen am Geschehen des Unternehmens selbständig und aus eigener Initiative mitwirken zu können.

2.1.3.3 Sozial-psychologischer Ansatzpunkt

Er geht davon aus, daß der Betrieb sowohl eine technisch-organisatorische Zweckeinheit ist, die zu ihrer Existenzsicherung eine ausreichende, möglichst optimale Leistung zu erbringen hat, als auch ein soziales Gebilde, in dem Menschen zur Erreichung eines Betriebszweckes zusammen arbeiten und zusammen leben. Unter diesem Gesichtspunkt ist das BVW als eine Gruppenaufgabe und ein Gruppenproblem zu verstehen, das die soziale Zusammenarbeit fördern kann (*Krafft*).

2.1.4 Stellungnahme der Gewerkschaften

Die Gewerkschaften sehen im BVW vor allem ein Mittel zur Rationalisierung und zur Leistungssteigerung. Hierzu hat die IG-Metall (*Fuhrmann/Scholz*) erklärt, jede sinnvolle Rationalisierungsmaßnahme zu unterstützen, wenn dabei auch die berechtigten Interessen der Arbeitnehmer im vollen Umfang gewahrt werden. In einer Reihe von Leitsätzen wird die grundsätzliche Feststellung gemacht, daß Verbesserungsvorschläge Sonderleistungen des Arbeitnehmers sind, die über die üblichen arbeitsvertraglichen Verpflichtungen hinausgehen, und daß der Arbeitnehmer für diese Sonderleistungen einen Anspruch auf eine angemessene Vergütung hat. Ferner, daß kein Arbeitnehmer gesetzlich verpflichtet ist, dem Arbeitgeber Verbesserungsvorschläge anzubieten. Eine Denkweise, die sich eklatant von der japanischen Sozial- und Wirtschaftskultur unterscheidet. Die Grundsätze des Verfahrens und der Vergütung für das Vorschlagswesen sind in Tarifverträgen oder Betriebsvereinbarungen festzulegen.

2.2 Rechtlicher Gestaltungsrahmen

Aufgrund der Haltung der Gewerkschaften, die die Beteiligung von Mitarbeitern am betrieblichen Vorschlagswesen als eine Sonderleistung ansehen, die über eine arbeitsvertraglich geschuldete Leistung hinausgeht, wurde im Betriebsverfassungsgesetz vom 15.1.1972 ein obligatorisches Mitbestimmungsrecht des Betriebsrates bei der Festlegung der Grundsätze des betrieblichen Vorschlagswesens festgeschrieben (§ 87 Abs. 1 Zif. 12 BetrVG).

Im Regelfall wurde dieses Bestimmungsrecht des Betriebsrates durch den Abschluß einer Betriebsvereinbarung ausgeübt. Diese, von einem gewissen Mißtrauen getragene Vorschrift führt dazu, das betriebliche Vorschlagswesen sowohl in seiner Durchführung als auch in der Bewertung der Vorschläge sehr stark zu reglementieren. Ein Umstand, der nicht wenig dazu beigetragen hat, daß es nicht die Verbreitung gefunden hat, die es eigentlich verdienen würde.

Für den öffentlichen Dienst wurde mit dem Personalvertretungsgesetz vom 15.3.1974 (§ 75 Abs. 3, Zif. 12) eine analoge Rechtsvorschrift erlassen, die dann auch in die verschiedenen Landespersonalvertretungsgesetze für die öffentliche Verwaltung übernommen wurden.

Zur Umsetzung dieser Regelungen für das Vorschlagswesen in der Bundesverwaltung (ohne Bahn und Post) wurden spezielle Richtlinien erlassen.

Abzugrenzen von den betrieblichen Vorschlägen sind die schutzfähigen Patente und Gebrauchsmuster, für die das Arbeitnehmererfindungsgesetz vom 25.7.1957 in Verbindung mit den Richtlinien für die Vergütung von Arbeitnehmererfindungen im privaten Dienst vom 20.7.1959 gilt.

Für die steuerliche Behandlung von Prämien für Verbesserungsvorschläge gilt die Verordnung vom 18.2.1957.

In Auslegung dieser gesetzlichen Vorschriften hat das Bundesarbeitsgericht in seinem Beschluß vom 28.4.1981 ein Initiativrecht des Betriebsrates festgestellt, bei Bedarf die Aufstellung allgemeiner Grundsätze für das betriebliche Vorschlagswesen zu verlangen und diese Festlegung mit einem weiteren Beschluß vom 16.4.1982 dahingehend präzisiert, daß sich die Mitbestimmung des Betriebsrates nur auf die Aufstellung von Grundsätzen (der Organisation und des Ablaufes) des betrieblichen Vorschlagswesens bezieht, nicht aber auch auf die Bestellung des Beauftragten für das BVW über die Annahme von Verbesserungsvorschlägen und die Höhe der Prämien.

2.3 Organisation des betrieblichen Vorschlagswesens

Die Betriebsvereinbarungen für das betriebliche Vorschlagswesen sollen nach übereinstimmender Meinung der Kommentatoren folgende Punkte umfassen:

- Ziel der Einführung des BVW als Dauereinrichtung oder als Sonderaktion
- Kreis der Teilnahme- und der Prämienberechtigten
- Merkmale eines Verbesserungsvorschlages mit Abgrenzung zu schutzfähigen Verbessungsvorschlägen
- Organe und Organisation des betrieblichen Vorschlagswesens
- Aufbau des Prämiensystems.

2.3.1 Zweck der Einführung

Hier wird geklärt, ob es sich um eine Dauereinrichtung oder um eine Sonderaktion für einen bestimmten Zeitraum oder bezogen auf bestimmte Aufgabenbereiche handeln soll.

2.3.2 Personengruppen

Während naturgemäß alle Betriebsangehörigen teilnahmeberechtigt am betrieblichen Vorschlagswesen sein sollen, werden von der Prämienberechtigung in der Regel alle Mitarbeiter ausgenommen, die aufgrund ihres Arbeitsvertrages zur Erarbeitung von Verbesserungsvorschlägen verpflichtet sind. Problematisch bleibt in diesem Fall die Frage der Abgrenzung zwischen den Dienstaufgaben (nicht prämienberechtigt) und den Vorschlägen, die ein vom Arbeitnehmer aus gesehen fremdes Aufgabengebiet betreffen.

2.3.3 Merkmale des Verbesserungsvorschlages

Die Regelungen dienen dazu, den betrieblichen Verbesserungsvorschlag von den schutzfähigen Erfindungen einerseits und den reinen Hinweisen auf etwaige Betriebsprobleme, Unzulänglichkeiten, Fehler und Störungen abzugrenzen. Hierbei muß es sich bei einem Verbesserungsvorschlag nicht um eine absolute Neuheit handeln, es reicht in der Regel bereits eine Weiterentwicklung einer bereits praktizierten Übung oder eine Imitation aus einem anderen Bereich des Unternehmens.

Weiterhin gilt, daß die Idee des Einreichers ohne seine Mitwirkung nicht oder nicht zu diesem Zeitpunkt realisiert worden wäre. Die Realisierung des Vorschlages für die Unternehmen ist wirtschaftlich nicht nur im finanziellen Sinne, sondern auch im Hinblick auf die Reduzierung von Gesundheits- und Unfallrisiken, Stärkung des Firmenimages, Verringerung von Umweltschäden usw. Aufgrund der Regelung, daß der Vorschlag über die eigentliche Arbeitsaufgabe des Einreichers hinausgehen muß, es sich aber hier dann im Regelfall um einen Eingriff in einen Aufgaben- und Zuständigkeitsbereich eines anderen Kollegen handelt, sind sehr häufig betriebliche Spannungen nicht ganz auszuschließen.

2.3.4 Organe und Organisation des betrieblichen Vorschlagswesens

Die wichtigsten Organe für das betriebliche Vorschlagswesen sind

- betrieblicher Vorschlagswesenbeauftragter
- Gutachter
- Bewertungskommission.

Je nach Art und Größe des Betriebes können noch weitere Funktionsträger, wie z.B. Kontaktpersonen, Wirtschaftlichkeitsrechner usw. hinzukommen.

Die Schlüsselfunktion hat hier der Vorschlagswesenbeauftragte, der alle damit zusammenhängenden Aufgaben haupt- oder nebenamtlich wahrnimmt und für die Einhaltung aller gesetzlichen und vertraglichen Bestimmungen der Betriebsvereinbarungen verantwortlich ist.

Der Bearbeitungsvorgang eines Verbesserungsvorschlages ergibt sich aus der Abbildung 93.

Als Gutachter können einzelne Fachleute entweder als betriebsangehörige oder als betriebsexterne Experten in Frage kommen.

Die Bewertungskommissionen sind in der Regel paritätisch besetzt. Aus steuerlichen Gründen müssen jedoch mindestens zwei Arbeitnehmervertreter berufen werden.

Diese Kommission überprüft die begutachteten Vorschläge, trifft die Entscheidung über die Realisierbarkeit und die Prämienhöhe und befaßt sich mit Einsprüchen gegen abgelehnte Vorschläge. Einzelne Betriebe sehen hier für die Lösung von Meinungsverschiedenheiten auch spezielle Einigungsstellen vor.

Die Prämie für den einzelnen Verbesserungsvorschlag ergibt sich in der Regel anhand einer Prämienordnung, die grundsätzlich Bestandteil der Betriebsvereinbarung ist.

Grundsätzlich unterscheiden alle Prämiensysteme zwischen

- Verbesserungsvorschlägen, bei denen die jährliche Nettoersparnis wirtschaftlich kalkulierbar ist und
- Verbesserungsvorschlägen mit nicht errechenbaren Ersparnissen, die nur nach einem ideellen Punktesystem oder nach Klassen bewertet werden können.

Bei errechenbarem Nutzen steht dem Einreicher ein festgelegter Prozentsatz (ggf. bei unterschiedlichen Höhen gestaffelter) der Nettoersparnis des ersten Jahres zu.

Vorschläge mit einem nicht wertmäßig bezifferbaren Nutzen gestalten sich naturgemäß bei der Prämienfestlegung wesentlich schwieriger. Hier wird in den meisten Fällen die Prämienhöhe u.a. durch Merkmale wie z.B. Arbeitsbereich des Einreichers, Schwierigkeitsgrad der Aufgaben und Ausführungsreife des Vorschlages bestimmt.

Besondere Bedeutung kommen hier vor allem auch den sogenannten "Anerkennungsprämien" zu, bei denen weniger der Nutzen aus dem einzelnen

Vorschlag für den Betrieb bewertet wird, als vielmehr das Engagement gewürdigt werden soll.

Art der Tätigkeit	angesprochener Bereich	Einzelaufgaben	Aktionen nach außen
Vorschlagswerbung ↓	Belegschaft, alle vorschlagsberechtigten Personengruppen	Flugblattaktionen, Firmenzeitschrift, Anschläge am Schwarzen Brett,	
Organisation der Einreichung ↓	Sammelkasten; Vorgesetzter, Betriebsrat, unmittelbare Einrichtung	Vorschläge sammeln, gegebenenfalls Mithilfe bei der Vorschlagsformulierung	Eingangsbestätigung
Verwaltung der Vorschläge ↓	Sachbearbeitung im BVW	Registrierung, Vorprüfung, Prüfung auf Schutzfähigkeit, Auswahl der Gutachter	
Auswahl und Bestellung der Gutachter ↓	verschiedene Gutachten aus den angesprochenen Bereichen, einschl. Arbeitssicherheit und Wirtschaftlichkeitsrechnung	Erstellung einer gutachterlichen Stellungnahme zu Einsetzbarkeit, Wirtschaftlichkeit usw.	
Auswertung der Gutachten ↓	Sachbearbeitung im BVW	Prüfung vor Ort, Erarbeitung eines Bewertungsvorschlages	
Bewertung des Vorschlags ↓	Bewertungsausschuß in der Regel paritätisch besetzt	Entscheidung über Annahme oder Ablehnung sowie die Höhe der Prämie	Zwischenbescheid
Abschluß des Bearbeitungsvorgangs	Sachbearbeitung im BVW	Prämienanweisung, Vermerk in der Personalakte, statistische Erfassung, Abschlußbescheid an den Betroffenen, Ehrung (etc.) und Auswertung für die weitere Wertung	Mitteilung an den Betroffenen

Abbildung 93: Ablauf bei der Bearbeitung von Verbesserungsvorschlägen

2.4 Bewertung des betrieblichen Vorschlagswesens

Praktische Erfahrung zeigen, daß die Bedeutung des betrieblichen Vorschlagswesens in der konventionellen Form bei weitem nicht so groß ist, wie es nach dem Umfang der Veröffentlichungen suggeriert wird. Meist wird hier übersehen, daß die Probleme bei der erfolgreichen Realisierung bei weitem nicht auf einem Ausbalancieren rechtlicher Gestaltungsspielräume liegt, sondern vielmehr in den Einflüssen des sozialen Umfeldes und den psychologischen Einflüssen auf individuelles Verhalten.

Allgemein werden in der Literatur drei Vorschlagsbarrieren genannt (vgl. Abbildung 94).

Arten der Hemmschwellen	Ausprägungsformen	Ursachen
fehlende Fähigkeiten (nicht Können)	fehlende Einfälle unzureichende Kritikfähigkeit Artikulationsschwierigkeiten	ungenügende Ausbildung, mangelnde Qualifikation, Betriebsblindheit, unzureichender Bildungsstand
fehlende Einsatzbereitschaft (nicht Wollen)	Interessenslosigkeit gegenüber den Belangen des Unternehmens	geringe Identifikation mit dem Unternehmen
	Vorbehalt gegenüber dem Unternehmen und/oder dem Wirtschaftssystem	ideologische Interessensgegensätze, negative Grundeinstellung evtl. innere Kündigung,
	Widerstand gegen Änderungen	Bequemlichkeit, Beharrungsvermögen, Risikoscheu
fehlendes Engagement (nichts riskieren)	Furcht vor materiellen Nachteilen Furcht vor ideellen Nachteilen	Beeinträchtigung des Arbeitsplatzes, Abqualifikation der eigenen Tätigkeit

Abbildung 94: Hemmschwellen gegen die Teilnahme am betrieblichen Vorschlagswesen

Geht man davon aus, daß die auf individuelle Einflüsse zurückzuführenden Fähigkeitsbarrieren nicht im Rahmen eines betrieblichen Vorschlagswesens ausgeräumt werden können, sondern allenfalls ein Problem der Personalentwicklung darstellen, so zeichnen sich zwei wesentliche Personengruppen ab, die Einfluß auf den Erfolg des betrieblichen Vorschlagswesens nehmen:
- der Vorgesetzte und
- die Kollegen.

Da nach allgemeiner Auffassung die Bestgestaltung von Arbeitsabläufen und Arbeitsplätzen zu den Hauptaufgaben von Vorgesetzten gehören, wird in der Regel je nach der Persönlichkeitsstruktur des Vorgesetzten mehr oder weniger stark jeder Verbesserungsvorschlag als eine Kritik an seinen Fähigkeiten aufgefaßt.

Je nach der Persönlichkeitsstruktur des Vorgesetzten wird er dem Vorschlag eher skeptisch und kritisch gegenüberstehen, was dann auch seine Haltung dem Mitarbeiter gegenüber wesentlich mitbestimmt.

Praktische Versuche, den Vorgesetzten mit in den Prozeß des Vorschlagswesens einzubinden, und die Beurteilung seiner Fähigkeit im Rahmen einer Leistungsbeurteilung mit von der Beteiligung seiner Mitarbeiter am Vorschlagswesen abhängig zu machen, zeigt nur vorübergehende Wirkung. Wenn in den einzelnen Bereichen ein gewisses zu aktivierendes Potential an Ideen ausgeschöpft war, sank entweder die Zahl der Vorschläge ab, oder dort, wo sie konstant blieb, waren beträchtliche Qualitätseinbußen bei den Vorschlägen zu erkennen.

Ein weiteres Problem stellt sich noch, wenn der Gegenstandsbereich der prämienfähigen Vorschläge sehr eng gefaßt wird, so daß ein Einreicher nur dann prämienfähige Vorschläge aus dem Aufgabengebiet eines Kollegen und nicht aus seinem eigenen Aufgabengebiet einbringen kann.

Naturgemäß wird dieser Kollege dann jeden Vorschlag als ein unkollegiales Verhalten und damit einen Affront gegen sich selbst betrachten mit allen Folgen für eine kollegiale Zusammenarbeit. Die Auswirkungen des Gruppendruckes auf individuelles Verhalten sind ja bereits seit den *Hawthorne-Experimenten* hinreichend bekannt.

Gegen diese negative Auswirkung von Meistern und Kollegen hilft auch die Möglichkeit einer anonymen Einreichung von Vorschlägen ebenso wenig wie eine Begutachtung der Vorschläge durch "neutrale Experten". Denn spätestens bei der Bekanntgabe des Vorschlages wird der Name des Vorschlagenden offenbar.

Sprenger (1994, S. 11) legt hier die organisationspsychologische Zwickmühle offen, in dem er darauf hinweist, daß durch die Stellenbeschreibung (oder ein anderes organisationspraktisches Instrument) die Initiative eines Mitarbeiters auf die ihm zugewiesene Aufgabe begrenzt ist. Durch das BVW wird er aber für die Überschreitung dieser Grenzen belohnt. Bleibt er nämlich in seinem Bereich, ist ein Verbesserungsvorschlag selbstverständlich und wird nicht belohnt. Will er aber die Prämienvoraussetzung erfüllen, dann muß er seine Zuständigkeitsgrenzen überschreiten und "wildert" damit im Aufgabenrevier des Kollegen. Überpointiert spricht Sprenger von einer legalisierten und prämierten innerbetrieblichen Denunziation und Mißgunst.

Sicherlich ist das Urteil überzogen, trifft in einzelnen Punkten jedoch den Kern. Dieser eingebaute Konstruktionsfehler im betrieblichen Vorschlagswesen wird es verhindern, daß es jemals die von verschiedenen Autoren vorgegebenen Zielsetzungen, wie Förderung der Teamarbeit, Verbesserung des Betriebsklimas oder Verbesserung der sozialen Beziehungen und der Kommunikation im Unternehmen, jemals erfüllen kann.

War das betriebliche Vorschlagswesen zur Zeit seiner Einführung am Beginn der Industriealisierung sicherlich sachlich berechtigt, so haben sich zwischenzeitlich die Bedingungen gewandelt. Nicht mehr der einzelne "Gedankenblitz", sondern vielmehr die systematische Verbesserung in kleinen Schritten steht im Mittelpunkt. Nicht mehr die individuelle Einzelleistung ist bedeutsam, sondern vielmehr die systematische Problemlösung im Team.

2.5 Ansatzpunkte für eine Weiterentwicklung

Drei Ansatzpunkte bieten sich für eine Weiterentwicklung an.

2.5.1 Vorgesetztenmodell

Das Modell (Urban) baut auf dem klassischen BVW auf und versucht, die vom Vorgesetzten ausgehenden Hemmungen dadurch auszugleichen, daß er direkt mit in den Prozeß der Vorschlagsbearbeitung und Bewertung einbezogen wird. Er soll als erste Anlaufstelle und Prüfinstanz für den Vorschlag seines Mitarbeiters dienen und dabei auch gleichzeitig als erster ein Gutachten erstellen.

Problematisch in diesem Modell ist jedoch, um welchen Vorgesetzten es sich handeln soll. Um den Vorgesetzten des jeweiligen Mitarbeiters oder um den Vorgesetzten, für dessen Bereich der Vorschlag gelten soll; denn in seinem eigenen Arbeitsbereich und damit im Bereich seines unmittelbaren Vorgesetzten kann ja ein Mitarbeiter in der Regel keinen prämienberechtigten Vorschlag einbringen, es sei denn, die Betriebsvereinbarung sieht etwas anderes vor.

2.5.2 Gruppenmodell

Eine weitere Möglichkeit besteht darin, anstelle der Bewertung von individuellen Einzelleistungen die systematische Leistungsverbesserung durch gezielt gelenkte und gestaltete Gruppenarbeit zu setzen.

Ungelöst ist in diesem Zusammenhang allerdings noch das Problem, wie die Leistung einer Gruppe zu bewerten ist und wie eine durch Gruppenleistung erarbeitete Prämie zu verteilen ist.

Zwar würden sich für eine Gruppe durchaus Ziele für eine Leistungsverbesserung vorgeben und hierfür auch angemessene akzeptable Prämien festlegen lassen, aber Spitzenleistungen und überdurchschnittlich qualifizierte Ideen eines Einzelnen werden dann in der Regel unberücksichtigt bleiben und damit auch nicht entlohnt werden.

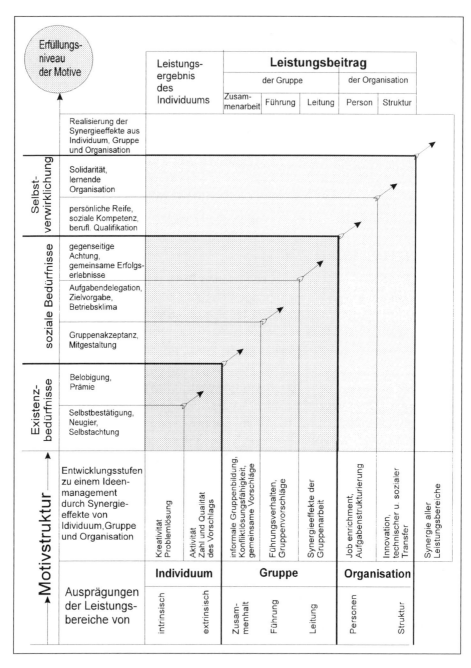

Abbildung 95: Entwicklungsstufen eines Ideenmanagements

Ob dies auch bei einem noch so guten Betriebsklima leistungsstimulierend und auf die Zusammenarbeit fördernd wirken wird, muß jedoch bezweifelt werden.

2.5.3 Weiterentwicklung zu einem Ideenmanagement

Ideen bringen Geld, aber Geld allein bringt keine Ideen. Damit sich Ideen entwickeln und entfalten können, bedarf es eines geeigneten Umfeldes und geeigneter stimulierender Effekte.

Das bisherige betriebliche Vorschlagswesen spricht im wesentlichen den Mitarbeiter als Individuum an. Von seiner Einsatzbereitschaft und seinem Können hängen Anzahl und Qualität möglicher Verbesserungsvorschläge ab. Die Belohnungen sind überwiegend materieller Art. Befriedigt werden nach der Bedürfnispyramide von Maslow überwiegend menschliche Existenzbedürfnisse.

Ansätze zu einer Weiterentwicklung des betrieblichen Vorschlagswesens zeigen sich in der Gruppenorientierung, die sich nicht mehr auf den einzelnen Mitarbeiter, sondern auf die Gruppe stützt und wo im wesentlichen die sozialen Motive der Gruppenzugehörigkeit im Vordergrund stehen.

Eine Weiterentwicklung wäre dadurch anzustreben, daß die gesamte Organisation mit einbezogen würde. Hier wären Antrieb und Anreize der Organisationskultur abzuleiten, wie dies japanische Unternehmen mit dem dort entwickelten System "KAIZEN" und mit dem damit verbundenen kontinuierlichen Verbesserungsprozeß (KVP) realisiert haben.

Eine **Extrinsische** Motivation besteht darin,
ein Individuum durch zwingende äußere Einflüsse zu aktivieren.
Motive extrinsischer Art sind Gehorsamspflicht, Angst,
Strafandrohung, mögliche oder tatsächliche Machtausübung.

Intrinsische Motivation liegt jedoch dann vor,
wenn ein Individuum aus eigenem Antrieb,
aus Interesse an der Sache selbst
und ohne äußeren Einfluß handelt.
Intrinsische Motive sind deshalb Wißbegierde,
Freude am Werk, Neugier, Gestaltungsdrang usw.

Ein Unbekannter zu einem neuen
Organigramm eines Großunternehmens

An
diesem
Baum
zur Spitze munter
Ideen fließen.........
und Vetos runter.

Viertes Kapitel

Arbeitszeit und Zeitmanagement

1. Zeit als bestimmender Arbeitsfaktor

Alles menschliche Handeln, auch die betriebliche Tätigkeit, vollzieht sich im Zeitablauf. Der Ablauf des menschlichen Lebens gliedert sich chronologisch in drei Abschnitte

- Jugendzeit und Erwerbsvorbereitung (Ausbildung)
- Erwerbsleben
- Ruhestand.

Der Tagesablauf ist chronometrisch in zwei Phasen gegliedert

- Passive Phase, zur Regeneration (Schlafen und Ruhen)
- Aktive Phase
  - als Arbeitszeit zum Lebenserwerb
  - als Freizeit zur Entspannung und zum Geniessen.

In der vorindustriellen Zeit gingen diese Lebensabschnitte ineinander über. Die Arbeitstätigkeit zum Lebenserwerb vollzog sich in einer sozialen Gemeinschaft, die mehrere Generationen umfaßte. Der Tagesablauf war geprägt durch den Tagesrhythmus und damit weitgehend abhängig vom Sonnenlicht.

Die Erfindung künstlicher Beleuchtung hat diese Beschränkung aufgehoben. Die Trennung von Wohnen und Arbeiten hat zu einer strengen Reglementierung der Zeiteinteilung von Arbeits- und Freizeit geführt und letztlich auch zu einer straffen Trennung in die einzelnen Lebensabschnitte.

Waren zu Beginn der Industrialisierung die Arbeitszeiten sehr lang, so erzwangen die Umstrukturierungen der Wirtschaftstätigkeit mit einer Zunahme der Leistungsintensität, verbunden mit einem höheren und vor allem gleichmäßigeren Arbeitstempo und mit zunehmend kürzeren Arbeitszeiten, eine Veränderung in den einzelnen Lebensabschnitten. Die durch steigende Berufsanforderungen bedingte Verlängerung der Ausbildungsdauer und das weitgehende Fehlen von "altersgemäßen" Arbeitsplätzen haben eine Verkürzung der Spanne für die aktive Berufsausübung zur Folge. Gleichzeitig verkürzte sich die Wochenarbeitszeit auch unter dem Einfluß gewerkschaftlicher Aktivitäten von 82 Stunden zu Beginn der Industrialisierung auf weniger als 40 Stunden je Woche.

1825	82 Stunden pro Woche
1850	68 Stunden pro Woche
1875	65 Stunden pro Woche
1900	60 Stunden pro Woche (10-Stunden-Tag)
1913	57 Stunden pro Woche
(1918	8-Stunden-Tag gesetzlich eingeführt)
1932	42 Stunden pro Woche (Weltwirtschaftskrise)
1941	50 Stunden pro Woche
1950	48 Stunden pro Woche (8-Stunden-Tag)
(ab 1956	Übergang zur 5-Tage Woche)
1960	45 Stunden pro Woche
1970	42 Stunden pro Woche
1983	40 Stunden pro Woche (für 99% der Arbeitnehmer)
1986	39,6 Stunden pro Woche durchschnittlich

Abbildung 96: Entwicklung der durchschnittlichen Wochenarbeitszeit (Quelle: Glaubrecht, Wagner, Zander:, Arbeitszeit im Wandel. Freiburg 1988, S.20)

In Verbindung mit einer zunehmenden Verlängerung des Jahresurlaubs sanken die jährlichen Arbeitszeiten vor allem in der Bundesrepublik sehr stark ab, während gleichzeitig die durchschnittlichen Kosten der Kapitalausstattung je Arbeitsplatz stark anstiegen.

Zwischenzeitlich scheint sich jedoch abzuzeichnen, daß die gewerkschaftliche Strategie, in der Tarifpolitik Arbeitszeitverkürzungen anstelle von Lohnerhöhungen anzustreben, bei der Gewerkschaftsbasis keine große Resonanz mehr findet und deshalb auch nicht mehr lange durchzuhalten sein wird. In künftigen Tarifverhandlungen dürften sich beide Partner vor andere und vor allem vor zukunftsweisendere Aufgaben gestellt sehen als die klassische Alternative Lohnerhöhung und/oder Arbeitszeitverkürzung.

Im Zuge der aufgetretenen Beschäftigungsprobleme ab den späten achtziger Jahren werden heute bereits neue Formen mit einer Vier-Tage-Woche, verbunden mit Einkommensreduzierungen, erprobt (z.B. bei VW im im Frühjahr 1994).

Je kürzer die Spanne des Erwerbslebens und die Phase der aktiven Erwerbstätigkeit wurde, um so stärker trat der betriebswirtschaftliche Zwang in den Vordergrund, die verbleibende Arbeitszeit möglichst optimal zur Leistungserstellung zu nutzen.

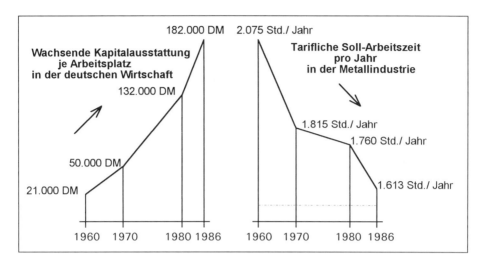

Abbildung 97: Entwicklung der Kapitalausstattung je Arbeitsplatz in der deutschen Wirtschaft und der tariflichen Soll-Arbeitszeit pro Jahr in der Metallindustrie (Quelle: Statistisches Bundesamt, Institut der Deutschen Wirtschaft)

2. Gliederung der betrieblichen Gesamtzeit

2.1 Auftragszeit

Sie umfaßt die Gesamtzeit, die zur Erledigung eines vollständigen Arbeitsauftrages erforderlich ist. Diese Zeit bildet die Grundlage für

- die Preisermittlung im Rahmen der Vorkalkulation
- die Terminplanung und Fertigungssteuerung usw.

Der mitarbeitererforderliche Anteil an der Auftragszeit bildet die Basis für jede Art von Leistungsentlohnung, neben dem Akkord- und Prämienlohn, auch für den sogenannten Standard- und Pensumlohn.

Die *Auftragszeit* gliedert sich in

- *Mitarbeiterunabhängige Bearbeitungszeiten* wie z.B. notwendige Zwischenlagerung zur Reifung, bedienerunabhängige Prozeßabläufe usw.

- *Mitarbeiter-erforderliche Arbeitszeiten* umfassen sowohl die Rüst- als auch die Ausführungszeiten. Die Rüstzeit fällt an bei Vorbereitung des Arbeitsplatzes, der Maschinen und der Einrichtungen für die Arbeitsaufgabe sowie der Wiederherstellung des ursprünglichen Zustandes. Die Ausführungszeit umfaßt die Zeit der Erledigung der eigentlichen Arbeitsaufgabe.

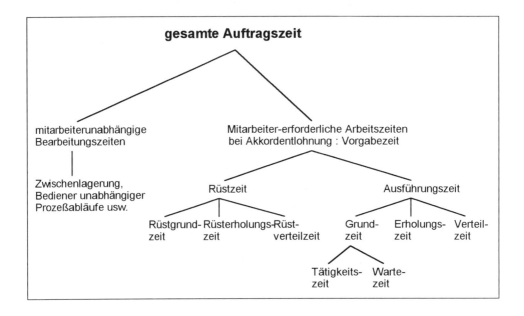

Abbildung 98: Aufteilung der Auftragszeit

Beide, Rüst- und Ausführungszeit, unterteilen sich jeweils in Grund-, Erholungs- und Verteilzeit. Unter *Grundzeit* ist die Zeit zu verstehen, die zur planmäßigen Ausführung der Arbeitsaufgabe erforderlich ist. Sie setzt sich aus Tätigkeitszeit und Wartezeit zusammen. Wartezeit ist die Zeitspanne, während der der Mitarbeiter arbeitsablaufbedingt seine Tätigkeit unterbrechen muß. Die *Verteilzeiten* umfassen alle Arbeitsverzögerungen und Arbeitsunterbrechungen persönlicher und/oder sachlicher Art, die im normalen planmäßigen Arbeitsablauf nicht vorgesehen sind, sich aber trotzdem nicht vermeiden lassen. Erholungs- und Verteilzeiten werden in der Regel als Prozentzuschläge zu den Grundzeiten erfaßt und behandelt.

2.2 Arbeitszeit

Sie umfaßt personenbezogen für den Mitarbeiter die im Arbeitsvertrag festgelegte Zeitspanne, während der er für die Erbringung der vereinbarten Arbeitsleistung dem Betrieb zur Verfügung steht.

Bezogen auf die Art der Leistungserstellung gliedert sich die Gesamtzeit nach dem REFA-Grundschema in:

1. Arbeitszeit im Einsatz: d.h. die Zeit, in der ein Mensch die festgelegten Arbeitsaufgaben ausführt;
2. Arbeitszeit außer Einsatz: d.h. die Zeit, in der er während der festgelegten Arbeitszeit langfristig nicht zur Verfügung steht (z.B. Urlaub, Krankheit, Teilnahme an Weiterbildungsmaßnahmen usw.); hierher gerechnet werden müssen ferner die Ausfallzeiten, bei denen ein Arbeitnehmer wegen schwankendem Arbeitsanfall, z.B. bei Kundenbedienung usw., eine Leistung nicht erbringen kann.
3. Betriebsruhe: hierher gehören alle gesetzlichen, tariflich oder betrieblich geregelten Arbeitspausen.

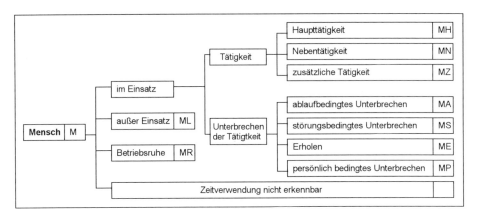

Abbildung 99: Aufteilung der Arbeitszeit (REFA, Bd. 2, S. 25)

Unter *Haupttätigkeit* ist die unmittelbar und unter *Nebentätigkeit* die mittelbar der Erfüllung der Arbeitsaufgabe dienende Tätigkeit zu verstehen. Bei der zusätzlichen Tätigkeit handelt es sich um die Erfüllung von Aufgaben, deren Vorkommen oder Ablauf Schwankungen unterliegt und die deshalb nur bedingt vorhersehbar sind.

Bei den Unterbrechungen ist zu unterscheiden zwischen ablaufbedingten Unterbrechungen, d.h. dem planmäßigen Warten auf das Ende von Arbeitsabschnitten, während dem Arbeitsprozesse selbständig ablaufen, und störungsbedingten Unterbrechungen, wie z.B. unvorhersehbares Warten wegen fehlender Informationen und Werkstoffe oder Störungen an den Betriebsmitteln usw.

3. Methoden der Zeitermittlung

3.1 Übersicht über die Methoden der Zeitermittlung

Bei der Zeitermittlung ist zwischen der Erfassung der *"Ist-Zeit"* und der Vorausbestimmung von *"Soll-Zeiten"* zu unterscheiden (vgl. Abbildung 100).

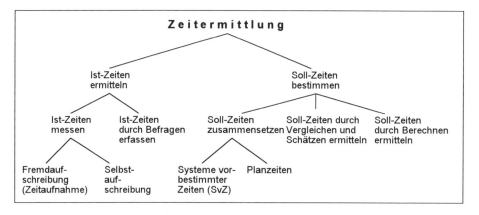

Abbildung 100: Übersicht über die Methoden der Zeitermittlung (REFA-Methodenlehre Bd. 2)

3.2 Verfahren vorbestimmter Zeiten

Diese Verfahren bauen auf der Annahme auf, daß alle menschlichen Tätigkeiten aus einem Zusammenspiel von wenigen Elementarbewegungen des menschlichen Körpers bestehen, genauso wie die gesamte materielle Welt aus den verhältnismäßig wenigen Elementen des Periodischen Systems in einer unendlichen Vielzahl von chemischen Verbindungen zusammengesetzt ist.

In diese wenigen Grund-(Elementar-)Bewegungen lassen sich nun sämtliche Arbeitsvorgänge zerlegen, für die jeweils eine bestimmte allgemeingültige Zeitnorm mit Hilfe von Zeitstudien ermittelt wird.

Sind die einzelnen Bewegungselemente und die erforderlichen Grundzeiten bekannt, dann läßt sich daraus der Zeitbedarf für alle Arbeiten nach folgendem Schema ermitteln:

Erster Arbeitsschritt

Ablaufanalyse:

Gliedern des Arbeitsablaufes in seine Bewegungselemente

Zweiter Arbeitsschritt

Zeitzuordnung:

1. Ermittlung von Art und Anzahl der Bewegungselemente und gegebenenfalls der zu berücksichtigenden Sondereinflüße
2. Ablesen und ggf. Berechnen der Sollzeiten aus den Bewegungszeittabellen für das einzelne Bewegungselement
3. Addieren der Soll-Einzelzeiten für alle Bewegungselemente eines Arbeitsablaufes.

In Deutschland sowie in anderen Industrieländern haben zwei Verfahren vorbestimmter Zeiten an Bedeutung gewonnen:

1. *Work-Factor* (WF), erstmals 1945 veröffentlicht.
2. *Methods-Time-Measurement* (MTM), erstmals 1948 veröffentlicht.

Die Unterschiede zwischen den beiden Verfahren liegen vor allem in der Art, wie die verschiedenen Einflußgrößen auf den Zeitbedarf berücksichtigt werden und wie die Zuordnung erfolgt.

Da durch den EDV-Einsatz der manuelle Aufwand bei der Zusammenstellung der Elementarzeiten erheblich verringert werden kann, können die Verfahren der vorbestimmten Zeiten auch in der Kleinserien- und Einzelfertigung wirtschaftlich eingesetzt werden. Es ist zu erwarten, daß diese Verfahren im Rahmen der Zeitwirtschaft noch an Bedeutung gewinnen werden.

3.3 Zeitaufnahme

3.3.1 Technik der Zeitaufnahme

Unter *Zeitaufnahme* versteht man die *Zeitmessung* mittels Stoppuhr oder anderen Zeitmeßgeräten unmittelbar am Arbeitsplatz durch besonders geschulte Zeitnehmer und die Zusammenfassung der gemessenen Ist-Zeiten auf besonderen Zeitaufnahmeformularen mit nachfolgender Auswertung.

Voraussetzung für die Durchführung dieser Zeitaufnahmen ist, daß der Arbeitsablauf und die Arbeitsmethoden planmäßig so gestaltet werden, daß sie immer in gleicher Form wiederholbar sind.

3.3.2 Leistungsgrad-Beurteilung

Die menschliche Leistung, z.B. bei Sport und Spiel, unterliegt bei normalen Umständen aufgrund des unterschiedlichen individuellen Leistungsangebotes einer starken Streuung. Am Arbeitsplatz ist wegen der besonderen Bedingungen der Leistungserbringung die Streuung nicht so groß. Untersuchungen haben gezeigt, daß sie aber immer noch im Bereich von 1 : 1,5 bis 1 : 2 (REFA, Methodenlehre Band 2) liegt.

Aufgrund dieser Streuung können durchschnittliche Ist-Zeiten bzw. Ist-Leistungen einer Person nicht als allgemein gültige Soll-Leistungen angesehen werden, auch dann nicht, wenn man Durchschnittswerte mehrerer Personen zusammenfaßt. Bezugsbasis für eine *Soll-Zeit* kann immer nur eine fiktive, von der Einzelperson losgelöste Bezugsleistung sein. Als Bezugsleistung dient heute fast ausschließlich die *REFA-Normalleistung*.

"Unter *REFA-Normalleistung* wird eine Bewegungsausführung verstanden, die dem Beobachter hinsichtlich der Einzelbewegungen, der Bewegungsfolge und ihrer Koordinierung besonders harmonisch, natürlich und ausgeglichen erscheint. Sie kann erfahrungsgemäß von jedem in erforderlichem Maße geeigneten, geübten und voll eingearbeiteten Arbeiter auf die Dauer und im Mittel der Schichtzeit erbracht werden, sofern er die für persönliche Bedürfnisse und gegebenenfalls auch für Erholung vorgegebenen Zeiten einhält, und die freie Entfaltung seiner Fähigkeit nicht behindert wird" (REFA-Methodenlehre Band 2, Seite 136).

Bei der Zeitaufnahme hat deshalb der Zeitnehmer auch den Arbeitsablauf nach Intensität und Wirksamkeit zu beurteilen. Unter Intensität versteht man die Bewegungsgeschwindigkeit und Kraftanspannung bei der Bewegungsausführung. Die Wirksamkeit ist daran zu erkennen, wie zügig, beherrscht, harmonisch, unbewußt, zielsicher, rhythmisch und locker gearbeitet wird.

Das Ergebnis der Beurteilung ist als *Leistungsgrad* festzuhalten. Unter Leistungsgrad versteht man das Verhältnis von:

$$\frac{\text{beobachteter beeinflußbarer Ist} - \text{Leistung}}{\text{vorgestellter Bezugsleistung (Normalleistung)}} \times 100$$

Mit Hilfe dieses Leistungsgrades werden die ermittelten Ist-Zeiten in Soll-Zeiten umgerechnet. Das Schätzen des Leistungsgrades setzt gute Schulung und vor allem ein systematisches Training voraus.

3.4 Multimoment-Verfahren

Mit Hilfe der Zeitaufnahme ist es möglich, für die einzelnen Arbeitsgänge genaue und zuverlässige Zeitwerte zu erfassen. Um aber einen Überblick über die Struktur und die Häufigkeit der anfallenden Tätigkeiten an einem Arbeitsplatz zu gewinnen, wäre das Zeitaufnahmeverfahren zu aufwendig. Man wendet hier meist das sogenannte *"Multimoment-Verfahren"* - auch Häufigkeitsstudien genannt -, an. Im Gegensatz zur vollständigen Zeitmessung werden bei dieser Methode kurze Beobachtungen nach Art der Stichprobenerhebung durchgeführt. Die Vorgehensweise ist einfach. Bei wiederholt und in unregelmäßigen Zeitabständen durchgeführten Betriebsrundgängen werden bei den einzelnen Arbeitsplätzen die Tätigkeiten beobachtet und die Einzelvorgänge merkmalsbezogen notiert und zusammengefaßt. Wie bei jeder Stichprobenerhebung liegt hierbei die Annahme zugrunde, daß der Anteil der beobachteten Einzelmerkmale an der Gesamtheit der Einzelbeobachtungen der tatsächlichen Gesamtzusammensetzung entspricht. Die Höhe der Fehlertoleranz kann nach der Methode der statistischen Stichprobentheorie ermittelt werden.

Häufige Untersuchungsziele der Multimomentaufnahme sind z.B. Ermittlung des Anteils und der Verteilung von Verteilzeiten an der Gesamtarbeitszeit, Erfassung der Tätigkeitsstruktur von Angestellten, Auslastung von Anlagen und Maschinen durch Ermittlung ihrer durchschnittlichen Nutzungs- und Stillstandszeit usw.

Zur Durchführung der Multimoment-Aufnahme sind folgende Schritte notwendig:

1. Festlegung des Untersuchungszieles, daraus abgeleitet Festlegung und Beschreibung der zu beobachtenden Merkmale;
2. Festlegung des Rundgangplanes und eines statistisch zufälligen Zeitplanes;
3. Ermittlung des erforderlichen Beobachtungsumfanges aufgrund der geforderten statistischen Sicherheit und der angenommenen Häufigkeit der untersuchten Merkmale. Gegebenenfalls Berichtigung des Umfanges, falls die angenommene Häufigkeit durch die Untersuchung nicht bestätigt wird.
4. Durchführung und Auswertung der Untersuchung.

Die Vorteile des Verfahrens liegen darin, daß bei einer Untersuchung eine Vielzahl von Arbeitsplätzen erfaßt wird und trotz kürzerer Untersuchungsdauer bei geringerem Untersuchungsaufwand das Ergebnis von Strukturuntersuchungen wesentlich repräsentativer ist. Nachteilig dagegen ist, daß die Ursache für das Auftreten bestimmter Zeitformen, insbesondere Verteilzeiten, nicht oder nur nach Befragen der Mitarbeiter ermittelt und der Leistungsgrad nicht festgestellt werden kann. Damit sind die Möglichkeiten und Grenzen dieses Verfahrens aufgezeigt.

3.5 Vergleichen und Schätzen

Nicht immer lassen sich z.B. Vorgabezeiten durch Zeituntersuchungsmethoden feststellen; einmal weil entweder der Arbeitsablauf noch nicht in allen Einzelheiten festgelegt ist, oder zum anderen, weil exakte Methoden der Zeitbestimmung zu arbeitsaufwendig wären, wie z.B. bei Kleinstserien- oder Einzelfertigung. Hier hilft man sich sehr häufig mit sogenannten Schätzwerten, die in der Akkordentlohnung auch als Meister-, Schätz- oder Faustakkorde bezeichnet werden.

Schätzen ist das ungefähre Bestimmen von quantitativen Daten. Wichtig ist dabei, daß der Vorgang des Schätzens jederzeit nachvollzogen werden kann. Schätzen baut deshalb in der Regel auf einem Vergleich auf. Hierunter versteht man das Nebeneinanderstellen von Sachverhalten, um Übereinstimmungen oder Unterschiede festzustellen und zu bewerten.

Ein methodisch nach dem REFA-Standardprogramm angelegtes Schätzen läßt (vor allem, wenn nicht umfangreiche Arbeitsaufgaben global, sondern einzelne übersehbare Abschnitte getrennt geschätzt und die Einzelergebnisse zusammengefaßt werden) in vielen Fällen hinreichend genaue Ergebnisse erwarten.

Das REFA-Standardprogramm *"Vergleichen und Schätzen"* sieht folgende Einzelschritte vor:

1. Arbeitsaufgabe beschreiben, Verwendungszweck der Zeiten festlegen,
2. In Vergleichsunterlagen ähnliche Arbeitsgegenstände suchen,
3. Arbeitsbedingungen vergleichen und Abweichungen feststellen,
4. Abweichungen der Arbeitsgegenstände untersuchen,
5. Zeiten für hinzukommende und entfallende Ablaufabschnitte ermitteln,
6. Zu- und Abschläge bestimmen und die Einzelwerte addieren.

4. Arbeitszeitrecht

Mit dem Gesetz zur Vereinheitlichung/Flexibilisierung des Arbeitszeitrechts (*Arbeitszeitrechtsgesetz-ArbZRG*) vom 06.06.1994 hat der Gesetzgeber die seit 1938 bestehende Arbeitszeitordnung ersetzt und gleichzeitig die z.T. auf das Jahr 1891 zurückgehenden arbeitszeitrechlichen Regelungen anderer Gesetze, z.B. über die Zulässigkeit von Sonn- und Feiertagsarbeit, aufgehoben und diese Bestimmungen den Bedingungen der neuen technologischen, gesellschaftlichen und wirtschaftlichen Entwicklungen angepaßt.

Hierbei kam der Gesetzgeber sowohl den Forderungen des Einigungsvertrages nach, die eine Angleichung der unterschiedlichen Rechtsvorschriften auf dem Gebiet des Arbeitszeitrechtes zwischen den alten und neuen Bundesländern zwingend vorschrieb, wie auch den Forderungen des Bundesverfassungsgerichtes, daß verschiedene Vorschriften, so z.B. das Nachtarbeitsverbot für Arbeiterinnen, als nicht verfassungskonform ansah.

Im Unterschied zu anderen Gesetzen legte der Gesetzgeber beim ArbZRG ausdrücklich den Zweck des Gesetzes als Norm fest.

Diese Zweckbestimmung ist bei der Auslegung der einzelnen gesetzlichen Vorschriften zwingend zu beachten.

Zweck des Gesetzes ist:

- *Sicherheits- und Gesundheitsschutz* der Arbeitnehmer sind bei der Arbeitszeitgestaltung zu gewährleisten
- die Rahmenbedingungen für flexible Arbeitszeitregelungen zu verbessern

Der Geltungsbereich des Gesetzes umfaßt sämtliche Arbeitnehmer in allen Beschäftigungsverhältnissen innerhalb des Geltungsbereiches des Grundgesetzes, mit Ausnahme der leitenden Angestellten und der ihnen gleichgestellten Personen, sowie der Arbeitnehmer in häuslichen Gemeinschaften und Arbeitnehmer im liturgischen Bereich.

Für Jugendliche, Arbeitnehmer in Bäckereien sowie der Schiffahrt gelten Sondergesetze.

Die Grundnormen des Gesetzes sind:

- *Höchstarbeitszeit* beträgt Werktäglich 8 Stunden, eine Verlängerung auf 10 Stunden ist möglich (§ 3), wenn ein Ausgleich innerhalb eines Zeitraumes von einem halben Jahr erfolgt. Ausnahmen sind möglich, wenn in die Arbeitszeit regelmäßig in einem erheblichen Umfang *Arbeitsbereitschaft* fällt (§ 7 Ziff. 1). Ohne Ausgleich der Mehrstunden kann die Arbeitszeit an bis zu höchstens 60 Tagen verlängert werden.
- *Ruhepausen* (§ 4) bei einer Arbeitszeit von 6 bis 9 Stunden täglich 30 Minuten und bei einer Arbeitszeit von mehr als 9 Stunden 45 Minuten. Die Ruhepause kann in Abschnitte von jeweils mindestens 15 Minuten unterteilt werden.
- *Ruhezeiten* (§ 5) die Arbeitnehmer müssen nach Beendigung der täglichen Arbeitszeit eine ununterbrochene Ruhezeit von 11 Stunden haben. Ausnahmen gelten bei Krankenhäusern, Gaststätten, Verkehrsbetrieben sowie ähnlichen Einrichtungen und in der Landwirtschaft.

Bei der Arbeitszeit für *Nacht-* und *Schichtarbeiter* sind die gesicherten arbeitswissenschaftlichen Erkenntnisse über die menschengerechte Gestaltung der Arbeitszeit zu beachten.

Jeder im Nacht- und Schichtdienst Beschäftigte hat einen Anspruch darauf, sich vor Beginn der Beschäftigung und später im regelmäßigen Abständen arbeitsmedizinisch untersuchen zu lassen. Die Kosten der Untersuchungen trägt der Arbeitgeber.

Bei Gesundheitsgefährdung durch weitere *Nachtarbeit,* sowie bei der Betreuung von Kindern unter 12 Jahren, hat der Nachtarbeitnehmer einen Anspruch im Rahmen gegebener betrieblicher Möglichkeiten auf einen für ihn geeigneten Tagesarbeitsplatz umgesetzt zu werden.

Weiterhin sieht das Gesetz (§ 7) in einer Reihe von Fällen vor, daß die Tarifvertragsparteien Abweichungen festlegen bzw. tarifvertragliche Öffnungsklauseln für den Abschluß von Betriebsvereinbarungen zulassen können.

An dem grundsätzlichen Beschäftigungsverbot an Sonn- und Feiertag hat der Gesetzgeber festgehalten (§ 9). Jedoch hat er eine Reihe von Ausnahmefällen, wie z.B. Sicherheits- und Rettungsdienst, Krankenhäuser, Unterhaltungsgewerbe usw., zugelassen. Ohne Genehmigung dürfen Mitarbeiter an Sonn- und Feiertagen beschäftigt werden, bei der Reinigung und Instandhaltung von Betriebseinrichtungen, soweit dies durch den regelmäßigen Fortgang des eigenen oder eines fremden Betriebes bedingt ist, bei der Vorbereitung der Wiederaufnahme des vollen werktägigen Betriebes sowie bei der Aufrechterhaltung der Funktionsfähigkeit von Datennetzen und Rechnersystemen (§ 10, Absatz 1, Ziff. 14). Ausnahmen des Sonn- und *Feiertagsarbeitsverbot* für Produktionsarbeiter gilt nach § 10 Absatz 2. Danach ist eine Beschäftigung ohne besondere Genehmigung möglich ist, wenn bei einer durchgehenden Produktion weniger Arbeitnehmer erforderlich sind, als dies bei einer Unterbrechung für das Stillegen und Wiederanlaufen von Anlagen notwendig wäre.

Jedoch müssen mindestens 15 Sonntage im Jahr beschäftigungsfrei bleiben und für jeden Sonntag, an dem ein Arbeitnehmer beschäftigt werden muß, ist ein Ersatzruhetag innerhalb eines Zeitraumes von 2 Wochen zu gewähren (§ 11, Absatz 3). Auf eine Unterscheidung zwischen Normalarbeits- und Überstunden hat der Gesetzgeber verzichtet.

Darüber hinaus gewährt der Gesetzgeber den Tarifvertragsparteien (§ 12) einen breiten Spielraum für abweichende tarifvertragliche Regelungen oder für im Tarifvertrag vorzusehende *Öffnungsklauseln* für *Betriebsvereinbarungen*.

Hier bleibt abzuwarten, wie und in welchem Umfang die Tarifvertragsparteien den ihnen hier vom Gesetzgeber zugestandenen Gestaltungsfreiraum nutzen werden.

5. Arbeitszeitmanagement

5.1 Betriebliche Reaktionen auf die Entwicklung der Arbeitszeitverkürzungen

Die traditionellen Arbeitszeitformen waren gekennzeichnet durch ein System der starren Arbeitszeitregelungen, die im wesentlichen auf vier Grundsätzen beruhen, und zwar:

- Grundsatz der Gleichheit, d.h. die Arbeitszeitregelungen sind für alle Arbeitnehmer weitgehend einheitlich und gleichförmig geregelt,
- Grundsatz der Gleichzeitigkeit, Anfang und Ende der Arbeits- und der Freizeit sind für alle Arbeitnehmer gleich geregelt,
- Grundsatz der Pünktlichkeit, straffe Pünktlichkeitskontrolle, Anfang und Ende der Arbeitszeit sind exakt bestimmt und müssen eingehalten werden (Werkssirenen),
- Grundsatz der Fremdsteuerung, der einzelne Mitarbeiter hat wenig Einfluß auf die Lage der Arbeitszeit. Diese wird kollektiv durch den Arbeitgeber oder seit Bestehen des Betriebsverfassungsgesetzes unter Mitbestimmung des Betriebsrates festgelegt. Nach diesen Grundsätzen sind individuelle Arbeitszeit und Zeitdauer der Betriebsmittelnutzung identisch.

Erste Reaktionen auf die zunehmende Arbeitszeitverkürzung waren Versuche, die Betriebszeit durch Verstärkung der *Schichtarbeit* gegenüber der individuellen Arbeitszeit zu verlängern. In den 70er Jahren begann man dann, zusätzlich dem Produktivitätsausfall durch Arbeitszeitverkürzung mit Hilfe verstärkter Automatisierung und Rationalisierung zu begegnen. Nachdem diese Möglichkeiten heute weitgehend ausgeschöpft sind, verbleibt als Ausweg nur noch die Abkoppelung der Arbeitszeit von der Betriebszeit.

Einer der ersten Schritte waren hier im Zusammenhang mit einer fortschreitenden Verlängerung des Urlaubs Überlegungen der "Mehrfach-Besetzung" von Arbeitsplätzen nach dem m:n-System, d.h. die vorhandenen Arbeitsplätze werden nicht mehr mit einem, sondern von einer jeweils festzulegenden Anzahl von Mitarbeitern besetzt. Dabei verhält sich die Betriebszeit zur verfügbaren Arbeitszeit der Mitarbeiter wie die Zahl der Mitarbeiter zur Zahl der Arbeitsplätze.

Der zweite Schritt der Abkoppelung der Arbeitszeit von der Betriebszeit wurde durch die negativen Auswirkungen des Grundsatzes der Gleichzeitigkeit bei starren Arbeitszeitregelungen erzwungen. Die Zunahme des Individualverkehrs und die Zunahme der Belegschaften führten besonders zu Schichtbeginn und Schichtende zu Verkehrsstauungen und damit zu einer steigenden Zunahme der Wegezeiten. Mit dem *Ottobrunner-Modell*, der Einführung einer individuellen Gleitzeit, wurde der erste Schritt zur Flexibilisierung getan.

Ein weiterer Schritt waren die Ansätze von Unternehmen, die regelmäßig tarifvertraglich anfallenden Arbeitszeitverkürzungen nicht mehr durch eine Verkürzung der täglichen oder wöchentlichen Arbeitszeiten umzusetzen, sondern die alten Arbeitszeiten beizubehalten und die sich aus der Arbeitszeitverkürzung ergebenden Zeitansprüche anzusammeln und in Form von ganzen Arbeitstagen *(Freischicht-Modell)* abzugelten.

Den Durchbruch zu einer Flexibilisierung und damit einen Wendepunkt in der Frage der Arbeitszeitgestaltung stellte der sogenannte *"Leber-Kompromiß"* dar, mit dem einer der härtesten Arbeitskämpfe der Nachkriegszeit um den von den Gewerkschaften geforderten Einstieg in die 35-Stunden-Woche beendet wurde. Der gefundene Kompromiß sah eine Kombination aus einer Verkürzung der Wochenarbeitszeit auf 38,5 Std. sowie der Möglichkeit der betrieblichen Einführung flexibler Formen der Arbeitszeitgestaltung vor.

Flexibel ist damit eine Arbeitszeit hinsichtlich der Dauer oder der zeitlichen Lage, die permanent eine Veränderung ermöglichen, ohne daß es hierzu der Mitwirkung eines Dritten (Gesetzgebers) oder einer eigenständigen Rechtsgrundlage bedarf. Allerdings gibt es in der Praxis auch häufig kollektiv vertraglich vereinbarte Arbeitszeitformen, durch die die Lage und/oder Dauer der Arbeitszeit verändert wird. Nach Ausübung der Veränderungsoption gelten die starren Arbeitszeiten weiter.

Insgesamt enthält der *Leber-Kompromiß* drei Modell-Varianten, die auch miteinander kombiniert werden können, und zwar

- Flexi-Modell 1 (differenzierte Arbeitszeit);
  die individuelle regelmäßige Wochenarbeitszeit (IRWAZ) der Arbeitnehmer kann unterschiedlich zwischen 37 und 40 Stunden betragen, wobei im Betriebsdurchschnitt 38,5 Stunden je Arbeitnehmer nicht überschritten werden dürfen,
- Flexi-Modell 2 (Umschichtung der Wochenarbeitszeit);
  die IRWAZ kann ungleichmäßig auf Werktage und Wochen verteilt werden, wobei der Ausgleich im Durchschnitt innerhalb einer Zeitspanne von längstens zwei Monaten erfolgen muß,
- Flexi-Modell 3 (Freischicht-Regelung);
  die tatsächliche wöchentliche Arbeitszeit kann weiterhin 40 Stunden betragen. Die sich ergebenden Arbeitszeitverkürzungen werden durch Freitage (Freischichten) gewährt.

Von der Freischicht-Regelung wurde bisher weitgehend Gebrauch gemacht. Da die Freischichttage dem Ausfall durch die Urlaubstage zuzurechnen sind, treten hier vor allem erhebliche arbeitsorganisatorische Probleme auf. Ein Umstand, der viele Unternehmen zwang, die Freischicht-Regelung wieder aufzugeben und nach anderen Formen der Arbeitszeitflexibilisierung zu suchen.

5.2 Formen flexibler Arbeitszeitgestaltung

Im wesentlchen sind folgende Formen *flexibler Arbeitszeitgestaltung* zu unterscheiden:

5.2.1 Ansatzpunkte zur Arbeitszeitflexibilisierung

Grundsätzlich läßt sich jede Aktivität im Zeitablauf und damit auch die Arbeit in zwei Dimensionen beschreiben.

- Hinsichtlich ihrer Lage und Dauer (chronometrisch) und
- hinsichtlich ihrer Lage und Verteilung (chronologisch).

Unter Berücksichtigung dieser beiden Dimensionen lassen sich starre und variable Arbeitszeitregelungen unterscheiden. Bei starren Arbeitszeitregelungen, so beim weitverbreiteten standardisierten "Normal"- Arbeitstag mit einer festgelegten Lage der Arbeitszeit, sind beide Dimensionen fixiert.

Flexible Formen können sich auf ein oder beide Merkmale der Zeitdimension beziehen, d.h. eine differenzierte Verteilung und/oder eine an die jeweilige Situation angepaßte Lage der Arbeitszeit, und zwar bezogen auf den Arbeitstag, die Arbeitswoche, das Arbeitsjahr oder auch das ganze Arbeitsleben sind möglich.

Die Gründe für eine Flexibilisierung können liegen

- auf der Ebene des Mitarbeiters, z.B. bessere Abstimmung seiner Freizeitbedürfnisse mit den Belangen des Betriebes
- auf der Ebene des Betriebes, bessere Anpassung des Personaleinsatzes an den Personalbedarf.

5.2.2 Traditionelle Formen der Arbeitszeitflexibilisierung

Traditionelle Formen der Anpassung der Arbeitszeit sind

1. *Mehrarbeit*
   Überstunden bei Auftreten von Arbeitsspitzen, jedoch Begrenzung durch die AZO
2. *Kurzarbeit*
   Bei Vorliegen bestimmter Voraussetzungen durch zeitlich begrenzte Herabsetzung der betriebsüblichen Arbeitszeit für den Betrieb als Ganzes oder einzelne Bereiche bzw. bestimmte Arbeitnehmergruppen. Hier wird der Umfang der Arbeitspflicht eingeschränkt, während die Einschränkung der Lohnzahlungspflicht von einer kollektiven oder einzelvertraglichen Vereinbarung abhängig ist.
3. *Schichtarbeit*
   Während Mehr- oder Kurzarbeit die Dauer der Arbeitszeit verändern, verändert die Schichtarbeit die Lage des "Normalarbeitstages". Die Ursachen für die Schichtarbeit können bedingt sein
   - produktions- oder betriebstechnisch (Verkehrsbetriebe, Krankenhaus, chemische Prozeßanlagen usw.)
   - markttechnisch (saison- oder konjunkturbedingte Nachfrageänderung)

- wirtschaftlich (um kapitalintensive Anlagen ökonomisch zu nutzen).

Die Formen der Schichtarbeit sind vielfältig, so z.B. Zweischichtbetriebe (Morgen- und Spätschicht), Dreischichtbetriebe, wobei Sonn- und Feiertage arbeitsfrei sind, voll kontinuierliche Betriebe ohne Arbeitsunterbrechung an Wochenenden und an Feiertagen, ferner Sonderschichten aus besonderen Anlässen, welche zusätzlich auch an Wochenenden oder an freien Tagen geleistet werden können.

Bei der Einteilung der Mitarbeiter kann der Arbeitnehmer auf bestimmte Schichten festgelegt werden oder es findet nach einem Schichtwechselschema ein wöchentlicher bzw. regelmäßiger Wechsel der Schichteinteilung statt.

5.2.3 Neue Formen der Arbeitszeitflexibilisierung

Diese neuen Formen der Arbeitszeitflexibilisierung werden unterschieden hinsichtlich der Chronometrie und der Chronologie.

1. Flexibilisierung hinsichtlich der Chronometrie
   a) *Teilzeitarbeit*

   Hier wird für die vorgesehene Beschäftigungsdauer eine kürzere als die betriebsübliche bzw. tarifgeregelte Arbeitszeit vereinbart. Der Unterschied zwischen Kurz-, Saison- und Zeitarbeit liegt darin, daß es sich hier um eine wesentlich kürzere als die übliche Arbeitszeit handeln muß, die regelmäßig aufgrund freiwilliger Vereinbarung festgelegt wird.

   Teilzeitarbeiten sind in vielfältiger Form möglich, wenn es gelingt, betriebliche Erfordernisse mit den persönlichen Umständen in Übereinstimmung zu bringen. Hierher gehören u.a.
   - traditionelle Halbtagsarbeit, entweder am Vormittag oder am Nachmittag
   - ganztägiger Arbeitseinsatz in regelmäßigen Abständen, z.B. am Wochenende oder an zwei/drei Tagen in der Woche
   - Arbeiten zu bestimmten Zeitabschnitten, z.B. am Monatsanfang zu Abschlußarbeiten usw.

   b) Bandbreitenmodelle

   Hierunter fallen Arbeitszeitregelungen, bei denen, ausgehend von einer Normalarbeitszeit, zeitliche Zu- oder Abschläge vereinbart werden können. Diese Bandbreiten können sich auf alle Dimensionen der Arbeitszeit erstrecken. Sie stellen somit auch einen fließenden Übergang von der Vollzeitarbeit zur Teilzeitarbeit dar. Hierbei können entweder Mitarbeiter- oder Unternehmensinteressen im Vordergrund stehen, z.B. beim *Santa-Clara-Bandbreitenmodell*, wobei die Mitarbeiter halbjährlich wählen können, ob sie einen Normalarbeitstag haben wollen oder ob sie bei entsprechend geringerem Arbeitsentgelt eine reduzierte Arbeitszeit vorziehen. Bei Reemtsma Schweiz ist eine wöchentliche Sollarbeitszeit vorgesehen, die jeweils in Abhängigkeit vom Betriebsbedarf zwischen 7,5 und 9,5 Stunden arbeitstäglich variiert. Die Festlegung der jeweiligen täglichen Arbeitszeit erfolgt einvernehmlich.

c) *Flexible Altersgrenze* (gleitender Übergang in die Pensionierung)

Hier erfolgt der Übergang in den Ruhestand gleitend mit stufenweiser Umwandlung von Arbeitszeit in Freizeit entsprechend den Wünschen und gesundheitlichen Bedürfnissen oder dem leistungsmäßigen Können der Mitarbeiter. Dabei kann der Übergang auch so gestaltet sein, daß eine Weiterbeschäftigung über die bisherige starre Altersgrenze hinaus möglich ist.

2. Flexibilisierung hinsichtlich der Chronologie

a) *Gleitende Arbeitszeit*

Hier erhalten die Mitarbeiter das Recht, innerhalb einer bestimmten Zeitspanne (Gleitzeitspanne) den Zeitpunkt ihres Arbeitsantrittes sowie ihres Arbeitsendes frei zu wählen. Anwesenheitspflicht am Arbeitsplatz besteht nur während einer sogenannten Kernzeit. Gleitzeitsyteme ermöglichen es dem Mitarbeiter, die Lage seiner Arbeitszeit seinem persönlichen Arbeitsrhythmus anzupassen und die Wegezeit durch Vermeidung von Verkehrsspitzen während der morgendlichen bzw. abendlichen Rush-hour zu verringern.

Zu unterscheiden sind:

- Modell ohne Zeitübertrag. Die Länge der täglichen Arbeitszeit bleibt gleich, früherer oder späterer Arbeitsbeginn muß durch späteres oder früheres Arbeitsende ausgeglichen werden.
- Modelle mit Zeitübertrag (diese Form stellt eine Form von Chronometrie und Chronologie dar). Hier besteht die Möglichkeit, Zeitguthaben oder Zeitschulden auf einem Zeitkonto innerhalb gewisser Grenzen anzusammeln, die an späteren Arbeitstagen abgeleistet werden. Die einzelnen Modelle unterscheiden sich lediglich dadurch, in welchem Umfang Guthaben oder Schulden auf dem Zeitkonto zulässig sind und innerhalb welcher Zeitspannen dieses Konto ausgeglichen werden muß.

Die *gleitende Arbeitszeit* hat sich in weiten Bereichen der Verwaltung und der Dienstleistungsbetriebe durchgesetzt. In der Produktion hingegen ist sie über Ansätze nicht hinausgekommen, obwohl sie auch hier, wenn vielleicht auch in eingeschränkter Form, durchaus möglich wäre.

b) Baukastenmodelle

Grundgedanke ist, durch die Trennung von Arbeits- und Betriebszeit bei einer tendenziellen Verkürzung der Arbeitszeit, eine Ausweitung der Betriebszeiten zu ermöglichen. Hierbei werden die Betriebszeiten in Arbeitszeitmodule unterschiedlicher Lage und Dauer unterteilt, aus denen sich dann der Arbeitnehmer in Absprache mit seinen Kollegen und Vorgesetzten seine tägliche oder wöchentliche Arbeitszeit selbst zusammenstellen kann. So können dann Mitarbeiter wählen, ob sie bei einer Wochenarbeitszeit von 36 Stunden vier Tage à neun Stunden oder sechs Tage à sechs Stunden usw. arbeiten wollen. Das Problem liegt hier darin, für jedes Zeitelement einen Arbeitnehmer zu finden, so daß sich die Belegschaft gleichmäßig auf alle Zeiteinheiten verteilt; dies ist zwar schwierig, aber nicht unlösbar, vor allem, wenn Anreize verschiedener Art hierbei helfen.

c) Sabbaticals (Langzeiturlaub)

Hier handelt es sich um eine Möglichkeit, neben dem regelmäßig zu gewährenden jährlichen Erholungsurlaub, eine längere zusätzliche Unterbrechung der Lebensarbeitszeit zu gewähren, wobei das Arbeitsverhältnis bestehen bleibt und die Bezüge meist fortbezahlt werden. Dabei kann es sich um eine Abgeltung eines auf einem Langzeitkonto angesammelten Zeitguthabens handeln oder um einen bezahlten oder unbezahlten Sonderurlaub; ggf. kann es sich auch um eine ganze oder teilweise Freistellung durch das Unternehmen handeln, um betriebsfremde Aufgaben z.B. im sozialen Bereich oder ähnlichen zu unterstützen. Diese Langzeiturlaube können verwendet werden für Weiterbildung, Erledigung persönlicher Belange (z.B. Hausbau) oder sonstige Aktivitäten.

Denkbar ist auch eine Art *"job-sharing"*, bei dem sich z.B. sieben Mitarbeiter sechs Arbeitsstellen teilen, wobei jeder mit 85 % des normalen Entgeltes sechs Jahre arbeitet und das siebte Jahr zur freien Verfügung hat.

Bekanntestes Sabbatical-Modell ist der "Rank-Xerox-Sozialdienst". Hier erfolgt eine bezahlte Freistellung bis zu sechs Monaten für eine Tätigkeit im sozialen Bereich, und das "Klöckner-Humboldt-Modell", das eine Arbeitsunterbrechung von einem Jahr für Mitarbeiter zwischen dem 50. und 58. Lebensjahr gewährt.

Das betriebliche Problem bei diesen Modellen besteht im wesentlichen in der Vertretung während einer langfristigen Abwesenheit, verbunden mit einem Wiederbeschäftigungsanspruch.

3. Kombinierte Formen der Flexibilisierung
   a) Gleitende Arbeitszeit mit Zeitübertrag
      Das bekannteste Modell, das beide Formen der Zeitflexibilisierung in sich vereinigt, ist das bereits behandelte Gleitzeitmodell mit Zeitübertrag.
   b) Arbeitszeit auf Abruf
      Die Verteilung der Arbeitszeit wird jeweils kurzfristig bestimmt, sei es entweder durch den Arbeitgeber je nach Arbeitsanfall oder aber auch auf Wunsch des Arbeitnehmers.

      Die hier zu Beginn der Diskussion um die Flexibilisierung zum Ausdruck gekommenen polaren Positionen, mit wechselseitig unvertretbaren Folgewirkungen, wie "Arbeit nach Lust und Laune" bei Arbeitszeitsouveränität des Beschäftigten, oder "Arbeit auf Abruf nach Gutsherrenart" bei kapazitätsorientierten variablen Ansätzen, stellen keine Alternativen dar. Die eine polare Position scheitert an den Sachzwängen der Leistungsorganisation Betrieb, und der anderen hat der Gesetzgeber durch das Beschäftigungsförderungsgesetz Grenzen gesetzt. Nach § 4 BeschFG muß bei einer Vereinbarung, die Arbeitsleistung nach Arbeitsanfall zu erbringen, zugleich auch eine bestimmte Dauer der Arbeitszeit festgelegt werden, andernfalls gilt eine wöchentliche Arbeitszeit von 10 Stunden als vereinbart. Der Arbeitnehmer ist zur Arbeitsleistung nur verpflichtet, wenn ihm dies jeweils vier Tage im voraus mitgeteilt wird. Die Arbeitszeit je nach Einsatz darf drei Stunden nicht unterschreiten.
   c) Jahresarbeitsverträge
      Die zu leistenden Arbeitsstunden sind nicht pro Woche, sondern insgesamt für ein Jahr festgelegt. Diese Jahresarbeitszeitsumme abzüglich der Feier- und Urlaubstage kann nun gleichmäßig auf das Jahr oder, was meist die Regel ist, arbeitsanfallorientiert verteilt werden. Hierbei sind, soweit die arbeitsrechtlichen Restriktionen eingehalten werden, die verschiedensten Formen der Zeitverteilung realisierbar: Von der Vollbeschäftigung während eines Teils des Jahres, über saisonbedingte Schwankungen von wöchentlich unterschiedlichen Arbeitszeiten mit vorher fixierten wechselnden Zeiten, das Vorsehen einer Zeitreserve für unvorhergesehenen Personalbedarf, bis hin zur Form eines Abrufes bei Bedarf mit unterschiedlichen Ankündigungsfristen.

      Um Einkommensschwankungen zu vermeiden, wird in der Regel das vereinbarte oder bei einer Leistungsentlohnung das zu erwartende Entgelt in gleichen Monatsraten ausbezahlt mit einer Abrechnung am Jahresende. Häufig sind diese Entgeltregelungen mit einer Arbeitsplatz- oder Jahreslohngarantie verbunden. Zu beachten sind hier jedoch die sozialversicherungsrechtlichen Konsequenzen und die Probleme bei der Lohnfortzahlung im Krankheitsfall.

Wenn es gelingt, die persönlichen Zeitbedürfnisse mit den arbeitsanfallbedingten Notwendigkeiten des Betriebes in Übereinstimmung zu bringen, ergeben sich für den Betrieb erhebliche Anpassungsvorteile und für den Arbeitnehmer ein hohes Maß an Arbeitszeitflexibilität unter Berücksichtigung seiner persönlichen Interessen.

d) job-sharing

Job-sharing liegt vor, wenn der Arbeitgeber mit zwei oder mehreren Arbeitnehmern vereinbart, daß sich diese einen Arbeitsplatz teilen, wobei die Verteilung der Tätigkeit auf die einzelnen Arbeitnehmer entweder vertraglich festgelegt oder aber auch ihrer persönlichen Absprache überlassen werden kann. Hierbei können auch mehrere Arbeitsplätze zu einem "job-sharing-pool" zusammengefaßt werden.

Zur Vertretung bei Ausfall eines job-sharing-Partners ist der andere nur verpflichtet, wenn dies vorher vertraglich vereinbart wurde. Im Falle eines dringenden betrieblichen Erfordernisses ist der Arbeitnehmer hierzu nur verpflichtet, wenn dies im Einzelfall zumutbar ist (§ 5 BeschFG).

Wegen Ausscheidens eines job-sharing-Partners kann das Arbeitsverhältnis mit den anderen nicht gekündigt werden.

Einen Sonderfall stellt das sogenannte "Job-splitting" dar, bei dem identische und in der Regel auch relativ einfache Arbeiten, unabhängig voneinander erledigt und von vornherein nach einem festgelegten System auf mehrere Mitarbeiter verteilt werden können, so z.B. Besetzung von Telefonzentralen, Datenerfassungstätigkeiten usw.

6. Arbeitszeitmanagement und Arbeitszeitcontrolling

Ein aktives *Zeitmanagement* wird zunehmend zu einer erfolgsbestimmenden Führungsaufgabe und geht weit über die reinen organisatorischen und arbeitszeitrechtlichen Probleme der Arbeitszeitflexibilisierung hinaus.

Zweckmäßigerweise sollte ein Zeitmanagementsystem durch ein *Zeitcontrollingsystem* gestützt werden, mit dem

1. Zielvorgaben formuliert und
2. Strategien entwickelt werden
3. sowie die Kontrolle der Realisierung unterstützt wird.

Die Anforderungen an ein solches System sind in der Abbildung 101 zusammengestellt.

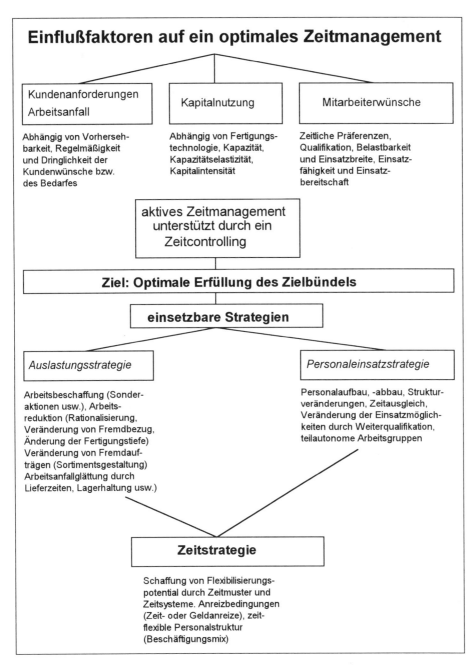

Abbildung 101: Strategien im Zeitmanagement und ihre Einflußfaktoren

Einflußgrößen sind:

- Kundenanforderungen und Arbeitsanfall (Lieferzeit, Termintreue, Servicegrad usw.). Die Beherrschbarkeit dieser Anforderungen ist abhängig vom Grad der Vorhersehbarkeit, der Regelmäßigkeit des Anfalls sowie der Dringlichkeit ihrer Erledigung.
- Kapitalnutzung, abhängig von der Fertigungstechnologie, der Kapazität und ihrer Elastizität, der Kapitalintensität usw.
- Mitarbeiterbezogene Anforderungen, abhängig von Qualifikation und Einsatzbreite sowie Belastbarkeit, Einsatzfähigkeit und Einsatzbereitschaft der Mitarbeiter sowie zunehmend auch von zeitlichen Präferenzen.

Eine erfolgreiche Zeitstrategie wird durch die Optimierung der beiden Teilstrategien

- Auslastung der Kapitalanlagen
- Wirtschaftlichkeit des Personaleinsatzes

bestimmt.

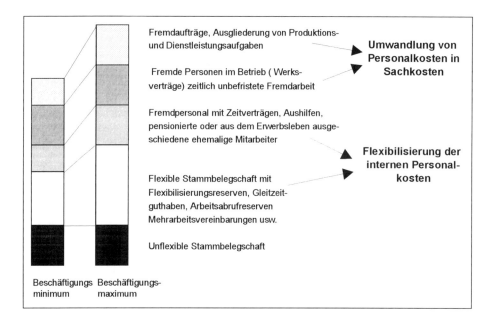

Abbildung 102: Zeitoptimales Beschäftigungsmix (in Anlehnung an Beyer, 1990, S.243)

Von den Gesamtanforderungen dieser Teilstrategien ist eine erfolgreiche Zeitstrategie durch Schaffung eines ausreichenden Zeitflexibilisierungspotentials, mit der Gestaltung von Zeitmustern sowie Zeitsystemen, unterstützt durch zeitliche und finanzielle Anreizbedingungen usw., abhängig.

Weiteres Kernstück des Zeitmanagements ist die Schaffung einer langfristig geplanten flexiblen Personalstruktur (*optimum workforce mix*).

Die Gestaltungsformen eines zeitoptimalen Beschäftigungsmixes zeigt die Abbildung 102.

Ziel ist hier, den Anteil der relativ unflexiblen Stammbelegschaft verhältnismäßig klein zu halten, das Flexibilisierungspotential der Stammbelegschaft durch entsprechende Einzelmaßnahmen zu vergrößern und weitere Belastungsspitzen durch eine Tätigkeitsverlagerung an außerbetriebliche Zulieferbetriebe oder Dienstleistungsunternehmen (z.B. Zeitarbeit usw.) abzufangen.

Dies ist eine gedankliche Grundkonzeption, die sich auch in der neueren Diskussion um eine "schlanke Produktion", dem sogenannten lean-production wiederfindet und hier eine besonders starke Ausprägung zeigt.

Machen Sie Ihre Mitarbeiter zu aktiven Zeitmanagern:
Vermitteln Sie Ihnen die Fähigkeit

1. ebenso zielbewußt mit Zeit wie mit Geld umzugehen
2. zwischen wichtigem und dringendem zu unterscheiden
3. das Tagesgeschäft durch Abwerfen überflüssigen Belastes zu befreien
4. Prioritäten zu setzen
5. Konsequent Zeitdiebe zu verfolgen und zu bestrafen.

Vermitteln Sie Ihnen die Kenntnis:

im Wettbewerb werden nicht die Kleinen von den Großen gefressen, sondern die Schnellen fressen die Langsamen.

Fünftes Kapitel

Lohnsatz und Lohnform

1. Teilgebiete der Arbeitswissenschaft

Die *Arbeitswissenschaft* befaßt sich mit allen Problemen, die mit dem Einsatz menschlicher Arbeitskraft in zielorientiert handelnden Organisationen zusammenhängen. Hauptziel ist der wirtschaftliche Einsatz unter Beachtung betriebswirtschaftlicher Belange und die Anpassung der Arbeitsbedingungen an die physischen und psychischen Eigenschaften des arbeitenden Menschen.

Sie umfaßt folgende Teildisziplinen:

1. *Arbeitsphysiologie*

   Sie ist ein Teilgebiet der angewandten Physiologie und mit der Arbeitsmedizin verbunden. Ihre Aufgabe ist es, die Zusammenhänge zwischen verschiedenen Arbeitsanforderungen und den biologischen Möglichkeiten des gesunden menschlichen Organismus zu untersuchen. Ziel der Untersuchungen ist es, Wege zu rationalen und wirtschaftlichen Arbeitsformen aufzuzeigen, die einen schonenden Einsatz der menschlichen Arbeitskraft ermöglichen. Zu den Untersuchungsgegenständen gehören: die Arbeitshaltung und die *Anthropometrie* mit dem Ziel, an die menschlichen Körpermaße angepaßte Arbeitsmittel, Geräte und Hilfsmittel zu entwickeln, ferner die Auswirkungen des Arbeitsklimas auf die Leistungsfähigkeit, die Beziehungen zwischen Arbeit und Ernährung, die Auswirkungen verschiedener Arbeitsbelastungen und Arbeitszeiten auf den Körper und seine Leistungsfähigkeit zu erforschen. Hier sind die Übergänge zwischen der *Arbeitsmedizin* und *Arbeitsphysiologie* fließend.

2. *Arbeitsmedizin*

   Sie ist ein Sonderfach und steht der *Sozialmedizin* und der *Präventivmedizin* nahe. Ziel ist die Erforschung der Wechselwirkungen zwischen allen Einflüssen der Arbeit und der Gesundheit. Sie umfaßt die als Gewerbehygiene bezeichnete *Arbeitshygiene*, die dem vorbeugenden Gesundheitsschutz gegen Gefährdung aller Art durch Berufsarbeit dient. In ihren Aufgabenbereich fällt die Erstellung von Richtlinien für Beleuchtung, Belüftung, Beschaffenheit des Arbeitsraumes, Arbeitskleidung. Zu diesem Bereich werden weiterhin gerechnet: die Überwachung des Zustandes der Sozialräume (Wasch-, Umkleide-, Aufenthaltsräume, Toiletten usw.), ferner Maßnahmen der Ersten Hilfe sowie die Arbeitspathologie, die sich mit den durch Arbeitseinflüsse verursachten Gesundheitsschädigungen, z.B. durch

durch Arbeitseinflüsse verursachten Gesundheitsschädigungen, z.B. durch Berufsunfälle und Krankheiten, befaßt. Insbesondere durch die verstärkte Verwendung neuer chemischer Werkstoffe und dem damit verbundenen starken Ansteigen toxischer Gefährdungen hat sie zunehmend an Bedeutung gewonnen.

3. *Arbeitsschutz*

   Seine Aufgabe ist es, den Arbeitnehmer vor den Gefahren, die sich aus der Arbeit ergeben, zu schützen. Bisher sah man im Arbeitsschutz in der Regel ein rechtliches Problem, man glaubte durch entsprechende *Arbeitsschutzgesetze*, die Überwachung der Unfallverhütungsvorschriften usw., einen hinreichenden Schutz gewährleisten zu können. Immer mehr setzt sich aber die Einsicht durch, daß Übermüdung und menschliches "Fehlverhalten" häufig als Unfallursache angesehen werden müssen. Damit gewinnen Fragen der Arbeitsstrukturierung zur Vermeidung von Monotonieerscheinungen sowie Probleme der Anpassung der Arbeitsbedingungen an die menschliche Leistungsfähigkeit als Mittel des Arbeitsschutzes zunehmend an Bedeutung.

4. *Arbeitspsychologie*

   Sie untersucht die Wechselbeziehungen zwischen der Arbeit und den psychischen Faktoren. Aufgabengebiete sind die Eignungspsychologie, die Hilfsmittel für die Personalauswahl liefert, ferner die Psychologie der Ermüdung und ihre Auswirkungen auf die Arbeits- und Pausengestaltung, die Psychologie der Arbeitssicherheit. Außerdem werden die Einflüsse der Arbeitsumgebung auf die Arbeitsbedingungen und die Arbeitsmotorik untersucht.

5. *Arbeitspädagogik*

   Sie macht sich die pädagogischen Erkenntnisse aus dem Schul- und Erziehungswesen für die Vorbereitung auf die Berufsarbeit nutzbar. Sie hat wesentliche Impulse zur Behandlung der Probleme des betrieblich-industriellen Aus- und Fortbildungswesens gegeben und die neu geschaffene *"Ausbilder-Eignungs-Verordnung"* wesentlich beeinflußt. Nach dieser Verordnung genügt der reine Fachkunde-Nachweis nicht mehr alleine zur Berechtigung der Lehrlingsausbildung; zusätzlich ist der Nachweis pädagogischer Kenntnisse und Fähigkeiten zu erbringen.

6. *Arbeitstechnologie*

   Sie befaßt sich mit der Gestaltung, Organisation und Betreuung der menschlichen Arbeit und der angrenzenden Sachgebiete. Hierher gehören u.a. die Probleme der Gestaltung des Arbeitsplatzes und der Arbeitsumgebung, das Ausschalten von Arbeitsleerläufen und die Optimierung des Arbeitsvollzugs.

7. *Sozialpsychologie* des Betriebes

   Sie befaßt sich mit den Einwirkungen der Menschen aufeinander, die sich durch das Zusammensein und Zusammenwirken in der wirtschaftlichen und sozialen Leistungsgemeinschaft des Betriebes zu gemeinsamer Zielerreichung ergeben. Dieses Teilgebiet hat in den USA als *Industrial Social Psychology* weitreichende Bedeutung erlangt. Ihre Forschungsergebnisse beginnen nun auch die wissenschaftlichen Fragestellungen in Deutschland zu beeinflussen.

8. *Arbeitswirtschaft*

   Diese umfaßt im Bereich der Betriebswirtschaftslehre alle Fragen, die mit der menschlichen Arbeit als Produktionsfaktor und Kostenelement zusammenhängen. Darunter fallen alle Probleme der Ermittlung von Arbeitszeiten, der Bewertung und Entlohnung der Arbeit, insbesondere auch die Ermittlung von Zeitvorgaben, die Erfassung der Arbeitsleistung usw.

2. Bestimmungsfaktoren der Arbeitsleistung

2.1 Übersicht über die Determinanten der menschlichen Arbeitsleistung im Betrieb

Einzelleistung ist der durch menschliche Arbeit erbrachte Beitrag zum Gesamtergebnis eines Betriebes oder einer Gruppe. Hierbei ist Arbeit im arbeitswissenschaftlichen Sinn (der *Ergonomie*) die Summe der Energie und Information, die bei der Erfüllung der Arbeitsaufgaben durch den Menschen umgesetzt bzw. verarbeitet wird. Dieser Arbeitsbegriff geht über die physikalische Definition hinaus. Er umfaßt neben der durch Bewegung hervorgerufenen dynamischen Arbeit auch die Haltearbeit (statische Arbeit) und das große Gebiet der geistigen Arbeit, wie z.B. Denkvorgänge, Beobachtungen usw.

Die *"wissenschaftliche Betriebsführung"* im Sinne *Taylors* geht davon aus, daß die Arbeitsleistung vor allem durch die Arbeitsmethode, das Entlohnungssystem sowie durch die Anweisung der *Funktionsmeister* und die technischen Arbeitsbedingungen bestimmt ist (vgl. Abbildung 103).

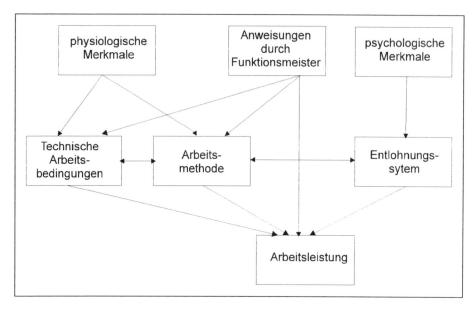

Abbildung 103: Determinanten der Arbeitsleistung nach Taylor

Die neuere arbeitswissenschaftliche Forschung hat jedoch wesentlich vielschichtigere Zusammenhänge aufgezeigt.

Voraussetzung für eine Leistung ist das Leistungsangebot des Mitarbeiters. Dieses Leistungsangebot kann nur insoweit in Leistung umgesetzt werden, als ihm eine entsprechende Leistungsanforderung einer Aufgabe gegenübersteht. Das Leistungsangebot bestimmt sich nach den drei Faktoren der Leistungsfähigkeit, der Leistungsdisposition und der Leistungswilligkeit. (vgl. Abbildung 104). Hierbei begrenzen jeweils Leistungsfähigkeit und Leistungsdisposition das Leistungsangebot nach oben, die Leistungswilligkeit nach unten.

Abbildung 104: Determinanten der menschlichen Arbeitsleistung

2.2 Faktoren des Leistungsangebots

2.2.1 Leistungsfähigkeit

Die *Leistungsfähigkeit* wird bestimmt durch die angeborenen Anlagen - körperlicher und geistiger Art - sowie durch erlerntes Wissen und erworbenes Können. Angeborene Anlagen verkümmern, wenn sie nicht genutzt und durch Übung weiterentwickelt werden. Erlerntes Wissen muß durch Übung zu anwendbarem Können werden. Folgende Faktoren bestimmen den Übungserfolg:

1. Anzahl der ausgeführten Arbeitsverrichtungen sowie Länge und Lage der Übungszeit;
2. *Übungsübertrag*, d.h. Vorteil, den der Mensch aufgrund seiner Veranlagung und seiner Erfahrungen durch vorher ausgeübte Tätigkeiten hat;
3. Schwierigkeitsgrad der Arbeitsmethode;
4. Form der Arbeitsunterweisung.

2.2.2 Leistungsdisposition

Daß körperliches Wohlbefinden und guter gesundheitlicher Zustand die *Leistungsdisposition* positiv beeinflussen können, ist nicht in Zweifel zu ziehen. Unter *Tagesrhythmik* ist die Änderung der Leistungsdisposition des Menschen im Tagesablauf zu verstehen. Dieser Rhythmus hängt ab von der Ortszeit und den Lebensgewohnheiten sowie dem Kulturkreis, der sozialen Schichtzugehörigkeit und wird weitgehend im frühen Lebensalter entwickelt. Umfangreiche empirische Untersuchungen haben ergeben, daß die "normale" Kurve des Tagesrhythmus für mitteleuropäische Verhältnisse vormittags gegen 9.00 Uhr einen Höhepunkt der Leistungsdisposition aufweist, die dann bis gegen 15.00 Uhr abfällt, um nach Überwindung der *"Mittagsmüdigkeit"* bis gegen 20.00 Uhr wieder anzusteigen. Auf den folgenden raschen Abfall bis gegen 3.00 Uhr nachts erfolgt bis zum Morgen gegen 9.00 Uhr wieder ein Anstieg. Die Kenntnis der Normalkurve des Tagesrhythmus ist vor allem für das Aufstellen von Schichtplänen usw. wichtig.

Mit zunehmender Ermüdung sinkt die Leistungsdisposition. Man unterscheidet:

1. *biologische Ermüdung*, die unabhängig davon auftritt, ob jemand arbeitet oder nicht und die durch den Energieverbrauch zur Aufrechterhaltung der Körperfunktionen hervorgerufen wird,
2. *Arbeitsermüdung*, die zurückzuführen ist auf den arbeitsbedingten Kräfteverbrauch
3. *Antriebsermüdung*, die sich aus dem nachlassenden Interesse an der Arbeit ergibt, z.B. durch Monotonie.

Die Ermüdung wird durch Erholung ausgeglichen. Untersuchungen zeigen, daß die Erholung um so schneller erfolgt, je geringer der Ermüdungsgrad ist. Diese Erfahrungen sprechen für eine Pausenregelung, die in kürzeren Abständen auch Zwischenpausen gewährt, um das Entstehen eines zu hohen Ermüdungsgrades zu verhindern.

Einzelne Körperfunktionen, wie z.B. Körperkraft, Hör- und Sehfähigkeit, aber auch die Reaktionsgeschwindigkeit nehmen mit zunehmendem Alter ab. Dieser Leistungsabfall wird häufig durch größere Erfahrung ausgeglichen, so daß die Gesamtleistung eines Mitarbeiters mit zunehmendem Lebensalter nicht unbedingt abnimmt.

2.2.3 Leistungswilligkeit

Die *Leistungswilligkeit* bzw. *Leistungsbereitschaft* eines Mitarbeiters wird bestimmt durch soziale Gründe, wie z.B. informelle Gruppenzugehörigkeit, persönliche Kontakte und Betriebsklima sowie durch den Umfang, in dem durch die Arbeit persönliche Bedürfnisse und Interessen des Mitarbeiters befriedigt werden. Hier spielen das Entgelt und die Leistungsmotivation eine große Rolle.

2.3 Leistungsergebnis

Das für den Betrieb verwertbare Leistungsangebot wird durch die Leistungsanforderungen begrenzt. Ein bei Überqualifikation die Leistungsanforderungen übersteigendes Leistungsangebot kann vom Unternehmen nicht genutzt werden. Analoges gilt auch für die Übermotivation.

Die Leistungsanforderungen, die ein Arbeitsplatz an den Mitarbeiter stellt, werden bestimmt durch die Form der Arbeitsteilung, der Aufgabenspezialisierung sowie von der Art und dem Leistungsvermögen der eingesetzten technischen Hilfsmittel.

Je mehr im Zuge des technischen Fortschritts menschliche Tätigkeiten durch den Einsatz technischer Hilfsmittel unterstützt, verändert und zum Teil auch ersetzt werden, umso mehr ist das Arbeitsergebnis von Leistungsbedingungen des Arbeitssystems abhängig.

Bei diesen Arbeitsvorgängen, deren Verbreitung vor allem durch die neuen computergestützten Technologien beschleunigt wird, sind für das Leistungsergebnis weniger die individuellen persönlichen Anstrengungen des einzelnen Mitarbeiters entscheidend als vielmehr ein möglichst hoher Auslastungsgrad der technischen Anlagen. Am effizientesten arbeitet deshalb nicht der Mitarbeiter, der einen möglichst hohen Arbeitsinput durch eigene Anstrengungen erbringt, sondern derjenige, dem es gelingt, mit einem geringen persönlichen Arbeitseinsatz unter Ausnutzung der möglichen Maschinenleistung einen möglichst hohen Betriebsmittelnutzungsgrad zu erreichen. Hierbei stellt der

Betriebsmittelnutzungsgrad das Verhältnis von tatsächlicher Maschinenleistungszeit zur gesamten zur Verfügung stehenden Arbeitszeit dar. Z.B. die Arbeitszeit während einer Schicht von 8 Stunden, tatsächliche Maschinenleistungszeit von 6 Stunden und Stillstandszeiten von 2 Stunden (unabhängig vom Stillstandsgrund). Für den Grad des Betriebsnutzens ergibt sich demnach:

$$\frac{6\ Stunden}{8\ Stunden} \times 100 = 75\ \%$$

Damit wird die Gesamtleistung des Unternehmens in einem stärkeren Maße vom Leistungsbeitrag des Arbeitssystems (Bedienungs- und Wartungsfreundlichkeit, Störungsanfälligkeit der technischen Arbeitsmittel usw.) und dem Leistungsbeitrag der Organisation (ausreichende und zweckgerichtete Information und Kommunikation usw.) abhängig, als von der individuellen Arbeitsleistung des Mitarbeiters.

3. Grundsätze betrieblicher Entgeltpolitik

3.1 Zusammenhänge zwischen betrieblicher Entgeltpolitik und allgemeiner Lohntheorie

Gegenstand der Lohntheorie ist die Erklärung der jeweiligen Lohnhöhe sowie der Veränderungen des Lohnes im Zeitablauf.

Im wesentlichen umfaßt die allgemeine *Lohntheorie* drei Stufen, und zwar:

1. mikroökonomisch - Erklärung, wie Arbeitsangebot und Arbeitsnachfrage von der jeweiligen Lohnhöhe abhängen,
2. mesoökonomisch - Aufzeigen, welche Lohnhöhen sich tendenziell auf den einzelnen Arbeitsmärkten einstellen,
3. makroökonomisch - Erklärung der Entwicklung der Lohnquote, d.h. des durchschnittlichen Lohnniveaus sowie des Anteils der in abhängiger Arbeit Beschäftigten am Sozialprodukt.

Die normative Frage nach dem gerechten oder optimalen Lohn wird nicht innerhalb der Lohntheorie, sondern innerhalb der "Wohlfahrtstheorie" diskutiert.

Schon die frühen Klassiker, so vor allem *Adam Smith*, befaßten sich mit lohntheoretischen Erörterungen. *R.Malthus* und *D. Ricardo* begründeten die *"Existenz-Minimum-Theorie"*, wonach die Bevölkerung die Tendenz habe, rascher zu wachsen als der Nahrungsspielraum. Ein Anstieg der Lohnsätze über das Existenzminimum hinaus führt demnach zu einer Vergrößerung der Bevölkerung mit der Folge, daß durch das damit zunehmende Angebot an Arbeitskräften die Lohnsätze wieder sinken. Diese Theorie wurde durch die

Entwicklung der Industrieländer weitgehend überholt, hat aber für den Stand der Entwicklungsländer noch teilweise Gültigkeit.

Karl Marx übernimmt den Ansatz, daß der Lohnsatz langfristig auf das Existenzminimum fallen müsse, wobei er allerdings die theoretische Erklärung durch die Bevölkerungsentwicklung ablehnt und die Ursache in der durch den technischen Fortschritt eintretenden Freisetzung von Arbeitskräften sieht.

Die Neoklassiker und hier vor allem *J. H. v. Thünen* greifen den bereits von *Adam Smith* formulierten Gedanken, daß der Lohnsatz vor allem durch den Grenzertrag des Faktors Arbeit bestimmt wird, wieder auf.

Dieser Ansatz wurde später erweitert durch:

1. die Einbeziehung der Elastizitäten des Angebotes von und nach Arbeitskräften,
2. die Berücksichtigung des Einsatzes technischer Größen sowie
2. der Machtfaktoren der Arbeitsmarktparteien.

In den letzten Jahrzehnten entwickelte sich eine keynesianisch orientierte Verteilungstheorie; die zu begründen versucht, daß die Lohnquote im wesentlichen von der Investitionsquote und den Sparquoten der Selbständigen und der Arbeitnehmer abhängt.

Als Weiterentwicklung der neoklassischen Theorie versuchen vor allem die *"Collective-bargaining-Modelle"* den Einfluß der politischen Faktoren auf die Lohnhöhe zu begründen.

Diese Ansätze versuchen vor allem, die Lohnstrukturen im Rahmen der in den meisten Industrieländern üblichen Tarifverhandlungen zu erklären, dies allerdings mit einem unbefriedigenden Ergebnis. Da es sich hier um die "Marktform" eines bilateralen Monopols handelt, muß die Frage, wie sich der Lohn innerhalb einer sehr großen Spannbreite einstellen wird, zwangsläufig unbeantwortet bleiben. Hier ist bisher auch die Frage unbeantwortet geblieben, weshalb Gewerkschaften als Vertreter der Arbeitnehmer auch dann nominale Lohnsteigerungen in den Vordergrund ihrer Aktivitäten stellen, wenn diese über die Erhöhung der Kosten für den Produktionsfaktor menschlicher Arbeitsleistung zur verstärkten Rationalisierung und damit zum Verlust von Arbeitsplätzen führen.

3.2 Absolute und relative Lohnhöhe

Das erste Hauptproblem der betrieblichen Lohnpolitik ist die Festlegung der *absoluten Lohnhöhe*, d.h. die Bestimmung des absoluten Geldbetrags, den der Arbeitnehmer für seine Arbeitsleistung im Betrieb erhält. Das zweite Hauptproblem betrifft die Entscheidung über die *relativen Lohnhöhen*, d.h. die Staffelung der Löhne innerhalb eines Betriebes. Man wird hier *Kosiol* zustimmen müssen, daß es sich bei der Festlegung der absoluten Lohnhöhe zu einem Großteil um ein "mehr außerbetriebliches Marktproblem" handelt, dem sich der einzelne Betrieb nicht entziehen kann. Trotzdem ist für den einzelnen Betrieb noch ein gewisser eigener, autonomer Entscheidungsspielraum gegeben, der genutzt werden muß, um die zu zahlenden Entgelte in ein sinnvolles Verhältnis zu den in der Branche und im Gebiet des gleichen regionalen Arbeitsmarkts üblichen Lohnsätze zu bringen. Die Ausnutzung dieses Handlungsspielraums ist notwendig, weil auch die Mitarbeiter ihr Lohneinkommen in Vergleich zu dem setzen, was andere Betriebe für die gleiche oder eine vergleichbare Tätigkeit bezahlen.

Das *Lohngrundniveau* wird durch die Tarifverträge bestimmt. Die Verbindlichkeit tarifvertraglicher Normen verhindert, daß im Einzelfall niedrigere Löhne bezahlt werden dürfen. Die Praxis der letzten Jahrzehnte hat aber gezeigt, daß in einzelnen Bereichen die effektiv bezahlten Entgelte, die tarifvertraglich festgelegten Löhne zum Teil nicht unerheblich übersteigen. Die übertariflichen Lohnzahlungen sind ein Ausdruck der Arbeitsmarktlage. Übersteigt die Nachfrage nach Arbeitskräften das Angebot (insbesondere bei Mangelberufen), so sind Unternehmer gezwungen, mit finanziellen Anreizen Mitarbeiter zu halten und mit übertariflichen Zahlungen neue Mitarbeiter zu gewinnen. Dieser Trend zu übertariflichen Zulagen wird durch zwei Umstände begünstigt:

1. Wenn durch steigendes Wirtschaftswachstum der Absatz gesichert ist und/ oder
2. wenn durch Preissteigerung die Lohnsteigerungen, innerhalb der Laufzeiten der Tarifverträge, wieder aufgefangen werden können.

Nach oben begrenzt sind übertarifliche Zulagen durch die Ertragskraft des Unternehmens.

Ist ein Unternehmen nicht bereit oder in der Lage, sich höheren Konkurrenzlöhnen anzupassen, so werden sich langfristig erhebliche Schwierigkeiten bei der Personalbeschaffung und -erhaltung einstellen. Die qualifizierten Arbeitskräfte werden im Rahmen ihrer Mobilität, dem Gesetz von Angebot und Nachfrage entsprechend, innerhalb der gegebenen regionalen Grenzen zu Unternehmen abwandern, die bereit und in der Lage sind, diese Löhne zu zahlen.

Die relative Lohnhöhe wird bestimmt durch das Verhältnis der Lohnsätze für die verschiedenen, in einem Betrieb anfallenden Tätigkeiten zueinander. Sie sind damit Ausdruck sozialer Normen, der allgemeinen Wertschätzung und dem Sozialprestige einzelner Tätigkeiten.

3.3 Bedeutung des Entgelts für die Mitarbeiter

Während die Lehre vom *homo-oeconomicus* den Menschen als ein rein zweckorientiert handelndes Wesen ansieht, zeigen andere Untersuchungen, daß von Mitarbeitern als Grund für ihre Tätigkeit in einem Unternehmen gute Bezahlung nicht an erster Stelle genannt wird. Auch *Herzberg* hat nach der Auswertung der Ergebnisse der *Pittsburgh-Studie* die Bezahlung als einen *Hygienefaktor* eingestuft. Demgegenüber ist erstaunlich, daß bei Interviews mit ausscheidenden Mitarbeitern (um die Gründe für die Fluktuation zu erfahren) zu geringes Gehalt bzw. höheres Einkommen bei einer anderen Firma verhältnismäßig häufig als Hauptgrund für das Ausscheiden genannt werden. Dies mag zum Teil darin seine Ursache haben, daß "schlechte Bezahlung" einer der Gründe ist, die leicht verbalisiert werden können, die niemand direkt persönlich treffen und die sich nur gegen die "neutrale" Institution des Unternehmens richten. Auch mit dieser Einschränkung erscheint es notwendig, diese generelle Aussage zu relativieren. Ob jemand der Höhe der Bezahlung besondere Bedeutung beimißt, hängt nicht zuletzt von der Ausgangslage ab. Wird das Einkommen als gerecht empfunden, so wird seiner Höhe wenig Bedeutung zugemessen. Was als gerecht empfunden wird, ist nicht eine Frage der absoluten Höhe des Entgelts. Ein Buchhalter mag sein Gehalt von DM 3000,- als gerecht empfinden, ein Diplom-Kaufmann mit einiger Berufserfahrung, wird als Beratungsassistent ein Gehalt von doppelter Höhe dagegen als ungerecht ansehen. Entscheidend ist hier deshalb die relative Gehaltshöhe. Nach der Theorie des sozialen Vergleichs vergleicht ein Mitarbeiter seine Tätigkeit und sein Arbeitseinkommen mit anderen, mit denen er sich gleich fühlt, mit denen er auf der gleichen hierarchischen Stufe im Betrieb steht, die die gleiche Ausbildung haben und deren Tätigkeit die gleichen Anforderungen stellt usw. Zufriedenheit entsteht nur, wenn er in diesem sozialen Vergleich gut abschneidet. Was als Vergleichsmaßstab herangezogen wird, ist gesellschaftlich bedingt. So werden z.B. Frauen für gleiche Tätigkeiten häufig niedriger bezahlt als Männer, ohne daß sie mit dem niedrigeren Gehalt unzufrieden wären. Dies ist nach der Theorie des sozialen Vergleichs verständlich, weil sich in unserer Gesellschaftsordnung Frauen mit Frauen und nicht mit Männern vergleichen. Fortschreitende Emanzipation beginnt allerdings diese Verhältnisse zu ändern.

Ergibt sich im sozialen Vergleich eine Diskrepanz, so wird der arbeitende Mensch nach der *Gleichheitstheorie* bestrebt sein, diese Diskrepanz zu verringern.

Daneben haben Erfahrungen in der Praxis immer wieder gezeigt, daß finanzielle Leistungsanreize in Form von Akkord- und Prämienlöhnen nicht immer zu einer Leistungssteigerung führen, sondern wie bereits *Taylor* feststellte, durch die Leistungsrestriktion auch ein gegenteiliger Effekt eintreten kann. Die Ursachen können sein: Mißtrauen gegen die Geschäftsführung (schlechte Erfahrungen mit *Akkordschneiderei*) oder aber auch starker informaler Gruppenzusammenhalt, etwa dann, wenn die Gruppe eine Leistungsnorm als verbindlich festlegt und durch Gruppensanktionen ihre Einhaltung erzwingt.

Fürstenberg weist in diesem Zusammenhang darauf hin, daß vier Motivationsstrukturen in unterschiedlicher Zusammensetzung das Leistungsverhalten des arbeitenden Menschen bestimmen, und zwar die emotionale, die traditionelle, die wert- und die zweckrationale Motivationsstruktur. Finanzielle Leistungsanreize sprechen einseitig die zweckrationale Motivationsstruktur an. Sie kann angesprochen werden, wenn sie nicht im Widerspruch zu den anderen Motivationsstrukturen steht.

3.4 Formen relativer Lohngerechtigkeit

Gerechtigkeit ist ein metaphysischer Begriff, der sich mit normativen Grundwerten befaßt. Eine absolute Gerechtigkeit kann deshalb wissenschaftlich nicht begründet und festgelegt werden.

Pragmatisch versteht man unter Gerechtigkeit "Gleiches gleich" und "Ungleiches entsprechend ungleich" zu behandeln.

Da das, was verglichen wird, auf Wertvorstellungen beruht und damit einem gesellschaftlichen Veränderungsprozeß unterliegt, kann es auch eine absolute und dauerhafte Gerechtigkeit nicht geben.

Für die Verteilungsgerechtigkeit im Rahmen des Lohnfindungsprozesses gibt es drei Formen:

1. Firmenerfolgsgerechtigkeit entsprechend dem Beitrag der einzelnen Faktoren zum Firmenerfolg
2. Personalmarktabhängige Gerechtigkeit entsprechend der Knappheit oder des Überangebotes bestimmter Gruppen von Arbeitskräften
3. Firmeninterne Entgeltgerechtigkeit entsprechend der verschiedenen als gleich eingeschätzten Bewertungsergebnissen.

Da das Streben nach Firmenerfolgsgerechtigkeit bereits weitgehend durch überbetriebliche tarifvertragliche Regelungen bestimmt wird, und die Arbeitsmarktgerechtigkeit weitgehend dem Einflußbereich des Unternehmens entzogen ist und allenfalls durch geeignete Personalentwicklungsmaßnahmen beeinflußt werden kann, beschränkt sich der Einfluß des betrieblichen Personalwesens weitgehend auf die firmeninterne Entgeltgerechtigkeit.

Hier können verschiedene Formen berücksichtigt werden. Diese werden dann mit Schlagworten ausgedrückt, wie: "gleiche Leistung = gleicher Lohn" (wobei in der Regel auf das Leistungsergebnis abgestellt wird und nicht auf die Leistung als individuelle Anstrengung oder individuellen Leistungseinsatzes des Mitarbeiters, um das Leistungsergebnis zu erbringen), oder "gleiche Anforderungen = gleicher Lohn" (wobei auf die Bedingungen des Arbeitsplatzes abgestellt wird), oder "gleiche soziale Bedürfnisse = gleiches Entgelt".

In der Regel stehen die Ansprüche an die wirtschaftliche Erfolgsgerechtigkeit, an die soziale Gerechtigkeit und an die Individualgerechtigkeit miteinander in Konkurrenz.

So wird die individuelle Leistungsgerechtigkeit nach Entgeltdifferenzierung streben, während der Sicherheitsanspruch der sozialen Gerechtigkeit zur Nivellierung tendiert. Thematisch lassen sich folgende Grundformen der Lohngerechtigkeit zusammenfassen:

	Formen relativer Lohngerechtigkeit			
Formen	Anforderungsgerechtigkeit	Verhaltensgerechtigkeit	Leistungsgerechtigkeit	Sozialgerechtigkeit
Mittel der Realisierung	Differenzierung des Lohnsatzes	Differenzierung von Lohnsatz bzw. Lohnform	Differenzierung der Lohnform	Differenzierung der Lohnform und/oder Zuschläge nach unterschiedlichen Maßstäben
Voraussetzungen	Arbeitsbewertung	Verhaltensbewertung	Leistungsvorgabe und Leistungsbewertung	

Abbildung 105: Übersicht über die verschiedenen Formen relativer Lohngerechtigkeit

Da sich jeder Mitarbeiter mit mehreren Gruppen in unterschiedlichen Formen (gleiche Anforderungen durch die Tätigkeit, gleiche Leistung, gleiche soziale Lasten usw.) im sozialen Vergleich befindet, kann es eine umfassende Lohngerechtigkeit nicht geben. So gliedert sich der Gesamtlohn in der Regel in fünf Bestandteile, und zwar:

Arbeitswertanteil (Grundlohn)	Ermittlung durch die Arbeitsbewertung
Leistungsanteil	Ermittlung durch die Leistungsbewertung
Dienst- und Lebensaltersanteile	
Verhaltensbedingte Lohnanteile	Ermittlung durch unternehmungsspezifische, tarifvertragliche und gesetzliche Regelungen
Sozial- und Sonderanteile	

Die verschiedenen Formen der Lohndifferenzierung zeigt Abbildung 106:

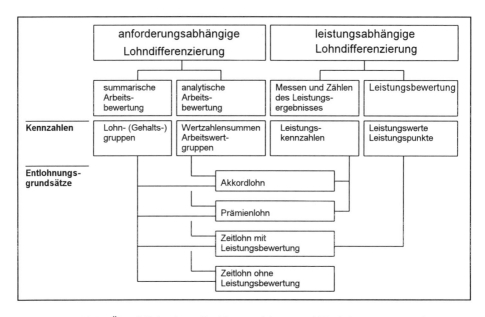

Abbildung 106: Überblick über die Kennzahlen- und Entlohnungsgrundsätze der anforderungs- und leistungsabhängigen Lohndifferenzierung (REFA-Methodenlehre, Band 5, S. 12)

4. Differenzierung des Lohnsatzes (Arbeitsbewertung)

4.1 Zweck der Arbeitsbewertung

Unter dem Begriff Arbeitsbewertung werden alle Verfahren zusammengefaßt, mit denen die Anforderungen einer Tätigkeit im Vergleich zu den anderen Tätigkeiten in einem Unternehmen möglichst objektiv ermittelt und zahlenmäßig festgelegt werden. Hierbei sind nicht die persönlichen Leistungen eines Arbeitenden zu bewerten, sondern vielmehr die Anforderungen, die von einem Arbeitsplatz an einen fiktiven, normal arbeitenden Menschen im Rahmen einer fiktiven Normalleistung gestellt werden.

Grundlage für die Bewertung sind deshalb in der Regel auch nicht die einzelnen Arbeitselemente oder Arbeitsgänge, sondern vielmehr der Gesamtaufgabenbereich eines Arbeitsplatzes. Der ermittelte Arbeitswert ist nicht eine absolute Lohnbestimmungsgröße, sondern nur ein Zahlensymbol für die relative Höhe der Arbeitsschwierigkeiten (bzw. der Anforderungen, die der Arbeitsplatz an den Stelleninhaber stellt). Dieser Wert dient nicht nur der Staffelung des Grundlohnes (Lohndifferenzierung), sondern auch der Personalorganisation (Personalauswahl, Personaleinsatz usw.), der Festlegung von Anforderungsprofilen und der Arbeitsgestaltung mit dem Ziel, Arbeitsplätze zu schaffen, die in ihrer Anforderungsstruktur möglichst gleich sind und die den neuen Erkenntnissen der Arbeitsstrukturierung gerecht werden.

4.2 Summarische Arbeitsbewertung

Hierunter sind die Verfahren zu verstehen, bei denen die Anforderungen eines Arbeitsplatzes an den Menschen als Ganzes erfaßt und global beurteilt werden. Zum Zwecke der Lohndifferenzierung wird das Ergebnis meist in Form der Eingruppierung in eine Lohn- bzw. Gehaltsgruppe ausgewiesen.

Grundsätzlich sind zwei Verfahren möglich. Im Rangreihenverfahren werden alle Anforderungen eines Arbeitsplatzes an den Menschen als Ganzes bewertet und in eine Rangreihe gebracht. Sie gibt an, daß eine höher stehende Aufgabe höhere Anforderungen als eine an niedrigerer Stelle stehende Aufgabe stellt. Allerdings sagt die Rangreihe nichts über die Abstände zwischen den einzelnen Positionen und das Maß ihrer Differenzierung aus.

Diesen Nachteil versucht das Lohngruppenverfahren zu vermeiden. Hierbei werden verschiedene unterschiedliche Anforderungsstufen definiert. Die Anforderungen eines Arbeitsplatzes werden dann mit dieser Stufendefinition verglichen. In der Regel entspricht dann jede dieser Stufen einer Lohngruppe.

Vergütungsgruppen (Beispiele)		
Gruppe	Lohngruppen-Definition	Lohn-schlüssel
I	• Tätigkeiten, die ohne Vorkenntnisse nach Anweisung oder kurzer Einweisung unmittelbar ausgeführt werden können • und mit einer geringen Verantwortung für Betriebsmittel und/oder für die eigene Arbeit verbunden sind	80%
III	• Tätigkeiten, die mit erhöhten Vorkenntnissen und einer aufgabenbezogenen Unterweisung oder Einarbeitung ausgeführt werden können • die erhöhte Anforderungen an Genauigkeit oder Gewissenhaftigkeit voraussetzen, • die einer erhöhten, fallweise großen muskelmäßigen Belastung unterliegen • die mit geringer, fallweise erhöhter Verantwortung für Betriebsmittel und/ oder für die eigene Arbeit verbunden sind.	87%
IV	• Tätigkeiten, die Vorkenntnisse aufgrund aufgabenbezogener Unterweisung oder Einarbeitung, fallweise längere Berufspraxis voraussetzen, • die erhöhte Anforderungen an Genauigkeit oder Gewissenhaftigkeit stellen, • die mit erhöhten, fallweise großen Belastungen verbunden sind, • die mit erhöhter Verantwortung für Betriebsmittel und/oder Arbeitsprodukt verbunden sind.	90%
V (Ecklohn)	• Tätigkeiten, die durch eine einschlägige abgeschlossene Berufsausbildung oder einen gleichwertigen Abschluß vermitteltes Fachwissen erfordern, das auch durch entsprechende Berufserfahrung erworben sein kann, • die mittlere Anforderungen an Aufmerksamkeit sowie Denktätigkeit voraussetzen, • die fallweise mittlerer muskelmäßiger Beanspruchung unterliegen, • die mit mittlerer Verantwortung für Betriebsmittel, eigene Arbeit und/oder Arbeit und Sicherheit anderer verbunden sind.	100%
VII	• Tätigkeiten, die neben der abgeschlossenen Berufsausbildung zusätzliches Fachwissen erfordern, das über die Lohngruppe VI hinausgeht und durch eine Zusatzausbildung oder eine entsprechende Berufserfahrung erworben sein kann, • die große bis sehr große Anforderungen an Aufmerksamkeit wie Genauigkeit/Konzentration und Denktätigkeit im Sinne z.B. von Kombinieren und Disponieren (Anforderungen an Umsicht, Abstraktionsvermögen oder Dispositionsfähigkeit) stellen, • die mit einer großen bis sehr großen Verantwortung für Betriebsmittel, eigene Arbeit und/oder Arbeit und Sicherheit anderer verbunden sind.	120%

Abbildung 107: Vergütungsgruppen, Quelle: Lohnrahmentarifvertrag der Druckindustrie (Auszug)

Die einfachste Form der Gruppenbildung ergibt sich durch Berücksichtigung der für die Erfüllung einer Tätigkeit erforderlichen Ausbildung (wie z.B. von einer kurzen Anweisung bis zu einer abgeschlossenen Facharbeiter-Ausbildung mit mehrjähriger Berufserfahrung). Neben dem Umfang der Ausbildung werden bei der Definition der Stellenanforderungen in der Regel noch weitere Einflußgrößen berücksichtigt (vgl. Abbildung 107). Die Lohndifferenzierung erfolgt dann in Form eines Schlüssels, mit dem die einzelnen Gruppen in ihrer Wertigkeit zueinander in Verbindung gesetzt werden.

Gruppe	1	2	3	4	5	6	7	8	9	10
Lohnschlüssel in %	75	80	85	90	95	100	108	118	125	135
tariflicher Grundlohn DM/ h						Ecklohn lt. Tarifvertrag				

Abbildung 108: Zuordnung des Grundlohns zum Lohnschlüssel

4.3 Analytische Arbeitsbewertung

Hier werden die Anforderungen eines Arbeitplatzes nach mehreren Anforderungsarten getrennt erfaßt und getrennt bewertet. Die analytische Ermittlung des Arbeitswertes erfolgt in drei Stufen:

- Beschreibung der Tätigkeit sowie der Arbeitssituation (Arbeitsbeschreibung),
- Festlegung der einzelnen Anforderungsarten,
- Ermittlung und Bewertung dieser Anforderungen.

4.3.1 Beschreibung der Tätigkeit und der Arbeitssituation (Arbeitsbeschreibung)

Ausgangspunkt der Bewertung ist die *Arbeitsbeschreibung*, die die Aufgabe hat, die Tätigkeit und die Arbeitssituation so eindeutig und zutreffend, ausführlich und sachlich korrekt sowie zum Vergleich mit anderen Arbeitsplätzen so einheitlich darzustellen, daß hieraus die Anforderungen, die die Arbeit an den Ausführenden stellt, für jeden verständlich abgeleitet werden können.

Insbesondere sind folgende Punkte zu berücksichtigen:

- Arbeitsaufgabe mit detaillierter Beschreibung der auszuführenden Tätigkeiten
- In- und Output, insbesondere der Arbeitsobjekte, aber auch der erforderlichen Informationen usw.
- einzusetzende Hilfsmittel, Maschinen, Anlagen sowie Werkzeuge und sonstige Arbeitsmittel

- Umwelteinflüsse, die physische und psychische Belastungen des Mitarbeiters darstellen.

4.3.2 Festlegung der einzelnen Anforderungsarten

Bei der Festlegung der einzelnen Anforderungsarten gibt es zwei Möglichkeiten, einmal, möglichst weit zu differenzieren mit dem Ziel, eine weitgehende Vollständigkeit möglicher Merkmale zu erreichen, oder zum anderen, eine Beschränkung auf wenige wichtige und typische Merkmale vorzunehmen, mit dem Ziel einer einfachen Handhabung. Eine zu weitgehende Differenzierung macht den Bewertungsplan unübersichtlich und steigert den Arbeitsaufwand überproportional, ohne daß auch gleichzeitig die Genauigkeit ansteigen würde. Eine zu starke Beschränkung führt zu groben, wenig differenzierenden Ergebnissen.

Auf der internationalen Konferenz für Arbeitsbewertung im Mai 1950 in Genf wurde eine Grundgliederung der Anforderungsarten, aufbauend auf den beiden Oberbegriffen Können und Belastung vorgeschlagen (vgl. *Genfer Schema*, Abbildung 109).

	Können	Belastung
1. Geistige Anforderungen	x	x
2. Körperliche Anforderungen	x	x
3. Verantwortung	-	x
4. Arbeitsbedingungen	-	x

Abbildung 109: Anforderungsarten nach dem Genfer Schema von 1950

Mit unterschiedlicher Ausprägung wurde dieses Grundanforderungsschema auch in alle weiter entwickelten Systeme übernommen. Der REFA-Verband (Methodenlehre, Bd. 4) hat das Schema erweitert und die einzelnen Anforderungsarten näher definiert (vgl. Abbildung 110).

Da es keine wissenschaftliche Begründung für eine verbindliche Einteilung geben kann, wird das Festlegen der einzelnen Anforderungsarten immer Verhandlungssache bleiben. Allenfalls wird die Einteilung durch die Forderung nach praktischer Handhabbarkeit bestimmt.

Anforderungsarten	Definition	Arten der Datenermittlung
1. Kenntnisse	Werden durch das geistige Können bestimmt, das auf Ausbildung und Erfahrung sowie auf Denkfähigkeit beruht.	In Klassen beschreibbar, abhängig von Ausbildungsdauer und Dauer der Erfahrung
2. Geschicklichkeit	Bestimmt durch Handfertigkeit und Körpergewandtheit. Sie beruhen auf Anlagen, Übung, Erfahrung und Anpassung. Sie äußern sich in Sicherheit und Genauigkeit der Bewegungen.	In Klassen beschreibbar
3. Verantwortung für Arbeitsergebnis, -ausführung und Sicherheit	Wird bestimmt durch die Gewissenhaftigkeit und Zuverlässigkeit sowie die Sorgfalt, um Personen- und Sachschaden zu vermeiden sowie die aufzuwendende Umsicht, um Behinderungen und Störungen des Arbeitsablaufes nicht eintreten zu lassen.	Allgemein beschreibbar nach Schadenswahrscheinlichkeit und Höhe des möglichen Schadens.
4. Geistige Belastung	Abläufe müssen beobachtet, überwacht oder gesteuert werden (Belastung durch Aufmerksamkeit). Geistige Tätigkeit im engeren Sinne (Belastung durch Denkfähigkeit).	Dauer meßbar, Häufigkeit zählbar, die Höhe im allgemeinen in Klassen beschreibbar.
5. Muskelmäßige Belastung	Entsteht durch dynamische, statische und einseitige Muskelarbeit.	Höhe und Dauer meßbar, Häufigkeit des Vorkommens zählbar.
6. Umgebungseinflüsse	Hierher gehören alle Erschwernisse, die den Arbeitenden bei der Erfüllung seiner Arbeitsaufgabe behindern, belasten oder gefährden können, z.B. Klima, Lärm, Lichtmangel, Nässe, Staub usw., aber auch Behinderung durch Schutzkleidung, Erkältungs- und Unfallgefahr.	In der Regel in Klassen beschreibbar, Dauer meßbar und Häufigkeit des Vorkommens zählbar.

Abbildung 110: Anforderungsarten nach REFA

4.3.3 Ermittlung und Bewertung der Anforderungen

Wenn die einzelnen Anforderungsarten (in der Regel durch Vereinbarung zwischen den Tarifparteien oder zwischen Unternehmen und Betriebsrat) festgelegt sind, muß die Ermittlung der Anforderungshöhe und ihre Bewertung erfolgen. Für die Ermittlung der Anforderungswerte gibt es zwei Verfahren: das Rangreihen- und das Stufen-(Gruppen)-Verfahren. Die Bewertung der Anforderungen (Gewichtung) kann getrennt oder gebunden erfolgen. Die unterschiedliche Höhe der Wertzahlen stellt die unterschiedliche Höhe der Anforderungen eines Arbeitsplatzes an den einzelnen Mitarbeiter dar.

4.3.3.1 Rangreihen- und Stufenverfahren

Im Prinzip erfolgt die *Rangreihenbildung* wie bei der summarischen Arbeitsbewertung, nur mit dem Unterschied, daß hier nicht mehr der Arbeitsplatz als Ganzes beurteilt, sondern daß für jede Anforderungsart eine Rangreihe für alle Arbeitsplätze gebildet wird. Die Nachteile der freien Einordnung in die Rangreihen, die nichts über die Abstände zwischen den einzelnen Positionen und dem Maß ihrer Differenzierung aussagt, versucht die gebundene Rangreihe auszugleichen. Hier reichen z.B. die Rangplatzziffern von 0 mit der niedrigsten Anforderung bis 100 für die höchste Anforderung. Diese Reihe ist in der Regel durch Fünfersprünge unterteilt, so daß insgesamt zwanzig unterschiedliche Unterteilungen auf der ganzen Skala einer Rangreihe möglich sind.

Voraussetzung für die Anwendung des *Rangreihenverfahrens* ist eine genügend große Anzahl von Vergleichsbeispielen. Je mehr Beispiele für jede einzelne Anforderungsart vorliegen, um so leichter ist das Einordnen.

Zur Erleichterung der Anwendung des Rangreihenverfahrens hat der REFA-Verband Bewertungstafeln für die einzelnen Anforderungsarten entwickelt mit Angabe von "Brückenbeispielen", die den Vergleich zu anderen Tätigkeiten gestatten. Das gebundene Rangreihenverfahren stellt bereits einen Übergang zum Stufenverfahren dar. Hier werden die unterschiedlich hohen Anforderungen nach Stufen unterteilt, in der Regel mit folgenden Steigerungen:

Stufe 1: sehr niedrig, sehr gering   Stufe 4. groß, hoch,
Stufe 2: niedrig, gering,   Stufe 5: sehr groß, sehr hoch.
Stufe 3: mittel,

4.3.3.2 Bewertung und Gewichtung der Anforderungen

Um diese Unterschiede in der Rangreihe bzw. der Einstufung für die Lohndifferenzierung nutzbar zu machen, müssen sie entsprechend bewertet und zueinander in ein Verhältnis gebracht werden.

Bei der Bewertung kommt es darauf an, jedem Rangplatz einer jeden Anforderungsart eine Wertziffer (z.B. Anzahl von Punkten) zuzuordnen. Hierbei ist bei der Bewertung der einzelnen Rangplatznummern bzw. Stufen zwischen einer linearen und einer nichtlinearen Bewertung zu unterscheiden.

Bei der linearen Bewertung steigen die Wertziffern linear für jede Stufe oder Rangplatznummer an. In graphischer Darstellung ergibt sich dann in der Beziehung zwischen Arbeitswert und Stufenzahl bzw. Rangplatznummer eine Gerade. Man spricht dann von einer Faktorgewichtung.

Bei den nichtlinearen Verfahren ist die Abhängigkeit von Arbeitswert und Rangziffer veränderlich. Man kann hier zwischen degressiven, progressiven oder zusammengesetzten Veränderungsformen unterscheiden. Die Werte für die nichtlineare Gewichtung beruhen auf der Anwendung von Formeln, die in der Regel in Tabellen zusammengefaßt sind (vgl. Abbildung 111).

Da die einzelnen Anforderungsarten von unterschiedlicher Wertigkeit zu einander sind, so z.B. manuelle Geschicklichkeit und Verantwortung für die Sicherheit anderer, kann sich der Gesamtarbeitswert für eine Tätigkeit naturgemäß nicht aus einer Addition der Arbeitswerte der einzelnen Anforderungsarten ergeben. Vielmehr sind diese Arbeitswertziffern entsprechend der unterschiedlichen Wertigkeit der Anforderungsarten zu gewichten.

Die *Gewichtungsfaktoren* sind das Ergebnis von Verhandlungen zwischen Unternehmen und Betriebsrat und lehnen sich meist an Mustervorschläge wie z.B. des REFA Verbandes an.

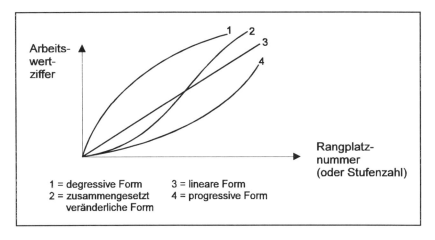

Abbildung 111: Lineare und nichtlineare Formen

Bei der Durchführung der Gewichtung unterscheidet man zwischen getrennten und gebundenen Unterformen. Bei getrennter Vorgehensweise wird der Anforderungswert erst im Anschluß an die Bestimmung der Rangplatzziffer oder der Stufenzahl durch Multiplikation mit Wertfaktoren berücksichtigt. Bei der gebundenen Form ist das Gewicht der einzelnen Anforderungsart bereits bei der Festlegung der Rangplätze berücksichtigt.

4.3.3.3 Beispiele der analytischen Arbeitsbewertung

1. Rangreihenverfahren mit getrennter linearer Gewichtung:

   Die Rangplätze für die einzelnen Anforderungsarten werden durch Vergleich mit dem Brückenbeispiel aus einer von 0 bis 100 reichenden Reihe ermittelt. Die Gewichtungsfaktoren sind das Ergebnis von Vereinbarungen. Sie geben an, welches Gewicht den einzelnen Anforderungsarten beigemessen wird. Der Gesamtwert des Arbeitsplatzes ergibt sich aus der Summe der Rangplätze multipliziert mit dem Gewichtungsfaktor (vgl. Abbildung 112).

Anforderungsart	REFA-Rangplatz Nr.	Gewichtungsfaktor	Anforderungswert
Kenntnisse	35	1,0	35,0
Geschicklichkeit	35	0,5	17,5
Verantwortung	60	0,8	48,0
Geistige Belastung	65	0,8	52,0
Muskelmäßige Belastung	45	0,4	18,0
Umgebungseinflüsse	35	0,6	21,0
Gesamt-Wertzahl Summe			191,5

Abbildung 112: REFA-Brückenbeispiel: "LKW-Fahren im Stadtverkehr".

2. Rangreihenverfahren mit gebundener Gewichtung:

   Hier werden die Anforderungswerte nicht von 0 bis 100 differenziert, sondern von bis zu einer von Anforderungsart zu Anforderungsart unterschiedlichen Zahl. (vgl. Abbildung 113).

Mit der Vergabe des Rangplatzes wird hier auch gleichzeitig das jeweilige Gewicht dieser Anforderungsart festgelegt. Eine Reihe von Richtbeispielen zur Beschreibung der einzelnen Rangplätze erleichtert die Einordnung.

Das Rangreihenverfahren mit gebundener Gewichtung ist bereits der Übergang zu einem Stufenverfahren.

Anforderungen			Diese Anforderungen wirken sich aus	Anzahl der Punkte je Anforderung, wie sie sich aus der Bewertung ergeben.
I. Fachkönnen		Ausbildung, Erfahrung, Denkfähigkeit	vorwiegend nicht muskelmäßig	0 1 2 3 4 5 6 7 8
		Geschicklichkeit, Handfertigkeit	muskelmäßig	0 1 2 3 4
IV. Umwelteinflüsse		a) Schmutz b) Staub c) Öl usw.	vorwiegend körperlich	0 0,5 1 1,5 2 0 0,5 1 1,5 0 0,5 1

Abbildung 113: Auszug aus einer Bewertungstabelle eines Rangreihenverfahrens mit gebundener Gewichtung

Hier wird jeder Stufe einer Anforderungsart bereits ein fester Punktwert zugeordnet. Die Höchstpunktzahl differiert von Anforderungsart zu Anforderungsart (vgl. Abbildung 114).

Stufe	Stufendefinition	Wertzahl
0	Es besteht keine Möglichkeit, Wertverluste zu verursachen	0
1	Geringe Wahrscheinlichkeit, daß Wertverluste eintreten	0,5
2	Verantwortung für die Qualität der Arbeitsausführung im eigenen Arbeitsbereich. Gefahr durch Aufsicht weitgehend gemindert. Gefahr von Wertverlusten bei mittlerer Höhe und geringer Häufigkeit bzw. umgekehrt.	1,0
3	Wie 2, volle Verantwortung wird durch Aufsicht nur zum Teil gemindert.	1,8
4	Wertverluste können durch Aufmerksamkeit und Vorausdenken vermieden werden. Der Verantwortungsbereich geht über den einzelnen Arbeitsplatz hinaus, ist aber klein.	3,0
5	Durch Aufmerksamkeit, Umsicht und Nachdenken in einem mittleren Verantwortungsbereich können Wertverluste vermieden werden.	5,0
6	Große Umsicht und schwierige sowie häufig wechselnde Denkvorgänge sind notwendig, um hohe Wertverluste zu vermeiden.	9,0

Abbildung 114: Stufenverfahren mit gebundener nichtlinearer Gewichtung, (Beispiel: Verantwortung für Arbeitsausführung)

4.3.4 Beurteilung der analytischen Arbeitsbewertung

Die analytische Arbeitsbewertung erweckt mit ihrem methodischen streng reglementierten Vorgehen den Eindruck sehr hoher Objektivität. Das trifft für die Bildung von Rangreihen und die Einstufung der einzelnen Anforderungsarten auch zu. Der Wert eines Arbeitsplatzes wird aber entscheidend durch die Gewichtung der einzelnen Anforderungsarten bestimmt. Diese Gewichtung ist kein arbeitstechnisches Problem. Der Umstand, daß Kenntnisse mit dem doppelten Wert wie die Geschicklichkeit (vgl. Abbildung 112), in die Bewertung eingehen, und daß Verantwortung in diesem Beispiel niedriger bewertet wird als die Kenntnisse, ist wissenschaftlich nicht zu begründen, sondern der Ausdruck einer allgemeinen gesellschaftlichen Wertschätzung oder des sozialen Prestiges, das die einzelnen Anforderungsarten genießen. Diese Wertschätzung unterliegt langfristig einem Wandel, dem sich Parteien im Rahmen von Tarifverträgen oder Betriebsvereinbarungen nicht entziehen können. Wegen der leichteren Anpassungen an sich ändernde Verhältnisse wird deshalb der getrennten Gewichtung der Vorzug gegeben. Im Rahmen dieser Einschränkung ist die analytische Arbeitsbewertung durchaus geeignet, die Summe der Anforderungsarten objektiver als bei dem summarischen Verfahren zu erfassen und damit einen Beitrag zur Lohngerechtigkeit zu leisten.

Die Tatsache, daß sich die Betriebspraxis in aller Regel bei der Festlegung der Gewichtung an den bestehenden Gehaltsstrukturen orientiert, hat der analytischen Arbeitsbewertung häufig den Vorwurf einer pseudo-wissenschaftlichen Methode eingetragen.

Man darf allerdings nicht übersehen, daß ein zwar pragmatisch, aber methodisch exaktes Vorgehen in Bereichen, in denen keine wissenschaftlich begründeten Aussagen gemacht werden können, nicht unbedingt negativ sein muß. Bestehende Entgeltstrukturen sind ja in der Regel nicht willkürlich entstanden, sondern haben sich vielmehr im Laufe der Zeit aus den betrieblichen Gegebenheiten, den Einflüssen tarifvertraglicher Regelungen, den Bedingungen des Arbeitsmarktes sowie den allgemein akzeptierten Normen und Wertvorstellungen herausgebildet. Sie sind damit in der Regel auch Ausdruck eines sich im Zeitablauf gebildeten gesellschaftlichen Konsenses.

Die sehr häufig erhobene Kritik, daß es sich bei dieser Vorgehensweise nur um ein unkritisches Fortschreiben von Unzulänglichkeiten der Vergangenheit handelt, ist deshalb nur bedingt gerechtfertigt.

Die Vielzahl der in den letzten Jahren entwickelten Arbeitsbewertungssysteme und Gewichtungsverfahren gehen in ihren Grundstrukturen weitgehend auf das *Genfer Schema* von 1950 zurück. Seither hat sich aber durch den technischen Fortschritt, die zunehmende Mechanisierung und Automatisierung, die Struktur der Arbeitsanforderungen grundlegend gewandelt. Traditionelle Anforderungsarten, wie z.B. muskelmäßige Belastung, verlieren durch den zunehmenden

Einsatz von Maschinen und durch bessere Gestaltung der Arbeitsplatzbedingungen an Bedeutung. Diesen Veränderungen der Belastungsintensität kann die analytische Arbeitsbewertung durch eine Veränderung der Gewichtung Rechnung tragen. Andererseits treten aber als Folge dieses technischen Fortschrittes neue, vorher unbekannte Anforderungen auf, die in den bisherigen Bewertungssystemen nicht enthalten sind. Hierzu gehören z.B. die mit zunehmenden Überwachungstätigkeiten fortschreitende Isolation und ein mit nachlassender körperlicher Beanspruchung immer spürbarer werdender Kontaktmangel. Als weiteres Anforderungsmerkmal tritt auch hier immer mehr die Monotonie-Wirkung des Arbeitsablaufes sowie die zwangsweise Anpassung des Menschen an den Maschinenrhythmus in den Vordergrund.

5. Differenzierung der Lohnform

5.1 Übersicht über die verschiedenen Entlohnungsformen

Der Leistungseinsatz des Mitarbeiters ergibt sich, abhängig von der eingesetzten Technik, aus folgenden Faktoren:

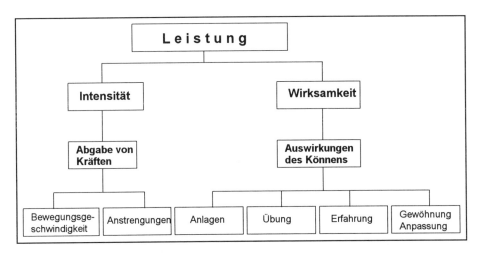

Abbildung 115: Bestimmung des Leistungseinsatzes

Für die Entlohnung steht jedoch nicht der Arbeitseinsatz, sondern das Arbeitsergebnis im Vordergrund.

Während durch die Arbeitsbewertung der Arbeitswertanteil der Entlohnung bestimmt wird, erfolgt die Berücksichtigung des Leistungsanteils durch die unterschiedlichen Lohnformen (vgl. Abbildung 116).

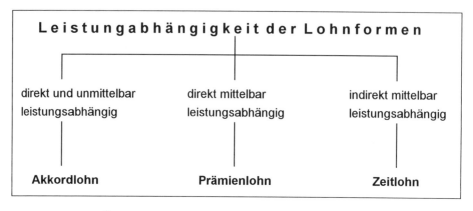

Abbildung 116: Übersicht über die Leistungsabhängigkeit der einzelnen Lohnformen

5.2 Zeitlohn (mit oder ohne Leistungszulage)

Der *Zeitlohn* ist wohl die älteste Lohnform. Hier wird für eine eindeutig abgegrenzte Zeiteinheit ein bestimmter Lohnsatz bezahlt. Die Lohnhöhe ergibt sich aus dem Produkt von Arbeitszeit (tatsächliche Arbeitszeit und zu vergütende leistungsfreie Zeiten) und dem Lohnsatz. Der Lohnsatz ist in der Regel durch den Tarifvertrag festgelegt und ergibt sich aus der Tarifgruppe und damit als Ergebnis der Arbeitsbewertung. Nun wird beim Zeitlohn nicht, wie manchmal behauptet wird, die Anwesenheit am Arbeitsplatz entlohnt. Vielmehr ist der Beschäftigte zur Erbringung einer allgemein erwarteten Leistung verpflichtet. *Nipperdey*, der langjährige Präsident des Bundesarbeitsgerichtes, sagt hierzu in seinem Kommentar zum Kapitel *"Dienstvertrag"* (11. Auflage, Anmerkung 112 zu § 611 BGB): "Die ihm danach obliegende Arbeitspflicht hat der Beschäftigte im Geist wahrer Arbeitsgemeinschaft unter Anwendung aller ihm gegebenen geistigen und körperlichen Fähigkeiten zu erfüllen." Dieser Ausspruch geht sicher etwas weit: allgemein wird man davon ausgehen müssen, daß zumindest eine "Normalleistung" erbracht werden muß, andernfalls würde sich der Arbeitnehmer einer Leistungsverweigerung schuldig machen.

In der Regel wird der Zeitlohn durch verschiedene übertarifliche Zuschläge korrigiert. Zu unterscheiden sind hier einmal Konjunktur- und Arbeitsmarktzuschläge, die durch die Schwierigkeiten der Personalbeschaffung bei geringem Arbeitskräfteangebot erzwungen werden und zum anderen Leistungszulagen.

| Beurteilungs-merkmale | zu beurteilen zum Beispiel an Hand von: | Beurteilungsstufen |||||
| | | A | B | C | D | E |
		Die Leistung ist für eine Leistungs-zulage nicht aus-reichend	Die Leistung entspricht im allge-meinen den An-forde-rungen	Die Leistung entspricht im vollen Um-fang den An-forderungen (mittleres Leistungs-niveau)	Die Leistung übertrifft die Anfor-derungen erheblich	Die Leistung übertrifft die Anfor-derungen im hohen Maße
I. Arbeits-quantität	Umfang von Ar-beitsergebnissen, Arbeitsintensität, Zeitnutzung	0	7	14	21	28
II. Arbeits-qualität	Fehlerquote, Güte	0	7	14	21	28
III. Arbeits-einsatz	Initiative Belastbarkeit, Vielseitigkeit	0	4	8	12	16
IV. Arbeits-sorgfalt	Verbrauch und Behandlung von Arbeitsmitteln aller Art; zuver-lässigem, ratio-nellem, kosten-bewußten Verhalten	0	4	8	12	16
V. Betrieb-liches Zu-sammen-wirken	Gemeinsamer Erledigung von Arbeitsaufgaben; Informations-austausch	0	3	6	9	12

Abbildung 117: Muster eines Beurteilungsbogen für gewerbliche Arbeitnehmer

Bei den Leistungszulagen gibt es neben den gebundenen, freie Lohnzulagen, die jeweils im persönlichen Ermessen des Arbeitgebers stehen und bei deren Bemessung verschiedene Faktoren berücksichtigt werden können. Freie Lohnzulagen, bei denen die Grundlage für ihre Ermittlung nicht offengelegt wird, stören den "sozialen Vergleich" und führen zu negativen Auswirkungen auf das *Betriebsklima*. Deshalb gehen immer mehr Unternehmen zu gebunde-nen Zulagen über, die auf der Basis der Beurteilung der individuellen Leistung des Einzelnen, gewährt werden. Die persönliche Leistungsbeurteilung ver-sucht, die einzelnen, das Arbeitsergebnis beeinflussenden Faktoren wie quan-titative und qualitative Leistung, Fleiß, Arbeitsfreude, Einsatzbereitschaft, Zuverlässigkeit, Verhalten gegenüber Arbeitskollegen usw. zu erfassen und zu bewerten. Hierbei werden die einzelnen Ausprägungen gewichtet und mit Punktzahlen versehen. Die Gesamtpunktzahl bestimmt dann die Höhe der Leistungszulage. Voraussetzung für eine gerechte Leistungszulage ist ein systematisches und methodisch einwandfreies Verfahren sowie regelmäßig durchgeführte Beurteilungen.

In einzelnen Tarifbezirken sind Leistungszulagen auch im Tarifvertrag festgelegt. In den meisten Tarifbezirken wird hier als Grundlage auf eine methodische Leistungsbeurteilung verwiesen und teilweise wurden auch Muster von *Beurteilungsbogen* tarifvertraglich festgelegt.

Der Wert eines Beurteilungspunktes ist festgelegt, z.B. 0,2 %. Dies entspricht bei maximal 100 erreichbaren Punkten einer Höchstzulage von 20 % des Ausgangsentgelts.

Angewandt werden Zeitlöhne heute überwiegend nur noch in Fällen, bei denen das Leistungsergebnis vom Mitarbeiter nicht beeinflußt werden kann oder die Qualität des Arbeitsergebnisses ggf. unter einem Zeitdruck ungebührlich leiden würde bzw., wo das Arbeitsergebnis (wie bei vielen Angestelltentätigkeiten) nur sehr bedingt quantitativ und qualitativ eindeutig erfaßbar ist.

5.3 Akkordlohn

5.3.1 Wesen und Formen der Akkordentlohnung

Kennzeichen des Akkordlohnes ist der direkte und unmittelbare Zusammenhang zwischen Lohnhöhe und erzielter Mengenleistung. Doppelte Mengenleistung bedeutet doppelten Lohn ohne Rücksicht auf den zur Leistungserstellung erforderlichen Zeitaufwand. Damit bleiben die Fertigungslohnkosten je Mengeneinheit konstant, während sie beim Zeitlohn mit steigender Leistung sinken und umgekehrt. Grundsätzlich sind zwei Formen zu unterscheiden.

5.3.1.1 Geld- oder Stückakkord

Hier wird ein bestimmter Lohnsatz je erbrachter Mengeneinheit gezahlt. Diese Entlohnungsform ist heute teilweise im Handwerk, in der Bauindustrie und vor allem in der Heimarbeit noch üblich. Eine Unterform des *Geld-* oder *Stückakkordes* stellt die früher im Bergbau gebräuchliche Gedinge-Entlohnung dar. In neuerer Zeit wird diese Akkordform immer mehr zugunsten des Zeitakkordes zurückgedrängt; einmal, weil die Tarifverträge einen zeitabhängigen Mindestlohn vorsehen und zum anderen, weil die Anpassung der Geldbeträge bei Lohnänderungen, z.B. aufgrund der Änderung tariflicher Grundlöhne, sehr arbeitsaufwendig ist.

5.3.1.2 Zeitakkord

Grundlage der Entlohnung beim *Zeitakkord* ist die *Vorgabezeit* je Auftrag oder je Mengeneinheit, unabhängig von der tatsächlich benötigten Zeit.

Die Vorgabezeiten können durch Anwendung der Methoden des Arbeitsstudiums ermittelt werden.

Teilweise sind aber auch noch sogenannte Faust-, Meister- oder *Schätzakkorde* üblich, bei denen anhand von Vergangenheits- oder Vergleichswerten bzw. aufgrund von Schätzungen der Meister, ein Akkordsatz bzw. eine Vorgabezeit festgelegt wird. Diese Verfahren werden meist in der Einzelfertigung angewandt, wo die methodisch einwandfreie Vorgabezeitermittlung nach den Regeln des Arbeitsstudiums zu arbeitsaufwendig wäre.

Die Zusammenhänge zwischen *Vorgabezeit* je Einheit, der Anzahl der gefertigten Einheiten und der Lohnkosten zeigt folgendes Beispiel:

- Vorgabezeit je Stück 10 min.
- vereinbarter (tarifvertraglich festgelegter) Akkordschichtsatz von 10,-DM/ Std.
  bei 14 Stunden tatsächlicher (Ist-) Arbeitszeit ergeben sich bei alternativen Mengenleistungen folgende Werte.

gefertigte Menge / Stück	erreichte Vorgabezeitstunden	Tatsächlicher Verdienst bei einem Akkordrichtsatz von 10 DM/Std.	Effektiver Stundenlohn bei einer Ist-Zeit von 14Std.	$Zeitgrad(\%) = \dfrac{Vorgabezeit}{Ist - Zeit} \times 100$
60	10	100	7,14	71
72	12	120	8,57	86
84	14	140	10,00	100
96	16	160	11,40	114
108	18	180	12,86	129
102	20	200	14,29	143

(Der Zeitgrad entspricht dem Verhältnis von Vorgabezeit zu tatsächlich gebrauchter Zeit. Er entspricht damit auch dem Wert, mit dem der effektive Stundenverdienst den Akkordrichtsatz über- bzw. unterschreitet. Bei vollkommen durch den Arbeitnehmer beeinflußbarer Zeit entspricht er auch dem sogenannten Leistungsgrad, d.h. dem Verhältnis von tatsächlicher Leistung zur Normalleistung.)

Abbildung 118: Zusammenhänge bei der Zeitakkordentlohnung

Vereinfacht läßt sich der Unterschied zwischen den beiden Akkordlohnformen wie folgt darstellen:

Geld- oder Stückakkord:					
Lohnsumme =	L m	x	Ge		
	Leistungs-menge		Geldeinheit je Leistungseinheit		
Zeitakkord:					
Lohnsumme =	L m	x	Te	x	Gm
	Leistungs-menge		Stückzeit, Vorgabezeit pro Leistungs-einheit		Geldfaktor, Entgelt je Vorgabe-zeiteinheit

5.3.2 Voraussetzungen für die Akkordentlohnung

Die Akkordentlohnung kann nur dann wirtschaftlich sinnvoll angewendet werden, wenn eine Reihe von Voraussetzungen gegeben sind. Hierher gehören:

1. Gestaltung des Arbeitsplatzes und der Arbeitsbedingungen nach arbeitswissenschaftlichen Grundsätzen, inbesondere unter Berücksichtigung der Ansprüche des arbeitenden Menschen.

2. Zweckmäßige Personalauswahl, es dürfen nur die Personen an Akkordarbeitsplätzen eingesetzt werden, die auch hierfür geeignet sind und entsprechend geschult sind bzw. eingearbeitet werden.

3. Planmäßige Gestaltung und Steuerung des Arbeitsablaufes, so daß keine wesentlichen Störungen auftreten.

4. Arbeitsablauf und Arbeitsbedingungen müssen vor der Arbeitsausführung beschreibbar und so konstant sein, daß die Vorgabezeiten jederzeit reproduzierbar sind.

5. Die Mengenleistung muß durch den arbeitenden Menschen beeinflußbar sein.

5.3.3 Grenzen der Akkordentlohnung

Keine Entlohnungsform wird so unterschiedlich beurteilt wie die Akkordentlohnung. Befürworter sehen in dem Akkordlohn das Mittel zur Realisierung der Leistungslohngerechtigkeit und die Chance für jeden, sein Einkommen entsprechend seinen Fähigkeiten und seinem Einsatz zu gestalten. Ökonomisch sieht man im Akkordlohn das Mittel, die wirtschaftliche Leistung eines Unternehmens zu verbessern. Kritisch wird das Akkordlohnsystem als "Antreiber- und Ausbeutermethode" bezeichnet und mit dem Schlagwort "Akkord ist

Mord" charakterisiert. Beide Ansichten sind nur zum Teil zutreffend. Bereits *Taylor* hat die Erfahrung gemacht - was später auch durch die *Hawthorne-Experimente* bestätigt wurde -, daß zwischen der technisch-möglichen und der tatsächlichen Leistung in der Regel kein Zusammenhang besteht. Informelle Gruppennormen, Furcht vor Akkordschneiderei usw. sind meist wesentlich stärker als finanzielle Anreize. Aus diesem Grund wirkt die Akkordentlohnung auch nicht als Antreiber-System, bzw. kann nur dann als solches wirken, wenn die Einhaltung zu hoch festgelegter Leistungsnormen mit anderen als Mitteln des Lohnanreizes erzwungen werden kann; (wie z.B. Gefahr des Verlustes des Arbeitsplatzes, physischer Zwang mit drohender Existenzunsicherheit usw.).

Auch *Karl Marx* hat die Akkordentlohnung positiv bewertet, wenn er unterstellt, daß ein im Zeitlohn tätiger Arbeitnehmer in der Regel durch rigoros gehandhabte Arbeitsaufsicht und Kontrolle zur Leistung gedrängt wird, aber im Gegensatz zu seinem im Akkordlohn tätigen Kollegen, eine mengenmäßige Mehrleistung nicht vergütet erhält.

Verkürzt ausgedrückt lassen sich die Aussagen von *Karl Marx* auf die Form bringen: "Zeitlohn ist mit Aufsicht und Antreibermethoden verbunden, Akkord hingegen macht von Überwachung frei" (*Karl Marx*, Kapital, I. Band, Seite 576 ff.).

Diese Auffassung wurde auch noch von den Gewerkschaften bei Verhandlungen zu den letzten Manteltarifverträgen vertreten. So bestimmt eine Protokollnotiz zum Manteltarifvertrag für gewerbliche Arbeitnehmer, Stand März 1976, "in allen technisch, organisatorisch und betriebswirtschaftlich vertretbaren Fällen ist grundsätzlich die Akkordentlohnung vorzuziehen" (vgl. *Paasche*, 1978, S. 107).

Die Akkordentlohnung baut auf dem Grundgedanken auf, daß die Mengenleistung durch den arbeitenden Menschen voll beeinflußbar ist, und unterstellt zwischen Leistungshergabe, Leistungsergebnis und Leistungslohn ein Verhältnis von 1 : 1 : 1. Mit zunehmendem Maschineneinsatz und fortschreitender Automatisierung wird aber ein immer größerer Anteil des Arbeitsprozesses und damit der Mengenleistung durch die Leistung der technischen Hilfsmittel bestimmt.

Dadurch wird die *beeinflußbare Zeit* (t_b), d.h. der Anteil an der Arbeitszeit, während der ein Mitarbeiter die Mengenleistung beeinflussen kann, geringer, während der Anteil der *unbeeinflußbaren Zeit* (t_u) ansteigt.

Je höher der Anteil der unbeeinflußbaren Zeit ist, umso weniger kann der Arbeitnehmer durch persönlichen Leistungseinsatz das Leistungsergebnis und damit sein Einkommen beeinflußen.

Die Zusammenhänge zeigt Abbildung 119 auf. Hier ist zu unterscheiden zwischen

- Zeitgrad und
- Leistungsgrad

Der *Zeitgrad* liegt in der Regel dem Akkordlohn zugrunde. Er errechnet sich wie folgt:

$$\frac{\text{Mengenleistung in Stück} \times \text{Vorgabezeit je Stück}}{\text{verbrauchte Gesamtzeit}} \times 100$$

Der *Leistungsgrad* hingegen drückt das Verhältnis zwischen der beobachteten Leistung und der vorgestellten Normalleistung aus und ist somit Gradmesser der Intensität des beeinflußbaren Leistungsvollzuges. Damit ergibt sich die Akkordvorgabezeit nach folgender Rechnung:

beobachtbare durchschnittliche Zeit für die beeinflußbare Tätigkeit x Leistungsgrad
+ Zeitbedarf für nicht beeinflußbare Tätigkeiten
= Vorgabezeit

Wenn ein Arbeiter einen Zeitgrad von 120 % erreichen will, so muß er während der Dauer der beeinflußbaren Tätigkeiten einen um so höheren Leistungsgrad erarbeiten, je höher der Anteil der nicht beeinflußbaren Zeiten ist.

Zeitanteil in % für		Leistungsgrad während der beeinflußbaren Zeit	Errechenbarer Zeitgrad für die Gesamtzeit
beeinflußbare Tätigkeiten t_b	unbeeinflußbare Tätigkeiten t_u	t_b %	%
100	0	120	120
80	20	120	115
20	80	120	103
80	20	126	120
20	80	>200	120

Abbildung 119: Zusammenhang zwischen Leistungsgrad und Zeitgrad bei unterschiedlichen Anteilen beeinflußbarer und unbeeinflußbarer Tätigkeiten

Soll ein Zeitgrad von 120 % erreicht werden, so würde dies bei 80 % beeinflußbarem Zeitanteil einen Leistungsgrad von 126 % und bei 20 % beeinflußbarem Zeitanteil einen solchen von über 200 % voraussetzen.

Dies zeigt, daß Akkordentlohnung nur dann wirtschaftlich vertretbar ist, wenn der Anteil der beeinflußbaren Zeiten bei mindestens 60 - 80 % der Gesamtzeit liegt. Gegebenenfalls wäre durch entsprechende Maßnahmen der Arbeitsgestaltung, z.B. durch Mehrstellenarbeit an Stelle von Einstellenarbeit oder durch Zuteilung von Füllarbeiten, dieser Anteil zu erhöhen.

Ist dies nicht möglich, sollte an Stelle des Akkordlohnes besser ein Prämienlohn-System eingesetzt werden. Wenn heute noch bei einer großen Anzahl von Betrieben der Akkordlohn beibehalten wird, obwohl die genannten Bedingungen nicht vorliegen, so ist dies auf die "Kontrollfunktion" des Akkord-Systems zurückzuführen. Nach tarifvertraglicher Festlegung liegt der Akkord-Richtsatz (d.h. der Stundenlohn, der für die Vorgabezeit gezahlt wird) um den Akkordzuschlag höher als der vergleichbare Verdienst im Zeitlohn. Dieser Akkordzuschlag wird gemindert, wenn der Mitarbeiter nicht in dem von der Arbeitsplanung oder durch die Gruppennorm vorgegebenen Geschwindigkeit arbeiten kann, weil entweder Material nicht rechtzeitig bereitgestellt wurde, Maschinenstörungen auftreten, oder Pannen in der Arbeitsablaufplanung und Disposition usw. vorliegen. Um dies auszugleichen, sehen Tarifverträge vor, daß vom Mitarbeiter unverschuldete *"Nichtleistungs-Zeiten"* mit dem Durchschnittsverdienst der letzten Monate abzugelten sind. Der Nachweis über diese Zeiten wird in der Regel durch sogenannte "Zusatzlohnscheine" geführt, die vom Meister auszustellen sind und deren Umfang er zu verantworten hat. Da der Anteil der Zusatzlohnscheine im Rahmen der Gesamtarbeitszeit ein wesentlicher Faktor zur Beurteilung der Qualifikation eines Meisters ist, ist jeder Meister bestrebt, durch entsprechende Planung und Kontrolle Nichtleistungs-Zeiten zu vermeiden. Damit wird das Akkordlohnsystem auch zu einem Mittel der Leistungsbeurteilung der unteren Führungsebene, also der Meister und der Vorarbeiter.

Als wesentliche Kritik gegen die Akkordentlohnung wird sehr häufig der relativ hohe Zeitaufwand zur Ermittlung der Akkordvorgabezeiten angeführt. Dieser Einwand läßt jedoch außer acht, daß die für die Akkordentlohnung notwendigen Daten und Informationen auch eine wesentliche Grundlage für Maßnahmen in anderen Teilbereichen des betrieblichen Personalwesens sind. So zum Beispiel:

- für die Arbeitsgestaltung und für die Entwicklung optimaler Arbeitsmethoden,
- für die Personalbedarfsermittlung sowohl in quantitativer als auch in qualitativer Hinsicht,

- für die Kostenrechnung und damit als Grundlage für die Vor- und Nachkalkulation,
- für Investitions- und Wirtschaftlichkeitsrechnungen und für die Auswahl von optimalen Fertigungsverfahren und Bewertung unterschiedlicher Investitionsalternativen,
- für die Fertigungsplanung mit der Festlegung von Fertigungsterminen und Materialdurchläufen sowie Terminierung des Fertigungsflusses,
- für die Kapazitätsplanung und Maschinenbelegung, für die Fertigungssteuerung und für die Sicherung einer zügigen plangerechten Abfolge der Teilarbeiten gemäß dem Fertigungsplan.

Wenn trotzdem die Anwendung und Bedeutung der Akkordentlohnung immer mehr zurückgeht, so liegt dies im wesentlichen daran, daß veränderte Technologien zu Änderungen der Arbeitsstrukturen führen. Damit ändern sich auch die Anforderungen an den Mitarbeiter. Der Anteil der beeinflußbaren Arbeitszeit nimmt vor allem auch durch die Computerunterstützung immer mehr ab. Dagegen nehmen die Tätigkeiten, die ein mit- und vorausschauendes Denken erfordern, zu.

5.4 Prämienentlohnung

5.4.1 Wesen der Prämienentlohnung

Unter Prämienlohn wird eine Entlohnungsform verstanden, bei der die Lohnhöhe von der Leistung des Mitarbeiters abhängig ist, bei der aber neben oder statt der beeinflußbaren Mengenleistung auch noch andere Leistungskennzahlen einzeln oder in Kombinationen zugrundegelegt werden.

Jedes Prämienlohnsystem baut auf einem Grundlohn auf, der sich in der Regel am jeweils gültigen Tariflohn orientiert. Der Grundlohn wird ergänzt durch einen von der jeweiligen Leistung abhängigen Zuschlag. Nach der Bezugsgröße für die Leistungsermittlung sind, wie in Abbildung 120 dargestellt, die Prämienarten zu unterscheiden.

Die Prämienhöhe wird innerhalb der Ober- und Untergrenze durch den Verlauf der Prämienkurve bestimmt. Die Prämienuntergrenze stellt den Leistungswert dar, der mindestens erreicht werden muß, damit die Mindestprämie bezahlt wird. Sie sollte so gelegt werden, daß sie bei normalen Arbeitsbedingungen von der Mehrzahl der Mitarbeiter erreicht und überschritten werden kann. Die Obergrenze ist bei der Leistung gegeben, ab der eine weitere Steigerung nicht mehr wünschenswert ist, entweder, weil sie nur von wenigen Spitzenkönnern überschritten werden könnte oder, weil die Gefahr der Überbeanspruchung von Maschinen und Anlagen bzw. der Produktion von Minderqualitäten eintreten würde.

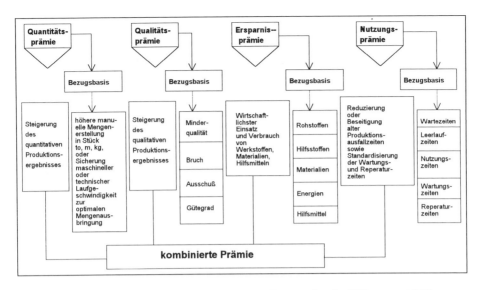

Abbildung 120: Arten von Prämien und ihre Bezugsbasis (Wiesner 1969, S. 29)

Der progressive Verlauf der *Prämienkurve* (a) wird dann gewählt, wenn es Ziel der Prämienentlohnung ist, die Mitarbeiter, vor allem die Spitzenkönner, zu maximalen Leistungen anzuregen. Mit jeder zusätzlichen Leistungseinheit steigt der Prämienzuwachs überproportional bis zur Prämienobergrenze. Im Gegensatz hierzu wird bei einem degressiven Verlauf der Prämienkurve (b) angestrebt, daß möglichst viele Mitarbeiter und nicht nur die Spitzenkönner in einen Bereich hoher Prämien gelangen, wobei dann ab einer bestimmten Leistungshöhe der weitere Leistungsanreiz abnehmen soll.

Beide Überlegungen versucht der zusammengesetzte Prämienkurvenverlauf (c) zu vereinen. Die Prämienuntergrenze wird hier meist so niedrig angelegt, daß jeder Mitarbeiter in den Bereich der Prämienspanne kommt. Dabei wird angestrebt, daß die Masse der Mitarbeiter in den Leistungsbereich um den Wendepunkt der Prämienkurve gelangt. Darüber und darunter liegende Leistungen sind aus organisatorischen, wirtschaftlichen, aber auch aus Gründen der Erhaltung der Arbeitskraft, unerwünscht.

Beim linearen Verlauf (d) soll lediglich die Mehrleistung abgegolten werden, ohne daß mit der Prämie irgendwelche Steuerungsabsichten verbunden sind.

Weitere bekannte und zum Teil noch weit verbreitete Formen sind:

- *Rowan-Prämienlohn*, hier macht die Prämie soviel Prozent des Grundlohnes aus, wie die Vorgabezeit unterschritten wurde.

- *Bedaux-Prämienlohn*, hier wird ein eigenes arbeitsanalytisches Verfahren eingesetzt, das auf der Arbeitswerteinheit "B" aufbaut. Ein "B" ist die Arbeitsmenge für eine Minute. Der Grundlohn wird bei 60 "B" je Stunde erreicht. Was darüber hinaus geht, wird z.B. bis zu 70 "B" mit einer Prämie von 16 2/3 % und bis 80 "B" mit 33 1/2 % vergütet.

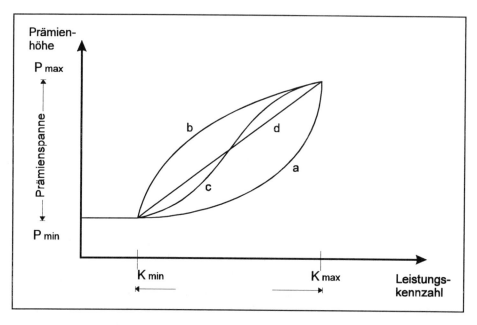

Abbildung 121: Übersicht über die möglichen Steigerungsverläufe einer Prämie

5.4.2 Formen der Prämienentlohnung

5.4.2.1 Mengenprämie

Die *Mengenprämie* unterscheidet sich vom Akkordlohn lediglich dadurch, daß die strenge Bindung zwischen Lohnhöhe und Mengenleistung aufgegeben ist.

Häufigstes Anwendungsgebiet sind Tätigkeiten, die nicht akkordfähig sind, z.B. der Arbeitsablauf enthält zu hohe Anteile an unbeeinflußbaren Zeiten, der Arbeitsablauf ist nicht eindeutig bestimmt und unterliegt noch starken Schwankungen und Störungen von außen, die sich nicht voll auf die Lohnhöhe auswirken sollen oder dürfen usw.

Häufig handelt es sich hier um Arbeitsabläufe, bei denen die Bedingungen für eine Akkordentlohnung vorliegen würden, aber die notwendigen organisatorischen Voraussetzungen einer klaren Arbeitsplanung durch die Arbeitsvorbereitung noch nicht geschaffen wurden oder nicht geschaffen werden können, weil sie, wie z.B. bei Einzelfertigung, zu arbeitsaufwendig wären. Sehr häufig wird hier deshalb eine Mengenprämie in Form einer Zeiteinsparungsprämie nach dem sogenannten *Halsey-Prämienlohn* gewährt. Hier wird eine Vorgabezeit in Form eines *"Meisterakkordes"* geschätzt. Diese "über den Daumen gepeilten" Zeitrichtwerte sind meist großzügig bemessen. Dem Arbeiter obliegt es nun, diese durch Einsatz seiner Erfahrungen zu unterschreiten. Die eingesparte Zeit wird dann entsprechend der Prämienvereinbarung zwischen Unternehmer und Arbeitnehmer in einem bestimmten festgelegten Verhältnis aufgeteilt. Eine ähnliche Form bildet auch der früher im Bergbau übliche *"Gedinge-Akkord"*. Hier ist es häufig unmöglich, die geologischen Verhältnisse, die den Leistungsspielraum begrenzen, einigermaßen genau vorherzubestimmen.

5.4.2.2 Güte-/Ersparnisprämien

Bei diesen Prämienarten werden unterschiedliche Mengenverhältnisse als Leistungskennzahlen verwendet. Bei der *Güteprämie* werden in der Regel die Mengen mit Minderqualitäten bzw. unterschiedlichen Qualitätsstufen mit der Gesamtmenge bzw. der Menge einer Stichprobe in Beziehung gesetzt. Während Mengenprämie oder Akkordlohn in erster Linie darauf abzielen, die Mengenleistung zu erhöhen, haben Güteprämien das Ziel, Nacharbeit, Ware zweiter Wahl, Ausschuß oder Minderqualität zu vermeiden oder zu verringern. Güteprämien werden sehr häufig mit Mengenprämien kombiniert.

Bei den Ersparnisprämien wird der Verbrauch von Einsatzstoffen (Energie, Material oder ähnliches) zur produzierten Menge ins Verhältnis gesetzt. Um zu vermeiden, daß Ersparnisprämien zu einer Minderung der Qualität führen, wird sehr häufig ein degressiver Prämienkurvenverlauf zugrundegelegt und mit Güteprämien kombiniert.

5.4.2.3 Nutzungsprämien

Leistungskennzahl ist hier in der Regel das Verhältnis von tatsächlicher Hauptnutzungszeit einer Anlage, eines Gerätes, einer Maschine o.ä. zu der möglichen Nutzungszeit mit dem Ziel, Unterbrechungs-, Brach-, Umstell- oder andere Nichtnutzungszeiten möglichst gering zu halten. Besondere Bedeutung gewinnt diese Prämienart bei teueren Maschinen, die den Fertigungsengpaß bestimmen. Bei Arbeitsabläufen mit hohem Anteil von Arbeitsablaufabschnitten, während denen die Leistung vom Mitarbeiter nicht beeinflußt werden kann, treten sehr häufig Nutzungsprämien anstelle des Akkordlohnes. Je nach dem erstrebten Zweck werden unterschiedliche Prämienkurvenverläufe zugrundegelegt. Progressive, wenn die Anlagen maximal genutzt werden sollen, degressive, wenn eine Überlastung der Anlage zu vermeiden ist oder auch ein S-förmiger Verlauf mit dem Ziel, einen Anreiz zu schaffen, die Maschinen und Anlagen im optimalen Bereich zu fahren.

Aufgabe: Pakete zusammenstellen	
Teil- Mengenprämie in %	Teil-Güteprämie in %
Leistungskennzahl Km Anzahl verpackter Positionen je h Km min = 35 Positionen/h Km max = 60 Positionen/h Prämienspanne: Pm % des Prämienausgangslohnes Lohnlinie: Linear, nach oben und unten begrenzt	Leistungskennzahl Kg Anzahl der eingehenden berechtigten Kundenreklamationen je Monat Kg min = 10 Rekla./ Monat Kg max = 0 Rekla./ Monat Prämienspanne: Pg % des Prämienausgangslohnes Lohnlinie: Linear, nach oben begrenzt
Gesamtprämie P in % Koppelung additiv P = Pm + Pg max. Prämie: P % des Prämienausgangslohnes bei Km = 60 Positionen/h und Kg = 0 Rekla./Monat	

Abbildung 122: Beispiel einer kombinierten Prämie (REFA, Methodenlehre, Bd. 5, S. 52)

5.4.2.4 Kombinierte Prämien

Sie berücksichtigen mehrere Leistungskennzahlen und sollen verhindern, daß ein Bereich zu Lasten des anderen bevorzugt wird und dazu anregen, daß sich die Mitarbeiter für eine gute Gesamtleistung einsetzen.

Zur Erleichterung der Rechenarbeit werden bei kombinierten Prämien *Nomogramme* verwendet (vgl. Abbildung 122).

5.4.3 Beurteilung der Prämienentlohnung

Grundsätzlich ist davon auszugehen, daß der Prämienlohn überall dort angewandt werden kann, wo ein Mitarbeiter in irgendeiner Form einen Einfluß auf einen qualitativ und/oder quantitativ erfaß- und bewertbaren Teilbereich der Gesamtleistung auszuüben vermag.

Die in der Metallindustrie in ihren Grundsätzen festgelegten tarifvertraglichen Regelungen für die Prämienentlohnung ermöglichen es, alle Formen von Leistungszielen - vorausgesetzt, sie sind quantifizier- und erfaßbar - heranzuziehen. Die Prämienentlohnung kann damit auch allen betrieblichen Erfordernissen gerecht werden. Wegen der breiten Anwendungsmöglichkeiten und der Notwendigkeit, die Grundsätze individuell auf betriebliche Belange anzupassen, fehlen jedoch weitgehend abschließende tarifvertragliche Regelungen sowie detaillierte praktische Erfahrungen, so daß in der Regel umfangreiche Betriebsvereinbarungen und Eigenentwicklungen im Unternehmen notwendig sind.

Da verschiedene Unterziele häufig miteinander konkurrieren können, so z.B. hohe Maschinenleistungen, optimaler (sparsamer) Materialverbrauch, hohe Mengenleistung und hohe Durchschnittsqualitäten usw., besteht die Gefahr, daß möglicherweise das Streben nach den der Prämienrechnung zugrundegelegten Leistungszielen unerwünscht auch andere Leistungsziele beeinflußt. So führt nicht selten das Streben nach hoher Mengenleistung zu einem Nachlassen der Qualität oder zu einer Erhöhung des Materialverbrauchs.

Es hat sich hier in der Regel als unzweckmäßig erwiesen, wenn innerhalb eines Betriebes für verschiedene Bereiche, die im Rahmen der Leistungserstellung miteinander verbunden sind, unterschiedliche Prämienbezugsgrundlagen gewählt werden, so z.B. unterschiedlich für Materialbereitstellung, Materialverarbeitung, Werksinstandhaltung usw.

Als zweckmäßig hat es sich erwiesen, als Prämiengrundlage das Leistungsendergebnis zu wählen. Die unmittelbar an der Leistungserstellung Beteiligten erhalten die von ihnen erarbeitete Prämie, die mittelbar beteiligten Bereiche, die in der Regel Hilfstätigkeiten verrichten, werden mittelbar in Form eines Prämiendurchschnittes beteiligt.

5.5 Sonderformen der Entlohnung

5.5.1 Allgemeines

Die Entwicklung, vor allem die der Technik und der Erwartungshaltung der Mitarbeiter sowie die der Gesellschaft haben dazu geführt, daß die "reinen Entgeltformen" nicht immer den an sie gestellten Anforderungen gerecht werden und daß sich immer mehr Zwischen- oder Mischformen herausbilden.

Zu diesen Einflußfaktoren gehören:

- Die individuelle Bewertung der Anforderungen eines einzelnen Arbeitsplatzes erweist sich sehr häufig als eng und die unterschiedliche Bewertung verschiedener Arbeitsplätze erschwert einen sinnvollen Wechsel von Arbeitstätigkeiten durch den einzelnen Mitarbeiter.

- Die Zurechnung des Leistungsergebnisses zu einem Arbeitsplatz ist häufig sehr schwierig. Die Voraussetzung, daß die Leistungserstellung an einem Arbeitsplatz nur von einem Stelleninhaber abhängig ist und unabhängig von der Leistung vor- oder nachgelagerter Arbeitsplätze erbracht werden kann, ist bei einem straff gesteuerten Arbeitsfluß nicht mehr zu gewährleisten. Zur Verbesserung des Auftragsdurchlaufs und zur Vermeidung von Zwischenlagern (Just-in-time-production) sind Leistungsschwankungen - zum Teil hervorgerufen durch eine Leistungsentlohnung - nicht mehr erwünscht, ja in der Regel geradezu störend.

Für den ersten Fall zeigt sich ein schleichender Übergang bei der Arbeitsbewertung - ob summarisch oder analytisch - weg von der Bewertung eines einzelnen Arbeitsplatzes und hin zur Bewertung geschlossener Arbeitssysteme, die in der Regel mehrere Arbeitsplätze umfassen.

In der Regel führt dies auch zu einer Erhöhung des Arbeitswertes in der Gruppe gegenüber dem Durchschnitt der individuellen Einzelwerte, weil jeweils der Arbeitswert einer Anforderung für die Gesamtgruppe angesetzt wird, der am höchsten liegt.

Um einen gleichmäßigen Fertigungsfluß nicht durch ungewollte Leistungsschwankungen, hervorgerufen durch ein Leistungslohnsystem, zu stören, haben sich drei neue Lohnformen herausgebildet.

5.5.2 Sonderlohnformen

- *Festlohn mit geplanter Tagesleistung*

    Hier wird ein festes Entgelt je Zeiteinheit für eine bestimmte Mengenleistung bezahlt. Diese Mengenleistung entspricht in etwa der *"Normalleistung"* im REFA-System. Diesem Verfahren entspricht in etwa "LODI" (Lohndifferenzierungssystem) bei VW, das als zeitkonstanter Leistungslohn eher den Charakter eines Zeitlohnes hat, der mit Vorgabezeiten und Soll-Mengenleistungen gekoppelt ist (Rauch, Leiter des Tarifwesens bei VW). Im Frühjahr 1994 hat auch Daimler-Benz Verhandlungen zur Einführung eines ähnlichen Sytems aufgenommen. Hier wird die Aufgabe, den Mitarbeiter zu einer bestimmten Mengenleistung zu motivieren, von der mittelbaren Beeinflussung durch das Entgeltsystem auf die untere Führungsebene der unmittelbaren Vorgesetzten übertragen. Eine Aufgabe, die nur mit gut qualifizierten Vorgesetzten, einem guten Betriebsklima und einer leistungsbezogenen Unternehmenskultur auf die Dauer erfolgreich zu realisieren sein wird. Einsetzbar wird dieses System wegen der Probleme der Ermittlung der Soll-Mengen-Leistung nur in eng begrenzten Teilbereichen der Großserien- und Massenfertigung, wie z.B. in der Elektro- oder Automobilindustrie sein.

- *Programm- (Standard-) Lohn*

  Hier wird für eine fest umrissene Arbeitsaufgabe je Zeiteinheit ein bestimmtes Entgelt vereinbart. Mehrleistungen über das Programm hinaus sind nicht erwünscht und werden auch nicht vergütet. Wird das Programm nicht erfüllt und hat dies der Mitarbeiter zu vertreten, so erfolgt eine Minderung des Entgeltes. Die Höhe der Kürzung des Entgeltes im Verhältnis zur Minderleistung ist unterschiedlich. Im Grunde handelt es sich bei diesem System um eine nach oben begrenzte Leistungsentlohnung. Die Leistungsmenge wird im Regelfall so festgelegt, daß sie im Normalfall problemlos erfüllt werden kann. Die Motivation zur Leistungserfüllung ist Aufgabe des Vorgesetzten und wird dadurch erleichtert, daß der Mitarbeiter mit der Aufgabe eine bestimmte Leistungsverpflichtung übernommen hat, die sich an einer Normalleistung orientiert.

- *Vertrags- (Kontrakt-, Pensum-) Lohn*

  Ein System, das in den 60er Jahren in den USA eingeführt wurde, hat in der BRD aber wegen des ganz anders gearteten Tarifsystems keine Verbreitung gefunden. Hier wird für einen bestimmten Zeitraum im voraus individuell zwischen Arbeitgeber und Arbeitnehmer ein bestimmtes Entgelt ausgehandelt mit der Verpflichtung, ein genau definiertes Arbeitsergebnis zu erbringen.

Bei diesen drei Verfahren handelt es sich im wesentlichen um die üblichen Akkord- und Prämienregelungen, bei denen jedoch das Entgelt und auch die Leistungen nach oben begrenzt sind. Nach unten gewähren sie einen gewissen Schutz für den Arbeitnehmer, daß das vereinbarte Entgelt für eine gewisse Übergangszeit auch bei Minderleistungen bezahlt wird. Bei länger andauernden Minderleistungen ist auch hier eine Anpassung des Entgeltes nach unten unvermeidbar. Das Hauptproblem einer jeden Leistungsentlohnung, nämlich innerhalb eines bestimmten Zeitraumes die zu erbringenden Leistungen zu ermitteln, bleibt auch hier bestehen. Wesentliche Veränderungen können sich allerdings ergeben, wenn im Zuge der Ausweitung der Mitbestimmungsregelungen neben die Tarifautonomie bei der Festlegung der Entgelte auch Mitbestimmungsrechte bei der Festlegung von "Leistungspensen" durch den Betriebsrat oder durch paritätisch besetzte Kommissionen treten sollten.

- *Qualifikationslohn*

    Eine besondere, allerdings bisher nur selten realisierte Lohnform, die die Gewerkschaft IG-Metall aber als die künftig anzustrebende Lohnform ansieht, ist der Qualifikationslohn. Durch diese Lohnform soll ein flexibler Arbeitseinsatz der Mitarbeiter ermöglicht, die Trennung zwischen Arbeitern und Angestellten durch einheitliche Entlohnungsgrundsätze beseitigt und ein Anreizsystem zur Qualifizierung, d.h. zur Förderung der Fähigkeit zum flexiblen Einsatz geschaffen werden. In dem einen bisher bekannt gewordenen Beispiel wurden folgende Einzelheiten festgelegt: Die Eingruppierung eines Arbeitnehmers erfolgt nicht nach den Anforderungen des Arbeitsplatzes oder eines Arbeitssystems, den er besetzt, sondern aufgrund der persönlichen Qualifikation (jedoch muß es sich um im Betrieb verwertbare Qualifikationen handeln). Die ursprünglich auf wenige Entgeltgruppen festgelegte Einteilung führte zu großen Sprüngen zwischen den einzelnen Gruppen, so daß eine stärkere Differenzierung durch Leistungsbeurteilung und Leistungszulagen vorgenommen wurde. Die Beurteilungsmerkmale sind Arbeitsquantität bzw. -intensität, Arbeitsqualität und -sorgfalt sowie Bereitschaft und Fähigkeit zum flexiblen Arbeitseinsatz. Die Leistungszulage für einen bestimmten Prozentwert aller Mitarbeiter ist tarifvertraglich festgelegt. Der Arbeitnehmer hat ein Einspruchsrecht gegen die Leistungsbeurteilung, über den eine Einigungsstelle entscheidet. Damit erhält der Betriebsrat ein erzwingbares Mitbestimmungsrecht über strittige Fälle der Leistungsbeurteilung. Laut Vertrag wird ein jährlicher Qualifikationsbedarf im Anschluß an die zwischen Betriebsrat und Unternehmensleitung vorgesehenen Qualifikationsgespräche ermittelt.

Mitarbeiter, die sich einer Qualifikationsmaßnahme unterziehen, für die aber keine adäquate Arbeitsaufgabe zur Verfügung steht, bzw. wenn der damit gewonnene Qualifikationszuwachs keine höhere Qualifikationsstufe rechtfertigt, haben Anspruch auf eine Qualifikationszulage. Allerdings wird diese Qualifikationszulage nur gezahlt, wenn sich nach erfolgter Qualifizierung auch die Tätigkeit ändert oder doch zumindest erweitert. Somit handelt es sich trotz einiger Ansätze nicht um ein ausschließlich qualifikationsbezogenes, also tätigkeitsunabhängiges Entgeltsystem. Dies zeigt auch die Problematik dieses Systems auf. Da erfolgreich nur dann eine Leistung erbracht werden kann, wenn der Mitarbeiter den Anforderungen der Stelle gerecht wird, also dafür qualifiziert ist, auf der anderen Seite aber die Qualifikationszulage nur bezahlt wird, wenn der Mitarbeiter auch bereit ist, einen seiner Qualifikation entsprechenden Aufgabenbereich wahrzunehmen, werden dem Modell ganz natürliche Grenzen gesetzt. Hier treten dann bei der Realisierung auch noch die Probleme auf, daß qualifikationsbezogene Tätigkeitsinhalte kaum anders als anforderungsbezogen formuliert werden können. Da das Problem der sehr allgemein formulierten Eingruppierungskriterien nach Qualifikationsstufen und die Bewertungsspielräume bei Leistungs- und Qualifikationszulagen im vorliegenden Fall durchgängig durch paritätische Entscheidungsverfahren mit Einigungstellen gelöst wird, wird dieses System auch als "*offenes Verhandlungsmodell*" bezeichnet. Der Tarifvertrag hat in diesem Fall dann nicht mehr die Funktion, Entgelte wirklich abschließend zu definieren, sondern Verfahrensweisen und Argumentationsregeln zur Verhandlung festzulegen. Nach dem hier zugrundeliegenden Werkstarifvertrag finden neben der Qualifikation vor allem nur die quantitative Leistung und die Flexibilität zum Arbeitseinsatz eine zuverlässige argumentative Stütze bei der Entgeltfestlegung.

5.6 Gewerkschaftliche Zielvorstellungen

Lohnentgelte bestimmen sich im geltenden Wirtschaftssystem nicht auf dem freien Markt, sondern sind das Ergebnis der Verhandlungen zwischen zwei Monopolen, den Tarifvertragspartnern. Während den Arbeitgebern auf dem Gebiet von Entgeltsystemen usw. im Ernstfall (von verbalen Meinungsäußerungen vor den Tarifverhandlungen abgesehen) kaum große Veränderungsbereitschaft unterstellt werden kann, weil sie im Regelfall mit dem "Status quo" weitgehend zufrieden sind, und jede Veränderung als eine Störgröße im Betriebsablauf betrachten, sind die Gewerkschaften daran interessiert, durch laufende Forderungen an die Arbeitgeber auf das Zufriedenheitspotential ihrer Mitglieder einzuwirken. Nachdem pauschale Lohnerhöhungen und Arbeitszeitverkürzungen in den letzten Jahrzehnten im Vordergrund standen, wird sich die künftige Strategie der Gewerkschaften stärker auf fünf andere Handlungsfelder konzentrieren (Abbildung 123).

Bei den Entgeltstrukturen wird eine Vereinheitlichung der Tarifgruppen zwischen Facharbeitern, Angestellten und Meistern, bei einer Verringerung der Entgeltgruppen angestrebt.

Noch nicht abschließend diskutiert ist hier die Vorstellung, wie die derzeit bestehenden unterschiedlichen Entgeltstrukturen und die unterschiedlichen Anteile von Grundentgelt und Leistungsanteilen bei Arbeitern und Angestellten und derzeit 19 Entgeltgruppen in ein einheitliches System von künftig 13 Gruppen überführt werden sollen.

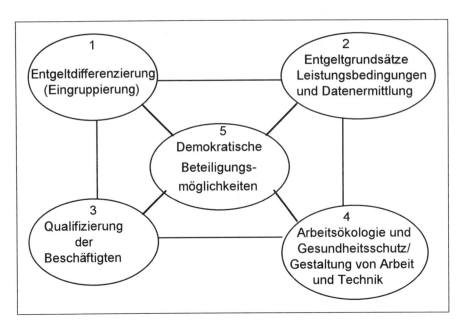

Abbildung 123: Wichtige tarifpolitische Handlungsfelder (Quelle: Tarifreform 2000, S.7)

Um zu verhindern, daß Arbeitgeber ihre Verfügungsgewalt über Technik und Arbeitsorganisation im Rahmen der strukturbestimmenden Personalplanung dazu benutzen, daß sie Tätigkeiten und Arbeitsinhalte so gestalten, daß sich eine möglichst niedrige Eingruppierung ergibt, wird eine Abkehr von der anforderungsbezogenen Entgeltdifferenzierung und ein Übergang zu einer personen- oder qualifikationsorientierten Eingruppierung gefordert werden. Um die Entwicklung vorhandener Qualifikationen zu fördern, sollen in Betrieben Arbeitssysteme und Arbeitsbereiche geschaffen werden, die den Einsatz der erhöhten Qualifikation der Mitarbeiter fördern.

Die Bildung solcher Arbeitssysteme und deren Zuordnung zu den Entgeltgruppen soll durch paritätische Kommissionen erfolgen. Den Grundgedanken der Differenzierung zeigt Abbildung 124.

Im wesentlichen sind hier auch die Probleme einer effizienten Personalauswahl, Personalentwicklung und Personaleinsatzplanung angesprochen. Unklar sind die Regelungen, die greifen sollen, wenn der Fall eintritt, daß ein Mitarbeiter nicht entsprechend seiner Qualifikation beschäftigt werden kann. Welche Auswirkungen würde dann eine Qualifikationszulage für nicht im Betrieb geforderte und nicht einsetzbare Kenntnisse und Fähigkeiten auf die Arbeitszufriedenheit und das Betriebsklima haben?

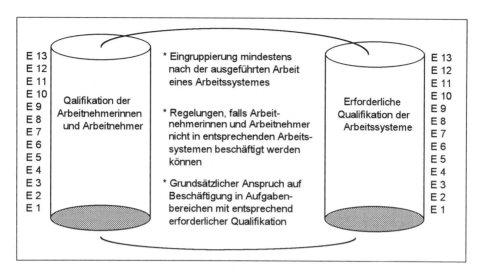

Abbildung 124: Entgeltdifferenzierung: Das Zwei-Säulen-Prinzip (Quelle: Tarifreform 2000, S. 19)

Als Entgeltgrundsätze werden zwei Formen angestrebt:

- Arbeit ohne vereinbartes Arbeitspensum. Bei diesem reinen zeitbezogenen Entgelt soll jede direkte und indirekte Form der Leistungsvorgabe tarifvertraglich ausgeschlossen werden. Nicht geklärt ist hier allerdings, ob nicht zumindest eine Normalleistung zu erbringen ist.
- Arbeit mit vereinbartem Arbeitspensum. Für dieses Arbeitspensum wird ein konstantes Standardentgelt bezahlt. Bei einem variablen Standardentgelt verringert sich bei einem Unterschreiten des vereinbarten Arbeitspensums das Entgelt unterproportional um maximal 10 % (dies soll jedoch auf die heute bestehenden Vereinbarungen über Akkord- und Prämienlöhne begrenzt bleiben).

Das Arbeitspensum hat zumutbar und menschengerecht zu sein, es muß auf Dauer eines Arbeitslebens erbracht werden können, ohne daß die Gesundheit geschädigt wird (nimmt man noch die Adjektiva geeignet, geschult, ausreichend eingewiesen sowie Einhaltung der notwendigen Pausen dazu, dann entspricht dies der REFA-Normalleistung).

Das klassische Leistungsgradschätzen hingegen soll durch Vereinbarungen zwischen den Beauftragten des Betriebsrates und des Arbeitgebers ersetzt werden. Hier stellt sich die Frage, ob diesen Personen ein höheres sachliches Beurteilungsvermögen zukommt als einem geschulten Arbeitswissenschaftler.

Dem Mitarbeiter soll ein Vorschlagsrecht bei der Festlegung des Leistungspensums sowie ein Reklamationsrecht zugestanden werden. Eine Einigung soll jeweils durch paritätische Kommmissionen mit Einigungstellen erfolgen, ggf. mit

Beteiligung nicht nur des Betriebsrates, sondern auch der Vertreter der Gewerkschaften.

5.7 Wahl der zweckmäßigen Lohnform

Diejenige Lohnform ist am zweckmäßigsten, die von der Mehrzahl der Beteiligten als gerecht empfunden wird, oder bei der der negative Einfluß auf Zufriedenheit und Betriebsklima am geringsten ist und die damit die Voraussetzungen für eine gesunde Leistungsentwicklung schafft.

Vielfach wird die Auffassung vertreten, daß finanzielle Anreize durch Akkord- und Prämienlöhne dort verstärkt Verwendung finden, wo wirtschaftliche Ziele, insbesondere die Steigerung der menschlichen Arbeitsleistung, höher gewichtet werden als die Zufriedenheit der Mitarbeiter. Hierbei wird übersehen, daß entscheidend für Zufriedenheit das Abschneiden im sozialen Vergleich und das Gefühl der gerechten Behandlung ist. Bestandteil der allgemeinen Lohngerechtigkeit ist auch die Leistungsgerechtigkeit.

Leistungsbereitschaft und Zufriedenheit eines Mitarbeiters werden zwangsläufig dann sinken, wenn er erkennt, daß sein Kollege bei geringerer Leistung den gleichen Lohn erhält. Deshalb ist ein Zeitlohn ohne gleichzeitige Leistungskontrolle und Leistungsbeurteilung in der Mehrzahl der Betriebe eine Quelle der Unzufriedenheit.

Ungeachtet der Schwierigkeiten der Durchführung sollte grundsätzlich für vergleichbare Arbeiten auch die gleiche Lohnform gewählt werden. Werden vergleichbare Arbeiten teils im Zeitlohn und teils im Akkordlohn vergeben, so fühlen sich die Zeitlöhner wegen des in der Regel geringeren Verdienstes gegenüber ihren im Akkord arbeitenden Kollegen ungerecht behandelt. Auf der anderen Seite kann aber auch der Leistungslohn, insbesondere der Akkordlohn, eine potentielle Konfliktursache darstellen, wenn die Basis gegenseitigen Vertrauens fehlt. Dies trifft auch für den Prämienlohn zu, wenn die Prämiengrundlage für die Beteiligten nicht einsichtig und die Erfassung der Daten für den Mitarbeiter nicht nachvollziehbar ist. Beim Akkordlohn liegt die potentielle Konfliktquelle in der Entscheidung über unregelmäßig anfallende Nebenarbeit je nachdem, ob sie noch mit der Vorgabezeit abgegolten oder ob sie durch Zusatzlohnscheine zu erfassen und gesondert zu entlohnen ist.

Bemerkenswert ist hier der Wandel der Stellungnahme der Gewerkschaften, die ursprünglich dem Akkordsystem gegenüber eine ablehnende Haltung vertrat mit dem Schlagwort "Akkord ist Mord", um dann in Anlehnung an *Marx*, die Akkordentlohnung tarifvertraglich überall dort zu fordern, wo sie betrieblich, organisatorisch und produktionstechnisch einführbar erscheint. Während nun mit der Tarifreform 2000 wieder eine Abkehr von dieser Haltung zu erkennen ist.

Einen weiteren Konfliktpunkt stellt die Notwendigkeit der *Akkordanpassung* dar. Die Vorgabezeit beruht auf einem ganz bestimmten Arbeitsverfahren mit bestimmter Fertigungstechnik und bestimmten Hilfsmitteln. Änderungen dieser Bedingungen müßten auch zu einer Anpassung der Vorgabezeiten führen. Häufig führen technische Änderungen (bessere Werkzeuge, leistungsfähigere Drehstähle, Schleifscheiben mit höherer Abtragleistung, Preßluftschraubwerkzeuge anstelle mechanischer Werkzeuge, bessere Einspannvorrichtungen usw.) zu kleineren Verbesserungen, deren Zeiteinsparung im Einzelfall gering ist, so daß meist eine Anpassung der Vorgabezeiten an die geänderten Arbeitsbedingungen wegen des mit der Änderung der Arbeitsunterlagen verbundenen Arbeitsaufwandes nicht vorgenommen wird (schleichende Rationalisierung). In der Summe aber fallen diese Verbesserungen im Zeitablauf häufig erheblich ins Gewicht. Eine Anpassung solcher "davongelaufener Akkorde" führt meist zu Unzufriedenheit und Klagen, so daß nicht selten darauf verzichtet wird. Die Folge ist, daß bei einer großen Anzahl von Betrieben Zeitgrade von 30 - 50 % durchaus die Regel sind, obwohl nach arbeitswissenschaftlichen Erkenntnissen der durchschnittliche Leistungsgrad allenfalls bei ca. 15 - 20 % liegen dürfte. Eine Leistungsentlohnung, die zu einer Zufriedenheit der Mitarbeiter führen soll, setzt Fairneß und Vertrauen auf beiden Seiten voraus. Die Akkordkommissionen, die durch die meisten Tarifverträge vorgesehen sind, und die paritätisch besetzt über Akkordstreitigkeiten entscheiden, dürften die Voraussetzungen dafür bringen.

Bei der Entlohnung ist zwischen Einzelentlohnung und Gruppenentlohnung zu unterscheiden.

Bei der Einzelentlohnung dient die Leistung eines einzelnen Mitarbeiters als Grundlage zur Festsetzung seines persönlichen Lohnes. Bei der Gruppenentlohnung hingegen dient die Gruppengesamtleistung als Lohnbemessungsgrundlage. Der so ermittelte Gruppenlohn wird nach vorher bestimmten Schlüsseln auf die einzelnen Gruppenmitglieder aufgeteilt.

Welcher Form der Vorzug zu geben ist, hängt von den Bedingungen und der Struktur des Arbeitsablaufes ab. Wenn die Leistungen der einzelnen Mitarbeiter unabhängig voneinander erbracht werden können und wenn zwischen den einzelnen Arbeitsplätzen keine gegenseitigen Abhängigkeiten bestehen, ist die Einzelentlohnung angebracht. Bestehen aber zwischen einzelnen Arbeitsplätzen Beziehungen und Abhängigkeiten und kann ein Mitarbeiter ohne Zusammenarbeit mit anderen Kollegen innerhalb einer Gruppe seine Leistung nicht erbringen, so ist zur Erreichung einer besseren Zusammenarbeit die Gruppenentlohnung oder eine unmittelbare Prämien- (Leistungs-) Entlohnung für die outputbestimmenden Arbeitsplätze vorzuziehen. Für Mitarbeiter, die Hilfs-, Zusatz- oder vor- bzw. nachbereitende Leistungen für die outputbestimmenden Bereiche erbringen, ist eine unmittelbare Leistungsentlohnung, bezogen auf Teilleistungen, in der Regel kontraproduktiv. Hier ist eine mittelbare Leistungsbeteiligung in Form einer Beteiligung am Durchschnitt der unmittelbar erarbeiteten Leistungs-(Lohn)- anteile vorteilhafter.

Bei der *Gruppenentlohnung* ist in der Regel eine Nivellierung der Einzelleistungen auf ein einheitliches Durchschnittsniveau hin zu beobachten. Die Auffassung, daß Gruppenentlohnung zu einer negativen Personalauslese führt oder sie begünstigt, weil gute Arbeitskräfte sich gegenüber den schwächeren benachteiligt fühlen und deshalb zur Kündigung veranlaßt werden, ist empirisch nicht bewiesen. Hier läßt sich in der Praxis eher das Gegenteil feststellen. In jeder Gruppe, die zur Erreichung eines gemeinsamen Zieles gebildet wird, laufen gruppendynamische Prozesse ab, bei denen sich informale Führerrollen und Gruppennormen herausbilden. Mitglieder, die sich nicht in die entsprechende Gruppenstruktur einfügen, werden zu Außenseitern, die häufig zum Ausscheiden aus der Gruppe veranlaßt werden. Die Voraussetzung ist aber, daß es sich um Gruppengrößen handelt, die eine Selbststrukturierung zulassen. In der Regel wird dies bei 5 - 13 Mitarbeitern der Fall sein. Bei größeren Gruppen bilden sich aufgrund der geringeren Interaktionshäufigkeit und der Erschwerung der individuellen Kommunikation zwischen den einzelnen Mitgliedern in der Regel Untergruppen, zwischen denen der Zusammenhang sehr lose ist. Der Zusammenhang zwischen der eigenen Anstrengung und der Gesamtleistung der Gruppe ist dann nicht mehr erkennbar.

Welche Gruppennorm sich entwickelt, hängt nicht davon ab, ob die qualifizierten und ehrgeizigen Mitarbeiter oder die leistungsschwächeren Mitglieder einer Gruppe das stellenmäßige oder einflußmäßige Übergewicht haben, sondern vielmehr vom umfassenden Gruppenklima und der Leistungsmotivation. Wenn in der Gruppe ein Teamgeist und eine positive Einstellung zum Unternehmen vorherrscht, getragen von einem Gefühl des Vertrauens, kommen die Leistungsvorteile einer Gruppe zum tragen. Fühlen sich allerdings Mitglieder einer Gruppe ungerecht behandelt oder fühlt sich die Gruppe in ihrem Bestand gefährdet, dann kapselt sie sich nach außen hin ab und versucht, ihre Existenz u.U. mit restriktiven informellen Leistungsnormen aufrecht zu erhalten. Formen der Gruppenentlohnung setzen damit, wenn sie erfolgreich sein sollen, eine positive Leistungseinstellung und ein gutes Betriebsklima voraus.

Das bekannteste in der Literatur immer wieder beschriebene Negativbeispiel sind die *banking-wiring-room-Experimente* im Rahmen der *Hawthorne-Studien*.

Über die unmittelbaren Auswirkungen einer Entlohnungsform auf das Leistungsverhalten lassen sich nur indirekt Schlüsse ziehen.

Beim Zeitlohn hängt das Leistungsergebnis von der Qualifikation der Führungskräfte, dem Betriebsklima und der Einsatzbereitschaft (Motivation) der Mitarbeiter ab. *Leistungslohnsysteme* (unabhängig davon, ob es sich um

Akkord- oder Prämienlohn-Systeme handelt) unterstützen als koordinationsbedarfsreduzierende Maßnahmen bzw. als Führungssurrogate (mittelbare Personalführung) die Tätigkeit der Führungskräfte und tragen dazu bei, die Leistung auf einem erreichten, "nicht immer optimalen" Niveau zu stabilisieren.

In Fällen, bei denen aus verschiedenen Gründen von einer Lohnform auf eine andere übergegangen wurde, zeigten sich eindeutige Leistungssteigerungen beim Übergang vom Zeitlohn auf ein leistungsbezogenes System. Während der Übergang von einem leistungsbezogenen System auf den reinen Zeitlohn in der Regel mit einem nicht unerheblichen Leistungsrückgang verbunden war.

Hierbei ist zu beachten, daß ein Leistungslohnsystem nur während einer begrenzten Zeitspanne nach der Einführung einen leistungssteigernden Effekt hat. Anschließend erfolgt eine Leistungsstabilisierung auf dem kurzzeitig erreichten, nicht immer optimalen Niveau.

Welchem Entlohnungssystem jedoch der Vorzug zu geben ist, hängt von den jeweiligen Bedingungen des Einzelfalles und hier vor allem von den leistungsbestimmenden Faktoren ab.

Abbildung 125: Bestimmungsfaktoren bzw. Einflußgrößen auf das Leistungsergebnis

Ist der Mitarbeiter der leistungsbestimmende Faktor und hängt die Leistung zu einem großen Teil neben seiner Leistungsfähigkeit vor allem von seiner körperlichen Leistungsbereitschaft ab, ist ein Leistungslohn in der Regel auf der Basis von Zeitvorgaben (Akkord, Bedaux usw.) vorzuziehen.

Ist jedoch die Leistung im wesentlichen durch die Betriebsmittel bestimmt und ist der vom Mitarbeiter beeinflußbare Bereich relativ klein, so ist eine Prämienentlohnung vorzuziehen. Gleiches gilt, wenn neben der Mengenleistung vor allem sparsamer Materialverbrauch usw. erheblichen Einfluß auf das Betriebsergebnis haben.

Ist aber das Leistungsergebnis im wesentlichen von den Synergieeffekten im Rahmen eines geregelten Zusammenwirkens von Arbeitssystemen abhängig, dann erweist sich in der Regel eine Prämienentlohnung auf der Basis des leistungsbestimmenden Engpaßfaktors und der indirekten Beteiligung der anderen Funktionsbereiche des Betriebes, die mittelbar auf die Leistung einwirken, als zweckmäßig.

Darüber hinaus können auch noch eine Reihe betrieblicher und organisatorischer Steuerungsabsichten auf die Wahl der Lohnform Einfluß haben, so z.B. beim Qualifikationslohn, bei dem angestrebt wird, die Bereitschaft zur fachlichen Weiterentwicklung mit dem Ziel einer möglichst breiten Einsatzfähigkeit zu fördern.

Ist jedoch ein Mitarbeiter so stark in die Organisation des Leistungserstellungsprozesses eingebunden, daß konstantes Leistungsverhalten gefordert wird und alle individuell bedingten Leistungsschwankungen stören würden, dann wäre jeder Leistungsanreiz unerwünscht, und jede leistungsstimulierende Entlohnungsform würde ihren Sinn verlieren. In diesem Fall könnten feste Lohnformen mit geplanter Tagesleistung oder Programmlohnformen ihre Vorteile haben.

Die Zusammenhänge zeigen die nachstehenden Abbildungen.

Abbildung 126 zeigt die Zusammenhänge zwischen den *leistungsbestimmenden Faktoren* und den sich daraus ergebenden Ansatzpunkten für eine *optimale Betriebsmittelnutzung*. Aus den differenzierten Leistungszielen ergibt sich, welchen relativen Anteil die einzelnen leistungsbestimmenden Faktoren an der Gesamtleistung haben. Hierbei ist beim Mitarbeiter zu unterscheiden zwischen seiner Tätigkeit als unmittelbarer Leistungsträger (bei der die betriebliche Leistung durch den unmittelbaren Einsatz des Mitarbeiters bestimmt wird) und seiner Tätigkeit als mittelbarer Leistungsträger, wo technische Hilfsmittel die Leistungshöhe bestimmen und der Mitarbeiter den Grad der Betriebsmittelnutzung durch sein Fachkönnen, seine Aufmerksamkeit, sein Mitdenken usw. beeinflussen kann.

Aus der Stellung des Mitarbeiters im Leistungserstellungsprozeß ergibt sich dann die zweckmäßige Entlohnungsform.

Abbildung 127 zeigt die Zusammenhänge zwischen den Berwertungszielen bei der Entlohnung und den sich hieraus ergebenden Formen der Bewertung, die einsetzbaren organisatorischen Instrumente und das jeweilige Bewertungsergebnis, das die Grundlage für die Lohnhöhe bildet.

leistungsbestimmende Faktoren	Mitarbeiter als unmittelbare Leistungsträger	Arbeitssystem von Mitarbeitern und techn. Mitteln	Zusammenwirken von Arbeitssystemen durch Organisationen	Mitarbeiter als mittelbarer Leistungsträger	Mitarbeiter als Anpasser an wechselnde Bedingungen
Ansatzpunkte zur Optimierung	Mitarbeiter (Einsatzbereitschaft/ Spezialisierung)	Betriebsmittel (Auslastung)	koordiniertes Zusammenwirken von Arbeitssystemen	Anpassung des Mitarbeiters an die Fertigungsorganisation	Flexibilität nur auf veränderte Bedingungen zu reagieren
Leistungsziel	steigender Mengenausstoß durch steigende Arbeitsintensität	steigender Mengenausstoß durch steigende Auslastung von Maschinen und Betriebsmitteln, Verringerung von Stillstandszeiten	steigende Produktivität und Wirtschaftlichkeit durch hohe Auslastung, kurze Durchlaufzeiten, geringe Fehlzeiten durch Verkettung von Arbeitsabläufen	Erbringung einer gleichmäßigen, durch die Betriebsorganisation und die Technik vorgegebene Leistung	durch hohe Flexibilität sich an veränderte technische Bedingungen und Marktgegebenheiten anzupassen
relativer Anteil von Mitarbeitern, technischen Hilfsmitteln und der Organisation an der Gesamtleistung	Mitarbeiter als Leistungsträger	mechanische und technische Hilfsmittel	durch die Organisation gesteuertes Zusammenwirken der Arbeitssysteme	unmittelbar / mittelbar	
Zweckmäßige Entlohnungsgrundsätze für den leistungsbezogenen Arbeitszeitanteil	Leistungslohn auf der Basis von Zeitvorgaben (Akkord, Bedaux usw.)	Prämienlohn auf der Basis von Individualleistung	Prämienlohn auf der Basis der Leistung im Engpaßfaktor bei der Mitbeteiligung der Bereiche, die mittelbar auf die Leistung einwirken	Standard-Pensum-Kontraktlohn vereinbartes Arbeitsvolumen	Qualifikationslohn gegebenenfalls in Verbindung mit anderen Formen wie Prämien-, Standard- oder Pensumlohn

Abbildung 126: Zusammenhang zwischen Fertigungsstruktur, betrieblicher Zielsetzung und zweckmäßiger Lohnform

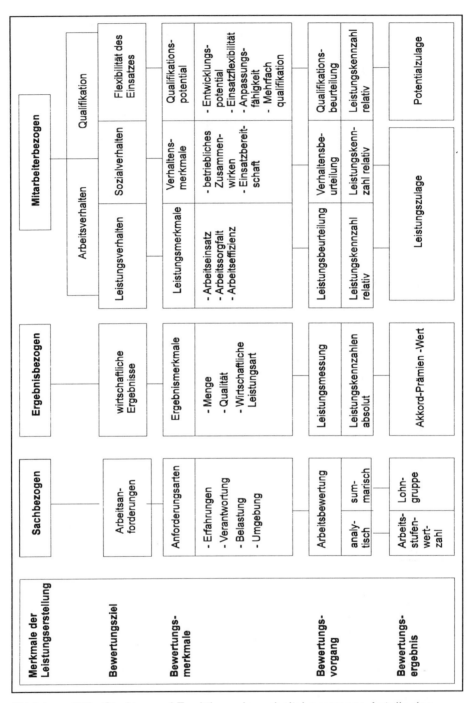

Abbildung 127: Struktur und Ermittlung des arbeitsbezogenen Anteils des Entgelts

Den absehbaren Trend der Entwicklung der verschiedenen Entlohnungssysteme, der deutliche Differenzierungen der Grundentlohnungstypen in ihren verschiedenen Kombinationsformen aufweist, zeigt die nachstehende Abbildung.

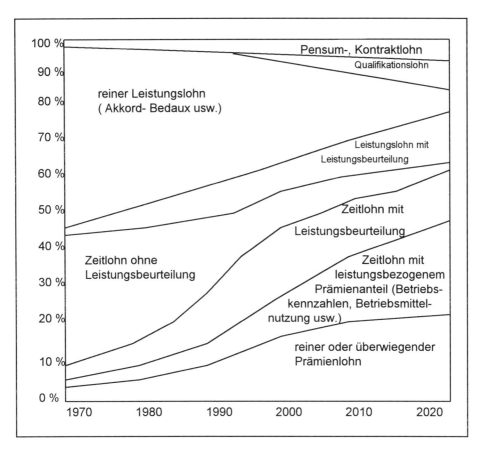

Abbildung 128: Voraussichtliche Entwicklung der verschiedenen Entlohnungssysteme (in Anlehnung an Busch, in angewandter Arbeitswissenschaft Heft 104)

Berücksichtigt man diesen Trend, der zeigt, daß verschiedene Kombinationstypen, (die besondere betriebsindividuelle Besonderheiten berücksichtigen), stärkere Verbreitung finden, so wird deutlich, daß künftig den individuell auf die besonderen Bedingungen eines Betriebes zugeschnittenen Entlohnungsformen eine größere Bedeutung gegenüber den betriebsübergreifenden, industriezweigbezogenen auf Tarifverträgen beruhende Einheitsformen zukommen wird. Dies ist aber eine Entwicklung, die sehr hohe Anforderungen an die Beweglichkeit und Gestaltungsfähigkeit der Tarifvertragsparteien stellen wird. Darüber hinaus wird auch die Bereitschaft der Unternehmer gefordert werden, neue Wege in der Entwicklung der betrieblichen Voraussetzungen für die Gestaltung und den Einsatz neuerer, zweckmäßiger Entlohnungsformen zu suchen und zu gehen.

Sechstes Kapitel

Beteiligung der Arbeitnehmer am Erfolg und Kapital des Unternehmens

Die Diskussion über die Trennung und Gleichberechtigung von Kapital und Arbeit wird unter unterschiedlichsten Gesichtspunkten geführt.

Mitarbeiter am Unternehmen zu beteiligen, ist in unterschiedlichen Formen und Ausprägungsgraden möglich.

Für die Bundesrepublik ist die Unterscheidung in die beiden Hauptformen

- *Erfolgsbeteiligung*
- *Kapitalbeteiligung*

typisch.

Hierbei kann jede dieser beiden Formen für sich allein bestehen und damit einen eigenständigen Beteiligungstyp bilden.

Sehr häufig jedoch werden beide Formen miteinander verknüpft und die Erfolgsbeteiligung als Vorstufe bzw. als Mittel zum Zweck einer Kapitalbeteiligung angesehen.

1. Erfolgsbeteiligung

1.1 Abgrenzung vom Leistungsentgelt

Nach unserer Rechtsordnung hat der Arbeitnehmer einen Entgelt- (Lohn-) Anspruch, der unabhängig von der Ertragslage, also auch bei Verlusten des Unternehmens zu gewähren ist. Damit hat der Arbeitnehmer, abgesehen vom Arbeitsplatzrisiko, kein Verlustrisiko zu tragen. Damit hat er auch keinen Anspruch auf Erfolgspartizipation. Da der Kapitalgeber das finanzielle Risiko zu tragen hat, steht ihm auch allein der verbleibende Gewinn nach Abzug aller Kosten einschließlich der Lohnkosten zu.

Eine Beteiligung der Arbeitnehmer, über das kontraktbestimmte Entgelt hinaus, ist im Rahmen einer Erfolgsbeteiligung auf freiwilliger Basis und gegebenenfalls auf der Grundlage eines Tarifvertrages oder einer Betriebsvereinbarung möglich. Sie stellt somit neben der Festlegung von Lohnform und Lohnart ein wesentliches Instrument der betrieblichen Entlohnungspolitik dar. Unter Erfolgsbeteiligung versteht man ein System, bei dem nach einem vorher festgelegten Plan und Verteilungsschlüssel sowie nach einer meßbaren betrieblichen

Erfolgsgröße zusätzlich finanzielle Zuwendungen über das vertraglich vereinbarte Entgelt hinaus gewährt werden.

In Literatur und Praxis sind für diesen Tatbestand auch eine Reihe anderer Begriffe gebräuchlich, wie Ergebnisbeteiligung, Ertragslohn oder auch häufig in den ersten Jahren nach dem zweiten Weltkrieg "profit-sharing".

Der Unterschied zwischen dem individuellen Leistungslohn und der Erfolgsbeteiligung liegt darin, daß beim Leistungslohn die Auswirkungen eines bestimmten Verhaltens auf die Einkommenshöhe sofort feststellbar sind, während sich die Erfolgsbeteiligung in der Regel nach gesamtbetrieblichen Maßgrößen errechnet, auf die der einzelne nur indirekt Einfluß nehmen kann.

Im Unterschied zu den in vielen Firmen üblichen Jahresabschlußzahlungen usw., die auf freiwilliger Basis erfolgen, beruht die Erfolgsbeteiligung auf einer festen Vereinbarung und gewährt dem einzelnen auch einen Rechtsanspruch. Soweit die Erfolgsbeteiligung an die betrieblichen Leistungsgrößen von Gewinn oder Ertrag gebunden ist, hat sie jedoch weniger Kostencharakter, sondern ist vielmehr ein Mittel der Gewinn- und Erfolgsverwendung.

1.2 Ziele der Erfolgsbeteiligung

Die von verschiedenen Autoren genannten Ziele sind vielfältig. Sie reichen von rein betriebswirtschaftlichen Kosten-/Nutzenerwägungen bis hin zur Neugestaltung unserer Gesellschaftsordnung.

1. Rein betriebswirtschaftliche Kosten-/Nutzenerwägungen gehen davon aus, daß ein Mitarbeiter nicht nur ein Produktionsfaktor ist, der passiv darauf wartet, daß er mit anderen Produktionsfaktoren im Sinne der "Produktions- und Kostentheorie" kombiniert wird, sondern daß er in der Lage ist, von sich aus auch die Initiative zu ergreifen und dabei Verlust- und Verschleißquellen zu erkennen, auch wenn er nicht die Kompetenzen hat, sie zu beseitigen. Mit der Erfolgsbeteiligung wird hierbei nicht eine Erhöhung der individuellen Mengenleistung angestrebt, sondern vielmehr eine Verbesserung der Zusammenarbeit, wobei gleichzeitig der Antrieb von oben in Form von Anweisung und Kontrolle durch Mitdenken aus eigenem Antrieb und Interesse ersetzt wird.
2. Betriebssoziologische Begründungen stellen die Schaffung einer positiven Einstellung der Mitarbeiter zum Unternehmen in den Vordergrund. Durch eine Koordination der Ziele des Unternehmens und der Mitarbeiter - beide sind an einem hohen Ertrag des Betriebes interessiert - sollen die traditionellen Spannungen zwischen Arbeitgeber und Arbeitnehmer weitgehend aufgehoben und der Zielkonflikt entschärft werden. Durch den Wegfall von Spannungen entsteht ein qualifizierter Mitarbeiterstamm, der einerseits das

Betriebsklima und die Einstellung zum Unternehmen verbessert sowie andererseits die Leistungsfähigkeit erhöht.
3. Die lohnpolitischen Begründungen sehen in der Erfolgsbeteiligung ein Mittel, den Machtkampf um höhere Löhne durch eine automatische Beteiligung an höheren Erträgen zu entschärfen und betrachten sie als einen möglichen Weg zu einem leistungsgerechteren Entgelt.

Die drei genannten Ziele gehen von einer Erhöhung des verfügbaren Einkommens der Mitarbeiter aus. Mit der Veröffentlichung des Gutachtens, das *Krelle* im Auftrag des Bundesarbeitsministerium erstellt hat, rückte die sozialpolitische Begründung für eine Erfolgsbeteiligung stärker in den Vordergrund. *Krelle* ermittelte, daß 1960 rund 1,7 % der Haushalte rund 70 % des Eigentums an gewerblichen Unternehmen besaßen. Es wurde eine große Anzahl von Modellen diskutiert mit dem Ziel, eine Form der Ertragsbeteiligung zu schaffen, die es dem einzelnen Arbeitnehmer ermöglicht, langfristiges persönliches Eigentum bzw. Vermögen zu bilden. Wesentlich ist, daß die aus der Ertragsbeteiligung zufließenden Mittel nicht für Konsumzwecke verwendet, sondern vielmehr für Investitionszwecke gebunden werden sollen. Die verschiedenen in der politischen Diskussion erörterten Modelle für eine betriebliche Erfolgsbeteiligung sind bisher noch nicht zur Gesetzesreife gediehen. Statt dessen haben eine Reihe von Firmen aus eigenem Antrieb Modelle entwickelt, um ihre Mitarbeiter am Ertrag des Unternehmens zu beteiligen und um ihnen ein Mitspracherecht an der betrieblichen Willensbildung einzuräumen. Hier sind zögernde Ansätze sichtbar, die Partnerschaft im Betrieb von einem reinen Lohnarbeitsverhältnis zu einer genossenschaftsähnlichen Zusammenarbeit mit Beteiligung am Unternehmenserfolg weiter zu entwickeln (vgl. hierzu *Jungblut, Steinbrenner* und die Schriften der *AGP, Arbeitsgemeinschaft zur Förderung der Partnerschaft in der Wirtschaft e.V.*). Inwieweit diese Zielvorstellungen realistisch sind, läßt sich noch nicht mit hinreichender Sicherheit absehen.

Häufig wird jedoch die Erfolgsbeteiligung von der Belegschaft eher als ein nachträglich bezahlter, aber ursprünglich vorenthaltener Bestandteil des Entgeltes angesehen. Damit ist die erhoffte Verbesserung der Zusammenarbeit, soweit zu überblicken ist, in der Regel nicht eingetreten. Ebenso wurden auch keine leistungssteigernden Einflüße erkennbar. Der Zusammenhang zwischen Ertrag und eigenem Einsatz ist für die Mitarbeiter nicht erkennbar. Kommt es bei einer günstigen wirtschaftlichen Entwicklung kaum zu den erhofften positiven Auswirkungen, so führen konjunkturelle oder strukturelle Rückschläge meist zu Unzufriedenheit und vor allem auch zu Mißtrauen gegenüber der Geschäftsleitung, der man bei Verlustmeldungen nicht selten Manipulationen usw. unterstellt. Damit wird die Erfolgsbeteiligung häufig zur Ursache gerade der Spannung, die sie eigentlich abbauen sollte (vgl. *Schneider, Zander* 1990).

Über die Modelle, die die Gewinnbeteiligung mit Mitbestimmung verknüpfen, läßt sich kein einheitliches Urteil abgeben. Die einzelnen rechtlichen und organisatorischen Strukturformen sind zu unterschiedlich. Vor allem haben die meisten Modelle ihre Bewährungsprobe während einer längeren wirtschaftlichen Durst-(Verlust-)strecke noch nicht abgelegt.

1.3 Formen der Erfolgsbeteiligung

Grundsätzlich sind *zwei* Hauptformen zu unterscheiden:

1. *Betriebliche Erfolgsbeteiligung*, bei der ein Unternehmen aufgrund von verbindlichen Zusagen an seine Mitarbeiter nach Maßgabe einer betrieblichen Leistungskennzahl einen Ertragsanteil zusätzlich zum normal vorgesehenen und vereinbarten Entgelt bezahlt.
2. *Überbetriebliche Erfolgsbeteiligung,* bei der durch gesetzliche oder überbetriebliche Vereinbarung Unternehmen Anteile am Gewinn in einen gemeinsamen Fond einbringen, der dann an die einzelnen Bezugsberechtigten verteilt wird.

Diese beiden Hauptformen sind noch nach dem möglichen Verwendungszweck zu unterscheiden:

1. *freie Erfolgsbeteiligung,* die dem Arbeitnehmer in bar zur freien Verfügung steht, d.h. die er jederzeit ohne Beschränkung für Konsumzwecke verwenden darf;
2. *gebundene Erfolgsbeteiligung,* bei der der Anteil nicht in bar, sondern in Anteilscheinen unterschiedlichster Form gewährt wird. Diese Beträge dienen Investitionszwecken und unterliegen für den betreffenden Mitarbeiter einer Bindefrist, während der über die Beträge nicht verfügt werden darf.

1.3.1 Arten der betrieblichen Erfolgsbeteiligung

Im Prinzip gibt es drei Hauptformen, die sich in insgesamt 11 Unterformen aufgliedern lassen (Gossens):

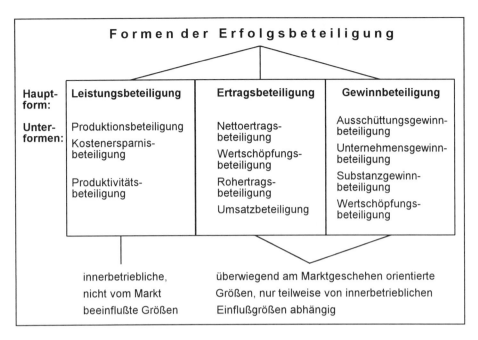

Abbildung 129: Übersicht über die verschiedenen Formen der Erfolgsbeteiligung

1.3.1.1 Leistungsbeteiligung

Bei der einfachsten Art der *Leistungsbeteiligung* bildet die Quantität, d.h. die in einer bestimmten Zeiteinheit erbrachte betriebliche Leistung, die Grundlage. Der Vorteil ist die leichte Errechenbarkeit. Nachteilig ist jedoch, daß das Verfahren unübersichtlich wird, wenn auch andere Einflußgrößen, wie überproportionale Kostensteigerungen, Verringerung der Qualität, Veränderungen des Fertigungsablaufes usw. mitberücksichtigt werden müssen.

Bei der *Kostenersparnisbeteiligung* bilden die Veränderungen des Verhältnisses von Kosten zur Menge der erstellten Leistungseinheit die Berechnungsgrundlage. Der Vorteil ist, daß diese Beteiligungsart evtl. das Kostenbewußtsein anregt, andererseits ist es aber sehr schwierig, die indirekten Kosten und vor allem auch Preisänderungen für die verschiedenen Produktionsfaktoren mitzuberücksichtigen. Die *Produktivitätsbeteiligung* geht vom Verhältnis zwischen dem Leistungsumfang und den eingesetzten Produktionsfaktoren aus, z.B. Menge der Leistungseinheiten im Verhältnis zu den eingesetzten Maschinenstunden oder angefallenen Lohnkosten. Das Verfahren ist einfach und leicht zu durchschauen. Nachteilig ist jedoch, daß nur einzelne Kostenfaktoren eingesetzt werden können, wie z.B. Anzahl der Maschinenlaufstunden, während die anderen unberücksichtigt bleiben.

Gemeinsam ist allen Formen der Leistungsbeteiligung, daß ihre Kennziffern nichts über den erzielten Gewinn aussagen. Man kann sie deshalb auch nur mit Vorbehalt zu den Erfolgsbeteiligungen rechnen. Sie haben eher den Charakter von zusätzlichem Entgelt in Form einer Leistungs- oder Prämienentlohnung.

1.3.1.2 Ertragsbeteiligung

Bei der *Nettoertragsbeteiligung* wird das Verhältnis von Rohertrag zu Aufwand als Leistungskennziffer zugrundegelegt. Da im allgemeinen nur der Ertrag angesetzt werden soll, der aus der betrieblichen Leistung stammt, sind außerordentliche Erträge, z.B. aus Spekulationsgewinnen, Erlöse aus dem Verkauf von Anlagegegenständen usw. außer acht zu lassen. Bestandsveränderungen sind durch Verrechnungspreise zu berücksichtigen. Ebenso sind beim Aufwand außerordentliche Aufwendungen außer acht zu lassen. Die kalkulatorischen Kosten für Eigenkapitalzinsen, Unternehmerlohn und evtl. Risikoprämie werden dagegen in der Regel angesetzt. Von Vorteil ist bei diesem Verfahren, daß die Mitarbeiter erkennen, daß nicht nur eine wirtschaftliche Produktion einen Nettoertrag entstehen läßt, sondern daß dieser auch vom Absatzmarkt und dessen Gegebenheiten abhängt.

Die *Wertschöpfungsbeteiligung* hat viele Gemeinsamkeiten mit der Nettoertragsberechnung. Vom Rohertrag werden nicht alle Aufwendungen abgesetzt, sondern die Wertschöpfung errechnet sich aus den betrieblichen Leistungen (einschl. Lagerbestandsveränderungen) abzüglich der Vorleistung anderer Unternehmen. Der Vorteil ist hier, daß die häufig umstrittenen kalkulatorischen Kosten nicht angesetzt werden.

Bei der *Umsatzbeteiligung* bildet die Höhe des Verkaufsumsatzes die betriebliche Bemessungsgrundlage. Steigt der Verkaufsumsatz, dann ist am Mehrumsatz die Belegschaft zu beteiligen. Das Verfahren ist außerordentlich einfach, da die Größen jeweils exakt festliegen. Nachteilig ist aber, daß höherer Umsatz nicht unbedingt gleich sein muß mit höherem Ertrag.

Diesen Nachteil versucht die *Rohertragsbeteiligung* zu vermeiden, die mit einer sogenannten *Lohnkonstanten* arbeitet.

Nach dem *Proportional-Lohnsystem* des französischen Unternehmers *Schueller* wird aus den Vergangenheitswerten der durchschnittliche Lohnanteil am Gesamtrohertrag ermittelt. Steigt der Rohertrag, dann soll auch der Personalaufwand entsprechend steigen. Steigt der Rohertrag stärker als die Lohnsumme, so wird der Differenzbetrag nachbezahlt.

Beispiel:	
Rohertrag im Durchschnitt mehrerer Jahre	20 Mio DM/ jährlich
Personalkosten im gleichen Zeitraum im Durchschnitt	10 Mio DM/ jährlich
Lohnkonstante	50 %
Rohertrag im Abrechnungszeitraum	25 Mio DM
bereits bezahlte Personalkosten	11 Mio DM
Personalkosten bei 50 % Lohnkonstanten vom Rohertrag	12,5 Mio DM
Bemessungsgrundlage für die Erfolgsbeteiligung ist die Differenz in Höhe von	1,5 Mio DM

Der Nachteil dieses Verfahrens ist, daß Veränderungen der Produktionstechnik durch neue Maschinen oder verstärkte zwischenbetriebliche Arbeitsteilung durch Zukauf statt Eigenfertigung zu einer laufenden Neuanpassung der Werte der Lohnkonstanten zwingen. Auf ähnlicher Basis arbeitet das als *Cost-Saving-Plan* bezeichnete Verfahren des Amerikaners *Scanlon*. Grundlage seines Verfahrens ist ebenfalls die Lohnkonstante. Die Differenz zwischen der *Lohnkonstanten* und dem tatsächlichen Lohn wird aber nicht voll, sondern nur zu einem festgelegten Anteil an die Mitarbeiter weitergegeben.

Ein ähnliches Verfahren hat der Amerikaner *Rucker* mit dem nach ihm benannten Rucker-Plan entwickelt. Er arbeitet auch mit dem *Verfahren der Lohnkonstanten*, jedoch wird diese nicht auf den Rohertrag, sondern auf die betriebliche Wertschöpfung bezogen.

Die Nachteile des *Schueller-*, *Scanlon-* und *Rucker*-Planes liegen in der Lohnkonstanten. Um häufige Differenzen wegen der Anpassung an veränderte technische Bedingungen zu vermeiden, kann man dieses Verfahren sinnvoll nur dort anwenden, wo in absehbarer Zeit nicht mit wesentlichen technischen Veränderungen zu rechnen ist, wie z.B. in Dienstleistungs- und ähnlichen Betrieben, die einer technischen Rationalisierung nur im geringen Umfang zugänglich sind oder wo das Unternehmen bereits weitgehend automatisiert ist.

Kennzeichen dieser drei Formen der Ertragsbeteiligung ist, daß ihre Leistungskennziffer auf einer Größe aufbaut, die vom Verkauf her bestimmt wird.

1.3.1.3 Gewinnbeteiligung

Bei der *Ausschüttungs-Gewinnbeteiligung* bildet der an die Kapitaleigner ausgeschüttete Gewinn die Bemessungsgrundlage. Die Berechnungsform läßt sich vielfach variieren. In der Vergangenheit war es eine gebräuchliche Variante, daß eine relativ niedrige Vordividende vorgesehen war und für jedes Prozent, mit dem die tatsächlich ausgeschüttete Dividende diese Vordividende überstieg, wurde auch 1 % der Lohn- und Gehaltssumme an die Mitarbeiter ausgeschüttet. Dieses Verfahren ist zwar einfach, läßt aber den engen Zusammenhang zwischen der eigenen Leistung und der Beteiligung nicht mehr erkennen und hat außerdem den Nachteil, daß eine Anpassung an veränderte Verhältnisse sehr schwierig ist. Vor Jahrzehnten, als diese Verfahren eingeführt wurden, waren noch 4 - 6 % Dividende an der Tagesordnung. Wegen der stillen Reserven sind derzeit Dividenden in vielen Branchen unter 14 - 20 % nicht mehr marktgerecht.

Bei der *Unternehmungsgewinnbeteiligung* bildet der in der Bilanz ausgewiesene Gewinn vor Steuern die Bemessungsgrundlage. Man kann hier sowohl den Handels- als auch den Steuerbilanzgewinn als Grundlage nehmen. Eine Sonderform stellt der 1948 von der *Duisburger Kupferhütte* eingeführte "Ergebnislohn" dar. Grundlage ist hier ein sogenanntes "Werksergebnis", das in etwa mit einem Jahresgewinn vor Abzug der Zinsen, Körperschaftssteuern usw. identisch ist.

Bei der *Substanzgewinnbeteiligung* ist nicht der Bilanzgewinn, sondern die Substanzveränderung des Eigenkapitals die Bemessungsgrundlage. Sie stellt hier die Arbeitnehmer gewissermaßen mit den Kapitaleignern gleich. Konsequent eingeführt wurde dieses Modell 1951 bei der Firma *Spindler KG*, bei der die Gesamtheit der Arbeitnehmer einen Mitunternehmervertrag unterschrieben hat. Hiernach sind die Arbeitnehmer im Verhältnis der durchschnittlichen Jahreslohnsumme zum betriebsnotwendigen Kapital am Gewinn und an den Veränderungen der Substanz des Unternehmens beteiligt.

1.3.1.4 Problemebenen bei der Realisierung von Erfolgsbeteiligungsmodellen

Bei der Einführung von Erfolgsbeteiligungsmodellen ergeben sich vier Problemstufen

- Festlegung der Ausgangsbasis, auf die sich die Beteiligung beziehen soll, Leistung, Ertrag, Wertschöpfung, Gewinn usw.
- Festlegung des Ertragsmaßstabes. Hierher gehören Festlegung der Normalleistung bei der Leistungsbeteiligung oder Ermittlung des verteilungsfähigen Gewinnanteils, ggf. Festlegung von anzusetzenden Korrekturfaktoren (z.B. Risikoprämien, Inflationsausgleich, Ausgleich eines neutralen Ergebnisses usw.).
- Ermittlung des Erfolgsanteiles der Mitarbeiter, durch Verteilungsschlüssel oder Ermessensentscheidung der Unternehmensleitung, ggf. formelmäßige Bestimmung.
- Verteilung des verteilungsfähigen Erfolgsanteils auf die einzelnen Mitarbeiter.

Nach individuellen Leistungsgesichtspunkten, wenn die Basis der Erfolgsbeteiligung eine individuell zurechenbare Einzelleistung erkennen läßt. Bei Beteiligungen der Mitarbeiter an Gruppen- oder Gesamtunternehmensergebnissen sind besondere Verteilungsformen zu entwickeln. In der Praxis werden folgende Formen angewandt: Leistungsgesichtspunkte (Einzelbeurteilung, Verteilung nach Lohnsummen usw.), nach sozialen Gesichtspunkten (gleichmäßige Prokopfverteilung), sonstige Gesichtspunkte, wie z.B. Betriebszugehörigkeit, Fehlzeiten, Alter usw.

1.3.1.5 Verwendung der Erfolgsanteile

Bis in die 60er Jahre stellte sich die Frage nach der Verwendung der Erfolgsanteile nicht. Die Anteile wurden im Regelfall zur freien Verfügung an die Mitarbeiter ausgezahlt.

In den letzten Jahrzehnten wurde jedoch die Barausschüttung von einer heute dominierenden Investivanlage abgelöst. Hierbei wird versucht, vor allem den Ruf nach Vermögensbildung in Arbeitnehmerhand aus der bloßen "Schlagwortatmosphäre" herauszuführen.

Allerdings ist die Haltung zu diesem Problem sehr kurzfristigem Wandel der Beurteilungen unterworfen. Stand in den frühen 60er bis 70er Jahren die Forderung der Vermögensbildung in Arbeitnehmerhand und vor allem Kapitalbeteiligung auf der einen Seite und die Erhaltung der Liquidität im Unternehmen auf der anderen Seite im Mittelpunkt des Interesses, so ist heute die positive Haltung hierzu wesentlich zurückhaltender geworden. Vor allem früher leistungsstarke Unternehmen, die Erfolgsanteile in Form von Aktienanteilen ausgegeben hatten, sehen sich nun nach dem rapiden Kursverfall ihrer Aktien erheblichen Enttäuschungen ihrer Mitarbeiter ausgesetzt. Besonders dann, wenn diese Firmenanteile als wesentlicher Grundstock für die Altersversorgung vorgesehen war.

Wurde in Zeiten einer Hochkonjunktur die Anlage von Einkommensbestandteilen, wie sie die Erfolgsbeteiligung darstellt, noch positiv aufgenommen, so wird heute eine Art Investivlohn, bei dem Lohnbestandteile dem Unternehmen für Investitionszwecke zur Verfügung gestellt werden, meist abgelehnt. Vor allem die Gewerkschaften lehnen diese Form ab, weil sie hiermit befürchten, daß sie dem Arbeitnehmer neben dem Arbeitsplatzrisiko auch noch ein Kapitalrisiko aufbürden würde.

1.3.1.6 Zusammenfassung

Die kurze Darstellung hat gezeigt, daß jede Form Vor- und Nachteile hat. Je einfacher und übersichtlicher die Bestimmungen der Leistungsbemessung sind, um so weniger Berücksichtigung findet die individuelle Einzelleistung. Je mehr man aber nach einem Ausgleich von Einzelleistung und Beteiligung strebt, umso komplizierter und unübersehbarer werden die Verfahren. Das gilt vor allem für die Modelle, bei denen der tatsächlich erwirtschaftete Gewinn als Bemessungsgrundlage genommen wird. Die verschiedenen Möglichkeiten der Bewertung und die Form der Bilanzpolitik können Ertragsverschiebungen zwischen mehreren Jahren bewirken und setzen nicht selten die Geschäftsleitung dem Vorwurf der Manipulation aus. Dies gilt vor allem in Verlustjahren. Hier ist es den betroffenen Arbeitnehmern nicht immer einsichtig, daß zwischen Gewinn und Verlust des Unternehmens und der individuellen Leistung nicht immer ein Zusammenhang besteht.

1.3.2 Arten der überbetrieblichen Erfolgsbeteiligungen

Mit einer betrieblichen Erfolgsbeteiligung auf freiwilliger Grundlage ist das Problem der Vermögensbildung in Arbeitnehmerhand nicht lösbar. Besonders seit Vorlage des *Krelle-Gutachtens* über die Vermögensverteilung wurde eine ganze Reihe von Plänen für eine *überbetriebliche Erfolgsbeteiligung* vorgelegt, die sich im wesentlichen in folgenden Punkten unterscheiden:

1. Kreis der abgabepflichtigen Unternehmen;
2. Höhe der Abgabepflicht;
3. Verwaltung der Fonds (Eingliederung in das bestehende Bankensystem oder Schaffung besonderer Verwaltungseinheiten);
4. Länge der Sperrfrist, während der über das Vermögen nicht verfügt werden kann.

Im Mittelpunkt der Diskussion der 70er und 80er Jahre standen vier Vorschläge. Wenn auch zwischenzeitlich die wirtschaftliche Entwicklung, insbesondere die konjunkturelle Situation und nicht zuletzt die veränderten Bedingungen durch den gemeinsamen Europäischen Markt sowie die Eingliederung der neuen Bundesländer, die Rahmenbedingungen wesentlich verändert haben, so zeigt eine Behandlung der verschiedenen Ansätze doch die Spannbreiten der politischen Diskussion auf, die grundsätzlich Gültigkeit über den aktuellen Ansatz hinaus haben.

1.3.2.1 Staatssekretäre-Plan

Der Plan wurde von den vier Parlamentarischen Staatssekretären (*Dorn, Reischel, Rohde und Rosenthal*) am 12.10.1970 vorgelegt. Betroffen sind alle Unternehmen mit einem steuerpflichtigen Jahresgewinn über DM 100.000,-. Abgabepflicht mindestens 2 % steigend auf 10 % bei einem Jahresgewinn von mehr als 1 Million DM. Damit dürften über 5 % aller Unternehmen erfaßt werden. Das Aufkommen wurde auf über 4 Milliarden DM geschätzt. Für jeden der rund 20 Millionen Beschäftigten würde damit ein Betrag von jährlich DM 200,- anfallen. Die Gewinnabgabe soll steuerlich nicht abzugsfähig sein. Die Weitergabe der Mittel soll über eine *zentrale Clearingstelle* an zentrale

Verwaltungsfonds erfolgen. Diese Verwaltungsfonds sollen in das bestehende Bankensystem eingegliedert werden. Als Sperrfrist sind vier Jahre vorgesehen. Bezugsberechtigt sollen sein: ledige Arbeitnehmer bis zu einem Jahreseinkommen von 24.000 DM und Verheiratete bis 48.000 DM. Andere Personen können Anteilscheine nur zum Marktwert erwerben.

1.3.2.2 Gleitze-Plan

Abgabepflichtig sind Unternehmen, bei denen der Ertrag nach Abzug einer "angemessenen Dividende" für die Alteigentümer noch über DM 1 Mio. liegt. Der Abgabesatz soll 10 % betragen. Die Leistungen sollen grundsätzlich in Form von Aktien oder Obligationen erbracht werden. Die Vermögenswerte sollen mehreren von einander unabhängigen Sozialfonds zugeführt und von diesen verwaltet werden. Freigabe der Mittel bei Invalidität oder Erreichung der Altersgrenze, evtl. auch Einführung einer mehrjährigen Sperrfrist.

1.3.2.3 Krelle-Plan

Erfaßt werden sollen Unternehmen mit mehr als 100 Beschäftigten. Der Abgabesatz soll zwischen 10 bis 20 % des Bruttogewinnes betragen, der an Fonds abzuführen ist. Diese Fonds stellen Unternehmen die Mittel für Investitionszwecke zur Verfügung. Die Fonds sollen in Form der Körperschaft des öffentlichen Rechtes gebildet und von einer unabhängigen Geschäftsführung und einem Verwaltungsrat geleitet werden. Die Sperrfrist soll sich auf 5 bis 10 Jahre belaufen.

1.3.2.4 Deist-Plan

Dieser Plan basiert im wesentlichen auf den Überlegungen des Gleitze-Planes. Großunternehmen sind verpflichtet, einen Teil des Betriebsvermögens-Zuwachses in Form von Beteiligungen an ihrem Unternehmen oder in bar in einen *Sozialfond,* genannt *"Deutsche Nationalstiftung",* einbringen. Von diesem Fond kann jeder Anteilscheine erwerben. Der Kaufpreis wird gestaffelt nach Einkommenshöhe.

1.3.2.5 Zusammenfassung

Die Disskussion über mögliche Formen der überbetrieblichen Erfolgsbeteiligung wurde sehr intensiv geführt. Von den Unternehmen, die Belastungen auf sich zukommen sehen, von Banken, denen es darum geht, ob die aufzubringenden Mittel über das Bankensystem laufen, oder ob sich außerhalb der Strukturen des herkömmlichen Kapitalmarktes neue Institutionen etablieren. Das Interesse der beteiligten Arbeitnehmer jedoch blieb gering. Der zu erwartende Anteil von 200 DM jährlich pro Arbeitnehmer, verbunden mit einer meist mehrjährigen Sperrfrist, hat keinen großen Anreiz.

Entgegen manchen anderen Ansichten muß man feststellen, daß keiner der vorgeschlagenen Pläne geeignet ist, das Ziel einer möglichst breiten Eigentumsstreuung zu verwirklichen, geschweige denn eine Vermögensumverteilung, soweit sie überhaupt angestrebt wird, innerhalb übersehbarer Zeitspannen zu erreichen.

1.3.2.6 Stellungnahme der Tarifvertragsparteien und gesamtwirtschaftliche Beurteilung

Erfolgs- und vor allem Gewinnbeteiligungsmodelle werden häufig unter lohnpolitischen Gesichtspunkten propagiert mit der Absicht, Arbeitnehmer und Gewerkschaften zu einer Mäßigung ihrer Lohnforderungen zu bewegen. Da zum Zeitpunkt des Vertragsabschlusses in der Regel zahlreiche Unsicherheiten bei der Einschätzung der zukünftigen Entwicklung, insbesondere im Hinblick auf die Auftrags- und Ertragslage bestehen, legt die Arbeitgeberseite naturgemäß Wert auf zunächst relativ niedrige Entgelttarife. Um bei einer günstigeren wirtschaftlichen Entwicklung die Arbeitnehmer nicht leer ausgehen zu lassen, hat der Sachverständigenrat in seinem Jahresgutachten 1982/83 seinen bereits früher gemachten Vorschlag erneuert, einen Teil dieses Risikos, das in der Unsicherheit über die wirtschaftliche Gesamtentwicklung liegt, dadurch aufzufangen, daß eine Gewinnbeteiligung der Arbeitnehmer in den Tarifverträgen vereinbart wird.

Mit diesem Vorschlag haben sich aber die Tarifvertragsparteien bisher nicht anfreunden können.

Die Haltung der Gewerkschaften ist hierbei unterschiedlich. Einzelbetrieblichen Gewinn- und Kapitalbeteiligungen steht man im wesentlichen sehr ablehnend gegenüber. Dagegen werden vereinzelt überbetriebliche Formen, wonach Unternehmen einen Teil ihres Gewinnes an gemeinsame Fonds abzuführen haben, nicht nur positiv kommentiert, sondern teilweise sogar gefordert.

Gegenteilige Positionen nehmen naturgemäß die Arbeitgeberverbände ein. Sie lehnen überbetriebliche Fondsmodelle mit ihrem Zwangscharakter ab und plädieren statt dessen für freiwillige betriebsbezogene Formen, bei denen naturgemäß die Gestaltungsformen in den Händen der Betriebspartner liegen sollten.

Die volkswirtschaftlichen Gesamtauswirkungen sind jedoch nur schwer zu fassen, vor allem auch deshalb, weil die Bedeutung realisierter Modelle noch vergleichsweise gering ist.

Nach allen bisherigen Erfahrungen zeichnet sich ab, daß Beteiligungsmodelle bei den Gewerkschaften in Zeiten eines Konjunkturaufschwunges größeres

Interesse finden, während in Stagnations- oder Rezessionsphasen eher eine ablehnende Haltung vorherrscht.

Insgesamt scheint zu erwarten zu sein, daß betriebliche Erfolgsbeteiligungsmodelle vor allem nur auf den Ebenen der Führungskräfte größere Bedeutung erlangen werden.

2. Kapitalbeteiligungen

2.1 Begriffsbestimmung

Bereits die Behandlung der *überbetrieblichen Erfolgsbeteiligung* zeigt den Übergang zur Kapitalbeteiligung auf.

Hierbei ist der Begriff unterschiedlich weit gefaßt. In der betrieblichen Praxis jedoch besteht im wesentlichen ein einheitlicher Konsens darüber, daß unter diesem Begriff nicht nur Eigenkapitalbeteiligungen fallen, sondern daß hierunter auch alle Formen von Fremdkapitalbeteiligungen zu verstehen sind. Nicht unter diesen Begriff fallen überbetriebliche Beteiligungskonzepte, wie sie im Rahmen der überbetrieblichen Erfolgsbeteiligungsmodelle über Tarif- oder Branchenfonds geplant waren oder die teilweise auch von einzelnen Unternehmen als Belegschaftsfonds realisiert wurden.

2.2 Kreis der beteiligungsberechtigten Mitarbeiter

Nicht unter den Begriff *Kapitalbeteiligung* von Mitarbeitern fallen alle Formen des freien Erwerbs von Anteilen an Unternehmen, an denen ein Mitarbeiter beschäftigt ist, über den freien Markt. Wohl aber gehören hierzu alle die Formen, bei denen Unternehmen der Belegschaft allgemein oder bestimmten Personengruppen im Rahmen betrieblicher Erfolgsbeteiligungsmodellle den verbilligten Bezug von Aktien oder Anteilen des Unternehmens zum Kauf anbieten.

In der Regel wird, um die Fluktuation der Belegschaftsanteilsinhaber gering zu halten, eine Mindestbetriebszugehörigkeit vorgeschrieben. Ursprünglich waren zwei bis fünf Jahre Wartezeit üblich. Durch die Absicht des 4. Vermögensbildungsgesetzes von 1984, die vermögenswirksamen Leistungen in die Kapitalbeteiligung einfließen zu lassen, wurde die Anwartschaftsdauer auf ein Jahr verkürzt. Vereinzelt sehen Tarifverträge vor, daß vermögenswirksame Leistungen bereits nach einer Betriebszugehörigkeit von sechs Monaten erworben werden können.

Die Festlegung des Mitarbeiterkreises, der kapitalbeteiligungsberechtigt ist, ist in hohem Maße gestaltungsfähig. Je nach dem verfolgten Zweck wird man die

Beteiligungsbedingungen unterschiedlich hoch ansetzen, so z.B. sehr niedrig wenn finanzwirtschaftliche Ziele verfolgt werden, uns sich das Angebot an eine große Anzahl von Mitarbeitern richtet. Je mehr jedoch qualitativ orientierte Ziele im Vordergrund stehen, um so restriktiver werden die Bedingungen sein.

Allerdings ist auch hier, wie bei allen anderen Punkten, der arbeitsrechtliche Gleichbehandlungsgrundsatz zu beachten.

2.3 Eigen- oder Fremdkapitalformen

Abhängig von dem mit der Kapitalbeteiligung verfolgten Zweck ist die grundsätzliche Frage zu beantworten, ob das Mitarbeiterkapital den Charakter von Eigen- oder Fremdkapital haben soll. Bei der Entscheidung für Fremdkapital ist die Auswirkung auf die Kapitalstruktur zu beachten. Wenn die Motivation der Mitarbeiter Hauptziel der Beteiligung sein soll, dann sind in der Regel eigenkapitalähnliche Beteiligungen mit einer Koppelung an die Kapitalrendite geeigneter als Fremdkapitalformen, bei denen gegen eine feste Verzinsung das Risiko des Kapitalverlustes weitgehend beschränkt ist. Jedoch ist zu beachten, daß je nach vertraglicher Ausgestaltung ein weites Spektrum von Mischformen zur Verfügung steht, bei denen eine eindeutige Zuordnung schwieriger ist.

Nachstehende Abbildung gibt einen Überblick über die verschiedenen Möglichkeiten der Kapitalbeteiligung

Kapitalform	rechtliche Position der Mitarbeiter	
Fremdkapital	Arbeitnehmerdarlehensgeber	
Eigenkapitalähnliche Beteiligungen	typische stille Gesellschafter	
	Inhaber von Genußscheinen	
Eigenkapital	Kommanditgesellschaft	Komplementär
	Gesellschaft mit beschränkter Haftung	Gesellschafter
	Aktiengesellschaft	Aktionär
	Genossenschaft	Genosse

Abbildung 130: Formen der Kapitalbeteiligungsmöglichkeiten von Mitarbeitern

2.4 Direkte oder indirekte Beteiligung

Bei der zivilrechtlichen Gestaltung von Kapitalbeteiligungsformen sind die Rechtsbeziehungen zu beachten.

- Mittelaufbringung, die sich in der Regel auf den Arbeitsvertrag, eine Betriebsvereinbarung, die Annahme eines Angebotes des Arbeitgebers durch den Arbeitnehmer stützt,
- Mittelverwendung, deren Grundlage ein Beteiligungsvertrag (z.B. als stiller Gesellschafter), ein Darlehensvertrag oder ein gesellschaftsrechtlicher Vertrag ist.

Als direkt werden Kapitalbeteiligungsmodelle bezeichnet, wenn die Mitarbeiter eine unmittelbare rechtliche Beziehung mit dem arbeitgebenden Unternehmen eingehen. Neben dem bestehenden Arbeitsvertrag besteht dann noch ein zweites Vertragsverhältnis (Gesellschaftsvertrag, schuldrechtlicher Darlehensvertrag usw.).

Bei den indirekten Beteiligungsformen wird zwischen die beteiligten Mitarbeiter und das arbeitgebende Unternehmen eine Beteiligungsgesellschaft geschoben. Diese schließt dann mit den Mitarbeitern einen Gesellschaftsvertrag ab, poolt die erhaltenen Mittel und gibt diese an das arbeitgebende Unternehmen weiter.

2.5 Rechtliche Gestaltungsformen

Grundsätzlich läßt die Gestaltungsfreiheit des geltenden Rechtssystem eine Reihe von Beteiligungsformen zu. Das Problem ist dabei die Erarbeitung eines funktionierenden und vor allem von sämtlichen Beteiligten akzeptierten Gewinnverteilungssystems (Mittelaufbringung). Verschiedene Einflußfaktoren haben viele Unternehmen bewogen, von einer reinen Gewinnverteilung nach Kapitalverhältnissen Abstand zu nehmen und über eine geeignete Form den auf das Mitarbeiterkapital entfallenden Gewinnanteil nach einem besonderen Schema zu berechnen.

Aufgrund des in vielen Punkten zwingenden Rechtes sind die verschiedenen Beteiligungsformen unterschiedlich risikointensiv. So ist bei allen Modellen, die keiner Absicherung unterliegen, grundsätzlich das Konkursrisiko vorhanden. Bei Beteiligungen, bei denen die Rendite an die Ertragskraft des Unternehmens gebunden ist, liegt das Gewinnausfallrisiko vor. Bei einer Verlustbeteiligung haben die Mitarbeiter auch die vertraglich vereinbarten Verluste anteilig zu übernehmen.

In der Regel unterliegen Mitarbeiterkapitalanteile einer Sperrfrist. Während in der Anfangszeit 10 - 20 Jahre Sperrfrist keine Ausnahme waren, hat sich seit dem Vermögensbildungsgesetz von 1984 allgemein eine Dauer von sechs Jahren eingebürgert. Vorzeitige Kündigungsrechte aus wichtigen Gründen, z.B. Erreichung der Altersgrenze, Heirat, Erwerbsunfähigkeit, unverschuldete Notlagen usw. sind meist vorgesehen.

Eine Marktwirtschaft kann ohne unternehmerisches Denken
aller Betroffenen, also auch der Arbeiter nicht exzistieren.
Wer ist angehalten unternehmerisch zu denken?
Derjenige, der selbst Unternehmer ist, also auch der Arbeiter.

Ludwig Ehrhard
(Wohlstand für alle).

Das Scheitern der Volksaktienbewegung ist leider
ein unterschiedlich deutbares Signal.

Dritter Teil

Grundlagen der Führung

Erstes Kapitel

Führung und Leitung als Managementaufgaben

1. Führung im Unternehmen

1.1 Führung, ein unklarer Begriff!

Das Phänomen Führung hat im Laufe der letzten Jahrzehnte, wie das Anwachsen von einschlägigen Veröffentlichungen zeigt, zunehmende Bedeutung erlangt. Das große Interesse, das man auch in der Betriebswirtschaftslehre und hier insbesondere in der Lehre vom betrieblichen Personalwesen dem Bereich Führung entgegenbringt, ist leicht nachvollziehbar.

Die Führung

1. ist ein Phänomen, das deutlich erkennbar in allen Bereichen des sozialen Zusammenlebens und hier vor allem in der Leistungsgemeinschaft des Unternehmens anzutreffen ist;
2. wird von jedem einzelnen Individuum unmittelbar erlebt, sei es aktiv ausübend oder passiv betroffen;
3. prägt in weitem Maße die persönliche Existenz eines jeden einzelnen Menschen;
4. hat in einer dynamisch sich entwickelnden Wirtschaft immer stärker werdenden unmittelbaren Einfluß auf die Flexibilität sowie Anpassungsfähigkeit und damit entscheidend auf die Überlebensfähigkeit eines sozialen Systems und auch jeden Unternehmens. Nur dann, wenn eine soziale Organisation sich jeweils flexibel an die veränderten Rahmenbedingungen der Umwelt anpassen kann, ist seine weitere Existenz gesichert.

Aus dieser umfassenden Bedeutung ergibt sich, daß das Führungsphänomen keineswegs eindeutig beschreibbar ist. Die Vielzahl vorhandener Definitionsversuche zeigt, daß immer nur bestimmte Einzelerscheinungen dieses vielschichtigen Komplexes erfaßt werden können.

So werden als Führung bezeichnet:

- Veranlassen oder Sicherstellen eines vom Führenden gewollten Tuns durch mit Sanktionen verbundenen Anweisungen, Anordnungen usw.

- Legitimierte Beeinflussung des Verhaltens anderer Organisationsmitglieder im Interesse der Verwirklichung vorgegebener Organisationsziele.
- Anleitung von Personen als Leistungsträger zum geordneten Vollzug übertragener Aufgaben.
- Zielgerichtete Verhaltensbeeinflussung zur Verfolgung organisationaler Ziele.

Diese Aufstellung läßt sich noch beliebig fortsetzen. Kennzeichnend für diese Definitionsversuche ist, daß hier Führung immer im Sinne eines Über- und Unterordnungsverhältnisses vom Führenden zum Geführten verstanden wird, einem Verhältnis also, bei dem eine Seite zur Führung berechtigt und die andere zum Gehorsam verpflichtet wird.

Dies führt vielfach zu der Ansicht, daß Personalführung nur bei bestimmten Typen von Organisationen, wie z.B. den Unternehmen in kapitalistischen Wirtschaftssystemen, arttypisch ist. Diese Art der Betrachtung wirft dann natürlich die Frage nach der Legitimität der Führungsberechtigung (Kapitalbesitz oder Beauftragung durch die der Führung unterworfenen Organisationsmitglieder oder ähnlichem) auf.

Dieses mehr philosophische Problem der Legitimität zur Führungsberechtigung soll hier nicht weiter vertieft werden. Ebenso wird auf den Versuch verzichtet, der Vielzahl der bereits vorhandenen Definitionen noch eine weitere anzufügen, die mit großer Sicherheit ebenso wie die bereits vorliegenden unvollständig wäre. Führung im Sinne der weiteren Ausführungen wird als Ausübung der *Koordinationsfunktion* verstanden, die unabdingbar mit jedem zielgerichteten arbeitsteiligen Prozeß zur Leistungserstellung verbunden ist; dies unabhängig vom Wirtschafts- und Gesellschaftssystem, in dem die Organisation tätig ist, wenn auch die Methoden und Instrumente, deren man sich zur Ausübung dieser Funktion bedient, entsprechend des vorherrschenden Wertesystems, unterschiedlich sein werden. Die Behauptung von *Türk* (S.55), "Herrschaft in Arbeitsorganisationen hat ihre Quelle nicht in Koordinationserfordernissen bezüglich organisationaler Stellen oder Instanzen", wurde bisher nicht bewiesen. Im Gegenteil, es gibt keinerlei Anhaltspunkte dafür, daß arbeitsteilige Prozesse zur Erreichung eines gemeinsamen Zieles wegen der notwendigen Koordinationsaufgaben anders als durch eine ranghierarchische Verteilung von Aufgaben und Zuständigkeiten gelöst werden können, und dies unabhängig davon, ob und welche Aufgaben als gesellschaftlich wichtig oder weniger wichtig angesehen werden. Wobei naturgemäß der Grad der Arbeitsteilung und die Anzahl der ranghierarchischen Stufen je nach den Zielsetzungen, den gegebenen technischen und sozialen Bedingungen unterschiedlich sein werden. Insoweit wird man *Mayntz* (S.20) zustimmen müssen, daß man bei einer sachlich notwendigen Funktionsteilung eine einheitliche Ausrichtung aller Arbeiten auf die Erfüllung der Betriebsaufgabe nur erreichen könne, wenn die Positionen der formalen Organisation in einem festgelegten Verhältnis der Über-, Unter- und Gleichordnung stehen. Dies zeigen auch die stärker auf Gruppenautonomie abstellenden japanischen und skandinavischen Führungskonzepte.

Die bei der Ausübung der Koordinationsfunktion angewandten Methoden und eingesetzten Instrumente werden bestimmt durch

- das Leistungsprogramm,
- die bekannten und eingesetzten technischen Hilfsmittel,
- die formalen und informalen Organisationsstrukturen, einschließlich der Informations- und Kommunikationsbeziehungen,
- die Persönlichkeitsstrukturen von Vorgesetzten, Mitarbeitern, insbesondere ihrem Wissen, Können und Verhalten.

Naturgemäß werden sich die angewandten Methoden notwendigerweise im Zeitablauf in Abhängigkeit von Zielsetzungen und Anforderungen ebenso ändern, wie sie abhängig sind von den gegebenen technischen und organisatorischen Möglichkeiten. Der Bau der Pyramiden und der Tempel der Inkas waren Meisterleistungen der Arbeitsteilung, und bei ihnen wurden sicher andere Vorgehensweisen angewandt als bei der Schiffsausrüstung im frühen Mittelalter in Venedig, wo es mit Hilfe von "fließbandähnlich organisierten Arbeitsformen" und im Zusammenwirken von einigen hundert Arbeitskräften möglich war, innerhalb von wenigen Stunden 10 Kriegsgaleeren fertig auszurüsten. Natürlich waren diese Bedingungen auch anders als die durch *Taylor* und *Ford* geprägten Formen der arbeitsteiligen Leistungserstellungsprozesse, die die Massenproduktion und damit verbunden die Erhöhung des Lebensstandards ermöglichten. Die zunehmende Dynamisierung der Märkte und die internationale Ausweitung, verbunden mit einer Differenzierung der Kundenwünsche, werden einen weiteren Wandel der Methoden und Vorgehensweisen erzwingen.

Koordination und Führung sind hier aber nicht als einseitiges Abhängigkeitsverhältnis anzusehen, sondern vielmehr als ein Interaktionsprozeß, bei dem gegenseitige Einstellungen, unterschiedliche Motivationsstrukturen, verschiedene Erwartungen und Werthaltungen sowie alternative Handlungsmöglichkeiten ebenso von Bedeutung sind wie strukturelle Chancen und ein gegebenes formales Sanktionssystem von Belohnungen und Bestrafungen.

1.2 Das Unternehmen als eine leistungsorientierte und soziale Organisation

Der Begriff Organisation ist vielgestaltig. Man versteht darunter einerseits den Vorgang, d. h. die Handlung des Organisierens, zum anderen aber auch das Ergebnis dieses Vorganges, das entstehende Gebilde, d. h. die Institution und die Mittel (Instrumente), die einer möglichst dauerhaften Lösung der Überlebens- und Entwicklungsprobleme dieser Institution dienen.

Allen Organisationen gemeinsam ist:

1. das Zusammenwirken mehrerer Individuen zur Erreichung eines gemeinsamen Zieles im Rahmen eines arbeitsteiligen Prozesses,
2. die Gestaltung dieses Zusammenwirkens durch generelle oder fallweise Regelungen.

Die Regelungen können schriftlich festgehalten, durch Normen gesetzt sein oder aber auch auf bloßer Übereinkunft beruhen.

Jeder Mensch gehört in aller Regel gleichzeitig mehreren Organisationen an, z.B. einem Kegelclub, einer Hobbyvereinigung oder einer politischen Partei aufgrund völlig freier Entscheidung; unfreiwillig, z.B. durch Geburt dem Staatsverband, durch die Wahl des Wohnsitzes der Gemeinde oder durch die Wahl der Arbeitsstätte einem Unternehmen bzw. einem Betrieb. (Auf die begriffliche Unterscheidung wird verzichtet.)

Von den anderen Organisationen unterscheidet sich der Betrieb nach *Gutenberg* durch folgende *systemindifferente Merkmale*:

1. den Tatbestand der *Faktorkombination* zur Leistungserstellung;
2. die Gültigkeit des *Wirtschaftlichkeitsprinzips* (ausgedrückt durch die Relation Aufwand/Ertrag);
3. das *Dominanzprinzip des finanziellen Gleichgewichts*.

Daneben treten als systembedingte Merkmale das *Erwerbswirtschaftsprinzip* (Streben nach optimaler/maximaler Rendite des eingesetzten Kapitals) und die Prinzipien der Autonomie sowie der Alleinbestimmung (unbeeinflußte Entscheidung und Bestimmung des eigenen Wirtschaftsplanes ohne staatliche Einflüsse).

Da die Existenz eines Unternehmens das Zusammenwirken mehrerer Elemente erfordert, sieht *Ulrich* in der Unternehmung ein *produktives soziales System*, das folgende Eigenschaften aufweist:

1. Es ist offen und steht mit seiner Umwelt in dauernder Beziehung.
2. Es ist dynamisch und unterliegt durch laufende externe und interne Einflüsse dauernden Zustandsveränderungen.
3. Es ist komplex und besteht aus vielen Subsystemen, die untereinander verschiedene Arten von Beziehungen und Rückkopplungen aufweisen, so daß es nicht vollständig faßbar und beschreibbar ist.
4. Es ist *stochastisch* bzw. *probabilistisch*, weil das Zusammenwirken der Elemente nur teilweise fest vorgegeben und determiniert ist.

5. Es ist nur teilweise autonom, weil sein Verhalten auch von anderen Systemen mitbestimmt wird, z.B. Umwelt, Gesetzgeber, Entwicklung sozialer Verhältnisse, und es kann nur innerhalb bestimmter Grenzen selbst entscheiden.
6. Es ist zielgerichtet und zielsuchend, weil es nur dann existenzfähig ist, wenn die Aktivitäten auf die Erreichung von Zielen gerichtet sind, die aus den Gegebenheiten einer Situation heraus gewählt werden müssen und die es zu konkretisieren gilt.

Eine Unternehmung ist demnach: ein produktives System, das Leistungen für Dritte erstellt und seine Existenz durch die Gleichgewichtigkeit von Leistung und Gegenleistung gewährleistet, und gleichzeitig ein soziales System, bei dem das Verhalten des Gesamtsystems durch das Verhalten der in ihm tätigen Individuen und sozialen Subsysteme entscheidend mitbestimmt wird.

Im Rahmen eines Wirtschaftssystems, das auf Arbeitsteilung aufgebaut ist und bei dem der notwendige Güteraustausch durch Geldwirtschaft gesteuert wird, ist ein Unternehmen nur fähig zu existieren, wenn es sein *finanzielles Gleichgewicht* aufrechterhält. Reichen die freiwillig gewährten Entgelte über den Preis nicht aus, um die für die Leistungserstellung erforderlichen Kosten zu decken, so muß der Ausgleich freiwillig von Dritten, z.B. wie bei karitativen Organisationen, oder zwangsweise wie etwa über Subventionen durch den Steuerzahler erfolgen. Andernfalls wird das Unternehmen wegen Zahlungsunfähigkeit seine *Existenzfähigkeit* einbüßen.

Gleichzeitig muß aber, wenn physischer Druck wie bei Zwangsarbeit oder psychischer Druck wie bei Sekten und ähnlichen Gemeinschaften als nicht menschengerecht angesehen werden, das Unternehmen nicht nur materielle, sondern auch immaterielle Arbeitsbedingungen bieten, damit die einzelnen Individuen freiwillig bereit sind, diesem Unternehmen anzugehören. Ein Unternehmen, bei dem die Mitarbeit nur durch äußeren oder inneren Druck, z.B. Arbeitslager, Drohen mit Verlust der materiellen Existenz u.ä., erbracht wird, hat keine *Existenzberechtigung*.

2. Arbeitsteilung und Koordination als Bestimmungsgründe der Führung

2.1 Wesen der Arbeitsteilung

Die Menschheitsgeschichte beginnt mit der *Arbeitsteilung*, d.h. mit der Einsicht, daß das Zusammenwirken mehrerer Individuen die Erreichung eines gemeinsam angestrebten Zieles erleichtert. In vielen Fällen, wenn Fähigkeiten und Möglichkeiten des einzelnen Individuums überfordert werden, wird dadurch die

Zielerreichung überhaupt erst ermöglicht. Hierzu ist eine Fähigkeit erforderlich, diese Einsicht auch handelnd zu realisieren.

So unterscheiden sich die leistungsstarken Industriegesellschaften von den Schwellen- oder den Entwicklungsländern vor allem durch den Grad der innerbetrieblichen und zwischenbetrieblichen Arbeitsteilung.

Jede Arbeitsteilung erzeugt aber auch gleichzeitig die Notwendigkeit zur *Koordination*. Nur dann, wenn sich Einzelleistungen möglichst effektiv unter Gewinnung von sogenannten "*Synergie-Effekten*" zu einer Gesamtleistung ergänzen, ist der arbeitsteilige Prozeß vorteilhaft. Art und Form dieser Koordinationstätigkeit bestimmen den Erfolg des arbeitsteiligen Zusammenwirkens. Dies zeigt sich gesamtwirtschaftlich z.B. im Vergleich von dezentralen, mehr marktwirtschaftlich strukturierten Wirtschaftssystemen im Verhältnis zu mehr zentralistisch, planwirtschaftlich gesteuerten Wirtschaftformen sozialistischer Staaten.

Die Betrachtungsweise läßt sich auch auf die Ebene der Unternehmen übertragen. Praktische Erfahrungen zeigen, daß sich leistungsstarke Unternehmen von den leistungsschwächeren der gleichen Branche in der Regel dadurch unterscheiden, daß bei den leistungsstärkeren Unternehmen der Leistungserstellungsprozeß besser aufgegliedert ist, die zu erbringenden Teilleistungen stärker spezialisiert sind und das Zusammenwirken zu einer Gesamtleistung besser und wirkungsvoller koordiniert wird. Daß Spezialisierung die Arbeitsleistung steigert und die Leistungseffizienz verbessert, läßt sich auf einige Verursachungsgesetze zurückführen:

- Gesetz der begrenzten geistigen Fähigkeit des Menschen,
- Gesetz des begrenzten körperlichen Leistungsvermögens des Menschen,
- Gesetz der steigenden Beherrschung einer Arbeitsaufgabe durch quantitative und qualitative Begrenzung der Arbeitsaufgaben.

Die "Gültigkeit" dieser Gesetze ist leicht nachvollziehbar. Niemand kann alles wissen, dazu ist die Summe des Wissens zu umfangreich geworden. Das körperliche Leistungsvermögen stößt rasch an die Grenze physischer Leistungskapazität. Wer im Sport überdurchschnittliche Leistungen erbringen will, muß sich spezialisieren, dies gilt auch für die einzelnen Berufe. Ein guter Steuerfachmann wird in der Regel nicht auch gleichzeitig ein effizienter Kenner des Patentrechtes sein können.

In der Frühzeit der wirtschaftlichen Entwicklung hat die zunehmende Spezialisierung durch die Herausbildung von Berufen zu einer Verbesserung des Verhältnisses von Ausbildungsdauer und effektiver Berufsausübung geführt. Mit der Industrialisierung wurden damit gleichzeitig die Voraussetzungen geschaffen, daß in weiten Bereichen menschliche Arbeitsleistungen durch sachliche Arbeitsmittel ersetzt werden konnten.

Der durch die Arbeitsteilung möglich gewordene Industrialisierungsprozeß hat nun den Lebensstandard so erhöht, daß die heutige Industriegesellschaft im Gegensatz zum Frühstadium der Industrialisierung und zu den Entwicklungsländern einen immer größeren Anteil der heranwachsenden Generation für eine immer längere Lebenszeitspanne von der Erwerbsarbeit zugunsten einer besseren gehobenen (Aus-) Bildung freistellen kann.

Dieser dadurch erreichbare höhere Bildungsgrad ermöglicht es nun, daß in vielen Bereichen ein größeres Entwicklungspotential geschaffen werden kann, welches eine Verbreiterung der Spezialisierung in Richtung auf einen flexibleren Arbeitseinsatz in mehreren Spezialtätigkeiten ermöglicht.

2.2 Formen der Arbeitsteilung

Grundsätzlich lassen sich als Formen der Arbeitsteilung unterscheiden:

- Die *volkswirtschaftliche Arbeitsteilung,* auf die bereits die Klassiker der Nationalökonomie mit dem Gesetz der *"komperativen Kosten"* (*Ricardo*) hingewiesen haben, indem sie Vorteilhaftigkeit des Handels dadurch herausstellten, indem sie nachwiesen, daß es für alle Beteiligten wirtschaftlich sinnvoll ist, sich jeweils auf die Produktion des Gutes zu spezialisieren, das mit den vergleichsweise niedrigsten Kosten gegenüber den Handelspartnern hergestellt werden kann.
- *Zwischenbetriebliche Arbeitsteilung*, indem sich immer mehr Betriebe auf die Herstellung von Vorleistungen und Halbfabrikaten spezialisieren, die dann von anderen Betrieben zu Endprodukten verarbeitet werden. So ist mit der Entwicklung moderner Volkswirtschaften die Wertschöpfung der einzelnen Betriebe zunehmend gesunken und der Anteil der fremdzugekauften Halbfabrikate zunehmend gestiegen. Die Endstufe wäre dann die aus dem Computerbereich bekannte OEM-Unternehmen (Original-Equipment manufacturer), die alle Komponenten von spezialisierten Vorlieferern beziehen und diese dann nach ihren eigenem (meist speziellem) know-how zusammenbauen.
- *Betriebliche Arbeitsteilung*, die sich auf die Strukturierung des innerbetrieblichen Leistungserstellungsprozesses bezieht.

    Bei der betrieblichen Arbeitsteilung ist zu unterscheiden:
    - *vertikale Arbeitsteilung*, d.h. die Aufgaben werden entsprechend ihrer "Wertigkeit" oder der von ihnen gestellten Anforderungen hinsichtlich Wissen, Können oder Erfahrung unterteilt.
    - *Horizontale Arbeitsteilung*, hier werden gleichwertige Aufgaben zur besseren Spezialisierung in kleinere, leichter erlernbare und leichter beherrschbare Teilbereiche untergliedert.

Die vertikale Arbeitsteilung war die Voraussetzung für die Durchsetzung des Industrialisierungsprozesses. Nur durch diese Form war es möglich, Tätigkeiten mit hohen Anforderungen auf die geringe Anzahl der beim damaligen Bildungssystem vorhandenen Fachkräfte zu konzentrieren, während die einfacheren Arbeiten von den aus Handwerk und Landwirtschaft in die Industrie abwandernden Arbeitskräfte übernommen werden konnten (vgl. hier Abschnitt: Die Einstellung zum arbeitenden Menschen).

Die horizontale Arbeitsteilung reicht von ihren Anfangsformen der *Berufsspezialisierung* über die *Funktionsspezialisierung* bis zu den verschiedenen Formen der *Arbeitszerlegung*.

Die Zunahme technischer Möglichkeiten und differenzierter Anforderungen führte zu einer Aufspaltung einer ehemals übersehbaren kleinen Anzahl von Grundberufen. Aus einigen Dutzend Ausbildungsberufen während des Zunftwesens sind heute mehrere hundert anerkannte und mit staatlich genehmigten Prüfungsordnungen ausgestattete Ausbildungs- und Anlernberufe geworden. Bei der Funktionsspezialisierung treten an die Stelle früher einheitlicher und zusammengehörender Funktionen immer weitere Teilfunktionen (vgl. Abschnitt: Fortschreitende Institutionalisierung des Personalwesens).

Bei der Arbeitszerlegung handelt es sich um eine Aufgliederung in leicht erlernbare und leicht beherrschbare Teilaufgaben. Typisch hierfür sind z.B. die Aufgliederung der Arbeiten bei der Montage eines Autos im Rahmen einer Fließbandfertigung.

2.3 Notwendigkeit der Koordination im arbeitsteiligen Prozeß

Aus der Art und dem Umfang der Arbeitsteilung ergibt sich die Notwendigkeit, die durch Spezialisierung entstandenen Teilleistungen wieder zu einer Gesamtleistung zusammenzufassen.

Je größer, d.h. je differenzierter der Grad der Arbeitsteilung ist, um so größer sind in der Regel (bis zur Erreichung eines bestimmten Optimums) die Spezialisierungsvorteile, um so größer werden aber auch die Interdependenzen zwischen den verschiedenen Organisationsuntereinheiten, die in diesem arbeitsteilig strukturierten Prozeß zusammenwirken müssen. Bei einem Maßschneider, der allein arbeitet, treten keinerlei Koordiationsprobleme auf, die er nicht "intrapersonell" (d.h. mit sich selbst) lösen könnte. Anders hingegen ist es bereits bei einer kleinen Kleiderfabrik, bei der der Einkauf, die Produktionsplanung, der Zuschnitt, die verschiedenen Arbeitsvorgänge des Nähens usw. auf eine größere Anzahl von Arbeitskräften und Arbeitsplätzen verteilt sind. Je größer nun diese Interdependenzen, um so höher wird der Koordinationsbedarf.

Die hier notwendige Koordination herzustellen, ist die unmittelbare Führungsaufgabe, die Kernaufgabe des Managements. Ohne die Ausrichtung aller Beteiligten auf ein Ziel lassen sich arbeitsteilige Prozesse nicht sinnvoll organisieren.

2.4 Entwicklung des Bildungssystems sowie des Lebensstandards und die Auswirkungen auf Arbeitsteilung und Koordination

Das mit der Wirtschaftsentwicklung und dem erhöhten Lebensstandard stetig steigende Bildungsniveau läßt nun eine wesentlich breitere Grundausbildung und darauf aufbauend, eine wesentlich differenziertere Spezialausbildung zu. Auf das Basiswissen lassen sich dann, dies zeigen zweifellos die Entwicklungen in Japan, das über das anerkannt beste Ausbildungssystem für einen erheblichen Teil der Bevölkerung verfügt, andere Formen der Spezialisierung zu, die einen flexibleren Arbeitseinsatz an mehreren Arbeitsplätzen ermöglichen und die vor allem auch eine raschere problemlosere Anpassung der Arbeitskräfte an andere Anforderungsarten ermöglicht. Dieser höhere Qualifikationsstandard erlaubt es auch, daß Mitarbeiter der ausführenden Ebenen einen Teil der ursprünglich von Mitarbeitern des unteren und mittleren Managements wahrgenommenen (Koordinations- einschließlich Planungs- und Führungs-) Aufgaben im Rahmen gruppenstrukturierter Prozesse selbst übernehmen. Ein Prozeß, der zunehmend in der Wirtschaft um sich greift, und bei dem Hierarchieebenen ihre Notwendigkeit verlieren. Eine Entwicklung, die unter dem Schlagwort *"Ausdünnen des mittleren Management"* in negative Schlagzeilen geriet. Ein Prozeß, der sich vor allem durch den Einsatz modernerner Informationstechnologien zunehmend beschleunigen wird.

Diese Entwicklung wird noch verstärkt durch die Einflüsse des Marktes. Stand zu Beginn der industriellen Entwicklung der Übergang von individuell gefertigten Einzelprodukten zum standardisierten Massenprodukt im Vordergrund, so ändern sich mit steigendem Lebensstandard die Anforderungen der Konsumenten mit der Forderung zu einer stärkeren Differenzierung. Gleichzeitig ermöglicht die umfangreichere Massenproduktion eine immer raschere Marktsättigung mit dem Zwang zu einer immer stärkeren Produktdifferenzierung mit immer kürzer werdenden Innovationszyklen.

Diese Entwicklungen bleiben nicht ohne Auswirkungen auf Struktur und Art der inner- und zwischenbetrieblichen Arbeitsteilung sowie auf die damit zu lösenden Koordinationsaufgaben.

Bei der Massenfertigung in großen Stückzahlen und relativ statischen Märkten standen für die Koordination mehr die *Planungs- und Abstimmungsprobleme* im Vordergrund. Lange Innovationszyklen lassen im Regelfall genügend Zeit zu

Anpassungsmaßnahmen an die in längeren Abständen auftretenden Veränderungen.

Nachdem die Technik leichter beherrschbarer Massenproduktion zunehmend von den Industrieländern an die Entwicklungsländer mit einem wesentlich niedrigeren Lohnniveau abgewandert sind, verlegen sich die Unternehmen in den Industrieländern auf eine zunehmende Differenzierung (verstärktes Eingehen auf kurzfristig sich ändernde Kundenwünsche). Damit verändern sich mit der Struktur der Arbeitsteilung vor allen Dingen auch die Anforderungen an die Koordination. Anstelle der Lagerproduktion tritt die zunehmende Produktion in kleineren Stückzahlen in Abhängigkeit von rasch ändernden Kundenwünschen. Der Kunde und die Struktur seiner Wünsche und deren Veränderungen müssen rascher in die Fertigung integriert werden. Die zunehmende zwischenbetriebliche Arbeitsteilung zwingt nun auch dazu, den Vorlieferanten nicht nur als Verkäufer von selbst entwickelten und benötigten Halbfabrikaten zu sehen, sondern er muß als *"Systemlieferant"*, auf dessen "know-how" nicht verzichtet werden kann, frühzeitig in den Prozeß der Produktentwicklung und Leistungserstellung einbezogen werden (*Simultaneous Engineering*). Die kleineren Losgrößen zwingen zum Lagerabbau, und die *"just-in-time"* strukturierte Anlieferung von Vorprodukten, weitgehend direkt an die innerbetriebliche Fertigung, zwingt verstärkt, den Vorlieferanten mit in das unternehmensinterne Planungssystem einzubeziehen (ein geschlossenes Konzept hierzu bietet das *"virtuelle Management"* Davidow/Malone).

2.5 Teilbereiche der Koordination

Die Führung als Koordinationsaufgabe umfaßt zwei große Teilbereiche:

- *Sytemgestaltung* (Gestaltung von Struktur und Aufbau der Organisation).
- *Sytemsteuerung* (unmittelbare und laufende Beeinflussung der Abläufe und der handelnden Personen innerhalb der Organisation).

Soziale Organisationen, in denen Menschen als Individuen in arbeitsteiligen Prozessen zusammenwirken - wie Unternehmen -, sind nicht von Natur aus vorgegeben, sondern sie sind das Ergebnis des menschlichen Handelns, wenn auch nicht immer das Ergebnis den Absichten der Handelnden entspricht. Soziale Organisationen setzen für ihre Entstehung einen menschlichen Gestaltungsakt voraus, in dem die für den Arbeitsvollzug notwendigen Voraussetzungen sachlicher, technischer und organisatorischer Art geschaffen werden. Über die weitere Existenz einer Organisation entscheidet dann allerdings in einem Selektionsprozeß der "Evolution", ob die so geschaffene Organisation ihre Existenzfähigkeit durch Aufrechterhaltung ihres finanziellen Gleichgewichtes beweist und im Wettbewerb gegenüber anderen Organisationsformen besteht.

Durch menschliche Handlungen entsteht

1. aus der unternehmerischen Zielsetzung (einer Einzelperson oder einer Gruppe von Individuen)
2. in den Grenzen, die durch die
   - externen Umweltfaktoren einerseits (Wirtschafts-, Rechts- und Gesellschaftssystem, Konjunkturlage, Konkurrenzsituation usw.) und durch die
   - internen Unternehmensbedingungen andererseits (Finanzkraft, vorhandene materielle und immaterielle Ausstattung, personelle Ressourcen usw.) gezogen werden,

eine Organisation, mit der ein bestimmtes Leistungsprogramm erstellt werden soll.

Diese Organisation weist in Abhängigkeit von

- Unternehmenszielsetzung,
- Leistungsprogramm,
- bekannten und anwendbaren Technologien,
- Wissens- und Ausbildungsstand der Organisationsmitglieder,
- Normen, Werthaltungen und Einstellungen aller Betroffenen

eine mehr oder weniger starke hierarchisch geprägte Aufbau- und Ablaufstruktur (vgl. Abschnitt: *Strukturbestimmende Personalplanung*) auf.

Aus dieser Struktur ergeben sich mit dem Grad und der Form der Arbeitsteilung auch die den primären Koordinationsbedarf bestimmenden Interdependenzen zwischen den einzelnen organisatorischen Teileinheiten.

Ein Teil dieses Koordinationsbedarfes wird durch gesellschaftliche Normen und Wertvorstellungen, die sich im Rahmen eines vor- und außerberuflichen Sozialisationsprozesses entwickeln, gedeckt.

Hierher gehören z.B. Berufsethos und die häufig als "bürgerliche Tugenden" beschriebenen Einstellungen zu Werten der Arbeitswelt, wie Pünktlichkeit, Einsatzbereitschaft usw. Deutlich wird die Bedeutung dieser Fragen, wenn man die Bedingungen bei Industrie-Neugründungen in industrialisierten Ländern mit solchen in Entwicklungsländern vergleicht. Hier kommt es in den Entwicklungsländern nicht nur darauf an, Arbeitskräften die notwendigen Handgriffe zur Erfüllung ihrer Arbeitsaufgabe zu vermitteln, sondern vor allem auch ihre Einstellung zu Arbeitszeit, Disziplin und ähnlichem mehr zu prägen, also zu den Eigenschaften, die in einem vorindustriellen Wirtschaftssystem relativ unbedeutend waren, die aber für den arbeitsteiligen Prozeß dann unverzichtbar sind, wenn dieser wirtschaftlich sein soll.

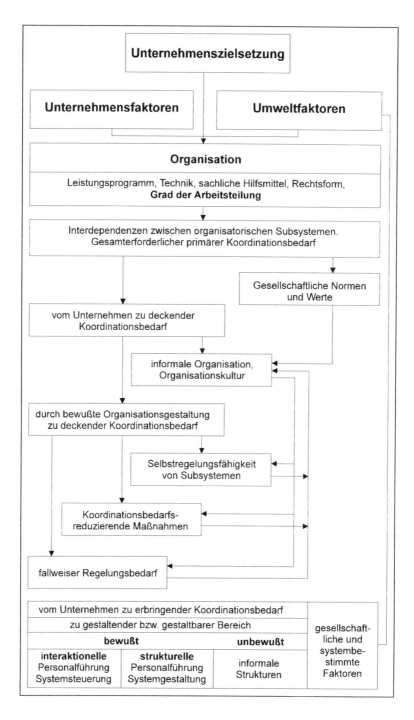

Abbildung 131: Beziehungen zwischen Arbeitsteilung und Koordinations- (Führungs-) bedarf

Deutlich wird dies auch bei einem Vergleich der strukturellen Arbeits- und Führungsbedingungen zwischen Ländern mit unterschiedlich geprägten Wertesystemen, wie z.B. Deutschland, Japan, Großbritannien und den Vereinigten Staaten von Amerika.

Aus der Differenz zwischen dem primären Koordinationsbedarf und dem bereits durch die gesellschaftlichen Normen und Wertesysteme gedeckten Anforderungen ergibt sich ein von der Unternehmung zu deckender Koordinationsbedarf. Hier wird ein Teil durch die unternehmensspezifische Organisationskultur und durch die diese Kultur tragenden informalen Beziehungen gedeckt.

Wo und in welcher Form auch immer Individuen zur Erreichung eines gemeinsamen Zieles sich zusammenfinden, entwickeln sich, auch ohne daß dies bewußt geplant oder dem einzelnen bewußt wird, bestimmte Formen und Strukturen des Zusammenwirkens. Diese Fähigkeit, die dem einzelnen im Zusammensein mit anderen Menschen Verhaltenssicherheit gewährt, hat sich im Laufe des Evolutionsprozesses der stammesgeschichtlichen Entwicklung der Menschheit herausgebildet und hat der Menschheit das Überleben gesichert.

Dieser Prozeß ist auch im Unternehmen wirksam. Er verdichtet sich bei einzelnen zu einer Einstellung und in der Gesamtheit zu einer Art unternehmensspezifischem Organisationsklima, das es von anderen Unternehmen unterscheidet. Diese spezifische unternehmensindividuelle Form einer "Sozialverfassung" wird mit allen Normen und Regeln während der Einarbeitungszeit in einem Betrieb erlernt. Die hier entstehende informale Organisation enthält auch gleichzeitig Spielregeln und Formen für den interindividuellen Kontakt und deckt damit einen Teil des Koordinationsbedarfs des Unternehmens (*Bisani* 1984) ab.

Der verbleibende, durch bewußte Organisationsgestaltung zu erbringende Koordinationsbedarf kann durch entsprechende Systemgestaltung gedeckt werden, indem einzelnen Subsystemen bzw. organisatorischen Teileinheiten in einem bestimmten begrenzten Umfang die Möglichkeit zur Selbstregulierung zugewiesen wird (z.B. im Rahmen autonomer Arbeitsgruppen, der Führung durch Zielvorgabe usw.).

Der noch verbleibende Koordinationsbedarf wird mit Hilfe technokratischer, struktureller und personeller Koordinationsmaßnahmen weiter eingeengt. Die "Restgröße" ist dann der Bereich, für den weder mittel- noch langfristige Festlegungen getroffen werden können, und der jeweils fallweise sporadisch zu regeln ist. Dies ist dann der Bereich, der durch unmittelbare Interaktion von Führungskräften gedeckt werden muß.

Zum Bereich der *Systemsteuerung* gehören die Deckung dieses fallweisen Regelungsbedarfes und die Festlegung der längerfristig geltenden generellen

Regelungen durch koordinationsbedarfsreduzierende Maßnahmen, ferner die Durchführung der *"sozialen Kontrolle"*, damit diese generellen Regelungen durch die Organisationsmitglieder eingehalten und bei auftretenden Veränderungen den neuen Verhältnissen angepaßt werden.

Die *Systemgestaltung* umfaßt damit neben der Schaffung der Gesamtstruktur des Organisationsaufbaues und damit neben der Festlegung der einzelnen Subsysteme vor allem auch die Gestaltung der längerfristig wirksamen, generell regelbaren koordinationsbedarfsreduzierenden Maßnahmen.

2.6 Koordinationsbedarfsreduzierende Maßnahmen

Hierher gehören alle Maßnahmen, die den Koordinationsbedarf dadurch begrenzen, indem sie zielgerichtetes, dem Organisationssystem konformes Verhalten begünstigen oder davon abweichendes Verhalten verhindern oder zumindest erschweren. Maßnahmen im strukturellen Bereich bestimmen den Handlungsspielraum der betroffenen Organisationsmitglieder. Hier zeigt sich, daß die Differenzierung und die Spezialisierung die Notwendigkeit des Koordinationsbedarfes schaffen, aber auch gleichzeitig als Koordinationsinstrumente dienen können. Durch die Bündelung und Zusammenfassung individueller Abstimmungsprozesse und durch die Delegation von Aufgaben, Verantwortung und Kompetenz lassen sich die Koordinationsnotwendigkeiten in Abhängigkeit von der gegebenen Personalstruktur beeinflussen.

Damit kommt dem hierarchischen Aufbau, der Art und der Funktionsweise der Koordinationsorgane besondere Bedeutung zu. Durch die Anpassung der Handlungsspielräume auf den einzelnen Ebenen des Organisationsaufbaues, der vorgegebenen formalen Regelungen und der Standardisierung des Arbeitsablaufes kann der Handlungsspielraum bestimmt werden. Die Stellenbildung unter besonderer Berücksichtigung der Anforderungsstrukturen erleichtert nicht nur die Maßnahmen der Personalbeschaffung und -entwicklung, sondern begünstigt auch zielkonformes Verhalten der Betroffenen.

Der technokratische Bereich zerfällt in zwei Hauptgruppen:

1. Der technologische Bereich bestimmt die Art der Leistungserstellung. Durch die Vorbestimmung von Arbeitstechnik, -mitteln, -methoden, -geschwindigkeit usw., wie z.B. bei der Gestaltung von Fließbandarbeitsplätzen, läßt sich das mögliche Verhalten der Betroffenen weitgehend reglementieren und zielabweichendes Verhalten verhindern.

Maßnahmen	zur Reduktion des Koordinationbedarfs	zur Deckung des nicht reduzierbaren Koordinationsbedarfs
im strukturellen Bereich (Gestaltung und Begrenzung des Handlungsspielraums)	• Festlegen von Aufgaben, Inhalten und Tätigkeitsbereichen • Begrenzung des Handlungsspielraums durch Standardisierung und Spezialisierung • Stellenbildung unter Berücksichtigung von Anforderungsklassen nach den einzelnen Bereichen der Handlungskompetenz	• Gliederung der Aufbauorganisation nach hierarchischen Strukturen und Ergänzung durch Stäbe, Projektkommissionen, Komitees, Teams, Ausschüsse, Kommissionen
im technokratischen Bereich		
a) technologisch (Bestimmung des Leistungsprogrammes, bei der Art der Leistungserstellung und der eingesetzten Technik)	Art der Leistungserstellung und Bestimmung der eingesetzten • Arbeitstechnik, Arbeitsmittel • Arbeitsmethode und Arbeitsgeschwindigkeit • Eindeutigkeit der Arbeitsaufgabe	• strukturbestimmende Personalplanung • arbeitswissenschaftliche Gestaltungsmethoden • Art der eingesetzten Betriebstechnik
b) organisatorisch (Bestimmung des Rahmens der Leistungserstellung)	• Formalisierung und Standardisierung des Arbeitsvollzugs durch Spezialisierung und Formalisierung • Bestimmung des Arbeitsumfanges durch Planung und Budgetvorgaben • Strukturierung der Kontrollierbarkeit von Arbeitsergebnissen und Arbeitsverhaltensweisen • Bestimmung des Spielraumes für positive und/oder negative Sanktionen	• Fixierung des Arbeitsvollzugs durch Regeln und Programme • Gliederung des Arbeitsvollzuges durch Stellenbildung
personeller Bereich (Personalstruktur unter Beachtung der Handlungskompetenz der einzelnen Mitarbeiter)	• Die Methoden der Personalauswahl und Erfassung der einzelnen Kompetenzarten, wie fachliche Kompetenz (Wissen und Können), methodische Kompetenz (Erfahrung), soziale Kompetenz (Anpassungs- und Kooperationsbereitschaft), Wertekompetenz (innere Einstellung) • Einführung neuer Mitarbeiter • Personalentwicklung • Gestaltung von Anreizsystemen	• Personalbeurteilung • Förderung gezielter Sozialisation der Mitarbeiter und ihre Eingliederung in die Gruppe und das Unternehmen • Entwicklung von Selbstgestaltungsmöglichkeiten und autonomer Gruppenarbeit • mittelbare (positive und negative Sanktionen) und unmittelbare Verhaltensbeeinflussung

Abbildung 132: Möglichkeiten zur Reduzierung und Deckung des Koordinationsbedarfs

2. Im organisatorischen Bereich bestimmen Formalisierung und Standardisierung die Art der Leistungserstellung. Planwerte und Budget-Vorhaben zwingen betroffene Organisationsmitglieder zu einer weitgehenden Eigenkontrolle des Leistungsverhaltens. Die Kontrollierbarkeit von Arbeitsergebnissen und Arbeitsverhalten erleichtert die Feststellung abweichenden Verhaltens und ermöglicht somit den Einsatz von positiven (das Verhalten verstärkenden) oder negativen (abschreckenden) Sanktionsmaßnahmen.

Da die Erfüllung der Koordinationsaufgabe nicht nur ein einseitiger Prozeß im Sinne des Abhängigkeitsverhältnisses des Geführten vom Führenden ist, sondern auch ein sich gegenseitig beeinflussender Interaktionsprozeß, kommt der Zusammensetzung des Personalbestandes besondere Bedeutung zu.

Die Koordinations-(Führungs-)aufgaben sind um so leichter zu bewältigen, je fachlich qualifizierter die Mitarbeiter zur Ausübung der von ihnen zu erbringenden Teilleistungen sind und je höher die soziale Kompetenz ist, d.h. die Fähigkeit und Bereitschaft, sich in die soziale Leistungsgemeinschaft des Unternehmens einzugliedern und sich mit seinen Zielen zu identifizieren. Damit kommen den Methoden und Instrumenten zur Erfassung der fachlichen und sozialen Kompetenz für die Personalselektion und der Beförderungspolitik eine besondere Bedeutung zu.

Steigende Identifikation der Mitarbeiter mit dem Unternehmen und seinen Zielen verringert den Führungsbedarf. Deshalb ist die betriebliche Sozialisation, die die *soziale Kompetenz* und die Identifikationen entscheidend beeinflußt, besonders wichtig. Ferner spielt die Einführung neuer Mitarbeiter in ihren Arbeitsplatz eine wichtige Rolle. In einer offensichtlich besonders erfolgreichen Form setzen hier japanische Großunternehmen dieses Instrument ein, indem sie weniger die fachlich ausgebildeten Spezialisten anwerben, sondern vielmehr Berufsanfänger mit einer breiten Grundausbildung rekrutieren und diese dann selbst betriebsspezifisch im Rahmen eines umfangreichen "job-rotationsystems" ausbilden und die Identifikation mit dem Unternehmen durch "lebenslange Anstellung" und ein akzeptiertes Entlohnungssystem nach dem "Senioritäts"prinzip verstärken.

2.7 Verhältnis der verschiedenen Formen der Deckung des Koordinationsbedarfes zueinander

Die verschiedenen Möglichkeiten zur Deckung des gesamten primären Koordinationsbedarfes führen zwangsläufig zu der Frage, wie sich die verschiedenen Arten der Deckung zueinander verhalten und wie sich das Verhältnis im Zeitablauf entwickelt hat und zukünftig entwickeln wird.

Es liegen zwar keine fundierten Untersuchungen darüber vor, wohl aber lassen sich aufgrund von Betriebserfahrungen einige Tendenzaussagen machen.

Je mehr ein allgemeiner Konsens über gesellschaftliche Normen und Werthaltungen verloren geht, je mehr die "bürgerlichen Tugenden" in der Leistungsgesellschaft, wie dies verschiedene Untersuchungen (vgl. Abschnitt: Wertewandel) nachweisen, schwinden, um so größer wird zwangläufig der vom Unternehmen zu deckende Koordinationsbedarf sein. Was nicht durch allgemein anerkannte Werthaltungen im außerbetrieblichen Sozialisationsprozeß in die Unternehmung eingebracht wird, muß, wenn weiterhin ein zielgerichtetes Zusammenwirken stattfinden soll, vom Unternehmen selbst geleistet werden. Mit zunehmendem Wachstum der Unternehmen wird den formalen Strukturen und der Organisationskultur wachsende Bedeutung zukommen.

Die *Selbstregulierungsfähigkeit* wird immer von der Überschaubarkeit von Teilleistungen sowie von der notwendigen Verkettung mit anderen Teilleistungen abhängig sein. Je unabhängiger einzelne Bereiche von den Teilleistungen der vor- oder nachgelagerten Stellen sind oder je flexibler sie auf wechselnde Anforderungen oder eintretende Störgrößen reagieren können, um so größer kann der Grad der Selbstregulierungsfähigkeit sein.

Die weitere wirtschaftliche Entwicklung vor allem in den Industrieländern wird davon abhängen, daß die Vorteile der Entwicklungsländer, insbesondere die Personalkostenvorteile, durch eine bessere Beherrschung des durch die Arbeitsteilung hervorgerufenen Koordinationsbedarfes aufgewogen werden.

Hierbei gewinnen vor allem die koordinationsbedarfsreduzierenden Maßnahmen in allen Bereichen besondere Bedeutung, vor allem auch durch den Einsatz technischer Hilfsmittel, durch die Verwendung besonders spezialisierter computergestützter Systeme usw.

Die umfassendste Konzeption stellt das *CIM-Computer Integrated Manufacturing* dar. Es hat die informationstechnologische Integration aller fertigungsbezogener Unternehmensbereiche zum Gegenstand. Es umfaßt, ohne näher auf die Teilverknüpfungen einzugehen, im Kern jeweils folgende Teilpläne:

- *CAD - (Computer Aided Design).* Computergestützte Entwicklung und Konstruktion von Werkstücken bzw. Anlagen
- *CAP - (Computer Aided Planning).* Computergestützte Arbeitsplanung zur Entwicklung von Steuerinformationen für die unmittelbare Produktion
- *CAM - (Computer Aided Manufacturing).* Computergestützte direkte technische Steuerung und Überwachung der Arbeitsmittel im unmittelbaren Produktionsprozeß für die Funktionsbereiche:
  - Fertigen,
  - Handhaben,
  - Tranportieren,
  - Lagern.

- *CAQ - (Computer Aided Quality Assurance).* Computergestützte Planung und Durchführung der Qualitätssicherung
- *PPS - (Produktionsplanung und -steuerung).* Computergestützte Systeme zur organisatorischen Planung, Steuerung sowie Überwachung des gesamten Fertigungsbereichs, d.h. von CAD, CAP, CAM sowie CAQ.

Die technischen Hilfsmittel werden aber nur insoweit ihre Wirkungen zeigen können, wie sie auch durch Maßnahmen im Personalbereich, insbesondere der Personalselektion und der Personalentwicklung gestützt und ergänzt werden.

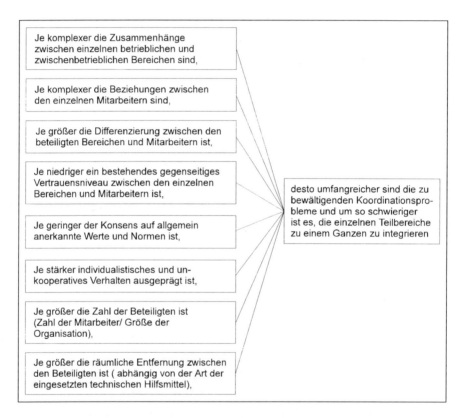

Abbildung 133: Einflußfaktoren auf den Umfang des Koordinationsproblems und des Umfangs des Integrationsaufwandes

3. Informationen und Kommunikation als Voraussetzung des Zusammenwirkens der Elemente und der Subsysteme

3.1 Notwendigkeit der Informationsübertragung

Zielgerichtetes, zukünftiges menschliches Handeln kann nur auf der Grundlage von durch Erfahrung gewonnenem Wissen sinnvoll gesteuert werden. Je größer das Wissen ist, d.h. je mehr unterschiedliche Bedingungen und Alternativen bekannt sind, um so besser können Tätigkeiten vorbereitet und koordiniert werden. Um so größer ist dann auch die Wahrscheinlichkeit des Erfolges. Nicht jedes Wissen schlechthin ist erforderlich, sondern das Wissen, das der Zielerreichung dient.

Zielgerichtetes Handeln mehrerer Individuen innerhalb des Rahmens eines Systems wie einer Unternehmung ist nur möglich, wenn

1. Übereinstimmung und Klarheit über das Ziel besteht, das von allen Beteiligten toleriert wird. Eine Organisation oder, weitergefaßt, ein System zerfällt, wenn es kein Ziel mehr gibt. Ein typischer Fall ist hier z.B. der Bedeutungsverlust der Flüchtlings- und Vertriebenenverbände usw., die in der ersten Nachkriegszeit großen politischen Einfluß hatten und die heute zur Bedeutungslosigkeit verkommen sind. Ein System zerfällt auch, wenn die tragenden Zielelemente zwar noch vorhanden sind, aber von den betroffenen Mitgliedern nicht mehr voll mitgetragen werden, so z.B. der Bedeutungsverlust der Religionsgemeinschaften in einer sich immer mehr säkularisierenden Umwelt. Das Gegenstück dazu ist das verstärkte Aufkommen von Sektenbewegungen,
2. die Möglichkeit für die einzelnen Individuen besteht, das vorhandene Wissen in Form von Informationen auszutauschen, damit diese in der Lage sind,
3. ihre Handlungen im Interesse der Zielerreichung zu koordinieren und soweit als notwendig auf das Verhalten anderer einzuwirken.

3.2 Der Informationsprozeß

Bei der Information gibt einer der Partner, der Informationsgeber (Sender), einem anderen, dem Informationsempfänger, die Möglichkeit, einen Teil des bei ihm vorhandenen Wissens aufzunehmen und mit seinem bereits vorhandenen Wissen zu verbinden.

Deshalb sind zur Informationsübertragung erforderlich:

1. mindestens zwei Individuen, und zwar je ein Informationsgeber (Sender) und ein Informationsnehmer (Empfänger),
2. ein Kommunikationskanal (z.B. die Luft beim gesprochenen Wort, die Telefonleitung beim Ferngespräch usw.),
3. ein Zeichenvorrat mit einer bei Sender und Empfänger gleichen Sprache, d.h. mit einem gleichen Code.

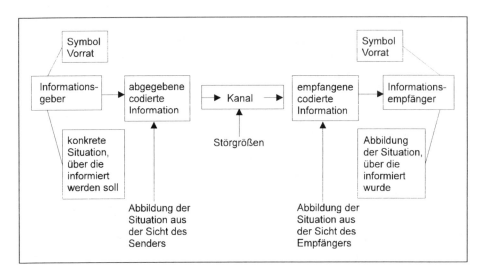

Abbildung 134: Vereinfachte Darstellung des Informationsprozesses

Die Leistungsfähigkeit einer Informationsübertragung hängt nicht nur vom Wissensüberschuß ab, über den der Informationsgeber gegenüber dem Informationsempfänger verfügt, sondern auch von der eingesetzten Technik, d.h. von der Art des verwandten Mittels zur Informationsübertragung. Zu unterscheiden sind unmittelbare Informationsübertragungen durch persönliches Gespräch, Telefongespräch usw. sowie mittelbare Informationsübertragungen nach ihrer Umsetzung auf einen anderen Träger, wie z.B. einen Brief, ein Fernschreiben, einen Tonträger usw.

Nun beschränken sich die Formen der Informationsübertragung nicht nur auf den verbalen Bereich, vielmehr können zur Informationsübertragung auch alle anderen von einem Empfänger wahrnehmbaren Sinneseindrücke eingesetzt werden.

In vielen Fällen erhalten verbale Informationen erst durch die begleitenden Signale der nicht sprachlichen Ausdrucksformen ihre volle Bedeutung.

Eine konkrete verbale Kommunikationsübertragung setzt das Vorhandensein einer gemeinsamen Sprache voraus. Eine Sprache besteht aus einem Vorrat von Zeichen (Sinntypen oder Symbolen) und aus einem System von Regeln, nach denen diese Zeichen zu bestimmten Bedeutungen zusammengesetzt werden können. Die Sprache ist entstanden durch die Institutionalisierung eines Wortschatzes von allgemeiner Bedeutung für bestimmte Sinntypen. Von diesen Sinntypen (Symbolen) kann dann in einer bestimmten Situation selektiv Gebrauch gemacht werden. Durch die für alle Sprachen gleiche Struktur der Differenzierung von allgemeinen und damit rasch erlernbaren Bedeutungen und von ihrem konkreten Gebrauch in immer wieder anderen Zusammensetzungen (die beim Erlernen der Sprache nicht vorausgewußt werden müssen), erreicht der Mensch ein sehr beträchtliches Potential an Verständigungsmöglichkeiten.

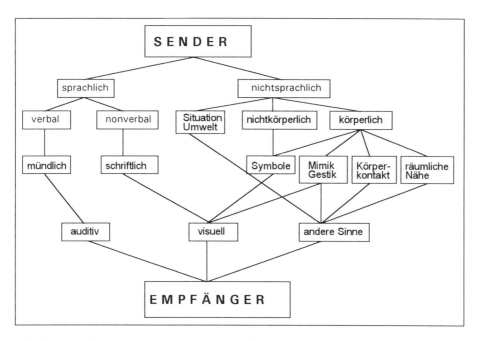

Abbildung 135: Formen der Informationsübertragung

Stimmen Zeichenvorrat und Bedeutung der einzelnen Symbole bei Sender und Empfänger nicht überein, werden z.B. mit einzelnen Begriffen verschiedene Bedeutungen verbunden, dann kommt eine Informationsübertragung nicht zustande.

Damit ist eine Informationsübertragung nur dann gesichert, wenn auch alle Beteiligten sich des gleichen Codes und der gleichen Sprache bedienen.

Ursache unklarer Anweisungen, unverstandener Mitteilungen usw. ist häufig, daß sie in einer Sprache abgefaßt werden, die vom Empfänger nicht oder nur unvollständig verstanden wird, d.h., daß Begriffe verwendet werden, die er nicht kennt oder die er mit einem anderen Sachverhalt verbindet.

Um die Übertragungsicherheit von Informationen zu erhöhen, enthält jede Sprache in einem gewissen Umfang *Redundanz*, d.h. einen bestimmten Grad von Weitschweifigkeit. Die Redundanz erhöht die Übertragungssicherheit einer Information, verringert aber die Leistungsfähigkeit der Informationsübermittlung. Das Wesen der Redundanz ist u.a. darstellbar im Vergleich zwischen einem Kompendium und einem Lehrbuch. Das Kompendium enthält eine möglichst redundanzfreie Darstellung eines Sachverhaltes. Wenn ein Teil nicht verstanden wird, fehlt meist auch die Voraussetzung für das Verständnis der anderen Teile. Ein Lehrbuch hingegen bringt den gleichen Tatbestand ausführlicher, anschaulicher, betrachtet den gleichen Sachverhalt von mehreren Seiten. Es enthält demnach mehr Redundanz. Der Sinn wird auch dann meist noch verstanden, wenn vielleicht der eine oder andere Abschnitt unklar geblieben ist. Das Bemühen um Leistungssteigerung führt in vielen Bereichen zur Bildung von Sondersprachen wie Fachsprachen, betrieblichen Ausdrucksgewohnheiten usw. Diese häufig redundanzarmen Sprachen sind meist nur einem begrenzten Kreis von Insidern voll verständlich, ermöglichen aber diesem Kreis eine raschere und präzisere Verständigung. Die Probleme bestehen hier allerdings darin, daß nicht dem engeren Kreis der Insider angehörende, z.B. neueintretende Mitarbeiter usw., aus dem Informationsprozeß zumindestens vorläufig ausgeschlossen bleiben.

Für die Informationsübertragung gilt das alte Sprichwort:

> Gesagt ist nicht gleich gehört
>
> gehört ist nicht gleich verstanden
>
> verstanden ist nicht gleich einverstanden
>
> einverstanden ist nicht gleich ausgeführt

Ausgehende Außenreize des Senders müssen nicht gleichbedeutend beim Empfänger ankommen, wenn die Informationsübertragung durch Störgrößen im Übertragungskanal verfälscht, verstümmelt oder verändert werden.

Nicht alle über die Sinnesorgane eingehenden Außenreize beim Empfänger lösen kognitive Verarbeitungsvorgänge aus. Offensichtlich hat jedes menschliche Individuum eine Art Schutzmechanismus in Form eines Wahrnehmungsfilters, der ihn vor einer Reizüberflutung schützt. So nimmt jeder aus der Vielfalt der Sinneseindrücke, die ihm Informationen übermitteln, nur diejenigen wahr, die das Unterbewußte für wichtig hält. Was das Individuum für wichtig erachtet, hängt ab von der Art der Wahrnehmung, den äußeren Umständen, aber auch von den Werthaltungen und inneren Einstellungen.

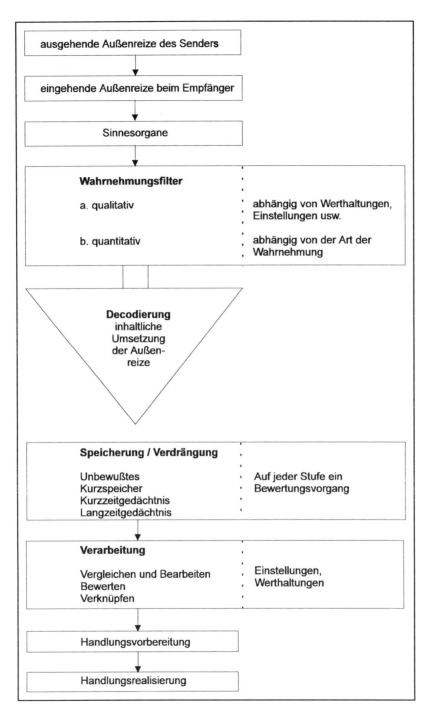

Abbildung 136: Individuelle kognitive Informationsbearbeitung

Bei einem Informationsübertragungsprozeß mit einer für den Empfänger besonders positiv eingeschätzten Information und bei guten persönlichen Beziehungen zwischen den Informationspartnern ist die Schwelle des Wahrnehmungsfilters wesentlich niedriger als bei einer erwarteten vermutlich negativen Information.

Selbst die Informationssignale, die die Hürde des Signalwahrnehmungsfilters überwinden, durchlaufen im menschlichen Gehirn einem Decodierungsvorgang. Nicht alles, was der Informationsempfänger decodiert, ist aber auch handlungsrelevant. Manches wird verdrängt, und zwar alles, was unwichtig erscheint, aber auch in Form eines Reflexes von *Abwehrmechanismen* alles das, was emotional stark negativ belegt ist (vgl. hierzu auch Abschnitt: Der Mitarbeiter als Individuum).

Damit fällt vieles, was unangenehme Folgen erwarten läßt, den Abwehrmechanismen zum Opfer. Aufgenommene Informationen durchlaufen einen *Kurzzeitspeicher,* der sie nur für eine sehr kurze Zeit aufnimmt und dann wieder verdrängt. Wichtigeres geht dann in eine Art Kurzzeitgedächtnis und nur für das, was für das einzelne Individuum als besonders wichtig beurteilt wird, was es als besonders bedeutend empfindet, kommt in das länger wirksam bleibende Langzeitgedächtnis.

Deutlich wird dies beim Autofahrer, der die Masse aller eingehenden Informationen mit unbewußten Reflexhandlungen beantwortet, sich an eine Reihe von ihnen nur noch nach kurzer Zeit erinnert. Nur besonders einprägsame, außerhalb der auf der Norm liegende Ereignisse, bleiben für längere Zeit im Gedächtnis erhalten. Ein psychischer Vorgang, der sehr erhebliche Bedeutung für den Lernprozeß und für die Bedeutung von Wiederholungen im Prozeß der Wissensübertragung besitzt.

Auf jeder Stufe vom Unbewußten bis zum Übergang in das *Langzeitgedächtnis* findet ein Bewertungsvorgang statt. Diese Bewertung besteht aus einem Vergleich der eingegangenen Informationen mit anderen gespeicherten Informationen und die Verknüpfung zu neuem Wissen. Dieses bildet dann das, was man die *Erfahrung* nennt. Die Erfahrungen bestimmen dann die Einstellung des einzelnen Individuums und damit letztlich auch seine Werthaltungen.

Sie sind damit auch die Grundlage dafür, welche Bewertung das einzelne Individuum künftig bei einem gleichen oder ähnlichen Informationszufluß vornimmt. Erst nach dieser Bewertungsphase wird eine Information handlungsvorbereitend und handlungsbestimmend.

Für den Bereich der Personalführung lassen sich hier sehr vereinfacht einige Beispiele anführen:

1. Ein Mitarbeiter, der einen Tadel befürchtet, wird einen kurzen ermahnenden Hinweis gerne überhören (verdrängen) und erst auf einen ausdrücklichen Vorwurf reagieren (vgl. Abschnitt über Abwehrmechanismen).
2. Der Mitarbeiter, der wegen zu häufigen Zuspätkommens ohne Konsequenz verwarnt wurde, wird bei einem erneuten Verstoß einen weiteren Tadel kaum für wichtig nehmen.
3. Ein Vorgesetzter, der einer der vielen Verhaltensempfehlungen folgt, und der vor einem berechtigten Kritikgespräch zuerst eine lobenswerte Sache erwähnt, um dann in einer "vermeintlich freundlich aufgeschlossenen Atmosphäre" die Kritik anzubringen, wird genau das Gegenteil erreichen. Der Mitarbeiter wird die eingehende Information des positiven Einleitungsgespräches immer unter dem Blickwinkel des anschließend zu erwartenden Kritikgespräches bewerten.

In diesem Sinne haben auch Vorurteile, vorgefaßte Meinungen eine "objekte Kraft" in Form der *"selbsterfüllenden Prophezeiung"* (selffulfilling-prophecy). Hier gilt der Grundsatz, daß Menschen nur das glauben, was sie sehen, aber sie sehen nur das, was sie glauben.

Informationen, die nicht dem vorgefaßten Muster des Empfängers entsprechen, werden unterdrückt oder nur z.T. wahrgenommen und auch entsprechend bewertet, während das, was die eigene bereits vorgefaßte Meinung verstärkt, mit einer Übersensibilität aufgenommen wird. Ein Mitarbeiter, der (wenn auch zu unrecht) annimmt, daß ihm der Vorgesetzte negativ gesonnen ist und ihm schaden will, wird bei jeder noch so wohlwollend gemeinten Äußerung sofort einen negativen - für ihn schädlichen - Sinn unterstellen.

In diesem Sinne wirken auch alle ankommenden Informationen zuerst einmal verstärkend auf bereits vorhandene Einstellungen und Werthaltungen ein, und erst in zweiter Linie wirken sie wissens- und erfahrungserweiternd.

Die klassische Informationstheorie, insbesondere die durch die Entwicklung der Datenverarbeitung angestoßene Bewegung der *Bindestrich-Informatik* (Wirtschafts-, Betriebs-, Gesundheitsinformatik usw.), befaßt sich innerhalb der Semiotik vor allem mit drei Teilgebieten.

1. Der *semantische Teil* erforscht die Regeln, durch die festgelegt wird, welche Gegenstände, Eigenschaften und Beziehungen durch die verschiedenen Zeichen einer Sprache beschrieben werden.
2. Der *syntaktische Teil* erforscht die formalen Regeln über die Bildung zusammengesetzter Ausdrücke aus den Zeichen eines Alphabets.
3. Der *pragmatische Teil* befaßt sich mit den Beziehungen zwischen den Sprachen und ihren Benutzern, d.h. zwischen den Informationssendern und Informationsempfängern.

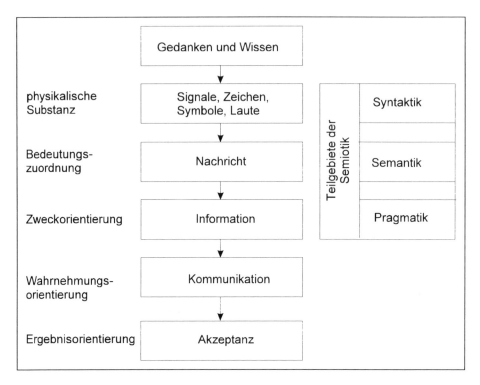

Abbildung 137: Teilgebiete der Informations- und Kommunikationstheorie

Die Teilbereiche der Wahrnehmungs- und Ergebnis- (Handlungs-)orientierung werden kaum angesprochen, obwohl gerade auf diesem Gebiet in der organisations- und sozialpsychologischen Literatur genügend Forschungsansätze vorliegen.

3.3 Der Kommunikationsprozeß

Während es sich bei der Informationsübertragung gedanklich um einen einseitigen Akt zwischen Informationsgeber (der als Sender selbstverständlich nicht nur eine natürliche Person sein muß, sondern auch aus einem Buch, einer Zeitungsnachricht usw. bestehen kann), handelt es sich bei der Kommunikation um eine zweiseitige Interaktion, die in der Regel unmittelbar zwischen natürlichen Personen abläuft und bei der sich jeweils die Partner in der Rolle von Informationsgeber und -empfänger abwechseln.

Einstellung und Haltung der agierenden Personen werden dann jeweils durch die vorausgegangenen Handlungen der Informationspartner bestimmt.

Damit laufen Kommunikationen im Gegensatz zu Informationsübertragungen immer auf zwei unterschiedlichen Ebenen ab:

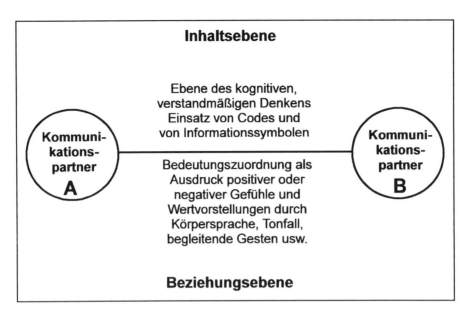

Abbildung 138: Ebenen des Kommunikationsprozesses

Im Sinne der Lehre der Gehirnstrukturen von *McLean* (vgl. Abschnitt: Der Mitarbeiter als Individuum) spricht damit die *Inhaltsebene* den Intellekt an, während die *Beziehungsebene* bei beiden Partnern auf das Limbische System abstellt.

Da beide Ebenen im Kommunikationsprozeß nicht voneinander zu trennen sind, führt die Kommunikation nicht nur zu einer Weitergabe von Wissen, sondern sie kann auch dazu dienen, bestehende Meinungsverschiedenheiten zu klären, Mißverständnisse auszuräumen und Konfliktquellen zu beseitigen.

Da aber das, was beim Empfänger als Information aufgenommen und bewertet wird, nicht davon abhängt, was der Informationsgeber beabsichtigt hat, sondern vielmehr einzig und allein das bestimmend ist, was vom Empfänger aufgenommen und verwertet wird, kann dies evtl. auch ungewollt dazu beitragen, bestehende abweichende Einstellungen und Werthaltungen zu konservieren oder auch zu verstärken.

Oberstes Führungsziel müßte es auch hier sein, vor allem ein von gegenseitigem Vertrauen getragenes Klima der Zusammenarbeit im Unternehmen zu schaffen, das weitgehend frei ist von Neid, Mißgunst o.ä.

Im Informations- und Kommunikationsprozeß eines Systems und damit auch einer Unternehmung ist zu unterscheiden zwischen freien und gebundenen Formen. Bei der freien Form können die Beteiligten frei nach eigenem Ermessen mit anderen in Verbindung treten. Theoretisch wäre durch diese Art der Kommunikation erreichbar, daß alle im Unternehmen den gleichen Informationsstand haben. Dies würde aber von allen Beteiligten voraussetzen, daß sie jederzeit dazu motiviert sind, miteinander in Verbindung zu treten. Bei der hohen Belastung, die dieser Kommunikationsaufwand bei den Teilnehmern mit sich bringen würde, wäre schnell der Zustand erreicht, bei dem der für die Aufgabenerfüllung notwendige Informationsstand nicht immer zur rechten Zeit gesichert wäre. Dies würde zwangsläufig zur Funktionsunfähigkeit eines jeden Systems führen.

Jedes System, das überleben will, und damit jedes Unternehmen kann nicht darauf verzichten, die Freiheit, daß jeder mit jedem in Verbindung treten kann, sowie die Freiheit, daß jeder selbständig darüber entscheidet, welche Informationen er weitergibt oder empfängt und welche nicht, erheblich einzuschränken.

Deshalb muß in jedem System die Kommunikation Regelungen unterworfen werden, die

1. verhindern, daß Informationen das Kommunikationsnetz durchlaufen, die vom Empfänger nicht benötigt werden;
2. gewährleisten, daß jeder Stelleninhaber die Informationen erhält, die er benötigt, um den Beitrag zur gemeinsamen Arbeit leisten zu können, und zwar:
    - objektiv zur Erledigung seiner Aufgaben,
    - subjektiv, um die Sicherheit seiner Position und Rolle im Betrieb zu gewährleisten;
3. festlegen, welche
    - Informationen nach Umfang und Inhalt jeweils weiterzugeben sind,
    - Übertragungstechnik und Übertragungsform zu wählen sind,
    - Sprache verwendet werden muß.

Weiterhin ist Vorkehrung dagegen zu treffen, daß bei der Weitergabe von Informationen über mehrere Stufen des Kommunikationsprozesses keine Filterung durch Weglassen wesentlicher, einer Verfälschung durch Hinzufügung neuer oder Abänderung von bestehenden Informationen aufgrund persönlicher Interessen und Einstellungen der Beteiligten eintritt. Ebenso ist der Informationsprozeß gegen die immer wieder zu beobachtende *Ungewißheitsabsorption* abzusichern, bei der nicht mehr nur die beobachteten Tatbestände weitergegeben, sondern daraus bereits Schlüsse aus entscheidungsrelevanten Sachverhalten gezogen werden.

Bei der Festlegung von Regeln für den Kommunikationsprozeß hat man bisher meist einseitig den objektiv-sachlichen Gesichtspunkt in den Vordergrund gestellt, daß, aus welchen Gründen auch immer (Kosten des Kommunikationsprozesses oder Verhinderung von Eigenmächtigkeiten der Mitarbeiter usw.), nur die Informationen weitergegeben werden sollen bzw. dürfen, die der einzelne objektiv zur Erledigung seiner Arbeit benötigt. Der psychologische Aspekt und seine Auswirkungen auf die Leistungsfähigkeit und Leistungsbereitschaft der Mitarbeiter wurden hingegen kaum berücksichtigt. Der Besitz von Informationen gewährt Sicherheit und erhöht das Selbstwertgefühl. Wo Informationen, die für den einzelnen zwar nicht unmittelbar zu seiner Aufgabe gehören, die aber sein persönliches Interesse betreffen, wie die Sicherheit seines Arbeitsplatzes, die wirtschaftliche Lage des Unternehmens, die Gewährung von Vergünstigungen, geplante Investitions- und Verbesserungsmaßnahmen usw., nicht gegeben werden, entstehen neben den formalen Kommunikationswegen informale Nachrichtenverbindungen, über die "aufgeschnappt richtige", unverstandene und verfälschte Informationen oder aber auch Gerüchte weitergegeben werden.

Deshalb kommt der informalen Information große Bedeutung zu. Ihr Entstehen kann auch bei Berücksichtigung der persönlichen Interessen der Mitarbeiter in einem Unternehmen nicht verhindert werden. Sie ist gewissermaßen Bestandteil eines jeden Kommunikationsnetzes und neigt im positiven Sinne dazu, Lücken im formalen Kommunikationsprozeß zu schließen; so gesehen ist sie das Ergebnis der Einsatzbereitschaft und des Leistungswillens der einzelnen, die sich bemühen, sich die Information, die sie zur Erledigung ihrer Aufgaben benötigen, zu beschaffen sowie notwendige Informationen in Form von Hinweisen usw. weiterzugeben, ohne daß dies im Organisationsplan ausdrücklich vorgesehen ist.

Negative Auswirkungen zeigt die informale Kommunikation überall dort, wo sie, um ein subjektives, pathologisches Bedürfnis der Neugierde zu befriedigen, anstelle des formalen Informationsnetzes tritt und dieses überlagert, wo sich die Kommunikation in der Gerüchtebildung, Desinformation, der bewußten Schädigung oder auch in einer besonderen Form des sogenannten *"Mobbing"* äußert.

Zu unterscheiden ist ferner zwischen einseitigen Kommunikationswegen, bei denen der Informationsweg nur von einem Sender zu einem Empfänger geht, wie z.B. beim Befehlsempfang usw., und mehrseitigen Kommunikationswegen, bei denen beide Partner sowohl Sender als auch Empfänger sind, wie z.B. bei einem Gedankenaustausch oder einer Konferenz. Im Kommunikationsprozeß ist zu unterscheiden zwischen:

1. *Meta-Informationen*, die angeben, wie man Informationen zu beurteilen hat und wofür sie verwendbar sind,
2. *prognostischen Informationen*, die sich auf die Beurteilung künftiger Entwicklungen beziehen,
3. *normativen Informationen*, die Werturteile und Zielvorstellungen weitergeben und
4. *konjunktiven Informationen*, die über Handlungsmöglichkeiten informieren.

Nach ihrer Stellung im Kommunikationsprozeß ist zu unterschieden:

1. *entscheidungsorientierte Kommunikation*. Ihr Ziel ist es, auf das Verhalten einer oder mehrerer Personen so einzuwirken, daß Ziele durch gemeinschaftliches Handeln erreicht werden. Wesentliche Formen sind hier Anweisen, Anordnen, Überzeugen, Einweisen, Unterweisen, Motivieren, Manipulieren usw.
2. *kontrollbezogene Kommunikation*. Sie ist ein wesentlicher Bestandteil des Führungsprozesses und notwendig, den Prozeß der Zielerreichung sicherzustellen.

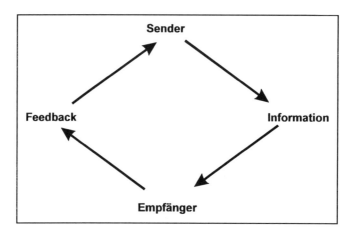

Abbildung 139: Modelle eines Kommunikationskreises

Ein mehrseitiger Kommunikationsweg ist als Modell eines geschlossenen Kreises darstellbar (vgl. Abbildung 139).

Über das Feedback kann der Kommunikationssender die Wirkung seiner kommunikativen Bemühungen erfahren. Dieses bildet die Voraussetzung für die Durchführung von Kontrollen und die Einleitung korrektiver Maßnahmen.

4. Organisation

4.1 Wesen der Organisation

Als System beruht ein Unternehmen auf dem sinnvollen Zusammenwirken von Menschen (Arbeitssubjekten) und sachlichen Hilfsmitteln zur Produktion von Gütern und Dienstleistungen. Das Zusammenwirken mehrerer Individuen zur Erreichung eines gemeinsamen Zieles kann nur innerhalb eines von den Beteiligten anerkannten Ordnungsrahmens und innerhalb der von ihnen akzeptierten Spielregeln erfolgen.

In diesem Zusammenhang ist die *formale Organisation* die aufgrund von technischen, wirtschaftlichen und sozialen Überlegungen bewußt geschaffene und planmäßig gestaltete Arbeits- und Betriebsorganisation. Sie legt für jedes Betriebsmitglied die Rechte und Pflichten fest und schreibt die Formen seiner Beziehungen zu den anderen Betriebsmitgliedern vor.

4.2 Bewußtes Organisieren und Selbstorganisation

Im Rahmen des bewußten Gestaltens einer Organisation werden in der Aufbauorganisation Rechte und Pflichten der Organisationsmitglieder sowie die Formen der zwischen ihnen bestehenden Beziehungen festgelegt. Der sich hieraus ergebende hierarchische Aufbau einer Organisation gründet sich nicht, wie häufig unterstellt, auf überholte autoritäre Vorstellungen, sondern ergibt sich zwangsläufig aus der Notwendigkeit, ein koordiniertes Zusammenwirken aller Organisationsmitglieder, auch bei im Einzelfall oder in Detailfragen unterschiedlichen Meinungen, sicherzustellen.

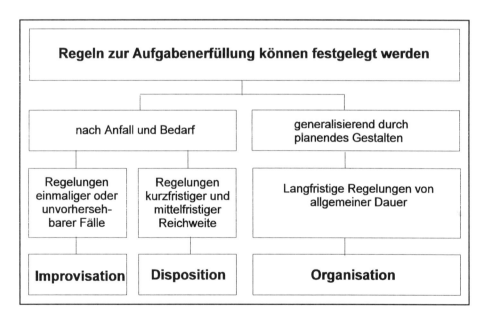

Abbildung 140: Abgrenzung von Improvisation, Disposition, Organisation

Ziel dieses bewußten Gestaltens einer Organisation, auf der die traditionelle Organisationslehre lange Zeit aufgebaut hat, war es, Regeln für die zielgerichtete Aufgabenerfüllung zu erstellen, und zwar als Dauerregelungen, die generalisierend vorausschauend für eine längere Zeit Gültigkeit haben sollen, sowie für Regelungen, die je nach Bedarf zu treffen sind.

Hier unterscheidet die Organisationslehre zwischen Aufbau- und Ablauforganisation. Die *Aufbauorganisation* ist das Ergebnis der Aufgabensynthese mit der Bildung von Stellen, Instanzen, Abteilungen sowie das Ergebnis der Herstellung von Arbeitsbeziehungen zwischen diesen Stellen (vgl. Abschnitt: Strukturbestimmende Personalplanung). Für den Aufbau formaler Organisationen werden in der Literatur eine Reihe von Organisationsgrundsätzen aufgestellt und teils als Bedingungen, teils auch als Handlungsanweisungen formuliert.

Als Grundsätze gelten u.a.:

1. Grundsatz der Wirtschaftlichkeit (günstiges Verhältnis zwischen Kosten und Leistung),
2. Grundsatz der Zweckbestimmtheit, d.h. die Organsation muß einem Zweck dienen und darf nicht zum Selbstzweck werden,
3. Grundsatz der Zielbestimmtheit, d.h. sie muß Zielen dienen, die auch von allen anderen Beteiligten akzeptiert werden,
4. Grundsatz der Erhaltung der Organisation.

Der Grundsatz der Erhaltung der Organisation beinhaltet die Prinzipien von Stabilität und Elastizität, Flexibilität sowie der Kontinuität. Die Forderung nach *Stabilität* soll ein Beharrungsvermögen der Organisation sicherstellen. Andererseits muß aber jede Organisation auch elastisch genug sein, um sich an interne und auch externe, nicht vorhersehbare Änderungen anpassen zu können. Das Prinzip der *Kontinuität* verlangt ebenso wie der Grundsatz der Stabilität, daß einmal getroffene Maßnahmen in gleicher Form möglichst über einen längeren Zeitraum beibehalten werden. Der Aussagewert dieser Grundsätze ist für den in der Praxis tätigen Organisator aber sehr gering, weil sich aus ihnen keine brauchbaren Handlungsanweisungen ableiten lassen. Sie stellen zu stark die objektiv-sachlichen Momente in den Vordergrund und vernachlässigen dabei den in der Organisation eingegliederten Menschen mit seinen Fähigkeiten, Eigenschaften und Bedürfnissen. So erweist es sich häufig als schwierig, Mitarbeiter zu finden, die genau die Anforderungen einer Stellenbeschreibung erfüllen, mit der Folge eines zwangsläufigen Auseindanderfallens zwischen der geplanten Organisation und den Möglichkeiten der Mitarbeiter, die sie realisieren. Selbst dort, wo es gelingt, einen für eine Stelle idealen Mitarbeiter zu finden, ist das Problem langfristig nur unvollkommen gelöst; denn jeder Mitarbeiter entwickelt sich weiter mit seinen Wünschen, Fähigkeiten und Erfahrungen, ebenso wie andererseits die Stellenanforderungen durch äußere oder innere Einflüsse einem laufenden Wandel unterliegen.

Die Realisierung der Organisationsgrundsätze, insbesondere der Wirtschaftlichkeit, im Rahmen der Ablauforganisation führt zwangsläufig zu einer straffen Reglementierung des Arbeitsablaufes durch eine Zunahme genereller Regelungen mit engen Grenzen für die einzelnen Mitarbeiter, so daß deren Kenntnisse und Fähigkeiten nur annähernd ausgeschöpft werden und eine Anreizwirkung weitgehend verschwindet. Die Überforderung durch Unterforderung ist hier kein Schlagwort, sondern bildet vielmehr die Grundlage für viele berechtigte Ansprüche an eine humanere Arbeitswelt.

Daraus ergeben sich eine Reihe von Effizienzmerkmalen, denen eine Organisation genügen muß.

Zu diesen Effizienzkriterien gehören:

1. *Funktionsfähigkeit*, d.h. ihre Regeln müssen zweckmäßig, übersichtlich und einfach genug sein, um Entscheidungsfindungen und Entscheidungsdurchsetzungen rasch und effizient sowie für alle Beteiligten ausübbar zu machen.
2. *Anpassungsfähigkeit*, um sich flexibel, elastisch und realitätsbezogen auf wechselnde Anforderungen einzustellen.
3. *Problemlösungsfähigkeit*, um es allen Beteiligten zu ermöglichen, jederzeit einen Beitrag zur Lösung eines vitalen Problems zu gestatten.
4. *Konfliktverarbeitungsfähigkeit*, um Konflikte zwischen Organisationsmitgliedern so zu steuern, daß diese nicht in ihrem Zusammenwirken beeinträchtigt, sondern daß sich ihre Lösung eher konstruktiv und effizienzsteigernd auswirkt.
5. *Integrationsfähigkeit*, um den entstehenden "zentrifugalen Fliehkräften" von Organisationsmitgliedern entgegenzuwirken.
6. *Innovationsfähigkeit*, um trotz einem notwendigen Formalisierungs- und Rationalisierungsgrad das vorhandene kreative und innovative Potential der Mitarbeiter zum Tragen kommen zu lassen.

Phänome der Ordnung einer Organisation können aber nicht nur als das Ergebnis eines gestaltenden Elementes oder eines Teils davon verstanden werden. Sie entstehen grundsätzlich aus der Interaktion aller Teile (aller Organisationsmitglieder); vgl. hierzu auch die Ausführungen zur strukturbestimmenden Personalplanung und zur Festlegung der Aufbauorganisation.

Die Charakteristiken dieser Selbstorganisation sind (*Probst*, HWP. Spalte 22, 55 f.):

- Autonomie
- Komplexität
- Redundanz
- Selbstreferenz

Systeme können sich nur in dem Umfang selbst organisieren, in dem die gegebenen internen und externen Strukturen und Verhaltensmöglichkeiten entsprechende Handlungsspielräume aufweisen, die das System selbst ausfüllen kann und die notwendigerweise nicht fremdbestimmt sind. Die Gestaltung und Lenkung geschieht in diesem Rahmen aus sich selbst heraus und ist nicht von außen her (äußere Sachzwänge, fremdbestimmte Vorgaben) festgelegt.

Selbstorganisierende Systeme weisen einen bestimmten Komplexitätsgrad auf. Sie sind in dieser Form das Resultat selbstständig interagierender Teile. Ihre Zustandsveränderungen sind nicht allein von der Vergangenheit oder von Ausgangsgrößen abhängig. Ihre Entwicklung ist nicht vollkommen vorhersehbar, die Anzahl der Teile (Mitglieder) und die Möglichkeit hoher Interaktivität lassen eine Vielzahl von Wahlmöglichkeiten und Handlungsspielräumen zu, die zu einer Dynamik des Systems und zu einer Nichtvorhersehbarkeit der Endergebnisse führen. Diese Beziehungen und Interaktionen werden nicht vollkommen verhindert oder eingeschränkt, damit können Gestaltungs- und Lenkungs- sowie Entwicklungskompetenzen über das ganze System verteilt sein und nutzbar gemacht werden.

Selbstorganisierende Systeme haben nicht einen "einzigen Gestalter", der bewußt Strukturen und Verhaltensweisen festlegt. Vielmehr kann jeder Beteiligte potentieller Gestalter sein und wird auch als solcher wahrgenommen. Nur wenn mehrere Teile im System gleiche oder ähnliche Fähigkeiten haben, können Entscheidungen dezentral getroffen und Informationen über das ganze System aufgenommen und verarbeitet werden.

Natürlicher Teil des Vorganges der Selbstorganisation ist damit der Aufbau von Mehrfachqualifikationen und die Ausweitung von (Management-)Kompetenzen. Die sich hierbei ergebende Redundanz ist jedoch nicht die Zahl der Teile, sondern vielmehr eine Redundanz der Funktionen. Hierbei können naturgemäß einzelne Funktionen auch von unterschiedlichen Teilen des Systems als Funktionsträger wahrgenommen werden.

Im Rahmen der Selbstreferenz sind die einzelnen Teile selbstorganisierend, weitgehend autonom und reproduzieren sich aus sich selbst heraus. Solche Systeme schirmen sich weitgehend gegenüber der Außenwelt ab. Sie ziehen die Grenzen zwischen sich und den anderen und zeigen damit auf, wer dazu gehört und wer nicht. Damit führt jedes Verhalten von Systemmitgliedern auf das System selbst zurück und wird damit zum Ausgangspunkt für weiteres eigenes Verhalten. Störungen begegnet das System aus sich heraus und trifft dagegen entsprechende Abwehrmaßnahmen. Systemaktivitäten werden genutzt, um durch die Sicherung eines Zusammenhalts eine Einheit zu schaffen und weiterzuentwickeln. Damit entwickeln solche Systeme auch Eigenwelten und entfalten eine sich selbstverstärkende Eigendynamik. Die gestaltenden und lenkenden Einflüsse aller Systemmitglieder auf das Ganze sind von dem Gesamtsystem nicht zu trennen.

Auf der Makroebene der Volkswirtschaft haben bereits die frühen Klassiker der Nationalökonomie auf die "Selbststeuerung" von Marktprozessen hingewiesen. Eine dem System innewohnende "Unsichtbare" Hand (invesibel hand) steuert das Verhalten der Menschen so, daß, wenn jeder nach seinem eigenen Nutzen strebt, sich dann zwangsläufig auch der größte Nutzen für die Gesellschaft ergibt. Aus der Erkenntnis des Einflusses der "Selbstorganisationsmechanismen" gewinnt im Führungsprozeß das Bild des Organisators und des Organisierens eine andere Bedeutung.

Standen in der traditionellen Betrachtungsweise der Organisation vor allem Sicherheit, Vorhersehbarkeit, Orientierung und Geordnetheit im Mittelpunkt, so sind es unter der Perspektive der "Selbstorganisation" vor allem Flexibilität, Evolution, kreative Veränderungsfähigkeiten, Anpassungsbereitschaft usw. Diese erfordert auch langfristig eine Veränderung der Denkweise. Die Sicht der Organisatoren, die alles zu regeln und vorzuschreiben versuchten und die damit auf ein Mißtrauen gegen die Unvollkommenheit des menschlichen Handelns aufbaut, wird sich ändern müssen, in eine Sicht der kontinuierlichen Veränderungsprozesse oder Anpassungs- und Entwicklungsfähigkeit schlechthin.

Als Führungsaufgabe werden für das Organisieren in Zukunft weniger das rationale Planen, Gestalten und Lenken und damit eine vorgabegetreue Implementierung vom Planvorgaben im Vordergrund stehen, sondern vielmehr das Herausarbeiten von Handlungs- und Gestaltungsspielräumen.

Jedoch zeigt sich auch hier, daß jede Übertreibung negative Konsequenzen haben wird. In der klassischen Sicht der Organisationslehre führte die die Autonomie erstickende Übertreibung zur Überorganisation, so kann eine Übertreibung der Selbstorganisation zur Orientierungslosigkeit führen.

4.3 Organisationsstruktur (formale Organisation) und Organisationskultur (informale Organisation)

Das Ergebnis bewußter Organisationsgestaltung schlägt sich in einem System organisatorischer Gestaltungsinstrumente nieder, die entweder schriftlich fixiert sind, wie z.B. Stellenbeschreibungen, Organisationspläne, Arbeitsanweisungen usw. oder die symbolhaften Charakter haben (wie Rangabzeichen, Statusinsignien usw.). Nun zeigen praktische Erfahrungen, daß in aller Regel weder Aufbau noch Abläufe innerhalb sozialer Systeme vollkommen der geplanten formalen Organisationsstruktur entsprechen.

Immer wieder wird deutlich, daß Instanzen Entscheidungsbefugnisse wahrnehmen, die ihnen laut Organisationsplan nicht zustehen, von Mitarbeitern ein Einfluß ausgeübt wird, der ihnen kraft Stellenbeschreibung nicht gestattet ist oder formal legitimierte Vorgesetzte weder die persönliche noch die fachliche Autorität besitzen, die ihnen aufgrund ihrer hierarchischen Eingliederung institutionell zustehen würde.

Neben dem formal geplanten Beziehungssystem besteht ein ganzes Netz persönlicher und sozialer Beziehungen zwischen den Mitgliedern eines Unternehmens; Beziehungen, die sich zu gemeinsam getragenen Werthaltungen verdichten, die ihren Ausdruck im Organisations-/ bzw. Betriebsklima finden. Eine Erscheinung, die man in diesem Zusammenhang besser als Organisationskultur bezeichnen sollte.

Die Gesamtheit dieser nichtgeplanten sozialen Beziehungen wird als *"informale Organisation"* bezeichnet.

Mayntz weist darauf hin, daß die Unterscheidung zwischen der formalen und der informalen Organisationen ausgesprochen analytischer Natur ist, und daß beide Aspekte in der Wirklichkeit fast immer zu einer Erfahrungseinheit verschmelzen, die soziale Organisation genannt wird.

Aus der Existenz formaler, sich aus dem Selbstorganisationsprozeß entwickelnder Organisationsbestandteile ergibt sich zwangläufig, daß die Fähigkeit, Einfluß auf das Verhalten anderer Organisationsmitglieder auszuüben, nicht unbedingt auf den mit hierarchischen Vollmachten ausgestatteten Vorgesetzten beschränkt ist. Inwieweit der formale Vorgesetzte seiner Aufgabe gerecht werden kann, hängt nicht zuletzt auch davon ab, ob seine Führerrolle von Mitarbeitern akzeptiert wird. Gleichzeitig ergibt sich aus dieser Entwicklung, daß auch andere Organisationsmitglieder in eine Rolle hineinwachsen, in denen sie einen Einfluß ausüben, der ihnen aufgrund ihrer hierarchischen Stellung nicht zustehen würde. Solche *Führungsduale*, d.h. das Vorhandensein eines formalen Vorgesetzten (aufgrund der hierarchischen Struktur) und eines informalen Führers (aufgrund entsprechender persönlicher oder fachlicher Autorität), ist in der Praxis nicht selten. Wenn hier keine Lösung im Sinne einer gegenseitigen Akzeptanz gefunden wird, bei denen die beiden sich sinnvoll ergänzen, sind Spannungen und Konflikte unausweichlich.

4.4 Der lernende Mitarbeiter und die lernende Organisation

Menschen erwerben Wissen durch die Aufnahme von neuen Informationen, ihrer Verknüpfung mit vorhandenen Wissensinhalten und durch kognitive Weiterverarbeitung. Sie erweitern dieses Wissen durch Erfahrung, in dem sie die Folgen von realen oder gedachten Handlungen im Sinne ihrer eigenen Sollvorstellungen oder Normen bewerten. Hieraus ergeben sich für jedes einzelne Individuum bestimmte Erwartungen, die sich dann zwangsläufig zu konkreten Werthaltungen (positiver oder negativer Art) verdichten. Aus diesen Werthaltungen heraus entwickeln sich Einstellungen gegenüber bestimmten

Phänomenen. Diese Einstellungen können sich ausdrücken gegenüber Objekten und Regeln oder in Form von Zu- oder Abneigungen bzw. Sympathie oder Antipathie gegenüber Personen.

Ein Mitarbeiter, der mehrfach organisatorische Regelungen aus Bequemlichkeit oder wegen des für ihn vorhersehbaren Nutzens nicht eingehalten oder sie unterlaufen hat, ohne daß sich hieraus Konsequnzen ergeben haben, wird zwangsläufig versucht sein, diese Regelung nicht mehr ernst zunehmen und erwartet, daß weitere Verstöße in gleicher oder ähnlicher Form folgenlos bleiben.

Dieser durch die Erfahrungen hervorgerufene Lerneffekt läßt sich auch auf Organisationen übertragen. Nun können Organisationen als solche nicht lernen, aber sie erzielen einen Zuwachs an Wissen, indem sie Bedingungen schaffen, das individuelle Wissen und Verhalten der einzelnen Mitglieder zusammenzufassen, zu bündeln und sie im Rahmen von Synergieeffekten zu vervielfachen und gemeinsam nutzbar zu machen.

Ohne auf die differenzierte Analyse von *Duncan/Weiss*, *Hedberg* u.a. einzugehen, läßt sich das Lernen von Organisationen leicht veranschaulichen.

Das Verhalten von Organisationsmitgliedern wirkt auf andere Organisationsmitglieder ein und wird für diese selbst wieder verhaltensbestimmend. Aus diesem, sich gegenseitig beeinflussenden (gegenseitig verstärkenden) Effekt, kommt es bei allen Organisationsmitgliedern zu weitgehend gleichen Einstellungen und Verhaltensmustern. Außenseiter, die sich nicht diesem Kodex von Werthaltungen anschließen, werden in aller Regel relativ rasch isoliert und als Außenseiter aus dem Kern der Organisation ausgeschlossen. Die sich so entwickelnden Einstellungs- und Wertemuster werden dann im Rahmen des Sozialisationsprozesses auch auf die neu eingetretenen Organisationsmitglieder übertragen. Dieser Prozeß läuft umso leichter und schneller ab und verstärkt sich teilweise noch, wenn neueintretende Mitglieder einen Vorteil in der Mitgliedschaft innerhalb der Organisation sehen, wenn sie dazu gehören wollen, oder wenn sie sonst Gefahr laufen, nicht mehr akzeptiert zu werden.

Erfahrungsgemäß (vgl. hierzu den Abschnitt über Gruppen in Unternehmen) führt dieser Vorgang zu einer Konformität in Ausdrucksformen und Werthaltungen.

Diese Normen, Werthaltungen und Regeln, die für die Mitarbeiter verhaltensbestimmend sind, bezeichnet man als eine gewachsene, im Zeitablauf entstandene Organisation-/Unternehmenskultur. Diese entsteht ungeplant, unbewußt und häufig auch ungewollt. Sie entstehen und verfestigen sich im Laufe ihrer Entwicklung, wirken dafür aber umso länger verhaltensbestimmend.

Handlungsanweisung der formalen Organisation	Problem	Ungeschriebene Regeln als Konsequenz, Informale Regeln
Aufgabe des Vorgesetzten ist es, seine Mitarbeiter zu fördern	Grundlage ist die Personalbeurteilung	Stelle dich gut mit deinem Chef und rede ihm nach dem Mund
Kritisches Mitdenken ist erwünscht	Die letzte Entscheidung hat der Chef	Durch kritische Vorschläge macht man sich unbeliebt
Teamarbeit ist angestrebt und wird gefördert	Aufstieg und Vergütung erfolgen nach individuellen Einzelleistungen	Profiliere dich selbst und denke nicht an die anderen
Die einzelnen Bereiche/ Mitarbeiter sind für das Erreichen der Ziele verantwortlich	a) Die Bemessung erfolgt nach den Vierteljahreszahlen	a) Denke nur an den kurzfristigen Erfolg, langfristige Perspektiven zahlen sich nicht aus
	b) Die Ertrags- und Kostenzuordnung ist nicht objektivierbar	b) Suche rechtzeitig Alibigründe für das Nichterreichen, notfalls auch durch das Abschieben der Schuld auf vor- oder nachgelagerte Bereiche
Jeder Mitarbeiter hat Aufstiegschancen (hat den Marschallstab im Tornister)	Die Zahl der Aufstiegspositionen ist begrenzt und nicht alle Erwartungen sind erfüllbar	Besondere Anstrengungen lohnen sich nicht, Glück muß man haben
Wir wollen ein leistungsstarkes Team sein, das unternehmerisch handelt	Weder Vorgesetzten noch Mitarbeitern wird ein "span of error" eingeräumt	Risikoscheu, Weg des geringsten Widerstandes

Abbildung 141: Führungsleitlinien und Beispiele für ungeschriebene Regeln

Solange sich eine Organisation in einer Gleichgewichtssituation befindet, wird der Zustand, daß sich hinter jeder Führungs- und Organisationsleitlinie auch eine ungeschriebene Regel befindet, die für den Mitarbeiter verhaltensbestimmend wirkt und damit die formalen Regelungen unterstützt oder ihr Einhalten verhindert, nur bedingt als störend empfunden.

Das Verhältnis von Organisationsstruktur und Organisationskultur läßt sich mit einem im Wasser schwimmenden Eisberg vergleichen. Der über dem Wasser schwimmende, für den Außenstehenden sichtbare Teil, stellt die bewußt geschaffene und in der Regel schriftlich fixierte Aufbau- und Ablauforganisation dar. Der den Eisberg tragende, unter der Wasseroberfläche schwimmende Teil ist die als "informale Organisation" bezeichnete Organisationskultur. Mit ihren aus Erfahrungen gewonnenen und gemeinsamen Normen, Regeln und verdichtenden Einstellungen wirkt sie stärker verhaltensbestimmend als die formalen Regelungen.

Abbildung 142: Verhältnis von Organisationsstruktur und Organisationskultur (formale/versus informale Organisation)

So wie sich bei dem Eisberg der tragende Teil immer unter Wasser befindet, so ist es bei der Organisation. Die Regelungen der Organisationsstrukturen werden nur dann, und nur insoweit wirksam, als sie auch durch die Kultur getragen werden.

Lange Zeit ging die traditionelle Organisationslehre davon aus, daß es bei Unzulänglichkeiten der Organisation, die sich durch Änderungen der Umweltbedingungen, durch das Wachstum des Unternehmens, oder der Gestaltungsebenen der Organisation ergeben haben, genügen würde, diese Bereiche der Organisationsstruktur zu ergänzen oder zu verfeinern. Betriebsorganisatoren und Unternehmungsberatungsfirmen hatten lange Zeit mit marginalen Änderungen der Organisationsstruktur oder der Einführung neuer Organisationstechniken Erfolg, solange diese im Einklang mit der bestehenden Organisationskultur standen.

Seit jedoch tiefgreifende Veränderungen auf dem Absatzmarkt, der Technik und dem Wertewandel weitergehende, z.T. grundlegende Änderungen notwendig machen, wurden dysfunktionale Störungen starker Organisationskulturen sichtbar.

So verhinderten z.B. die von einem starken organisationskulturellen Selbstbewußtsein getragenen "exzellenten Unternehmen" (*Peters/Waterman*) erkennbare Veränderungen des Marktes und die sich hieraus ergebenden Risiken für das Unternehmen wahrzunehmen. So verkannte IBM z.B. die Gefahr, die von Kleincomputern ausging ebenso wie Nixdorf ("Nixdorf baut LKW's und keine Handwagen"). Auch Rank Xerox sah, geblendet durch die Höhe seiner durch das Patentmonopol für elektrostatische Kopierer ermöglichten Rekordgewinne, die Gefahr nicht, die sich nach Ablauf der Schutzrechte durch den Konkurrenzdruck der neu auf den Markt drängenden japanischen Unternehmen ergab. In allen drei Fällen, wie übrigens eine Reihe weiterer Beispiele zeigen, wurden innerhalb kurzer Zeit "exzellente Unternehmen" zu Sanierungsfällen.

Diese vereinheitlichende Kraft, die durch einen Gleichklang im Denken und Handeln hervorgerufen wird und die zu einer Ausprägung einer Unternehmungskultur führt, wird vom Menschen ausgelöst und wirkt auf sein Verhalten, sein Tun und Lassen zurück. (Mitarbeiter machen Organisation und sie werden ihr gemacht.) Hierbei bestimmt nicht das Verhalten einer Führungskraft allein die Richtung der Entwicklung des Verhaltens der Mitarbeiter, vielmehr ist dies auch eine Reaktion auf das vorausgegangene Verhalten der Mitarbeiter.

Dieser Gleichklang im Denken und Handeln von Mitgliedern einer Organisation führt auch dazu, daß sich im Unternehmen mit einer stark ausgeprägten Unternehmenskultur durchaus pathologische "menschliche" Verhaltensweisen widerspiegeln.

So bezeichnet *Kets de Vries* Unternehmen als

- *paranoid*, wenn auf allen Hierarchieebenen und zwischen den Mitarbeitern ein starkes Mißtrauen vorherrscht und Absicherungsstreben der Vorgesetzten, Mitarbeiter und Gruppen die betrieblichen Handlungsweisen sehr stark bestimmt;
- *hysterisch*, wenn eine ständige Hektik, verbunden mit einer immerwährenden Suche nach unerreichbaren Patentlösungen, das betriebliche Geschehen nachhaltig dominieren, ohne daß diese Suche zu einem Abschluß kommt und damit zu einer Handlung führt;
- *schizoid*, wenn das Klima der Zusammenarbeit überstark durch unpersönliche Kontrollen bestimmt wird;
- *charismatisch*, wenn ein engerer Zusammenhalt im Unternehmen getragen wird von einer starken Persönlichkeit mit hoher Ausstrahlung, mit der sich die Mitarbeiter identifizieren. Die Organisation unterliegt der Gefahr, nach großen Zielen zu streben und die Realität zu wenig zu berücksichtigen;

- *depressiv*, wenn unter den Mitgliedern der Organisation ein Gefühl der Ohnmacht und Hilflosigkeit jede Aktivität unterbindet und die Angst vor dem Handeln Lernprozesse blockiert;
- *zwanghaft*, wenn ein starres Ordnungsrahmen notwendig ist und sich damit das Verhalten an dogmatischen Grundsätzen und an übertriebenen bürokratischen Ordnungsstrukturen ausrichtet;
- *politisierend*, wenn sich innerhalb der Organisation Gruppen von Mitgliedern abspalten und zu eigenen Einheiten organisieren. Diese einzelnen Gruppen grenzen sich gegenüber den anderen ab, die sich dann als Außenstehende mit eigenen Interessen gegenübertreten. Das Unternehmen ist damit kein einheitliches Ganzes, sondern eine Zusammenfassung von sich z.T. widerstrebenden Subsystemen.

Ähnliche Einteilungen werden auch von erfahrenen Unternehmungsberatern vorgenommen, die eingehende Kenntnisse und Einblicke in die internen Strukturen von Unternehmen mit unterschiedlich ausgeprägten Unternehmenskulturen haben.

Bei Unternehmen mit stark "paranoiden" Grundstrukturen z.B. läßt sich die für eine Realisierung des Delegationsprinzips erforderliche Vertrauensbasis im Führungsverhalten kaum erreichen.

Unternehmen mit einer "hysterisch" bestimmten Grundstruktur sind nie in der Lage, langfristig Planungskonzepte zu realisieren, während bei "schizoiden" Unternehmen eine starke Bürokratisierung mit einer starken Vernachlässigung eines personenbezogenen kommunikativen Stils vorherrscht. Diese verhaltensprägenden Denkmuster und -strukturen in Organisationen finden auch in der Arbeitsorganisation des Unternehmens, der ein Mitarbeiter über eine lange Zeitspanne seines Lebens ausgesetzt ist, ihren Niederschlag.

Erfahrene Unternehmensberater, die neben detaillierten Kenntnissen westlicher Unternehmenskulturen auch einen Einblick in die japanischen Denkweisen haben, weisen immer wieder darauf hin, daß Gruppenarbeitsprozesse und kontinuierliche Verbesserungsprogramme, wie z. B. im Rahmen eines Qualitätsmanagements usw. in Deutschland im Gegensatz zu Japan sehr schwer durchführbar sind.

Eine der wesentlichsten Ursachen dürften hier in der Internalisierung unterschiedlicher Formen des "Organisationslernens" sein. Das westliche, und hier vor allem das deutsche Ausbildungssystem, baut vor allem auf einer fachlichen Spezialisierung auf. Dies prägt in einer Organisation ein starkes *funktionsbezogenes Denken*. Japanische Unternehmen hingegen rekrutieren ihren Nachwuchs, insbesondere ihren Führungsnachwuchs, in der Regel mit einer sehr breit angelegten Grundlagenausbildung, jedoch ohne Spezialisierung. Gefragt ist hier also nicht der Spezialist, sondern die breite Grundausbildung.

Das Unternehmen übernimmt es dann, den neuen Mitarbeiter durch ein umfangreiches, häufig mehrere Spezialgebiete übergreifendes Job-Rotation-Programm, mehrfache Spezialqualifikationen zu vermitteln. In westlichen Unternehmen dominiert der Spezialist, mit einem eingegrenzten Funktionsbereich. Der Ingenieur z.B. ist in erster Linie Elektroniker, der fast alles über Elektronik weiß, aber aus dem betrieblichen Fertigungsprozeß nur einschlägig begrenzte Teilgebiete voll beherrscht. In japanischen Unternehmen hat der Ingenieur eine breite naturwissenschaftliche Grundlagenausbildung, die ihn befähigt, im Rahmen eines betriebsinternen Job-Rotation-Programms, sich kurzfristig in unterschiedliche Fachgebiete einzuarbeiten. Hier ist er in erster Linie "prozeßorientiert" mit genauen Kenntnissen über den Arbeitsablauf und erst in zweiter Linie der Spezialist für eine bestimmte Disziplin. Dieses *prozeßorientierte Denken* im Stil eines Generalisten fordert eine Denkweise, bei der es in erster Linie darauf ankommt herauszufinden, wie ein Fehler entstanden ist und wie er beseitigt werden kann. Das der westlichen Unternehmenskultur eher entsprechende *"struktur- und funktionsorientierte Denken"* führt hingegen eher zu der Frage, wer den Fehler verschuldet hat. Bei der Prozeßorientierung ist es der "unpersönliche" Fertigungsprozeß, den es zu verbessern gilt. Ein Denken, das Schuldzuweisungen an eine andere Person weitgehend ausschließt. Beim struktur- und funktionsbezogenen Denken führt die im Vordergrund stehende Verschuldensfrage, mit der Neigung aus Angst vor negativen Reaktionen oder Sanktionen, die Schuldursachen zu verschieben oder zu verschleiern, dazu, daß sich die Auswirkungen von Fehlern meist verstärken. Diese grundsätzlichen Unterschiede in den Denkstrukturen zeigen auf, daß die Anpassung an tiefgreifende Veränderungen des äußeren Umfeldes und den inneren Strukturen nicht durch den Austausch einzelner formaler Regeln oder der rezepthaften Anwendung einzelner Führungstechniken bzw. mit dem Einsatz technischer Hilfsmittel erfolgen können. Sie verlangen vor allem eine Änderung an der die Unternehmenskultur stützenden inneren Einstellung. Bloße Appelle an die Moral der Mitarbeiter zum Umdenken reichen nicht aus, solange die alten, von der inneren Kultur getragenen, Mechanismen das Verhalten bestimmen.

Die Einführung der Gruppenarbeit wird solange scheitern, solange sich die Wahrnehmung und Anerkennung der Leistung nicht ändert. Unter Berücksichtigung dieser Erkenntnisse wird die Vorgehensweise bei der Einführung neuer Organisationsstrukturen und damit die alte Diskussion über die Implementierungsproblematik (*Marr* 1992, *Schultz/Ginsberg* 1984) bestehen bleiben und zumindest in Ansätzen neu überdacht werden müssen.

So berichtet die Wirtschaftspresse zunehmend, daß noch so gut durchdachte Reorganisationskonzepte an den "geheimen Regeln" (*Scott-Morgan*) einer tradierten Organisationskultur gescheitert sind.

Eigene Beratungserfahrungen (vgl. hierzu auch die noch unveröffentlichte Untersuchung von *Dierkes/Rask* und Wissenschaftszentrum Berlin, Managermagazin Heft 6 und 7/1994) zeigen, daß ein Veränderungsprozeß beim Mitarbeiter als Individuum beginnt, sich über die Kultur entwickeln muß, um sich dann in der Struktur niederzuschlagen. Hierbei zeigen Erfahrungen, daß tiefgreifende Umgestaltungen der Organisationskultur sich in der Regel nur dann umsetzen lassen, wenn allen Mitgliedern einer Organisation eine kritische Situation oder die Notwendigkeit einer Neuorientierung augenfällig bewußt wird (nicht zu übersehende Krisensituation), oder wenn aus einer vorübergehenden Unsicherheitssituation heraus (Wechsel der Geschäftsführung, der Gesellschafter usw.) das Wert- und Normengebäude erschüttert wird, und eine Reorganisation unumgänglich notwendig erscheint.

Zusammenfassend läßt sich feststellen, daß eine Organisation selbst nicht lernt. Wissen aneignen kann sich nur eine natürliche menschliche Person. Nur sie kann Informationen bewerten, neue Zusammenhänge herstellen, hieraus Schlußfolgerungen ziehen und Erfahrungen sammeln.

Die Organisation selbst kann durch die Strukturgestaltung die äußeren Rahmenbedingungen für ein lernfreundliches und innovationsfähiges Klima nicht nur bei den einzelnen Individuen, sondern über die persönlichen Grenzen hinweg in einem dynamischen Gruppenprozeß schaffen.

Die Abbildung 143 gibt einen Überblick über die Teilbereiche des Unternehmens als *lernendes Unternehmen*.

Ausgangspunkt für den auf das Individuum übergreifenden Lernprozeß ist, bei möglichst allen Mitarbeitern ein Bewußtsein über die bestehenden Betriebsprobleme zu wecken und ihre Bereitschaft zur Mitarbeit an der Problemlösung zu aktivieren.

Grundlage sind hier die betrieblichen Zielvorstellungen und das Erkennen der Differenzen zwischen einem anzustrebenden Sollzustand und einem bestehenden Istzustand. Um die Gesamtheit der Mitarbeiter zu aktivieren, ist es notwendig, die Persönlichkeit eines jeden Mitarbeiters, seine Kenntnisse und Erfahrungen, ungeachtet der hierarchischen Position im Unternehmen, zu achten und diese Achtung auch mit Hilfe geeigneter Führungsmethoden durch Anerkennung der Leistung und ggf. durch (materielle oder immaterielle) Vergütung zum Ausdruck zu bringen. Nicht immer ist der Erwerb neuen Wissens erforderlich. In einer Vielzahl von Problemlösungen genügt es bereits, vorhandenes Wissen einzelner Mitarbeiter zu aktivieren und allen Beteiligten interpersonell zugänglich zu machen. Für das Überspringen von Wissensbarrieren sind geeignete Kommunikationsmöglichkeiten zu schaffen (klar gegliedertes und gut vorbereitetes Besprechungssystem).

Subsystem	Tätigkeit	Wertmaßstab	Führungsmethoden
1. Problemerkenntnis und Problemlösung	Ausgehend von betrieblichen Zielen durch Soll/Ist-Vergleich, Abweichungen erkennen und Lösungsansätze, Verbesserungen aufzeigen	Gleichbehandlung aller Mitarbeiter und verstärkt Achtung vor der Persönlichkeit, den Erkenntnissen und den Erfahrungen anderer	Anerkennung der Leistung und Leistungsvergütung
2. Vorhandenes Wissens-, Erfahrungspotential sammeln	Vorhandenes internes Wissen sammeln, aktivieren und allen Beteiligten zugänglich machen	Wissen teilen, überspringen von Wissensbarrieren	Lehr- und Ausbildung, nicht nur Wissenserweiterung, sondern auch Verhaltensbeeinflussung
3. Den Status-quo in Frage stellen	Lernen, vertrautes Terrain zu verlassen, Neues erproben, ständiges experimentieren	Lernbereitschaft durch eigenes Erproben, auch mit dem Mut zum Risiko	Personalauswahl, erfahrene Mitarbeiter einstellen, Aufstiegsmöglichkeiten bieten, Lernbereitschaft fördern
4. Vorhandenes Wissen erweitern	Sammlung externen Wissens und Integration in den eigenen Wissensbestand	Bereitschaft, eigenes Wissen in Frage zu stellen und Offenheit gegenüber dem Wissen anderer	Allianzen aufbauen, Beziehungsnetze fördern, Benchmarking

Abbildung 143: Das Unternehmen als lernendes System (in Anlehnung an *Leonard/Barton*, 1994)

Da es der menschlichen Natur entspricht, nach Sicherheit in einer vertrauten Umwelt zu streben und ungewohntes wegen der damit verbundenen Risiken zu scheuen, ist es der schwierigste Schritt, Mitarbeiter zu ermuntern den Status-quo in Frage zu stellen. Die Bereitschaft, mit dem Mut zum Risiko durch eigenes Ausprobieren zu lernen, läßt sich allenfalls nur dann realisieren, wenn dem einzelnen Mitarbeiter auch ein entsprechender "span of error" im Rahmen seiner Befugnisse eingeräumt und wenn durch Personalauswahl und -entwicklung ein geeigneter und fähiger Mitarbeiterstamm geschaffen wird. Die Ausweitung vorhandenen Wissens und die Integration in den bereits vorhandenen Wissensstand setzt auch die Offenheit gegenüber dem Wissen anderer und eine Vermeidung der Überschätzung des eigenen Wissens voraus. Gefördert werden kann dies durch den Aufbau zwischenbetrieblicher Vergleiche, die Installierung von Erfahrungsaustauschgruppen usw.

Damit wird das "Lernen der Organisation" nicht zu einem Problem der Gestaltung technischer Hilfsmittel, sondern zu einem entscheidenden Kriterium erfolgreicher Personalarbeit.

4.5 Intelligenz der Organisation/Organizational Intelligence

Im Zusammenwirken in einer Organisation verdichten sich die Einstellungen und Werthaltungen einzelner Mitglieder zu einer einheitlichen Grundstimmung, die das Organisations-/Betriebsklima und damit das Verhalten der einzelnen Mitglieder bestimmt. Hierbei werden, trotz marginaler Unterschiede, diese Begriffe synonym mit Organisations- und Unternehmenskultur verwendet.

In ähnlicher Form sind Organisationen auch in der Lage, individuelles Wissen der einzelnen Mitglieder zu vereinigen, entweder additiv zu verknüpfen oder unter Ausnützung von *Synergieeffekten* negativ oder positiv zu vervielfachen.

Negative Synergieeffekte treten auf, wenn einzelne Mitglieder ihr Wissen, wie in einer Organisation mit einer politischen Grundstruktur zum Nutzen ihrer Gruppe oder ihrer eigenen Person, und damit zum Nachteil der ganzen Organisation einsetzen oder positiv, wenn sich die Wissensbestandteile der einzelnen Individuen gegenseitig ergänzen und bereichern.

So kommt *Matsuda* (Präsident der privaten Universität Sanno College in Isehara) zu der Schlußfolgerung, daß über den Erfolg in einer Organisation auf die Dauer nicht zu sehr das tatsächliche Geschehen entscheidet, sondern das Wissen darüber. Der Schlüssel für die Wettbewerbsfähigkeit sind nicht Aufbaustrukturen und Finanzen, sondern vielmehr das intellektuelle Potential, das in der Gesamtheit aller geordneten Informationen, Erfahrungen, dem Wissen und dem Verstehen beruht. Hieraus ergibt sich, daß die in den mit außerordentlich hohem Aufwand erstellten *PIMS-Studien* (Profit Impact of Market Strategies) herausgearbeiteten Kennzahlen, entgegen vielfachen Feststellungen kaum geeignet sind zur Beschreibung von allgemein gültigen strategischen Gesetzmäßigkeiten, mit dem Ziel, hieraus Marktgesetze mit empirisch belegbaren Kausalzusammenhängen herzustellen (*Hopfenbeck* 1992, S. 562).

Aus dieser Erkenntnis heraus entwickelte *Matsuda* den Forschungsansatz der *Organiszational Intelligence,* der zunehmend auf Interesse auch in der westlichen Betriebswirtschaftslehre stößt.

Als Intelligenz werden hierbei vor allem die geistigen Fähigkeiten, Wissen und Bildung, ferner Verstand und Vernunft, verbunden mit Intellekt und Intellektualität, verstanden. Die Organisationsstrukturen und die Regeln der Zusammenarbeit bestimmen die Struktur des Lernprozesses der Organisation und die Nutzung der hierbei erworbenen Intelligenz.

Komponente 1 Wahrnehmungsprozesse	Komponente 2 Speicherungsprozesse	Komponente 3 Lernprozesse	Komponente 4 Kommunikationsprozesse	Komponente 5 Entscheidungsprozesse
1. **Organizational Perception** Gestaltung des Images nach innen und außen, d.h. Einfluß auf die subjektiven Vorstellungen bei Mitarbeitern und der Außenwelt	1. **Expertise Knowledge** Das bei einzelnen vorhandene Wissen so aufbereiten und dokumentieren, daß es für alle nutzbar ist	1. **Hetoronomic Learning** Lernen von der Außenwelt, von anderen Organisationen, Kulturen, Ländern, Fachdisziplinen, Nutzung anderer Erfahrungen oder Wissensbestände	1. **Classical Communication Structure** Sender, Information, Kanal, Empfänger	1. **Organizational Inference** a. Schlußfolgerungen aus vorhandenen Informationen b. Entscheidungsregeln nach konkreten Lösungsalgorithmen c. Auswahl aus antizipierten Lösungsmöglichkeiten durch Brainstorming, laterales Denken, interfunktionale Kooperation, Chaostheorie
2. **Organizational Comprehension** Entwicklung des Verständnisses durch objektives Wissen und subjektives Verstehen von Strukturen und Abläufen	2. **Institutional Memory** Aufstellen von Regelwerken für Art und Inhalt des zu speichernden Wissens und Festlegung der Speicherungsprozesse	2. **Autonomic Learning** Verwendung der Gesamtheit des in der eigenen und in fremden Organisationen gespeicherten Wissens	2. **Traditional Communication Hindrance** Störungen des Kommunikationsprozesses durch technische oder gesellschaftliche Unzulänglichkeiten	
3. **Mastery Perception** Über das Verständnis hinausgehendes Erkennen des wesentlichen, laufende Beobachtung und Erkennen von Risiken und Chancen	3. **Cultural Memory** Sammlung und Weitergabe von Grundsätzen und Leitideen, Gewohnheiten, Ritualen, Bräuchen, Mythen usw.	3. **Quasi Learning** Lernen durch Beinaheerfolge/ Mißerfolge (Was wäre gewesen, wenn Erfahrungen...)	3. **New Interactive Communication Model** Erweiterung des klassischen Modells durch Prinzipien der Kybernetik, des Einsatzes von Netzwerken usw.	
4. **Exploration (Generation of Premisis)** Erkennen von anzustrebenden Zielen und einzusetzenden Gestaltungsmöglichkeiten	4. **Machine Memory** Einsatz moderner (elektronischer) Medien der Informations- und Kommunikationstechnologie	4. **Artificial Learning** Lernen durch Erfahrung, Experiment und Simulation	4. **Computer Mediated Communication Model** Computergestützte Kommunikation durch Datenaustausch, Videokonferenzen	
alle vier Ebenen sind netzartig verbundene Einheiten, die bewußt beeinflußt und gesteuert werden können		5. **Unlearning** Verlernen nicht mehr benötigten oder nicht bewährten Wissens. Im wesentlichen Wissensaktualisierung	5. **Organizational Effects** Wechselwirkungen zwischen Organisationsstruktur und Kommunikationsprozessen	

Abbildung 144: Organizational Intelligence als Prozeß (nach *Matsuda*)

Hierbei unterscheidet *Matsuda* zwischen Intelligenz als Prozeß und als Produkt. Organizational Intelligence als Prozeß ist ihr Entstehen (vgl. hierzu Abbildung 144).

Als Produkt der Organizational Intelligence unterscheidet er drei informationelle Reifegrade, und zwar:

- *Daten* im Sinne von Informationen, die noch keine eigene semantische Bedeutung im Kontext der Organisation haben;
- *Informationen*, sie sind das Ergebnis menschlicher oder maschineller Verarbeitung. Sie haben eine inhaltliche Bedeutung in Bezug auf die Ziele der Organisation, sie stellen bereits eine zielgerichtete Auswahl an Sammlung von bearbeiteten Daten innerhalb der Organisation dar;
- *"Intelligence"* bedeutet, das aktive Benutzen bedeutungsvoller Informationen innerhalb der Organisation. Im Gegensatz zur Information (der Ebene 2) bedeutet hier Information, daß die Daten nicht nur aussagefähig und benutzbar aufbereitet sind, sondern daß sie zur Erreichung der Organisationsziele aktiv genutzt werden.

Analysiert man diesen Ansatz kritisch, so kommt man zu dem Ergebnis, daß im Mittelpunkt die Information als Produktionsfaktor steht, der durch das "Humankapital" im Sinne gut ausgebildeter, hochmotivierter und verantwortungsbewußter Mitarbeiter im Rahmen eines leistungsstimulierenden Betriebsklimas eingesetzt wird. So betrachtet ist dieser Managementansatz im wesentlichen auch praktisch angewandte Personalführung.

Im Vergleich mit anderen, auf den Produktionsfaktor Information aufbauenden Ansätzen, fällt hier vor allem die Bedeutung auf, die der sogenannten "künstlichen Intelligenz (als Maschinenintelligenz)" zugemessen wird, insbesondere im Bereich der Datenspeicherung, Datenaggregation und ihrer Auswertung. Besondere Bedeutung wird ferner der Kombination von menschlicher Intelligenz und maschineller Datenaufbereitung und -speicherung durch Daten-, Wissen- und Modellbanken beigemessen.

Vor allem wird auch die sogenannte *"kulturelle Dokumentation"* hervorgehoben, die sich im Rahmen der kulturellen Werte einer Corporate Identity ausdrückt. Hierher gehören vor allem Gewohnheiten, Rituale, Mythen usw., die sich im Rahmen des *"Symbolic Management"* widerspiegeln.

Was die Organisationsstruktur selbst anbelangt, so kommt hier ein Prinzip zum Tragen, das bereits im frühen Mittelalter die "Bauhütten" geprägt hat, daß dann im Zuge des Umsturzes und der Wertverschiebungen durch die industrielle Revolution als Erfahrung verloren gegangen ist.

Die Bauhütten entstanden im frühen Mittelalter zur Errichtung bedeutender sakraler Bauwerke (Dome) außerhalb der klösterlichen Gemeinschaften. Sie waren eine geschlossene, auf ihr internes und externes Image bedachte

Arbeitsgruppe von Fachleuten. In ihnen konzentrierte sich der Sachverstand und das handwerkliche Können in Überlieferung, Bewahrung und Erarbeitung ihres Wissens (von Baukonstruktionen). Der Fachgruppe gehörten alle Berufe an, die an einem Bau tätig waren, Steinmetze, Maurer, Zimmerleute usw. Ihnen stand der Magister operis (Hüttenmeister) vor. Das gesamte Bauwerk, von der Planung mit dem Bauherrn über die Materialauswahl bis zur Bauausführung, lag in ihren Händen. Damit waren die Bauhütten bedeutende Zentren der technischen Entwicklung, der internationalen Fachkompetenz und des Erfahrungstransfers. Ein regelmäßiger Erfahrungsaustausch durch die obligatorischen Wanderjahre ausgebildeter Gesellen und eine straffe Ordnung über Erwerb und Weitergabe des Wissens im Rahmen ihrer Mitglieder (Logenbrüderschaften) sicherte den Zusammenhalt. Ganz "modern" war auch, daß unter den Bauhütten bereits Formen einer sehr bedeutenden "zwischenbetrieblichen" Arbeitsteilung stattfanden. So war Köln auf dem Gebiet der mittelalterlichen Glasmalerei und die bedeutende Bauhütte in Soest auf dem Gebiet des Steinmetz- und Steinbildhauerhandwerks führend.

4.6 Zusammenhang zwischen Mitarbeitern, Organisationskultur und organisationaler Intelligenz

Die in den vorherigen Abschnitten dargestellte Entwicklung vom lernenden Mitarbeiter über die lernende Organisation zur organisationalen Intelligenz läßt sich mit Abbildung 145 verdeutlichen.

Ausgangspunkt jedes Wissens und jeder Intelligenz ist der einzelne Mitarbeiter mit seinem vorhandenen Potential an angeborenen Fähigkeiten und dem erworbenen Wissen. Der Lernprozeß erfolgt durch neue Informationen, die mit bereits vorhandenem Wissen verknüpft, den jeweils vorhandenen ("Intelligenz") Wissensstand ergeben. Verbunden mit neuen Erfahrungen entwickeln und ggf. verändern sich Erwartungen, Einstellungen und Werthaltungen der Individuen.

Durch den Prozeß des Zusammenwirkens im Unternehmen ergibt sich eine Vereinheitlichung der individuellen Unterschiede durch Anpassung oder Selektion, die sich dann auf einer mehr irrationalen/emotionalen Ebene zu einer einheitlichen Kultur verdichtet.

Dieses einheitliche Klima beeinflußt weitgehend Wahrnehmen, Denken und Handeln der einzelnen Individuen ganzer Organisationen.

Da das in der Organisation verfügbare Wissen und die Intelligenz auf die einzelnen Mitarbeitergruppen oder Abteilungen verteilt ist, kann nur der Teil genutzt werden, auf den die einzelnen jeweils handelnden Individuen Zugriff haben.

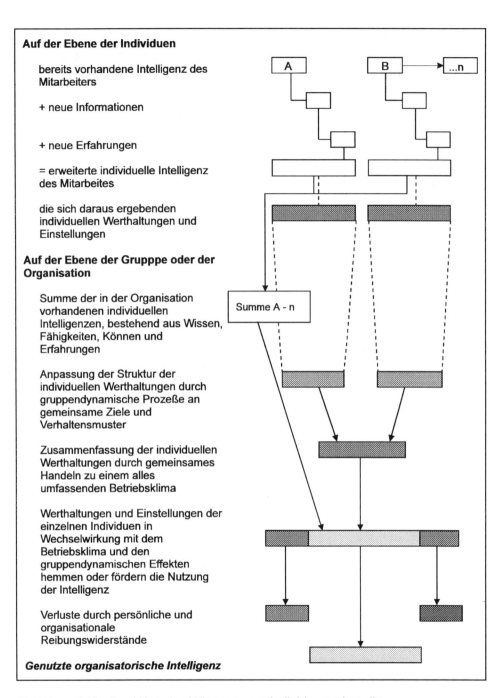

Abbildung 145: Der Weg des Wissens vom Individuum über die Organisationskultur/Betriebsklima zur organisationalen Intelligenz

Jede Organisation hat durch die formalen organisatorischen Regelungen und informalen Kanäle ein System der Informationsweitergabe und Speicherung im Unternehmen entwickelt.

Dieses System kann entsprechend ausgestaltet zu positiven Synergieeffekten führen, in dem Wissen und Erfahrungen einzelner Mitglieder miteinander akkumuliert werden und sich so gegenseitig befruchten. Im anderen Fall können Reibungsverluste, Spannungen usw. auch zu negativen Synergieeffekten führen, wenn z.B. Informationszurückhaltung, Informationsverfälschung, Bildung von esoterischen Geheimwissen bei einzelnen Individuen oder Gruppen den offenen Informationsaustausch stören. Hierbei kann der individuelle Egoismus eine genauso große Rolle spielen, wie der Versuch von Gruppen, sich durch spezielles Wissen von anderen abzugrenzen.

Je systematischer, ggf. unter Einsatz technischer Hilfsmittel zur Informationsbeschaffung (Erfahrungsaustausch, Gebrauch von Wissensbanken usw.), zur Informationssammlung (Datenbanken) und Datenauswertung, die Nutzung des Wissens erfolgt, umso größer ist die im Unternehmen verfügbare "organisationale Intelligenz".

Welcher Teil dieser Intelligenz tatsächlich benutzt wird, hängt von der Art, Form und Struktur sowie der Offenheit der Zusammenarbeit der einzelnen Mitarbeiter im Unternehmen ab, ein Prozeß, der weitgehend emotional von der Unternehmungskultur gesteuert wird.

Allerdings entscheidet nicht nur vorhandenes Wissen und die daraus abgeleitete "Intelligenz" über den Erfolg einer Organisation. Entscheidend sind vielmehr auch Intuition, Weitblick, Risikobereitschaft und unternehmerischer Wagemut. Wenn alle Organisationen aus dem gleichen verfügbaren Wissen, die gleichen Schlußfolgerungen ziehen oder ziehen würden, dann könnte es keine Spitzenunternehmen, sondern allenfalls nur gleichmäßig verbreitetes Mittelmaß ggf. auf hohem Niveau geben.

Erfolgreiche Unternehmen der Vergangenheit haben sich nur bedingt an Normstrategien gehalten, sondern sich zielgerichtet auf Nischen spezialisiert oder sind ursprünglich als Phantasten abgetan, häufig gegen den Strom geschwommen.

4.7 Organisationsänderungen

4.7.1 Organisationsentwicklung

Die Grundüberlegungen der betriebswirtschaftlichen Organisationslehre waren anfangs geprägt von einem Glauben an die Planbarkeit und Machbarkeit organisatorischer Strukturen. Im Mittelpunkt stand das bewußte Gestalten, das planmäßig unter zugrundelegen einer einheitlichen Idee erfolgt.

Der Ausgangspunkt war hier, wie in vielen anderen Wissenschaften, der *kritische Rationalismus*. Frühere Ansätze von evolutionären Ideen, wie z.B. von *v. Hayek* wurden hingegen kaum beachtet. Eine Sichtweise, die bei statischen, sich weitgehend auf den Gleichgewichtspfad bewegenden Organisationen durchaus zutreffend und erfolgreich war.

Eine stetig wachsende Wirtschaft, wie in der Nachkriegszeit mit weitgehenden Strukturverschiebungen, legte zunehmend die Schwächen, der in den ersten Nachkriegsjahren entwickelten Organisationsstrukturen offen. Etwa ab 1970 setzte sich die Erkenntnis durch, daß eine Organisation nicht für unbegrenzte Dauer geschaffen sein kann. Die Notwendigkeit, organisatorische Strukturen weiterzuentwickeln und den veränderten Anforderungen anzupassen, wurde zunehmend häufiger erkannt.

Unter den Begriffen *Organisationsentwicklung*, *Organizational Development*, *geplanter organisatorischer Wandel* usw. setzte eine kaum mehr übersehbare Fülle von Veröffentlichungen ein (z.B. *Golembiewski* 1972, *Gebert* 1974, *Glasl/Hossage* 1975, *Lievegoed* 1974, *Kirsch* u.a. 1979). Zu den Mittelpunkten dieser Entwicklung wurde in England die Aston Group (*Pugh, Hickson, Hinnings* 1976) und das niederländische *NPI*.

Die wesentlichen Grundgedanken dieser Ansätze sind in Abbildung 146 zusammengestellt.

Die intern oder extern auf die Unternehmungsorganisation einwirkenden Veränderungen führen zu einer Umgestaltung der Existenzbedingungen.

Ab welcher Reizschwelle eingehende Signale die Wahrnehmungsgrenze überschreiten und Anlaß zum Handeln geben, hängt ab von den Werthaltungen und Einstellungen des Unternehmens, d.h. von der Stärke "Unternehmenskultur". Diese bestimmt damit, ob das Unternehmen schwache Signale aufnimmt und gestaltend agiert, um eine erkennbare Entwicklung ggf. zu beeinflussen bzw. sich darauf einzustellen, oder ob das Unternehmen die Entwicklung übersieht und dann erst nach Eintreten der Ereignisse spät reagiert und manchmal auch zu spät zu reagieren versucht.

Diese Gestaltungsmaßnahmen können ansetzen über die Seite der formalen Organisation und hier bei der organisatorischen Grobstruktur. Hier werden die verschiedenen einzelnen meß- und beurteilbaren Komponenten, aus denen sich ein organisatorisches Gesamtkonzept zusammensetzt, betrachtet. Maßgebend wurde diese Betrachtungsweise von den Forschungsergebnissen der *Aston-Gruppe* geprägt (*Pugh u.a.*, 1976).

Abbildung 146: Struktur des Aufbaus der Gestaltung und der Entwicklung von Organisationen (*Bisani* 1985)

Diese Untersuchungen bezogen sich auf die Ausprägungen der einzelnen Komponenten und deren Auswirkungen auf die wirtschaftliche Leistungsfähigkeit der Organisation. Sechs Dimensionen wurden hierbei faktoranalytisch herausgearbeitet, die in jeweils unterschiedlichen Ausprägungen die Strukturen der einzelnen Organisationen bestimmen und damit festlegen, ob es sich um ein Unternehmen mit einer flachen oder steilen Hierarchie usw. handelt.

- *Spezialisierung.* Sie gibt den Grad der Arbeitsteilung wieder, von dem auf der einen Seite der Spezialisierungsvorteil, aber auch die Notwendigkeit von koordinierenden Regelungen abhängt und damit verbunden, auch die Frage nach dem optimalen Grad der Arbeitsteilung.
- *Standardisierung.* Sie mißt den Grad der Vereinheitlichung von Arbeitsabläufen durch detaillierte Vorgaben und bestimmt den Spielraum, den der einzelne bei der Durchführung seiner Tätigkeit hat.
- *Formalisierung.* Sie bestimmt den Umfang, in dem Normen, Regeln und Verfahrensvorschriften für alle verbindlich, schriftlich fixiert sind und bestimmt damit den Handlungsspielraum, der einzelnen Mitgliedern bzw. Gruppen zugewiesen ist.
- *Zentralisierung.* Sie regelt die Entscheidungsbefugnisse, die auf den einzelnen Hierarchieebenen verteilt sind. Hierbei ist zwischen der formalen Autorität zu unterscheiden, die sich aufgrund institutionalisierter Rollenzuweisungen ergibt und der informalen, die sich aus der persönlichen Autorität ableitet und die auf Kenntnisse und Erfahrungen beruht.
- *Konfiguration.* Sie umfaßt die Strukturierungsmerkmale in einer Organisation, die sich in einem Organisationsplan abbilden lassen. Hierher gehören Kompetenzgliederung, eindeutig hierarchische Ebenen, Umfang der Leistungsspannen usw.
- *Flexibilität.* Sie beinhaltet die Fähigkeit, die Organisationsstrukturen im Zeitablauf notwendigen Veränderungen anzupassen.

Neben diesen, die Gesamtstruktur einer Organisation bestimmenden Komponenten, haben vor allem unter dem Einfluß der Motivationstheorien von *Maslow, McGregor* und *Herzberg,* die Untersuchungen des *Tavistock-Instituts* das Augenmerk auf die Fragen der Arbeitsgestaltung im Rahmen des Organisationsprozesses gelenkt. Die Ansätze bilden hier ein Gegengewicht zu einer übertriebenen, häufig das Optimum übersteigenden Form der Arbeitsteilung.

Vier Formen bestimmen die Diskussion:

- *Job-enlargement*
- *Job-enrichment*
- *Job-rotation*
- *Gruppenarbeitskonzepte*, bei denen vor allem einer Arbeitsgruppe Planungs-, Durchführungs- und Kontrollfunktionen mitübertragen werden,

die vorher zu dem Aufgabenbereich von Mitgliedern des mittleren Managements gehörten und von diesen wahrgenommen wurden.

Auf der Seite der Mitarbeiter sind drei Bereiche zu unterscheiden.

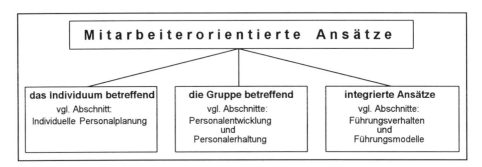

Abbildung 147: Übersicht über die mitarbeiterorientierten Ansätze

Systematische Studien über die Ergebnisse von Organisationsentwicklungsprozessen liegen nicht vor. Beschreibungen von Einzelfällen lassen sich wegen der Fülle der unterschiedlichen Einflußgrößen nur sehr bedingt systematisieren und zu repräsentativen Größen verdichten. Soweit in der Literatur über Erfahrungen berichtet wird, überwiegen die positiven Darstellungen. Verständlich, weil überwiegend nur unmittelbar Beteiligte (Berater, Mitarbeiter betroffener Unternehmen usw.) ihre Erfahrungen offenlegen, die deshalb nur beschränkt Interesse daran haben, mit Fehlschlägen oder enttäuschten Erwartungen an die Öffentlichkeit zu treten.

Soweit sich die Erkenntnisse von erfahrenen Beratern verallgemeinern lassen, ist eine zu starke Unternehmenskultur, die letztlich zu einem "Gefühl der Überheblichkeit" und der Arroganz gegenüber Mitbewerbern verführt und jede Einsicht in die Notwendigkeit einer Veränderung blockiert, im Grunde entwicklungsfeindlich.

Organisationsentwicklungsmaßnahmen können durchgeführt werden mit eigenen Mitarbeitern oder mit Unterstützung externer (unternehmensfremder oder bei Großunternehmen bereichsfremder) Mitarbeiter.

Aktivitäten, die mit eigenen Mitarbeitern ohne externe Unterstützung gestaltet wurden, erwiesen sich, soweit übersehbar, ausnahmslos als Fehlschläge. Die Ursachen hierfür lassen sich unter Beachtung der Ausführungen zum *lernenden Mitarbeiter* und zur *lernenden Organisation* leicht nachvollziehen. Jeder Ansatz zu einer Veränderung muß naturgemäß Entscheidungen und Handlungen, die vorher getroffen wurden, in Frage stellen. Das "Selbstwertgefühl Betroffener" und das Beharrungsstreben von Menschen und Organisationen führen in der Regel dazu, daß

- Informationen so ausgewählt werden, daß Entscheidungen, die die Betreffenden mit zuverantworten haben oder an denen sie beteiligt waren, stets bestätigt werden.
- Aktivitäten im Zuge organisatorischer Änderungen oftmals mehr auf die Absicherung des eigenen Einflußbereiches der eigenen Position ausgerichtet sind, statt sich auf das Unternehmen als Ganzes zu konzentrieren.
- sich Menschen sehr schnell an Mängel und Unzulänglichkeiten in ihrem kleinen überschaubaren Bereich gewöhnen und ein "natürliches" menschliches Streben darauf gerichtet ist, sich dagegen zu wehren, daß eigene Erfahrungen abgewertet werden usw., werden Ursachen für Unzulänglichkeiten fast immer in angrenzenden Gebieten, nicht aber im eigenen Bereich gesucht.

Daß Mitarbeiter selbst im eigenen Bereich Organisationsentwicklung betreiben können, gleicht, wenn man die Analogie zieht - dem Versuch Münchhausens, nachdem er in den Sumpf geritten war, sich samt Pferd wieder am eigenen Schopf herauszuziehen. Damit ist die als modern propagierte Konzeption der *kontinuierlichen Verbesserungsprozesse* meist zum Scheitern verurteilt.

Für den Einsatzbereich externer Experten lassen sich drei Formen unterscheiden:

- *Expertenmodell.* Dies entspricht der klassischen Form der Unternehmungsberatung. Organisationsspezialisten, vertraut mit den Möglichkeiten der Organisationsgestaltung und dem Einsatz von Organisationsinstrumenten und entsprechenden Hilfsmitteln, entwerfen eine Musterorganisation, die in der Regel in Form schriftlicher Anweisungen fixiert und mit Hilfe einer Anweisung als bindendes Regelwerk den Mitarbeitern vorgegeben wird.
- *Beteiligungsmodell.* Da sich formale organisatorische Regelungen nicht ohne Mitwirkung oder doch zumindest der stillschweigenden Billigung der betroffenen Organisationsmitglieder durchführen lassen, sollen diese bereits frühzeitig in den Prozeß der Neugestaltung einbezogen werden. Teils um ihr Fachwissen bei der Analyse der Situation und der Erarbeitung von Lösungsvorschlägen zu nutzen, zum andern auch um ihre Akzeptanz für die Durchführung zu sichern. Ein Vorgehen, das sehr häufig auf Mißtrauen bei den betroffenen Mitarbeitern stößt, nach dem Motto, zuerst liefern wir dem Berater Informationen über Schwächen und denkbare Lösungen, die dann von ihm als seine eigenen Arbeiten ausgegeben werden.
- Das *moderatorengestützte Prozeßbegleitungsmodell.* Es baut auf der Erkenntnis auf, daß ein externer Fachmann allein kaum in der Lage ist, die Probleme eines Unternehmens zu lösen. Die Lösung muß aus dem Unternehmen heraus von den beteiligten Mitarbeitern gefunden werden. Ein

externer Fachmann kann hier als *"Veränderungshelfer"* (change agent) nur die Aufgabe haben, den Prozeß der Organisationänderungen zu initiieren, anzuregen und unterstützend in Gang zu halten. Zu Beginn stehen deshalb im Gegensatz zu den anderen Vorgehensweisen keine detaillierten Erfassungen des Ist-Zustandes und/oder die Erarbeitung eines detaillierten Soll-Konzeptes, vielmehr steht am Anfang eine "Vision" von einem anzustrebenden organisatorischen Endzustand, der sich aber nicht auf ein Teilgebiet der Organisation, wie z.B. der Reorganisation der Arbeitsvorbereitung oder der Einführung eines Produktionsplanungs- und Steuerungssystems beschränken kann, sondern sich vielmehr über die Gesamtorganisation erstrecken muß.

Aufgabe des Veränderungshelfers ist es nun, einen Umdenkungsprozeß in Gang zu setzen und das Vertrauen der Mitarbeiter zu gewinnen. Möglich ist dies, wenn zuerst einige kleinere Veränderungsmaßnahmen realisiert werden, die ohne allzu großen Widerstand von Betroffenen durchzuführen sind und die bereits zu erkennbaren Verbesserungen führen.

Das Vorgehen entspricht dann im wesentlichen den Prinzipien der *"Aktionsforschung"* (vgl. *Kappler, E.,* 1980).

Grundgedanke, der in der verhaltens- und gesellschaftswissenschaftlichen Forschung entwickelten Konzepte, ist die Erkenntnis, daß der ganze Prozeß des Forschungsablaufes auch bei einer noch so gründlichen Planung, nicht grundsätzlich vorhersehbar ist, und daß

- immer mit Störungen von außen und innen gerechnet werden muß und
- eine zunehmende Beschäftigung mit dem Problem, den Erkenntnisstand laufend verbessert.

Festlegungen über das weitere Vorgehen lassen sich deshalb immer nur Zug um Zug, jeweils unter Beachtung zwischenzeitlich erreichter Erkenntnisfortschritte, der sich verändernden Ausgangsbedingungen und im Hinblick auf das gestellte "visionäre" Endziel treffen.

Damit wird eine Organisationsentwicklungsmaßnahme nicht zu einem einmaligen Akt, sondern zu einem laufenden Prozeß.

4.7.2 Business-Reengineering

Tiefgreifende Veränderungen, verbunden mit grundsätzlichen Strukturverschiebungen in vielen Bereichen, haben die Grenzen der klassischen Organisationsentwicklung, die im wesentlichen ja an dem Modell der funktionalen Organisationsstruktur, die am *Bürokratie-Modell* von *Max Weber* orientiert ist, aufgezeigt. Organisationsentwicklungsmaßnahmen waren erfolgreich, wo es um eine Anpassung bestehender Strukturen in einer statischen Umwelt ging. Sie mußten zwangläufig versagen, wo durch tiefgreifende Strukturveränderungen Leistungssteigerungen gefordert waren, die mit den herkömmlichen Formen nicht mehr zu bewältigen sind.

Der Tradition, der auf die Verbesserung bestehender Strukturen ausgerichteten Organisationsentwicklung, stellt das Konzept des *"Business-Reengineering"* (*Hammer/Champy*) die Forderungen nach einem radikalen Umdenken gegenüber. Hier bedeutet Business-Reengineering ein "Anfangen von vorne", ohne auf Traditionen und überkomme Werthaltungen Rücksicht zu nehmen. Ausgangspunkt ist das eigentliche Ziel eines jeden Unternehmens, nämlich Bedürfnisse zu befriedigen, die bei den Kunden außerhalb des Unternehmens entstehen. Deshalb sollen nicht bestehende Arbeitsabläufe optimiert, sondern die Prozesse unter Berücksichtigung dieser ureigensten Aufgabe neu gestaltet werden. Die Frage ist deshalb nicht mehr, was man besser machen könnte, oder wie man eine neue Technik in die vorhandene Produktion integrieren kann, sondern im Mittelpunkt der Betrachtung muß unter Berücksichtigung der Wettbewerbs- und Marktveränderung die Kundenorientierung stehen. Die Frage muß deshalb vor allem unter dem Gesichtspunkt gestellt werden, welchen Nutzen bringt eine bestimmte Maßnahme für den Kunden. Maßstab und für den Kunden wichtige Leistungsgrößen sind dann hierbei vor allem Kosten, Qualität, Service und Zeit.

Schlüsselbegriffe für das Reengineering nach *Hammer/Champy* sind deshalb:

- *Fundamental.* Bei den Betriebsabläufen ist nicht danach zu fragen, ob man etwas besser machen kann, sondern vielmehr, warum müssen bestimmte Dinge überhaupt getan werden und wenn ja, weshalb auf diese und nicht auf eine andere Weise. Eine Grundfrage, die bereits bei der klassischen, seit mehreren Jahrzehnten im Bereich der Arbeitswissenschaften weit verbreiteten und in der Betriebswirtschaftslehre in Ansätzen zur Kenntnis genommenen *Wertanalyse* (vgl. *Bisani*, Wertanalyse, 1980), die entscheidende Bedeutung hatte und die auch bei der *EKS-Strategie* von *Mewes* (1980) die Schlüsselrolle spielt.
- *Redesign* bedeutet von Grund auf überprüfen und Ausgangspunkte und Schlußfolgerungen in Frage stellen.
- *Radikal* bedeutet, neue Wege gehen, Entwicklung völlig neuer Vorgehensweisen, um einen bestimmten Kundennutzen zu erzeugen, ohne auf bestehende Strukturen oder Verfahrensweisen zu achten. Überholen ohne Aufzuholen ist das Motto. Wer aufholen will, folgt vorausgegangenen Wegen. Wer überholen will, kann dies meist nur auf einem neuen Wege tun.
- *Quantensprünge* in entsprechenden Größenordnungen müssen das Ziel von Redesign-Projekten sein und nicht marginale Verbesserungen.
- Im Mittelpunkt steht der *Prozeß* und nicht die *Funktion*. Entscheidend ist nicht, wer mit welcher Qualifikation für eine Sache zuständig ist, sondern vielmehr die Folge einer Handlung, die zur Erzielung des Kundennutzens

führt. Diese veränderte Sichtweise soll das bisherige Ressort-Denken und den Ressort-Egoismus, der sich hauptsächlich dadurch einstellt, daß alle Ressortleiter sich auf die Erreichung ihrer Abteilungsziele konzentrieren, ablösen und zu einer neuen ganzheitlichen Sichtweise führen. Dies soll die Antwort auf die häufig geäußerte Kritik sein, daß in bestehenden Organisationen alle am Arbeitsprozeß Beteiligten zuerst nach innen auf ihre Abteilung, dann aufwärts zu ihrem Vorgesetzten schauen, aber keiner den Blick nach außen auf den Kunden richtet.

So überzeugend auch verschiedene Begründungen für ein Redesign sein mögen, konkrete Handlungsanweisungen, wie dies zu schaffen ist, lassen sich wohl kaum generalisieren. Das Problem besteht darin, daß nur sehr wenige Organisationen auf der grünen Wiese neu geschaffen und gestaltet werden können, ohne daß bereits bestehende Strukturen vorhanden wären. Soweit in der Fachpresse von erfolgreich durchgeführten Redesign-Projekten berichtet wurde, handelt es sich um Organisationen, die sich in einer ausgereiften Krise befanden, in der jede Dynamik von innen und jede Bewegung von außen zum Stillstand gekommen war. In der überwiegenden Zahl der Fälle, bei denen derartige Ansätze scheiterten, war erfreulicherweise der "Leidensdruck" noch nicht groß genug, so daß sich andere Einflüsse durchsetzen konnten.

Damit stellt sich das Konzept des Reengineering als eine Art Krisenbewältigungsmanagement dar, daß nur bei bestimmten Unternehmenssituationen wirksam sein kann

Zu den Einflüssen, die ein Durchsetzen von Reengineering-Projekten verhinderten, gehören:

- Statt eines radikalen Umdenkens ein Abgleiten in eine Optimierung von alten Prozessen.
- Das Prozeßdenken konnte sich gegenüber dem Strukturdenken und damit dem Denken in althergebrachten Ressorts nicht durchsetzen.
- Beschränkung von Einzelmaßnahmen im Prozeßdesign ohne flankierende Maßnahmen.
- Beschränkung des Zieles und des Projektumfanges auf Insellösungen
- Behinderung des Reengineering-Prozesses durch die Einstellung von einflußreichen Führungskräften.
- Übertragung der Projektverantwortung auf Mitarbeiter des mittleren Managements, denen der Überblick über die Gesamtstrukturen fehlt.
- Versuch, ein Reeingineering-Objekt ohne Opfer durchzuführen und Rückzug bei Widerständen gegen die durch diese Maßnahmen hervorgerufenen Veränderungen.

Zu eher negativen Auswirkungen führen forsch in Angriff genommene Reengineering-Projekte, wenn es darum geht, eine Organisation im Rahmen eines evolutionären Prozesses organisch an die sich laufend verändernden Entwicklungen anzupassen.

4.7.3 Verhältnis Organisationsentwicklung und Reengineering

Wenn auch *Hammer/Champy* feststellen, daß Reengineering nur wenig mit anderen ähnlichen Programmen gemein hat, so stimmt dies in zwei Grundannahmen:
- Kundenorientierung statt Projektorientierung
- Prozeßorientierung statt funktionaler Strukturorientierung.

Das entscheidende Problem der Realisierung hat jedoch jedes Reengineering-Projekt mit allen anderen Programmen dieser Art gemein, daß ihre Realisierung im wesentlichen von der Einstellung der Mitarbeiter, von ihrer Lernbereitschaft und von der Aufgeschlossenheit gegenüber neuen Fragestellungen ebenso abhängt, wie von der Bereitschaft des Managements, auf allen Ebenen angestoßene Entwicklungen vorbehaltlos zu unterstützen und auch die eigenen, in der Vergangenheit getroffenen Entscheidungen, auch wieder in Frage zu stellen. Verbunden mit der Bereitschaft, das sich aus Organisationskultur und persönlichem Grundverhalten ergebende "Münchhausen-Syndrom", zu erkennen, wonach sich niemand ohne fremde Unterstützung mit dem eigenem Schopf aus dem Sumpf ziehen kann.

5. Führungsprozeß: Begriffliche Grundlagen

5.1 Führung als Erfüllung der Koordinationsaufgabe

Zweckgerichtes arbeitsteiliges Handeln mehrerer Individuen zur Erreichung eines gemeinsamen Zieles setzt nicht nur die Möglichkeit zur Kommunikation und einen Ordnungsrahmen für generelle und fallweise Regelungen voraus, sondern auch Instanzen, die den Prozeß zur Zielerreichung koordinieren und dafür sorgen, daß die Teilleistungen der einzelnen Mitglieder der Organisation oder der mit Teilautonomie ausgestatteten Gruppen zu einer Gesamtleistung kombiniert werden.

Damit ist Koordination die bewußte Gestaltung, Abstimmung und Ausrichtung dezentraler arbeitsteiliger Handlungen und Entscheidungen von einzelnen Individuen oder organisatorischen Teileinheiten im Hinblick auf die Erreichung von einheitlichen bzw. gemeinsam angestrebten Organisationszielen unter Anwendung koordinationsbedarfsreduzierender und koordinationsbedarfsdeckender Maßnahmen.

Die Notwendigkeit zur Koordination ist nicht nur auf den Bereich der Unternehmen beschränkt, sondern findet sich naturgemäß überall dort, wo Menschen in Gruppen zur Erreichung gemeinsamer Ziele zusammenwirken, also auch in Kirchen, Schulen, beim Militär und bei allen anderen ähnlich organisierten Systemen.

Mit zunehmender Größe von Organisationen kommt es dann zwangsläufig auch immer zu einer Arbeitsteilung zwischen den mit Ausführungsgaben betrauten Organisationsmitgliedern und denen, die die Koordinationsfunktion wahrnehmen. Eine Tätigkeit, die als Führung bezeichnet wird.

Aufgabe der Führung ist es in erster Linie, das Ziel bzw. die Ziele festzulegen, die Organisation zu gestalten, d.h. die Voraussetzungen zur Zielerreichung zu schaffen und das Verhalten der Mitglieder (Mitarbeiter) zielorientiert zu steuern. Deshalb ist Führung nur bei Zielen möglich, die auch von den Mitarbeitern freiwillig akzeptiert werden oder aufgrund gegebener Umstände von ihnen akzeptiert werden müssen.

Die Führung umfaßt demnach folgende Teilaufgaben:

1. Zielbildung und Setzung von Prioritäten;
2. Erkennen von auftretenden Problemen und Ergreifen der Initiative zur Problemlösung;
3. Bewertung der gegenwärtigen und Prognose der künftigen Entwicklung;
4. Entwurf alternativer Handlungsprogramme zur Problemlösung,
5. Bewertung der einzelnen Handlungsprogramme und Entscheidung;
6. Durchsetzung und Kontrolle.

Diese Teilaufgaben zeigen deutlich, daß die Notwendigkeit der Führung durch die personelle Trennung von Entscheidung und Realisierung entsteht. Führen bedeutet:

1. Ausfüllung von Entscheidungsspielräumen, die bei verschiedenen Möglichkeiten der Zielerreichung bestehen;
2. Reduzierung dieser Entscheidungsspielräume durch Setzung genereller Regelungen;
3. Veranlassung und Überwachung der Durchführung.

Diese grundsätzliche Struktur besteht bei allen Organisationsformen, ob es sich nun um eine tiefgegliederte Hierarchie oder um eine flache Organisation handelt. Sie besteht auch unabhängig davon, ob die Führungsfunktionen sehr stark spezialisiert auf mehrere Hierarchiestufen verteilt sind, oder ob im Rahmen einer flachen Organisationsstruktur wesentliche Elemente zur Erfüllung der Koordinationsaufgaben auf kleinere Einheiten, wie z.B. teilautonome Gruppen usw. übertragen wurden.

Grundsätzlich gibt es auch hier, wie bei der den Koordinationbedarf bestimmenden vertikalen Arbeitsteilung, ein Optimum zwischen Spezialisierungsvorteilen und dem Informations- und Kommunikationsaufwand zur Durchführung dieser Koordination.

Im Rahmen der vorgegebenen Ordnungsstruktur hat damit das Führungsproblem grundsätzlich zwei Dimensionen:

1. Sachliche Güte und Qualität der Entscheidungen;
2. Leistungsstimulierung bei der Durchführung dieser Entscheidungen.

Führung besteht damit unter diesen Gesichtspunkten aus zwei unterschiedlichen Teilfunktionen:

1. *Lokomotionsfunktion*: Streben nach Zielerreichung durch gemeinsame Arbeit der Gruppenmitglieder;
2. *Kohäsionsfunktion*: Sicherung von Zusammenhalt und Aktionsfähigkeit der Gruppe.

Der Prozeß der Führung kann nur insoweit erfolgreich sein, als die Mitarbeiter willens sind, zur Zielerreichung die Notwendigkeit einer gewissen Subordination anzuerkennen. Damit ist der Führungserfolg im wesentlichen von den Machtbefugnissen, der Anerkennung der Führerrolle durch die Mitarbeiter sowie der fachlichen und persönlichen Autorität des Vorgesetzten ebenso abhängig wie vom Fähigkeitspotential der Mitarbeiter.

Die Basis des Einflusses kann vielfältig sein. Hier ist zu unterscheiden:

Auf der Seite des Vorgesetzten

1. *Belohnungsmöglichkeit*: Der Mitarbeiter weiß, daß ihm der Vorgesetzte eine Belohnung (Gehaltserhöhung, bessere Arbeit usw.) erteilen oder auch versagen kann.
2. *Sanktionsmöglichkeit*: Der Mitarbeiter weiß, daß der Vorgesetzte bei Nichtbefolgen von Anordnungen in der Lage ist, Sanktionen zu verhängen, gegebenenfalls in Form von Negativbeurteilung und damit Behinderung des Fortkommens oder sogar Entlassung.
3. Einsatz des *Expertenwissens*: Hier erkennt der Mitarbeiter das höhere Fachwissen des Vorgesetzten an und weiß, daß er ohne dessen Anweisungen seine Aufgaben nicht lösen kann.

Auf Seiten des Mitarbeiters

1. *Identifikation*: Hier identifiziert sich der Mitarbeiter mit dem Vorgesetzten und mit den Zielen des Unternehmens.
2. *Legitimation* und *Kompetenz*: Hier akzeptiert der Mitarbeiter aufgrund eigener Einstellungen oder sozialer Normen das Recht des Vorgesetzten, auf sein Verhalten einzuwirken.

Wie diese Einflüsse im einzelnen vom Vorgesetzten ausgeübt werden und wie stark der Entscheidungsspielraum bzw. die Eigeninitiative der Mitarbeiter in konkreten Situationen eingeschränkt wird, ist Ausdruck des Führungsverhaltens.

Das *Führungsverhalten*, das von sehr vielen Einflußfaktoren abhängt, wie der Struktur des Unternehmens, der Zusammensetzung und Einstellung der Mitarbeiter, der konkreten Arbeitsaufgabe und Entscheidungssituation sowie darüber hinaus auch von der Persönlichkeitsstruktur der jeweiligen Vorgesetzten, hat entscheidenden und nachhaltigen Einfluß auf den Erfolg der Organisation und damit auf die Zielerreichung.

Jedoch kommen diese Einflußmöglichkeiten nur insoweit zum Tragen, als sie nicht durch die Gegenstrategien oder dem Einfluß von Kollegen, anderer Mitarbeiter oder Bedingungen der konkreten Situation beschränkt werden (vgl. hierzu Abschnitt: Formen der Führung).

5.2 Führen und Leiten

Die jahrzehntelange Vernachlässigung der Führungsproblematik in der betriebswirtschaftlichen Forschung und der unternehmerischen Praxis war im wesentlichen auf die geringe Bedeutung zurückzuführen, die dem Personalwesen bisher zugemessen wurde. Solange die Durchsetzung von Entscheidungen durch betriebliche Machtmittel, wozu vor allem die Drohung mit Entlassung und der damit verbundenen Gefährdung der wirtschaftlichen Existenz des Mitarbeiters gehörte, sichergestellt werden konnte, bestand keine praktische Notwendigkeit, sich mit den Führungsproblemen und der Motivation der Mitarbeiter zu zielgerichtetem Einsatz auseinanderzusetzen.

So findet sich z.B. in der von *N. Szyperski* zusammengestellten Übersicht über die Lehrsysteme der Betriebswirtschaftslehre kein Platz für den Bereich Personal- und Menschenführung. Eindeutig steht hier eine rein objektiv-sachmittelhafte Betrachtung im Vordergrund (vgl. Abbildung 148).

Sachmittel, wie Material und Maschinen, werden nicht geführt, sondern behandelt, bearbeitet, transportiert, aufgestellt und in Gang gesetzt, Führung aber ist immer Menschenführung, ist Personalführung.

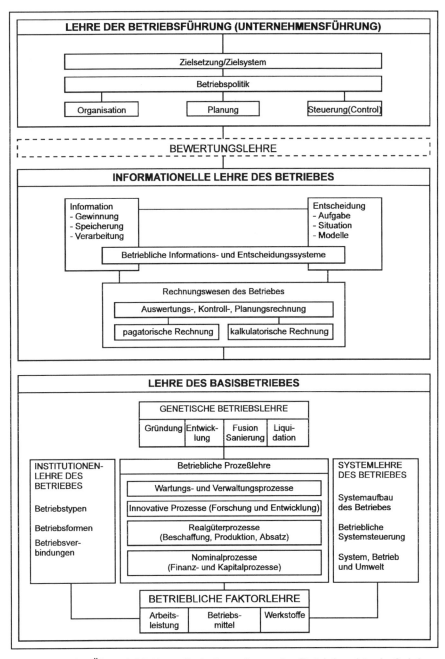

Abbildung 148: Übersicht über die Lehrsysteme der Betriebswirtschaftslehre, (*Szyperski, Norbert*: Unternehmensführung als Objekt der Betriebswirtschaftslehre, in: Unternehmensführung, herausgegeben von *Jürgen Wild*, Berlin 1974, S. 12).

Folgende Faktoren haben aber diese Ausgangsbedingungen nachhaltig beeinflußt:

1. Veränderungen der Belegschaftsstruktur und des gestiegenen Bildungsniveaus der Mitarbeiter;
2. Zunehmende soziale Absicherung der Arbeitskräfte;
3. Veränderung der Unternehmungsstrukturen mit flachen Hierarchien und zunehmender Bedeutung der Gruppenbildung im Rahmen der koordinationsbedarfsreduzierenden Maßnahmen;
4. Zunehmende Bedeutung des Spezialwissens der Mitarbeiter, von denen der Vorgesetzte in immer stärkerem Maße abhängig wird.

Damit reicht die Sanktionsgewalt ggf. in Verbindung mit wirtschaftlichem Druck und der Drohung des Verlustes des Arbeitsplatzes allein nicht mehr aus, um ein zielorientiertes Verhalten der Mitarbeiter zu erreichen. Die Probleme der Personalführung treten damit immer stärker in den Mittelpunkt des Interesses.

Der Gegenstandsbereich und die spezifische Fragestellung einer betriebswirtschaftlichen Führungslehre lassen sich deshalb nur dadurch gewinnen, daß zwischen verschiedenen Problemschichten und Betrachtungsweisen des Unternehmensgeschehens unterschieden wird, und zwar zwischen einer materiellen (sachbezogenen) - und einer personellen (verhaltensbezogenen) Sichtweise.

Steuern und *Leiten* umfaßt die Entscheidungsfunktionen, die sich auf Sachen (Betriebsmitel, Werkstoffe usw.) oder Verfahren, wie z.B. ein bestimmtes Produktionsprogramm und/oder eine Arbeitsmethode, die Produktgestaltung, die Preispolitik, die Finanzplanung usw., beziehen.

Führen umfaßt die personenbezogenen Funktionen und damit den Gesamtbereich der Menschenführung, der immer mehr zum Hauptproblem der Unternehmensführung geworden ist.

Sachbezogene Leitungsaufgaben sind deshalb hauptsächlich auf systematisch-sachliche Problemlösungen ausgerichtet. Sie bedienen sich vorwiegend formaler Methoden. Die *personenbezogenen Führungsaufgaben* sind dagegen im wesentlichen psychologisch-soziologischer Natur. Sie basieren vor allem auf den Kenntnissen über die Struktur des menschlichen Verhaltens.

5.3 Führungsstil, Führungsverhalten und Führungselemente

Wenn Führung als ein Prozeß der Beeinflussung der Handlungen von einem Individuum oder von Gruppen zum konform ausgerichteten Verhalten im Hinblick auf ein vorgegebenes Ziel verstanden werden soll, so gibt dies den Sachverhalt nur unvollständig wieder.

Führung ist nicht ein einseitiger Akt, bei dem ein Individuum widerspruchslos einem Einfluß ausgesetzt ist. Mitarbeiter sind nicht willenlose Roboter und Maschinen, die nur auf "Knopfdruck" reagieren. Sie haben auch einen eigenen Willen und eigene Vorstellungen, die sie in diesen Prozeß einbringen. Damit ist Führung keine Sache des Status innerhalb der Betriebshierarchie oder das Ergebnis einer Kombination von bestimmten Eigenschaften. Vielmehr handelt es sich um einen Prozeß des Zusammenwirkens zwischen dem Führer (Vorgesetzten) und den Mitarbeitern. Führen berührt damit alle Formen der Bildung, Durchsetzung und Sicherung eines Willens, wobei das Phänomen Führen immer die personelle Trennung zwischen Willensbildung und Willensdurchführung voraussetzt.

Bei der Durchführung dieser Führungsfunktionen lassen sich Führungsstil und Führungsverhalten unterscheiden.

Unter *Führungsstil* versteht man das Ergebnis einer bestimmten Grundeinstellung, die sich aus einer ganz bestimmten Philosophie der Unternehmensführung sowie der Grundeinstellung zum Menschen ableitet. Den Führungsstil kennzeichnet damit ein einheitliches, situationsunabhängiges Verhaltensmuster. Dies wird deutlich bei der neueren Diskussion um ein der gesellschaftlichen und wirtschaftlichen Entwicklung angepaßtes *Führungsverhalten* und in der Auseinandersetzung zwischen kooperativem und autoritärem Führungsstil.

Während es sich bei einem Führungsstil um eine ideal-typische Ausprägung handelt, ist das Führungsverhalten oder die Führungsform die jeweilige situations-aufgabenbezogene Ausübung der Führungsfunktion durch einen Vorgesetzten. Das Führungsverhalten wird nicht nur durch die jeweilige Situation und die Aufgabe bestimmt, sondern auch durch die Orientierungen an einem bestimmten Führungsstil und durch die Persönlichkeitsstrukturen aller Beteiligten. Beide, Führungsstil und Führungsverhalten zeigen eine unterschiedliche Ausprägung der einzelnen Führungselemente, und zwar der Führungsstil als optimal-ideal typische Ausprägung und das Führungsverhalten als konkrete Handlungsformen des Vorgesetzten.

Bleicher u.a unterscheiden zwei Arten von Führungselementen, und zwar organisatorische und sozial-psychologische.

5.3.1 Organisatorische Führungselemente

1. *Organisationsgrad* (Verhältnis zwischen Organisation und Disposition bzw. zwischen generellen und fallweisen Regelungen):
   Der Organisationsgrad ist hoch, wenn der jeweils größte Teil des betrieblichen Geschehens durch generelle Regelungen vorherbestimmt wird. Er ist niedrig, wenn nur die Ziele vorgegeben, die Realisierung dieser Ziele weitgehend im freien Ermessen der Organisationsmitglieder verbleibt. Der

Organisationsgrad wird damit bestimmt durch die Enge der organisatorischen Regelungen und den dispositiven Freiheitsgrad der Organisationsmitglieder.

2. *Formalisierungsgrad* (Verhältnis zwischen formaler und informaler Organisation):
Formale Regelungen sind nach objektiven Gesichtspunkten ausgerichtet. Sie schränken den Handlungs- und Gestaltungsspielraum des einzelnen ein. Lücken und Unzulänglichkeiten im System formaler Regelungen werden durch informale Strukturen geschlossen. Dies bildet zusätzlich Möglichkeiten, Arbeitsabläufe und Arbeitsvollzüge verstärkt indiviuellen Vorstellungen und Bedingungen anzupassen.

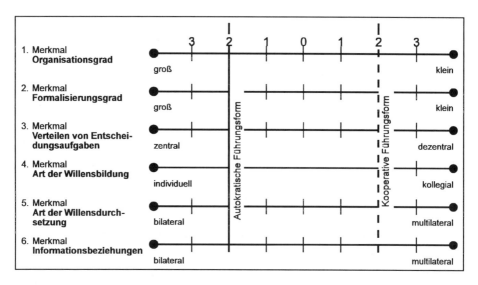

Abbildung 149: Polaritätenprofil, unterschiedliche Ausprägung der Führungselemente

3. Verteilung von *Entscheidungsaufgaben* (Verhältnis von Zentralisierung und Dezentralisierung der Entscheidungsfindung):
Die Entscheidungen können sehr stark in den hierarchisch-höheren Ebenen zentralisiert sein, so daß Mitarbeiter lediglich Ausführungsorgane sind. Sie können aber auch sehr stark dezentralisiert sein und damit den Mitarbeitern eine Mitwirkung bei der Gestaltung bzw. Realisierung vorgegebener Ziele ermöglichen. Zwischen den beiden Extremen gibt es eine ganze Reihe von Zwischenformen. Im Zusammenhang mit der Forderung nach einem kooperativen Führungsverhalten wird eine Form propagiert, bei der im Rahmen von Zielvorgaben der Prozeß, der

Durchführung der Entscheidungen im Rahmen vorgegebener Strukturdaten im weiten Umfang weitgehend dezentralisiert ist.

4. Art der *Willensbildung* (Verhältnis von Einzel- und Gurppenentscheidungen):

Die Willensbildung kann individuell nur an der Firmenspitze oder kollegial durch Mitwirkung der Betroffenen im Rahmen von Gruppenentscheidungeny erfolgen. Für individuelle Willensbildung spricht der raschere Willensbildungsprozeß. Für die Gruppenentscheidung sprechen die Vorteile der Vermeidung der Abkapselung von Spezialisten, die Erleichterung der Koordination, die Sicherung der Kontinuität und vor allem die Identifizierung der Gruppenmitglieder mit der getroffenen Entscheidung.

5. Art der *Willensdurchsetzung* (Verhältnis bilateraler und multilateraler Arbeitsbeziehungen):

Die Arbeitsbeziehungen zwischen Vorgesetzten und Mitarbeitern können personen- oder gruppenspezifisch strukturiert sein. Bei personenspezifischer Ausprägung verkehrt der Vorgesetzte mit dem einzelnen Mitarbeiter individuell und isoliert. Im anderen Fall verkehrt er mit der Gruppe. Bei der gruppenspezifischen Form der Arbeitsbeziehungen werden weitgehend kollegiale Arbeitsformen begünstigt, die in der Regel eine größere Berücksichtigung psychologischer Aspekte ermöglichen und das *Betriebs- bzw. Gruppenklima* günstig beeinflussen.

6. *Informationsfluß* (Verhältnis von bilateralen und multilateralen Informationsbeziehungen):

Bei autoritären Führungskonzepten ist der Informationsfluß weitgehend bilateral geregelt. Unter Einhaltung des *Dienstweges* geht der Informationsfluß von unten nach oben, während in umgekehrter Richtung die Anordnungen und Befehle und das arbeitsnotwendige Minimum an Ausführungsinformationen fließen. Den Gegensatz bilden multilaterale Informationsbeziehungen, bei denen keine Begrenzung der Information auf das arbeitsnotwendige Minimum erfolgt, sondern auch ggf. durch Aktivierung des Informationsaustausches eine Anreicherung der Informationsmenge stattfindet.

Im Zuge der Diskussion über flache Hierarchien und der damit verbundenen Straffung von Betriebsprozessen und Neustrukturierung von Organisations- und Betriebsabläufen im Rahmen eines *"Lean-Management"* wird man diese Zusammenstellung um fünf weitere Elemente der Organisationsstruktur, denen bisher in der traditionellen Organisationslehre zuwenig Augenmerk geschenkt wurde, erweitern müssen:

7. *Konfiguration* (Aufbau- und Kompetenzgliederung)
8. *Spezialisierung* (Grad der Arbeitsteilung)

9. *Standardisierung* (Grad der Vereinheitlichung)
10. *Flexibilität* (Anpassung und Erneuerungsfähigkeit)
11. Umfang von *Gruppenarbeit* (Verhältnis von Arbeitsplätzen mit individuellen Arbeitsvorgaben im Verhältnis zu Arbeitsplätzen mit einer bestehenden Gruppenautonomie). Das Ergebnis hierarchischer Umgestaltung zur flachen Hierarchie führt dazu, individuelle Arbeitsplätze zu Gruppen zusammenzufassen und den Gruppen in Autonomie Planungs-, Dispositions- und Koordinationsaufgaben zu übertragen, die bisher von Vorgesetzten der mittleren Führungsebenen wahrgenommen wurden.

Im einzelnen wurden diese Gestaltungselemente bereits im Abschnitt Organisationsentwicklung beschrieben.

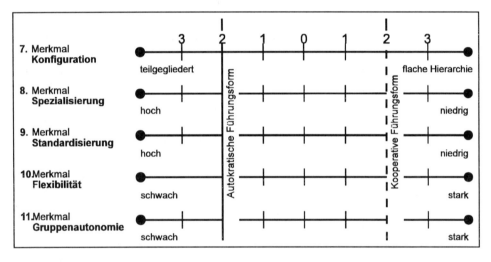

Abbildung 150: Polaritäten Profil unterschiedlicher Ausprägungen der organisatorischen Strukturelemente

5.3.2 Sozialpsychologische Führungselemente

1. Grundeinstellung des Vorgesetzten zu den Mitmenschen und speziell zu den Mitarbeitern.
2. Formen der Motivation und Verhaltenssteuerung.

Je nach der Ausprägung der einzelnen organisatorischen und in analoger Form der sozialpsychologischen Führungselemente lassen sich in Form eines Polaritätenprofils mehr autokratische oder mehr kooperative Führungsformen unterscheiden.

5.4 Führungspositionen

Da in einem Unternehmen jeder Führungsaufgaben wahrnimmt, der auf Handeln und Verhalten anderer Personen zum Zwecke der Erreichung eines bestimmten Zieles einwirken kann, sind alle Personen als Führungskräfte zu bezeichnen, denen mindestens eine Ebene von Positionsinhabern nachgeordnet ist. Damit fallen unter der Definition Führungskräfte sowohl Vorarbeiter und Gruppenführer als auch Meister, Betriebsleiter und Vorstandsmitglieder.

Für die Behandlung der Führungsproblematik werden vereinfacht drei Gruppen von Führungskräften unterschieden.

1. Untere Führungskräfte; ihnen unterstehen die Mitarbeiter auf der operativen Ebene, denen selbst keine weiteren Mitarbeiter mehr unterstellt sind.
2. Mittlere Führungskräfte; sie sind oberen Führungskräften unterstellt. Ihre Mitarbeiter sind aber ihrerseits wieder Vorgesetzte anderer Mitarbeitergruppen.
3. Obere (Oberste) Führungskräfte; ihre Mitarbeiter sind mittlere Führungskräfte, sie selbst haben keine weiteren Vorgesetzte über sich. Sie haben sich nur den Kontrollorganen der Kapitaleigner gegenüber zu verantworten.

Daraus ergibt sich, daß die Aufgaben, die die einzelnen Führungsebenen wahrzunehmen haben, sich mit der Positionshöhe in Art, Struktur und Zusammensetzung verschieben. Meist wird vereinfachend unterstellt, daß auf den unteren Ebenen die Ausführungsaufgaben vorherrschen und daß diese mit zunehmender Positionshöhe abnehmen, während gleichzeitig die Führungsaufgaben zunehmen.

Eigene noch unveröffentlichte Untersuchungen zeigen, daß dies nur bedingt zutrifft. Unterteilt man die gesamten Managementaufgaben in sachbezogene Leistungsaufgaben und personenbezogene (Personal-)Führungsaufgaben, und rechnet man zu den Ausführungsaufgaben auf den oberen Führungsebenen u.a. die notwendige Kontaktpflege zu Kapitalgebern, Kunden usw. sowie die sonstigen unvermeidlichen Repräsentationsaufgaben, so ergibt sich in etwa die in Abbildung 151 schematisch dargestellte Verteilung.

Auf den obersten Führungsebenen nehmen die Ausführungsaufgaben einen breiten Raum neben den Leitungsaufgaben der sachbezogenen Planung und Steuerung ein. Personalführungsaufgaben, d.h. die unmittelbare Mitarbeiterbeeinflussung, haben auf dieser Ebene, da die Leitungsspanne meist sehr gering ist und die unterteilten Mitarbeiter selbst Führungskräfte sind, in der Regel nur sehr geringe Bedeutung.

Auf den mittleren Führungsebenen nehmen die leitungsbezogenen Aufgaben stark ab, dafür nehmen die interaktionellen Personalführungsaufgaben sehr stark zu. Besonders auf der untersten Führungsebene der Meister, Abteilungsleiter und Vorarbeiter besteht ein erheblicher Teil der Aufgaben in Personalführungsaufgaben. Ausführungsaufgaben nehmen hier ebenso wie die Leitungsaufgaben sehr stark ab.

Zu den Ausführungsaufgaben auf diesen Ebenen gehören die Erledigung der Schreib-, Kontroll- und Überwachungsarbeiten, d.h. das Erstellen von Berichten und Meldungen usw. Die leitungsbezogenen Aufgaben sind hier in der Regel in der Disposition, der Zeit- und Materialeinteilung usw. zu sehen. Bei den ausführenden Ebenen dominieren die Durchführungsaufgaben, während leitungs- und personenbezogene Führungsaufgaben einen kaum wahrnehmbaren Raum einnehmen.

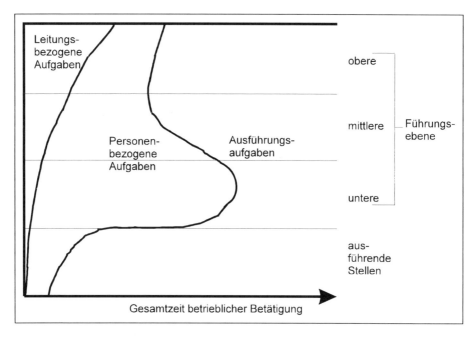

Abbildung 151: Verteilung der Aufgaben auf den verschiedenen hierarchischen Ebenen eines Unternehmens

Die Vorgesetzten mittlerer Ebenen haben eine Doppelrolle. Auf der einen Seite sind sie Vorgesetzte und sollen ihre Mitarbeiter einsetzen und führen. Auf der anderen Seite sind sie wieder als Mitarbeiter höheren Führungsebenen unterstellt. Diese Doppelrolle kann im Einzelfall stark belasten und führt zu der häufig beklagten Verunsicherung der mittleren Führungsschichten. Die Diskussion um die Sprecherausschüsse im Rahmen der Belegschaftsvertretung und um den Zusammenschluß zu Interessenverbänden wie der ULA (*Union der Leitenden Angestellten*) usw. weist auf das sich hier immer stärker entwickelnde Konfliktpotential in großen Unternehmen hin und zeigt die Notwendigkeit auf, daß mitarbeiterorientiertes Führungsverhalten nicht nur bei den mittleren Führungsschichten, sondern mehr noch bei den höheren Führungsebenen erforderlich ist.

Bisher vorliegende Untersuchungen haben sich überwiegend mit den Auswirkungen unterschiedlichen Führungsverhaltens der unteren Führungskräfte auf Arbeitsproduktivität, Arbeitszufriedenheit und auf andere Faktoren (wie Fehlzeiten usw.) der ihnen unterstellten Mitarbeiter befaßt.

Untersuchungen über das Führungsverhalten auf oberen Führungsebenen und seine Auswirkungen auf die Motivation und Leistungsbereitschaft der mittleren Führungsebenen liegen bisher, soweit bekannt, noch nicht vor.

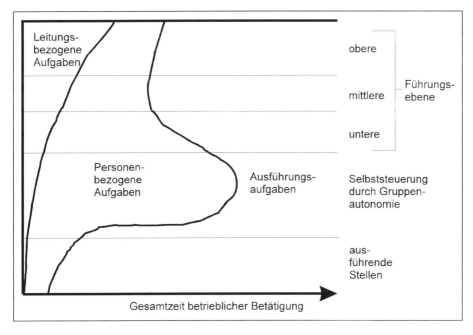

Abbildung 152: Verteilung der Aufgaben auf den verschiedenen Ebenen eines Unternehmens mit flacher Hierarchie und weitgehender Gruppenorientierung

Die Problematik für Führungskräfte der mittleren Führungsebenen ergibt sich vor allem daraus, daß sie bei ihrem Führungsverhaltens nicht nur von einer Vielzahl von individuellen, sozialen und betrieblichen Einflußgrößen abhängig sind, sondern daß sie auch der Vorbildwirkung des Führungsverhaltens ihrer Vorgesetzten auf den oberen Ebenen ausgesetzt sind. Dies erklärt auch, daß in der Regel ein vom Topmanagement praktiziertes Führungsverhalten sich mit unterschiedlichen Ausprägungen bis auf die unteren Ebenen durchsetzt. Die Einführung eines neuen Führungssystems mit einem anderen Führungsverhalten wird deshalb auch nur dann erfolgreich sein, wenn sich auch die oberen Führungskräfte den geänderten Anforderungen anpassen.

Weitreichende, im einzelnen heute nur in Grenzen vorhersehbare Auswirkungen werden sich ergeben, wenn die Tätigkeiten ausführender Stellen zunehmend in Gruppen organisiert werden, die im Rahmen einer teilweisen Autonomie die Aufgaben mittlerer und unterer Führungsebenen mit übernehmen sollen, und wenn anstelle des unmittelbaren Einflusses durch einen Vorgesetzten gruppendyamische Eigenregelungen treten. Wenn die Gruppe in ihrer Gesamtheit durch Gruppendruck gegenüber dem einzelnen Mitarbeiter für die Aufrechterhaltung der Ordnung, der Leistungserbringung und der Einhaltung von Qualitätsnormen sorgen soll.

Hieraus wird sich dann eine Aufgabenverteilung ergeben, die in etwa der Abbildung 152 entspricht.

Soweit sich die leitungsbezogenen bzw. Ausführungsaufgaben nicht durch Einsatz neuer Techniken oder Arbeitsverfahren ändern, werden es vor allem die personenbezogenen Aufgaben der Verteilung der Arbeit, des Arbeitseinsatzes, der Aufrechterhaltung von Ordnung, Disziplin und Sauberkeit, der Arbeitszeiteinteilung, der Planung und Überwachung des täglichen Arbeitsablaufes und der Personalführung sein, die aus dem Bereich von Vorgesetzten in die Gruppenautonomie übertragen werden.

Zweites Kapitel

Phasen des Managementprozesses

1. Übersicht über die Phasen des Managementprozesses

Das traditionelle Idealbild des betrieblichen Führungs- und Entscheidungsprozesses ging lange Zeit von der Individualentscheidung aus und setzte Führung und Entscheidung weitgehend gleich.

Die Entscheidung wurde als eine zeitlich punktuelle Handlung angesehen. Eine Arbeitsteilung im Managementprozeß wurde nur insoweit als Problem anerkannt, als es darum ging, Entscheidungsbefugnisse und Führungsaufgaben in sorgfältiger Kompetenzabgrenzung hierarchisch sinnvoll zu verteilen. Nach den vorherrschenden allgemeinen Organisationsgrundsätzen ging es vor allem darum, die Zuständigkeit und Kompetenz eindeutig dem Aufgabenbereich einer Person zuzuordnen, die nicht nur die entsprechenden Entscheidungen zu fällen, sondern den Mitarbeitern auch die sich daraus ergebenden Anweisungen zu erteilen hat. Damit verharrte die Betrachtungsweise einseitig in den Strukturproblemen der Aufbauorgansiation. Im Vordergrund wissenschaftlicher Untersuchungen und Veröffentlichungen standen die Fragen nach den Trägern unternehmerischer Willensbildung sowie die Probleme von echten und unechten Führungsentscheidungen.

Solange die klassische Betriebswirtschaftslehre bei der Betrachtung der Führungsprobleme von den Prämissen ausging:

1. die Willensbildung in Unternehmen erfolgt ausschließlich durch eine Person, d.h. durch den Unternehmer oder durch die von ihm beauftragten Personen;
2. der Unternehmer verfolgt nur ein Ziel, nämlich die Gewinnmaximierung,

war der prozessuale Ansatz der Führungsaufgabe nicht deutlich genug, um auch als relevantes Problem verstanden zu werden. Diese beiden Prämissen sind nach heutiger Auffassung, gestützt auf empirische Untersuchungen, nicht mehr haltbar. Man sieht in der Unternehmensführung einen geistigen Arbeitsprozeß, bei dem Leitungs- und Führungsfunktionen verschmelzen (vgl. Abbildung 153). Um diesen Zusammenhang von Führung und Leitung mit seinen engen wechselseitigen Beziehungen und die gegenseitigen Beeinflussungsmöglichkeiten aufzuzeigen, wird zuerst der Gesamtkomplex der Unternehmensführung dargestellt.

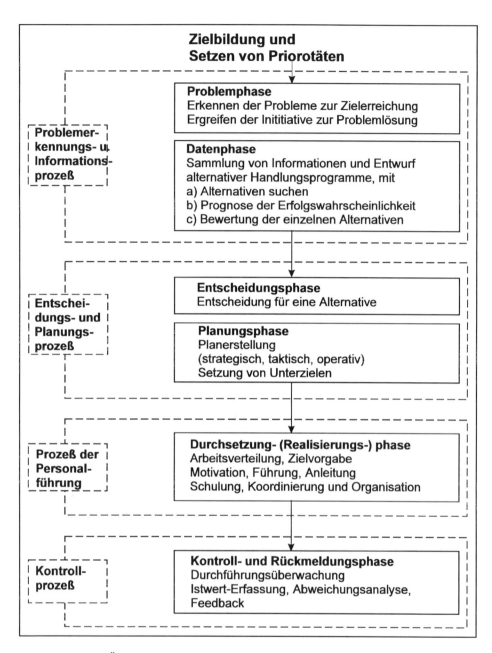

Abbildung 153: Übersicht über die Teilbereiche des Führungsprozesses

2. Zielsetzung

Im Gegensatz zu einer vollständig zentral gelenkten Planwirtschaft, bei der plandeterminierte Betriebe ohne die Möglichkeit zu eigener Zielbestimmung ausschließlich die von der Planungsbehörde vorgegebenen Zielvorgaben anzustreben haben, sind im Rahmen einer marktwirtschaftlich organisierten, auf Privateigentum aufgebauten Wirtschafts- und Gesellschaftsordnung die Unternehmen in der Lage, ihre Ziele selbst zu setzen und zu versuchen, diese durch zweckentsprechende zielkonforme Maßnahmen zu erreichen.

Praktische Erfahrungen zeigen, daß Gewinnmaximierung in der Regel nicht das letzte, oberste und ausschließliche Ziel einer Unternehmung ist. Viele Unternehmungsleitungen geben sich mit einem als angemessen angesehenen Gewinn zufrieden und berücksichtigen daneben noch andere Absichten in ihren Zielentscheidungen.

Daß die Betriebswirtschaftslehre trotzdem so lange und sehr zu ihrem Schaden an der überholten Prämisse der Gewinnmaximierung festgehalten hat, hat mehrere Ursachen. Einmal ist nicht von der Hand zu weisen, daß das Gewinnmotiv als Mittel zum Zweck einen Anreiz zum unternehmerischen Handeln darstellt und zum anderen ermöglicht die Annahme der Gewinnmaximierung als einzigem Unternehmensziel das Aufstellen einfacher Modelle und die Anwendung quantitativer Methoden zur Bestimmung eines (angeblich rationalen) Unternehmerverhaltens.

Der Zielsetzungsprozeß in einem Unternehmen ist jedoch wesentlich vielschichtiger, als daß er nur auf die eine Größe zurückgeführt werden kann. Zielbestimmungen, auch wenn sie unvollkommen und lückenhaft sind, haben den Charakter von Wahlentscheidungen zwischen verschiedenen alternativen Verhaltensmöglichkeiten.

2.1 Übersicht

Im Rahmen des Zielbildungsprozesses werden die möglichen Alternativen begrenzt durch die Bedingungen der Umwelt, vor allem aber des Marktes, sowie durch die Stärken und Schwächen und damit die Möglichkeiten des eigenen Unternehmens (vgl. Abbildung 154).

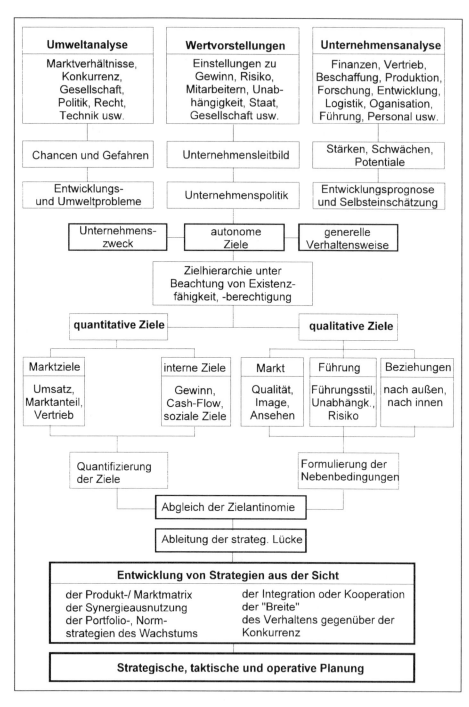

Abbildung 154: Der Zielbildungsprozeß (in Anlehnung an *Aurich/Schröder*)

2.2 Wertesystem

Grundlage eines jeden unternehmerischen Zielbildungs- und Entscheidungsvorganges sind die in einem Unternehmen vertretenen und verkörperten Wertvorstellungen, die sich nicht nur in der Einstellung der leitenden und meinungsbildenden Personen, sondern vor allem in der das Verhalten bestimmenden Unternehmungskultur ausdrücken. Abbildung 155 zeigt nach *Ulrich* mögliche Determinanten und ihre verschiedenen Ausprägungsformen.

Das Unternehmensleitbild ergibt sich durch Zusammenwirken von:

1. dem System der Wertvorstellungen,
2. den Ergebnissen der Umweltanalyse, welche die Chancen und Risiken der Umweltentwicklung bestimmen,
3. dem Stärken- und Schwächeprofil durch die Unternehmensanalyse.

2.3 Umwelt- und Unternehmensanalyse

Die Umweltanalyse erstreckt sich auf die gesamtwirtschaftlichen Einflußgrößen, die unmittelbar auf das System Unternehmen einwirken. Einflußgrößen, die in allen Bereichen auftreten können, mit denen das Unternehmen in Verbindung steht. *Ulrich* unterscheidet hier vier Bereiche:

- *ökologische Sphäre* der Umwelt mit den natürlichen Rohstoffen und der Begrenzung der Ressourcen, Umweltschutz usw..
- *technologische Sphäre*, naturwissenschaftlich/technische Forschungsergebnisse und die wirtschaftliche Umsetzbarkeit, der Markt für Investitionsgüter und technisches Know-how usw.,
- *ökonomische Sphäre* der Beschaffungs- und Absatzmärkte einschließlich der Kapitalmärkte, der Nachfrageverhältnisse, die Konkurrenzsituation und die Entwicklung im volkswirtschaftlichen und zwischenstaatlichen Wirtschaftsverkehr usw.,
- *soziale Sphäre*: Sie wird meist als eine Art Restgröße bezeichnet. Sie umfaßt die Bereiche, die nicht einer der drei bereits beschriebenen Sphären zugeordnet werden können. Hierher gehören die sehr große Anzahl individueller, persönlicher Bestrebungen und sozialer Beziehungen, die zwar zum Teil im Wirtschaftsgeschehen ihren Ausdruck finden, die aber in ihrer Bedeutung nicht allein durch wirtschaftliche Größen erfaßbar sind. Ferner umfassen sie sowohl die Bevölkerungsentwicklung als auch die Änderung gesamtgesellschaftlicher sozialer Wertesysteme, das Bildungswesen, staatliche Aktivitäten und politische Machtverhältnisse usw.

Faktoren	Ausprägungen				
auschüttbarer Gewinn	so wenig wie möglich	stabile bescheidene Dividende	nach Ergebnis wechselnde Dividende		so viel wie möglich
			gering	"angemessen" hoch	
reinvestierbarer (zurückzuhaltender) Gewinn	Null	Anteil am erzielten Gesamtgewinn			so viel wie möglich
		gering ... %	mittel ... %	hoch ... %	
Risikoneigung	größtmögliche Sicherheit	Eingehen "kalkulierter" Risiken			höchste Risiken akzeptieren
		gering	mittel	groß	
Umsatzwachstum	Schrumpfung	stabil bleiben	"angemessenes Wachstum"		maximales Wachstum
			klein	mittel groß	
Marktleistungsqualität	keine Bedeutung	angemessenes Qualitätsniveau			maximale Qualitätsvorstellung
		gering	mittel	hoch	
Kundenspezifische Zusammensetzung	keine Bedeutung	angemessene Zusatzleistung			maximale Erfüllung
		gering	mittel	hoch	
geographische Reichweite	lokal	Land Region	national	beschränkt international	multinational
Eigentumsverhältnisse	Einzelbesitz	Familienbesitz	kleiner Eigentümerkreis	Publikumsgesellschaft	Mitbeteiligung der Mitarbeiter
Innovationsneigung	sehr gering	angemessene Innovationsfähigkeit			sehr hoch
		gering	mittel	hoch	
Verhältnis zum Staat	negativ, Abwehrhaltung	politische Abstinenz	politische Neutralität	pol. Aktivität in best. Richtung	max. Unterstützung, Unterordnung
Berücksichtigung gesellschaftlicher Ziele	keine Berücksichtigung	nur wenn im Eigeninteresse berührt	von Fall zu Fall		generell so weit wie möglich
			wenn Opfer gering	wenn mit eigener Überzeugung übereinstimmend	
Berücksichtigung von Mitarbeiterzielen	keine Berücksichtigung	nur soweit leistungsfördernd	auch wenn mit Opfern verbunden		maximale Berücksichtigung
Führungsstil	"autoritär"	"kooperativ"			"demokratisch"
		beschränkt	weitgehend		

Abbildung 155: Verschiedene Wertvorstellungsprofile

Veränderungen einzelner Umweltfaktoren sind in einer dynamischen Wirtschaft unvermeidlich. Sie bieten dem Unternehmen, das sich diesen Veränderungen stellt und sie nutzbar macht, die Chancen einer wirtschaftlichen Nutzung, beinhalten aber auch gleichzeitig damit verbundene Risiken von Fehlschlägen.

Die *Unternehmensanalyse* erstreckt sich auf den Istzustand und auf die Entwicklung der Leistungs- und Führungsbereiche.

1. *Monetärer Kreislauf*
   - Umsatzentwicklung und Umsatzstruktur,
   - Preisentwicklung,
   - Kostenentwicklung, absolut und relativ zu den einzelnen Kostenarten,
   - Investitionsentwicklung, Höhe der Nettoinvestitionen im Verhältnis zu den Abschreibungen.

Hieraus errechnet sich die Entwicklung des Gewinnes, des Cash-flow's sowie die Finanzierung des Kapitalbedarfs.

2. *Vertriebssystem*
   - Sortimentsanalyse (Besetzung des Marktfeldes, Lebenszyklen der Produktgruppe und Altersstruktur des Sortiments),
   - Kundenstruktur und Vertriebssystem,
   - Verkaufsförderung.

3. *Einkauf*
   - Lieferantenstruktur (Anzahl und Größe der Lieferanten, ihre Leistungsfähigkeit usw.),
   - Beschaffungsstruktur, Qualität, Preisbereich, Bedarfsmenge, Lagerhaltung, Relation Fremdbezug/Eigenherstellung.

4. *Produktion*
   - technische Ausstattung (Qualität des Maschinenparkes, Altersstruktur und Leistungsentwicklung der Anlagen, vorhandene Hilfsabteilungen usw.),
   - personelle Situation im Produktionsbereich (Altersaufbau der Belegschaft, Qualifikation der Mitarbeiter, Fluktuation usw.).
   - sonstige Produktionsbedingungen wie gesetzliche Vorschriften, Standort, Möglichkeiten der Energieversorgung usw.

5. *Forschung und Entwicklung*
   - Kapazität der Forschung,
   - Forschungspolitik,
   - Verhältnis von Grundlagenforschung zu Produkt- und Verfahrensforschung.

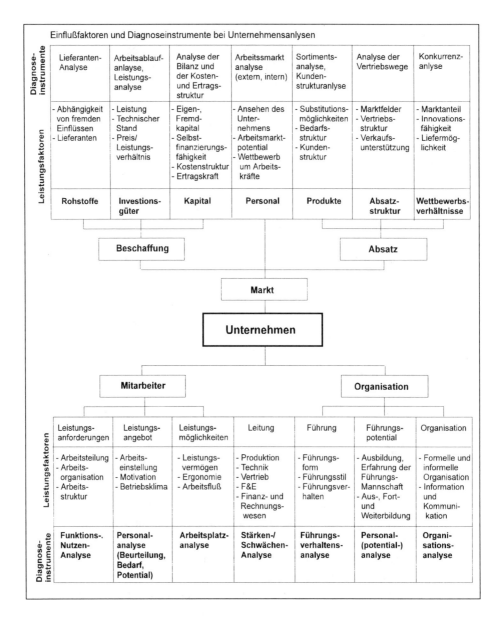

Abbildung 156: Bestandteile der Unternehmensanalyse

6. *Personal*
   - Entwicklung der Belegschaft,
   - Altersaufbau,
   - Qualifikation,
   - Fluktuation.

7. *Verwaltung*
   - Dienstleistungsformen der Verwaltung.

Zu den *Führungsbereichen* gehören:

1. *Planung*, (Aufbau, Struktur des Planungsprozesses, Abweichungskontrolle),
2. *Information*, Regelung des Informationsflusses,
3. *Organisation* (Struktur der Aufbau- und Ablauforganisation),
4. Regelungen der *Entscheidungsprozesse*.

Aus den Ergebnissen der Unternehmensanalyse ergibt sich ein Profil von Stärken und Schwächen der einzelnen Teilbereiche.

Einen systematischen Überblick über die Leistungsfaktoren und die zu ihrer Bewertung verwendeten Diagnose-Instrumente gibt Abbildung 156.

2.4 Unternehmensleitbild und Unternehmensprofil

Das *Unternehmensleitbild* umfaßt die wesentlichen Merkmale, die ein Unternehmen künftig auszeichnen sollen. Es ist ein Idealbild, das unter der Berücksichtigung der gegebenen Stärken und Schwächen des Unternehmens und der Rahmenbedingungen der Umwelt Realitätsbezug erhält. Naturgemäß wird das Leitbild von dem gegenwärtigen Unternehmenszustand abweichen. Dies muß es, wenn es Ziele enthält, die anzustreben sind. Hierbei wird sich das Leitbild auf das Wesentliche konzentrieren müssen. Da das Unternehmen in erster Linie ein produktives System ist, wird seine Hauptfunktion naturgemäß im Erstellen und Verteilen von materiellen Gütern und Dienstleistungen bestehen. Leitbilder, die sich zu stark auf außerwirtschaftliche, also auf gesellschaftliche oder soziale Funktionen beziehen, werden naturgemäß dem Hauptzweck eines Unternehmens nicht gerecht. Jedoch gehören zum Unternehmensleitbild aus gesamtwirtschaftlicher Sicht nicht nur ökonomische Zweck- und Zielvorstellungen, sondern auch Aussagen über die Verhaltensweisen des Unternehmens auf den Märkten, die Präzisierung von Grundsätzen und Regeln, wie man gegenüber Konkurrenten, aber auch gegenüber von Lieferanten und Abnehmern auftreten will.

Das Unternehmensleitbild bildet zusammen mit der Entwicklungsprognose der unternehmensinternen Stärken und Schwächen, verbunden mit der Selbsteinschätzung der Unternehmensleitung und ihrer Beurteilung der Entwicklung der Umweltbedingungen, die Grundlage der *Unternehmenspolitik*.

Diese kann schriftlich fixiert werden; es kann sich aber auch um einen bloßen mündlich überlieferten Konsens von Beteiligten handeln. Die Unternehmungspolitik ist jedoch das Ergebnis eines originären Entscheidungsprozesses, der nicht aus höherwertigeren Entscheidungen abgeleitet ist. Die

Unternehmenspolitik umfaßt als Basis für langfristige Festlegungen vor allem die Beschreibung langfristig geltender Unternehmensziele, die Bestimmung der Leistungspotentiale (hier vor allem der Finanzmittel usw.), die zur Erreichung dieser Ziele eingesetzt werden, und die Bestimmung der grundlegenden Strategien, die man zur Zielsetzung einsetzen will.

Aus den grundsätzlichen Festlegungen der Unternehmenspolitik leiten sich der Unternehmenszweck, die autonom anzustrebenden Ziele und die generellen Verhaltensweisen ab, die die Grundlage für die Bestimmung der anzustrebenden Zielvorstellungen sind, die unter Beachtung der übergeordneten Gesichtspunkte von Existenzfähigkeit und Existenzberechtigung die Grundlage für die Erstellung einer Zielhierarchie sind.

Der Unternehmungszweck bestimmt sich durch:

1. die Art und die Eigenschaft der zu erstellenden Leistungen,
2. die Abgrenzung der angesprochenen Zielgruppen,
3. die räumliche und sachliche Begrenzung des Tätigkeitsfeldes.

Zu den *autonomen Zielen* gehören diejenigen, die das Unternehmen innerhalb der gegebenen Voraussetzungen und Rahmenbedingungen unabhängig von anderen externen Einflüssen anstreben kann, so z.B.

1. *Quantitative Ziele*
   - Umsatzhöhe und Marktanteil,
   - Sicherheit und Unabhängigkeit von Vorlieferanten, Banken usw.,
   - angemessener oder möglichst hoher Gewinn bzw. sichere Rendite.
2. *Qualitative Ziele*
   - Arbeitsplatzsicherheit,
   - Mitarbeiterbeteiligung am Erfolg bzw. Kapital des Unternehmens (wie z.B. von mehr als 2.000 meist mittelständischen Unternehmen praktiziert wird, die zur Zeit Mitglied der Arbeitsgemeinschaft zur Förderung der Partnerschaft in der Wirtschaft sind).

Generelle Verhaltensweisen sind die grundsätzliche Einstellung, mit der das Unternehmen jenen Gruppen gegenübertritt, die in irgendeiner Form mit ihm verbunden sind, so z.B.:

1. den Mitarbeitern (Lohn-, Gehaltspolitik, Führungsgrundsätze, Gewinnbeteiligung usw.),
2. den Kapitalgebern (Ausschüttungs- und Informationspolitik usw.),
3. den Konkurrenten (aggressiver Wettbewerb, Kooperation usw.),
3. der Öffentlichkeit (Gemeinschaftsaufgaben, Stiftungen, Sozialleistung, Umweltschutz usw.),

4. den Abnehmern (Preispolitik, Qualität der Leistung, Service, Kundendienst, Kulanz usw.),
5. Lieferanten (Bezugstreue, Auftreten als Nachfrager usw.).

Aus der *Zielhierarchie* ergeben sich dann quantitative Ziele als Sollvorgaben und qualitative Ziele als Rahmenbedingungen bzw. Sach- und Formalziele (vgl. Abschnitt: Ziele des betrieblichen Personalwesens). Aus diesen beiden Zielarten sowie aus den Werten der Umwelt- und Unternehmensanalyse lassen sich die strategischen Lücken ableiten. Unter *strategischer Lücke* versteht man die Differenz zwischen dem anzustrebenden Sollzustand aufgrund der Zielfestlegung und dem Zustand, der sich aufgrund der Prognosen ergeben würde, wenn das Unternehmen selbst keine Strategien entwickelt und keine aktiven Maßnahmen ergreift.

2.5 Unternehmensstrategien

Die verschiedenen möglichen Strategien können in Anlehnung an *Pümpin* eingeteilt werden in:

1. aus der Sicht der *Produkt-/Markt-Matrix*-Marktdurchdringung
   - Marktentwicklungsstrategien
   - Produktentwicklungsstrategien
   - Diversifikationsstrategien
2. aus der Sicht der *Synergieausnützung*
   - werkstofforientierte Strategien
   - technologieorientierte Strategien
   - marktorientierte Strategien
3. aus der Sicht der *Portfolio-Normstrategien*
   - Desinvestitionsstrategien
   - Abschöpfungs-(Melk-)Strategien
   - Investitionsstrategien
   - Segmentationsstrategien
4. aus der Sicht des *Wachstums*
   - Expansionsstrategien
   - Haltestrategien
   - Konsolidierungsstrategien
   - Kontraktionsstrategien
5. aus der Sicht der *Integration*
   - Vorwärtsintegrationsstrategien
   - Rückwärtsintegrationsstrategien

6. aus der Sicht der *Kooperation* - Unabhängigkeit
   - Kooperationsstrategien
   - Beteiligungsstrategien
   - Akquisitionsstrategien
7. aus der *Sicht der "Breite"*
   - Konzentrationsstrategien
   - Breitenstrategien
8. aus der Sicht des Verhaltens gegenüber der *Konkurrenz*
   - Aggressionsstrategien
   - Defensivstrategien
   - Unabhängigkeit
   - Kooperationsstrategien.

2.6 Zielsystem

Die klassische Betriebswirtschaftslehre ging weitgehend von einer einzigen, die Grundsätze der Unternehmenspolitik bestimmenden Institution aus. Dies trifft nur noch bedingt zu. Der Einzelunternehmer ist in vielen Bereichen den Kapitalgesellschaften gewichen. Seine Funktion als Kapitalgeber und als alleiniger Entscheidungsträger hat sich aufgespalten. In der institutionalisierten Unternehmensführung sind vor allem angestellte Manager tätig; die Arbeitnehmervertreter haben im Rahmen der Mitbestimmungsrechte (Abschnitt: Der rechtliche Gestaltungsrahmen der betrieblichen Personalarbeit) Einfluß auf unternehmenspolitische Grundsatzentscheidungen bzw. deren weitere Verfolgung und Realisierung. Diese verschiedenen Interessengruppen legen im Rahmen ihres Einflusses unterschiedliche Schwerpunkte bei der Betonung einzelner Teilziele im Rahmen der grundsätzlichen Ziele von *Existenzfähigkeit* und *Existenzberechtigung*.

Versucht man, in Anlehnung an *Seiwert* diese Ziele systematisch aufzuzeigen und in ein Beziehungssystem zu bringen, so ergibt sich folgendes Bild:

- Ziele der *Kapitalgeber*
  - K 1 = Sicherheit, vor allem der Kapitalanlage
  - K 2 = Erwerbsinteresse (Kapitalertrag, Kapitalzuwachs)
  - K 3 = wirtschaftliche Macht (Einfluß auf die Unternehmensführung, auf weitere Entscheidungsprozesse, evtl. verbunden mit politischer Macht)
- Ziele der *Unternehmensleitung* (als Institution)
  - U 1 = Sicherheit für das Unternehmen als Institution (Überleben des Unternehmens unter sich wandelnden Bedingungen, damit Erhaltung und Sicherung der Liquidität)

U 2 = Erfolgsziele (Gewinn, Substanzerhaltung usw.)

U 3 = Expansionsziele (Umsatz, Marktanteil, Wachstum, Innovation, technischer Fortschritt usw.)

U 4 = Image- und Machtziele, z.B. Gestaltungswille, Prestigestreben, Unabhängigkeit, Einfluß usw.

Persönliche Ziele angestellter *Manager*

M 1 = Einkommensinteresse

M 2 = Einflußinteresse (beruflicher Aufstieg, persönlicher Erfolg, wirtschaftliche Macht und Einfluß im und außerhalb des Unternehmens)

- Ziele der *Mitarbeiter*

    A 1 = Existenzsicherung (materielle Sicherung, Erhaltung des Arbeitsplatzes, soziale Sicherung gegen Risiken des Arbeitslebens)

    A 2 = Einkommens- und Vermögensinteresse (hohe bzw. leistungsgerechte Entlohnung, Erfolgs- und Kapitalbeteiligung)

    A 3 = Betriebsklima/soziale Sicherung (gutes Verhältnis zu Kollegen und Vorgesetzten, Anerkennung, Verantwortung usw.)

    A 4 = Mitbestimmung und Entfaltung am Arbeitsplatz (Aufstiegsmöglichkeiten, interessante Tätigkeit, Erweiterung von Handlungs- und Entfaltungsspielräumen)

    A 5 = Arbeitsbedingung (Arbeitszeit, Arbeitsplatzgestaltung, Arbeitssicherheit).

Die verschiedenen Ziele können unterschiedlich strukturiert sein und in einem unterschiedlichen Verhältnis zueinander stehen, und zwar:

1. dimensional oder dichotomisch. Ein *dimensionales Ziel* kann in unterschiedlichem Ausmaß erreicht oder auch überschritten werden, z.B. eine Umsatzgröße. Bei *dichotomischen Zielen* gibt es nur ein Entweder-Oder, das Ziel kann entweder ganz oder gar nicht erreicht werden. Eine Zwischenabstufung gibt es nicht, z.B. Fertigstellung des Prototyps eines neuen Produkts zu einem bestimmten Termin;

2. harmonisch, neutral oder antinomisch. *Harmonie* liegt vor, wenn die Verfolgung eines Teilzieles auch zur Erreichung eines anderen Teilzieles beiträgt, z.B. Umsatzsteigerung begünstigt bei gleichbleibender Preispolitik die Gewinnentwicklung. Bei Zielen, zwischen denen eine neutrale Beziehung besteht, werden andere Ziele durch die Förderung eines Zieles weder beeinträchtigt noch begünstigt. Eine *Antinomie* liegt vor, wenn ein Ziel nur auf Kosten eines anderen erreicht werden kann; z.B. schließen sich hohe Lierferbereitschaft und niedrigere Kapitalbindung im Lager ebenso aus wie kurzfristige Gewinnmaximierung und freiwillige soziale Leistungen.

Das Verhältnis, in dem die einzelnen Teilziele zueinanderstehen, zeigt das nachstehende *Venn-Diagramm* (Abbildung 157).

Die Schnittmenge der drei Kreise zeigt Zielharmonie zwischen den am Zielprozeß beteiligten Gruppen.

Die Restmengen bei allen drei Beteiligten bedeutet, daß diese Ziele zu den anderen Zielen höchstwahrscheinlich in einem antinomischen Verhältnis stehen.

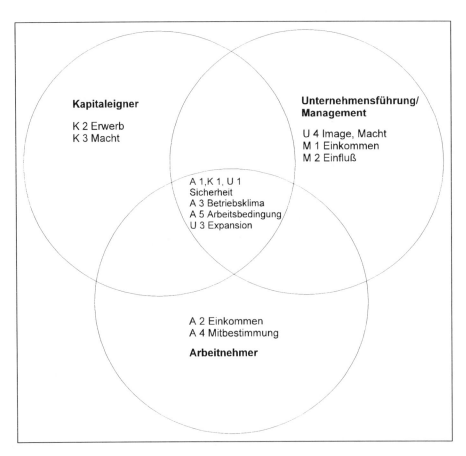

Abbildung 157: Beziehungen im Zielsystem eines Unternehmens

Da jedes Unternehmen nur ein einheitliches Zielsystem anstreben kann, ist es gezwungen, Zielantinomien zu beseitigen. Es kann gleichzeitig nur solche Ziele verfolgen, die auch gleichzeitig zu realisieren sind. Da die meisten Zielsetzungen dimensionaler Art sind, d.h. sie können in einem höheren oder geringeren Ausmaß angestrebt werden, wird nicht versucht, ein Ziel vollständig und die anderen gar nicht zu realisieren, sondern es wird vielmehr angestrebt, zwischen den einzelnen Zielen zu einem Ausgleich zu gelangen, ein Verhalten, das in der *"Theorie des Anspruchsniveaus"* und im *Goossen´schen Gesetz* des *"Ausgleichs des Grenznutzens"* hinreichend begründet wurde.

Verschiedene dimensionale Zielsetzungen können durch unterschiedliche Anspruchsniveaus in der Weise begrenzt werden, so daß eventuelle Zielantinomien entfallen. Dichotomische Ziele können, wenn sie sich gegenüber den anderen Zielen neutral oder harmonisch verhalten, als Bedingungen aufgenommen werden. Sind sie jedoch nicht gleichzeitig neben anderen Zielen erreichbar, so müssen sie unberücksichtigt bleiben. Um die verschiedenen Anspruchsniveaus bei der Bildung eines Zielsystems festzulegen, sind offensichtlich differenzierte Entscheidungskriterien notwendig. Trotz zahlreicher Untersuchungen, die Motive unternehmerischen Handelns festzustellen und eine bestimmte Rangordnung der Motive zu erarbeiten, ist es bisher nicht gelungen, ein umfassendes System der spezifischen unternehmerischen Teilziele aufzustellen und eine allgemein gültige Rangordnung festzulegen. *Ulrich* (S. 194) etwa sieht das Zielsystem der Unternehmung in Form einer hierarchischen Struktur aufgebaut, bei der von oben nach unten allgemeine Wertvorstellungen sukzessive in konkretere, schließlich operationale Ziele und Teilziele aufgegliedert werden.

Danach wird der rational handelnde Unternehmer zuerst versuchen, die festen und dauerhaften Gegebenheiten zu erkennen, die die Grenzen seiner Entscheidungsfreiheit festlegen. Diese bilden die Grundlage der *Basisziele*. Diese sind die langfristig unveränderlichen *Fixpunkte*, die teils durch die Anforderungen der Umwelt bestimmt, teils durch verschiedene Instanzen des Unternehmens festgelegt werden. Zu den Basiszielen gehören naturgemäß jene Anforderungen, deren Nichterfüllung zu nachhaltigen Sanktionen für das Unternehmen führt. Hierbei erscheint die Annahme vernünftig, daß zuerst versucht wird, ein Mindestniveau zu bestimmen, das unbedingt erreicht werden muß, um Sanktionen, die als nicht mehr tragbar erachtet werden, zu vermeiden. Hierher gehören die Ziele nach Aufrechterhaltung einer dauernden und ausreichenden Zahlungsbereitschaft sowie eines angemessenen Gewinns, um das "Überleben" sicherzustellen.

Ab einer gewissen Höhe verzichtet ein Unternehmer auf einen möglichen höheren Gewinn, um andere Ziele zu erreichen. Solche meist als "nicht-ökonomisch" angesehenen Ziele beruhen letzten Endes auf den sozialen Normen der Umwelt und der Motivation der Menschen im Entscheidungsprozeß. Nun ist die Rangfolge solcher Motivationen und die Dringlichkeit, mit der die Erfüllung der angesprochenen Ziele angestrebt wird, nicht nur abhängig von den handelnden Personen und den Einflüssen der Umwelt, sondern auch vom Ausmaß der Zielerfüllung. Bei Annahme eines abnehmenden Grenznutzens - was bei dimensionalen Zielen gerechtfertigt erscheint - wird bei zunehmender Zielerreichung der Antrieb zu einer weiteren Zielerfüllung zurückgehen, und andere Ziele werden vordringlicher.

Aufgrund dieses vielschichtigen Prozesses erscheint es verständlich, daß ein klares und eindeutiges Zielsystem, frei von allen Zielkonflikten, unerreichbar ist. Verbleibende *Zielantinomien* führen zu Unzulänglichkeiten bei der Konkretisierung und zu Reibungsflächen im Führungs- und Entscheidungsprozeß.

3. Willensbildung

3.1 Ermittlung der Problemstellung

Das Lösen von Problemen in einem Unternehmen vollzieht sich in einem arbeitsteiligen Prozeß, der das Zusammenwirken mehrerer Personen erfordert und der nach bestimmten Regeln organisiert werden muß.

Ausgangspunkt jeder Problemlösung ist ein Zustand der Unzufriedenheit mit der gegenwärtigen Situation und der erwarteten Entwicklung. Zwischen dem angestrebten Ziel und der bestehenden Wirklichkeit - also zwischen dem geplanten Soll und dem realisierten Ist - ist eine Diskrepanz vorhanden. Problemlösung bedeutet zielorientiertes Handeln, um diese Diskrepanz zu beseitigen.

Da in unserer Wirtschafts- und Gesellschaftsordnung die Unternehmung eine relative Autonomie hat, ihre Ziele selbst zu bestimmen und zu verändern, bedeutet dies, daß sie keine vorgegebenen Probleme zu lösen hat, sondern ihre Probleme selbst erkennen muß und in der Wahl der Lösungsalternativen frei ist.

Der gegenwärtige Zustand und die Zielvorstellungen werden durch die Gegebenheiten, die erwarteten künftigen Ereignisse, die individuellen Restriktionen, die *Fixierungen* sowie das Anspruchsniveau der handelnden Personen bestimmt. Gegebenheiten sind hier die nicht zu verändernden Bedingungen der Umwelt, wie zum Beispiel gesetzliche Bestimmungen, aber auch Standortfaktoren des Unternehmens. *Ereignisse* sind künftige Veränderungen der Umwelt oder der Unternehmung selbst, soweit sie aufgrund von Prognosen zu erwarten sind. Das *Anspruchsniveau*, das die Zielvorstellungen im wesentlichen beeinflußt, ergibt sich im Rahmen eines mehrschichtigen Zielsystems aus der Überlegung, was man aufgrund der persönlichen Grundeinstellung als angemessen ansieht und was man im Hinblick auf die Selbsteinschätzung der eigenen Fähigkeiten glaubt, erreichen zu können. Das unterschiedliche Anspruchsniveau verschiedener Teilziele ist das Ergebnis der sogenannten *"Fixierungen"*, die die Verhaltensmöglichkeiten einschränken. Wenn etwa aufgrund unternehmenspolitischer Entscheidungen festgelegt wird, für die nächsten Jahre den Großhandel als Absatzweg nicht auszuschalten oder im Zeichen der Rezession kein Personal abzubauen bzw. bei ansteigender Konjunktur in Befürchtung eines kurzfristigen Rückschlages den Maschinenpark nicht zu vergrößern, so werden durch diese Festlegungen mögliche Strategien ausgeschlossen. Es ist eine wesentliche Funktion der Unternehmenspolitik, solche Fixierungen bewußt und auf lange Sicht ausgerichtet zu entwickeln (*Ulrich* 1970, S. 142).

Fixierungen dienen auch als Fixpunkte für die *Problemerkennung* und für künftige *Problemlösungsmaßnahmen*. Das Erkennen eines Problems ist ein unternehmensinterner Vorgang, bei dem es darauf ankommt, daß ein Anregungsimpuls, der von außen kommt (z.B. Veränderungen auf dem Arbeitsmarkt) oder der innerhalb der Unternehmung seinen Ursprung haben kann (z.B. überschreiten einer bestimmten Schwelle im Rahmen der Kostenentwicklung), von einem Mitarbeiter des Unternehmens erkannt wird. Das Erkennen des Problems allein genügt nicht. Erforderlich ist weiterhin, daß die Initiative ergriffen wird, das Problem weiterzuverfolgen und Maßnahmen zu seiner Lösung einzuleiten.

Da der Erfolg des Unternehmens entscheidend davon abhängt, wie rasch Probleme erkannt und wie effizient hierauf reagiert wird, kommt es in der Führungspraxis darauf an, Regelungen zu entwickeln, die den Prozeß der Problemerkennung, die Initiative zur Problemlösung fördern und gleichzeitig Bedingungen schaffen, die vermeiden, daß diese Initiative im Kommunikationsprozeß der Unternehmenshierarchie untergehen. Durch geeignete Maßnahmen muß weiterhin versucht werden zu verhindern, daß Probleme deshalb nicht erkannt werden, weil sich niemand dafür zuständig fühlt, oder daß fachlich kompetente Stellen nicht tätig werden, weil ihnen die notwendigen Informationen nicht zugänglich gemacht werden.

Die traditionelle Organisationsliteratur, die sich bisher überwiegend an Problemen der Aufbauorganisation orientierte, sah die Initiative zum Erkennen von Problemen und zur Einleitung von Maßnahmen zu ihrer Lösung als eine der Hauptfunktionen der Unternehmungsleitung an. Verschiedene Autoren sehen deshalb in der Fähigkeit zur Problemerkennung eine notwendige Eigenschaft der Unternehmensleitung als Institution bzw. ihrer Mitglieder. So fordert etwa *Höhn* im Rahmen des *Harzburger Modells*, daß die Übertragung von Initiative im Rahmen der Problemerkennung und Problemlösung Bestandteil jeder Stellenbeschreibung sein muß. Konsequent wird hier zwischen einem *Initiativrecht* und einer *Initiativpflicht* unterschieden.

Das *Initiativrecht* besteht darin, die Ziele der Unternehmung zu formulieren und zu verändern. Es fällt ausschließlich (ungeachtet kooperativer Mitwirkung der Mitarbeiter) in den Bereich der Unternehmungsleitung. Anders gestaltet ist die Initiativfunktion der mittleren und unteren Führungskräfte. Soweit sie mit der

Sammlung, Aufbereitung und Analyse von Daten beauftragt sind, haben sie die Pflicht, die Initiative zu ergreifen, wenn sich die von ihnen beobachteten Daten ändern. Der Umfang dieser Pflicht kann begrenzt werden durch die Vorgabe von Schwellenwerten, wie z.B. Limits für Kostenüberschreitungen, Untergrenze für Umsatzentwicklungen usw.

Die *Initiativpflicht* darf sich nicht nur auf die Problemerkennung beschränken, sondern muß auch die Forderung umfassen, Alternativen zu Problemlösungen zu entwickeln. Soweit mittlere und untere Führungskräfte im Bereich der Personalführung tätig sind, erstreckt sich ihre Initiativpflicht insbesondere auf die Überwachung und Erhöhung der Leistungsbereitschaft der Mitarbeiter. Die Organisationsliteratur unterscheidet in diesem Zusammenhang zwischen *Eigeninitiative* und *Fremdinitiative*. Eigeninitiative liegt vor, wenn der Initiator auch die Entschlußkompetenz für den betreffenden Bereich hat. *Nordsieck* nennt diese Initiative auch selbständige, entscheidende Initiative, für die der Stelleninhaber auch die Verantwortung trägt. Bei der Fremdinitiative oder *vorschlagenden Initiative* werden Informationen in einem arbeitsteiligen Kommunikationsprozeß abgegeben. Ein typischer Fall der Fremdinitiative ist die Beteiligung am betrieblichen Vorschlagswesen. Während bei der Eigeninitiative der Initiator auch gleichzeitig den Entschluß zur Problemlösung fassen kann, sind bei der Fremdinitiative zumindest immer zwei Stellen beteiligt, der Initiator und die Entschlußinstanz. Bestehen zwischen Initiator und Entschlußinstanz noch weitere betriebliche Instanzen, dann entsteht das Risiko des sog. *Filtereffekts*.

Negative Auswirkungen können sich ergeben, wenn die Initiative ignoriert oder unterschlagen wird, da eine Stelle mit der Initiative nicht einverstanden ist oder glaubt, daß diese gegen ihr Interesse verstößt. Sie kann verfälscht, mit unzutreffenden weiteren Informationen versehen oder okkupiert werden. Im letzteren Fall gibt die filternde Stelle die Idee als ihre eigene aus, ohne daß sich der tatsächliche Initiator dagegen wehren kann. Mit der Folge, daß wissenswerte und notwendige Initiativen künftig unterbleiben. Der Filtereffekt kann aber auch positive Auswirkungen haben, wenn mehrere gleichartige Initiativen zusammengefaßt werden, eine Befreiung von Redundanz und unrichtigen Angaben erfolgt oder der Vorschlag durch zusätzliche Informationen ergänzt wird.

Problemerkennung und Entwicklung von Problemlösungsalternativen sind nicht nur eine Frage der Stellenbeschreibung mit Rechten und Pflichten zu Initiativen, sondern ein Personalführungsproblem. Ausführende Tätigkeiten lassen sich anordnen und in ihrer Durchführung überwachen. Ferner läßt sich der Grad ihrer Aufgabenerfüllung feststellen. Die Entwicklung von Initiativen im Bereich der Problemerkennung und Problemlösung hingegen ist in weit stärkerem Ausmaß abhängig von der Motivation der Mitarbeiter, ihrer Einstellung zu dem Betrieb und dem Grad der Identifikation mit den Unternehmungszielen.

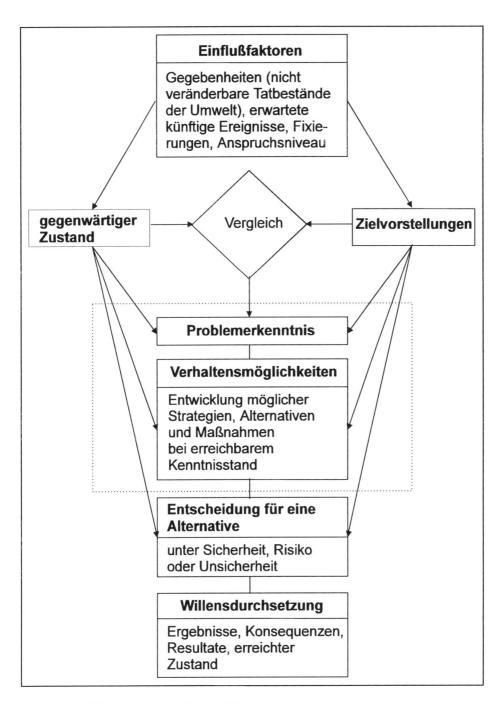

Abbildung 158: Prozeß der Willensbildung

Hieraus ergibt sich, daß kein Unternehmen auf die Dauer bestehen kann, das nicht die Fähigkeit der Mitarbeiter zur Problemerkennung aktiviert und das nicht auch gleichzeitig ihr Potential, Beiträge zur Problemlösung zu entwickeln, nutzt.

3.2 Ermittlung der Handlungsalternativen

Die Entwicklung von Initiativen im Bereich der Problemlösung setzt einen Handlungsspielraum, d.h. die Möglichkeit zur Wahl zwischen verschiedenen Alternativen voraus. In der wirtschaftlichen Realität gibt es meist eine Vielzahl von Gestaltungsmöglichkeiten, deren praktische Anwendung durch den Grad ihrer Relevanz begrenzt wird.

Das Ausmaß der Relevanz ist abhängig von der jeweiligen Struktur der Zielhierarchie und wird jeweils durch Fixierungen oder fallweise Festlegungen bestimmt. Zu unterscheiden ist zwischen irrelevanten Alternativen und solchen mit geringer mittlerer oder hoher Relevanz. Eine Alternative ist irrelevant, wenn sie außerhalb des durch das Zielsystem gesetzten Entscheidungsspielraums liegt. Um den Grad der Relevanz zu beurteilen, ist es notwendig zu klären, mit welcher Dimension die Relevanz gemessen und welches Anspruchsniveau innerhalb dieser Dimension angestrebt werden soll.

Zur Ermittlung und Auswahl verschiedener Alternativen gibt es zwei Formen:

1. naive Methoden des Versuchs und Irrtums,
2. wissenschafltiche Methoden der Theoriebildung und Anwendung.

Die *Versuch-Irrtum-Methode* wird dann angewandt, wenn die Einflußgrößen und die Auswirkungen der verschiedenen Handlungen nicht genau zu überblicken sind, und wenn man auf keine Erfahrungen bei der Lösung eines bestimmten Problems zurückblicken kann. Man versucht hier eine Lösung nach irgendeinem bekannten, als aussichtsreich erachteten Verfahren zu finden. Befriedigt das Ergebnis nicht, so wiederholt man den Vorgang so oft, bis man ein zufriedenstellendes Ergebnis erreicht oder die Versuche ergebnislos abbricht. Hierbei findet ein Lernprozeß statt, indem sich verschiedene Versuche als aussichtsreicher als andere erweisen, und die damit dazu beitragen, den Erfahrungsschatz zu erweitern. Dieser Methode liegt ein Verfahren zugrunde, daß der Volksmund mit dem Sprichwort *"Probieren geht über Studieren"* umschreibt. Bei dieser Sammlung von Erfahrungen steht das "gewußt wie" (*know how*) gegenüber dem "gewußt warum" (*know why*) im Vordergrund. Das Erfahrungspotential schlägt sich dann in Faustregeln nieder, die bei gleichartigen Problemen in Zukunft zur Anwendung gelangen können. Problematisch ist bei diesen Verfahren, daß Faustregeln Verallgemeinerungen darstellen, die in der Regel nicht auf einer logischen Problemanalyse beruhen, so daß dadurch für die scheinbar gleiche Situation nicht selten einander widersprechende Faustregeln zur Verfügung stehen.

Diese Methode weist noch eine Reihe weiterer Nachteile auf, und zwar:

1. *Erfahrungswissen* ist personenabhängig und nur mit Einschränkungen auf andere übertragbar;
2. die *Übertragung* gefundener, erfolgreicher Lösungsmöglichkeiten ist nur beschränkt möglich, so daß der Lernprozeß zumindest in Teilbereichen immer wieder neu beginnen muß;
3. eine *Optimierung* bei verschiedenen Lösungsalternativen ist nur selten möglich;
4. das Verfahren ist zeitraubend, kostspielig und umständlich.

Im Rahmen zunehmender Möglichkeiten des Computer-Einsatzes gewinnt die Methode Versuch/Irrtum durch die *"heuristische Programmierung"* wieder an Bedeutung. Hierbei wird der menschliche Lernprozeß aufgrund der Versuch-Irrtum-Methode im Computer simuliert. Großes und sicheres "Gedächtnis" des Computers und vor allem logische und unvorstellbare rasche Verarbeitung lassen hier bessere Problemlösungen erwarten. Die heuristische Programmierung bietet dort Vorteile, wo aufgrund der fehlenden Quantifizierbarkeit der einzelnen Faktoren und bei hochkomplexen Problemen das Streben nach einer "perfekten Lösung" wenig erfolgversprechend ist und wo man statt dessen am "naiven" menschlichen Vorgang des Lernens durch Versuch und Irrtum und durch Sammlung von Erfahrungen anknüpft und dieses Verfahren durch die Leistungsfähigkeit moderner EDV-Anlagen zu verbessern versucht.

Ausgangspunkt der wissenschaftlichen Methode ist die Entwicklung kausaltheoretischer Erklärungen, die es erlauben, aus den Wirkungszusammenhängen bestimmter Ursachen, Erscheinungen der Wirklichkeit zu erklären, und die es dadurch ermöglichen, bei gegebenen Ursachen und Konstellationen Aussagen über das Eintreten bestimmter Wirkungen zu machen. Diese Art des Vorgehens erfordert eine gewisse Abstraktionsfähigkeit durch das Loslösen von den realen Gegebenheiten. Zu unterscheiden sind hier je nach dem Abstraktionsgrad *reale Modelle* (wie z.B. Laborversuche, Versuchsanlagen usw.) und *Gedankenmodelle*. Erlaubt es die Komplexität nicht, ein umfassendes aussagefähiges Modell zu bilden, hilft oft die *"Problemaufgliederung"*, d.h. die Zerlegung eines komplexen, in seiner Gesamtheit unlösbar erscheinenden Problems in eine größere Anzahl zusammenhängender, überblickbarer Teilprobleme, die man versucht, einzeln oder nacheinander zu lösen.

3.3 Beurteilung und Festlegung einer Handlungsalternative

Der Willensbildungsprozeß, der als eine Art Reifeprozeß mit der Ermittlung von Problemstellungen beginnt und die Erarbeitung verschiedener alternativer Problemlösungsmöglichkeiten einschließt, wird mit der Beurteilung der einzelnen Möglichkeiten und durch einen Willensakt (Entscheidung) als verbindliche Festlegung der zu realisierenden Alternative beendet.

Die Auswahl dieser Alternative setzt Auswahl- bzw. Entscheidungskriterien voraus. Diese Kriterien sind Ausdruck der Prioritäten im Rahmen der Zielhierarchie. Im sozialwissenschftlichen Sinne werden sie auch als Standards oder Normen bezeichnet. Sie sind Ausdruck des Verhaltens, das die Gesellschaft von dem einzelnen erwartet.

Dieser Beurteilungs- und Auswahlprozeß wird durch zwei Einflußgrößen bestimmt:

1. *Grad der Determiniertheit,*
2. *Umfang der Komplexität.*

Der *Grad der Determiniertheit* bestimmt, inwieweit die Entscheidung für eine der Alternativen bereits durch Zielstruktur, die Erwartung, die Kenntnis der möglichen Alternativen und auch durch die Regeln, nach denen die Auswahl zu treffen ist, vorbestimmt wird. Die Entscheidung für eine Alternative ist voll determiniert, wenn eine exakte Kenntnis aller möglichen Alternativen und ein darauf zugeschnittenes eindeutiges Kriteriensystem in der Form vorliegt, daß sich für die einzelnen Teilentscheidungen eine lückenlose Kette logischer Verknüpfungen ergibt. Eine voll determinierte Entscheidung wird auch als *programmierbare Entscheidung* bezeichnet, die auf EDV-Anlagen übertragen werden kann. Eine völlig undeterminierte Entscheidung, die nicht zumindest durch gesellschaftliche Normen oder Standards sowie durch vorgegebene Teilziele eingeschränkt ist, gibt es kaum. Bei gegebener Anzahl möglicher Alternativen wird deshalb im Entscheidungsprozeß diese Anzahl durch Anlegung zusätzlicher Kriterien iterativ solange verkleinert, bis nur noch eine einzige Handlungsmöglichkeit allen angelegten Kriterien entspricht.

Der *Umfang der Komplexität* bemißt sie nach der Anzahl der geistigen Operationen, die bis zur endgültigen Festlegung der gewählten Alternative zu durchlaufen sind.

Der Auswahlvorgang wird abgeschlossen durch einen Willensakt, der die verbindliche Festlegung der zu realisierenden Alternative darstellt. Dieser Willensakt ist der letzte in einer Kette mehrerer Entscheidungen. Bereits die Formulierung eines Problems mit dem Ziel, dieses einer Lösung zuzuführen, bedarf eines Willensaktes, damit ein Problemlösungsprozeß eingesetzt und eine Verdrängung vermieden wird. Da es bei der Komplexität wirtschaftlicher Tatbestände in der Regel unmöglich ist, alle möglichen Alternativen zu erfassen, wird die Informationsphase zur Suche nach neuen Alternativen bei einem Informationsstand durch einen Willensakt abgebrochen, der dem Anspruchsniveau des Entscheidenden entspricht.

Je nach dem Grad des Informationsstandes ist zu unterscheiden zwischen Entscheidung unter:

1. Sicherheit,
2. Risiko,
3. Unsicherheit.

Eine *Entscheidung unter Sicherheit* liegt vor, wenn eine bestimmte Maßnahme zu einem eindeutigen, vorher bestimmbaren Ergebnis führt. Bei der *Entscheidung unter Risiko* hingegen ist aufgrund unvollständiger Informationen und nicht erfaßbarer Einflußgrößen das Ergebnis einer Maßnahme nicht eindeutig vorher bestimmbar, so daß mehrere unterschiedliche Ergebnisse möglich sind, bei denen aber meist die Wahrscheinlichkeit des Eintretens abgeschätzt werden kann. Bei einer *Entscheidung unter Unsicherheit* hängt das Ergebnis je nach Situation von Faktoren ab, deren Eintreffen oder Nichteintreffen oder ihre Wahrscheinlichkeit nicht vorher bestimmt werden kann. Da eine objektive Wahrscheinlichkeit für das Eintreten möglicher Ereignisse nicht vorhanden ist, bauen diese Entscheidungen in der Regel auf subjektiven Wahrscheinlichkeiten auf.

In der Praxis ist die sogenannte *Kepner/Tregoe-Methode* in verschiedenen Ausprägungen weit verbreitet.

Ihr Ziel ist es, durch systematisches Vorgehen, durch eine ausgefeilte Fragetechnik in Verbindung mit einem ausgeklügelten Formularsystem analytisch die einzelnen Problembereiche zu erschließen und zu versuchen, die einzelnen alternativen Lösungsmöglichkeiten möglichst objektiv zu bewerten. Mit diesem Vorgehen wird angestrebt, zu emotionsfreien und sachlich begründeten Entscheidungen zu gelangen.

Die Methode baut auf vier Grundschritten auf:

1. Situationsanalyse
2. Problemanalyse
3. Entscheidungsanalyse
4. Analyse potentieller Probleme.

Die einzelnen Grundschritte umfassen mehrere Teilschritte:

1. *Situationsanalyse*
    a) Die gesamten Bedingungen und Merkmale der Situation sind zu erfassen und detailliert zu beschreiben,

b) Komplexe Situationsbereiche sind in überschaubare und erfaßbare Teilsituationen aufzugliedern,

c) Teilsituationen sind zu definieren, die Prioritäten festzulegen und die sich aus den Teilsituationen ergebenden notwendigen weiteren Schritte (Problemanalyse, Entscheidungsanalyse oder Analyse potentieller Probleme) festzulegen.

2. *Problemanalyse*

   a) Genaue Definition des Problemes mit Darstellung der Sollvorgaben und der Istwerte,

   b) Detaillierte Beschreibung der Soll-/Istabweichungen anhand eines systematischen Fragenkatalogs nach "Ist/Ist-Nicht"-Abweichungen entsprechend der Fragestellungen "was, wo, wann, wie (Ausmaß)",

   c) Ermittlung der Besonderheiten der Abweichung analog der Beschreibung der "Ist/Ist-Nicht"-Abweichungen,

   d) Ermittlung der Veränderungen, die sich aus den festgestellten Besonderheiten zwischen den vorliegenden Soll-/Ist-Abweichungen ergeben,

   e) Zusammenstellung der möglichen Ursachen und Einengung durch Plausibilitätsüberlegungen auf die wahrscheinlichste Ursache,

   f) Ermittlung der (wahrscheinlichen) tatsächlichen Ursache durch Beweise, Indizien, Experimente usw.

3. *Entscheidungsanalyse*

   a) Definition des Entscheidungsbereiches im Hinblick auf den Entscheidungszweck sowie auf das Niveau, d.h. hinsichtlich der Tragweite der Entscheidungen und der entscheidungsbefähigten (und/oder befugten) hierarchischen Ebene,

   b) Formulierung der Zielsetzung, insbesondere im Hinblick auf *Mußziele*, die unter allen Umständen erreicht werden müssen, und *Wunschziele*, die als Bedingungen oder Kennwerte anzusehen sind, die maximal oder minimal zu erreichen sind,

   c) Gewichtung der Wunschziele im Hinblick auf ihre relative Dringlichkeit,

   d) Ermittlung der möglichen oder denkbaren Alternativen,

   e) Bewertung der Alternativen nach einem vorgegebenen Bewertungsschema. Alternativen, die die Mußziele nicht erfüllen, scheiden aus; bei Wunschzielen wird der Grad der Erfüllung mit dem Gewichtungsfaktor entsprechend der relativen Dringlichkeit bewertet,

   f) Vorläufige Entscheidung für die Alternative mit der höchsten Wertziffer.

4. *Analyse potentieller Probleme*

   a) Erstellung eines Aktionsplanes mit den notwendigen Aktivitäten und Zeitfolgen,

b) Abschätzung potentieller Probleme bei der Realisierung mit dem Ziel, kritische Bereiche der Planung und Entscheidung zu erkennen. Hierher gehören:
- Mögliche Probleme definieren
- Risikofaktoren ermitteln
- Rangordnung der möglichen Probleme bilden
- Wahrscheinliche Ursachen der wichtigsten Probleme ergründen
- Wahrscheinlichkeit des Eintritts dieser Ursachen ermitteln
- Alternativen erarbeiten und festlegen von Gegenmaßnahmen, um dem Eintritt von Risiken vorzubeugen,

c) Gegebenenfalls vorläufige Entscheidung unter Berücksichtigung der potentiellen Probleme überarbeiten,

d) Endgültigen Aktionsplan festlegen,

e) Informationswege bestimmen und notwendige Meldungen für den Vollzug festlegen.

Von verschiedener Seite wird dieser Methode wegen ihres stark formalisierten Vorgehens Bürokratisierung und Vernachlässigung organisatorischer Zusammenhänge vorgeworfen. Dieser Vorwurf besteht aber nach durchgeführten Untersuchungen zu Unrecht. Eine intensive Schulung mit der Methode führt bei den Führungskräften meist auch zu einer Änderung der Denkgewohnheiten und zu anderen Verhaltensweisen. Erfahrungsgemäß zeigt sich, daß später in der Praxis nur noch ein Teil des ganzen Analyseprozesses formal und schriftlich durchgeführt wird, während der größere Teil in Gedanken abläuft.

3.4 Die Bedeutung von Rationalität und Intuition in Entscheidungsprozessen

Die traditionelle Entscheidungslehre hat bisher vorwiegend die Rationalität im Entscheidungsverfahren in den Vordergrund gestellt.

Die Praxis der Unternehmensführung hingegen zeigt immer mehr, daß eine Vielzahl von Entscheidungen nicht rational getroffen werden können.

Probleme treten meist unregelmäßig und unvorhergesehen auf, sie stellen damit Störgrößen im Sinne eines *kybernetischen Regelkreises* dar, mit dem Zwang zu kurzfristigen Korrekturmaßnahmen. In Zeiten eines immer rascheren Wandels in immer komplexeren Zusammenhängen erinnern sich viele Unternehmer einer alten, bereits bei *Schumpeter* beschriebenen Tugend der *Intuition*, die auch schwache Signale (vgl. hier das Problem der *Frühwarnsysteme*) wahrnehmen und zu deuten versuchen.

Ungeachtet der Vielzahl der zum Teil durchaus widersprüchlichen Definitionen läßt sich die Intuition als eine Kombination von Gefühl und rationalem Verstehen begreifen, die sich aus der Erfahrung herleitet und mit ihr weiter entwickeln kann.

Aus diesem Grund lassen sich hier drei Modelle der strategischen Entscheidungsvorbereitung und Entscheidungsfindung unterscheiden.

- *Planungsmodelle*, bei denen der Prozeß der Entscheidungsanalyse und Entscheidungsfindung *top down* und damit wie bei der *Kepner-Tregoe-Methode* sehr formalisiert verläuft. Hier erfolgt ein Planungsschritt nach dem anderen. Die Strategien sind hier das Ergebnis einer gründlichen Analyse von Umwelt und internen Faktoren. Ein Verfahren, das seine Stärken in Situationen hat, bei denen sich die künftige Entwicklung verhältnismäßig genau aus der Vergangenheit und der gegebenen Situation heraus prognostizieren läßt. Sie stößt aber zunehmend an ihre Grenzen, wenn die Bedingungen komplexer werden, der Wandel zunehmend hektischer wird, oder daß für die strategische Planung neue Ziele zu suchen sind. Kritiker werfen diesem Modell vor, daß bisherige Denkweisen im Rahmen eines vorherrschenden Trends lediglich fortgeschrieben werden.
- *Visionsmodell*. Hier ist die Formulierung der Strategie ein nur zum Teil bewußt nachvollziehbarer Prozeß. Die Richtung der Entwicklung im Unternehmen wird meist von einer einzelnen Persönlichkeit vorgegeben.

  Sie basiert neben besonderen Stärken dieser Persönlichkeit vor allem auf einer fundierten Branchenkenntnis, der Sensibilität und dem Gespür für die künftigen Entwicklungen sowie einer konkreten Vorstellung von der Zukunft, die anzustreben ist. Die Grenzen und Schwächen dieses Modells ergeben sich aus der starken Verbundenheit mit einer Person. Dieses Modell ist das Kennzeichen charismatischen Führungsverhaltens.
- *Lernmodell* ist der häufig empfohlene Ansatz zur Strategiefindung in turbulenten Zeiten. Strategische Ansätze können in allen Bereichen des Unternehmens spontan und zufällig entstehen. Wesentliche Aufgabe der Unternehmensführung ist es, bestimmte Ideen aufzugreifen und sie bei gegebenen Erfolgsaussichten zur aktuellen Strategie zu erklären sowie gleichzeitig den Mitarbeitern Vollmachten und Kompetenzen zu übertragen, diese Strategien im Rahmen der ihnen übertragenen Verantwortung zu realisieren. Die Schwächen dieses Modells sind hier, daß neuartige Ideen das Unternehmen in eine Richtung drängen können, die sich später als ungünstig herausstellt. Hier sind die Erfahrung und vor allem die Lernfähigkeit auch der Unternehmensleitung besonders gefordert. Um Fehlentwicklungen rechtzeitig zu erkennen und frühzeitig Korrekturmaßnahmen zu ergreifen, wird eine erfolgreiche Strategieentwicklung im wesentlichen vom Modell des Versuchs und Irrtums geprägt (vgl. hierzu auch Abschnitt über Motivations- und Lernprozesse).

3.5 Persönlichkeitsstruktur und Entscheidungsfindung

Da Entscheidungen unter Risiko und unter Unsicherheit immer aufgrund unvollständiger Informationen getroffen werden müssen, hängt der Entscheidungsprozeß im wesentlichen auch von der Einstellung der Entscheidenden zum Risiko ab. Damit wird der Entscheidungsprozeß nicht allein von der Anzahl und Genauigkeit der zur Verfügung stehenden Informationen bestimmt, sondern vielmehr auch dadurch, wie sich der einzelne in diesem Spannungsfeld zwischen Risiko (Tragweite der Entscheidung) und Informationsstand verhält.

Dieses Spannungsverhältnis läßt sich in Form einer Kurve in einem Koordinatensystem darstellen.

Abbildung 159: Entscheidungskurve unterschiedlicher psychologischer Typen von Entscheidungsträgern im Spannungsfeld von Informationsstand und der Tragweite unternehmerischer Entscheidungen (*Bisani*, 1973)

Betrachtet man die beiden Extrempole, so zeigt sich auf der einen Seite der Entschlußlose, der sich trotz hohem Informationsstand nicht dazu aufraffen kann, die Informationsphase abzuschließen und sich zur Wahl einer Alternativen durchzuringen. Ein Persönlichkeitstyp, der auf immer neue, zusätzliche Informationen hofft in der Erwartung, daß ihm damit die Entscheidung überhaupt abgenommen wird. Den Gegenpol stellt der Gläubige oder Kopflose dar, der im Gegensatz zum Entschlußlosen, nicht an die Allmacht der Informationen glaubt, sondern der sich auf seine Intuition und sein Fingerspitzengefühl verläßt. Bei nur geringem Informationsstand ist er bereit, Entscheidungen mit großer Tragweite zu treffen. Hinter der häufig als Entscheidungsfreude getarnten Handlungsweise des Gläubig-/Kopflosen steckt nicht selten eine gehörige Portion Unwissenheit und fehlender Kenntnis der Zusammenhänge. Nicht selten aber auch die Befürchtung, daß ein sorgfältig aufgebautes Image einer entscheidungsfreudigen Führungskraft Schaden leiden könnte.

Zwischen den beiden Extremen gibt es noch eine große Anzahl abgestufter Persönlichkeitstypen (vgl. Abbildung 159).

Trotz umfangreicher empirischer Forschungsarbeiten auf dem Gebiet der Entscheidungstheorie und Entscheidungslehre bleiben zwei Probleme auch auf die Dauer unlösbar.

Nicht alle Entscheidungen lassen sich, aus noch so sorgfältig zusammengetragenen Informationen, mit Sicherheit ableiten. Entscheidend für die Zukunft sind nicht die Daten der Vergangenheit, sondern die sich meist nur in schwachen Signalen abzeichnende Entwicklung der Zukunft. Und weiterhin reicht die Notwendigkeit zu entscheiden, immer weiter als die Fähigkeit in die Zukunft zu schauen.

Ein Beispiel mag dies verdeutlichen. Als sich *Nixdorf* in den 60er Jahren entschied elektronische Rechner zu entwickeln, gab es einige hundert fähige Techniker, die den gleichen Wissensstand und die gleichen Informationen hatten. Jedoch nur Nixdorf zog daraus eine bestimmte Schlußfolgerung. Welche Entwicklung auf dem Gebiet der MDT (mittleren Datentechnik) dabei ausgelöst wurde, hat er vermutlich selbst nicht vorhergesehen. Aus dem großen Erfolg ergab sich eine starke Unternehmungskultur, die trotz unübersehbarer Frühwarnsignale blind machte gegenüber allen anderen Entwicklungen auf dem Gebiet der Personalcomputer.

Eine Liste, die sich noch um eine ganze Reihe weiterer glänzender Namen, wie z.B. *IBM*, *Rank Xerox* usw. erweitern lassen würde.

4. Willensdurchsetzung

4.1 Realisierung der gewählten Handlungsalternative

Eine Entscheidung für eine "richtige" Handlungsalternative ist wertlos, wenn sie nicht durchgesetzt und zur Realisierung gebracht wird. Deshalb kann auch das Führungsproblem nicht nur auf den reinen Entscheidungsprozeß reduziert werden.

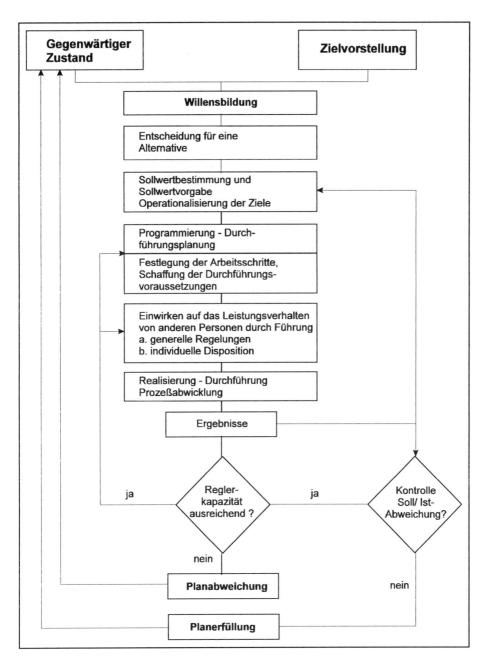

Abbildung 160: Prozeß der Willensdurchsetzung

Um das für die Zielerreichung vorausgedachte, ausgewählte und gewollte Handeln auch zur Realisierung zu bringen, müssen die Voraussetzungen für eine geordnete Durchführung geschaffen und ein zielgerichtetes Zusammenwirken aller Arbeitsleistungen erreicht werden. Dieser Prozeß der Willensdurchsetzung beginnt mit der Umsetzung der Entscheidungergebnisse in Soll-Werte und operationale Zielvorgaben sowie der Weiterleitung der Entscheidung an die ausführenden Stellen (vgl. Abbildung 160).

An die *Realisationsphase* schließt sich die *Kontrollphase* an. Willensbildung wie auch Willensdurchsetzung bilden ein *kybernetisches System*, bei dem sich Entscheidung und Realisierung in der Praxis nicht immer deutlich trennen lassen.

Ein vollständig zielorientiert handelndes System einer Unternehmung liegt erst dann vor, wenn sich jede Handlung immer im Rahmen des Unternehmensgeschehens auch logisch und widerspruchsfrei aus dem Zielsystem ableiten läßt. Die Realisierung - in der Abbildung als ein einfaches Rechteck angegeben - kann aus einer Vielzahl von ineinandergreifenden vielstufigen Teilprozessen bestehen.

Da es sich hier um einen Vorgang in einem arbeitsteilig organisierten, hierarchisch strukturierten System handelt, spielen für die Abwicklung der Prozesse die Fragen der Menschenführung eine ausschlaggebende Rolle. Unter den Prämissen des Modelltyps vom Unternehmer als *"homo oeconomicus"* und der technisch-instrumentalen Beurteilung der in den betrieblichen Leistungsprozeß integrierten Menschen hat die traditionelle Betriebswirtschaftslehre diese Probleme kaum erkannt und demnach auch nur ungenügend behandelt. Die neuere interdisziplinäre Organisationstheorie dagegen stellt den Menschen und sein Verhalten in den Mittelpunkt ihrer Betrachtung und wird dadurch neue Wege eröffnen.

4.2 Kontrolle der Handlungsdurchführung

Die Überwachung des betrieblichen Prozesses der Leistungserstellung und die Kontrolle der geplanten Leistungsergebnisse ist die logische Schlußphase des Führungsprozesses; denn eine zielgerichtete Ausrichtung aller betrieblichen Aktivitäten ist nur möglich, wenn festgestellt wird:

1. in welchem Umfang das angestrebte Ziel erreicht wurde;
2. in welchen Bereichen das tatsächlich Erreichte vom Gewollten abweicht und
3. in welchem Ausmaß aus den festgestellten Abweichungen entweder Regelungsvorgänge resultieren oder Steuerungsmaßnahmen eingeleitet werden.

In diesem Sinne ist Kontrolle ein Vergleich zwischen den angestrebten Sollwerten und den tatsächlich erreichten Ergebnissen.

Im Rahmen des Führungsprozesses hat die Kontrolle zwei Komponenten: eine sachliche und eine personelle; eine *sachliche* Komponente, indem geprüft wird, ob und in welchem Umfang die durch Zielsetzung und Planung erwarteten Ergebnisse auch erreicht oder durch das geplante Vorgehen erzielt wurden; eine *personelle* dadurch, daß alle Leistungen in einem Unternehmen in der Regel durch Menschen in einem Prozeß koordinierter Zusammenarbeit erbracht werden. Deshalb beinhalten die Kontrolle des Leistungsergebnisses und die Ermittlung von Soll-Ist-Abweichungen in der Regel auch eine Bewertung der Artbeitsleistung, des Arbeitseinsatzes und des Leistungsverhaltens der mit der Zielerreichung betrauten Personen. Die sachlichen und die personellen Komponenten lassen sich deshalb in der Regel kaum trennen. Gerade die personellen Aspekte sind es, die die Kontrolle trotz ihrer von allen Beteiligten anerkannten Notwendigkeit für die Zielerreichung so unpopulär machen.

Nach dem Objekt der Kontrolle ist zu unterscheiden:

1. *Ergebniskontrolle*: Man stellt fest, ob und/oder in welchem Umfang ein geplantes Ergebnis auch eingetreten ist,
2. *Verfahrenskontrolle*: Sie dient dem Vergleich zwischen dem tatsächlich angewandten Verfahren und der geplanten bzw. vorgegebenen Arbeitsmethode.

Die Verfahrenskontrolle hat besondere Bedeutung in vielen Bereichen der öffentlichen Verwaltung, bei denen die vorgesetzten Behörden nicht in erster Linie nach dem erzielten Ergebnis fragen können, sondern vielmehr darauf achten müssen, ob ein durch Gesetz, Verordnungen, Richtlinien oder sonstige Normen vorgesehenes Verfahren auch eingehalten wird.

Als Träger der Kontrolle unterscheidet man zwischen:

1. *Selbstkontrolle*, bei der jeder einzelne selbst kritisch darüber wacht, ob seine Tätigkeit mit dem Streben zur Erfüllung des Betriebszweckes in Einklang steht,
2. *Fremdkontrolle*, bei der die Kontrolle durch außenstehende Personen oder Einrichtungen erfolgt.

Die *Selbstkontrolle* kommt den persönlichen Neigungen der Betroffenen in der Regel stärker entgegen. Sie erlaubt eine raschere und wirksamere Einleitung der Kontrollmaßnahmen, setzt allerdings verantwortungsbewußte Mitarbeiter und die Gewährung eines bestimmten Verantwortungsspielraums voraus. Die *Fremdkontrolle* vermeidet Selbsttäuschung und dient der Objektivierung der Urteile über erbrachte Leistungen. Die Fremdkontrolle kann durchgeführt werden objektiv - anonym - durch Einsatz von Kontrollgeräten, wie z.B. Kostenkontrolle, durch Aufschreibungen, oder subjektiv - persönlich - bei der Verhaltensbeobachtung durch den Vorgesetzten.

Die Ablehnung der Kontrolle trotz bestehender Einsicht und Notwendigkeit beruht häufig auf folgenden Unzulänglichkeiten:

1. Unvernünftige Zielsetzung: Unrealistische und nicht erreichbare Ziele führen zur Resignation, verbunden mit einer starken Ablehnung durch die Betroffenen,
2. Fehlendes Vertrauen in die Objektivität der Vergleichswerte, z.B. wenn dem Betroffenen nicht einsichtig ist, wie die Vergleichswerte ermittelt wurden (was häufig bei Kostenkontrollen der Fall ist),
3. Furcht vor Konsequenzen: Aus dem natürlichem Streben heraus, unangenehmen Dingen aus dem Weg zu gehen, werden Kontrollen abgelehnt, wenn das Risiko unerwünschter Konsequenzen besteht. Da Furcht und Angst bei den einzelnen Menschen subjektiv und damit unterschiedlich erlebt werden, ist auch die Bereitschaft Kontrollen zu ertragen, von Person zu Person unterschiedlich stark ausgeprägt,
4. Ablehnung der Kontrollpersonen: Nicht jeder Person gesteht der einzelne die Fremdkontrolle zu. Voraussetzung für eine Zustimmung ist z.B., daß die kontrollierende Person auch mit der erforderlichen fachlichen und persönlichen Autorität ausgestattet ist.

Um die gegen die notwendigen Kontrollen bestehenden Widerstände abzubauen und eine positive Einstellung der Mitarbeiter zu Kontrollen zu erreichen, müssen in der Regel folgende Voraussetzungen geschaffen werden:

1. Für den Betroffenen nachvollziehbare Festlegung der Zielwerte und der Zielstandards. Dadurch kann sichergestellt werden, daß vorgegebene Ziele nicht unbekannt, unklar, unverständlich oder zum Teil auch widersprüchlich bleiben. Weiterhin ist dadurch die Gewähr gegeben, daß die vorgesehenen Leistungen von den Mitarbeitern auch entsprechend akzeptiert werden,
2. Objektivierung der Kontrollwerte: Die Kontrollwerte sollen der Messung des Leistungsergebnisses und der Grundlagen der Leistungserstellung dienen und bilden kein Urteil über eine Person. Deshalb dürfen sich die Kontrollwerte nur auf das Leistungsergebnis selbst oder den Prozeß der Leistungserstellung erstrecken, nicht aber auf die Person. Damit Kontrollwerte auch akzeptiert werden, muß der Weg zu ihrer Gewinnung den Betroffenen verständlich, klar und einleuchtend sein,
3. Sachliche Klärung der Soll/Ist-Abweichung. Bei ihrer Ermittlung und der Analyse der Gründe für die Abweichung dürfen keine persönlichen Gesichtspunkte ins Spiel gebracht werden. Vielmehr sind die sachlichen Probleme in den Vordergrund zu stellen. Besonders bei der Analyse der

Ursachen von Soll- und Ist-Abweichungen bei festgelegten Leistungsstandards ist ein Zusammenwirken notwendig.

4.3 Durchführung der Kontrolle (Controlling)

Zur Durchführung der Kontrolle setzen Unternehmen zunehmend auf das Controllingkonzept. Controlling ist nicht gleichbedeutend mit Kontrolle, sondern es ist abgeleitet aus dem englischen Wort "to control" und bedeutet damit steuern und leiten.

In der Regel werden im Rahmen des Bereiches "Controlling" folgende Aufgaben zusammengefaßt.

1. Teilbereich Planung
   a) Aufstellung von Detailplänen - nach Funktions-, Verantwortungsbereichen usw,
   b) Koordinierung und Abstimmung der Teilpläne,
   c) Operationalisierung und Bewertung der Planansätze,
   d) Vorgabe von wertmäßigen Plandaten in Form von Budgets,
   e) Bereitstellung von Vergleichsgrößen als Beurteilungsmaßstäbe - z.B. aus früheren Planperioden, Daten vergleichbarer Unternehmen usw. (auch als Grundlage des Führungskonzeptes) auf der Grundlage von Benchmarking[1];

2. Teilbereich Kontrolldurchführung
   a) Laufende Erfassung der Ist-Daten,
   b) Ermittlung der Soll-/ Ist-Abweichungen,

3. Teilbereich der "Feedback" Steuerung
   a Analyse der Abweichungsursachen,
   b) Information der Linienvorgesetzten bzw. der Bereichsverantwortlichen,
   c) Unterstützung bei der Einleitung von Korrekturmaßnahmen.

Hierbei ist der Umfang des Begriffes Controlling noch keinesfalls einheitlich geklärt.

---

[1] Hierbei bedeutet Benchmarking eine Ausrichtung der Zielvorstellungen des Unternehmens oder einzelner Teilbereiche jeweils an den Kennziffern der vergleichbar besten Unternehmen oder der besten Teilbereiche im eigenen oder in fremden Unternehmen. Im Gegensatz zum traditionellen Betriebsvergleich, der meist zu einer Orientierung an Durchschnitts- oder Mittelwerten führt, fordert das Benchmarking die Orientierung am jeweils vergleichbar besten und leistungsstärksten Vergleichsobjekt (Konkurrenten bzw. Bereich).

Nachstehende Abbildung gibt einen Überblick über die unterschiedlichen Umfänge des Kontroll-/ Controllingbegriffes.

Kontrollhandlungen	unterschiedlicher Begriffsumfang			
	ausschließlich bzw. überwiegend Feedbackkontrolle		Feedback- und Forward präventive Kontrolle	
Festlegung der Kontrollfelder Festlegung der Plan-, Zielgrößen Ermittlung der Ist-Werte Soll-/Ist- Vergleich Ermittlung der Abweichungen	traditioneller Kontrollbegriff	erweiterter Kontrollbegriff	Controlling spezifische Kontrolle	Controlling mit Frühwarnsystem und präventiver Kontrolle
Analyse der Abweichungen Ermittlung der Abweichungsursachen				
Ausarbeitung von Vorschlägen für Korrekturmaßnahmen Unterstützung und Mitwirkung von Korrekturentscheidungen				
Aufspüren und Erkennen von Frühwarnsignalen				

Abbildung 161: Unterschiedlicher Bedeutungsumfang des Controllingbegriffes

Das sogenannte *"manageriel control"* besteht aus der laufenden Überwachung und der Anpassung aller betrieblichen Aktivitäten an die vorgegebenen Standards oder Planziele. Voraussetzung für die Realisierung der Controllingfunktion ist demnach das Vorhandensein konkreter Zielvorstellungen, die sich auch in hinreichend detaillierten Plänen mit operationalisierten Planvorgaben niederschlagen. Ferner in einem Informationssystem, das jeweils einen Überblick über den Grad der Zielerreichung und der Planabweichung liefert.

Den wichtigsten Teil dieses Prozesses stellt eine Abweichungsanalyse dar. Hierbei kommt es nicht nur auf Art und Umfang der Abweichungen an, vielmehr auch auf deren Ursachen.

Die Ergebnisse einer durchgeführten Abweichungsanalyse liefern die Grundlage, Korrekturmaßnahmen vorzunehmen und können auch gleichzeitig den Anstoß für einen kontinuierlichen Lernprozeß bilden.

Die traditionellen Kontrollverfahren beruhen in der Regel auf Vergangenheitswerten. Abweichungen vom "Soll" werden praktisch immer erst ex-post erkannt. Dies veranlaßt viele Unternehmen, verstärkt Versuche mit "präventiven" Kontrollverfahren einzusetzen, die letztlich auch bis zu Versuchen mit sogenannten "Frühwarnsystemen" führen.

Bei der Einführung von Controllingsystemen soll der Linienvorgesetzte nicht von seiner eigentlichen Kontrollaufgabe in Form einer Selbstkontrolle entbunden werden, vielmehr soll er lediglich in dieser Tätigkeit durch die Controlling-Abteilung unterstützt werden. Aufgabe des Controllingbereiches ist es, in der Regel dafür zu sorgen, daß eine Methodik existiert, die dafür sorgt, daß dem jeweiligen erfolgsverantwortlichen Vorgesetzten, die notwendigen Informationen zur Verfügung stehen, damit er im Rahmen der durch die Planvorgaben und Zielsetzungen definierten Maßstäbe selbst den Prozeß der Zielerreichung verfolgen und beeinflussen kann. Hierbei kommt es allerdings nicht darauf an, möglichst umfangreiche Daten in "Zahlenfriedhöfen" zu sammeln und zu speichern, sondern vielmehr darauf, die verantwortlichen Vorgesetzten auch zur zweckmäßigen Nutzung der vorhandenen Daten zu veranlassen.

So gesehen bilden dann auch die z.B. im Rahmen eines MbO-Systems vorgegebenen Kosten - bzw. Leistungsbudgets in der Regel ein durchschlagenderes Führungsinstrument zur Realisierung des Delegationsprinzips (Umfang von Kompetenz und Verantwortung) als es jemals eine Stellenbeschreibung tun könnte.

Große erfolgreiche Chefs betrachten
den Geist ihrer Mitarbeiter nicht als ein Faß,
das man mit Verboten füllt,
sondern als ein Feuer,
das man Geboten entfachen
und erhalten muß.

Verbote und Gebote sind ordnungsfördernde
und ordnungssichernde Mittel.
Sie führen aber zu ganz verschiedenen Arten der Ordnung.

- Verbote lassen keine oder zu wenig Wahlmöglichkeiten zu.
- Sie öffnen dem Formalismus Tür und Tor.
- Sie ersticken die Einzelinitiative und
  beeinträchtigen die Eigenverantwortung.
- Sie fördern das Schematische und
  provozieren Gleichgültigkeit und
- Sie führen zu einer bürokratischen Mentalität.

Gebote hingegen ermöglichen das
- Denken in Alternativen und Bandbreiten,
- schaffen Freiräume,

sie befreien aber ihre Anwender
nicht von der Verantwortung.

Vierter Teil

Personalführung

Erstes Kapitel

Formen der Führung

Es gibt eine Reihe von Möglichkeiten, mit denen bestimmte Personen andere Individuen zu einem ganz bestimmten Verhalten veranlassen können. Welche der möglichen denkbaren Formen der Verhaltensbeeinflussung als Führung angesehen werden kann, ist weniger eine Frage einer systematischen Analyse als vielmehr Ausdruck der jeweils gültigen kulturellen Normen einer Gesellschaftsordnung.

1. Macht und Führung

1.1 Einflußnahme und Machtausübung im Führungsprozeß

Erfolgreiche arbeitsteilige Leistungserstellungsprozesse setzen ein koordiniertes Zusammenwirken von Individuen voraus, die zueinander in gegenseitigen Beziehungen stehen. Geregelt wird dieses Zusammenwirken im Rahmen der hierarchischen Struktur des Organisationsaufbaus einer Unternehmung, indem die zur Erfüllung der Koordinationsaufgaben erforderlichen Befugnisse der vertikalen Arbeitsteilung jeweils ranghierarchisch über- oder nachgeordneten Stellen übertragen werden. Diese Über- und Unterordnung drückt sich im Verhältnis zwischen Vorgesetzten und Mitarbeitern aus.

Um ein koordiniertes Zusammenwirken auch im Falle von Meinungsverschiedenheiten usw. sicherzustellen, mußte dem Vorgesetzten die Befugnis zugestanden werden, auf das Verhalten nachgeordneter Stellen einzuwirken. Diese Kompetenz wird in der US-amerikanischen Führungsliteratur allgemein mit *"Power"* bezeichnet und in der einschlägigen deutschsprachigen Literatur etwas unglücklich mit dem Begriff *"Macht"* übersetzt. In der Definition von *Max Weber* (S. 38), der Macht definiert, als die Chance innerhalb einer sozialen Beziehung den eigenen Willen auch gegen Widerstreben durchzusetzen, gleichviel worauf diese Chance beruht, erweckt diese Bezeichnung etwas Unbehagen. Im Rahmen von Führungsprozessen ist die Einflußnahme auf das Verhalten anderer nur bedingt gleichzusetzen mit etwas gegen den Widerstand eines anderen durchzusetzen. Jedem Vorgesetzten in der Führungspraxis wird relativ schnell klar, daß er gegen den erklärten Willen seiner Mitarbeiter oder zumindest mit einem erheblichen Grad von Akzeptanz seine Führungsaufgabe nicht wahrnehmen kann. Es ist deshalb verständlich, daß die Behandlungen von "Machtproblemen" im Sinne der Definition von *Max Weber* trotz ihrer großen Bedeutung lange Zeit ein Tabuthema geblieben ist.

Soweit dieser Begriff in der Führungsdiskussion verwendet wird, bedeutet er, daß der arbeitsteilige Leistungserstellungsprozeß nur im Rahmen von sozialen Interaktionen zwischen Individuen möglich ist, zwischen denen gegenseitige Abhängigkeiten vorliegen, bei denen bestimmte Personen (*Machtinhaber*) ein höheres Einflußpotential (*Machtpotential*) gegenüber anderen (*Machtunterlegenen*) zukommt, ohne daß diese Machtunterlegenheit auch mit Machtlosigkeit gleichzusetzen wäre. In diesem Sinne wäre Einfluß im Rahmen des Führungsprozesses besser mit *Herrschaft* oder *Autorität* zu bezeichnen, wobei Herrschaft als eine Art institutionalisierter Macht in dem Sinne verstanden wird, daß eine Anordnung aufgrund bestehender Normen (z. B. eines Arbeitsvertrages), die die sozialen Beziehungen zwischen Individuen regeln, von angebbaren Personenkreisen befolgt werden. In diesem Sinne zeigt der Tatbestand der Einflußnahme im Führungsprozeß auch eine engere Verwandtschaft mit dem Begriff *"Autorität"* auf, bei der eine Person die Einflußnahme eines anderen (zumindest in den gegebenen Grenzen) für rechtmäßig hält und ihr deshalb freiwillig folgt. Sei es aus Gründen der hierarchischen Position (*Positionsautorität*), der Überlegenheit an aufgabenbezogenen Kenntnissen und Fähigkeiten (*Fachautorität*) oder aufgrund der persönlichen Ausstrahlung (*Persönlichkeitsautorität*).

Wichtig für die Behandlung von Führungsphänomenen ist, daß sich alle betriebsbezogenen Prozesse immer als eine Kombination von Leitungs-(Sach-) und Führungs- (personenbezogenen) Problemen darstellen. Hierbei ist entscheidend, daß die Mitarbeiter im Unternehmen nicht nur "reibungslos" arbeitende Funktionsträger sind, die nur sachlich notwendige Arbeitsbeiträge liefern, sondern daß sie auch gleichzeitig als Individuen durchaus eigene persönliche Interessen vertreten und daß damit ihre Leistungsbeiträge nicht frei von persönlichen Motiven sein können. Daraus ergibt sich zwangsläufig, daß Personen geneigt sind, die ihnen zur Verfügung stehenden Möglichkeiten einzusetzen, um ggf. für den Leistungserstellungsprozeß notwendige Maßnahmen gegen die Interessen des Unternehmens zu beeinflussen, wenn andererseits höher eingeschätze individuelle Interessen beeinträchtigt werden würden.

In diesem Fall kommt es dann dazu, daß individuelle Einflußmöglichkeiten (*Machtinteressen*) aufeinanderstoßen, aus denen sich dann wechselseitige Beeinflussungs- sowie Aushandlungsprozesse ergeben, die ggf. auch zu konfliktären Auseinandersetzungen führen können (vgl. hierzu *Konflikthandhabung* in Abschnitt Personalerhaltung).

Diese Ausgestaltung von "Macht" im Sinne der Festlegung von Möglichkeiten, das Verhalten anderer zu beeinflussen, wird damit zu einem wesentlichen Gestaltungs- und Steuerungsinstrument. Sie ist damit auch die Voraussetzung für den Ablauf von betrieblichen Leistungserstellungsprozessen.

Die so gelagerten Strukturen sind im wesentlichen Inhalt der formalen Gestaltung der Organisationsstruktur ungeachtet dessen, daß tatsächliche Einflußmöglichkeiten mit den hierarchischen Regelungen nicht immer deckungsgleich sein müssen.

So betrachtet ist die Analyse von Unternehmungsprozessen "machtfrei" nicht denkbar. Damit ist sie auch eine Voraussetzung für das Ingangkommen und Inganghalten von Unternehmungsprozessen. Andererseits ist aber auch der betriebliche Prozeß wieder auslösendes Element für das Entstehen und den Ablauf individueller und kollektiver gegenseitiger Beeinflussungs- (Macht-) prozesse.

1.2 Theorie der Entstehung von Einflußmöglichkeiten (Machttheorien)

1.2.1 Allgemeines

Um Macht und damit Einfluß auszuüben, müssen dem *Machtüberlegenen* Mittel (Ressourcen) zur Verfügung stehen, die ihn gegenüber dem Machtunterlegenen auszeichnen.

In Anlehnung an *Sandner* ergibt sich nach Abbildung 162 die Unterscheidung in *nichtrelationale* und *relationale Theorien* der Macht.

Die nichtrelationalen Theorien der Macht haben lange Zeit die Führungsliteratur beherrscht. Sie gehen von der einseitigen Betrachtung aus, daß die Quelle der Macht und ihre Ausübung bei einem Machthaber (Vorgesetzten) liegt und dieser sie gegen den Machtunterlegenen (Mitarbeiter) zum Einsatz bringt, um damit seinen Willen durchzusetzen.

Diese etwas einseitige Betrachtungsweise wird jedoch den tatsächlichen Gegebenheiten des Interaktionsprozesses innerhalb eines Unternehmens nicht gerecht.

Relationale Modelle hingegen beziehen die gegenseitigen Beziehungen zwischen Einflußnehmer und Beeinflußten mit ein.

Zwei unterschiedliche Betrachtungsweisen bestimmen hier das Bild:

- das Machtbasenmodell
- das Dependenzmodell

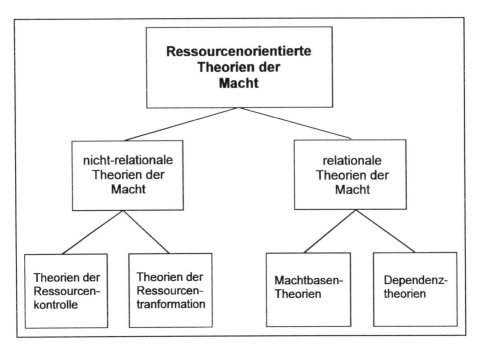

Abbildung 162: Ressourcenorientierte Theorien der Macht

1.2.2 Das Machtbasenmodell

Es geht von der Überlegung aus, daß es bestimmte besondere Ressourcen gibt, die ihrem Besitzer eine Überlegenheit gegenüber anderen geben. Mit zunehmender Knappheit oder auch mit ihrer zunehmenden Bedeutung wächst der Einflußbereich und damit die Macht desjenigen, der über diese Ressourcen verfügt.

Die wesentlichste Einteilung dieser Machtbasen geht auf die Grundlagenarbeit von *French/Raven* (1959) zurück, die in der Folge von einer Vielzahl von Autoren mehrfach aufgegriffen und leicht verändert wurden.

1.2.2.1 Übersicht über die Machtgrundlagen

In Abbildung 163 werden die verschiedenen Ressourcen als Machtgrundlage in Anlehnung an *French/Raven* systematisch zusammengestellt.

Der Doppelstrich zwischen den Formen Anreizgewährung und Akzeptanz bedeutet, daß bei den links stehenden Formen der Vorgang durch den Einflußnehmenden bestimmt wird, während sie bei den anderen beiden Formen mehr von Seiten der Beeinflußten ausgehen. Jede einzelne Form zeigt sich in verschiedenen Arten und Ausprägungen, wobei in der Praxis sich verschiedene Formen überschneiden oder ergänzen können.

Für die Bedeutung der einzelnen Ressourcen sind drei Stufen zu unterscheiden, und zwar das *Machtpotential*, d.h. die Verfügbarkeit des Inhabers über die Ressourcen, die wirkende Macht, die eintritt, wenn der Besitz dieser Ressourcen eine bestimmte Wirkung hervorruft, die sonst ohne Einsatz dieser Einflußmöglichkeiten nicht eingetreten wäre und letztlich dann die erfolgreiche Macht, wenn der Einsatz der Ressourcen auch zum gewünschten Erfolg geführt hat.

Form	Zwang	Handlungsbeschränkung	Anreizgewährung	Akzeptanz	Überzeugung
Arten	physisch wirtschaftlich sozial psychisch	Information Umwelt	materielle immaterielle	Autorität • formal • funktional	Identifikation mit Idee und Person
Lage der Geführten	Angst	Begrenzung des Handlungsspielraumes	Hedonismus	Einsicht	Identifikation
Machtbasis	Strafmacht (coercive power)	Informationsmacht (informatical power)	Belohnungsmacht (reward power) Gestaltungsmacht	zweckmäßige Macht (legitimale power) Sachverständigenmacht (expert power)	Bezugsmacht und Macht einer Idee (referent power)

Abbildung 163: Formen der Verhaltensbeeinflussung

1.2.2.2 Zwang

Hier wird der Geführte durch unmittelbare Ausübung eines Zwanges zu einem bestimmten Verhalten veranlaßt. Hierbei kann es sich z.B. um physischen Zwang handeln, mit dem die köperliche Unversehrtheit bzw. die Freiheit einer Person oder ihr nahestehenden Personen bedroht wird (z.B. Sklavenhaltergesellschaften). Bei der Ausübung wirtschaftlichen Zwanges wird die wirtschaftliche Existenzgrundlage wie z.B. durch Verlust des Arbeitsplatzes o.ä. bedroht.

Im Falle des sozialen Zwanges werden *Statussymbole*, die die Rolle innerhalb einer Gruppe bestimmen, bedroht (z.B. Gefahr einer Degradierung). Bei psychischem Zwang wird ein Druck oder ein Einfluß auf die innere persönliche Überzeugung ausgeübt z.B. bei gewissen Sekten oder bei ideologischen Vereinigungen.

Die Grundlage für die Verhaltensbeeinflussung ist hier in jedem Fall die Angst des Geführten vor der Zwangsausübung, wobei es in der Regel nicht notwendig ist, daß ein Zwang selbst unmittelbar eingesetzt wird. In der Regel genügt es bereits zu wissen, daß Zwangsmittel eingesetzt werden können, um ein bestimmtes Verhalten herbeizuführen.

1.2.2.3 Handlungsbeschränkung

Das Wesen einer jeden Handlungsbeschränkung liegt darin, Bedingungen zu schaffen, die die freie unbeeinflußte Entscheidung des Betroffenen ausschließen. Dies kann durch Kontrolle über Informationen oder durch die unmittelbare Beeinflussung der Umwelt des Betroffenen erfolgen (ökologische Kontrolle).

Voraussetzung hierfür ist, daß derjenige, der beeinflussen will, entweder die Macht hat, den zu Beeinflussenden von bestimmten Informationen fernzuhalten bzw. ihm nur bestimmte Informationen gezielt zukommen zu lassen, oder die Macht besitzt, unmittelbar die handlungsrelevante Umwelt zu gestalten und zu beeinflussen.

Gemeinsam ist beiden Formen, daß mit ihnen der Handlungsspielraum des Beeinflußten auf erwünschte Verhaltensweisen beschränkt wird.

1.2.2.4 Beeinflussung durch Informationsgestaltung

Grundlage dieser Führungsart ist die Kontrolle über Informationen, die dem Geführten zugänglich gemacht werden und die seine Wahrnehmung und über seine Kenntnisse sein Verhalten bestimmen. Hierbei ist unter Information jedes zweckorientierte Wissen für betriebliche Dispositionen zu verstehen. Wenn der Führende bestimmen kann, welche Informationen einem Geführten zugänglich gemacht werden sollen und welche nicht, bzw. in welcher Form dies geschehen soll, dann bedarf es meist keines weiteren Systems von Belohnungen oder Bestrafungen, um einen Gefürten zu einem ganz bestimmten Verhalten zu veranlassen. Ihm sind ja bereits durch die Informationsbeschränkung nur bestimmte Alternativen bekannt.

Auf dieser Informationskontrolle beruht zu einem großen Teil auch der Einfluß von Stabsabteilungen auf das Entscheidungsverhalten in Unternehmen. Insgesamt ist diese Strategie des sozialen Einflusses erheblich stärker, als gemeinhin angenommen wird.

Vor allem in großen Organisationen mit stark arbeitsteilig strukturierten Entscheidungsprozessen, wie z.B. großen Konzernen, Regierungen, Parlamenten usw., sammeln Stabsabteilungen mehr Informationen und erarbeiten mehr Alternativen, als die zur Entscheidung Befugten überhaupt überblicken und verarbeiten können. Damit wird die Entscheidung bereits durch die zugänglich gemachte Teilmenge der insgesamt vorliegenden Informationen und die Art, wie mögliche Alternativen ausgewählt und begründet werden, vorherbestimmt.

Partizipative Formen der Führung, die anstelle von Anordnung und Befehl verstärkt auf Information als Überzeugungsmittel setzen, um damit eine positive Einstellung gegenüber den Organisationszielen und eine stärkere Identifikation mit diesen, verbunden mit einer Leistungssteigerung, zu erreichen, sehen sich damit dem Vorwurf ausgesetzt, die Mitarbeiter zu manipulieren. Bei Führung durch Information mag die Grenze zwischen Überzeugung und *Manipulation* nicht immer eindeutig sein. Von Überzeugung wird man sprechen, wenn eine Person aus den ihr zugeleiteten Informationen die gewünschte bzw. angestrebten Schlußfolgerungen freiwillig ohne Zwang und Drohung und mit voller Kenntnis möglicher Alternativen zieht. Im Gegensatz zur Überzeugung wird es bei der Manipulation dem Beeinflußten meistens nicht bewußt, daß und in welcher Form er beeinflußt wird. Da hier der Beeinflussende seine eigenen Absichten und Ziele nicht offenlegt und dementsprechend die Informationsinhalte gestaltet, kann von einer freiwilligen Übernahme der Entscheidungsprämissen nur mit Vorbehalt gesprochen werden (vgl. hierzu auch die Probleme im Rahmen kooperativer Führung).

1.2.2.5 Beeinflussung der Umwelt

Hier nimmt der Führende indirekt Einfluß auf den Geführten, in dem er die Umwelt in der Weise verändert, daß bestimmte Handlungsalternativen ausgeschlossen und dafür nur bestimmte Alternativen zugelassen werden.

Ein typischer Fall sind hier Fließbänder und Fördereinrichtungen im Fertigungsfluß, die nur ganz bestimmte Verhaltensweisen und Arbeitsgänge erlauben. In ähnlicher Form arbeiten Sicherheitseinrichtungen wie z.B. Zwei-Hand-Bedienungsvorrichtungen, aber auch alle systematischen Verkehrsanlagen, die den Verkehrsstrom in ganz bestimmte Richtungen zwingen.

1.2.2.6 Anreizgewährung

Die Anreizgewährung steht im Mittelpunkt der *"Anreiz-Beitragstheorie"*. Die zentralen Elemente dieser Theorie lassen sich in folgenden Thesen zusammenfassen:

1. Im Unternehmen - wie in jeder sozialen Organisation - wirken Mitglieder bzw. Teilnehmer in voneinander abhängigen Handlungen zur Erreichung gemeinsamer Ziele zusammen.
2. Zur Erreichung dieser Ziele erbringen die Mitglieder bestimmte Beiträge (Arbeitsleistung, Kapitalhingabe usw.).
3. Die Unternehmung transformiert diese Beiträge in Leistungen um, die sie wirtschaftlich verwertet.

4. Aus dem Entgelt der Leistungen empfangen Mitglieder oder Teilnehmer gewisse Anreize in Form von Arbeitsentgelten, Zinsen, Anerkennung, Statussymbolen usw.
5. Mitgliedschaft und Teilnahme an der Unternehmung werden nur solange aufrechterhalten, als der Nutzen der ihnen gewährten Anreize, subjektiv im Licht der aktualisierten Bedürfnisse bewertet, dem geleisteten Beitrag entspricht.

Entscheidend für die Ausübung der Führungsmacht ist damit die Fähigkeit, Anreize zu gewähren oder sie entsprechend zu versagen. Gegenenfalls kann an der Stelle der Gewährung von Anreizen auch eine negative Sanktionsgewalt (Degradierung, Entlassung usw.) treten.

1.2.2.7 Akzeptanz

Die Bereitschaft, eine Verhaltensbeeinflussung zu akzeptieren, setzt die Unterstellungsbereitschaft voraus. Wird der Machtanspruch des Führenden als ungerechtfertigt empfunden, wie z.B. die Einsicht, daß ja ein Widerstand gegen einen weitaus Überlegenen sinnlos ist, so wird man eher von Zwang sprechen müssen. Akzeptanz setzt voraus, daß der Anspruch vom Betroffenen als rechtmäßig empfunden wird. Als Grundlagen für eine als gerechtfertigt angesehene Autorität lassen sich drei Gruppen unterscheiden.

- Formale oder institutionelle Autorität

  Sie entspringt dem Strukturaufbau einer Organisation. Diese hieraus abgeleitete formale Autorität von Stelleninhabern verleiht dem Aufbau der Organisation eine gewisse Beständigkeit und gewährt dem der Autorität Unterworfenen Verhaltenssicherheit. Typisch ist hier die Befehlsgewalt bei Organisationen, wie Armeen, Kirchen usw., die von den Rangabzeichen, vom Ornat usw. und nicht von der Person abhängig ist.

- Fachliche oder funktionale Autorität

  Ihre Akzeptanz stützt sich nicht auf eine formale Machtzuweisung, sondern auf die Bereitschaft, Weisungen von Vorgesetzten deshalb anzunehmen, weil man ihn aufgrund seiner Kenntnisse und Fähigkeiten für geeignet hält, die Aufgabe kompetent wahrzunehmen. Diese Art der Autorität ergibt sich aus der Anerkennung des Sachverstandes des Vorgesetzten. Der Mitarbeiter erkennt, daß der Vorgesetzte sein Sachgebiet beherrscht und daß er die Fähigkeit besitzt, die Leistungsbeiträge der Untergebenen zu leiten und zu koordinieren.

- Persönliche Autorität

  Sie ist in diesem Zusammenhang mit zu nennen, obwohl sie eher zur Form der Überzeugung gehört und dort behandelt wird. Bestimmend für diese Form der Verhaltensbeeinflussung ist die freiwillige Einsicht und die als gerechtfertigt angesehene "Herrschaftsausübung".

Ihre Grundlage haben die beiden Formen der formalen und fachlichen Autorität in der Rechtsordnung, in den betriebsinternen Normen und informalen Regelungen, im akzeptierten Sachverstand des Vorgesetzten und in seinen Führungsfähigkeiten sowie in den gesellschaftlichen Normen und Werthaltungen.

Max Weber hat betont, daß zu allen Zeiten diejenigen, die Macht und Einfluß, aus welchem Grund auch immer, ausüben konnten, bestrebt waren, für diesen Vorgang den Eindruck der Rechtmäßigkeit bei den Betroffenen zu wecken. Er unterscheidet hier drei reine Typen der *"legitimen Herrschaft"*.

- *Legale Herrschaft*
  Sie geht von der Rechtmäßigkeit der gesetzten Ordnung aus und akzeptiert die Anweisungsmacht der institutionell zur Ausübung der Herrschaft Berufenen.
- *Traditionelle Herrschaft*
  Sie hat ihre Grundlage im Alltagsglauben an die Rechtmäßigkeit von seit jeher geltenden Traditionen.
- *Charismatische Herrschaft*
  Sie hat ihre Grundlage in der Überzeugung der Herrschaftsberechtigung auf Grund der prägenden Kraft einer Person, Sache oder Idee.

1.2.2.8 Überzeugung

Auf diese Form trifft der dritte Typ der legitimen Herrschaft von *Weber*, der charismatischen zu. Diese entspringt der besonderen persönlichen, nicht alltäglichen Hingabe an die Vorbildlichkeit einer Person oder Sache. Die Wurzeln hierfür sind schwer zu fassen. Die Bereitschaft, sich mit einer Person und ihren Wertvorstellungen zu identifizieren, kann ihre Grundlage in der persönlichen Ausstrahlungskraft, in dem Führungswillen einer Persönlichkeit und der damit verbundenen Vorbildwirkung haben.

Dieses kann zu einer Emotionalisierung der Beziehungen führen mit der Folge, daß der Führende zunehmend mit charismatischen Zügen ausgestattet wird. Beispiele zeigen sich hier u.a. in Sekten, Religionsgemeinschaften, aber auch in politischen Parteien. Anstelle einer Person kann auch die prägende Kraft einer Idee treten.

1.2.3 Dependenzmodell

Abgesehen von der Form des unmittelbaren Zwangs gewährt jedoch der Besitz von Ressourcen dem Inhaber (A) noch keine Einflußnahme auf den Machtunterlegenen (B). Um diesen Einfluß entfalten zu können, müssen zwei Bedingungen gegeben sein. Die Ressourcen, über die A verfügt, müssen für B wichtig sein, und es dürfen für B keine Möglichkeiten bestehen, diese Ressourcen sich anderweitig zu beschaffen oder diese Ressourcen durch andere zu substituieren (z.B. ein Mitarbeiter, dem die Anerkennung oder Belohnung im Betrieb versagt bleibt und der sich dann in seiner Freizeit anderweitig engagiert); vgl. hierzu Abschnitt *Abwehrmechanismen*.

Bei dieser Betrachtung stehen Machtunterworfenen folgende Möglichkeiten zu:

- er akzeptiert den Beeinflussung- (Führungs-)anspruch und richtet sein Verhalten nach Anforderungen des Machtinhabers aus,
- er lehnt den Beeinflussungsanspruch ab durch
  - Weigerung, indem er z.B. sein Verhalten nicht nach den Intentionen des Machtinhabers ausrichtet, wenn er z.B. überzeugt ist, daß dieser entweder seine Machtmittel nicht einsetzt, oder wenn er die sich hieraus ergebenden Konsequenzen für gering einschätzt,
  - Abbruch oder Rückzug, indem er an einem Besitz einer solchen Ressource nicht mehr interessiert ist, wodurch dann Abhängigkeit vom Machtinhaber verloren geht, so z.B. durch Verlassen des Unternehmens oder durch innere Kündigung usw.,
- er versucht durch Gegenstrategien die Bedingungen zu ändern. Da die Machtbeziehungen in der Regel nicht einseitig sind und für den Machtunterlegenden häufig auf einem anderen Gebiet möglicherweise eine Gegenmacht vorhanden ist, besteht für ihn die Möglichkeit, diese Gegenmacht zu seinen Gunsten einzusetzen.

Da derartige Prozesse nicht nur zwischen Individuen, sondern auch zwischen Gruppen ablaufen, besteht die Möglichkeit, daß sowohl Machtunterlegene als auch Machtüberlegene sich zu Gruppen oder Koalitionen zusammenschließen. Um einerseits entweder eine stärkere Gegenmacht zu bilden, z.B. informale Gruppen im Rahmen einer Organisation, oder daß sich Machtüberlegene zu Gruppen zusammenschließen, um auf einen größeren Bestand von Ressourcen zurückzugreifen.

Nur müssen derartige Auseinandersetzungen nicht nur zwischen den unmittelbar Beteiligten ablaufen, vielmehr können diese Betroffenen auch in "Netzwerke" eingebunden sein, wobei man unter *Netzwerken* ein Geflecht von sozialen Beziehungen unmittelbarer oder mittelbar Beteiligter verstehen kann.

1.3 Machtbeziehungen im Unternehmen

1.3.1 Konfliktfreie Beziehungen

Sind die Einflußbeziehungen in einem Unternehmen konfliktfrei, d.h. wird der in der Organisationsstruktur festgelegte Bereich der Einflußberechtigten und der Grad der Einflußnahme durch den Machtinhaber eingehalten, und wird der Führungsanspruch aufgrund der Akzeptanz oder aus Überzeugung von allen

Beteiligten sowohl in vertikaler Form zwischen Vorgesetzten und Mitarbeitern oder horizontal zwischen einzelnen Mitarbeitern oder betrieblichen Gruppen (Abteilungen) anerkannt, so ergeben sich für die Personalführung und für die Organisation keine Probleme.

Die Probleme treten auf, wenn hinsichtlich der Art, des Inhaltes und des Umfanges des Führungsanspruches und der Art der Einflußausübung zwischen den Beteiligten unterschiedliche Auffassungen bestehen. Diese können auftreten zwischen Individuen und zwischen Personenmehrheiten bzw. Gruppen.

1.3.2 Individuelle Machtbeziehungen

Diese bestehen:

- vertikal zwischen Personen in den verschiedenen Hierarchieebenen, d.h. zwischen Vorgesetzten und Mitarbeitern,
- horizontal jeweils zwischen Vorgesetzten und Mitarbeitern der gleichen Hierarchiestufe,
- diagonal zwischen Mitgliedern verschiedener Unternehmungsbereiche auf der gleichen oder auf unterschiedlichen Hierarchieebenen.

Die Abbildung 164 zeigt die verschiedenen Machtgrundlagen, die Vorgesetzte und Mitarbeiter zur Durchführung ihres Führungsanspruches bzw. beim Aufbau von Gegenmachtpositionen einsetzen können.

Eine besondere Bedeutung haben im Zusammenhang mit den Machtgrundlagen der Mitarbeiter auch die sogenannten informalen Gruppenbildungen. Diese auch als "Cliquen" bezeichneten Gruppen sind nicht selten geeignet, durch die zusammenfassende Bündelung ihrer Einflußmöglichkeiten Druck auf die anderen Mitglieder eines Bereiches auszuüben und Vorgesetzte an einem der Gruppe nicht genehmen Führungsverhalten zu hindern.

Da Vorgesetzte ihre Aufgabe, den arbeitsteiligen Leistungserstellungsprozeß im Unternehmen zu koordinieren, nicht ohne Mitarbeiter erfüllen können, sind sie gezwungen, bei der Ausübung ihrer Machtbefugnisse auch auf die Gegenmachtstrategien ihrer Mitarbeiter angemessen Rücksicht zunehmen, d.h. die Interessen der Mitarbeiter im Rahmen notwendiger "Aushandlungsprozesse" zu berücksichtigen (vgl. hierzu Führungstätigkeiten und die hier angeschnittenen Probleme der Führungskräfte mittlerer Ebenen, die stärker als alle anderen Hierarchieebenen diesem doppelten Erwartungsdruck zwischen Aufgabenerfüllung und Rücksicht auf die Interessen der Mitarbeiter ausgesetzt sind). Hier bestätigt sich die alte Betriebserfahrung, daß kein Vorgesetzter seiner Führungsaufgabe gegen den erklärten Willen seiner Mitarbeiter gerecht werden kann, so daß, wenn er schon nicht auf die volle Zustimmung der Mitarbeiter, so doch zumindest auf eine tolerierende Akzeptanz angewiesen ist.

	Vorgesetzter	Mitarbeiter
Machtgrundlage Machtbasen	Positionsautorität (Belohnungs-, Bestrafungsmacht)	Arbeits- und Organisationswissenschaften, Fachkenntnisse und Spezialwissen (Expertenmacht)
	Persönliche Autorität (Persönliche Anerkennung)	Persönliches Ansehen
	Stellung im Informationszusammenhang (Informationsfluß von oben nach unten)	Stellung im Informationszusammenhang (Informationsfluß von unten nach oben)
Machtstrategien Möglichkeiten, diese Machtgrundlagen einzusetzen	Bestrafen, Abbau von Privilegien, Entlassung	Leistungszurückhaltung, Dienst nach Vorschrift
	Belohnung, Gehaltserhöhung	Anspruchserhöhung
	Gestaltung der Arbeitsbedingungen	Ausnutzung von Organisations- und Verfahrenslücken
	Gezielte Informationspolitik (Manipulation)	Informationszurückhaltung, Informationsfilterung
	Durchführung von Kontrollen, Personalbeurteilung	Leistungsvermögen verschleiern oder Fachkenntnisse exklusiv halten
	Eingriff in den Delegationsbereich des Mitarbeiters	Rückdelegation von übertragenen Aufgaben
	Appelle, Bitten	Bildung informaler Gruppen (Cliquen)
Machtausgleich	Machtauseinandersetzung gegenseitige Akzeptanz, stillschweigend oder durch Verhandlung	

Abbildung 164: Macht- und Gegenmachtbeziehungen zwischen Mitarbeitern und Vorgesetzten

Individuelle Einflußbeziehungen bestehen, abgesehen von der durch die ranghierarchische Stellung begründete Positionsmacht nicht nur zwischen Vorgesetzten und Mitarbeitern, sondern auch zwischen Mitgliedern der gleichen oder auch anderen Hierarchieebenen, zwischen denen keine formale Über- oder Unterordnung bestehen.

Die typische Form dieser Einfluß- (Macht)beziehungen ist hier vor allem im Bereich der informellen Gruppen zu erkennen. Überall dort, wo Menschen arbeitsteilig zur Erreichung eines gemeinsamen Zieles zusammenarbeiten, werden sich, auch ohne vorherige hierarchische Strukturierung, innerhalb kurzer Zeit immer individuelle Differenzierungen herausbilden, die sich in einem unterschiedlichen Grad (nach Art und Stärke ihrer Einflußmöglichkeiten), auf andere

Mitglieder niederschlagen. Diese Art der Rollendifferenzierung innerhalb der Gruppe führt zur Herausbildung von Führerrollen (*informalen Führern*), deren Einfluß stärker ist als der der anderen Mitglieder, und auf deren Meinung bzw. Urteil usw. stärkeres Gewicht gelegt wird.

Die Grundlagen für diesen stärkeren Einfluß können vielfältig sein, so z.B.

- stärkere Identifikation des Betroffenen mit dem Unternehmen und seinen tragenden Ideen,
- größere Sachkenntnis, insbesondere in Bezug auf Organisations- und Arbeitswissen,
- die Fähigkeit, auftretende gemeinsame Probleme zu erkennen und Lösungsmöglichkeiten aufzuzeigen,
- die Fähigkeit, bei auftretenden Konflikten aufgrund von Sachkenntnissen und/oder persönlicher Autorität ausgleichend zu wirken,
- besseren oder rascheren Zugang zu Informationen zu haben, die für alle anderen mit von Bedeutung sind,
- persönliche Beziehungen zu Personen, denen ein besonderer Einfluß zugeschrieben wird, den andere Mitglieder nicht haben.

Darüber hinaus können auch noch Personen größeren Einfluß erreichen, wenn sie zwar nicht die Position von informellen Führern haben, wenn sie aber eine wichtige Schlüsselstellung im Prozeß des Arbeitsablaufes einnehmen, so daß andere von der Art und Weise ihres Leistungsbeitrages abhängig sind.

1.3.3 Machtbeziehungen zwischen Gruppen

Die formale Aufbau- und Ablauforganisation kann im wesentlichen nur die funktionalen Beziehungen zwischen den einzelnen Gruppen oder Bereichen regeln. Ein Blick auf den Organisationsplan und in die Stellenbeschreibungen scheinen auf den ersten Blick die Frage, wer wem in welcher Form zur Weitergabe von Informationen verpflichtet ist und wie die einzelnen Aufgabenbereiche zu gestalten sind, unter der Prämisse zu beantworten, daß die hierarchische Struktur des Liniensystems eingehalten wird.

Da jedoch in jedem Unternehmen sowohl Individuen als auch Abteilungen auf die Zusammenarbeit mit anderen Individuen oder Abteilungen angewiesen sind, bestehen eine Vielzahl gegenseitiger Einflußbeziehungen und Machtabhängigkeiten, die der Organisationsplan nicht zum Ausdruck bringt. Diese Beziehungen lassen sich am einfachsten am Beispiel des Verhältnisses der Stabsabteilungen zu ihren Linienabteilungen verdeutlichen. Der Grundgedanke der Stab-Linienorganisation ist die Trennung von Entscheidungsvorbereitung durch Sammlung, Verdichtung und Aufbereitung von Informationen durch die Stabsabteilung und die Weitergabe der Arbeitsergebnisse an die Linienvorgesetzten, die auf der Grundlage dieser Informationen die Entscheidungen treffen und Durchführung verantwortlich leiten sollen.

Ganz natürlich hat damit die Stabsabteilung nicht nur einen Informationsvorsprung vor dem Linienvorgesetzten, sondern sie beeinflußt im wesentlichen auch, wenn auch nicht immer mit Absicht, die Entscheidung der Linienabteilung, und zwar in Abhängigkeit davon, wie sie die Information weitergibt und wie diese beim Informationsempfänger aufgenommen wird.

Besondere Einflußmöglichkeiten, die im Organisationsplan nicht vorgesehen sind, wachsen Abteilungen zwangsläufig zu, wenn in ihnen

- spezialisiertes Expertenwissen konzentriert ist, auf das andere Bereiche nicht verzichten können oder
- wenn die Abteilung an einer besonderen Stelle im Leistungserstellungsprozeß tätig ist, so daß andere Bereiche in besonderem Maße von ihrer Mitarbeit abhängig sind.

Der erste Fall liegt z.B. vor bei einer Abteilung für Systementwicklung von EDV-Programmierern, bei Spezialisten innerhalb des Werksinstandhaltungsbereiches usw., damit also für alle Bereiche, auf deren Leistungen andere Abteilungen nicht verzichten können und deren Erbringung auch nicht substituierbar ist.

Der zweite Bereich verweist auf die Vielzahl der gegenseitigen Abhängigkeiten im betrieblichen Leistungserstellungsprozeß und läßt sich im übertragenen Sinne am einfachsten auch mit den Macht- und Einflußbefugnissen mancher Chefsekretärinnen vergleichen, die nach außen Macht und Einfluß ausüben, weil sie über den Zugang zu ihren Vorgesetzten entscheiden und nach innen, weil ihr ranghierarchisch höher stehender Chef in der Regel von ihrer Zuarbeit abhängig ist.

1.3.4 Führung als Ausübung sozialen Einflusses

Die auf *French/Raven* zurückgehende Einteilung der Formen der Führung betrachten das Phänomen der Verhaltensbeeinflussung jeweils von einem Blickpunkt aus; bei Zwang, Handlungsbeschränkung und Anreizgewährung mehr vom Standpunkt des Beeinflussenden, der in der Lage ist, dem zu Beeinflussenden seinen Willen aufzuzwingen. Die Formen der Akzeptanz und der Überzeugung gehen vom Beeinflußten aus. Auf Grund des Identifikationsstrebens mit einer überragenden Person oder Sache bzw. aus der Einsicht und im Vertrauen auf die Rationalität erkennt der Beeinflußte die Notwendigkeit der Autorität bzw. der Legitimität formaler oder fachlicher Autorität an.

Tatsächlich wird man aber den Führungsprozeß multidimensional als eine Art sozialer Interaktion zwischen zwei oder mehreren Personen verstehen müssen, bei dem die einzelnen Personen auf Handlungen oder das Verhalten anderer Einfluß nehmen können.

Das Ergebnis dieser Einflußnahme hängt hier von folgenden Größen ab:

1. persönliche Eigenschaften des Beeinflussenden (Führers),
2. persönliche Eigenschaften des/der Beeinflußten (Geführten),
3. Struktureigenschaften des sozialen Systems (in dem der Prozeß abläuft),
4. besondere Bedingungen der unmittelbaren Situation, hier insbesondere den alternativen Möglichkeiten, die den jeweils Beteiligten offenstehen.

Nicht immer setzt sich der Einfluß des Führenden durch: Es kann sein, daß der Führungseinfluß durch den Geführten aufgefangen wird und lediglich zu einer erhöhten Konfliktspannung führt, ohne daß eine Handlung erfolgt; so zum Beispiel bei einem Mitarbeiter, der einen ihm erteilten Auftrag nicht oder nicht in der angeführten Weise ausführt, weil er ihn für falsch und unzweckmäßig oder mit seinen eigenen Wertvorstellungen für nicht vereinbar hält. Das gleiche gilt auch für den Verkäufer, der mit den modernen Methoden der Kundenbehandlung vertraut gemacht wurde, der aber sein Verhalten trotz Einsicht und motivierendem Unterricht nicht ändert, weil er glaubt, sich nicht ändern zu können oder zu wollen. Hier ändert der Führungseinfluß das Verhalten nicht, da dem Betroffenen aber immer wieder die Konsequenz zwischen seinem tatsächlichem Handeln und dem, was er eigentlich tun sollte, vor Augen geführt wird, erhöht sich nur seine innere psychische Spannung.

Es kann auch vorkommen, daß der Führungseinfluß zwar eine Handlung auslöst, daß diese Handlung jedoch durch die Einflüsse der eigenen Motive und Abneigungen sich nicht in der erwarteten Richtung durchsetzt. In diesem Zusammenhang ist es durchaus möglich, daß hierarchisch nachgeordnete Mitarbeiter einen Einfluß auf das Führungsverhalten ihrer Vorgesetzten ausüben, der ihnen nach ihrer offiziellen Positionshöhe gar nicht zusteht, z.B.

1. wenn die betreffenden Mitarbeiter im Gegensatz zum Vorgesetzten Zugang zu Personen, Informationen und Mitteln haben,
2. wenn die Mitarbeiter Fachkenntnisse besitzen, die der Vorgesetzte nicht hat,
3. wenn ein Mitarbeiter schwer zu ersetzen ist,
4. wenn die Vorgesetzten wenig Ehrgeiz und Interesse an der Arbeit haben.

Soziale Einflußkräfte, wie sie die Führung darstellt, können beim Geführten nur insoweit wirksam werden, als sie in der Lage sind, Gegenkräfte bei ihm zu überwinden und soweit sie nicht durch diese Gegenkräfte von der erwarteten Einflußrichtung abgedrängt werden.

Führung wird damit zu einem Spezialfall des sozialen Einflusses und der sozialen Macht. Dieser soziale Einfluß ist jedoch, ungeachtet aller bereits eingetretenen und noch eintretenden Änderungen der äußeren gesellschaftlichen Rahmenbedingungen, ein allgemeines Phänomen aller Gesellschaften auf allen Stufen ihrer Entwicklung. Nur dieser soziale Einfluß schafft die Voraussetzung für ein geregeltes gesellschaftliches Zusammenleben im Betrieb, wie in der Gruppe und der sozialen Gemeinschaft.

1.4 Wandel der Machtbeziehungen

Die sozialen Entwicklungen in der Gesellschaft haben auch einige Änderungen in der Einstellung zur Führung hervorgerufen, die in ihrer Bedeutung für den Führungsprozeß und ihren Auswirkungen auf die Personalführung heute kaum richtig gewürdigt werden können.

Dies läßt sich im wesentlichen auf drei Faktoren stützen:

- Änderung von der Positionsmacht zur *Vorbildmacht,*
- zunehmende Bedeutung des Expertenwissens durch zunehmenden Einsatz neuer Technologien, insbesondere auf dem Gebiet der Informationsverarbeitung,
- Auflösung hierarchischer Strukturen durch zunehmende Gruppenarbeit mit einem Bedeutungsverlust des mittleren Managements und einer Verlagerung der Aufgaben von Führungskräften auf die Autonomie der Gruppen.

Die Zeit, in der sich die Legitimation des Führungseinflusses auf die Positionsmacht gestützt hat, ist vorbei. Die Abhängigkeit des Mitarbeiters von den Machtmitteln des Vorgesetzten haben sich gelockert. Sanktions- und Belohnungsmacht haben mit zunehmender kollektiver Verrechtlichung der Arbeitnehmer/Arbeitgeberbeziehungen an Bedeutung verloren. Der Wissens- und Erfahrungsvorsprung der Vorgesetzten gegenüber dem Spezialistenwissen der Mitarbeiter ist geringer geworden.

Der Einfluß des Vorgesetzten wird sich zunehmend von der Amtsmacht zu einer Vorbildmacht verlagern. Eine Einflußbasis, die sich auf Sachkenntnis, Identifikation und Akzeptanz durch die Betroffenen stützen muß.

Zwar wird auch weiterhin eine Art von hierarchischer Positionsmacht neben der Vorbildmacht bestehen. Für die künftigen Anforderungen wird sie aber nicht mehr ausreichen. Diese Art von Vorbildmacht kann Führungskräften nur bedingt verliehen werden. Auch wenn den äußeren Attributen der Amtsmacht, nicht selten verbunden mit einer Vernachlässigung persönlicher Qualitäten, noch immer starke Bedeutung zugemessen wird, muß diese Vorbildmacht durch kontinuierliche Leistungen begründet sein, wobei deren soziale Anerkennung nicht nur von der Organisation, sondern auch von dem im Leistungsprozeß Tätigen, ausgeht.

Der zunehmende Einsatz von Hochtechnologien im Leistungserstellungsprozeß und insbesondere in der Informationsverarbeitung führt zu einer zunehmenden Kluft zwischen der Entwicklung einer immer stärker wachsenden Schicht von Experten, deren Spezialwissen zunehmend wichtiger werden wird, und dem Vorgesetzten, für den dieses Spezialwissen zunehmend wichtiger wird, das er aber selbst immer weniger voll beherrschen kann. Dies führt zu einer zunehmenden Abhängigkeit der Vorgesetzten von der Expertenmacht ihrer Mitarbeiter.

Daneben zwingen Veränderungen des Marktes und die Forderungen nach mehr Beweglichkeit und Einfallsreichtum zu zunehmenden organisatorischen Veränderungen. Flache Hierarchien führen zu einem Wegfall von Führungskräften der mittleren Ebenen. Der Drang zu rascher änderbaren und flexibler zu handhabenden Organisationsformen nach den Schlagworten "Zelte statt Paläste" führt zu einer Verunsicherung der Schicht der Führungskräfte, die bisher die Stütze großer Organisationen waren.

Insbesondere der zunehmende Drang zur Gruppenarbeit führt zu kaum übersehbaren Auswirkungen. So sollen nun Mitglieder von Arbeitsgruppen ohne Macht- und Einflußgrundlage formaler Vorgesetzter durch gruppeninterne Interaktionen die Probleme der Strukturierung der Zusammenarbeit lösen. Soweit sich nicht innerhalb der Gruppe bereits eine Art "informeller Führer" mit einer auf Sachkunde, Expertenwissen und persönlicher Autorität gestütztem Einfluß befindet, besteht die Gefahr, daß die jeweiligen noch verbleibenden formalen Vorgesetzten, nunmehr mit einer größeren Leitungsspanne betraut, in der neuen von allen Beteiligten ungewohnten Rolle von Spielmachern und Moderatoren im Selbststeuerungsprozeß überfordert werden.

Zum anderen entsteht durch diese Entwicklung in den Betrieben von zwei Seiten her ein Unzufriedenheitspotential, das aufzufangen einige Probleme bereiten wird. Einmal sind es die von ihrer bisherigen Einflußposition befreiten Vorgesetzten der mittleren Führungsebenen, die sich nun als Gleichberechtigte mit ihren ehemaligen Mitarbeitern wiederfinden, und zum anderen sind es die qualifizierten jüngeren Nachwuchskräfte, denen hier eine vermeintlich sichere Aufstiegs- und Karrierechance genommen wird.

1.5 Machtmißbrauch als Pathologie der Führung

Die Verfügbarkeit über Einflußmöglichkeiten und Machtmittel gewährt Vorteile und verschafft die Möglichkeiten zur Befriedigung egoistischer Ziele zu Lasten anderer. Aus diesem Grund liegt die Versuchung nahe, sich diese Mittel durch unfaire Methoden mit Drohung, Zwang, Gewalt, Arglist, Täuschung, Betrug usw. anzueignen.

Ferner liegt die Versuchung nahe, diese Möglichkeiten zur Befriedigung egoistischer, persönlicher Bedürfnisse oder zum Abbau emotionaler Spannungen einzusetzen.

Deshalb beruhen alle Gesellschaftsordnungen zu allen Zeiten darauf, daß Mechanismen zur Machtkontrolle zu entwickeln.

Als wesentliche Elemente können gelten:

- *Machtbändigung*, sie bedeutet Herrschaft durch Gesetze, Normen und Regeln. Nicht mehr der zu einem Fehlverhalten fähige Mensch sollte Macht ausüben, sondern nur ganz allgemein anzuwendende Regeln sollen herrschen.
- *Machtbeschränkung*, hier ist die Ausübung der Macht an übergeordnete Prinzipien gebunden, ein Verstoß dagegen kann zum Machtentzug führen.
- *Machtteilung*, bedeutet die Aufteilung der Macht nach regionalen, funktionalen, personalen oder zeitlichen Gesichtspunkten.
- *Machtausgleich*, hier wird versucht, die Frage nach der Rechtfertigung ungleicher Machtverhältnisse zu beantworten und auf der Suche nach potentiellen Gestaltungsalternativen, die besser als die feststehenden Lösungen sind, zu helfen.

Die allgemeinen vertraglichen Normen des Arbeitsrechtes, die Regelungsmechanismen des Betriebsverfassungsgesetzes in Verbindung mit gestiegener Ausbildung und gewachsenem Fachwissen, haben zu gegenseitig akzeptierten Spielregeln geführt und zur Entwicklung eines von gegenseitiger Akzeptanz getragenen Betriebsklimas beigetragen.

Unachtet dessen wird man auch im Einzelfall einen Machtmißbrauch nicht ausschließen können, obwohl repräsentative, statistische und methodisch korrekt durchgeführte Untersuchung fehlen, dürfte nach meiner mehrjährigen Industrie- und Beratungserfahrung der Anteil pathologischer Fälle bei Vorgesetzten nicht wesentlich größer sein als unter dem Durchschnitt der Bevölkerung. Ob man deshalb die üblicherweise "als negativ oder krankhaft einzustufenden Charakteristika von Menschen als zentrale Grundlagen jeglicher Personalplanung ansehen muß" (*Scholz*, 1993, S. 467), dürfte zumindest strittig sein. Allerdings kann nicht ausgeschlossen werden, daß die Verfügbarkeit über Einflußmöglichkeiten dazu verleiten, diese zur Steigerung des Selbstwertgefühles und zum Abbau von inneren persönlichen Spannungszuständen einzusetzen.

Da ein gewisses Maß an Neurotizismus und Egozentrismus, verbunden mit einem starken Selbstwertgefühl und Durchsetzungswillen, den Aufstieg in der Hierarchie fördern, können diese Eigenschaften unter Führungsnachwuchskräften weiter verbreitet sein als unter der Bevölkerung. Ein Vorgesetzter jedoch, der nach erfolgtem Aufstieg, diese Eigenschaft nicht hinreichend zu zügeln versteht, wird erfahrungsgemäß sehr rasch an der Abhängigkeit und der Gegenmacht seiner Mitarbeiter scheitern. Ausnahmen bestätigen hier sicher die Regel.

Die verstärkte rechtliche Stellung der Arbeitnehmer und die zunehmende Abhängigkeit der Vorgesetzten vom Fachwissen ihrer Mitarbeiter haben die Gegenmachtbildung verstärkt und dürften damit offensichtliche, grobe Machtmißbräuche weitgehend verhindern. Dagegen sind es meist die "kleinen" Machtmißbräuche wie Schikane, Intrigen, Beleidigungen, Verleumdungen, Drohungen, Denunziationen, Überbewertung von Fehlern oder Fehlleistungen von Kollegen, falsche Schuldzuweisungen usw., die das Betriebsklima beeinflussen. Sie beeinträchtigen nicht nur die Leistungsfähigkeit des Unternehmens, sondern haben vor allem auch Auswirkungen auf die physische und psychische Gesundheit von Mitarbeitern.

Nun zeigen allerdings Erfahrungen, daß diese in der letzten Zeit verstärkt unter dem Begriff *"Mobbing"* bekannt gewordenen Vorgänge selten von Vorgesetzten mit Führungsverantwortung ausgehen, sondern vielmehr vom einzelnen Kollegen oder Gruppen von Kollegen, die hierin ein Mittel zur Ausübung von Gruppendruck oder auch nur eine Bestätigung ihres Selbstwertgefühles sehen.

Unklar ist allerdings, warum dieses Mobbingphänomen erst seit wenigen Jahren verstärkt Schlagzeilen macht und damit auch zu wissenschaftlichen Untersuchungen geführt hat.

Handelt es sich hier um bisher unbekannt gebliebene Phänome, weil sich "Mobbingopfer" nicht wehrten oder ist es eine Ausprägung einer anderen Werthaltung in den Betrieben, die dazu führt, individuelle innere Spannungen zu Lasten von einzelnen Kollegen abzubauen.

Da durch keine andere Entwicklung das Leistungsklima in einem Unternehmen und die Form der Zusammenarbeit innerhalb kurzer Zeit dauerhaft gestört werden kann, als ein durch „Mobbing" beeinflußtes Klima, ist es hier vor allem eine wesentliche Aufgabe von Führungskräften, ein Gefühl für diese Entwicklungen zu bekommen, um rechtzeitig zielgerichtet einzugreifen. Diese Entwicklung ist für Führungskräfte eines Unternehmens umso weittragender, als die Übertragung von Tätigkeiten mit "Führungsverantwortung" von unteren und mittleren Führungskräften in die Autonomie von Arbeitsgruppen, den Druck auf einzelne Mitglieder dieser Gruppe bedeutend verschärfen wird. Eine Entwicklung, die dann sehr leicht in echtes "Mobbing" umschlagen kann.

2. Ergebnisse der Führungsforschung

2.1 Führungstheoretische Ansätze im Überblick

Zum Problem der Führung liegt eine Vielzahl von empirischen Untersuchungsansätzen und theoretischen Erklärungsmodellen vor, ohne daß es bisher gelungen ist, zu einem geschlossenen System zu gelangen.

Vorliegende Untersuchungsergebnisse sind in sich widersprüchlich, ohne daß hierfür kausale Erklärungen vorliegen. Die Ursachen können so gesehen werden, daß einmal der Führungserfolg als abhängig angesehen wird von:

- Eigenschaften und Merkmalen einer Gruppe oder Personen und zum anderen von den
- Verhaltenskategorien von Individuen, also von Vorgesetzten und Mitarbeitern.

Auch die Person des Führers wird unterschiedlich gesehen, und zwar einmal als

1. den Vorgesetzten einer Gruppe im Rahmen einer formalen Organisation oder
2. den informalen von einer Gruppe akzeptierten Sprecher.

Die anglo-amerikanische Führungsforschung unterscheidet hier zwischen *leadership*, einer Form, die von den Betroffenen freiwillig gewählt wird und die ihre Autoritätsbasis in der Anerkennung der Gruppe findet, und *headship*, der eingesetzten Führung einer formalen Organisation. *Neuberger* (1984, S. 148 f.) hat im wesentlichen elf führungstheoretische Ansätze aufgelistet. Versucht man diese nach ihren Zielsetzungen und ihrem Ansatz zu gruppieren, so ergibt sich nachstehende Übersicht (Abbildung 165).

Empirische Ansätze versuchen nachzuweisen, daß bestimmte Eigenschaftsstrukturen oder Verhaltensformen bei erfolgreichen Führungskräften anders als bei erfolglosen ausgeprägt sind.

Theoretische Ableitungen (die sich teilweise auch auf empirische Ergebnisse stützen können) hingegen versuchen, die persönlichen Merkmale, Situationsbedingungen und Verhaltensweisen erfolgreicher Führung mit Modellen und theoretischen Konzeptionen zu erklären.

Erklärende Formen versuchen das Wesen der Führung, ihre Einflußfaktoren und das Zustandekommen ihrer Resultate nachzuweisen oder offenkundig zu machen. Handlungsempfehlungen hingegen wollen Ratschläge für erfolgreichere Führung geben.

Ziel	empirische Ansätze	theoretische Ableitungen
Erklärung	Eigenschafts- und Persönlichkeitstheorien Gruppendynamische Ansätze Formalorganisatorische Ansätze	Rollentheoretische Ansätze Motivationstheoretische Ansätze Systemtheoretische Ansätze Kybernetische Ansätze
Handlungsempfehlung	Fiedler´sches Kontingenzmodell	Verhaltensgitter (Blake/Mouton) Situative Ansätze (Reddin; Hersey/Blanchard) Entscheidungstheoretische Ansätze (Vroom/Yetton)

Abbildung 165: Schematischer Überblick über führungstheoretische Ansätze

Die Handlungsempfehlungen werden, wie die motivationstheoretischen, kybernetischen und systemtheoretischen Erklärungsansätze, in Einzelkapiteln näher erläutert.

Als erklärende Ansätze über Führungsverhalten werden auch Theorieansätze anderer Wissenschaftsgebiete herangezogen, so z.B. die *Lerntheorie*, die *Attributionstheorie (Neuberger)* oder *psycho-analytische Ansätze (Wunderer)*.

2.2 Eigenschafts-, persönlichkeitstheoretische Ansätze

Diese Ansätze standen in der Vergangenheit lange Zeit im Mittelpunkt der Führungsforschung. Ziel dieser Untersuchungen ist es, die Persönlichkeitsmerkmale oder die Bündel von Eigenschaften zu ermitteln, die in ihrer Kombination die "Qualität" eines Führers ausmachen und die bestimmend für die erfolgreiche Wahrnehmung der Führungsfunktionen in einer Gruppe sind.

Diese Ansätze sind bereits sehr alt; schon *Aristoteles* hatte die Meinung vertreten, daß bestimmte Menschen von Natur aus zum "Befehlen" besser geeignet seien als andere.

Die Versuchsanordnungen waren in der Regel immer die gleichen. Nach bestimmten Kriterien wurden als erfolgreich anzusehende Führer wurden mit Hilfe psychodiagnostischer Verfahren auf ihre Persönlichkeitsmerkmale hin untersucht. In einem ausführlichen Sammelreferat hat *Stogdill* die bis dahin vorliegenden Untersuchungen kommentierend zusammengestellt. Die Ergebnisse der sehr massierten Forschungsbemühungen waren aber sehr bescheiden. Es wurden hunderte von vermeintlichen Eigenschaften für den Führungserfolg lokalisiert, darunter so obskure wie Sadomachismus, Hypochondrie, Verfolgungswahn usw. Es zeigte sich zwar, daß bestimmte Eigenschaften wie z.B. Intelligenz, Initiative, Selbstsicherheit, Dominanzstreben usw. in höheren Führungspositionen stärker ausgeprägt sind als in nachgeordneten. Diese Ergebnisse lassen sich jedoch bei den vorliegenden Streubreiten nicht generalisieren. So stellt *Stogdill* z.B. bei fünfzehn unterschiedlichen Studien zwischen Führungserfolg und Intelligenz eine Korrelation von 0,26 fest bei einer Spannbreite, die von 0,9 bis 0,18 reicht; ein Wert, der sich nicht wesentlich vom Zusammenhang zwischen Führungserfolg und Körpergröße unterscheidet.

Die häufig anzutreffende grundsätzliche Ablehnung der *Eigenschaftstheorie* führt sicher zu weit. Es dürfte zutreffend sein, daß es im Einzelfall schwierig sein wird, mit Hilfe psychodiagnostischer Verfahren den "besten Anwärter" für eine Führungsposition zu ermitteln, ohne zugleich auch die Struktur der Arbeitsgruppe und die Besonderheiten der zu lösenden Aufgabe mit zu berücksichtigen.

Als Ergebnis der Vielzahl der Untersuchungen, die "Persönlichkeit" erfolgreicher Führungskräfte zu erfassen, läßt sich feststellen, daß es keine typische Persönlichkeitsstruktur gibt, die einem Individuum immer und unter allen Umständen den Führungserfolg garantiert. Es gibt aber eine ganze Reihe von Eigenschaften, die zum Führungserfolg prädestinieren, zwar nicht generell, aber doch jeweils in bestimmten situativen Zusammenhängen. In keinem Fall wird man deshalb bei einer Analyse und Beurteilung von Führungsprozessen die Persönlichkeit der handelnden Personen außer acht lassen dürfen. Weiterhin wird man bei der Beurteilung der Eigenschaftstheorie zu berücksichtigen haben, daß sowohl die Grundlagen einer Theorie der Persönlichkeit als auch die methodischen Instrumente zur Messung ihrer bestimmenden Merkmale bis heute noch ungenügend sind.

Geänderte Fragestellungen könnten hier vielleicht zu neuen Ergebnissen führen, wie z.B.

1. die Gegenüberstellung unterschiedlicher Merkmale von erfolgreichen und erfolglosen Vorgesetzten in bestimmten, klar definierten Situationen,
2. die Differenzierung der Eigenschaften, die den Aufstieg in Führungspositionen ermöglichen, von jenen, die nach erfolgtem Aufstieg für den Führungserfolg prädestinieren.

2.3 Führung als soziale Verhaltensweise

Führen ist ein sozialer Interaktionsprozeß, der sich in der Gruppe in einer ganz spezifischen Situation zwischen Führer und Geführten sowie zwischen den Geführten abspielt. Entscheidende Determinanten sind die handelnden Personen, die gruppendynamischen Einflüsse und die konkrete Situation.

2.3.1 Dyadischer Erklärungsansatz

Erste Ansätze wurden bereits 1938 von *Barnard* vorgestellt, der Führung nicht als einen einseitigen Akt des Vorgesetzten betrachtet, sondern davon ausgeht, daß es sich hier immer um untereinander verknüpfte Verhaltensmuster zwischen zwei oder mehreren Personen handelt, die miteinander in Interaktion treten und sich gegenseitig beeinflussen. Die Grundlage für diesen Prozeß bildet die *Dyade*, sie läßt sich hier definieren als ein System von Komponenten (Personen oder Sachen) sowie den Beziehungen zueinander, wobei jeweils die Mitglieder einer *Dyade* in einem Verhaltensmuster gegenseitiger Abhängigkeiten zueinander in Beziehung stehen, und zwar in der Form, daß jedes Mitglied durch das Handeln eines anderen beeinflußt wird. Hierbei sind die einzelnen Mitglieder bei der Erfüllung ihrer Aufgaben aufeinander angewiesen. Das Ergebnis dieser Aufgabenerfüllung kann sein, Entwicklung von Methoden zum Verstehen verschiedener Situationen, die Lösung einzelner Problemstellungen oder aber die Erbringung von quantifizierbaren Dienstleistungen oder die Herstellung von Produkten. Hierbei besteht eine gemeinsame Ergebnis-Instrumentalität, bei der die betreffenden Mitglieder nur gemeinsam gewinnen oder verlieren, d.h. sie teilen Erfolg wie Mißerfolg, Anerkennung wie Tadel. Beim Aufbau dieser dyadischen Beziehungen setzen die Vorgesetzten auch einen Prozeß der *"selbsterfüllenden Prophezeiung"* in Gang. Beim Aufbau neuer Beziehungen wenden Vorgesetzte für Mitarbeiter, die sie schwach einschätzen und bei denen sie ein baldiges Ende der Zusammenarbeit vorherzusehen glauben, nur wenig Zeit und Energie für die Einarbeitung auf. Sie ignorieren diese neuen Mitarbeiter oder begegnen ihnen mit einem Gefühl "wohlwollender Vernachlässigung", mit dem Erfolg, daß Mitarbeiter in ein Verhalten getrieben werden, das den Erwartungen der Vorgesetzten entspricht.

Die Enge und Intensität der dyadischen Beziehungen entscheiden dann auch über die Ressourcenaufteilung, den Informationsfluß und damit letztlich das Lernverhalten.

Damit bildet der dyadische Ansatz in seiner Ausweitung auf Netzwerke die Grundlage für die *gruppendynamischen Erklärungsansätze*.

2.3.2 Gruppendynamischer Erklärungsansatz

Dieser Ansatz erklärt die Führerrolle aus der Gruppe heraus. Die sich in der Gruppe herausbildende Rollendifferenzierung bestimmt, wer die tatsächliche Führung ausübt. Ein Vorgesetzter kann nur so gut führen, wie es ihm die Gruppe erlaubt. Es ist ein gesichertes Ergebnis der Kleingruppenforschung, daß es keine Gruppe gibt, in der sich nicht nach einer kurzen Zeit Führungspersonen (Personen mit relativ höherem Einfluß) herausbilden, Voraussetzung ist die Entwicklung von Gruppenaktivitäten zur Erreichung sinnvoller Gruppenziele. Die Gruppenziele können Negativziele des Abwehrschutzes oder auch

Positivziele sein, wenn die Gruppenmitglieder, die die Gruppenziele bestimmen, die Beziehungen zwischen ihren persönlichen Zielen und den Gruppenzielen anerkennen und wenn sie damit in ihrer Tätigkeit Sinn und Befriedigung finden. Führungsperson wird in jedem Fall diejenige Person, von der sich die einzelnen Gruppenmitglieder am ehesten die Erfüllung ihrer Bedürfnisse versprechen. Dabei wird in der Regel derjenige von den Untergebenen als Führungskraft unterstützt, der ihre Interessen bei den übergeordneten Rängen zur Zufriedenheit vertritt. Auf Dauer wird dann derjenige seinen Führungsstatus behaupten, der positive interpersonelle Beziehungen zu den einzelnen Mitgliedern unterhält.

2.3.3 Situative Erklärungsansätze

Der dyadische Prozeß der Führung vollzieht sich in einem Prozeß der Interaktion zwischen Vorgesetzten und Mitarbeitern in einer ganz bestimmten Situation. Aufgrund der Vielfältigkeit der unterschiedlichen Situationen kann es deshalb kein Führungsverhalten geben, das in allen Situationen zum Erfolg führt. Die Anforderungen an die Person des Führenden und sein Verhalten ergeben sich aus den Herausforderungen einer Situation. Hierbei wird die Situation nicht nur von den agierenden Personen und der Aufgabenstruktur bestimmt, sondern auch von der Organisation, in der dieses Handeln erfolgt, und von den bestimmenden Umwelteinflüssen durch Gesellschaft, Staat und Wirtschaftssystem.

Aus diesem Grund kann sich auch die zweckmäßige Besetzung der Führerrolle entsprechend der Situation ändern. Führer ist, wer einen Ausweg aus einer Problemsituation weist und mehr als andere zum Erreichen der Gruppenziele beiträgt. So werden z.B. andere Verhaltensweisen erforderlich sein, wenn es gilt, ein Betriebsfest erfolgreich zu gestalten, als wenn es darum geht, eine Gruppe zu gesteigerter Leistung zu führen. Hier wird also Führung nicht mehr von der Person, sondern primär von der Funktion her gesehen. Der bekannteste Ansatz ist hier das *Kontingenz-Modell* von *Fiedler*, der den Führungserfolg abhängig sieht von der Günstigkeit der Situation, d.h. von der Vorgesetzten-Mitarbeiter-Beziehung, der Aufgabenstruktur sowie der Positionsmacht des Vorgesetzten oder der Ansatz des Reifegrades von *Hersey/Blanchard*, die die wesentliche Einflußgröße im Reifegrad (Entwicklungsstand) der Mitarbeiter sehen.

2.3.4 Erklärungsansätze für die Vorgesetzten/Mitarbeiter-Beziehungen

Neben der darzustellenden *Attributionstheorie* (*Calder* 1977, *Lord* 1985) ist hier von erheblicher Bedeutung, die neue Orientierung in den erwartungsvalenztheoretischen Erkenntnissen (*Vroom* 1964), wonach menschliche Verhaltensweisen abhängig sind von der Bewertung bestimmter Zustände bzw. Handlungsziele (*Valenzkomponente*) und der Bewertung, inwieweit bestimmte Verhaltensweisen zur Zielerreichung beitragen (*Erwartungskomponente*).

Die von *Evan* (1970) und *House* (1971) entwickelte *Weg-Ziel-Theorie* zielt in ihrem Kern auf die Klärung der Beziehungen zwischen Vorgesetzten- und Mitarbeitermotiven ab. Vorgesetzte beeinflussen ihren Mitarbeiter dadurch, daß sie auf die Ziele und Vorteile einwirken, die sie durch ihre Tätigkeit erreichen können, und den Weg zur Zielerreichung ebnen.

2.4 Formalorganisatorischer Erklärungsansatz

Wenn die verhaltenswissenschaftlichen Ansätze das Prinzip der Führung umschreiben und Erklärungsansätze für das Entstehen informaler Führer bieten, so darf man doch nicht übersehen, daß im formalen Organisationsplan eines Unternehmens im Regelfall *Führungspositionen* vorgesehen sind, die auch von vorab bestimmten Personen wahrgenommen werden. Auf das Verhalten eines Vorgesetzten nimmt nicht nur die Gruppe Einfluß, vielmehr wird sein Verhalten auch durch seine Rolle im Rahmen der Hierarchie wie auch durch das Verhalten seiner Vorgesetzten beeinflußt.

Das Führungsverhalten eines Vorgesetzten ist damit nicht nur das Resultat eigener Einsicht und wird nicht nur durch die Reaktion auf korrespondierendes Verhalten der Mitarbeiter bestimmt, sondern es wird auch beeinflußt durch das Verhalten der Kollegen gleicher hierarchischer Ebene und vor allem auch durch die Vorbildwirkung der übergeordneten Führungskräfte. Damit gleichen sich in einem Unternehmen Verhaltensweisen von Führungskräften auf den verschiedenen hierarchischen Ebenen einander an. Sollen die generellen Führungsverhaltensweisen und der ihnen zugrundeliegende Führungsstil in einem Unternehmen geändert werden, so muß man in dem geplanten Veränderungsprozeß auch die oberen Führungskräfte mit einbeziehen.

Im Rahmen unserer Gesellschafts- und Rechtsordnung ist das einem Vorgesetzten zugewiesene Potential an Belohnungs- und Sanktionsmaßnahmen stark beschränkt, einmal aufgrund der verschiedenen Mitbestimmungsrechte der Arbeitnehmervertretungen z.B. durch das *Betriebsverfassungsgesetz*, und zum anderen aber werden im Interesse einer einheitlichen Organisationsstruktur die Möglichkeiten für Sanktionen und Belohnungen durch detaillierte Einzelvorschriften im Rahmen von koordinationsbedarfsreduzierenden Maßnahmen festgelegt.

Deshalb reicht in der Regel die verliehene formale Autorität nicht aus, um eine optimale Wirksamkeit zu erreichen. Allenfalls ist, wie Beispiele zeigen, ein minimaler Standard an Wirkung zu erzielen. Will ein Vorgesetzter mehr Einfluß gewinnen, muß er versuchen, zusätzlich informale Anerkennung durch fachliche und persönliche Autorität zu erlangen. Dabei ist die Art und Weise, wie er dies versucht, ein wesentliches Charakteristikum seines Führungsverhaltens. Die Gesamtheit des Verhaltens der Führungskräfte prägt wesentlich die Organisationskultur eines Unternehmens. Wesentliche Erklärungsansätze für Formen und Möglichkeiten koordiantionsbedarfsreduzierender Maßnahmen und die Einbeziehung der Gruppenautonomie in den Führungsprozeß bieten u.a. die *Theorie der Führungssubstitution* von *Kerr /Jermier.*

2.5 Erklärungsgrundsätze anderer wissenschaftlicher Disziplinen

Neuberger weist (1984) darauf hin, daß auch die Forschungsergebnisse einer Reihe von anderen Wissenschaftszweigen geeignet sind, das Führungsphänomen in seinen Ausprägungen zu erklären. Er betont hier besonders die *Attributionstheorie*, ein Teilgebiet der kognitiven Sozialpsychologie und auch der *Lerntheorie.*

Wenn das Führungsverhalten eines Vorgesetzten gegenüber einem Mitarbeiter im wesentlichen auch von dessen Verhalten in einem wechselseitigen Prozeß mitbeeinflußt wird, dann ist hier nicht das objektive Verhalten des Mitarbeiters entscheidend, sondern es ist vielmehr entscheidend, wie dieses Verhalten vom Vorgesetzten wahrgenommen und subjektiv beurteilt wird und welchen Ursachen dieses Verhalten zugeschrieben wird (*Kausalattribution*). Gleiches gilt auch im Verhältnis vom Mitarbeiter zum Vorgesetzten.

Für die Urteilsbildung spielt eine Reihe von Gesetzmäßigkeiten sozialer Wahrnehmungen eine erhebliche Rolle. Damit wird Führung nicht als ein Ding "an sich" angesehen, sondern vielmehr als ein Wahrnehmungsphänomen. In Anlehnung an *Calder*, der den umgangssprachlichen Begriff "Führung" wissenschaftlich für nicht exakt genug hält und ihn als unklar, vielgestaltig und widersprüchlich bezeichnet, beschreibt *Neuberger* (1984) den Prozeß der *Attribution* von Führung in vier Stufen.

Ausgangspunkt ist ein allgemeines Vorverständnis von möglichen und notwendigen Führungsqualitäten bei bestimmten Personen oder Gruppen, die bei den Betroffenen noch nicht erkennbar sind, die sich aber in den Erwartungen, welche die Beteiligten aneinander stellen, ausdrücken.

1. Stufe: Beobachtung von Handlungen oder Wirkungen, die mit Führung im Zusammenhang gebracht werden können.

2. Stufe: Erwartungsentsprechung. Da nicht alles beachtet werden kann, wird das nicht beobachtete oder beobachtbare Verhalten aufgrund des Vorverständnisses erschlossen und mit den Anforderungen, die an eine Führungsperson gestellt werden, verglichen. (Stärke der Ausprägung, der Beständigkeit und der sozialen Erwünschbarkeit).

3. Stufe: Informationsbewertung durch Analyse von möglichen Verhaltensalternativen, die der Handelnde noch gehabt hätte.

4. Stufe: Individuelle Verzerrung durch Wertung des Beurteilenden, insbesondere durch seine persönliche Betroffenheit und die Vereinbarkeit mit seinen Zielen.

Die Attribution von Führung als persönliche Disposition zeigt, daß hier kein sachlich neutraler Prüfprozeß vorliegt, sondern daß die persönliche Betroffenheit und auch die Voreingenommenheit eine entscheidende Rolle spielen.

Positiv wird bewertet, was den eigenen Vorstellungen und dem persönlichen Vorteil entspricht, negativ werden alle anderen Aspekte bezeichnet.

Die *Lerntheorie*, insbesondere die von *Skinner* geprägte *Theorie des "operanden Lernen"*, sieht Verhaltensweisen als Antwort auf Umweltzustände (Reize in Form von Ausgangs- und Auslösebedingungen sowie Verhaltensmöglichkeiten und Verhaltenskonsequenzen) an. Dauernde positive Verstärkung wird zu einer Bekräftigung des Verhaltens führen. Ohne ausdrücklich darauf Bezug zu nehmen, beruhen die Annahmen von *McGregor's X-Y-Theorie* auf diesen lerntheoretischen Erkenntnissen, ebenso *McClelland's Theorie, der "gelernten Bedürfnisse"*.

Gestützt auf eine größere Anzahl von Quellen weisen *Wunderer/Grünwald* (S. 161) darauf hin, daß *"psychoanalytische Theorien"* in einem größeren Umfang Führungsphänomene erklären können, als bisher vermutet wurde". So sind z.B. die Formen der Verhaltensbeeinflussung durch *Identifikation* oder die verschiedenen psychischen Abwehrmechanismen usw. nur durch psychonanalytisches Vorgehen zu erklären. Hier ist vor allem die Tatsache wichtig, daß der Interaktionsprozeß zwischen Führendem und Geführten keineswegs nur von sachrationalen Handllungen bestimmt ist, sondern vielmehr auch von Emotionen, unbewußten Ängsten und Erwartungen beeinflußt wird.

Gute Führung erfordert nicht unbedingt
Charisma oder außergewöhnliche Fähigkeit.

Zu 90 Prozent ist die Führung nichts weiter als
von einem gegenseitigen Verständnis geprägtes,
leistungsorientiertes Zusammenwirken bei
der Bewältung des täglichen Arbeitsablaufes.

Diese Fähigkeit ist nur zum Teil angeboren;
sie läßt sich auch erlernen; dabei lernt
der eine leichter als der andere.

Gegenseitiges Vertrauen zwischen Mitarbeitern
und Vorgesetzten ist notwendig.

Verwechseln Sie aber nicht Vertrauen
mit Vertrauensseligkeit.

Eine gewisse, genau kalkulierte Risikofreude ist notwendig,
aber verwechseln Sie diese nicht mit
Kopflosigkeit oder übertriebenem Wagemut.

Was ein guter Vorgesetzter nicht tun sollte:

- Mitarbeiter ausbeuten,
- aggressiv werden,
- Schuldzuweisungen vornehmen,
- in Panik geraten,
- vorschnell urteilen,
- sich Neuem zu widersetzen,
- zu stark auf das Altbewährte vertrauen,
- die Tat mit der Absicht verwechseln,
- sich blind in das Produkt verlieben und den Kunden zu übersehen,
- geistig stehenbleiben,
- die Ausgewogenheit von reden und zuhören verletzen,
- "Sachzwänge" als Ausreden für alles und jedes bemühen,
- ständig das Schlimmste befürchten (was sollen hier die Mitarbeiter sonst erwarten).

Ob die einzelnen Mitarbeiter produktiv und glücklich
und damit auch zufrieden ist,
hängt in erster Linie von Verhalten des Vorgesetzten ab.

Zweites Kapitel

Der Mensch im Unternehmen

1. Der arbeitende Mensch als Subjekt und Objekt des betrieblichen Personalwesens

In der Lehre des betrieblichen Personalwesens wird der arbeitende Mensch je nach Fragestellung in zweifacher Form betrachtet:

- als einzelnes Individuum in allen Fragen, die eine einzelne Person betreffen, so z.B. bei Fragen der Personalauswahl, der Personalentwicklung, der Personalbeurteilung oder aber auch bei Fragen der interaktionellen Personalführung und
- als eine Gesamtheit im Rahmen von Menschenbildern, die als Grundlage für die Entscheidung über die Organisationsstruktur, dem Organisationsaufbau, der Entwicklung von Führungskonzepten usw. dienen, begriffen.

Die Orientierung am Individuum führt zu einer Einzelfallgerechtigkeit mit dem Ausschöpfen individueller Stärken und Schwächen sowie ggf. zu einer Ungleichbehandlung.

Die Orientierung am Menschenbild führt zu einer Schematisierung, zur Gleichbehandlung und damit ggf. im Einzelfall zu Ungerechtigkeiten.

Beides kann je nach dem zu lösenden Problem notwendig oder zweckmäßig sein.

Aber auch dort, wo das Gleichheitspostulat eine individualisierende Betrachtungsweise verbieten würde, kann ein Verständnis über die Besonderheiten des einzelnen individuellen Falles zweckmäßig sein.

2. Der Mitarbeiter als Individuum

2.1 Übersicht über die individuelle Persönlichkeitsstruktur

Abbildung 166 zeigt die Einflußgrößen, die das jeweilige situative Verhalten eines Individuums im Einzelfall bestimmen.

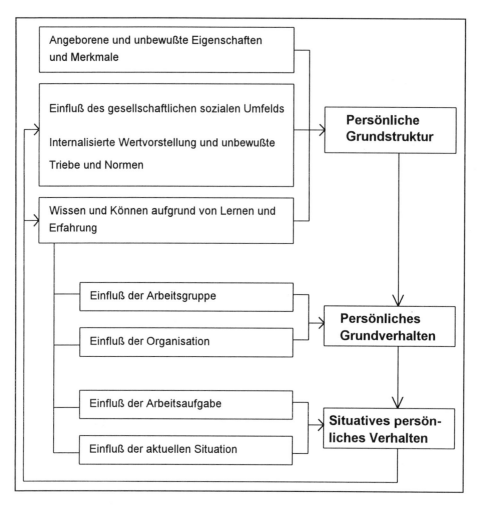

Abbildung 166: Einfluß der verschiedenen Teilaspekte auf das jeweilige persönliche Verhalten

Diese Abbildung zeigt, daß das jeweilige personelle Verhalten auf der Basis einer *persönlichen Grundstruktur* aufbaut, die dann jeweils durch die unmittelbaren Einflüsse einer Arbeitsgruppe, der Organisationskultur mit dem sie tragenden Organisationsklima zu einem *persönlichen Grundverhalten* umgeformt werden.

Das jeweilige *situative Verhalten* ergibt sich durch die Einflüsse der Arbeitsaufgabe (Strukturierungsgrad, Anpassung von Arbeitsanforderungen an die Leistungsfähigkeit), der jeweiligen Arbeitsorganisation und der Besonderheiten der aktuellen Situationen.

Aus dieser Darstellung lassen sich dann noch die nachzuweisenden Schlußfolgerungen ableiten, daß

- eigenschafts- und persönlichkeitstheoretische Ansätze sowie Ansätze der Motivationstheorien auf der Ebene der persönlichen Grundstrukturen ansetzen,
- gruppendynamische und rollentheoretische Ansätze auf den Rahmen des Grundverhaltens aufbauen,
- systemtheoretische und kybernetische Ansätze hingegen den Prozeßcharakter der Führung betonen.

2.2 Die persönliche Grundstruktur

Diese wird geprägt durch die angeborenen Eigenschaften und Anlagen sowie den durch die Umwelt gestalteten Entwicklungsprozeß. Beide wirken zusammen. Hierbei ist der Streit zwischen Genetikern und Milieutheoretikern darüber, welcher Anteil der persönlichen Grundstruktur jeweils auf die ererbten Anlagen oder auf Einflüsse des sozialen Milieus zurückzuführen sind bzw. auf die Erziehung entfallen, müßig.

2.2.1 Angeborene Eigenschaften und Merkmale

Im wesentlichen handelt es sich (abgesehen von den für die Fragen praktischer Personalarbeit meist irrelevanten Eigenschaften des Geschlechts, der Körpergröße, dem Aussehen usw.) vor allem um:

- persönlichkeitsorientierte Merkmale - wie Intelligenz (allgemeine oder spezielle Intelligenz und sonstige kognitive Fähigkeiten),
- spezielle Fähigkeiten - wie sensorische, sensomotorische oder sonstige Fähigkeiten des Bewegungsapparates,
- leistungsorientierte Merkmale - wie Konzentration, Aufmerksamkeit oder Willenseinsatz.

Je nach der unterschiedlichen Ausprägung dieser Fähigkeiten prädistinieren sie eine Person mehr für die eine oder für die andere Aufgabe.

Erfaßbar sind diese Merkmale oder Eigenschaften jeweils durch unterschiedliche Testverfahren. Neben den Arbeitsproben für spezielle sensomotorische Fähigkeiten haben sich hier in der Praxis seit Jahrzehnten standardisierte Testverfahren, wie der Intelligenzstrukturtest von Amthauer oder das "Wilde Strukturdiagnostikum" bewährt.

Ähnliche andere Testverfahren, wie z.B. die *POKO-Methoden* gehen etwas weiter und beziehen mit der Arbeitsmotivation u.a. auch erfahrungsrelevante Merkmale mit ein.

Intelligenz-anpassung	Intellektuelle Arbeitsfähigkeit	Messung gebräuchlicher numerischer und verbaler Fähigkeiten bzw. sprachlich-rechnerischen Denkens (40 Aufgaben mit Worterklärung, Dreisatzrechnung, Zahlenreihen, Analogien), um festzustellen, ob ein Bewerber sich in der Einarbeitungs- oder Ausbildungsphase bewähren wird und in der Lage ist, schnell in die "Sprache" des Betriebes sich einzufinden. Für Mitarbeiter im Außendienst wichtiger als die Intelligenzorganisation.
Intelligenz-organisation		Messung der Fähigkeit, abstrakte Problemlösungen selbständig zu erarbeiten (21 Aufgaben zur Prüfung des analytischen und kombinatorischen Denkens). Das Ergebnis gibt Hinweise, ob der Bewerber Aufgaben gewachsen ist, bei denen das sichere Erkennen von Zusammenhängen gefordert wird. Wichtig zum Beispiel für den Leiter einer Forschungs- und Entwicklungsabteilung.
Belastbarkeit	Körperliche Fähigkeiten	Gemessen wird die Belastbarkeit in psycho-sozialen Belastungssituationen (17 Aufgaben). Wie stark ein Bewerber auf Spannungen und Konflikte reagiert, ist beispielsweise für Führungs- wie für Verkaufsaufgaben bedeutsam.
Umstellungs-fähigkeit/ Umstellungs-bereitschaft	Arbeits-verhalten	Gemessen wird die Beweglichkeit des Bewerbers gegenüber Vorurteilen und Gewohnheiten in Entscheidungssituationen (24 Aufgaben). Es wird also geprüft, ob er sich schnell auf neue Begebenheiten und Situationen einzustellen vermag oder ein einmal gestecktes Ziel unter allen Umständen weiterverfolgen will.
Arbeits-motivation		Mit 16 Aufgaben wird die Belohnungshaltung (Erwartungsspanne im Belohnungsstreben) gemessen, d.h., ob die Arbeitsmotivation auf konkrete Leistungsnachweise und funktionelle Leistungsbereiche ausgerichtet ist. Damit wird erkennbar, ob der Bewerber eher eine Führungsaufgabe oder eine unmittelbare Exekutivfunktion übernehmen sollte, ob er schnelle oder konkrete Erfolge braucht, um mit seiner Arbeit zufrieden zu sein, oder ob er eher an einem befriedigendem Ablauf seiner Arbeit interessiert ist.

Abbildung 167: Poko-Methode (*Sieber*); Quelle: *Beyer* 1990, S.308

Allerdings müßte hier beachtet werden, daß die Anwendung und insbesondere die Auswertung solcher Tests in die Hand von Fachleuten oder zumindest von einschlägig geschulten Personen gehört.

In den letzten Jahren hat vor allem die Lehre von der *Gehirndominanz* zunehmend Interesse gefunden.

Diese Lehre geht auf die Forschungsarbeiten von *Roger Sperry* zurück. Danach sind von Natur aus die menschlichen Funktionen des Gehirns arbeitsteilig organisiert und in gesonderten Gehirnarealen lokalisiert.

Nach diesen Erkenntnissen haben die mit dem logisch analytischen Denken und mit der Sprache verbundenen Fähigkeiten ihren Sitz in der linken Gehirnhälfte, die mehr emotionalen Strukturen und das systematisch ganzheitliche Denken dagegen in der rechten Gehirnhälfte. Eine Möglichkeit, diese Präferenz in den Denkstrukturen zu erfassen, bietet u.a. das *HDI* (*Hermann* 1990), ein Erfassungsinstrument, das auf einem Fragebogenansatz aufbaut.

Eine vor einigen Jahren, zusammen mit einer großen international tätigen Wirtschaftsprüfungs- und Beratungsgesellschaft durchgeführte Vorstudie, ließ erkennen, daß tendenziell Berufsanfänger mit einer nachgewiesenen Dominanz der linken Gehirnhälfte die Präferenz für ihre spätere Tätigkeit in den klassischen Prüfungsberufen sahen, ihre Kollegen mit einer Dominanz der rechten Gehirnhälfte dagegen auf dem klassischen Gebiet der Unternehmungsberatung, also bei Tätigkeiten, die sich stark mit dem Entwerfen von Gesamtkonzepten und Strukturlösungen beschäftigten.

2.2.2 Internalisierte Wertvorstellungen und Normen

Mit seinen angeborenen Eigenschaften und Anlagen ist der Mensch nicht lebensfähig, er ist auf das Lernen angewiesen. Damit ist sein Verhalten auch das Ergebnis geplanter und beabsichtigter, aber auch ungeplanter Lernprozesse.

Beabsichtigt sind Lernprozesse, wenn sie, wie in der Schule, geplant und im Hinblick auf ein zu erreichendes Lernziel durchgeführt werden. Die ersten Lernschritte, die ein Mensch durchläuft, sind ungeplant und nicht tendiert, sie beruhen auf einem reinen angeborenen Beobachtungstrieb, aus dem die Nachahmung folgt. Das Ergebnis dieses Imitationsverhaltens wird, wenn es durch Konditionierung verstärkt wird, zu einem Bestandteil der internalisierten Normen- und Wertvorstellung.

Im Rahmen dieser unbewußt ablaufenden Prozesse erfolgt ein wesentlicher Teil *Enkulturation*, bei dem die Verhaltensmuster einer bestimmten Gesellschaft oder Gruppe unbewußt gelernt und zu einem festen Bestandteil des individuellen Wissens gespeichert werden. Auch jeder bewußt geplante und tatsächliche Erziehungs- und Lernprozeß ist ohne diese ungeplanten Vorgänge nicht denkbar. Ein Schüler lernt in der Schule nicht nur bewußt lesen und schreiben, sondern auch gleichzeitig eine Fülle von Ordnungsregeln. Gleiches gilt für den Auszubildenden, der während seiner Ausbildungszeit nicht nur bewußt und geplant die Regeln seines Berufes erlernt, sondern auch die Spielregeln des sozialen Umgangs im Betrieb.

Familie, Gesellschaft und Kultur üben auf jeden Menschen, vor allem in den prägenden Jahren des menschlichen Reifeprozesses, unbewußt einen tiefgreifenden Einfluß aus, der sich in unbewußten inneren Normen und Werthaltungen niederschlägt.

Nach *Geissler* lassen sich grob vier typische Formen von Erziehungseinflüssen unterscheiden, aus denen er dann in Verbindung mit der "Ich-Entwicklung" eines Heranwachsenden eine Typlogie entwickelt, aus der er verschiedene Möglichkeiten der Persönlichkeitsentwicklung begründet ableitet. Den jeweiligen Erziehungsformen stellt er als Kontrastbilder die möglichen Auswirkungen gegenüber.

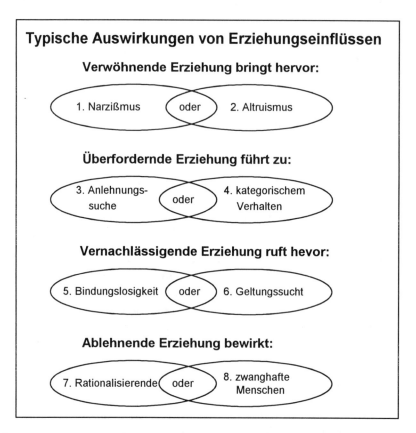

Abbildung 168: Typische Auswirkungen von vorherrschenden Einflüssen auf persönliche Grundstrukturen (*Geissler* 1977)

Dieses Schema wird man gewiß weder verallgemeinern noch verabsolotieren dürfen. Es kann auch keinen Anspruch auf wissenschaftliche Systematik erheben und wird, da es sich hier um Idealtypen handelt, die in der Realität in dieser reinen Form nur selten vorkommen, auch empirisch nur sehr schwer überprüfbar sein. Es wird aber für eine kritische Analyse im Einzelfall ein brauchbares Denkmuster und einen Denkanstoß für die Führungsarbeit bieten, zumal eine Analyse der Lebensläufe von führenden Persönlichkeiten in der

Wirtschaft, Gesellschaft, Politik und Kultur für die Richtigkeit dieses Schemas spricht.

Wer in seiner Entwicklung sehr stark unter einem verwöhnenden Einfluß stand, wird bevorzugt ein egozentrisches Anspruchsdenken mit hohen Erwartungen auch anderen gegenüber entwickeln. Bevorzugt werden hier dann später Berufe, die meist, wenn sie erfolgreich angestrebt werden können, Gelegenheit zu einer erhöhten Selbstdarstellung geben. Mit einer ihnen hierdurch zugewachsenen Macht haben nun diese Personen auch die Neigung, persönliche Interessen und Vorlieben voll auszuleben.

Als Schwächen eines Narzißten werden genannt, systematischer Ehrgeiz mit dem Ziel, durch erreichte Erfolge auch weiterhin verwöhnt zu werden, dies ist verbunden mit einer schwachen Ausprägung bürgerlicher Arbeitstugenden, wie Pflichtgefühl, Einsatzbereitschaft usw. Dagegen gehören zu den Stärken der Versuch der Verwirklichung eigener Vorstellungen.

Der Altruist, häufig ein verhinderter Narzißt, dem es verwehrt ist, seine ursprüngliche Egozentrik direkt voll auszuleben und der deshalb gehalten ist, sich stärker an den gegebenen Normen auszurichten. Über der Beschäftigung mit den Problemen anderer, sucht er die Bestätigung seiner Person.

Wer in der Erziehung regelmäßig stark überfordert wurde, wird meist in der Entwicklung ausreichender Selbständigkeit gehindert. Um die Unsicherheit auf die Dauer zu vermeiden, suchen diese Personen eine menschliche Unterstützung bzw. eine Bezugsperson, die ihnen sagt, was zu tun und was zu lassen ist, die ihnen die Verantwortung abnimmt, selbst entscheiden zu müssen, oder wenn dies nicht möglich ist, ziehen sie sich hinter organisatorische oder bürokratische Regeln zurück.

Bei einer vernachlässigenden Erziehung führt dies wegen des Fehlens von Bezugspersonen zu einer Bindungslosigkeit oder einem Vorgehen, sich durch übergroßes Dominanzstreben Geltung zu verschaffen, ggf. auch auf Kosten anderer.

Eine ablehnende Erziehung verleitet dazu, sich die Bestätigung, die in der Erziehungsphase versagt geblieben ist, in späteren Lebensabschnitten nachzuholen. Bevorzugt werden hier dann weniger Tätigkeiten, die Gefühl oder menschlichen Kontakt verlangen – weil ja hier wieder die Möglichkeit der Ablehnung besteht – sondern vielmehr eine Tätigkeit, die ein logisches, nüchternes und beweisbares beständiges Arbeiten erfordert. Um die Erziehungserfahrungen zu kompensieren, wird aus einer inneren Abwehrhaltung heraus jede Kompromißhaltung abgelehnt. Alles muß möglichst genau und exakt fixiert sein.

2.2.3 Wissen und Können

Der Mensch ist ein eigenständiges Wesen, das nicht nur willenlos seine ererbten Anlagen und den unbewußten Normen seiner Erziehung gemäß denkt und handelt, vielmehr ist er in der Lage, seine Situation zu erkennen und daraus Schlußfolgerungen zu ziehen. Mit diesen Überlegungen knüpft die *"soziale Lerntheorie"* (*Luthans/Rosenkrantz* 1987) an die beschriebene Theorie des *operanden Lernens* an. Sie geht hierbei von der Überlegung aus, daß Menschen in Wechselwirkung mit den Umwelteinflüssen reagieren, und mit diesen Reaktionen dann ihrerseits wieder die Umwelt beeinflussen.

Hierbei sind es dann mentale Faktoren und Gedächtnisleistungen, die zu einem effizienteren Aufnehmen und Speichern dieser Lernergebnisse führen, als dies

- durch Lernen nach Versuchen und Irrtum
- oder nach einem Lernen durch Verstärkung (Belohnung/Bestrafung), auf dem die meisten Motivationstheorien aufbauen,

möglich wäre.

Diese Wechselwirkung zwischen Personen und Umwelt kann sich verstärkend oder abschwächend in unterschiedliche Richtungen auswirken.

2.3 Persönliches Grundverhalten

Dieses *persönliche Grundverhalten* kommt zum Tragen, soweit dies der Einfluß der Arbeitsgruppe oder die Organisation mit ihren formalen Regeln oder ungeschriebenen Normen zulassen.

2.4 Situatives persönliches Verhalten

Das jeweilige persönliche Verhalten ist im wesentlichen mitbestimmt von der Arbeitsaufgabe und insbesondere durch die Übereinstimmung von Arbeitsanforderungen und individuellen Handlungsfähigkeiten.

Nur wenn beide in einem angemessenen Verhältnis zueinander stehen, kann das Individuum sich einer sachbezogenen Aufgabe widmen und zu einem Leistungserfolg und einer Leistungszufriedenheit gelangen, sowohl in der beruflichen Arbeit als auch in der Freizeitgestaltung.

Überschreiten die Anforderungen die jeweiligen Fähigkeiten, dann wird ein permanenter Druck von nur teilweise erfüllten Anforderungen zuerst Sorgen bereiten, die mit zunehmender Überforderung in Angst umschlagen, beides mit der Folge der Beeinträchtigung eines normalerweise möglichen Leistungsverhaltens, das ggf. bis zu *Abwehrmechanismen* und psychosomatischen Auswirkungen führen kann.

Der gegenteilige Zustand, bei dem die Fähigkeit die Anforderung übersteigt, führt keineswegs zu einem positiven Erlebniszustand, vielmehr führt ein laufender Zustand von Spannungsarmut, hervorgerufen durch Unterforderung, zuerst zu Langeweile und dann ebenfalls zu Angst, mit der Furcht vor einem Fehlverhalten. Typische Beispiele sind die Fälle von Fehlverhalten bei Unterforderung im Rahmen verantwortlicher Kontroll- und Überwachungsaufgaben usw.

Da der Mensch kein emotionsloses, mechanisch handelndes Wesen ist, sondern in seinem Denken und Handeln auch von Gefühlen, Befürchtungen usw. beeinflußt wird, wird auch die aktuelle Situation, in der er sich befindet, für das jeweilige situative persönliche Verhalten ausschlaggebend sein. Allgemein bekannt ist dies auch u.a. bei den Prüfungsphänomenen, wo innere Angst, Spannung, Befürchtungen usw. den Prüfling daran hindern, von seinem vorhandenen Wissen usw. sachgerechten Gebrauch zu machen.

3. Bestimmungsgründe menschlichen Verhaltens

3.1 Grundlagen der Motivationslehre

3.1.1 Motive und Motivationsprozeß

Das Verhalten von Menschen ist kein Produkt des Zufalls. Es wird vielmehr bestimmt durch die in der Psyche der Menschen ruhenden Ziele und Motive sowie durch die Reize der Umwelt. Ein *Motiv* ist der isolierte, noch nicht aktualisierte Beweggrund menschlichen Verhaltens, wie z.B. Durst, Hunger, das Bedürfnis nach Macht, Anerkennung, Dominanz usw.

Ein Motiv wird vom einzelnen Individuum und nicht von einer Gruppe oder einer Mehrheit als Mangelzustand erlebt. Damit es zum Handeln führt, sind erforderlich: das Wissen, daß ein bestimmtes Verhalten den Mangelzustand beseitigen kann, und die subjektive Wahrscheinlichkeit, mit der dieses Verhalten bei den gegebenen Anreizbedingungen der Umwelt zur Beseitigung des Mangelzustandes führt. Das Zusammenwirken dieser Elemente läßt sich an folgendem Kreislauf aufzeigen: Ein bestimmtes Bedürfnis führt nur dann zu einem bestimmten Verhalten, wenn der Betreffende weiß oder aufgrund seiner Erfahrungen annehmen kann, daß ein bestimmtes Verhalten geeignet ist, dem Mangelzustand abzuhelfen, und wenn von der Umwelt ein bestimmter Reiz auf ihn ausgeübt wird. Eine Handlung wird erst dann vorgenommen, wenn durch Abschätzen der gegebenen äußeren Bedingungen für den Betreffenden die Wahrscheinlichkeit besteht, daß das Verhalten auch die Gewähr für den Erfolg bietet. Die Endhandlung kann nun zu einer Befriedigung des Bedürfnisses führen oder auch nicht. In jedem Fall wird durch den Erfolg der Handlung das Wissen um den möglichen Erfolg künftigen Verhaltens verbessert. Gleichzeitig wirkt das Ergebnis auf die Entwicklung künftiger Motive ein (vgl. Abbildung 169).

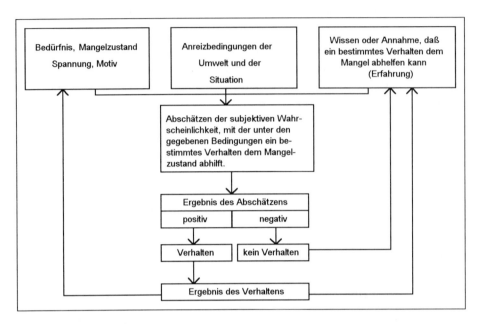

Abbildung 169: Motivationsprozeß

Diesen Zusammenhang faßt *Atkinson* in folgender Form zusammen: Das Handeln des Menschen wird von der Erwartung eines Erfolges (e) oder von dem Versuch, Mißerfolge (m) zu vermeiden, bestimmt.

Die Leistungsmotivation (T) ist das Produkt aus Leistungsmotiv (M), der Wahrscheinlichkeit des Erfolges oder Mißerfolges (W) sowie der Stärke des Anreizes (A).

$$T = Te - Tm \text{ d.h. } (Me \times Ae \times We) - (Mm \times Am \times Wm).$$

Die Erfahrung leitet sich somit aus dem Ergebnis des Verhaltens ab. Die Summe der Erfahrungen in den einzelnen Bereichen verdichtet sich zu einer positiven oder negativen Einstellung.

Die Intensität eines Motives bleibt im Zeitablauf nicht konstant, sondern schwankt in der Regel zwischen Mangelzustand und Sättigung hin und her. Bedürfnisse werden erst dann bewußt, wenn der Mangelzustand eine bestimmte Stärke und damit die Bewußtseinsschwelle erreicht hat. Diese Schwelle ist subjektiv verschieden und läßt sich nicht objektiv festlegen. Sie wird bestimmt von der Persönlichkeitsstruktur, dem Anspruchsniveau, der Höhe "des Lustempfindens" nach einer vorherigen Befriedigung und auch von den an das Subjekt herangetragenen Außenreizen.

Nach der Verhaltensbiologie bestimmt sich diese Schwelle durch die Kombination von Triebstärke und den Anreizbedingungen der Umwelt. Ist die Triebstärke hoch, dann genügen bereits geringe Anreize der Umwelt, ist die Triebstärke gering, dann müssen massive Außenreize hinzukommen, damit ein Bedürfnis die Bewußtseinsschwelle erreicht und damit handlungsbestimmend wird.

Mit der Befriedigung des Bedürfnisses tritt eine Sättigung ein (vgl. Abbildung 170).

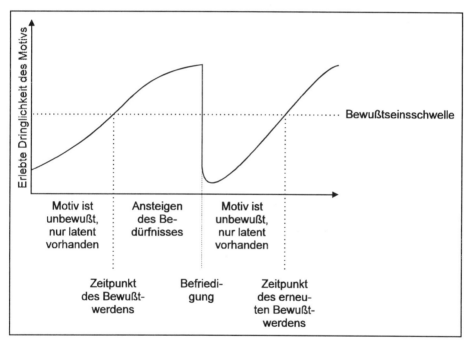

Abbildung 170: Motiv zwischen Sättigung und Mangelzustand

Motive, die die Bewußtseinsschwelle nicht erreichen, sind zwar latent vorhanden, werden aber nicht bewußt wahrgenommen und sind deshalb auch noch nicht handlungsbestimmend. Latent vorhandene, nicht befriedigte Bedürfnisse können durch äußere Anreize (z.B. Werbung) aktiviert werden. Ein Teil der Bedürfnisse ergibt sich aus der Natur des Menschen, so das Bedürfnis, Hunger zu stillen, aber auch alle die Bedürfnisse, die sich aus der Eigenart des Menschen als ein soziales Wesen ergeben. Es sind ursprüngliche, primäre oder *angeborene Bedürfnisse*. Die abgeleiteten *sekundären Bedürfnisse* werden durch die soziale Struktur der Gesellschaft bestimmt.

Die gesellschaftliche Umwelt wirkt auf die angeborenen Bedürfnisse in zweifacher Hinsicht:

1. Bestehende unspezifizierte, angeborene Motive werden durch unterschiedliche Umgebungseinflüsse differenziert. Ob sich das angeborene Motiv Durst in einem Bedürfnis nach Bier, Wein oder Wasser äußert, ist abhängig von dem Kulturkreis und der sozialen Schicht, in der die entsprechenden Erfahrungen gesammelt werden.
2. Abgeleitete Motive, sie entstehen aus den Einflüssen des sozialen Umfeldes. Das Bedürfnis nach Geld ist sicher nicht angeboren. In einer Gesellschaftsordnung, in der Geld als Mittel zum Zweck der Befriedigung anderer Bedürfnisse benötigt wird, kann der Wunsch nach Geld zum Selbstzweck (beim Geizigen) werden.

Aus diesen Erfahrungsprozessen ergibt sich, daß die Mehrzahl der menschlichen Motive durch die Umwelt bestimmt oder zumindest überformt wird. Das Erleben einer bestimmten Motivbefriedigung führt zu einer positiven Einstellung gegenüber dem Verhalten und den Umständen, die zu dieser Motivbefriedigung geführt haben. Wird jedoch die Motivbefriedigung verhindert, so wird eine entsprechende Erfahrung eine negative Einstellung gegenüber diesem Versuch der Bedürfnisbefriedigung die Folge sein. Einstellungen sind das Ergebnis eines Lernprozesses, die, wenn sie erst einmal entwickelt sind, verhältnismäßig stabil bleiben und nicht, wie die Intensität der Motive je nach der Bedürfnislage, hin und her schwanken. Die Einstellung ist durch Erfahrungen fundiert. Sie ist notwendig, um dem Menschen die Orientierung in seiner Umwelt zu erleichtern. Die Summe der Einstellungen aller Mitarbeiter zu ihrem Unternehmen bestimmt wesentlich das *Betriebsklima* und damit auch die Art und Weise des Umganges miteinander.

3.1.2 Motivstärke und Leistungseffizienz

Je stärker ein Bedürfnis subjektiv empfunden wird, um so größer ist der Antrieb (Motivation), durch entsprechendes Verhalten diesem Mangel abzuhelfen. Ob jedoch das Verhalten zum Erfolg führt, hängt nicht nur von der Stärke der Motivation ab, sondern auch von den Fähigkeiten und Fertigkeiten, die zur Lösung der Aufgabe notwendig sind. Das erreichbare Leistungsniveau setzt sich damit zusammen aus Motivation und Leistungsvermögen (Fähigkeiten und Fertigkeiten). Ein unzureichendes Leistungsniveau eines Mitarbeiters wird deshalb immer auf zwei Ursachen zurückzuführen sein. Entweder ist die Motivation zu schwach, oder aber die Fähigkeiten und Fertigkeiten wurden überfordert (vorausgesetzt, daß äußere Umstände eine Bedürfnisbefriedigung zulassen). Maßnahmen zur Verbesserung des Leistungsniveaus sollten deshalb immer bei der schwächeren der beiden Einflußgrößen ansetzen (vgl. Abbildung 171).

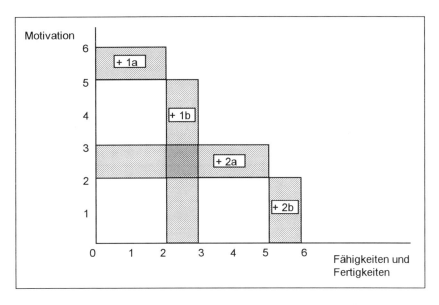

Abbildung 171: Veränderung des Leistungsniveaus durch Erhöhung der Leistungsmotivation und Verbesserung der Fähigkeiten und Fertigkeiten bei unterschiedlicher Ausgangslage

Empirische Untersuchungen und praktische Erfahrungen haben aber auch gezeigt, daß der Erhöhung des Leistungsniveaus durch Steigerung der Motivation Grenzen gesetzt sind, und daß die Motivation nicht unabhängig von den Situationsgegebenheiten gesehen werden kann. Ein Übermaß an Motivation kann in dem Bestreben, das Ziel unter allen Umständen erreichen zu wollen, zu Unsicherheiten führen, die ängstlich und nervös machen und damit störend wirken. Geringe Leistung bei vorhandenen Fähigkeiten und zu hoher Motivation zeigt sich in hektischen Aktivitäten, hohem Interesse und der Neigung zu Fehlern und Fehlentscheidungen. Je komplexer die zu lösenden Aufgaben sind, um so mehr schadet überhöhte Motivation. Die Auswirkung des Motivationsprozesses versucht die Theorie der zwei Motivrichtungen zu erklären. Hiernach hat die Motivationsstruktur zwei Ausprägungen, ein *"Zuwendungsmotiv"*, d.h. Lust und Befriedigung zu suchen, und ein *"Abwendungsmotiv"*, d.h. Unlust zu vermeiden. Diese beiden Motive sind Hoffnung auf Erfolg und Furcht vor Mißerfolge. Eine Erklärung für das sich aus unterschiedlichen Motivationsstrukturen abzuleitende Verhalten sucht die

Attributierungstheorie zu geben. Hierbei wird der Handlungsablauf in drei Phasen zerlegt (vgl. Abbildung 172).

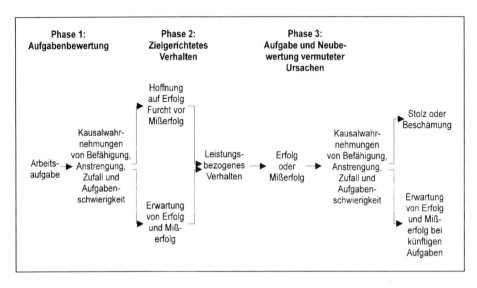

Abbildung 172: Abfolge in Wahrnehmung und Verhalten in einem Attributierungsmodell des Leistungsverhaltens (vgl. *Hoyos*, S. 198)

Die Theorie der Leistungsmotivation führt unter Zuhilfenahme der Attributierungstheorie zu folgenden Schlußfolgerungen:

Hochmotivierte engagieren sich eher in Leistungen als *Geringmotivierte*. Die Ursachen für den Erfolg sehen sie bevorzugt in ihren Fähigkeiten und in ihren eigenen Bemühungen. Erfolge werden mit Stolz erlebt, was die Tendenz, auch künftig Leistungen zu vollbringen, verstärkt. Mißerfolge werden durch Mangel an Anstrengung erklärt. Sie sind deshalb auch nach Mißerfolgen eher bereit, ihre Erfolgserwartungen aufrechtzuerhalten.

Geringmotivierte sehen ihre Mißerfolge meist in einem Mangel an Befähigung begründet. Bei einem Mißerfolg sinkt ihre subjektive Erfolgserwartung und damit die Leistungsbereitschaft.

Daraus ergibt sich folgende Kausalkette:

Hochmotivierte	Niedrigmotivierte
Hohes Bedürfnis nach Leistung, Erfolg wird als Ergebnis von Befähigung und Anstrengung angesehen, Bei Erfolg Befriedigung, Vermehrte Wahrscheinlichkeit erhöhten Leitungsverhaltens.	Geringe Leistungsmotivation, Versagen wird dem Mangel an Befähigung zugeschrieben, Vermehrte Wahrscheinlichkeit von Versagen bei künftigen Aufgaben, Verminderte Wahrscheinlichkeit künftigen Leistungsverhaltens.

3.1.3 Motivkonflikte

Das Verhalten einer Person wird in den seltensten Fällen von einem einzigen Motiv bestimmt.

Es entspricht dem komplexen Wesen der menschlichen Natur, daß immer mehrere verschiedenartige Motive gleichzeitig das jeweilige Verhalten beeinflussen. Man spricht in diesem Fall von einem *Motivbündel*. Verschiedenartige Motive können komplementär sein, wenn sie durch das gleiche zielgerichtete Verhalten befriedigt werden können. In diesem Fall summiert sich ihre Stärke. Es können aber verschiedene gleichzeitig auftretende Motive zueinander in Widerspruch (*konkurrierende Motive*) stehen. Deshalb ist das Individuum gezwungen, sich für das eine oder andere Ziel zu entscheiden. Die Motivationspsychologie unterscheidet in diesem Zusammenhang vor allem drei Konfliktarten:

1. *Appetenz-Appetenz-Konflikt*: Er fordert eine Entscheidung, welche von mehreren Bedürfnissen befriedigt werden sollen und welche nicht. Bei der Entscheidung für eine Alternative wird ein Motiv befriedigt, die anderen hingegen bleiben unbefriedigt, z.B. die Entscheidung zwischen zwei Stellenangeboten, von denen jedes Vor- und Nachteile gegenüber dem anderen hat.

2. *Appetenz-Aversions-Konflikt*: Ein derartiger Konflikt ist dadurch gekennzeichnet, daß es eine Handlungsalternative gibt, auf die aber zwei oder mehrere gegensätzliche Motive einwirken. Ein solcher Konflikt erfordert die Entscheidung, ob diese Alternative gewählt werden soll oder nicht. Beispiel wäre die Weiterbildung in der Freizeit. Auf der anderen Seite steht das Aufstiegsmotiv, in eine interessante, besser bezahlte Stelle zu kommen, auf der anderen Seite aber stehen gleichzeitig auch die Anstrengung und die Einschränkung an Freizeit. Den einer positiven Entscheidung fordernden Motiven stehen gleichzeitig hemmende Motive entgegen.

3. *Aversions-Aversions-Konflikt*: Hier ist eine Entscheidung zwischen zwei Alternativen notwendig, die beide unangenehm sind. Beispiel wäre der Student, der vor der Alternative steht, entweder mehr zu arbeiten oder das Examen nicht zu bestehen. Beide Alternativen sind unangenehm. Dem hier entstehenden Konflikt wird häufig versucht, durch Ausweichen, z.B. in Vergnügung und Zerstreuung zu entfliehen.

Welches Motiv sich bei Konflikten durchsetzt, ergibt sich aus der Stärke der einzelnen Motive und aus ihrem Rang, d.h. das stärkere Motiv wird sich gegenüber dem schwächeren und das niedrigere Bedürfnis gegenüber dem höheren durchsetzen.

3.1.4 Frustration, Streß und Abwehrmechanismen

Frustration ist die Folge von Enttäuschungen. Wird das Bemühen, Motive durch eigenes Handeln zu befriedigen, durch äußere Hindernisse vereitelt, so gewinnt das einzelne Individuum an Erfahrung. Je nach Motivationsstärke werden zuerst neue Möglichkeiten der Bedürfnisbefriedigung erprobt. Führen auch diese neuen Verhaltensalternativen zu keinem Erfolg, so häufen sich die inneren Spannungen, bis die Frustrationsschwelle erreicht wird. Hierunter ist der Zustand zu verstehen, bei dem bei bestehender Bedürfnisspannung eine Zielerreichung mit den zur Verfügung stehenden Mitteln nicht möglich ist. Hält dieser Zustand längere Zeit an, so wird nicht nur die Aufgabenerfüllung beeinträchtigt, sondern es stehen auch die Wahrung der Selbsteinschätzung und die Sicherung der persönlichen Identität auf dem Spiel mit der Folge, daß die *Streß-Schwelle* überschritten wird. Zielbezogenes und rationelles Problemlösungsverhalten tritt dann hinter die Tendenz der Selbstsicherung und das Entstehen von *Abwehrmechanismen* zurück. Die Formen der Abwehrmechanismen sind vielfältig und nicht immer leicht zu erkennen. Zu ihnen gehören:

1. *Kompensation*: Der Buchhalter, der in der Firma nicht die entsprechende Selbstbestätigung und den erhofften Aufstieg findet, wird zum engagierten Vorsitzenden des Kegelklubs mit erstaunlichem Organisationsgeschick.
2. *Konversion*: Ein Mitarbeiter, der mit seinem Vorgesetzten Krach hatte, fehlt am nächsten Tag wegen starker Kopfschmerzen im Betrieb (psychosomatische Erkrankungen).
3. *Verschiebung*: Aufgestaute Emotionen werden an Dritte, Nicht-Beteiligte abgeleitet, z.B. der Mitarbeiter, der wegen Familienstreitigkeiten mit den Kollegen Krach anfängt.
4. *Identifikation*: Erhöhung des Selbstwertgefühls, indem man das Verhalten nach dem anderer Personen ausrichtet, um damit an den Erfolgen oder dem Status des anderen, z.B. des Chefs oder eines anderen Vorbildes, teilzuhaben.

5. *Rationalisierung*: Fehlschläge sowie inkonsequente und unerwünschte Verhaltensweisen werden durch vorgeschobene "rationale" Erklärungen bemäntelt. Eine "süße Zitrone"-Rationalisierung, wenn man dem Mißerfolg positive Seiten abgewinnt, (wie z.B. die Aussage des Meisters: "Es ist ganz gut, daß das Soll letzten Monat nicht erreicht wurde, so daß wir jetzt die Möglichkeit haben, Überstunden zu machen") oder "saure Weintrauben"-Rationalisierung, wenn ein nicht erreichtes Ziel als nicht erstrebenswert hingestellt wird.
6. *Regression*: Hier fällt eine Person in Verhaltensformen früherer Entwicklungsstufen zurück, z.B. wenn ein Vorgesetzter mit irgendeinem wichtigen Vorhaben gescheitert ist, vergräbt er sich in Büroarbeit und Kleinkram, der besser von Mitarbeitern ausgeführt werden könnte.
7. *Verdrängung*: Wissen, Erfahrung und Gefühle werden jeweils aus dem Bewußtsein ausgeschlossen, um Angstgedanken oder Schuldgefühle zu vermeiden; so der Mitarbeiter, der völlig vergißt, seinem Chef über eine unangenehme Situation zu berichten.
8. *Resignation*; (Apathie, Desinteresse): Hier wird der Kontakt mit der Umwelt abgebrochen und jedes persönliche Engagement aufgegeben. Der Mitarbeiter, der für seine Arbeit nie Beachtung gefunden hat, erledigt seine Arbeit achtlos und unbeteiligt.
9. *Flucht*: Rückzug aus dem Bereich, in dem die Person Frustration erfahren mußte. So der Mitarbeiter, der bei Kontaktversuchen gescheitert ist, sich nun völlig abkapselt und zum Einzelgänger entwickelt.
10. *Aggression*: Hier rächt sich die Person für eine erlittene oder empfundene Niederlage, indem sie wütend reagiert oder andere unterdrückt, beherrscht oder schädigt. Im Falle von Zerstörungswut oder Sabotage kann sich die Aggression auch gegen Sachen richten, z.B. ein Mechaniker schlägt gegen ein empfindliches Gerät, weil er eine Schraube nicht lösen kann.

Diese *Abwehrmechanismen* können in vielfältiger Zusammensetzung auftreten und bestimmen in weiten Bereichen auch das Zusammenwirken in leistungsorientierten Organisationen.

Sie sind mit sachrationalen Überlegungen nicht zu erklären, sondern vielmehr Ausdruck von den unterbewußt angelegten Strukturen von Urängsten und Unsicherheiten, die nur psychoanalytisch zu erklären sind. Die von *Kets de Vries/Müller* (1986) beschriebenen pathologischen Verhaltensweisen von Führungskräften, die unter Umständen Struktur und Klima ganzer Organisationen beeinflussen können, haben ihre Ursachen z.T. in den Persönlichkeitsstrukturen der Betroffenen. Sie sind aber auch zu einem erheblichen Teil Ausdruck der beschriebenen Abwehrmechanismen.

3.1.5 Motivanalyse

Da Motive selten einzeln, sondern meist als Motivbündel auftreten, sind einzelne Motive schwer zu erkennen. Auch eine Befragung ist hier nur bedingt geeignet.

Menschliche Motive werden in der Gesellschaft unterschiedlich bewertet. Sparsamkeit ist erstrebenswert, Geiz jedoch verwerflich. Da hinter jedem Verhalten mehrere Motive unterschiedlicher Stärke stehen, werden bei Befragungen in der Regel diejenigen genannt, mit denen man die Achtung der Fragesteller zu erringen hofft, andere verschwiegen. Dies gilt vor allem bei Befragungen über das Betriebsklima, Kündigungsverhalten usw.

Methodisch gibt es zur Erfassung von Motiven drei Wege:

1. *Introspektion* (Innenschau): Hier beobachtet der einzelne sich selbst und versucht, die Motive für sein Handeln zu erforschen. Der Vorteil der Unmmittelbarkeit wird jedoch dadurch eingeschränkt, daß die Ergebnissse der Introspektion stets nur indirekt anderen zugänglich gemacht werden können, indem der motivert Handelnde seine Motive, so wie er sie subjektiv wahrnimmt, anderen mitteilt. Obwohl der einzelne sicher die Motive für sein eigenes Handeln am besten kennen müßte, ist seine Verfälschung durch *Selbsttäuschung* oder durch Ich-Abwehrmechanismen, wie Verdrängung oder Rationalisierung, nicht nur möglich, sondern wie praktische Erfahrungen zeigen, vielmehr sogar wahrscheinlich.

2. *Fremdbeobachtung*: Hierbei geht man von der Beobachtung des äußeren Verhaltens aus und versucht, aus den festgestellten menschlichen Verhaltensweisen auf die dahinter stehenden Motive zu schließen. Dabei ist aber die Gefahr groß, von den eigenen inneren Einstellungen getragenen Motiven in ähnlichen Situationen auf die Motive anderer Personen zu schließen und damit die eigenen Überlegungen und Motive in unzulässigerweise zu verallgemeinern.

3. *Analyse der Verhaltensergebnisse*: Man versucht hier die Ergebnisse eines bestimmten Verhaltens zu erfassen und daraus zu schließen, auf welche Motive das zugrundliegende Verhalten zurückzuführen ist. Verhaltensergebnisse können alle Produkte menschlicher Tätigkeit sein, so z.B. das Werk eines Künstlers, jede Art von Arbeitsergebnissen, handschriftlichen Aufzeichnungen usw. Auf diesem Verfahren beruhen viele der psychologischen Testverfahren. Schwierigkeiten entstehen hier, weil das Ergebnis eines Verhaltens nicht nur durch die zugrundeliegende Motivation, sondern auch durch die subjektive Wahrnehmung der jeweiligen Situation mit bestimmt ist. Die Deutung der Verhaltensergebnisse ohne gleichzeitige Berücksichtigung der situativen Gegebenheiten kann zu groben Fehlschlüssen führen, wobei dann auch gleichzeitig die jeweiligen subjektiven Wertschätzungen zu berücksichtigen sind.

3.1.6 Direkte oder indirekte Bedürfnisbefriedigung

Innerhalb der Vielzahl möglicher Motive sind, ohne auf Einzelheiten einzugehen, zwei Gruppen zu unterscheiden, und zwar Motive, die durch das Handeln des einzelnen Individuums unmittelbar befriedigt werden können und solchen Bedürfnissen, bei denen ihre Befriedigung von einer Zwischenhandlung abhängig ist.

Im ersten Fall spricht man von sog. *intrinsischen Motiven*, so z.B. beim Abbau eines inneren Bewegungsdranges, dem Bedürfnis nach Ruhe oder dem Bedürfnis nach Selbstbestätigung. Ein Spitzensportler, der sich in einem beharrlichen bis an die Grenzen der Leistungsfähigkeit belastenden Training bis zur Höchstleistung empor arbeitet (quält) oder der Bergsteiger, der erhebliche Strapazen auf sich nimmt, um einen Gipfel zu ersteigen, tut dies um des unmittelbaren Erlebnisses, des Sieges oder des erkämpften Aufstieges willen. Hier wird das Gefühl, eine bestimmte Leistung erbracht zu haben, voll Stolz erlebt und führt zu einem Hochgefühl der Entspannung. Deutlich wird dieses Phänomen, das von *Csikszentmihaly* (1993) mit *Flow-Erlebnis* beschrieben wurde. Alle von ihm untersuchten Personen mit extrem hohen intrinsisch motivierten Leistungen, wie Bergsteiger, Komponisten, Tänzer, Spitzensportler usw. betonten, daß sie Zeit und Energie für die Vorbereitungen der Ausübung dieser Tätigkeiten um ihrer selbst willen einsetzen. Eine Tätigkeit, die dieses Flow-Erlebnis auslösen kann, muß einen Anreiz ausüben, sie muß eine Könnerschaft und besondere Beherrschung verlangen, die nur durch ein intensives Training erworben werden können. Die materielle Belohnung wird in diesem Zusammenhang neben dem einmaligen Glücksgefühl unerheblich. Voraussetzung für dieses Erlebnis ist, daß das Ziel im wesentlichen selbst gesetzt wird, daß es nur durch außergewöhnliche Könnerschaft erreicht werden kann, und daß das gesetzte Ziel auch in einem angemessenen Verhältnis zu den bestehenden bzw. erreichbaren Fähigkeiten und den äußeren Einflüssen steht, das bedeutet, im Spannungsfeld zwischen Fähigkeit und Anforderungen müssen sie im Bereich zwischen Angst und Langeweile liegen.

Beim *extrinsischen Motiv* hingegen sind Leistungserfolg und Motivbefriedigung in der Regel zeitlich und räumlich getrennt, das Feedback wird in der Regel weniger intensiv empfunden und auch der Leistungseinsatz wird geringer. Alle Anstrengungen, eine Könnerschaft zu erwerben, werden wesentlich härter und restriktiver wahrgenommen. Je nach dem wie die Befriedigung eines Motives, aufbauend auf den Beweggrund für eine Tätigkeit, wie Arbeit oder Studium erlebt wird, kann es sich dann um einen extrinsischen oder intrinsischen Beweggrund handeln.

Der Einsatz für das Studium eines Faches, das persönliches Interesse hervorruft und den Lerneifer weckt, wird als weniger belastend empfunden als die

Beschäftigung mit einem Stoffgebiet, dessen praktischen Nutzen und Wert man nicht zu erkennen vermag.

3.2 Theoretische Erklärungsansätze zur Leistungsmotivation

Die besondere Bedeutung der Leistungsmotivation für menschliches Verhalten und das Zusammenwirken in leistungsorientierten Organisationen hat zu einer kaum mehr übersehbaren Fülle von Forschungsansätzen geführt.

Jede Beschäftigung mit den Problemen menschlicher Leistungsmotivation muß zwangsläufig zu zwei sich ergänzenden Fragestellungen führen, nämlich:

- Welche Bedürfnisse haben Menschen, die als Motive handlungsbestimmend werden können, und wie läßt sich die Vielzahl der einzelnen Motive zu übersehbaren und für Gruppen von Individuen zu generalisierbaren Größen zusammenfassen?
- Wie verläuft der Motivationsprozeß intrapersonal beim einzelnen Individuum ab?

3.2.1 Inhaltstheorien

Sie beschäftigen sich mit dem "Was", das als Motive oder Motivbündel für das Individuum bzw. für Personenmehrheiten handlungsbestimmend wirkt.

3.2.1.1 Bedürfnishierarchie Maslows

Von allen Modellen sind in der wissenschaftlichen Fachliteratur die Gedankengänge der *"Maslow-Pyramide"* am populärsten geworden. Dies ist insofern erstaunlich, als *Maslow* klinischer Psychologe war, der sich mit wirtschaftlichen Fragen nur am Rande beschäftigte. Sein zentrales Thema war die *"Selbstverwirklichung"*. Er gehört mit zu den Begründern der sog. *"humanistischen Psychologie"*. Grundlegend für seine Überlegungen ist die Annahme, daß zwei Hauptarten von Bedürfnissen das menschliche Dasein beeinflussen, und zwar *Defizit-(Mangel-)Bedürfnisse* und *Wachstumsbedürfnisse* (vgl. Abbildung 173).

Merkmale der Defizitbedürfnisse sind:

1. vollständige Nichterfüllung vernichtet die Existenz,
2. teilweise Nichterfüllung ruft Krankheit körperlicher und/oder seelischer Art hervor,
3. Erfüllung dieser Bedürfnisse vermeidet, Wiedererfüllung dieser Bedürfnisse heilt diese Krankheiten.

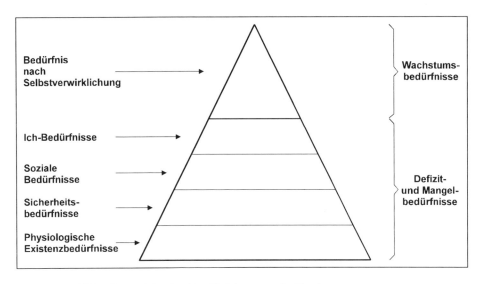

Abbildung 173: Pyramide der Bedürfnisse nach *Maslow*

Entsprechend der Dringlichkeit für die menschliche Existenzsicherung unterteilt er diese Bedürfnisse in:

1. *physiologische Bedürfnisse* (Atmen, Schlafen, Trinken, Essen usw.),
2. *Sicherheitsbedürfnisse* (Daseinssicherung, Schutz, Zukunftsvorsorge, d.h. die Befriedigung der physiologischen Grundbedürfnisse auch für die Zukunft sicherzustellen),
3. *soziale Bedürfnisse* nach Kontakt, Liebe, Zugehörigkeit usw.,
4. Bedürfnis nach Achtung, Anerkennung, Prestige usw.

Wendet man auf die Grundüberlegung *Maslows* die aus der Volkswirtschaftslehre bekannten *Grenznutzen-Gesetze* von *Gossen* des abnehmenden Grenznutzens und des Grenznutzenausgleichs an, so ergibt sich, daß die einzelnen Bedürfnisschichten nicht streng getrennt sind, sondern daß sie sich weitgehend überlagern (vgl. Abbildung 174).

Maslow hat der detaillierten Beschreibung der Defizitbedürfnisse, der Erfassung ihrer Dringlichkeit sowie ihrer genauen Abgrenzung in der hierarchischen Ordnung keine allzu große Aufmerksamkeit geschenkt.

Sein Hauptanliegen war die Überformung der *Defizitbedürfnisse* durch die *"Wachstumsbedürfnisse"* der *Selbstverwirklichung*. Wachstumsbedürfnisse sind Grundbedürfnisse, die latent vorhanden sind, aber erst aktiviert werden, wenn vorher die Defizitbedürfnisse weitgehend befriedigt sind. Hier geht *Maslow* davon aus, daß Wachstum (Selbstverwirklichung) nur bei psychischer und physischer Gesundheit möglich ist.

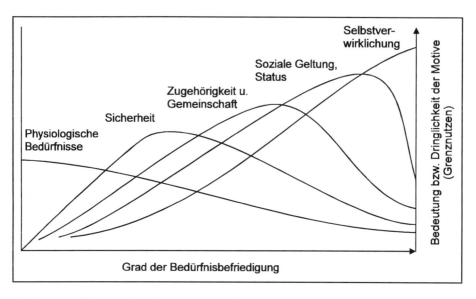

Abbildung 174: Bedürfnisstruktur nach *Maslow* unter Berücksichtigung der *Gossen'schen* Grenznutzenlehre

Maslows Ideen wurden sehr populär, da seine Grundgedanken einleuchtend und logisch erschienen und weil er auf Probleme hinwies, die von der wissenschaftlichen Psychologie bisher vernachlässigt worden waren. Kritiker weisen jedoch darauf hin, daß er mit seiner Darstellung mehr auf Probleme hingewiesen als Lösungen aufgezeigt habe.

Der Begriff "Selbstverwirklichung" ist eine Leerformel, die auch kaum zu definieren ist und in die jeder das hineinpacken kann, was er in irgendeiner Form für positiv erachtet.

Auch wenn sich aus *Maslows* Gedanken keine Handlungsempfehlungen ableiten lassen, und wenn es auch wegen der unterschiedlichen Strukturen der Vielfalt menschlicher Bedürfnisse kaum möglich sein wird, die Richtigkeit dieser Thesen empirisch zu überprüfen, so gibt sie für den Personalpraktiker doch Anregungen zu einem kritischen Durchdenken verschiedener Erscheidungsformen seiner praktischen Tätigkeit. Dies ist sicher auch der Grund dafür, daß dieser Ansatz immer noch so weite Verbreitung und Anerkennung gefunden hat, obwohl die praktische Umsetzbarkeit, wie in allen Lehrbüchern immer wieder betont wird, sehr gering ist.

3.2.1.2 Weiterentwicklung der Theorie von Maslow

Eine Weiterentwicklung der Theorie von *Maslow* stellt die *ERG-Theorie* von *Alderfer* dar. Dieser unterscheidet zwischen drei Bedürfnissen:

E- *Existence* (Existenz), d.h. physiologische Bedürfnisse, Sicherheit usw.

R - *Relatedness* (sozialer Bezug), d.h. Fachkontakt zu anderen, Ansehen usw.

G - *Growth* (Wachstum), d.h. Entfaltung, Selbstverwirklichung usw.

Diese Darstellung ist jedoch nicht nur eine Verkürzung der Liste von *Maslow*, die an sich theoretisch nicht zu begründen wäre, sondern stellt die Beziehungen dar, die zwischen den einzelnen Bedürfnisklassen bestehen (vgl. Abbildung 175):

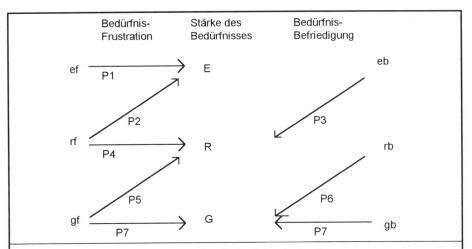

P1 Je weniger E Bedürfnisse befriedigt werden, desto stärker werden sie.
P2 Je weniger R Bedürfnisse befriedigt werden, desto stärker werden E Bedürfnisse.
P3 Je stärker E Bedürfnisse befriedigt werden, desto stärker werden R Bedürfnisse.
P4 Je weniger R Bedürfnisse befriedigt werden, desto stärker werden sie.
P5 Je weniger G Bedürfnisse befriedigt werden, desto stärker werden die R Bedürfnisse.
P6 Je mehr R Bedürfnisse befriedigt werden, desto stärker werden G Bedürfnisse.
P7 Je weniger und je stärker G Bedürfnisse befriedigt werden, desto größer werden sie.

Abbildung 175: ERG Theorie von *Alderfer*

1. *Klassische Frustrationshypothese* - ein nicht befriedigtes Bedürfnis gewinnt an Dringlichkeit und drängt alle anderen Bedürfnisse zurück;
2. *Frustrations/Regressions-Hypothese* - wird ein Bedürfnis nicht befriedigt, so fällt es auf eine andere, "niedrigere" Verhaltensstufe zurück (Regression);

3. *Befriedigungs-Progressions-Hypothese* - mit der Befriedigung eines Bedürfnisses verliert dieses seine motivierende Wirkung und aktiviert ein anderes, höheres Bedürfnis;
4. *Frustrations-Progressions-Hypothese* - auch Scheitern und Mißerfolge sind Erfahrungen und können zu Wachstum und Verwirklichung der Persönlichkeit beitragen.

Alderfer hat aufgrund verschiedener empirischer Untersuchungen seine Theorie mehrmals modifiziert und hierbei die Hauptaussagen 3 und 5 als nicht nachgewiesen gestrichen und die Aussagen 2, 4, 6 und 7 geringfügig abgeändert. Die Kernaussagen blieben jedoch bestehen.

Diese Theorie stellt gegenüber dem Ansatz von *Maslow* eine wesentliche Erweiterung dar, indem er die Dynamik der Veränderung von Bedürfnissen gegenüber der statischen Betrachtungsweise betont und aufzeigt, daß das Handeln von Menschen gleichzeitig von mehreren Bedürfniskategorien bestimmt wird, und daß unterschiedliche Erfüllung einzelner Bedürfniskategorien gegenseitig aufeinander einwirken.

Die bereits bei *Maslow* angeschnittenen Probleme einer empirischen Überprüfung gelten im Grunde genommen auch hier. Es ist deshalb nicht verwunderlich, daß die verschiedenen, auch von *Alderfer* selbst vorgenommenen Verifizierungsversuche seiner Theorie zu keinem endgültigen Ergebnis kommen konnten.

Trotzdem wird man *Alderfer´s*-Ansätze zumindest für die Bedingungen unseres Kulturkreises als Erklärungsansatz für verschiedene Erscheinungsformen menschlichen Verhaltens akzeptieren müssen.

3.2.1.3 Motivations-Maintenance-Theorie von Herzberg

Die auf den *Hawthorne Experimenten* aufbauende Human-Relations-Bewegung ging von der als Selbstverständlichkeit angesehenen Annahme aus, daß Arbeitszufriedenheit leistungsfördernd wirkt. Zufriedenheit und Unzufriedenheit wurden als zwei Extrempunkte eines Kontinuums angesehen. Diese Theorie der eindimensionalen Zufriedenheit baut auf der Annahme auf, daß eine Verbesserung von Bezahlung, Aufstiegsmöglichkeiten usw. die Zufriedenheit erhöht, während eine Verschlechterung dieser Bedingungen zu einer Zunahme der Unzufriedenheit führt (vgl. Abbildung 176).

Zunehmende Zufriedenheit	Indifferenz	Zunehmende Unzufriedenheit
gute Entlohnung		schlechte Entlohnung
günstige Aufstiegsmöglichkeiten		geringe Aufstiegsmöglichkeiten
Mitbestimmung am Arbeitsplatz		keine Mitbestimmung
mitarbeiterorientierte Vorgesetzte		autoritäre Vorgesetzte ohne Mitarbeiterorientierung
Einfluß auf Arbeitsmethoden und Arbeitsgestaltung		mangelnder Einfluß und ausschließliche Fremdbestimmung
abwechslungs- und inhaltsreiche interessante Arbeit		eintönige, uninteressante Arbeit
usw.		usw.

Abbildung 176: Theorie der eindimensionalen Zufriedenheit

In der sog. *Pittsburgh-Studie* versucht *Herzberg*, diese Theorie weiter zu untermauern (vgl. Abbildung 177).

Er erkennt aber, daß es zwei Arten von Einflußgruppen geben muß.

1. *Hygienefaktoren*, deren Fehlen Unzufriedenheit hervorruft. Ihr Vorhandensein hebt zwar die Unzufriedenheit auf, wird jedoch in kurzer Zeit zur Selbstverständlichkeit, und Selbstverständliches besitzt keine motivierende Wirkung.
2. *Motivatoren*, deren Vorhandensein die Zufriedenheit erhöht, deren Fehlen jedoch die Zufriedenheit verhindert, ohne sie gleichzeitig hervorzurufen (vgl. Abbildung 178).

Als Konsequenz aus dieser Theorie ergibt sich, daß Unzufriedenheit im Betrieb und damit schlechtes Betriebsklima durch fehlende Hygienefaktoren bedingt sind. Eine Verbesserung ist nur durch eine Umgestaltung dieser Faktoren zu erreichen. Motivatoren können fehlende Hygienefaktoren teilweise ersetzen, z.B. wird ein Mitarbeiter, der eine interessante Arbeit hat, weniger über schlechte Arbeitsbedingungen klagen, als jemand, der eine langweilige, uninteressante Tätigkeit verrichtet. Hygienefaktoren hingegen können kein Klima der Zufriedenheit erzeugen und an Stelle der Motivatoren treten.

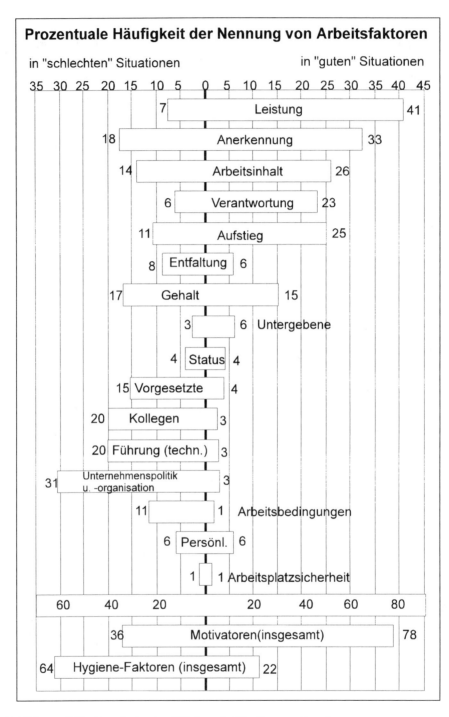

Abbildung 177: Ergebnis der Pittsburgh-Studie von *Herzberg*

Keine Zufriedenheit, bedingt durch	Zufriedenheit, bedingt durch	
unzureichende Leistung, keine Anerkennung, langweiliger Arbeitsinhalt ohne Verantwortung, keine Aufstiegsmöglichkeiten	erbrachte Leistung, erteilte Anerkennung, interessanter Arbeitsinhalt mit Selbstverantwortung, erfolgter Aufstieg	Motivatoren
Unzufriedenheit, bedingt durch	**keine Unzufriedenheit, bedingt durch**	
schlechte Unternehmenspolitik schlechte Personalführung schlechter zwischenmenschlicher Kontakt schlechtes Arbeitsumfeld schlechte Arbeitsbedingungen	gute Unternehmenspolitik gute Personalführung gute soziale Beziehungen gutes Arbeitsumfeld mit guten Arbeitsbedingungen	Hygienefaktoren

Abbildung 178: Zweifaktorentheorie der Zufriedenheit

Herzbergs Forschungsergebnisse haben die Diskussion in Wissenschaft und Praxis sehr beeinflußt und starke Resonanz gefunden. Die Ursachen mögen wohl darin liegen, daß seine Thesen auf einfachen Grundannahmen, mit leicht nachvollziehbaren Methoden beruhen und daß seine Schlußfolgerungen unmittelbar einsichtig sind, weiterhin, daß er ein Ordnungssystem in das Chaos der bisher unzähligen widersprüchlichen Forschungsergebnisse und Vermutungen gebracht hat (*Neuberger*). Mit einer größeren Anzahl von weiteren Untersuchungen wurde versucht, die Thesen *Herzbergs* zu untermauern oder zu widerlegen. Hierbei ergibt sich die Tendenz, daß *Herzbergs* Ergebnisse in der Regel immer dann bestätigt wurden, wenn auch seine Methode (des *kritischen Falles*) Verwendung fand. Der Einsatz anderer sozialempirischer Untersuchungsmethoden führte zu anderen Ergebnissen. Dieser Vorwurf der *Methodengebundenheit* kann zwar nicht unbedingt überzeugen, da letztlich alle sozialwissenschaftlichen Forschungsergebnisse mehr oder weniger methodenabhängig sind. Schwerwiegender sind jedoch die Vorwürfe logischer Fehler. Bei der Interpretation der Ergebnisse werden zwei unterschiedliche Einflußgrößen vermengt. Einmal sind es Ereignisse (die Freude über die vollbrachte Leistung, eine Gehaltserhöhung, eine Anerkennung usw.), zum anderen sind es "Täter" (der Vorgesetzte, der Berichtende selbst, die Personalführung usw.), die für das Ergebnis verantwortlich sind. Es fällt auf, daß bei den Hygienefaktoren überwiegend Verursacher genannt werden, während die Motivatoren aus Ereignissen bestehen. Möglicherweise besteht hier die Neigung der Befragten, Gründe für die Zufriedenheit in der eigenen Leistung und im Erfolg der eigenen Arbeit zu sehen, während auf der Seite Ursachen für Unzufriedenheit nicht in der eigenen Person gesucht, sondern auf unbeeinflußbare Mängel der Arbeitsumwelt abgeschoben werden. Ob dies ein Mangel des *Herzberg*'schen Ansatzes ist, dürfte zumindest überprüfenswert sein. So steht hier zu vermuten, daß Motivatoren überwiegend intrinsische Bedürfnisschichten ansprechen, während es sich bei den Hygienefaktoren um solche mit überwiegend extrinsischem Einschlag handelt. Weiter wird gegen den *Anspruch der Allgemeingültigkeit* der Untersuchungsergebnisse von *Herzberg* eingewandt, daß die jeweilige Situation unberücksichtigt bleibt. In Zeiten rückläufiger Konjunktur wird sicher manchem ein sicherer Arbeitsplatz oder eine Gehaltserhöhung für die Motivation wichtiger sein, als die Anerkennung durch den Vorgesetzten. Diese Einwände sprechen aber nicht gegen die Zweifaktorentheorie, sondern weisen vielmehr darauf hin, daß etwas, was als selbstverständlich angesehen wird, auch seltener genannt wird. Erst dann, wenn Selbstverständlichkeiten bedroht werden, rücken sie wieder in das Bewußtsein. In dieser Form berücksichtigt diese Theorie nicht das ganze Spektrum möglicher Motive und läßt die unterschiedlichen Situationseinflüsse außer acht.

Sicher ist mit den Forschungsarbeiten von *Herzberg* das Problem der Motivation zur menschlichen Arbeitsleistung nicht abschließend geklärt. Seine Ideen regen aber, wie kaum ein anderer wissenschaftlicher Ansatz, zu weiteren Forschungen an.

3.2.1.4 Theorie der erlernten Bedürfnisse nach Leistung und Macht

Die bisherigen Inhaltstheorien gehen davon aus, daß Menschen bestimmte Bedürfnisse haben, die als gegeben hinzunehmen sind. Eine Frage nach ihrem Zustandekommen wurde nicht gestellt.

Einen anderen Ansatz greifen *McClelland* und *Atkinson* auf. Sie versuchen, keine zusammenfassende Schau aller bestehenden Bedürfnisse zu erstellen und diese in einer Reihenfolge zu bringen, sondern greifen einige Bedürfnisse heraus, die sie näher untersuchen. Anstelle eines geschlossenen Bedürfnissystems begnügen sie sich mit einem offenen Modell, in das beliebig weitere Bedürfnisse integriert werden können.

Ausgangspunkt ist das *Leistungsbedürfnis* (*need for achievment*), das beschrieben werden kann als das Bedürfnis, "Hindernisse" zu überwinden.

Dieses Bedürfnis ist nicht angeboren, sondern entwickelt sich über das *"Anpassungsniveau"* in Abstimmung mit der Realität. Wird die Erwartung, die an eine Leistung gestellt wurde, übertroffen, entsteht ein Befriedigungsgefühl, das zu wachsenden Erwartungen führt. Erfolgserlebnisse, die sich aus der Erfüllung einer Aufgabe ergeben, treten bereits beim Kind auf, so daß dieses Leistungsbedürfnis im wesentlichen bei allen Menschen angelegt ist. Diese Anlage kommt aber erst durch die bereits beim kleinen Kind eintretende Erziehung zum Tragen. Je früher es zu einer Ausprägung einer solchen

Bedürfniseinstellung kommt, desto stärker ist ihre Wirkung. Gefördert wird diese Entwicklung durch eine frühe Übertragung von Verantwortung auf das Kind mit klaren Anforderungen, so daß hierdurch auch die Auswirkungen der Tüchtigkeit erlebt werden. Hohes leistungsthematisches Anspruchsniveau und warme zwischenmenschliche Beziehung fördern die Entwicklung. Das Anspruchsniveau hat Einfluß auf die Vorbildwirkung und die zwischenmenschlichen Beziehungen sowie auf das Selbstvertrauen. Damit entwickelt sich Leistungsbedürfnis zu einer ausgesprochen überdauernden Persönlichkeitsvariablen.

Für die Gestaltung des Leistungsbedürfnisses (LB) ist entscheidend, daß ein Maßstab vorhanden ist, mit dem der Grad der Leistungserfüllung gemessen werden kann und ein Leistungsergebnis, das als Ausfluß des eigenen Tuns wahrgenommen werden kann.

Das leistungsmotivierende Verhalten (LMV) bestimmt sich nach *Atkinson* gemäß folgender Formel:

$$LMV = LB \times A \times E$$

E ist das Erreichbarkeitsmaß, d.h. die Wahrscheinlichkeit, daß die eigentliche Tätigkeit zur Leistungserbringung führt. Dieser Wert liegt zwischen 0 (wenn die Wahrscheinlichkeit der Zielerreichung ausgeschlossen ist) und 1 (wenn das Ziel mit Sicherheit erreicht werden kann).

Die Größe A stellt den Anreizwert dar, der sich in Abhängigkeit vom Erreichbarkeitsgrad aus der Formel

$$A = 1 - E$$

ergibt.

Der stärkste Antrieb würde sich damit theoretisch bei einem Erreichbarkeitsmaß von 0,5 ergeben.

Aufgrund von Lernprozessen und Erfahrungen, versuchen Menschen Erfolge zu erzielen und Mißerfolge zu vermeiden.

Welche der beiden Einstellungen jedoch beim einzelnen stärker zum Tragen kommen, ist weitgehend eine Folge von Lernvorgängen. Hierbei unterscheiden sich beide Typen in ihrem Leistungsverhalten grundlegend.

Erfolgssucher vertrauen auf ihre Tüchtigkeit, sie vermeiden Aufgaben, bei denen das Leistungsergebnis sehr zufallsbedingt ist.

Bei *Mißerfolgsvermeidern* überwiegt die Ängstlichkeit; dies führt zu Vermeidungsstreben, teilweise verbunden mit einer höheren Risikobereitschaft.

Aufgrund historischer Längsschnittuntersuchungen glaubt *McClelland* einen Zusammenhang zwischen dem Entfaltungsmaß einer Gesellschaft und der kulturellen Geltung, welche die Leistungsmotivation in ihr erlangt hat, festzustellen, und daß bei einem Abfall der kulturell getragenen Leistungsmotivation auch ein Niedergang der wirtschaftlichen Dynamik erfolgt.

Gleiches gilt auch für die Ebene der Unternehmen. Der wirtschaftliche Aufstieg nach dem 2. Weltkrieg ist in einem erheblichen Umfang von den leistungsmotivierten Führungskräften mittlerer Ebenen getragen worden, bei denen sich nun zunehmend die sogenannte innere Kündigung breitmacht.

Neben dem Leistungsmotiv stellt *McClelland* das Machtbedürfnis in den Vordergrund. Hierunter versteht er, sich in erster Linie stark zu fühlen und in zweiter Linie machtvoll zu verhalten. Übersteigerungen des Machtbedürfnisses können bis zur Aggressivität, Rücksichtslosigkeit, fehlender Toleranz und Neigungen zu Vorurteilen reichen (vgl. hierzu Ausführungen zur Pathologie des Verhaltens).

Hierbei unterscheidet *McClelland* zwischen verschiedenen Formen der Entwicklung des Machtbedürfnisses.

Macht-gegenstand	Machtquelle	
	andere	selbst
selbst	I. Das Stärkegefühl entspringt der Unterstützung und der Hilfe durch andere	II. Das Stärkegefühl entspringt dem Besitz und der Verfügungsgewalt über Mittel und Möglichkeiten, die Ansehen und Einfluß verleihen
andere	IV. Das Stärkegefühl gründet sich in der Erfüllung wahrgenommener Pflichten, persönliche Ziele sind anderen untergeordnet	III. Das Stärkegefühl entspringt der Möglichkeit, auf andere einzuwirken, als a) selbstbezogen mit dem Bedürfnisziel, sich durchzusetzen und den Gegner zu besiegen b) sozialisierte Macht, das Machtbedürfnis wird durch Tätigkeitshemmungen im Zaum gehalten. Der Einfluß wird durch Planung und Budgetvorgabe durch andere ausgeübt

Abbildung 179: Entwicklungsstufen des Machtbedürfnisses nach *McClelland*

Besondere Bedeutung spricht *McClelland* hier dem Machtbedürfnis von Führungskräften zu, bei denen in ihren Ausprägungen sich besonders bei Großorganisationen der Ausrichtungstyp nach der Stufe III herausgebildet hat.

In Verbindung mit dem Machtbedürfnis steht das Zusammengehörigkeitsgefühl. Menschen mit diesem Bedürfnis streben vor allem danach, zu lieben und geliebt zu werden. Angestrebt wird hier das Wohlbefinden und nicht das Gedeihen eines Systems. Bei Vorgesetzter sind jedoch diese Motivtypen wegen der fehlenden Aufgabenorientierung kaum verbreitet.

3.2.2 Prozeßtheorien

Prozeßtheorien wollen erklären, wie der Motivationsprozeß intrapersonell, formell und losgelöst von der Art der einzelnen Bedürfnisse entsteht und wie letztlich diese Motive verhaltensbestimmend wirken.

Besonderes Augenmerk richten diese Theorien auf die Frage, auf welchen Weg die Ziele verfolgt werden, wobei als Grundannahme unterstellt ist, daß die Handlungsabläufe nicht durch konstante Größen determiniert werden, sondern Ergebnisse kognitiver Prozesse sind.

3.2.2.1 SIR-Theorie

Diese *Reiz-Reaktions-Theorie* läßt sich am einfachsten in der Abbildung 180 darstellen.

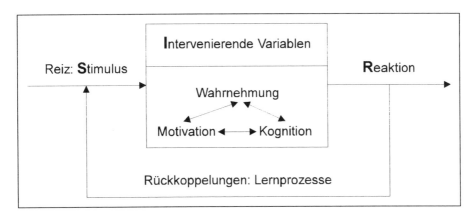

Abbildung 180: Schema der SIR-Theorie

Ein Stimulus (Anreiz von außen) löst kognitiv zu verarbeitende Wahrnehmungsprozesse aus, die aufgrund einer vorhandenen Motivation Reaktionen auslösen.

Dieses Modell drückt damit den Zusammenhang zwischen einem Außenreiz und der kogniviten Verarbeitung des Betroffenen sowie die Außenwirkung aus.

3.2.2.2 Erwartungs-Valenz-Theorien

Die *Erwartungs-Valenz-Theorien* gehen von der Überlegung aus, daß die Handlungstendenz um so größer ist, je höher der Wert der Produkte aus Erwartung und Valenz ist. Diese theoretischen Ansätze (z.B. von *Vroom* u.a.) bauen auf zwei Prämissen auf:

1. Die Menschen schätzen die Ergebnisse unterschiedlicher Handlungsformen in ihrem Wert subjektiv verschieden ein und setzen daher Präferenzen bezüglich der erwarteten Ergebnisse.
2. Um ihr Verhalten zu erklären, sind zwei Punkte zu berücksichtigen:
   - die Ziele, welche die einzelnen Individuen anstreben,
   - der Grad der Überzeugung (d.h. die subjektive Wahrscheinlichkeit), die Ergebnisse, die sie bevorzugen, durch ihre Tätigkeit auch erreichen.

Hieraus ergeben sich zwei theoretische Ansätze:

1. *Valenzmodell*: Von verschiedenen alternativen Handlungsmöglichkeiten wird eine Person die wählen, die für sie den größen subjektiven Wert (Valenz) hat. Die *Valenz* selbst wird bestimmt durch die Bedürfnisstruktur und die Wertvorstellungen des einzelnen.

$$V_j = f \sum_{k=1}^{n} (V_k \times I_{jk})$$

V   = Valenz, d.h. die positive oder negative subjektive Wertung eines Ergebnisses oder Mittels
V_j = Valenz des Mittels j
V_k = Valenz des Zieles k
I   = Instrumentalität (Zusammenhang zwischen zwei Ergebnissen). *Vroom* unterscheidet zwei Arten von Ergebnissen, und zwar Ergebnisse, die um ihrer selbst willen gewünscht werden, und solche, die nur Mittel zum Zweck sind, z.B. Endziel ist die finanzielle Sicherheit, Mittel zum Zweck ist Geldverdienen.
I_{jk} = Instrumentalität des Mittels j für das Endziel k
n   = die Anzahl der Endziele.

2. *Kraftmodell*: Die Energie, die eine Person zur Erreichung eines Zieles einsetzt, hängt von der Valenz und der Wahrscheinlichkeit, mit der die Handlung zum gewünschten Ergebnis führt, ab.

$$K_i = \sum_{j=1}^{n} \left(E_{ij} \times V_j \right)$$

K_i = die Kraft, die auf das Individuum wirkt, die Handlung i auszuführen.

E_{ij} = die Stärke der Erwartung (Wahrscheinlichkeit), mit der die Handlung i zum Ergebnis j führt. Sie kann schwanken zwischen 0 (völlig unmöglich) und 1 (völlig sicher).

Die Zusammenhänge dieser Theorie lassen sich, wie in Abbildung 181 dargestellt, zusammenfassen.

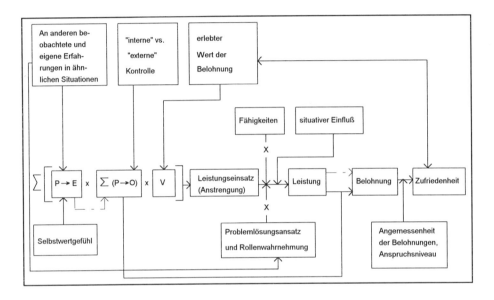

Abbildung 181: Das Erwartungs-Valenz-Modell von *Porter* und *Lawler* (in abgewandelter Form nach *Neuberger*, Theorien, S. 88)

P → E bedeutet die Erwartung einer Person, eine bestimmte Leistung zu erbringen. Hierbei hängt die Höhe der Leistung, die sie glaubt erbringen zu können, von ihrem Anspruchsniveau ab, das sich aus den bisherigen Erfahrungen und Beobachtungen ergibt sowie aus dem eigenen Selbstwertgefühl. Die Größe P → O bedeutet die subjektiv eingeschätzte Wahrscheinlichkeit, daß ein bestimmtes Verhalten auch tatsächlich zu einem bestimmten Ergebnis führt. Die Erfolgswahrscheinlichkeit kann wie jede Wahrscheinlichkeit zwischen 0 und 1 variieren. Sie hängt letztlich von zwei Einflußgrößen ab: Von der Persönlichkeitseinstellung des einzelnen, d.h. seiner eigenen Überzeugung, die Konsequenzen seines Handelns selbst (interne Kontrolle) bestimmen zu können oder in seinem Handeln durch äußere

Umstände oder die Umwelt bestimmt zu werden (externe Kontrolle). Zum anderen wird der Wert P → O auch durch die Erfahrungen und die Lerngeschichte der handelnden Person und damit vom erlebten Leistungs-Beurteilungs-Zusammenhang beeinflußt. V bedeutet die Valenz, d.h. den subjekitven Wert, den man einem künftig eintretenden Ergebnis beimißt.

Die Leistungsbereitschaft einer Person, d.h. die Stärke ihrer Motivation, entscheidet nicht allein über die Leistung. Diese hängt auch noch vom Können (Fähigkeiten und Fertigkeiten) sowie von dem Problemlösungsansatz (dem Wissen, wie man in einer konkreten Situation die Fähigkeiten zum Einsatz bringen kann) ab. Aus der Leistung ergibt sich die Belohnung, die dann zur Zufriedenheit führt, wenn sie als angemessen, d.h. dem Anspruchsniveau angepaßt, empfunden wird. Bei den beiden Pfeilen zwischen Leistung und Belohnung steht die durchgezogene Linie für extrinsische und die gepunktete Linie für intrinsische Motivation. Da intrinsisch motivierte Mitarbeiter ihre Belohnung als unmittelbar aus der Arbeit resultierend empfinden, erhalten sie die Belohnung sicherer und unmittelbarer als extrinsisch motivierte, die für ihre Leistung mittelbar belohnt werden. Der gestrichelte Pfeil zwischen P → E und P → O bedeutet, daß es sich bei intrinsisch Motivierten nicht um zwei voneinander unabhängige Variable handelt, sondern daß P → E die Höhe von P → O beeinflußt. Hierbei werden die Erkenntnisse aus der Leistungs-motivations-Theorie von *Atkinson* mit berücksichtigt. Diese Theorie baut auf der Überlegung auf, daß jedes Individuum ein Motiv hat, sowohl Erfolg anzustreben als auch Mißerfolg zu vermeiden. Bei hoch leistungsmotivierten Individuen wirken sehr hohe oder sehr niedrige Erfolgswahrscheinlichkeiten wenig motivierend. Bei niedriger Erfolgswahrscheinlichkeit ist der Zusammenhang zwischen eigener Leistung und dem Erfolg gering und nicht klar ersichtlich. Bei zu hoher Erfolgswahrscheinlichkeit wird der Erfolg gering geachtet. Auf Hochleistungsmotivierte wirken die Situationen am anregendsten, bei denen eine Erfolgswahrscheinlichkeit von 50 : 50 besteht, bei Niedrigleistungs-motivierten hingegen sehr hohe oder sehr niedrige Erfolgswahrscheinlich-keiten.

Eine Belohnung allein ruft nicht automatisch Zufriedenheit hervor. Vielmehr muß sie im Verhältnis zur erbrachten Leistung stehen und, gemessen an der subjektiven Wertvorstellung, als fair empfunden werden.

Das Modell zeigt eine Reihe praktischer Möglichkeiten für empirische Untersuchungen auf, die sich nicht nur auf den Bereich der Zufriedenheit (*Herzberg*) beziehen, sondern auch die P → E und P → O Wahrscheinlichkeit und deren Einfluß auf die Leistungsmotivation von Mitarbeitern mit einbe-ziehen. Für die Gestaltung von Arbeitsplätzen mit attraktiven und vor allem her-ausfordernden Arbeitsaufgaben ergeben sich hier Ansatzpunkte.

3.2.2.3 Gleichheitstheorien

Gleichheitstheorien basieren auf der Annahme, daß jede Person darauf bedacht ist, in einer sozialen Beziehung für ihren "Einsatz" eine faire Gegenleistung zu bekommen. Was als fair angesehen wird, bemißt sich nach der Überlegung des *"sozialen Vergleichs"*. Hier erwartet jede Person mit einer anderen, mit der sie sich gleich fühlt, auch gleich behandelt zu werden. In den Vergleich gehen zwei Größen ein: Input, d.h. jedes Merkmal, das eine Person für den Tauschprozeß als wesentlich erachtet und für das sie eine Gegenleistung erwartet (Alter, Ausbildung, Kenntnisse, Arbeitsleistung usw.), Outcome, d.h. alles, was eine Person erhält. Hierher gehören nicht nur die materielle Entlohnung, sondern auch alle immateriellen Werte. Da es keinen objektiven Maßstab gibt, vergleicht jede Person ihr I/O-(Input-Outcome)-Verhältnis laufend mit dem anderer Personen, mit denen sie sich gleich fühlt. Arbeitszufriedenheit wird nur dann eintreten, wenn das eigene subjektiv erlebte I/O-Verhältnis sich, gemessen an der sozialen Norm, im Gleichgewicht befindet. Auch wenn Einsatz und Ertrag jeweils nicht meßbar und vergleichbar sind, so werden in jedem Fall subjektive Wertungen für ein Einsatz-Ertrags-Vergleich vorgenommen. Weiterhin wird man auch zukünftig zu erwartende Aufwands- und Ertragsverhältnisse mit in die Betrachtung einbeziehen müssen, wie z.B. bei einem Studenten, der während des Studiums ein schlechtes I/O-Verhältnis gegenüber einem Berufstätigen im Hinblick auf erwartete Vorteile in Kauf nimmt.

Ungleichgewicht erzeugt Spannung, die als unangenehm empfunden wird und die das Individuum veranlaßt, nach Alternativen zu suchen, um diese Spannungen abzubauen.

Mit in den Bereich der Gleichgewichtstheorien gehört die *Anreiz-Beitrags-Theorie*. Hiernach bewerten Mitarbeiter in einem Unternehmen die erhaltenen Anreize im Licht der Beiträge, die sie für diese Organisation leisten. Jeder Arbeitnehmer wird das Arbeitsverhältnis solange aufrecht erhalten, wie der Anreiz den geleisteten Beiträgen entspricht oder diese übersteigt. Im Transformationsprozeß des Unternehmens werden die Beiträge in Leistungen umgewandelt, die dann teilweise als Anreize für die Mitarbeiter verwendet werden können. Ein Unternehmen befindet sich dann in einem Gleichgewichtszustand, wenn den Arbeitnehmern, die zur Fortführung des Betriebes benötigt werden, soviele Anreize gewährt werden können, daß sie bereit sind, ihr Arbeitsverhältnis fortzusetzen.

Die äußerste Form des Spannungsabbaus ist das Ausscheiden aus dem als unbefriedigend empfundenen Bereich durch Versetzung, Fehlzeiten oder Kündigung. Die Kündigung wird dann in Frage kommen, wenn die Ungleichheit zu groß ist und nicht durch andere Mittel reduziert werden kann. Eine andere Möglichkeit besteht in der Anpassung des eigenen Inputs an die als ungenügend empfundene Situation. Die hier bestehende Alternative zeigt folgendes Experiment (*Adams/Rosenbaum*):

In einem Unternehmen wurden Aushilfskräfte zum Korrekturlesen kurzfristig eingestellt. Über die Höhe der Entlohnung bestanden keine Anhaltspunkte, auch keine betrieblichen Normen. Es wurden zwei Gruppen gebildet. Einer Gruppe wurde mitgeteilt, daß sie durch ein Versehen der Buchhaltung zu hoch eingestuft worden sei, daß man aber die versprochene Entlohnung nicht wieder rückgängig machen wolle. Kurz, sie hätten eben Glück gehabt. Der anderen Gruppe wurde durch ein "Gerücht" zugetragen, daß die Entlohnung, die sie bekomme, an der unteren Grenze des in der Branche üblichen liege. Das Experiment ergab:

	Gruppe 1 mit der Einstellung, irrtümlich zu hoch bezahlt zu werden.	**Gruppe 2** mit dem Gefühl, zu niedrig bezahlt zu werden.
Zeitlohn, fester Satz pro Arbeitszeiteinheit ohne Rücksicht auf die Mengenleistung.	**Hohe Mengenleistung**, man versucht, dadurch den als zu "hoch" angesehenen Lohn zu rechtfertigen.	**Niedrige Mengenleistung**, man versucht die eigene Leistung der als zu gering angesehenen Bezahlung anzupassen.
Stücklohn, fester Satz pro Leistungseinheit ohne Rücksicht auf die benötigte Zeit.	**Geringere Mengenleistung**, die jedoch von hoher Qualität ist, d.h. es werden weniger Fehler gemacht. Die Beteiligten verzichten auf einen Teil des möglichen Verdienstes und versuchen, den "hohen" Lohnsatz durch besondere Qualität zu rechtfertigen.	**Hohe Mengenleistung**, es werden jedoch viele Fehler gemacht. Durch hohe Leistung bei geringer Qualität wird versucht, die zu niedrig empfundene Entlohnung zu erhöhen.

Abbildung 182: Auswirkungen der Gleichheitstheorie (nach *Adams/Rosenbaum*)

Wo keine Möglichkeit besteht, die Spannungen auf einem dieser Wege abzubauen oder aus dem Spannungsfeld auszuscheiden, kommt es zu *Abwehrmechanismen*.

3.2.2.4 Weg-Ziel-Theorie

Auch diese Theorie baut auf den Grundlagenarbeiten von *Vroom/Lawler* mit dem Erwartungsmodell auf. Diese wurden von *House/Mitchell* (1974) und *Evans* (1979) aufgegriffen und um den Einfluß des Vorgesetzten auf Art und Ablauf des Motivationsprozesses erweitert.

Hierbei gehen die Autoren von zwei Grundhypthosen aus, und zwar:
- Akzeptierbarkeit des Führungsverhaltens - abhängig vom Grad der Zufriedenheit der Mitarbeiter,
- motivationale Funktion des Vorgesetzten, diese besteht darin, Anzahl und Art der persönlichen Vorteile der Mitarbeiter auszubauen und ihnen den Weg zu diesen Vorteilen zu zeigen und zur Erreichung zu ebnen.

Der Überlegung, welche Art von Vorteilen hier in Betracht kommen, liegt die *Erwartungstheorie* zugrunde. Hiernach hängt die Motivation, sich für bestimmte Aktivitäten zu engagieren, von folgenden Einflußgrößen ab: der intrinsischen Valenz, d.h. der Freude, die von einer Aktivität ausgeht und der wahrgenommenen Wahrscheinlichkeit, daß die Anstrengung zur Leistung und die Leistung zur Belohnung führt. Hier hat der Vorgesetzte mehrere Möglichkeiten, dieses Ziel zu erreichen, und zwar kann er Einfluß auf Art und Zahl der offerierten Belohnungen nehmen. Ferner hat er die Möglichkeit, die Belohnungen zu individualisieren, d.h. verschiedenen Personen unterschiedliche Belohnungssysteme anzubieten.

Als bedeutsam wird darauf hingewiesen, daß der Einfluß, den Vorgesetzte in einer Organisation nach oben haben, sich auf die Zufriedenheitsposition der Mitarbeiter auswirkt. Als besonders wirksam wird unter Bezugnahme auf *Locke* auf die Bedeutung von Erfolgsgefühlen im Motivationsprozeß verwiesen, die umso höher sind, je mehr Mitarbeiter davon ausgehen, daß sie in der Lage sind, spezifische und fordernde Ziele zu erreichen.

Hierzu ist es notwendig, die Überzeugung zu vermitteln, daß Anstrengung zur Leistung führt.

Als Kontingenzen, d.h. Faktoren, die Verhalten bestimmen, werden hier genannt:
- *Arbeitsaufgabe*, insbesondere Aufgabenklarheit, Entfaltungsvermögen und Aufgabenzufriedenheit,
- *Organisation*, insbesondere Belohnungssystem, Organisationsstruktur,
- Charakteristika der Mitarbeiter, hier insbesondere ihre Bedürfnisstruktur und Stärke ihrer Wachstumsbedürfnisse, die Fähigkeiten, Situationen mit hoher Unsicherheit zu bewältigen, Bedürfnis nach Autonomie, Selbstachtung, Leistungsebene usw.

Die empirische Bestätigung für diese Theorie wird auch von den Verfassern als sehr schwach beurteilt. Da es aber als eine Hauptaufgabe des Vorgesetzten gesehen wird, daß er als Diagnostiker Schwachstellen in den verschiedenen Motivationsbereichen erkennt, ist die als komplex bezeichnete Zieltheorie als ein brauchbares Hilfsmittel für eine solche Diagnose anzusehen.

Das erweiterte Motivationsmodell von *Heckhausen* faßt verschiedene Valenzmodelle zusammen und ergänzt diese mit dynamischen Lernkomponenten zu einer komplexen Motivationstheorie (vgl. hierzu Abbildung 183).

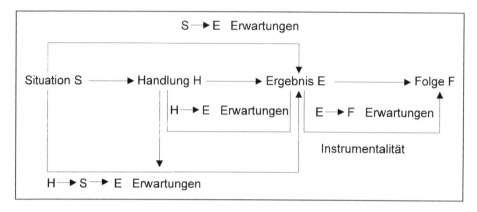

Abbildung 183: Erweitertes Modell der Leistungsmotivation von *Heckhausen*

Hier geht *Heckhausen* von vier verschiedenen Arten von Erwartungen aus, die den Motivationsprozeß bestimmen.

- Situations-Ergebnis-Erwartung (S→E), sie geht davon aus, daß eine bestimmte Situation von sich aus ohne äußeren Eingriff und ohne gezieltes Handeln zu einem Ergebnis führt.
- Handlungs-Ergebnis-Erwartung (H→E), verknüpft subjektive Wahrscheinlichkeit von Handeln, Situation und Ergebnis miteinander, sie betrifft also jene Erwartungen, bei denen der Handelnde glaubt, daß das Ergebnis durch sein eigenes Tun erreicht wird.
- Handlungs-Situations-Ergebnis-Erwartung (H→S→E), hier werden die drei größten Handlungssituationen und Ergebnisse miteinander verknüpft.
- Ergebnis-Folge-Erwartung (E→F), geht von der subjektiven Wahrscheinlichkeit aus, daß ein Ergebnis eine Folge nach sich zieht, und daß diese Folgen bestimmte Anreize haben.

Hierbei hängt die H→S→E Wahrscheinlichkeit von externen Faktoren, wie Fähigkeiten und Anstrengungen ab, die ein Individuum unternimmt, um ein angestrebtes Ziel zu erreichen. Die Wahrscheinlichkeit, daß eine bestimmte Handlung zu einem bestimmten Ergebnis führt, ist abhängig von der Selbstbewertung aus früheren Handlungsabläufen. Erfolge führen zu einer positiven Selbsteinschätzung, Mißerfolge hingegen führen zu Befürchtungen. Denmach ist die Stärke der Motivation im wesentlichen abhängig von Lerneffekten, von der Selbsteinschätzung und von der Wirkung von

Fremdanreizen. So betrachtet, wird man *Heckhausens* Motivationstheorie als einen Theorierahmen bezeichnen können, dessen wichtigsten Variablen, nämlich Valenzen und subjektive Wahrscheinlichkeiten nur sehr schwer objektiv bestimmbar sein werden.

3.2.2.5 Weiterentwicklung der Weg-Ziel-Theorie durch Neuberger

Neuberger baut hier auf den bereits vorgestellten Erwartungsvalenztheorien auf und versucht diese zu erweitern. Ausgehend von den Prämissen der Entscheidungstheorie, wonach folgende Bedingungen gegeben sein müssen:

- Zur Zielerreichung stehen mehrere Alternativen zur Verfügung,
- Mehrere Ziele stehen untereinander in Konkurrenz,
- Für die einzelnen Ziele sind Bewertungsregeln vorhanden,
- Verschiedene Umweltzustände erleichtern oder erschweren die Zielerreichung,
- Für jedes Ziel und für jeden Umweltzustand ist ein Grad der Wahrscheinlichkeit für die Zielerreichung vorhanden und bewertbar und
- Entscheidungsregeln für die eine oder andere Möglichkeit sind bekannt.

Unter diesen Umständen wird die Alternative gewählt, die den höchsten Erwartungswert des Nutzens hat.

Beide Punkte (Weg zur Zielerreichung) und das Ziel selbst können sowohl intrinsische als auch extrinsische Bedürfnisse befriedigen, wobei beim Weg die Befriedigung aus der Tätigkeit selbst und die innere Freude über die geleistete Tätigkeit (vgl. hierzu auch die Erscheinung von sogenannten *Flow-Erlebnissen*) als intrinsisches Erlebnis erfolgt und extrinsische Befriedigung durch den Beitrag für die Zielerreichung oder aber auch durch die Anerkennung von Dritten möglich ist.

Daraus ergibt sich nach *Neuberger*, daß die Motivation eine Funktion der Gesamtvalenzen von Weg und Ziel ist.

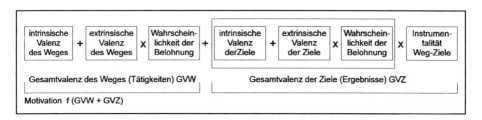

Abbildung 184: Die Weg-Ziel-Theorie der Motivation und Führung von *Neuberger*

Durch diese Trennung der Gesamtvalenz in zwei Einzelvalenzen erreicht *Neuberger* auch dann einen positiven Wert, wenn die Eintrittswahrscheinlichkeit der Belohnung durch die Zielerreichung Null ist, da ja der positive Wert der Tätigkeit bestehen bleibt. Damit erklärt sich auch die Motivation eines chancenlosen Olympiateilnehmers, sich trotzdem für die Teilnahme vorzubereiten.

Als Konsequenz für die Führungslehre ergibt sich daraus, daß für den Vorgesetzten mehrere Möglichkeiten der Beeinflussung bestehen.

- Veränderungen im Bereich der Tätigkeit, des Arbeitsablaufes, der Arbeitsanforderung und der Anerkennung von außen,
- Veränderung der Ziele, indem dem Ziel selbst ein Eigenwert beigemessen wird, oder durch die Veränderung von Belohnung oder Bestrafung,
- Veränderung der Weg-Ziel-Instrumentalität, indem der Vorgesetzte den Mitarbeiter unterstützt, ihn schult oder ihm bessere Möglichkeiten zur Zielerreichung oder zur Arbeitsdurchführung aufzeigt.

3.2.2.6 Zielsetzungstheorie von Locke

Die von *Locke* (1968 und 1990) entwickelte *Zielsetzungstheorie* geht von der Annahme aus, daß durch die Art und Weise wie eine Organisation durch die Vorgesetzten Ziele setzt, die Motivation der Mitarbeiter gefördert und diese zur Leistungssteigerung veranlaßt werden können.

Hierbei muß die Zielsetzung eng mit der Technik der Leistungsrückmeldung verbunden sein.

Ein Setzen von Zielen, ohne jede Rückmeldung über Art und Weise des erreichten Erfolges, führt zu keiner Beeinflussung der Leistung.

Hierbei regen die Ziele zur Handlung an und setzen die zur Zielerreichung notwendigen Energien frei, während die Rückmeldungen den Fortschritt der Leistung in Richtung auf das Ziel erfahrbar und nachvollziehbar machen.

Als Zielkriterien kommen in Frage:

- Produktivität im weitesten Sinne, neben Menge und Qualität des Arbeitsergebnisses, auch *Effektivität* (die richtigen Dinge tun) und *Effizienz* (Dinge richtig tun) des Arbeitsvollzuges, ferner Innovation und Kreativität sowie Fluktationsneigung.
- Einsatzfähigkeit der Mitarbeiter (Gesundheitszustand), hierher gehören Fehlzeiten, Führungsstil, mangelhafte Kooperation, auftretende Konflikte, Arbeitsunfälle, Handlungsfehler usw.

Als Moderatoren im Prozeß der Motivierung werden angesehen, die Organisationsstruktur, die Arbeitsgestaltung, Maschineneinsatz usw.

3.3 Motivation im Unternehmen

3.3.1 Motivation und Führung

In der vorherrschenden Führungsliteratur wird Motivation mit Führung weitgehend gleichgesetzt und *Drumm* (1989, S. 270) betont, daß Motivationstheorien nur dann zu einer soliden theoretischen Grundlage von Führungstheorien werden könnten, wenn sie eine vollständige und widerspruchsfreie Erklärung des Mitarbeiterverhaltens anbieten würden. Betrachtet man die Einflußgrößen auf das jeweilige subjektive Verhalten eines Individuums, dann wird das Problem deutlich, ob es jemals eine Wissenschaft geben kann, die eine vollständige und widerspruchsfreie Erklärung menschlichen Verhaltens wird geben können.

Ungeachtet dieses Einwandes erscheint die Gleichsetzung von Motivation und Führungsverhaltensbeeinflussung durch die Führung trotz verschiedener Verwandtschaft als problematisch.

Die Motivation geht vom Individuum aus, nur ein solches kann Bedürfnisse haben und nur ein Individuum kann ein Selbstwertgefühl entwickeln und über ein Anspruchsniveau subjektiv die Angemessenheit der Belohnung bewerten.

Diese subjektiv erlebten Werte eines Individuums lassen sich nicht, ganz gleich in welcher Form, zu einem Wert von Personenmehrheiten verdichten. Sie aggregieren sich auch nicht wie Werthaltungen und Einstellungen zu einer Art Betriebsklima. Im Gegensatz dazu ist Führung immer ausgerichtet auf Personenmehrheiten, einem Vorgesetzten stehen immer mehrere Mitarbeiter gegenüber. Das Verhalten eines Vorgesetzten in einem Unternehmen, ebenso wie die allgemeine Orientierung an einem Führungsstil, muß hingegen vom Individuum abstrahieren und wird sich immer nur an einem über das Individuum hinausgehenden Menschenbild ausrichten können.

3.3.2 Eigenmotivation und Fremdmotivation

Wenn der Motivationsprozeß immer an den Wertvorstellungen des Individuums ansetzt, seine Bedürfnisse in den Mittelpunkt rückt, stellt sich die Frage, wie denn diese Werte von Außenstehenden, z.B. den Vorgesetzten beeinflußt werden können. Qualifizierten Mitarbeitern, die zu einem eigenständigen Handeln fähig sind, wird man wohl kaum unterstellen können, daß ihre Bedürfnisse, die ja von vielen Seiten her bestimmt werden, einfach durch "Motivationstechniken" veränderbar sind, so daß man ihnen neue Bedürfnisse suggerieren oder bestehende Bedürfnisse überformen kann.

Auch Einflüsse auf die subjektive Werthaltung und das Anspruchsniveau sind deshalb wohl nur bedingt möglich. Deshalb dürfte der in vielen Lehrbüchern und Motivationsseminaren verbreitete, dem ehemaligen US-Präsidenten Eisenhower zugeschriebene Spruch

"Motivation ist die Fähigkeit, einen Menschen dazu zubringen, das zu tun, was man will, wann man will und wie man will - weil er selbst es will"

kaum mit dem Wesen der Motivation vereinbar sein. Selbst wenn dies möglich wäre, würde man dies kaum als Motivation, sondern allenfalls als *Manipulation* bezeichnen können. Hier würde das betreffende Individuum seiner freien Willensbildung beraubt, nicht mehr seine Person, seine Bedürfnisse und seine Werthaltungen wären dann verhaltensbestimmend. Es ist hier sicher unbestritten, daß es - wie die Entwicklung verschiedener Sekten und Geheimbündnisse zeigt - möglich ist, auch über eine längere Zeit im Rahmen straffer Organisationsformen und unter Anwendung von Gruppendruck, die eigene freie Willensbildung eines Individuums auszuschalten. Die Frage ist, inwieweit dies noch mit einem ethischen Verständnis gegenüber den Menschen vereinbar ist, soll hier nicht weiter thematisiert werden.

In einem Unternehmen und in einer freien Wirtschafts- und Gesellschaftsform hingegen ergeben sich hier zwei Fragen

1. Wer sind diejenigen, die die Motivationstechniken (Manipulationstechniken) anwenden? In einer hierarchisch strukturierten Gesellschaftsform sind die Mehrzahl der Vorgesetzten, die diese Techniken gegenüber Mitarbeitern anwenden sollen, auch gleichzeitig Mitarbeiter anderer Vorgesetzter. Es dürfte hier wenig wahrscheinlich sein, daß diese mittlere Führungsschicht von Vorgesetzten nicht erkennen würde, daß gleiche Manipulationstechniken, die sie ihren Mitarbeitern gegenüber anwenden sollen, auch gleichzeitig ihnen gegenüber angewandt werden.

2. Menschen sind intelligente und lernfähige Wesen, die Erfahrungen machen und aufgrund dieser Erfahrungen ihre künftigen Handlungen ausrichten. Jeder Manipulationsversuch ist nur im begrenzten Umfang erfolgreich und wird über kurz oder lang von den Betroffenen erkannt und mit entsprechenden Ausweich- und Abwehrmechanismen beantwortet.

Jede Form von Manipulation, die sich im sozialen Bereich ja bis zur Indoktrination steigern kann, wird zwangsläufig an diesem Widerspruch scheitern müssen.

Möglich könnte die Motivation von außen sein, durch den Aufbau von "Visionen" (Führungsleitbildern) wie sie *de Saint Exupery* beschrieben hat: "Wenn Du ein Schiff bauen willst, dann trommle nicht Männer zusammen, um Holz zu beschaffen, Aufgaben zu vergeben und die Arbeit einzuteilen, sondern lehre die Männer die Sehnsucht nach dem weiten endlosen Meer". Dies wäre aber eine übersteigerte Form der Führung durch Überzeugung und Identifikation.

Mit dieser Führungsform, andere durch und für eine Idee zu begeistern, haben viele Unternehmen erstaunliche Erfolge erzielen können, jedoch nur solange sich diese Idee als tragfähig erwiesen hat und für die Betroffenen auch Vorteile brachte, so z.B. die Teilnahme am Wirtschaftaufschwung durch Beteiligungssysteme mit Anteilen an Unternehmen oder durch den Aufbau eines starkes Unternehmensimages, mit dem sich die Mitarbeiter identifizieren konnten. Tragfähig als geistige Basis für die Mitarbeiterführung wäre hier dann der Mechanismus der Überzeugung durch Identifikation mit einer Idee und einer Person nur in besonderen Fällen und damit nur in Grenzen generalisierbar.

Beurteilt man unter diesen Kriterien die Motivationsproblematik, dann kann Motivation nur als Eigenmotivation des jeweiligen betroffenen Individuums verstanden werden, der sich mit Hilfe der Theorieansätze der Motivationslehre Klarheit über seine Ziele, seine Erfahrungen und Auswirkungen und seine Bemühungen seiner Zielerreichung verschaffen kann. Damit wird die Motivationslehre als Mittel zur Selbstgestaltung des eigenen Lebens.

Als Hilfsmittel zur Beeinflussung anderer, der Mitarbeiter durch die Vorgesetzten usw., erzeugen alle sogenannten Motivationstechniken eher eine gegenteilige Wirkung.

3.3.3 Folgen von Fremdmotivation

Die Feststellung, das Recht der Vorgesetzten zur "Motivierung" der Mitarbeiter ergebe sich aus dem Arbeitsvertrag, verkennt die eigentliche Problematik. Ein Arbeitsvertrag ist eine Vereinbarung zwischen Arbeitgeber und Arbeitnehmer mit der Festlegung gegenseitiger Rechte und Pflichten. Mit dem Recht auf Entgelt entsteht beim Arbeitnehmer die Pflicht zur Erbringung der vertraglich vereinbarten Leistung gegenüber dem Arbeitgeber. Die Arbeitsleistung besteht nach allgemeiner Auffassung des Arbeitsrechtes in der "REFA" Normalleistung. Das Recht, das Verhalten im Rahmen der vertraglichen Vereinbarungen und den Erfordernissen des arbeitsorganisierten Leistungserstellungsprozesses zu beeinflussen, zu steuern und zu koordinieren, ergibt sich aus der Machtbasis der Akzeptanz. Mit dem freiwilligen Abschluß eines Arbeitsvertrages hat jeder Arbeitnehmer die formale und funktionale Autorität innerhalb der Organisation anerkannt. Ist er mit diesen akzeptierten Bedingungen nicht mehr einverstanden, dann steht es ihm jederzeit frei, das Vertragsverhältnis zu beenden. Wenn man diese Führungsbasis für nicht mehr ausreichend und zusätzliche Manipulationstechniken für notwendig erachtet, dann geschieht dies unter der Annahme, daß sich Mitarbeiter grundsätzlich nicht vertragsgetreu verhalten und damit potentielle Leitungsverweigerer sind.

Damit stehen in der Regel die Motivationsansätze unter der stillschweigenden Zielsetzung, wie "manipuliere" ich den Mitarbeiter so, daß er den zurückbehaltenen Leistungsanteil noch für die Firma zur Verfügung stellt (*Sprenger*).

Zusätzliche Belohnungen zur Motivation werden von den Mitarbeitern sehr rasch als zurückbehaltenes Leistungsentgelt angesehen, andere Mechanismen werden sehr schnell als Manipulationsinstrumente erkannt und führen zu dem Phänomen der *"inneren Kündigung"*, d.h. die Emigration der Mitarbeiter in das außerberufliche Engagement.

Damit sind alle sogenannten "Motivationsversuche" im Grunde genommen nichts anderes als eine Art von *"Mißtrauensmanagement"* nach dem Motto, der Mitarbeiter leistet von sich aus nicht das, was er nach dem Arbeitsvertrag zu leisten hätte. Im Sinne der selbsterfüllenden Prophezeiung (vgl. hierzu auch die Ausführungen zur X-Y Theorie) wird sich der Mitarbeiter dann auch so verhalten, wie es diesem Menschenbild entspricht.

Damit wären nicht selten die gut gemeinten "Motivationsansätze" in Wirklichkeit der Anlaß zu einer Demotivation. Diese Art von Mißtrauensorganisation dürfte die häufigere und weitgehendere Ursache für die innere Kündigung und für eine teilweise schlechte Erledigung der übernommenen Arbeitsaufgaben sein, als die vielfach immer wieder beklagte Sinnentleerung der Arbeit durch den arbeitsteiligen Leistungserstellungsprozeß.

3.3.4 Die Bedeutung der Motivationstheorien für die Personalführung

Unter Berücksichtigung dieser Überlegungen haben beide, Motivations- und Führungstheorien ihren sich ergänzenden, aber doch getrennten Platz in der Führungslehre.

Die Führungsansätze gelten für den Vorgesetzten, wenn es darum geht, generalisierende Festlegungen über Führungsstil und das Führungsverhalten zu treffen, wenn es also darum geht, den allgemeinen Mitarbeiteranforderungen in den Organisationsformen, den Regeln der Kommunikation, des Informationsaustausches und der Zusammenarbeit zu berücksichtigen. Regelungen über Vorgehens- und Verhaltensweisen, die für alle Beteiligten im Leistungsbserstellungsprozeß gleich sein müssen, wenn das Postulat der "Gerechtigkeit" im Führungsprozeß erreicht werden soll.

Daneben stehen aber auch diejenigen Aufgaben, die jeweils nur den einzelnen Mitarbeiter betreffen, angefangen von der Personalauswahl, dem Personaleinsatz, der Personalentwicklung, der Konflikthandhabung usw. Hier kann ein allgemeines Menschenbild nur den Rahmen angeben, entscheidend aber für eine sach- und einzelfallgerechte Behandlung ist aber die Kenntnis der Motivationsstrukturen und der Motivationszusammenhänge, die im Einzelfall wichtig sind.

Damit soll die Motivationslehre nicht anstelle der Führungstheorien allgemeine Erklärungen für menschliches Verhalten geben, sondern soll das Verstehen des Verhaltens im Einzelfall erleichtern.

Die Beschäftigung mit Motivationsstrukturen und ihrer Zusammenhänge erleichtert es dem Vorgesetzten und den Mitarbeitern in den täglichen Konfliktsituationen miteinander umzugehen.

Damit werden Motivations- wie auch Führungstheorien nie vollständig und in sich widerspruchsfrei sein. Sie werden deshalb auch immer einen Teil normativer, wissenschaftlich nicht begründbarer Elemente mit enthalten.

Betrachtet man Führung auch unter dem Gesichtspunkt der interaktionalen Beziehungen zwischen den Beteiligten unter Berücksichtigung des Strebens nach einem gegenseitigen Konsens, dann ist dies nicht möglich, ohne Kenntnis der motivationstheoretischen Zusammenhänge.

3.3.5 Folgerungen für die Motivationsforschung

Da die Motivationsstruktur in ihrer Abhängigkeit von Bedürfnissen und subjektiven Werten immer an das einzelne Individuum gebunden ist, lassen sie sich nicht zu generellen Aussagen verdichten und auch nicht wie Einstellungen und Werthaltungen zu einer Art "Betriebsklima" akkumulieren. Aus diesem Grund kann die Motivationsforschung auch keine allgemeinen Erklärungen für alle Formen menschlichen Verhaltens geben, da jeder Theorieansatz in Einzelfällen in der Praxis bestätigt, in anderen Einzelfällen widerlegt werden wird. Es ist unmöglich, sowohl Inhalts- als auch Prozeßtheorieansätze empirisch im Sinne der Regeln des kritischen Rationalismus zu überprüfen, weder durch eine noch so große Stichprobenerhebung, noch durch immer ausgefeiltere Meßdesigns oder statischen Auswertungsmethoden.

Die Motivationsforschung liefert der Praxis brauchbare Ergebnisse, wenn sie verschiedene Erklärungsmodelle mit unterschiedlichen Ansätzen bereitstellt, mit denen Vorgesetzte und Mitarbeiter ihre täglichen Probleme des Umgangs Miteinander erkennen, die denkbaren Ursachen und damit auch die möglichen Konsequenzen ableiten können und die nicht zuletzt zu einem besseren gegenseitigen Verständnis im betrieblichen Interaktionsprozeß beitragen.

4. Werte und Wertewandel

Die Bedürfnisse, die die Motivation des einzelnen bestimmen, sind wesentlich durch die persönliche Grundstruktur des Individuums bestimmt und werden damit durch das soziale Umfeld und von den gesellschaftlichen Normen und Werthaltungen überformt. Von den im Abschnitt "Entwicklung des Personal wesens in der Bundesrepublik Deutschland" beschriebenen Untersuchungen zu den Werteverschiebungen in den letzten Jahrzehnten, sind es die Untersuchung von *Klages*, die die Auswirkungen auf die Arbeitsmoral besonders heraus zu stellen.

	Selbstzwang-und Kontrolle (Pflicht und Akzeptanz)		Selbstentfaltung
Bezug auf die Gesellschaft	"Disziplin" "Gehorsam" "Pflichterfüllung" "Treue" "Unterordnung" "Fleiß" "Bescheidenheit"	Gesellschaftsbezogener Idealismus	"Emanzipation" (von Autoritäten) "Gleichbehandlung" "Gleichheit" "Demokratie" "Partizipation" "Autonomie" (des einzelnen) ....
Bezug auf das individuelle Selbst	"Selbstbeherrschung" "Selbstlosigkeit" "Hinnahmebereitschaft" "Fügsamkeit" "Enthaltsamkeit"	Hedonismus	"Genuß" "Abenteuer" "Spannung" "Abwechslung" "Ausleben emotionaler Bedürfnisse"
		Individualismus	"Kreativität" "Spontanität" "Selbstverwirklichung" "Ungebundenheit" "Eigenständigkeit" ....

Abbildung 185: Hauptsächlich am Wertewandel beteiligte Wertegruppen

Klages unterscheidet im Rahmen einer Sekundärauswertung zwischen den sogenannten *"Pflicht- und Akzeptanzwerten* sowie den *Selbstentfaltungswerten"* (vgl. Abbildung 185).

Entsprechend dem vorherrschenden, d.h. stark oder schwach ausgeprägten Wertekategorien unterscheidet damit *Klages* vier Wertetypen.

Pflicht-, Akzeptanz- und Sicherheitswerte	Selbstverwirklichungs- und Engagementwerte	
	schwach	stark
stark	**Konventionalist** ≅ 20% (traditionelles Wertesystem)	**Realist** ≅ 27% (Wertesynthese)
schwach	**Resignierter** ≅ 32% (Werteverlust)	**Idealist** ≅ 21% (Wertumsturz)

Abbildung 186: Wertetypen nach *Klages*, *Franz* und *Herbert*

Typ 1: Der im traditionellen Wertesystem verhaftete ordnungsliebende *Konventionalist*. Er akzeptiert äußere, für die Organisation und die Betriebshierarchie vorgegebene Verhaltensregeln aus eigener innerer Überzeugung. In klaren organisatorischen Regeln sucht er seinen Rückhalt. Er ist deshalb auch nur ungern bereit, Verantwortung für neue ungewohnte Aufgaben zu übernehmen; es sei denn, er wird hier moralisch in die Pflicht genommen.

Typ 2: Der *aktive Realist*, legt starke Eigeninitiative und Leistungsbereitschaft an den Tag. Er ist bereit, Sachzwänge und organisatorische Spielregeln zu akzeptieren, wenn sie ihm im Interesse der Stabilität, Funktion und Effektivität als zweckdienlich erscheinen. Er setzt sich pragmatisch für graduelle Organisationsänderungen ein, wenn ihm diese realistisch erscheinen. Bei einem meist vorhandenen ausgeprägten Selbstbewußtsein ist er einer sachlichen Kritik durchaus zugänglich, ohne gleich persönlich betroffen zu sein. Er wäre der ideale Mitarbeiter auf allen Ebenen, auf die die Erwartungen aller Führungsrezepte zugeschnitten sind.

Typ 3: Der *perspektivlos Resignierende* hat sich mit seiner Position abgefunden, sei es aus nicht erfüllten Erwartungen oder durch negative Erfahrungen. Durch sein geschwächtes Selbstbewußtsein zeigt er auch nur geringe Verantwortungsbereitschaft. Mehr passiv eingestellt, versucht er sein Leben und seine Arbeit mit einem möglichst geringen Krafteinsatz zu bewältigen. Insgesamt fühlt er sich als vom Leben übergangen und zu kurz gekommen. In einer undifferenzierten und recht diffusen Weise ist er mit seiner Arbeit unzufrieden.

Typ 4: Der *nonkonforme Idealist* (nicht oder noch nicht angepaßte), legt ein starkes Engagement für Ziele an den Tag, mit denen er sich persönlich stark identifizieren kann. In diesem Bereich hält er wenig von Sachzwängen, die sich auf eine gegebene Ordnungsstruktur stützen. Er hat einen starken Veränderungswillen und ist deshalb häufig unzufrieden, weil die Realität und nicht zuletzt häufig auch er selbst hinter seinen hochgesteckten Idealen zurückbleiben.

Die Autoren haben eine Reihe von überwiegend auf die Arbeitswelt bezogenen Einstellungen zu typischen Eigenschaftsprofilen verdichtet. Minus- und Pluszeichen kennzeichnen die Richtungsstärke der jeweiligen Abweichungen vom gesamten Durchschnitt der jeweils Befragten (Abbildung 187).

	Wertetypen			
	Typ 1	Typ 2	Typ 3	Typ 4
Zufriedenheitsdisposition	++	+	-- --	-- --
Anpassungsbereitschaft = Autonomieverzicht	++	--	+	-- --
Durchsetzungsfähigkeit	--	++	-- --	+
Eigeninitiative	--	++	-- --	+
Selbstzuschreibung hoher Arbeitsleistung	++	++	-- --	-- --
Interesse an vermehrter Leistung	--	++	--	+
Interesse an sinnvoller Arbeit	--	++	--	++
Bereitschaft zu Mehrarbeit bei erhöhter Bezahlung	++	+	--	-- --
Interesse an verkürzter Arbeitszeit bei verminderter Bezahlung	-- --	--	+	++
Interesse an handlungsfähiger, kompetenter Führung	++	++	+	--
Gesellschaftspolitisches Engagement	--	+	-- --	++
Interesse an gesellschaftlichen Änderungen (+ Bereitschaft hierfür einzutreten)	--	+	--	++
Bereitschaft, aktiv für eigene Interessen zu kämpfen	-- --	+	--	+
Interesse an sozialer Sicherheit	++	++	++	--

Abbildung 187: Typenspezifische Profile: Einstellungen und Verhaltensdispositionen (Quelle: *Klages/Franz/ Herbert*, Personal H.2, 1985, S.52)

Wenn man die verschiedenen Wertetypen nach ihren Anteilen in den einzelnen Altersstufen vergleicht, so ergibt sich folgendes Bild.

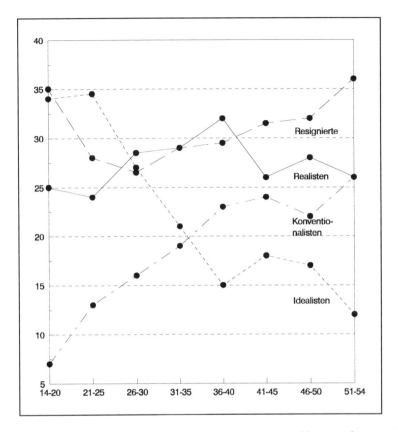

Abbildung 188: Anteil der Wertetypen an den einzelnen Altersstufen

Die Tabelle zeigt, daß der Anteil der Idealisten bei den jüngeren Altersstufen relativ hoch ist und dann laufend kontinuierlich abnimmt, während gleichzeitig der Anteil der Konventionalisten stetig zunimmt.

Da es sich hier um eine Stichtagsuntersuchung und nicht um eine Längsschnittuntersuchung handelt, so läßt dieses Ergebnis zwei Interpretationen zu, die vermutlich beide z.T. zutreffen und die sich z.T. gegenseitig überlagern und deren Einzelauswirkungen nicht zu trennen sind.

- Es findet tatsächlich eine Werteverschiebung von dem Pflicht- und Akzeptanzwerten hin zu den Selbstentfaltungswerten statt, wie sie dramatischer nicht vorstellbar ist.

- Die Einstellung der einzelnen Individuen verändert sich bedingt durch die zunehmende Lebenserfahrung im Laufe der persönlichen Entwicklung. Ideale Jugendvorstellungen machen im Laufe der persönlichen Entwicklung einer sachlicheren und nüchterneren Betrachtungsweise Platz.

Da sich vermutlich beide Ursachen überlagern lassen sich aus den vorliegenden Untersuchungen keine endgültigen Schlußfolgerungen ableiten, da aber beide Einflußgrößen an dieser Entwicklung beteiligt sich, ergibt sich hier für den Bereich der betrieblichen Personalarbeit und hier insbesondere der Personalentwicklung und der Sozialisation im Betrieb die Aufgabe, dem Mitarbeiter eine Hilfestellung zu geben, daß sich der Idealimus der Jugend mit zunehmender Reife und Lebenserfahrung eher zu einer Einstellung in Richtung des aktiven Realisten als in die Richtung eines perspektivlosen Resignierenden niederschlägt.

5. Arbeitszufriedenheit und Leistung

5.1 Begriff der Arbeitszufriedenheit

Zufriedenheit oder Unzufriedenheit sind individuelle Gefühlszustände, die eine subjektive Befindlichkeit ausdrücken, die aber keine objektiv meß- und bestimmbaren Merkmale der Umwelt zum Gegenstand haben.

Dies gilt auch für die *Arbeitszufriedenheit*. Sie ergibt sich aus der Bewertung der Verhältnisse der Belohnungen und Belastungen aus dem Arbeitsprozeß im Vergleich zu den der Arbeit gegenüber gehegten subjektiven Erwartungen.

Diese Bewertung kann Veränderungen unterworfen sein, und zwar:

- durch Veränderung der Erwartungen, Senkung oder Erhöhung des Anspruchsniveaus,
- Erwartungen und Bewertung einer Belohnung in Abhängigkeit von der Wahrnehmung, die sowohl durch Erfahrungen als auch durch Einflüsse des sozialen Umfeldes bestimmt werden.

Die Beschäftigung mit dem Problem Arbeitszufriedenheit ist relativ neu. Lange Zeit galt die Arbeit als eine auferlegte Pflicht, hedonistische Bestrebungen, wonach Arbeit nicht nur Last und Plage, sondern auch Freude und Lebensentfaltung sein kann, kamen erst in unserem Jahrhundert zur vollen Entfaltung.

Drei Grundströmungen führen zu einer stärkeren Beschäftigung mit diesem Problemen:

- politische und soziale Einflüsse, die sich aus der materiellen Besserstellung der Arbeitnehmer und der Befriedigung der Existenzbedürfnisse ergeben, verbunden mit den Mitbestimmungsforderungen im Rahmen organisierter Interessensvertretungen,
- ökonomische Einflüsse, besonders die Gedanken der *human relations-Bewegung*, wonach die Arbeitszufriedenheit die Arbeitsleistung steigert, haben das Interesse auf dieses Gebiet gelenkt,
- sozial-ethische Überlegungen, hier insbesondere die Forderung nach einer *Humanisierung der Arbeitswelt*.

Für das Entstehen der Arbeitszufriedenheit werden in der Literatur im Anschluß an die Motivationsüberlegungen drei Ansätze unterschieden:

- *Erfüllungstheorie* (Fulfilment Theory), dieser Überlegung liegt auch der Valenz-Begriff aus der Motivationslehre zugrunde. Arbeitszufriedenheit ist abhängig vom Ausmaß, in dem die Arbeit die Befriedigung bestehender Bedürfnisse herbeiführt,
- *Unstimmigkeitstheorie* (Discrepancy Theory), hier erklärt sich die Zufriedenheit aus der Übereinstimmung zwischen den erhaltenen und den erwartenden Belohnungen,
- *Gerechtigkeitstheorie* (Equity Theory), hier wird ebenfalls der Einsatz in die Arbeit mit der erhaltenen Belohnung verglichen, und diese in das Verhältnis zu den Leistungsbeiträgen und Belohnungen anderer Vergleichspersonen in Beziehung gesetzt.

5.2 Einflußgrößen auf die Arbeitszufriedenheit

Der komplexe Bereich der menschlichen Arbeit umfaßt eine Fülle von Einflüssen, die sich als Bedürfnisse und Erwartungen niederschlagen.

Hier wären zu unterscheiden nach dem erlebten Wert der befriedigten Bedürfnisse zwischen *intrinsischen* Formen, d.h. die Bedürfnisse, die aus dem Arbeitsprozeß selbst befriedigt oder versagt werden können, den arbeitskontextuellen Bedingungen, die die äußeren Umstände des Arbeitsvollzuges bestimmen sowie den arbeitsinstrumentellen Faktoren, d.h. der sich aus der Arbeit ergebenden Belohnungen.

5.2.1 Arbeitsintrinsische Belohnung

5.2.1.1 Arbeitsaufgabe

Diese Belohnungen gehen aus der Arbeit selbst, aus ihrem Vollzug und aus ihren wahrgenommenen Ergebnissen hervor.

Sie gehen im wesentlichen auch auf die Gedankengänge der humanistischen Psychologie und dem Selbstverwirklichungsbedürfnis von *Maslow* zurück.

Als wesentliche Funktion von intrinsische Befriedigung erzeugenden Arbeitsmerkmalen (*Hackman/Lawler*, 1971) wurden empirisch ermittelt:

- Eigenständigkeit bei der Aufgabenerfüllung (*Verantwortung*), d.h., daß sie ein Gefühl der Verantwortung für die Aufgabenerfüllung entstehen lassen und damit einen gewissen Freiraum für Eigengestaltung ermöglichen,
- Ganzheitlichkeit der Aufgabe, die Arbeit muß einen Anfang und ein Ende (Ziel) aufweisen und die Arbeitsergebnisse müssen so gestaltet sein, daß sie auch von anderen wahrgenommen werden können,
- Vielseitigkeit der Aufgabe, zu verstehen als eine breit genug gestreute Palette von Fähigkeiten und Fertigkeiten, die zur Erreichung des Arbeitszieles erforderlich sind,
- Bedeutung der Arbeitsaufgabe, d.h. der Umfang, in dem die Tätigkeit das Arbeitsergebnis beeinflußt und die Wichtigkeit, die ihr für den Fertigungsprozeß zukommt,
- rückkoppelnde Information über das Arbeitsergebnis. Dies ist umso wirkungsvoller, je unmittelbarer diese Information auf die Leistungserstellung einwirkt.

Das Motivationspotential, das die Voraussetzungen für eine intrinsische Arbeitsmotivation schafft, ergibt sich damit nach dem in Abbildung 189 dargestellten Schema.

In welchem Umfang dieses Potential zum Tragen kommt, hängt von drei Persönlichkeitsmerkmalen ab:

- Kenntnisse und Fertigkeiten; nur in diesen Grenzen kann eine bestehende Motivation umgesetzt werden. Ein Erfolgserlebnis führt zur Selbstbestätigung. Eine schlechte Leistung kann zu einem Gefühl des Versagens führen, kann aber auch bewirken, daß der Mitarbeiter unter dem Einfluß des gegebenen betrieblichen Umfelds und seines Leistungsstrebens, bei einem stark ausgeprägten Leistungs- und Wachstumsbedürfnis dazu führt, die Anstrengungen zum Erwerb des fehlenden Wissens und Könnens zu steigern,
- Stärke des Wachstumsbedürfnisses i.S. von *Maslow*, nach der der Mitarbeiter nach Selbstbestätigung und Selbstbestimmung in seiner Arbeit strebt,
- Zufriedenheit mit den Arbeitsbedingungen; ein Mitarbeiter, der mit seinem Lohn, der Sicherheit des Arbeitsplatzes, den Beziehungen zu Vorgesetzten und Kollegen usw. zufrieden ist, wird sein motivationales Potential sowie seine Kenntnisse und Fertigkeiten stärker als ein anderer ausschöpfen.

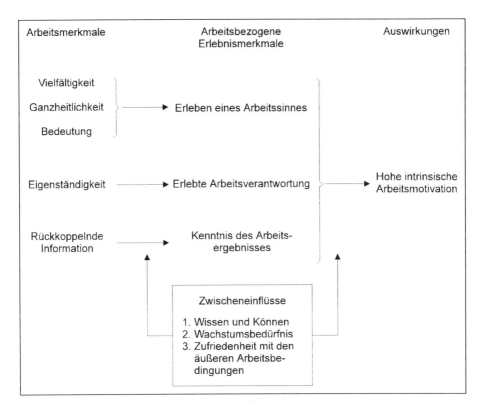

Abbildung 189: Bestimmungsgründe intrinsischer Arbeitszufriedenheit nach *Hackman/Oldham* (1980)

Zur Ermittlung dieses Motivationspotentials haben *Hackman/Oldham* 1980 mit dem JDS (*Job Description Survey*) diese Zusammenhänge bestätigt, jedoch auch einige Grenzen festgestellt:

- für die Erhöhung des Motivationspotentials gibt es bei allen Einflußfaktoren ein Optimum. Wird ein Maß an Vielfältigkeit überschritten, so stellen sich anstelle stärkerer Motivation Überbelastung mit nachlassender Leistung ein. Dieses Optimum ist jedoch keine objektive Größe, sondern ist subjektiv vom einzelnen Individuum abhängig,
- die Beziehungen zwischen den Einflußgrößen und den Auswirkungen auf die Motivation sind nicht linear und naturgegeben, sondern es bestehen Wechselwirkungen, die durch subjektive Empfindungen sowie durch Werthaltungen der Umwelt beeinflußt werden,
- die Mitarbeiter sind keine statischen Größen, sondern sind im Laufe des Arbeitsprozesses auch Veränderungen in ihren Einstellungen, Fähigkeiten, Kenntnissen und Werthaltungen unterworfen.

Beschränkungen der Faktoren zu einer intrinsischen Arbeitsaufgabe ergeben sich aus einer zu weit getriebenen Arbeitsteilung, die das Arbeitsumfeld verarmen läßt.

Seemann (1967) sieht ein dadurch hervorgerufenes Entfremdungserlebnis durch folgende fünf Sachverhalte gekennzeichnet:

- Machtlosigkeit (das Gefühl, auf seine Umwelt nicht mehr einwirken zu können und ihr ausgeliefert zu sein),
- Bedeutungslosigkeit, ein Mitarbeiter, der nichts mehr, was seine Arbeit betrifft, unmittelbar beeinflussen kann, sucht die Zeichen seiner Selbstbestätigung in der arbeitsfreien Zeit,
- Normlosigkeit, wer in der Arbeitswelt keine Lebensziele mehr selbst setzen und erreichen kann, wird auch die Umwelt so wahrnehmen,
- Isolierung, am Arbeitsplatz erfaßt sie auch die sonstigen Beziehungen eines Individuums außerhalb der Arbeitswelt,
- Selbstentfremdung, damit fehlt der Stolz über das eigene Tun.

Diese Auswirkungen schlagen sich in einem Aufstau aggressiver Gefühle mit entsprechenden Haltungen gegenüber fremden Gruppen, insbesondere Minderheiten nieder. Wenn eine Arbeitszuwendung keine positive Bestätigung erwarten läßt, kommt es zu einem Rückzug aus dem Arbeitsengagement (innere Kündigung) mit fehlendem Interesse am Geschehen der Außenwelt. Das Gefühl der Einfluß- und Machtlosigkeit verführt dazu, sich auf die Urteile von Experten statt auf das eigene Urteil zu verlassen.

5.2.1.2 Einflüsse aus dem Arbeitskontext

Die äußeren Arbeitsumstände sowie die Arbeitsumwelt können sowohl Beschwerden, als auch Versagenserlebnisse ebenso auslösen, wie auch Gefühle der Befriedigung hervorrufen.

Hierher gehören:

- Ermüdung, wesentlich beeinflußt durch die physische Umwelt, die verwendeten Arbeitsmittel und Arbeitsgegenstände sowie die Arbeitsorganisation (vgl. Strukturbestimmende Personalplanung),
- Zeitgestaltung der Arbeit, insbesondere Lage und Dauer der Arbeitszeit (Schichtarbeit, Lage der Freizeiten usw., vgl. Arbeitszeitmanagement),
- Zwischenmenschliche Beziehungen insbesondere zu anderen Mitarbeitern, die bei einem guten Betriebs- und Gruppenklima ein Gefühl der Gemeinschaft vermitteln können wie auch das Gefühl der Sicherheit, bei schlechtem Klima jedoch ein Gefühl des Ausgegrenztseins vermitteln,

- Zwischen dem Vorgesetzten, wo ein offenes Verhalten ein Gefühl der Sicherheit vermittelt, Ablehnung und undurchschaubare Behandlung, jedoch ein Gefühl der Verunsicherung hervorrufen können.

5.2.2 Arbeitsextrinsische Belohnung

Hierher gehören diejenigen Belohnungen, die nicht aus der Arbeit selbst kommen, sondern die Mittel zum Zweck sind. Zu den wichtigsten Formen extrinsischer Belohnungen zählen:

- Entlohnung, einschließlich der Nebenleistungen. Die Erzielung eines Verdienstes zur Erzielung des Lebensinhaltes stellt im Regelfall das wohl wichtigste Arbeitsmotiv dar. Welche Bedeutung das Einkommen hat, hängt von der Stärke der Bedürfnisse ab, zu deren Befriedigung das Geld erforderlich ist. Daneben gehen mit der Höhe der Entlohnung auch noch andere Befriedigungswerte einher, so z.B. das mit der Lohnhöhe vermittelte Gefühl der Zugehörigkeit zu einer bestimmten hierarchischen Stellung usw.
- Beförderung und Aufstieg in der Hierarchie. Hier ist die Zuordnung nicht ganz eindeutig, weil sich mehrere Einflußgrößen vermischen, die auch arbeitsintrinsischer Natur sein können, als auch den Arbeitskontext betreffen. Jede Beförderung ist normalerweise mit einer Erhöhung der Entlohnung verbunden und wird auch gleichzeitig die Stellung in der Hierarchie verbessern, das Ansehen fördern und ein erweitertes Aufgabengebiet mit einer größeren Verantwortung nach sich ziehen.

5.3 Erklärung zur Bestimmung der Arbeitszufriedenheit

5.3.1 Konzeptionen der Arbeitszufriedenheit

Aufgrund der engen Beziehungen zwischen den verschiedenen motivationstheoretischen Ansätzen lassen sich hier vier Klassen bilden.

- *Bedürfnisorientierte Konzeptionen*:
Hier wird die Zufriedenheit als ein Zustand erfüllter Bedürfnisse angesehen. Eine vereitelte Bedürfnisbefriedigung verursacht einen Zustand innerer Spannung, die als Unzufriedenheit angesehen wird. Umgekehrt gilt der Zustand der Befriedigung eines Bedürfnisses als Zufriedenheit. Nach der Schichtenlehre der *Maslow'schen* Bedürfnispyramide und der *ERG-Theorie* von *Alderfer* wird auf den unteren Ebenen der menschlichen Bedürfnisse keine Zufriedenheit eintreten, da die Befriedigung einer jeden Bedürfnisschicht gleichzeitig Bedürfnisse der nächst höheren Schicht aktiviert.

- *Humanistische Ansätze*:
  Sie gehen von normativen Vorstellungen aus, wonach der einzelne nicht abhängig von autonom wirkenden Bedürfnissen ist, sondern davon, daß er selbst für seine Lebensführung verantwortlich die Aufgabe hat, sein in ihm angelegtes Potential zu entfalten.
- *Anreizbezogene Konzeptionen*:
  Sie gehen davon aus, daß die Arbeitszufriedenheit die abgeleitete Variable ist, die sich nach dem Stellenwert und der Höhe der Belohnung bemißt und die sich danach bestimmt, inwieweit erwartete und tatsächlich erhaltene Belohnung differieren.
- *Gleichheitstheoretische Ansätze*:
  Sie gehen von der *"Theorie des sozialen Vergleichs"* aus. Zufriedenheit liegt dann vor, wenn das subjektiv empfundene Aufwands- und Ertragsverhältnis dem einer Vergleichsperson entspricht.

5.3.2 Ansätze zur Bestimmung der Arbeitszufriedenheit

Entsprechend der verschiedenen Konzeptionen gibt es eine Reihe von Ansätzen den Grad der Arbeitszufriedenheit zu ermitteln.

5.3.2.1 Inhaltstheoretische Ansätze

Sie gehen davon aus, daß hinsichtlich der Arbeitssituation bestimmte Klassen von Bedürfnissen oder Belohnungen vorhanden sind. Ziel der Untersuchung ist es, hierfür die Merkmale der Arbeitssituation zu definieren und festzustellen, inwieweit für jede einzelne Klasse Übereinstimmung mit den Sollvorstellungen besteht. Grundlage ist die bereits besprochene Theorie der "Eindimensionalen Zufriedenheit", auf der auch noch die in den letzten Jahren durchgeführten Arbeitszufriedenheitsuntersuchungen verschiedener Arbeitsministerien deutscher Bundesländer aufbauen.

Die zweidimensionale Betrachtungsweise der bereits besprochenen *Motivations-Maintenance-Theorie* von *Herzberg* zeigt, daß eine Verbesserung der *Hygienefaktoren* Unzufriedenheit abzubauen vermag und eine Verstärkung der *Motivatoren* zur Zufriedenheit führt (Abbildung 190).

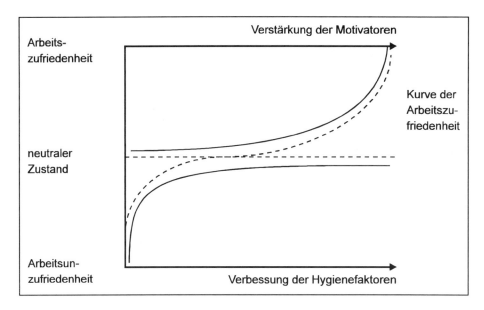

Abbildung 190: Entwicklung der Arbeitszufriedenheit unter dem Einfluß der Hygienefaktoren und Motivatoren

Die schematische Darstellung der Entwicklung der Arbeitszufriedenheit geht von der allgemein akzeptierten Annahme aus, daß Motivatoren in einem bestimmten Maße fehlende Hygienefaktoren ersetzen können, daß aber Hygienefaktoren nicht an die Stelle von Motivatoren treten können.

5.3.2.2 Prozeßtheoretische Ansätze

Sie gehen von den Ansätzen der *"Erwartungs-Valenz"* und *"Gleichheitstheorien"* aus. Zufriedenheit liegt dann vor, wenn die Belohnung, in subjektiver Bewertung, dem Leistungseinsatz entspricht. Nachstehende Abbildung zeigt die Zusammenhänge auf, die auch die Ansätze der *Gleichheitstheorie* und die *Theorie der kognitiven Dissonanz* mit einbezieht.

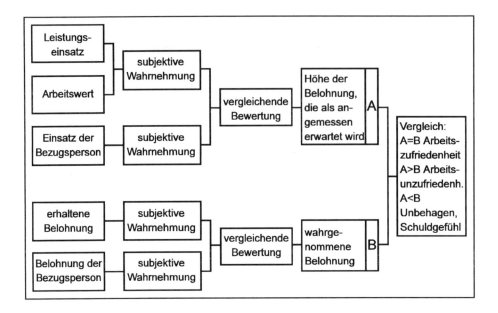

Abbildung 191: Determinanten der Arbeitszufriedenheit

Der Hinweis auf die wahrgenommenen Leistungseinsätze und wahrgenommenen Belohnungen usw. zeigt, daß es hier nicht auf den tatsächlichen Arbeitseinsatz und die Realität am Arbeitsplatz ankommt, sondern vielmehr darauf, wie diese Einflußgrößen subjektiv individuell wahrgenommen werden.

Ob ein Ungleichgewicht, bei dem die Höhe der erwarteten Gegenleistung unter der wahrgenommenen tatsächlichen Belohnung liegt, auf die Dauer zu Schuldgefühlen, Unbehagen und damit nachhaltig zu verstärkter Arbeitsleistung führt, wie die Gleichheitstheorie unterstellt, wird man in Zweifel ziehen müssen. Hier wird man eher mit einem Steigen des Anspruchsniveaus rechnen und damit einen Wechsel der Bezugspersonen für den sozialen Vergleich in Betracht ziehen müssen.

5.3.2.3 Typologischer Ansatz von Bruggemann

Bruggemann, *Groskurth* und *Ulich* gehen von einem dynamischen Prozeß der Bewertung aus und stellen hier nicht die Wahrnehmung, sondern die Entwicklung des individuellen Anspruchsniveaus in den Vordergrund.

Ausgangspunkt ist der Vergleich der gegebenen Arbeitssituation (Ist-Wert) mit den generellen Bedürfnissen und Erwartungen (Soll-Wert). Bei diesem Vergleich kann der einzelne auf Abweichungen des Ist-Wertes vom Soll-Wert mit einer Aufrechterhaltung oder Veränderung des Anspruchsniveaus reagieren.

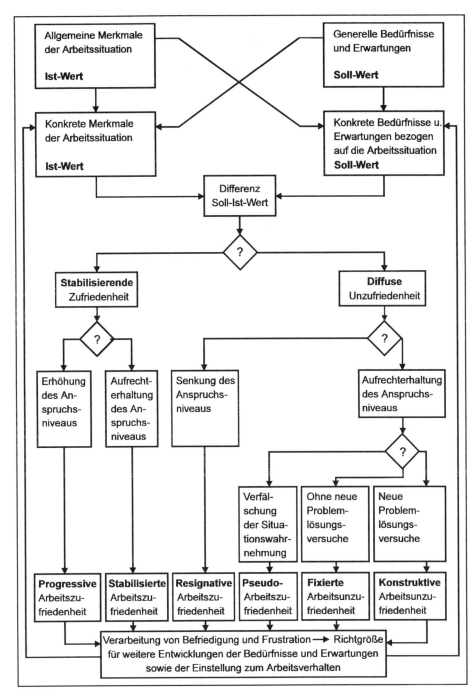

Abbildung 192: Formen der Arbeitszufriedenheit als Ergebnis von Abwägungs- und Erlebnisverarbeitungsprozessen nach *Bruggemann, Groskurth, Ulich*

Demnach können hier sechs Arten der Arbeitszufriedenheit bzw. -unzufriedenheit unterschieden werden (Abbildung 192).

Wenn auch die Richtigkeit dieser analytisch vorgenommenen Klassifikation nicht empirisch bestätigt werden konnte, vielleicht auch gar nicht bestätigt werden kann, so ist sie doch logisch nachvollziehbar und gibt auch eine Erklärung für die relativ hohen Arbeitszufriedenheitswerte bei den meisten der durchgeführten Untersuchungen. Sie zeigt vor allem die große Lern- und Anpassungsfähigkeit des Menschen auf. Es entspricht der Lebenserfahrung, daß die Masse der Mitarbeiter, die zu den hohen "Arbeitszufriedenheitswerten" bei den Untersuchungen beiträgt, zu denjenigen mit stabilisierter bzw. resignativer Arbeitszufriedenheit gehört. Hierbei ist resignative Arbeitszufriedenheit nicht unbedingt abwertend und einschränkend zu verstehen. Sie kann vielmehr auch Ausdruck dafür sein, daß der einzelne Mitarbeiter im Laufe seines Lebens seine Grenzen und die Möglichkeiten seines Entfaltungsspielraumes kennengelernt und sich in diesem Rahmen eingerichtet hat.

Die "fixiert" mit der Arbeit Unzufriedenen sind dann die kleine Minderheit derjenigen, die immer glauben, in ihrem Leben zu kurz gekommen zu sein. Die progressiv Zufriedenen dagegen werden aber auch einmal an die Grenze stoßen, an der eine weitere Verbesserung der Arbeitssituation entsprechend eines weiterhin gestiegenen Anspruchniveaus nicht mehr möglich sein wird. Entweder wird sich dann ihre Arbeitszufriedenheit bei nicht mehr steigendem Anspruchsniveau stabilisieren, oder sie werden in den Zustand diffuser Unzufriedenheit geraten.

5.4 Auswirkungen der Arbeitszufriedenheit

5.4.1 Individuelle Arbeitszufriedenheit und gesamthafte Grundeinstellung

Während die Motivation sich immer in individuellen Erscheinungen äußert, die nicht zu Gesamtwerten verdichtet werden können, d.h. es gibt keine Mechanismen, die dafür sorgen, daß sich innerhalb der Mitarbeiter die gleichen Bedürfnisse und die gleichen subjektiven Wertmaßstäbe herausbilden, aggregieren sich Arbeitszufriedenheitswerte zu bestimmten, auf Teilbereiche des Arbeitsfeldes bezogenen Grundeinstellungen.

So hat *Euler* im Rahmen der Arbeitszufriedenheitsforschungen drei Syndrome von Erwartungshaltungen unterschieden:

- *autoritätsorientierte Einstellungssyndrome*; hier fallen die Urteile über Betriebsleitung, unmittelbare Vorgesetzte usw. sehr günstig aus. Die bestehende Arbeitsordnung wird bejaht. Ungünstige Bewertungen liegen jedoch bei den Aussagen über kollegiale und zwischenmenschliche Beziehungen vor,

- *solidaritätsorientierte Einstellungssyndrome*; hier werden Betriebsleitung und die Mitwirkungsmöglichkeiten des Betriebsrates negativ beurteilt. Die Beurteilung der Kollegen und z.T. auch der unmittelbaren Vorgesetzten ist überwiegend positiv,
- *desorientierte Einstellungssyndrome*; hier werden sowohl die Beziehungen zu Vorgesetzten als auch zu Kollegen negativ bewertet. Hier hat der Mitarbeiter jede Orientierung verloren. Man könnte von einer totalen Arbeitsunzufriedenheit sprechen.

Diese aufgezeigten Wechselbeziehungen von Grundeinstellungen der Mitarbeiter und das Zusammenfassen individueller einzelner Unzufriedenheiten zu Gesamtunzufriedenheitspotentialen lassen erwarten, daß hier nicht eine einseitige Abhängigkeit besteht, sondern daß die aggregierten Meinungen im Sinne einer "selbsterfüllenden Prophezeiung" auch die Wahrnehmung von Arbeitsunerträglichkeiten beeinflußt. Analoges gilt für Zufriedenheitswerte.

5.4.2 Arbeitszufriedenheit und Gesellschaft

Da die Arbeitstätigkeit in weiten Bereichen das persönliche Leben, die Einstellung zum Arbeitsleben prägt und umgekehrt, bleiben die Erfahrungen aus der Arbeitswelt nicht ohne Auswirkungen auf das persönliche Befinden und das Freizeitverhalten.

So gilt es als gesichert, daß

- seelische Gesundheit (Angst, Depressionen, Aggressivität usw.) weitgehend mit der individuellen Arbeitszufriedenheit korrelieren,
- Drogen- und Alkoholmißbrauch häufig ihre Ursachen in Arbeitsunzufriedenheit haben,
- zwischen Arbeits- und Berufszufriedenheit sowie der Lernfähigkeit im späteren Erwachsenenalter ein nachweisbarer Zusammenhang besteht. Bei besonders hohen Unzufriedenheitswerten, insbesondere bei wenig herausfordernden Tätigkeiten, nimmt die Bereitschaft zum Denken und zum Lernen auch außerhalb der Arbeitswelt ab,
- die Qualität des Arbeitslebens, die sich in der Arbeitszufriedenheit ausdrückt, wirkt sich auch auf die Lebenszufriedenheit und damit die Lebensqualität aus.

Die engen Beziehungen zwischen Arbeitszufriedenheit und persönlicher Gesundheit sowie der Wechselwirkung zwischen Freizeitbereich und Arbeitswelt gehören mit zu den Teilbereichen, bei denen der größte Nachholbedarf an empirischen Arbeiten besteht.

5.5 Zusammenhänge zwischen Arbeitszufriedenheit und Leistung

5.5.1 Probleme des Nachweises empirischer Zusammenhänge

Die Befriedigung eines Bedürfnisses am Arbeitsplatz führt zur Beseitigung eines als unangenehm empfundenen Mangelzustandes und damit in der Regel zu einer Erhöhung der Arbeitszufriedenheit. Die *Human-Relations-Schule* sah zwischen Arbeitszufriedenheit und Leistung einen engen Zusammenhang. Nach ihrer Auffassung lohnt es sich, für mehr Zufriedenheit der Mitarbeiter zu sorgen, da diese dies durch erhöhten Leistungseinsatz und verstärkte Indentifikation mit der Firma vergelten würden.

Die bisher vorliegenden empirischen Untersuchungen haben gezeigt, daß Fehlzeiten und Fluktuationen bei zufriedenen Arbeitnehmern geringer sind als bei unzufriedenen. Allerdings ist der Zusammenhang nicht sehr eng, weil ja der einzelne seiner Unzufriedenheit nicht nur durch Arbeitsplatzwechsel oder vorübergehendes Fernbleiben vom Arbeitsplatz Ausdruck geben, sondern statt dessen zu anderen Abwehrmechanismen Zuflucht nehmen kann.

Durch empirische Untersuchungen konnte also die "Selbstverständlichkeit" des Zusammenhangs zwischen Unzufriedenheit und Leistung nicht bestätigt werden. Eine Analyse der mutmaßlichen Gründe für die niedrigen Korrelationen führt zu folgendem Ergebnis:

1. Unklarheit des Begriffes Zufriedenheit. Jede der Untersuchungen ging von einem anderen Begriff aus. In einigen Fällen wurde die Zufriedenheit mit Einzelaspekten, das andere Mal als "Gesamtzufriedenheit" in einem einzigen Maßstab gemessen.
2. Unklar ist auch der Begriff Leistung, vor allem dort, wo verschiedene Aspekte der Leistung denkbar sind (Verhältnis von Qualität und Quantität), ferner, wo die Leistung der einzelnen noch von anderen, von ihnen nicht zu kontrollierenden Einflüssen der Arbeitsumgebung, der Gruppe usw. abhängt.
3. Ein weiterer Faktor der Unklarheit besteht auch in der Anlage der Studien und den Methoden der Datenauswertung, wo verschiedene Bedingungen entweder nicht kontrolliert oder unterschiedlich berücksichtigt werden.

5.5.2 Theoretische Erklärungsmodelle

Die widersprüchlichen Ergebnisse der empirischen Untersuchungen und die Kritik an der Anlage und Durchführung dieser Arbeiten führen zu der Forderung, anstelle des Datensammelns aussagefähige Systeme in Form theoretischer Modelle zu entwickeln mit überprüfbaren Aussagen über die Abhängigkeit verschiedener Größen.

Den möglichen Aussagen lassen sich hier drei Grundmuster zuordnen.

5.5.2.1 Zufriedenheit führt zur Leistung

Dies ist die Grundaussage der *Human-Relations-Schule*, die auch in der *Zwei-Faktoren-Theorie* von *Herzberg* zum Ausdruck kommt. Andere Autoren haben diese Überlegungen weiter entwickelt und gehen davon aus, daß auch Unzufriedenheit zu höheren Leistungen führen kann, so etwa *March und Simon*

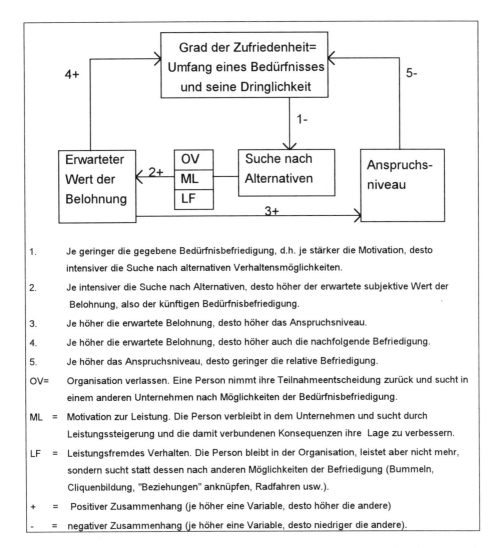

Abbildung 193: Beziehungen zwischen Zufriedenheit, Anspruchsniveau und Motivation zur Leistung (nach *March* und *Simon*, 1966, S. 49)

(1966), die feststellen, daß nicht die Handlungsalternative gewählt wird, die den maximalen Nutzen bringt, sondern vielmehr eine, die bestimmte Mindestansprüche erfüllt. Sie gehen weiterhin davon aus, daß der Motor allen Handelns die Unzufriedenheit ist. Diese Unzufriedenheit ruft die Tendenz zum Handeln hervor mit dem Ziel, den Zustand der Zufriedenheit herzustellen (vgl. Abbildung 193).

Die *Anreiztheorien* gehen von der Annahme aus, daß Zufriedenheit selbst keine verhaltenssteuernde Wirkung hat, sondern allenfalls (positive) Zuwendung oder (negative) Abwendung zeigt, Ausgangspunkt dieser Überlegungen ist hierbei, daß eine Person nur dann die Leistung erbringen kann, wenn sie erwarten kann, daß das Leistungsziel auch zu erreichen ist, und wenn das Ergebnis der Leistung dazu führt, die Erreichung eines eigenen Zieles zu fördern. *Herzberg* sah in den Motivatoren den Antrieb zu höherer Leistung, und die Vertreter der *Erwartungs-Valenz-Theorie* gehen davon aus, daß die "Kraft", die eine Person zur "Leistung" bewegt, durch die Erwartung bestimmt wird, mit dieser Leistung auch ein bestimmtes Ziel zu erreichen.

5.5.2.2 Leistung führt zur Zufriedenheit

Die Vertreter der *Erwartungs-Valenz-Theorie* gehen davon aus, daß Zufriedenheit und Leistung sich gegenseitig bedingen, so daß Ursache und Wirkungszusammenhang zu erklären sind (vgl. hierzu Abbildung181: Das *Erwartungs-Valenz-Modell* von *Porter* und *Lawler*).

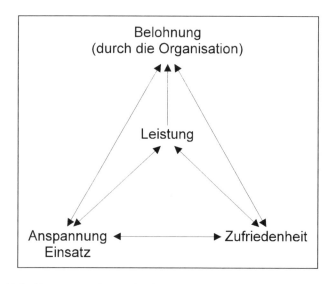

Abbildung 194: Zusammenhang der Einflüsse auf Leistung und Zufriedenheit (nach *Smith* und *Cranny*, S. 469)

Ein ähnliches Modell haben *Smith* und *Cranny* entwickelt, in dem die verschiedenen Einflußgrößen auf Zufriedenheit und Leistung dargestellt sind (vgl. hierzu Abbildung 194).

5.5.2.3 Zufriedenheit und Leistung hängen von dritten Größen ab

Ausgangspunkt ist hier die Feststellung, daß Zufriedenheit und Leistung zwei unabhängige Zielsetzungen sind, die jede Organisation erfüllen muß, und daß beide von einer Anzahl von Einflußfaktoren abhängen. Nach dieser Auffassung hängt die individuelle Zufriedenheit davon ab, inwieweit die Organisation hilft, die Bedürfnisse des einzelnen zu befriedigen. Die Leistung hingegen hängt davon ab, inwieweit die Fähigkeiten einer Person den Anforderungen ihrer Tätigkeit entsprechen. Untersuchungen haben hier ergeben, daß Zufriedenheit und Leistung bei den Personen eine hohe Korrelation aufweisen, bei denen die Fähigkeiten den Anforderungen entsprechen.

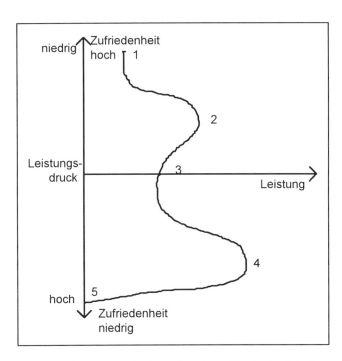

Abbildung 195: Beziehungen zwischen Arbeitszufriedenheit, Leistung und Leistungsdruck (nach *Triandis*, S.310)

Ein in dieser Richtung liegender theoretischer Ansatz ist der von *Triandis*, der als eine weitere Variable den Leistungsdruck mit in die Überlegungen einbezieht. Hierbei besteht zwischen Zufriedenheit und Leistungsdruck ein negativer

Zusammenhang. Hoher Leistungsdruck bedingt geringe Zufriedenheit und umgekehrt. *Triandis* nimmt an, daß sich die Leistungskurve entsprechend der Abbildung 195 verhält.

Punkt 1 ist der paradiesische Zustand, bei dem der Arbeiter viel herausholt und wenig investiert. Bei einem Minimum an Leistungsdruck und bei hoher Arbeitszufriedenheit wird ein Minimumergebnis erreicht, das nötig ist, die Antriebskräfte zu befriedigen. Steigender Leistungsdruck erhöht die Leistung bis zu einem Optimum 2, weiter steigender Leistungsdruck führt zu abnehmender Zufriedenheit. Punkt 3 ist der, an welchem der Arbeiter die Arbeit egal ist und bei dem die Leistung erbracht wird, die es gerade erlaubt, durchzukommen. Steigender Druck, z.B. drohende Kündigung in Zeiten einer Rezession, läßt die Leistung trotz weiterhin abnehmender Zufriedenheit ansteigen bis zu dem Punkt, an dem der Arbeiter unter extremen Druck steht, z.B. Bedrohung seines Lebens. Hier wird die Leistung ein zweites Maximum erreichen. Wird dieser Punkt überschritten, so wird bei einem Punkt 5, "mir ist jetzt alles egal", jede Leistung zusammenbrechen. Diese Betrachtung läßt allerdings die Form intrinsischer Befriedigung außer acht.

5.5.3 Zusammenfassung

Betrachtet man das Wirkungsgefüge des die Arbeitszufriedenheit bestimmenden Motivationsvorganges, so ergeben sich in Anlehnung an die *Erwartungs/ Valenztheorie* der Motivation nach *Lattmann* (S. 239 - 242) die in Abbildung 196 dargestellten Wechselwirkungen, die wie folgt beschrieben werden:

1. Grundlage eines jeden menschlichen Verhaltens sind die durch Aktivierung wirksam gewordenen menschlichen Bedürfnisse. Zur Typologie der Bedürfnisse, die sowohl angeboren als auch erlernt sein können, ist auf die Darstellungen von *Maslow*, *Alderfer*, *Herzberg* usw. zu verweisen.
2. Die Erwartungen setzen sich zusammen aus:
    a) Valenz (V), d.h. der Befriedigungswert den die durch das Verhalten bewirkte Belohnung hervorruft. Dieser Wert ist abhängig von:
    - der Höhe und der Dringlichkeit der bestehenden Bedürfnisse,
    - den Werteinstellungen, die sich beim einzelnen im Zeitablauf durch Erziehung, Erfahrung, usw. herausbilden,
    - dem bestehenden Weltbild, d.h. in diesem Fall, ob die Belohnung intrinsisch wirkt und somit in der Tätigkeit selbst liegt, oder extrinsisch, wenn die Belohnung nur Mittel zum Zweck ist,

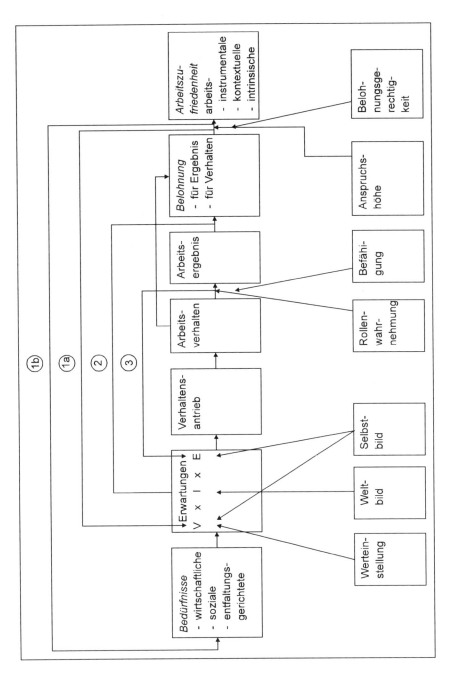

Abbildung 196: Wechselwirkungen bei der Entwicklung der Arbeitszufriedenheit (*Lattmann* 1981, S.240)

- dem Selbstbild, das sich ergibt aus dem Zusammenwirken von „Selbstdeutung" (d.h. wie sich der einzelne selbst sieht und einschätzt) und der Selbstzuschreibung (Verstärkung oder Schwächung der Selbstdeutung), die durch die aus den von der Umwelt übernommenen Informationen bewirkt wird,
- die durch die Belohnungen ausgelösten Befriedigungen können bestehende Bedürfnisse verstärken bzw. schwächen aber auch zur Erlernung neuer Bedürfnisse führen (vgl, hierzu die Rückkopplungsschleifen 1a und 1b in Abbildung 196).

b) Instrumentalität (I) bezeichnet die Bedingungen an deren Erfüllung der Befriedigungswert einer Belohnung geknüpft wird. Die Bedingungen, die den Befriedigungswert durch eine Belohnung vermitteln, können im bloßen Vollzug der Arbeitstätigkeit bestehen („Dabei sein" ist für den einen Olympiateilnehmer „Alles") oder in der Erzielung eines Ergebnisses („Nur der Sieg zählt"; bereits der Zweite ist ein Verlierer).

Im zweiten Fall unterliegt die Instrumentalität folgenden Einflüssen:
- Verstärkung, wenn das Bedürfnis tatsächlich befriedigt (Rückkopplungsschleife 2) andernfalls Schwächung
- Verstärkung, wenn das Weltbild intrinsisch und Schwächung, wenn es extrinsisch ausgerichtet ist.

c) Erreichbarkeit (E), das ist die subjektiv wahrgenommene Wahrscheinlichkeit, mit der der einzelne erwartet, daß seine Anstrengungen zum Ziel führen, d.h. die Vorraussetzungen für das Erreichen der Belohnung schaffen. Hierbei ist zu unterscheiden zwischen Belohnungen, die durch die Tätigkeit als solche selbst bestimmt werden, und solchen, die vom Arbeitsergebnis abhängen, d.h. von der Erwartung, inwieweit das Leistungsergebnis durch die eigene Tätigkeit erreicht werden kann. Die Erreichbarkeit hängt ab:
- vom ursprünglichen Selbstbild, d.h., daß was der einzelne sich zutraut,
- von seiner Verstärkung oder Schwächung durch erlebte Erfolge oder Mißerfolge.

3. Der Verhaltensantrieb ergibt sich aus den Bedürfnissen, d.h. den sich daraus entwickelnden Motiven und Erwartungen. Er ist umso kräftiger, je stärker die Bedürfnisse, d.h. je größer die daraus abgeleiteten Motive und je höher die subjektiven Erwartungen sind.

Bei Vorliegen von Motivkonflikten, ganz gleich welcher Art, erfolgt in der Regel eine Schwächung (vgl. Abschnitt Personalerhaltung)

4. Die Leistungswirksamkeit des Verhaltens wird bestimmt durch:
   - die Rollenklarheit, d.h. das Ziel, Belohnungsvoraussetzungen und Erwartungen auch richtig erkannt und beim Verhalten berücksichtigt werden
   - dem Vorhandensein der zur Leistungserstellung erforderlichen Fähigkeiten, Fertigkeiten, Kenntnisse usw.
5. Belohnungen (oder Bestrafungen) können nach den Ursprungsquellen aus denen die Belohnung oder Bestrafung erfolgt gegliedert werden in:
   - arbeitsintrinsische,
   - arbeitskontextuelle,
   - arbeitsinstrumentelle.
6. Die sich aus der Belohnung ergebende Arbeitszufriedenheit (oder Unzufriedenheit) wird bestimmt durch:
   - die Befriedigungserwartung, d.h. dem Anspruchsniveau des einzelnen,
   - dem Umfang in dem Belohnung und Bedürfnisse einander entsprechen,
   - die wahrgenommene Entlohnungsgerechtigkeit, d.h. ob der subjektiv eingeschätzte eigene Leistungseinsatz zur subjektiv wahrgenommenen Belohnung im Verhältnis dem vergleichbarer Personen oder Aufgaben entspricht.
7. Bei jedem Belohnungssystem werden Mitarbeiter versuchen darauf Einfluß zu nehmen, d.h. durch die Anpassung des eigenen Verhaltens ein subjektiv bewertetes Optimum zwischen Leistungseinsatz und Leistungsergebnis zu erreichen. Diese, als sog. Antwortverhalten bezeichnete Form, kann sowohl leistungssteigernd als auch leistungshemmend wirken und ist damit eine Form zur Erhaltung der individuellen Arbeitszufriedenheit.

Motivation und Arbeitszufriedenheit

Viele Management- und Führungstheorien befassen sich mit den Methoden der Motivation und der Arbeitszufriedenheit, doch nur wenig Führungskräfte legen in der Praxis ausreichend Gewicht auf diese Bereiche.

Dabei ist dies doch ganz einfach.

- Nehmen Sie den Mitarbeiter als Menschen mit seinen Stärken und Schwächen,
- nutzen Sie die Stärken und versuchen Sie seine Schwächen auszugleichen,
- zahlen Sie ein angemessenes Gehalt, das auch dem vergleichbarer Positionen entspricht,
- geben Sie dem Mitarbeiter ein Gefühl der Wichtigkeit für seine Aufgaben und
- erklären Sie, warum gerade auch sein Job auch für das Unternehmen wichtig ist,
- bieten Sie Anreize für Einsatz und Mehrleistungen,
- sehen Sie im Mitarbeiter einen Menschen, der von Natur aus leistungwillig und loyal ist, solange er nicht den falschen Input bekommt,
- geben Sie ihm Verhaltenssicherheit, indem Sie gute Leistung offen anerkennen, aber auch auf Schwächen ohne Verschönerungen hinweisen.

Denken Sie daran, Sie können niemanden motivieren, auch nicht ihre Mitarbeiter. Motivieren kann jeder nur sich selbst. Was Sie aber als Vorgesetzter tun müssen, ist Bedingungen und Voraussetzungen zu schaffen, damit sich jeder Mitarbeiter selbst motivieren kann.

Beachten Sie, nicht bei jedem wird dies gelingen,
nicht jeder Mitarbeiter ist fähig zur Eigenmotivation.
Aber die Zahl derer, die dies kann,
ist meist größer als angenommen wird.
Wer die Gesetzmäßigkeit und Funktionsweise erfolgreichen Führungsverhaltens verstehen will, der muß genügend Kenntnisse über Entstehung, Bestimmungsfaktoren und Erscheinungsformen des menschlichen Verhaltens haben.
Eine gründliche Menschenkenntnis ist damit die Quelle
der Menschlichkeit und des Erfolges.

Drittes Kapitel

Der Mitarbeiter als Mitglied der Gruppe

1. Begriff und Entstehung von Gruppen

1.1 Individuelles Handeln und Gruppenhandeln

Die Erkenntnis, daß Mitarbeiter und Vorgesetzte in einem Unternehmen nicht autonom in dyadischen oder triadischen Beziehungen zweiseitiger Interaktionen handeln, sondern daß sie eingebettet sind in ein Beziehungsgefüge einer aus Gruppen bestehenden Umwelt (Organisation), ist nicht neu. Trotzdem hat die Organisationslehre noch lange Zeit an der *individualpsychologischen Betrachtungsweise* des *scientific-managements* festgehalten. Erst durch die *Hawthorne-Experimente* wurde die Bedeutung zwischenmenschlicher Beziehungen für die Arbeitssituation in einem Unternehmen erkannt. Damit wurde der Weg frei für die verstärkte Betrachtung der Gruppenbeziehungen.

In einer gruppendynamisch bestimmten Handlungslage wird das Verhalten einer Person durch andere Einflüsse gesteuert als in einer individuell bestimmten Situation, so daß die Motivationslehre nur bedingt Aussagen für das Handeln in Gruppen liefern kann.

Wesentliche Schlußfolgerungen aus den *Hawthorne-Experimenten* war, daß nicht mehr der individuelle Mitarbeiter allein als handlungsbestimmend anzusehen ist, sondern vielmehr seine Stellung als Mitglied einer Gruppe.

1.2 Das Wesensmerkmal einer Gruppe

Mit der Gruppe als Erfahrungsgegenstand befaßten sich anfänglich zwei Wissenschaftsgebiete mit jeweils unterschiedlichen Betrachtungsweisen.

So stellt:

1. die soziologische Betrachtungsweise mehr auf das Verhalten von Gruppenmitgliedern ab, während
2. die psychologische Betrachtungsweise sich hingegen mehr auf das individuelle subjektive Erleben der einzelnen Gruppenmitglieder bezieht.

Ungeachtet dieser unterschiedlichen Betrachtungsweisen lassen sich folgende Wesensmerkmale einer Gruppe herausstellen:

1. Feste Zugehörigkeit zu einer Gemeinschaft von einer bestimmten Dauerhaftigkeit, die zur Ausbildung eines bestimmten *"Wir"-Gefühls* führt,
2. Entstehen von gegenseitigen Interaktionen aufgrund räumlicher Nähe der Beteiligten und gegebenen Interaktionsmöglichkeiten, die zu einer wechselseitigen Beeinflussung und Steuerung des Verhaltens der miteinander in Beziehung stehenden Personen führt,
3. Einfluß auf das Verhalten der Beteiligten durch übereinstimmende Ziele und Normen,
4. Rollendifferenzierung durch Zuweisung bestimmter Aufgaben an einzelne Gruppenmitglieder, verbunden mit entsprechenden Erwartungen des individuellen Verhaltens,
5. das Handeln eines Individuums wird vom Verhalten anderer Gruppenmitglieder beeinflußt und wirkt auch gleichzeitig auf deren Verhalten zurück,
6. durch diese Wechselwirkung und das Zusammengehörigkeitsgefühl wird ein relativ langfristiges Überdauern des Zusammenseins gewährleistet.

Zur Charakterisierung der Gruppenarten entwickelte *Lattmann* (1982) eine mehrdimensionale Typologie, in der er auf folgende Merkmale abstellt:

1. *Gruppengrößen*, wie Zweier- und Dreiergruppen (Paar, Dyade, Triade), Kleingruppen, die selten mehr als 20 Mitglieder umfassen und Großgruppen. Die kritische Gruppengröße liegt da, wo ein enger face-to-face-Kontakt zwischen den einzelnen Mitgliedern nicht mehr gegeben ist. Hier besteht dann die Gefahr des Zerfalls der Gruppe in Untergruppen,
2. Enge der zwischenmenschlichen Beziehungen innerhalb der Gruppen, wie *Intimgruppen* bei einer alles umfassenden Lebensgemeinschaft, *Primärgruppen*, die sich auf alle Lebensbereiche erstrecken, die in der Regel von einer größeren Intensität der Eigenaktivitäten geprägt sind, und *Sekundärgruppen*, die nur Teilgebiete des Lebensfeldes ihrer Mitglieder umfassen. Ihre Aktivitäten sind dann meist bewußt geplant und gestaltet,
3. Formen der Interaktion, z.B. unmittelbar wie bei *"face-to-face"-Gruppen*, wo die Mitglieder in direkten Kontakt zueinander treten, oder Gruppen mit mittelbaren Interaktionen, bei denen der Kontakt über eine Kette von Vermittlern abläuft,
4. Zwecke der Gruppe, z.B. *Psycho-Gruppen*, bei denen der Gruppenzweck bereits durch den bloßen Umstand des Zusammengehörens entsteht (Freundeskreis) oder *Problemlösungsgruppen* zur Erreichung eines gemeinsamen Zieles,
5. Entstehungsquelle von Gruppenregelungen, z.B. formale Gruppen, die einem bewußten Akt organisatorischer Gestaltung entspringen, oder infor-

male Gruppen, die nicht bewußt gestaltet aus den Interaktionen der Mitglieder heraus entstehen,
6. Zugang zu den Gruppen, der auf freiwilliger Wahl beruhen kann, wie bei einem Unternehmen, oder der einem Zwang entspricht, z.B. Einberufung zur Bundeswehr. Der Zugang kann offen oder von Bedingungen abhängig sein. Je schwieriger der Zugang zu einer Gruppe, um so höher wird im allgemeinen der Wert der Mitgliedschaft eingeschätzt,
7. Bezugshaltung der Gruppenmitglieder. Sie drückt die Stärke aus, mit der sich die Mitglieder der Gruppe zugehörig fühlen. Sie findet ihren Ausdruck in der Stärke des *"Wir"-Gefühls*; und in einem positiven Grad des *"Eigenbildes"*, je stärker die Bezugshaltung, um so stärker die Identifikation mit den Gruppenzielen. Dieses "Wir"-Gefühl verdichtet sich zu Gruppenbildern, die auch die Wahrnehmung und vor allem das jeweilige Verhalten der Mitglieder bestimmt,
8. Streuungsmaß der persönlichen Merkmale der Gruppenmitglieder. Es ist der Ausdruck der Ähnlichkeit (Homogenität) oder Unterschiedlichkeit (Heterogenität). Je homogener die Gruppe zusammengesetzt ist, um so leichter bilden sich naturgemäß übereinstimmende Ziele und auch Erwartungen (Gruppennormen) heraus.

1.3 Entstehung und Auflösung von Gruppen

Hier sind zwei Gruppenformen zu unterscheiden. Institutionalisierte formale Gruppen werden im Rahmen eines Organisationsaufbaues durch einen gestaltenen Akt geschaffen. Sie sind deshalb abhängig von der Organisationsplanung. Ihnen wird der Zweck vorgegeben. Die Mitgliedschaft ist nicht ganz freiwillig und die Gruppenmitglieder unterliegen damit einem bestimmten Zwang zur Koordination zwischen und innerhalb der Gruppen. Bei diesen institutionalisierten aufgabenorientierten Gruppen gelten die überwiegend aus der Kleingruppenforschung hervorgegangenen empirischen Untersuchungsergebnisse nur mit Einschränkung. Sie werden deshalb von verschiedenen Autoren auch nur bedingt zu den Sozialgruppen im Rahmen der Sozialpsychologie gerechnet.

Demgegenüber stehen die ad-hoc entstandenen sozio-emotionalen Gruppen. Sie entstehen in der Regel nicht durch einen bewußten Gründungsakt, sondern sie entwickeln sich aus einer bestimmten Interessensituation der Mitglieder heraus.

Diese Gruppen erleichtern es ihren Mitgliedern, sich in einer sozialen Umwelt zurechtzufinden. Voraussetzung für ihre Entstehung ist, daß gleichgeartete Bedürfnisse potentieller Mitglieder angesprochen werden und daß zwischen ihnen Interaktionen möglich sind. Dies setzt neben einer bestimmten räumlichen

Nähe, die ggf. auch durch geeignete Kommunikationsmittel überbrückt werden kann und damit nicht auf die physische Nähe beschränkt bleiben muß, auch das Vorliegen von ungehinderten Kommunikationsbeziehungen voraus.

Erforderlich ist ferner eine Dauerhaftigkeit und Beständigkeit dieser Beziehungen. Von Einluß ist ferner die Zahl der Beteiligten. Die Entstehung einer Gruppe ist nicht ein einmaliger Akt, der zu einem endgültigen Ergebnis führt, vielmehr ist jede Gruppe Wandlungen in Form eines Werdens, Anpassens und Vergehens unterworfen. Das Entstehen von Gruppen ist in der Regel durch vier klare abgegrenzte Phasen bestimmt.

Phase 1: Zuerst herrscht zwischen den Gruppenmitgliedern Mißtrauen, gegenseitige Zurückhaltung mit ersten Versuchen, gegenseitige Akzeptanz herzustellen.

Phase 2: In dieser Phase kommt es zur ersten emotionalen Ablehnung von Aufgabenanforderungen und erste Reibungskonflikte treten auf.

Phase 3: Der Meinungsaustausch wird offener, Konflikte und Widerstände werden gemeinsam abgebaut. Die Motivation, gruppeninterne Probleme im Interesse des Zusammenwirkens gezielt zu gestalten, nimmt zu. Erste Gruppennormen entstehen.

Phase 4: Strukturierung. Es bildet sich eine Art von Gruppenkohäsion heraus. Gruppennormen entstehen und werden eingehalten. Ihre Einhaltung wird auch durch Gruppendruck überwacht.

Das Bestehen einer sozio-emotionalen Gruppe hängt von den Befriedigungswerten ab, die sie ihren Mitgliedern vermitteln kann. Erreicht eine Gruppe ihre Ziele nicht oder bilden sich auch keine Ersatzziele heraus, so zerfällt die Gruppe und löst sich auf.

Wesentlich für das Bestehen einer Gruppe ist neben der Zielerreichung die *Kohäsion*, dies ist ein Maß für die Stabilität einer Gruppe sowie für ihre *Attraktivität*, die sie auf alte und neue Mitglieder ausübt.

Art der Einflüsse	Die Gruppenkohäsion	
	fördernd	hemmend
Interaktionshäufigkeit	viele	wenige
Zusammensetzung	homogen	heterogen, Einzelkämpfer
Wettbewerb	intergruppenbezogen	individuell
Gruppenziele	Einigkeit	Intra-Gruppen-Wettbewerb

Abbildung 197: Einflußgröße auf die Gruppenkohäsion

Die Gründe für die Attraktivität einer Gruppe ist die Beurteilung ihrer Ziele und das Prestige, das ihr von anderen zugesprochen wird, ferner hilfreiches und entgegenkommendes Verhalten zwischen den Gruppenmitgliedern.

Kohäsion hat in diesem Zusammenhang noch keinen unmittelbaren Einfluß auf das Arbeits- und Leistungsverhalten einer Gruppe, wohl aber übt sie einen positiven Einfluß auf psychische Befindlichkeit aus.

1.4 Gruppenziele und Gruppennormen

Während bei den institutionalisierten aufgabenbezogenen Gruppen die *Gruppenziele* mit der Institutionalisierung vorgegeben und die Existenz der Gruppe auch von der Erreichung der Gruppenziele abhängig ist, ergeben sich die Gruppenziele bei sozio-emotionalen (ad hoc gebildeten) Gruppen aus der Ausformung eines gemeinsamen, allen Mitgliedern zugrundeliegenden Bedürfnisses. Gruppenziele führen zu übereinstimmenden gegenseitigen Erwartungen. Die gegenseitigen Erwartungen führen im Rahmen der Gruppen zu einer gewissen Verhaltenssicherheit und sie verdichten sich damit auf die Dauer zu *Gruppennormen*, die Anforderungen an die Mitglieder einer Gruppe hinsichtlich Art und Weise, wie in bestimmten Situationen zu handeln ist, aufzeigen.

Die Gültigkeit von Gruppennormen ist abhängig von der Bereitschaft der Gruppenmitglieder, sie anzuerkennen, bzw. von der Durchsetzbarkeit durch die Gruppe als "Institution" gegenüber ihren Mitgliedern.

Hierbei werden Gruppennormen um so leichter eingehalten:

1. je größer das Ansehen der Gruppe ist, an der die Mitglieder teilhaben;
2. je schwieriger ist es, die Mitgliedschaft in der Gruppe zu erlangen;
3. je größer der Erfolg der Gruppe bei der Zielerreichung ist;
4. je mehr das Gruppenmitglied an dem Prozeß der Zielerreichung teilhaben kann.

Die freiwillige Anerkennung der Gruppennorm hängt davon ab, ob das erwartete Verhalten von Gruppenmitgliedern als angemessen und ideal akzeptiert wird, damit eine Identifikation mit ihnen stattfinden kann. Häufig erfolgt die Ausformung von Gruppennormen ungeplant. Ausschlaggebend hierfür sind in der Regel unbewußte Effizienzgesichtspunkte. Hierbei dienen diese einer Routinierung der Sozialbeziehungen, die damit den täglichen Ablauf des Zusammenwirkens von einer Vielzahl der sonst notwendigen Einzelabstimmungen entlasten.

Neben der Freiwilligkeit der Anerkennung der Gruppennormen kommt der Durchsetzbarkeit von Belohnungen und Bestrafungen besondere Bedeutung zu. Belohnungen können im Verleihen von Ansehen bestehen. Bei Bestrafungen kann dies von der Anwendung roher Gewalt bis zur Bekundung von Mißfallen gehen.

Der ausgeübte Gruppendruck auf Mitglieder, die Norm einzuhalten, ist um so stärker

- je größer und erheblicher die Abweichungen sind,
- je wichtiger die Einhaltung einer Gruppennorm von den Beteiligten eingeschätzt wird,
- je enger der Gruppenzusammenhalt ist.

Bei der Ausübung des Gruppendruckes ist vor allem in der Anfangsphase eine verstärkte Interaktion zwischen den Beteiligten zu beobachten mit dem Ziel, den Abweicher zum Einhalten der Norm zu gewinnen. Bleibt dies erfolglos, dann erfolgt ein Nachlassen der Interaktionen bis sich das betreffende Gruppenmitglied zum Außenseiter entwickelt und damit als nicht mehr zur Gruppe gehörig angesehen wird.

Maßgröße, in welchem Umfang eine Gruppe Abweichungen einzelner Mitglieder in Abhängigkeit von ihrem Rang in der Gruppe zu gewähren bereit sind, zeigt das *Modell des Idiosynkredits*.

Hierbei wird in der Regel Gruppenmitgliedern mit einem hohen Gruppenstatus eine größere Abweichung von der Norm gestattet, ohne daß sie mit unmittelbarem Gruppendruck rechnen müssen. Diese Abweichung darf um so größer sein, je höher und unangreifbarer der Status des Abweichers ist. Ebenfalls werden hohe Abweichungen bei Gruppenmitgliedern mit einem niedrigeren Status toleriert, wenn diese in ihrem Status wenig mehr zu verlieren haben. Dagegen werden die geringsten Abweichungen bei den Mitgliedern eines mittleren Statuses gestattet, wenn für diese das Risiko besteht, daß sie durch die Gruppensanktionen in einen niedrigeren Rang innerhalb der Gruppe zurückfallen würden.

Da sich sozial-emotionale Gruppennormen häufig als Schutznormen herausbilden, zeigen zahlreiche Untersuchungen, daß die Gruppenleistungsnormen meist unter den technisch möglichen und häufig auch unter den organisatorisch erwarteten Leistungsstandards liegen. Dies zeigen auch deutlich die *Hawthorne-Experimente* und die Untersuchungen von *Taylor*.

1.5 Rollenverteilung

Während eine Masse keine erkennbare Ordnung aufweist, ist die Gruppe in ihrem Aufbau, wenn auch vielgestaltig, so doch strukturiert.

Wenn auch alle Menschen gleich geboren sind, so werden doch im Laufe der Entwicklung immer wieder einige "gleicher", so wie sich in einem Hühnerhof zwischen den Tieren eine *Hackordnung* herausbildet, die eine Rangordnung der Unterwerfung in der Form darstellt, daß das Alpha-Tier alle anderen hacken darf, ohne daß diese zurückhacken, und das Beta-Tier nur vom ersten gehackt wird, aber gleichzeitig alle anderen hacken darf bis zum Omega-Huhn, das kein anderes hacken darf, aber von allen gehackt wird, so bilden sich auch bei allen menschlichen Gruppen bestimmte Rangordnungen heraus.

Durch diese Rangordnung wird dem einzelnen Gruppenmitglied eine bestimmte *Rolle* zugewiesen, mit dieser Rolle ist ein bestimmter *Status* verbunden. Dieser Status drückt sich aus als:

- *sozialer Status* durch Bewertungsprozesse, die außerhalb der Organisation ablaufen,
- *organisatorischer Status*, der sich aus der ranghierarchischen Position innerhalb einer Organisation oder aufgrund einer ausgeübten Funktion ergibt. Ausdruck dieses Status sind sogenannte *Statussymbole*, von den Menschen seit jeher vollen Gebrauch gemacht haben und auf die offenbar auch eine egalitärer werdende Gesellschaft nicht verzichten kann, so z.B. die Gestaltung des Arbeitsplatzes, der Dienstwagen, das eigene Sekretariat, Titel, Ehrenzeichen usw. Symbole, die auch als *Führungssurrogate* und *Führungssubstitute* von Bedeutung sind (vgl. *Symbolische Führung*).

Nach *Homanns* gibt es zwei Gruppen von Rangordnungen:

1. *soziale Ordnung*
   Sie gibt das Maß des Einflusses an und ist Ausdruck der Anerkennung, der Tüchtigkeit bei der Erfüllung von Gruppenzwecken,
2. *psychotele Ordnung*
   Hier kommt die Beliebtheit des Gruppenmitglieds zum Ausdruck.

Jede Gruppe ist zum Zweck der Zielerreichung von Natur her auf Dauer angelegt. Will sie bestehen, so muß sie drei Aufgaben erfüllen:

- Erreichung der Gruppenziele,
- Regelung der Beziehung zur Umwelt,
- Erhalt des Zusammenhalts der Gruppe.

Die Bildung von Gruppenrollen dient zur Sicherung der Erfüllung dieser Aufgaben. Mit der Zuweisung von Gruppenrollen sind dann ganz bestimmte Erwartungen an das betreffende Gruppenmitglied verbunden. Hierbei hat vor allem der formale, durch die geplante Organisation bestimmte Gruppenführer eine *Lokomotionsfunktion* (Tüchtigkeitsführer), während der informale, von den Emotionen der Gruppenmitglieder getragene, meist eine *Kohäsionsfunktion* (Beliebtheitsführer) zu erfüllen hat.

Bei der Strukturierung der Gruppe und der Zuweisung der Gruppenrollen entstehen zwangsweise Positionen, die mit höherem Einfluß ausgestattet sind als andere. Mit der Einräumung einer solchen einflußreichen Gruppenrolle

(Führer) ist aber auch die Erwartung verbunden, daß der Betreffende die Gruppenziele auch tatsächlich verwirklicht. Unpersönliche Rollenzuweisungen in institutionalisierten Gruppen durch die Organisation, festgelegt durch die formale Position, konkretisiert durch die Stellenbeschreibung, erfolgt in der Regel unabhängig von der Person und soll das Bestehen der Ordnung unabhängig vom Wechsel einzelner Individuen garantieren. Insofern ist das betreffende Gruppenmitglied in seinem Handeln nicht frei, sondern es hat eine Rolle zu erfüllen. Zwar akzeptiert die Gruppe bei Führern in der Regel aufgrund der höheren Rangstellung ein stärkeres Abweichen von der Gruppennorm als bei anderen Mitgliedern, jedoch ist dieses Gruppenmitglied in seinem zielrelevanten Verhalten auch stärker gebunden.

Solches zielrelevante Verhalten konkretisiert sich nach *Bales* in:

1. Teilrollen zur Zielerreichung
   - *Meinungsbildner* mit stärkerem Einfluß während des Entstehens der Gruppe oder wenn die ursprünglichen Ziele und Normen infrage gestellt werden,
   - *Gruppenorganisator*, der den Weg zur Zielerreichung bestimmt und die Teilleistungen der Gruppenmitglieder koordiniert, verbunden mit einer Einwirkung auf das Verhalten der Gruppenmitglieder,
   - *Problemlöser* bei Sachaufgaben, insbesondere bei schwierig zu lösenden Problemen,

2. Teilrollen zur Regelung der Umweltbeziehungen
   - Vertretung der Gruppe nach außen,
   - Botschafter und Verhandlungsführer bzw. Sprecher der Gruppe
   - "Späher", der Veränderungen der Umwelt für die Gruppe wahrnimmt und signalisiert,

3. Teilrollen zur Sicherung des Gruppenzusammenhaltes
   - Ausgleich von aufgaben- (leistungs-)bezogenem Verhalten durch Aufmunterung, soziale Anerkennung und Kritik,
   - Friedensstiftung durch Konfliktregelung zwischen den Mitgliedern,
   - Erteilung von Ratschlägen,
   - Übernahme von Schuld am Versagen der Gruppe (Sündenbockfunktion).

Die letzte Rolle wird deutlich, wenn z.B. ein Minister abtreten muß, obwohl ihm persönlich beim Versagen in seinem Ministerium keine Schuld trifft, oder wenn ein Vorstandsvorsitzender seinen Vertrag nicht verlängert bekommt, obwohl unzureichende wirtschaftliche Ergebnisse nicht auf seine Leistung, sondern auf konjunkturelle Entwicklungen zurückzuführen sind.

Wie sich die Gruppenrollen herausbilden, hängt von zwei Größen ab:

1. Persönliche Merkmale der Mitglieder, wobei die Interaktionsvorgänge in einer Folge von *"trail and error"* innerhalb kurzer Zeit zu einer überraschend zweckmäßigen Auswahl bei der Rollenvergabe führen,
2. Merkmale der Situation. Mit der Zuweisung der Führerrolle werden an den Rolleninhaber ganz bestimmte Erwartungen gestellt, denen er gerecht werden muß. In diesem Sinne erscheint die Gruppenführung tatsächlich als ein Vorgang, der sich innerhalb der Gruppe abspielt und der weitgehend unabhängig von den Eigenschaften einer Person ist.

2. Gruppen im Unternehmen

2.1 Formale und informale Gruppen

Arbeitsteilige Prozesse setzen eine bestimmte Ordnung voraus. Im Rahmen der strukturbestimmenden Personalplanung werden formale Gliederungen institutionaler Gruppen innerhalb einer Unternehmung geschaffen. Das Zusammenfügen von Menschen zur Erfüllung einer Teilleistung im Rahmen einer gemeinsam zu erbringenden Aufgabe führt noch nicht zur Bildung einer sozioemotionalen Gruppe. Notwendig ist, daß über die reine Teilnahme am Arbeitsprozeß hinaus noch bestimmte Bedürfnisse vorhanden sind, die durch die Gruppenbildung befriedigt werden können.

Da die im Unternehmen geschaffenen Organisationseinheiten aus Individuen bestehen, bei denen sich ganz zwangsläufig soziale Gefühlsbeziehungen aufbauen, sei es nun in der Freizeit oder in den Pausen, kommt es zu einer Überlagerung der formalen Organisation durch ein Netz informaler, ungeplanter und zum Teil auch ungewollter Beziehungen.

Inwieweit diese Beziehungen zum Entstehen betrieblicher, informaler Gruppen führen, hängt im wesentlichen von den Bezugshaltungen der betroffenen Individuen ab. Entscheidend ist, wie die Situationen und ihre Umstände von den Betroffenen wahrgenommen werden. Das Gefühl der Unsicherheit oder Bedrohung kann zu einer Verstärkung der Interaktionen führen. Im Falle des Gefühls einer Bedrohung können sich *"Widerstandsgruppen"* mit Gruppennormen der Abwehr entwickeln. Dies kann z.B. von einer gemeinsamen Sabotage oder Abwehrhaltung bei Einführung technischer Neuerungen bis zur Entwicklung von Leistungsnormen führen, die unter dem zu erwartenden und möglichen Niveau liegen.

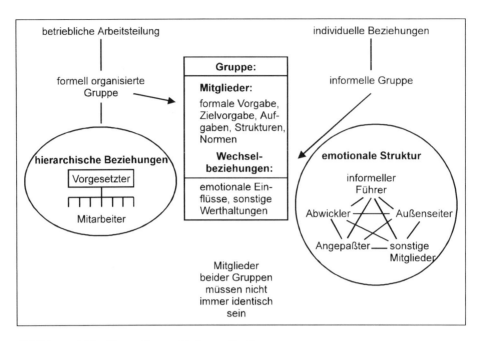

Abbildung 198: Formelle und informelle Gruppen

Lange Zeit hielt man informale Gruppen für etwas Negatives und Schädliches. Sie galten als störende Fremdkörper im Unternehmen, die man möglichst rasch und gründlich unschädlich zu machen habe. Zwischenzeitlich hat man erkannt, daß überall dort, wo Menschen im arbeitsteiligen Prozeß zusammenwirken, es auch zu gruppendynamischen Prozessen kommt und daß die Bildung solcher informaler Beziehungen unvermeidbar ist.

Notwendig ist es deshalb, bereits bei der Gestaltung der Rolle des formalen Vorgesetzten auf diese Einflüsse Rücksicht zu nehmen. Das Ideal wäre in den meisten Fällen, wenn die organisationsbezogene (formale) Vorgesetztenrolle mit der gruppenbezogenen (informalen) Führerrolle in Übereinstimmung kommt. Dies ist möglich, sowohl durch entsprechendes Verhalten des Vorgesetzten, als auch durch seine entsprechende Auswahl. Für den formalen Vorgesetzten und bei der Strukturgestaltung formaler Gruppen ergibt sich daraus, als vorrangiges Führungsziel zu vermeiden, daß sich Gruppennormen herausbilden, die mit den Interessen des Unternehmens im Widerspruch stehen.

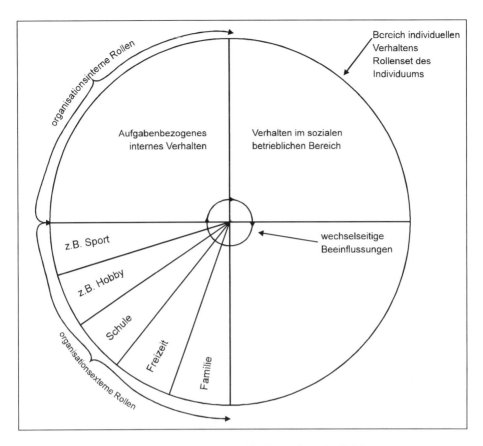

Abbildung 199: Verhaltensbereiche und Rollen eines Individuums

Zu beachten ist, daß Vorgesetzte und Mitarbeiter nicht nur aufgaben- und verhaltensbezogene Rollen innerhalb der Organisation des Unternehmens wahrzunehmen haben, sondern auch in unternehmensfremden Institutionen, und daß sich diese Rollen in ihren Erwartungen und Anforderungen naturgemäß auch wechselseitig beeinflussen.

Ein *Team* stellt eine spezielle Gruppenform dar. Es ist eine kleine funktional gegliederte Arbeitseinheit mit wenigen Mitgliedern mit gemeinsamen Zielen, zwischen denen relativ enge wechselseitige Beziehungen bestehen. Ferner ist kennzeichnend, eine spezifische Arbeitsform (*Teamwork*) meist ein ausgeprägter Gemeinschaftsgeist (*Teamspirit*) und eine ausgesprochene starke Gruppenkohäsion.

2.2 Auswirkungen der Gruppenbildung auf das Arbeitsergebnis

Technisch und wirtschaftlich ermöglicht die Gruppe die Erbringung von Arbeitsleistungen, zu denen ein einzelner nicht in der Lage wäre.

Bezogen auf das beste Mitglied sind auf das Leistungsverhalten der Gruppe Alternativen denkbar:

1. Die Gruppe leistet weniger als ihr bestes Mitglied,
2. Die Gruppe leistet so viel wie ihr bestes Mitglied,
3. Die Gruppe leistet mehr als ihr bestes Mitglied.

Der erste Fall tritt ein, wenn die Mehrheit der Gruppenmitglieder nicht in der Lage ist, die Qualität von Argumenten zu beurteilen, und wenn Sachfragen zum Instrument von Prestigeerwägungen oder Rivalitäten werden, wenn also durch Gruppendruck die qualifiziertesten Mitglieder auf weniger gute Lösungsansätze der Mehrheit verpflichtet werden.

Im zweiten Fall kann das qualifizierteste Mitglied aufgrund seines Status, seiner Dominanz und seiner Rollenzuweisung seine individuelle Entscheidung zur Gruppenentscheidung machen. Hierbei kann der dafür erforderliche zusätzliche Aufwand, vor allem durch die steigende Wahrscheinlichkeit, daß das Entscheidungsergebnis von der Gruppe akzeptiert wird, gerechtfertigt werden.

Eine Mehrleistung der Gruppen gegenüber dem besten Mitglied tritt ein, wenn die Gruppenarbeit *Synergieeffekte* freisetzt, d.h. sich die Stärken der einzelnen Mitglieder ergänzen und eventuelle Schwächen nicht zum tragen kommen lassen. Die vielfach behaupteten Vorteile der Gruppe gegenüber der Summe von Individualleistungen bei Problemlösungen, wie z.B. die Möglichkeit des Fehlerausgleichs oder der Erhöhung der Findewahrscheinlichkeit von Problemlösungsansätzen, läßt sich statistisch nach *Hofstätter* (1987) nicht nachweisen. Dagegen entstehen Gruppeneffekte durch die motivierende, stimulierende und kontrollierende Funktion der Anwesenheit anderer (Synergieeffekte). Diese wirken sich jedoch keineswegs immer nur i.S. einer Leistungssteigerung aus. Überaktivierung, sozialer Streß, Angst, Blamage und entsprechender Gruppendruck können durchaus auch zu entgegengesetzten Wirkungen führen. So zeigen Untersuchungen von *Seashore*, daß bei Gruppen mit einer hohen Kohäsion die Leistungsschwankungen innerhalb der Gruppen sehr gering waren (Gruppennorm), jedoch zwischen den einzelnen Gruppen sehr hoch. Bei Gruppen mit geringer Kohäsion zeigt sich der gegenteilige Effekt, nämlich starke Streuung der Einzelleistungen innerhalb der Gruppen, jedoch geringe Streuung zwischen den Gruppen.

Die Höhe der Leistung hängt damit ab von den jeweiligen Gruppennormen und dem Zusammenhalt der Gruppen. Je geschlossener die Gruppe ist, um so geringer ist die Streuung der Einzelleistungen um die Gruppennorm. Über das Leistungsergebnis hinaus führt jedoch die Gruppenbildung zu weiteren Auswirkungen.

Jede Gruppe neigt zu einer Befangenheit (*Groupthinking*), die, wie bei der Darstellung der Organisationsentwicklung aufgezeigt, den Realitätsbezug der Wahrnehmung trübt. Jede Gruppe hält sich für besser als die andere und überbewertet sich in diesem Verhältnis.

Weiterhin zeigt sich bei Gruppenentscheidungen ein Maß an höherer Risikobereitschaft. Die Ursachen hierfür sind praktisch kaum vollständig erforschbar. Sie können liegen in der Verteilung der Verantwortung, aber auch im höheren Informationsniveau der Gruppe gegenüber dem einzelnen, aber auch darin, daß Risikobereitschaft einen hohen kulturellen Stellenwert besitzt und Gruppenstrukturen Hemmschwellen gegenüber risikoreichen Entscheidungen abbauen.

Darüber hinaus erfüllt die Gruppe für ihre Mitglieder eine Reihe von zentralen Bedürfnissen aus psychologischer und sozial-psychologischer Sicht. Sie vermittelt den Mitgliedern soziale Kontakte, Geborgenheit, Sicherheit, Anerkennung, Schutz nach außen, Prestige, Machtpositionen usw. Damit vermittelt die Zugehörigkeit zur Gruppe Befriedigungswerte und fördert die Arbeitszufriedenheit in kontextueller Hinsicht. Die soziale Umwelt wird als angenehm empfunden, dies gilt vor allem dort, wo die Arbeitsinhalte keine intrinsische Motivation zulassen. Eine bejahende Einstellung zum Unternehmen ist hierbei nicht unbedingt erforderlich.

2.3 Führung von Gruppen

Das Verhalten des einzelnen Mitarbeiters wird in einer gruppendynamisch bestimmten Handlungssituation von anderen Einflüssen gesteuert als in individuell gestalteten Situationen. Deshalb ist hier auch ein anders Führungsverhalten notwendig.

Hierbei ist nicht entscheidend, ob der Vorgesetzte einer Gruppe als Mehrheit gegenübersteht oder einem einzelnen Mitarbeiter. Entscheidend ist vielmehr, ob es sich um ein individuelles Problem handelt, das nicht von Gruppennormen tangiert wird oder um ein gruppenbestimmtes Problem.

Vorgesetzte sind sich häufig dieser besonderen Bedingungen, welche das Verhalten einer Gruppe bestimmen, nicht bewußt. Gruppenbestimmte Probleme, d.h. die, auf die die Gruppennormen Einfluß haben, sind in Einzelgesprächen oder Erörterungen mit einzelnen Mitarbeitern nicht lösbar. Bei Fragen, die Probleme betreffen, die unter Gruppennormen geregelt oder beeinflußt werden, kann der einzelne auf noch so begründete Argumente seines Gesprächspartners nicht eingehen, ohne sich einem Gruppendruck auszusetzen, d.h. die Gruppenstrukturen und Gruppennormen sind zu berücksichtigen.

Daraus ergeben sich folgende Führungsziele:

- Ausrichtung der Ziele einer Gruppe auf die Ziele des Unternehmens,
- Lösung von leistungsmindernden Spannungen innerhalb der Gruppe,
- Vermeidung und Auflösung von Widerständen.

Für die Erfassung des Aufbaues einer Gruppe und der in ihr ablaufenden Vorgänge haben die Sozialwissenschaften zwei spezielle Verfahren entwickelt, und zwar das *Soziogramm*, eine Darstellung der individuellen Beziehungen zwischen den Gruppenmitgliedern nach ihrer Zu- oder Abneigung usw. sowie der *Interaktionsanalyse* in den verschiedensten Verfahren. In der Regel werden hier in einem mehrstufigen Verfahren zuerst das beobachtbare Verhalten erfaßt, aus dem in einer zweiten Stufe die Vorstellungsbilder der Betroffenen und in einer dritten Stufe die dahinter liegenden Werturteile abgeleitet werden.

Für den Vorgesetzten ergeben sich hier drei Ansatzpunkte:

1. Einflußnahme auf einzelne Gruppenmitglieder,
   insbesondere Kontaktpflege mit dem informalen Gruppenführer oder den meinungsbildenden Mitgliedern. Eine unmittelbare Einflußnahme auf die anderen Mitglieder der Gruppe ist jedoch um so eher möglich, je weniger diese in der Gruppe verankert sind.

2. Einwirkung auf die Struktur der Gruppen,
   hier stehen eine Reihe von Möglichkeiten zur Verfügung. So kann das Entstehen einer Gruppe durch Förderung oder Unterbindung von Interaktionsmöglichkeiten gefördert oder erschwert werden. Die Bedeutung von Gruppenmitgliedern kann ferner durch die Stellung im Arbeitsvollzug beeinflußt werden usw.

3. Führung durch Gruppenziele,
   dies wäre die wirksamste Form. Voraussetzung ist, daß eine entsprechende Übereinstimmung zwischen Gruppen- und Organisationszielen hergestellt werden kann. Denkbar wären hier gruppenbezogene Formen der Leistungsentlohnung u.ä.

2.4 Führung durch Gruppen

Dieser Problembereich wurde unter dem Abschnitt "strukturbestimmende Personalplanung bereits dargestellt.

Die einzelnen Ansatzpunkte sollen hier an dieser Stelle nur noch kurz wiederholt werden:

- *Likerts System* der überlappenden Gruppen, jeder Vorgesetzte faßt die ihm unmittelbar unterstellten Mitarbeiter zu einer Gruppe zusammen. Die Zusammengehörigkeit des gruppenführenden Vorgesetzten zur Gruppe der nächst höheren Stufe gewährleistet seinen Einfluß auf die dort getroffenen Entscheidungen und steigert seinen Einfluß innerhalb seiner Gruppe,
- *Problemlösegruppen*, diesen wird, allerdings häufig zu unrecht, der Leistungsvorteil eines größeren Informationsvorrates, der höheren Wahrscheinlichkeit eine Lösung zu finden und ein statistischer Fehlerausgleich zugesprochen. Voraussetzungen hierfür sind allerdings die Bereitschaft der Gruppenmitglieder, Informationen, über die sie verfügen, auch an andere abzugeben, und die Bereitschaft, auch Informationen anderer Mitglieder anzunehmen. Die Gruppenzugehörigkeit schränkt allerdings auch das Beurteilungs- und Informationsaufnahmespektrum ein, wenn sich die Informationsbreite durch die Anpassung an die Meinung einzelner Gruppenmitglieder verringert oder die Unabhängigkeit der Informationssammlung durch Gruppeneinflüsse nicht mehr gewährleistet ist. Ferner die
- Modelle *autonomer* und *selbststeuernder Gruppen*. Unter Gruppenaspekten ist hier vor allem wichtig, daß die übertragenen Aufgaben ein vollständiges und einheitliches Ganzes bilden, die Autonomiegrade in den einzelnen Bereichen klar festgelegt und die Grenzanforderungen über den Leistungsbeitrag der Gruppe genau festgelegt werden. Innerhalb dieses Autonomieraumes lenkt die Gruppe alle Aktivitäten bei der Zielerreichung selbst und die unmittelbaren Führungsaufgaben des Vorgesetzten entfallen weitgehend, an seine Stelle treten nun die Gruppenautonomie und der Gruppendruck.

Eine besondere Form der Führung durch Gruppen stellt das Konzept der *Quality-Circle* dar.

Das Konzept der "Quality Circle" ist eine spezielle Form der Gruppenarbeit, die Anfang der 60er Jahre in den USA unter dem Eindruck des japanischen "Wirtschaftswunders" entwickelt wurde und seither auch weltweites Interesse gefunden hat.

Da dieses Grundkonzept im wesentlichen von der durch eine gruppenorientierte Organisationskultur in Verbindung mit den in Japan praktizierten Senioritäts- und Konsensprinzipien geprägt ist, hat es außerhalb Japans in anderen Kulturbereichen verschiedene Abwandlungen erfahren, die teilweise auch unter verschiedenen Bezeichnungen praktiziert werden.

Die konstituierenden Merkmale eines "Quality Circle" sind überschaubare Gruppengrößen von 5 - 10 Mitarbeitern, die in der Regel aus unteren Hierarchie-Ebenen kommen.

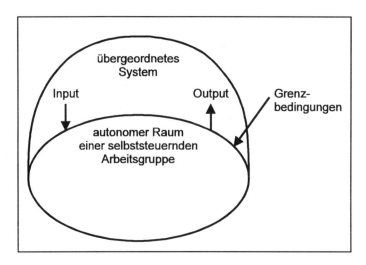

Abbildung 200: Festlegung des autonomen Raumes von selbststeuernden Arbeitsgruppen durch die Festlegung von Grenzbedingungen

Die Gruppenmitglieder treffen sich auf freiwilliger Basis alle 2 - 4 Wochen, um ein arbeitsbezogenes Problem zu besprechen und nach Möglichkeit in eigener Verantwortung zu lösen. Die Gruppen wählen ihre Themen selbst aus. Moderator im Sinne der Diskussionsleitung kann entweder der unmittelbare Vorgesetzte, ein Gruppenmitglied oder auch externer "Gruppenbetreuer" sein. Die Dauer der Sitzung liegt in der Regel bei jeweils 1 - 2 Stunden.

Die Arbeitsergebnisse können im Rahmen des betrieblichen Vorschlagwesens oder durch ein besonders entwickeltes Bonussystem belohnt werden.

Im Rahmen einer durch eine ranghierarchische Ordnung geprägten Organisationskultur stellt der Quality-Circle eine Art Fremdkörper dar. Insbesondere Stabsstellen und mittlere sowie untere Führungsebenen sehen sich durch ihre Tätigkeit bedroht, was zu Existenz-, Angst- und Abwehrreaktionen führen kann und damit nicht selten zu Abwehr- und subtilen Machtdemonstrationen.

Dies führt auch zu einem allmählichen Aushöhlen der Grundidee. So wurde in vielen Fällen das Prinzip der Freiwilligkeit der Teilnahme und der freien Themenwahl weitgehend aufgegeben.

Die Erfahrungen mit den Quality-Circles sind unterschiedlich. Die Tatsache, daß Mitarbeitergruppen in eigener Regie betriebs- und arbeitsplatzbezogene Probleme aufgreifen, bearbeiten und auch abstellen können, hat notgedrungen Auswirkungen auf die Kompetenz von Stabsabteilungen und Vorgesetzten.

Nicht selten führen die aus Angst vor Statusverlust eintretenden Verunsicherungen und die dadurch hervorgerufenen Abwehrreaktionen zu einer Aushöhlung und Verzerrung der Grundidee in Form einer Anpassung an gewohnte hierarchische Denkstrukturen.

Die Erfahrungen mit den Quality-Circles sind gut, wenn Organisationskulturen gegeben sind, die es erlauben, aktiv mit den "Ideen von unten" umzugehen, und wo man es verstanden hat, daß der Erfolg der Quality-Circle-Idee nicht von der Beherrschung einiger weniger leicht erlernbarer Methoden und Technologien abhängt, und daß es nicht genügt, einige Mitarbeiter als Moderatoren zu "schulen", sondern daß sich die Denkgewohnheiten und Einstellungen aller Mitarbeiter und vor allem die mittleren Führungskräfte ändern müssen.

In Einzelfällen, wo Unternehmen zumindest in Ansätzen diese Voraussetzungen erfüllen, hat sich die Quality-Circle-Idee teilweise als erfolgreich erwiesen. Nur in diesen Fällen hat sie sich auch als Instrument der Personalentwicklung und Personalbeurteilung bewährt. Vor allem Nachwuchskräfte können in der Aufgabe als Moderatoren ihre Teamfähigkeit und ihre soziale Kompetenz schulen.

In der Mehrzahl der Fälle konnte diese Idee jedoch die in sie gesetzten Erwartungen nicht voll erfüllen..

3. Betriebsklima, Organisationsklima, Organisationskultur

3.1 Die Entwicklung von Betriebs- und Organisationsklima

3.1.1 Das Betriebsklima

Motivations- und Arbeitszufriedenheitsforschung beschäftigen sich mit den Werthaltungen, Einstellungen und der Bedürfnisbefriedigung der einzelnen Individuen. Sie lassen sich damit auch nicht zu Gruppengrößen aggregieren.

Nun zeigt sich, daß das Zusammenwirken von Individuen in der Gemeinschaft einer Gruppe oder einer Organisation etwas anderes ist als die einfache Addition von Individuen in einer isolierten Umwelt. Durch das Zusammenwirken der Individuen wird eine neue Umwelt geschaffen, dessen Einfluß sich der einzelne nicht entziehen kann, die er aber durch sein eigenes Verhalten mitgestaltet. Diese Umwelt wird von jedem einzelnen z.T. bewußt, aber zum überwiegenden Teil unbewußt wahrgenommen. Die so geschaffene und vom einzelnen wahrgenommene Umwelt steuert über Regeln das jeweilige Verhalten der Individuen und bestimmt damit den Umgangston, die Stimmung, die Atmosphäre usw., in der sich die zwischenmenschlichen Kontakte abspielen.

Frühere Ansätze, die sich mit diesem Problem und seinen Auswirkungen befassen, stammen, wie vieles andere, aus dem militärischen Bereich. Man spricht in diesem Zusammenhang von der *"Moral der Truppe"*. Ihrem Kampfgeist, dem für die Gefechtstüchtigkeit besonders große Bedeutung zugemessen wurde.

In der Nachkriegszeit wurden erste Untersuchungen durchgeführt, ohne daß man den Untersuchungsgegenstand genau definiert. So sprach man vom "rechten Betriebsgeist", von der "Betriebsatmosphäre" usw. als relativ vagen Begriffen.

Ziel der ersten Untersuchungen war es, eine Art *"Belegschaftsmeinung"* zu erfassen, um daraus die Grundzüge einer "sozialen Unternehmensstrategie" abzuleiten. Erst später setzte sich der Begriff *"Betriebsklima"* durch, der die Summe der Einstellungen und die durch zwischenmenschliche Beziehungen hervorgerufenen Verhaltensweisen sämtlicher Betriebsangehöriger umfaßt.

Gemeinsam ist allen mit dem Begriff Betriebsklima verbundenen Vorstellungen, daß es sich um einen überindividuellen Sachverhalt handelt, der sich auf die Gemeinschaft aller oder eines großen Teils der Betriebsangehörigen bezieht, und daß es sich um das Zusammenwirken einer Vielzahl von Einflüssen handelt, die zu einem gestalthaften Ganzen zusammenfließen und die von den Mitarbeitern auch als solches wahrgenommen werden.

Im deutschsprachigen Raum entstanden erste Untersuchungen 1934 (*Briefs*), die dann in den 50er und 60er Jahren verstärkt durchgeführt wurden. Unternehmensberatungen waren dann im Anschluß daran bemüht, durch *"soziale Betriebsgestaltung"*, d.h. durch eine Verbesserung des Betriebsklimas die Leistungsfähigkeit der Unternehmen zu steigern.

Es ist unbestritten, daß das Verhältnis von Organisationsmitgliedern untereinander und damit das Betriebsklima einen Einfluß auf die Leistungszufriedenheit und die Leistungsbereitschaft der einzelnen Individuen haben, trotzdem verlor sowohl die Praxis als auch die Wissenschaft relativ schnell das Interesse an einer weiteren Erforschung dieses Phänomens. Der Grund war seine relative Unbestimmtheit, die sich mit Hilfe bekannter sozialempirischer Methoden sehr schwer erfassen läßt und bei dem auch sein Zustandekommen, die Wechselwirkungen zwischen den Mitarbeitern usw. nicht überschaubar waren. Darüber hinaus sah man auch keine praktischen Möglichkeiten das Betriebsklima zu beeinflussen.

3.1.2 Das Organisationsklima

Dieses Konzept geht auf die Arbeiten zurück, die von der anwendungsorientierten US-amerikanischen Sozialpsychologie und damit auch stark vom Denkansatz *Lewin`s* beeinflußt wurden. Dieser geht davon aus, daß das

Verhalten eines Individuums durch das psychologische Umfeld, das sich aus der wahrgenommenen Umwelt ergibt, gesteuert wird. Während der Begriff "Betriebsklima" im wesentlichen auf die sozialen Beziehungen innerhalb einer Organisation abstellt, ohne daß es hier gelungen wäre, diese Beziehungen exakt zu definieren und klar zu erfassen, geht der Begriff *"Organisationsklima"* davon aus, wie die Organisationsbedingungen durch die Organisationsmitglieder wahrgenommen werden.

Der Begriff Organisationsklima wird in der Literatur nicht einheitlich gebraucht, so lassen sich drei Sichtweisen unterscheiden:

- Objektivistische Sicht, hier werden darunter die Merkmale verstanden, die eine Organisation und damit auch die Auswirkungen auf die Mitglieder eindeutig beschreiben, und zwar Merkmale:
  - wie sich eine Organisation von der anderen unterscheidet,
  - die relativ stabil und zeitüberdauernd sind,
  - die das Verhalten der Mitglieder einer Organisation bestimmen.
- Subjektivistische Sicht, hier steht die Betrachtung, wie der einzelne die Organisationsumwelt wahrnimmt im Vordergrund, unabhängig davon wie dies andere tun. Vereinzelt wird hier auch von einem psychologischen Klima gesprochen.
- Interaktionistische Konzepte, hier ist das Organisationsklima Ausfluß der Wahrnehmung der Mitglieder, die für eine bestimmte Organisation typisch sind. Hierbei müssen diese subjektiven Wahrnehmungen der einzelnen Personen nicht unbedingt mit den Beschreibungen von Organisationsfremden übereinstimmen. Diese Wahrnehmung wird im wesentlichen bestimmt durch die gemeinsame Auffassung darüber, wie eine Organisation ihre Mitglieder oder ihre Umwelt behandelt.

Damit unterscheiden sich die beiden Begriffe, abgesehen von ihrer Sichtweise, vom Inhalt her nur in Einzelheiten.

Vom methodischen Ansatz her steht bei der Organisationsklimaforschung nicht mehr das subjektive Erleben der Betroffenen im Mittelpunkt, sondern vielmehr die Erfassung der Dimensionen, die die Wahrnehmung der auslösenden Struktur des Organisationsklimas bestimmen.

Die meisten empirischen Untersuchungen zum Organistionsklima stellen hierbei auf folgende Dimensionen ab:

- Aufgabenstruktur, gekennzeichnet durch Spezialisierung, Grad der Arbeitsteilung, Formalisierung, Standardisierung und die damit verbundenen Beschränkungen des Verhaltensspielraums.
- Selbständigkeit, d.h. Grad der individuellen Verantwortung und Form selbständiger Arbeitsgestaltung.

- Soziale Bedingungen in Form von gegenseitiger Rücksichtsnahme, Verständnis, menschlicher Wärme im Zusammenleben.
- Zielorientierung, d.h. Klarheit über die erwarteten Leistungen und individueller Einfluß auf die Arbeitsziele.
- Konfliktlösungen, die ihren Ausdruck in der Form der Konflikthandhabung und in der Art finden, wie Spannungen in der Organisation erkannt und bereinigt werden.
- Hierarchischer Aufbau und Unterordnung, insbesondere im Zusammenhang mit Organisationslehre und Kontrollspanne.
- Flexibilität, d.h. Anpassungs- und Innovationsfähigkeit der Organisation.
- Belohnungen, Sanktionssystem und Statusdifferenzierung.

3.1.3 Auswirkungen des Betriebs- und Organisationsklimas

Das von den Mitgliedern wahrgenommene Betriebsklima beeinflußt in einem sehr starken Maße ihr Verhalten. So wirkt es als bestimmender Faktor nicht nur auf das Leistungsverhalten ein, sondern begünstigt auch den Auslösevorgang, durch den alle Mitglieder veranlaßt werden, aus dem Unternehmen auszuscheiden, deren persönliche Erwartungen und deren Verhalten von dem herrschenden Klima abweichen. Bei den verbleibenden Mitgliedern führt das Betriebsklima zu einem Anpassungsdruck, der prägend auf ihr Verhalten und ihre Einstellung einwirkt. Es bildet damit die Grundlage für die sich entwickelnden Organisations-/Unternehmenskulturen. So gesehen ist es das Klima, das bestimmt, inwieweit vorhandene Fähigkeiten eines Mitarbeiters im Arbeitsvollzug zum Einsatz kommen (vgl. hierzu Abschnitt: Determinanten der Arbeitsleistung).

Andere Untersuchungen zeigen auf, daß das Organisationsklima nicht nur als unabhängige Variable Arbeitsmotivation und Arbeitsleistung, Führungsverhalten, Entscheidungsstil, Arbeitszufriedenheit usw. bestimmt, sondern daß es auch als abhängige Variable durch das Verhalten der Organisationsmitglieder, insbesondere durch das Führungsverhalten leitender Angestellter, der Teamfähigkeit, der sozialen Kompetenz und Kollegialität von Gleichgestellten mitbestimmt wird. Eine zwangsläufige Folge davon ist, daß hier Wahrnehmungsprozesse neben persönlichen Faktoren auch von ihrem Eigen- und Fremdbild und damit von ihren Erwartungen, Werthaltungen und Einstellungen abhängig sind.

Neuere Untersuchungen lassen aber darauf schließen, daß Betriebs- und Organisationsklima eher als intervenierende Variablen anzusehen sind, die als moderierende Größen zwischen einer angenommenen Ursache und einer abgeleitetenden Folge stehen.

3.1.4 Erfassung und Beeinflussung von Betriebs- und Organisationsklima

Für geplante Veränderungen in Organisationen werden (vgl. hierzu die Ausführungen zur Organisationsentwicklung) im Regelfall folgende Schrittfolgen vorgeschlagen:

- Erfassung des Ist-Zustandes (Diagnose),
- Definition des Sollzustandes,
- Erarbeitung von Wissen über Formen und Möglichkeiten einer Veränderung,
- Umsetzung und Kontrolle.

Ausgangspunkt für geplante Veränderungsmaßnahmen sind im Regelfall die Unzufriedenheit in einem Teilbereich der Organisation, dies können sein, hohe Fehlzeitraten, überhöhte Krankenstände, geringe Produktivität usw. Die Durchführung von Veränderungsmaßnahmen erfolgen im Regelfall durch eine verantwortliche Projektgruppe, an der neben einem Mitglied der Unternehmensleitung vor allem auch ein Vertreter der Mitarbeitervertretungen (Betriebsrat) beteiligt sein sollte.

Die Diagnose erfolgt in der Regel durch anonyme Mitarbeiterbefragungen.

Hierbei bestimmen die Festlegungen eines anzustrebenden Sollzustandes vor allem auch die Erhebungsverfahren, die bei der Ermittlung des Ist-Zustandes eingesetzt werden können. Gleichzeitig ist dann auch zu klären, welche der vielen Dimensionen und Einflußgrößen, die das Klima gestalten, erhoben werden sollen.

Das größte Problem ist die Festlegung der Verfahren und Maßnahmen, mit denen eine Veränderung des Ist-Zustandes in Richtung auf den angestrebten Soll-Zustand erreicht werden soll. Das Problem der Übertragbarkeit vorliegender empirischer Untersuchungsergebnisse liegt hier vor allem darin, daß bei der Vielzahl der Einflußfaktoren keine eindeutigen Kausalaussagen gemacht werden können, so daß man sich meist mit einer hypothesenbegleiteten Interpretation begnügen muß.

3.2 Weiterentwicklung zur Organisationskultur

3.2.1 Begriff Organisationskultur

Gemeinsame Wahrnehmungen, die sich zu einheitlichen Einstellungsmustern verdichten neigen dazu, sich zu verselbständigen und eine Eigendynamik zu entwickeln. Ein Tatbestand, der erst relativ spät mit der Übernahme des "Kulturkonzeptes" in die Personal- und Organisationslehre nähere Beachtung fand.

Der Kulturbegriff ist aus der Anthropologie entliehen. Hier bezeichnet er die besonderen historisch gewachsenen Merkmale von Volksgruppen, d.h. die entwickelten Wert- und Denkmuster, einschließlich der sie vermittelnden Symbolsysteme.

Übertragen auf die Organisation sind sie Ausdruck der Sinngemeinschaft als Grundlage für das gesamte organisatorische Handeln. Hierbei besteht die *Organisationskultur* (*Schreyögg*) u.a. aus folgenden Elementen:

Organisationskulturen:

- sind Ausdruck gemeinsam geteilter Überzeugungen, die das Selbstverständnis der Organiationsmitglieder regeln,
- werden gelebt und als selbstverständlich hingenommen,
- beziehen sich auf gemeinsame Orientierungen und Werte, sie sind ein kollektives Phänomen, daß das Handeln des einzelnen Mitgliedes prägt, und damit organisatorisches Handeln bis zu einem bestimmten Grad einheitlich und vorhersehbar macht,
- sind das Ergebnis eines Prozesses, bei dem sich einzelne Problemlösungsverfahren als erfolgreicher als andere erweisen, so daß sich Zug um Zug bevorzugte Denk- und Verhaltensmuster herausstellen,
- vermitteln Sinn und Orientierung in einer komplexen Welt und bieten damit Selektionsmuster für Interpretationen und Handlungsprogramme an,
- werden durch Sozialisation vermittelt und nur z.T. bewußt gelernt. Jede Organisation entwickelt Mechanismen, die neue Mitglieder zwingt, im Sinne der kulturellen Tradition zu denken und zu handeln.

Jede Kultur hat nach *Schein* (1984) drei Ebenen (vgl. Abbildung 201).

Hierbei sind die Basisannahmen jene grundsätzlichen Orientierungs- und Vorstellungsmuster, die von allen Beteiligten als selbstverständlich vorausgesetzt werden und im Einzelfall in jeder sozialen Gemeinschaft zu den Grundthemen menschlicher Existenzbewältigung gehören und deshalb meist unsichtbar sind und im Unbewußten bleiben.

Hierher gehören:

1. Annahme über die Umwelt (wie wird die Umwelt gesehen, als Chance oder als Risiko?),
2. Vorstellungen über die Wahrheit. Was ist wahr, was ist falsch? Worauf ist Verlaß, auf die Tradition oder auf die Wissenschaft usw.?
3. Annahmen über die Natur des Menschen, ist er passiv fatalistisch, dem sein Schicksal vorgegeben ist oder aktiv, das eigene Leben gestaltend.
4. Annahmen über das Wesen zwischenmenschlicher Beziehungen.

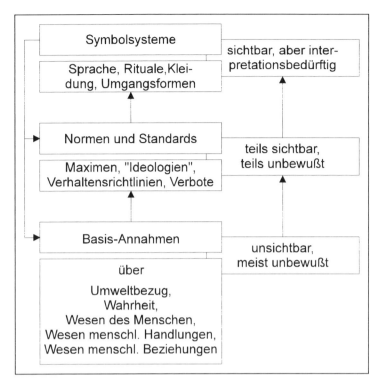

Abbildung 201: Kulturebenen und ihr Zusammenhang (Quelle: *Schein* 1984)

Diese Basisannahmen stehen hier auch nicht isoliert und beziehungslos nebeneinander, sondern finden ihren Niederschlag in konkretisierten Wertvorstellungen und Verhaltensmustern, die sich auch in den tragenden Werten des Betriebs- und Organisationsklimas wieder finden.

Das Klima ist gut, wenn die Werte der Organisation diesen teils bewußten, teils unbewußten Wertvorstellungen entsprechen.

Alle Organisationen, ganz gleich welcher Art, entwickeln als sinnstiftende Elemente für Vermittlungs- und Darstellungsmuster Symbolsysteme, die als sichtbarer Teil der Organisationskultur Signalwirkungen haben und die nur im Zusammenhang mit den zu Grunde liegenden Wertvorstellungen zu verstehen sind.

Eine besondere Form dieser Symbolsysteme sind die verschiedenen Geschichten und Legenden, die sich um die Organisation oder um die sie tragenden Personen ranken, ebenso wie bestimmte Riten (Einweihungsfeiern), hierher gehört auch die in den letzten Jahren so stark diskutierte *Coperate Identity*.

3.2.2 Die Stärken der Organisationskultur

Die Diskussion um die Organisationskultur wurde im wesentlichen von der Überlegung getragen, daß besonders sogenannte starke Kulturen die tragenden Kräfte für besondere Dynamik der organisatorischen Entwicklung sind.

Für die Überlegung, was als Kennzeichen einer starken Kultur zu halten ist, wurden herangezogen (*Bleicher* 1986).

- Prägnanz, die Klarheit und Eindeutigkeit der Orientierungsmuster und Werthaltungen, so daß kein Zweifel darüber besteht, was gewollt ist und was nicht, zum anderen müssen diese Werte relativ konsistent und in sich geschlossen sein, so daß Zweifel über sie nicht aufkommen können.
- Verbreitungsgrad, d.h. das Ausmaß, in dem die Mitglieder der Organisation diese Kultur teilen. Je stärker die Homogenität der Mitglieder ist, die diese Kultur teilen, umso stärker ist sie.
- Verankerungstiefe, diese stellt darauf ab, inwieweit die einzelnen Bestandteile der Kultur internalisiert und damit zum ständigen Bestandteil des täglichen Handelns geworden sind.

3.2.3 Wirkungen der Organisationskultur

Starke Kulturen zeichnen sich durch eine mehr oder weniger starke innere Stimmigkeit aus, die nicht durch Widersprüche und durch Aufspaltung in Subkulturen geprägt ist, wie z.B. spezielle schichtenspezifische Kulturen (Angestellte, Arbeiter usw.) oder gegliedert nach Funktionsbereichen (Marketing, Buchhaltung usw.).

Die früher euphorische Sichtweise, daß eine starke Organisationskultur Voraussetzung für weiterreichende Organisationsleistungen ist, ist zwischenzeitlich einer nüchternen Betrachtungsweise gewichen, so haben starke Organisationskulturen sowohl funktionale als auch dysfunktionale Aspekte.

Zu den funktionalen Aspekten gehören:

- Ergänzung des formalen Regelungsbedarfes
  Durch die einheitliche Denkweise der Mitglieder starker Organisationskulturen reduzieren sich zwangsläufig unterschiedliche Sichtweisen und die Integration von auf den Einzelfall abzielende Regelungen ist nur in Einzelfällen notwendig oder nur dort, wo formale Regelungen selbst Lücken lassen oder Lücken lassen müssen, um unvorhersehbaren Störgrößen gerecht werden zu können.
- Rasche Entscheidungsfindung und Entscheidungsumsetzung. Eine gemeinsame Sprache, einheitliche Denkweise usw. schaffen Bedingungen, für ein rasches Finden von Kompromißlösungen, die von allen getragen werden. Entscheidungen, die auf dieser Grundlage des Konsenses und

einer breiten Akzeptanz getroffen werden, lassen sich dann naturgemäß schneller und wirkungsvoller durchsetzen.
- Geringerer Kontrollaufwand. Wenn die wesentlichen Orientierungsmuster bei allen Beteiligten internalisiert sind, wird ein wesentlicher Teil der gegenseitigen Abstimmungen und der Kontrolle auf indirektem Wege geleistet.
- Teamgeist. Die Einheitlichkeit der Denkweise, hervorgerufen durch einen bestimmten *Teamgeist*, führt zu einer fortlaufenden Verpflichtung auf die vorgesehenen Organisationsziele und eine Verflechtung durch die gemeinsam getragenen Werte.

Diesen positiven Auswirkungen, die lange Zeit überbetont als Grundlage für die besondere Leistungsfähigkeit starker Organisationskulturen herausgestellt wurden, stehen eine Reihe von dysfunktionalen Aspekten gegenüber.

Hierher gehören:

- Tendenz zur Überheblichkeit und zur Abschottung gegenüber anderen. Besonders stark internalisierte Wertesysteme können zu Überheblichkeit führen und dazu, Kritik, Warnsignale, neue Anforderungen usw., nicht ernst zunehmen. Starke Organisationskulturen entwickeln sich zu geschlossenen Systemen, die die Umwelt nur durch verzerrte Eigen- und Fremdbilder wahrnehmen.
- Mangel an Flexibilität. Starke Organisationskulturen sind dadurch entstanden, daß sich frühere Verhaltensweisen bewährt haben. Eine Festigung dieser Erfahrungen führt zu einem gewissen Unfehlbarkeitsglauben, man hatte in der Vergangenheit recht, also muß dies auch in der Zukunft so sein. Jede Veränderung wird als suspekt angesehen, die einen befriedigenden "Status quo" in Frage stellt.
- Emotionale Barrieren. Dieser Mangel an Flexibilität hat seine Ursache vor allem auch in dem starken Festhalten an altbewährten Verfahren. Solange es um die Umsetzung von Ideen geht, die den bisherigen Verfahrens- und Denkweisen verwandt sind, zeigen starke Kulturen ihre Vorteile. Bei einem grundsätzlichen Wandel, bei einer wesentlichen Neuorientierung, also überall dort, wo ein grundsätzliches Umdenken erforderlich ist, wird eine starke Kultur zu einem entscheidenden Hemmschuh.
- Kollektive Vermeidungshaltung. Die grundsätzliche Bereitschaft, neue Ideen aufzunehmen und zu bearbeiten, setzt naturgemäß die Fähigkeit voraus, bewährte bisherige Verfahren und Abläufe in Frage zu stellen. Dies erfordert ein entsprechendes Maß an Selbstreflexionsfähigkeit. Starke, in ihrem Selbstbewußtsein gefestigte Kulturen, sind aufgrund ihrer emotionalen Behinderungen wenig geeignet zu Veränderungen. In einer Art kollektiver Vermeidungsstrategie gegenüber diesen Veränderungen sind sie

leicht in Gefahr, sich einem notwendigen Prozeß der Neuorientierung zu verschließen.

Erfahrungsgemäß setzt ein notwendiger Bewußtseinwandel erst dann ein, wenn durch eingetretene Schäden der Leidensdruck entsprechend hoch geworden ist.

Unter Beachtung dieser Umstände, haben je nach der Situation, starke wie auch schwache Kulturen ihre Vor- und Nachteile.

3.2.4 Die Strategien des Kulturwandels.

Umfangreiche Beratungserfahrungen haben gezeigt, daß erfolgreiche Unternehmen aus sich heraus zu einer Neuorientierung ihrer Werte nicht in der Lage sind. Der vergangene Erfolg bestätigte ja vermeintlich die Richtigkeit der bisherigen Vorgehensweise und Wertvorstellungen. Erste eintretende Rückschläge werden ignoriert oder überheblich als einmalige Sondererscheinungen abgetan. Auch die Unterstützung durch einen externen Berater *"change agent"* erweist sich hier häufig als wenig erfolgreich. Ausgangspunkt einer jeden Veränderung ist wie Erfahrungen zeigen, deshalb immer das Auftreten einer Konfliktsituation, bei der herkömmliche Wertvorstellungen in Frage gestellt werden und die bestehenden Symbole und Ordnungsmuster, ihre prägende Kraft einbüssen, oder wenn eine neue Führungsmannschaft für entsprechende Verunsicherung sorgt und den Weg für neue Orientierungsmuster aufzeigt.

Den typischen Verlauf eines Kulturwandels zeigt die Abbildung 202.

Erst eine Erschütterung der herkömmlichen Werte und die dadurch eingetretene Verunsicherung läßt neue Formen entstehen, die sich in einem evolutionären Prozeß durchsetzen müssen, in dem erfolgreiche neue Interpretations- und Handlungsmuster zu neuen Leitsymbolen werden, während weniger erfolgreiche ausscheiden.

Die Wirtschaftsgeschichte von Aufstieg und Fall großer (auch kleinerer) Wirtschaftsimperien macht dies deutlich. Diese Erfahrungen werfen die Frage auf, ob im Sinne eines geplanten Wandels Organisationskulturen bewußt geplant werden können und gesteuert veränderbar sind.

Hierfür gibt es zwei unterschiedliche Ansichten. Die eine Seite geht davon aus, daß man "Kultur" ähnlich wie alle anderen Führungsinstrumente gezielt in der Planung einsetzen und verändern kann. Dieser Sicht „*Kulturingenieure*" steht die Gruppe der *"Kulturalisten"* gegenüber. Für sie ist die Organisationskultur eine Lebenswelt, die organisch wächst und die sich jedem gestaltenden und formenden Einfluß weitgehend entzieht.

Ferner werden hier auch ethische Bedenken geltend gemacht. Planende und gestaltende Eingriffe in Denkmuster und Verhaltensweisen setzt Beeinflussungsvorgänge voraus, die sehr leicht auf die Ebene der Manipulation abgleiten können, damit besteht natürlich für alle Programme und Maßnahmen der Kulturgestaltung das Risiko, daß sie zu unfaßbaren Machtinstrumenten ausgestaltet werden könnten.

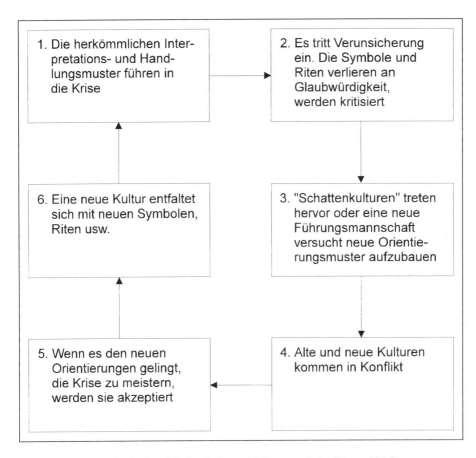

Abbildung 202: Typischer Verlauf eines Kulturwandels (*Dyer* 1985)

Beide gegensätzlichen Pole sind in ihrer Ausschließlichkeit nicht realistisch. Die Erfahrung zeigt, daß auch Unternehmen mit einer starken Organisationskultur durchaus in der Lage waren, sich über lange Zeit hinweg problemlos veränderten Bedingungen anzupassen, und daß es gelungen ist, durch ein Klima einer innerorganisatorischen Offenheit, sich neuen Anforderungen nicht zu verschließen. Hierbei ist zu beachten, daß Organisationskulturen keine gegebenen Erscheinungen sind, sondern daß sie das Ergebnis menschlicher Handlungen darstellen. Auf dieses Handeln Einfluß zu nehmen, hat das betriebliche Personalwesen und insbesondere die Personalführung vielfältige Möglichkeiten. Dies beginnt bei der Personalauswahl (nicht mehr Beförderungen aus eigenen Reihen, sondern Einbringen neuer Ideen durch Führungskräfte von außen) über die Personalentwicklung, durch die Installierung von Lernprozessen, insbesondere auch durch das Lernen von anderen Unternehmen (*Benchmarking*) usw.

Trotzdem wird man sich hier darüber im klaren sein müssen, daß jeder Entwicklungsprozeß nur bedingt steuerbar ist, und daß wegen der Komplexität menschlichen Verhaltens und der Organisationen alle Anstöße zu einer Veränderung unter Umständen völlig unerwartete und ungeplante Wirkungen auslösen können, deshalb wird es hier immer sinnvoll sein, jeden Entwicklungsschritt kritisch zu begleiten und eintretende Veränderungen sorgfältig zu beobachten.

Viertes Kapitel

Idealtypische Führungsstile

1. Das Bild vom Mitarbeiter als Grundlage von Organisationskonzepten und Führungstheorien

1.1 Das Menschenbild als Grundlage sozialer Ordnungssysteme

Alle Erscheinungsformen der Natur und damit auch die der Menschen zeichnen sich durch einen unübersehbaren Formenreichtum aus. Von jeher haben deshalb Menschen versucht, diese Vielfalt durch Typisierung und Bildung von Kategorien zu reduzieren. Diese Komplexitätsreduktion war in der Naturwissenschaft noch relativ einfach und führte letztlich zur Bildung des periodischen Systems. In den Verhaltens- und Gesellschaftswissenschaften jedoch erweist sich dieses Vorgehen als äußerst problematisch. Die hier entwickelten Menschenbilder, die als Ergebnis des Strebens nach Komplexitätsreduktion entstanden sind, sind im Grunde genommen extrem stark vereinfachte und standardisierte Muster von Ausschnitten aus menschlichen Verhaltensweisen, die einzelne Personen aufgrund ihrer Lebenserfahrung glaubten bei anderen festgestellt zu haben.

Eine dieser idealtypischen Gestalten, mit denen sich die Nationalökonomie als Wissenschaft verselbständigt hat, war der "rational Denkende und Handelnde" Mensch, der "homo oeconomicus".

Eine weiterreichende Unterteilung nahm *Spranger* (1950) bereits 1914 vor, in dem er folgende idealtypische Unterscheidungen herausarbeitete :

- den *theoretischen Menschen*,
- den *ökonomischen Menschen*,
- den *ästhetischen Menschen*,
- den *sozialen Menschen*,
- den *Machtmenschen*,
- den *religiösen Menschen*.

Mit dieser Klassifikation wird die Vielzahl der real vorkommenden Menschen auf einige wenige überschaubare Gruppenformen reduziert, die eine Zuordnung der einzelnen Individuen zu einer dieser Gruppenformen ermöglichen sollten, aus denen man annimmt, standardisierte Handlungsempfehlungen ableiten zu können, wobei letzteres natürlich insofern problemastisch ist, als eine Person nie ganz eindeutig einer dieser Grundtypen zuzuordnen ist, sondern im wesentlichen Mischformen mit unterschiedlichen Anteilen einzelner Grundtypen vorherrschen.

Je enger der Zusammenhang zwischen den Grundformen und den Handlungsempfehlungen ist, und je mehr das einzelne Individuum ungeachtet differenzierter Abweichungen dieser Grundform entspricht, umso aussagekräftigere Handlungsanweisungen lassen sich daraus ableiten.

1.2 Menschenbilder als Grundlage von Organisations- und Führungskonzepten

Bei der interaktionellen Personalführung, die auf der Ebene der Individuen stattfindet, wie z.B. Personalauswahl, Personaleinsatz, Personalbeurteilung usw., steht das einzelne Individuum mit seinen Besonderheiten und seinen Ausprägungen im Mittelpunkt (vgl. hierzu Abschnitt: Der Mitarbeiter als Individuum).

Entscheidend für das Verhalten der jeweiligen Interaktionspartner (Vorgesetzter oder Mitarbeiter) sind hierbei jedoch nicht die objektiven Gegebenheiten der Situation, sondern die jeweilige subjektive Bewertung und die subjektive Einschätzung durch die Beteiligten. Nicht das tatsächliche Handeln ist für die Reaktion entscheidend, sondern vielmehr wie diese Handlung von Beobachtern wahrgenommen wird. Diese Wahrnehmung ist immer mit einem Bewertungsvorgang verbunden und unterliegt damit der Interpretation. Die aufgenommene Information wird immer mit einem Idealmuster verglichen und bewertet. Hier steht also die Betrachtung des einzelnen Individuums, seine Persönlichkeit, seine Motivationsstruktur usw. im Mittelpunkt.

Bei der Entwicklung von Organisations- und Führungskonzepten, die nicht nur für ein einzelnes Individuum zutreffen sollen und mit denen bestimmte erwartete Vorgehens- und Verhaltensmuster generalisiert werden sollen, ist es notwendig, vom Individuum zu abstrahieren und sich auf Kategorien zu beschränken, die die gemeinsamen Merkmale haben oder denen gemeinsame Merkmale zugeschrieben werden. Nur wenn es gelingt, solche Menschengruppen zu bestimmen und zu beschreiben, lassen sich daraus allgemeine Gestaltungsempfehlungen für Organisationsaufbau und Personalführung ableiten.

So wurden in der Organisationslehre bereits eine Reihe unterschiedlicher Grundtypen von Kategorien menschlicher Verhaltensweisen entwickelt mit unterschiedlichen Konsequenzen für die Organisationslehre und die praktische Organisationsgestaltung.

In Anlehnung an *Lichtmann/Hunt* lassen sich folgende Ansätze unterscheiden.

Menschenbild	Organisationale Auswirkungen
1. Traditionelle strukturalistische Ansätze	
Der Mensch ist ein Produkt der Gesellschaft (Marx) Er ist eine Funktion seiner strukturellen Charakteristika (Dürkheim) homo oeconomicus, der Mensch handelt rational und ökonomisch	Scientific management (Taylor) Administratives Management (Gulich, Urwick) Bürokratiemodell (Weber) Ergebnis: weitgehende Arbeitsteilung, Denken in Leitungsspannen mit formalen Regeln und straffer Hierarchie
2. Moderne strukturalistische Ansätze	
Der Mensch hat nicht nur Existenzbedürfnisse, sondern strebt nach Selbstverwirklichung, Autonomie und Anerkennung (Maslow, McGregor, Argyreis)	Aufgabenerweiterung durch Rücknahme übertriebener Arbeitsteilung, Verringerung des Strukturierungsgrades, Entbürokratisierung, partizipative Führung
3. Persönlichkeitsansätze	
Menschen haben unterschiedliche Bedürfnisse, Werthaltungen und Motive, sie nehmen die Umwelt unterschiedlich wahr, aufgrund dieser unterschiedlichen Wahrnehmung verhalten sich die einzelnen Individuen auch bei objektiv gleichen Situationen unterschiedlich (Lewin, Mayo, Coch/French, Porter, Lawler, Vroom)	Berücksichtigung der Gruppendynamik, Organisationsveränderungen durch Personalwechsel, Sensitivity Training als Methode der Personalentwicklung
4. Integrierende Ansätze	
Personelle und strukturelle Ansätze werden hier integriert; Personen und organisatorische Gegebenheiten bedingen sich wechselseitig, das Verhalten ist das Ergebnis einer Interaktion zwischen den Individuen, Gruppen, Organisationen und Umwelt	Es gibt nicht „die richtige Organisationsform", vielmehr ist sie in Abhängigkeit von subjektiven Faktoren, der Aufgabenstruktur, der Persönlichkeitsstruktur der handelnden Personen, der Ziele, der eingesetzten Technologie, der Organisationsgröße usw. unterschiedlich zu gestalten

Abbildung 203: Unterschiedliche Menschenbilder und die Konsequenzen für organisatorische Gestaltungsmaßnahmen

Eine der frühesten Systematisierungen von Menschenbildern im Rahmen der Organisationslehre entwickelten *March/Simon*, die jedoch nicht wie *Spranger* unterschiedliche Grundtypen von Menschenbildern unterschieden, sondern "die Mitarbeiter" pauschal als eine Grundgesamtheit betrachteten.

Sie unterscheiden drei Grundannahmen menschlichen Verhaltens in Organisationen und ordnen diesen dann spezielle organisatorische Lösungsansätze zu.

Annahmen	Organisationstheoretische Konsequenzen
1. Mitarbeiter sind von Haus aus passiv, sie müssen angeleitet und gelenkt werden	Klassische Organisationslehre und Scientific Management, Bürokratiemodell
2. Mitarbeiter haben eigene Wertvorstellungen, Ziele, Bedürfnisse und Motive, sie müssen zur Teilnahme am Leistungserstellungsprozeß motiviert werden	Anreiz-Beitrags-Theorie, motivationstheoretische Ansätze
3. Mitarbeiter sind Entscheidungsträger und Problemlöser	Entwicklung der Entscheidungs- und Systemtheorie, Entscheidungsfindung und Problemlösung rücken mit Planung und Innovation in den Blickpunkt des Interesses

Abbildung 204: Angenommene Menschenbilder und ihre Auswirkungen auf die Organisationslehre

1.3 Das Bild vom Mitarbeiter nach Schein

Eine differenzierte Betrachtungsweise geht hier auf *Schein* (1965/1988) zurück. *Schein* unterscheidet vier Grundannahmen, die mit unterschiedlicher Schwergewichtsbildung im Laufe der Entwicklung die Organisationslehre, ihre Denkweisen und Strukturen bestimmten (vgl. Abbildung 205).

1.3.1 Der Mitarbeiter als Leistungsträger

Die Grundannahme, den Menschen und damit auch den Mitarbeiter als rational-ökonomisches Individuum anzusehen, prägte die klassische Organisationslehre und die darauf aufbauende frühe Führungslehre. Mit der Grundannahme des *"homo oeconomicus"* abstrahierte man beim Bild vom Mitarbeiter, vom einzelnen Individuum, von seiner Persönlichkeit, seinen individuellen Wünschen, Erwartungen usw. Zweckbestimmter Hedonismus, das Streben zur Vermeidung von Unlust und zur Maximierung von Lust, wurden als die alleinbestimmten Triebkräfte angesehen. Man betrachtete hier den Mitarbeiter primär als durch monetäre Leistungsanreize beeinflußbar und hielt ihn deshalb auch für passiv und leicht zu manipulieren; es wurde unterstellt, daß der Mitarbeiter als Mensch trotz irrationaler, emotionaler Gefühle nach einer rationalen Bewältigung seiner Probleme strebt. Diese Haltung bestimmte das *"Scientific Mangement"* von *F.W. Taylor*, ebenso wie die klassische Organisationslehre und die Arbeitswissenschaften.

Vorherrschend waren in der Organisationslehre die Managementtheoretiker, die das Ziel einer produktiven und effizienten Organisation über zunehmende Spezialisierung und Strukturierung der Arbeitsprozesse zu erreichen strebten.

Grundan-nahme	Menschenbild	Anthropologischer Ansatz	Organisationstheoretischer Ansatz	
Leistungsträger	rational ökonomischer Mensch	Hedonismus, Unlustvermeidung, materielle Anreize	Managementtheoretiker:	Spezialisierung, Strukturierung, Ziel: produktive und effiziente Organisation
			Strukturalisten:	hierarchische Organisationsstruktur, Ordnungs- und Regelsystem, Konzept der Bürokratisierung
Bedürfnisträger	sozialer Mensch	Bedeutung sozialer Beziehungen, Hawthorne-Experimente	Gruppentheoretiker:	Betonung der Arbeitsgruppe, Partizipation, Kommunikation, soziale Beziehungen, Human-relations-Ansatz
Entscheidungsträger	selbstaktualisierender, sich selbstverwirklichender Mensch	humanistische Psychologie, Streben nach Selbstverwirklichung	Individualtheoretiker:	Persönlichkeit des Mitarbeiters und seine Entwicklung am Arbeitsplatz werden betont
			Technologen:	Betonung von Technik und Methoden im Organisationsprozeß unter Berücksichtigung bestehender Annahmen über die Natur des Menschen, beginnender Wandel von der human relations zur human resource Betrachtung
Individuum	Beachtung der Komplexität menschlicher Natur	der Mensch als lern- und anpassungsfähiges Wesen	ökonomische Theoretiker:	Die Organisation ist Grundlage des wirtschaftlichen Prozesses; zu beachten sind ökonomische und soziale Variablen und die Bedingungen der kognitiven Limitiertheit des Menschen im Entscheidungsprozeß

Abbildung 205: Zusammenhang zwischen vorherrschenden Menschenbildern und der Entwicklung der Organsiationslehre (nach *Schein* 1965/1986, *Pugh* 1966)

Fragen der hierarchischen Organisationsstruktur, der Ordnungs- und Regelsysteme standen dabei im Mittelpunkt ihrer Arbeit, irrationale Gefühlssteuerungen sollten dadurch ausgeschaltet werden.

1.3.2 Der Mitarbeiter als Bedürfnisträger

Die *Hawthorne-Experimente* zeigten, daß über materielle Anreize das Verhalten von Mitarbeitern allein nicht zu steuern ist, sondern daß daneben noch andere Antriebskräfte wirksam sind. Man erkannte, daß der Mitarbeiter als soziales Wesen nicht nur von materiellen, sondern auch von gruppenspezifischen Bedürfnissen abhängig ist. Er wird vor allem durch soziale Bedürfnisse gesteuert und benötigt deshalb auch die laufende Interaktion mit anderen Menschen. Erst als es mit zunehmender organisatorischer Arbeitsgestaltung mit straffen Ordnungs- und Regelungssystemen immer häufiger zu einer Sinnentleerung der Arbeitsinhalte kam und damit zu einer Isolation am Arbeitsplatz führte, erkannte man die besondere Bedeutung sozialer Interaktionen.

In der Organisationslehre begannen sich die Ansichten der *Gruppentheoretiker* durchzusetzen. Mit dem *Human-Relation-Ansatz* wurde besondere Betonung auf die Arbeitsgruppen, auf Fragen der Partizipation und der Kommunikation gelegt.

Aus der Erkenntnis, daß soziale Kräfte innerhalb einer Gruppe stärker wirken als Maßnahmen des Vorgesetzten, wurde es zum Ziel, den glücklichen und zufriedenen Mitarbeiter zu gewinnen, der die Zuwendung, die er vom Unternehmen erfährt, durch besonderen Arbeitseinsatz und besondere Leistung vergilt.

1.3.3 Der Mitarbeiter als Entscheidungsträger

Unter dem Einfluß der *humanistischen Psychologie*, die sich seit dem zweiten Weltkrieg, ausgehend von den USA, durchzusetzen begann, sah man den Mitarbeiter als Entscheidungsträger an, der nach *Selbstverwirklichung* strebend, für seine Handlungen verantwortlich ist und selbstgestaltend tätig wird. Seine Bedürfnisse lassen sich nicht in eine Rangordnung bringen, wobei das Bedürfnis nach Selbstverwirklichung eine zentrale Rolle spielt. Der Mitarbeiter strebt nach einem autonomen Freiraum, innerhalb dessen er seine Aufgabe eigenverantwortlich voll erfüllen kann, wobei er selbstmotiviert ist und die Selbstkontrolle bevorzugt.

In der Organisationstheorie begann damit die Entwicklung der *Individualtheoretiker*, die als besonderes Ziel aller organisationsgestaltenden Maßnahmen die Schaffung von persönlichkeitsbildenden Arbeitsplätzen forderten. Anstelle der *Human-Relations-Betrachtung* trat zunehmend das *Human-Resource-Konzept*, das in den Mitarbeitern nicht nur einen Produktionsfaktor sieht, sondern vielmehr die wichtigste Ressource in einem Unternehmen, die es zu pflegen und zu entwickeln gilt. Hierbei gibt es dann keinen zwangsläufigen Konflikt zwischen Selbstverwirklichung und Erreichung der organisationalen Ziele.

1.3.4 Der Mitarbeiter als Individuum

Alle, auf den vorgenannten Ansätzen aufbauenden Organisationstheorien und Führungsmodelle, stießen sehr rasch an ihre Grenzen und konnten die in sie gesetzten weitgespannten Erwartungen nur zum Teil erfüllen.

Die menschliche Natur ist komplex, vielschichtig und wandlungsfähig, der Mensch ist lernfähig und kann neue Motive erlernen. Menschen als Individuen unterscheiden sich nicht nur von ihrer äußeren Statur und ihrem Aussehen, sondern auch in ihrem Denken und Fühlen. Hierbei verhält sich das Individuum situativ differenzierend und strebt deshalb in unterschiedlichen Situationen nach unterschiedlichen Zielen. Da es eine Vielfalt von Möglichkeiten gibt, aus Fähigkeiten, Motiven usw. in Verbindung mit geeigneten Führungsmethoden ein effektives und produktives Verhalten hervorzurufen, kann es keine allgemein gültige Führungsstrategie geben.

Faßt man diese Ergebnisse von *Schein*, in denen er die unterschiedlichsten und überwiegend implizit enthaltenen Menschenbilder aus den verschiedensten Forschungsansätzen im Zeitlauf systematisiert hat, zusammen, so ergibt sich:

- Menschen sind soziale Wesen, die in der Regel die Gemeinschaft mit anderen Mitmenschen suchen. Ausschluß zwischenmenschlichen Kontaktes führt nicht nur zur seelischen Verarmung, sondern auch zur physischen Verkümmerung.
- Menschen haben unterschiedliche Bedürfnisse, die nur zum Teil angeboren, zum Teil aber auch das Ergebnis von Lernprozessen sind.
- Menschen haben ein differenziert ausgeprägtes Wahrnehmungsvermögen, sie nehmen gleiche Sachverhalte verschieden war und bewerten gleiche Wahrnehmungen entsprechend ihrer Motive, Werthaltung, Einstellungen usw. unterschiedlich.
- Menschen besitzen abstraktes Denkvermögen und vermögen Wahlhandlungen zu begehen.
- Menschen vermögen sich Ziele zu setzen und zielorientiert zu handeln.
- Menschen sind anpassungsfähig an gegebene Bedingungen und in weitem Maße lernfähig.

Unter dem Einfluß dieser Überlegungen wird das Schwergewicht der Betrachtung vom Individuum wieder stärker auf die Belange der Organisation verlagert. Motivationale Befriedigung der Mitarbeiter wird dann eher als ein Nebenprodukt eines veränderten Arbeitsverhaltens gesehen. Die sich aus dieser Grundannahme ableitenden organisationstheoretischen Ansätze und Führungskonzepte werden von drei Grundüberlegungen bestimmt:

1. Die Arbeitsleistung und die Qualität von Entscheidungen wird sich in dem Umfang verbessern, indem Vorgesetzte Gebrauch von den Erfahrungen, Einsichten und kreativen Fähigkeiten der Mitarbeiter in ihrem Bereich machen.
2. Mitarbeiter können verantwortliche Selbstlenkung und Selbstkontrolle beim Streben nach Erreichung der Ziele ausüben, die sie verstehen und mit festlegen helfen.
3. Die Gelegenheit zu kreativen Beiträgen wird wachsen, und damit wird die Zufriedenheit als Nebenergebnis verbesserter Arbeitsleistung zunehmen.

1.4 Das Bild von Mitarbeitern und Vorgesetzten nach Weinert

Weinert geht davon aus, daß Führungskräfte bei ihren Entscheidungen, abhängig von den situativen Bedingungen, auf Menschenbildern aufbauen, die sie durch bewußte und mehr noch durch eher unbewußte Annahmen und durch Verdichtung von Erfahrungen gewonnen haben.

Er spricht aber den in der Literatur diskutierten Menschenbildern den empirischen Bezug ab und bezeichnet sie als eine Systematisierung von theorie- bzw. idealgeleiteten Gedankenprodukten von Forschern.

In einer als explorative Pilotstudie bezeichneten Untersuchung versucht er, die Einstellung von Führungskräften zu ihren Mitarbeitern und das ihnen zugrundeliegende Menschenbild zu ermitteln. In die Studie wurden 293 Führungskräfte aus insgesamt acht Unternehmen einbezogen.

Der Befragung dieser Führungskräfte lagen ursprünglich 195 Annahmen über menschliches Verhalten zugrunde, die dann zu 116 Items verdichtet wurden.

Die Ergebnisse wurden statistisch zu 12 Gruppen verdichtet, die jeweils Bestandteilen eines expliziten Menschenbildes entsprechen. Diese Menschenbilder wurden aufgrund der subjektiven Einschätzung in positive Sichtweisen (der Mitarbeiter strebt nach Vollkommenheit), negative Sichtweisen (der Mitarbeiter ist träge und ambitionslos) sowie neutrale Einschätzungen (der Mensch ist ein soziales Individuum) unterteilt.

Beim Versuch eine Korrelation zwischen einzelnen biographischen Variablen der Führungskräfte und ihrem impliziten Menschenbild zu ermitteln, ergab, daß nur die Variable Schul-/Ausbildung mit den Menschenbildern korreliert. Für alle anderen Variablen war kein signifikanter Zusammenhang zu erkennen, eventuell war auch die statistische Masse hierfür zu klein.

Abbildung 206 zeigt die einzelnen von *Weinert* ermittelten Menschenbilder, die vorgenommene subjektive Bewertung und den Anteil der Varianz, der von einem Faktor erklärt wird (Kommunalität) sowie den Grad der Korrelation zwischen impliziten Menschenbild und Schul-/Ausbildung.

Menschenbild der Führungskraft ("Der Mensch...")	Item- zahl	Wert- ung	Korrelation zur Schul-/Aus- bildung der Führungskraft		Prozent der Kommunalität
			erwartet	tatsächlich	
1. Passiv unselbständig	16	Negativ	Negativ	Positiv	12
2. Mechanisches Objekt	14	Negativ	Negativ	Negativ	11
3. Strebt nach Vervollkommnung	14	Positiv	Positiv	Negativ	10
4. Soziales Individuum	13	Neutral	Neutral	Nicht signifikant	10
5. Von der Arbeitssituation bestimmt	11	Neutral	Neutral	Negativ	7
6. Optimaler Entscheidungsfäller	8	Positiv	Negativ	Negativ	7
7. Begrenzter Entscheidungsfäller	8	Negativ	Negativ	Nicht signifikant	6
8. Teil sozialer Gruppen	7	Positiv	Positiv	Positiv	6
9. Nach Führung suchend	7	Negativ	Negativ	Negativ	5
10. Träge, ambitionslos	7	Negativ	Negativ	Negativ	4
11. Träger unterschiedlicher Motive	6	Neutral	Positiv	Positiv	4
12. Von innen gelenkt	5	Positiv	Positiv	Negativ	3

Abbildung 206: Übersicht über die Menschenbilder von *Weinert*

Unter der Annahme, daß die Einstellung einer jeden Führungskraft nicht nur von einem, sondern in der Regel von einer Mischung mehrerer Menschenbilder gekennzeichnet ist, wurde in einer Clusteranalyse die Gesamtmenge der Führungskräfte in eine Anzahl von Untergruppen aufgeteilt, die charakteristische und spezifisch ausgeprägte Strukturen über die bei ihnen zugrundeliegenden Annahmen von Menschenbildern aufweisen.

Aus dieser Analyse resultieren insgesamt sieben verschiedene Typen von Führungskräften, für die als „Etiketten" die in Abbildung 207 dargestellten Bezeichnungen gewählt wurden. Die Abbildung zeigt weiter die Anzahl der Führungskräfte, die jeweils dem einzelnen Führungstyp zu zurechnen sind, sowie die, in einem hier nicht näher dar zustellenden Verfahren (*Weinert* 1984, S. 28; HWFü Sp.1427), errechneten Mittelwerte. Bei einem Mittelwert über 55 wurde ein starker und bei einem Wert unter 45 ein schwacher Zusammenhang zwischen dem Vorgesetztentyp und den einzelnen Menschenbildern vom Mitarbeiter postuliert. Die Werte zwischen 45 und 55 stehen für einen Zusammenhang mittlerer Stärke und kennzeichnen einen Vorgesetztentyp ohne starke Neigung sich festzulegen.

Wenn diese Studie auch nicht als repräsentativ anzusehen ist, so zeigt sie doch, daß Menschenbilder gedankliche Konstrukte sind, die nicht objektiv überprüft werden können und die auch empirisch weder zu bestätigen noch zu widerlegen sind. Da Menschenbilder aber in den Köpfen von Menschen entstehen, reglementieren sie deren Einstellungen und Überzeugungen in vielfältiger Weise. Sie haben damit entscheidenden Einfluß auf die Art, wie Führungskräfte Arbeitnehmer wahrnehmen, bewerten und dementsprechend behandeln. Damit haben sie entscheidenden Einfluß auf das Führungsverhalten.

Aufgabe der Führungsforschung wird es in diesem Zusammenhang sein, Vorgesetzten diese Zusammenhänge zu verdeutlichen und sie für ihre Wahrnehmung zu sensibilisieren.

Führungstypen	Typ1	Typ 2	Typ 3	Typ 4	Typ 5	Typ 6	Typ 7
	väterlich/ paternalistisch	positivistisch/ humanistisch	schwer überzeugbar/ mittelmäßig	skeptisch	klassisch	sozial empfindsam/ realistisch	Theorie-Z
Anzahl der Personen	40	37	24	34	33	30	38
Menschenbild der Führungskraft							
1. Passiv unselbständig	65	41	45	49	55	47	39
2. Mechanisches Objekt	52	39	50	48	53	46	35
3. Strebt nach Vervollkommnung	41	58	53	43	49	60	51
4. Soziales Individuum	42	51	50	49	49	62	64
5. Von der Arbeitssituation bestimmt	45	48	54	47	53	57	60
6. Optimaler Entscheidungsfäller	47	59	46	42	50	43	50
7. Begrenzter Entscheidungsfäller	50	55	53	55	45	57	60
8. Teil sozialer Gruppen	46	51	43	55	40	63	60
9. Nach Führung suchend	56	39	52	49	59	45	36
10. Träge, ambitionslos	58	43	43	47	61	43	40
11. Träger unterschiedlicher Motive	47	48	41	54	53	65	65
12. Von innen gelenkt	40	56	55	47	44	59	60

Abbildung 207: Typen der Führungskräfte und die von ihnen vertretenen Menschenbilder nach *Weinert* (vgl. HWFü Sp.1435)

1.5 Menschenbilder von Vorgesetzten nach Maccoby

Aus mehreren Fragebogenuntersuchungen leitete *Maccoby* ohne detailliert nachvollziehbare statistische Auswertungen vier Menschentypen ab, die er wie folgt beschreibt.

Bezeichnung	Beschreibung
Fachleute: craftsman	Hohes, auf Fachwissen und Disziplin aufbauendes Selbstwertgefühl, hohe intrinsische Motivation beim Lösen von Problemen in ihrem Aufgabengebiet, sie sind Perfektionisten und bevorzugen strukturierte Projektarbeit
Dschungelkämpfer: jungle fighter	Hohes Dominanzstreben in allen Bereichen, bauen die Machtbasen auf, versuchen davon ausgehend für das Unternehmen, aber auch für sich selbst eine Vorrangstellung zu erringen, starkes ausgeprägtes Selbstbewußtsein, gepaart mit Rücksichtslosigkeit und Mißachtung von Spielregeln
Firmenmenschen: companyman	Strikte Einhaltung von Regeln und starke Bindung an das Unternehmen. Die Entwicklung des Unternehmens ist so wichtig wie die eigene Karriere, jedoch schwache Risikobereitschaft und fehlende Eigendynamik und Energie, besonders für bürokratische Funktionen im mittleren Management geeignet
Spielmacher: games man	Das Leben, auch das Geschäftsleben, ist ein Wettbewerb, den es zu gewinnen gilt, im Wettbewerb sind sie fair und kämpfen mit einem kalkulierten Risiko, bei Teambereitschaft und kooperativer Haltung sind sie immer flexibel und durchaus innovativ

Abbildung 208: Vorgesetztentypen nach *Maccoby*

Obwohl diese Ableitung eher als ein heuristischer Denkanstoß zu werten ist und nicht das Ergebnis einer systematischen Analyse darstellt, hat die Einteilung, insbesondere im Bereich der strategischen Überlegung, Beachtung gefunden. Verschiedene Autoren haben (z.B. *Anderson/Zeithaml*) für verschiedene Phasen der Produktlebenszykluskurve unterschiedliche Managertypen vorgeschlagen, so z.B.

- bei der Markteinführung, den Dschungelkämpfer gepaart mit den Fähigkeiten eines Fachmanns,
- bei der Wachstumsphase den Spielmacher, der mit einem Team von Fachleuten zusammenarbeitet,
- in der Reifephase den Firmenmenschen,
- in der Abschwungphase, wieder den Dschungelkämpfer, der am besten geeignet erscheint, auch harte und unpopuläre Maßnahmen durchzusetzen.

Zwar belegt *Maccoby* seine Aussagen nicht mit Fakten, er argumentiert vielmehr überwiegend plausibilitätsgestützt ausgehend von beobachteten Verhalten.

Kritisch wird gegen *Maccoby* eingewandt, daß er seine Untersuchungen nur bei stark wachsenden amerikanischen Unternehmen der Hightech-Branche durchgeführt hat, woraus er auch eine gewisse Begeisterung für den Typ des

"Spielmachers" ableitet. Die Entwicklung der Zukunft in Form von flachen Hierarchien, zunehmender Veränderungsgeschwindigkeit, zunehmender Gruppenorienierung usw., hat er nicht berücksichtigt. Ob hier nicht eher ein anderer Typ des Vorgesetzten, z.B. der des Visionärs und Koordinators den Ton angeben wird, kann hier noch offen bleiben.

2. Führungsverhalten als Ausdruck gesamtgesellschaftlicher Normen

2.1 Führungsverhalten in Abhängigkeit vom gesellschaftlichen Umfeld

Der Führungsprozeß kann nur innerhalb einer Gruppe wirksam werden. Wo immer ein Mensch in eine Gruppe aufgenommen wird, ob er hineingeboren wird, zwangsweise hineinwächst oder mehr oder weniger freiwillig eintritt, stets wird ihm innerhalb der Gruppe ein Rang und eine Rolle zugeteilt.

Die Rolle schafft damit ein Netzwerk von Regeln, die es ermöglichen, daß jedes Mitglied einer Gruppe allen anderen mit bestimmten Erwartungen gegenübertreten kann. Sie ermöglicht die Gestaltung von Aktionsmustern und damit einer Ordnung innerhalb einer Gruppe, die für ihr Bestehen lebensnotwendig ist. Die Gruppen und mit ihnen ganze Organisationen, in denen die Verhaltensmuster der Vorgesetzten und der Mitarbeiter geprägt werden, sind nicht autonom, sondern Bestandteil der gesellschaftlichen Umwelt. Diese gesellschaftliche Umwelt unterliegt einem laufenden Wandlungs- und Entwicklungsprozeß und beeinflußt oder verändert dadurch auch das Sytem der Rollenerwartungen innerhalb und zwischen den Gruppen.

Das gesellschaftliche Umfeld, bei dem z.B. die Staatsform auf den Gedanken der absoluten Monarchie mit einem starken staatlichen Zentralismus aufgebaut ist, mußte zu einem Grundverhalten, geprägt von absoluter Autorität, verbunden mit uneingeschränkter Gehorsamspflicht, führen. Dort, wo zu der absoluten Autorität noch ein gewisses Wohlwollen und eine Verantwortlichkeit der Übergeordneten gegenüber den Untergebenen traten, kamen patriarchalische Züge zum Vorschein. Dies war das Grundmuster der Gesellschaft des Kaiserreiches bis 1918, in dem sich der Industrialisierungsprozeß weitgehend vollzog und zum Teil auch das des sog. Dritten Reiches. In diesem gesellschaftlichen Umfeld konnte nur eine autoritäre Führung bestehen, weil sie auch den Erwartungsmustern innerhalb der verschiedenen Gruppen entsprach. Diese autoritäre Einstellung bleibt hier nicht ein isoliertes Phänomen in den Unternehmen, sondern setzt sich auch in anderen Bereichen, wie z.B. in der Familie, der Schule usw., durch.

Länder	Führungsstilmerkmale
partizipativer Führungsstil ↑	
USA	• Führung durch gemeinsame Entscheidungsvorbereitung
Niederlande, Flamen Schweden	• Entscheidungs- und Führungsinstanzen durch formelle Normen am Machtmißbrauch weitgehend gehindert
Großbritannien	• geringe Sicherheitsbedürfnisse bei den Untergebenen
Belgien, Frankreich	• Führung überwiegend am Rat und der Meinung der Mitarbeiter interessiert/orientiert
Dänemark, Norwegen Australien Japan	• mittlerer Delegationsgrad
Spanien, Deutschland Italien	• Unterstellte erwarten keinen hohen Grad an Entscheidungsautonomie
Griechenland, Türkei Südamerik. Länder	• sehr geringer Delegationsgrad, zentralistische Entscheidungen
Malaysia, Indonesien Thailand, usw.	• Statussymbole und Privilegien für Führungskräfte sichtbar und legitim
arabische Länder	• Autorität wird nicht hinterfragt, sondern akzeptiert
Indien, Pakistan	• kaum Informationen zwischen den Ebenen
↓ **autoritärer Führungsstil**	

Abbildung 209: Führungsstilpräferenzen in verschiedenen Kulturen (v. *Keller* 1987)

Diese Verhältnisse haben sich gewandelt. Das Dreiklassenwahlrecht, das die Wähler nach ihrer Steuerkraft in verschiedene Klassen mit unterschiedlichem Stimmgewicht einteilt, wurde durch das allgemeine Wahlrecht abgelöst. Anstelle des absoluten Monarchen trat das Parlament, in dem als eine Art Pluralinstanz die wichtigsten Gruppen der Bevölkerung vertreten sind. Das Parlament selbst ist nicht allmächtig, sondern hat sich in regelmäßigen Abständen allgemeinen Wahlen zu stellen und wird durch die Judikative kontrolliert. Einer Opposition obliegt es im Idealfall, jeweils die Vorgänge der staatlichen Willensbildung zu kontrollieren und offenzulegen sowie konstruktive Kritik zu üben. Der hier stattgefundene Wandel konnte nicht allein auf die Institutionen des Staates und auf die Mitwirkung bei den Grundsatzentscheidungen der staatlichen Organe beschränkt bleiben, sondern griff zwangsläufig auch auf andere Bereiche über. So stellen z.B. Bürgerinitiativen den Versuch dar, den Mitwirkungsrahmen auch auf Einzelentscheidungen auszudehnen. Die Betriebsverfassungs- und Mitbestimmungsgesetzgebung hat den Rahmen der Mitwirkungsrechte auch auf Bereiche innerhalb des Unternehmens ausgedehnt. Das erwachende Selbstbewußtsein in allen Bereichen des gesellschaftlichen Lebens hat vor den Toren des Unternehmens nicht haltgemacht und fordert ein Führungsverhalten, das den Mitwirkungs- und Entscheidungsspielraum des einzelnen Mitarbeiters gegenüber dem Vorgesetzten wesentlich erweitert. Verstärkt wird diese Tendenz durch die zunehmende Komplexität des wirtschaftlichen, technischen Geschehens im Unternehmen, das immer mehr einen mitdenkenden Mitarbeiter fordert.

Die Forderung nach einem aktiven selbständigen Mitdenken und die Forderung, alte überkommene und vorgegebene Denkgewohnheiten von absolutem Gehorsam nicht in Frage zu stellen, schließen sich jedoch gegenseitig aus.

Dieser Einfluß des gesamtgesellschaftlichen Umfeldes auf ein vorherrschendes und auch von allen Betroffenen erwartetes Führungsverhalten, das sich unter den gegebenen Bedingungen auch als erfolgreich durchsetzt, wurde in der Führungsliteratur lange vernachlässigt, bzw. das Problem überhaupt nicht erkannt. Erst die zunehmende Internationalisierung wirtschaftlicher Verflechtungen und mit der wissenschaftlichen Beschäftigung internationaler Personalarbeit sowie der Probleme der Kulturabhängigkeit wirtschaftlicher Erscheinungen wurden diese Zusammenhänge näher erforscht. *Von Keller* hat in einer umfassenden Auswertung von ca. 200 Ländereinzelergebnissen eine grobe Klassifizierung zwischen den beiden Polen des autoritären und partizipativen Führungsstils vorgenommen.

Wenn auch diese Einteilung sehr grob und in nicht wenigen Punkten, wie z.B. die Einordnung von Japan, Deutschland oder den USA, als zweifelhaft erscheinen mag, so zeigen doch die Auswirkungen der unterschiedlichen

Einflüsse des Kulturkreises und die den Kulturkreis tragenden Elemente die vorherrschende Führungsstilorientierung auf.

2.2 Anpassung des Vorgesetzten- und Mitarbeiterverhaltens

2.2.1 Anpassungsprozeß

Die Persönlichkeitsstruktur des Menschen und die sich daraus ergebende Motivation werden von den angeborenen Anlagen und den erworbenen Erfahrungen durch die Einflüsse der Umwelt bestimmt. Hierbei ist es unnötig, auf die Auseinandersetzung zwischen den *Genetikern* einzugehen, die die Persönlichkeitsstruktur weitgehend als ererbt erachten, und den *Milieutheoretikern,* die die Umwelt für die Formung der Persönlichkeit verantwortlich machen. Wenig Wert hat es auch, die Frage zu stellen, wieviel Prozent der einen oder anderen Einflußgröße letztlich bestimmend sind.

Anlagen und Umwelt wirken zusammen. Aus der Vorbildwirkung der Umwelt, den verschiedenen Erwartungen, denen der einzelne entsprechen muß, ergeben sich Auswirkungen auf die individuellen Werthaltungen und Einstellungen, aus denen sich dann wieder bestimmte Erwartungen gegenüber anderen Personen ableiten. Von einem Vorgesetzten (es muß nicht unbedingt ein idealer Vorgesetzter sein) erwartet der Mitarbeiter ein bestimmtes Verhalten, während andererseits der Vorgesetzte ein bestimmtes Verhalten vom Mitarbeiter erwartet.

Dieses Verhalten entspricht dann jeweils dem Menschenbild, daß der einzelne vom anderen hat.

Setzt der Vorgesetzte sein Bild vom Menschen in ein konkretes Handeln um, wird dieses Führungsangebot vom Mitarbeiter wahrgenommen, wobei die Wahrnehmung immer subjektiv ist und nicht unbedingt den tatsächlichen Intentionen des Vorgesetzten entsprechen muß.

Entspricht das subjektiv wahrgenommene Führungsangebot nicht den Führungserwartungen des Mitarbeiters, kommt es zu einer Diskrepanz, die zu einer subjektiv empfundenen Unzufriedenheit mit dem Führungsergebnis führt.

Mitarbeiter und Vorgesetzte werden bemüht sein, diese Diskrepanz (kognitive Dissonanz) abzubauen.

Wahrgenommene Dissonanzen werden zuerst mit unterschiedlichem Leistungsverhalten, aber auch mit Druck und Gegendruck (passiver Widerstand) beantwortet. Meist kommt es auch zu einer Veränderung der gegenseitigen Erwartungshaltung.

Kulturelles, soziales, politisches, wirtschaftliches Umfeld	
differenzierte Rollenzuweisungen und entsprechende Rollenerwartungen aus den verschiedenen Bereichen und von den unterschiedlichsten Gruppen	
Auswirkungen auf die individuellen Werthaltungen und Einstellungen	
Erwartungshaltungen gegenüber anderen	
vom Vorgesetzten gegenüber dem Mitarbeiter	vom Mitarbeiter gegenüber dem Vorgesetzten
Grundlage das Menschenbild vom Mitarbeiter in den Köpfen der Vorgesetzten	Grundlage das Menschenbild vom Vorgesetzten in den Köpfen der Mitarbeiter
Umsetzen in konkretes betriebliches Handeln	Führungserwartung
Führungsangebot des Vorgesetzten	subjektiv wahrgenommenes Führungsumfeld
Diskrepanz	
subjektiv empfundene Zufriedenheit bzw. Unzufriedenheit mit Führungsanspruch und Führungsergebnis	
individuelle Reaktion von Führungskräften und Mitarbeitern	
Mögliche Auswirkungen: Leistungsverhalten, Druck und Gegendruck, Motivation, Veränderung des Menschenbildes	
Konsequenz: Anpassung oder Ausweichverhalten	

Abbildung 210: Zusammenhang zwischen Führungsangebot und Führungserwartung

Analoge Beziehungen ergeben sich aus der Erwartung des Vorgesetzten an das Verhalten des Mitarbeiters im Verhältnis zum wahrgenommenen Verhalten. Auch hier führt eine Diskrepanz zwischen der Erwartung der Vorgesetzten an das Mitarbeiterverhalten und der subjektiven Wahrnehmung des tatsächlichen Verhaltens zu Anpassungs- oder Ausweichreaktionen der Beteiligten.

Die Tätigkeit in einer Organisation setzt Anpassung voraus. Neue Mitarbeiter, die sich nicht anpassen können, weichen durch *Abwehrmechanismen* aus oder aber verlassen das Unternehmen wieder, wenn der Anpassungsdruck zu stark wird und wenn sich ihnen eine andere Möglichkeit bietet. Aus diesem Grund sind auch die Fluktuationsraten in den ersten Monaten der Beschäftigung bei neu eingestellten Mitarbeitern wesentlich höher als nach längerer Beschäftigungsdauer. In Form sich *"selbst erfüllender Prophezeiungen"* findet sich deshalb weitgehend in jeder Organisationsform das ihr zugrundeliegende Menschenbild bestätigt, ebenso wie jeder Vorgesetzte seine Einstellung zu seinen Mitarbeitern in ihrem Verhalten wiederfindet (*Merton*).

Die dargestellten Zusammenhänge verdeutlicht Abbildung 210.

2.2.2 MacGregor's X-Y-Theorie

Von allen Erörterungen zu diesem Thema hat die von *McGregor* entwickelte *X-Y-Theorie* die Diskussion am nachhaltigsten beeinflußt. Obwohl es sich um keine Theorie im eigentlichen Sinne handelt, sondern vielmehr um die Gegenüberstellung von zwei polar entgegengesetzten Menschenbildern, soll hier weiterhin der wegen seiner allgemeinen Verbreitung in der Literatur verwendete Begriff „Theorie" Verwendung finden. Mit der *Theorie X* bezeichnet er die "herkömmliche" Einstellung zum Mitarbeiter, die sich mit der Industrialisierung entwickelte und die heute noch das Verhalten vieler Vorgesetzter bestimmt. Er faßte diese Einstellung in folgenden Punkten zusammen:

1. Die Leitung eines Unternehmens ist dafür verantwortlich, daß das Zusammenwirken von Geld, Rohstoffen, Anlagen und Menschen wirtschaftlich erfolgreich gestaltet wird.
2. Auf die Menschen bezogen bedeutet dies, daß man ihren Einsatz lenken, ihnen einen Leistungsanreiz bieten, ihre Leistung überwachen und ihr Verhalten den Bedürfnissen des Unternehmens anpassen muß.
3. Ohne dieses aktive Eingreifen der Unternehmensleitung würden die Menschen den Erfordernissen des Unternehmens passiv, ja vielleicht sogar feindlich gegenüberstehen. Sie müssen daher überredet, belohnt, bestraft, überwacht werden.

Wir fassen diese Gedanken oft dahingehend zusammen: Ein Unternehmen führen heißt, Menschen richtig einsetzen. Hinter dieser konventionellen Auffassung stehen verschiedene weitere Meinungen. Man spricht sie zwar nicht offen aus, sie sind aber um so tiefer in den individuellen Einstellungen verwurzelt.

- Der Mensch ist von Natur aus faul und arbeitet so wenig wie möglich.
- Er hat keinen Ehrgeiz, er drückt sich vor der Verantwortung und möchte am liebsten geführt werden.
- Er ist ein geborener Egoist. Die Sorgen und Nöte des Unternehmens sind ihm gleichgültig.
- Seinem Wesen nach widersetzt er sich jeder Veränderung.

- Er ist leichtgläubig und nicht sehr klug; jeder Scharlatan oder Demagoge hat mit ihm leichtes Spiel.

Nach dieser Auffassung gibt es für *McGregor* nur zwei Möglichkeiten, das Verhalten der Mitarbeiter zu beeinflussen. Die harte Form durch Drohungen, Zwang und strenge Kontrolle, die weiche Form, in dem man den Wünschen der Mitarbeiter nachkommt und die Voraussetzungen für ein harmonisches Zusammenarbeiten schafft. Damit werden die Mitarbeiter umgänglich und lassen sich führen.

Beide Methoden müssen immer fragwürdiger werden. Die harte Methode bringt Schwierigkeiten, weil Druck Gegendruck erzeugt und damit zu Leistungszurückhaltung und feindseliger Einstellung führt. Sie sind außerdem unter den durch die Industrialisierung veränderten Bedingungen kaum mehr durchzusetzen. Die weiche Methode führt nach *McGregor* zu einer "Abdankung" der Unternehmensleitung. Die Mitarbeiter nutzen diese weichen Methoden der Betriebsführung aus. Sie verlangen ständig mehr und leisten immer weniger.

Das Motto der sich aus der *X-Theorie* ergebenden Führungseinstellung lautet: Streng aber gerecht. "Zuckerbrot und Peitsche" sind die Mittel, die zum Ziel führen sollen. In Anlehnung an die Bedürfnishierarchie *Maslows* kommt *McGregor* zu der Überzeugung, daß sich diese Theorie nur so lange bewährt, wie es im Belieben der Unternehmensleitung steht, Mittel zur Befriedigung der Existenzbedürfnisse zu gewähren oder vorzuenthalten. Sie funktioniert nicht mehr, wenn die physiologischen Bedürfnisse befriedigt sind und höherstehende Motive antriebsbestimmend werden. Versprechungen, Drohungen und Zwangsmaßnahmen haben dann keine Wirkung mehr. Damit kommt *McGregor* zur Schlußfolgerung, daß Menschen, denen die Arbeit nicht mehr als die Existenzbedürfnisse bietet, genauso reagieren, wie die *Theorie X* voraussagt: mit Trägheit, Passivität, Widerstand gegen Veränderungen, mangelnder Bereitschaft Verantwortung zu übernehmen und mit der Neigung, Demagogen mit unvernünftigen wirtschaftlichen Forderungen zu folgen.

Dieser Auffassung stellt er seine *Theorie Y* gegenüber, die er in drei grundsätzlichen Annahmen über die Natur des Menschen zusammenfaßt:

1. Die Menschen stehen von Natur aus den Erfordernissen des Betriebes durchaus nicht passiv oder widerspenstig gegenüber. Eine solche Einstellung gewinnen sie erst aufgrund ihrer Erfahrungen in den Betrieben.
2. Die Leistungsbereitschaft, die Anlagen zur Entfaltung der Begabung, die Fähigkeit, Verantwortung zu tragen, die Bereitschaft, sich für die Ziele des Unternehmens einzusetzen, das alles ist in den Menschen vorhanden; es braucht ihnen von der Unternehmensleitung nicht erst eingeimpft zu werden. Es gehört vielmehr zur Verantwortung der Unternehmensleitung, den Mitarbeitern klar zu machen, welche Fähigkeiten in ihnen stecken und

wie sie diese zu ihrem eigenen Nutzen einsetzen und fortentwickeln können.
3. Die wesentlichste Aufgabe der Untenrehmensleitung besteht deshalb darin, die organisatorischen Voraussetzungen und die Arbeitsmethoden so zu gestalten, daß die Menschen ihre eigenen Ziele am besten erreichen können, wenn sie ihre Anstrengungen auf die Erreichung der Ziele des Betriebes richten.

So betrachtet stellt *McGregor* kein statisches Menschenbild dar, sondern betont den dynamischen Charakter der Entwicklung von Einstellungen und Werthaltungen.

Die *Arbeitsbedingungen*, die auf der Grundlage der konventionellen *Organisationstheorie* und der *"Wissenschaftlichen Betriebsführung"* geschaffen wurden, binden die Menschen an eng begrenzte Arbeitsaufgaben, die ihre Fähigkeiten nicht ausschöpfen, sondern zum Teil verkümmern lassen. Damit werden die Menschen abgeschreckt Verantwortung zu übernehmen, ihre Passivität wird gefördert und die Arbeit ihres Sinnes beraubt. Da sie daran gewöhnt sind, im Industriebetrieb geführt und kontrolliert zu werden, werden sie die Erfüllung ihrer Wünsche, einer Gemeinschaft anzugehören und Anerkennung zu finden, nicht in, sondern außerhalb der Arbeit suchen. Während sich diese Auffassung völlig auf die Beeinflussung des Verhaltens der Menschen von außen stützt, zielt die Theorie Y weitgehend auf die Selbstkontrolle ab. *McGregor* erklärt, daß man, nachdem Generationen lang eine X-Haltung bestimmend war, nicht ohne weiteres über Nacht zu einer entgegengesetzten Haltung übergehen könne. Der einzig mögliche Weg ist ein Weg der kleine Schritte.

2.2.3 Abgeleitete Ansätze

Die Ansichten McGregors sind an sich nicht neu. Bereits eine Generation vorher hatte *de Man* in einer damals viel beachteten Studie die These aufgestellt, daß der *"Drang zur Arbeitsfreude* ... der natürliche Zustand des normalen Menschen ist". Daß er das natürliche und normale Ziel der Arbeitsfreude nicht erreicht, liegt in äußeren Hemmungen. Momente, die die Arbeitsfreude fördern, gibt es nicht. Die Arbeit verlangt auch gar nicht danach, gefördert zu werden; wichtig ist nur, daß sie nicht gehemmt wird. Da in der Wirklichkeit nicht alle Hemmungen abgebaut sind, beobachten wir den Zustand eines labilen Gleichgewichts zwischen dem natürlichen Drang zur Arbeitsfreude und den hemmenden Elementen. Der Drang zur Arbeitsfreude ergibt sich aus positiv-triebhaften Motiven wie Tätigkeitstrieb, Spieltrieb, Aufbautrieb, Besitztrieb, aber auch aus negativ bewerteten Motiven wie Herdentrieb, Herrschsucht, Unterordnungsbedürfnis usw. sowie aus dem sozialen Pflichtgefühl. Dieses soziale Pflichtgefühl entsteht seiner Meinung nach aus der Einsicht in die sittliche Notwendigkeit zur Arbeit für das Gemeinwohl. Die Ergebnisse neuerer

Untersuchungen zum Wertewandel würden hier sicher *de Man* zu einer Relativierung seiner letzten Schlußfolgerungen veranlassen.

Im Gegensatz zu den Vertretern der humanistisch-psychologischen Schule, wie *Maslow* und seiner Nachfolger, die im individualistischen Streben nach Selbstentfaltung und Selbstverwirklichung das Ideal sehen, stand *de Man* dem sozialisitischen Ideal, das im Dienst an der Gesellschaft die höchste Erfüllung sieht, nahe. Er beklagte, daß dem Arbeiter heute so gut wie alles fehlt, um ihn seine Arbeit als Pflicht gegenüber der Gemeinschaft empfinden zu lassen. Mit dem Abbau der Hemmungen der Arbeitsfreude würde sich eine neue Gemeinschaft mit einem anderen Gemeinschaftssinn entwickeln. Als solche Hemmungen bezeichnete er:

1. Technische Hemmungen wie
   - überzogene Teilarbeit,
   - repetitive Tätigkeit mit ständigen Wiederholungen im Arbeitsvollzug, Verringerung der Initiative und Aufmerksamkeit,
   - ungünstige technische Arbeitsbedingungen und Umwelteinflüsse.
2. Innerbetriebliche soziale Hemmungen wie
   - ungenügende Arbeitszeit- und Urlaubsregelungen,
   - ungerecht empfundene Lohnsysteme,
   - Aufbau der Betriebshierarchie, wobei der Vorgesetzte der schlimmste Feind des Arbeiters ist.
3. Außerbetriebliche soziale Hemmungen wie
   - soziale Minderwertigkeitskomplexe der Arbeiterklasse durch Geringschätzung der körperlichen Arbeit,
   - Existenzunsicherheit und weitgehender Ausschluß von Aufstiegs- und Veränderungschancen.

Um diese Hemmungen abzubauen, befürwortete *de Man* eine betriebsbezogene Strategie. Nach seiner Meinung hängt eine Lösung dieser Fragen weniger von einer *Zentralreform der Besitzverhältnisse* an sich ab, sondern vielmehr von einer *Lokalrefom der Betriebsverhältnisse* in Bezug auf ihre technischen Einrichtungen sowie ihre menschlich-hierarchische Organisation. Sozialisierung von unten auf der psychologischen Grundlage der Arbeitssolidarität ist ihm hierbei wichtiger als Sozialisierung von oben durch Verstaatlichung.

Im Gegensatz zum idealistischen Konzept *Maslow's* steht eine andere Richtung der humanistischen Psychologie, die *Logotherapie* von *E. Frankl*. Dieser sieht nicht in der Selbstverwirklichung des einzelnen, die sich nach seiner Meinung in einer modernen, auf Arbeitsteilung beruhenden Industriegesellschaft nur von einer kleinen Minderheit realisieren läßt, das Ziel, sondern er fordert anstelle eines verlorengegangenen Sinngehaltes menschlichen Lebens eine neue Sinnfindung. Was den Menschen heute fehlt, ist nicht eine ethische Verhaltensnorm, die unerreichbar ist und die den Menschen auch nicht aus seinen soziokulturellen Beziehungen zu lösen vermag (*Böckmann* S. 66), sondern ein neuer *"Sinn in der Arbeit"*. Seine Forderungen: "Wer Leistung in der Arbeit erwartet, muß Sinn in der Arbeit bieten". Dazu muß man die Struktur der Bedürfnisse der Mitarbeiter kennen und berücksichtigen.

2.3 Theorie Z von Ouchi

Ein Beispiel, wie das gesellschaftliche Umfeld Organisationsstrukturen bestimmt und wie sich nationale kulturelle Gegebenheiten durch internationale Beziehungen gegenseitig beeinflussen, zeigt die von *Ouchi* entwickelte *Theorie Z*.

Ausgangspunkt seiner Analyse war der sich immer deutlicher abzeichnende Vorsprung der japanischen Unternehmen gegenüber den USA im internationalen Wettbewerb. Da die Unternehmen in beiden Kulturkreisen mit der gleichen Technik, den gleichen Rohstoffen usw. eine vergleichbare Aufgabe zu erfüllen haben, kann dies nur mit signifikanten Unterschieden der Organisationen zwischen Nordamerika und Japan erklärt werden.

Aufgrund seiner Analyse bezeichnete er die US-amerikanischen Unternehmen als bürokratisch ausgerichtete Typen und beschrieb sie als heterogen, mobil, individualistisch orientiert. Die japanischen Unternehmen hingegen als eher homogen, stabil und kollektivistisch.

Diese Unternehmungstypen, die sich durch die kulturellen Umfelder herausgebildet haben, bezeichnet er als Typ A für die bürokratische Organisation und als Typ J, Ausprägungen, die die japanischen Organisationsformen kennzeichnen.

Aufgrund seiner Untersuchungen stellte er fest, daß die erfolgreichen amerikanischen Unternehmen ein Merkmalsprofil aufzeigen, welches Inhalte dieser beiden Typen in sich vereint, er nannte dieses Profil „Theorie Z".

Diese unterschiedlichen Merkmalsausprägungen der Typen A und Z sind nicht nur instrumental zu verstehen, sondern sie sind Ausdruck einer ganz besonderen Unternehmenskultur, durch die sie bestimmt werden und mit der sie in einem gegenseitigen Beeinflussungsverhältnis stehen.

Langsame Beförderung, maßgeblich beeinflußt durch das Dienstaltersprinzip, fördert die starke Bindung an das Unternehmen ebenso wie eine erwartete Lebenszeitbeschäftigung, beides fördert auch das Denken in längerfristigen Zeiträumen und erschwert damit das *"job hopping"* (den häufigen Stellenwechsel) mit dem Streben nach einem kurzfristigen Erfolg. Spezialisierte Karrierewege fördern das Denken in Funktionen. Sie fördern den Fachspezialisten, der bereits nach einer Spezialausbildung in das Unternehmen kommt und sein Fachgebiet in der Regel vollkommen beherrscht. Breit angelegte Karrierewege führen dazu, daß Nachwuchskräfte ohne Spezialausbildung, aber mit einem Grundlagenwissen in das Unternehmen eintreten. Sie werden dort im Unternehmen durch breit angelegte *"Job-Rotation-Programme"* (*wandering around*) durch das Unternehmen für spezielle Aufgaben ausgebildet. Sie wissen alles über das Produkt, die Fertigungsverfahren, die Technik, das Unternehmen und von der fachlichen Spezialisierung nur soviel, wie für die Produktion notwendig ist.

Merkmale	Theorie A	Theorie J	Theorie Z
Beschäftigungsverhältnis	kurzfristig	lebenslang	langfristig
Leistungsbewertung	häufig	selten	häufig
Beförderung	schnell	langsam	langsam
Karrierewege	spezialisiert, professionalisiert	weit, wandering around	mäßig spezialisiert
Kontrollmechanismen	explizit	implizit	implizit, informale Kontrolle und explizit, formaler Einfluß
Entscheidungsfindung	individuell	kollektiv	kollektiv
Verantwortung	individuell	kollektiv	individuell
Mitarbeiterorientierung	segmentiert	ganzhaft	ganzhaft

Abbildung 211: Unterschiedliche Merkmalsausprägungen der Organisationsstrukturen bei den Theorien A, J und Z

Ersteres fördert bei auftretenden Problemen das Alibidenken und die Suche nach dem Schuldigen, möglichst in einem anderen als dem eigenen Bereich. Letzteres hingegen fördert das Denken im Lösen gemeinsamer Probleme. Nicht die eigene Funktion und die eigene Tätigkeit steht dann im Mittelpunkt, sondern der Produktionsprozeß.

Implizite Kontrollmechanismen fördern eher die Eigenverantwortung, explizite hingegen führen dazu, zu versuchen, sich der Kontrolle zu entziehen. Der individuelle Entscheidungsprozeß fordert den dynamischen Vorgesetzten als Entscheidungstyp mit der Folge, daß viel Energie für die Entscheidungsdurchsetzung aufgewandt werden muß, kollektive Entscheidung jedoch fördert das Gemeinschaftsdenken, führt häufig zu längeren Prozessen der Konsensfindung, jedoch mit erheblichen Zeiteinsparungen und geringeren Problemen bei der Durchführung.

Die Unternehmenskultur, die Gemeinschaftsdenken fördert, baut auf Vertrauen, Freundschaft und Zusammenarbeit auf, anstelle von Wettbewerb und Durchsetzungsfähigkeit.

Als Betriebsgemeinschaft ist die Z-Organisation im Gegensatz zu den traditionellen westlichen Organisationsformen nicht individuums-, sondern gruppenorientiert. Die soziale Struktur der Unternehmen vergleicht *Ouchi* mit den *Clans* (*Durkheim*), ein Begriff der schwer zu übersetzen und zu beschreiben ist. Durkheim sieht hierin im Gegensatz zur Horde, die er als unorganisierte Zusammenfassung von Individuen ansieht, die ganze organisatorische Einheit als eine "intime" Vereinigung von Individuen, welche durch verschiedene Aufgaben miteinander verbunden sind.

Die formale bürokratische Kontrolle wird durch die soziale Kontrolle der Clanmitglieder über die gemeinsamen Werte abgelöst.

Der Vorwurf, daß *Ouchi* hier nicht das Ergebnis einer empirische Studie vorlegt, sondern vielmehr ein normatives Führungsmodell entwickelt, das situative Bedingungen in diesem Fall die kulturelle Umwelt mit einbezieht, ist sicher zutreffend. Der Einwand hingegen, daß das Modell nicht auf westliche Verhältnisse übertragbar ist, besteht dann zurecht, wenn man an eine direkte eins zu eins Übertragung denkt.

Denkanstöße gibt sie trotzdem und auch bei einer kritischen Beurteilung wird man bei den erfolgreichsten deutschen Unternehmen, wie z.B. bei Siemens usw. viele Ansätze dieser Kultur wiederfinden. Sie waren auch bei Daimler zu erkennen bis eine starke Unternehmungskultur lange Zeit die Anpassung an die veränderten Verhältnisse verhindert hat.

Der Übergang von traditionellen Formen zu einer *Z-Organisation* ist, wie *Ouchi* betont, ein schwieriger und langwieriger Prozeß, der nach seinen Erfahrungen bis zu 15 Jahren dauern kann und den er in 13 Stufen beschreibt (*Ouchi 1981*, S. 99 ff). Dieser Prozeß beginnt mit der Stufe 1, das Typische der Z-Organisation kennenzulernen über eine Bestandsaufnahme der bestehenden Unternehmensphilosophie, die bis zur Einbeziehung der Gewerkschaften (Betriebsräte), der Schaffung der Arbeitsbedingungen, der Entwicklung von Gruppenarbeitsfähigkeit bis zum Implimentierungsprozeß führt.

Deutlich ist der Hinweis, daß man solche Veränderungen nicht einfach anordnen oder verordnen kann, sondern daß sie in einem Klima des Vertrauens, der Offenheit und der gegenseitigen Sympathie wachsen müssen.

3. Idealtypische Führungsstile

3.1. Einteilung nach der Rechtfertigung ihrer Existenz

Die Notwendigkeit der Führung ergibt sich aus den Anforderungen eines arbeitsteiligen Prozesses. Diese Koordinationsnotwendigkeit ergibt sich unabhängig, wo und in welchen Gesellschaftsformen dieser Prozeß stattfindet, ob im Unternehmen, in der Familie oder einer sonstigen institutionalisierten Form von Organisationen. Praktisch überall dort, wo mehrere Individuen zur Erreichung eines gemeinsamen Zieles in einer arbeitsteiligen Form koordiniert zusammenarbeiten.

In Anlehnung an die von *Max Weber* (S. 122) entwickelten Grundtypen lassen sich unterscheiden:

3.1.1 Patriarchalischer Führungsstil

Leitbild ist die absolute Autorität des Vaters in der Familie. Der *Patriarch* führt in dem Bewußtsein, Belegschaftskinder unter sich zu wissen, die in keiner Weise an der Führung beteiligt werden können. Der absolute Herrschaftsanspruch des Partriachen wird begründet mit dem Generationen-, Reife-, Wissens- und Erfahrungsunterschied. Er begründet gegenüber den Geführten jedoch auch einen Treue- und Versorgungsanspruch. Die zugrundeliegende Organisationsform ist einfach, überschaubar und von wenig Koordinationsproblemen belastet. Die Effizienz dieses Führungsstils wird jedoch eingeschränkt durch den Verzicht auf die Mobilisierung des geistigen Potentials der Geführten.

3.1.2 Charismatischer Führungsstil

Der Führungsanspruch beruht auf der Einmaligkeit und der Ausstrahlungskraft des Führers. Er kennt deshalb weder Vorgänger, noch Stellvertreter, noch Nachfolger. Er kann vom Geführten schlechthin jedes Opfer verlangen, jedoch nicht nur im Vollzug des Gehorsams, sondern mit dem ausdrücklichen Anspruch auf Begeisterung. Die Gegenleistung für den Gehorsam ist die Verheißung der Einmaligkeit und des Erfolges. Mit dem *patriarchalischen Führungsstil* hat er sowohl die "singulare" Herrschaftsposition als auch den absoluten Herrschaftsanspruch gemein. Durch die Bindung des Führungsstils an die Einmaligkeit der Führerpersönlichkeit ist das *Charisma* jedoch als organisationsfeindlich anzusehen.

3.1.3 Autokratischer Führungsstil

Hier tritt gegenüber den persönlichkeitsbezogenen Führungsstilen die Institution in den Vordergrund. Ausgangspunkt der Herrschaft ist auch hier ein mit aller Machtvollkommenheit ausgestatteter Führer. Dieser führt jedoch nicht mehr unmittelbar, sondern bedient sich hierzu eines Führungsapparates. Durch diesen Führungsapparat erlaubte es der *autokratische Führungsstil*, in der geschichtlichen Entwicklung sehr große soziale Gebilde aufzubauen und zu konsolidieren, wie z.B. die absolutistischen Staaten mit ihren Armeen, die Kirchen und schließlich die wirtschaftlichen Großunternehmen. Durch die einmalige führungsorganisatorische Integration von "Thron und Altar" im absolutistischen Staat mit dem Fürstentum von Gottes Gnaden gelang eine Erziehungsleistung, die einen ganz besonderen Typ der Geführten, nämlich die Untertanen, hervorbrachte, die zu unbedingtem und präzisem Gehorsam verpflichtet waren. Ohne diese organisierende und disziplinierende Erziehungsleistung hätten weder ein moderner Staat noch ein moderner Großbetrieb entstehen können. Das grundlegende Organisationsprinzip der Autokratie ist die klare Trennung zwischen Entscheidung und Durchsetzung. Die reine Form der autokratischen Führung wurde zunehmend abgelöst durch die fortschreitende Spezialisierung und Differenzierung im wirtschaftlichen und gesellschaftlichen Leben. Je mehr zur Lösung der einzelnen Probleme Führungskräfte mit Spezialkenntnissen erforderlich werden, um so weniger können sich "einsame" autokratische Entschlüsse halten.

3.1.4 Bürokratischer Führungsstil

Der Führungsapparat der Autokratie bildete die Grundlage für die entstehende *Bürokratie*. Anstelle der absoluten Willkür der Autokratie, die keiner Kontrolle und Rechtfertigungsinstanz unterworfen war, traten nun die fachliche Kompetenz der bürokratischen Instanzen und das Reglement mit Gewaltenteilung, mit präzisen Beschreibungen der Stellenbefugnisse und der Verwaltungsabläufe. Eine oberste, über allem stehende und alles beherrschende Führungspersönlichkeit, gibt es nicht mehr. An ihrer Stelle tritt der hierarchische Apparat, in den alle Ränge, einschließlich der obersten, integriert werden. Ein System von Kontrollen und Gegenkontrollen bietet Sicherheit vor Willkür und sichert den Anspruch des Fachwissens. Während die autokratische Herrschaft die Geführten diszipliniert hat, erreicht der bürokratische Führungsstil die Disziplinierung der Führenden.

Wurde die bürokratische Führungsweise um die Jahrhundertwende als Gegengewicht zur Willkür der konstituionellen Monarchie begrüßt, so hat heute der Begriff Bürokratie überwiegend eine negative Bedeutung erlangt. Im Laufe der Entwicklung wurden ihre Vorzüge und ihr Perfektionsstreben zu ihren Mängeln.

Aus Legalität wurde Formalisierung, aus Ordnung Überordnung, aus Gleichheit Schematismus und aus dem Reglement insgesamt Unwirtschaftlichkeit.

3.2 Einteilung nach der Ausübung der Führungsfunktionen (autoritärer und kooperativer Führungsstil)

Nach der Ausübung der Führungsfunktion und der Aufteilung des Entscheidungsspielraums zwischen Führern und Geführten ist zu unterscheiden zwischen *autoritärem* und *kooperativem Führungsstil*.

Der in diesem Zusammenhang als Sonderform bezeichnete laissez faire Führungsstil wird nur der Vollständigkeit halber erwähnt. Wesensmerkmale des diesen Führungsstil kennzeichnenden *Führungsverhaltens* sind das Gewährenlassen der Geführten durch den Führenden und das Eingreifen nur dann, wenn es von den Geführten gewünscht wird. Dieser Verzicht auf den Gestaltungswillen und die Ziellosigkeit der Führung bedeutet, daß es sich hier eher um eine "Nicht-Führung" handelt, die allenfalls periodisch einmal als eine Stufe von Führungsunsicherheit auftreten kann. Damit kann der *laissez faire-Stil* nicht zu den *Führungsstilen* im eigentlichen Sinne gerechnet werden.

Autoritärer und kooperativer Führungsstil unterscheidet sich durch den unterschiedlichen Grad der Ausprägung der einzelnen *Führungselemente*. Versucht man, die einzelnen Punkte zusammenzustellen, so ergibt sich nachfolgende Tabelle (vgl. *Bleicher*, Perspektiven, S. 51 und die dort angegebene Literatur):

Autoritärer Führungsstil	Kooperativer Führungsstil
1. Führungsleitbild	
Der Führer ist der Herr, die Geführten sind Untergebene und ihrem Herrn zu absolutem Gehorsam verpflichtet.	Führer und Geführte sind Mitarbeiter und Partner. Der Führer lenkt und koordiniert das Zusammenwirken in einer Gruppe.
2. Autoritätsbasis	
Institutionelle Autorität, weltanschaulich oder religiös fundiert. Sie hat als Institution hohen sittlichen Eigenwert. Bewußtes Schaffen von Statussymbolen, um hierarchische Ebenen voneinander abzugrenzen.	*Funktionale Autorität*, als notwendige Funktion aufgefaßt, die sich sachrational aus den Notwendigkeiten des Zusammenwirkens und den Fähigkeiten des Führers ableitet.

Autoritärer Führungsstil	Kooperativer Führungsstil
\multicolumn{2}{c}{3. Organisation}	
\multicolumn{2}{c}{a) Organisationsstruktur}	
Streng geordnete und klar gegliederte Unterstellungsverhältnisse mit eindeutigen Instanzwegen. Große Bedeutung wird der Festlegung der Kontrolle und Subordinationsspanne beigemessen. Das Kennzeichen der Organisationsstruktur ist ein starkes hierarchisches Gefälle. Die Organisation wird von einem einheitlichen Willenszentrum, der Geschäftsleitung, geleitet, das mit aller Macht ausgestattet ist.	Die strenge hierarchische Ordnung ist aufgelockert und durch eine Vielzahl von Beziehungen ergänzt. Anstelle detaillierter Organisationspläne treten Rahmenpläne mit Zielvorgaben. Das hierarchische Gefälle ist geringer. Die Gruppengröße richtet sich nicht nach der Kontrollspanne, sondern nach der auszuführenden Funktion.
\multicolumn{2}{c}{b) Organisationsgrad}	
Konkretisierungsgrad der Aufgaben ist sehr hoch. Detaillierte Arbeitsanweisungen legen die Aufgabendurchführung fest und gewähren nur geringen Spielraum. Im Mittelpunkt organisatorischer Probleme steht die Strukturierung von Weisungsrechten.	Konkretisierungsgrad der Aufgaben ist sehr gering. Anstelle detaillierter Arbeitsanweisungen treten Rahmenregelungen mit Zielvorgaben.
\multicolumn{2}{c}{c) Formalisierungsgrad der Organisation}	
Sehr hoch. Die formale Organisation ist durch detaillierte Regelungen aller Einzelheiten festgelegt. Informale Erscheinungen werden als nicht vorhanden angesehen bzw. soweit wie möglich unterdrückt.	Gering. Anstelle detaillierter Regelungen treten Rahmenbestimmungen, die die Grundsätze festlegen und in größerem Umfang durch informale Regelungen ergänzt werden.
\multicolumn{2}{c}{4. Entscheidungsprozeß}	
\multicolumn{2}{c}{a) Vorbereitung der Entscheidung}	
Da der Vorgesetzte alles besser weiß und kann als seine Untergebenen, erfolgt die Entscheidungsvorbereitung ohne ihre Mitwirkung.	Sachgerechte Entscheidungen erfordern die Mitwirkung aller Mitarbeiter. Der Einsatz von Koordinationsmitteln wie Stäben und Kollegien ist die Regel.
\multicolumn{2}{c}{b) Willensbildung}	
Typisch ist das Direktionalprinzip der Willens- und Entscheidungsbefugnis, bei dem in Singularinstanzen die Entscheidungen getroffen werden. Starke Zentralisierung an der Spitze.	Die Mitarbeiter sind mit in den Entscheidungsprozeß eingeschaltet. Der Vorgesetzte hat eine Koordinierungsfunktion. Anstelle der Zentralisation tritt die Dezentralisation.
\multicolumn{2}{c}{c) Durchsetzung der Entscheidung}	
Grundlage der Entscheidungsdurchsetzung ist der einseitige Befehl. Da die Führung grundsätzlich über die besseren Kenntnisse verfügt, sind die Einwendungen dagegen grundsätzlich unstatthaft.	Grundlage der Entscheidungsrealisierung ist der Auftrag. Einwendungen gegen die Art der Auftragsdurchführung sind grundsätzlich statthaft. Begründete Einwendungen führen zu einer Abänderung des Auftrages.

Autoritärer Führungsstil	Kooperativer Führungsstil
	**5. Arbeitsbeziehungen**
	**a) Aufgabendelegation**
Von der Führung werden nur weisungsgebundene Ausführungsaufgaben delegiert. Alle Planungs-, Entscheidungs- und Kontrollaufgaben bleiben bei der Führung zentralisiert.	Alle Aufgaben, auch Planungs-, Entscheidungs- und Kontrollaufgaben werden soweit wie möglich delegiert. Die oberste Führung behält sich nur die Dienstaufsicht und Erfolgskontrolle vor.
	**b) Arbeitsanweisungen**
Arbeitsanweisungen werden grundsätzlich bilateral an einzelne Personen erteilt. Diese bildet im Gesamtzusammenhang des Unternehmens eine isolierte Einheit.	Der Arbeitsverkehr wird über die Gruppe als ganzes abgewickelt. Hierdurch entstehen in der Regel ausgeprägte kollegiale Arbeitsformen.
	**c) Information**
Untergebene werden nur über das informiert, was sie zur Durchführung ihres Arbeitsauftrages wissen müssen. Die Kommunikationskanäle sind formal durch Dienstwege streng gebunden. Genau gesteuerte Informationen untermauern die Machtausstattung der hierarchischen Spitze.	Informationen dienen als Führungsmittel. Sie sind die Grundlage der Delegation von Entscheidungsaufgaben und Verantwortung. Eine faire, vollständige und unverfälschte Informationspolitik, ergänzt durch ein Netz informaler Beziehungen, bildet die Grundlage für selbständige und eigenverantwortliche Mitarbeit.
	**d) Kontrolle**
Ausgeprägte und strenge sachliche Kontrolle bis ins Detail, unterstützt durch genaue Kontrollpläne. Die Selbstkontrolle der Mitarbeiter hat gegenüber der Fremdkontrolle durch den Vorgesetzten keine Bedeutung.	Kontrolle bleibt zwar eine unabdingbare und nicht delegierbare Funktion des Vorgesetzten. Sie wird jedoch in der Regel als Erfolgs- und nicht als detaillierte Ausführungskontrolle vorgenommen. Die Bedeutung der Selbstkontrolle nimmt zu.
	**6. Einstellung zum Mitarbeiter**
	**a) Das Bild von der Persönlichkeit des Mitarbeiters**
X-Theorie nach *Mc Gregor*. Die Mitarbeiter haben eine Abneigung gegen die Arbeit. Sie müssen durch Belohnung und Bestrafung zur Arbeit angehalten werden. Es fehlt ihnen die Fähigkeit, ihre Arbeit eigenständig richtig einzuteilen. Strenge Zentralisation der Planung und Organisation der Arbeitsvorgänge.	Y-Theorie. Die Mitarbeiter finden die Erfüllung in ihrer Arbeit, sofern ihre persönlichen Motive durch die Arbeit mit angesprochen werden. Sie sind hinreichend intelligent, den jeweils besten Weg zu einer Lösung selbst zu finden. Anstelle detaillierter Ausführungsbestimmungen können globale Zielvorgaben treten.
	**b) Ausbildung und Entwicklung der Mitarbeiter**
Mitarbeiter werden primär in ihrer Eigenschaft als Produktionsfaktoren gesehen. Die strikte Trennung zwischen Planung und Durchführung fordert grundsätzliche Unterschiede im Verhalten zwischen Vorgesetzten und Mitarbeitern.	Der Unterschied im Verhalten und der Fähigkeiten zwischen Vorgesetzten und Mitarbeitern ist lediglich gradueller Art. Ausbildung und Entwicklung von Mitarbeitern aller Stufen werden begünstigt.
	**c) Kontakte zwischen Vorgesetzten und Mitarbeitern**
Aus der Logik der institutionellen Autorität heraus ergibt sich die grundsätzliche Tendenz, zu den Untergebenen Distanz zu halten. Soziale und zwischenmenschliche Kontakte beschränken sich auf ein Mindestmaß.	Das "gegenseitige Aufeinander-angewiesen sein" und der Zwang zu kooperativer Zusammenarbeit bedingen intensivere persönliche Kontakte und verringern die Distanz zwischen Vorgesetzten und Mitarbeitern.

3.3 Kontinuum der Führungsstile

Die beiden beschriebenen Führungsstilformen sind zwei Idealtypen, die in ihrer reinen Form in der Praxis nicht zur realisieren sind. Zwischen ihnen besteht keine Dichotomie. Vielmehr stellen sie in ihren extremen Ausprägungen Endpunkte eines Kontinuums dar. Zwischen den beiden Polen ist eine Vielzahl von modifizierten Führungsbeziehungen möglich, die sich jeweils im Grad der Ausprägung der einzelnen Führungselemente unterscheiden. Auf der in Abbildung 212 dargestellten Ordinalskala sind sieben typisierte Möglichkeiten einer Aufteilung der Entscheidungsbefugnis aufgetragen.

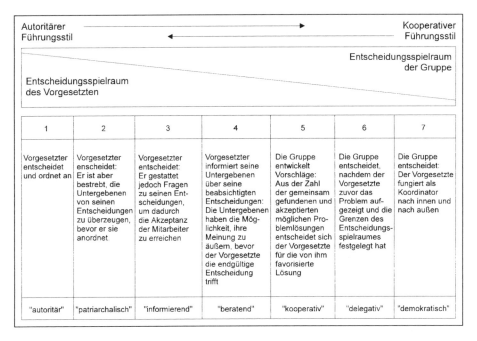

Abbildung 212: Kontinuum der Führungsstile (nach *Tannenbaum* und *Schmidt* S. 96)

3.4 Der kooperative Führungsstil in der Praxis

Die tatsächliche Verbreitung eines solchen kooperativen Führungsstils in der Praxis steht nach einigen explorativen Studien in keinem Verhältnis zu der Menge der Veröffentlichungen und der Darstellungen innerhalb von Lehrbüchern und Seminaren.

Die Ursache liegt darin, daß die anspruchsvollen Definitionen wie etwa von *Bleicher* oder *Wunderer*, der die Dimensionen koorperativer Führung in zwei

Bereiche nach *Teilhabe* und *Teilnahme* unterteilt, in der Praxis kaum bekannt gemacht oder thematisiert wurden.

Statt dieser differenzierenden Betrachtungen stehen in Seminaren und vor allem in der Diskussion um die Beurteilung eines effektiven, kooperativen Führungstils, immer noch die Beteiligung der Mitarbeiter am Entscheidungsprozeß nach dem Schema von *Tannenbau/Schmidt* im Vordergrund.

Für die Überlegungen über ein optimales Führungsverhalten scheiden aus diesem Kontinuum naturgemäß die beiden Extremtypen aus. Der autoritäre Typ 1, weil er teils den herrschenden Zeitgeist, zum Teil auch den gegebenen sozialen Bedingungen nicht mehr entspricht und die demokratische Variante nach dem Typ 7, weil dieser Führungsstil letztlich eine Abdankung der Unternehmungsleitung bedeuten würde.

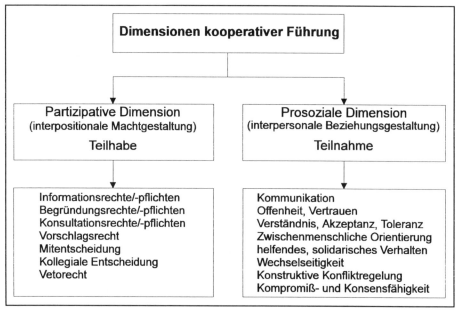

Abbildung 213: Dimensionen kooperativer Führung (*Wunderer*, 1987)

In Seminaren und Veröffentlichungen wurden deshalb überwiegend die Führungsstiltypen 4 bis 6 als die Idealtypen vorgestellt.

Nach einer Untersuchung des EMNID-Institutes (*Wunderer*, 1987) wurden von den Befragten als kooperative Führung angesehen:

Typ 4 beratend von 27 %,

Typ 5 kooperativ von 23 %,

Typ 6 demokratisch von 11 %.

Für Führungskräfte, die sich mit einem kooperativen Führungsstil identifizieren wollen, bedeutet dies die Festlegung ihres Verhaltens auf ein enges Spektrum des Führungskontinuums und eine Einengung der gegebenen Verhaltensmöglichkeiten.

Es gibt Fälle, wie bei Durchführungsmaßnahmen, bei denen Typ 1 autoritäre Entscheidungen durch den Vorgesetzten zweckmäßig und notwendig sind, (vgl. hierzu auch die Ausführungen zu den Erweiterungen des Kontingenzmodells von *Fiedler*), während in anderen Fällen, z.B. die Form als begleitender Moderator eines Problemlösungsteams und damit die Gruppenentscheidung zweckmäßig sein kann (vgl. hierzu auch die Ausführungen über die Produktivität der Gruppe gegenüber ihrem besten Mitglied).

Die Fixierung auf einen propagierten, kooperativen Führungsstil bringt, unabhängig davon, ob nun der Typ 4, 5 oder 6 als ideal angesehen werden kann, den Vorgesetzten in der Regel in eine schwierige Situation.

Seiner Führungsverantwortung und dazu gehört auch die Koordination von Teilleistungen, kann sich ein Vorgesetzter für die Belange seines Bereiches nicht entziehen.

Legen mehrere Mitarbeiter unterschiedliche voneinander abweichende Vorschläge vor, oder kann er, aus welchen Gründen auch immer, die gemachten Vorschläge nicht annehmen und muß er eine, von den Vorschlägen abweichende Entscheidung treffen, so muß er dies auch entsprechend begründen. Tut er dies nicht, oder wird die gegebene Begründung von den Betroffenen nicht akzeptiert, so werden diese demotiviert mit der Folge, daß nach dem Motto "Der Vorgesetzte entscheidet doch wie er will, ohne auf unsere Vorstellungen Rücksicht zu nehmen", künftig kaum weitere Vorschläge gemacht werden; auch dann nicht, wenn bei den Mitarbeitern das entsprechende Problemlösungspotential vorhanden wäre. Abgesehen von der Frustration, die sich für einen Mitarbeiter daraus ergibt, da seine Vorschläge nicht gewürdigt werden, ergibt sich für ihn noch eine weitere Demotivation daraus, daß er nun etwas anderes ausführen muß, als er es selbst für richtig oder zweckmäßig gehalten hat, ohne daß ihm die Gründe hierfür voll einsichtig gemacht wurden.

Der Zwang, Entscheidungen, die nicht den Vorschlägen der Mitarbeiter entsprechen, begründen zu müssen, wird damit - wie praktische Erfahrungen zeigen - zu einer Belastung für den Vorgesetzten, der er kaum gerecht werden kann.

In der Praxis führt dies erfahrungsgemäß zu den üblichen Ausweichreaktionen, in dem Vorgesetzte ihren Informationsvorsprung und ihre hierarchische Position in der Regel manipulativ so nutzen und ihr Informations- und Kommunikationsverhalten so gestalten, damit Mitarbeiter ihre Vorschläge im

Sinne der vorgefaßten Entscheidungen abfassen. In der Praxis bedeutet dies den Schritt zu einer für alle Beteiligten unbefriedigenden Art von "Pseudodemokratur". Damit wird der Zwang zur Begründung von bereits getroffenen Entscheidungen zu einer lästigen Pflicht für den Vorgesetzten mit auf die Dauer unvermeidbaren Frustrations- und Demotivationseffekten bei den Mitarbeitern.

Die Diskussion um den kooperativen Führungsstil und die Einengung des Begriffes auf die Teilnahme der Mitarbeiter am Entscheidungsprozeß, haben letztlich in allen Unternehmen zu negativen Auswirkungen geführt. So wurden bei den Mitarbeitern, vor allem auch bei den Vorgesetzten mittlerer und unterer Führungsebenen, wie auch bei den qualifizierten Sachbearbeitern, die ja auch ihrerseits Mitarbeiter ihrer Vorgesetzten sind, Erwartungshaltungen geweckt, die zwangsläufig nicht erfüllt werden können.

Die nachstehende Untersuchung von *Wunderer* (1990) zeigt, daß in der Schweiz 85 % und in Deutschland 75 % der Mitarbeiter unter kooperativer Führung ein Entscheidungsverhalten nach den Stiltypen 5 - 7 verstehen, daß aber nur etwa 40 % der Mitarbeiter in der Schweiz und etwa 35 % der Mitarbeiter in Deutschland ein solches Verhalten bei ihren Vorgesetzten wahrnehmen.

Typ	autoritär 1	patriarchalisch 2	informierend 3	beratend 4	kooperativ 5	delegativ 6	demokratisch 7	Typ 1 - 4	Typ 5-7
Ist 469 Schweiz	2	10	23	25	22	10	8	60	40
Soll 461	0	0	0	14	28	47	10	14	85
Ist 888 BRD*	5	11	14	35	16	15	4	65	35
Soll 1025	0	0	1	23	22	43	10	24	75
Ist 117 DDR	12	26	29	18	9	2	4	85	15
Soll 121	2	12	8	42	22	12	2	64	36

Angaben in Prozent

Frage: Wie werde ich von meinem Chef geführt? (Ist) N = 1615 Führungskräfte
Wie möchte ich von meinem Chef geführt werden? (Soll) * = nur alte Bundesländer

Abbildung 214: Führungsstilumfragen von *Wunderer* 1986-1990

35 % der Mitarbeiter in der Schweiz und 30 % der Mitarbeiter in Deutschland nehmen bei ihren Führungsvorgesetzten ein Führungsverhalten nach den Stiltypen 1 bis 3 wahr, die kaum zu den kooperativen Formen gehören.

Eine derartige Konfrontation zwischen Wunschvorstellungen und den realen Möglichkeiten der Durchsetzung, muß bei allen Beteiligten zu Frustrationseffekten führen, die erfahrungsgemäß viel stärker als die so häufig beklagte Sinnentleerung oder Motivationslücke zu einer „inneren Kündigung" führen.

Damit wird man ein kooperatives Führungsverhalten nach den Führungsstiltypen 5 und 6 nicht in allen Fällen als ideal fixiertes Führungskonzept ansehen können.

Vielmehr wird man ein situativ variabel handhabbares Führungskonzept entwickeln müssen, das verschiedene Ausprägungen zeigen kann, die dann je nach Aufgabenstellung unterschiedlich handhabbar sind.

Führungskräfte werden eine Sensibilität dafür entwickeln müssen, wann und unter welchen Bedingungen ein Führungsstiltyp von 1 bis 7 anzuwenden ist. Bei reinen Ausführungsaufgaben, bei denen die Rahmenbedingungen festliegen, kann durchaus der Typ 1 angebracht sein, während bei Problemlösungsentscheidungen, wo es darauf ankommt, Wissen und Erfahrung der Gruppen bzw. der Mitarbeiter zu aggregieren und zu Synergieeffekten zu bündeln, auf den Typ 7 nicht verzichtet werden sollte.

Ein derartiges Vorgehen setzt jedoch zwischen Vorgesetzten und Mitarbeitern ein gegenseitiges Vertrauensverhältnis voraus, so daß von den Mitarbeitern auch ein situativ variabel gehandhabtes Führungsverhalten verstanden und akzeptiert wird.

Ein Blick auf die japanische Führungspraxis zeigt, daß man es dort sehr gut versteht, die verschiedenen Typen ziel- und zweckgerichtet einzusetzen. Bei Problemen der Entscheidungsvorbereitung, z.B. der Wahl eines Produktionsverfahrens usw., wird der Typ 7 bevorzugt, wobei allerdings zu beachten ist, daß die japanische Führungspraxis nicht den entscheidungsfreudigen Manager als Idealtyp bevorzugt, sondern vielmehr bei Entscheidungen auf das sogenannte Konsensprinzip setzt.

Nach diesem Konsensprinzip kann jeder seine Erfahrungen und sein Wissen beisteuern und in einem "offenen Diskurs" werden auch alle noch offenen Fragen behandelt. Dies gilt auch dann, wenn hier aufgrund des Senioritätsprinzips autoritative Elemente eine nicht unerhebliche Rolle spielen.

Wenn aber die Entscheidung getroffen ist, wird bei der Durchführung der beschlossenen Maßnahmen überwiegend ein stark vorgesetztenzentriertes Entscheidungsverhalten nach den Typen 1 bis 3 angewandt.

4. Ausprägung des Führungsverhaltens

4.1 Mitarbeiter- und Sachorientierung

Nachdem die zu primitiv und zu eng angelegten Untersuchungsansätze, den Führungserfolg mit Hilfe eigenschaftstheoretischer Annahmen monokausal zu erklären, gescheitert waren, verlagerte sich das Interesse auf Ansätze, diesen Erfolg aus dem Verhalten von Führungskräften abzuleiten.

Eine interdisziplinäre Gruppe an der *Ohio State University* unternahm 1945 die ersten Versuche, das Interaktionsgeschehen von Führern und Geführten zu beschreiben und zu bewerten, inwieweit zwischen diesem Verhalten und den Auswirkungen auf individuelle Faktoren (Zufriedenheit) und den Gruppenfaktoren (Leistungserreichung) Zusammenhänge bestehen.

Erster Versuch im militärischen Führungsbereich war der, aus 1.790 zusammengetragenen Verhaltensbeschreibungen entwickelte und auf 150 Items gekürzte *LBCQ* (*Leader Behavior Description Questionnaire*). Ein auf Selbst- und Fremdbeschreibung aufgebauter Fragebogen.

Um diesen Ansatz auch auf den Wirtschaftsbereich zu übertragen, wurde der *SBD* (*Supervisory Behavior Description*) mit 48 Items und parallel dazu der Fragebogen zur Einstellungsmessung *LOQ* (*Leadership Opinion Questionnaire*) entwickelt.

Die Auswertungen ergaben, daß die Erreichung der Gruppenziele von zwei Grunddimensionen abhängig ist.

1. Aufrechterhaltung der sozialen Beziehungen mit und zwischen den Gruppenmitgliedern,
2. Strukturierung der Interaktionen zwischen den Geführten (innerhalb der Gruppen).

Etwa zeitgleich griff eine Forschergruppe der *Michigan University* einen ähnlichen Ansatz auf.

Die ursprüngliche Hypothese ging davon aus, daß es sich hier um die beiden Extrempunkte einer Dimension handelt, die sich gegenseitig in der Form ausschließen, daß, je mehr eine Ausrichtung ein bestimmtes Verhalten bestimmt, desto weniger das andere Ende zum Zuge kommen kann. Dies erwies sich jedoch als nicht haltbar.

Weitergehende Studien ergaben vielmehr, daß es sich hier um zwei unabhängige Faktoren handeln müsse, die in den unterschiedlichen Ausprägungen und in den verschiedensten Kombinationen auftreten können und die damit kennzeichnend für unterschiedliches Führungsverhalten sind.

Diese beiden Dimensionen sind in dieser Form durch eine Vielzahl weiterer Untersuchungen bestätigt worden:

1. *Mitarbeiterorientierung (Consideration, employee centered)*
2. *Sachaufgaben-/Leistungsorientierung (Initiating structure; production centered)*

Hierbei drückt sich die Mitarbeiterorientierung in positiver Form durch ein eher freundliches Verhalten des Vorgesetzten aus, das in einem offenen zwischenmenschlichen Verhältnis zum Ausdruck kommt, mit der Bereitschaft, den Mitarbeitern zuzuhören und ihnen bei der Lösung von Fragen, die sie betreffen, zu helfen und sie in die Problemlösung mit einzubeziehen. Grundlage ist der persönliche Respekt vor der Persönlichkeit des anderen und ein durch gegenseitiges Vertrauen getragenes Zusammenwirken.

Negativ beeinflußt wird dieser Wert durch autoritäres Verhalten und durch die Unpersönlichkeit der Beziehungen zwischen Führern und Geführten.

Insgesamt bringt *Consideration* zum Ausdruck, inwieweit der Vorgesetzte Rücksicht auf die Interessen der Mitarbeiter im Rahmen seiner Führungsaufgabe nimmt, ohne daß dies „Laxheit" in der Erfüllung seiner Aufgaben bedeuten würde.

Die Leistungsorientierung kommt in den Verhaltensweisen zum Ausdruck, wie der Führer die Beziehung zwischen sich und den Geführten gestaltet, wie er ihnen Aufgaben, Ziele, Mittel und Rollen zuweist, wie er die Interaktionsmöglichkeiten in der Gruppe strukturiert, Einfluß auf die Zielerreichung nimmt und den Ablauf des Zielerreichungsprozesses und das Ergebnis kontrolliert.

Die in Abbildung 215 wiedergegebenen Aussagen kennzeichnen die beiden Dimensionen des möglichen Verhaltens eines Vorgesetzten gegenüber den Mitarbeitern.

Kein anderer Ansatz in der Führungsforschung als dieser hat bis heute mehr Interesse und Aufmerksamkeit in Forschung und Praxis gefunden, was sich in einem Boom von weiteren Untersuchungen niederschlug.

Die Ursachen hierfür sind leicht nachvollziehbar. Die Existenz einer Organisation oder Gruppe setzt eine Aufgabe und ein gemeinsames Ziel voraus. Eine Organisation oder Gruppe wird ihre Existenzberechtigung verlieren, wenn sie die ihr gestellten Aufgaben nicht oder nur unvollkommen erfüllt. Sie wird aber auch ihre Existenzfähigkeit verlieren, wenn es nicht gelingt, die Gruppenmitglieder durch Berücksichtigung ihrer persönlichen Interessen zusammenzuhalten.

Mitarbeiterorientierung	Leistungsorientierung
- Er achtet auf das Wohlergehen seiner Mitarbeiter. - Er bemüht sich um ein gutes Verhältnis zu seinen Unterstellten. - Er behandelt alle seine Unterstellten als Gleichberechtigte. - Er unterstützt seine Mitarbeiter bei dem, was sie tun oder tun müssen. - Er macht es seinen Mitarbeitern leicht, unbefangen und frei mit ihm zu reden. - Er setzt sich für seine Leute ein.	- Er tadelt mangelhafte Arbeit. - Er regt langsam arbeitende Mitarbeiter an, sich mehr anzustrengen. - Er legt besonderen Wert auf die Arbeitsmenge. - Er herrscht mit eiserner Hand. - Er achtet darauf, daß seine Mitarbeiter ihre Arbeitskraft voll einsetzen. - Er stachelt seine Mitarbeiter durch Druck und Manipulation zu größeren Anstrengungen an. - Er verlangt von leistungsschwachen Mitarbeitern, daß sie mehr aus sich herausholen.

Abbildung 215: Ausprägungen unterschiedlicher Orientierung im Führungsverhalten

Jeder Führer einer Gruppe und damit auch jeder Vorgesetzte steht vor dem Problem, auf der einen Seite den Zusammenhalt der Gruppen (die *Kohäsion*) zu fördern und andererseits durch entsprechendes Führungshandeln dafür zu sorgen, daß sich die Mitglieder für die Gruppenziele einsetzen, damit diese auch erreicht werden (*Lokomotion*). Die der Lokomotion dienenden Führungstätigkeiten sind vorwiegend aufgabenorientiert. Diese Dimension des Führungsverhaltens erfordert in der Regel klar definierte Aufgaben, Vorschriften und Kommunikationswege, die Verhinderung nicht *gruppenzielkonformer* Handlungen und die Überwindung der Hemmnisse, die die Zielerreichung behindern. Die Kohäsion hingegen wird durch *sozialemotional* orientiertes Führungsverhalten gefördert. Dieses ist dadurch gekennzeichnet, daß der Vorgesetzte auf die Bedürfnisse seiner Mitarbeiter eingeht, was Freundlichkeit, Anerkennung und gute zwischenmenschliche Beziehungen erfordert.

In Deutschland wurde dieser Ansatz durch die Arbeiten von *Nachrainer, Fittkau/Garthe, Teuschin/Rausche, Luhr* bekannt.

Vergleiche internationaler Untersuchungen zeigten, daß es sich bei diesen beiden Verhaltensausprägungen um die Basisdimensionen des Führungsverhaltens handeln müsse, die kulturunabhängig Geltung haben.

Gegen die Ergebnisse wurden erhebliche Einwände erhoben, ohne daß jedoch damit die Verbreitung wesentlich beeinflußt wurde. Zu diesen Einwänden gehören:

- Zweifel, ob die zwei Dimensionsausprägungen des Führungsverhaltens tatsächlich ausreichend sind, um die Komplexität und Vielfalt der zur Diskussion stehenden Verhaltensbereiche auch abzudecken.
- Andere Einflüsse, wie Inkonsistenz des Führungsverhaltens oder Situationen, Zeitpunkt und Mitarbeiter werden nicht berücksichtigt.
- Es wird in der Regel eine Abhängigkeit der Gruppenleistung von der Führung unterstellt, der Umkehrschluß, daß eine von Anfang an gegebene Leistungsbereitschaft der Gruppe ein anderes Verhalten des Vorgesetzten zuläßt, als bei nicht leistungsmotivierten Gruppen, wurde nicht thematisiert.
- Fragebögen können nie Auskunft über die Realitäten geben, sondern stellen immer nur das Ergebnis individueller subjektiver Wahrnehmungsprozesse dar, die dann als Realität interpretiert werden.

Diese Einwände bestehen sicher in allen Punkten zu Recht, sie widerlegen aber nicht die grundsätzliche Gültigkeit dieser Forschungsergebnisse, sondern zeigen nur die Grenzen auf, die dem Einsatz sozial empirischer Forschungsmethoden gezogen sind.

4.2 Verhaltensgitter - managerial-grid

4.2.1 Das Grundmodell - anzustrebendes optimales Führungsverhalten

Die Vielfältigkeit der möglichen Kombinationsformen versuchen *Blake* und *Mouton* in ein allgemeines Ordnungsschema zu bringen. Sie stellen den Zusammenhang in einem zweidimensionalen Koordinationssystem schematisch dar. Die Abstufungen auf den Koordinaten von 1 bis 9 bezeichnen die Intensität der beiden Dimensionen des Führungsverhaltens der Mitarbeiter- bzw. der Leistungsorientierung.

Aus den 81 möglichen Kombinationen ergeben sich, wie aus der Abbildung 216 ersichtlich, fünf "reine" Stile, die wie folgt beschrieben werden:

9,1: In der unteren rechten Ecke des Grid wird eine maximale Betonung der Produktion (9) mit einer minimalen Betonung des Menschen (1) kombiniert. Eine Führungskraft konzentriert sich auf die Maximierung der Produktion und schreibt Untergebenen vor, was und wie sie zu arbeiten haben.

1,9: Führung nach 1,9 erscheint oben links, wo eine minimale Betonung der Produktion (1) mit einer maximalen Betonung der Menschen kombiniert wird (9). Hier dominiert die Pflege positiver Gefühle anstelle der Erzielung von Leistungsergebnissen.

1,1: Eine minimale Betonung von Produktion und Menschen wird durch 1,1 in der unteren linken Ecke ausgedrückt. Die 1,1 orientierte Führungskraft tut nur soviel, um nicht aus der Organisation ausgeschlossen zu werden.

5,5: Die Mittelstellung des Grids ergibt die 5,5 Orientierung. Sie kann beschrieben werden durch das Streben nach Kompromissen, dem Mitmachen und dem Streben, "es sich nicht mit anderen zu verderben".

9,9: Im Führungsstil 9,9 in der oberen rechten Ecke sind Betonung von Produktion und Menschen auf einem hohen Niveau integriert. Dieses Team-Konzept ist zielorientiert und strebt nach Fortschritten durch Partizipation, Einbeziehung und Engagement derer, die Beträge leisten können.

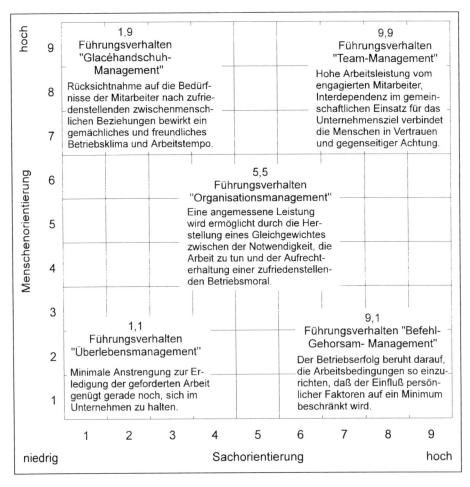

Abbildung 216: Verhaltensgitter (nach *Blake/Adams/McCanse*)

Bei der Beurteilung dieser Stile betonen die Autoren, daß es sich hier nicht um eine Addition von zwei Größen handelt, bei der fünf Einheiten "Anweisungen" ihren Charakter behalten, gleichgültig, ob man sie nun mit einer oder mit neun Einheiten menschlicher Zuwendung verbindet. Fünf Einheiten Anweisungen würden hier eben immer fünf Einheiten Anweisungen bleiben.

Im Gegensatz zu dieser Betrachtung gehen die Grid-Überlegungen von der Analogie einer chemischen Reaktion aus, bei der alle Bestandteile aufeinander einwirken und sich in einer interaktiven Verbindung (chemischen Reaktion) vereinigen. Die ursprünglichen Komponenten verlieren dabei ihre frühere Identität und werden zu einer neuen Einheit, so wie die chemische Verbindung von einer Einheit Sauerstoff und zwei Einheiten Wasserstoff (H_2O) Wasser ergibt und nicht die Addition der Werte H + H + O.

Auf diese Weise kann man die beiden interdependenten Dimensionen eines Führungsstiles nicht in Isolierung voneinander betrachten.

In Abbildung 217 werden die organisatorischen und personalpolitischen Konsequenzen der einzelnen Kombinationen in ihren Auswirkungen auf das Konfliktlösungsverhalten, die Innovationsfähigkeit sowie die Motivation gegenübergestellt.

Betrachtet man diese Darstellung, dann fällt auf, daß *Blake* und *Mouton* von der Voraussetzung ausgehen, daß beide Ziele, sowohl das ökonomische als auch das Humanziel, unabhängig voneinander angestrebt und realisiert werden können.

Zwischen verschiedenen Zielen sind aber grundsätzlich folgende Konstelationen denkbar:

1. *Ziel-Neutralität (indifferente Ziele)*, das Streben, humane Ziele zu erreichen, z.B. die Berücksichtigung persönlicher Interessen der Mitarbeiter im Rahmen eines Unternehmens bleibt ohne Einfluß auf die Realisierung ökonomischer Ziele und umgekehrt.
2. *Ziel-Harmonie (komplementäre Ziele)*, das Streben, ein Ziel zu erreichen, fördert auch gleichzeitig die Erreichung anderer Ziele.
3. *Ziel-Antinomie (konkurrierende Ziele)*, die Bemühungen zur Erreichung eines Zieles beeinträchtigen zwangsläufig die Möglichkeiten, andere Ziele zu erreichen.

Zwar haben Forschungsergebnisse gezeigt, daß Mitarbeiter- und Leistungsorientierung zwei Ziele sind, die voneinader unabhängig angestrebt werden können. Die Frage aber, wie beide Ziele im Zielerreichungsprozeß zueinander stehen, wurde dabei nicht beantwortet.

Führungskennziffer	9,1	1,9	1,1	5,5	9,9
KONSEQUENZEN					
Organisationsbeziehung	i. d. Regel sehr hoch	i. d. Regel gering, oft Zielvorgabe	tendenziell gering	mittelmäßig, Kompromißlösung	gering
Entscheidungsbefugnis und Willensbildung	starke Zentralisation	Tendenz zu stärkerer Dezentralisation	starke Dezentralisationserscheinungen	mittlere Tendenz zur Dezentralisation	Entscheidungen von Gruppen und Individuen überwiegen
Leistungsbeziehungen, Stellung des Vorgesetzten	Amtsautorität mit Zwang zur Unterordnung	sorgt für anregende Arbeitsbedingungen, die die Leistung steigern	Chamäleon, das sich nie festlegt	klassischer Funktionär des Ausgleichs	helfende Lehrer
Unterstellungsverhältnisse	streng hierarchisch, streng formale Organisation mit klarer Kompetenzabgrenzung	starke informale Beziehungen, die die formale Organisation ergänzen	zu meist hierarchisch (Organisationsplan)	hierarchische Züge	Vorgesetzter ist Mitglied der Gruppe und wird von ihr akzeptiert
Art der Anordnung	verbindliche Anordnung, ohne Begründung, Durchsetzung der Anordnung mit disziplinarischen Drohungen	gemeinsame Lösung durch Überzeugung und fachliche Autorität	unverbindliche Weiterleitung ohne Eigeninitiative	verbindliche Anordnung mit erläuternder Information	gewinnen gemeinsamer Lösungen und Durchführung nach Überzeugung
Arbeitsbeziehungen, kollegiale Zusammenarbeit	keine oder nur sehr gering	ausgeprägt vorhanden	keine, Tendenz zur Isolation	betont vorhanden	kollegiale Formen sehr stark ausgeprägt
Informationsbeziehungen	streng an den Instanzenzug gebunden	informale Kanäle werden toleriert	eingeschränkt	formale und informale Kommunikationen ergänzen sich	informale Informationswege ergänzen formale Regelungen
Zielvorgabe	unmittelbare Zielvorgabe (Zeit-, Mengen- und Geldstandards)	Leistungsstandards weitgehend unbekannt	keine Leistungsstandards, das persönlichkeitsbezogene Ziel ist das Überleben des Führers	Hauptziel ist das Funktionieren der Organisation	im Vordergrund steht das Gruppenergebnis
Mitarbeiterförderung	effizienteste Mitarbeiter im Hinblick auf das Ergebnis gefördert	Förderung der Teamarbeit	keine Förderung	Förderung im Hinblick auf organisationsgerechtes Verhalten	Förderung menschlicher Qualifikation und Problemlösungsfähigkeiten stehen im Vordergrund
BEURTEILUNG					
Konfliktlösung	Anpassung oder Zwang zum Wechsel	Konflikte werden als nicht existent angesehen	Konflikte werden vermieden	Verletzung der Organisationsregeln werden sanktioniert	direkte Konfrontation mit dem Versuch einer rationalen Lösung
Innovationsfähigkeit	gering, da Ideen nur von oben kommen, das Potential der Mitarbeiter wird nicht angesprochen	sehr gering, da die Kreativität, anregende Spannung und der Widerspruch fehlen	gering, da alles Handeln auf das Erhalten des "Status quo" ausgerichtet ist	im Vordergrund steht die sachliche Innovation	sehr große Innovationsbereitschaft
Motivation	baut fast ausschließlich auf materielle Anreize, Zwang und Erhaltung der physischen und ökonomischen Existenzgrundlage	Ziel ist die Entwicklung der Persönlichkeit und Selbstverwirklichung, deshalb Möglichkeit zu hoher persönlicher Motivation	keine Leistungsmotivation, Streben nach Erhaltung des "Status quo"	Kompromiß zwischen den Zielen des Einzelnen und der Organisation	hohe Motivation über die Gruppe, Voraussetzung: materielle und immaterielle Anreize sind harmonisch abgestimmt
Persönliche, nicht fachliche Entwicklung der Mitarbeiter	sehr gering, da nur die sachliche Leistung entscheidet	gering, da die sachliche Förderung fehlt	nicht entwickelt, da jede Führung fehlt	Förderung durch organisierte Verfahren	starke Förderung

Abbildung 217: Beschreibung der idealtypischen Führungsstile nach *Blake* und *Mouton*

Eine Ziel-Neutralität anzunehmen, dürfte im Hinblick auf die Komplexität des menschlichen und wirtschaftlichen Geschehens kaum realistisch sein. Umfangreiche Ergebnisse der Kleingruppenforschung haben gezeigt, daß, solange die Ansprüche des wirtschaftenden Menschen auf Selbstverwirklichung in Organisationen noch relativ unterentwickelt sind, die Unterstellung einer Ziel-Harmonie tatsächlich angebracht sein dürfte. Fraglich ist jedoch, ob sich mit fortschreitender Ausprägung humaner Ansprüche und ökonomischer Zielsetzungen beide Komplexe nicht immer mehr überschneiden, so daß eine Ziel-Antinomie und ein sich daraus ergebender Zielkonflikt unausweichlich werden. Nimmt man zunehmende Antinomie bei fortschreitender Erreichung der beiden Ziele an, dann wird man das Schema von *Blake* und *Mouton* etwas abwandeln müssen. Der Idealtyp 9,9, der Ziel-Harmonie oder zumindest Ziel-Neutralität voraussetzt, wäre dann auszuschließen. Es wäre dann allenfalls ein Führungsstil von 5,5. erreichbar.

Die Verhaltensprinzipien, die guter Führung zugrundeliegen, stützen sich auf viele verhaltenswissenschaftliche Prinzipien.

Als solche gelten:

1. Erfüllung von auf übergeordnete Interessen gerichtete Beiträge leitet menschliche Aktivität und unterstützt die Produktivität,
2. Offene und ehrliche Kommunikation erleichtert die Ausübung von Verantwortung,
3. Gegenseitiges Verstehen und Einverständnis sind die Grundlagen für kooperative Bemühungen,
4. Konflikte werden durch direkte Gegenüberstellung und die Beseitigung ihrer Ursachen gelöst,
5. Die Verantwortung für die eigenen Handlungen durch weitgehende Delegation von Macht und Autorität schafft ein hohes Niveau von Initiativen,
6. Gemeinsame Teilnahme an Problemlösungen und Entscheidungsfindungen führt zu aktivem Engagement bei Problemlösungen und fördert die Kreativität,
7. Führung ist zielorientiert,
8. Leistung ist die Grundlage für Einkommen und Aufstieg,
9. Lernen aus der Praxis wird durch Kritik gefördert,
10. Normen und Standards, die Querverbindung und -leistungen koordinieren, unterstützen persönliche und organisatorische Höchstleistungen.

Abbildung 218: Prinzipien des 9,9 Führungsstils (*Blake, Mouton, Lux,* HWFü Sp. 2025)

Über zwei Jahrzehnte vertrat das *Grid-Institut,* das entsprechende Rechte für Trainings- und Schulungsmaßnahmen für dieses Konzept besitzt, die Meinung, daß der 9,9 Führungsstil der optimale Führungsstil sei, der durch die in Abbildung 218 dargestellten Prinzipien gekennzeichnet ist. Ziel aller Grid Seminare war es, Führungskräfte darauf zu schulen, eine Sensibilität für diesen Stil zu entwickeln. Als Schulungsunterlagen werden von den Autoren u.a. "Selbstbefragungsbögen" vorgeschlagen bzw. eingesetzt, mit dessen Hilfe das eigene Führungsverhalten des Seminarteilnehmers ermittelt werden soll. Wesentliche Punkte des Fragebogens sind, das Entscheidungsverhalten, die Überzeugungsfähigkeit, die Konfliktbereitschaft, die Fähigkeit mit Emotionen umzugehen, Launen zu bewältigen sowie Humor und Anstrengung.

4.2.2 Weiterentwicklung des Modells durch Stilvielfalt

Ab 1985 gingen die Autoren von der Betrachtung, den 9,9 Führungsstil als den idealen Führungsstil anzusehen, ab, ebenso von der Annahme, daß eine Person entsprechend ihrer Persönlichkeitsstruktur einen Führungsstil bevorzuge, den man nur durch Ausbildung und Training langfristig verändern könne. Sie betonten stattdessen, daß der Führungsstil eines Vorgesetzten in einer großen Zahl von Situationen gleichbleibt, daß es aber auch zutrifft, daß Menschen ihre Annahmen von Zeit zu Zeit ändern würden und die meisten Vorgesetzten nicht nur einen dominierenden Führungsstil praktizieren, sondern auch einen oder mehrere vorhersehbare Grid-Ersatzstile handhaben, die dann zum Tragen kommen, wenn der dominierende Stil nicht oder nur schwer anwendbar erscheint.

Der Vorgesetzte wendet z.B. in Streß- und Konfliktsituationen einen anderen Ersatzstil als den sonst dominierenden Stil an, eventuell 9,1 statt wie üblich 5,5. Er kann diese Stile auch gegenüber einzelnen Mitarbeitern wechseln, so kann der Vorgesetzte einen widerspenstigen Untergebenen zuerst mit dem Stil 9,9 zu überzeugen versuchen, gelingt dies nicht, dann kann er den 9,1 Stil anwenden, um unter Anwendung der Autorität Gehorsam zu erreichen.

Gelingt dies nicht, kann er versuchen, durch Eingehen auf menschliche Probleme im Sinne des 1,9 Stils die Mitarbeiter umzustimmen, gelingt es ihm auch hier nicht, dann kann er wieder zum 9,1 Stil übergehen, um sich mit der Strategie von Drohungen und Strafen Gehorsam zu verschaffen.

Damit kann jeder Grid-Stil durch einen anderen ersetzt werden.

Durch die Anerkennung der großen Anzahl von dominierenden Stilen und Ersatzstilen akzeptieren die Autoren, daß jeder Mensch ein einzigartiges Individuum ist.

Innerhalb dieser Vielzahl kombinierbarer Grid-Stile weisen die Autoren auch auf drei typische Kombinationsformen hin, und zwar

- *Paternalismus/Maternalismus*. Dieser verbindet die beiden Führungsstile 9,1 und 1,9 in einer effektiven Weise. Die Befolgung der Anweisungen wird durch Lob belohnt, die Nichtbefolgung wird bestraft.
- *Opportunismus*. Dieser liegt vor, wenn man mehrere Grid-Stile jeweils verschieden verwendet. Man schmeichelt wichtigen Personen nach dem 1,9

Stil, Kollegen und Gleichgestellte versucht man durch Gefallen zu verpflichten, indem man den 5,5 Stil anwendet, und geht dann anweisungsorientiert nach dem 9,1 Stil mit den Mitarbeitern um.

- *Fassadenbauer.* Hier wird eine Fassade aufgestellt, um die tatsächlichen Absichten zu verstecken, damit man auf einem indirekten Weg erreicht, was man bei der offenen Verhandlung mit dem dominierenden Grid-Stil nicht für erreichbar hält. Die Fassade ist dann meist ein kaschierter 9,9 Stil, um einen 9,1 Paternalismus zu verdecken.

4.2.3 Weiterentwicklung des Problems durch die dritte Dimension: "Motivation"

Nachdem die Autoren des Verhaltensgitters ihre Auffassung, daß jede Person jeweils weitgehend nur auf einen Grid-Führungsstil fixiert ist, aufgegeben haben, und nun davon ausgehen, daß der Mensch in der Regel in der Lage ist, seinen Führungsstil jeweils kognitiv in Abhängigkeit von Situation, Zielsetzung usw. zu steuern, standen sie nun vor der Frage: „Was bewegt nun Führungskräfte dazu, den einen oder anderen Führungsstil anzunehmen."

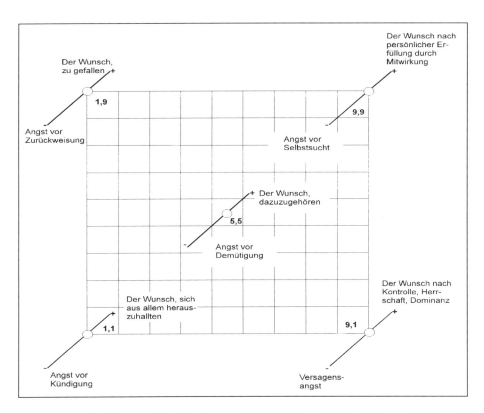

Abbildung 219: Personalmotivation nach Grid-Stilen (*Blake/Adams, McCanse*)

Für jeden der fünf reinen Führungsstile und der drei Kombinationstypen haben sie je eine Motivationsdimension entworfen, die das Verhaltensgitter in einen rechten Winkel schneidet (vgl. Abbildung 219).

Führungs-stil	Motive der Vorgesetzten	
	negativ zu bewerten	positiv zu bewerten
1,1	**Aufgabe**, Vermeidung von Aktivitäten, die aufzeigen könnten, daß der Vorgesetzte bereits soweit innerlich gekündigt hat, so daß seine tatsächliche Kündigung zu befürchten wäre	**Minimale Bemühungen um dabei zu bleiben**, Fortsetzung der Aktivitäten im Unternehmen, aber mit den geringsten Anstrengungen, die gerade ausreichen, damit man nicht gekündigt wird
1,9	**Zurückweisung**, da man psychisch auf Zustimmung angewiesen ist, wird nichts mehr befürchtet, als von anderen zurückgewiesen zu werden. Man versucht, sie deshalb zu vermeiden	**Wärme und Zustimmung**, man will von anderen geliebt und anerkannt werden
5,5	**Verlegenheit**, bedeutet Angst vor Kritik, Überwachung, Statusverlust durch soziale Demontage	**Populär sein, dazuzugehören**, anzustreben, was das System an Status, Prestige usw. anbieten kann
9,1	**Versagen**, die Nichterreichung von Leistungszielen würde als ein Eingeständnis der eigenen Schwäche angesehen und als persönliches Versagen gewertet werden	**Kontrolle, Herrschaft, Dominanz**, das Ziel ist, durch den Einsatz von Menschen und Werkzeugen die Produktion zu erreichen. Mitarbeiter sind Mittel zum Zweck
9,9	**Egoismus**, Erreichung persönlicher Vorteile	**Erfüllung durch Beiträge**, angestrebt wird eine optimale Verwendung gegebener Beiträge zur optimalen Erreichung von Unternehmenszielen
Kombi-typen	**Typ 1: Paternalismus/ Maternalismus** **Furcht**, die Kontrolle über die Mitarbeiter zu verlieren	**Eitelkeit**, Bewunderung und Schmeicheleien zu erreichen
	Typ 2: Opportunismus **Aufmerksamkeit** um jeden Preis vermeiden, unbekannt zu bleiben	**Nr. 1** sein zu wollen überwiegt alles andere
	Typ 3: Fassaden **Irreführung**, vermeiden, daß die eigenen Absichten und Gedanken bekannt werden	**Umweg**, auf indirektem Weg das zu erreichen, was man sonst nicht erreichen könnte

Abbildung 220: Motivationsstruktur von Vorgesetzten zur Wahl eines Grid-Führungsstils

Jede Motivationsdimension wird bipolar dargestellt in Form eines Kontinuums, der von negativen über eine neutrale Zone zum Pluspol verläuft. Das

Minusende gibt an, was Führungskräfte mit diesem Führungsstil zu vermeiden trachten und der Pluspol, was sie dabei zu erreichen hoffen.

Die einzelnen Motivationsdimensionen mit einer Kurzbeschreibung der Vermeidung bzw. Erreichung von Zielen sind in der Abbildung 220 kurz zusammengestellt.

4.2.4 Mitarbeiter-Verhaltensgitter

In der letzten vorliegenden Überarbeitung (*Blake/Adams McCanse*, 1992) erweitern die Autoren ihren Ansatz und betrachten nicht nur das Führungsverhalten der Vorgesetzten, sondern auch das Verhalten der Mitarbeiter. Sie stellen neben das Führungsverhaltensgitter des Vorgesetzten ein gleichgeartetes *Mitarbeiterverhaltensgitter*, bei dem anstelle der Mitarbeiterorientierung die "Cheforientierung" tritt.

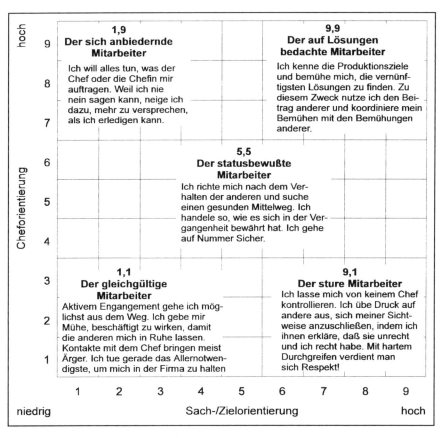

Abbildung 221: Mitarbeitergitter (nach *Blake/Adams McCanse*)

Mit diesem Mitarbeiterverhaltensgitter soll den Vorgesetzten ein Hilfsmittel an die Hand gegeben werden, das Verhalten der Mitarbeiter leichter und sicherer zu erkennen und zu analysieren, mit dem Ziel, die Einstellung der Mitarbeiter bei der Wahl des Vorgesetzten-Führungsverhaltens entsprechend zu berücksichtigen.

4.2.5 Beurteilung der Erweiterung des Grid-Modells

Ungeachtet der von *Neuberger*, *Staehle* u.a. massiv und durchaus berechtigt vorgetragenen Kritik ist das Verhaltensgitter in seiner ursprünglichen Fassung in der Praxis sehr verbreitet und erfreut sich auch, wie die Nachfrage nach den weltweit veranstalteten Grid-Seminaren zeigt, weiterhin steigendem Interesse. Aus diesem Grund kann auch ein Personallehrbuch auf eine gründliche Darstellung des Modells nicht verzichten.

Die Gründe für die Weiterverbreitung dürfte in der Vergangenheit im wesentlichen darangelegen haben, daß sich die Autoren strategisch geschickt auf den 9,9-Führungsstil als optimalen Führungsstil konzentrierten. Wenn die Teilnehmer dieser Seminare in der Regel über positive Ergebnisse berichten, liegt daran, daß ihnen hier überzeugend vermittelt wird, wie groß der Umfang ihrer Selbsttäuschung über ihr eigenes Führungsverhalten und damit die Notwendigkeit einer Verhaltensänderung ist. Mit Hilfe eines geeigneten konstruierten Tests sehen sich vor dem Seminar meist etwa 3/4 der Teilnehmer einen 9,9 Führungsstil praktizieren, während es nach dem Seminar nur noch knapp 1/4 waren, die sich dies zutrauen würden. Nun ist dieser Effekt sicherlich nicht darauf zurückzuführen, daß die Seminarteilnehmer durch das Seminar wesentlich schlechter geworden sind, sondern darauf, daß ihnen der Umfang der Selbsttäuschung vor Augen geführt wurde. Dieser Umstand hat - nun unabhängig vom Seminarinhalt und unabhängig von der Wissenschaftlichkeit des Ansatzes und der fehlenden empirischen Überprüfung der theoretischen Grundlagen - dazu geführt, daß jeder Teilnehmer für die Führungsprobleme, unterschiedlich nach Verständnis und Erfahrung in seinem Selbstverständnis über Führungsfragen, eine differenzierende Haltung und kritische Einstellung gegenüber dem eigenen Verhalten gewonnen hat.

Ob mit der Erweiterung des Modells, die auf jeden Fall die bisherigen "Grid-Anhänger" zumindest sehr verunsichern wird, eine qualitative Verbesserung des Modellansatzes eingetreten ist, darf folglich bezweifelt werden.

4.3 Erweiterung des Verhaltensgitters durch Simon

Unter Beachtung der Darstellung des Führungsstilkontinuums weist *Simon* darauf hin, daß der Grad der Beteiligung der einzelnen Mitglieder am Entscheidungsprozeß (*Partizipation*) eine weitere, von der Mitarbeiterorientierung unabhängige Einflußgröße auf das Führungsverhalten darstellt. Wegen der Beurteilung der Partizipation von Mitarbeitern an den Entscheidungsprozessen wird auf die kritische Wertung im Zusammenhang mit den Ausführungen zur kooperativen Führung verwiesen. Simon erweitert damit das zweidimensionale Schema in eine dreidimensionale Ordnung in Form eines Würfels mit acht verschiedenen Typen (vgl. Abbildung 222).

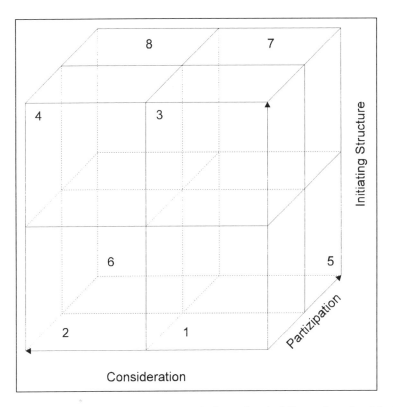

Abbildung 222: Typen des Führungsverhaltens im dreidimensionalen Modell (nach *v. Rosenstil* u.a., Organisationspsychologie 1972, S. 126)

Hieraus ergibt sich folgende Einteilung mit einer Kurzcharakteristik des Vorgesetztenverhaltens:

Führungstyp	Teilnahme an Entscheidungen	Mitarbeiterorientierung	Sachaufgabenorientierung	Beschreibung des Verhalten
1	niedrig	niedrig	niedrig	Der Vorgesetzte schläft.
2	niedrig	hoch	niedrig	Der Vorgesetzte als Freund.
3	niedrig	niedrig	hoch	Der Vorgesetzte als Sklaventreiber.
4	niedrig	hoch	hoch	Der Vorgesetzte als Patriarch.
5	hoch	niedrig	niedrig	Der Vorgesetzte schiebt Arbeit und Verantwortung ab.
6	hoch	hoch	niedrig	Der Vorgesetzte als Förderer.
7	hoch	niedrig	hoch	Der Vorgesetzte überfordert die Selbständigkeit anderer.
8	hoch	hoch	hoch	Der Vorgesetzte fordert und fördert die Selbständigkeit anderer.

Abbildung 223: Beschreibung der acht Führungsstiltypen nach *Simon*

4.4 Das Vier-Faktoren-Führungsmodell von Bowers und Seashore

Bowers/Seashore sind der Meinung, daß der Führungsprozeß viel zu kompliziert sei, um nur in zwei oder drei Dimensionen hinlänglich erklärt zu werden.

Aus einer gründlichen Analyse der Ohio-Studien leiten sie die Ansicht ab, daß nur vier Faktoren das Führungsverhalten in einem angemessenen Umfang erklären und beschreiben können. Sie schlagen hier folgende Dimensionen vor:

- Unterstützung und Hilfe (*Support*), das Verhalten des Vorgesetzten, welches dem Mitarbeiter u.a. dazu verhilft, seine Gefühle der Wertschätzung und Anerkennung zu steigern sowie ihr Ansehen innerhalb der Gruppe zu stärken und zu erhöhen.
- Erleichterung der zwischenpersönlichen Interaktion (*Interaction facilitation*), Verhalten des Vorgesetzten, das ihm individuell zufriedenstellende Beziehungen der Mitarbeiter am Arbeitsplatz ermöglicht.

- Betonung der Gruppen- bzw. der Arbeitsziele der Organisation (*goal emphasis*), das Verhalten des Vorgesetzten und der Mitarbeiter anzuregen, zur Erreichung der gemeinsamen Ziele beizutragen, z.B. durch Planung, Bereitstellung der notwendigen Arbeitsmittel usw.
- Erleichterung der Arbeit und der Arbeitsbedingungen (*work facilitation*), ein Verhalten, das die Arbeitsprozesse erleichtert und zur Erreichung der Ziele beiträgt.

Der Erklärungswert dieses Modells ist unbestritten. Es handelt sich hier sicher um Einflußgrößen, die auf das Verhalten zwischen Vorgesetzten und Mitarbeitern von erheblichem Einfluß sind.

Versuche, diesen Ansatz empirisch zu überprüfen und die Höhe des Einflußes der einzelnen Größen zu gewichten, konnten jedoch zu keinem Ergebnis führen (*Weinert* 1981, S. 361). Dies ist insofern sicher nicht verwunderlich, da es nie möglich sein wird widerspruchsfrei, kausale Beziehungen zwischen einem bestimmten Führungsverhalten und dem Verhalten der Mitarbeiter herzustellen.

4.5 Vier-Faktorensystem von Likert

In etwas anderer Form kommt *Likert* zu vier Klassen des Führungsverhaltens. Er untscheidet hier autoritäre Führungssysteme, nach dem Grad der Mitarbeiterorientierung als ausbeutend (nur mechanistische Betrachtungsweisen) und wohlwollende (zunehmende patriarchalische Verantwortung) sowie partizipative Systeme, je nach dem Grad der Teilhabe am Entscheidungsprozeß beratend bzw. kooperativ (vgl. Abbildung 224).

		WENN- Komponente			
		autoritäre Systeme		partizipative Systeme	
		ausbeutend System 1	wohlwollend System 2	unterstützend System 3	kooperativ System 4
DANN-Komponente	Motivation	wirtschaftliche Sicherheit	physiologische und ich-bezogene Bedürfnisse	physiologische, ich-bezogene u.ä. Bedürfnisse	gesamte Skala menschlicher Bedürfnisse
	Kommunikation	vertikal, abwärts	vertikal, überw. abwärts	vertikal, auf- und abwärts	lateral
	Interaktion	gering	gering	mäßig	intensiv
	Entscheidungsfindung	Spitze der Hierarchie, kaum Delegation	Strategische Entscheidung a.d. Spitze, mäßige Delegation	Strategische Entscheidung an der Spitze, starke Delegation	auf allen Ebenen in überlappenden Teams
	Zielvorgabe	Befehle	Befehle mit Möglichkeit der Diskussion	Zielvorgabe nach Diskussion mit Untergebenen	Zielvorgabe als Ergebnis von Gruppendiskussion
	Kontrolle	Zentralisiert an der Spitze, Widerstand durch die informale Organisation	überwiegend an der Spitze konzentriert, informale Organisation zum Teil im Gegensatz zur formalen Organisation	überwiegend an der Spitze konzentriert, informale Organisation teils für, teils gegen formale Organisation	dezentral, informale und formale Organisation identisch
K-Komponente	Erfolg • Produktivität	mittelmäßig	ziemlich hoch	hoch	sehr hoch
	• Kosten	hoch	ziemlich hoch	mäßig	niedrig
	• Abwesenheit/ Fluktuation	hoch	ziemlich hoch	mäßig	niedrig
	• Ausschuß/ Fehler	hoch	ziemlich hoch	mäßig	niedrig

Abbildung 224: Übersicht über die vier Führungssysteme *Likerts* in der zusammenfassenden Darstellung von *Staehle*

4.6 Polaritätenprofile

4.6.1 Nach Bleicher

Bleicher geht von der Voraussetzung aus, daß eine zweidimensionale Darstellung des Führungsverhaltens der Vielschichtigkeit der Organisations- und Führungswirklichkeit nicht gerecht wird. Er stellt in seiner Beurteilung der verschiedenen Arten des Führungsverhaltens auf die unterschiedliche Ausprägung der einzelnen Führungselemente ab (vgl. Abbildung 225).

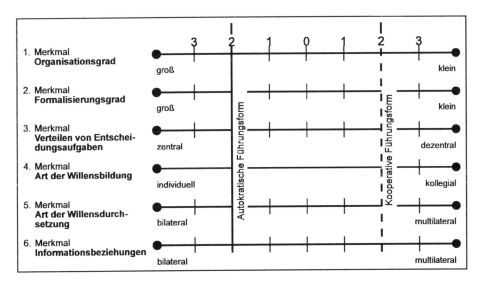

Abbildung 225: Ausprägung von Organisations- und Führungselementen
(*Bleicher*, Perspektiven, S. 58)

Je stärker die Ausprägungen der einzelnen Merkmale auf der linken Seite liegen, umso mehr liegt eine autokratische Führungsform vor. Je mehr die Ausprägungen auf der rechten Seite liegen, umso kooperativer ist die Führungsform einzustufen.

4.6.2 Nach Lattmann

Ohne kritisch wertend auf das Polaritätenprofil von *Bleicher* einzugehen, entwickelte *Lattmann* (1982) eine andere, sicher ebenfalls zutreffende, aber wesentlich umfassendere Systematik zur Beschreibung idealtypischer Ausprägungen von Führungsstilen.

		A direktiv/ anweisend	B konsultativ/ anhörend	C kooperativ/ gemeinsam	D konfirmativ/ bestätigend	E permissiv/ frei
A.	**Einstellung zum Mitarbeiter**					
1.	Wertung des Mitarbeiters	Der Mitarbeiter ist nur ein Mittel der Unternehmung	Der Mitarbeiter ist das ausschlaggebende Mittel der Unternehmung	Der Mitarbeiter ist ein persönlicher Wertträger, demgegenüber ethische Verpflichtungen bestehen	Der Mitarbeiter ist ein gleichwertiger Partner	Der Mitarbeiter ist der Träger und das eigentliche Subjekt der Unternehmung
2.	Gewichtung der Arbeitszufriedenheit der Mitarbeiter und des Betriebsklimas	Das Wohlbefinden des Mitarbeiters interessiert überhaupt nicht	Eine hohe Arbeitszufriedenheit und ein gutes Betriebsklima werden als Voraussetzungen für den Erfolg gewertet	Das Wohlbefinden des Mitarbeiters wird als eine Randbedingung darstellendes soziales Ziel gewertet, das einer ethischen Verpflichtung entspringt	Das Wohlbefinden des Mitarbeiters wird als den Leistungszielen gleichwertiges soziales Ziel wahrgenommen	Das Wohlbefinden des Mitarbeiters in der Unternehmung erscheint als deren Hauptziel
3.	Rechtfertigung des Führungsanspruchs	Privateigentum an den Sachwerten	Verantwortung für die Erhaltung der Unternehmung	Können und Leistung	Annahme der Führung durch die geführten Mitarbeiter	Arbeit: Der Mitarbeiter ist der Souverän
		A direktiv/ anweisend	B konsultativ/ anhörend	C kooperativ/ gemeinsam	D konfirmativ/ bestätigend	E permissiv/ frei
B.	**Gestaltung der Beziehungen zum Mitarbeiter**					
4.	Soziale Distanz zum Mitarbeiter	Völlige Unterstellung des Mitarbeiters, Unnahbarkeit des Vorgesetzten, Beziehungsaufnahme nur durch ihn	Unterstellung des Mitarbeiters betont, geringe Nahbarkeit des Vorgesetzten, Beziehungsaufnahme des Mitarbeiters nur in aufgabenbezogenen Fragen	Beziehung beruht auf Unterstellung des Mitarbeiters; der Vorgesetzte ist für aufgabenbezogene und für wichtige persönliche Fragen zugänglich	Hierarchische Stellung tritt in den Hintergrund. Der Vorgesetzte ist sowohl für aufgabenbezogene Belange persönliche Belange zugänglich	Hierarchische Stellung völlig abgebaut, keine Schranken zwischen Vorgesetztem und Mitarbeiter, enge persönliche Beziehung auf Grundlage der Gleichrangigkeit
5.	Kommunikation mit dem Mitarbeiter	Nur zweckrationale Kommunikation als Einwegbeziehung des Vorgesetzten zum Mitarbeiter	Kommunikation ist zweckrational in der Regel als Einwegbeziehung, in dringenden Fällen wird eine Zweiwegbeziehung zugelassen	Zweckrationale Zweiwegbeziehung	Zweiwegbeziehung, in der Zweckrationalität im Vordergrund steht, es bestehen aber auch Gefühlsbeziehungen	Sowohl zweckrationale als auch gefühlsbestimmte Kommunikation, in allen Situationen als Zweiwegbeziehung
6.	Aufgabenbezogene Information	Vorgesetzter gibt dem Mitarbeiter nur die unumgänglich nötige aufgabenbezogene Information	Vorgesetzter gibt dem Mitarbeiter alle der unmittelbaren Aufgabenerfüllung dienenden Informationen, jedoch keine Hintergrundinformation	Vorgesetzter gibt dem Mitarbeiter alle ihm verfügbaren aufgabenbezogenen Informationen und der Aufgabenerfüllung dienende Hintergrundinformation	Vorgesetzter gibt alle ihm verfügbaren aufgabenbezogenen Informationen und Hintergrundinformationen ab	Vorgesetzter gibt alle Informationen ab, die er selbst besitzt und bemüht sich, dem Mitarbeiter alle von ihm gewünschten Zusatzinformationen zu beschaffen
7.	Der Befriedigung sozio-emotionaler Bedürfnisse dienende Information	Vorgesetzter gibt dem Mitarbeiter keine sozio-emotionale Information	Vorgesetzter gibt dem Mitarbeiter sozio-emotionale Informationen in Ausnahmefällen	Vorgesetzter gibt dem Mitarbeiter regelmäßig wichtige emotionale Informationen	Vorgesetzter gibt dem Mitarbeiter die von diesem für wichtig gehaltenen Informationen	Vorgesetzter bemüht sich, dem Mitarbeiter alle sozio-emotionalen erheblichen Informationen zu verschaffen

Abbildung 226: Merkmale des Führungsstil (nach *Lattmann* S. 351/352)

		A direktiv/ anweisend	B konsultativ/ anhörend	C kooperativ/ gemeinsam	D konfirmativ/ bestätigend	E permissiv/ frei
8.	Behandlung von Mitarbeitergruppen	Jede über den Arbeitsvollzug hinausreichende informale Beziehung ist unerwünscht. Die Bildung von Gruppen wird unterdrückt	Die Bildung von Gruppen und informalen Beziehungen wird toleriert, wenn sie nicht zu Störungen Anlaß geben	Gruppen werden als Gesprächspartner anerkannt	Entstandene Gruppen werden in das Führungsgefüge eingegliedert	Der Vorgesetzte strebt danach, seine Mitarbeiter zu einer Gruppe zusammenzuschließen
C.	**Gestaltung des Arbeitsvollzugs**					
9.	Anspruchshöhe der Anforderungen an die Leistung des Mitarbeiters	Sehr niedrige Anforderungen, die anstrengungslos erfüllt werden können	Geringe Anforderungen, deren Erfüllung eine dauernd anhaltende, aber mäßige oder eine zeitweilig größere Anstrengung verlangt	Dem Leistungsvermögen des Mitarbeiters angepaßte Anforderungen, die auf seiner Seite eine Anstrengung verlangen	Hohe Anforderungen, deren Erfüllung eine starke Motivation und einen andauernden Einsatz voraussetzt	Außerordentlich hohe Anforderungen, die nur aufgrund höchsten Einsatzes erfüllt werden können
10.	Setzung der Arbeitsziele der Mitarbeiter	Der Vorgesetzte entscheidet allein über die Ziele, die er dem Mitarbeiter in Form von Befehlen mitteilt	Der Vorgesetzte hört die Mitarbeiter an, entscheidet dann aber eigenständig	Die Ziele werden von Vorgesetzten und Mitarbeitern gemeinsam erarbeitet	Die Ziele werden vom Mitarbeiter erarbeitet und vom Vorgesetzten geprüft und genehmigt	Der Mitarbeiter setzt seine Arbeitsziele eigenständig
11.	Setzung übergeordneter Ziele	Völlige Alleinbestimmung durch Vorgesetzten	Alleinentscheid des Vorgesetzten unter Information des Mitarbeiters	Vorgesetzter gewährt dem Mitarbeiter eine Mitsprache bei der Setzung der übergeordneten Ziele	Vorgesetzter gewährt dem Mitarbeiter eine Mitentscheidung bei der Setzung übergeordneter Ziele	Völlige Alleinbestimmung des Mitarbeiters bei der Aufgabenerfüllung
12.	Aufgabenvollzug	Aufgabenvollzug aufgrund von Einzelanweisungen, keinerlei Eigenständigkeit	Aufgabenvollzug von Einzelanweisungen an den Mitarbeiter, die ihm einen eigenständigen Raum bei der Ausführung des Auftrages einräumen	Eigenständige Aufgabenerfüllung im Rahmen allgemeiner Grundsätze des Aufgabenvollzuges	Eigenständige Aufgabenerfüllung aufgrund der Ausrichtung auf Ziele	Völlige Eigenständigkeit des Mitarbeiters bei der Aufgabenerfüllung
13.	Kontrolle der Arbeitsvollzüge	Ständige und vollständige Überwachung der Aufgabenerfüllung	Kontrolle durch regelmäßige Stichproben	Kontrolle durch Ergebnisbewertung	Selbstkontrolle	Keine Kontrolle
14.	Rückkoppelnde Information	Keine rückkoppelnde Information	Unregelmäßig rückkoppelnde Information in wichtigen Fällen	Regelmäßige periodische rückkoppelnde Information	Laufende rückkoppelnde Information durch den Vorgesetzten	Umfassende und laufende rückkoppelnde Information, die als gemeinsamer Lernvorgang gestaltet wird
D.	**Gestaltung des Führungsstils**	A direktiv/ anweisend	B konsultativ/ anhörend	C kooperativ/ gemeinsam	D konfirmativ/ bestätigend	E permissiv/ frei
15.	Beständigkeitsmaß	Völlig starrer Führungsstil	Führungsstil beruht auf Grundsätzen, von denen nur unter Zwang einer Notlage abgewichen wird	Führungsstil ist in allgemeinen Grundsätzen verankert, wird aber wechselnden Lagen angepaßt	Führungsstil wird immer der jeweiligen Situation angepaßt	Führungsstil entbehrt jeglicher Grundlage (Stillosigkeit)

Fortsetzung Abbildung 226

Je nach der Ausprägung der unterschiedlichen Merkmale unterscheidet *Lattmann* vier verschiedene Führungsstile, denen er nachstehende Profile zuordnet.

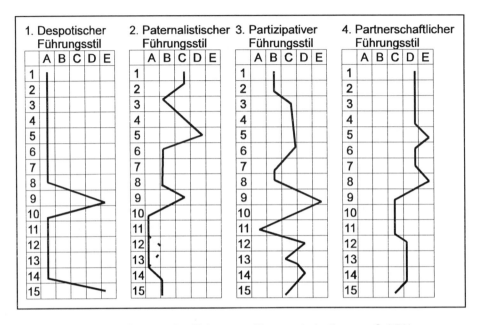

Abbildung 227: Profile von vier Führungsstilen nach *Lattmann*, S.353)

Bei der Beschreibung der vier Führungsstile ist eine gewisse Ähnlichkeit mit den vier Typen von *Likert* offensichtlich.

Bemerkenswert an *Lattmann* ist, daß er die Zweckmäßigkeit des Einsatzes von Führungsstilen auch in Abhängigkeit von der Führungslage sieht.

Um die Führungslage zu bestimmen, bedient er sich des nachstehenden Kriterienkatalog.

In Anlehnung an den von *Ulrich* entwikelten St. Galler System Ansatz unterscheidet *Lattmann* vier Kreise von Einwirkungen (Abbildung 228):

I. Vorgesetzter als Handlungselement des Systems
II. Subsystem des Handlungselements, der Führungsbereich
III. Einflüße des übergeordneten Systems, die Unternehmung
IV. Einflüße des das System umschließenden Supersystems, nämlich die Umwelt.

	A	B	C	D	E
I. Person des Vorgesetzten					
1. Bedürfnisse des Vorgesetzten	Sicherheit	Zugehörigkeit	Macht	Leistung und Selbstentfaltung	Erfüllung von Pflicht
2. Einfluß des Vorgesetzten	Hohe Stellenmacht, unumschränkte Entscheidungsfreiheit	Hat Entscheidungsbefugnis; bedarf der Bestätigung nur in Ausnahmefällen	Hat Entscheidungsbefugnis; bedarf aber in jedem Falle der Bestätigung	Sehr geringe Entscheidungsbefugnis	Keinerlei Entscheidungsbefugnis; Machtlosigkeit
3. Dringlichkeit der Problemlösung	Keinerlei Zeitdruck	Entscheidung nur langfristig	Entscheidung muß mittelfristig getroffen werden	Entscheidung muß kurzfristig getroffen werden	Entscheidung muß sofort getroffen werden
II. Führungsbereich des Vorgesetzten					
4. Bedürfnisse der Mitarbeiter	Sicherheit	Zugehörigkeit	Autorität	Leistung	Selbstentfaltung
5. Einstellung der Mitarbeiter	Sehr gut; sehr hohes Vertrauen und sehr hohe Zuneigung	Gut; Vorgesetzter wird anerkannt	Neutrale Einstellung	Es liegen Spannungen vor	Sehr schlecht; Mißtrauen und Ablehnung
6. Wirtschaftliche Lage der Mitarbeiter	Sehr tiefes Einkommen	Niedriges Einkommen	Ausreichendes Einkommen	Gutes Einkommen	Sehr hohes Einkommen
7. Bildungsstand der Mitarbeiter	Sehr tiefer Bildungsstand	Niedriger Bildungsstand	Ziemlich guter Bildungsstand	Guter Bildungsstand	Sehr hoher Bildungsstand
8. Artung des Sozialgefüges	Völlig homogen	Vorwiegend homogen	Mittlere Streubreite	Vorwiegend heterogen	Völlig heterogen
9. Umfang des Führungsbereiches des Vorgesetzten	Sehr kleine Kontrollspanne; völlige Überblickbarkeit	Kontrollspanne klein; gute Überblickbarkeit	Mittlere Kontrollspanne; Überblickbarkeit noch gewährleistet	Kontrollspanne groß; Überblickbarkeit erschwert	Kontrollspanne sehr groß, völlige Unüberblickbarkeit
10. Schwierigkeitsmaß der von den Mitarbeitern zu erfüllenden Aufgaben	Sehr einfache, rein repetitive Aufgaben	Einfache, strukturierbare Aufgaben	Mittlerer Schwierigkeitsgrad; beschränkte Strukturierbarkeit	Schwierige, nur sehr beschränkt strukturierbare Aufgaben	Sehr schwierige, schöpferische Aufgabe, nicht strukturierbar
11. Ausmaß der Wechselbeziehungen zwischen den Mitarbeitern	Völlig isolierte, der Wechselbeziehung entbehrende Aufgabenvollzüge	Selbständige Aufgabenvollzüge mit sehr geringen Wechselbeziehungen	Selbständige Aufgabenvollzüge, die aufeinander abgestimmt werden müssen	Aufgabenvollzüge, die ein hohes Maß an Zusammenarbeit erfordern	Auf selbständiger und intensiver Zusammenarbeit beruhende Aufgabenvollzüge
III. Dem Unternehmensgefüge entspringende Einflüsse					
12. Werthaltungen der Willensträger der Unternehmung	Gewinnmaximierung	Soziale Ziele sind wirtschaftlichen Zielen untergeordnet	Soziale und wirtschaftliche Ziele sind einander gleichgestellt	Soziale Ziele stehen im Vordergrund; wirtschaftliche Ziele dienen nur der Unternehmungserhaltung	Völlige Ausrichtung auf soziale Ziele
13. Ausmaß der Entscheidungsverteilung	Völlige Zentralisation	Vorwiegend zentrale Entscheidungen	Ineinandergreifende Entscheidungsverteilung	Vorwiegend dezentrale Entscheidungen	Völlige Dezentralisation; völlige Unabhängigkeit der Abteilungen

Abbildung 228: Einflüsse der Führungslage auf die zweckmäßige Wahl des Führungsstils (nach *Lattmann*, S. 356/357)

IV. Der Unternehmungsumwelt entspringende Einflüsse	A	B	C	D	E
14. Ausfaltung und Verflechtung in der Gesellschaft	Völlig statisch	Nur langsame Wandlungen in der Gesellschaft	Mäßige Ausfaltung einer im Wandel begriffenen Soziokultur	Rasche Wandlung und Ausfaltung des Gesellschaftsgefüges	Sehr dynamisch
15. Wirtschaftslage	Hohe Wirtschaftsblüte	Sich abschwächende Wirtschaftsblüte	Stagnierende Wirtschaftslage	Wirtschaftlicher Niedergang	Schwere Wirtschaftskrise
16. Arbeitsmarktlage	Sehr hohe Arbeitslosigkeit	Ziemlich hohe Arbeitslosigkeit	Gute Beschäftigungslage; Arbeitskräfte sind aber noch erhältlich	Stark angespannter Arbeitsmarkt	Völlig ausgetrockneter Arbeitsmarkt; Vollbeschäftigung
17. Gesellschaftliche Spannungen	Fehlen vollständig	Geringe gesellschaftliche Spannungen; sozialer Friede überwiegt	Sozialer Friede noch vorhanden	Starke gesellschaftliche Spannungen	Sehr starke, an das Gesellschaftsgefüge rüttelnde Spannungen
18. Zeitgeist und starres Normsystem	Festgefügtes, unangefochtenes und starres Normsystem	Normsysteme sind erhalten, unterliegen den Umständen Wandlung	Normsysteme sind in einer Wandlung begriffen	Normsysteme sind angefochten und in ihrem Bestehen stark bedroht	Völlige Auflösung der Normsysteme

Fortsetzung Abbildung 228

Fünftes Kapitel

Führungsmodelle und empfohlenes Führungsverhalten

1. Das Dilemma der Führung

1.1 Personalführung als Lückenbüßer im Koordinationsbedarf

Die Notwendigkeit von Führung ergibt sich aus der Aufgabe, arbeitsteilige Organisationsstrukturen des betrieblichen Leistungserstellungsprozesses zu koordinieren.

Dies bedeutet aber keinesfalls, daß Mitarbeiter nicht zum selbständigen und zielorientierten Handeln fähig wären, und daß man ihnen deshalb keine uneingeschränkte Freiheit der Entscheidung über ihr Handeln zubilligen kann oder darf, sondern vielmehr, daß ohne Führungseingriffe durch eine übergeordnete Instanz, ein koordiniertes Handeln im Rahmen eines arbeitsteiligen Prozesses nicht möglich ist.

Die Personalführung hat hier die Aufgabe, die Lücken zu schließen, die durch auf Dauer gerichtete koordinationsbedarfsreduzierende Maßnahmen nicht geschlossen werden können. Personalführung ist deshalb immer im Zusammenhang mit diesen Dauerregelungen zu sehen. Hierbei kann auf die interaktionelle Verhaltensbeeinflussung der Mitarbeiter nicht verzichtet werden (*Neuberger*), weil andere Steuerungsmechanismen

- unsicher und uneinheitlich sind, wie z.B. individuelles Mitarbeiterverhalten auf der Grundlage vorausgegangener Sozialisation und gewonnener Erfahrungen,
- unvollständig, interpretationsbedürftig und mehrdeutig auslegbar sind, wie z.B. Rahmenbestimmungen, Vorschriften, Regeln usw.,
- unsicher sind, wie Informations- und Motivationsmethoden,
- unberechenbar und divergierend sind, wie z.B. die Selbstabstimmung der Beteiligten im Rahmen autonomer Arbeitsgruppen,
- zu unflexibel sind, um rasch an veränderte Bedingungen angepaßt werden zu können

usw.

Deshalb ist Führung im eigentlichen Sinne keine kreative, ungebundene schöpferische Tätigkeit, sondern sie ist begrenzt durch Sachzwänge, formale Vorschriften und durch die sich aus der Organisationsstruktur ergebenden Rollenerwartungen.

Diese Rollenerwartungen sind im Einzelfall meist lückenhaft, unklar und nicht selten widersprüchlich, vor allem weil diese Rollenerwartungen entscheidend von Veränderungen des sozialen und gesellschaftlichen Umfeldes beeinflußt werden. Damit vollzieht sich der Führungsprozeß in einem Bereich von Unklarheit und Unsicherheit. Da die Leistung in einer arbeitsteilig strukturierten Organisation immer auch, wenn nicht sogar überwiegend, in Abhängigkeit von der Person und dem Verhalten des Vorgesetzten gesehen wird, führt dies auch zunehmend zu einer Verunsicherung von Führungskräften, wie sie die Unklarheit und Offenheit der Situation nutzen und wie sie aktiv die sich hier ergebenden Freiräume füllen können.

Ansatzpunkte zu einer Strukturierung von Führung in diesem durch Unsicherheit und Widersprüchlichkeit gekennzeichneten Freiraum versuchen Führungsmodelle und auf Führungsverhaltensweisen abgestimmte Konzepte zu geben.

Die Notwendigkeit dieser Modelle und Konzepte kann auch nicht dadurch in Frage gestellt werden, daß man ihnen eine fehlende "empirische Basis" oder zu enge normative Prämissen und falsche Menschenbilder vorwirft, die man deshalb eher als Führungsideologien denn als Theorien bezeichnen sollte (*Drumm* 1989).

Auch Ideologien haben im menschlichen Verhalten ihre Bedeutung, wenn sie als Visionen Wege für eine Zukunftsgestaltung aufzeigen, und wenn die Ideologie von einer allgemein akzeptierten normativen Werthaltung getragen ist.

1.2 Einfluß der Führung auf Leistung und Arbeitsverhalten

Die Frage nach dem optimalen Führungsverhalten ist so alt wie die Diskussion über Führungsprobleme überhaupt. Es hat nicht an empirischen Untersuchungen und deduktiven Ableitungen gefehlt, um ein optimales Führungsverhalten zu ermitteln. Die Ergebnisse sind jedoch vielfältig und widersprüchlich, so daß sich jeder das heraussuchen kann, was er für die Begründung einer bestimmten Aussage benötigt. Zwangsläufig müssen die Ergebnisse von den angestrebten Zielgrößen abhängig sein:

1. *wirtschaftliche Leistungsgrößen* (Umsatz, Gewinn, Rentabilität, Kosteneinsparung usw.,
2. *mengenmäßige Leistungsgrößen* (Output-Mengen, Zeitbedarf, Fehlerhäufigkeit usw.);

3. *Meinungsgrößen* (Beurteilung der Zufriedenheit durch den Mitarbeiter, subjektive Wirksamkeit des Leistungsvollzuges, Beurteilung durch den Vorgesetzten usw.);
4. *Verhaltensgrößen* (indem Organisationsmitglieder ihre Beurteilung durch ihr Verhalten zum Ausdruck bringen, wie z.B. Fluktuationsraten, Fehlzeiten, Beschwerden).

Da diese Kriterien nicht sachlich begründet zu einer einheitlichen Zielgröße zusammengefaßt werden können und jedes für sich genommen Eigengewicht hat, beeinflußt bereits die Entscheidung für das eine oder andere Leistungskriterium das Ergebnis. Von entscheidender Bedeutung ist auch, ob der Vorgesetzte oder der Mitarbeiter beurteilt, welches Führungsverhalten als optimal angesehen wird.

Untersuchungen von *Halpin & Winer* ergaben, daß Vorgesetzte, die von ihren Vorgesetzten als fähig beurteilt werden, mehr zu sachaufgabenorientierter als zu mitarbeiterorientierter Führung neigen.

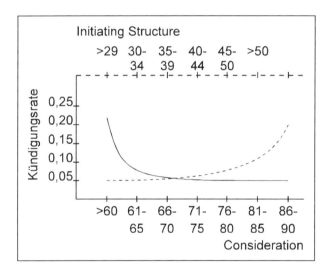

Abbildung 229: Abhängigkeit der Kündigungsrate vom Führungsverhalten (*Fleischmann* u. *Harris*, nach *v. Rosenstiel* u.a. Organisationspsychologie, 1972, S. 12)

Andere Untersuchungen, wie z.B. von *Pelz*, haben gezeigt, daß die Zufriedenheit der Mitarbeiter mit ihren Vorgesetzten nicht nur davon abhängt, ob diese ein mehr mitarbeiter- oder mehr sachaufgabenorientiertes Führungsverhalten zeigen. Entscheidend ist auch der Einfluß, den diese nach "oben", also zu der nächsthöheren hierarchischen Ebene haben, durch den sie Vorteile für ihre Gruppe herausholen können. Daraus ergibt sich eine Tendenz zu einem mehr sachaufgabenbezogenen Führungsverhalten. Sachaufgabenorientierte Vorgesetzte werden in der Regel von ihren eigenen Vorgesetzten besser beurteilt, was für sie von Vorteil ist, da ja ihr eigenes Fortkommen im wesentlichen vom Urteil ihrer Vorgesetzten abhängt. Sie können damit auch für ihre Mitarbeiter mehr herausholen, was deren Zufriedenheit in der Regel erhöht. Andererseits werden Vorgesetzte mit einem sachaufgabenbezogenen Führungsverhalten, die keinen Einfluß nach oben haben, zwar keine Zufriedenheit bei ihren Mitarbeitern erzeugen, aber auch keine Unzufriedenheit, da sie vorher auch weniger Hoffnungen auf Vorteile und Vergünstigungen geweckt haben.

Weitere Untersuchungen, die als Maßstab die Kündigungsrate nehmen, differenzieren das Bild etwas. Die Kündigungsrate steigt bei stärker sachaufgabenorientierter Führung und sinkt bei mitarbeiterorientierter Führung, allerdings nicht in direkter Abhängigkeit (vgl. Abbildung 229).

Ob ein Vorgesetzter ein mitarbeiterorientiertes oder sehr mitarbeiterorientiertes Führungsverhalten zeigt, hat damit kaum Einfluß auf die Zufriedenheit.

Von allen Untersuchungen haben die Ergebnisse von *Likert* (1972/1975) die betriebswirtschaftliche Diskussion um diese Frage am meisten beeinflußt. Aus seinen Untersuchungsergebnissen zieht er die Schlußfolgerung, daß Vorgesetzte, die mit Unterstützung ihrer Mitarbeiter erfolgreich waren,

1. ein Gespür für Bedürfnisse und Gefühle ihrer Mitarbeiter haben,
2. ihre Mitarbeiter respektieren und ihr Vertrauen besitzen,
3. die Vorstellungen und Vorschläge ihrer Mitarbeiter beachten und
4. nicht nur ein geheucheltes Interesse am Wohlergehen ihrer Mitarbeiter zeigen.

Eine Untersuchung von Gruppen mit hoher und niedriger Produktivität zeigt Abbildung 230.

Andere Untersuchungen haben dieses Ergebnis nicht bestätigt, insbesondere ergeben sich wesentliche Unterschiede bei der Untersuchung von Luftwaffenoffizieren, von Verwaltungsangestellten und Produktionsarbeitern. Die Unterschiede dürften auf die unterschiedlichen Erwartungen der Geführten im Hinblick auf das Führungsverhalten zurückzuführen sein. Ungeklärt ist hier auch noch die Frage, ob höhere Leistung wirklich der Ausdruck mitarbeiterorientierten Führungsverhaltens ist, oder ob nicht vielmehr eine andere Interpretation denkbar wäre: Vorgesetzte von leistungsfähigen und leistungswilligen Gruppen finden einfach mehr Zeit, sich um ihre Mitarbeiter zu kümmern, so daß die Mitarbeiterorientierung nicht Ursache, sondern Folge der Leistung ist.

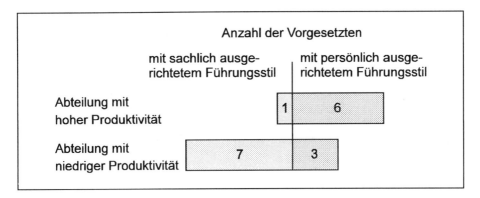

Abbildung 230: Einfluß des Führungsverhaltens auf die Produktivität (*Likert*, 1972, S. 15)

In einer weiteren Untersuchung weist *Likert* nach, daß der Gruppenzusammenhalt (Kohäsion) und die positive gegenseitige Einstellung zwischen Mitarbeitern und Vorgesetzten die Leistung positiv beeinflussen (vgl. Abbildung 231).

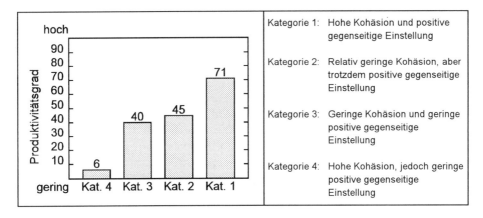

Abbildung 231: Abhängigkeit der Gruppenleistung vom Gruppenzusammenhalt und gegenseitiger Einstellung von Mitarbeitern und Vorgesetzten (*Likert*, 1972, S. 123)

In diesem Zusammenhang vorgenommene Untersuchungen haben weiterhin gezeigt, daß die Produktivität einer Gruppe abhängig ist von dem Handlungsspielraum, den der Vorgesetzte hat (vgl. Abbildung 232).

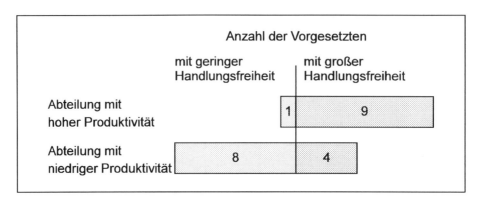

Abbildung 232: Zusammenhang zwischen Handlungsspielraum des Vorgesetzten und Abteilungsproduktivität (*Likert*, 1972, S. 17)

Untersuchungen über den Zusammenhang zwischen der Möglichkeit der Teilnahme der Betroffenen am Entscheidungsprozeß und der Leistungsentwicklung haben gezeigt, daß eine Leistungssteigerung dann zu erwarten ist, wenn die Betroffenen die Entscheidung für wichtig halten und wenn sie in einem direkten Bezug zur Arbeitsleistung steht, die Mitbestimmung innerhalb der bestehenden kulturellen Normen als legitim erachtet wird und die Vorgehensweise der Gruppenentscheidung ernsthaft und glaubhaft erscheint; ein Ergebnis, das für die Mitbestimmung am Arbeitsplatz und gegen die Mitbestimmung auf Unternehmensebene sprechen würde.

Die aufgezeigten Untersuchungsergebnisse lassen eine positive Korrelation zwischen mitarbeiterorientiertem Führungsverhalten und der Leistung vermuten. Da ein Korrelationskoeffizient nur die Stärke eines Zusammenhangs ausdrückt, das Ursache Wirkungs-Verhältnis jedoch offen läßt, ist damit die bisher in der Regel gewählte Interpretation, im Führungsverhalten die Ursache der Leistung zu sehen, nicht bewiesen.

Unter diesem Gesichtspunkt wird man *Drumm* (1989, S. 272) zustimmen können, daß dies für die Praxis bedeutet, daß Führungskräfte (weitgehend) theorielos nach wertgesteuerten Konzepten führen müssen.

Dies ist aber nicht unbedingt negativ zu bewerten. Die kausale Abhängigkeit, wie in den Naturwissenschaften, kann es in der Führungslehre nicht geben. Es kommt deshalb auch nicht darauf an, empirisch Menschenbilder oder Führungsmodelle überprüfen zu wollen. Die Führungslehre ist eine Lehre des Verstehens und kann niemals eine exakte Wissenschaft im Sinne des kritischen Rationalismus werden.

So wird sich nie eine Gesetzmäßigkeit empirisch nachweisen lassen, daß z.B. ein bestimmtes Führungsverhalten x unter den gleichen Bedingungen immer zum gleichen Ergebnis y führen muß. Die Wirtschaft lebt hier auch von großen Streubreiten unterschiedlichen Verhaltens.

Wenn *Peters* und *Watermann* versuchen, die Gründe für den Erfolg der herangezogenen Firmen als exzellente Unternehmen aufzuzeigen, so ist an diesen Unternehmen gemeinsam, daß sie neue Wege gegangen und alte eingefahrene Gleise verlassen haben. Zur Zeit der Gründung der IBM gab es einige Dutzend Firmen der gleichen Art, die alle die gleiche Chance gehabt haben. Hätten sie alle die gleichen Methoden, Techniken und Verfahren wie IBM angewandt, dann wären nicht einige Dutzend exzellente IBM's entstanden, sondern sie wären allesamt gleich mittelmäßig, wenn auch vielleicht auf höheren Niveau, geblieben.

2. Führungsmodelle

Die zunehmende Verunsicherung der Führungskräfte, hervorgerufen durch die wachsenden Anforderungen, die zunehmende Komplexität der zu erfüllenden Aufgaben und das gestiegene Bildungs- und Anspruchsniveau der Mitarbeiter hat dazugeführt, eine Reihe von Führungsmodellen zu entwickeln, die teilweise mit erheblichem missionarischem Eifer als Allheilmittel zur Lösung aller Führungsprobleme angepriesen wurden.

Jedes dieser Modelle läßt sich mehr oder weniger vollständig auf einen der drei Grundsätze zurückführen.

1. Delegationsprinzip,
2. Zielsetzungs- und Regelkreisprinzip,
3. Organisationstechnische Prinzipien.

Die organisationstechnischen Prinzipien wurden bereits in den Abschnitten *"strukturbestimmende Personalplanung"* und *"Organisation"* dargestellt. In den folgenden Abschnitten werden nur die umfassenden Gesamt-Modelle systematisch dargestellt. Die Vielzahl der verschiedenen Management-by-Techniken, die jeweils nur auf einem Teilaspekt des Führungsprozesses, wie z.B. Motivation, Kommunikation usw. abstellen, werden, da sie ja Bestandteil eines jeden geschlossenen Systems sind, in einem besonderen Kapitel zusammenfassend abgehandelt.

2.1 Führungsmodelle auf der Grundlage des Delegationsprinzips

Unter Delegation wird in der Regel das Übertragen von Aufgaben bzw. Kompetenzen an hierarchisch nachgeordnete Stellen verstanden. Die Forderung nach vermehrter Delegation ist im Zuge der Diskussion um einen modernen, den veränderten Bedingungen angepaßten Führungsstil immer wieder erhoben worden. Ziel einer verstärkten Delegation soll eine Förderung des verantwortungsbewußten Mitarbeiters, eine Erweiterung seines Erfahrungsbereiches und eine Entlastung der Führungskräfte sein. Eine besondere Form des Delegationsprinzips ist auch die Übertragung von planenden, disponierenden und steuernden Aufgaben in den Autonomiebereich einer Arbeitsgruppe.

2.1.1 Delegation von Verantwortung (management by delegation)

Sie geht von der Überlegung aus, daß betriebliche Entscheidungen und auch die Verantwortung nicht mehr bei den Vorgesetzten konzentriert sein dürfen, sondern daß sie von den Mitarbeitern auf den Ebenen übernommen werden müssen, wo sie ihrem Wesen nach hingehören und auch mit der dort größten Sachkenntnis erledigt werden können. Welche Ebenen dies sind, ob ein Mitarbeiter der ausführenden operativen Ebene oder ein Vorgesetzer mittlerer oder unterer Leitungsebenen, ergibt sich letztlich als ein Ergebnis der vertikalen betrieblichen Arbeitsteilung (vgl. hierzu auch Darstellung zum Bereich *Arbeitsteilung* und *Koordination* von Teilleistungen).

Als Grundsätze für erfolgreiches Delegieren werden genannt:

1. Dauerhafte Übertragung gleichartiger Aufgaben, die durchaus auch Aufgaben der Planung, Disposition und Koordination mit einschließen können anstelle der Erteilung von Einzelaufträgen.
2. Übertragung möglichst vollständiger Aufgabenkomplexe anstelle isolierter Teilgebiete.
3. Die delegierten Aufgaben müssen den Fähigkeiten des Mitarbeiters angepaßt sein. Überforderungen schaden genauso wie Unterforderung (vgl. hierzu Abschnitt: Teilaspekte persönlichen Verhaltens).
4. Erteilung aller erforderlichen Informationen, Auskünfte und Instruktionen zur Erfüllung der Aufgabe.
5. Übertragung aller zur Erledigung der Aufgaben erforderlichen Befugnisse und Kompetenzen.
6. Übertragung der vollen *Handlungsverantwortung* für die delegierten Aufgaben.

Voraussetzung für ein erfolgreiches Delegieren ist der delegationsfähige Mitarbeiter, der in der Lage ist, auch Aufgaben in eigener Verantwortung wahrzunehmen, und der delegationsbereite Vorgesetzte, der Aufgaben zur selbständigen Durchführung an seine Mitarbeiter überträgt.

Eigene empirische Untersuchungen zeigen, daß das so einfach und überzeugend anmutende Modell des *management by delegation* bei seiner Durchführung auf sehr erhebliche Schwierigkeiten stößt.

Eine von mir durchgeführte Untersuchung bei 98 Führungskräften und 420 ihnen unterstellten Mitarbeitern zeigt folgendes Bild:

- 82 % der Führungskräfte erklärten, daß sie noch mehr an Aufgaben delegieren würden, aber die Mitarbeiter sind nicht fähig oder nicht willens, die Aufgaben zu übernehmen.
- 70 % der Führungskräfte sind der Meinung, daß Mitarbeiter nicht bereit sind, die mit der Delegation verbundene Verantwortung zu tragen. Aber
- 90 % der Mitarbeiter sind der Meinung, daß sie mehr an Aufgaben in eigener Verantwortung übernehmen könnten, daß ihnen aber die notwendige Kompetenz nicht übertragen wird.

Die Gründe für diese unterschiedliche Beurteilung sind vielfältig. Einmal wird bei der Verantwortung nicht klar zwischen *Führungs-* und *Handlungsverantwortung* unterschieden (vgl. hierzu Ausführungen zum *Harzburger Modell*). Da Vorgesetzte in der Regel glauben, auch die Handlungsverantwortung übernehmen zu müssen, kommt es meist zu einem Auseinanderfallen von delegierten Aufgaben und den zu ihrer Erledigung übertragenen Kompetenzen. Weiterhin ist es den meisten Vorgesetzten nicht bewußt, daß bei einer Delegation von Aufgaben, verbunden mit der notwendigen Kompetenz und Verantwortung, dem Mitarbeiter die Möglichkeit gegeben werden muß, aus verschiedenen Alternativen, diejenige auszuwählen, die er selbst aufgrund eigener Überlegungen für richtig erachtet. Dies setzt - und das wird in den meisten Lehrbüchern übersehen - voraus, daß mit der Delegation auch ein entsprechendes Vertrauen in den Mitarbeiter gesetzt werden muß. Fehlt dieses notwendige Vertrauen und erwartet der Vorgesetzte, daß der Mitarbeiter so handeln wird, wie er selbst handeln würde, und beachtet er nicht, daß ein Mitdenken im Rahmen der Erfüllung delegierter Aufgaben und absoluter Gehorsam sich gegenseitig ausschließen, so führt dies zu einem gegenseitigen Absicherungsstreben. Mitarbeiter, die unsicher sind, ob sie genauso handeln, wie es von ihnen gewünscht wird, neigen dazu, sich rückzuversichern und damit durch Rücksprachen die Aufgabenerledigung wieder zurückzudelegieren.

Vorgesetzte, denen das notwendige Vertrauen fehlt, neigen zu der Annahme, delegierte Aufgaben wieder zurücknehmen zu müssen, wenn der Mitarbeiter einmal anders entschieden hat, als sie selbst entschieden hätten. *Rückdelegation* durch den Mitarbeiter und *Rücknahme der Delegation* durch den Vorgesetzten führen zwangsläufig zu Frustrationseffekten bei den Mitarbeitern und zu kaum verminderter Arbeit bei den Vorgesetzten. Häufig glauben auch Vorgesetzte, ihrer Verantwortung für die Erledigung delegierter Aufgaben ausschließlich durch umfangreiche Kontrollen gerecht werden zu können, ohne zu bedenken, daß eine zwar notwendige Kontrolle in keinem Fall das notwendige Vertrauen ersetzen kann.

Über den zweckmäßigsten Umfang dieser Kontrolltätigkeit bestehen dann sehr leicht bei Vorgesetzten und Untergebenen unterschiedliche Vorstellungen mit der Folge der Enttäuschung auf beiden Seiten.

2.1.2 Management by Exception

Der Grundgedanke des *Management by Exception*, in der deutschsprachigen Literatur auch als *"Prinzip des Ausnahmefalls"* bezeichnet, beruht auf zwei einfachen Erkenntnissen:

1. Im modernen, arbeitsteiligen und immer unübersehbarer werdenden Wirtschaftslebens ist es für eine Führungskraft weder möglich noch notwendig, alles jederzeit selbst zu wissen, zu sehen und zu bestimmen.
2. Die verschiedenen Vorgänge in einem Unternehmen sind von unterschiedlicher Wichtigkeit. Sie bedürfen deshalb auch nicht alle der gleichen Behandlung durch die Unternehmensleitung.

Daraus ergibt sich die Schlußfolgerung, daß sich Führungskräfte auf die Erledigung von außergewöhnlichen Fällen beschränken sollen, die des Einsatzes ihrer Person und ihrer Fachkenntnisse bedürfen. Alle anderen Fälle sollen sie von den Mitarbeitern in eigener Verantwortung erledigen lassen.

Was als solcher *Ausnahmefall* zu gelten hat, kann nach zwei Richtungen bestimmt werden:

1. durch die besondere Wichtigkeit eines Vorganges für das Unternehmen und
2. durch die Abweichung von einer vorgegebenen Norm.

Das Hauptproblem liegt in der genauen Abgrenzung und Definition des Ausnahmefalls. Wird die Abgrenzung zu weit gezogen, verliert die Delegation von Aufgaben an Mitarbeiter ihre Wirkung und die Führungskräfte bleiben überlastet, während die Fähigkeiten der Mitarbeiter kaum genutzt werden. Wird hingegen die Abgrenzung zu eng gezogen, so daß kaum Ausnahmefälle auftreten, verliert der Vorgesetzte den Überblick und es entstehen eigenverantwortliche *"Organisationsinseln"*. Wo die Grenze zu ziehen ist, ergibt sich aus dem Zusammenwirken von Ermessensspielraum und Anspruchsniveau. Der *Ermessensspielraum* wird im Rahmen der Grenzen der physischen Kapazitätsbedingungen durch das Anspruchsniveau der übergeordneten Instanz bestimmt. Dieses Anspruchsniveau hängt ab

1. vom grundsätzlichen Vertrauen, das der Vorgesetzte in den Mitarbeiter setzt,
2. vom Erfolg oder Mißerfolg der früheren Zusammenarbeit zwischen Vorgesetztem und Mitarbeiter.

Liegt die notwendige Vertrauensbasis nicht vor, wird der Vorgesetzte aus einer inneren Unsicherheit heraus zwanghaft Kontrollen durchführen und jede Information so bewerten, daß sie ein vorhandenes Mißtrauen stützt.

Findet der Vorsetzte sein Mißtrauen bestätigt, wird auch jedes frühere Handeln des Mitarbeiters in diesem Licht bewertet. Bei einer jeden nichterfüllten Erwartung sinkt das Anspruchsniveau des Vorgesetzten. Die Notwendigkeit der Kontrolle und die negative Abwertung des Mitarbeiters durch den Vorgesetzten führen zu einer Verunsicherung mit der Folge von Absicherungsstreben und nachlassender Leistungsbereitschaft.

Erfahrungen haben gezeigt, daß die Bestimmung des Ausnahmefalls nicht allein von den Persönlichkeitsstrukturen der Vorgesetzten und Mitarbeiter abhängig gemacht werden darf. Betrachtet man Ausnahmefälle im Sinne der Systemtheorie als Störgrößen, so sollten durch eigene Kompetenz des Subsytems (d.h. des Mitarbeiters oder der Gruppe) rund 90 % der Störgrößen abgefangen werden können. Bleibt der Anteil geringer, wird das System bzw. der Organisationsfluß schwerfällig und gleichzeitig verringert sich der Antrieb und die Motivation durch den Mitarbeiter. Damit wird die richtige Durchführung des Management by Exception-Konzepts auch zu einem Problem der Mitarbeiterauswahl und Mitarbeiterschulung.

Um die Grenzen der Ausnahmefälle zu bestimmen, kennt das Modell vier Schlüsselphasen:

1. Meß- und Projektierungsphase.

   Hier werden die Leistungswerte der Vergangenheit und der Gegenwart ermittelt, um hieraus Schlußfolgerungen für die zukünftige Entwicklung zu gewinnen.

2. Phase der Kriterienauswahl und Kriterienbewertung.

   Hierbei werden unter Berücksichtigung der vorhersehbaren und geplanten zukünftigen Entwicklung technische Kriterien festgelegt, die die Grenzen des Normalverhaltens bestimmen und für die Erreichung der Zielvorstellungen von Bedeutung sind.

3. Beobachtungs- und Vergleichsphase.

   Hier werden die Werte der laufenden Entwicklung erfaßt und die Ist-Werte mit den erwarteten Soll-Leistungen verglichen.

4. Entscheidungsphase.

   Hier werden die Korrekturmaßnahmen bestimmt und angeordnet, die notwendig sind, die zurückgebliebenen Leistungen zu verbessern oder die Erwartungen entsprechend neuen Erkenntnissen zu revidieren.

Daraus ergibt sich, daß Management by Exception in vollem Ausmaß nur als Bestandteil eines Gesamtsystems wirksam werden kann. Im Prinzip läßt es sich überall dort anwenden, wo die zu erreichenden Ziele, die einzusetzenden

Mittel usw. zuzüglich Weisungsbefugnis und Verantwortlichkeit definiert und im Sinne eines Management by Delegation Aufgabenbereiche, Kompetenzen und Verantwortung delegiert werden können, ferner müssen sich Normal- und Ausnahmefall eindeutig abgrenzen lassen. Kritisch wird gegen diese Führungsmethode eingewandt, daß sie die Informationsweitergabe auf die Fälle von negativer Abweichung beschränkt. Hierbei werden ungünstige Konsequenzen für die Motivation der Mitarbeiter befürchtet. Andererseits erhalten die übergeordneten Instanzen in der Regel von positiven Abweichungen keine Kenntnis, so daß häufig eine Anpassung des Anspruchsniveaus nach oben unterbleibt. Ob diese Bedenken zutreffen, hängt aber im wesentlichen von der Fähigkeit der Vorgesetzten, den Betriebsablauf klar und zutreffend zu beurteilen, ab.

2.1.3 Führung im Mitarbeiterverhältnis - Harzburger Modell

Das von der Akademie für Führungskräfte der Wirtschaftlichkeit in Bad Harzburg unter der Initiative ihres Leiters *Reinhard Höhn* entwickelte "*Harzburger-Modell*" stellt das erste geschlossene, in Deutschland bekanntgewordene System der Personalführung dar, das den Grundgedanken der Delegation konsequent verwirklicht. In einer Vielzahl von Lehrveranstaltungen wurden Zehntausende von Teilnehmern mit den Gedanken und Methoden dieses Modells vertraut gemacht.

2.1.3.1 Grundsätze des Modells

Die Konzeption des Modells läßt sich unter folgenden Leitsätzen zusammenfassen:

1. Betriebliche Entscheidungen sind auf der Ebene zu treffen, wo sie der Sache nach hingehören. Nicht mehr einzelne Personen an der Spitze oder auf den mittleren und unteren Führungsebenen sollen entscheiden, sondern alle Mitarbeiter sollen im Rahmen ihres Aufgabenbereiches entsprechende Planungs- und Dispositionsaufgaben wahrnehmen.
2. Anstelle von Einzelaufträgen treten festumrissene Aufgabenbereiche, innerhalb derer Mitarbeiter im Rahmen der ihnen übertragenen Kompetenzen selbständig tätig werden können.
3. Die Konzentration der Verantwortung bei der Führungsspitze entfällt. Statt dessen wird ein Teil der Verantwortung mit den Aufgaben und den Kompetenzen an die Stellen delegiert, die die Probleme vor Ort bearbeiten und lösen.
4. Die Aufgabenverteilung erfolgt nicht mehr von oben nach unten, indem die vorgesetzte Stelle das abgibt, was sie nicht mehr machen kann oder will, sondern umgekehrt von unten nach oben, indem einer nachgeordneten Stelle nur die Entscheidungen entzogen werden, die von der Sache her

z.B. wegen unzureichender fachlicher Befähigung, fehlenden Überblick usw. dort nicht mehr getroffen werden können.

Voraussetzung für die Realisierung dieses Führungsmodells ist:

1. auf Seiten der Vorgesetzten: Vorbehaltloses Akzeptieren des neuen Führungsstils, Bereitschaft zur Zusammenarbeit und die Fähigkeit, Mitarbeiter zum Mitdenken und Mithandeln anzuregen,
2. auf Seiten der Mitarbeiter: Fähigkeit und Bereitschaft, Verantwortung zu übernehmen sowie initiativ und selbständig zu denken und zu handeln.

Diese verantwortliche Durchführung der Delegation von Aufgaben setzt voraus, daß die mit den Aufgaben verbundenen Kompetenzen und die Verantwortung für diese Aufgaben übereinstimmen.

Die Delegation der Verantwortung verbietet dem Vorgesetzten ein Eingreifen in die Verantwortungsbereiche aller ihm direkt oder indirekt unterstellten Mitarbeiter (*Verbot des Durchregierens*), von Fällen akuter Gefahr abgesehen.

Diesem Verbot der Rücknahme der Verantwortung steht das Verbot der *Rückdelegation* von Verantwortung gegenüber. Die Rückdelegation umfaßt den Tatbestand, daß sich Mitarbeiter bei Entscheidungen, die ihren Verantwortungsbereich betreffen, bei ihren Vorgesetzten rückversichern, weil sie sich absichern wollen oder ihnen die Übernahme der Verantwortung zu gefährlich erscheint.

Im Bereich der Verantwortungsdelegation ist zwischen der Handlungs- und der Führungsverantwortung zu unterscheiden. Im Rahmen der *Handlungsverantwortung* muß der Mitarbeiter für das einstehen, was er im Rahmen seines ihm übertragenen Aufgabenbereiches tut oder unterläßt. Die *Führungsverantwortung* des Vorgesetzten umfaßt die Verantwortung für die Auswahl des richtigen Mitarbeiters und die zweckentsprechende Einführung in die Arbeit sowie die Sicherstellung der zur Aufgabenerfüllung erforderlichen Informationen. Nur dann, wenn der Vorgesetzte seine Führungsaufgaben im Rahmen der Erfolgskontrolle und Dienstaufsicht nicht ausgeübt, oder wenn er es unterlassen hat, die Leistung seiner Mitarbeiter durch Einsatz der verschiedenen Führungsmittel zu beeinflussen, wird er seiner Führungsverantwortung nicht gerecht.

2.1.3.2 Führungsmittel

Die Grundlage des Systems bilden *Stellenbeschreibungen* und *Führungsanweisung*. Im Rahmen der Stellenbeschreibung soll der Mitarbeiter konkret über seine Arbeitsaufgabe, seine Befugnisse und seine Verantwortung informiert werden. Sie soll dem Mitarbeiter den Überblick darüber geben, in welchem Rahmen er eigenverantwortlich handeln darf und weitgehend den Streit um Kompetenzen vermeiden soll. Im Zweifelsfall soll er sich auf den Inhalt der Stellenbeschreibung stützen können. Darüber hinaus dient die Stellenbeschreibung der Lohn- und Gehaltsfindung und hat die Aufgabe, die organisatorischen Zusammenhänge zwischen den einzelnen Stufen und Bereichen erkennbar und korrigierbar zu machen. (Zu den Grenzen vgl. Abschnitt Stellenbeschreibung). Unter einer allgemeinen *Führungsanweisung* im Sinne des *Harzburger Modells* wird die schriftliche Festlegung der *Führungsgrundsätze* und die Kodifizierung des Führungsstils verstanden, zu dem sich die Unternehmensführung entschlossen hat. *Höhn* hält die allgemeine Führungsanweisung für das Kernstück des Modells. Gegenüber der Kritik, daß die Führungsanweisung im wesentlichen ja nur allgemein bekannte Grundsätze und wenig verbindliche Festlegungen enthält, gibt er zu bedenken, daß die schriftliche Fixierung so lange erforderlich ist, wie allgemeine Selbstverständlichkeiten noch nicht ins Bewußtsein aller eingedrungen sind.

Die allgemeine Führungsanweisung bietet Vorgesetzten und Mitarbeitern Sicherheit und eine einheitliche Sprachregelung auf der Basis dieses einen, für alle verbindlichen Führungskonzeptes. Aus diesem Grunde sind auch Verstöße gegen die "allgemeine Führungsanweisung" als Pflichtverletzungen aufzufassen, die zu den gleichen Folgen führen wie die Verletzung fachlicher Pflichten.

Zu den allgemeinen Führungsmitteln gehören ferner:

Festlegung des *Dienstweges*: Dieser wird als unerläßlich erachtet, um den Informationsfluß zwischen Mitarbeitern und Vorgesetzten sicherzustellen und eine optimale Informationsübermittlung zu gewährleisten. Ergänzt wird der Dienstweg durch Querinformationen zwischen den Stelleninhabern einer Ebene sowie den Direktverbindungen zwischen Stab- und Linienabteilungen. Ein genau festgelegter Informationskatalog legt die Informationspflichten der Beteiligten fest. Er wird ergänzt durch einen Informationsplan des Vorgesetzten. Beide sollen den Zusammenhalt zwischen und innerhalb der einzelnen Delegationsbereiche sicherstellen.

Mitarbeiterbesprechung (mit mehreren) und das *Mitarbeitergespräch* (mit einem Mitarbeiter): Beide sollen dazu dienen, Entscheidungen vorzubereiten und die Initiative sowie das Mitdenken der Mitarbeiter für den Entscheidungsprozeß zu aktivieren. Ein Anlaß kann ein im Delegationsbereich eines Mitarbeiters aufgetretener außergewöhnlicher Fall sein, der nicht mehr in seinen Kompetenzbereich fällt. Für den Vorgesetzten wird sich dann die Notwendigkeit einer Mitarbeiterbesprechung ergeben, wenn er eine Entscheidung treffen muß, die Auswirkungen auf die Delegationsbereiche der Mitarbeiter oder deren Arbeitsmethoden hat (in diesem Fall muß er die Meinung der Beteiligten hören, bevor er entscheidet), oder wenn er erkennt, daß Mitarbeiter in ihren Aufgabenbereichen Erfahrungen und Kenntnisse besitzen, die er im Interesse des Betriebserfolges für das Finden seiner Entscheidung nutzbar machen kann.

Zweck der Mitarbeiterbesprechung soll es sein, die Mitarbeiter am betrieblichen Geschehen zu beteiligen, so daß sie sich nicht mehr nur als ausführende Organe fühlen und damit auch mehr Verständnis für die Entscheidungen ihrer Vorgesetzten haben. Dadurch sollen sie auch besser imstande sein, diese Entscheidungen gegenüber Dritten zu vertreten.

Während Mitarbeiterbesprechung und -gespräch auf der Ebene der Gleichberechtigung geführt werden, sollen *Dienstgespräch* und *Dienstbesprechung* als Führungsmittel dazu dienen, den Mitarbeitern Anweisungen zu geben, ihnen die Entscheidungen mitzuteilen, die von einer höheren Ebene getroffen wurden, soweit diese ihre Delegationsbereiche berühren. Während der Vorgesetzte beim Mitarbeiter-Gespräch (-besprechung) die *Gesprächsautorität* besitzt, besitzt er im Dienstgespräch (-besprechung) die *Befehlsautorität*. Er wird hier im Rahmen seines Führungsauftrages oder seiner Kontrollpflicht tätig.

Darüber hinaus soll aber der Vorgesetzte seine Mitarbeiter nicht nur durch Anweisungen führen, sondern es ist vielmehr seine Pflicht, ihre Handlungen durch Anregungen zu beeinflussen, wobei es Aufgabe des Mitarbeiters ist, zu prüfen, ob und inwieweit er die Anregung für seine Handlungen und Entscheidungen nutzbringend verwenden kann.

Neben Mitarbeiter- und Dienstgespräch sind noch Kollegial-, Rund- und Teamgespräche vorgesehen.

Als wesentliche Motivations- und Führungsmittel werden "Kritik und Anerkennung" genannt. Die formale Berechtigung, Kritik zu üben, wird aus der Führungsverantwortung abgeleitet. Durch eine Reihe von Grundsätzen soll sichergestellt werden, daß Kritik nicht verletzend, sondern vielmehr konstruktiv und aufbauend wirkt. Das Kritikgespräch darf sich nicht im Negativen erschöpfen, sondern muß vielmehr Wege zu einer besseren Zusammenarbeit und künftigen Fehlervermeidung aufzeigen. Aus diesem Grunde darf Kritik nie pauschal geübt werden, sondern muß sich immer auf den Einzelfall beziehen. Neben der Berechtigung zur Kritik hat der Vorgesetzte die Pflicht, überdurchschnittliche Leistungen seiner Mitarbeiter anzuerkennen. Ziel der Anerkennung ist Erhöhung des Selbstwertgefühls der Mitarbeiter, ihrer Sicherheit im Auftreten und ihrer Zufriedenheit im Arbeitsbereich. Auf beides - Kritik und Anerkennung - hat der Mitarbeiter einen Anspruch. Er hat ein Recht zu erfahren, inwieweit er die an ihn gestellten Anforderungen erfüllt.

Unabdingbare Pflicht des Vorgesetzten, die nicht delegiert werden kann, ist die Kontrolle. Das Harzburger-Modell unterscheidet zwischen *Dienstaufsicht* und *Erfolgskontrolle*. Die Dienstaufsicht ist auf den Einzelfall abgestellt. Hierbei überprüft der Vorgesetzte anhand von Stichproben, ob bestimmte Handlungen des Mitarbeiters den vorgegebenen Normen und Richtlinien entsprechen. Die Dienstaufsicht hat den Zweck, das Risiko, das mit der Delegation von Verantwortung verbunden ist, zu vermeiden. Ziel ist es, auftretende Fehler und Ursachen frühzeitig zu erkennen und für die Zukunft zu verhindern. Die Dienstaufsicht wird durch die Erfolgskontrolle ergänzt. Hierbei wird Bilanz über die Gesamttätigkeit des Mitarbeiters in einem Zeitabschnitt gezogen. Erfolgskontrolle ist damit Ergebniskontrolle. Beide - Dienstaufsicht wie auch Erfolgskontrolle - haben sich sowohl auf das fachliche als auch auf das persönliche Verhalten der Mitarbeiter zu erstrecken.

Der Kontrollplan und die Kontrollakte dienen der Erledigung der *Kontrollpflicht*. Der *Kontrollplan* gehört zu den vertraulichen Unterlagen des Vorgesetzten und enthält die Festlegung der Aufgaben, die zu kontrollieren sind, die Festlegung der zweckmäßigsten Prüfungsmethode sowie den Zeitplan für die Stichprobenkontrolle. Die *Kontrollakte* enthält die Angaben über Kontrollergebnisse sowie die Protokolle der letzten Kontrollbesprechungen usw. Der Mitarbeiter hat hier jederzeit das Recht der Einsichtnahme. Die Kontrollergebnisse sind in den jährlichen Gesamtbeurteilungen auszuwerten.

2.1.3.3 Kritik am Harzburger Modell

Obwohl dieses wie kein anderes Führungsmodell die Diskussion um den idealen Führungsstil beeinflußt und wie kein anderes Eingang in die betriebliche Praxis gefunden hat, so daß es heute noch entscheidend, zumindest unterschwellig Denkstrukturen und Verhaltensweisen in den Unternehmen bestimmt, ist es im Laufe der letzten Jahre immer stärker in die Kritik geraten.

Die Kritik konzentriert sich auf folgende Punkte:

1. Das Modell ist nicht kooperativ, sondern versteckt autoritär.
2. Das Modell ist bürokratisch.
3. Das Modell ist formalistisch und berücksichtigt nicht die Grundsätze menschlichen Verhaltens.
4. Der allgemeine Gültigkeitsanspruch des Modells ist übertrieben.

Als Beweis für die Richtigkeit der Kritik wird meist auf eine Vielzahl von Firmen verwiesen, die das Modell eingeführt hatten und dann feststellen mußten, daß das theoretische Konzept in der Betriebspraxis in der Form der "reinen Lehre" nicht durchführbar war und daß in vielen Bereichen Abstriche gemacht und Anpassungen an die gegebenen Besonderheiten des Einzelfalles vorgenommen werden mußten.

Betrachtet man die einzelnen Kritikpunkte, so sind sie jedoch meist nicht gerechtfertigt.

Reber wie auch *Guserl* bemängeln, daß die Entscheidung zur Einführung dieses Modells durch einen autoritären Akt der Unternehmensleitung ohne Mitwirkung der Belegschaft vollzogen wird und daß die verliehene Selbständigkeit im Rahmen des Delegationsbereiches jederzeit ohne Mitwirkung der Betroffenen widerrufen oder eingeschränkt werden könne. Dies würde die Bedeutung des Modells für die Mitarbeiter in starkem Maße relativieren. Die starke Betonung des Weisungsrechts und der Gehorsamspflicht sowie die besondere Bedeutung der Kontrollinstrumente werden als weitere Beweis herangezogen.

Reber hält dem *Harzburger Modell* vor, daß es genau dem idealtypischen *Bürokratiemodell Max Webers* entspricht, und verweist auf die schriftlich niedergelegten gebundenen Kompetenzbereiche, die festen Kontroll- und Aufsichtsorgane, die fachliche Schulung, die Aktenmäßigkeit, die Abgrenzung der zulässigen Zwangsmittel durch feste Regeln und darauf, daß die Aufgaben der Organisation durch die Unternehmensleitung gesetzt werden.

Der Streit, inwieweit das *Harzburger Modell* Grundzüge des Bürokratiemodells aufweist, ist müßig. Wichtig ist vielmehr, ob das Modell den Anforderungen der Realität entspricht oder nicht. Diese Frage wird von den Kritikern nicht gestellt. Auch der Vorwurf, daß die allgemeinen Führungsanweisungen sich in der Regel als eine Sammlung von Grundsätzen herausstellen, die im Grunde genommen unverbindlich sind, vermag nicht zu überzeugen. Solange bestimmte Verhaltensregeln und Grundsätze nicht zum Allgemeingut geworden sind und von den Mitarbeitern als Selbstverständlichkeit betrachtet werden, müssen sie schriftlich niedergelegt sein, damit sich jeder daran orientieren kann. Auch der Begründer des Modells gesteht hier zu, daß Führungsanweisungen dann überflüssig werden, wenn diese allgemeinen Grundsätze "zur Selbstverständlichkeit" geworden sind. In diesem Zusammenhang kann auch die Feststellung, daß "wesentlicher Bestandteil des Harzburger Modells" ein großer Katalog von Grundsätzen und Regeln sei, nach denen sich Vorgesetzte und Mitarbeiter im Betrieb verhalten müssen, und der Hinweis, daß es sich damit fast ausschließlich mit der formalen Dimension der Organisation befaßt und die nichtformalen Aspekte dagegen nahezu völlig vernachlässigt, nicht überzeugen.

Das Führungsmodell hat sich aufgrund seiner ausgeprägten Formalisierung überall dort bewährt, wo verhältnismäßig gleichbleibende, relativ stark strukturierte Aufgaben zu bewältigen sind. Wo hingegen innovative und kreative Arbeit zu leisten ist, sind andere Formen zu fordern.

Wenn auftretende Kritik nicht ganz unberechtigt ist, so liegt dies am Absolutheitsanspruch, der von den Schöpfern des Modells geltend gemacht wird, und am Glauben an die Allgemeinverbindlichkeit geschriebener Normen, die auch dann allgemeine Berücksichtigung garantieren sollen, wenn Inhalt und Bedeutung von den Betroffenen nicht akzeptiert und nicht zum Allgemeingut geworden sind. *Höhn* schreibt der Führung im Mitarbeiterverhältnis hohe gesellschaftliche Bedeutung zu und führt aus, daß hierdurch im gewissen Sinne der Staatsbürger von morgen herangebildet wird. Dieser Anspruch geht sicher zu weit. Die Organisation eines Unternehmens ist nicht der Schulmeister der Nation, sondern hat sich den geänderten Umweltbedingungen anzupassen. Führungsanweisungen allein ändern noch kein Führungsverhalten. Dafür ist ein geistiger und menschlicher Umstellungsprozeß erforderlich, der Zeit und Geduld erfordert.

Wenn negative Erfahrungen mit dem Harzburger Modell vorliegen, sind diese - soweit ersichtlich - auf zwei Ursache zurückzuführen. Einmal sind die als "selbstverständlich erachteten Verhaltensregeln" der allgemeinen Führungsanweisung noch nicht zum allgemeinen Gedankengut aller Betroffenen geworden (vielleicht konnten sie es wegen der Kürze der Zeit auch gar nicht werden), zum anderen wurde das Modell auch in betrieblichen Teilbereichen angewendet, für die es nicht geeignet ist.

2.2 Führungsmodelle auf der Basis von Zielvorgaben

Die zweite große Gruppe der Führungsmodelle beruht auf der Basis der Zielvorgaben. Diese bauen auf der Überlegung auf, daß die besten Erfolge dann zu erreichen sind, wenn Führungskräfte und Mitarbeiter die Möglichkeit haben, sich weitgehend selbst zu leiten und zu kontrollieren. Dies setzt Vorstellungen über das anzustrebende Ziel voraus. Je genauer und konkreter diese Vorstellungen sind, um so größer ist die Wahrscheinlichkeit der Zielerreichung.

2.2.1 Management by Objectives

2.2.1.1 Entwicklung und Grundzüge des Modells

Die Entwicklung dieses Führungsmodells vollzog sich in drei Etappen. Erste Versuche wurden etwa ab 1950 in amerikanischen Unternehmen durchgeführt, nachdem sich die traditionellen Methoden der Leistungsbewertung von Führungskräften als unzureichend erwiesen hatten. Die Gründe dafür lagen in der starken Überbetonung von Persönlichkeitsfaktoren anstelle der erzielten Leistung, der fehlenden Möglichkeit der Selbstbewertung durch die betroffenen Führungskräfte sowie der unzureichenden Berücksichtigung motivierender Elemente bei der Ergebniserzielung. Die ersten Versuche wurden durch die Personalabteilungen entwickelt und bauten auf dem Grundgedanken auf, daß die Möglichkeit, Ziele für die eigene Tätigkeit zu entwickeln, gemeinsam mit den Vorgesetzten festzulegen und in eigener Verantwortung zu erreichen, die Verantwortungsfreude steigert und leistungsfördernd wirkt. Nachteilig wirkte sich aus, daß die Programme von den Personalabteilungen nur für einzelne Teilbereiche, und meist ohne Abstimmung untereinander, entwickelt wurden. Etwa ab 1960 wurden, unterstützt durch Beratungsfirmen, Versuche unternommen, den Prozeß der Zielvorgabe in den jährlichen betrieblichen Budgetierungs- und Planungsprozeß miteinzubeziehen mit dem Ziel einer besseren Abstimmung der einzelnen Abteilungsziele untereinander und mit den Oberzielen der Unternehmung. Diese kurzfristige Betrachtungsweise, die durch die Bindung an die jährlichen Budgetvorgaben erzwungen wurde, führte zu erheblichen Schwierigkeiten; einmal, weil Erfolgsverlagerungen bei kurzfristigen Zeiträumen sehr leicht möglich sind, zum andern aber auch, weil sich Entscheidungen in einem Zeitraum häufig erst später in Ergebnissen niederschlagen. In der dritten Entwicklungsstufe erfolgte dann die Einbeziehung des Systems in die Langfristplanung.

Management by Objectives ist nicht eine einmalige Tätigkeit, sondern ein laufender Prozeß. Er verlangt, wenn er erfolgreich sein soll, einen klaren systematischen Aufbau, detailliert entwickelte Unternehmungsziele und eine exakt formulierte und schriftlich niedergelegte Unternehmungsphilosophie.

Im Rahmen dieser *Unternehmungsphilosophie* sind die Grundeinstellung eines Unternehmens zu seiner Umwelt und seine grundsätzlichen Intentionen festzuhalten. Die Unternehmungsphilosophie muß Angaben darüber enthalten, in welchen Bereichen das Unternehmen tätig sein will, welcher Leistungsstand der Produkte, des Services, der Betriebsmittel usw. angestrebt wird und welches Image bei der Belegschaft und auf dem Markt erreicht werden soll. Sie ist schriftlich zu fixieren und dient als generelle Richtschnur für das Handeln aller Mitarbeiter. Aus dieser Unternehmungsphilosophie werden dann die obersten Langfristziele des Unternehmens abgeleitet, die schriftlich fixiert und nach Prioritäten geordnet, in einem Zielkatalog aufgeführt werden. Herausfordernde und gleichzeitig auch realistische, dem Anspruchsniveau der Führungskräfte entsprechende und damit motivierende Ziele aufzustellen, ist in diesem Zusammenhang die schwierigste Aufgabe.

Entsprechend der Grundeinstellung eines Unternehmens und seiner Philosophie sind drei verschiedene Varianten dieser Führungsmethode möglich.

1. *Autoritäre Variante*, Management durch Zielvorgabe, d.h., die Unternehmungsleitung gibt die Ziele autonom ohne Mitwirkung der Mitarbeiter vor.
2. *Kooperative Variante*, Management durch Zielvereinbarung, d.h. die Mitarbeiter sind in diesem Zielbildungsprozeß mit beteiligt. Sie können Vorschläge, Anregungen und Bedenken mit einbringen.
3. *Neutrale Variante*, Management durch Zielorientierung, d.h., die Ziele sind Orientierungs- und Anhaltspunkte, ohne verpflichtenden Charakter.

Naturgemäß hat diese Einteilung nur analytischen Charakter. Die komplexen Zusammenhänge zwischen einzelnen Teilbereichen in einem Unternehmen lassen eine Autonomie von Mitarbeiter oder Mitarbeitergruppen hinsichtlich Art und Umfang der zu erreichenden Ziele nicht zu. Damit scheidet naturgemäß die neutrale Variante aus und bei der kooperativen Variante besteht die Möglichkeit der Beteiligung der Mitarbeiter im Zielbildungsprozeß nicht in der Programmplanung, in der Art und Umfang des anzustrebenden Zieles festgelegt wird, sondern vielmehr in der Durchführungs- und Maßnahmenplanung, die das "Wie" des Vorgehens bei der Zielerreichung zum Gegenstand hat.

2.2.1.2 Elemente

Das System baut auf drei Grundelementen auf:

1. dem *Zielsystem*, d.h. den obersten Unternehmungszielen und davon abgeleitet spezifischen Unterzielen für Abteilungen, Bereiche und Einzelpersonen;
2. einer klaren Organisation mit *Stellenbeschreibungen* und eindeutigen Verantwortungsbereichen;
3. einem ausgebauten *Kontrollsystem*, bei dem die Ergebnisse mit den jeweiligen Zielen verglichen, Abweichungen festgestellt und analysiert werden.

Im Rahmen des Zielsystems sind die obersten Unternehmungsziele langfristig angelegt und mehr generell als spezifisch formuliert. Solche Oberziele können sein: durchschnittliche jährliche Wachstumsraten, Verbesserung der Markteinstellung, Ausweitung der Absatzmärkte, Mindestkapital-Verzinsung, Zukunftssicherung durch Diversifikation usw.

Diese Oberziele dienen als Grundlage für die detaillierten Unterziele. Für die Unterziele wird gefordert, daß sie

1. mit Zeitangaben verbunden sind;
2. präzise und eindeutig formuliert sind, um unterschiedliche Auslegungen und Manipulationen zu verhindern;
3. operationalisierbar sind, d.h. soweit als irgend möglich mengen- und wertmäßig gegebenenfalls auch durch Angabe von Veränderungsraten, Verhältniszahlen usw. quantifiziert werden können;
4. Prioritäten enthalten, damit, falls zu knappe Ressourcen einzelner Bereiche oder Abteilungen einer vollständige Erreichung aller Ziele verhindern, wenigstens die wichtigsten Ziele erreicht werden.

Um das System der Zielvorgaben zu beherrschen, müssen organisatorische Einheiten geschaffen werden, deren Leitern klar abgegrenzte Verantwortungsbereiche übertragen werden können. Erfahrene *MbO-Spezialisten* (vgl. *Humble*) geben hier singularen Leitungsinstanzen gegenüber Gruppen wegen der eindeutigen Festlegung der Verantwortungsgrenzen den Vorzug.

Für den Verantwortungsbereich werden aus den obersten Unternehmungszielen *"Schlüsselergebnisse"* abgeleitet, die genau beschreiben, welche Ergebnisse vom Leiter eines Verantwortungsbereiches erwartet werden. Diese Schlüsselergebnisse, im Normalfall nicht mehr als sechs bis acht, sollen für eine längere Zeit unverändert beibehalten werden.

Grundlage für die Organisationsgliederung ist eine genaue Stellenbeschreibung für alle Führungskräfte, denen Ziele vorgegeben werden. Diese Stellenbeschreibungen enthalten neben den üblichen Angaben die Schlüsselergebnisse und die Leistungsbewertungsmaßstäbe.

Aus den Schlüsselergebnissen werden in Zusammenarbeit und unter unterschiedlichem Grad der Mitwirkung der jeweils betroffenen Führungskräfte die einzelnen Ziele entwickelt. Grundsätzlich können zwei Methoden angewandt werden:

1. indem die Planungsinitiative von der Unternehmungsleitung ausgeht und von dort aus Soll-Vorgaben gemacht werden (*top-down-Prinzip*), was in der Regel zu einer geringeren Identifikation der ausführenden Stellen mit den Planzielen führt;
2. indem die Planungsinitiative vom Bereichsleiter ausgeht, der Zielvorstellungen, Daten und Hypothesen von der Planungsabteilung vorgegeben bekommt und aufgefordert wird, aufgrund dieses Inputs seine Zielvorstellungen zu erarbeiten (*bottom-up-Prinzip*).

Grundbedingung für das Funktionieren dieses Systems ist eine exakte Kontrolle, bei der gemessen wird, bis zu welchem Grad die Ziele im Unternehmen erfüllt wurden. In regelmäßigen Besprechungen werden die Kontrollergebnisse zwischen den einzelnen Führungskräften und ihren Vorgesetzten erörtert und die Ursache für Abweichungen festgestellt. Neben den allgemeinen Besprechungen ist auch ein gut funktionierendes Informationssystem Grundlage der Kontrolldurchführung. Ursachen für Planabweichungen können sein: Fehler bei der Zielfestlegung, unvorhersehbare Ereignisse (Katastrophen, Umweltsituation, Abweichungen bei der Zielerfüllung durch andere Abteilungen) oder auch Mängel im Realisierungsprozeß. Ziele sollen nur in Ausnahmefällen geändert werden. In allen anderen Fällen muß versucht werden, durch geeignete Realisierungsmaßnahmen den Grad der Zielerreichung noch zu verbessern. Hierbei sollen sich Führungskräfte daran gewöhnen, mit den von ihnen selbst formulierten Zielen zu leben und nicht bei den geringsten Schwierigkeiten Abhilfe durch Zieländerungen anzustreben. Aufgabe einer Führungskraft ist es, in diesem System alle Anstrengungen zu unternehmen, um die Ziele zu erreichen und nicht Gründe für ihre Änderung zu suchen.

Die Kontrollergebnisse bilden dann die Grundlage für die Leistungsbeurteilung und damit für das Gehalts- und Gratifikationswesen, für die Aus- und Weiterbildung sowie die Förderung und Planung der Führungsnachfolge.

2.2.1.3 Würdigung

Die Vorteile dieses Führungssystems werden in den folgenden Punkten genannt:

1. Förderung des Teamgeistes in der Firma durch Zwang zur Zusammenarbeit zum Zwecke gemeinsamer Zielerreichung.
2. Zwang zum Kostendenken und zur Leistungsverbesserung.

3. Größere Attraktivität für Führungskräfte, weil deren Entfaltungsmöglichkeiten vergrößert werden.
4. Betonung der künftigen Entwicklungen des Unternehmens, weil die laufenden Entscheidungen durch die geplanten Ergebnisse und Ereignisse der Zukunft bestimmt werden.
5. Gerechte Entlohnung in materieller (Löhne, Gehälter, Gratifikationen usw.) und immaterieller (Beförderung, Aus- und Fortbildung usw.) Form.
6. Größere Leistungsfreude und Einsatzbereitschaft durch verstärkte Motivation.

Die besten Erfolge wurden nach Berichten erfahrener MbO-Praktiker in Unternehmen erzielt, in denen es gelungen ist, eine ergebnisorientierte und verantwortungsfreudige Schicht von Führungskräften heranzubilden.

Aus diesen Vorzügen ergeben sich auch die Grenzen des Systems. Es zeigt seine Stärken dort, wo es in Bereichen angewandt wird, die relativ selbständig ohne Zusammenhang mit der Leistungserstellung anderer Bereiche sind. Bei eng verflochtenen betrieblichen Beziehungen, bei der die Zielerreichung eines Teilbereiches von der Zielerreichung anderer Teilbereiche abhängt, tritt weniger der Teamgeist als vielmehr das Streben nach eigener Entschuldigung und der Schuldzuweisung an andere Teilbereiche in den Vordergrund. Statt einer Zusammenarbeit kommt es dann eher zu bereichsbezogener Absicherung. Anstelle des Zwangs zur Leistungsverbesserung und zum Teamgeist tritt der Abteilungsegoismus.

2.2.2 Kybernetische Regelkreismodelle

Die wesentlichen Grundsätze des Management by Objectives finden sich auch bei vielen anderen Führungsmodellen wieder, wie z.B. *"Management by Systems"*, die auf der Grundlage der Systemtheorie bzw. dem *kybernetischen Regelkreis* aufbauen (vgl. Abbildung 233).

Abbildung 233 zeigt, wie sich aus der Unternehmungsphilosophie über die allgemeinen Ziele und Leistungsmaßstäbe sowie der Organisationsstruktur Bereichsschlüsselergebnisse ableiten. Aus beiden entwickeln sich die Zielvorstellungen von Vorgesetzten und Mitarbeitern, die nach Abstimmung mit den allgemeinen Zielen und den Bereichsschlüsselergebnissen zu festgelegten Mitarbeiterzielen führen. Im Realisationsprozeß können neue Impulse für eine Bessergestaltung des Arbeitsvollzuges sowie der Zielerreichung Berücksichtigung finden. Die Rückkopplung erreichter Zwischenergebnisse zum periodischen Soll/Ist-Vergleich mit Ursachenanalyse führt zur Aussonderung unangemessener Ziele und beeinflußt im Regelkreis über die allgemeinen Ziele die Neufestsetzung der Bereichsschlüsselergebnisse. Gleichzeitig beeinflußt der Grad der Zielerreichung das materiale und immaterielle Entlohnungssystem und damit über die Motivation bzw. die Veränderung des Anspruchsniveaus des Mitarbeiters auch dessen künftige Zielsetzungen.

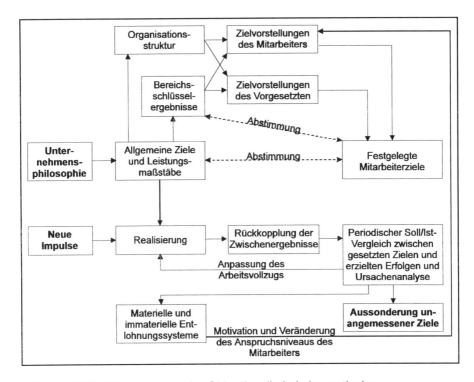

Abbildung 233: "Management by Objectives" als kybernetisches Regelkreismodell II

2.2.3 Selbststeuernde Gruppen

Kybernetische Kreislaufvorstellungen in Verbindung mit den Konzeptionen der *"Vermaschten Regelkreise"* bzw. der Verknüpfung von Regelungs- und Anpassungssubsystemen und des *"Management by Objectives"* bilden die theoretische Grundlage für neue Formen der Arbeitsstrukturierung mit HIlfe selbststeuernder Arbeitsgruppen.

2.3 Kombinierte Modelle

2.3.1 DIB/MAM Führungssystem

Die einzelnen beschriebenen Führungsmodelle betonen einseitig den einen oder den anderen Führungsaspekt. Es hat nicht an Versuchen gefehlt, verschiedene dieser Modelle zu einem kombinierten Gesamtmodell zusammenzufassen. Hier hat das *DIB/MAM-Modell* (*Deutsches Institut für Betriebswirtschaft*, Frankfurt und Management-Akademie, München) einen gewissen Bekanntheitsgrad erreicht (vgl. Abbildung 234).

Das Leitbild umfaßt drei Sektoren: Entwicklung und Wachstum des Unternehmens und, um beides zu sichern, die Gewinnerzielung.

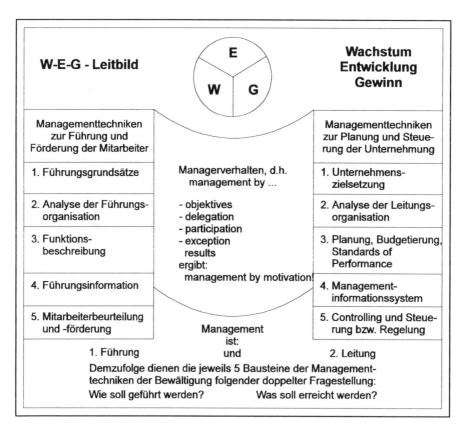

Abbildung 234: Das Gebäude des DIB/MAM-Führungssystems

Das System besteht aus zwei Säulen und einer Brücke. Im linken Pfeiler der M-Brücke ist das Führungssystem, bestehend aus fünf Bausteinen, aufgebaut.

Hier geht es um das "Wie" der Personalführung. Im rechten Pfeiler der Brücke steht das Leitungssystem. Die fünf Bausteine legen hier fest, was von der Unternehmung und den einzelnen Bereichen erreicht werden soll. Beide Pfeiler sind durch den Brückenbogen miteinander verbunden und greifen ineinander über. Der Brückenbogen besteht aus der "software", d.h. dem Führungsverhalten der Führungskräfte, der Einstellung und der Mentalität der Vorgesetzten. Im wesentlichen finden sich hier alle anderen bereits besprochenen Führungsmodelle wieder.

2.3.2 St. Galler Führungsmodell

Dieses Modell baut auf dem von *Ulrich* 1968 entwickelten Systemansatz auf und wurde 1972 zusammen mit *Krieg* veröffentlicht. Vom Anspruch her soll es ein umfassender mehrdimensionaler Ansatz der Unternehmungsführungslehre sein und keine Beschränkung nur auf den Bereich Personalführung. Durch ein klares Begriffssystem und eine anschauliche Grundstruktur soll es den Bezugsrahmen für die Beschreibung, Handhabung und Gestaltung für alle Führungssituationen bilden und offen bleiben für jede weitere Entwicklung.

Nach der Abbildung 235 setzt sich das integrierte System zusammen aus dem:

- *Unternehmensleitbild*, das die grundlegenden Zwecke der Existenzgründung, der Zielrichtungen sowie der Gestaltungsprobleme und den Verhaltensnormen enthält,
- *Unternehmungskonzept*, aufgeteilt in ein leistungswirtschaftliches, finanzwirtschaftliches und soziales Teilkonzept jeweils mit der Unterteilung auf die einzelnen Ziele, Leistungspotentiale und Strategien,
- *Führungskonzept*, dieses umfaßt die Ziele und Grundsätze für die Gestaltung des Führungsinstrumentariums mit der Unterteilung in Führungssysteme, Organisationskonzepte, Führungsmethodik, Führungskräftepotential.

Entsprechend dem St. Galler Systemansatz der Betriebswirtschaftslehre ist das Modell eingebettet in ein System des Unternehmungs-/Umweltmodells, das als offenes, dynamisches und komplexes System fünf sachlogische Dimensionen der Bereiche: Umwelt, Märkte und Marktleistung, Produktionsbereiche, Gestaltungsebenen sowie repetitive und innovative Aufgaben umfaßt. Aufgaben und Tätigkeiten der Unternehmungsführung werden durch drei sich gegenseitig durchdringende Dimensionen dargestellt und zwar als

- *Führungsstufen* (Festlegung der Unternehmungspolitik, der Planung und der Disposition),
- *Führungsphasen* (Zielbestimmung, Mittelbeschaffung, Festlegung der Verfahrensregeln),
- *Führungsfunktionen* (Entscheiden, In-Gang-Setzen, Kontrollieren).

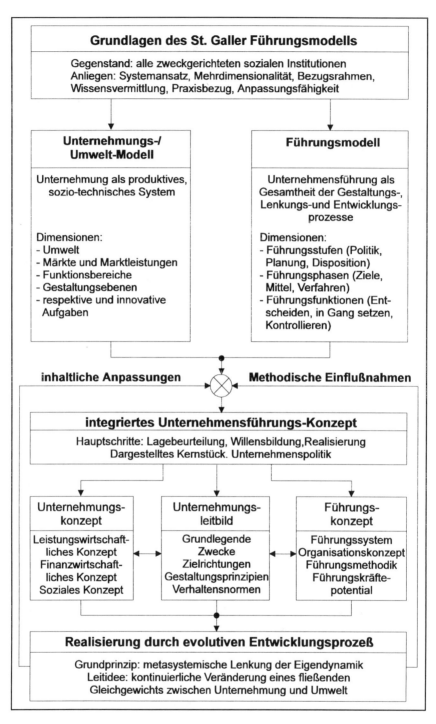

Abbildung 235: Das St. Galler Führungsmodell im Überblick (*Ulrich/Krieg*)

Hierbei sollen Führungskonzepte, Führungsinstrumente und Führungstechniken die Führungskräfte in einem selbständigen Denken und Handeln unterstützen.

Hierbei wird Führen als ein dauerndes Umgehen mit komplexen Situationen bei grundsätzlich notwendigerweise unvollkommenen Informationen verstanden.

Auf die Darstellung von Detailwissen sowie von rezepthaften Anweisungen soll verzichtet, vielmehr sollen Leitvorstellungen und Methoden vermittelt werden.

Grundlagen für die Anwendung des Modells ist ein erfolgreicher Entwicklungsvorgang in Form eines evolutionären Entwicklungsprozesses, bei dem die Konzepte lediglich eine grobe Entwicklungsrichtung festlegen und als Richtschnur für eine laufende Standortbestimmung gelten sollen.

Leitidee des Führungsmodelles ist deshalb nicht ein in kurzen Zeitabständen erreichbarer stabiler Endzustand, sondern die kontinuierliche Veränderung eines fließenden Gleichgewichts zwischen Unternehmen und Umwelt.

3. Modelle für situationsbezogenes Führungsverhalten

Die bisher besprochenen Modelle unterstellen jeweils einen ganz bestimmten einheitlichen Menschentyp und propagieren einen von unterschiedlichen Situationen und Einflußgrößen unabhängigen optimalen Führungsstil.

Dies widerspricht aber allen Erfahrungen, nach denen davon auszugehen ist, daß jeder Vorgesetzte in einigen Situationen effektiv ist, aber uneffektiv in anderen. Damit hat offensichtlich der Grad der *"situationalen Günstigkeit"* einen Einfluß auf das Leistungsergebnis.

3.1 Führungsmodell von Reddin

Reddin kritisierte die ursprüngliche normative Forderung von *Blake* und *Mouton*, die in ihrem Verhaltensgitter den 9,9 Führungsstil als das optimale Führungsverhalten ansehen. Er fordert, daß das Führungsumfeld des Vorgesetzten mit in die Betrachtung einbezogen werden muß (vgl. Abbildung 236).

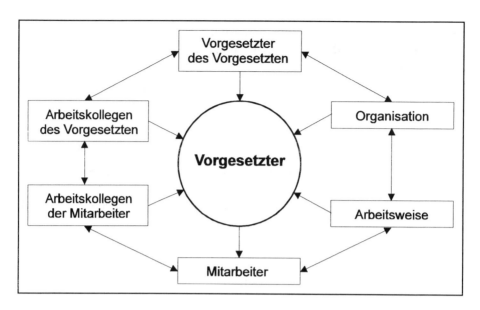

Abbildung 236: Führungsumfeld des Vorgesetzten

In Anlehnung an *Blake* und *Mouton* unterscheidet Reddin im Koordinatenfeld von Beziehungs-(Mitarbeiter-)Orientierung und Aufgabenorientierung zwischen vier Grundführungsstilen (vgl. Abbildung 238).

Beziehungs- (Mitarbeiter-) Orientierung	Aufgabenorientierung	Grundführungsstil
hoch	niedrig	Beziehungsstil
hoch	hoch	Integrationsstil
niedrig	niedrig	Verfahrensstil
niedrig	hoch	Aufgabenstil

Abbildung 237: Grundführungsstil in Abhängigkeit von Mitarbeiter- und Aufgabenorientierung (nach Reddin)

Mit welchem Führungsverhalten ein Vorgesetzter Erfolg hat, hängt von den situativen Bedingungen des Umfeldes ab.

Hierbei wird die Situation von *Reddin* beschrieben durch den Einfluß von

- Arbeitsweise,
- Aufgabenanforderungen,
- Mitarbeitern,

- Kollegen,
- Vorgesetzten,
- Organisationskultur und
- Organisationsklima.

Für jedes dieser Situationselemente gibt *Reddin* eine Reihe von Indikatoren an, die es dem Vorgesetzten erlauben sollen, die Situation zutreffend einzuschätzen.

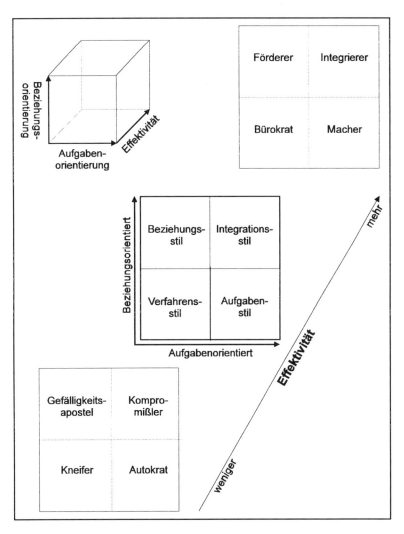

Abbildung 238: 3-D-Modell von *Reddin*

Ein Vorgesetzter mit starker Beziehungsorientierung gleicht in einer Situation, in der dieses Verfahren nicht zum Erfolg führt, mehr einem *Gefälligkeitsapostel*; wenn die Situation für ihn effektiv, d.h. günstig ist, einem *Förderer*, der sich stark für die Entwicklung seiner Mitarbeiter einsetzt.

Der Aufgabenstil wird einen Vorgesetzten in einer weniger effektiven Situation zum *Autokraten* abstempeln, in effektiver Situation jedoch zu einem von den Mitarbeitern akzeptieren *Macher*. In günstigen Situationen wird ein Vorgesetzter mit dem Integrationsstil zu einem Mitarbeiterorientierung und Aufgabenorientierung gleichermaßen berücksichtigenden *Integrierer*, in weniger effektiven Situationen jedoch zu einem standpunktlosen *Kompromißler*.

Ein Vorgesetzter mit starker Beziehungsorientierung gleicht in einer Situation, in der dieses Verfahren nicht zum Erfolg führt, mehr einem *Gefälligkeitsapostel*; wenn die Situation für ihn effektiv, d.h. günstig ist, einem *Förderer*, der sich stark für die Entwicklung seiner Mitarbeiter einsetzt.

Der Aufgabenstil wird einen Vorgesetzten in einer weniger effektiven Situation zum *Autokraten* abstempeln, in effektiver Situation jedoch zu einem von den Mitarbeitern akzeptieren *Macher*. In günstigen Situationen wird ein Vorgesetzter mit dem Integrationsstil zu einem Mitarbeiterorientierung und Aufgabenorientierung gleichermaßen berücksichtigenden *Integrierer*, in weniger effektiven Situationen jedoch zu einem standpunktlosen *Kompromißler*.

Der Verfahrensstil macht in einer effektiveren Situation den Vorgesetzten zum *Bürokraten*, in einer ineffektiveren Situation zu einem *Kneifer*, der jeder Festlegung aus dem Weg geht.

Demnach gibt es nach *Reddin* kein effektives oder ineffektives Führungsverhalten, jede der Grundstilformen ist effektiv, wenn sie der Situation entsprechend praktiziert wird. Jeder Vorgesetzte wird sich jeweils latent an seiner Grundstilart orientieren, als *Bürokrat* wird er versuchen, Arbeitsabläufe routiniert durch straffe Organisation und Regelbeachtung zu beherrschen, als Kneifer beharrt er auf Regeln und Vorschriften, ohne sich selbst festzulegen.

Der latent aufgabenorientierte Vorgesetzte denkt produktionsorientiert. Als *Macher* setzt er anspruchsvolle, aber erreichbare Ziele, als *Autokrat* setzt er seine Amtsmacht ein und überfordert häufig seine Mitarbeiter.

Der latent beziehungsorientierte Vorgesetzte wird als *Förderer*, soviel wie es die Situation erlaubt, delegieren, Mitarbeiterentwicklung ist kein Selbstzweck, als *Gefälligkeitsapostel* vernachlässigt er die Aufgabenausrichtung.

Ein latent integrationsorientierter Vorgesetzter entscheidet als *Integrierer* kooperativ, fördert und unterstützt seine Mitarbeiter, als *Kompromißler* versucht er es allen recht zu machen und meidet jede Konfrontation.

Reddin fordert vom Vorgesetzten, daß er sich seines Führungsumfeldes bewußt wird, daß er lernt, sein Führungsverhalten der jeweiligen Situation effektiv anzupassen. Er verlangt *Stiltreue*, wenn ein Vorgesetzter herausgefunden hat, daß ein bestimmter Stil die Effektivität erhöht, und *Stilflexibilität* zur effektiven Anpassung des Stiles an die jeweiligen Erfordernisse der Situation.

3.2 Führungsansatz von Hersey und Blanchard

Einen anderen Ansatz wählen *Hersey* und *Blanchard*. Sie gehen davon aus, daß das effektive Verhalten eines Vorgesetzten vom *"Reifegrad"* des Mitarbeiters abhängt. Der Reifegrad der Mitarbeiter bestimmt sich als Ergebnis von *Fähigkeit* (aufgabenbezogene Reife) und *Motivation* (persönlichkeitsbezogene Reife), d.h. dem Willen, sich hohe, aber erreichbare Ziele zu setzen und Verantwortung zu tragen. Hierbei unterscheiden sich vier Stufen des Reifegrades (vgl. Abbildung 239).

Geringe Reife:	Dem Mitarbeiter mangelt es sowohl an Antrieb/Motivation als auch an der Fähigkeit/Qualifikation, eine Aufgabe erfolgreich zu bewältigen. Große Erfolgswahrscheinlichkeiten bietet ein Führungsstil, der stark aufgabenbezogen und wenig mitarbeiterorientiert ist. Klare Arbeitsanweisungen (unterweisen) und laufende Kontrolle sind erforderlich.
Geringe bis mäßige Reife:	Hier hat der Mitarbeiter zwar den Willen, eine Aufgabe zu erfüllen, es fehlen ihm aber die notwendigen Fähigkeiten. Ein stark aufgaben- und stark mitarbeiterbezogener Führungsstil ist hier effektiver. Der Vorgesetzte muß den Leistungswillen anspornen, er muß wegen fehlender Fähigkeiten Hilfestellungen geben. Er muß mehr überzeugen und weniger anordnen. *Hersey* und *Blanchard* sprechen hier vom "Verkaufen".
Mäßige bis hohe Reife:	Der Mitarbeiter verfügt zwar über die erforderlichen Fähigkeiten, nicht aber den Willen, die Aufgaben auch konsequent zu erledigen. Ein stark mitarbeiterbezogener und weniger aufgabenbezogener Führungsstil ist angebracht. Anweisungen sind wegen der vorhandenen Fähigkeiten kaum erforderlich, wohl aber eine stärkere Motivation der Mitarbeiter, damit diese ihre Fähigkeiten auch in Handlungen umzusetzen. Die Partizipation der Mitarbeiter sollte im Vordergrund stehen.

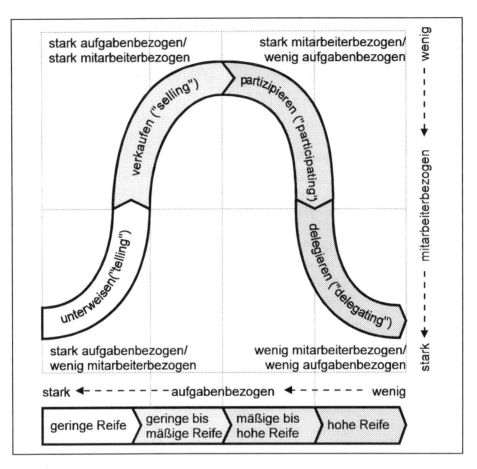

Abbildung 239: Die Theorie des Reifegrades von *Hersey* und *Blanchard*

Hohe Reife: Hier besitzt der Mitarbeiter sowohl die Fähigkeit als auch den Willen, gestellte Aufgaben zu erfüllen. Es empfiehlt sich ein wenig aufgaben- und wenig mitarbeiterbezogener Führungsstil. Tüchtige, fähige und hoch motivierte Mitarbeiter sind am leistungsfähigsten, wenn man ihnen die Möglichkeit gibt, ihre Arbeit so zu erledigen, wie sie dies für richtig erachten. Die Delegation von Aufgaben und Verantwortung sollte die Grundlage des Führungsverhaltens sein.

Entsprechend dem empfohlenen Führungsverhalten muß der Vorgesetzte mit steigendem Reifegrad seine Aufgabenorientierung reduzieren und eine Beziehungsorientierung verstärken. Hierbei kann sich der Vorgesetzte auf verschiedene Beeinflussungsmöglichkeiten (Machtbasen) stützen.

Bei geringer Reife ist es die Macht der Bestrafung und der klaren Anweisungen, bei geringer bis mäßiger Reife die Macht der Belohnung, bei mäßiger bis hoher Reife die Macht des Vorbildes und bei der sehr hohen Reife die Expertenmacht.

Ab 1985 haben die beiden Autoren einige begriffliche Korrekturen vorgenommen, ohne wesentlich den Grundgedanken dieses Modells und seine Aussagen zu ändern. Die Autoren verwenden nicht mehr den Begriff (Reifegrad) *maturty level*, sondern *Entwicklungsgrad (development level)*. Damit wollen die Autoren deutlich machen, daß der Mitarbeiter nicht auf einem einmal erreichten Reifegrad verharrt, sondern daß er sich laufend weiter entwickelt.

Die Entwicklungsebenen werden bestimmt anhand der

- *Kompetenz* der Mitarbeiter (Wissen, Können, Fähigkeiten) und ihres
- *Commitment* (Selbstvertrauen, Motivation, Einbindung),

demnach unterscheiden sie nach Abbildung 240 vier Entwicklungsebenen, denen sie dann die vier Führungsstile zuordnen. Auch die vier Führungsstilarten erhielten bei weitgehend gleichen nur geringfügig veränderten Inhalten andere Bezeichnungen

Stufe der Entwicklung der Mitarbeiter	empfohlener Führungsstil
D1: geringe Kompetenz, hohes Commitment	S1: Directing
D2: etwas Kompetenz, geringes Commitment	S2: Coaching
D3: hohe Kompetenz, veränderliches Commitment	S3: Supporting
D4: hohe Kompetenz, hohes Commitment	S4: Delegating

Abbildung 240: Entwicklungsebenen und empfohlene Führungsstile nach *Hersey* und *Blanchard*

3.3 Das Kontingenzmodell von Fiedler

Die besprochenen Untersuchungsergebnisse beschränken sich immer nur auf bestimmte Merkmale einer bestimmten Situation und lassen andere wesentliche Einflußgrößen außer acht. Durch das Fehlen einer in sich geschlossenen Theorie lassen sie deshalb auch kaum verifizierbare Hypothesen zu. Diesem Mangel versucht *Fiedler* abzuhelfen. Er geht in seinem Modell von der Annahme aus, daß die Effektivität einer Arbeitsgruppe durch die Interaktion spezifischer Verhaltensweisen einer Führungskraft und durch den Grad der situationalen Günstigkeit für den Führer bedingt ist. Damit unterscheidet das Modell drei Kernvariablen, die es zu definieren und zu operationalisieren gilt.

3.3.1 Führungsverhalten

Fiedler geht in Anlehnung an die "X-Y-Theorie" von *McGregor* von der Annahme aus, daß das Bild, das jemand von einem anderen hat, auch dessen Verhalten ihm gegenüber bestimmt. Beim Führungsverhalten eines Vorgesetzten wird diese Grundeinstellung gegenüber der ganzen Gruppe im wesentlichen durch das Bild bestimmt, das er von dem am wenigsten geschätzten Mitarbeiter (*Least Prefered Coworker*) hat. Diese Einstellung versucht *Fiedler* mit Hilfe des sog. *LPC-Wertes* zu operationalisieren, indem er den Vorgesetzten veranlaßt, diesen am wenigsten geschätzten Mitarbeiter anhand von 16 bipolaren Adjektivpaaren zu beurteilen (vgl. Abbildung 241).

Die Summe der Punkte in den angekreuzten Kästchen ergibt den LPC-Wert: Der kleinstmögliche Wert beträgt 16 und der höchstmögliche Wert 128 Punkte. Bei weniger als 72 Punkten wird man von einem niedrigen und bei mehr als 72 Punkten von einem hohen LPC-Wert sprechen können.

angenehm	8	7	6	5	4	3	2	1	unangenehm
freundlich	8	7	6	5	4	3	2	1	unfreundlich
abweisend	1	2	3	4	5	6	7	8	entgegenkommend
hilfsbereit	8	7	6	5	4	3	2	1	ungefällig
gefühlsarm	1	2	3	4	5	6	7	8	gefühlvoll
spannungsvoll	1	2	3	4	5	6	7	8	entspannt
fern	1	2	3	4	5	6	7	8	nahe
kalt	1	2	3	4	5	6	7	8	warm
zur Zusammenarbeit bereit	8	7	6	5	4	3	2	1	nicht zur Zusammenarbeit bereit
kameradschaftlich	8	7	6	5	4	3	2	1	feindlich
langweilig	1	2	3	4	5	6	7	8	interessant
streitsüchtig	1	2	3	4	5	6	7	8	friedlich
selbstsicher	8	7	6	5	4	3	2	1	unschlüssig
erfolgreich	8	7	6	5	4	3	2	1	erfolglos
verdrießlich	1	2	3	4	5	b	7	8	fröhlich
offen	8	7	6	5	4	3	2	1	verschlossen

Abbildung 241: Gegensatzpaare zur Ermittlung des LPC-Wertes

Ein Vorgesetzter, der einen hohen Wert erreicht, beschreibt den am wenigsten geschätzten Mitarbeiter noch relativ wohlwollend. Dies gilt damit als Indikator für ein mehr personenbezogenes Führungsverhalten. Ein niedriger LPC-Wert hingegen würde für ein mehr sachaufgabenbezogenes Führungsverhalten sprechen.

Hierbei kann es dann ohne Bedeutung bleiben, ob es sich bei dem ermittelten Wert um eine *Attitüde* oder um eine *Wertorientierung* handelt.

3.3.2 Grad der situationalen Günstigkeit

Nicht nur das Führungsverhalten bestimmt den Führungserfolg, sondern auch die Gunst oder Ungunst der Führungssituation. Diese bestimmt *Fiedler* durch die

1. *Positionsmacht*

    Sie umfaßt die Macht eines Vorgesetzten, die mit seiner Stellung in der Hierarchie verbunden ist, also die formale Befugnis, zu belohnen und zu bestrafen. Ohne Positionsmacht muß ein Vorgesetzter die Arbeitsgruppe erst von seiner Befähigung überzeugen und würde ständig Gefahr laufen, seine Position zu verlieren.

    Die Operationalisierung nimmt *Fiedler* durch 18 Items vor (vgl. Abbildung 242).

    Alle Aussagen, die zutreffen, werden mit einem Punkt bewertet, mit Ausnahmen der Items 16, 17 und 18, bei denen eine zustimmende Antwort mit +4, +3 bzw. -5 bewertet wird.

    Die Spannweite der möglichen Bewertung liegt zwischen -5 und +23. Bei einer Punktzahl unter 10 wird man von einer schwachen, und bei mehr als 10 von einer starken Positionsmacht sprechen können.

2. *Aufgabenstruktur*

    Hierunter werden Aufbau, Ordnung und Klarheit der zu lösenden Aufgaben verstanden. Strukturierte Aufgaben sind klar definiert und können mit einer begrenzten Anzahl von Verfahren in bestimmter Form gelöst werden. Hier kann z.B. der Vorgesetzte einer am Fließband arbeitenden Gruppe, dem Schritt für Schritt des Arbeitsganges bekannt ist, anhand einfacher Kriterien die ordnungsgemäße Ausführung der Arbeit planen und kontrollieren. Bei weniger strukturierbaren Aufgaben, wie z.B. Initiierung kreativer Prozesse, ist weder ein richtiger Weg zur Problemlösung bekannt, noch ist der Vorgesetzte mit den einzelnen Tätigkeiten so vertraut, daß er sie selbst ausführen könnte.

1. Dem Lob, das der Führer ausspricht, wird größere Bedeutung beigemessen, als dem Lob, das Gruppenangehörige aussprechen.
2. Vom Führer ausgesprochenes Lob wird höher bewertet, Kritik, die der Führer übt, als Tadel empfunden.
3. Der Führer kann Strafen und Belohnung vorschlagen.
4. Der Führer kann nach eigenem Ermessen Srafen verhängen und Belohnungen geben.
5. Der Führer kann Beförderungen oder Zurückversetzungen vornehmen (oder empfehlen).
6. Der Führer leitet oder koordiniert die Gruppentätigkeit, übt aber möglicherweise keinen anderen Einfluß aus. Er ist zum Leiter der Gruppe bestimmt und wird als solcher anerkannt.
7. Der Meinung des Führers schenkt man Aufmerksamkeit und zollt ihr Respekt.
8. Die Fachkenntnis des Führers oder die Information, in deren Besitz er im Gegensatz zur Gruppe ist, befähigen den Führer darüber zu entscheiden, wie die Aufgaben ausgeführt werden bzw. wie die Gruppe bei der Lösung der Aufgabe verfahren soll.
9. Der Führer gibt den Gruppenangehörigen Arbeitsanweisungen.
10. Der Führer ordnet an, was die Gruppenangehörigen zu tun oder zu lassen haben.
11. Man erwartet vom Führer, daß er die Gruppe motiviert.
12. Man erwartet vom Führer, daß er der Gruppe Aufgaben gibt und die Ausführung der Aufgaben beurteilt.
13. Der Führer besitzt die umfangreichsten Fachkenntnisse in Hinblick auf die Tätigkeit, veranlaßt jedoch, daß die Gruppenangehörigen die Tätigkeit ausführen.
14. Der Führer kann die Tätigkeit eines jeden Gruppenangehörigen überwachen, sie beurteilen oder korrigieren.
15. Der Führer kennt die Tätigkeiten der Gruppenangehörigen ebenso gut wie seine eigene Tätigkeit und könnte, falls erforderlich, jede dieser Tätigkeiten selbst zu Ende führen.
16. Der Führer genießt einen Status bzw. Rang, der ihn von den Gruppenangehörigen unterscheidet oder abhebt. (+ 5 Punkte)
17. Der Führer nimmt einen Status ein, der dem Status der Gruppenangehörigen eindeutig überlegen ist. Seine Rolle beschränkt sich nicht allein auf die des "Gruppenleiters" oder "Vorsitzenden". (+ 3 Punkte)
18. Der Führer ist von der Gruppe abhängig. Die Gruppe kann den Führer absetzen und einen neuen Führer bestimmen. (- 5 Punkte)

Abbildung 242: Kriterienkatalog zur Bestimmung der Positionsmacht

Die *Aufgabenstruktur* versucht Fiedler mit Hilfe von vier Kriterien zu bestimmen.

Zur Operationalisierung verwendet er Acht-Punkte-Skalen.

- Überprüfbarkeit der Entscheidung, d.h. Ausmaß, in dem die Richtigkeit einer Lösung oder Entscheidung angezeigt werden kann;
- Zielklarheit, d.h. Ausmaß, in dem die Anforderungen der Aufgabe den Gruppenmitgliedern eindeutig gestellt und bekannt sind;
- Zahl der Lösungswege, d.h. die Zahl der Verfahren, die man zur Lösung der Aufgabe anwenden kann;

- Zahl der Lösungen, d.h. die Anzahl der möglichen, als richtig anzusetzenden Lösungen.

Stark strukturierte Aufgaben begünstigen nach *Fiedler* die Situation für den Führer. Die Aufgaben sind um so strukturierter, je größer die Nachprüfbarkeit und die Zielklarheit und je geringer die Zahl der Lösungswege und der Lösungen ist.

3. *Vorgesetzten Mitarbeiter-Beziehung*

   Diese Größe bringt die Persönlichkeit des Vorgesetzten, seine affektiven Beziehungen zur Gruppe zum Ausdruck und gibt an, inwieweit der Vorgesetzte von den Gruppenangehörigen akzeptiert und gestützt wird.

   Zur Operationalisierung können zwei Verfahren verwendet werden:
   - *Soziometrische Tests*: Den Gruppenangehörigen werden Fragen gestellt wie: Mit welcher Person der Gruppe würden Sie am liebsten zusammenarbeiten, wenn Ihre Gruppe eine ähnliche Aufgabe ein zweites Mal zu lösen hätte? Welche Personen sähen Sie am liebsten als Vorgesetzten? Die Zahl der Wahlen, die auf den Vorgesetzten fallen, geben Aufschluß über die Gruppenatmosphäre und die Beziehungen zwischen den Gruppenangehörigen und ihrem Führer.
   - *Fragebögen*: Hierbei wird der Vorgesetzte gebeten, anhand verschiedener bipolarer Adjektiva (wie z.B. produktiv 8 Punkte - unproduktiv 1 Punkt, befriedigend 8 Punkte - frustrierend 1 Punkt) die Gruppenatmosphäre zu beurteilen. Je besser die Gruppenatmosphäre, desto günstiger ist die Situation für den Vorgesetzten.

4. Klassifikation der Situation

   Jede dieser drei Variablen stellt in der Realität einen Punkt auf einem Kontinuum dar. Aus pragmatischen Gründen nimmt *Fiedler* jedoch bei der Durchführung der Untersuchung eine Dichotomisierung vor. Aus dem Zusammenwirken der drei Variablen ergeben sich somit acht Situationseinheiten.

Situationseinheit	I	II	III	IV	V	VI	VII	VIII
Führer-Mitglied-Beziehung	gut	gut	gut	gut	relativ schlecht			
Aufbabenstruktur	strukturiert		unstrukturiert		strukturiert		unstrukturiert	
Positionsmacht	stark	schwach	stark	schwach	stark	schwach	stark	schwach
	günstig für den Vorgesetzten				ungünstig für den Vorgesetzten			

Abbildung 243: Bestimmungsgründe der Situationeinheit nach Fiedler

Fiedler geht hierbei davon aus, daß ein beliebter und anerkannter Vorgesetzter mit einer klar strukturierten Aufgabe und einer hohen Positionsmacht (Situationseinheit I) eine günstige Situation vor sich hat, die sich bei Veränderung der einzelnen Variablen jeweils verschlechtert. Situationseinheit VIII stellt die für den Vorgesetzten ungünstigste Situation dar.

3.3.3 Effektivität der Führung

Die Effektivität der Führung mißt *Fiedler* an Output- bzw. Produktionswerten. Er geht dabei von der Überlegung aus, daß eine Gruppe, die auf die Dauer die ihr vorgegebene Leistung nicht erfüllt, ihre Existenzberechtigung verliert, mögen Gruppenmoral und Zufriedenheit der Mitarbeiter noch so groß sein. Wenn eine Gruppe ihre Aufgabe trotz niedriger Moral und Zufriedenheit ihrer Mitglieder erfüllt, ist ihre Existenz nach wie vor ungefährdet, worauf es nach seiner Meinung entscheidend ankommt.

3.3.4 Das Kontingenzmodell

In einer großen Anzahl von empirischen Untersuchungen bemühte sich *Fiedler* mit seinen Mitarbeitern bei verschiedenen Gruppen der unterschiedlichsten Formen - bei Verwaltungsangestellten, Stahlarbeitern, Kirchenbeamten usw. - die Beziehungen zwischen dem LPC-Wert und der Gruppenleistung unter Berücksichtigung der acht Situationseinheiten herauszufinden.

Zur Veranschaulichung der Ergebnisse dient ein Koordinatensystem. Auf der Abszisse ist die Günstigkeit der Situation für den Führer und auf der Ordinate die Korrelation zwischen LPC-Wert (Führungsverhalten) und der Effektivität der Gruppenleistung aufgetragen (vgl. Abbildung 244).

Aus diesen Ergebnissen zieht *Fiedler* den Schluß, daß die Effektivität des Führungsverhaltens von der jeweiligen Situation bestimmt wird. Sachaufgabenorientierte Vorgesetzte sind dann effektiver, wenn die Situation entweder sehr günstig oder sehr ungünstig ist. Für mitarbeiterorientierte Vorgesetzte dagegen sind Situationen mittlerer Günstigkeit von Vorteil.

Damit gelingt es ihm, erstmals - zumindest ansatzweise - eine Ordnung in die Vielzahl der vorliegenden und scheinbar widersprüchlichen empirischen Forschungsergebnisse zu bringen. Unter günstigen Bedingungen, bei hoher Positionsmacht, hochstrukturierter Aufgabe und guten Gruppenbeziehungen wird die Gruppe bereit sein, gelenkt zu werden, und erwarten die Gruppenmitglieder, daß man ihnen sagt, was zu tun ist. Bei ungünstigen Bedingungen, d.h. ohne Positionsmacht und bei vollkommen unstrukturierter Tätigkeit, wird ein nicht akzeptierter Vorgesetzter aufgabenorientiertes Verhalten zeigen müssen, wenn er mit seiner Aufgabe nicht scheitern will. Wenn er in einer unstrukturierten (scheinbar ausweglosen) Situation einen Weg zu zeigen oder in Aussicht zu stellen vermag, wird man auch seinen Weisungen folgen. Dagegen verlangen nur begrenzt günstige (begrenzt ungünstige) Situationen ein geschicktes, mitarbeiterorientiertes Führungsverhalten, um die teilweise vorhandenen ungünstigen Einflüsse der Situation ausgleichen zu können.

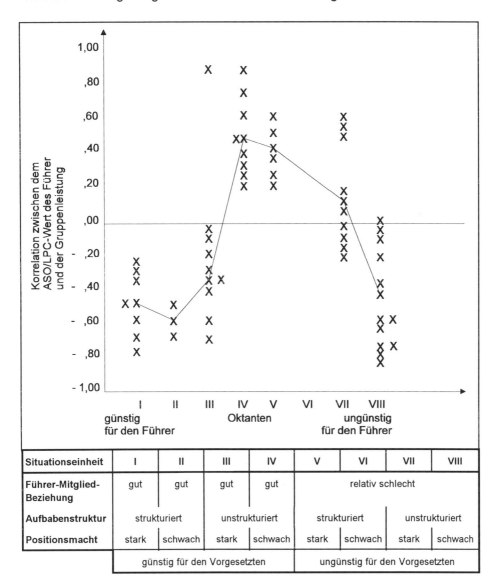

Abbildung 244: Das Kontingenzmodell (Korrelation zwischen Führungsverhalten und Effektivität in Abhängigkeit von der Situationseinheit)

3.3.5 Schlußfolgerungen aus dem Modell

Fiedler zieht aus dem Modell die Schlußfolgerung, daß die bisherigen Verfahren der Auswahl und Einstellung von Führungskräften sowie die durchgeführten Förderungskurse für Führungskräfte unzureichend seien. Persönlichkeitseigenschaften, ergänzt durch Erfahrungen in anderen Situationen, können noch keinen Erfolg garantieren. Er schlägt deshalb vor, bei der Auswahl von Führungskräften zuerst die Situation zu analysieren und die Günstigkeit der Situation zu ermitteln, um daraufhin erst den zu dieser Situation passenden Bewerber mit dem entsprechenden LPC-Wert auszusuchen. Von Förderungskursen für Führungskräfte verspricht er sich weniger Erfolg. Wenn, gestützt auf Theorien wie von *Blake* und *Mouton*, *Likert*, *Hersey/Blanchard* usw., ein "bester" Führungsstil propagiert und eingeübt wird, wird ein bestimmter Teil der so geschulten Kräfte an Arbeitsplätze zurückkehren, die eine für diesen "besten" Führungsstil ungünstige Situation aufweisen.

Weiterhin hält er es für unmöglich, in kurzfristigen Trainingsprogrammen das Führungsverhalten eines Vorgesetzten grundlegend zu ändern. Dies sei allenfalls in zwei- bis dreijähriger intensiver psychotherapeutischer Behandlung möglich. Sein Vorschlag ist, entweder den für die Situation passenden Vorgesetzten zu gewinnen oder die Situation entsprechend zu ändern.

3.3.6 Kritik an dem Modell

Es fehlt in der modernen Literatur nicht an Kritik an diesem Modell. Im wesentlichen konzentriert sie sich auf folgende Prämissen:

1. *Rationalitätsprämisse*
   Die Kritik richtet sich gegen die Annahme, daß ein Vorgesetzter ein eindeutig abgegrenztes Führungsverhalten vollständig und unbeirrt ausübt, ohne von Emotionen und Gefühlen beeinflußt zu werden.
2. *Kausalitätsprämisse*
   Gegenstand der Kritik ist die Unterstellung, daß die Gruppenleistung durch das Führungsverhalten bestimmt und eine mögliche Umkehrung der Beziehungen vernachlässigt wird.
3. *Situationsbeschreibungsprämisse*
   Hier stellen die Kritiker infrage, ob die im Modell genannten Situationsmerkmale wirklich die einzelnen vorkommenden Situationen hinreichend genau kennzeichnen und ob nicht andere Merkmale, wie z.B. Zeitdruck, Streß, Arbeitsmarktlage, eine Rolle spielen.
4. *Persönlichkeits-* und *Gruppenneutralitätsprämisse*
   Die Kritiker weisen darauf hin, daß die Beziehungen zwischen Vorgesetzten und Geführten und damit auch die Gruppenstrukturen keine festen Werte sind, sondern daß sie sich im Verlauf der Interaktionsprozesse

verändern. Diese Einflüsse seien im Modell zu wenig berücksichtigt. Wenn diese gegenseitige Beeinflussung möglich ist, dann läßt das Kontingenzmodell nur noch eingeschränkte Aussagen über den Führungserfolg zu, weil dazu ja eine Kenntnis der Veränderung der Gruppenatmosphäre und der Persönlichkeitsbeziehungen notwendig wäre.

5. *Alternativenprämisse*

Diese Kritik richtet sich dagegen, daß das Modell nur zwischen dem mitarbeiter- und dem sachaufgabenorientierten Führungsverhalten unterscheidet. Andere Führungsalternativen werden nicht miteinbezogen.

6. *Effizienzprämisse*

Gegenstand der Kritik ist hier, daß *Fiedler* nur Produktivitätsgrößen in seine Effektivitätsbetrachtung miteinbezieht. Es wird als fraglich erachtet, ob die Aussagen noch Gültigkeit haben, wenn andere Kriterien in den Vordergrund rücken.

Trotz dieser Kritik, die sich zum Teil, wie bei der Rationalitätsprämisse, als unbegründet erweist und zum Teil, wie bei der Situationsbeschreibungs- und der Alternativenprämisse, lediglich Ansätze für eine Weiterentwicklung im Rahmen der Führungsforschung aufzeigt, stellt das Kontigenzmodell die zur Zeit geschlossenste Theorie über die Effektivität des Führungsverhaltens unter der Prämisse der Dualität von mitarbeiter- bzw. aufgabenbezogenem Verhalten dar.

3.4 Kognitive Ressourcentheorie von Fiedler

Auch *Fiedler* mußte im Hinblick auf die Vielzahl der gegen sein Modell vorgetragenen Kritiken erkennen, daß die Gruppenleistung auch von anderen Faktoren als nur dem mehr mitarbeiter- oder aufgabenbezogenen Führungsverhalten abhängt. Er hat deshalb im Laufe seiner weiteren Arbeiten das Kontingenzmodell um die "kognitive Ressourcentheorie" erweitert.

Hier geht er davon aus, daß die Gruppenleistung nicht nur vom Verhalten des Vorgesetzten, sondern auch von seinen intellektuellen Fähigkeiten (Intelligenz), Pläne und Handlungsstrategien zur Problemlösung zu entwickeln, abhängt.

Entwickelt ein Vorgesetzter solche Fähigkeiten, dann müssen auch die Ergebnisse der Gruppe mitgeteilt werden, was in der Regel durch ein "direktives Vorgehen" erfolgt. Seine Vorstellungen und Pläne würden unbeachtet bleiben, wenn sie nicht zur Kenntnis der Gruppe gelangen, oder aber im Falle von bloßen Anregungen würde die Gefahr bestehen, daß sie verfälscht oder mißverstanden werden.

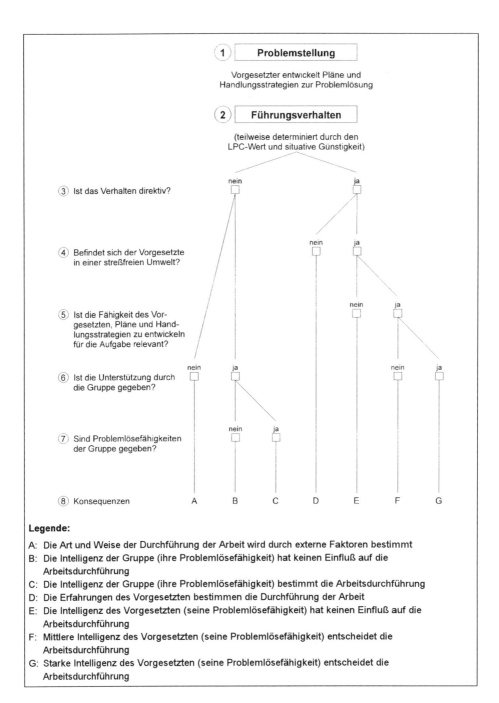

Abbildung 245: Schematische Darstellung des Zusammenhangs der *Fiedlerschen kognitiven Ressourcen-Theorie* (*Fiedler/Garcia* 1987)

Voraussetzung für ein erfolgreiches Umsetzen dieser Zielvorstellungen ist nach *Fiedler*, daß sich der Vorgesetzte nicht unter "Streß" befindet und daß die Gruppe auch die entscheidende Unterstützung gewährt. Verhält sich ein Vorgesetzter nicht direktiv, dann hat er entweder keinen Einfluß auf die Art der Durchführung oder die Arbeitsdurchführung erfolgt ganz oder zum Teil nicht nach seinen, sondern nach den Vorstellungen der Gruppe.

Die Zusammenhänge des *Fiedler'schen kognitiven Ressourcenmodells* zeigt Abbildung 245.

Daraus ergibt sich für diese Zusammenhänge folgende Kausalkette:

Annahme und Konsequenzen aus der kognitiven Ressourcen-Theorie von Fiedler
1. Wenn der Vorgesetzte tatsächlich direktives Verhalten (d.h., wenn es seiner emotionalen Disposition entspricht) zeigt,
2. Wenn die Streßbelastung gering ist,
3. Wenn die Gruppe völlig mitgeht, dann
korreliert die Intelligenzhöhe (die Fähigkeit, Pläne und Handlungsstrategien zu entwickeln) des Vorgesetzten positiv mit der erzielten Leistung.
Trifft eine der drei Bedingungen nicht zu, dann ist die Korrelation niedrig oder negativ

Abbildung 246: Zusammenhänge zwischen direktivem Verhalten, Intelligenz des Vorgesetzten und erzielter Leistung (*Fiedler*, HWFü, Sp. 822)

Ob allerdings die Überlegungen dieser Theorie zu einer weiteren Bestätigung des Kontingenzmodells von *Fiedler* führen oder eher dazu, die Meinung der Kritiker zu bestätigen, kann im Rahmen dieser Darstellung nicht abschließend behandelt werden.

Verdienstvoll ist es auf jeden Fall, eine weitere wichtige Variable, nämlich die kognitiven Fähigkeiten des Vorgesetzten, mit in das System des Kontingenzmodells einzuführen. Fraglich ist nur, ob es gut war, diese Variable als neue Theorie neben das alte Modell zu setzen oder ob es nicht besser gewesen wäre, diese als ein neues Element in das Gesamtmodell einzubauen.

3.5 Multivariable Ansätze

Es wurde mehrfach versucht, die Begrenzung des *Fiedler*'schen Kontingenzmodells, das sich aus der Beschränkung des variablen Ansatzes ergibt, mit der Theorie der Führungsdeterminanten aufzuheben. *Osborn/Hunt* 1975 haben versucht, diese Begrenzungen zu differenzieren nach:

- *Makrostrukturbedingungen*, die, wie die Organisationsumwelt, Organisationsstruktur und Technologie, weitgehend nicht kurzfristig beeinflußt werden können und
- *Mikrostrukturellen Variablen*, wie z.B. Aufgaben, persönliche Präferenzen usw., die mit großer Wahrscheinlichkeit zwischen den Mitarbeitern verschieden und leichter zu verändern sind.

Sie stellen die Hypothese auf, daß die makrostrukturellen Variablen den Freiraum für eigentliches Führungsverhalten eines Vorgesetzten wesentlich stärker als die mikrostrukturellen Variablen beeinflussen.

Hierbei wird der entstehende Freiraum für das Führungsverhalten umso stärker beschränkt, je

- stärker Vorgesetzte gezwungen sind, sich auf komplexe und instabile Umweltbedingungen zu konzentrieren,
- stärker wesentliche Teile der Beeinflussungsmöglichkeiten durch den Grad der Zentralisation und durch eine größere Abhängigkeit der Organisation von anderen Organisationen begrenzt werden,
- größer die Leitungsspanne ist, die die Möglichkeit eines beziehungsorientierten Führungsverhaltens einschränkt.

Das Modell konnte teilweise bestätigen, daß die Art der Nutzung des Freiraumes für Führungsverhalten, der durch makrostrukturelle Variablen bestimmt wird, Leistung und Zufriedenheit der Mitarbeiter beeinflussen.

Eine Erweiterung erhält dieser Ansatz durch das Multiple-Linkage Modell von *Yukl* (1981).

Dieses Modell weist noch drei weitere Gruppen von Situationsvariablen auf.

Es wird zwischen kurz- und längerfristigen Maßnahmen zur Beeinflussung dieser Variablen unterschieden. Kurzfristiger Natur sind Motivation, Zielvorgaben, Bereitstellung notwendiger Ressourcen, also Variablen, die der Vorgesetzte rasch korrigieren kann. Langfristig ist der makrostrukturelle Rahmen, in dem sich der Führungsprozeß abspielt, wie strategische Planung, Qualifikationsprogramme, Öffentlichkeitsarbeit usw.; diesen kann ein Vorgesetzter nur versuchen langfristig zu verändern.

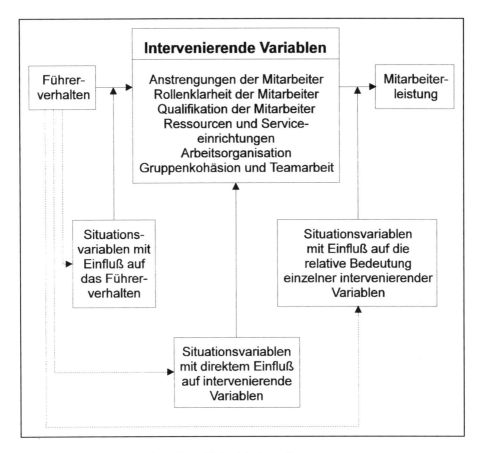

Abbildung 247: *Yukls* Modell multipler Verknüpfungen

Bei der Offenheit des Modells und der geringen Präzision seiner Variablen sowie seiner Annahmen, kann dieses Modell bei allen logischen dafür sprechenden Bedingungen empirisch nicht überprüft werden. Bei diesen Voraussetzungen wird es dann auch das Schicksal vieler anderer Ansätze erleiden. Entweder es wird stark vereinfacht, dann kann der Versuch einer Überprüfung nicht immer mit überzeugendem Ergebnis durchgeführt werden, oder es bleibt ein Bezugsrahmen zur Diskussion über mögliche Einflußfaktoren auf den Führungserfolg.

3.6 Entscheidungsmodell von Vroom und Yetton

Vroom und *Yetton* versuchen den Ansatz in der Form weiterzuentwickeln, in dem sie im Rahmen eines normativen Entscheidungsmodells dem Vorgesetzten eine Hilfestellung geben wollen, wie er sich in einer bestimmten Situation entscheiden muß, um erfolgreich zu sein.

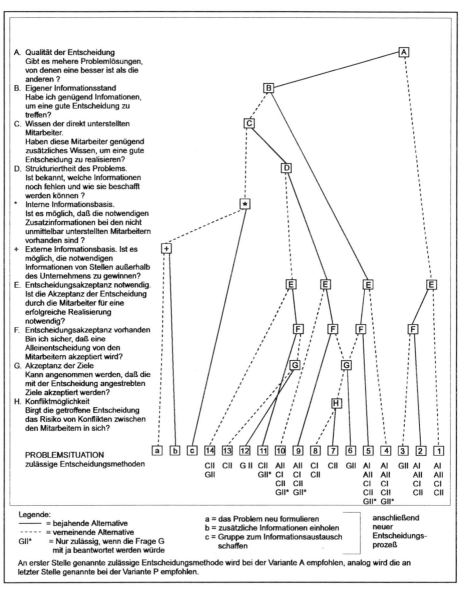

Abbildung 248: Entscheidungsbaum zur Ermittlung der Problemtypen nach *Vroom* und *Yetton*.

Die Erfolgswahrscheinlichkeit einer Entscheidung wird durch drei Faktoren bestimmt:

- Entscheidungsqualität,
- Mitarbeiterakzeptanz,
- Zeitaufwand bzw. Kosten der Entscheidung.

Die Abbildung 248 zeigt diesen Entscheidungsbaum, bei dem die Kästchen die jeweilige Führungssituation kennzeichnen und die Kanten den Weg zum jeweiligen Problemtyp weisen.

Diesen Problemtypen stellen sie fünf idealtypische Entscheidungsstile gegenüber, die sich in Anlehnung an das Kontinuum des Führungsverhaltens nach *Tannenbaum* und *Schmidt* nach dem Grad der Beteiligung der Mitarbeiter bzw. der Gruppen am Entscheidungsprozeß unterscheiden (Abbildung 249).

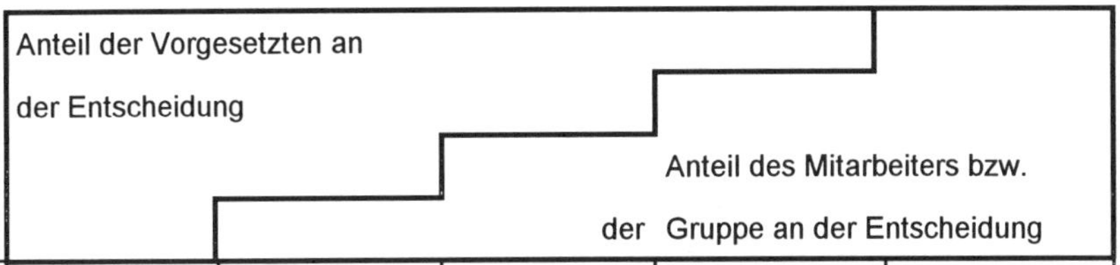

Entschei-dungsstil	AI	AII	CI	CII	GII
Beschrei-bung	Autoritäre Allein-entscheidung	Autoritäre Alleinentschei-dung nach Information durch Mitarbeiter	Entscheidung nach Einzel-beratung mit Mitarbeitern	Entscheidung nach Gruppen-besprechung	Problemlösung und Entschei-dung durch die Gruppe
Zulässig bei Problem-typ	1,2,4,5	1,2,4,5,9,10	1,2,4,5,8,9,10	1,2,4,5,7,8,9,10,11,13,14	1,2,3,4,*5,*6,9,*10,*11,*12,*14
Optimal bei Problem-typ	1,2,4,5	9,10	8	7,11,13,14	3,6,12

(Anteil der Vorgesetzten an der Entscheidung / Anteil des Mitarbeiters bzw. der Gruppe an der Entscheidung)

* = nur zulässig, wenn Situationsmerkmal 9 bejaht wurde

Abbildung 249: Entscheidungstypen nach *Vroom* und *Yetton*

Zur eindeutigen Kennzeichnung der einzelnen Entscheidungstypen wurden diese von *Vroom* und *Yetton* ausführlich beschrieben.

Um die Zuordnung der einzelnen Problemtypen zu den Entscheidungstypen zu begründen, stellen sie auf sieben Entscheidungsregeln ab, die sie aus Plausibilitätsüberlegungen ableiten:

1. Informationsregel

   AI ist auszuschalten, wenn der Vorgesetzte nicht über alle notwendigen Informationen verfügt und die Entscheidung aber wichtig ist.

2. Regel der Zielübereinstimmung

Bei wichtiger Entscheidungsqualität ist GII auszuschalten, wenn Situation G verneint wird, d.h. wenn die Mitarbeiter die Organisationsziele nicht teilen.

3. Regel für unstrukturierte Probleme

   Müssen fehlende Informationen bei wichtiger Entscheidungsqualität eingeholt werden, dann sind AII und CI nicht effizient, weil sie an Einzelgespräche gebunden sind.

4. Akzeptanzregel

   Trifft das Situationsmerkmal E zu, d.h. die Akzeptanz der Mitarbeiter ist für die Durchführung der Entscheidung wichtig und die Akzeptenz ist nicht gegeben (Merkmal F), dann fallen die Entscheidungstpyen AI und AII aus.

5. Konfliktregel

   Wird Situationsmerkmal F bejaht und birgt eine getroffene Entscheidung das Risiko eines Konfliktes, weil sich die Mitarbeiter über die beste Lösung nicht einig sind, so scheiden AI und AII und CI aus. Den Mitarbeitern muß die Möglichkeit gegeben werden, sich selbst über das beste Vorgehen zu einigen.

6. Regel der Fairneß

   Wird eine Alleinentscheidung abgelehnt (Situationsmerkmal F) und ist die Entscheidungsqualität unwichtig, dann sollten die Mitarbeiter die Möglichkeit haben, das Problem selbst zu lösen und die Entscheidung selbst zu treffen. Deshalb kann nur der Entscheidungstyp GII infrage kommen.

7. Vorrangregel der Akzeptanz

   Ist die Akzeptanz - die bei einer Alleinentscheidung unwahrscheinlich ist - wichtig (Merkmal E) und akzeptierten die Mitarbeiter die mit der Entscheidung angestrebten Ziele, so müssen die Entscheidungstypen AI und AII, CI und CII außer acht bleiben.

Berücksichtigt man diese Entscheidungsregeln, dann ergibt sich für jeden Entscheidungstyp eine Reihe von zulässigen Problemtypen.

Um die Reihe der insgesamt zulässigen Entscheidungsstiltypen für die einzelnen Problemtypen einzuengen, unterscheiden die Autoren zwischen zwei Varianten. Bei der Variante A wird als optimaler Entscheidungstyp immer derjenige mit dem niedrigeren Partizipationsgrad empfohlen mit der Begründung, daß hier für den Entscheidungsprozeß ein geringerer Zeitaufwand erforderlich ist. Bei der Variante P hingegen wird auf die Entscheidungstypen mit dem höheren Partizipationsgrad verwiesen.

Vroom und *Yetton* haben ihr Modell als eine Art Ausbildungs- und Trainingsmethode konzipiert. Mit dreißig Fallstudien werden Führungskräfte mit der Handhabung des Modells vertraut gemacht.

So z.B. Fall I:

"Sie sind der verantwortliche Vorgesetzte für eine große Arbeitsgruppe, die eine Öl-Pipeline zu verlegen hat. Zur Anforderung der Materiallieferungen an den nächsten Lagerplatz ist der zu erwartende Baufortschritt abzuschätzen. Sie kennen das Gelände und kennen auch die notwendigen Daten, um den Baufortschritt bei dieser Art von Gelände zu bestimmen. Unter diesen Umständen ist es eine einfache Angelegenheit, den frühesten und den spätesten Zeitpunkt, zu dem das Material und die Hilfsmittel beim nächsten Lagerplatz angeliefert werden müssen, zu bestimmen. Es ist wichtig, daß die Vorausschätzung exakt vorgenommen wird; zu niedrige Schätzung führt zu Leerlaufzeiten bei den Vorarbeitern und Arbeitern, und eine zu hohe Schätzung führt zu einer Festlegung des Materials für ein Zeitspanne, ohne daß es benötigt wird.

Der Arbeitsfortschritt ist gut, und ihre fünf Vorarbeiter und die anderen Arbeiter der Gruppe erwarten einen erheblichen Bonus, wenn das Projekt im Rahmen des Planes abgeschlossen wird."

Analyse:

Frage A:	Qualität der Entscheidung: Gibt es mehrere Problemlösungen, von denen eine besser ist als die andere?	= ja
Frage B:	Eigener Informationsstand: Reicht der Informationsstand für eine richtige Entscheidung aus?	= ja
Frage E:	Entscheidungsakzeptanz notwendig: Müssen die Mitarbeiter die Entscheidung ausführen und ist ihre Akzeptanz notwendig?	= nein

Problemtyp 4:

Mögliche Problemlösungen: AI, AII, CI., CII, GII,

Lösung mit dem geringsten Zeitaufwand: AI,

Regelverletzung: keine

Fall IV:

"Sie sind im Stab eines Division-Managers und arbeiten an einer größeren Anzahl von Problemen auf dem Verwaltungssektor und auf technischen Gebieten. Es wurde ihnen die Anweisung zur Entwicklung einer Methode der manuellen Erstellung der Ausrüstungsaufstellungen, ihrer Zusammenfassung und der Übertragung in ein zentrales Informationssystem gegeben, welches in allen fünf Werken der Division angewandt werden soll. Alle Werke sind in einem regional relativ eng begrenzten Raum gelegen. Bis heute gab es eine hohe Fehlerrate bei der Erfassung und/oder Übertragung der Daten. Einige Niederlassungen haben beträchtlich höhere Fehlerraten, und die Methode der Berichterstattung und der Datenübertragung ist bei den einzelnen Werken unterschiedlich. Es ist deshalb wahrscheinlich, daß ein Teil der Fehler eher die Folge der Besonderheiten der einzelnen Werke ist und weniger auf andere Ursachen zurückgeführt werden kann. Dies wird die Einrichtung eines generellen Systems in allen Fabriken wesentlich komplizieren. Sie haben Informationen über die Fehlerraten, aber keine über das jeweilige Vorgehen, welches diese Fehler verursacht, oder über die jeweiligen regionalen Bedingungen, die unterschiedliche Vorgehensweisen notwendig machen.

Jeder wird von einer Verbesserung der Daten Gewinn ziehen und Nutzen haben, da diese für eine Anzahl von wichtigen Entscheidungen benutzt werden. Sie stehen über die Qualitätskontrollstellen, welche für die Erfassung der Daten verantwortlich sind, mit den Werken in Verbindung. Die Mitarbeiter dieser Qualitätskontrollstellen bilden eine selbstbewußte Gruppe, die überzeugt sind, ihre Aufgabe gut zu erfüllen, und die sehr sensibel gegenüber Eingriffen des höheren Managements in ihre Aufgabengebiete reagieren. Jede Lösung, die nicht die Unterstützung der Leiter der Qualitätskontrollstellen in den verschiedenen Firmen findet, macht es unwahrscheinlich, daß damit die Fehlerrate beträchtlich gesenkt werden kann."

Analyse:

Frage A:	Qualität der Entscheidung: Gibt es mehrere Problemlösungen, von denen eine besser ist als die andere?	= ja
Frage B:	Informationsstand: Reicht der Informationsstand des Vorgesetzten für eine richtige Entscheidung aus?	= nein
Frage C:	Wissen der Mitarbeiter: Haben die eigenen direkt unterstellten Mitarbeiter zusätzliches Wissen für die Problemlösung?	= ja
Frage D:	Die Strukturiertheit des Problems: Ist bekannt, welche Informationen noch fehlen und wie sie beschafft werden können?	= nein
Frage E:	Entscheidungsakzeptanz notwendig: Ist die Akzeptanz der Mitarbeiter für eine erfolgreiche Durchführung der Entscheidung erforderlich?	= ja
Frage F:	Entscheidungsakzeptanz vorhanden: Kann angenommen werden, daß die Mitarbeiter eine Alleinentscheidung akzeptieren?	= nein
Frage G:	Akzeptanz der Ziele: Akzeptieren die Mitarbeiter die mit der Entscheidung angestrebten Ziele?	= ja

Problemtyp 12:

Zulässige Entscheidungsmethode: GII

Verletzung der Entscheidungsregeln:

AI verletzt Regeln 1, 3, 4 und 7

AII verletzt die Regeln 3, 4 und 7.

CI verletzt die Regeln 3 und 7.

CII verletzt die Regel 7.

Faßt man die Grundüberlegungen zusammen, so besticht das Modell durch seine scheinbar vorhandene Präzision. So gibt es vor, aufzuzeigen, mit welcher Entscheidungsmethode das Ziel der Organisation am schnellsten und reibungslosesten zu erreichen ist. Hierbei wird allerdings nur auf zwei formale Aspekte abgestellt, nämlich die Entscheidungsqualität und die Akzeptanz der Entscheidung durch die betroffenen Mitarbeiter.

Insoweit erscheint das Modell logisch aufgebaut und in seinen Grundstrukturen transparent. Aber alle anderen Einflußgrößen auf den Führungsprozeß, wie die Persönlichkeitsstruktur der handelnden Personen, die Motivationslage und die sonstigen situativen Einflüsse bleiben außer Betracht. Insofern wird man es mehr zu den Entscheidungs- als zu den Führungsmodellen rechnen müssen.

Versuche, das Modell empirisch zu überprüfen, waren nur bedingt erfolgreich. Bei den veröffentlichten Untersuchungen wurden meist Führungskräfte gebeten, bestimmte Entscheidungssituationen nach den Grundlagen des Modells zu klassifizieren und anzugeben, welche Entscheidungsstrategie sie gewählt hätten und mit welchem Ergebnis wahrscheinlich zu rechnen gewesen wäre. Diese Einschätzung wurde mit den Einschätzungen der Modellkonstrukteure verglichen. Hierbei ergab sich, was zu erwarten war, daß Führungskräfte um so mehr mit den Ergebnissen der Modellexperten übereinstimmen, je mehr sie mit der Struktur und dem logischen Aufbau des Konzeptes vertraut waren.

Die scheinbar zwingende Logik, durch ein Entscheidungsbaumverfahren zu der richtigen Entscheidungsmethode zu kommen, erweist sich jedoch bei näherem Hinsehen als nur bedingt überzeugend. Bei allen Problemtypen werden die Entscheidungsmethoden CII oder GII als zulässige Methoden angegeben, die Methoden AI und AII nur in den Fällen niederer Entscheidungsqualität (Routineentscheidungen?!) und nicht notwendiger bzw. vorhandener Entscheidungsakzeptanz durch die Mitarbeiter. Daraus ergibt sich, daß sich der verhältnismäßig komplexe Modellaufbau auf die verhältnismäßig einfache Kardinalfrage reduzieren läßt: "Immer partizipativ führen oder nur gelegentlich?"

Hier hilft auch die Unterscheidung in die beiden Varianten A und P nicht weiter. Der Zeitaufwand zur Entscheidungsfindung ist nur eine Seite des Problems, die Auswirkung der Entscheidung auf Arbeitszufriedenheit und Motivation eine andere.

4. Sonstige Führungskonzeptionen, spezialisierte Teilansätze

Der Einsatz verschiedener Methoden im Bereich der Personalforschung entsprach nicht den Besonderheiten des Forschungsobjektes. Der Versuch, einzelne Ergebnisse wie z.B. des *Fiedler'schen Kontingenzmodells* nach den strengen Regeln des kritischen Rationalismus zu verifizieren bzw. falsifizieren, mußte zwangsläufig scheitern, weil der Untersuchungsgegenstand, nämlich das Leistungsverhalten vom Menschen im Betrieb nicht hinreichend konstant gehalten werden kann und weil die Ergebnisse von einer Vielzahl von Einflußfaktoren bestimmt werden, die auch nicht annähernd alle berücksichtigt werden können. Hierbei ist auch die kaum übersehbare Fülle der persönlichen Grundstrukturen und dem persönlichen Grundverhalten nicht berücksichtigt worden.

Mit dem Ziel, über repräsentative Auswertungen zu gesicherten wissenschaftlichen Ergebnissen zu kommen, wurde versucht, durch immer stärker differenzierte Versuchsanordnungen und leistungsfähigere statistische Verfahren zu fundierten Aussagen zu kommen.

Die dargestellten Motivations- und Führungstheorien und -techniken konnten deshalb für den Praktiker kaum Hilfestellung für die Bewältigung ihrer alltäglichen Führungsprobleme geben. Dies gilt ebenso, wenn auch mit gewissen Einschränkungen, für das stark formalisierte *Bad Harzburger Modell*. Dieses Modell erwies sich überall dort als erfolgreich, wo die "reine Lehre" durch eine Berücksichtigung betriebsspezifischer Besonderheiten modifiziert wurde und auch nur dort, wo eine relativ stabile statische Entwicklung vorherrschte.

Das in vielen Fällen erfolgreiche *St. Gallener Modell* entzieht sich von seiner Struktur und seiner Planung her sowieso jedem Verifizierungs-/Falsifizierungsversuch, da es lediglich einen Handlungsrahmen absteckt.

Da die Führungsforschung die Nachfragen nach einfach zu handhabenden betriebsunabhängigen Gestaltungsempfehlungen nicht decken konnte, wurde die Lücke durch eine Vielzahl von neuen "Patentrezepten" als Führungskonzepte auf dem Markt ausgefüllt.

Die Quelle für diese Konzepte war nur in begrenztem Umfang die Forschung, es waren vielmehr Unternehmensberater und wissenschaftlich interessierte

Betriebspraktiker, die einzelne Erfahrungen beim Lösen konkreter Betriebsprobleme, z.T. überstark vereinfachend zu Handlungsanleitungen generalisierten.

Obwohl nicht wissenschaftlichem Standard entsprechend, in ihren Begriffen häufig sehr unklar ausgestattet, jedoch von einer bestechenden und für jeden Außenstehenden leicht nachvollziehbaren Einfachheit, gewannen sie zunehmend Verbreitung. Jeder dieser Ansätze konnte in Einzelfällen Erfolge verzeichnen, und zwar überall dort, wo die Voraussetzungen für den Einsatz dieser Konzeption im Einzelfall vorlagen.

In einer groß angelegten Artikelserie hat *Raidt* 1985 insgesamt 35 Idealtypen der Führungslehre und ihre Bewährung in der Praxis zusammengestellt und sie hinsichtlich ihrer praktischen Umsetzbarkeit bewertet (zu bewerten versucht) (vgl. Abbildung 250).

Zwischenzeitlich sind jedoch noch eine Reihe weiterer Ansätze dazugekommen.

Insgesamt lassen sich diese Ansätze dann in fünf Hauptgruppen mit 10 Untergruppen aufteilen:

1. *Verfahrens-/strukturbestimmte Modelle.* Sie stellen eine bestimmte Organisationsform bzw. bestimmte Arbeitsabläufe und Verfahren in den Entscheidungsprozessen in den Mittelpunkt.
2. *Ziel-/Ergebnisorientierte Modelle.* Sie gehen von zu erreichenden Zielen aus, entweder bezogen auf ein bestimmtes Mitarbeiterverhalten oder auf vorgegebene Sachziele.
3. *Vorgesetzenzentrierte Modellansätze.* Sie setzen beim Vorgesetzten an, indem generell oder für bestimmte Situationen jeweils ein besonderes Verhalten vorgegeben wird.
4. *Mitarbeiterbezogene Führungsmodelle,* zielen entweder auf die Entwicklung des Leistungspotentials zu Mitarbeitern ab oder stellen die Anwendung bestimmter, auf den Mitarbeiter bezogene Verhaltensweisen in den Vordergrund.
5. Sonstige Modelle. Sie sind eine Sammlung unterschiedlichster Verfahrensvorschriften.

Wenn es sich auch bei einer nicht unerheblichen Anzahl dieser Gestaltungsempfehlungen um Selbstverständlichkeiten und um eine Trivialisierung einzelner Teilbereiche aus dem umfassenden Komplex Führungsprobleme handelt, sind jedoch eine ganze Reihe dieser Ansätze heute noch sehr modern und einige dieser Ansätze haben bereits vor zwei Jahrzehnten Lösungen aufgezeigt, die heute unter den Schlagworten *lean management, total quality management, Kundenorientierung, flache Hierarchie, Gruppenarbeit* usw. als die neuesten Lösungsansätze diskutiert werden.

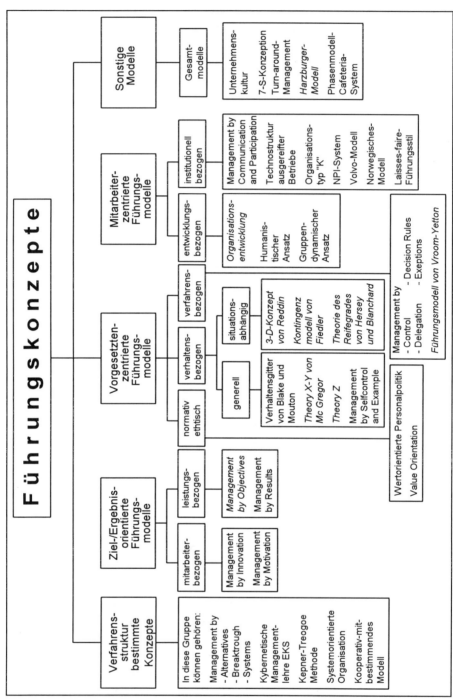

Abbildung 250: Führungskonzepte als betriebsunabhängige Handlungs- oder Gestaltungsempfehlungen

Einige dieser Gestaltungsempfehlungen sind deshalb, je nach Problemstellung auch heute noch von besonderem aktuellem Interesse.

Die in der Abbildung 250 kursiv eingesetzten Konzepte wurden im Rahmen dieser Veröffentlichung bereits eingehend besprochen.

Von den verbleibenden sollen die wesentlichen Ansätze kurz skizziert werden.

1. Verfahrens- und strukturbestimmte Konzepte
- *Management by alternatives*: Nur aufgrund mehrerer möglicher Alternativen bzw. alternativer Lösungsansätze soll entschieden werden,
- *Management by breakthrough*: Gezielte Durchbrüche in bestehenden Strukturen, um notwendige Veränderungen vorzubereiten,
- *Management by Systems*: Aufbau eines Führungssystems unter Berücksichtigung von Netzwerken und Informationsaustausch,
- *EKS*: Lehre vom wirkungsvollsten Einsatz aller Kräfte in einem System. Als Fernlehrgang zur Vermittlung von Führungsfähigkeiten entwickelt (1972), nimmt alle heute aktuell diskutierten Fragestellungen der *"schlanken Fertigung"* und der Kunden- *(Zielgruppen)Orientierung* usw. vorweg,
- *Systemorientierte Organisationsformen*: Flache Hierarchie, Beziehungen der Zusammenarbeit nicht primär ranghierarchisch, sondern prozeßorientiert organisieren (*Bleicher* 1973).

2. Ziel-/ergebnisorientierte Führungsmodelle
- *Management by Innovation*: Die Leistung eines Unternehmens hängt ab von der Einsatzbereitschaft der Mitarbeiter und ihrem Gedankenreichtum, beides gilt es in erster Linie gezielt und gekonnt zu fördern,
- *Management by Results*: Entspricht mit marginalen Abweichungen dem Managements by Objectives.

3. Vorgesetztenzentrierte Führungsmodelle
- *Wertorientierte Personalpolitik*: Bei der Gestaltung der Personalpolitik sind Veränderungen der Wertstrukturen und Einstellungen der Mitarbeiter zu berücksichtigen, geht im Kern auf die bei BMW entwickelte Personalkonzeption zurück,
- *Value Orientation*: Entspricht im wesentlichen der wertorientierten Personalpolitik,
- *Management by Selfcontrol and Example*: Nimmt im wesentlichen Gedanken der heute aktuellen Diskussion um den Wechsel von der Amts- und Vorbildautorität vorweg,
- *Management by Control and Direction*: Entspricht dem alten autoritären Führungsprinzip (Aktualität gewinnt dieses Prinzip durch die *Fiedler*'sche Ressourcentheorie),

- *Management by Decision Rules*: Ist eine Spezialform des MbD, bei der Mitarbeiter noch Handlungsanweisungen in Form spezieller Entscheidungsregeln in die Hand bekommen.

4. Mitarbeiterzentrierte Führungsmodelle
- *Humanistischer Ansatz*: Ist eine Sonderform der Organisationsentwicklung unter Einsatz von Veränderungshelfern (*chance agent*),
- *Gruppendynamischer Ansatz*: Nimmt die heute aktuelle Diskussion über die Erweiterung der Gruppenautonomie und der flachen Hierarchie in den Ansätzen vorweg,
- *Management by Kommunikation und Partizipation*: Bedeutet, den Fähigkeiten und der Verantwortungsbereitschaft der einzelnen Mitarbeiter Spielraum zu gewähren,
- *Technostruktur in "ausgereiften Betrieben"*: Grundgedanke ist die Gruppenautonomie und die Selbstkoordination. Von *Galbraith* (1968) als Selbstkoordination durch "Fachleute" beschrieben, durchaus in einzelnen Grundgedanken auf die Gruppenarbeit in der modernen Automobilindustrie übertragbar,
- *Organisationstyp K*: Die Vorgesetzten (mittleres Management) werden von den klassischen Koordinationsaufgaben entlastet und diese Tätigkeit an koordinierende Stellen übertragen (*Landwehrmann* 1965),
- *NPI*: Modell der *selbststeuernden Arbeitsgruppen* entwickelt vom *Nederlands Pedagogisch Instituut*,
- *Volvo, Norwegisches Modell*: Sind zwei skandinavische Modelle der selbststeuernden Gruppen, die sich nur in einzelnen Teilbereichen unterscheiden.

5. Sonstige Modelle
- *Modell der Unternehmungskultur*: Entwickelt von *Peters/Waterman*, "exzellente" Unternehmen haben eine eigenständige starke Unternehmenskultur, die sich durch Grundtugenden auszeichnet. Zu diesen gehören:
  - Zwiespalt und Widerspruch beherrschen,
  - Primat des Handelns,
  - Nähe zum Kunden,
  - Produktivität durch Menschen,
  - sichtbar gelebtes Wertesystem,
  - Bindung an das angestammte Geschäft,
  - einfacher flexibler Organisationsaufbau.
- *7-S-Konzeption7-S-.*: Sieben Faktoren bestimmen im Zusammenwirken den Unternehmungserfolg. Der Erfolg japanischer Unternehmen wäre nach dieser Konzeption darauf zurückzuführen, daß sie ihr Schwergewicht auf die "weichen" S (Style - Führungsstil; Staffing - Personalpolitik, Stellen-

besetzung; Skills - fachliche und soziale Qualifikation und Fähigkeiten der Führungskräfte) legen, während die westlichen Industrieländer vor allem die "harten" S (superordinate goals - übergeordnete Unternehmungsziele; structure - Struktur; strategy - Markt-, Produktstrategie; systems - Systeme der Planung, der Steuerung und Kontrolle) betonen.

- *Phasenmodell - Cafeteriasytem*: Im Auftrag der Landesregierung Baden-Württemberg (November 1983) entwickelt, sieht es weitgehende Betriebsautonomie mit Flexibilisierung in weiten Bereichen der Arbeitsgestaltung, der Arbeitszeitfestlegung, des Entgeltes, der Sozialleistungen usw. auf betrieblicher Ebene durch Vereinbarungen zwischen Arbeitgebern und Betriebsrat vor.

Wer eine Theorie vertritt, sollte nie vergessen,
daß sie nichts weiter ist als angewandte Praxis!
(Gabrial Laub)

Die Vorurteile eines Professors nennt man Theorie!
(Mark Twain)

Die Ziele von Universitäten und Professoren
bestehen keineswegs nur darin,
Wissen zu erzeugen und vermitteln.

Sie müssen auch dessen operationale Anwendung
lehren und fördern.

Es ist höchste Zeit, daß diese Konkretisierung
theoretischer Erkenntnisse in den Aus- und
Weiterbildungsprogrammen unserer Hochschulen
eine wesentlich größere Rolle spielen.

Sechstes Kapitel

Das Problem des idealen Führungsverhaltens

1. Das Dilemma der Führungsforschung

1.1 Die Komplexität des Führungsprozesses

Die Ausübung der Führungsfunktionen erfolgt in einer komplexen, sich in einem stetigen Wandel befindlichen Umwelt. Hierbei ist Führung eingebettet in ein System von Fremdbestimmung durch Normen, Regeln, Sachzwängen und Rollenerwartungen und ist gekennzeichnet durch ein vielfältiges Geflecht von sozialen Abhängigkeiten (Abbildung 251). Führungshandeln führt zu Entscheidungen, die heute auf der Grundlage unzutreffender Informationen getroffen werden müssen, deren Ergebnisse aber erst in der Zukunft wirksam werden und die dann nicht nur von den eigenen Entscheidungen, sondern auch von den unbeeinflußbaren und unvorhersehbaren Entscheidungen anderer Wirtschaftssubjekte abhängig sind.

Das Ergebnis einer Organisation ist - wie ersichtlich - nur zu einem Teil vom Führungsverhalten der Vorgesetzten und von der Art und Weise der Ausübung der Führungsfunktionen abhängig. Zum anderen Teil wird es aber auch entscheidend von den gesellschaftlichen, wirtschaftlichen, politischen und sozialen Umweltbedingungen bestimmt. Von entscheidendem Einfluß sind auch die Größe der Organisation, die Struktur und das Leistungsprogramm, ebenso wie die das Organisationsklima bestimmenden Normen, Werthaltungen und die sie tragende Organisationskultur, die letztlich auch den Handlungsfreiraum der Entscheidungsträger begrenzen.

In vielen Fällen waren vorteilhafte, volkswirtschaftliche Rahmenbedingungen, die Günstigkeit der konjunkturellen Situation usw. - trotz aller Schwächen in der Ausübung der Führungsfunktionen - die Ursachen für ein gutes Organisationsergebnis.

Das Führungsverhalten eines Vorgesetzten ist nicht nur das Ergebnis rationaler Überlegungen, es ist auch nicht allein von seiner Persönlichkeitsstruktur, seiner Motivationslage und den an ihn gestellten Rollenerwartungen abhängig, sondern ebenso von der Arbeitsaufgabe und den zur Verfügung stehenden Machtmitteln. Das Verhältnis zum Mitarbeiter ist nicht ein einseitiger Beeinflussungsvorgang, sondern eine soziale Interaktion, bei der sich beide,

Vorgesetzter und Mitarbeiter, gegenseitig beeinflussen. Auch dann, wenn die Einflußmacht des Vorgesetzten im Regelfall stärker sein wird, ist der Einfluß des Mitarbeiters doch niemals gleich Null. Diese emotionalen Einflüsse sind jedoch nicht das Ergebnis objektiv vorgenommener Handlungen, entscheidend ist vielmehr, wie dieses Verhalten subjektiv von anderen wahrgenommen wird. Deutlich wird das bei einer Vielzahl von Mitarbeiterbefragungen im Rahmen vorgenommener empirischer Untersuchungen, bei denen das Verhalten des gleichen Vorgesetzten von mehreren Mitarbeitern, je nach deren Persönlichkeitsstrukturen, ihren Erwartungshaltungen usw., völlig unterschiedlich bewertet wurde.

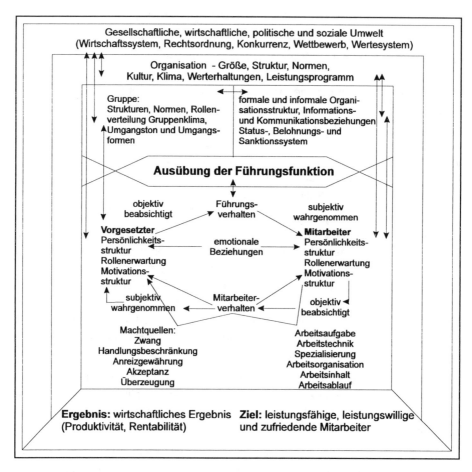

Abbildung 251: Verflechtungen von Einflußgrößen im Führungsprozeß und Auswirkungen auf das Organisationsergebnis

Hinzu kommt, daß die Ausübung der Führungsfunktion und die sozialen Wahrnehmungen im betrieblichen Führungsfeld von den einzelnen Betroffenen abhängig sind, die von der Gruppe, ihrer Struktur, ihrem Klima und ihren Normen, in die die Beteiligten eingegliedert sind beeinflußt werden.

Da Personalführung als unmittelbare Mitarbeiterbeeinflussung die Restgröße des Koordinationsbedarfes zu decken hat, die nicht durch koordinationsbedarfsreduzierende Maßnahmen gedeckt werden kann, hängt die Effektivität der Personalführung auch von der Art, dem Umfang und der Zweckmäßigkeit, insbesondere auch der Widerspruchsfreiheit der einzelnen koordinationsbedarfsbeeinflussenden Maßnahmen ab.

Unterschiedliche Organisationsstrukturen, formal und informal, erfordern demnach, wenn sie effektiv sein sollen, ein unterschiedlich angepaßtes Führungsverhalten.

1.2 Führung als kompromißbestimmtes Handeln zwischen unverzichtbaren Anforderungen

Die Komplexität des Führungsprozesses zwingt Vorgesetzte laufend zu Kompromissen zwischen gegenseitigen Anforderungen, die jeweils beide unverzichtbar sind. Dieser Zwiespalt wurde bereits bei der Darstellung des Verhaltensgitters von *Blake* und *Mouton* deutlich. Eine völlige Vernachlässigung einer der beiden Anforderungen, *Mitarbeiter-* oder *Leistungsorientierung*, würde mit Sicherheit zu einem völligen Scheitern des Vorgesetzten führen. Das 3-D-Modell von *Reddin* zeigt dagegen, daß eine bestimmte Kombination der beiden Orientierungen nur unter Berücksichtigung der besonderen situativen Anforderungen effektiv sein kann.

Führungsverhalten ist aber nicht nur auf einen Kompromiß zwischen diesen beiden, jeweils unverzichtbaren Alternativen beschränkt. Es zeigen sich hier noch weitere Dimensionen, bei denen der Vorgesetzte vor dem Dilemma des ständigen Kompromisses zwischen einander scheinbar widersprechenden Alternativen steht.

Auf der Ebene der **Organisation** und der koordinationsbedarfsreduzierenden Maßnahmen wären dies:

1. Statisches Beharren versus dynamische Entwicklung

Jede Organisation muß zur Verringerung der Unsicherheit der Betroffenen Verhaltensregeln, Normen und Werte entwickeln. Diese sind auf Dauer angelegt, denn nur dadurch können sie den Bestand einer Organisation gewährleisten. Auf der anderen Seite müssen sich organisatorische Regeln und Normen auch dem ständigen Wandel anpassen. Unbewegliches Festhalten an alten Werten kann zur Verkrustung führen und unfähig machen zur Anpassung. Damit steht ein Vorgesetzter vor der Aufgabe, teils die Einhaltung bewährter Normen zur

Sicherung der Zusammenarbeit zu fördern, auf der anderen Seite aber auch Veränderungen notfalls gegen den Widerstand der Betroffenen durchzusetzen und damit Bestehendes teilweise zu entwerten.

2. Kreativität versus Ordnungsrahmen

Von einem Vorgesetzten wird auch verlangt, daß er für die Durchschaubarkeit des Prozesses der Zusammenarbeit, für die Berechenbarkeit der Arbeitsdurchführung und auch für die normgerechte Aufgabenerfüllung sorgt.

Hierzu müssen sich seine Mitarbeiter bestimmten Regeln unterwerfen. Bestimmte Fähigkeiten werden nur zu ganz bestimmten Zeiten und in ganz bestimmten Situationen gefordert. Eine zu starke Reduzierung des Handlungsspielraumes schränkt Kreativität, Impulsivität usw. ein. Zu weit gefaßte Regeln lösen die Ordnung auf und machen arbeitsteilige Prozesse unkoordinierbar.

3. Kontrolle versus Vertrauen

Die Aufgabe eines Vorgesetzten ist es, mit Hilfe seiner Mitarbeiter, die von der Gruppe erwartete Leistung zu erbringen.

Da ein Vorgesetzter nicht alles selbst erledigen kann, setzt dies voraus, daß Mitarbeiter in bestimmten Bereichen eigenverantwortlich handeln. Hierzu ist seitens des Vorgesetzten ein bestimmtes Maß an Vertrauen in die Fähigkeiten, die Einsatzbereitschaft und die Loyalität der Mitarbeiter erforderlich. Auch bei selbständigen, kompetenten, fähigen und verläßlichen Mitarbeitern verbleibt dem Vorgesetzten die Aufgabe, die einzelnen Teilleistungen zu koordinieren und dafür zu sorgen, daß Vorgaben oder festgelegte Pläne zuverlässig eingehalten werden. Dieser Aufgabe kann der Vorgesetzte nur dadurch gerecht werden, daß er in einem bestimmten Umfang Kontrollen durchführt.

Zuviele Kontrollen machen jedoch den Mitarbeiter unselbständig, mindern seine Einsatzbereitschaft und überfordern den Vorgesetzten, zuwenig Kontrolle gefährdet auch die Zusammenarbeit und die Koordination. Kontrolle kann aber nicht nur als Steuerungsinstrument gebraucht werden, sondern kann auch ein Instrument zur Disziplinierung der Mitarbeiter und ein Mittel zur individuellen Selbstbestätigung und der Stärkung des Selbstwertgefühles des Vorgesetzten werden, zu Lasten der Selbstachtung der Mitarbeiter.

4. Einzelverantwortung versus Gesamtverantwortung

Das *Delegationsprinzip* fordert, daß der Mitarbeiter die *Handlungsverantwortung* und der Vorgesetzte die *Führungsverantwortung* trägt (vgl. Abschnitt: Management by delegation). In der betrieblichen Realität lassen sich aber beide Bereiche in aller Regel nur sehr schwer trennen. In den meisten Fällen wird der Vorgesetzte, ob ihn nun ein Verschulden trifft oder nicht, indirekt und zumindest auf längere Sicht auch für unzureichende Leistung seiner Mitarbeiter verantwortlich gemacht. Ein typisches Beispiel ist die Forderung nach dem Rücktritt eines Ministers oder leitenden Führungskraft, wenn in ihrem

Bereich Unzulänglichkeiten aufgetreten sind, unabhängig davon, ob nun die betreffende Person persönlich einen Fehler begangen oder ob ihr ein Fehlverhalten vorzuwerfen ist. Die Folge ist, daß sich in der Regel auch Vorgesetzte für alle in ihrem Bereich stattfindenden Entwicklungen und Ereignisse verantwortlich fühlen, obwohl sie diese Verantwortung in diesem Umfang gar nicht übernehmen können.

5. Fachwissen versus Führungswissen

Im Rahmen der vertikalen Arbeitsteilung zwischen Vorgesetzten (Koordinations- und Führungsaufgaben) und Mitarbeitern (Ausführungsaufgaben) wird üblicherweise die Behauptung aufgestellt, daß der Vorgesetzte das, was seine Mitarbeiter zu erledigen haben, nicht genauso gut kennen müsse wie diese selbst, auf der anderen Seite soll er aber in der Lage sein, ihre Leistungen kompetent zu bewerten und zu beurteilen. Um dieser Aufgabe gerecht zu werden, muß er aber Einzelheiten und Schwierigkeiten der Arbeitsdurchführung sowie die Möglichkeiten von Fehlern, ihrer Erkennung und ihrer Beseitigung kennen, nur dann kann er seiner Koordinations-, Beratungs- und Beurteilungsaufgabe gerecht werden. Damit genügt es nicht, nur ein "guter Menschenführer" zu sein. Zu starke Beschäftigung mit fachlichem Detailwissen beeinträchtigt aber den Überblick und damit die Koordinations- und Integrationsfähigkeit.

6. Wettbewerb versus Teamarbeit

Arbeitsteiliges Wirtschaften setzt koordinierte Zusammenarbeit voraus; eine Zusammenarbeit, die die Bereitschaft zum Kompromiß und die Anerkennung berechtigter Ansprüche anderer erzwingt. In einer wettbewerbsorientierten Gesellschaftsform, in der immer Personen und Organisationen im Wettbewerb um immaterielle Vorteile oder materielle Güter stehen, setzt sich jedoch der Dynamischere durch, also derjenige, der im Rahmen einer bestehenden Ordnung bzw. Kultur klüger, schneller und damit zum Teil auch in Grenzen egoistischer ist als andere. Dies sind in der Regel dann auch die Eigenschaften, die über den Aufstieg einer Person in einer hierarchisch gegliederten Organisationsform entscheiden. Hier bringen Konflikte neue Lösungen hervor, und die Konkurrenz erzwingt die Trennung der Spreu vom Weizen. Hilfsbereitschaft, Genügsamkeit usw. sind menschliche Tugenden, die hier nicht selten eher hinderlich sind. *Packard* (1966) hat den hier notwendigen Kompromiß zwischen diesen beiden unversöhnlichen Alternativen auf die Formel vom "kooperativen Tiger" gebracht.

7. Eigennutz versus Gemeinnutz

Die liberale These der klassischen Nationalökonomie, daß eine gleichsam "unsichtbare Hand" dafür sorge, daß beim Streben nach Eigennutz auch gleichzeitig der höchste Nutzen für das Gemeinwohl entstehe, kann man auch auf die unmittelbare Situation des Vorgesetzten anwenden. Das Streben nach eigener egoistischer Vorteilssicherung (z.B. Streben nach Gehalt, Gewinnbeteiligung usw.) leistet auch einen Beitrag für das Ganze. Diese These zeigt in der Praxis aber ihre Grenzen. Im volkswirtschaftlichen Bereich sind es Monopolrendite, Umweltbelastung usw. Im betrieblichen Bereich ergeben sich für den Vorgesetzten die Grenzen dort, wo ein zu weit getriebenes egoistisches Vorteilsstreben zu einer Abwehrhaltung anderer - seien es nun Mitarbeiter oder andere Abteilungen usw. - führt.

Auf der Ebene des Verhältnisses zum **Mitarbeiter** wären zu nennen:

1. Persönlichkeit versus Leistungsfaktor

Entscheidend ist hier, in welchem Licht der Vorgesetzte den Mitarbeiter sieht. Betrachtet er ihn nur als Mittel zum Zweck, als Faktor, der als Einsatzgröße und Leistungsträger verplant und produktiv eingesetzt wird, oder ist der Mitarbeiter eine Persönlichkeit mit Entscheidungsfreiheit und Eigeninitiative, der als Partner an gemeinsamen Problemlösungen mitwirkt. In einer arbeitsteiligen Wirtschaft, bei dem der Leistungsaustausch durch Geldwert bewirkt wird, kann keine der beiden Ausprägungen allein ausschlaggebend sein. Es darf keine domonieren, aber auch keine vernachlässigt werden.

2. Individualität versus Normung

Der Mitarbeiter ist als Mensch und als Individuum ein vielschichtiges Wesen. Im Rahmen der betrieblichen arbeitsteiligen Organisation hingegen werden nur Teilbereiche seiner Persönlichkeit benötigt, nämlich diejenigen, die auch für die Leistungserfüllung erforderlich sind.

Im Hinblick auf einen reibungslosen Arbeitsablauf müssen sich die Individuen einer einheitlichen Norm anpassen, sie müssen - und nur dann kann eine Organisation ihre überindividuelle Existenz sichern - in einzelnen Positionen austauschbar sein. Der Versuch, gegenüber allen gerecht zu sein, zwingt zu einem Verzicht der Rücksichtnahme auf individuelle menschliche Stärken und Schwächen. Auf der anderen Seite aber verlangt die Beachtung der Würde des Menschen, daß er in seiner ganzen Persönlichkeit, auch mit all seinen Vorlieben, Neigungen, Wünschen und Gewohnheiten anerkannt wird und Berücksichtigung findet.

3. Leistung versus Zufriedenheit

Seit die *"human relations"-Bewegung* die Ansicht gefördert hat, daß zufriedene Mitarbeiter auch gute und leistungsbereite Mitarbeiter sind, wird in der Fachliteratur immer wieder gefordert, dem Zufriedenheitsziel einen entsprechenden Raum zu gewähren. Aber zu hohe Zufriedenheit wird rasch zur Sattheit, Bequemlichkeit und Trägheit. Bequeme und träge Mitarbeiter sind aber nur bedingt zu Anstrengungen und Leistung bereit. Will der Vorgesetzte Leistung erreichen, so muß er seine Mitarbeiter herausfordern und anspornen. Er muß sie "unzufrieden" machen! Denn nur aus einer Unzufriedenheit heraus entsteht ein Bestreben nach einer Veränderung des bestehenden Zustandes und zu einer zusätzlichen Leistung. Der Vorgesetzte muß also auf das Anspruchsniveau der Mitarbeiter einwirken, damit sie ihre Fähigkeiten entfalten.

1.3 Führungsmodelle als Orientierungshilfen für Vorgesetzte

Aus dieser Komplexität der Verflechtungen und dem Zwang, aus dem unlösbaren gordischen Knoten heraus eine Symbiose zwischen zwei antagonistischen Erscheinungsformen zu finden, ergibt sich, daß sich eine Führungskraft in einem schwer auflösbaren Dilemma befindet.

So sind Führungskräfte einerseits für ein Ergebnis verantwortlich, bei dem sie die Einflußgrößen nur zum Teil beherrschen und beeinflussen können und die sie zum Teil nicht einmal im vollem Umfang zu überblicken vermögen. Zum anderen müssen sie einen Mittelweg zwischen gegensätzlichen Anforderungen finden, die beide unverzichtbar sind. Hierbei werden an sie Rollenerwartungen gestellt, die meist unklar und nicht selten in sich widersprüchlich sind und die dazu noch einem von Zeitablauf und Situation abhängigem Wandel unterliegen.

Führungskräfte aller Zeiten haben sich zur Lösung dieser Probleme ihrer persönlichen Lebens- und Berufserfahrung bedient. Verhaltensweisen, die man bei anderen oder bei sich selbst als vorteilhaft erlebt hat, werden immer wiederholt, auch dann, wenn anfangs einige Fehlschläge auftreten, und damit Grenzen der Übertragbarkeit der Erfahrung offensichtlich werden.

Je rascher der Wandel, je komplexer die Umwelt wird, um so größer wird die Unsicherheit, um so unvollkommener wird der Informationsstandard, um so weniger reichen die gewonnenen persönlichen Erfahrungen aus, Sicherheit zu finden.

Aus dieser Warte betrachtet, erweist sich das praktische Führungshandeln als eine Mischung aus gewonnener Erfahrung, persönlicher Unsicherheit und Ungewißheit, verbunden mit persönlich erlebten Konsequenzen eigener Unvollkommenheit und der Unvollkommenheit der Umwelt. Das ist eine Mischung von Einflüssen, die das Bedürfnis nach Sicherheit, Gewißheit und Transparenz fördert.

Dieses Bedürfnis weckt das Interesse an Orientierungshilfen und Handlungsanweisungen, die zur Reduktion der Unsicherheit, zum Abbau von Rollenkonflikten und zur Förderung des Ergebnisses beitragen.

Soweit Führungsmodelle und Führungskonzeptionen praxisrelevant sein wollen, müssen sie sich an den Maßstäben messen lassen, inwieweit sie entweder den Führungsprozeß in seiner Komplexität erklären, und/oder Handlungsanleitungen für effektives Führungsverhalten in einer komplexen Umwelt geben und zur Kompromißfindung zwischen unverzichtbaren, aber unvermeidbaren Alternativen beitragen.

2. Kritische Würdigung der Ergebnisse der Führungsforschung

2.1 Führungsmodelle als atomistische Teilansätze

Betrachtet man die einzelnen dargestellten Führungsmodelle, dann zeigt sich, allen Theorieansätzen ist gemeinsam, daß sie aus einem komplexen, ganzheitlichen und vernetztem Sachverhalt nur einzelne Teilaspekte herausgreifen und daß sie nur sehr selten, und wenn, dann nur in Ansätzen versuchen, Kenntnisse aus den einzelnen Wissenschaften zu einer einheitlichen, interdisziplinären und praxisgerechten Führungstheorie zusammenzufassen.

Die Gründe hierfür sind vielfältig und lassen sich nicht nur auf die besonderen Schwierigkeiten eines komplexen und wenig strukturierten und vielleicht auch gar nicht strukturierbaren Problemkreises zurückführen.

Eine der Hauptursachen liegt mit in den Ansätzen der Führungsforschung. Die Beschäftigung mit Führungsfragen begann nicht in der Betriebswirtschaftslehre, die sich erst verhältnismäßig spät zu einer Führungslehre weiterentwickelte, sondern in verschiedenen verhaltens- und sozialwissenschaftlichen Disziplinen der Psychologie, der Soziologie usw.

Die Beschäftigung mit Führungsfragen entsprang auch nicht so sehr dem Forschungsinteresse und dem Drang nach neuen Erkenntnissen, sondern wurde geboren aus dem unmittelbaren Bedürfnis nach Erklärungsansätzen sowie dem Bedarf an Handlungs- und Gestaltungsempfehlungen zur Lösung konkreter Probleme des betrieblichen Führungsalltags.

Diese Nachfrage nach einfach zu handhabenden Modellen führte auf der einen Seite zu einer kritiklosen Übernahme der Forschungsergebnisse anderer Wissenschaftsgebiete (wie z.B. von Laboruntersuchungen über das Leistungsverhalten von Schulkindern usw.), zu der vereinfachten Umsetzung lerntheoretischer Ansätze, wie in der *X-Y-Theorie* auf wirtschaftlich handelnde Personen, und auf der anderen Seite zur Entwicklung von sehr stark vereinfachten Theorien und Modellen, die für die Anwender verständlich sind und die ihnen leicht vermittelt werden können. Wie bei allen Modellbildungen wird durch eine Beschränkung der Teilaspekte das Modell übersichtlicher, einprägsamer, aber auch realitätsferner. Sicher sind umfassende und komplexe Modelle realitätsnäher, sie sind aber auch schwerer verständlich.

Nicht zuletzt gewinnen alle Theorieansätze und Methoden, auch wenn sie nur Teilbereiche des Führungsprozesses betrachten, durch ihre Anwendung eine gewissen Eigendynamik. Kenner einzelner Modellansätze fühlen sich im Besitz esoterischen Geheimwissens und nicht selten werden Ergebnisse des arbeitsteilig organisierten Prozesses in einer Art "Placebo"-Effekt der Anwendung einer neuen Führungstechnik zugeschrieben. Auch das Phänomen der "selbsterfüllenden Prophezeiung" findet hier seine Bestätigung. Mit der Einführung einer neuen Führungstechnik darf ja der Führungserfolg nicht ausbleiben.

Nicht selten handelt es sich, wie bei den einzelnen *Management-by-Techniken,* um die relativ kritiklose Übernahme von US-amerikanischen Beraterleistungen, die einfach transferiert wurden, ohne dabei die unterschiedlichen Wertesysteme und tradierten Normen einer ganz anders gearteten Wirtschafts-, Gesellschafts- und Sozialstruktur zu berücksichtigen. Dies ist ein Grund, weshalb auch in den USA häufig als erfolgreich angesehene Methoden in Deutschland bei einem ganz anderen sozialkulturellem Hintergrund keinen Erfolg haben konnten.

Eine ähnliche Welle mit bereits erkennbar gleichen negativen Erfahrungen wie vor einigen Jahrzehnten, erlebte die deutsche Wirtschaft jetzt mit einer neuen Welle von Führungsansätzen, die häufig als Wunderwaffe asiatischer Geheimlehren angepriesen werden, in Wirklichkeit in Japan aber kaum dem Namen nach bekannt sind und sehr häufig nur aus dem "Pool" von Beratungsfirmen stammen, so z.B. *lean-management*, *Kaizen* und usw.

Darüber hinaus sind in vielen, auch empirischen Modellen, normative Bekenntnisse zur Werthaltung enthalten, die dem soziokulturellen Hintergrund einer wissenschaftlich interessierten Bildungsschicht entstammen, aus der die meisten Modellentwickler stammen, die aber relativ wenig mit den Normen und Wertvorstellungen derjenigen zu tun haben, die diese Modelle anwenden. Hierher gehören vor allem alle Modellansätze, die generell von einer Selbstverwirklichungsthese aller Mitarbeiter und ihrem Streben nach Eigenverantwortlichkeit ausgehen. Sehr viele Führungsansätze sind aber auch als Denkstrategien, losgelöst von jedem Praxisbezug, entstanden. Die Probleme, diese verschiedenen Modellansätze praktisch umzusetzen, geben hierfür ein deutliches Zeichen.

2.2 Vermarktungsinteresse von Führungsmodellen

Der Übertragungs- und Diffusionsprozeß wissenschaftlicher Erkenntnisse auf dem Gebiet der Führungsforschung geschieht nur sehr langsam durch Hochschulabgänger, im größeren Maße jedoch durch freiberufliche Berater, zum Teil auch durch beratend tätige Hochschullehrer.

Im Hochschulbereich entwickelte Ansätze zeigen, wie die häufig kritiklos weitergegebenen US-amerikanischen Modellansätze bewiesen, eine gewisse Eigendynamik. Nach dem Standpunkt des "publish or perish" werden diese Ansätze in Veröffentlichungen immer wieder zitiert, referierend weitergegeben, ohne daß sie jemals kritisch auf ihren Aussagegehalt überprüft worden wären.

In der Wirtschaftspraxis tätige Unternehmensberater sehen sich gezwungen, stark vereinfachte und einprägsame Modelle, die von den Abnehmern (d.h. von den interessierten Führungskräften) auch leicht verständlich nachvollzogen werden können, zu vertreiben. Umfassende und komplexere Modellansätze haben hier deshalb kaum Marktchancen.

Da veröffentlichte Denkleistungen, d.h. geistige Leistungen nur unvollkommen geschützt sind, führen geschäftspolitische, aber auch wettbewerbsbezogene Sachzwänge zur Entwicklung von Markenartikeln.

Zu den bekannteren Führungsansätzen, die zu solchen Markenartikeln gemacht wurden, gehören:

- *Harzburger Modell* als eine besondere Form des *"management by delegation"*
- *GRID*, das Verhaltensgitter von *Blake/Mouton*
- *St. Gallener Führungsmodell,*
- *NPI-System*
- *MbO* als spezielle Form der Führung durch Zielvereinbarung.

Die Liste ließe sich fast beliebig verlängern.

Als Markenartikel unterliegen deshalb Führungsmodelle auch den Gesetzmäßigkeiten von Angebot und Nachfrage.

Das Angebot wird dabei durch besondere Formen der Darbietungen attraktiv dargestellt. Vereinzelte Veröffentlichungen werden bewußt so unklar formuliert, um Interessenten neugierig zu machen und sie für weiterführende Seminare oder anschließende Beratungsaufträge zu gewinnen. Weiterhin unterliegen Führungstheorien als Markenartikel auch einem gewissen Produktlebenszyklus.

Deutlich wird dies vor allem beim *Harzburger Modell*, wo eine Welle teils zu euphorischer Anfangsbegeisterung ab den siebziger Jahren, von einer Welle zu überzogener und in dieser Form nicht berechtigter Kritik abgelöst wurde.

2.3 Probleme der Erfolgsmessung

Zum Nachweis des Erfolges einzelner Führungsmodelle liegt eine kaum übersehbare Fülle von Einzeluntersuchungen vor, die alle relativ unverbunden und zusammenhanglos nebeneinanderstehen. Die Entwicklung eines einheitlichen

Beurteilungsmaßstabes, der ggf. die Überlegenheit des einen oder anderen Führungsmodells beweisen könnte, scheitert vor allem an methodischen Problemen, aber auch an der unheitlichen Festlegung, was als Effizienzkriterien zu gelten hat.

Als Effizienzmaßstäbe kommen hier in Betracht:

1. Karriereerfolg des Vorgesetzten durch Anwendung eines bestimmten Führungsverhaltens,
2. Zufriedenheit der Mitarbeiter,
3. Leistungserfolg der Organisation, d.h. des Unternehmens.

Beim Karriereerfolg des Vorgesetzten können neben seiner eigenen Einschätzung auch objektive Daten, wie Gehaltsentwicklung, erreichter Rang oder erreichte hierarchische Stellung in Frage kommen. Alle Untersuchungen dieser Art, die nur als Längsschittuntersuchungen aussagefähig sind, leiden an dem Mangel zu kurzer Beobachtungsdauer und an dem Umstand, daß über einen längeren Zeitraum weder das Führungsverhalten noch die Situation konstant bleiben können; abgesehen von dem Problem, daß wahrscheinlich die Faktoren, die den beruflichen Aufstieg und die individuelle Karriere begünstigen, naturgemäß andere sind als diejenigen, die nach erfolgtem Aufstieg den Leistungserfolg in der Organisation sicherstellen.

Typisches Beispiel hierfür ist, daß das aus Grundtugenden bestehende Führungsmodell der Unternehmenskultur von *Peters/Waterman*, weltweit mit durchschlagendem Erfolg propagiert wurde. Es dürfte kaum eine einschlägige Veröffentlichung geben, die diese Auflagenrekorde erreicht hat. Die Autoren haben eine Anzahl von Unternehmen untersucht, um die Faktoren herauszufinden, durch die sich "exzellente" von "nicht exzellenten" Unternehmen unterscheiden.

Alle diese Unternehmen zeichneten sich durch die besondere Bedeutung einer Reihe von Grundtugenden in ihren Führungskonzepten aus. Nur knapp zehn Jahre später waren mehr als die Hälfte dieser Unternehmen nicht mehr exzellent, sie waren teils zu Sanierungsfällen geworden, weil sie den Zwang, sich dem Wandel anzupassen, einfach nicht erkannt hatten oder ihm nicht folgen konnten.

Die Messung von Zufriedenheitswerten der Mitarbeiter leidet neben den Problemen der Bestimmung und Abgrenzung des Begriffes Arbeitszufriedenheit vor allem aber auch daran, daß strittig ist, mit welchen Methoden sie zuverlässig festgestellt werden können und vor allem, nach welchen Kriterien die Ermittlung unstrittig erfolgen kann; aufgrund von Befragungen (Vorgesetzte oder Mitarbeiter) oder anhand objektiver Werte wie Fehlzeiten, Fluktuationen, Beschwerderaten usw.

Allen Untersuchungen ist gemeinsam, daß eine Repräsentativität kaum gegeben sein kann, und daß die Untersuchungsbedingungen häufig in unrealistischer Weise darauf ausgerichtet sind, eine Bestätigung von vorgefaßten Hypothesen zu erreichen, die auf vorwissenschaftlichen Vermutungen oder auf allgemeiner Lebenserfahrung beruhen. Nicht zuletzt scheinen auch Normen und Werthaltungen eine nicht unerhebliche Rolle zu spielen. So gilt demokratische, kooperative oder partizipative Führung als human und menschengerecht, die zu vertrauensvollerer Zusammenarbeit, höherer Leistungsbereitschaft und höheren Leistungsergebnissen führen muß, während dagegen ein autoritatives Führungsverhalten nicht nur Aggressionen bewirkt und Widerstände hervorruft, sondern auch niedrigere Leistung zur Folge haben muß. Auch dann, wenn man nicht nach Repräsentativität der Versuchsergebnisse und ihrer Übertragbarkeit auf real gegebene Situationen fragt, sondern sich trotz aller Bedenken auf eine Zusammenfassung von Laborergebnissen beschränkt (*Neuberger* 1972), führt dies zu mehrdeutigen Ergebnissen. Die Zusammenstellung von 30 Laborergebnissen, bei denen die analysierten Führungsstile nach kooperativ und autoritär geordnet und drei Meßgrößen Leistung, Meinung und Verhalten zugrundegelegt wurden, ergab folgendes Bild (Abbildung 252).

	Beurteilungskriterien		
	Leistung	Meinungen	Verhalten
Überlegenheit des kooperativen Führungsverhaltens	8	17	3
Überlegenheit des autoritären Führungssverhaltens	9	6	1
keine signifikanten Unterschiede	6	5	-

Abbildung 252: Wirkung alternativen Führungsverhaltens in Laboruntersuchungen (*Neuberger*)

Auf den ersten Blick scheinen die Ergebnisse für sich zu sprechen. Bei Meinungswerten, die Zufriedenheit zum Ausdruck bringen, erweist sich das kooperative Führungverhalten als überlegen, während bei Leistungsgrößen kein signifikanter Unterschied festzustellen ist. Allerdings weist bereits *Neuberger* darauf hin, daß diese Aussagen über die Wirkungen von Führungsstilen nicht generalisierbar sind. Einmal herrscht bei den Autoren der verschiedenen, in den Vergleich einbezogenen Untersuchungen keineswegs Übereinstimmung darüber, was man im einzelnen unter Führungsstil insgesamt und im besonderen unter einem autoritären Führungsstil versteht.

Zum anderen verbinden sich mit den Begriffen "autoritär, kooperativ oder demokratisch" wertende Assoziationen und damit auch meist bestimmte Erwartungen der Versuchsleiter.

Wenn die Versuchsergebnisse eine positive Wertung der demokratischen - kooperativen Führung bestätigt haben und wenn sich diese Führung auch noch als leistungsfähig erwies, so wurde dies meist als eine Bestätigung aufgefaßt. Ergab sich jedoch das gleiche Ergebnis bei autoritärer Führung, so war dies Anlaß, nach Störfaktoren, wie Persönlichkeitseigenschaften, unterschiedliche Motivationsstrukturen usw. zu suchen. Hier scheint man auch den einfachen Tatbestand nicht genügend berücksichtigt zu haben, den *Argyle* u.a. schon 1958 nachgewiesen haben. Führungsverhalten erklärt nur zum Teil das Leistungsergebnis. In wirtschaftlich arbeitenden Organisationen hängt ein großer Teil der Varianz der Leistung von nichtführungsbestimmten Faktoren, wie z.B. Arbeitsvorbereitung, Maschineneinsatz, technische Hilfsmittel usw., ab.

3. Zusammenfassende Bewertung

3.1 Grenzen des Modelldenkens

Versucht man aufgrund der vorliegenden Vielzahl von Modellansätzen, ihrer schmalen empirischen Basis und der Widersprüchlichkeit vieler Einzelergebnisse, den Stand der Führungsforschung kritisch zu werten, so wird man feststellen müssen, daß es weder eine geschlossene Führungstheorie noch generalisierbare empirische Untersuchungsergebnisse gibt.

Man wird sich hier fragen müssen, ob es je möglich sein wird, zu einfachen "Wenn-Dann"-Beziehungen zu kommen, wie sie sich aus dem Modell *"Vroom/Yetton"* ergeben (wenn eine bestimmte Situation X vorliegt, dann folgert daraus ein optimales Führungsverhalten Y) oder nach dem Kontingenz-Modell von *Fiedler* (wenn ein bestimmtes Führungsverhalten des Vorgesetzten X gegeben ist, dann ist eine Führungssituation Y zu schaffen).

Um zu solch einfachen Beziehungen zu kommen, ist die Zahl möglicher Situationen zu groß und ihre Beziehungen zu komplex. Kritisch betont hier *Neuberger* (1980), daß ein Führungsmodell zumindest folgende Einflußgrößen einbeziehen sollte:

Ziel: Zufriedenheit und Leistung

Situation: Aufgabenstruktur, Belastung, Abhängigkeit und Sanktionsgewalt

Individuen: Sympathie, Motivation und Fähigkeit.

Legt man hier je Größe zwei Ausprägungen zugrunde, so würden sich $2^2 \cdot 2^4 \cdot 2^3 = 512$ Möglichkeiten ergeben. Diese Zahl wird sich noch erhöhen, wenn man bei den Individuen noch zwischen Vorgesetzten und Mitarbeitern sowie nach dem Grad der Gruppeneinflüsse unterscheidet.

Aber auch dieses Modell würde sich dem Vorwurf nicht entziehen können, ebenfalls unvollständig zu sein. Es gibt sicher noch eine Reihe von Einflußgrößen, die sich nicht oder nur sehr schwer in dieses Modell einpassen lassen.

In der Praxis wird bei der Komplexität der Führungssituationen ein Vorgesetzter deshalb sequentiell vorgehen müssen. Das heißt, der Vorgesetzte wird nur das in seine Diagnose einbeziehen, was er kennt und was er überblicken kann, also nur das, was das Ergebnis seines Wissens, seiner Erfahrungen und seiner Einstellungen ist. Andere Einflußgrößen kann er nicht berücksichtigen. Sein Verhaltensrepertoire und seine Handlungsweisen werden sich ebenfalls auf das beschränken müssen, was er gesehen, gelernt, erfahren und vor allem in der Vergangenheit erfolgreich praktiziert hat.

Vorgesetzte müssen insofern zu "Vereinfachern" werden, denn sie werden alles das, was nicht durch ihr Wissen und ihre Erfahrung abgedeckt ist und was nicht ihren Meinungen entspricht, negieren müssen.

Eine ähnliche Vorgesehensweise auf höherer Abstraktionsebene zeigen auch alle Vertreter der einzelnen Modellschulen.

Vroom/Yetton gehen bekanntlich von sieben Situationsgrößen aus. Von den 128 möglichen Kombinationen betrachten sie aber nur 14 als relevant, wobei nicht eindeutig nachvollziehbar ist, nach welchen Kriterien redundante und irrelevante Kombinationsmöglichkeiten ausgeschieden wurden.

Fiedler beschränkt sich, von einem anderen Ansatz ausgehend, auf drei mögliche Situationsmerkmale, was bei je zwei Ausprägungen acht Situationsmöglichkeiten ergibt.

Man kann dann zuletzt so weit gehen, daß man die Situationseinflüsse ganz vernachlässigt und normativ nur eine einzige Verhaltensweise propagiert, z.B. Führung im Mitarbeiterverhältnis wie beim *Harzburger Modell*, den 9,9 Führungsstil im Verhaltensgitter von *Blake/Mouton* und die kooperative Führung, wie z.B. bei *Wunderer/Grunwald*.

Diese strikte und konsequente Vereinfachung wäre richtig, wenn mit ihr ein Repertoire von Handlungsstrategien verbunden wäre, mit dem jedes Individuum mit seinen Eigenschaften in jeder Situation zurechtkommen könnte. Eine Reihe eigener durchgeführter Untersuchungen und die praktischen Erfahrungen lassen daran erheblich zweifeln.

Bei jedem Führungsmodell gibt es sowohl Befürworter, die von Erfolgen berichten, als auch Unternehmen, die nur auf Fehlschläge verweisen können.

Bei allen Modellen hat, soweit Veröffentlichungen vorliegen, die Zahl der Befürworter deutlich die Zahl der Fehlschläge überwogen. Inwieweit hier psychologische Einflüsse, wie Voreingenommenheit, Placebo-Effekt oder die verständliche Scheu, eigene Fehlschläge einzugestehen, eine Rolle gespielt haben, ist nur schwer abzuschätzen. Wo die Gelegenheit zu eingehenden Untersuchungen bestand, bestätigte sich die Vermutung, daß zwischen Erfolgen und Fehlschlägen ein enger Zusammenhang mit besonders günstigen bzw. ungünstigen Situationsbedingungen für das jeweilige Modell bestand, die vorher schwer abzuschätzen und nur im nachhinein zu bestimmen waren. Nicht zuletzt war aber auch der Grad der Identifikation der Mitarbeiter mit den Modellansätzen ausschlaggebend.

3.2 Die Unabweichlichkeit, mit der Komplexität zu leben

Die Komplexität und Vielfalt von Führungssituationen läßt sich nur in extremen Ausnahmefällen (wie z.B. Gefängnisaufenthalt, Katastrophen oder ähnlichem) beseitigen.

Auf der anderen Seite läßt sich aber die Komplexität, die sich aus der Individualität und der Vielfalt der handelnden Personen ergibt, nicht aus der Welt schaffen. Ein "Einheitsmensch" würde nur dann entstehen, wenn er durch Zwang oder durch Indoktrination in der Entfaltung seiner Persönlichkeit gehindert würde; eine an sich undenkbare Vorstellung.

Wenn somit eine Komplexität und Vielfalt auf allen Gebieten gegeben ist, dann kann es nicht im Sinne einer Führungslehre und eines Führungsmodells sein, die Führungskräfte noch mehr zu "Vereinfachern" zu machen mit allen denkbaren Folgen für die Betroffenen. Die Führungslehre müßte hier versuchen, Hilfestellung zu geben, sich besser und sicherer in dem gegebenen Rahmen komplexer Unsicherheiten zurechtzufinden.

Nicht ein Führungsmodell könnte mehr als das "richtige" dargestellt werden, vielmehr müßte ein Überblick über eine größere Anzahl von Ansätzen gegeben werden, damit die Betroffenen sich jeweils das für die handelnden Personen und die gegebene Situation geeigneteste auswählen können. Um diese Auswahlfähigkeit zu erhöhen, ergeben sich zwei Ansatzpunkte, die bisher in der Führungsforschung kaum aufgegriffen wurden.

Zum einen müßte die Kenntnis über das Spektrum von Handlungsmöglichkeiten erweitert werden, zum anderen müßte eine stärkere Sensibilisierung für Situationsgegebenheiten erfolgen.

Die auf die *Ohio-Schule* zurückgehende Unterscheidung zwischen "consideration" und "initiating structure" bildet die Grundlage von sehr vielen Modellansätzen. Zwar mögen die meßtechnischen Auswertungen unbestritten sein und sicher decken sie weite Teile der Beziehungen zwischen Vorgesetzten und Mitarbeitern ab, für das praktische Führungshandeln geben sie jedoch wenig konkrete Handreichungen. Für die praktische Umsetzbarkeit wäre eine differenzierende Darstellung des möglichen Handlungsspektrums notwendig.

Bisher sind auch noch keine umfassenden Ansätze zur Entwicklung eines Instrumentariums bekannt, das es den Betroffenen erlaubt, die Besonderheiten der Situation, in der sich das Führungshandeln abspielt, zu erfassen.

Ein geeignetes Hilfsmittel könnte ein mehrdimensionaler Ansatz in Form eines *Polaritätenprofils* sein, wie es *Bleicher* zur Darstellung der Ausprägung von Organisations- und Führungselementen verwendet. Hierzu müßte man es allerdings noch um weitere Situationsmerkmale erweitern, und die Ausprägungsmerkmale müßten entsprechend operationalisierbar gemacht werden.

In diesen Bereichen liegt noch ein weites Feld der Führungsforschung, das nicht nur durch Hypothesenbildung abgedeckt werden kann, sondern noch sehr viel empirischer Feldarbeit bedarf.

Ziel kann und darf deshalb nicht ein einseitiges, an einer Blickrichtung und einer Dimension ausgerichtetes Führungsmodell sein, sondern ein Führungskonzept, das lineares Denken durch laterales (*de Bono*) ergänzt, das anstelle der einseitigen Abhängigkeit das Verständnis für vernetzte Strukturen mit ihren komplexen Zusammenhängen setzt.

Da jedes Führungshandeln in Raum und Zeit erfolgt, muß auch im gegenwärtigen Führungshandeln der Einfluß auf die künftige Entwicklung vorweggenommen werden. Hier muß die einfache Tatsache stärker Berücksichtigung finden, daß die Situation von heute das Ergebnis vergangener Handlungen - wenn auch nicht unbedingt bewußter Planung - ist und daß das Handeln von heute die Situation von morgen bestimmt. Obwohl *Likert* bereits 1967 und 1975 darauf hinweist, daß auf kurzfristigen Erfolg abgestelltes Führungsverhalten auf lange Sicht zu niedrigerer Produktivität und zu höheren Kosten führen kann, wurde dies in der Führungsdiskussion kaum weiter verfolgt und thematisiert.

Dreyer stellt in zahlreichen Untersuchungen mit hunderten von Führungskräften, die er während seiner langjährigen Tätigkeit als Leiter der Führungskräfteentwicklung eines führenden deutschen Großunternehmens analysieren konnte, fest, daß diesen Führungskräften in aller Regel nicht voll bewußt ist, daß ihr Führungsverhalten, das in einer bestimmten Situation kurzfristig als "richtig" anzusehen ist, auch gleichzeitig für die Zukunft ungeplante Folgewirkungen auf die künftige Situation und die Zusammenarbeit im Unternehmen haben wird. Eine Führungssituation, aus der ein bestimmtes Führungshandeln abgeleitet wird, darf deshalb nie als statisch und unabänderlich betrachtet werden. Bei jeder Entscheidung für ein bestimmtes Führungshandeln sollten deshalb immer die Wechselwirkungen von Handeln oder Unterlassen auf Situationen und Personen und die Dynamik der Entwicklung berücksichtigt werden.

In seiner auf dem *1. Deutschen Personalleiterkongreß* vorgestellten "4-dimensionalen Führungskonzeption" fordert *Dreyer* deshalb konsequent die *"Zukunftsorientierung des Führungshandelns"* als grundsätzliche Dimension der Führung gleichwertig mit Aufgabe, Person und aktueller Situation zu einem "integrativen" Führungsstil zu vereinigen, so unklar und unpräzisse der Begriff Zukunftsorientierung zur Zeit auch noch sein mag.

Eine erfolgreiche Führungskraft wird den nächsten Jahrzehnten einen "gemischten" Führungsstil praktizieren müssen.

Seine entscheidenden Eigenschaften werden sein:
- disharmonische Führungsideen,
- pluralistische Führungsauffassungen,

die scheinbare Gegensätze und
vermeintliche Widersprüche enthalten.

In jedem erfolgreichen Unternehmen
wird deshalb bei der Mitarbeiterführung
ein Personalmanagement praktiziert werden,
das auf einem spezifischen, intuitiven Mix
von scheinbaren Gegensätzen und
vermeitlichen Widersprüchen beruhen wird.

Dieser Mix erfordert eine einzigartige Mischung von

- Autorität und "Laissez-aller",
- populären und unpopulären Entscheidungen,
- fördern und motivieren,
- anregen und befehlen,
- Vertrauen und Mißtrauen.

Sie wird weiterhin aus einer Mischung von

- Druck und Handlungsfreiheit,
- Monolog und Dialog,
- Risikofreude und Risikoabschätzung,
- Ordnung und Chaos,
- Hektik und Muße,
- Großzügigkeit und Sparsamkeit,
- Effektivität und Effizienz.

Über allem wird aber die richtige Behandlung
des Mitarbeiters stehen.
Hier ist Mitarbeiterführung in der Zukunft
das *Management by Biopsychologie*.
Die mangelnde Kenntnis der biopsychologischen Vorgänge
wird auch der Grund sein, warum sich viele Unternehmer
und Manager in der Menschenführung schwer tun.

Über allem steht dann der Leitsatz:

- Behandle Menschen wie sie sind und sie werden schlechter!
- Behandle Menschen wie sie sein könnten und sie werden besser werden!

Fünfter Teil

Personalforschung und die Herausforderung der Zukunft

Erstes Kapitel

Personalforschung als Zukunftsaufgabe

1. Gegenstandsbereich der Personalforschung

1.1 Inhaltsbereich

Wenn auch schon immer, allerdings nur in sporadischen und gelegentlichen Ansätzen, in jedem Unternehmen seit jeher eine Art Personalforschung betrieben wurde, so handelt es sich doch in einer geschlossenen systematisch gegliederten Form um ein relativ neues Aufgabengebiet im Rahmen des betrieblichen Personalwesens. Über den Inhalt besteht allerdings bei der Mehrzahl der Autoren noch wenig Konsens.

Sehr weit wird der Begriff von Autoren gefaßt, die darunter in Anlehnung an den Begriff der "Marktforschung" jede Art systematischer Gewinnung und Verarbeitung von Informationen als Grundlage für personalwirtschaftliche Entscheidungen verstehen. Hierbei werden unter personalwirtschaftlich alle Entscheidungen verstanden, die sich auf die Bereitstellung, den Einsatz von Mitarbeitern und vor allem auf die sich auf Zielerreichung und Aufgabenerfüllung konzentrierende Verhaltensbeeinflussung beziehen.

Diese Begriffsbestimmung geht sicher zu weit. Routinemäßige Tätigkeiten der Informationserfassung und Informationsverarbeitung wie bei regelmäßigen Personalbeurteilungen, der Arbeitsbewertung und der Arbeitsstrukturierung sowie der Anwendung standardisierter Abläufe bei der Erfassung und Aufbereitung von Daten, wird man allerdings kaum die anspruchsvolle Bezeichnung "Forschung" zubilligen können. Vielmehr sollte dieser Begriff beschränkt sein auf die Gewinnung neuer grundlegender Einsichten oder die Erforschung spezifischer realer Situationen als Grundlage für die Entscheidung, welche von verschiedenen alternativen Methoden in einer konkreten Situation erfolgreich angewandt werden können.

Hierbei kommt es vor allem bei der Erkenntnis neuer Einsichten nicht auf einen allgemeinen Wissensstandard unter Spezialisten an, sondern vielmehr auf die jeweilige betriebliche Erkenntnissituation.

Damit hat die Personalforschung in Anlehnung an den allgemeinen wissenschaftlichen Sprachgebrauch folgende Ziele:

- für die Führungskräfte, die im Rahmen ihres Aufgabenbereiches bei der Planung und Gestaltung der betrieblichen Personalpolitik mitwirken, die

Zusammenhänge zwischen Unternehmenssituation und menschlichem Leistungsverhalten aufzuzeigen und Erklärungsmodelle für bestimmte Erscheinungsformen im Betrieb zu entwickeln,
- für die Führungskräfte auf den verschiedenen Ebenen, die die praktische Personalarbeit durchführen und die Grundsätze der festgelegten Personalpolitik realisieren, die notwendigen Handlungsanweisungen zur optimalen Erreichung der gestellten Ziele bereitzustellen,
- für beide Personengruppen durch Anwendung geeigneter Instrumente eine bestehende Informationslücke über das Meinungsbild der Belegschaft und über die spezifischen Bedingungen einer konkreten Situation zu schließen.

Gerade die letztgenannte Aufgabenstellung hat bei Führungskräften immer wieder zu ablehnenden Reaktionen geführt, wenn sie betonen, daß sie selbstverständlich über die Erwartungen, Einstellungen und Verhaltensweisen ihrer Mitarbeiter genauestens im Bilde seien. Deshalb werden Ansätze zu einer betrieblichen Personalforschung gelegentlich als eine Modeerscheinung abgetan. Die Behauptung Erwartungen, Einstellungen und Verhaltensweisen der Mitarbeiter zu kennen, stützt sich jedoch meist auf eine Summe von unsystematischen Einzelbeobachtungen und Einzelerfahrungen, die sich bei der beurteilenden Führungskraft zu einem Gesamtbild verdichten, auf das dann auch Meinungen und Einstellungen der anderen Führungskräfte Einfluß haben. Dies ist eine Fülle subjektiver Werte und Einsichten, die jedoch nicht den Anspruch auf Systematik und Objektivität erheben können.

Die Erwartungs- und Verhaltensstruktur des einzelnen Mitarbeiters unterliegt individuellen Einflüssen. Die Struktur der Belegschaft als ganzes ergibt sich dabei nicht nur aus der Summe der Strukturen der einzelnen Mitarbeiter, sondern kristallisiert sich als gruppendynamischer Prozeß im Zusammenwirken und aus der speziellen Situation der Gruppeninteressen heraus. Ein Tatbestand, der sehr häufig mit dem Satz umschrieben wird, daß das Ganze mehr als die Summe seiner Teile ist. Wie sehr das auf Einzelbeobachtungen gestützte Meinungsbild der Vorgesetzten über die Belegschaft von den tatsächlichen Verhältnissen abweichen kann, haben die "nichtorganisierten Streiks" der Jahre 1973/74 gezeigt, die sowohl die Unternehmensleitungen als auch die Gewerkschaften völlig überraschten. Sie machten deutlich, wie wenig beide Seiten über die tatsächlichen Einstellungen, Erwartungen und Verhaltensweisen innerhalb der Belegschaft wußten, wie wenig sie die verschiedenen Anzeichen der damaligen Unzufriedenheit zu deuten verstanden und wie ungenügend das zur Verfügung stehende Instrumentarium war, um diese Konflikte bereits im Vorfeld zu lösen.

Einen Überblick über die verschiedenen Gegenstandsbereiche der Personalforschung und die Informationsquellen gibt die Abbildung 253.

Informationsquellen	Gegenstandsbereiche und Informationsbedarf der Personalforschung	
	Personen	Mitarbeiter
Interne Informationen		
auf der Unternehmensebene	Personalbestand u. Entwicklung Einstellung und Werthaltung Arbeits- und Berufszufriedenheit Humanvermögen	Strukturbestimmende Personalplanung • Aufgaben- und Ablaufstruktur • Leitungs- und Führungsstruktur • Kommunikationsstruktur
auf der Ebene der Mitarbeiter	Leistungsangebot und Leistungspotential Nutzung des Leistungsangebotes Entwicklungsmöglichkeiten	Arbeitsplatzmerkmale Arbeitsplatzanforderungen Arbeitsabläufe
Externe Informationen		
auf der Unternehmensebene	Bevölkerungsentwicklung Arbeitsmarkt Allgemeine Werthaltungen	Entwicklung der Technik Arbeitswissenschaftliche Erkenntnisse Entwicklung des allgemeinen Wissensstandes
auf der Ebene der Mitarbeiter	Möglichkeiten der Potentialentwicklung Schulungsformen	Arbeitsplatz- und Führungskonzepte

Abbildung 253: Inhalte der Personalforschung in Anlehnung *Weber, Wolfgang* HWP , Sp. 1692

Nicht berücksichtigt sind hier die Daten und qualitativen Informationen über Meinungen, Einstellungen, Werthaltungen usw.

1.2 Formen der Personalforschung

Grundsätzlich kann man, wie bei jeder Form der Forschung, zwischen drei Arten unterscheiden:

1. Grundlagenforschung,
2. angewandte Forschung
3. Entwicklung.

Die *Grundlagenforschung* versucht, neue Erkenntnisse zu gewinnen, ohne unmittelbar auf ein bestimmtes Ziel oder einen Zweck hin ausgerichtet zu sein. Bei *induktivem* Vorgehen werden methodisch und systematisch durchgeführte Einzelbeobachtungen zu Aussagen verdichtet, oder es werden aus Axiomen und Hypothesen Aussagen über den Einzelfall abgeleitet, die dann zu ihrer Verifikation oder Falsifikation empirischer Untersuchungen bedürfen. Viele der veröffentlichten Ergebnisse der Grundlagenforschung erscheinen häufig sehr theoretisch und von wenig praktischem Anwendungsbezug. Aber gerade die allgemeinen Aussagen der Grundlagenforschung bieten Ansatzpunkte für die angewandte Forschung und beeinflussen Theorie und Praxis sehr stark. Häufig gehen allerdings auch die Grenzen zwischen Grundlagen- und angewandter Forschung ineinander über.

Die *angewandte Forschung* - auch Zweckforschung - befaßt sich dagegen mit der praktischen Anwendung neuer Forschungsergebnisse.

Die *Entwicklung* umfaßt die zweckgerichtete Anwendung von Forschungsergebnissen zur Lösung von speziellen Problemen in der Praxis. Hierbei kommt es dann vor allem darauf an, die konkreten Bedingungen einer gegebenen Situation zu erforschen, um zu entscheiden, welche der verschiedenen alternativen Methoden in einer konkreten Situation ein optimales Ergebnis erwarten läßt.

Wie zwischen Grundlagenforschung und angewandter Forschung, so sind auch die Grenzen zwischen angewandter Forschung und Entwicklung fließend. Angewandte Forschung und Entwicklung können reichen von komplizierten, langdauernden und kostspieligen Studien, wie bei den Hawthorne-Experimenten, bis zu einer schnell durchgeführten Analyse, um z.B. die Ursachen für eine außergewöhnlich hohe Abwesenheitsrate zu ermitteln. Diese Form der Forschung basiert meist auf den Ergebnissen der Grundlagenforschung und nicht selten wird diese durch offene Fragestellungen aus dem Bereich der angewandten Forschung zu neuen Erkenntnisbemühungen angestoßen. Somit ist der Kreis derjenigen, die in der Personalforschung tätig sind, sehr weit gespannt: von Wissenschaftlern in einer Universität oder in einem Forschungsinstitut usw., die Zusammenhänge zwischen den verschiedenen Faktoren aufzeigen, über den Wissenschaftler, der diese Erkenntnisse in Hinblick auf einen Anwendungszweck überprüft und aufbereitet, bis zum Vorgesetzten und Mitarbeiter im Betrieb, der jeweils darüber entscheidet, ob und mit welchen Modifikationen er bestimmte Erkenntnisse in einer bestimmten Situation anwenden kann.

1.3 Bereiche der Personalforschung

Unter Berücksichtigung dieser Umstände läßt sich die Personalforschung in

- betriebliche Personalforschung
- wissenschaftliche Personalforschung

unterteilen.

1.3.1 Betriebliche Personalforschung

Hier steht vor allem die Entwicklung im Vordergrund und gelegentlich noch die angewandte Forschung sowie im beschränkten Umfang (ggf. in Zusammenarbeit mit der Wissenschaft) die Grundlagenforschung.

Die betriebliche Personalforschung dient im wesentlichen zwei Zwecken

- Gewinnung von aggregierten Informationen über Mitarbeiter und Arbeitsbedingungen als Grundlage und zur Unterstützung langfristig orientierter Strategieentscheidungen
- Ermittlung von Personalinformationen als Grundlage für personelle Einzelentscheidungen.

Im ersten Fall stehen auf der Seite der Mitarbeiter strategische Überlegungen der Entwicklung und Gestaltung des Personalbestandes, der Anpassung an sich ändernde Einstellungen und Werthaltungen sowie der Beeinflussung, die Bereiche von Arbeitszufriedenheit und Leistungsmotivation sowie die Probleme der Personalentwicklung und die Frage der Investitionen in das "Humanvermögen" im Vordergrund.

Auf der Seite des Arbeitsplatzes sind es vor allem die Probleme des Einsatzes neuer Techniken, die Gestaltung von Arbeitsplatz und Arbeitsumfeld und der damit zusammenhängenden Motivationsproblematik. Dieses Teilgebiet, das traditionell von den Arbeitswissenschaften bearbeitet wurde, steht im allgemeinen noch in der Tradition der mechanistisch ausgerichteten Betrachtungsweise über die Struktur des Menschen. Die Fragen der Motivation und Einstellung zum Unternehmen sowie der Leistungsbereitschaft bleiben meist ausgeklammert. Von besonderer Bedeutung ist hier die Umsetzung neuer Konzeptionen auf den Bereich der Organisations- und Arbeitsgestaltung sowie der Führungsphilosophie (vgl. Lean-Management, KAIZEN usw.).

Als außerbetriebliche Einflußgrößen kommen in Betracht die Bevölkerungsentwicklung, die Entwicklung auf dem Arbeitsmarkt sowie der allgemeinen Werthaltung der Bevölkerung (Wertewandel).

Bei der Ermittlung von Personalinformationen als Grundlage personeller Einzelentscheidungen geht es vor allem um die Informationen über vorhandene Mitarbeiterpotentiale und ihrer Nutzung. Diese Informationen dienen dann im Rahmen strategischer Festlegungen zur Entscheidungsunterstützung für personelle Einzelmaßnahmen, der Personalauswahl, des Personaleinsatzes, der Personalentwicklung usw. Hierbei werden dann vor allem Informationen aus der Personalbeurteilung herangezogen. Bei der Besetzung von Arbeitsplätzen sowie der Arbeitsgestaltung stehen vor allem Qualifizierungsfragen, Informationen über Arbeitsplatzmerkmale, Arbeitsabläufe und Arbeitsanforderungen im Mittelpunkt der Betrachtung.

1.3.2 Personalforschung im System der Wissenschaften

Nachdem sich die Betriebswirtschaftslehre erst sehr spät der Behandlung der Fragestellungen für das betriebliche Personalwesen angenommen hat, hat auch die Personalforschung noch keine nennenswerte Tradition. Da die Betriebswirtschaftslehre lange keine Hilfestellungen bei der Lösung betrieblicher Probleme bieten konnte, haben andere Wissenschaftsdisziplinen diese Lücke geschlossen.

Bedeutsam waren hier vor allem die Ergebnisse aus dem Bereich der Soziologie und Psychologie, insbesondere aus den Teilgebieten der Arbeits-/ Betriebs-Psychologie bzw. -Soziologie.

Ferner aus dem Bereich der Arbeitsmarktforschung. Für die Gestaltung von Arbeitsplätzen, der Arbeitsumgebung und des Arbeitsumfeldes kamen die Anstöße aus dem Bereich der Arbeitswissenschaften. Für den Bereich der Motivations- und Führungslehre sowie der Personalentwicklung und Personalbeurteilung waren es Erkenntnisse der individuellen Verhaltenswissenschaften.

Während hier vor allem den Motivationstheorien im Verhältnis zu ihrer Bedeutung ein sehr hohes Gewicht beigemessen wurde, wurde anderen Bereichen, wie der Lerntheorie, der Theorie der Wahrnehmungsprozesse, der sozial-psychologischen Erkenntnisse der Gruppenforschung und den darauf aufbauenden organisationstheoretischen Überlegungen lange Zeit zu wenig Bedeutung beigemessen.

Die Folge der sehr häufig kritiklosen Übernahme und Anwendung wissenschaftlicher Erkenntnisse aus anderen Wissenschaftsdisziplinen, die an einem ganz anderen Erkenntnis- und Erfahrungsobjekt gewonnen wurden, hat daher sehr häufig zu Fehlschlägen geführt. Dies gilt vor allem für die Übernahme von Erkenntnissen aus der Motivationslehre usw., wo es in der Regel an der notwendigen Erforschung der Rahmenbedingungen und ihrer Berücksichtigung gefehlt hat.

Dies ist auch die Ursache für den von vielen Wissenschaftlern (u.a. *Drumm/ Scholz*, 1988,S. 35 ff.) beklagten Umstand, daß die betriebliche Praxis nur sehr begrenzt von dem methodischen Angebot der Wissenschaft vom betrieblichen Personalwesen Gebrauch macht. Damit stand vor allem die Auseinandersetzung mit den Instrumenten betrieblicher Personalarbeit, wie Personalplanung, Arbeitsplatzgestaltung, Personalführungssysteme, Entlohnungsfragen, Probleme der Arbeitsbewertung sowie der EDV-Einsatz im Personalbereich im Mittelpunkt. Forschungsarbeiten mit verhaltenswissenschaftlichen Fragestellungen wurden hingegen kaum in Angriff genommen.

Nach den Untersuchungen von *Martin* (1989, S. 127) waren von den 3.308 erfaßten Aufsätzen in wissenschaftlichen Zeitschriften Ende der 80er Jahre nur 201 als empirische Arbeiten einzuordnen, wobei ca. 1/5 der empirischen

Arbeiten aus dem Problemfeld des betrieblichen Personalwesens stammen. Hierbei stehen erwartungsgemäß Beiträge mit deskriptiven Fragestellungen an der Spitze vor Zusammenhangsanalysen und der Exploration, während sich nur ein ganz geringer Teil mit Fragen der Theorieentwicklung beschäftigte. Ein Ergebnis, das angesichts der kurzen Entwicklungsdauer dieses Gebietes und den besonderen Schwierigkeiten der Theoriebildung in den Sozialwissenschaften als den "inexakten" Wissenschaften, nicht anders zu erwarten war.

Hier wird durch eine zunehmende Theorieerweiterung der betrieblichen Personalarbeit und damit der Personalpraxis die Wissenschaft im Bereich der Personalforschung vor zusätzliche Aufgaben gestellt.

Im Hinblick auf die Komplexität der Probleme betrieblicher Personalarbeit, die sich im Schnittpunkt mehrerer Wissenschaftsdisziplinen vollzieht, erfordert Personalforschung eine mehr interdisziplinäre Zusammenarbeit und verlangt damit nach multikausalen anstelle von monokausalen Erklärungsansätzen.

Für die Verfolgung eines pragmatisch orientierten Wissenschaftsziels wird für die Zukunft eine gegenseitige Annäherung zwischen Wissenschaft und Praxis notwendig sein. Hierzu wird eine stärkere theoretische Fundierung der Personalpraxis ebenso notwendig sein wie auch eine stärkere pragmatische Praxisorientierung der wissenschaftlichen Forschung, die sonst Gefahr läuft, statt aktuelle Aufgaben aufzugreifen, sich in der Behandlung antiquierter Fragestellungen zu erschöpfen und "klassische Paradigma" immer wiederholt aufzuarbeiten.

1.4 Stand der Personalforschung

Ein geschlossenes System der Personalforschung ist in der betrieblichen Praxis kaum anzutreffen. Jedoch finden sich aber in allen Betrieben, je nach Problemdruck, mehr oder weniger umfassende pragmatische Teilansätze.

Eingehende Untersuchungen über ihre Verteilung sind bisher nicht bekannt geworden.

Eine Reihe von Aufgabenfeldern eines betrieblichen Personalwesens, wie z.B.

- Fort- und Weiterbildung
- Personalauswahl
- Zusammenarbeit mit dem Betriebsrat
- Aktivierung des Leistungspotentials der Mitarbeiter
- Personalplanung
- Personalbeschaffung
- Personalinformationssystem

- Arbeitszeitmanagement
- Lohn- und Gehaltspolitik

usw., werden zunehmend an Bedeutung gewinnen. Durch den bereits festgestellten Bedeutungswandel der Personalarbeit, weg von den verwaltenden hin zu den mehr gestaltenden Aufgabenfeldern, werden sich für die betriebliche und wissenschaftliche Personalforschung verstärkt neue Aufgaben stellen.

Die wissenschaftliche Personalforschung im Rahmen der Betriebswirtschaftslehre und anderer übergreifender Wissenschaftsgebiete war im wesentlichen durch das Streben nach Rationalität gekennzeichnet. Das bedeutet, daß die praktische Umsetzung der theoretischen Erkenntnisse in erster Linie die Forschungsrichtung bestimmte.

In der Frühphase dieser wissenschaftlichen Beschäftigung mit den Fragen des betrieblichen Personalwesens standen deshalb vor allem die Sammlung von Erfahrungswerten, Berichten aus der Praxis und die Systematisierung des gewonnenen Wissens im Vordergrund (vgl. hierzu *Bisani, F.*, Das Personalwesen in der BRD und Bisani/Friedrichs, Das Personalwesen in Europa).

Die Schwergewichte betrieblicher Personalarbeit werden sich zunehmend verändern. Anstelle der Sammlung und Strukturierung von Erfahrungswerten wird sich damit auch die Personalforschung verstärkt auf die Erarbeitung von Erkenntnissen über Strukturzusammenhänge und die Erprobung von betrieblichen Gestaltungsinstrumenten und Entscheidungshilfen verlagern.

1.5 Methoden der Personalforschung

Das Instrumentarium zur Gewinnung neuen personalbezogenen Wissens stützt sich, wie bei allen Wissenschaften, auf die Methoden der Datengewinnung, Datenanalyse und Auswertung.

Im Prinzip bedient sich die Personalforschung der gleichen Methoden wie die empirische Sozialforschung.

1.5.1 Beobachtung

Sie ist zugleich das einfachste wie auch das modernste Mittel der empirischen Sozialforschung. Durch die *Beobachtung* kann das Verhalten der zu erforschenden Einzelpersonen und der sozialen Gruppen unmittelbar wahrgenommen werden. Trotz ihrer großen Bedeutung wird diese Methode aber im Vergleich zu Befragungen oder zum Experiment relativ selten verwendet. Die Gründe hierfür sind verschieden. Einmal ist das Verfahren nicht objektiv. Instrumente der Beobachtung sind die Forscher selbst, sie stehen mitten im sozialen Feld, das sie beobachten sollen. Dieses Beobachten geschieht nicht voraussetzungslos. Das Problem läßt sich, so *Atteslander,* in dem Satz zusammenfassen: "Wir glauben nur, was wir sehen, und leider sehen wir nur, was wir glauben wollen". Somit unterliegt jeder Mensch der Gefahr, anders und anderes zu beobachten. Wenn Beobachtungen nicht zu einer Fülle von Informationen führen sollen, die im Grunde unauswertbar bleiben, so muß vorher festgelegt werden, was zu beobachten ist bzw. welche Hypothesen der Überprüfung durch die Beobachtung bedürfen. Beobachtungen ohne theoretischen Bezugsrahmen, sog. *"naive Beobachtungen"*, sind allenfalls zur Hypothesenbildung zweckmäßig. Ein weiterer Grund für die verhältnismäßig geringe Verbreitung der Beobachtung im Bereich der Personalforschung ist der damit verbundene hohe Zeitaufwand.

Abbildung 254: Die wichtigsten Formen der Beobachtung (*Atteslander, S.* 131)

Bei der Beobachtung sind zu unterscheiden: strukturierte und unstrukturierte Formen. Bei der *strukturierten Beobachtung* werden die Beobachtungen nach einem relativ differenzierten, im voraus genau festgelegten Beobachtungskatalog aufgezeichnet, während bei der *unstrukturierten Beobachtung* lediglich allgemeine Richtlinien vorgegeben werden. In der Regel dient die unstrukturierte Beobachtung der Erfassung qualitativer Werte und die strukturierte Beobachtung der Quantifizierung. Die Beobachtungen können offen oder verdeckt durchgeführt werden. Außerdem kann der Beobachtende in unterschiedlicher Form an dem sozialen Geschehen, das er beobachtet, beteiligt sein. Bei einer nur *passiv-teilnehmenden Beobachtung* ist sein Partizipationsgrad gering; bei einer *aktiv-teilnehmenden Beobachtung,* d.h. wenn der Beobachter selbst der Gruppe angehört, ist er sehr hoch (vgl. Abbildung 254).

1.5.2 Befragung

Die *Befragung* in schriftlicher Form oder als *Interview* ist mit die am häufigsten angewandte Methode. Allerdings ist es durch die Befragung nicht möglich, soziales Verhalten unmittelbar zu erfassen. Sie gibt nur verbale Informationen über Vorgänge wieder, wie sie die Befragten sehen. Damit sind so erhobene Informationen notwendigerweise subjektiv gefärbt. Dabei ergibt sich zwangsläufig die Gefahr, daß die gleiche Frage unterschiedlich beantwortet wird, je nach dem, wann, von wem und wie sie gestellt wird. Um die Befragung trotzdem unter wissenschaftliche Kontrolle zu bringen, werden in der Literatur zwei Kriterien angeführt:

- Bewegungsspielraum, der dem Interviewer und dem Befragten in der Gesprächssituation gelassen wird;
- Art der Beziehungen, die der Interviewer zum Befragten knüpft.

Der Umfang des *Bewegungsspielraums* ergibt sich aus der Interviewgestaltung.

Man unterscheidet zwischen

1. *standardisiertem Interview,* bei dem alle Frageformulierungen, die Abfolge der einzelnen Fragen und, soweit wie möglich, auch die Antwortalternativen im voraus festgelegt sind, und
2. *nicht standardisiertem Interview,* bei dem der Interviewer sein Gespräch aus der jeweiligen Situation heraus so frei entwickeln kann, wie es ihm für die Erreichung des Befragungsziels am zweckmäßigsten erscheint.

Zwischen beiden Formen existiert als Mittelweg das *halbstandardisierte Interview,* bei dem kein absolut gültiger und ausschließlicher Fragebogen vorliegt, sondern vielmehr nur ein flexibel aufgebautes und anzuwendendes Fragengerippe; in einer noch freieren Form nur ein Gesprächsleitfaden, der den Gesprächsablauf und -inhalt vorzeichnet, aber bezüglich der Fragenformulierung weitgehend freie Hand läßt.

Welche Frageform man anwendet, hängt jeweils vom Ziel der Befragung ab. Bei unstrukturierten Formen geht es in der Regel darum, qualitative Informationen zu erhalten. Man versucht hier, neue Gesichtspunkte zu gewinnen und ein Gebiet zu umreißen und zu strukturieren. Aus den Informationen über Zusammenhänge und Wechselwirkungen lassen sich dann Hypothesen über den weiteren Prozeß ableiten. Unstrukturierte Fragen gleichen hier in etwa den

Formen der naiven Beobachtung. Bei den strukturierten Befragungsformen hingegen stehen *quantitative Ergebnisse* im Vordergrund. Hier kann es z.B. um die Überprüfung bestehender Hypothesen gehen.

Je nach Art der Beziehungen zwischen Interviewer und Befragten unterscheidet man das *weiche Interview,* bei dem der Interviewer eine passive Rolle spielt und den Befragten weitgehend den Gang des Gesprächs bestimmen läßt. Solange der Befragte spontan redet, hat der Interviewer den vorgetragenen Gedanken zu folgen, ohne selbst einzugreifen. Ein Eingreifen ist nur zulässig, wenn der Befragte zum Weiterreden veranlaßt werden soll. Diese Art fördert in der Regel am ehesten die Offenheit der Antworten und der Befragte fühlt sich hier völlig frei, seine Gefühle und Meinungen ohne Angst vor Vorwürfen zu äußern. Beim *harten Interview* geht es darum, die Fragen so schnell zu stellen, wie sie der Befragte beantworten kann. Das ermöglicht, bei einem Interview ein Maximum an Informationen zu erhalten. Ein weiterer Vorteil ist, daß die Fragetechnik zu spontanen Antworten ohne viel Überlegung zwingt. Einen Mittelweg stellt das *neutrale Interview* dar.

Entscheidend für den Erfolg und den Aussagewert einer Befragung ist neben der richtigen Auswahl des zu befragenden Personenkreises auch die richtige Art der Fragestellung.

Bei dem zu befragenden Personenkreis kann man unterscheiden zwischen einer *Teil-* und einer *Vollbefragung.* Teilbefragungen führen auch zu einem hinreichend exaktem Ergebnis, wenn bei der Auswahl der Gruppe die Grundsätze der statistischen Stichprobentheorie berücksichtigt werden. Als Teilgruppen für die Meinungsbefragung können in Betracht kommen: Mitarbeiter bestimmter Abteilungen oder Bereiche, Führungskräfte verschiedener Ebenen, Betriebsräte, Arbeitskreise usw. Weiter unterscheidet man danach, ob die Angesprochenen die Teilnahme an der Befragung von sich aus ablehnen oder ob sie der Teilnahme, wie meist bei Betriebsumfragen, nicht ausweichen können. Je nach dem angewandten Verfahren wird man die Ergebnisse auch unterschiedlich interpretieren müssen.

Da eine Antwort immer eine Reaktion auf den Impuls einer Frage darstellt, können unterschiedliche Formulierungen der Fragen über den gleichen Sachverhalt auch verschiedene Antworten suggerieren. Es ist deshalb üblich, die Fragen vorher einem sog. Pre-Test zu unterziehen. Bei der Art der Fragestellung unterscheidet man offene und geschlossene Fragen. *Offene Fragen* lassen dem Befragten völlige Freiheit bei der Formulierung seiner Antwort, wobei der Interviewer die Aufgabe hat, die Äußerungen der Auskunftsperson möglichst genau zu notieren. Bei den *geschlossenen Fragen* hingegen werden mögliche Antworten bereits, ggf. nach Kategorien geordnet, vorgegeben. Antworten auf geschlossene Fragen sind von größerer Einheitlichkeit, was die Vergleichbarkeit erleichtert. Eine weitere Unterscheidung der

Fragenart sind die direkten und indirekten Fragen. Die *indirekte Frageform* wird in der Regel gewählt, wenn angenommen wird, daß eine Person auf ein bestimmtes Problem keine Antwort geben will oder zu gewissen Fragen keine "wahre" Auskunft geben kann. Allerdings wurde die Erwartung, daß indirekte Fragen mehr "wahre" Daten erbringen als *direkte Fragen,* nicht bestätigt.

Bei der *schriftlichen Befragung* fällt der persönliche Kontakt mit dem Interviewer weg. Deshalb ist besonderer Wert auf die exakte Formulierung der einzelnen Fragen zu legen und genaue Überlegungen über die Wirkungen anzustellen. Weiterhin ist darauf zu achten, daß die gesamte Fragenreihe aufeinander abgestimmt ist. Hierbei ist der Fragebogen nicht nur nach logischen, sondern auch nach psychologischen Gesichtspunkten aufzubauen. Einige Grundsätze müssen beachtet werden: Fragen, die das Interesse des Befragten besonders berühren, sind zu Beginn zu stellen. Ebenso sollten allgemeine Fragen vor den besonderen, vertraute Problemkreise vor den unvertrauten und einfache Probleme vor den komplizierten behandelt werden.

Als eine spezielle Befragungsform hat sich im Rahmen der Personalforschung die Mitarbeiterbefragung herausgebildet. Sie wird als Mittel einer innerbetrieblichen Meinungsumfrage angesehen und soll ein umfassendes Stimmungsbild der Mitarbeiter oder bestimmter Mitarbeitergruppen geben, insbesondere über ihre Meinungen, Einstellungen und Erwartungen im Hinblick auf konkrete betriebliche Problembereiche.

Den möglichen Inhaltsbereich von Mitarbeiterbefragungen zeigt der in Abbildung 255 wiedergegebene Inhalt des Standardfragebogens für Mitarbeiterbefragungen auf.

Besonders propagiert wurde die Mitarbeiterbefragung durch eine Mitte der 80er Jahre ins Leben gerufene "Projektgruppe Mitarbeiterbefragung", an der eine Reihe von namhaften deutschen Unternehmen (*Domsch/Schneble*, 1992, Sp. 1377) beteiligt waren.

Praktische Erfahrungen zeigen aber, daß wegen der subjektiven Betroffenheit aller Beteiligten, seien es Geschäftsleitung, Vorgesetzte, Mitarbeiter oder Belegschaftsvertretungen, nicht unerhebliche Widerstände bei den von der Mitarbeiterbefragung Betroffenen auftreten.

Auch dort, wo diese Schwierigkeiten überwunden werden konnten, ergab sich ein hoher Anteil von Antwortgebenden, die weniger ihre eigene Einstellung zum Ausdruck brachten als vielmehr nach dem Grad "sozialer Erwünschbarkeit" antworteten.

Wegen der hohen Kosten finden umfassende Mitarbeiterbefragungen, wie nach dem Standardfragebogen, nur selten statt. Befragungen zu einem speziellen Thema, wie z.B. nach dem Bildungsbedarf, dem Vorgesetzten-/Mitarbeiterverhalten, den Grundfragen der betrieblichen Entlohnungspolitik usw., hingegen haben in der Regel aufschlußreiche und wichtige Ergebnisse erbracht.

Lfd. Nr.	Kernbereiche	Fragen zum jeweiligen Kernbereich über (Beispiele):
1	Tätigkeit/ Arbeitsorganisation	Art der Tätigkeit, Art der Arbeitsorganisation, Arbeitsbelastung
2	Arbeitsbedingungen	Umweltbedingungen (Klima, Beleuchtung, Lärm), Arbeitsplatzgestaltung, Arbeitszeitgestaltung, eigene Verbesserungsvorschläge
3	Entgelt und Sozialleistungen	Höhe des Entgelts im Vergleich zur Leistung, zu Kollegen, zu anderen Unternehmen, Bedeutung der zusätzlichen Sozialleistungen, Verbesserungsvorschläge zu einzelnen Sozialleistungen
4	Kommunikation/ Information	Information über das Gesamtunternehmen, Information über die Arbeit i.e.S., gewünschte Zusatzinformation, Informationsquelle, -medien, betriebliches Vorschlags- und Beschwerdewesen
5	Zusammenarbeit	- mit unmmitelbaren Kollegen, - mit anderen Abteilungen, - mit Gesamtunternehmen
6	Möglichkeit zur Umsetzung eigener Leistungsfähigkeit und Leistungsbereitschaft	Eignungs- und neigungsadäquater Arbeitseinsatz Einsatz- und Entfaltungsmöglichkeiten, Wichtigkeit der Arbeit, Arbeit als Motivator
7	Entwicklungsmöglichkeit (Weiterbildung, Aufstieg)	Weiterbildungsangebot, gewünschte Erweiterung, Möglichkeiten zur Nutzung, Schwierigkeiten bei Nutzung, Möglichkeiten und Hindernisse des Aufstiegs
8	Vorgesetztenverhalten Beziehung zum Vorgesetzten	fachliche Fähigkeiten des Vorgesetzen, Informationsverhalten, Motivation, Berücksichtigung der eigenen Meinung, Gerechtigkeit, Hilfe bei beruflichen und privaten Schwierigkeiten, persönliche Beziehung zum Vorgesetzen
9	Unternehmensimage/ Arbeitsplatzsicherheit	Einschätzung der Sicherheit des eigenen Arbeitsplatzes, der Beschäftigung im Unternehmen, Gesamtzufriedenheit mit der Arbeit beim Befragten, beim Kunden, in der Gesellschaft
10	Statistik	Alter, Geschlecht, Betriebzugehörigkeit, Betriebsteil/-abteilung, Hierarchieebene, Einkommensform, Einkommenshöhe, Arbeitszeitform

Abbildung 255: Inhalt eines Standardfragebogens für Mitarbeiterbefragungen (Quelle: *Domsch*, 1984, S. 519)

Im Regelfall werden Mitarbeiterbefragungen deshalb meist sporadisch in unregelmäßigen Zeitabständen für einen aktuellen Bedarf vorgenommen. Die ursprünglich von einigen Unternehmen geplante regelmäßige Befragung der Mitarbeiter, um Trends im Wandel ihrer Einstellung und ihrer Werthaltungen herauszufiltern, wurde, soweit bekannt, nach wenigen Ansätzen aufgegeben, weil sich Einstellungen und Meinungen von Mitarbeitern zu den betrieblichen Belangen als verhältnismäßig stabil erwiesen, so daß eine Wiederholung von Befragungen zum gleichen Problemkreis in verhältnismäßig kurzen Abständen zu keinen neuen Erkenntnissen führte.

1.5.3 Experiment

Experimente sind im Bereich der Personalforschung verhältnismäßig selten. Eine Ausnahme bilden die klassisch gewordenen *Hawthorne-Experimente* bei der Firma Western Electric. Der Grund für die geringe Verbreitung ist der mit ihrer Durchführung verbundene hohe Aufwand. Experimente gehören an sich in den Bereich der Grundlagenforschung. Gegenüber der Beobachtung und der Befragung weisen Experimente zwei wesentliche Vorteile auf:

1. Die *Situationsbedingungen* können weitgehend vollständig kontrolliert und gestaltet werden;
2. *Hypothesen* können in Situationen mit der größten Tragweite geprüft werden. Diese Vorteile gelten jedoch nicht uneingeschränkt. Vor allem bei sehr komplexen Erscheinungen ist es nicht immer möglich, alle Einflußgrößen zu erfassen. Weiterhin läßt sich die soziale Realität nicht ohne weiteres zum Zwecke des Experiments manipulieren.

Gegen die Durchführung von Experimenten werden, ungeachtet mancher Erfolge, eine Reihe von Einwänden erhoben:

1. Effekt der *"selbsterfüllenden" Prophezeiung* (self-fulfilling or self-destroying-prophecy). Dieser Effekt, der sich auch bei den Hawthorne-Experimenten auswirkte, beruht auf der Entscheidungsfreiheit des einzelnen Menschen, der sein Verhalten so einrichten kann, wie er es für richtig hält. Ist der erwartende Effekt des Experiments für ihn wünschenswert, so wird er versuchen, ihn herbeizuführen. Befürchtet er aber Nachteile, so wird er das Eintreten dieser Situation zu verhindern trachten.
2. *Ethische Vorbehalte* gehen davon aus, daß Menschen nicht Gegenstand von Experimenten sein sollten, weil dadurch auch schutzwürdige Interessen des Einzelnen in Mitleidenschaft gezogen werden können. Ein Einwand, der sich aber in der Regel als unbegründet erweist.
3. *Experimente* sind meist *selektiv*. Sie greifen aus der Vielfalt des menschlichen Sozialverhaltens nur einen bestimmten, eng begrenzten Bereich heraus und untersuchen ihn gesondert und nicht im Zusammenhang mit

den anderen Einflußfaktoren. Dieser Einwand ist überzeugend. Man muß allerdings berücksichtigen, daß die *Selektion des Experiments* aus der Hypothese folgt, die ihm zugrunde liegt.

Bei der Durchführung von Experimenten ist zu unterscheiden zwischen

1. *Feldexperimenten,* bei denen die untersuchten Gegenstände, Arbeitsgruppen, Personen usw., nicht aus ihrer natürlichen Umgebung herausgelöst werden,
2. *Laborexperimente,* bei denen die Vorgänge unter planmäßig vereinfachten Bedingungen untersucht werden.

Feldexperimente haben den Nachteil, daß es nicht immer gelingt, alle Einflußfaktoren in den Griff zu bekommen. Bei *Laborexperimenten* hingegen ist es meist nicht möglich, alle Einflußgrößen darzustellen, so daß die Übertragung der Ergebnisse auf die Realität nicht immer ohne Vorbehalte möglich ist. Da das Experiment in der Regel der Überprüfung von vorliegenden Hypothesen dient, ist es ohne Kontrolle häufig wertlos, denn erst die Kontrolle der Hypothesen gibt Hinweise auf das tatsächliche Bestehen von Kausalzusammenhängen.

Simulation und *Planspiel* spielen im Bereich der Personalforschung noch eine sehr untergeordnete Rolle.

Als eine besondere Form des Experiments könnte man das zunehmend häufiger im Rahmen von Personalauswahlverfahren externer Bewerber, bei Beurteilungsseminaren von internen Führungsnachwuchskräften oder als Personalentwicklungsseminare eingesetzte Assessment-Center ansehen.

1.5.4 Auswertung von Personalstatistiken, Sekundärdokumenten und Inhaltsanalysen

Nicht immer müssen Daten zur Personalforschung neu erhoben werden. In den Unterlagen der Firmen liegt meist eine Fülle von wertvollen Informationen vor, die statistisch erfaßt und aufbereitet werden können. Im wesentlichen handelt es sich hier um Daten über

1. Art, Umfang und Struktur der Fluktuation;
2. Durchführung und Auswertung von Ausscheidungsinterviews;
3. Art, Umfang und Struktur von Fehlzeiten;
4. Einkommensstruktur unter Berücksichtigung der Einkommensbestandtteile;
5. Zusammensetzung der Belegschaft;
6. durchschnittliche Entwicklung der Beschäftigten;
7. Leistungs-, Produktions- und Qualitätsstatistiken

usw.

Bei der Auswertung dieser Unterlagen kommt es nicht darauf an, im *Zeitvergleich* die Entwicklung global zu beurteilen, sondern auch Vergleiche zwischen den einzelnen Unternehmensbereichen oder Mitgliedergruppen anzustellen. Darüber hinaus fallen jeweils im Rahmen von Budgetierung und Controllingtätigkeiten eine Reihe von Daten, häufig in Form von Kennziffern, an.

Der *innerbetriebliche Vergleich* ist zwar wertvoll, birgt aber häufig die Gefahr in sich, daß eine schlechte Ausgangslage fortgeschrieben wird. Deshalb kommt dem *zwischenbetrieblichen Vergleich* mit ähnlich gelagerten Unternehmen große Bedeutung zu. Voraussetzung für den zwischenbetrieblichen Vergleich ist, daß man sich an einem Erfahrungsaustausch beteiligt, sofern man sich nicht mit einer Reihe gleichgelagerter Unternehmen zu einem eigenen Erfahrungsaustausch mit Betriebsvergleich entschließt. Überbetriebliche Erfahrungsaustauschkreise werden von der *Deutschen Gesellschaft für Personalführung* (DGFP) und den *RKW-Landesgruppen* sowie von Wirtschaftsfachverbänden organisiert. Die häufig vorgebrachte Befürchtung, damit interne Daten an Außenstehende bekanntzugeben, ist meist nicht überzeugend. Häufig läßt sich ein Vergleich anonym durchführen. Wo dies nicht möglich ist, sind die Vorteile meist größer als die Nachteile, die evtl. entstehen können, wenn ein anderer, vielleicht auch eine Konkurrenzfirma, von diesen Daten Kenntnis erhält.

1.5.5 Innerbetriebliche Quellen der Informationsgewinnung

Soweit für den Betriebsvergleich die Zusammenarbeit weder mit einer Erfahrungsaustauschgruppe noch mit einem frei zusammengeschlossenen Kreis möglich ist, bieten die statistischen Veröffentlichungen der verschiedenen Institutionen, wie Wirtschaftsverbände, Industrie- und Handelskammern usw., eine Möglichkeit, den eigenen Leistungsstand mit dem anderer Unternehmen zu vergleichen. Es gehört zum Grundwissen eines jeden Personalverantwortlichen, daß er weiß, wo für ihn brauchbare Vergleichsstatistiken veröffentlicht werden.

Es ist unzweckmäßig, wenn Personalverantwortliche glauben, alle Informationen müßten unmittelbar aus dem Unternehmen kommen. Diese Haltung einzunehmen bedeutet, die Augen vor der Arbeit zu verschließen, die andere bereits getan haben. Deshalb müssen sie lernen zu lesen und müssen das Lesen zu einem Bestandteil ihrer täglichen Arbeit machen. Hierbei sollte man sich nicht darauf beschränken, nur die firmeninternen Statistiken auszuwerten oder bei Großfirmen, nur firmeninterne Erlasse und Richtlinien zu studieren, sondern auch versuchen, den Überblick über die wesentlichste wissenschaftliche Literatur zu erhalten. Wenn es auch unmöglich ist, alle für die Entwicklung des Personalwesens relevanten Quellen von Veröffentlichungen aufzuzählen, ist es noch weniger möglich, sie alle zu lesen. Trotzdem sollten die wesentlichsten Beiträge bekannt sein. Leider gibt es in Deutschland noch keinen *Literaturdienst* wie in der *AMA - American Management Association,* die seit Jahrzehnten in kurzen Zusammenfassungen über die wesentlichsten Neuerscheinungen informiert.

Erste Ansätze, wie z.B. vom Verlag Beste Unternehmensführung, Bonn oder vom Hampp Verlag in Mering bei München könnten eventuell eine Lücke schließen. Zumindest wäre diesen Ansätzen mehr Erfolg zu wünschen als dem von 1976 bis 1979 erschienenen Literaturberater Wirtschaft.

Neben Büchern stellen periodisch erscheinende Fachzeitschriften eine weitere Informationsquelle dar. Es ist unmöglich, sie alle zu lesen. Über den Inhalt der wesentlichsten Fachzeitschriften auf diesem Gebiet sollte man jedoch einen groben Überblick behalten.

Als wichtigste Zeitschriften zur Personalführung sind zu nennen:

1. Personalführung, herausgegeben von der Deutschen Gesellschaft für Personalführung e.V., Düsseldorf
2. PERSONAL - Mensch und Arbeit im Betrieb, Verlag Mensch und Arbeit, München
3. betrieb und personal - Zeitschrift für das Lohn- und Personalbüro, Stollfuß Verlag, Bonn
4. personalwirtschaft - Zeitschrift für erfolgreiches Personalmanagement, Verlag Luchterhand, Neuwied
5. Zeitschrift für Personalforschung, Rainer Hampp Verlag in Mering bei München
6. Der Betrieb, Handelsblatt Verlag, Düsseldorf
7. Der Betriebs-Berater, Verlagsgesellschaft Recht und Wirtschaft, Heidelberg
8. Fortschrittliche Betriebsführung und Industrial Engineering, herausgegeben vom Verband für Arbeitsstudien, REFA e.V., Darmstadt
9. REFA-Nachrichten - Zeitschrift des Verbandes für Arbeitsstudien, REFA e.V., Darmstadt
10. Zeitschrift für Arbeitswissenschaft, herausgegeben von der Gesellschaft für Arbeitswissenschaft (GfA) e.V. in Verbindung mit dem Verband für Arbeitsstudium REFA e.V., Darmstadt, Verlag Dr. Otto Schmidt KG., Köln
11. Die Arbeitsvorbereitung - Zeitschrift für Fertigungs- und Arbeitsorganisation, Carl-Hanser Verlag, München
12. Zeitschrift für Organisation - Neue Betriebswirtschaft, herausgegeben von der Gesellschaft für Organisation e.V., Mainz - Kassel, Verlag Dr. Th. Gabler KG., Wiesbaden
13. Management Zeitschrift, herausgegeben vom Betriebswirtschaftlichen Institut der Eidgen. Technischen Hochschule, Zürich/Schweiz

14. Personnel Management, herausgegeben vom Institut of Personell Management, London
15. Personnel - The Management of People at Work, herausgegeben von AMACOM, adivision of American Management Associations, New York
16. Public Personnel Management - Journal of the International Personnel Management Association, Chicago

Ferner als Loseblattausgaben:

17. Soziale Betriebspraxis, herausgegeben von J. Wistinghausen, Luchterhand- Verlag, Neuwied
18. Das Personalbüro, Rudolf Haufe Verlag, Freiburg

1.5.6 Zusammenfassende Übersicht über Ziele und Methoden der Datengewinnung in der Personalforschung

Die vielfältigen Zusammenhänge im Bereich der betrieblichen Personalforschung zeigt nachstehende Übersicht

Ziele	Maßnahmen	Methoden
1. Erfassung von Betriebsklima und des Images sowie der Bewertung personalpolitischer Maßnahmen	Mitarbeiterbefragungen	mündliche und schriftliche Befragung, Gruppeninterviews, Dokumentenanalyse (Beschwerderate usw.)
2. Erkennen von Mitarbeiterverhalten, Fluktuation, Arbeitszufriedenheit, Identifikation mit dem Unternehmen	Abgangsinterviews, Mitarbeiterbefragung	Strukturierte oder unstrukturierte Interviews (s.1), Dokumentenanalyse (Beteiligung am betrieblichen Vorschlagswesen, Qualitätszirkel usw.)
3. Entgeltfindung	Leistungs- und Verhaltensbeurteilung	verschiedene Verfahren der Personalbeurteilung, Dokumentenanalyse
4. Leistungspotentialermittlung bei Einstellung und Personalentwicklung	Leistungstests, Assessment-Center	verschiedene Verfahren der Personalbeurteilung, Dokumentenanalyse
5. Ermittlung der Arbeitsanforderungen und der Mitarbeiterqualifikation	Analytische Arbeitsbewertung, Leistungs- und Verhaltensbeurteilung	Dokumentenanalyse (Sekundärauswertung der Arbeitsstrukturierung und der Personalbeurteilung)
6. Erfassung von Schwachstellen, insbesondere z.B. Kosten, Anwesenheitsraten, Leistung	Ermittlung und Auswertung von Kennziffern im inner- und überbetrieblichen Vergleich	Sekundär- und Dokumentenanalysen aus internen Statistiken und aus Betriebsvergleichen
7. Erfassung der Struktur des Arbeitsmarktes	Arbeitsmarktbeobachtung	Sekundäranalyse öffentlicher Daten

Abbildung 256: Ziele und Methoden der Datengewinnung in der Personalforschung (Quelle: HWP, Sp. 1346).

Zweites Kapitel

Das Personalwesen, eine Herausforderung der Zukunft

Im Gegensatz zu der oft geäußerten Meinung, daß die verstärkte Behandlung personalwirtschaftlicher Probleme in der Gegenwart eine Modeerscheinung sei, wird das Personalwesen in den kommenden Jahren noch weiter an Bedeutung gewinnen. Technische und gesellschaftliche Veränderungen haben mit großem Nachdruck auf die große soziale und ökonomische Bedeutung menschlicher Probleme in der Arbeitswelt hingewiesen, die nach einer Lösung verlangen. Auf der Basis der gegenwärtigen Entwicklungsrichtungen auf dem Gebiet des Personalwesens lassen sich folgende Ansätze erkennen, auch dann, wenn Konjunkturschwankungen und Rezessionsphasen hervorgerufen durch die Notwendigkeiten sich internationaler Wettbewerbsbedingungen anzupassen die Entwicklung hemmen können:

1. Die soziale Verantwortung der Unternehmung gegenüber Belegschaft und Umwelt wird in zunehmendem Maße erkannt.
2. Die menschlichen Probleme im Unternehmen mit stärkerer Betonung der Produktivität und der Kreativität bei gleichzeitiger Beachtung der Faktoren der Zufriedenheit mit Arbeitsinhalt und Arbeitsumgebung werden an Bedeutung gewinnen.
3. Die Effizienz der Personalführung wird zu einem, wenn nicht sogar zum wesentlichsten Faktor der Wirtschaftlichkeit eines Unternehmens.
4. Alle Führungskräfte werden neben ihrer Fachverantwortung in zunehmendem Maße auch die Verantwortung für eine effektivere Personalführung übernehmen müssen.
5. Starkes Wachstum der Betriebe wird ein zunehmendes Übergreifen der Personalfunktion auf die Bereiche der Organisationsgestaltung mit sich bringen.
6. Die Notwendigkeit wird zunehmen, Personalprogramme auf künftige Entwicklungen der Automation und der wirtschaftlichen Strukturverschiebungen auszurichten.
7. Die Mitarbeiter werden in immer stärkerem Maße aktiven Einfluß auf die Gestaltung ihrer Arbeitsbedingungen nehmen.

Im gleichen Umfang, wie sich die soziale Umwelt ändert, müssen sich auch die Institutionen der Gesellschaft diesem Wandel anpassen. Die ersten Ansätze, diese zunehmende soziale Verantwortung der Unternehmung gegenüber Belegschaft und Umwelt nach außen hin zu dokumentieren, zeigen sich in der freiwilligen Aufstellung der sog. Sozialbilanzen. Sie zeigen, daß sich die Unternehmensleitungen zunehmend bewußt werden, daß sie nicht nur eine wirtschaftliche Verantwortung gegenüber ihren Kapitaleignern tragen, sondern daß sie auch eine soziale Verantwortung gegenüber der Umwelt und gegenüber den Mitarbeitern haben. Auch dann, wenn naturgemäß ihre Veröffentlichung auch Public-Relations-Zwecken dient.

In die gleiche Richtung zielen auch die Überlegungen, das "human capital" in einer besonderen Rechnungslegung auszuweisen. In diesem Zusammenhang werden dem Personalverantwortlichen auch die Aufgaben des "sozialen Gewissens" im Unternehmen zufallen. Im Zuge der Zunahme menschlicher Probleme im Unternehmen werden aber Kosten und Maßnahmen im Personalbereich nicht mehr nur mit dem Hinweis auf Betriebsklima und Mitarbeiterzufriedenheit gerechtfertigt werden können, sondern vielmehr werden Produktivität und Steigerung der Kreativität zur entscheidenden Beurteilungsgröße.

Eine effektive Personalführung kann und wird einen immer wichtigeren Beitrag zur Produktivität und Sicherung des Überlebens einer Unternehmung liefern als die Technik, die Kostenrechnung oder der Verkauf. Die bei Großbetrieben begonnene und immer mehr auf kleinere Betriebsgrößen übergreifende Zentralisierung von Aufgaben des Personalwesens in immer rascher wachsenden Personalabteilungen hat bei vielen Führungskräften zu der Annahme geführt, daß diese Abteilungen die Verantwortung für alle Personalführungsaufgaben übernehmen werden. Die Zukunft wird zeigen, daß immer mehr personalwirtschaftliche Aufgaben zu ihrer Erledigung Spezialwissen erfordern, so daß zu ihrer Lösung die Tätigkeit oder zumindest die Mitwirkung von Spezialisten der Personalabteilung erforderlich wird. Sie wird aber auch aufzeigen, daß die Erledigung personalwirtschaftlicher Aufgaben nicht nur eine Sache der Spezialisten ist, sondern daß sich Führungskräfte aller Ebenen stärker als bisher mit Problemen der Personalfunktion befassen müssen. Fachwissen, ohne Kenntnisse und Erfahrungen im Bereich der Personalführung, wird für eine Führungskraft in Zukunft nicht mehr ausreichen.

Die zunehmende Technisierung und Automatisierung machen vor den Toren der Unternehmen nicht halt. Diese Entwicklung führt zu einem Anwachsen des Bedarfs an Spezialisten in Fragen der Gestaltung von Organisationen und der Entwicklung von Organisationsstrukturen. Da die Personalverantwortlichen bereits Experten in der Durchführung von Aufgabenanalysen und Stellenbeschreibungen sind und Kenntnisse über vorhandene personelle Kapazitäten besitzen, werden sie immer häufiger auch in die Position eines Experten für Organisationsplanung hineinwachsen.

> "The most dynamic element of our business economy is people. The expert in people, the personnel manager, has both an opportunity and a challenge in the business management of the future"
>
> *(Flippo, E. B.)*

Literaturverzeichnis

A

Ackermann, K.F.: Hauptströmungen und gegenwärtiger Entwicklungsstand an den Hochschulen in der Bundesrepublik Deutschland, in: Bisani, F.; Friedrichs, H.: Das Personalwesen in Europa, Königstein/Ts. 1979.

Ackermann, K.F.: Konzeptionen des strategischen Personalmanagements für die Unternehmenspraxis, in: Humanität und Rationalität in Personalpolitik und Personalführung, hrsg. von Glaubrecht, H.; Wagner D., Freiburg i.Br. 1987, S. 39-68.

Ackermann, K.F.: Strategisches Personalmanagement auf dem Prüfstand. Kritische Fragen an ein zukunftsorientiertes Konzept der Personalarbeit, in: Personalmanagement im Wandel, hrsg. von Ackermann, K.-F. u.a., Stuttgart 1989, S. 1 - 29.

Ackermann, K.F.; *Hofmann*, M.: Systematische Arbeitszeitgestaltung. Handbuch für ein Planungskonzept, Köln 1988.

Ackermann, K.F.; *Hofmann*, M. (Hrsg.): Innovatives Arbeitszeit- und Betriebszeitmanagement, Frankfurt/M. u.a. 1990.

Ackermann, K.F.; *Reber*, G. (Hrsg.): Personalwirtschaft. Motivationale und kognitive Grundlagen, Stuttgart 1981.

Adams, J.S.; *Rosenbaum*, W.B.: The relationship of worker productivity to cognitive dissonance about wage inequities, in: Journal of Applied Psychology, Jg. 1962, S. 161-164.

Adams, R.N.; *Preis*, J.J.: Human Organization Research, Homewood Illinois 1960.

Adebahr, H.: Die Fluktuation der Arbeitskräfte, Berlin 1971.

Adomeit, K.: Rechtsquellenfragen im Arbeitsrecht, München 1969.

Adorno, Th.; *Dirks*, W. (Hrsg.): Betriebsklima. Frankfurter Beiträge zur Soziologie, Frankfurt/M. 1955.

Albach, H.: Stand und Aufgaben der Betriebswirtschaftslehre heute, in: Schmalenbachs Zeitschrift für betriebswirtschaftliche Forschung, 1967, Heft 7/8, S. 446-469.

Albach, H.: Unternehmensethik. Konzepte-Grenzen-Perspektiven, Wiesbaden 1992.

Albers, H. H.: Principles of Organization and Management, New York-London-Sydney 1966.

Alderfer, C.P.: An empirical test of a new theory of human needs, in: Organizational Behavior and Human Perfomance, Jg.1969, S. 142-175.

Alderfer, C.P.: Existence, relatedness and growth. Human needs in organizational settings, New York-London 1972.

Alderfer, C.P.: Change processes in organization, in: Dunette M.D. (Hrsg.) Handbook of industrial and organizational psychology, Chicago 1976, S. 1591 ff.

Altman, H.: Grenzen neuer Arbeitsformen - Betriebliche Arbeitsstrukturierung. Einschätzung durch Industriearbeiter, Beteiligung der Betriebsräte, Frankfurt/M. u.a. 1982.

Altmann, N.: Vorschläge zum betrieblichen Vorschlagswesen, Frankfurt/M. 1970.

Anderson, C.R.; *Zeithaml*, C.P.: Stage of the Product Life Cycle, Business Strategy and Business Performance, in: Academy of Management Journal 27 (1/1984), S. 5-24.

Andrews, I.R.: Wage inequity and job perfomance: an experimental study, in: Journal of Applied Psychology, Jg. 1967, S. 39-51.

Antoni, M.: Arbeit als betriebswirtschaftlicher Grundbegriff, Bern 1982.

Apel, K.-O.: Diskursethik als Verantwortungsethik und das Problem der ökonomischen Rationalität, in: Diskurs und Verantwortung. Das Problem des Übergangs zur postkonventionellen Moral, hrsg. von Apel, K.-O., Frankfurt/M. 1988, S. 270 - 305.

Arbeitsring der Arbeitgeberverbände der Deutschen Chemischen Industrie e.V.: Führungskonzepte, in: Führungsgrundsätze in Wirtschaft und öffentlicher Verwaltung, hrsg. von Wunderer, R., Stuttgart 1983, S. 201 - 247.

Argyle, M.; *Gardner*, G.; *Cioffi*, F.: Supervisory methods related to productivity, absenteeism and labour turnover, in: Human Relations, 11. Jg. 1958, S. 23-40.

Aschoff, Ch.: Betriebliches Humanvermögen - Grundlagen einer Humanvermögensrechnung. Wiesbaden 1978.

Atkinson, J.W.: An Introduction to Motivation, Princeton N.M. u.a. 1965.

Atkinson, J.W.: Einführung in die Motivationsforschung, Stuttgart 1975.

Attems, R.; *Heimel*, F.: Typologie des Managers, München 1991.

Atteslander, P.: Methoden der empirischen Sozialforschung, Berlin-New York 1974.

Aurich, W.; *Schroeder* H.U.: System der Wachstumsplanung im Unternehmen, München 1972.

B

Bach, O.: Leistungsbewertung, Zürich 1972.

Baierl, F.: Lohnanreizsysteme, München 1974.

Baitsch, Chr.: Was bewegt Organistionen? Selbstorganisation aus psychologischer Perspektive, Frankfurt/M. 1993.

Bales, R.F.: The equilibrium problem in small groups, in: Working Papers in the Theory of Action, Hrsg.: Parsons, T.; Bales, R.F.; Skills, E.A., New York 1953, S. 11-161.

Bandura, A.: Social learning Theory, New York 1971.

Bargel, T.: Überlegungen und Materialien zu Wertdispartitäten und Wertwandel in der Bundesrepublik Deutschland, in: Wertewandel und gesellschaftlicher Wandel, hrsg. von: Klages, H.; Kmieciak, P., 3. Aufl. Frankfurt/M.-New York 1984, S. 147-184.

Barnard, C.I.: The Functions of the Executive, Cambridge, Mass. 1938.

Barnard, C.I.: Die Führung großer Organisationen, Essen 1970.

Bartölke, K.: Überlegungen zu den Grundlagen der Planung von Betriebsorganisationen, Berlin 1969.

Bartölke, K. u.a. (Hrsg.): Arbeitsqualität in Organisationen, Wiesbaden 1978.

Bartölke, K.; Foit, O.; Ridder, H.-G.; Schumann, U.: Konfliktfeld Arbeitsbewertung. Grundprobleme und Einführungspraxis, Frankfurt/M.-New York 1981.

Bass, B.M.; Burger, Ph. C.; Doktor, R.; Barrett, G.: Assessment of Managers, An International Comparison, London 1979.

Bayer, H. (Hrsg.): Unternehmensführung und Führungsethik, Heidelberg 1985.

BDA (bearb. Kador): Unternehmerische Personalpolitik, Köln 1978.

Beach, J. S.: Managing People at Work. Readings in Personnel, New York 1971.

Beck, M.: Die zahlenmäßige Besetzung der Personal-, Bildungs- und Sozialfunktionen. Eine Erhebung der Deutschen Gesellschaft für Personalführung e.V. (DGFP), in: Personal, Report '87, München 1987, S. 16 - 17.

Becker, F.G.: Anreizsysteme für Führungskräfte im strategischen Management, Bergisch-Gladbach-Köln 1986.

Becker, F. G.; Martin, A. (Hrsg): Empirische Personalforschung, München-Mering 1993.

Becker, G.S.: Human Capital. New York 1964.

Becker, M.: Personalentwicklung. Die personalwirtschaftliche Herausforderung der Zukunft, Bad Homburg v.d.H. 1993.

Beckerath, v., P. G.: Verhaltensethik im Personalwesen. Prinzipien und Regeln für die Konzeption einer betrieblichen Personalpolitik, Stuttgart 1988.

Beer, St.: Kybernetische Führungslehre, Frankfurt/M. 1973.

Bellinger, B.: Personalwesen, in: Handwörterbuch der Betriebswirtschaft, hrsg. von Seischab, E.; Schwantag, K., Stuttgart 1958, 3. Bd., Sp. 4314-4323.

Bender, J.M.: What is "typical" of assessment centers? in: Personnel, Heft July-August 1974, S. 50-57.

Bendix, R.: Herrschaft und Industriearbeit, Frankfurt/M. 1960.

Berkel, K.: Konfliktforschung und Konfliktbewältigung organisationspsychologischer Ansatz, Berlin 1984.

Bernhard, A.: Japanese Mangement - eine Kurzdiagnose, in: Industrielle Organisation, 51. Jg. (1982), S. 105 ff.

Berry, D.F.: The Politics of Personnel Research, Ann Arbor, Mich.: University of Michigan, Bureau of Industrial Relations, 1967.

Bertelsmann Stiftung und Institut für Wirtschaft und Gesellschaft Bonn: Arbeitsmotivation und Führung (Ergebnisse einer gemeinsamen Arbeitstagung), Verlag Bertelsmann Stiftung, Gütersloh 1988.

Bertelsmann, G.: Die Personalplanung im Bereich der Unternehmensführung unter besonderer Berücksichtigung der unternehmensinternen Förderung des Führungsnachwuchses, Sonderheft der Schriftenreihe "Datenverarbeitung in Wirtschaft und Verwaltung", hrsg.von Anker-Werke AG, Bielefeld 1969.

Berthel, J.: Aktives Personal-Mangement: Notwendiger Promotor für innovationsorientierte Unternehmensführung, in: Die Betriebswirtschaft, 46. Jg. 6, 1986, S. 695-706.

Berthel, J.: Personalmanagement, Stuttgart 1989.

Berthel, J.; *Koch*, H.-E.: Karriereplanung und Mitarbeiterförderung, Stuttgart-Sindelfingen 1985.

Besoth: Leistungsfähigkeit des betrieblichen Vorschlagswesens, Göttingen 1975.

Besser-Siegmund, C.; *Siegmund*, H.: Coach Yourself. Persönlichkeitsstruktur für Führungskräfte, Düsseldorf-Wien-New York 1991.

Bethe, B.; *Simon*, H.: Personalmanagement, in: Strategische Unternehmensführung, Bd. 5, München 1976.

Beyer, H.-T.: Determinanten des Personalbedarfs, Bern-Stuttgart 1981.

Beyer, H.-T.: Betriebliche Arbeitszeitflexiblisierung zwischen Utopie und Realität, München 1986.

Beyer, H.T.: Personallexikon, München-Wien 1990.

Beyss, B.: Akzeptanz neuer Personalbeurteilungssysteme, München-Mannheim 1983.

Biedenkopf, K.: Grenzen der Tarifautonomie, Karlsruhe 1964.

Bieding, F.; *Döring*, A.: Analytische Arbeitsbewertung von Angestelltentätigkeiten, Köln 1975.

Bieding, F.; *Scholz*, K.: Personalführungssysteme, Köln 1971.

Bieding, F.; *Wendler*, F.: Analytische Arbeitsbewertung von Angestelltentätigkeiten, Köln 1971.

Bielenski, H.; *Hegner*, F.: Flexible Arbeitszeiten, Wissenschaftszentrum Berlin, Frankfurt/M. 1985.

Bierfelder, W. (Hrsg.): Handwörterbuch des öffentlichen Dienstes - Das Personalwesen (HdöD), Berlin 1976.

Bievert, B.; *Held*, M. (Hrsg.): Das Menschenbild der ökonomischen Theorie, Frankfurt/M. 1991.

Binder, O. K.: Personalverwaltung mit elektronischer Datenverarbeitung, München 1970.

Birkwald; Müller; Schiffer: Strittige Fragen beim Akkord, Köln 1971.

Bisani, F.: Zur Lehre vom betrieblichen Personalwesen als Teilgebiet der Betriebswirtschaftslehre, in: Der Betrieb, Heft 32, 1972, S. 1489 - 1494.

Bisani, F.: Die Betriebswirtschaftslehre und das Verfahrensdefizit in der Unternehmensführung, in: Der Betrieb, Heft 39, 1972, S.1833 - 1838.

Bisani, F.:Personalwesen und Betriebswirtschaftslehre, in: Soziale Betriebsgestaltung, Loseblatt Sammlung, Nachlieferung 141 vom 12.7.1972, S.671 - 685.

Bisani, F.: Sind Sie ein Entscheidungstyp?, in: Plus, Heft 6, 1973, S. 73 - 76.

Bisani, F.: Das Anforderungsprofil des Personalleiters und seine Stellung im Unternehmen im Spiegel der Stellenangebote, in: Arbeit und Leistung, Nr. 1974, S. 29 ff.

Bisani, F.: Das Personalwesen in der Bundesrepublik. Teil I, Köln 1976.

Bisani, F.: Personalwesen, Wiesbaden 1976, 3. Auflage 1983, letzter Nachdruck 1993.

Bisani, F.:Personalwesen und Wissenschaft, in: Soziale Betriebsgestaltung, Loseblatt Sammlung, Nachlieferung 141 vom 4.4.1977, S.651 - 661.

Bisani, F.: Betriebliches Personalwesen, in: Literaturberater Wirtschaft, Heft 4, 1977, S. 3 - 13.

Bisani, F.: Personalführung, Wiesbaden 1977, 3. Auflage, letzter Nachdruck 1994.

Bisani, F.:Personalplanung, in: Literaturberater Wirtschaft, Heft 4, 1979 S. 3 - 9.

Bisani, F.: Unternehmensführung - Personalführung, in: Literaturberater Wirtschaft, Heft 4, 1980, S. 3 - 11.

Bisani, F.: Betriebliches Personalwesen, in: Der Betriebswirt, Heft 4, 1981, S. 6 - 38.

Bisani, F.: Betriebliches Personalwesen, in: Der Betriebswirt - Literaturberater Wirtschaft, Heft 4 und 5, 1981.

Bisani, F.: Das Funktionendiagramm - Eine leistungsfähige Alternative zur Stellenbeschreibung, in: Der Betrieb, Heft 35, 1982, S. 1781 - 1787.

Bisani, F.: Das Funktionendiagramm, in: Das Personalbüro, Gruppe 7, 9/1982, S. 169-198.

Bisani, F.: Betriebliche Sozialindikatoren aus der Arbeitswirtschaft als Bestandteil der Humanvermögensrechnung, in: Schmidt, H. (Hrsg.): Humanvermögensrechnung, Instrumentarium zur Ergänzung der unternehmerischen Rechnungslegung - Konzepte und Erfahrungen, Berlin-New York 1982.

Bisani, F.: Was ist Führung in den achtziger Jahren?, in: Blick durch die Wirtschaft Nr. 200, 1983.

Bisani, F.: Das Funktionendiagramm macht Organisationen leistungsfähig, in: Blick durch die Wirtschaft vom 21.1.1983.

Bisani, F.: Aufgabenstruktur und Aufgabengliederung eines zeitgemäßen Personalwesens, in: Spie, U. (Hrsg.): Personalwesen als Managementaufgabe, Stuttgart 1983, S. 57 - 72.

Bisani, F.: Entwicklung und Stand der Personalwirtschaftslehre als wissenschaftliche Disziplin an deutschen Hochschulen, in: Spie, U. (Hrsg.): Personalwesen als Managementaufgabe, Stuttgart 1983, S. 87-115.

Bisani, F.: Was ist Führung in den achtziger Jahren?, in: Eichholz/Sterner (Hrsg.): Unternehmenserfolg sichern, Frankfurt/M. 1984, S. 15ff.

Bisani, F.: Organisationsentwicklung, eine ökonomisch-sozialpsychologisch orientierte Technologie, in: Die Relevanz neuer Technologien für die Berufsausbildung, Referate des 8. Berufsbildungskongresses „Lerbacher Woche" 2./3. November 1984, Krefeld 1985, S. 90 - 117.

Bisani, F.: Personalbeschaffung und Personalbeschaffungsplanung, in: HWP, hrsg. von Gaugler, E. u.a., Stuttgart 1986, Sp. 1619-1631.

Bisani, F.: Optische BWL, Heft 10 und 11, Herne-Berlin 1986.

Bisani, F.: Beeinflussung der Personalkosten, in: Der Betriebswirt, Jg. 1987, Heft 1 und 2.

Bisani, F.: Unternehmensbezogene Gliederung von Personalaufgaben, in: Schriftenreihe: Das zeitgemäße Personalbüro, 1987.

Bisani, F.: Führungspraxis: Abschied vom Modelldenken, in: Personalführung, Jg. 1987, Heft 10.

Bisani, F.: Hilfe aus dem Chaos der Führungsempfehlungen, in: Gablers Magazin, Jg. 1988, Heft 2

Bisani, F.: Kreativität, Gehirndominanz, in: Gablers Magazin, Jg. 1988, Heft 6.

Bisani, F.: Führung in Theorie und Praxis, in: Personalführung, Jg. 1988, Heft 9.

Bisani, F.: Die Rolle des Vorgesetzten im Betrieblichen Vorschlagswesen, in: Betriebliches Vorschlagswesen, Nr. 4, 1989, S. 157-163.

Bisani, F.: Reserven wecken durch Wertanalyse/Wertgestaltung, 4. Aufl., Stuttgart 1990.

Bisani, F.: Anforderungs- und Qualifikationsprofil, in: Strutz, H. (Hrsg.): Handbuch Personalmarketing, Wiesbaden 1993, S. 344-357.

Bisani, F.; *Eismann*, P.; *Hinrichs*, E.: Personalbeurteilung ind Theorie und Praxis, Bericht Nr. 13, Deutsche Vereinigung zur Förderung der Weiterbildung von Führungskräften, Köln 1980.

Bisani, F.; Friedrichs, H. (Hrsg.): Das Personalwesen in Europa, Teil I., Königstein/Ts. 1979.

Bitzer, M.R.: Zeitbasierte Wettbewerbsstrategien, St. Gallen 1991.

Blake, R.R.; *Adams McCanse*, A.: Das GRID-Führungsmodell, Düsseldorf u.a. 1992.

Blake, R.R.; *Mouton*, J.S.: Verhaltenspsychologie im Betrieb. Das Verhaltensgitter. Eine Methode zur optimalen Führung in Wirtschaft und Verwaltung, Düsseldorf-Wien 1968.

Blake, R.R.; *Mouton*, J.S.: Verhaltenspsychologie im Betrieb. Das Verhaltensgitter, eine Methode zur optimalen Führung in Wirtschaft und Verwaltung, Düsseldorf-Wien 1969.

Blake, R.R.; *Mouton*, J.S.: Besser führen mit GRID, Düsseldorf 1979.

Blake, R.R.; *Shepard*, H. A.; *Mouton*, J. S.: Managing Intergroup Conflict in Industry, Houston 1964.

Blanke, T.; *Erd*, R.; *Mückenberger*, U.; *Stascheit*, U.: Kollektives Arbeitsrecht, Bd. 1 und 2, Reinbek bei Hamburg 1975.

Blaschke, D.: Bedingungen des Karriereerfolges von Führungskräften, Frankfurt/M. 1972.

Blaschke, D.: *Koller*, M.; *Kühlwind*, G.; *Müller*, U.; *Stooß*, F.: Qualifizierung in den neuen Bundesländern. Hintergründe, Tendenzen, Folgerungen, in: Materialien aus der Arbeitsmarkt- und Berufsforschung der Bundesanstalt für Arbeit, Nürnberg, Heft 7/1990, S. 3 - 31.

Bleicher, K.: Führungsstile, Führungsformen und Organisationsformen, in: Zeitschrift für Organisation, Jg. 1969, S. 31-40.

Bleicher, K.: Perspektiven für Organisation und Führung von Unternehmungen, Baden-Baden - Bad Homburg v.d.H. 1971.

Bleicher, K.: Strukturen und Kulturen der Organisation im Umbruch, in: Zeitschrift für Organisation 55, Jg. 1986, S. 97-106.

Bleicher, K.: Das Konzept integriertes Management, Bd. 2, Frankfurt/M. 1992.

Böckmann, W.: Sinnorientierte Leistungsmotivation und Mitarbeiterführung, Stuttgart 1980.

Böckmann, W.: Vom Sinn zum Gewinn - Eine Denkschule für Manager, Wiesbaden 1990.

Boerger, M.: Mitarbeiterbeurteilungssysteme als Instrumente der Organisationsführung - Modelle, Anforderungen, Voraussetzungen, in: Personalwesen als Managementaufgabe, hrsg. von Spie, U., Stuttgart 1983, S. 149-159.

Böhm, H.-H.; *Rugo*, H.: Die Regelung der Arbeitszeit durch Gesetz und Tarifvertrag, Stuttgart 1961.

Böhnisch, W.: Führung und Führungskräftetraining nach dem Vroom/Yetton-Modell, Stuttgart 1989.

Böhnisch, W.; *Jago*, A.G.; *Reber*, G.: Zur interkulturellen Validität des Vroom/Yetton-Modells, in: Die Betriebswirtschaft, 47. Jg. 1987, S. 85 - 93.

Böhret, C./Junkers, M. Th.: Führungskonzepte für die öffentliche Verwaltung, Stuttgart u.a. 1976.

Böhrs, H.: Leistungslohngestaltung, Wiesbaden 1980.

Borchardt, K.: Die industrielle Revolution in Deutschland, München 1972.

Börner, H. W.: Die Personalfunktion in der amerikanischen Industrie. Ein Beitrag zur Evolution der betrieblichen Personalführung, Diss. München 1971.

Bosetzky, H.; *Heinrich*, P.: Mensch und Organisation, Stuttgart 1980.

Brandstätter, H.: Die Beurteilung von Mitarbeitern, in: Handbuch der Psychologie, Bd. 9, Betriebspsychologie, Göttingen 1975.

Brandstätter, H.: Die Ermittlung personaler Eigenschaften kognitiver Art, in: Personalinformationssysteme, hrsg. von Reber, G., Stuttgart 1979, S. 74 - 95.

Brandstätter, H.: Stabilität und Veränderbarkeit von Persönlichkeitsmerkmalen, in: Zeitschrift für Arbeits- und Organisationspsychologie, 33. Jg. 1989, S. 12 - 20.

Braun, R.: Zur Einwirkung soziokultureller Umweltbedingungen auf das Unternehmerpotential und das Unternehmerverhalten, in: Wirtschaft und sozialgeschichtliche Probleme der frühen Industrialisierung, hrsg. von Fischer, W., Berlin 1968.

Braun, R.; *Fischer*, W.; *Großkreutz*, H.; *Volkmann*, H. (Hrsg.): Industrielle Revolution, Köln 1976.

Braun, W.; *Kossbiel*, H.; *Reber*, G.: Grundfragen der betrieblichen Personalpolitik, Wiesbaden 1972.

Bray, D.W.; *Grant*, D.L.: The Assessment Center in the Measurement of Potential for Business Management, in: Psychological Monographs - General and Applied, Vol. 80, Nr. 625, 1966.

Bretschneider, R.; *Dollinger*, R.; *Lamel*, J.; *Ulram*, P.: Flexiblie Arbeitszeiten, Wien-Köln-Graz 1988.

Briefs, G.: Betriebsführung und Betriebsleben in der Industrie, Stuttgart 1934.

Brinkmann, E.P.: Das Betriebliche Vorschlagswesen. Leitfaden für Arbeitgeber und Arbeitnehmer, Freiburg i.B. 1992

Brinkmann, E.P.; *Heidack*, C.: Betriebliches Vorschlagswesen, Bd. 1: Standard in Wirtschaft und Verwaltung, Freiburg i.Br. 1982

Brinkmann, E.P.; *Heidack*, C.: Unternehmenssicherung durch Ideenmanagement, Bd. 1: Mehr Innovationen durch Verbesserungsvorschläge, Freiburg i.Br. 1987

Brinkmann, G. : Die Ausbildung von Führungskräften für die Wirtschaft, Köln 1967.

Brinkmann, G. : Tätigkeitsfelder und Ausbildungsinhalte, Teil I, in: Analysen, Jg. 1971, S. 24, Teil II, in: Analysen, Jg. 1972, S. 36.

Brinkmann, G.; *Rippe*, W.: Die Erfassung der Leistungsansprüche an Führungskräften der Wirtschaft, Köln/Opladen 1969.

Brinkmann, R. D.: Personalpflege - Gesundheit, Wohlbefinden und Arbeitszufriedenheit als strategische Größen im Personalmanagement. Heidelberg 1993

Britt, A.: Führung und Führungsmodelle, in: Industrielle Organisation, 39 Jg. 1970, S. 245-249

Brockhoff, K.: Zur Diskussion der Sozialbilanz in Frankreich, in: Der Betrieb, 1977, Heft 20, S. 922-923.

Brown, J.B.C.: Psychologie der industriellen Leistung, Hamburg 1956.

Brox, H.: Grundbegriffe des Arbeitsrechts, Stuttgart-Berlin-Köln-Mainz 1972.

Brox, H.; *Rüthers*, B.: Arbeitskampfrecht, Stuttgart 1965.

Bruggemann, A.: Zur Unterscheidung verschiedener Formen von Arbeitsunzufriedenheit, in: Arbeit und Leistung, 11. Jg. 1974, S. 281- 284.

Bruggemann, A.; *Groskurth*, P.; *Ulrich*, E.: Arbeitszufriedenheit, Bern-Stuttgart-Wien 1975.

Brummet, R. L.: Accounting for Human Resources, in: Journal of Accountancy, 1970, S. 62 ff.

Brummet, R. L.; *Flamholtz*, E. G.; *Pyle*, W. C.: Human Resource Measurement - A Challenge for Accountants, in: The Accounting Review, 1968, S. 217 ff.

Brüske; *Friedrichs*; *Lohaus*; *Zander:* Der Leiter des Personalwesens, Neuwied 1972.

Buchholz, R.; Maier, K.-H.: Handbuch der Führungskräfteauswahl, -förderung, -bezahlung, München 1970.

Buchner, D. (Hrsg.): Manager-Coaching. Wie individuelle Ressourcen programmiert werden, Paderborn 1993.

Bühner, R.: Personalmanagement, Landsberg/ Lech 1994.

Bundesminister für Arbeit und Sozialordnung (Hrsg.): Übersicht: Recht der Arbeit, Bonn 1981.

Bundesvereinigung der deutschen Arbeitgeberverbände: Unternehmerische Personalpolitik, Köln 1994

Bungard, W.; *Wiendieck*, G.: Qualitätszirkel als Instrument zeitgemäßer Betriebsführung, Landsberg/Lech 1986.

Bunz, A.R.; *Jansen*, R.; *Schacht*, K.: Qualität des Arbeitslebens - Soziale Kennziffern zur Arbeitszufriedenheit und Berufschancen, Bonn 1974.

Burisch, W.: Industrie- und Betriebssoziologie, Berlin-New York 1973.

Büschges, G.: Berufsbild und Berufspraxis der Personalleiter in erwerbswirtschaftichen Großunternehmen, in: Arbeit und Leistung, Nr. 6, 1974, S. 141-147.

Byham, W.C.: The Uses of Personnel Research, American Management Association, Research Study 91, New York 1968.

Bylinsky, F.: Arbeitsrechtskodifikation und allgemeines Zivilrecht, Wien 1969.

C

Calder, B. J.: An Attribution Theory of Leadership, in: New Directions in Organizational Behavior, hrsg. von Staw, B.M.; Salancik, G.R., Chicago 1977.

Calhoon, R. P.: Personnel Management and Supervision, New York 1967.

Chase, S.: Die Wissenschaft von Menschen, Wien-Stuttgart 1951.

Chruden, H. J.; *Shermann*, A. W.: Personnel Management, Cincinnati/Ohio 1968.

Chruden, H. J.; *Shermann*, A. W.: Readings in Personnel Managements, Cincinnati/ Ohio 1972.

Ciupka, D.: Strategisches Personalmanagement und Führungskräfteentwicklung, Hamburg 1991.

Coben, R.: Systematische Tendenzen bei Persönlichkeitsbeurteilungen. Eine empirische Untersuchung, Stuttgart-Wien 1969.

Coester, F.: Arbeitsmarktpolitik, in: Staatslexikon, 6. Aufl., Erg. Band I, Freiburg i.Br. 1969, Sp. 100 ff.

Conrad, P.; *Sydow*, J.: Organisationsklima, Berlin 1984.

Conradi, W.: Personalentwicklung, Stuttgart 1983.

Conrads, M.: Human Resource Accounting - Eine betriebswirtschaftliche Humanvermögensrechnung, Wiesbaden 1976.

Coser, L. A.: Theorie sozialer Konflikte, Neuwied-Berlin 1968.

Cube v., F.: Gefährliche Sicherheit, Die Verhaltensbiologie des Risikos, München-Zürich 1990.

Curth, M. A.; *Lang*, B.: Management der Personalbeurteilung, München-Wien 1990.

Czichos, R.: Coaching = Leistung durch Führung, München-Basel 1991.

D

Dabrowski, H. u.a.:Humanisierungsprobleme und Belegschaftsvertretung in Klein- und Mittelbetrieben, unveröff. Forschungsbericht SOFI Göttingen o.J.

Dahrendorf, R.: Soziale Klassen und Klassenkonflikte in der industriellen Gesellschaft, Stuttgart 1957.

Dahrendorf, R.: Sozialstruktur des Betriebes, Wiesbaden 1959.

Dahrendorf, R.: Industrie- und Betriebssoziologie, Berlin 1965.

Danette, M. D.: Personnel Selection and Placement, Belmont 1969.

Däubler, W.: Das Arbeitsrecht, Reinbek bei Hamburg 1976.

Däubler, W.: Gewerkschaftsrecht im Betrieb, Neuwied-Darmstadt 1978.

Daul, H.: Personalstatistik, Köln-Opladen 1967.

Davidow, W. H.; *Malone*, M. S.: Das virtuelle Unternehmen - Der Kunde als Co-Produzent, Frankfurt/M. 1993.

de Man, H.: Der Kampf um die Arbeitsfreude, Jena 1927.

Deal, T.E.; *Kennedy*, A.A.: Unternehmenserfolg durch Unternehmenskultur, Bonn-Bad Godesberg 1987.

Dedering, H.: Personalplanung und Mitbestimmung, Opladen 1972.

Dederra, E.: Die Sozialbilanz - gesetzlich geregelt. Das Beispiel Frankreich, in: Fortschrittliche Betriebsführung - Industrial Engineenring, 1980, Heft 2, S. 130-134.

Deelen, van, H.: Kostenoptimale Arbeits- und Betriebszeiten, Berlin 1987.

Degelmann, A. (Hrsg.): Organisationsleiter-Handbuch, München 1971.

Dehnbosterl, P.; Peters, S.: Dezentrales und erfahrungsorientiertes Lernen im Betrieb, Magdeburg 1990.

Deist, H.: Probleme der Vermögensbildung, München 1961.

Deppe, J.: Qualitätszirkel - Ideenmanagement durch Gruppenarbeit, Bern 1986.

Derks, H.: Fortbildung im Industrieunternehmen, Stuttgart 1973.

Deutsche Gesellschaft für Betriebswirtschaft (DGfB) (Hrsg.): Die Unternehmung im Strukturwandel der Wirtschaft, Berlin 1967.

Deutsches Institut für Betriebswirtschaft (DIB) (Hrsg.): Einführung neuer Mitarbeiter, Düsseldorf-Wien 1965.

Deutsches Institut für Betriebswirtschaft (DIB) (Hrsg.): Führen und Rationalisieren durch Betriebliches Vorschlagswesen, Berlin 1985.

DGFP (Hrsg.): Der Leiter des Personalwesens, Köln 1985.

Dienstbach, H.: Dynamik der Unternehmensorganisation, Wiesbaden 1972.

Dierkes, M.: Die Sozialbilanz, Frankfurt/M. 1974.

Dierkes, M.; *Bauer*, R.A.: Corporate Social Accounting, New York-Washington-London 1973.

Dierkes, M.; *Zimmermann*, K. (Hrsg.): Ethik und Gesellschaft - Dimensionen und Grenzen unternehmerischer Verantwortung, Wiesbaden 1991.

Dirks, H.: Personalwirtschaft, Köln 1975.

Dittmar, R.: Lohn und Vermögensverteilung, Göttingen 1974.

Dlugos, G. (Hrsg.): Unternehmensbezogene Konfliktforschung, Stuttgart 1979.

Domsch, M.: Simultane Personal- und Investitionsplanung im Produktionsbereich, Bielefeld 1970.

Domsch, M.: Systemgestützte Personalarbeit, Wiesbaden 1980.

Domsch, M.: Mitarbeiterbefragung im Rahmen der Unternehmensverfassung, in: Unternehmensverfassung als Problem der Betriebswirtschaftslehre, hrsg. von Bohr, K. u.a., Regensburg 1981, S. 445 - 475.

Domsch, M.; *Gerpott*, T.J.: Verhaltensorientierte Beurteilungsskalen in: Die Betriebswirtschaft, 45 Jg. 1985, S. 666-680.

Domsch, M.; *Reinecke*, P.: Partizipative Personalentwicklung, in: Personalentwicklung, Sonderheft 14 der Zeitschrift für betriebswirtschaftliche Forschung, hrsg. von Kossbiel, H., Wiesbaden 1982, S. 64-81.

Domsch, M.; *Schneble*, A. (Hrsg.): Mitarbeiterbefragungen, Heidelberg 1990.

Donat, M.; *Moser*, K.: Die Arbeits- und Anforderungsanalyse als Grundlage der Gestaltung von Assessment-Centers, in: Assessment Center-Verfahren, hrsg. von Lattmann, Ch., Heidelberg 1989, S. 187-215.

Doppler, K.; *Lauterberg*, C.: Change Management, Den Unternehmenswandel erfolgreich gestalten, Frankfurt/M.- New York 1994.

Dorow, W.: Unternehmenskonflikte als Gegenstand unternehmenspolitischer Forschung, Berlin 1978.

Drechsel-Grau, M.: Einzelbetriebliche Konsequenzen von Arbeitszeitverkürzungen, Frankfurt/M. 1986.

Dreyer, H.: Beitrag zur Motivationsanalyse für das Betriebliche Vorschlagswesen, in: Arbeit und Leistung, Heft 7, Jg. 1973, S. 187.

Dreyer, H.: Zukunftsorientierte Führungslehre, in: Personalführung, Heft 3, 1985.

Drumm, H. J.: Personalwirtschaftslehre, Berlin u.a. 1989.

Drumm, H.J. (Hrsg.): Individualisierung der Personalwirtschaft. Grundlagen, Lösungsansätze und Grenzen, Bern-Stuttgart 1989.

Drumm, H. J.; *Scholz*, Ch.: Personalplanung, Planungsmethoden und Methodenakzeptanz, 2. Aufl. Bern-Stuttgart 1988.

Dülfer, E. (Hrsg.): Organisationskultur Phänomen - Philosophie - Technologie, Stuttgart 1988.

Duncan, R.; *Weiss*, A.: Organizational Learning; Implications for Organizational Design, in: Research in Organizational Behavior, Bd. 1, hrsg. von Staw, B.M., Greenwich, Con. 1979, S. 75-123.

Dunn, J. D.; *Stephens*, E. C.: Management of Personnel. Manpower Management and Organizational Behavior, New York 1972.

Duschek, E.: Personalbedarfsberechnung I, in: Zeitschrift für das gesamte Rechnungswesen, 13. Jg. 1967, S. 245-248.

Duschek, E.: Personalbedarfsberechnung II, in: Zeitschrift für das gesamte Rechnungswesen, 13. Jg. 1967, S. 278-280.

Duschek, E.: Personalbedarfsberechnung III, in: Zeitschrift für das gesamte Rechnungswesen, 14 Jg. 1968, S. 12-15.

Dyer, W.G. jr.: The Cycle of Cultural Evolution in Organizations, in: Gaining Control of the Corporate Culture, Hrsg.: Kilmann, R.H. u.a., San Francisco 1985, S. 200 - 229.

E

Ebers, M.: Organisationskultur. Ein neues Forschungsprogramm?, Wiesbaden 1985.

Eberwein, W.; *Tholen*, J.: Managermentalität - Industrielle Unternehmensleitung als Beruf und Politik, Frankfurt/M. 1990.

Eckardstein, v. D.; *Fredecken*, I.; *Greife*, E.; *Janisch*, R.; *Zingsheim*, G.: Die Qualifikation der Arbeitnehmer in neuen Entlohnungsmodellen, Frankfurt/M. u.a. 1990.

Eckardstein, v., D.; *Greife*, W. u.a.: Die Qualifikation der Arbeitnehmer in neuen Entlohnungsmodellen, Frankfurt/M.-Bern u.a. 1988.

Eckardstein, v., D.; *Schnellinger*, F.:Betriebliche Personalpolitik, 3. Aufl., München 1978

Eichhorn, P.: Gesellschaftsbezogene Unternehmensrechnung, Göttingen 1974.

Einsiedler, H. E.; Rau, S.; Rosenstiel v. L.: Karrieremotive bei Führungskräften, in: Die Betriebswirtschaft 47. Jg. 1987, S. 177-183.

Elsik, W.: Strategisches Personalmanagement. Konzeptionen und Konsequenzen, München u.a. 1992.

Empfehlungen der sozialpolitischen Gesprächsrunde beim Bundesministerium für Arbeit und Sozialordnung zur betrieblichen Personalplanung, in: Mitbestimmungsgespräch, Heft 8, 1971.

Emrich-Oltmanns, S.: Arbeitsbuch Personalplanung - 6 Lernprogramme - Hrsg. RKW, Frankfurt/M. 1978.

Ende, W.: Theorien der Personalarbeit im Unternehmen, Königstein/Ts. 1982.

Endruweit, G.; *Gaugler*, E.; *Staehle*, W.H.; *Wilpert*, B. (Hrsg.): Handbuch der Arbeitsbeziehungen Deutschland, Österreich, Schweiz, Berlin-New York 1985.

Engel, P.: Betriebliche Sozialleistungen, Köln 1977.

Engelhard, J.: Entwicklungsorientierte Personalpolitik, Wiesbaden 1984.

Engels, F.: Die Lage der arbeitenden Klasse in England, 4. Aufl., Berlin 1971.

Entwurf eines Arbeitszeitgesetzes (ArbZG) vom 25.05.1987; Drucksache 11/360.

Erikson, E.H.: Identität und Lebenszyklus, Frankfurt/M. 1971.

Esser, W.-M.: Konfliktverhalten in Organisationen, Diss., Mannheim 1972.

Etzel, G.: Betriebsverfassungsrecht, Neuwied-Darmstadt 1977.

Etzioni, A.: Soziologie der Organisation, 3. Aufl., München 1971.

Euler, H.P.: Arbeitskonflikt und Leistungsrestriktion im Industriebetrieb, Studien zur Sozialwissenschaft, Bd. 6, Düsseldorf 1973.

Euler, H.P.: Das Konfliktpotential industrieller Arbeitsstrukturen, Studien zur Sozialwissenschaft, Bd. 22, Wiesbaden 1977.

Evans, M.G.: Führungstheorien - Weg - Ziel - Theorie, in: HWFü, hrsg. von Kieser A.; Reber G.; Wunderer R., Stuttgart 1987, Sp. 948 - 965.

F

Faix, W.G.; *Laier*, A.: Soziale Kompetenz - Das Potential zum unternehmerischen und persönlichen Erfolg, Wiesbaden 1991.

Famularo, J. J.: Handbook of Modern Personnel Administration, New York 1972.

Fayol, H.: Allgemeine und industrielle Verwaltung, München 1929.

Feix, W.E.: Checkliste zur Mitarbeiterbeurteilung, München 1975.

Ferguson, I.R.G.: Management by Objectives in Deutschland, Frankfurt/M. u.a. 1973.

Fiedler, F.E.: Das Kontingenzmodell: Eine Theorie der Führungseffektivität, in: Kunczik, M. (Hrsg.): Führung, Wien-Düsseldorf 1972, S. 179-198.

Fiedler, F.E.: Führungstheorien - Kontingenztheorie, in: HWFü, hrsg. von Kieser A.; Reber G.; Wunderer R., Stuttgart 1987, Sp. 809-823.

Fiedler, F.E.; *Chemers*, M.N.: Leadership and effective management, Glenview III. 1973.

Fiedler, F.E.; *Garcia*, J.E.: New Approaches to Leadership, New York u.a. 1987.

Fischer-Winkelmann, F.: Methodologie der Betriebswirtschaftslehre, München 1971.

Flamholtz, E.G.: Human Resource Accounting, 2. Aufl. San Francisco-London 1985.

Flippo, E. B.: Principles of Personnel Management, New York 1971.

Flippo, E.B.: Personnel Management, 6. Aufl. New York u.a. 1984.

Florek, Th.: Das Organisationsklima als Einflußfaktor auf ausgewählte personalwirtschaftliche Aspekte, Hochschulschriften zum Personalwesen, Bd. 3, München 1986.

Foit, O.: Analytische Arbeitsbewertung, 2. Aufl., Berlin 1981.

Fopp, L.: Mitarbeiter-Portfolio: Mehr als nur eine Gedankenspielerei, in: Personal, 34. Jg. 1982, S. 333-336.

Frana, A.: Optimale Zuordnung von Arbeitsaufgaben - nicht nur ein theoretisches Problem, in: Sozialistische Arbeitswissenschaft,14 (1970), Nr. 3, S. 214-225.

Franke, G.: Stellen- und Personalbedarfsplanung, Opladen 1977.

Franke, J.; *Frech*, H.: Die Mitarbeiterbeurteilung, Wiesbaden 1977.

Franken, W.K.: Analytische Ethik, 4. Aufl., München 1986.

Frankl, V.E.: Der Mensch vor der Frage nach dem Sinn, München 1979.

Franz, G.; *Herbert*, W.: Wertewandel und Mitarbeitermotivation, in: Havardmanager, H.1, 9. Jg. 1987, S. 97-102.

Frei, F. u.a.: Die kompetente Organisation. Qualifizierende Arbeitsgestaltung - die europäische Alternative, Stuttgart 1993.

Fremmer, H. u.a.: Handbuch des Prämienlohnes, Hrsg.: Institut für angewandte Arbeitswissenschaft, e.V., Köln 1989.

French, J. R. P.; *Raven*, B.: The Bases of Social Power, in: Studies in Social Power, hrsg. von Cartwright, D., Ann Arbor, Mich. 1959, S. 150-167.

Frese, E.: Unternehmensführung, Landsberg/Lech 1987.

Freud, A.: Das Ich und die Abwehrmechanismen, München 1982.

Freund, F.; *Knoblauch*, R.; *Tacke*, G.: Praxisorientierte Personalwirtschaftslehre, Stuttgart u.a. 1981.

Freundl, S.: Taschenbuch für Personalplanung und Stellenausschreibung, Heidelberg 1967.

Frey, H.: Handbuch der Personalbeschaffung, Frankfurt/M. 1980.

Freyer, H.: Theorie des gegenwärtigen Zeitalters, Stuttgart 1958.

Friedeburg, v. L.: Soziologie des Betriebsklimas, Frankfurt/M. 1963.

Friedrichs, H.: Moderne Personalführung, München 1973.

Friedrichs, H.; *Gleichauf*, D.: Das Funktions- und Berufsbild des Leiters des Personalwesens, Neuwied 1974.

Friedrichs, H.; *Scherpf*, A.; *Witte*, H. : Die Organisation des Personalwesens in einem modernen Unternehmen, Neuwied 1973.

Friedrichs, H.; *Wistinghausen*, P.: Der Personalleiter im Betrieb, Essen 1963.

Frisso, J.; *den Hertog*: Arbeitsstrukturierung, Bern - Stuttgart - Wien 1978.

Fröhlich, D.: Machtprobleme in teilautonomen Arbeitsgruppen, in: Gruppensoziologie, hrsg. von Neidhardt, F., Kölner Zeitschrift für Soziologie und Sozialpsychologie, Sonderheft 25, 1983, S. 532-551.

Fröhlich, W.: Strategisches Personalmarketing - Kontinuierliche Unternehmensentwicklung durch sytematische Ausnutzung interner und externer Qualifikationspotentiale, Düsseldorf 1987.

Fromm, E.: Das Menschbild bei Marx, Frankfurt/M.-Berlin-Wien 1982.

Frühwacht, M.: Leistungszulagen für Zeitlöhner aufgrund persönlicher Bewertung, Frankfurt/M. o.J.

Fuchs, H.: Der Sozialplan nach dem BetrVG 1972, Köln 1977.

Fuhrmann, K.-W.; *Heisterkamp*, H.; *Schröder*, K.: Arbeitsgestaltung und Lohndifferenzierung. Strukturen-Probleme-Lösungsansätze, Berlin-Köln 1984.

Funke, H.; *Buttler*, F.: Arbeitswelt 2000, Strukturwandel in Wirtschaft und Beruf, Frankfurt/M. 1991.

Funke, P.: Leistungsanreiz durch bessere Lohnsysteme und Arbeitsplätze, München 1967.

Fürstenberg, F.: Grundfragen der Betriebssoziologie, Köln-Opladen 1964.

G

Gabele, E.: Führungsverhalten an der Unternehmensspitze, in: Die Unternehmung, 34. Jg. 1980, S. 221-236.

Gabele, E.: Werthaltung von Führungskräften in kleinen und mittleren Unternehmen, in: Märkte, Mitarbeiter, Mangement. Erfolgreiche Führung kleiner und mittlerer Unternehmen I, hrsg. von Gabele, E., Bamberg 1983, S. 125-149.

Gabele, E.: Die Rolle der Werthaltungen von Führungskräften bei der Erringung strategischer Wettbewerbsvorteile mittelständischer Unternehmen in Europa, in: Führung mittelständischer Unternehmen, hrsg. von Gabele, E.; Kupsch, P.; Oechsler, W.A., Bamberg 1987, S. 7-67.

Gabele, E.; *Kirsch*, W.; *Treffert*, J.: Werte von Führungskräften der deutschen Wirtschaft. Eine empirische Analyse, München 1977.

Gabele, E.; *Liebel*, H.; *Oechsler*, W.A. Führungsansätze und Führungsmodelle. 2. Aufl., Bamberg 1984.

Gärtner, U.: Soziale Indikatoren-Sozialbilanzen, in: Literaturberater Wirtschaft, 1979, Heft 5, S. 3-10.

Gaugler, E.: Instanzenbildung als Problem der betrieblichen Führungsorganisation, Berlin 1966.

Gaugler, E. (Hrsg.): Verantwortliche Betriebsführung, Festschrift für G. Fischer, Stuttgart 1969.

Gaugler, E.: Stichwort: Instanzen, betriebliche, in: Management Enzyklopädie, Bd. 3, S. 610-616, München 1970.

Gaugler, E. (Hrsg.): Handwörterbuch des Personalwesens (HWP), 1.Auflage, Stuttgart 1975.

Gaugler, E. und Mitarbeiter: Die Suche nach Führungskräften. Teil I und II, Mannheim 1977/1978.

Gaugler, E.: Gegenstandsbereich und Erkenntnisstand des Personalmanagement, in: Betriebswirtschaftliche Forschung und Praxis, Heft 4, Jg. 1982, S. 285-301.

Gaugler, E.: Tarifvereinbarungen und personalpolitische Innovationen, in: Die Führung des Betriebes (Festschrift zum 80. Geb. von C. Sandig), hrsg. von Geist, M.N.; Köhler, R., Stuttgart 1981, S. 225-239.

Gaugler, E.; *Huber*, K.-H.; *Rummel*, Ch.: Betriebliche Personalplanung, Göttingen 1974.

Gaugler, E.; *Kolvenbach*, H. u.a.: Leistungsbeurteilung in der Wirtschaft, Baden-Baden 1978.

Gaugler, E.; *Weber*, W. (Hrsg.): Handwörterbuch des Personalwesens (HWP), 2. Auflage Stuttgart 1986.

Gaugler, E.; *Weber*, B.: Funktionen und Arbeitsweisen der Personalberatung, Mannheim 1987.

Gawellek, U.: Erkenntnisstand, Probleme und praktischer Nutzen der Arbeitszufriedenheitsforschung, Frankfurt/M. u.a. 1987.

Gebert, D.: Zur Erarbeitung und Einführung einer neuen Führungskonzeption, Berlin-München 1976.

Gebert, D.: Organisationsdiagnostik, in: Handwörterbuch der Managementdiagnostik, hrsg. von Sarges, F., München 1989.

Gebhardt, E.: Abschied von der Autorität - Die Manager in der Postmoderne, Wiesbaden 1991.

Gehrmann, F.; *Becker*, Th. A. (Hrsg.): Arbeitszeit-Flexibilisierung, Frankfurt/M.-New York 1987.

Geissler, J.: Psychlogie der Karriere, München-Zürich 1977.

Gellermann, S. W.: Motivation und Leistung, 2. Aufl., Düsseldorf-Wien 1972.

Gerpott, T.: Ökonomische Spurenelemente in der Personalwirtschaftslehre: Ansätze zur Bestimmung ökonomischer Erfolgswirkungen von Personalauswahlverfahren, in: Zeitschrift für Betriebswirtschaft, 59. Jg. 1989, S. 888-912.

Gerum, E.: Grundfragen der Arbeitsgestaltungspolitik, Stuttgart 1981.

Gesamtverband der metallindustriellen Arbeitgeberverbände e.V. - Gesamtmetall (Hrsg.): Neue Erfahrungen mit beweglichen Arbeitszeiten, Köln 1988.

Girgensohn, T.: Unternehmenspolitische Entscheidungen, Frankfurt/M. u.a. 1979.

Glaubrecht, H.; *Wagner*, D.; *Zander*, E.: Arbeitszeit im Wandel, 3. überarb. Aufl., Freiburg i. Br. 1988.

Gleitze, B.: Sozialkapital und Sozialfonds als Mittel der Vermögenspolitik, 2. Aufl., Köln 1969.

Göbel. E.: Selbstorganisationen - Ende oder Grundlage rationaler Organisationsgestaltung?, in: Zeitschrift für Führung und Organisation, Heft 5, Jg. 1993, S. 391-395.

Golas, H.G.: Der Mitarbeiter, Essen 1976

Golembiewski, R. T.: Organizing Men and Power: Patterns of Behavior and Line Staff Models, Chicago 1967.

Gomez, P.: Modelle und Methoden des systemorientierten Managements, Bern 1981.

Gomez, P.; *Zimmermann*, T.: Unternehmensorganisation, 3. Band, Frankfurt/M. 1992.

Goossens, F.: Personalleiter-Handbuch, München 1973.

Gordon, Th.: Manager-Konferenz. Effektives Führungstraining, Hamburg 1979.

Grabatin, G.: Effizienz von Organisationen, Berlin 1981.

Grebing, H.: Geschichte der deutschen Arbeiterbewegung, München 1973.

Gretschmann, H.: Über die Mitarbeiterbefragung zur Personalstrategie, in: Personal, Jg. 1974, S. 308 ff.

Grochla, E.: Unternehmungsorganisation, Hamburg 1972.

Grochla, E. (Hrsg.): Handwörterbuch der Organisaton (HWO), Stuttgart 1973.

Grochla, E.; *Brinkmann*, E.; *Thom*, N.: Stand und Entwicklung des Vorschlagswesens in Wirtschaft und Verwaltung, Dortmund 1978.

Groß, H. F.: Grundlagen des Managements, Berlin 1971.

Gross, W.: Arbeitsrecht, Wiesbaden 1978.

Grossmann, R.; *Schneider*, F.: Arbeitsrecht, Bonn 1972.

Grothus, H.: Motiviert, engagiert, produktiv, Dorsten 1972.

Grünefeld, H. G.: Steuerung und Kontrolle des Personalaufwandes, Wiesbaden 1983.

Grünefeld, H.G.: Personalberichterstattung mit Informationssystemen, Wiesbaden 1987.

Grunow, D.: Personalbeurteilung. Empirische Untersuchung von Personalbeurteilungssystemen in Wirtschaft und Verwaltung, Stuttgart 1976.

Grunwald, W.; *Lilge*, H.G. (Hrsg.): Partizipative Führung, Bern-Stuttgart 1980.

Guggenberger, B.: Wenn uns die Arbeit ausgeht, München-Wien 1988.

Gulowsen, J.: A measure of work group autonomy, in: Design of Jobs, hrsg. von Davis, L.E.; Taylor, J.C., Harmondsworth 1972, S. 374-390.

Guserl, R.: Das Harzburger Modell - Idee und Wirklichkeit, Wiesbaden 1973.

Gutenberg, E.: Unternehmensführung - Organisation und Entscheidungen, Wiesbaden 1962.

Gutenberg, E.: Grundlagen der Betriebswirtschaftslehre, Bd. 1, Die Produktion, Berlin-Göttingen-Heidelberg 1972.

H

Haberkorn, K.: Der Sozialbericht: Aufgaben, Voraussetzungen und Gestaltungsmöglichkeiten, Essen 1964.

Haberkorn, K.: Die Einführungsschrift für neue Mitarbeiter, Neuwied 1972.

Hacker, W.: Allgemeine Arbeits- und Ingenieurpsychologie, 2. Aufl., Bern 1978.

Hacker, W.: Arbeitspsychologie, Bern 1986.

Hackman, J.R.; *Lawler*, E.E.: Employee reactions to job characteristics, in: Journal of Applied Psychology Monograph, 55, 1971, Nr. 3, S. 259-286.

Hackman, J.R.; *Oldham*, G.R.: Work Redesign, Reading (Mass.) 1980.

Hackstein, R.; *Nüßgens*, K. H.; *Uphus*, P. H.: Personalwesen in systemorientierter Sicht, in: Fortschrittliche Betriebsführung, Stuttgart 1971, Heft 1, S. 27-41.

Hackstein, R.; *Nüßgens*, K. H.; *Uphus*, P. H.: Struktur des Führungsprozesses im System Personalwesen, in: Fortschrittliche Betriebsführung, Heft 2, Jg. 1971, S. 47 ff.

Hackstein, R.; *Nüßgens*, K.-H.; *Uphus*, P. H.: Artikelserie über Personalbedarfsermittlung, Personalbeschaffung, Personalentwicklung, Personaleinsatz, Personalerhaltung, Personalfreistellung im System Personalwesen, in: Fortschrittliche Betriebsführung, Jg. 1971, Heft 3, S. 105-128; Heft 4, S. 159-181; Jg. 1972, Heft 1, S. 23-26; Heft 2, S. 85-106; Heft 3, S. 141-161; Heft 4, S. 191-200; Jg. 1973, Heft 1, S. 17-26.

Hahn, D.: Unternehmensführung in Japan, in: Zeitschrift für Führung und Organisation, 51. Jg. (1982) S. 432.

Haller, W.; *Gilmer, von,* B. u. a.: Handbuch der modernen Betriebspsychologie, München 1969.

Haller, W.; *Nehmer*, M.: Arbeiten wir zeitgemäß? Flexible Arbeitszeit als unternehmerische Chance, Wiesbaden 1986.

Halpin, A.W.; *Winer*, B.J.: A factorial study of the leader behavior description, in: Stogdill, R.M.; Coons, A.E. (Hrsg.): Leader behavior: Its description and measurement, Columbus 1957, S. 39-51.

Hamer, E.: Die Unternehmerlücke, Stuttgart 1984.

Hampden-Turner, Ch.: Modelle des Menschen, Weinheim-Basel 1982.

Hardes, H.D.; *Wächter*, H. (Hrsg): Personalmanagement in Europa. Anforderungsprofile, Rekrutierung, Auslandsentsendung, Leverkusen 1993.

Harlander; Heidack; Müller; Köpfler: Praktisches Lehrbuch Personalwirtschaft, München 1985.

Harris, O. J. jr.: Managing people at work, Wiley/Hamiltion publication 1976.

Hartmann, H.; *Meyer*, P.: Soziologie der Personalarbeit, Stuttgart 1980.

Häusler, J.: Grundfragen der Betriebsführung, Wiesbaden 1966.

Häusler, J.: Personal-Investitionen nach Plan, in: PLUS, Heft 7, Jg. 1969, S. 17-24.

Hax, K.: Stochastische Personalplanungen - Ansätze zur Planung des betrieblichen Reservepersonals, Diss. Hamburg 1976.

Heckhausen, H.: Motivation und Handeln, Lehrbuch der Motivationspsychologie, Berlin-Heidelberg-New York 1980.

Hedberg, B.: How Organizations Learn and Unlearn, in: Handbook of Organizational Design, Bd. 1, hrsg. v. Nystrom, P.C.; Starbuck, W.H., Oxford 1981, S. 3-27.

Heidack, C.: Innovation und Qualität in der Personalarbeit, in: Personalführung 1985, S. 211-215.

Heidbrink, P.-G.: Betriebsbefragungen als Methode zur Entwicklung personalpolitischer Grundsätze für den Industriebetrieb, Diss. TU Berlin 1963.

Heinen, E.: Grundlagen betriebswirtschaftlicher Entscheidungen. Das Zielsystem der Unternehmung, Wiesbaden 1971.

Heinen, E.: Industriebetriebslehre, Wiesbaden 1972.

Heinen, E.: Betriebswirtschaftliche Führungslehre, Wiesbaden 1978.

Heinen, E.: Identität. Ein bisher vernachlässigtes Element des Zielsystems der Unternehmung?, in: Wirtschaftstheorie und Wirtschaftspolitik, hrsg. von Mückl, W.J.E.; Ott, A.E., Passau 1981, S. 125-144.

Hekimian, J.S.; *Jones*, C. H.: Put People on your Balance Sheet, in: Havard Business Review, 1967, Heft 1, S. 108 ff.

Hengsbach, F.: Wirtschaftsethik; Aufbruch, Konflikte, Perspektiven, Freiburg i.Br. 1991

Hensing, A.: Innovationsfelder im Personalbereich - Chancen für eine zukunftsorientierte Personalpolitik, in: Personal, 41. Jg. 1989, S. 350 - 352.

Hentze, J.: Funktionale Personalplanung, Frankfurt/M. 1969.

Hentze, J.: Personalwirtschaftslehre 1 und 2, 4. Aufl. Bern-Suttgart 1990.

Hentze, J.; *Brose*, P.: Personalführungslehre, Bern-Stuttgart 1986.

Hentze, J.; *Kammel*, A.: Personalcontrolling, Bern-Stuttgart 1993.

Hermann, U.: Die Implementierung betrieblicher Rationalisierungshandlungen und der personelle Widerstand, Göttingen 1984.

Hermanson, R.H.: Accounting for Human Assets. Occasional Paper Nr. 14, Bureau of Business and Economic Research, Michigan State Univ. East Lansing, Mich. 1964.

Herrmann, Th.: Lehrbuch der empirischen Persönlichkeitsforschung, Göttingen 1984.

Hersey, P.; *Blanchard*, K.H.: Management of Organizational Behavior. Utilizing Human Resources, Englewood Cliffs 1977.

Herzberg, F.H.: Work and the Nature of Man, London 1968.

Herzberg, F.H.; *Mausner*, B.M.; *Peterson*, B.B.; *Capwell*, D.F.: Job attitudes: Review of research and opinions, Pittsburgh 1957.

Herzberg, F.H.; *Mausner*, B.M.; *Snyderman*, B.B.: The Motivation to Work, New York 1959.

Hess, H.; *Schlochauer*, U.; *Glaubitz*, W.: Kommentar zum Betriebsverfassungsgesetz, 3. Aufl., Neuwied-Darmstadt 1986.

Heß, K. u.a.: Leistungslohnsysteme, Zürich 1970.

Heymann, H.: Sozialbilanz als Instrument der Unternehmensführung, Frankfurt/M. 1981.

Hilf, H.H.: Einführung in die Arbeitswissenschaft, Berlin 1964.

Hinrichs, K.: Motive und Interessen im Arbeitszeitkonflikt. Frankfurt/M. - New York 1988.

Hirzel, Leder & Partner (Hrsg.): Speed Management, Wiesbaden 1992.

Höckel, G.: Keiner ist so klug wie alle. Chancen und Praxis des betrieblichen Vorschlagswesens, Düsseldorf-Wien 1964.

Höckel, G.: Das BVW hat Zukunft. Neue Aufgaben und Chancen des betrieblichen Vorschlagswesens, Gauting 1972.

Hofer, M.: Sanktionen als Führungsinstrument, in: HWFü, hrsg. von Kieser, A. u.a., Stuttgart 1987, Sp. 1794-1805.

Hoff, A.: Betriebliche Arbeitszeitpolitik zwischen Arbeitszeitverkürzung und Arbeitszeitflexibilisierung, München 1983.

Hoffmann, F.: Führungsorganisation, Tübingen 1980.

Hoffmann, L. u.a.: Entwicklungsbedingungen kollektiver Interessenvertretung unter den Bedingungen klein- und mittelbetrieblicher Verhältnisse, unveröffentlichter Forschungsbericht, SOFI, Göttingen 1987.

Hoffmann, V.: Motivation, Managerverhalten und Geschäftserfolg, Berlin-München 1980.

Hofstätter, P. R.: Gruppendynamik, Hamburg 1973.

Hofstätter, P.R.: Entscheidungen in Organisationen, in: Wirtschaftspsychologie in Grundbegriffen, hrsg. v. Hoyos Graf, u.a., München 1987, S. 228-236.

Hofstede, G.: Culture's Consequences, international Differences in Work-Related Values, London 1980.

Hofstede, G.: Interkulturelle Zusammenarbeit, Kulturen - Organisationen - Management, Wiesbaden 1993.

Höhn, R.; *Böhm*, G.: Der Weg zur Delegation und Verantwortung im Unternehmen, Bad Harzburg 1973.

Höhn, R.; *Böhm*, G.: Führungsbrevier der Wirtschaft, Bad Harzburg 1977.

Homans, G.C.: Social Behavior. It's Elementary Forms, New York 1961.

Hopfenbeck, W.: Allgemeine Betriebswirtschaftslehre, Landsberg/Lech 1992.

House, J.R.; Mitchell, T.R.: Path - Goal Theory of Leadership, in: Journal of Contemporary Business, Jg. 1974, S. 81-97.

Hoyos, C. Graf: Arbeitspsychologie, Stuttgart 1974.

Hron, A. (Hrsg.): Praxisbezug im wirtschaftswissenschaftlichen Studium, Bd. 1, Hamburg 1978 und Bd. 2 Frankfurt/M. 1979.

Huber, K.-H.: Die Planung des Soll-Personalbestandes in der Unternehmung, Forschungsstelle für Betriebswirtschaft und Sozialpraxis e.V., Mannheim 1974.

Huber, M.: Der Stellenwert von Unternehmensphilosophie im Rahmen betrieblicher Personalpolitik, in: Personal, 37. Jg. 1985, S. 232-236.

Hueck, A.; *Nipperdey*, H. C.: Lehrbuch des Arbeitsrechts, Berlin-Frankfurt/M. 1963.

Humble, J.: Praxis des Management by Objectives, München 1972.

Hundt, D.: Die Arbeitsplatz- und persönliche Bewertung als Kriterien zur Bestimmung des Leistungslohnes, Bern und Stuttgart 1965.

Hundt, S.; *Liebau*, E.: Zum Verhältnis von Theorie und Praxis - Gegen ein beschränktes Selbstverständnis der Betriebswirtschaftslehre als "Unternehmenswissenschaft", in: Wissenschaftstheorie und Betriebswirtschaftslehre. Eine methodologische Kontrovers, hrsg. von Dlugos, G.; Eberelin, L.; Steinmann, H.; Düsseldorf 1972, S. 221-248.

Huth,A.: Handbuch psychologischer Eignungsuntersuchungen, Speyer 1953.

I

IG Metall, Abt. Tarifpolitik: Tarifreform 2000, interner Entwurf, Diskussionsvorschläge für wichtige tarifpolitische Handlungsfelder; Frankfurt/M. 1990.

Ikurjiro, N.: Wie japanische Konzerne Wissen erzeugen, in: Harvard manager, 15. Jg., 1992, Heft 2, S. 95 - 104.

Inglehart, R.: The silent Revolution, Princton 1977.

Inglehart, R.: Culture Shift in Advance Industrial Society, Princeton 1987.

Irle, M.: Macht und Entscheidungen in Organisationen, Frankfurt/M. 1971.

J

Jeserich, W: Mitarbeiter auswählen und fördern. Assessment Center Verfahren, München 1981.

Johnson, R.A.; *Kast*, F.E.; *Rosenzweig*, J.E.: The Theory and Management of Systems, New York 1967.

Jucius, M. J.: Personnel Management, Homewood, Illinois, 1971.

Jungblut, M.: Nicht vom Lohn allein, Hamburg 1973.

Jungbluth, A.: Personalplanung, in: Arbeit und Leistung, Jg. 1969, S. 41-49.

Jungbluth, A.: Ein Beitrag zur Geschichte der menschlichen Arbeit und der Herausforderung der Gesetzgebung, in: Arbeit und Leistung, 1973, Heft 9, S. 225 ff.

Justen, R.: Mitarbeiterbeurteilung, Stuttgart 1971.

K

Kambartel, F.: Moralisches Argumentieren - Methodische Analysen zur Ethik. in: Praktische Philosophie und Konstruktive Wissenschaftstheorie, hrsg. von Kambartel, F., Frankfurt/M. 1974, S. 54 - 72.

Kaminsky, G.: Praktikum der Arbeitswissenschaft, München 1971.

Kannheiser, W.: Neue Techniken und organisatorische Bedingungen: Ergebnisse und Einsatzmöglichkeiten des Tätigkeits-Analyse-Inventars (TAI), in: Arbeitsanalyse und Technikentwicklung, hrsg. von Sonntag, K., Köln 1987, S. 69-85.

Kapp, B.; *Petitguyot*, B.: Le bilan social - son application legale, Paris 1978.

Kappler, E.: Zum Theorie-Praxis-Verhältnis einer noch zu entwickelnden kritischen Theorie der Betriebswirtschaftspolitik, in: Zum Praxisbezug der Betriebswirtschaftslehre in wissenschaftstheoretischer Sicht, hrsg. von Ulrich, H., Bern-Stuttgart 1976, S. 107-133.

Kappler, E.: Anreiz-Beitragstheorie als personalwirtschaftlicher Bezugsrahmen, in: HdöD, Das Personalwesen, hrsg von Bierfelder, W. Berlin 1976, S. 83 - 95.

Kappler, E.: Praktische Folgen einer Rekonstruktion der Betriebswirtschaftslehre, in: Rekonstruktion der Betriebswirtschaftslehre als ökonomische Theorie, hrsg. von Kappler, E., Spardorf 1983, S. 379-394.

Kasteleiner, H.: Humane Arbeitswelt, Schlagwort oder Realität, Düsseldorf 1974.

Kastner, M; *Gerstenberger*, P.: Neue Trends im Personalwesen, Landsberg/Lech 1988.

Kaufmann, W.: Brevier der betrieblichen Personalpolitik, Bern-Opladen 1973.

Kazmier, L.J.: Einführung in die Grundsätze des Management, München 1973.

Keller v., E.: Management in fremden Kulturen, Bern 1982.

Keller, K.J.; *Kurth*, G.: Grundlagen der Entlohnung, Nr. 235 - 237, Reihe Lohn und Leistung, Mönchengladbach 1991.

Kemper, T.D.: Auf dem Weg zu einer Theorie der Emotionen, in: Logik des Herzens, hrsg. von Kahle, G., Frankfurt/M. 1981, S. 134-154.

Kepner, Ch.H.; *Tregoe*, B.B.: Managemententscheidungen vorbereiten und richtig treffen, München 1969.

Kern, H.: Industriearbeit und Arbeiterbewußtsein, Frankfurt/M. 1970.

Kern, H.; *Schumann*, M.: Das Ende der Arbeitsteilung, München 1984.

Kerr, S.; *Jermier*, J.M.: Substitutes for Leadership, Their Meaning and Measurement, in: Organization Behavior and Human Perfomance, Jg. 1978, S 375-403.

Kerr, S.; *Matthews*, U.S.: Führungstheorien - Theorie der Führungssubstitution, in: HWFü, hrsg. von Kieser, A. u.a., Stuttgart 1987, Sp. 910-922.

Kerschner, H.; *Zimmermann*, M.: Die Betriebsvereinbarung. Zustandekommen, Auslegung, Durchführung, Aufhebung, Nachwirkung. Ein Leitfaden für die Praxis mit Musterbeispielen, Berlin 1981.

Kienbaum, J. (Hrsg.): Visionäres Personalmanagement, Stuttgart 1992.

Kieser, A. u.a.: Die Einführung neuer Mitarbeiter in das Unternehmen, Frankfurt/M. 1985.

Kieser, A.: Veränderungen der Organisationslandschaft. Neue Techniken lösen magisches Dreieck der Organisation auf, in: Zeitschrift für Organisation, Jg. 1985, S. 305-312.

Kieser, A.: Fremdorganistion, Selbstorganisation und evolutionäres Management, in: Zeitschrift für betriebliche Forschung, Nr. 3, Jg. 1994, S. 199-227.

Kieser, A.; *Reber*, G.; *Wunderer*, R. (Hrsg.): Handwörterbuch der Führung (HWFü), Stuttgart 1987

Kilian, W.: Personalinformationssysteme in deutschen Großunternehmen - Ausbaustand und Rechtsprobleme, Berlin u.a. 1982.

Kirchner, B.: Dialektik und Ethik - Besser führen mit Fairneß und Vertrauen, Wiesbaden 1992.

Kirsch, W.; *Scholl*, W.; *Paul* G.: Mitbestimmung in der Unternehmenspraxis, München 1984.

Kitzmann, A.; *Zimmer*, D.: Grundlagen der Personalentwicklung, Weil der Stadt 1982.

Klein, L.: Die Entwicklung neuer Formen der Arbeitsorganisation, Göttingen 1975.

Klipstein, v., M.; *Strümpel*, B. (Hrsg.): Gewandelte Werte - Erstarrte Strukturen. Wie die Bürger Arbeit und Wirtschaft erleben, Bonn 1985.

Klis, M.: Überzeugung und Manipulation; Grundlagen einer Theorie betriebswirtschaftlicher Führungsstile, Wiesbaden 1970.

Klose, A.: Unternehmensethik. Heute gefragt?, Linz 1988.

Knuth, M.: Qualifikationslohn in einem offenen Verhandlungsmodell. - Die Firma Vögele praktiziert bereits die Philosophie künftiger Tarifpolitik: Weg vom arbeitsplatz- und anforderungsbezogenen Entgelt, in: Die Mitbestimmung, 3/91, S. 164 - 168.

Knuth, M.; *Büttner*, R.; *Schank*, G.: Zustandekommen und Analyse von Betriebsvereinbarungen und praktische Erfahrungen mit Einigungsstellen, Forschungsbericht im Auftrag des Bundesministers für Arbeit und Sozialordnung, Bd. 1-4, Bonn 1984.

Knyhausen zu, D.: Selbsorganisation und Führung, in: Die Unternehmung, 45. Jg. 1991, S. 47-62.

Kolbinger, J.: Das betriebliche Personalwesen, 2. Bd., Stuttgart 1961/1962.

Kolbinger, J.: Das Personalwesen in der sozialwissenschaftlichen Konzeption der Betriebswirtschaftslehre, in: Braun, W. u.a.: Grundfragen der betrieblichen Personalpolitik, Wiesbaden 1972.

Korndörfer, W.: Unternehmensführungslehre, Wiesbaden 1976.

Kornhauser, A.: Mental Health of Industrial Worker, A Detroit Study, New York-London-Sydney 1965.

Kosiol, E.: Leistungsgerechte Entlohnung, Wiesbaden 1962.

Kosiol, E.: Organisation der Unternehmung, Wiesbaden 1962.

Kossbiel, H.: Probleme und Instrumente der betrieblichen Personalplanung, in: Schriften zur Unternehmensführung, Bd. 20, hrsg. von Jakob, H., Wiesbaden 1974, S. 5 - 39.

Kossbiel, H.: Personalwirtschaft, 6. Kapitel, in: Bea; Dichtl; Schweitzer, Allgemeine Betriebswirtschaftslehre, Bd. 3, Stuttgart-New York 1983, S. 243-284.

Kotthoff, H.: Zum Verhältnis Betriebsrat und Gewerkschaft, in: Beiträge zur Soziologie der Gewerkschaften, hrsg. von Bergmann, J., Frankfurt/M. 1978.

Kotthoff, H.: Betriebsräte und betriebliche Herrschaft. Eine Typologie von Partizipationsmustern im Industriebetrieb. Frankfurt/M. u.a. 1981.

Kraft, W.: Das betriebliche Vorschlagswesen als Gruppenaufgabe und Gruppenproblem, in: Nürnberger Abhandlungen zu den Wirtschafts- und Sozialwissenschaften, Heft 23, Berlin 1966.

Kramer, W.; *Winter*, H.: Die Entwicklung von Qualitätszirkeln, Entstehung, Formen, Erfahrungen, Köln 1984.

Kräuchi, S.J.: Auslese von Führungskräften, Organisationspsychologie und Gruppendynamik, Bern 1974.

Krause, D.: Betriebliche Arbeitszeitflexibilisierung, Bremen 1984.

Krell, G.: Personaltheorie in historischer Sicht, in: Zeitschrift für Personalforschung, 1. Jg. 1987, H. 3., S. 299-320.

Krelle, W. u.a.: Überbetriebliche Ertragsbeteiligung der Arbeitnehmer, Bd. I+II, Tübingen 1968.

Kroeber-Kenneth, L.: Erfolgreiche Personalpolitik, Düsseldorf 1957.

Kropp, W.: Personalbezogenes Rechnungswesen. Königstein/Ts. 1979.

Krüger, W.: Grundlagen, Probleme und Instrumente der Konflikthandhabung in der Unternehmung, Berlin 1972.

Krüger, W.: Konfliktsteuerung als Führungsaufgabe, München 1973.

Krüger, W.: Macht in der Unternehmung, Elemente und Strukturen, Stuttgart 1976

Krüger, W.: Bedeutung und Formen der Hierarchie, in: Die Betriebswirtschaft, 45 Jg. 1985, 3, S. 292-307.

Krüger, W.: Machtdefizit und Führungskräfte an der Unternehmensspitze, in: Unternehmensverfassung in der privaten und öffentlichen Wirtschaft, hrsg. von Eichhorn, P., Baden-Baden 1989, S. 119-131.

Krüger, W.: Wechselwirkungen zwischen Autorität, Wertewandel und Hierarchie, in: Organisation, Evolutionäre Interdependenzen von Kultur und Struktur der Unternehmung, hrsg. von Seidel, E.; Wagner, D., Wiesbaden 1989, S. 91-106.

Krulis-Randa, J. S.; *Bedenz*, P.: Grenzen im Personalmanagement, Bern u.a. 1993.

Krumm, A.: Das Einflußpotential der Leitenden Angestellten, Diss., München 1983.

Krupinski, G.: Führungsethik in die Wirtschaftspraxis, Grundlagen-Konzepte-Umsetzung, Leverkusen 1993.

Kubicek, H.: Führungsgrundsätze als Organisationsmythen und die Notwendigkeit von Entmythologisierungsversuchen, in: Zeitschrift für Betriebswirtschaft, 54. Jg. 1984, S. 4-29.

Kühn, R.: Grundsatz- und Konzeptentscheide: Bedeutung, methodische Probleme und Ansätze zu deren Lösung, in: Zukunftsaspekte der anwendungsorientierten Betriebswirtschaftslehre, hrsg. von Gaugler, E.; Meissner, H.G.; Thom, N., Stuttgart 1986, S. 139-160.

Kunczik, M. (Hrsg.): Führung, Theorien und Ergebnisse, Düsseldorf-Wien 1972.

Kunzmann, E. M.: Zirkelarbeit. Evaluation von Kleingruppen in der Praxis, München u.a. 1991.

Kupsch, P.; *Marr*, R.: Personalwirtschaft in: Heinen, E., Industriebetriebslehre, Wiesbaden 1972, S. 449 ff.

Kurke, K.B.; *Aldrich*, H.E.: Mintzberg was Right! A Replication and Extension of the Nature of Mangerial Work, in: Management Science, Vol. 29,8,1983, S. 975-984.

L

Lang, H.: Human Resource Accounting, in: Wirtschaftsstudium, 1977, Heft 1, S. 33-35.

Lang, K.; *Meine*, H.: Tarifreform 2000: Gestaltungsrahmen und Entgeltstrukturen zukünftiger Industriearbeit. - Eine tarifpolitische Konzeption für die Metallindustrie, in: WSI Mitteilungen 3/1991, S. 156 - 163.

Lange, B.: Bestimmung strategischer Erfolgsfaktoren und Grenzen ihrer empirischen Fundierung. Dargestellt am Beispiel der PIMS-Studie, in: Die Unternehmung, 36 Jg., Heft 1, 1982.

Lasser, R.: Symbolische Führung, in: HWFü, hrsg. von Kieser, A. u.a., Stuttgart 1987, Sp. 1927-1938.

Lattmann, Ch.: Das norwegische Modell der selbstgesteuerten Arbeitsgruppe, Betriebswirtschaftliche Mitteilungen, Bern 1972.

Lattmann, Ch.: Führungsstil und Führungsrichtlinien, Bern-Stuttgart 1975.

Lattmann, Ch.: Leistungsbeurteilung als Führungsmittel, Bern-Stuttgart 1975.

Lattmann, Ch.: Die verhaltenswissenschaftlichen Grundlagen der Führung des Mitarbeiters, Bern-Stuttgart 1982

Lattmann, Ch.: Die Personalabteilung, in: Die Unternehmung, 39. Jg. 1985, S. 192-211.

Lattmann, Ch. (Hrsg.): Personalmanagement und Strategische Unternehmensführung, Heidelberg 1987.

Lattmann, Ch.; *Krulis-Randa*, J.: Die Aufgaben der Personalabteilung in einer sich wandelnden Umwelt, Heidelberg 1989.

Lawler, E.E.: Job attitudes and employee motivation: Theory, research and practice, in: Personnel Psychology, Jg. 1970, S. 223-227.

Lawler, E.E.: Motivation in organizations, Monterey ca. 1973.

Lay, R.: Ethik für Manager, Düsseldorf u.a. 1989.

Le Bon, G.: Psychologie der Massen, Stuttgart 1964.

Leavitt, H.: Grundlagen der Führungspsychologie, München 1974.

Lee, G.L.: Who gets to the Top? Gower 1981.

Leminsky, G.; *Helfert*, K: Der Wandel der Arbeitsanforderungen bei technologischen und organisatorischen Änderungen, Köln 1970.

Lenk, H.; *Maring*, M. (Hrsg.): Wirtschaft und Ethik, Stuttgart 1992.

Leonard-Barton, D.: The Faktory as a Learning Laboratory, in: Sloan Management Review, Herbst 1992, Vol 34.

Letsch, B.H.: Motivationsrelevanz von Führungsmodellen, Bern-Stuttgart 1976.

Lewin, K.: Feldtheorie in den Sozialwissenschaften, Berlin 1963.

Lichtman, C.M.; *Hunt*, R.G.: Personality and organizations theory: A Review of some conceptional literature, in: Pychological Bulletin, Jg. 1971, S. 271-294.

Lievegoed, B.C.J.: Organisationen im Wandel, Bern 1974.

Likert, R.: Personnel Research is Growing Up, in: Personnel Administration, Jg. 1956, Heft Sept.-Oct., S. 19-21.

Likert, R.: The Human Organization: Its Management and Value, New York 1967.

Likert, R.: Neue Ansätze der Unternehmensführung, Bern-Stuttgart 1972.

Likert, R.: Human Resource Accounting - Building and Assessing Productive Organizations, in: Personnel - The Management of People at Work, 1973, Heft 3, S. 8-23.

Likert, R.: Die integrierte Führungs- und Organisationsstruktur, Frankfurt/M. 1975.

Linnenkohl, K.: Einführung in die Grundlagen des Arbeitsrechts, Bad Homburg, v.d.H. 1971.

Linnenkohl, K.; *Kilz*, G.; *Rauschenberg*, H.J.; *Reh*, D.: Arbeitszeitflexibilisierung, Heidelberg 1992.

Litterer, J. A.: Organizations: Structure and Behavior, New York 1967.

Locke, E.A.; *Latham*, G.P.; *Erez*, M.: Determinants of Goal Commitment, in: Academy of Management Review, 13. Jg. 1988, S. 23-39.

Locke, E.A.; *Latham*, G.P.: The High Performance Circle, in: Work Motivation, hrsg. v. Kleinbeck, U. u.a., Hillsdale N.J. 1990, S. 3-25.

Loos, W.: Coaching for Manager, Problembewältigung unter vier Augen, Landsberg/Lech 1991.

Lord, G.R.; *Smith*, E.J.: Theoretical Information Processing and Situational Factors Affecting Attribution. Theory Models of Organizational Behavior, in: American Management Review, Jg. 1983, S. 50-60.

Lorenz, K.: Arbeits- und Leistungsbewertung für Angestellte, Bonn 1975.

Löwisch, G.; *Löwisch*, M.: Arbeitsrecht für Wirtschaftswissenschaftler, Tübingen 1974.

Lückert, H. R.: Mitarbeiter auswählen, beurteilen und führen, München 1966.

Luhmann, N.: Funktionen und Folgen formaler Organisation, Berlin 1965.

Lukatis, I.: Organisationsstrukturen und Führungsstile in Wirtschaftsunternehmen, Frankfurt/M. 1972.

Lung, C. C.: The Management of Personnel Relations. History and Origins, Homewood, Illinois 1965.

Lung, G. Ph.: Arbeitsvereinfachung, Heidelberg 1969.

Lupton, D.E.: Assessing the Assessment Center, in: Personnel, Jg. 1973, Nr. 6, S. 15-22.

Luthans, F.; *Rosenkrantz*, S.A.: Führungstheorie - Soziale Lerntheorie, in: HWFü, hrsg.von Kieser, A. u.a. Stuttgart 1987.

Lutz, B.: Krise des Lohnanreizes, Köln 1975.

Lutz, B.: Personalplanung in der gewerblichen Wirtschaft der Bundesrepublik, Frankfurt/M. 1977.

Lutz, B.: Betriebliche Personalplanung zwischen Unternehmensplanung und Personalpolitik, Frankfurt/M. 1979.

Lutz, B.; *Weltz*, F.: Personalstatistik und Personalplanung, München 1972.

Lynch, D. ; *Kordis*, P.: Delphin Strategien, Fulda 1993.

M

Maase, M.; *Schultz-Wild*, R. (Hrsg.): Personalplanung zwischen Wachstum und Stagnation, Frankfurt/M.-New York 1980.

Maccoby, M.: The Gamesman, The new Corperate Leaders, New York 1976.

Mackenroth, G.: Bevölkerung I, in: Handwörterbuch der Sozialwissenschaften (HdSW), Göttingen 1959, S. 155 ff.

Mag, W.: Einführung in die betriebliche Personalplanung, Darmstadt 1986.

Maier, K.: Interdependenzen zwischen Mitbestimmung und betrieblicher Partnerschaft, Berlin 1969.

Maier, W.: Arbeitsanalyse und Lohngestaltung, Stuttgart 1983.

Maker, J. R.: New Perspectives in Job Enrichment, New York 1971.

Malik, F.: Strategie des Managements komplexer Systeme. Ein Beitrag zur Managementkybernetik evolutionärer Systeme, Bern 1984.

Mann, R.: Die fünfte Dimension in der Führung - Quelle für Produktivität und Kreativität im Unternehmen, Düsseldorf 1993.

Mansfield de, J.V.: Stichwort: Personalmanagement, in: Management Enzyklopädie Bd. 4, S. 1076-1090, München 1971.

March, J.G.; *Simon*, H.A.: Organizations, New York-London-Sidney 1966.

March, J.G.; *Simon*, H.A.: Organisation und Individuum, Wiesbaden 1976.

March, J.K.G.; *Olsen*, J.P.: Ambiguity and Choice in Organizations, Bergen 1976.

Marr, R.: Das Sozialpotential betriebswirtschaftlicher Organisationen, Berlin 1979.

Marr, R. u.a. (Hrsg.): Arbeitszeitmanagement, Berlin 1987.

Marr, R.: Mitarbeiterorientierte Unternehmenskultur als Herausforderung für das Personalmanagement der 90er Jahre, in: Mitarbeiterorientierte Unternehmenskultur, Herausforderungen für das Personalmanagement der 90er Jahre, hrsg. von Marr, R., Berlin 1989, S. 133-142.

Marr, R.: Personalcontrolling - Argumente zur konzeptionellen Entwicklung eines neuen Ansatzes personalwirtschaftlicher Steuerung und Kontrolle, in: Personalführung, 22. Jg. 7, 1989, S. 694-702.

Marr, R.; *Stitzel*, M.: Personalwirtschaft. Ein konfliktorientierter Ansatz, München 1979.

Martin, A.: Personalforschung, München-Wien 1988.

Martin A.: Die empirische Forschung in der Betriebswirtschaftslehre, Stuttgart 1989.

Martin, A.: Personalforschung in der Praxis, Schriften aus dem Arbeitskreis Betriebswirtschaftliche Verhaltensforschung, Paderborn 1989.

Martin, A.: Arbeitszufriedenheit, in: HWP, Hrsg.: Gaugler u.a., Stuttgart 1992, Sp. 481-493.

Marx, A,: Personalplanung in der modernen Wettbewerbswirtschaft, Baden-Baden 1963.

Marx, A. (Hrsg.): Personalführung, Bd. I-IV, Wiesbaden 1969-1972.

Marx, K.: Das Kapital, 3 Bände, Frankfurt/M. 1969, 1970, 1971.

Maslow, A.H.: Motivation and personality, New York 1954.

Mayer, A.: Die soziale Rationalisierung des Industriebetriebes, München-Düsseldorf 1951.

Mayntz, R.: Soziologie der Organisation, Reinbek 1963.

Mayntz, R.: Die soziale Organisation des Industriebetriebes, Stuttgart 1966.

Mayntz, R. (Hrsg.): Implementation politischer Programme, Königstein/Ts. 1980.

Mayrhofer, W.: Trennung von der Organisation, Wiesbaden 1989.

McClelland, D. C.: The Achieving Society, Princeton 1961.

McClelland, D. C.:Toward a theory of motivation acquisition, in: American Psychologist, Jg. 1965, S. 321-333.

McClelland, D. C.: Macht als Motiv, Stuttgart 1978.

McClelland, D. C.: Personality, New York 1981.

McFarland, D. E.: Personnel Management. Theory and Practice, Toronto-Ontario 1969.

McGregor, D.: Der Mensch im Unternehmen, Düsseldorf 1970.

Meggenson, L. C.: Personnel and human resources administration, Homewood, Illinois 1977.

Meier, A.: Organisation der Unternehmensführung, Stuttgart 1965.

Meiritz, W.: Eignungsorientierte Personaleinsatzplanung, Frankfurt/M. u.a. 1984.

Mellerowicz, K: Allgemeine Betriebswirtschaftslehre, Bd. V, Die betrieblichen sozialen Funktionen, Berlin-New York 1971.

Mentzel, W.: Personalentwicklung. Handbuch für Förderung und Weiterbildung der Mitarbeiter, Freiburg i. Br. 1980

Merij, J. L.: "Management Development" unter besonderer Berücksichtigung des Wachstums der Unternehmung, in: Zeitschrift für Betriebswirtschaft, Jg. 1964, S. 102-114.

Mertens, D.: Arbeitsmarkt- und Berufsforschung, Stuttgart 1971.

Mertens, P.: Der gegenwärtige Stand von Forschung und Lehre in der Betriebswirtschaftslehre, in: Zeitschrift für betriebswirtschaftliche Forschung, Sonderheft 12, 1981, S. 40-54.

Merton, R.K. Die Eigendynamik gesellschaftlicher Voraussagen, in: Topitsch, E. (Hrsg.): Logik der Sozialwissenschaften, Köln 1965, S. 144-161.

Meyer, H.: Noch einmal und zum letzten Mal: Was mißt der LPC Fiedlers?, in: Die Betriebswirtschaft, 42. Jg. 1982, S. 427-439.

Meyer, P.: Betriebliche Personalplanung - Grundlagen und Praxis, Wiesbaden 1968.

Meyer, W.U.: Leistungsmotiv und Ursachenerklärung von Erfolg und Mißerfolg, Stuttgart 1973.

Michlik, P.: Neue Praxis des betrieblichen Vorschlagswesens und der Arbeitsvereinfachung, Stuttgart 1953.

Mickler, O.; *Dittrich*, E.; *Neumann*, U.: Technik, Arbeitsorganisation und Arbeit - Eine empirische Untersuchung in der automatisierten Produktion, Frankfurt/M. 1976.

Mintzberg, H.: The Nature of Managerial Work, New York u.a. 1973.

Mintzberg, H.: Die Mintzberg-Struktur, München 1992.

Mittler, H.; *Ochs*, P.; *Peter*, R.: Anwendung arbeitswissenschaftlicher Erkenntnisse im Industriebetrieb. Hrsg.: Der Bundesminister für Arbeit und Sozialordnung, Bonn 1971.

Mohn, R.: Erfolg durch Partnerschaft, Berlin 1986.

Molitor, B.: Wirtschaftsethik, München 1989.

Moses, J.L.; *Byham*, W.C. (Hrsg.): Applying the Assessment Center Method, New York 1977.

Muche, G.: Ansätze zur Personalverwendungsplanung unter besonderer Berücksichtigung des Aspekts der Personalflexibilität, Diss., Hamburg 1988.

Mülder, W.: Organisatorische Implementierung von computergestützten Personalinformationssystemen, Berlin u.a. 1984.

Müller, G. (Hrsg.): Das Arbeitsrecht der Gegenwart - Jahrbuch für das gesamte Arbeitsrecht und die Arbeitsgerichtsbarkeit, Band 1 - 16, letzter Jahresband, 16, Berlin 1979.

Müller, M. M.: Leistungsbewertung von Führungskräften, Bern 1974.

Müller, R.: Krisenmanagement in der Unternehmung, 2. Aufl., Frankfurt/M.-Bern-New York 1986.

Müller-Böling, D.; *Klautke*, E.; *Ramme*, I.: Manager-Alltag, in: Bild der Wissenschaft, 26. Jg. 1, 1989, S. 104-109.

Müller-Klement, K. G.; *Seiwert*, L. J.: Personalforschung-Basiselemente zielbezogener Personalarbeit, in: Zeitschrift für Personalforschung 1. Jhg. 1987, S. 223 - 238.

Müri, P.: Das Führungsstil-Etikett als Abwehrstrategie, in: Gruppendynamik, 15. Jg., März 1984, S. 29-37.

N

Nell-Breuning, von, O.: Kapitalismus und gerechter Lohn, Freiburg i.Br. 1960.

Neuberger, O.: Experimentelle Untersuchungen von Führungsstilen, in: Gruppendynamik 1972, S 192 ff.

Neuberger, O.: Theorien der Arbeitszufriedenheit, Stuttgart 1974.

Neuberger, O.: Messung der Arbeitszufriedenheit, Stuttgart 1974.

Neuberger, O.: Führungsverhalten und Führungserfolg, Berlin 1976.

Neuberger, O.: Rituelle (Selbst-) Täuschung. Kritik der irrationalen Praxis der Personalbeurteilung, in: Die Betriebswirtschaft, Heft 1, 1980, S. 27-43.

Neuberger, O.: Führen als widersprüchliches Handeln, in: Psychologie und Praxis, 27. Jg. 1983, S. 22-32.

Neuberger, O.: Organisationsklima als Einstellung zur Organisation, in: Grundbegriffe der Wirtschaftspsychologie, hrsg. von Graf Hoyos, C. u.a., München 1987, S. 128-137.

Neuberger, O.: Führung und geführt werden, Stuttgart 1990

Neuberger, O.; *Kompa*, A.: Wir, die Firma. Der Kult um die Unternehmenskultur, Weinheim-Basel 1987.

Nick, F. R.: Management durch Motivation, Stuttgart 1974.

Nieder, P. (Hrsg.): Führungsverhalten im Unternehmen, München 1976.

Nieder, P.: Die "gesunde" Organisation, Spardorf 1984.

Niederer, W.: Prognose und Bewertung von Folgen personalpolitischer Innovationen, Diss., Mannheim 1986.

Nieschlag; Eckhardstein v.: Methodische Aspekte der Mitarbeiterbefragung, in: Personal, Jg. 1974, S. 147 ff.

Noelle-Neumann, E.; *Strümpel*, B.: Macht Arbeit krank? Macht Arbeit glücklich?, München 1984.

Nohl, J.; *Jungkind-Butz*, W.; *Schweres*, M.: Stand betrieblicher Verfahren zur Arbeitsanalyse, in: Arbeitsanalyse und Technikentwicklung, hrsg. von Sonntag, K., Köln 1987, S. 13-31.

Nordsieck, F.: Betriebsorganisation, Betriebsaufbau und Betriebsablauf, Stuttgart 1972.

Nowag, W.: Die Arbeitsmotivation von Führungskräften, Diss., Stuttgart 1980.

O

o.V.: Das Personal-Büro, Loseblatt-Sammlung, Freiburg i. Br. o. J.

o.V.: Work in America, MIT Press, Cambridge (Mass.) 1973.

Oberhoff, E.: Poppelreuter's arbeitspsychologische Leitsätze in neuer Bearbeitung, 3. Aufl., Heidelberg 1972.

Oberhoff, E.: Taschenbuch moderner Lohnformen, Heidelberg 1973.

Odiorne, G.S.: Management mit Zielvorgabe Management by Objectives, München 1980.

Oechsler, W. A.: Personal und Arbeit. Einführung in die Personalwirtschaft unter Einbeziehung des Arbeitsrechts, 3. Aufl. München 1988.

Oehler, O.: Personalabteilung, München 1975.

Offe, C.: Leistungsprinzip und industrielle Arbeit, Frankfurt/M. 1970.

Ohl, H.: Der Sozialplan, Karlsruhe 1977.

Olesch, G.: Praxis der Personalentwicklung, Heidelberg 1988.

Olfert, K.; *Steinbuch*, P.: Personalwirtschaft, 2. Aufl., Ludwigshafen 1985.

Ondrack, D.A.: Entgeltsysteme als Motivationsinstrument, in: HWFü, hrsg. von Kieser, A. u.a., Stuttgart 1987, S. 210-231.

Osborn, R.N.; *Hunt*, J.G.: An adaptive-reactive theory of leadership: The role of macro variables in leadership research, in: Hunt, JG.; Larson, L.L. (Hrsg.), 1975, S. 27-44.

Osterloh, M.: Methodische Probleme einer empirischen Erforschung von Organisationskulturen, in: Organisationskultur: Phänomen - Philosophie - Technologie, hrsg. von Dülfer, E., Stuttgart 1988, S. 139-151.

Ouchi, W.G.: Markers, bureaucracies and clans, in: Administrative Science Quarterly, Jg. 1980, S. 129-141.

Ouchi, W.G.: Theory Z, How American Business can meet the Japanese Challenge, Reading Massachusetts, 1981, 1982.

P

Paasche, J.: Zeitgemäße Entlohnungssysteme, Essen 1978.

Pack, L.: Ausbildung und Weiterbildung von Führungskräften an amerikanischen und deutschen Universitäten, Wiesbaden 1969.

Packard, V.: Die Pyramidenkletterer, München-Zürich 1966.

Pankoke, W.: Die Anpassung der Führungsorganisation an wachsende Betriebsaufgaben, Zürich 1964.

Pascal, R.T.; *Athos*, A.G.: The Art of Japanese Management, New York 1981.

Pascal, R.T.; *Athos*, A.G.: Geheimnis und Kunst des japanischen Mangement, München 1982.

Paul, W. J.; *Robertson*, K. B.: Job enrichment and Employee Motivation, London 1970.

Pelz, D.C.: Influence: A key to effective leadership in the first-line supervisor, in: Personnel, Jg. 1952, S. 209-217.

Peter, L.J.; *Hull*, R.: Das Peter-Prinzip oder die Hierarchie der Unfähigen, Reinbek 1970.

Peters, Th. J.: Jenseits der Hierachien, Liberation Management, Düsseldorf 1993.

Peters, Th. J.; *Waterman*, R.H.: Auf der Suche nach Spitzenleistungen, Landsberg/Lech 1983.

Phillips, J.F.; *Lord*, R.G.: Determinations of Intrinsic Motivations: Locus Control and Competence Information as Components of Deci's Cognitive Evaluation Theory, in: Journal of Applied Psychology, Jg. 1980, S. 211-218.

Picot, A.: Betriebswirtschaftliche Umweltbeziehungen und Umweltinformationen. Grundlage einer erweiterten Erfolgsanalyse für Unternehmungen, Berlin 1977.

Pieper, R.: Diskursive Organisationsentwicklung, Berlin-New York 1988.

Plant, R.: Managing Change and Making it Stick, London/Gowers, 1987.

Pohle, W.; *Hellwig*, H.: Stichwort: Unternehmensverfassung und Unternehmenspolitik, in: Management Enzyklopädie Bd. 5, S. 1048-1063, München 1971.

Ponce de León, E.: Entwicklung der Spezialisierung im europäischen Mittelalter bis zum Beginn der Neuzeit und ihre Auswirkung auf die Arbeitsbegriffsbestimmung, Berlin 1991.

Pornschlegel, H.; *Birkwald*; *Wiesner*: Menschliche Leistung und Arbeitsergebnis, Köln 1966.

Pornschlegel, H.; *Scholz*, H. (Hrsg.): Arbeitswissenschaft in der Gesellschaftspolitik, Berlin 1978.

Porter, L.W.; *Lawler*, E.E.: Managerial attitudes and performance, Homewood 1968.

Potthoff, E.: Betriebliches Personalwesen, Berlin 1974.

Potthoff, E.: Personelle Unternehmungsorganisation, Berlin 1977.

Potthoff, E.; *Trescher*, K.: Controlling in der Personalwirtschaft, Berlin-New York 1986.

Probst, G.J.B.: Selbst-Orgsanisation, Berlin-Hamburg 1987.

Projektgruppe im WSI: Grundelemente einer Arbeitsorientierten Einzelwirtschaftslehre, Köln 1974.

Projektgruppe Mitarbeiterbefragung (Hrsg.): Die Mitarbeiterbefragung - Baustein einer zeitgemäßen Unternehmensführung. Berichte und Empfehlungen der Projektgruppe, Gütersloh 1980.

Projektgruppe Mitarbeiterbefragung (Hrsg.): Die Mitarbeiterbefragung, Hamburg 1987.

Pugh, D.S.: Modern Organization theory. A psychological and sociological study, in: Psychological Bulletin 1966, S. 235.

Pugh, D.S.; *Hickson*, D.J.: Organizational Structure in its Context, The Aston Programme I, Westmead Farnborough 1976.

Pugh, D.S.; *Hinings*, C.R.: Organizational Structure, Extensions and Replications, The Aston Programme II, Westmead Farnborough 1979.

Pullig, K.K.: Personalwirtschaft, München-Wien 1980.

Pümpin, C.: Strategische Führung in der Unternehmenspraxis, Heft 76, Die Orientierung, Bern 1980.

Pümpin, C.; *Kobi*, J.-M.; *Wüthrich*, H.A.: Unterehmenskultur, in: Die Orientierung, Nr. 85, Schriftenreihe der Schweizerischen Volksbank, Bern 1985.

R

Raffée, H.: Grundprobleme der Betriebswirtschaftslehre, Göttingen 1974.

Ramme, I.: Die Arbeit von Führungskräften, Bergisch Gladbach-Köln 1989.

Raschke, H.: Taschenbuch für Bewerberauslese, Heidelberg 1969.

Raschke, H.: Taschenbuch für Personalbeurteilung, Heidelberg 1974.

Rausch, J.: Entlohnungstendenzen bei Volkswagen. Neue Technologien und Wertewandel in der Gesellschaft beeinflussen zukünftige Entlohnungsmodelle, in: Personal, Heft 4, 1986, S. 153 - 156.

Reber, G.: Vom patriarchalisch-autoritären zum bürokratisch-autoritären Führungsstil?, in: Zeitschrift für Betriebswirtschaft, 40. Jg., Heft 9, 1970, S. 636.

Reber, G.: Personales Verhalten im Betrieb, Stuttgart 1973.

Reber, G.: Macht in Organisationen, Stuttgart 1979.

Reddin, W.J.: Managerial effectiveness, New York 1970. Deutsche Übersetzung: Das 3-D-Programm zur Leistungssteigerung des Managements, München 1977.

Reddin, W.J.: How to make your Management Style more effective, New York 1987.

REFA: Methodenlehre der Planung und Steuerung, München 1974/78.

REFA: Methodenlehre des Arbeitsstudiums, 6 Teile, München 1972-1975.

Rehbinder, M.: Optisches Arbeitsrecht. Teil I: Das Arbeitsverhältnis im Privatrecht, Herne-Berlin 1972, Teil II: Koalitionsrecht, Tarifvertragsrecht und Arbeitskampfrecht, Herne-Berlin 1972, Teil III: Betriebsverfassungsrecht, Herne-Berlin 1973.

Rehhahn, H.: Zur praktischen Durchführung der Personalplanung nach dem Betriebsverfassungsgesetz, in: Das Mitbestimmungsgespräch, Jg. 1972, S. 167-182.

Rehhahn, H.: Zur Kritik der herkömmlichen Personalplanung, in: WSI-Mitteilungen, Heft 4, Jhg. 1978, S. 214-222.

Reichwein, R.: Funktionswandlungen der betrieblichen Sozialpolitik, Köln-Opladen 1965.

Reimann, H.: Kommunikations-Systeme, Tübingen 1974.

Reinecke, P.: Vorgesetztenbeurteilung. Ein Instrument partizipativer Führung und Organisationsentwicklung, Köln 1983.

Remer, A.: Aspekte einer zukunftsorientierten Personalbedarfsanalyse, in: Betriebswirtschaftliche Forschung und Praxis, Jg. 1974, Heft 3, S. 93-106.

Remer, A.: Personalmanagement. Mitarbeiterorientierte Organisation und Führung von Unternehmen, Berlin 1978.

Ridder, H.-G.: Funktionen der Arbeitsbewertung, Bonn 1982.

Riekhof, H.-Ch. (Hrsg.): Strategien der Personalentwicklung, Wiesbaden 1986.

Rippe, W.: Organisation und Personalwesen, Düsseldorf 1971.

Rippel, K.: Betriebliche Arbeitsmarktforschung, Baden-Baden und Bad Homburg v.d.H. 1967.

Rippel, K.: Grundlagen des Personal-Marketing, Rinteln 1974.

Ritter, B.: Effektive Personalorganisation mit dem Personalcomputer, Neuwied u.a. 1992.

RKW: Rationalisierungskuratorium der Deutschen Wirtschaft e.V., (Hrsg.): Wirtschaftliche und soziale Aspekte des technischen Wandels in der Bundesrepublik. 1. Bd., Sieben Berichte, Kurzfassung der (Forschungs-) Ergebnisse, 3. Aufl., Frankfurt/M. 1973.

RKW: Rationalisierungskuratorium der Deutschen Wirtschaft e.V., (Hrsg.): Handbuch, Personalplanung, 2. Aufl., Neuwied-Frankfurt/M. 1990.

Roethlisberger, F. J.: Die Hawthorne Experimente, in: Maus; Fürstenberg (Hrsg.), Industriesoziologie I, Neuwied 1966.

Rohmert, W.: Arbeitsgestaltung, Heidelberg 1968.

Rohmert, W.: Probleme der Menschenführung in der Industrie. Schriftenreihe "Arbeitswissenschaft und Praxis", Bd. 20, Berlin-Köln-Frankfurt/M. 1971.

Rohmert, W.: Das Belastungs-Beanspruchungs-Konzept, in: Zeitschrift für Arbeitswissenschaft, 38. Jg. 1984, S. 193-200.

Rosenbaum, W.: Die Wirkungen des Arbeitsrechts auf die Beziehungen zwischen Arbeitnehmern und Arbeitgebern im Betrieb, in: Leviathan 3, 1982.

Rosenstiel, v., L.: Motivation im Betrieb, München 1972.

Rosenstiel, v., L.: Die Motivierung der Mitarbeiter als Führungsaufgabe in Wirtschaft und Verwaltung, in: Unternehmensführung vor neuen gesellschaftlichen Herausforderungen, hrsg. von der Bertelsmann-Stiftung und dem Institut für Wirtschafts- und Gesellschaftspolitik, Gütersloh 1985, S. 123-146.

Rosenstiel v., L.; *Djarrahzadeh*, M.; *Einsiedler*, H.E.; *Streich*, R.K.: Wertewandel, Herausforderung für die Unternehmenspolitik in den 90er Jahren, Stuttgart 1993.

Rosenstiel, v., L.; *Molt*, W.; *Rüttinger*, B.: Organisationspsychologie, Stuttgart 1972.

Rosenstiel v., L.; *Regnet*, E.; *Domsch*, M.: Führung von Mitarbeitern, Handbuch für erfolgreiches Personalmanagement, Stuttgart 1993.

Rosner, L.: Management, Betriebsklima und Produktivität, Heidelberg 1969.

Röthig, P.: Strategische Personalplanung im System Unternehmung, Gießen 1982.

Rühl, G.: Soziotechnologische Systemgestaltung als unternehmerische Aufgabe, in: Plädoyer für eine humane Arbeitswelt, Stuttgart 1973.

Rühl, G.: Untersuchungen zur Arbeitsstrukturierung in Industrial Engineering, 3. Jg., Heft 3/1973. o. V.: Work in America, MIT Press, Cambridge (Mass.) 1973.

Rühl, G.: Betriebliches Vorschlagwesen (BVW) als Möglichkeit zur Einbeziehung von Mitarbeitern bei der Lösung betrieblicher Probleme, Kösching 1983.

Rühli, E.: Beiträge zur Unternehmungsführung und Unternehmenspolitik, Bern-Stuttgart 1975.

Rush, M: Die Persönlichkeit des Managers, der Schlüssel zum Erfolg, (Managing to Be the Best), Aslar 1992.

Rüthers, B.: Arbeitsrecht und politisches System BRD/DDR Frankfurt/M. 1973.

S

Sackmann, S.: Organisationskultur. Die unsichtbare Einflußgröße, in: Gruppendynamik, Zeitschrift für angewandte Sozialwissenschaft, 14. Jg. 1983, S. 393-406.

Sadowski, D.: Der Stand der betriebswirtschaftlichen Theorie der Personalplanung, in: Zeitschrift für Betriebswirtschaft 51. Jg. 1981, S. 88-105.

Sailer, M.; *Wunderer*, R.: Die Controlling-Funktion im Personalwesen - Ansatzpunkte und Anforderungen eines Strategischen Presonalcontrolling, in: Personalführung, 20. Jg. 7, 1987, 505-509 sowie 20 Jg. 8, 1987, S. 600-606.

Sanders, A.F.: Psychologie der Informationsverarbeitung, Bern 1971.

Sandner, K.: Prozesse der Macht, Berlin 1990.

Sarges, W. (Hrsg.): Management Diagnostik, Göttingen 1993.

Sasieni, M.; *Yaspen*, A.; *Friedmann*, L.: Methoden und Probleme der Unternehmensforschung, Würzburg 1969.

Schaekel, U. (Hrsg.): Elemente der Personalentwicklung in der Diskussion, Düsseldorf 1981.

Schäfer, E.: Die Unternehmung, 7. Aufl., Köln-Opladen, 1970.

Schanz, G.: Einführung in die Methodologie der Betriebswirtschaftslehre, Köln 1975.

Schanz, G.: Grundlagen der verhaltenstheoretischen Betriebswirtschaftslehre, Tübingen 1977.

Schanz, G.: Verhalten in Wirtschaftsorganisationen, München 1978.

Schanz, G.: Wertewandel als personalwirtschaftliches und organisatorisches Problem, in: Wirtschaftsstudium, 14. Jg. 12, 1985, S. 609-614.

Schaub, G.: Arbeitsrechts-Handbuch, München 1975.

Scheffold, A.; *Schröter*, K.: Entgelt 2000 - Grundkonzeption zukünftiger Systeme der leistungsorientierten Entgeltdifferenzierung, in: Fortschrittliche Betriebsführung/ Industrie Engineering, Jg. 38, 1989, Heft 6, S. 310 - 319.

Schein, E.H.: Organizational Psychology, Englewood, Cliffs/N.J. (Prentice-Hall) 1965, 3. Aufl. 1980.

Schein, E.H.: Organisationspsychologie, Wiesbaden 1980.

Schein, E.H.: Organizational Culture and Leadership, San Francisco-Washington-London 1985.

Scherm, E.: Personal-Controlling - Eine kritische Bestandsaufnahme, Regensburger Diskussionsbeiträge zur Wirtschaftswissenschaft Nr. 233, Juni 1991.

Schmale, H.; *Schmidtke*, H. J.: Eignungsprognose und Ausbildungserfolg. Köln-Opladen 1969.

Schmalenbach, E.: Gedanken zur betrieblichen Personalarbeit, in: Zeitschrift für handelswissenschaftliche Forschung, NF 1950, S. 386-390.

Schmalenbach, E.: Über Dienststellengliederung im Großbetrieb, Köln-Opladen 1959.

Schmidbauer, H.: Personalmarketing, Essen 1975.

Schmidli, A.: Die Ausgliederung der betrieblichen Personalaufgaben, Zürich 1956.

Schmidt, D.: Checklists für Personalleiter, München 1973.

Schmidt, H.: Personalplanung - ökonomische und gesellschaftliche Bedeutung betrieblicher Informationssysteme, in: Arbeit und Leistung, 27. Jg. Nr. 11, 1973, S. 281-289.

Schmidt, H. (Hrsg.): Handbuch der Personalplanung, Frankfurt/M. 1978.

Schmidt, H.: Humanvermögensrechnung - Instrumentarium zur Ergänzung der unternehmerischen Rechnungslegung - Konzepte und Erfahrungen, Berlin 1982.

Schmidt, J.: Die sanfte Organisations-Revolution; von der Hierarchie zu selbststeuernden Systemen, Frankfurt/M. 1993.

Schmidt, W.: Führungsethik als Grundlage betrieblichen Managements, Heidelberg 1986.

Schmidtchen, G.: Neue Technik - Neue Arbeitsmoral, Köln 1984.

Schneider, H.J.; *Zander*, E.: Erfolgs- und Kapitalbeteiligung der Mitarbeiter in Klein- und Mittelbetrieben, Freiburg i.Br. 1990.

Schneider, W.; *Heim*, H.; *Wacker*, A.: Tätigkeitsspezifische Eignungstests, Göttingen 1975.

Schnelle, W.: Entscheidungen im Management. Wege zur Lösung komplexer Aufgaben in großen Organisationen, Quickborn 1966.

Schnyder v. Wartensee, R.: Punktfreie Arbeitsbewertung von Angestellten-Tätigkeiten in Industrie und Verwaltung, Bern 1974.

Schoeffler, S.; *Buzzel*, R.D.; *Heany*, D.F.: Impact of Strategic Planning on Profit Performance, in: Havard Business Review, 52 Jg. 1974, S. 137-145.

Schoenfeld, H.-M. W.: Die Rechnungslegung über das betriebliche Humanvermögen - Eine kritische Betrachtung des Entwicklungsstandes, in: Betriebswirtschaftliche Forschung und Praxis., 1974, Heft 1, S. 1 ff.

Scholl, W.; *Blumschein*, H.: Personalplanung und Personalpolitik in der Rezession, Frankfurt/M. 1979.

Scholz, Ch.: Zur Konzeption einer strategischen Personalplanung, in: Zeitschrift für betriebswirtschaftliche Forschung, 34. Jg. 1982, S. 979-994.

Scholz, Ch.: Organisationskultur. Zwischen Schein und Wirklichkeit, in: Zeitschrift für betriebswirtschaftliche Forschung, 40. Jg. 1988, S. 243-272.

Scholz, Ch.: Personalmanagement: Informationsorientierte und verhaltensorientierte Grundlagen, München 1989.

Scholz, Ch.: Personalmanagement: Informationsorientierte und verhaltenstheoretische Grundlagen, München 1993.

Scholz, K., *Fuhrmann*, J.: Das betriebliche Vorschlagswesen aus gewerkschaftlicher Sicht, Frankfurt/M. 1967.

Scholz, K.; *Altmann*, H.: Vorschläge zum betrieblichen Vorschlagswesen, Berlin 1970.

Scholz, K.; *Steiner*, W.: Leistungsbewertung und Leitungsentlohnung für Angestellte - Arbeitsmaterial für Angestelltenarbeit Heft 3 der Schriftenreihe: Methoden und Probleme der Bürorationalisierung, hrsg. vom Vorstand der IG Metall, Frankfurt/M. 1968.

Scholz, R.: Koalitionsfreiheit als Verfassungsproblem, München 1971.

Scholz-Ligma, J.: Wertewandel und Wirtschaftskultur, München 1987.

Schönfeld, H. M.: Personalplanung, in: Fuchs, J.; Schwantag, K. (Hrsg), AGPLAN-Handbuch zur Unternehmensplanung. Berlin 1970, Ziff. 2305.

Schönfeld, K. H.: Die Führungsausbildung im betrieblichen Funktionsgefüge, Wiesbaden 1967.

Schopp, G.B.: Zeitmanagement für Betrieb und Mitarbeiter, in: REFA-Nachrichten, 42. Jg. 1989, S. 17-18, 20-21, 24-25, 27-29.

Schreyögg, G.: Unternehmensstrategie, Berlin-New York 1984.

Schreyögg, G.: Kann und darf man Unternehmenskulturen ändern?, in: Organisationskultur, hrsg. v. Dülfer, E., Stuttgart 1988, S. 155-168.

Schropp, D.: Wertewandel bei Jugendlichen. Veränderungen der Arbeits- und Leistungseinstellungen in Beruf und Freizeit, Konstanz 1989.

Schuler, H.: Die Validität des Assessment-Centers, in: Assessment Center-Verfahren, hrsg. von Lattmann, Ch., Heidelberg 1989, S. 223-250.

Schuler, H.; *Schmitt*, N.: Multimodale Messung in der Personalpsychologie, in: Diagnostica, 33. Jg. 1987, S. 259-271.

Schuler, H.; *Stehle*, W. (Hrsg.): Assessment-Center als Methode der Personalentwicklung, Stuttgart 1987.

Schüler, R.: Das betriebliche Vorschlagswesen, München 1972.

Schulte, Chr.: Personal-Controlling mit Kennzahlen, München 1989.

Schultz, R.: Einführung in das Personalwesen, Würzburg-Wien 1981.

Schultz, R.; *Ginzberg*, M. (Hrsg.): Management Science Implementation, Greenwich, Conn. 1984.

Schulz, C.; *Schuler*, H.; *Stehle*, W.: Die Verwendung eignungsdiagnostischer Methoden in deutschen Unternehmen, in: Organisationspsychologie und Unternehmenspraxis, hrsg. von Schuler, H.; Stehle, W., Stuttgart 1985.

Schulz, D.; *Fritz*, W.; *Schuppert*, D.; *Walsh*, J. (Hrsg.): Outplacement, Wiesbaden 1989.

Schuppert, D. (Hrsg.): Kompetenz und Führung - Worauf es wirklich ankommt, Wiesbaden 1993.

Schuppert, D.; *Lukas*, A. (Hrsg.): Lust auf Leistung - Verantwortung lernen. Die neue Legitimation in der Führung, Wiesbaden 1993.

Schwaninger, M.: Managementsysteme, Bd. 4, Frankfurt/M. 1994.

Schwedes, R.: Einstellung und Entlassung des Arbeitnehmers, 5. Aufl., Freiburg i.Br. 1986.

Schwenzner, J.M.: Die Betriebsumfrage als Führungsinstrument in der Organisationsdynamik, in: GFM Mitteilungen zur Markt- und Absatzforschung, Jg. 1974, S. 55-68 und 113-146.

Scott-Morgan, P.: The Unwritten Rules of the Game, New York 1994, Deutsch: Die heimlichen Spielregeln. Die Macht der ungeschriebenen Gesetze im Unternehmen, Frankfurt/M. 1994.

Seashore, S.: Group Cohesiveness in the industrial Work Group, Ann Arbor (Mich.) 1954.

Seeman, M.: On the personal consequences of alienation in work. American Sociological Review, 32, 1967, S. 273-285.

Seidel, E.; *Redel*, W.: Führungsorganisation, München-Wien 1987.

Seidel, E.; *Wagner*, D. (Hrsg.): Organisation - Evolutionäre Interdependenzen von Kultur und Struktur der Unternehmung, Wiesbaden 1989.

Seidel, F.: Betriebliche Führungsformen, Stuttgart 1979.

Seiwert, L.J.: Mitbestimmung und Zielsystem der Unternehmung. Ansätze zu einem weiteren Unternehmungsmodell der Betriebswirtschaftslehre, Göttingen 1979.

Seiwert, L.J.: Personalforschung als Informationsinstrument des Personalmanagements, in: Spie, U. (Hrsg.) : Personalwesen als Managementaufgabe, Stuttgart 1983, S. 193-244.

Selbach, R.; *Pullig*, K.-K. (Hrsg.): Handbuch Mitarbeiterbeurteilung, Wiesbaden 1992.

Senge, P. M.: The Fifth Disciplin, Doubleday, New York 1990.

Siegert, W.: Taschenbuch für Erfolgskontrolle der Personalarbeit, Heidelberg 1967.

Siegert, W.: Wie führe ich meinen Vorgesetzten?, Ehingen 1990.

Simon, H.A.: Administrative Behavior, New York 1957.

Simon, H.A.: The New Science of Management Decision, New York 1960.

Sims, H.P.; *Manz*, Ch.: Selbststeuernde Gruppen Führung, in: HWFü, hrsg. von Kieser, A. u.a., Stuttgart 1987, Sp. 1805-1823.

Sloma, R.S.: How to measure Managerial Performance, London 1980.

Smith, P.C.; *Cranny*, C.J.: Psychology of men at work, in: Annual Review of Psychology, Jg. 1968, S. 467-496.

Sodeur, W.: Wirkungen des Führungsverhalten in kleinen Formalgruppen, Meisenheim am Glan 1972.

Söller, A.: Arbeitsrecht, Stuttgart-Berlin-Köln-Mainz 1974.

Specht, K.G. u.a.: Soziologie im Blickpunkt der Unternehmungsführung, Herne-Berlin 1974.

Speck, P.: Einführung eines Personalbeurteilungssystems, Krefeld 1985

Spie, U.: Mitbestimmung in der Bundesrepublik Deutschland in Recht und Praxis, Frankfurt/M. 1981.

Spie, U. (Hrsg.): Personalwesen als Managementaufgabe, Handbuch für die Personalpraxis, Stuttgart 1983.

Spie, U.: Der Personalmanager im Vorstand, Stuttgart 1985.

Spiegelhalter, F.: Der unsichtbare Lohn, Neuwied-Berlin 1961.

Spranger, E.: Lebensformen, Tübingen 1950.

Sprenger, R.K.: Mythos Motivation, Frankfurt/M. 1992.

Sprenger, R.K.: Ideen bringen Geld. Bringt Geld auch Ideen?, in: Harvard Manager, Heft 1, 16. Jg. 1994, S. 9-14.

Staehle, W.H.: Organisation und Führung sozio-technischer Systeme, Stuttgart 1973.

Staehle, W.H.: Management - Eine verhaltenswissenschaftliche Einführung, 3. Aufl., München 1987.

Staehle, W.H.: Human Resource Management (HRM) - Eine neue Mangementrichtung in den USA?, in: Zeitschrift für Betriebswirtschaft, 58, Jg., 1988, S. 576-587.

Staehle, W.H. (Hrsg.): Handbuch Management, Wiesbaden 1991.

Staehle, W.H.; *Conrad*, P.: Organisationsklima und Führung, in: HWFü, hrsg. von Kieser, A. u.a., Stuttgart 1987, Sp. 1607-1618

Staehle, W.H.; *Karg*, P.W.: Anmerkung zu Entwicklung und Stand der deutschen Personalwirtschaftslehre, in: Die Betriebswirtschaft, 41. Jg. 1981, S. 83-90.

Staerkle, R.: Anpassung der Organisation an den Menschen, Bern 1966.

Stalk, G. Jr.; *Hout*, T.M.: Zeitwettbewerb, Frankfurt/M. 1990.

Stavenhagen, G.: Geschichte der Wirtschaftstheorie, 2. Aufl., Göttingen 1957.

Steffelbach, B.: Strategisches Personalmanagement. Schriftenreihe des Instituts für betriebswirtschaftliche Forschung an der Universität Zürich, Band 55, Stuttgart 1986.

Stehle, W.; *Brunöhler*, A.: Auswahl von Hochschulabsolventen für den Vertriebsbereich, in: Personalwirtschaft Jg. 1986, S. 33ff.

Steinbrenner, H.P.: Arbeitsorientierte Unternehmensverfassung, Frankfurt/M.-New York 1975.

Steinle, C.: Leistungsverhalten und Führung in der Unternehmung, Berlin-München 1975.

Steinle, C.: Führung, Stuttgart 1978.

Steinle, C.: Führungsstilforschung in der Sackgasse, in: Zeitschrift für Arbeitswissenschaften, 32. Jg. 4, 1978, S. 209-217.

Steinmann, H.; *Löhr*, A. (Hrsg.): Unternehmerethik, Stuttgart 1989.

Steinmann, H.; *Löhr*, A.: Ethik im Personalwesen, in: HWP, hrsg. von Gaugler, E. u.a., Stuttgart 1986, Sp. 843 - 852.

Steinmann, H.; *Löhr*, A.: Unternehmensethik - eine "realistische Idee". Versuch einer Begriffsbestimmung anhand eines praktischen Falles, in: Zeitschrift für betriebswirtschaftliche Forschung, 40. Jg. 1988, S. 299-317.

Steinmann, H.; *Schreyögg*, G. : Arbeitsstrukturierung am Scheideweg. Differenzierende Arbeitsgestaltung als neuer, besserer Weg zur Arbeitshumanisierung, in: Zeitschrift für Arbeitswissenschaft, Jg. 1980, S. 75-78.

Steinmann, H.; *Schreyögg*, G.: Management, Wiesbaden 1990.

Stengel, M.: Wertewandel, in: Rosenstiel, v., L. (Hrsg.): Führung von Mitarbeitern, Handbuch für erfolgreiches Personalmanagement, Stuttgart 1991, S. 536 - 570.

Stogdill, R.M.: Persönlichkeitsfaktoren und Führung. Ein Überblick über die Literatur, in: Kunczik, M. (Hrsg.): Führung, Düsseldorf-Wien 1972, S. 86-123.

Stogdill, R.M.: Handbook of Leadership, London - New York 1974.

Strauss, G.; *Sayles*, L. A. : Personnel. The Human Problems of Management, Englewood Cliffs N. J. 1972.

Strebel, P.: Breakpoints. How Manager Exploit Radical Business Change, Boston 1992.

Strehl, F.: Arbeitsrollen der Führungskräfte (nach Mintzberg), in: HWFü, hrsg. von Kieser, A. u.a., Stuttgart 1987, Sp. 33-46

Strube, A.: Mitarbeiterorientierte Personalentwicklungsplanung, Berlin 1982.

Strümpel, B.: Arbeitsmotivationen im sozialen Wandel, in: Die Betriebswirtschaft 45. Jhg. 1985, S. 1 - 118.

Strutz, H.: Wandel innerbetrieblicher Organisationsformen, Stuttgart 1976.

Strutz, H. (Hrsg.): Handbuch Personalmarketing, Wiesbaden 1993.

Studienkreis: Der neue Betrieb: Die Funktion des Meisters im Wandel der Technik, Essen 1961.

Sydow, J.: Der normative Entscheidungsansatz von Vroom/Yetton. Kritik einer situativen Führungstheorie, in: Die Unternehmung, 35. Jg. 1981, S. 1-17.

T

Tannenbaum, F.: Eine Philosophie der Arbeit, Nürnberg 1954.

Tannenbaum, R.; *Schmidt*, W.H.: How to Choose a Leadership pattern, in: Havard Business Review, Jg. 1958, Nr. 2, S. 95-101.

Taylor, F. W.: Die Grundsätze wissenschaftlicher Betriebsführung, München und Berlin 1913.

Taylor, F. W.: The Principles of Scientific Management, in: Chruden H. J.; Shermann jr.; Arthur W. (Hrsg.): Readings in Personnel Management, Cincinnatti 1972.

Taylor, M.: Coverdale on Management, Oxford 1992.

Teichmann, U.: Lohnpolitik, Stuttgart 1974.

Tenckhoff, P.: Analytische Stellenbewertung, Anforderungsprofile, Leistungsbeurteilung bei einer Führung mit Delegation von Verantwortung, Bad Harzburg 1973.

Thielenhaus, J.P.: Strategische Personalentwicklungsplanung, Stuttgart 1981.

Thom, N.: Personalentwicklung als Instrument der Unternehmensführung, Stuttgart 1987.

Töpfer, A.: Zukünftige Aufgabenfelder der Personalforschung, in: Zeitschrift für Personalforschung 1. Jhg. 1987, S. 259-271.

Töpfer, A.; *Poersch*, M.: Aufgabenfelder des betrieblichen Personalwesens für die 90er Jahre. Bedeutung und Inhalte in der Unternehmenspraxis. Neuwied-Frankfurt/M. 1989.

Töpfer, A.; *Zander*, E. (Hrsg.): Führungsgrundsätze und Führungsinstrumente. Frankfurt/M. 1982.

Töpfer, A.; *Zander*, E. (Hrsg.): Mitarbeiter-Befragungen, Frankfurt/M.-New York 1985.

Töpfer, A.; *Zeidler*, M.: Aufgabenfelder des betrieblichen Personalwesens für die 90er Jahre, in: Personalwirtschaft, 14. Jhg. 1987, S. 197 - 206.

Triandis, H.C.: A critique and an experimental design for the study of the relationship between productivity and job satisfaction, in: Psychological Bulletin, Jg. 1959, S. 309-312.

Triandis, H.C.: Einstellungen und Einstellungsänderungen, Weinheim-Basel 1975.

Tschanz, W.: Die Bewährung von betriebspsychologischen Eignungsuntersuchungen, Bern 1962.

Türk, K.: Instrumente betrieblicher Personalwirtschaft, Neuwied 1978.

Türk, K.: Objektbereich und Problemfeld einer Personalwissenschaft, in: Zeitschrift für Arbeitswissenschaft, 32. Jg. 1978, S. 218-221.

Türk, K.: Personalführung und soziale Kontrolle, Stuttgart 1981.

U

Ulich, E.: Neue Formen der Arbeitsstrukturierung, in: Fortschrittliche Betriebsführung, Jg. 1974, Heft 3, S. 187-196.

Ulich, E.: Über das Prinzip der differentiellen Arbeitsgestaltung, in: Industrielle Organisation, 47. Jg. 1978, S. 566-568.

Ulich, E.: Subjektive Tätigkeitsanalyse als Voraussetzung autonomieorientierter Arbeitsgestaltung, in: Beiträge zur psychologischen Arbeitsanalyse, hrsg. von Frei, F.; Ulich, E., Bern-Stuttgart-Wien 1981, S. 327-347.

Ulich, E.: Altlernative Arbeitsstrukturen - dargestellt am Beispiel der Automobilindustrie, in: Zeitschrift für Arbeits- und Organisationpsychologie, 27. Jg. 1983, S. 70-78.

Ulich, E.: Differentielle Arbeitsgestaltung - ein Diskussionsbeitrag, in: Zeitschrift für Arbeitswissenschaften, 37. Jg. 1983, S. 12-15.

Ulich, E.: Zur Frage der Individualisierung von Arbeitstätigkeiten unter besonderer Berücksichtung der Mensch-Computer-Interaktion, in: Zeitschrift für Arbeits- und Organisationspsychologie, 31. Jg. 1987, S. 86-93.

Ulich, E.; *Groskurth*, P.; *Bruggemann*, A.: Neue Formen der Arbeitsgestaltung: Möglichkeiten und Probleme der Verbesserung der Qualität des Arbeitslebens, Frankfurt/M. 1973.

Ulrich, H.: Die Unternehmung als produktives soziales System, Bern - Stuttgart 1970.

Ulrich, H.: Unternehmungspolitik, Bern-Stuttgart 1978.

Ulrich, H.; *Ganz-Keppeler*, V.: Strukturwandlungen der Unternehmung, Bern-Stuttgart 1969.

Ulrich, H.; *Krieg*, W.: Das St. Galler Management Modell, Bern 1972.

Ulrich, H.; *Staerkle*, R.: Personalplanung, Köln-Opladen 1965.

Ulrich, P.; *Fluri*, E.: Management, Bern-Stuttgart 1975.

Umnuß, K.: Organisation der Betriebsverfassung und Unternehmensautonomie. Grundlegung für die Reform des organisatorischen Teils der Betriebsverfassung, Baden-Baden 1993.

Urban, Chr.: Das Vorschlagswesen und seine Weiterentwicklung zum europäischen KAIZEN - Das Vorgesetztenmodell - Hintergründe zu aktuellen Veränderungen im Betrieblichen Vorschlagswesen, Konstanz 1990.

V

Ven, van der: Sozialgeschichte der Arbeit, Bd. I, München 1971.

Vierkandt, A.: Familie, Volk und Staat in ihren gesellschaftlichen Lebensvorgängen, Stuttgart 1936.

Volmerg, B.; *Senghaas-Knoblauch*, E.; *Leithäuser*, Th.: Betriebliche Lebenswelt, Opladen 1986.

Voßbein, R. : Unternehmensplanung, Düsseldorf-Wien 1974, 1977

Vroom, V.H.: Work and Motivation, New York 1964.

Vroom, V.H.; *Yetton*, P.W.: Leadership and decision making, Pittsburgh 1973.

W

Wachenheim, H.: Die deutsche Arbeiterbewegung 1844-1914, Köln-Opladen 1967.

Wächter, H. : Grundlagen der langfristigen Personalplanung, Herne-Berlin 1974.

Wächter, H.: Praxis der Personalplanung, Herne-Berlin 1974.

Wagner, D.. Personalfunktion in der Unternehmensleitung, Wiesbaden 1994.

Wagner, D.; *Zander*, E.; *Hauke*, Chr.:(Hrsg.) Handbuch der Personalleitung - Funktionen und Konzeptionen der Personalarbeit im Unternehmen, München 1992.

Waker, J. R.: Job enrichment, München 1976.

Weber, M.: Grundriß der Sozialökonomie, III. Abteilung Wirtschaft und Gesellschaft, Tübingen 1922.

Weber, M.: Wirtschaft und Gesellschaft, Tübingen 1982 (1. Aufl. 1921).

Weber, W.: Personalplanung, Stuttgart 1975.

Weber, W.: Betriebswirtschaftliches Studium und Berufspraxis, in: Ausbildungskonzeptionen und Berufsanforderungen für das betriebliche Personalwesen, Berlin1979, S. 81 - 128.

Weber, W.; *Mayrhofer*, W.; *Nienhüser*, W.: Grundbegriffe der Personalwirtschaft, Stuttgart 1983.

Weber, W.; *Weinmann*, J.:(Hrsg): Strategisches Personalmanagement, Stuttgart 1989.

Weiner, B.: Theories of motivation, Chicago 1972.

Weinert, A.B.: Lehrbuch der Organisationspsychologie, München u.a. 1981.

Weinert, A.B.: Der Mensch in der Unternehmung, in: Die Unternehmung, Jg. 1983, S. 222-243.

Weinert, A.B.: Menschenbilder in Organisations- und Führungstheorien: Erste Ergebnisse einer empirischen Überprüfung, in: Zeitschrift für Betriebswirtschaft Jg. 54, 1984, S. 30-62.

Weinert, A.B.: Menschenbilder und Führung in: HWFü, hrsg. von Kieser A.; Reber G.; Wunderer R., Stuttgart 1987, Sp. 1427-142

Weisser, G.: Das Verhältnis der Soziologie zur Wirtschaftswissenschaft, in: Das Verhältnis der Wirtschaftswissenschaft zur Rechtswissenschaft, Soziologie und Statistik, Schriftenreihe d. Ver. f. Soz. Pol., Ges. für Wirtsch. u. Soz. Wiss., NF, Bd. 33, Berlin 1964.

Wibbe, J.: Arbeitsbewertung, Entwicklung, Verfahren und Probleme, München 1966

Wibbe, J.: Leistungsbeurteilung und Lohnfindung, München 1974.

Wiesner: Die Techniken des Personalmanagement. Wiesbaden 1980.

Wild, J. (Hrsg.): Unternehmungsführung, Festschrift für Erich Kosiol, Berlin 1974

Wild, J.: Betriebswirtschaftliche Führungslehre und Führungsmodelle, in: Wild, J. (Hrsg.): Unternehmensführung , Berlin 1974, S. 141 ff.

Wildemann, H.: Arbeitszeitmanagement, Zur Einführung und Bewertung flexibler Arbeits- und Betriebszeiten, Zürich 1992.

Willgerodt, H.; *Bartel*, K.; *Schillert*, U.: Vermögen für alle, Düsseldorf-Wien 1971.

Wistinghausen J.: Personalwesen als wissenschaftliche Disziplin, in: HWP, hrsg. v. Gaugler, E., Stuttgart 1975, Sp. 1720 ff.

Wistinghausen, J. : Soziale Betriebspraxis. Loseblatt-Sammlung, Neuwied o. J.

Witte, E.: Führungsstile, in: Handwörterbuch der Organisation (HdO), Hrsg. Grochla, E., Stuttgart 1973, Sp. 595-602.

Witte, E.: Zu einer empirischen Theorie der Führung, in: Unternehmungsführung. Festschrift für E. Kosiol, hrsg. von Wild, J., Berlin 1974.

Wöhe, G.: Einführung in die Allgemeine Betriebswirtschaftslehre, Berlin-Frankfurt/M. 1978.

Wohlgemuth, A.: Das Beratungskonzept der Organisationsentwicklung, Bern 1984.

Womack, J.P.; *Jones*, D.T.; *Roos*, D.: Die zweite Revolution in der Automobilindustrie. Die Konsequenzen der weltweiten Studie des Masachusetts Institute of Technological, Campus 1991.

Woodward, J.: Industrial Organizations: Theory and Practice, London 1965.

Wunderer, R.: Stichwort: Arbeitsplatzbeschreibung (Stellenbeschreibung), in: Management Enzyklopädie, Bd. 1, S. 357, München 1969.

Wunderer, R.: Personalwesen als Wissenschaft, in: Personal, Jg. 1975 (Beilage: Stichwort, S. 33 ff.).

Wunderer, R.: Personal-Controlling, in: Seidel, E.; Wagner, D.: Evolutionäre Intedependenzen von Kultur und Struktur der Unternehmung, Wiesbaden 1989, S. 243-257.

Wunderer, R.: Führungs- und personalpolitische Gedanken zum Übergang von der Plan- zur Marktwirtschaft, in: Eckardstein v., u.a. (Hrsg.): Personalwirtschaftliche Probleme in DDR-Betrieben, S. 146-155, München 1990.

Wunderer, R.: Mitarbeiterführung und Wertewandel - Variationen zum schweizerischen 3-K Modell der Führung, in: Bleicher, K./Gomez, W. (Hrsg.): Zukunftsperspektiven von der Organisation, Bern 1990, S 271-219.

Wunderer, R.: Laterale Kooperation als Selbststeuerungs- und Führungsaufgabe, in: Wunderer, R. (Hrsg.): Kooperation - Gestaltungsprinzipien und Steuerung der Zusammenarbeit zwischen Organisationseinheiten, Stuttgart 1991, S. 205-219.

Wunderer, R.: Die Personalabteilung als Wertschöpfungscenter - Ergebnisse einer Umfrage, in: Zeitschrift für Personalforschung 6. Jhg. 1992, S. 180 - 187.

Wunderer, R.: Vom Autor zum Herausgeber? - Vom Dirigenten zum Impressario - Unternehmenskultur und Unternehmensführung im Wandel, in: Ingold, F.; Wunderlich, W. (Hrsg.): Fragen nach dem Autor, Konstanz 1992.

Wunderer, R.: Führung des Chefs, in: Rosenstiel v., L, u.a.: Führung von Mitarbeitern, Stuttgart 1993, S. 237-258.

Wunderer, R.: Personal-Controlling, in: Strutz, Hans (Hrsg.): Handbuch Personalmarketing, Wiesbaden 1993, S. 135-146.

Wunderer, R.; *Grunwald*, W.: Führungslehre, 2 Bd., Berlin 1980.

Wunderer, R.; *Kuhn*, T.: Zukunftstrends in der Personalarbeit. Schweizerisches Personalmanagement 2000, Bern u.a. 1992.

Wunderer, R.; *Mittmann*, J.: Instrumente und Verfahren des Personal-Controlling, in: Personalführung, Jg. 1988, S. 177-182.

Wunderer, R.; *Sailer*, M.: Personal-Controlling - Eine vernachlässigte Aufgabe der Unternehmensführung, in: Controller-Magazin, 12. Jg. 1987, S. 223-228.

Würtele, G. (Hrsg.): Lernende Elite, Wiesbaden 1993.

Y

Yukl, G.A.: Leadership in organizations, Englewood Cliffs, N.J. 1989.

Z

Zalesnik, A.: Das menschliche Dilemma der Führung, Wiesbaden 1975.

Zander, E.: Personalprobleme bei Rationalisierung und Automation, Neuwied-Berlin 1967.

Zander, E.; *Knebel*, H.: Taschenbuch für Arbeitsbewertung, Heidelberg 1978.

Zander, E.: Handbuch der Gehaltsfestsetzung, Heidelberg 1980.

Zeidler, K.: Anforderungen an kaufmännische Führungskräfte, Frankfurt/M. 1972.

Zepf, G.: Kooperativer Führungsstil und Organisation, Wiesbaden 1972.

Zimmerer, C.: Das Personal als Aktivum und Passivum in der Bilanz, in: Neue Betriebswirtschaft, 20 Jg., Heft 3, 1967, S. 24-25.

Zülch, G.: Das Wertprinzip des Human Resource Accounting - Ansätze zu einer Personalvermögensrechnung, Teil 2, in: Fortschrittliche Betriebsführung-Industrial Engineering, 1976, Heft 2, S. 73.

Stichwortverzeichnis

A

Abschlußnormen 136
Abstimmungsproblem 505
Abwehraussperrung 141
Abwehrmechanismus 278; 520; 616; 642; 650f.; 651; 670; 748
Abweichungsanalyse 333
Abweichungskontrolle 328
Abwendungsmotiv 647
Aggression 651
Akkord
    Gedinge- 461
    Geld- 452
    Meister- 461
    Schätz- 453
    Stück- 452
    Zeit- 453
Akkordanpassung 471
Akkordlohn .... 452ff.
Akkordschneiderei 92; 435
Aktionsforschung 552
Akzeptanzwerte 681
Allgemeinen Deutschen Arbeiterverein ... 87
Allgemeinverbindlichkeitserklärung 134
Alternativenprämisse 829
Altersgrenze
    flexible 417
Altersstrukturhypothese 117
American Management Association
    (AMA) 883
Analyse potentieller Probleme 592
analytische Arbeitsbewertung .... 441ff.
Anforderungsprofil 288
Angestellten-Kündigungsgesetz 122
Angriffsaussperrung 141
Anhörungsrecht 146
Anpassungsfähigkeit 529
Anpassungsfortbildung 286

Anpassungsniveau 662
Anreiz-Beitrags-Theorie .... 613; 668f.
Ansatz
    dezentraler 78
    geozentrischer 78
    gleichheitstheoretischer 690
    gruppendynamischer 844
    humanistischer 690; 844
    inhaltstheoretischer 690
    prozeßtheoretischer 691
    psycho-analytischer 627
    systemtheoretischer 41
    typologischer (von Bruggemann) 692
    verhaltenswissenschaftlicher 41
    zentralistischer 78
Anspruchsniveau 584
Anthropometrie 425
Antinomie 581
Antipathie 378
Antriebsermüdung 430
Anwendungshemmnis 293
Appetenz-Appetenz-Konflikt 649
Appetenz-Aversions-Konflikt 649
Arbeitgeberverband 132
Arbeitnehmerschutzrecht .... 129ff.
Arbeitnehmerverband 132
Arbeitsablaufgestaltung
    zeitliche 182
Arbeitsanaylse
    Fragebogen zur 233
Arbeitsanforderungen 191
Arbeitsaufgabe 671
Arbeitsbedingungen 751
Arbeitsbereitschaft 411
Arbeitsbeschreibung 441
Arbeitsbewertung .... 439ff.
Arbeitsdirektor 159; 162
Arbeitsergebnis 702
Arbeitsermüdung 430

933

Arbeitsförderungsgesetz 283; 314
Arbeitsfreude
    Drang zur 751
Arbeitsgerichtsbarkeit .... 162f.
Arbeitsgesetzbuchkommission 123
Arbeitsgestaltung
    differentielle 190
Arbeitsgruppe
    selbststeuernde 844
Arbeitshygiene 425
Arbeitskampf 140
Arbeitskampfrecht .... 140ff.
Arbeitsmarkt
    externer 248
Arbeitsmarktbeobachtung .... 246ff.
Arbeitsmarktpolitik 172
Arbeitsmedizin 44; 180; 425
Arbeitspädagogik 426
Arbeitsphysiologie 44; 94; 425
    Institut für 44
Arbeitsplan 191
Arbeitsplatz 191
Arbeitsplatzgestaltung 181
Arbeitsplatzmethode 231
Arbeitsplatzsicherungsgesetz 314
Arbeitspsychologie 44; 426
Arbeitsrecht .... 121ff.
    individuelles .... 127ff.
    kollektives .... 131ff.
Arbeitsrichter 162
Arbeitsschutz 426
Arbeitsschutzbestimmung 122
Arbeitsschutzgesetz 426
Arbeitsschutzrecht 129
Arbeitsstruktur .... 180f.
Arbeitsstrukturierung .... 185ff.
Arbeitssynthese 180
Arbeitstätigkeit 702
Arbeitstechnologie 426
Arbeitsteilung 53; 501ff.; 796
Arbeitsverteilungskarte 192
Arbeitsvertragsrecht
    individuelles .... 127ff.

Arbeitswelt
    Humanisierung der 685
Arbeitswirtschaft 427
Arbeitswissenschaft 180; 425
arbeitswissenschaftliche Erhebungsver-
    fahren 233
arbeitswissenschaftliche Erkenntnisse .. 148
Arbeitszeit 296
    gleitende 417
    mitarbeitererforderliche 404
Arbeitszeitcontrolling .... 420ff.
Arbeitszeitflexibilisierung .... 414ff.
Arbeitszeitmanagement .... 412ff.
Arbeitszeitrecht .... 131; 410ff.
Arbeitszeitrechtsgesetz (ArbZRG) 410
Arbeitszerlegung 504
Arbeitszufriedenheit 684ff.; 702
Assessment-Center 217; 387
Assistent 290
Attitüde 823
Attraktivität 708
Attributionstheorie 627; 630; 632
Aufbauorganisation 197; 528
Aufgabe
    Ausführungs- 194
    Dienstleistungs- 71
    Entscheidungs- 193
    Richtlinien- 71
    Steuerungs- 194
Aufgabenanalyse 180
Aufgabenspezialisierung 44
Aufgabenstruktur 823
Aufgabenträger 213
Aufhebungsvertrag 312; 319
Aufsichtsrat 158; 159
Aufstiegsfortbildung 287
Auftragszeit 403
Ausbilder-Eignungs-Verordnung 426
Ausbildung 286
Ausbildungsprofil 288
Ausführungsaufgabe
    operative 194
Ausgleich des Grenznutzens 583

Ausnahmefall 798
Ausnahmeklausel 139
Aussagesystem 42
Ausschüttungs-Gewinnbeteiligung 485
Aussperrung .... 140ff.
Auswahlrichtlinie 296
Autokrat 818
autonome Arbeitsgruppe 811; 844
Autorität 608
   Fach- 608
   institutionelle 198
   Persönlichkeits- 608
   Positions- 608
Autoritätsmodell 271
Aversions-Aversions-Konflikt 650

B

bank-wiring-room-Experiment 95; 270; 472
Basisbereich 35
Basiswissenschaft 42
Basisziel 583
BDA-Formel 335
Bearbeitungszeit 403
Bedaux-Prämienlohn 460
Bedürfnishierarchie .... 654ff.
Bedürfnisse
   angeborene 646
   Defizit- .... 654f.
   physiologische 655
   sekundäre 646
   Sicherheits- 655
   soziale 655
   Wachstums- 654; 655
Befehlsautorität 803
Befolgungspflicht 128
Beförderung 319
Befragung 876
   schriftliche 878
Befriedigungs-Progressions-Hypothese 658
Belohnung 557; 702
   arbeitsextrinsische 689
   arbeitsintrinsische .... 685ff.
Benchmarking 232; 732

Beobachtung .... 874ff.
   aktiv-teilnehmende 876
   Fremd- 652
   naive 875
   passiv-teilnehmende 876
   strukturierte 875
   unstrukturierte 875
Beratungsrecht 146
Berufsanalyse 49
Berufsbild 283
Berufsbildung 149
Berufsbildungsgesetz 283
Berufsbildungssystem
   duales 286
Berufsgenossenschaft 129; 130
Berufskrankheiten 130; 265
Berufsspezialisierung 504
Beschaffungspotential 246
Bescheinigungswesen 318
Beschlußverfahren 163; 164
Beschwerderate 335
Beschwerderecht 276
Beschwerdeverfahren 151
Besetzungsplanung 219
Beteiligung .... 479ff.
Beteiligungsmodell 551
Beteiligungsrechte .... 146ff.
Betriebliches Vorschlagswesen ..... 388ff.
Betriebsänderung 150; 296; 312
Betriebsausschuß 145
Betriebsführung
   wissenschaftliche 89; 427; 751
Betriebsgestaltung
   soziale 722
Betriebsklima .... 451; 563; 646; 721f.
Betriebsmittelnutzung
   optimale 474
Betriebspsychologie 180
Betriebsrätegesetz 88; 122
Betriebssoziologie 180
Betriebssyndikalismus 157
Betriebsübungen 126
Betriebsvereinbarung 144; 151; 412

Betriebsversammlung 144
Beurteilung
   analytische 369
   freie 380
   gebundene 380
   Potential- 217
   summarische 369
Beurteilungsbogen 452
Beurteilungsergebnis 381
Beurteilungsfehler 378
Beurteilungsgrundsatz 296
Beurteilungsmaßstab 374; 381
Bewegungsstudium 181
Bewerberauswahl .... 252ff.
Bewerberfoto 256
Bewerbervorauswahl 254
Bewerbungsschreiben 254
Beziehungsebene 523
bilan social 355
Bildung .... 285f.; 385f.
Bildungsbedarf 287
Bildungshypothese 116
Bildungsplanung 172
Bildungsurlaub 114; 283
Bindestrich-Informatik 521
bottom-up-Prinzip 809
Boykott 140; 141
Bundesanstalt für Arbeitsschutz und
   Unfallforschung 118
Bundesarbeitsgericht 162
Bundesdatenschutzgesetz 321
Business-Reengineering .... 552ff.

C

CAD (Computer Aided Design) 513
Cafeteria-System 339; 845
CAM (Computer Aided Manufacturing) . 513
CAP (Computer Aided Planning) 513
CAQ (Computer Aided Quality
   Assurance) 514
case-study-method 291
change agent 552; 730; 844
Charisma 756

Clearingstelle
   zentrale 488
closed-shop-Betriebe 132
Collective-bargaining-Modell 433
Consideration 767
Coperate Identity 727
cost-saving-plan 485

D

Datenschutz 320
Datenschutzbeauftragter 321
Defizit-Bedürfnisse .... 654f.
Defizitwahrnehmungshypothese 117
Deist-Plan 489
Delegation
   Rücknahme der 797
Delegationsprinzip 795ff.; 850
Demonstrationsstreik 140
Dependenzmodell 615
Deutsche Gesellschaft für
   Personalführung 327
Deutsche-Angestellten-Gewerkschaft 88
Deutscher Gewerkschaftsbund 88
Deutsches Institut für
   Betriebswirtschaft 389; 812
development level 821
Dialogethik 58
DIB/MAM-Modell 812
Dienstaufsicht 803
Dienstbesprechung 803
Dienstgespräch 803
Dienstleistungsaufgabe 71
Dienstvertrag 450
Dienstweg 199; 563; 802
Differential-Stücklohn-System 92
Dilemma der Führung 789
Dilemma der Führungsforschung ..... 847ff.
Diskursethik 58
Dispositionsgrundsatz 163
Dispositionsmaxime 153
Disziplinarvorgesetzter 193
Dokumentation
   kulturelle 543

936

Dokumentationswesen 318
Dominanzprinzip
    der Planung 175
    des finanziellen Gleichgewichts 500
Dyade 629

E

Effektivität 674
Effizienz 342; 674
    sozial-psychologische 54
Effizienzmessung 242
Effizienzprämisse 829
Eigeninitiative 586
Eigenmotivation .... 675ff.
Eigenregelung 210
Eigenschaftstheorie 32; 628
Einfluß-Matrix-Management 205
Einheitsgewerkschaft 132
Einigungsstelle 148; 151; 152
Einkauf 575
Einliniensystem 200
Einsatzbedarf 224
Einstellung 317
Einwirkungspflicht 135
Einzelwirtschaftslehre
    arbeitsorientierte 40
Existenzfähigkeit 54
emanzipatorische Rentabilität 40
employee centered 767
Endauswahl 254; 257
Enkulturation 639
Entgeltabrechnung 320
Entgeltgerechtigkeit .... 436ff.
Entgeltpolitik 193ff.; 432
Entgelttarifvertrag 135
Entscheidungsanalyse 592
Entscheidungsaufgabe 193; 562
Entscheidungsgruppe 209
Entscheidungsmodell .... 833ff.
Entscheidungsprozeß 577
Entwicklung 870
Entwicklung des Personalwesens ..... 62ff.
Entwicklungsanalyse 255

Entwicklungsgrad 821
Entwicklungsplanung 220
Entwicklungsziel
    aufgabenbezogenes 220
Erfahrung 226; 520
Erfahrungswissen 589
Erfolgsbeteiligung .... 479ff.
Erfolgsethik 57
Erfolgskontrolle 292; 803
Erfüllungstheorie 685
Ergänzungsfortbildung 286
Ergebniskontrolle 292; 293; 599
Ergebnislohn 486
Ergonomie 94; 427
ERG-Theorie 657; 689
Erkenntnisobjekt 35; 36
Erkenntnistheorie 36
Erkenntnisziel 35; 41
Erklärungsansatz .... 626ff.
Ermessensspielraum 798
Ermüdung 264; 430
Ertragsbeteiligung 484
Erwartungskomponente 631
Erwartungstheorie 671
Erwartungs-Valenz-Modell 698
Erwartungs-Valenz-Theorie 666ff.; 691;
.... 698
Erwerbswirtschaftsprinzip 500
Ethik im Personalwesen .... 56ff.
Ethikbeauftragter, -berater 59
Europäisches Gemeinschaftsrecht 124
evolutionäre Sichtweise 196
Existenzberechtigung 55; 501; 580
Existenzfähigkeit 501; 580
Existenz-Minimum-Theorie 432
Experiment 880
    bank-wiring-room- 95; 270; 472
    Feld- 881
    Hawthorne- 97; 270; 396
    Labor- 881
    Mayo- 95
    selektives 880
Expertenmodell 551

Expertenwissen 557

F

face-to-face-Gruppe 706
Fachausbildung 286
Fachautorität 608
Fachgewerkschaft 132
Fachkompetenz 226
Fachstellen 205
Fachvorgesetzter 193
Fähigkeit 819
    Anpassungs- 529
    Funktions- 529
    Innovations- 529
    Integrations- 529
    Konfliktverarbeitungs- 529
    Problemlösungs- 529
Faktor
    dispositiver 31
    leistungsbestimmender 474
Faktorkombination 500
Fallmethode 291
Feiertagsarbeitsverbot 412
Feldexperiment 881
Fertigung
    schlanke 86; 95; 104; 174; 191;
    .... 207; 563; 841; 843; 855
Fertigungsauftrag 191
Fertigungssteuerung 191
Festlohn 464
Filtereffekt 586
Firmenwertmethode 347
Flexibilität 549; 564
Flow-Erlebnis 653; 673
Fluktuationsgrad 335
formale Gruppe 713
formale Organisation 531
Formalisierung 549
Formalisierungsgrad 562
Formalwissenschaft 35
Formalziel 55
Forschung
    angewandte 870

Forschungsgebiet des Personalwesen 44f.
Forschungsmethoden 35
Fortbildung .... 286ff.
Fragebogen 825
    biographischer 255
Freischicht-Modell 413
Freisetzungseffekt 103
Freistellung 145
Fremdbeobachtung 652
Fremdbildung 285
Fremdinitiative 586
Fremdkontrolle 599
Fremdmotivation .... 675ff.
Fremdregelung 210
Friedenspflicht 135; 144
Frühwarnsystem 593
Frustration .... 650f.
Frustrations/Regressions-Hypothese 657
Frustrationshypothese
    klassische 657
Frustrations-Progressions-Hypothese ...658
Führer
    informaler 619
Führung .... 497ff.
    mitarbeiterorientierte 285
    symbolische 711
Führungsansatz von Hersey und
    Blanchard .... 819f.
Führungsanweisung 801
Führungsaufgabe 51
    personenbezogene 560
Führungsautorität 202
Führungsbereich 577
Führungsduale 532
Führungselement 561ff.; 758
Führungsforschung 626ff.; 847
Führungsfunktion 53; 813
Führungsgrundsätze 802
Führungskonzept 813
    mitarbeiterbezogenes 841
Führungsmodell .... 795ff.
Führungsmodell von Reddin .... 815ff.
Führungsphase 813

Führungsposition 565ff.; 631
Führungsprozeß ....555ff.
Führungsstil ....560ff.
   idealtypischer..............................756ff.
Führungssubstitut 711
Führungssurrogat.................................711
Führungsubstitution
   Theorie der 632
Führungsverantwortung 797; 801; 850
Führungsverhalten ....744ff.
   Ausprägung des...........................766ff.
   situationsbezogenes ....815ff.
Funktionendiargramm ....213f.
Funktionsgliederungsprozeß 65
Funktionsmeistersystem 91; 201; 427
Funktionsspezialisierung 66; 504
Fürsorgepflicht 129; 142; 317

G

Gedinge-Akkord 461
Gegenmacht
   kooperative 156
Gehaltstarifvertrag 135
Geheimcode 257
Gehirndominanz...................................638
gelbe Gewerkschaft 87;157
Geldakkord 452
Genetiker..747
Genfer Schema........................... 442; 448
Genossenschaftssozialismus 86
Gerechtigkeitstheorie 685
Gericht
   Arbeits-...162
   Bundesarbeits-.................................162
   für Arbeitssachen............................162
   Landesarbeits- 162
Gesamtaufgabe 64
Gesamtbetriebsrat 145
Gesamtkosten......................................237
Gesamtpersonalkosten 237
Gesetz
   Angestellten-Kündigungs- 122
   Arbeitsförderungs- 283; 314
   Arbeitsgerichts-................................162
   Arbeitsplatzsicherungs- 314
   Arbeitsschutz-..................................426
   Arbeitszeitrechts- (ArbZRG) 410
   Berufsbildungs-................................283
   Betriebsräte-..............................88; 122
   Betriebsverfassungs- 88; 100; 631
   Bundesdatenschutz-........................321
   Hilfsdienst- 88
   Jugendarbeitsschutz- 295
   Kinderschutz-...................................122
   Kündigungsschutz-..........................314
   Maschinenschutz- 118
   Mitbestimmungs-......................159; 160
   Montanmitbestimmungs- 160
   Schutz-...296
   Schwerbehinderten- 122; 295; 314
   Schwerbeschädigten-......................122
   Tarifvertrags- 133
Gesetzesethik 58
Gesinnungsethik 58
Gesprächsautorität 803
Gesprächsrunde
   sozialpolitische 170
Gestaltungsproblem 34
Gestaltungsrahmen
   rechtlicher .... 121ff.
Gesundheitsdienst...............................265
Gesundheitsschutz..............................411
Gewaltenteilung 143; 158
Gewerbeordnung 122; 125
Gewichtungsfaktoren...........................445
Gewinnbeteiligung
   Ausschüttungs- 485
   Substanz-...486
   Unternehmungs- 486
Gewohnheitsrecht 126; 327
Glaubensethik 58
Gleichbehandlung 62; 296
Gleichheit der Waffen 140
Gleichheitstheorie................. 435; 669; 691
Gleitze-Plan...489
Goossen'sches Gesetz 583

Graphologie 259
Great-Man-Ansatz 32
Grenznutzen-Gesetz 655
GRID-Institut 773
GRID-Modell 778
GRID-Verhaltensgitter 856
Grundeinstellung
    geistige .... 82f.
Grundsätze der Personalpolitik .... 60f.
Grundsatz der Gegnerfreiheit 131
Grundsatz der Unmittelbarkeit 153
Grundzeit 404
Gruppe
    autonome 188
    Entscheidungs- 209
    face-to-face- 706
    formale 713
    informale 95; 713
    Intim- 706
    Primär- 706
    Problemlösungs- 706
    Psycho- 706
    Sekundär- 706
    selbststeuernde 719
    teilautonome 188
    überlappende 209
    vermaschte 208
Gruppenarbeit 564; 841
Gruppenarbeitskonzept 549
Gruppendiskussion 291
Gruppenentlohnung 472
Gruppengröße 706
Gruppenklima 563
Gruppenneutralitätsprämisse 828
Gruppennorm 96; 709
Gruppenschutz 161
Gruppentheoretiker 738
Gruppenziel 709
Günstigkeitsprinzip 128; 137; 139
Güteprämie 461
Güteverhandlung 163

H

Hackordnung 710
Halbwertzeit des Wissens 280
Halo-Effekt 378
Halsey-Prämienlohn 461
Handlungsethik 57
Handlungskompetenz 226
Handlungspflicht 128
Handlungsverantwortung 796; 797;
    .... 801; 850
Harmonisierungskonzept 130
Harzburger Modell 585; 797; 800; 805;
    .... 840; 856; 860
Haupttätigkeit 405
Haustarifvertrag 134
Havard-Business-School 291
Hawthorne-Experimente 97; 270; 396; 455;
    .... 658; 705; 710; 738; 880
Hawthorne-Studie 472
headship 626
Hermeneutik 43
Herrschaft 608
    charismatische 615
    legale 615
    legitime 615
    traditionelle 615
Hierarchie der Gruppen 206
Hierarchieeffekt 379
Hilfsdienstgesetz 88
Hilfswissenschaft 42
Höchstarbeitszeit 411
homo oeconomicus 33; 91; 93; 434;
    .... 598; 736
Humanistischer Ansatz 844
human-relations-Ansatz 738
human-relations-Betrachtung 738
human-relations-Bewegung 97; 99;
    .... 685; 852
human-relations-Schule 279; 696; 697
human-relations-Techniken 98
human-resource-Konzept 738
Humanvermögensrechnung 324

Hygienefaktor 435; 659; 690
Hypothesen..
   Altersstruktur- 117
   Befriedigungs-Progressions- 658
   Bildungs- 116
   Defizitwahrnehmungs- 117
   Frustrations/Regressions- 657
   Frustrations-Progressions- 658
   Multiplikatoren- 117
   Nebenwirkungs- 117
   Sozialisations- 117
   Struktur- 117
   Wohlfahrts- 117

I

Idealtypische Führungsstile ....733ff.
Ideenmanagement ....399f.
Identifikation.................. 557; 633; 650
incident-case-method..........................291
Individualisierung im Personalwesen ...61ff.
Individualplanung ....179; 215ff.
Individualtheoretiker 738
induktiv 869
Industrial Social Psychology................427
industrial-engineering 180
Industrialisierung...................................82
informale Gruppe 713
informale Organisation 531
Information.......................................515ff.
Informationsfluß 563
Informationskonflikt 268
Informationsprozeß ....515ff.
Informationsrecht 146
Informationsverzerrung........................204
Inhaltsnormen 136
Inhaltstheorie ....654ff.
inhaltstheoretischer Ansatz 690
Initiating structure................................767
Initiative
   vorschlagende 586
Initiativpflicht 585
Initiativrecht................................ 148; 585
Innovationsfähigkeit 529

Institut für Arbeitsmarkt- und
   Berufsforschung................................111
Institutionalisierung des
   Personalwesens............................. 64ff.
Instrumentalität....................................702
Integration 579
Integrationsfähigkeit 529
Intelligenz der Organisation .... 541f.
Intelligenztest......................................252
Interaktionsanalyse 718
Interessenausgleich...................150; 313
Interessenberücksichtigung.................. 46
Internationale Arbeitsorganisation (IAO)124
Interrollenkonflikt 267
Interview .... 876ff.
Intimgruppe 706
Intrarollenkonflikt 268
Introspektion 652
Intuition 593
Ist-Zeit...406

J

Job Description Survey........................687
job-enlargement 188; 549
job-enrichment 188; 549
job-hopping 753
job-rotation 187; 263; 290; 294; 549; 754
job-sharing 309; 418
Jugendarbeitsschutzgesetz.................295
Jugendvertretung 145
just-in-time 104; 506

K

Kaizen-Prinzip 209
Kampfstreik...140
kan-ban-System 191
Kapitalbeteiligung ....479; 491ff.
Kapitalgeber..580
Karriereplanung
   individueller..289
katholische Soziallehre 45
Kausalattribution 632
Kausalitätsprämisse 828

Kennzahlenmethode 231
Kennzahlensystem 329
Kepner-Tregoe-Methode 594
Kernaufgaben 71
Kinderschutzgesetz 122
Kluft
    qualifikatorische 101
Koalitionsfreiheit 87; 131
Koalitionspluralismus 132
Koalitionsrecht .... 87; 131ff.
Koalitionssystem 132
Koalitionsverbot 87; 122
Kognitive Ressourcen-Theorie .... 829ff.
Kohäsion 557; 708; 711; 768
Kommunikation .... 515ff.
Kommunikationsprozeß .... 522ff.
Kompensation 650
Kompensationsmodell 184
Kompetenz 558; 821
    Fach- 226
    Handlungs- 226
    Methoden- 227
    Sozial- 227
    soziale 512
    Werte- 227
Konferenzmethode 291
Konfiguration 549; 563
Konflikt .... 266ff.
    Appetenz-Appetenz- 649
    Appetenz-Aversions- 649
    Aversions-Aversions- 650
    Informations- 268
    Interrollen- 267
    Intrarollen- 267; 268
    Mehrpersonen- 274
    struktureller 267
    strukturinduzierter 270
    Verhaltens- 267
    verhaltensinduzierter 271
    Verteilungs- 267
Konflikthandhabung 262; 608
Konfliktintensität 274
Konfliktmanagement 278

Konfliktprophylaxe 278
Konfliktverarbeitungsfähigkeit 529
Konkurrenz 580
Können 226; 284
Konsensprinzip
    negatives 146
Konsultationsaufgabe 71
Kontaktstudienlehrgänge 290
Kontingenzmodell 630; 821ff.; 840
Kontinuität 528
Kontraktlohn 465
Kontrollakte 804
Kontrolle
    Abweichungs- 328
    Erfolgs- 292; 803
    Ergebnis- 292; 293; 599
    Fremd- 599
    Kosten- 292
    Selbst- 599
    soziale 510
    Verfahrens- 293; 599
    Zieldaten- 328
Kontrollpflicht 804
Kontrollphase 598
Kontrollplan 804
Kontrollspanne 198
Kontrollsystem 808
Konversion 650
Konzernbetriebsrat 145
Kooperation 580
Koordination 53; 502; 506ff.; 796
Koordinationsfunktion 498
Korridor
    tarifvertraglicher 139
Kostenermittlung 191
Kostenersparnisbeteiligung 483
Kostenkontrolle 292
Kostenplanung 236
Krelle-Plan 489
kritischer Rationalismus 547
Kundenorientierung 841
Kündigung 319
    innere 269; 678

Kündigungsschutzgesetz 314
Kündigungsschutzklage 163
Kurzarbeit 309; 415

L

Laborexperiment 881
laissez faire Stil 758
Landesarbeitsgericht 162
Langzeitgedächtnis 520
Laufbahnplanung ....219ff.
LBCQ (Leader Behavior Description
 Questionnaire) 766
leadership 626
lean-management 86; 95; 104; 174; 191;
 ....207; 563; 841; 843; 855
Least Prefered Coworker 822
Lebenszeitberufes 286
Leber-Kompromiß 414
Lehrgebiet des Personalwesen ....44f.
Leistung 684
Leistungsangebot 430
Leistungsbedürfnis 662
Leistungsbereitschaft 262; 265ff.; 353
Leistungsbeteiligung 483
Leistungsdisposition 353; 430
Leistungsfähigkeit 262; 263ff.; 353; 430
Leistungsgrad 407f.; 456
Leistungsgröße 790
Leistungshemmnisse 265
Leistungslohnsystem 472
Leistungsorientierung 767; 849
Leistungsprinzip 137
Leistungstest 252
Leistungsverweigerungsrecht 151
Leistungswilligkeit 431
Leiten 560
Leitungsaufgabe 53
 sachbezogene 51; 560
Lernen
 lebenslanges 287
lernende Mitarbeiter 532; 550; 581
lernendes Unternehmen 539
Lernfeld 293

Lerntheorie 627; 632; 633; 642
Lerntransfer 293
Linienorganisation 198; 208
linking pins 207
Logotherapie 752
Lohn
 Fest 464
 indirekter 326
 Kontrakt- 465
 Pensum- 465
 Programm- 465
 Qualifikations- 466
 Standard- 465
 Vertrags- 465
Lohnform ....449ff.
Lohngerechtigkeit .... 436ff.
Lohngrundniveau 434
Lohnhöhe
 absolute 433
 relative 433
Lohnkonstanten 484; 485
 Verfahren der 485
Lohnrahmen 440
Lohnrunde
 zweite 158
Lohnsatz .... 425ff.
Lohnsystem
 Proportional- 484
Lohntarifvertrag 135
Lohntheorie 432
Lokomotionsfunktion 557; 711
long-life-learning 114
LOQ (Leadership Opinion
 Questionnaire) 766
LPC-Wert 822
Lücke
 strategische 579

M

Macht der Stäbe 202
Machtausgleich 624
Machtausübung 387
Machtbändigung 624

943

Machtbasenmodell .... 610ff.
Machtbeschränkung 624
Machtbeziehung 616
Machtinhaber 608
Machtinteressen 608
Machtmensch 733
Machtmodell 271
Machtpotential 608; 611
Machtteilung 624
Machttheorie .... 609ff.
Management
   Einfluß-Matrix- 205
   lean- 86; 95; 104; 174; 191
   .... 207; 563; 841; 843; 855
   Projekt- 204
   scientific- 89; 92; 93; 95; 97; 705
   Symbolic- 543
   total quality- 841
   virtuelles- 506
Management by Alternatives 843
Management by Breakthrough 843
Management by Control and Direction .. 843
Management by Decision Rules 844
Management by Delegation 796f.; 856
Management by Exception .... 798f.
Management by Innovation 843
Management by Kommunikation und
   Partizipation 844
Management by Objectives 806f.; 811; 856
Management by Results 843
Management by Selfcontrol
   and Example 843
Management by Systems 810; 843
Management by Techniken 855
Managementprozeß .... 569ff.
managerial-grid .... 769ff.
Manipulation 613
Manteltarifvertrag 135
Maslow-Pyramide .... 654ff.
Massenentlassung 312
Maßnahmenplanung .... 179; 221ff.
Matrix-Organisation 201; 204
maturty level 821

Mayo-Experiment 95
Mehrarbeit 309; 415
Mehrfachunterstellung 91; 201
Mehrliniensystem 200
Mehrpersonenkonflikt 274
Meinungsgröße 791
Meisterakkord 461
Mengenprämie 460
Menschenbild .... 733ff.
Menschenrechtskonvention des
   Europarates 124
Menschenwürde 124
Merkmale
   systemindifferente 500
Meta-Information 525
Methode
   case-study- 291
   deduktive 44
   deskriptive 43
   Fall- 291
   historische 43
   incident-case- 291
   induktive 44
   Kennzahlen- 231
   Kepner-Tregoe- 594
   POKO- 637
   Simplex- 298
   subjektive 288
   Versuch-Irrtum- 588
   Vorfall- 291
   Vorlesungs- 290
Methoden des Personalwesen .... 43f.
Methodenbank
   personalwirtschaftliche 331
Methodengebundenheit 661
Methodenkompetenz 227
Methodenstreit 44
Methods-Time-Measurement 407
Milieutheoretiker 747
Mißtrauensmanagement 678
Mitarbeiterbesprechung 802
Mitarbeiterbeteiligung .... 479ff.
Mitarbeitergespräch 802

Mitarbeiterinformationswesen 317
Mitarbeiterorientierung 767; 849
Mitarbeiterverhaltensgitter 777
Mitbestimmung 100
   obligatorische 148
Mitbestimmung auf Betriebsebene ....143ff.
Mitbestimmung auf
   Unternehmensebene .... 158ff.
Mitbestimmungsgesetz 159; 160
Mitdirektionsrecht 143; 150
Mittagsmüdigkeit 430
Mobbing 273; 525; 625
Mobilität
   horizontale 287
Modell
   Autoritäts- 271
   Beteiligungs- 551
   Bürokratie- 805
   Collective-bargaining- 433
   Dependenz- 615
   des Idiosynkredits 710
   DIB/MAM- 812
   Entscheidungs- ....833ff.
   ergebnisorientiertes 841
   Erwartungs-Valenz- 698
   Experten- 551
   Freischicht- 413
   Gedanken- 589
   Harzburger-585; 797; 800; 805; 856; 860
   Kompensations- 184
   Kontingenz- 630; 821ff.; 840
   Kraft- 666
   Lern- 594
   Macht- 271
   Machtbasen- 610
   ökonometrisches 228
   Ottobrunner- 413
   Planungs- 594
   Prozeßbegleitungs- 551
   reales 589
   relationales 609
   St. Galler 840; 856
   strukturbestimmtes 841

   System- 271
   Valenz- 666
   verfahrensbestimmtes 841
   Verhandlungs- 271
   Verstärker- 188
   Visions- 594
   zielorientiertes 841
Modell der Unternehmungskultur 844
Modellansatz
   vorgesetztenzentrierter 841
Montanmitbestimmungsgesetz 160
Motivformen .... 643ff.
Motivation 819
Motivation im Unternehmen .... 675ff.
Motivationslehre .... 643ff.
Motivations-Maintenance-Th. 658ff.; 690
Motivatoren 659
Motivbündel 649
Motive
   extrinsische 265
   intrinsische 265
Motivkonflikt 702
Multimoment-Verfahren 408
Multiplikatorenhypothese 117
Mußziele 592

N

Nachfolgeplanung 219
Nachtarbeit 411
Nebentätigkeit 405
Nebenwirkungshypothese 117
Nettoertragsbeteiligung 484
neutraler Mann 160
Nichtleistungs-Zeiten 457
Nomogramme 463
Normalgewinn 348
Normalleistung 464
Normalverteilung 379
Normstrategien
   Portfolio- 579
NPI-System 856

O

Objektbereich 35; 36
Öffnungsklausel 152; 412
Öko-Bericht 86
OGI-Kontingenz-Konzept 48
Opportunismus 774
optimum workforce mix 423
Optionen
    tarifvertragliche 139
Ordnung
    hierarchische 195
    psychotele 711
    soziale 711
Ordnungsnorm 136
Organisation 526ff.; 577; 671; 795
    Aufbau- 197; 528
    formale 527; 531
    informale .... 531f.
    lernende 532; 550
    Linien- 198
    Matrix- 201; 204
    Projekt- 204
    Selbst- 195
    tariffähige 141
Organisation des Personalwesen ...... 73ff.
Organisationsänderungen 546
Organisationsentwicklung .... 546ff.
Organisationsform
    systemorientierte 843
Organisationsgrad 561
Organisationsinseln 798
Organisationsklima .... 721ff.
Organisationskultur .... 531; 721; 725ff.
Organisationspsychologie 54
Organisationssoziologie 54
Organisationsstruktur 531
Organisationstyp K 844
Organisationstyp Z 755
Organizational Development 547
Organizational Intelligence 541
Ottobrunner-Modell 413
Outplacementunterstützung 314

P

Paar-Vergleich 380
Pathologie der Führung 623
Partizipation 778
Pausenregelung 264; 296
Pensumlohn 465
Personaladministration 320
Personalakte 151; 323
Personalanwerbung .... 245; 249ff.
Personalarbeit
    Wirtschaftlichkeit der 342
Personalauswahl .... 245ff.
Personalbedarf .... 193; 223ff.
Personalbeschaffung .... 193; 245ff.
Personalbeschaffungsplanung 235
Personalbetreuung 262f.; 317
Personalbeurteilung .... 365ff.
Personalbindung .... 259ff.
Personal-Controlling .... 241f.; 358ff.
Personaldatenbank 331
Personaleinführung .... 259ff.
Personaleinsatz 193; 236; 294ff.; 318
Personaleinstellung 316
Personalentwicklung ..... 193; 235; 280ff.
Personalerhaltung .... 235; 261f.
Personalerhaltungsmaßnahmen
    korrektive 261
    präventive 261
Personalforschung .... 867ff.
Personalfragebogen 252; 296
Personalfreisetzung 319
Personalfreistellung 236
Personalführungsaufgaben 64
Personalinformationssystem 329
Personalkennzahlen .... 332ff.
Personalkosten
    Gesamt- 237
    investive 324
Personalkostenerfassung .... 324ff.
Personalkostenmethode
    effizienzgewichtige 348
Personalkostenplanung .... 237ff.

Personalleistungsdaten	333	Staatssekretäre-	488
Personalmanagement	38	Planspiel	291; 881
Personalmarketing	38	Planung	577
Personalorganisation	39	Besetzungs-	219
Personalpflege	340f.	Dominanzprinzip der	175
Personalplanung	149; 169ff.	Entwicklungs-	220
Grundsätze der	169	Individual-	179; 215
strukturbestimmende	179; 180ff.; 296; 795	Maßnahmen-	179; 221
		Nachfolge-	219
Personalpolitik	38	Programm-	221
wertorientierte	843	rollende	221
Grundsätze der	60f.	Stellenbesetzungs-	219
Personalrechnungswesen	324	Ziel-	221
Personalstatistik	315; 332ff.	Planungsmentalität	172
Personalüberdeckung	305ff.	Planungsmodell	594
Personalverwaltung	39; 315ff.	Planungsproblem	505
Personalwirtschaft	37; 38	Planungsteam	209
Persönlichkeitsautorität	608	POKO-Methode	637
Persönlichkeitsentfaltung	124	Polaritätenprofil	783ff.; 862
Persönlichkeitsprämisse	828	Portfolio-Normstrategien	579
Persönlichkeitsstruktur	635f.	Position Anayslsis Questionnaire	233
Persönlichkeitstest	252	Positionsautorität	608
Pflicht		Positionsmacht	823
Befolgungs-	128	Potentialbeurteilung	217
Friedens-	144	PPS (Produktionsplanung und - steuerung)	514
Fürsorge-	129; 142	Prämienentlohnung	458ff.
Handlungs-	128	Prämienkurve	459
Treue-	128; 142	Prämienlohn	
Unterlassungs-	128	Bedaux-	460
Verschwiegenheits-	128	Halsey-	461
Pflichtwerte	681	Rowan-	459
Phasenmodell	845	Prämisse	
Physiokraten	84	Alternativen-	829
PIMS-Studien	541	Effizienz-	829
Pittsburgh-Studie	435; 659	Gruppenneutralitäts-	828
Plan		Kausalitäts-	828
cost-saving-	485	Persönlichkeits-	828
Deist-	489	Rationalitäts-	828
Gleitze-	489	Situationsbeschreibungs-	828
Krelle-	489	Präventivboykott	141
Rucker-	485	Primärgruppe	95; 706
Scanlon-	485	Prinzip des Ausnahmefalls	798
Schueller-	485		

Probezeit 260
Problemanalyse 592
Problemaufgliederung 589
Problemerkennung 313; 585
Problemlösungsfähigkeit 529
Problemlösungsgruppe 706
Problemlösungsmaßnahme 585
production centered 767
Produktivitätsbeteiligung 483
Produkt-Matrix 579
Profitcenterprinzip .... 358ff.
programmierte Unterweisung 291
Programmierung
    heuristische 589
    verzweigte 291
Programmlohn 465
Programmplanung 221
Projektmanagement 203
Projekt-Organisation 204
Prophezeiung
    selbsterfüllende 521; 629; 880
Proportional-Lohnsystem 484
Prozeß 554
Prozeßbegleitungsmodell
    moderatorengestütztes 551
Prozeßtheorie .... 665ff.
prozeßtheoretischer Ansatz 691
Psycho-Gruppe 706
Psychologie
    humanistische 654; 738

Q

Qualifikationslohn 466
Qualitätszirkel 208; 719

R

Rahmentarifvertrag 135
Randbelegschaft 157
Rangreihenbildung 444
Rangreihenverfahren 377; 444
Rationalisierung 651
    biologische 94
Rationalisierungsschutzabkommen 114

Rationalismus
    kritischer 547
Rationalitätsprämisse 828
Realisationsphase 598
Realwissenschaft 35
Recht
    Anhörungs- 146
    Arbeitsschutz- 129
    Beratungs- 146
    Informations- 146
    Initiativ- 148
    Leistungsverweigerungs- 151
    Mitdirektions- 150
    Widerspruchs- 146
rechtlicher Gestaltungsrahmen .... 121ff.
Rechtsstreitigkeit 152
REFA-Normalleistung 408
REFA-Verband 44
Regelkreis
    kybernetischer 593; 810
    vermaschter 811
Regelung
    betriebsverfassungsrechtliche 296
    Eigen- 210
    Fremd- 210
Regelungsstreitigkeit 152
Regression 651
Regressionsrechnung 228
Reifegrad 819
Reiz-Reaktions-Theorie 665
Relatedness 657
Rentabilität
    emanzipatorische 40
Repressivboykott 141
Reservebedarf 224; 232
Resignation 651
Richterrecht 126; 140
Richtlinienaufgabe 71
Richtungsgewerkschaft 132
Risikofaktorenkonzept 130
Risikopersonenkonzept 131
Rohertragsbeteiligung 484
Rollenklarheit 702

Rollenüberladung 268
Rollenunklarheit 268
Rollenverteilung 713
Rowan-Prämienlohn............................ 459
Rückdelegation 797; 801
Rucker-Plan....................................... 485
Ruhepause 411
Ruhestand
    vorzeitiger 311
Ruhezeit.. 411

S

Sachaufgabenorientierung 767
Sachziel 54; 55
Sanktionsgewalt.................................. 276
Sanktionsmöglichkeit 557
Santa-Clara-Bandbreitenmodell............. 416
SBD (Supervisory Behavior Description)766
Scanlon-Plan 485
Schätzakkord..................................... 453
Schichtarbeit.................................. 411ff.
Schichtplan 298
Schlichtungsabkommen 135
Schlichtungsautonomie 143
Schmiergeldverbot 128
Schueller-Plan.................................... 485
Schutzgesetz 131; 296
Schweizerische Arbeitsgemeinschaft
    Vorschlagswesen............................ 389
Schweizerische Gesellschaft für Ideen-
    management und Vorschlagwesen ..389
Schwerbehindertengesetz 122; 295; 314
Schwerbehinderter.............................. 296
Schwerbeschädigtengesetz.................. 122
Schwerpunktstreik............................... 140
scientific management 89; 92; 93; 95;
    .... 97; 99; 705
Sekundärgruppe 706
Selbstbestimmung 190
Selbstbeurteilung 381
Selbstbildung 285
Selbstentfaltungswerte......................... 681

selbsterfüllende Prophezeiung..... 521; 629;
    880
Selbstkontrolle.................................... 599
Selbstorganisation..................... 195; 527ff.
Selbstregulation 189
Selbstregulierungsfähigkeit................... 513
selbststeuernde Arbeitsgruppe 811; 844
Selbststeuerung 188
Selbsttäuschung................................. 652
Selbstverwaltung................................. 190
Selbstverwirklichung............. 654; 655; 738
self-fulfilling-prophecy 521; 629; 880
Sicherheitsbedürfnisse 655
Sicherheitsschutz 411
Sicherheitstechnik............................... 264
Sichtweise
    evolutionäre 196
7-S-Konzeption................................... 844
Simplexmethode 298
Simulation 881
Simultaneous Engineering.................... 506
Situationsanalyse 591
Situationsbeschreibungsprämisse 828
SIR-Theorie..................................... 665f.
Skalenverfahren 377
Solidaritätsstreik................................. 140
Solidarnorm....................................... 136
Soll-Zeit..................................... 406; 408
Sonderlohnformen........................... 464ff.
Sozialbilanz 86
sozialer Aufbruch.................................. 85
Sozialfond 489
Sozialisationshypothese 117
Sozialisationsprozeß 285
Sozialkompetenz 227
Sozialmedizin 425
Sozialplan................................... 150; 313
Sozialpolitik
    staatliche 88
Sozialpsychologie............................... 427
Sozialreform.. 85
Sozialstaatsklausel............................. 100
Sozialwesen............................. 316; 336ff.

Soziogramm 718
Spezialisierung 549; 563
Springersystem 188
St. Galler Modell 840; 856
Staatssekretäre-Plan 488
Stabilität 528
Stammbelegschaft 157
Standardisierung 549; 564
Standardlohn 465
Status 711
   organisatorischer 711
   sozialer 711
Statussymbol 611; 711
Stellenausschreibung
   innerbetriebliche 296
Stellenbeschreibung 193f.; 801; 808
Stellenbesetzungsplanung 219
Stellendatenbank 331
Stellvertretungsregelung 297
Steuerungsaufgabe
   personelle 194
Stilflexibilität 819
Stiltreue 819
stochastisch 500
Streikformen ....140f.
Streikbrecher 142
Streßinterview 258
Streß-Schwelle ....650f.
strukturbestimmende Personalplanung 179; 180ff.;296; 795
Strukturhypothese 117
Stückakkord 452
Studiengänge
   interdisziplinäre 33
Stufenverfahren 444
Subsidiaritätsfunktion 336
Substanzgewinnbeteiligung 486
Substitution
   menschlicher Arbeit 307
summarische Arbeitsbewertung ....439ff.
Symbolic Management 543
Synergieeffekt 502; 541; 579; 716

System
   Einlinien- 200
   kybernetisches 598
   Mehrlinien- 200
   produktives soziales 500
Systemgestaltung 510
Systemmodell 271
Systemsteuerung 509
Sytemgestaltung 506

T

Tagesleistung 464
Tagesrhythmus 264
Tarifautonomie 121; 132; 135; 136
Tariffähigkeit 134
Tarifgebundenheit 134
Tarifpolitik 103
Tarifregister 134
Tarifvertrag 133
   Entgelt- 135
   Flächen- 137
   Gehalts- 135
   Geltungsbereich des 137
   Haus- 134
   Lohn- 135
   Mantel- 135
   Rahmen- 135
   Verbands- 134
   Werks- 134
Tarifvertragsfunktion 133
Tarifvertragsrecht ....133ff.
Task Forces 204
Tätigkeitsanalyse 49
Tätigkeitsbeschreibung 191; 192
Tavistock-Institut 549
Team 715
Teamhierarchie ....208f.
Teamspirit 715
Teamvermaschung 209
Teamwork 715
Technik
   human-relations- 98
Teilzeitarbeit 416

Tendenzbetrieb 144; 160
Terminplanung 191
Test
   Intelligenz- 252
   Leistungs- 252
   Persönlichkeits- 252
   soziometrischer 825
Theorie
   Anreiz- 698
   Anreiz-Beitrags- 613; 669
   Attributions- 627; 630; 632
   Eigenschafts- 628
   Erfüllungs- 685
   ERG- 657; 689
   Erwartungs- 671
   Erwartungs-Valenz- 666ff.; 691; 698
   Existenz-Minimum- 432
   Fiedlersche kognitive Ressourcen- ... 830
   Gerechtigkeits- 685
   Gleichheits- 435; 669f.; 691
   Inhalts- .... 654ff.
   Lern- 627; 632; 633
   Lohn- 432
   Motivations-Maintenance- 658ff.; 690
   nichtrelationale 609
   Organisations- 751
   Prozeß- .... 665ff.
   psychoanalytische 633
   Reiz-Reaktions- 665
   relationale 609
   Reserve- 289
   SIR- 665
   Unstimmigkeits- 685
   Weg-Ziel- .... 631;670f.
   X-Y- 633; 749; 854
   Zielsetzungs- 674
   Zwei-Faktoren- 697
Theorie der Führungssubstitution 632
Theorie der gelernten Bedürfnisse 633
Theorie der kognitiven Dissonanz 691
Theorie des Anspruchsniveaus 583
Theorie des operanden Lernen 633
Theorie des sozialen Vergleichs 690

Theorie X 749
Theorie Y 750
Theorie Z .... 753ff.
total quality management 841
trail and error 713
Trainee-Programm 290
Transaktionskosten 58
Trendextrapolation 228
Treuepflicht 128; 142; 336
typologischer Ansatz von Bruggemann .692

U

Überstrahlungs-Effekt 378
Übungsübertrag 430
Umsatzbeteiligung 484
Unfallschutz 130; 264
Unfallverhütung 152
Unfallverhütungsvorschriften 339
Unfallversicherungsträger 130
Ungewißheitsabsorption 524
Union-Shop-Klausel 132
Unstimmigkeitstheorie 685
Unterlassungspflicht 128
Unternehmen
    lernendes 539
Unternehmensanalyse 575
Unternehmensdatenbank 331
Unternehmensethik 56
Unternehmensgeist 262
Unternehmensleitbild 577f.; 813
Unternehmensleitung 580
Unternehmenspolitik 577
Unternehmungsgewinnbeteiligung 486
Unternehmungskonzept 813
Unternehmungskultur
    Modell der 844
Unternehmungsphilosophie 807
Unterweisung
    programmierte 291
Urlaubsplan .... 296f.
Urteilsverfahren 164

V

Valenz 666
Valenzkomponente 631
Valenzmodell 666
Value Orientation 843
Veränderungshelfer 552
Verantwortung 686
Verbandsflucht 138
Verbandstarifsystem 134; 138
Verbesserungsvorschlag 388
Verbot des Durchregierens 801
Verhalten
    menschliches .... 643ff.
Verdrängung 651
Verfahren
    Multimoment- 408
    Stufen- 444
    Rangreihen- 377; 444
Verfahrenskontrolle 293; 599
Verfahrensleitsätze 52
Vergleichen und Schätzen 410
Vergleichsverfahren 143
Verhaltensanstrieb 702
Verhaltensergebnis
    Analyse 652
Verhaltensgitter 769ff.; 856
Verhaltensgröße 791
Verhaltenskonflikt 267
Verhaltensweise
    generelle 578
Verhältniswahl 161
Verhandlungsgrundsatz 163
Verhandlungsmandat
    indirektes 137
Verhandlungsmodell 271
    offenes 467
Vermittlungsausschuß 162
Vermittlungsverfahren 143
Versammlungsfreiheit 124
Verschiebung 650
Verschwiegenheitspflicht 128
Verstärker-Modell 188
Versuch-Irrtum-Methode 588
Verteilungskonflikt 267
Verteilzeit 404
Vertragslohn 465
Vertriebssystem 575
Vier-Faktorensystem von Likert .... 781f.
Visionsmodell 594
Völkerrecht 124
Vollstreik 140
Vorbildmacht 622
Vorgabevergleichsverfahren 377
Vorgabezeit 453
Vorgesetzten Mitarbeiter-Beziehung 825
Vorgesetzter
    Disziplinar- 193
    Fach- 193
    paternalistischer 98
Vorlesungsmethode 290
Vorschlagswesen
    betriebliches .... 388ff.
Vorstellungsgespräch 258
Vorurteil 378
vorzeitiger Ruhestand 311

W

Wachstum 579
    mutatives 65
Wachstumsbedürfnisse 654; 655
Wandel
    geplanter organisatorischer 547
Warnstreik 140
Weg-Ziel-Theorie .... 631; 670ff.
welfare-Bewegung 86; 87
werksärztlicher Dienst 339
Werksergebnis 486
Werkstarifvertrag 134
Werkswohnung 336
Werkvereine 87
Werte .... 679ff.
Wertekategorie 681
Wertekompetenz 227
Wertewandel .... 679ff.
Wertfreiheit 42

Werthaltung 61
Wertorientierung 46; 823
Wertschöpfungsbeteiligung 484
Wertschöpfungskette 191
Werturteil 42
Wettbewerbsverbot 128
Widerspruchsrecht 146
Widerstandsgruppe 713
Willensbildung .... 584ff.
Willensbildungsprozeß 53
Willensdurchsetzung .... 596ff.
Wirtschaftlichkeit der Personalarbeit .. 342ff.
Wirtschaftlichkeitsprinzip 500
Wirtschaftsausschuß 150
Wirtschaftsethik 40
Wissen 226; 284
    Basis- 281
    Experten- 557
    tätigkeitsspezifisches 284
Wissenschaft 35
    angewandte 42; 43
    reine 43
Wissensexplosion 280
Wohlfahrtshypothese 117
work facilitation 781
Work-Factor 407

X

X-Y-Theorie 633; 749; 854

Z

Zeit
    beeinflußbare 455
    unbeeinflußbare 455
Zeitablauf 295
Zeitakkord 453
Zeitaufnahmetechnik 407
Zeitcontrollingsystem 420
Zeitermittlung .... 406ff.
Zeitfolgeanalysen 255
Zeitgrad 334; 456
Zeitkontraktion 280
Zeitlohn .... 450f.

Zeitmanagement .... 401ff.
Zeitmessung 407
Zeitnutzung 334
Zeitvergleich 882
Zentralisierung 549
Zeugniserteilung 319
Ziel
    autonomes 578
    Basis- 583
    dichotomisches 581
    dimensionales 581
    Entwicklungs- 220
    indifferentes 771
    Kenntnis- 220
    komplementäres 771
    konkurrierendes 771
    Muß- 592
    qualitatives 578
    quantitatives 578
Ziel-Antinomie 584; 771
Zieldatenkontrolle 328
Ziele
    berufsspezifische 220
Zielgruppenorientierung 843
Ziel-Harmonie 771
Zielhierarchie 579
Ziel-Neutralität 771
Zielplanung
    strategische 221
Zielpluralismus 41
Zielsetzungstheorie 674
Zielsingularismus 41
Zielsystem 60; 808
Zielvorgaben 806
Z-Organisation 755
Zufriedenheitserfolg 293
Zusammenarbeit
    interdisziplinäre 33
    vertrauensvolle 144
Zuwendungsmotiv 647
Zwei-Faktoren-Theorie 697
zweite Lohnrunde 158

GABLER-Fachliteratur zum Thema „Personalwesen"

Heinz Gester /
Norbert Koubek /
Gerd R. Wiedemeyer (Hrsg.)
**Unternehmensverfassung
und Mitbestimmung
in Europa**
1991, VIII, 243 Seiten,
Broschur DM 89,—
ISBN 3-409-13850-1

Adolf Jungbluth /
Grazyna Lück /
Manfred Schweres (Hrsg.)
Arbeitswirtschaft
Aufgabe innovativer
Unternehmenspolitik
1990, 222 Seiten,
Broschur DM 68,—
ISBN 3-409-13376-3

Hartmut Kreikebaum /
Ralph Jahnke /
Thomas John
**Personalberatung im
europäischen Binnenmarkt**
Empirische Analyse –
Anforderungen – Konsequenzen
1194, VIII, 125 Seiten,
Broschur DM 54,—
ISBN 3-409-13817-X

Rüdiger Pieper (Hrsg.)
Personalmanagement
Von der Plan- zur Marktwirtschaft
1991, VIII, 306 Seiten,
Broschur DM 89,—
ISBN 3-409-13846-3

Hans Christian Riekhof (Hrsg.)
**Strategien
der Personalentwicklung**
3., erweiterte Auflage
1992, XII, 477 Seiten,
gebunden DM 118,—
ISBN 3-409-33800-4

Hans Strutz (Hrsg.)
Handbuch Personalmarketing
2., überarbeitete und erweiterte Auflage
1993, 792 Seiten,
gebunden DM 298,—
ISBN 3-409-23802-6

Dieter Wagner
**Personalfunktion in der
Unternehmensleitung**
Grundlagen – Empirische Analyse –
Perspektiven
1994, XII, 484 Seiten,
gebunden DM 198,—
ISBN 3-409-13828-5

Joachim Wolf
**Internationales
Personalmanagement**
Kontext – Koordination – Erfolg
1994, XXII, 662 Seiten,
Broschur DM 198,—
ISBN 3-409-13762-9

Zu beziehen über den Buchhandel
oder den Verlag.

Stand der Angaben und Preise:
1.1.1995.
Änderungen vorbehalten.

GABLER

BETRIEBSWIRTSCHAFTLICHER VERLAG DR. TH. GABLER, TAUNUSSTRASSE 52-54, 65183 WIESBADEN

GABLER-Fachliteratur zum Thema „Organisation" (Auswahl)

Horst Albach (Hrsg.)
Organisation
Mikroökonomische Theorie und ihre Anwendungen
1989, 367 Seiten,
Broschur, DM 89,—
ISBN 3-409-13113-2

Knut Bleicher
Organisation
Strategien – Strukturen – Kulturen
2., vollständig neu bearbeitete und erweiterte Auflage
1991, XVIII, 927 Seiten,
gebunden, DM 298,—
ISBN 3-409-31552-7

Wolfram Braun
Kooperation im Unternehmen
Organisation und Steuerung von Innovationen
1991, X, 244 Seiten,
Broschur, DM 78,—
ISBN 3-409-13650-9

Rolf Bühner
Strategie und Organisation
Analyse und Planung der Unternehmensdiversifikation mit Fallbeispielen
2., überarbeitete und erweiterte Auflage 1993, 691 Seiten,
gebunden, DM 98,—
ISBN 3-409-23102-1

Erich Frese
Organisationstheorie
Stand und Aussagen aus betriebswirtschaftlicher Sicht
2., überarbeitete und erweiterte Auflage
1991, XV, 472 Seiten,
gebunden, DM 86,—
ISBN 3-409-23134-X

Erich Frese
Grundlagen der Organisation
Konzept – Prinzipien – Strukturen
5., vollständig überarbeitete Auflage
1993, XXVIII, 578 Seiten,
gebunden, DM 98,—
ISBN 3-409-31685-X

Gomez / Hahn / Müller-Stewens / Wunderer (Hrsg.)
Unternehmerischer Wandel
Konzepte zur organisatorischen Erneuerung
1994, VI, 424 Seiten,
gebunden, DM 98,—
ISBN 3-409-13884-6

James G. March
Entscheidung und Organisation
Kritische und konstruktive Beiträge, Entwicklungen und Perspektiven
1990, 516 Seiten,
gebunden, DM 198,—
ISBN 3-409-13125-6

Zu beziehen über den Buchhandel oder den Verlag.
Stand: 1.1.1995
Änderungen vorbehalten.

GABLER

BETRIEBSWIRTSCHAFTLICHER VERLAG DR. TH. GABLER, TAUNUSSTRASSE 52-54, 65183 WIESBADEN

GABLER-Fachliteratur zum Thema „Unternehmensführung, -planung" (Auswahl)

Dietrich Adam
Planung und Entscheidung
Mit Aufgaben und Lösungen
3., überarbeitete und erweiterte Auflage
1992, 520 Seiten,
Broschur DM 124,—
ISBN 3-409-34613-9

Luigi Guatri
Theorie der Unternehmungswertsteigerung
Ein europäischer Ansatz
1994, VIII, 201 Seiten,
Broschur DM 58,—
ISBN 3-409-13493-X

Christian Homburg
Modellgestützte Unternehmensplanung
Strategische und operative Konzepte
1991, 398 Seiten,
Broschur DM 68,—
ISBN 3-409-13417-4

Christian Homburg / Stefan Sütterlin
Modellgestützte Unternehmensplanung
Übungsbuch
Aufgaben – Fallsammlung – Lösungen
1992, VIII, 196 Seiten,
Broschur DM 49,80
ISBN 3-409-13425-5

Klaus Macharzina
Unternehmensführung
Das internationale Managementwissen
Konzepte – Methoden – Praxis
1993, XXXV, 894 Seiten,
gebunden DM 98,—
ISBN 3-409-13150-7

Henry Mintzberg
Mintzberg über Management
Führung und Organisation –
Mythos und Realität
1991, 382 Seiten,
gebunden DM 118,—
ISBN 3-409-13217-1

Gilbert J. B. Probst / Peter Gomez (Hrsg.)
Vernetztes Denken
Ganzheitliches Führen in der Praxis
2., erw. Auflage 1991, XII, 341 Seiten,
gebunden DM 78,—
ISBN 3-409-23357-1

Horst Steinmann / Georg Schreyögg
Management
Grundlagen der Unternehmensführung
3., Auflage 1993, 730 Seiten,
Broschur DM 89,—
ISBN 3-409-33312-6

Kai-Ingo Voigt
Strategische Unternehmensplanung
Grundlagen – Konzepte – Anwendung
1993, XII, 302 Seiten,
Broschur DM 68,—
ISBN 3-409-13167-1

Martin K. Welge / Andreas Al-Laham
Planung
Prozesse – Strategien – Maßnahmen
1992, 499 Seiten,
Broschur DM 89,—
ISBN 3-409-13866-8

Zu beziehen über den Buchhandel
oder den Verlag.
Stand 1.1.1995
Änderungen vorbehalten.

GABLER

BETRIEBSWIRTSCHAFTLICHER VERLAG DR. TH. GABLER, TAUNUSSTRASSE 52-54, 65183 WIESBADEN